耶商·创业与领导力经验教程系列

企业家精神
——全球价值的道商解析
Entrepreneur Spirit

丁栋虹 著

复旦大学 出版社

以出世的精神，

做入世的事业！

——[明]张居正

目 录

前言 ……………………………………… 1

第1章 导论 ……………………………… 1
精神特质 ……………………………… 2
精神教育 ……………………………… 19
精神研究 ……………………………… 35
本章概要 ……………………………… 51
思考练习 ……………………………… 51
延伸阅读 ……………………………… 51
参考文献 ……………………………… 52

第1篇 特质分析

第2章 道德价值 ………………………… 59
领导有道 ……………………………… 60
文化有型 ……………………………… 72
管理有方 ……………………………… 91
本章概要 ……………………………… 106
思考练习 ……………………………… 106
延伸阅读 ……………………………… 107
参考文献 ……………………………… 108

第3章 实业运营 ………………………… 110
价值创造 ……………………………… 111
自律自强 ……………………………… 123
精英管治 ……………………………… 134
本章概要 ……………………………… 147
思考练习 ……………………………… 148
延伸阅读 ……………………………… 148
参考文献 ……………………………… 149

第4章 创新能力 ………………………… 151
创新意义 ……………………………… 152
创新解析 ……………………………… 163
创新策略 ……………………………… 175
创新思维 ……………………………… 189
本章概要 ……………………………… 206
思考练习 ……………………………… 207
延伸阅读 ……………………………… 207
参考文献 ……………………………… 209

第5章 前向思维 ………………………… 211
目标远大 ……………………………… 212
善走窄门 ……………………………… 224
惧者生存 ……………………………… 235
本章概要 ……………………………… 248
思考练习 ……………………………… 248
延伸阅读 ……………………………… 249
参考文献 ……………………………… 250

第2篇　国际比较

第6章　美国事业 ·············· 255
　　人文制度 ·············· 257
　　创业精神 ·············· 276
　　宗教伦理 ·············· 291
　　本章概要 ·············· 306
　　思考练习 ·············· 306
　　延伸阅读 ·············· 307
　　参考文献 ·············· 308

第7章　欧洲文明 ·············· 310
　　行为伦理 ·············· 311
　　文化传统 ·············· 324
　　经济制度 ·············· 335
　　本章概要 ·············· 352
　　思考练习 ·············· 352
　　延伸阅读 ·············· 353
　　参考文献 ·············· 354

第8章　犹太文化 ·············· 355
　　天之骄子 ·············· 356
　　文化信仰 ·············· 364
　　开放教育 ·············· 379
　　创新思维 ·············· 389
　　本章概要 ·············· 401
　　思考练习 ·············· 401
　　延伸阅读 ·············· 401
　　参考文献 ·············· 403

第9章　亚洲变革 ·············· 404
　　教育变革 ·············· 404
　　政治变革 ·············· 416
　　经济变革 ·············· 422
　　本章概要 ·············· 429
　　思考练习 ·············· 429
　　延伸阅读 ·············· 430
　　参考文献 ·············· 431

第3篇　制度发展

第10章　文化基因 ·············· 435
　　生命基因 ·············· 436
　　制度基因 ·············· 454
　　科学基因 ·············· 468
　　本章概要 ·············· 479
　　思考练习 ·············· 480
　　延伸阅读 ·············· 480
　　参考文献 ·············· 481

第11章　教育方法 ·············· 483
　　创新能力 ·············· 484
　　人文精神 ·············· 498
　　社会服务 ·············· 511
　　本章概要 ·············· 524
　　思考练习 ·············· 525
　　延伸阅读 ·············· 525
　　参考文献 ·············· 526

第12章　市场机制 ·············· 528
　　商务独立 ·············· 529
　　社会伦理 ·············· 540
　　有限政府 ·············· 548
　　本章概要 ·············· 559
　　思考练习 ·············· 559
　　延伸阅读 ·············· 559
　　参考文献 ·············· 560

第13章　企业制度 ·············· 562
 基因制度 ·············· 563
 产权制度 ·············· 574
 精神制度 ·············· 584
 本章概要 ·············· 594
 思考练习 ·············· 594
 延伸阅读 ·············· 594
 参考文献 ·············· 595

第4篇　实证演绎

第14章　红顶传统 ·············· 601
 政治领袖 ·············· 602
 私有产权 ·············· 612
 创业制度 ·············· 620
 本章概要 ·············· 636
 思考练习 ·············· 636
 延伸阅读 ·············· 637
 参考文献 ·············· 638

第15章　华商管理 ·············· 640
 华商经济 ·············· 640
 华商文化 ·············· 650
 华商制度 ·············· 657
 本章概要 ·············· 670
 思考练习 ·············· 670
 延伸阅读 ·············· 671
 参考文献 ·············· 672

第16章　草根精神 ·············· 674
 草根思维 ·············· 675
 草根人格 ·············· 681
 草根信仰 ·············· 689
 本章概要 ·············· 703
 思考练习 ·············· 703
 延伸阅读 ·············· 703
 参考文献 ·············· 705

第17章　网络趋势 ·············· 706
 观念变革 ·············· 707
 专家领袖 ·············· 716
 创意未来 ·············· 728
 本章概要 ·············· 739
 思考练习 ·············· 739
 延伸阅读 ·············· 740
 参考文献 ·············· 741

前 言

> 企业家是谁？从何而来？因何而来？要到哪里去？为何而去？

一

如果说，改革开放之初，中国人在精神上表现出巨大的欢腾、在实践中具有巨大冲劲的话，在改革开放 30 多年后的今天，要概括大多数中国企业家的生存与发展状况，最恰当的一个词是"迷惘"：30 多年的努力，全国还没有造就应有数量的世界级的企业家大师，在经济、科技、教育等诸多重要行业，中国与发达国家的实质性差距仍存在。另一方面，发展还出现了许多意外的负面效果，如环境、能源、生态、腐败、道德、文化……每一个方面都可以以"危机"作为后缀；同时，面对各种各样的危机与冲突，社会至今也只有继发性地被动应对，仍然缺少防范性地主动纠治。在此背景下，中国企业家很容易在精神上虚置，在实践上陷入盲区，他们经常依托无力、方向不明、目的不清。基于一个庞大的人口基数，调整发展中的经济、社会、资源与生态系统以及转型国家的基础，这种以价值体系缺失所导致的方向"迷惘"感是一种巨大的危险，严峻地叩问着每一个企业家：身处这样一个迷惘的时代，我们该如何进行价值体系的重构？

出版了《野蛮生长》的万通董事长冯仑说过："出书就像生孩子，痛了就生了。"本书的"痛感"是十分深切的。撰写本书，有三种情感纠缠着我：其一是迷惘。要写好本书，我需要解决现实迷雾、历史解答、认知瓶颈这三个问题的困扰。如何很好地理解现实，尤其是抛开主流大道，独辟蹊径，是需要勇气与付出代价的。而如何更好地回答历史疑难，则需要以理性与科学为依据，以实证与发展为导向，不断超越自我已有的认知水平。所有这一切，都是一个基于迷惘而突破的过程。其二是欣喜。在企业家精神的理性思考中，基于不断地逼近了某种真知、不断地揭示了更大的真实、不断地澄清了认知的迷惘，我经常产生精神上的一种愉悦感。用顾准的话说："一个人，用全部生命写出来的东西，并非无聊文人的无病呻吟，那应该是铭刻在脑袋中、溶化在血液里的东西。"其三是沉重。思想的开始是怀疑，思想的终结是恐惧。从迷惘到明朗，会感受到现实与理性的巨大反差，自己既体味出历史的无情，又体味出现实的无奈——在这个时代，良知与思想必然遭遇孤独。这本书自撰写至今已经十余年了，上述三种情感不断纠缠和折磨着我。已经记不清自己其间搜集、阅读与研究了多少资料。为了一个结构、一个观点、一个分析思路上的突破，自己苦虑、兴奋，在夜半、在假日、在所有能够被挤榨的时间与空间范围内，包括在行走的单车上和漫步的公园河边。

中国企业家应该成为既具有中国灵魂又拥有世界胸怀的现代人。而企业家精神是领导者的圣经，是企业家的达·芬奇密码（*The Da Vinci Code*）。处在一个转型中的国度，中国企业家亟需自己的精神教父,发展自己的战略思维,拓展自己的国际化视野,厘清自己的社会责任,提升自己的领导力。这样的精神教父就是一名卓越的布道者——布企业家之道。在深层的理念碰撞所带来的心灵震撼和折磨之后,本书倾注了满腔的热情,把现代理念变成自己的血肉,把现代社会赖以形成的深层的理念和所在国家的现实结合起来,最后成为企业家精神的忠诚守望者。作为"企业家精神"学理分析的开山之作,读者从本著作中可以读到企业家应有的精神依傍,以引导成为一名伟大、高尚而且拥有人类优秀智慧的领导者!

二

企业家精神的分析也是也是领导力研究的重要侧面。受传统文化的束缚与社会环境的囿制,国内有关领导力的研究与教学历史性地被局限于"工具领导力",严重忽视了"价值领导力"。工具领导力是一种"术"的领导力,价值领导力则是一种"道"的领导力,"技进乎道",转型社会面临的困惑与矛盾,迫切召唤着对"道"的领导力作深入研究和教育。在本著作中,作者创造性地以"企业家精神"作为"价值领导力"的核心,将"道"的领导力明确界定为"道商领导力",以最大程度地体现对历史与文明智慧的追寻与承载,对东西方文化思想的融合与汇通,建立起贯穿历史与现实、文化与转型、区域与全球的领导力范式。

本书的内容分析是直率的,在一片宽容渐长的背景下,希望获得人们的理解。借用林语堂先生在《吾国吾民》(My Country and My People)中的一段话:"我可以以坦诚相见,我并不为我的国家感到惭愧。我可以把她的麻烦公之于世,因为我没有失去希望。中国比那些小小的爱国者要伟大得多,所以,不需要他们来涂脂抹粉。她会再一次恢复平稳,她一直就是这样做的。"这种直率的分析很大程度上是基于对中华民族的爱,同时,它也是良知的需要,更是实践的需要。罗曼·罗兰说过:"看透这个世界,然后爱她。"我的一切图腾也是基于这个基点,由此建立的爱,才是真实而有价值的爱!

企业家精神的状况在很大程度上决定了一个国家的品质。但长久以来,中华民族不仅忽视企业家精神的价值,甚至于在较长的时间内,对其采取批判的态度;直到今天,关于企业家精神的舆论及政策导向,还存在很多不正确的地方。实际上,能力决定目标,精神决定目的,企业家要成就自己的事业,不仅需要能力,还需要软性力量,这就是企业家精神。从根本上来说,企业家能力只回答企业家应该如何做的问题,而并不回答企业家应该做什么的问题;后者是由企业家精神分析来回答的。也就是说,企业家能力并不具有价值判断性,而企业家精神则提供了价值判断的依据。美国研究专家资中筠在《冷眼向洋——百年风云启示录》一书中认为,历史上一切大国兴起,首先绝不仅是"船坚炮利"、"开疆拓土",而是必须有优秀的人文传统。一位艺术家谈到鲁迅时说过,重要的不在于他是谁,而在于我们是谁?我们愿意被他照亮吗?虽然说要完全理清企业家精神的前因后果是很困难的,甚至是做不到的,但重要的在于应该理清我们自己是什么?我们愿意被企业家精神照亮吗?在本书的分析与写作里,我似乎找到了一个人或者一个民族灵魂所应该藉以依托的精神基石,也就从本质上复原了企业家人性的灵魂。

三

1903年,罗曼·罗兰在《贝多芬传》的序言中曾这样劝慰陷在苦难中的人们:"所有不幸的

前言

人啊！切勿过于怨叹，人类中最优秀的和你们同在。汲取他们的勇气做我们的养料吧；倘使我们太弱，就把我们的头枕在他们的膝上休息一会吧。他们会安慰我们。在这些神圣的心灵中，有一股清明的力和强烈的感受，像激流一般飞涌出来。"高调的喧嚣易被注意，而那些安静的努力易被忽略，在历史表象背后，在急风暴雨的争斗背后，其实还有其他的线索悄悄地展开。在无数暗夜里，哪怕在深深的绝望中，仍有人在持续做着关乎未来的工作。这些线索包含着一个民族不断地走向文明的一面，也是本人对本著作10余年坚持研究与写作的信念依托！

复旦大学出版社王联合编审对第2版出版给予巨大支持！李保俊先生为第2版的编审付出大量辛勤的劳动，对书稿的完善做出十分重要的贡献！与贾玉龙先生及丁斌、方世建等教授常有倾心的交流，启发颇多。本书第1版面世后，田田教授仔细阅读并提供中肯的建议，安徽安德利百货股份公司董事长陈学高先生、中国银行安徽省分行副行长刘清先生给予盛赞并进行集体购买，黑龙江等省将其纳入百部优秀著作，联通等公司将其列为中高层管理者必读著作，沈阳市发改委罗奉明先生、南华大学黎赔肆教授、湘潭大学谭畔茗教授、北京艺影国际传媒公司胡艺影董事长、浙江大学杨海锋老师等众多读者热情来信。正是受罗奉明先生来信建议所激发，第2版增设了副标题。爱人马雪雁一直陪伴我走这研究与写作的艰辛之路！本版的深化研究与写作还受到教育部博士点基金项目"创业的心智模式与企业家隐性知识学习的作用机理研究"(201334402110040)的支持。对受到的所有支持与帮助，本人深表感谢！

1950年1月3日，41岁的德鲁克跟随父亲去拜访誉满全球的经济学家、时年66岁的熊彼特；当时，熊彼特仍在哈佛大学教书，同时在美国经济学会会长的职位上表现活跃。德鲁克问熊彼特："你现在希望后人怎样记得你？"熊彼特听了放声大笑，因为年轻时，熊彼特希望有人记得他曾是欧洲最伟大的情圣、最伟大的骑士、最伟大的经济学家。熊彼特回应："以我现在的年龄，已经能体会到，光让别人记得你的著作或理论还不够，除非你能让其他人的生命因你而有所不同，才算真的有所作为。"本着这种思想，借用美国2008年电影《阅后燃情》(*Burn After Reading*)的片名，我衷心地希望本书能够点燃中国人企业家精神之火，让读者的人生因此而有所不同。而今，我很高兴地看到，通过自己的著述与教学，已经较好地影响了一批人(尤其是企业家和领导者)的生活与事业；我衷心希望他们的生命与事业越来越有品质与精彩！

谨以此书纪念我的父亲丁松泉，因着他的磨难、高尚与大爱！

丁栋虹

2014年9月9日

第1章 导　　论

> 人类关系中的危机，在很大程度上是一种精神危机。
> ——[英]哈耶克[①]

学习目标
- 了解企业家精神的内涵与特质；
- 透析企业家精神教育的背景与趋势；
- 把握企业家精神研究的方法导向。

企业家(Entrepreneur)是谁？为什么是他们？在大大小小的经济人物榜上，不同的选择标准像筛子一样寻找、发现企业家这个群体。人们无法用简单的词语来描绘企业家，但如不描绘，就难以发现他们拥有的洞察力和某种把握世界商业的全新坐标体系的能力。现在，媒体和公众需要的是一种本质的视角，透过表面庞杂、细节琐碎的事物，抓住那些被历史重新定义和重新定义产业、商业历史的人物，因为唯有"人"才能激发想象和创造。

自然，企业家是个性不同的人，他们率领的公司也有不同的特征。从本质的角度出发，企业家作为一个群体，他们具有同一种气质；企业家不是一种职位或头衔，其实质是一种精神；企业家是参与企业组织和管理的具有企业家精神(Entrepreneurship)的人。在《新教伦理与资本主义精神》中，韦伯指出：透过任何一项事业的表象，可以在其背后发现有一种无形的、支撑这一事业的时代精神力量；这种以社会精神气质为表现的时代精神，与特定社会的文化背景有着某种内在的渊源关系；在一定条件下，这种精神力量决定着这项事业的成败；资本主义的兴起源于将工作视为天职(Calling)的新教伦理精神。根据韦伯的假设，企业中的工人同样需要一种"文化"化了的道德理念的支持。

研究企业家精神的国际权威学者吉尔德(George Gilder)[1]指出："资本主义是一种精神与观念"，"精神和信仰才是企业家的生活方式"。在西方，企业家精神(Entrepreneurship)已经成为企业创新和区域发展研究领域中炙手可热的词语。经济学家试图用它来解释中小企业对区域经济发展的作用，管理学家也想用它来揭开企业创新、持续发展的深层机理。企业家精神描述的是企业家的一种特有的气质，它能够使企业从无到有、从小到大，通过有效地管理和创新

[①] 弗里德里希·奥古斯特·冯·哈耶克(又译为海耶克，Friedrich August von Hayek, 1899-1992)是奥地利出生的英国著名经济学家和政治哲学家。

跨越企业成长过程中存在的种种障碍。企业家精神的精髓是企业家对组织成长持久不断的渴望以及所具备的随机应变的能力。正是这种渴望使企业家不断地追求技术和制度上的创新，而随机应变的能力则帮助企业家敏锐地把握市场脉搏，并迅速通过管理和创新推出最适应市场的产品和服务。这就是市场经济下企业生存壮大的一幅惊险刺激的图景。

当代中国企业家最缺的不是能力，而是精神，企业家精神在中国企业处于埋藏状态。中国有很多知名企业，但很少有人知道这些知名企业的企业家是谁。由于企业家精神的缺失，中国企业家的能力难以得到应有地提升，甚至导致阻碍与削弱①。中国未来如果没有自己的摩根、罗斯柴尔德等，就不可能成为真正的经济强国。吴春波教授[2]指出："遍寻中国企业，除了那些大型或特大型和以各式垄断而'名'的国有企业外，我们很难找到一家以企业家精神为统领，依靠企业自身创新能力真正做大、做强的中国企业。……自中华人民共和国成立以来，我们虽然有了为数不少带'国'字头的世界500强，但还没有一家国际上公认的世界级企业，这不能不说是一种遗憾……按照欧美、日本人的经验，打造一个世界级企业，三十年足够了；而打造一个世界级'企业群体'，六十年亦足矣。"

当代中国企业家的事业发展，正面临着如何从挣钱提升到做企业、从经验运作提升到科学运作、从产品经营提升到品牌经营、从锤炼市场营销等"外功"转向锤炼企业管理等"内功"、从对物的管理转向对人的领导、从物质层面的满足提升到精神层面的满足、从挑战现实提升到挑战未来的重大现实问题。正如哈耶克[3:13]所指出的："我们这一代人的共同信念将把我们引向何处，并不是某一党派的问题，而是我们每一个人的问题，是一个有着最重大意义的问题。"现实的中国需要一场彻底而广泛的企业家精神的洗礼。

[提示]太初有道。在西方，道就是上帝；在中国的现实条件下，道就是企业家精神！

精神特质

在现实生活中，从企业、政府、教育、科研到文化等各个领域，企业家精神无处不在，像空气一样充溢人类生活的每个空间，并且不可缺少。但究竟什么是企业家精神？企业家精神究竟包括哪些内容？企业家精神由英文 Entrepreneurship 一词翻译而来。就像其他英文词汇的翻译，"企业家精神"一词的意义显得不是模糊不清，就是扭曲失义。国内许多的译法将其译成"创业精神"，但实际上，企业家精神的内涵远远大于创业精神。在丁栋虹[4]看来，所谓企业家精神，是指企业家在所处的社会、经济体制下，在从事工商业经营管理的过程中，在激烈的市场竞争中和优胜劣败的无情压力下形成的心理状态、价值观念、思维方式和精神素质。企业家精神通过企业家的行为表现出来，体现在企业的商品生产和经营活动中，而且是优秀企业家共同的基本特征。

企业家精神源于英文 Entrepreneurship。如果将"Entrepreneurship"作为一个学术研究领域，可翻译成创业学；如果作为一种社会现象，则应翻译成企业家精神。当

---

① 马克斯·韦伯在其《儒教与道教》一书中认为，中国未能成功地发展出像西方那样的理性资本主义，主要原因是缺乏一种特殊宗教作为鼓舞力量。而这种宗教特质，在笔者看来，最直接的就是企业家精神。

"Entrepreneurship"作为一种社会现象时,企业家精神不仅包括个体层次的企业家精神,而且包括公司层次的企业家精神和社会层次的企业家精神。

(1) 个体层次的企业家精神。个体层次的企业家精神指的是个体企业家所具有的区别于一般个体的特质。对此,大多数文献都是基于心理学理论来分析的。例如,有的将企业家精神归纳为梦想、冒险、偏执和创新四个方面;有的将企业家精神概括为冒险精神、创新精神,不满足精神和英雄主义精神。总体上看,个体层次的企业家精神是企业家群体在长期生产活动中形成的,以企业家自身特有的个人素质为基础,以创新精神为核心,包括冒险精神、敬业精神、合作精神和强烈社会责任感等在内的一种综合的精神品质。创新精神是其核心。

(2) 公司层次的企业家精神。公司层次的企业家精神(Corporate Entrepreneurship, CE)是在对大量企业进行企业家精神研究的基础上,通过提炼企业家创业的共性来对具有企业家精神的企业进行创业特征研究和总结,界定CE的内涵,进而归纳出具有指导意义的理论或原则。从一般意义上看,公司层面的企业家精神主要是指一个企业、一个组织所具有的创新、进取、合作等价值观和理念,是个体层次的企业家精神在组织层次的延伸和体现,属于企业(组织)文化的较高层次。它的作用在于启发和指导企业自觉地创建具有企业家精神特质的企业文化和制度,进而使之成为指导企业可持续发展的精神力量。

(3) 社会层次的企业家精神。社会层次的企业家精神是指引导社区、国家乃至整个社会创建具有企业家精神特征的文化,其作用在于最大限度地激发整个社会的创新和创业热情,进而使企业家精神成为推动社会经济增长的动力。

在普遍的理解上,企业家通常指具体的人,而企业家精神通常指抽象的企业家概念,即企业家的共性所在。西方发展到19世纪,人们将企业家具有的某些特征归纳为企业家精神,在英文术语使用上,"企业家"(Entrepreneur)和"企业家精神"(Entrepreneurship)常常互换。长期以来,企业家的概念通常是从商业、管理及个人特征等方面进行定义。进入20世纪后,企业家精神的定义就已拓展到了行为学、心理学和社会学分析的领域。而在当今西方发达国家,企业家转到政府或社会组织中工作的现象非常普遍,政府也不断提出和实施用企业家精神来完善政府服务工作和社会管理工作。精神首先是一种思维品质,是一种思想形式,是一种驱动智慧运思的意识形态,但精神不完全是仅仅表明个人意识状况或过程的、心理的、主观的概念。相对于意识,精神似乎应该是对意识的一种价值抽象。企业家精神也是表明企业家这个特殊群体所具有的共同特征,是他们所具有的独特的个人素质、价值取向以及思维模式的抽象表达,是对企业家理性和非理性逻辑结构的一种超越、升华。企业家群体独有的、显著的精神特征就和其他群体特征区别开来,人们日常也把它看作成功的企业家个人内在的经营意识、品质、胆魄和魅力,并以此为标尺来识别、挑选和任用企业家。

企业家精神具有主体性、制度性、实践性及传承性四个基本特征。

主体性

主体性是指在实践中起决定性作用的人的因素的存在。也就是说,具有能动性、创造性和自主性的人是人类社会活动的主体。

企业家精神具有主体性,是企业家客观存在的一种动力源头,属于高层次的文化范畴,也是形成企业精神的凝聚点,是影响企业性质、特点的关键。主体性是企业家精神的基石。人的主体性是靠自己的完全实现建立起来的。人的完全实现就意味着对内是自律的,对外是创造的,即自我应成为一个"自律"的创造的生命个体。所谓自律,就是个体性原则与主观性原则的确立。在鲁迅看来,对个体性的尊重就是对主观性的尊重,个体的独立性原则也就是主观的真理性原则。从政治伦理角度看,这种"以自有之主观世界为至高之标准"的主观性原则超越了客观的善恶判断,因为"惟发挥个性,为至高之道德,而顾瞻他事,胥无益焉"[5:51],任何外在的道德法则作为群体多数的产物与人的个体性原则与主观性原则在本质上都是不相容的。人在历史的进化趋势与规律面前不是被动的,"一点一滴的进化"归根到底是"人为"与"人功"的结果。这样,进化的快慢程度与其说决定于客观事物的规律不如说取决于人的主观能动性。可以说,主观能动性正是生命进于深邃的自由境界的内在动力。换言之,处于"主观与自觉"状态中的个体(即自由意志)被视为唯一真实的、有意义的存在。对企业家精神的激活来说,实现人的这种自律性就是首要的原则了。

主体性的建构需要自由意志的启蒙,从道德实践的意向上看,意味着激发一种积极进取的生命精神。激发起了生命精神,一个人就不会仅仅平安生存就感到知足,他还必须在他的生存愿望中有超越普通动物的打算,有比饱食、暖衣、保全、首领以至终老更多一点的贪心或幻想,方能把生命引到一个崇高理想上去。这是企业家精神的一个重要层面,从根本上说,也正是人能够实现自我的动力。

精神追求

赚钱不是真正的企业家的目的,而只是手段,只是事业的保障,他们的精神世界里有一种一般企业家难以企及的境界——能够不断探索、不断学习、不断创新,并对自己认定的价值观如宗教般地坚定追求。

天福茶庄的老板闽籍台商李瑞河,经营茶叶赚了不少钱。但他一心迷上茶文化,一心只想回报桑梓,不辞劳苦,终于在云南的深山老林里找到一种他梦寐以求的原始野茶树,证明了茶的原产地是中国,而不是国际上有人说的茶叶产自印度。据说,李瑞河当时对着这棵有2 700年树龄的野茶树顶礼膜拜、老泪纵横,在场的人无不为之动容。李瑞河还在福建老家漳浦建造了全国最大的茶博物馆,面积达8 000多平方米。这个茶商的境界,已不是经营茶叶赚钱,在他的精神世界里,茶叶是他的一切,茶叶是神,是一种宗教。

柯达公司的创始人乔治·伊斯曼(George Eastman,1854-1932)终生都在研制、改进、生产和销售感光胶片,赚的钱可以用"不计其数"来形容。按理说他应该很满足了,但他觉得自己追求的并不是金钱,而是感光胶片事业上的完美。到了晚年,当感到自己的事业再也无法突破时,他采取跳海自杀的方式结束了自己的生命。这就是典型的企业家。当然,这是一个极端的案例,但人们仍然从中可以窥探到一个真正企业家的内心世界——对心中理想如痴如狂地追求。

真正的企业家一定是有大勇气、大想法、大气魄、大智慧并能给人们带来信心的人。这些人当中,已经"修成正果"的冒险家是最先引人注目的一群,如中国的张瑞敏、任正非、刘永好等。他们起事于政策未见明朗时期,顽强生存下来之后,在企业制度、规范化运作等方面做了许多艰难探索。这一代企业家面临的是复杂莫测的制度环境,必须化解大量非市场因素的阻扰,在混沌的局面中把握方向,拓展生存空间,他们敢于创新,敢于冒险,这恰恰成就了他们的非凡之处。从他们对企业发展规律的思辩中可以看出，这是一批截然不同于西方的企业家，而更像是政治家，他们以政治家的谋略和教父一般的号召力，走出了企业辉煌的成功之路。这些企业家有一种强烈的精神追求，执着于他们的企业、团队在精神上的教化和企业文化的建设。

张瑞敏说自己就像一个布道的牧师。

人生哲学

每个人都有自己的人生哲学，并受到这种哲学的主宰。无论一个人从事的是什么工作，事业成功的真正本质经常不在于其技术方面，而在于他所拥有的哲学思想。在企业家身上，这种哲学思想便成为企业家精神的基本内涵。企业家不仅要在推动社会和经济增长方面起到火车头的作用，还要以自己的精神为社会塑造一种气质。

企业家精神能使企业家的事业符合其所处社会的核心价值体系的要求，从而在根本上为企业家事业找到积极的伦理认可。每个社会都有其基本的价值系统，通过这个价值系统形成全社会基本的道德标准、行为模式以及政府的政策倾向和制度的构架等。企业家们要使自己的事业能得到政府和民间的广泛支持，要使社会制度的建设能够有利于经营的开展，首先必须清楚地意识到其所处社会的核心价值体系。

企业家精神是一种哲学。企业家精神也有助于企业家去建立自己的企业哲学（Business Philosophy）。正是这种哲学成为企业家与企业发展的基本动力。世界著名企业家、日本京瓷集团创始人、日本盛和塾塾长稻盛和夫先生的理念所体现的企业家是："拥有更高水准的哲学，拥有更高水准的人生观"。他认为，作为一个企业家，自己所特有的哲学支配着自己的经营，决定着自己事业的成败；如果想扩大公司，想使自己的职员幸福，就应该不断完善自己的思维方式和经营理念。当人们将目光投向神奇的京瓷公司时，所见的是1959年28名职员用300万日元以制作精密陶瓷材料产品而起家的公司，创业40年后，京瓷已是多元化的集团公司，生产电子元件、半导体部件、手提电话、打印机、照相机，2001年纳税前利润达到1300亿日元。然而，稻盛先生却说："我赤手空拳创业至今，仅仅40年的时间，就取得这样的发展，那不是因为我有什么超群的才能，而是由于我始终忠实地信守了我所说的经营原则，才使我们的事业有了今天这样的空前发展，除此之外，我不知道用什么解释这让人难以相信的成长和发展的事实。"

稻盛和夫的理念很简单，就是敬天爱人，用这种理念去经营他的企业。在稻盛和夫看来，对一个合格的经营者来说，最重要的不是知道多少复杂的知识和理论，而是懂得珍视那些看似简单但却能引导人们采取正确生活态度的原理和原则，即哲学。这种哲学不是晦涩难懂的书桌上的学问，而是从经验和实践中产生的生动的哲学。这些哲学看上去像小学教室里贴的伦理或道德纪律方面的标语一样。不聪明的人往往对这样的哲学一扫而过或视而不见，但那些聪明的人却极其珍视它，不仅用脑筋理解，而且还用灵魂领悟，使其变成血肉的一部分。

中国明代民间思想家吕新吾在《呻吟语》中把人的资质划分为三种："深沉厚重，是第一等资质；磊落豪雄，是第二等资质；聪明才辩，是第三等资质。"稻盛和夫十分赞同这个划分，认为"居于人上的领导者需要的不是才能和雄辩，而是以明确的哲学为基础的'深沉厚重'的人格，是谦虚、内省之心、克己之心、尊崇正义的勇气，或者不断磨砺自己的慈悲之心。"稻盛和夫先生将企业家精神概括为：确定光明正大而又意义深远的视野；树立自始至终与员工共有共同的目标；让心中强烈的愿望渗透到意识之中；做不显眼的工作，坚持不懈的努力；利润不是单纯地追求就能得到的，而是努力的结果；决定商品的价值，既使顾客满意，又能使自己赚到钱；充满斗志;处事要有勇气;拥有一颗为他人着想和诚实的心;始终保持开朗,抱有理想和希望,以朴实之心从事经营。

这种真理也已被众多企业家的实践活动证明:一个缺乏企业家精神的人,即使他学富五车、才高八斗,也不可能将其内在的潜能变为创造社会价值的实际能力;不仅如此,还有可能利用其"才能"对企业、对社会价值的创造产生负作用,甚至巨大的破坏作用。反之,一个具有忠诚、守信、责任感等精神素养的人,即使是力量弱小、天赋不强的人,也完全可以发挥自己的潜能,实现人力资本价值的最大化。

难以衡量

评价企业家精神需考虑的因素众多,以下各种因素都比较重要。

(1) 利润能力。利润是决定企业家价值的最主要因素。一般而言,获取的利润越多,创造的社会价值就越多,企业家精神所展现出来的价值也就越高。

(2) 企业文化。企业文化因素表现在企业家以自己的创新精神、经营理念、自身形象和经营能力等方面的人生观、价值观来影响全体员工和塑造企业文化,在企业中形成巨大的向心力和凝聚力,成为企业发展的动力源泉。

(3) 创新变革。创新因素表现在突破旧的经济循环机制,把握革新的主动权,使企业摆脱旧的组合方式,完成新的组合,不断破除旧的生产方式,创造新的生产方式等。

(4) 公共关系。社会公共关系因素表现在企业家不仅是行业专家、管理专家,还应成为出色的社会活动家,能处理好企业与企业之间以及企业与政府部门之间以及企业与个人之间的关系。

(5) 社会服务。社会服务表现为把所付出的努力用来最有效地满足人们的欲望,把各种生产要素变成适合需求的商品。主要是从企业产品的效用及企业产品的服务功能来分析。

这五个因素中最重要的是利润能力因素,因为企业家精神的外显需要一定的基础来支撑,而这个最好平台就是搭建在利润能力因素之上的,它不但惠及本组织内的成员,也通过其正向外部型过渡为社会造福。其他四个因素中,创新变革是企业家精神塑造的原动力,公共关系和社会服务对利润能力具有非常重要的影响,尤其是在中国这样的制度环境之下。而企业文化始于企业家精神,且一旦形成又对企业家精神的发挥、发展具有重要的作用;企业文化一旦形成,在短时间内很难改变,它会作用于企业家精神发挥的始终,只有在企业发生巨变的时候才会改变。图1.1展示了企业家精神五个衡量因素之间相互作用的表现。

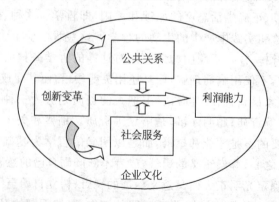

图1.1 企业家精神评价

据图 1.1 可知,评价企业家精神在一定程度上是评价企业家的价值,而企业家价值可以在一定程度上用企业家对未来企业现金流增量的贡献的折现来表示。当然,仅从这一点来衡量是不够的,还需要考虑以下两个因素:(1)所领导的团队绩效,表现为企业家精神的扩大化;(2)所领导的团队对国家、人类社会的贡献,表现为企业家精神的外延化。因此,通过完整的评价企业家精神来建立一个数学模型,从而将方方面面量化,要考虑的因素众多,每一个因素的度量和功效也较难以客观量化,所以,还需要进一步地深入研究企业家精神的作用机制。

实践中,内在并哲学化的企业家精神很难用上述指标来定义,所以,不存在一个真正的企业家的市场,真正的企业家精神也是不能"买到"的。企业家的出现必然是一个"自己选择自己"的结果,即通过创办自己的企业来将自己与他人区别开来。按照这一思想,一个企业能不能搞好是一个毫无意义的问题,因为这是企业家的事情,也只有企业家自己才知道。企业有成功和失败的概率,但历史的经验至少应该能够证明,只有企业家自己去办企业,企业才可能有失败的概率。

[讨论]企业家精神难以衡量对企业家事业提出了什么样的命题?

风险最小

企业家精神所引致的创业和创新的风险其实是最少而不是最多。人们普遍认为,创业和创新是极度冒险的。确实,在微型计算机或生物遗传学等那些人所共见的革新领域内,失败率很高,而成功的机缘甚至于生存的机缘似乎很低。按照定义,企业家要把资源从低生产率和低产量的领域转移到高生产率和高产量的领域,当然会有失败的风险。但是,只要他们有哪怕是中等程度的成功,所得的报偿就可以大大超过可能有的任何风险所带来的损失。因此,人们应当认为,创业者要比保守者的风险少得多。事实上,有很多创业和创新型的机构,它们的平均成功率很高,这足以证明关于创业和革新是高风险的流传信念完全是虚构的[6]。

德鲁克[6]举例说,美国贝尔实验室(Bell Lab)是贝尔电话系统(Bell Telephone System)公司的创新帮手。从 1911 年产生第一个自动交换台到 1980 年光缆的出现,包括晶体管和半导体的发明,加上计算机方面的理论和工程工作,贝尔实验室产生了一个又一个成功的创造。贝尔实验室的记录表明,即使在高科技领域,企业家精神和创新也可以是低风险的。

IBM 在一个快速发展的高科技领域——计算机产业与电力和电子的"老手"竞争,但迄今为止,尚未遭遇重大的挫败。在一个平庸的产业,也出现了最富有企业家精神的世界主要零售商——英国的马克士连锁百货商店。以品牌和包装著称的世界最大的消费品生产厂商——宝洁公司同样拥有近乎完美的成功创新记录。一家中等规模的技术公司——位于明尼苏达州圣保罗市的 3M 公司,曾在 60 年中建立了近 100 家新企业或新的主要产品生产线,其间所进行的 5 次创新中有 4 次均取得了成功。这只是企业家低风险创新的一些小例子。当然,也有许多低风险的企业家精神纯属侥幸或偶然,或者仅仅是一种机遇。

创业与创新之所以具有"风险",主要是因为只有少数几个所谓的企业家知道他们在做些什么,而大多数人缺乏方法,违反了基本的法则。高科技领域的企业家尤其如此。诚然,高科技领域的创业和创新相比较于建立在经济学理论和市场结构、人口学,甚至根据虚幻的事物(如世界观、认知和态度)的创新更困难,风险更大。但是,即使是高科技领域的创业也不一定是"高风险"的,如贝尔实验室和 IBM 所证实的。然而,它的确需要系统化,需要有效管理。此外,它应该建立在有目的地创新的基础上。

[讨论]为什么说企业家精神所引致的创业与创新是风险最少的事业？有什么样的相关理论研究进展？又有什么样的实践例证？

制度性

企业家精神的形成与发展需要制度激励。一个国家整体性的企业家精神缺失不是人性的差异，而是制度文化环境的结果。导致中国与西方企业家精神实践存在巨大差异的根本因素，不是管理思想，而是管理的制度文化环境。制度文化环境是可以改变的，因为道德是可以唤醒的，因为所有人的内心都有善的一面。

制度建设

企业的发展以及社会和经济的进步必须依赖企业家创新精神的发挥，伊斯雷尔·克兹涅尔(Israel Kirtzner)认为，企业家才能只可以被开发或被压抑，它不会如自然资源一样在一些国家天生就丰富而在另一些地方则不足，创新实质上是人自由思想的结果，一个富有生命力的社会制度须保证公民自由思考的权利和创业的自由，而承认每个人的个人利益为每个人自由思想和探索提供了最大的激励。因此，承认企业家，承认企业家精神的作用，必须落实到社会经济制度上、法规上有相应的激励设置，鼓励创新者创新，鼓励冒险者冒险。经验表明，一个能够容忍制度企业家、保护制度企业家并习惯于将制度企业家的个别创新努力一般化的社会，能够更多地享受制度创新驱动的经济增长。

因此，一个社会的企业家要能够诞生并脱颖而出，社会的文化氛围和制度安排就必须能够容忍和鼓励创新。美国这个市场经济高度发达的国家，之所以能够率先迎来知识经济，是因为美国人很容易接受自主、自我改造，乃至自我革新的精神，并把这种精神带到商业领域。正是这种精神及与之相适应的规则，极大地激发了人们的创造性。与此形成对照的是，那种与自然经济相适应的文化的封闭、墨守成规、论资排辈、追求终点平等和中庸等，则明显地抑制了人们的创造性。

一个社会要想不断进步、持续发展，就必须给那些少数的富有创新精神的企业家提供自下而上的最合适的条件和最小的代价。而所有的制度创新几乎都有利于和有助于对企业家精神的"甄别"及企业家能力的实现。以企业制度的创新为例，公司制的出现降低了企业家筹资的成本，从而促进了企业家的创业活动。降低企业家创业活动的社会成本是企业家成长的社会过程的重要特征。一旦降低了创办企业的融资成本，企业家就可以通过选择创办自己的企业来和其他人区别开来，这个区别的过程就是社会发现和遴选企业家精神的过程。

中国历史上徽商①的兴起与衰落突出地证明了制度供给对企业家精神的决定性影响。从兴起来讲，徽商的兴起有其特殊的制度背景。改朝换代的强力、自然禀赋的优越都需要在一定的制度环境中发挥作用。北宋王安石变法后，政府对盐、酒、铁、茶的专卖管制有所松动，官府愿意让渡一部分利益弥补内盐有余、边关粮紧的货货缺口。宋、明之际，"以粮换盐"等政策直接刺激了私人贸易的发展，商行、市场、经纪人极为活跃，纸币(时称"交子")开始了全国性流

---

① 徽商即徽州商人，始于南宋(1127—1279)，发展于元(1271—1368)末明(1368—1644)初，形成于明代中叶，盛于清代(1644—1840)中前期，至清代中晚期日趋衰败，前后达600余年，称雄300年。

通,实物税收越来越多地被货币税收代替。另外,唐宋以后,大城市不断形成,在科举取仕制度下,一致奉行地方官员异地委派制。官员们不得在祖籍或成长地方圆 500 里之内任职,因此,地区间的地方保护主义和排外倾向不很明显。徽商、晋商俱是行商,异地拓展业务的地缘、人缘条件基本上公平透明。

企业家精神对一个社会来讲是非常稀缺的宝贵资源。如果说现在是一个商品过剩、企业家短缺的时代,其实更是企业家精神短缺的时代。何以短缺?制度使然——企业家精神的稀缺性源于制度供给的不足。企业家的成长是一个在正规制度之外依赖自我发现的过程[7]。因此,不能说社会没有企业家,或者说社会缺乏企业家精神,社会可能缺乏的是企业家自我发现的制度环境。对具有创业精神和风险偏好的企业家才能的发现过程其实是一个制度不断创新的过程。

从整个制度背景上看,徽商的衰亡更是自然而然的[8]。一方面,按理说,自西汉桑弘羊《盐铁论》以来,统治者就已认识到工商业的重要性,但一致奉行盐铁官营、酒类专卖、铸钱控制等政策,兴办工商业只是为了充实国库。由于盐铁官营导致官员贪污、豪族霸占,使腐败的官商许可证制度实在无以为继,迫于无奈,集权纲绳才稍微放松。但始终只许官府"理财",不许百姓"言利",民间的发展权被剥夺殆尽,发展的底线是不危及统治制度的稳定。在王权框架之内,历朝历代的所谓改革都只是"假改革",并没有有效地建立起社会发展的动力系统和监督系统。在中国几千年的集权社会里,民间工商力量屡兴屡衰,虽然有过徽商这样的硕果,但一旦政权稳定,一旦短暂的利用交换功能完成,官商一体的"蜜月"就随之结束了,改革、发展的边界就结束了,制度创新的步伐也就停滞了。皇权一统、等级秩序、官本位、牧民意识、权力集团等正式组织和正式制度对等价交换、家族经济、民间力量、个性自由这些制度、观念的创新从根本上无法相容。亚西亚式的全能主义国家所内生的保守、封闭始终将私商行会、对外贸易看作大一统王权政治的异己力量,不到万不得已,不会让权于民、让利于民,"末业"、"末民"均需加以严格管束和抑制。中国传统社会的王权结构,容不下企业家和知识分子这些独立的社会阶层。也因此,每当改朝换代之时,商人、士人便烟消云散。

另一方面,在这种制度下,商人们继续从事扩大再生产的冲动大大减弱。晋商、徽商等老式商帮做生意的路子只能是与某些权力集团抱成一团,依附权贵,结成一个"黑箱式"的利益共同体。皇帝与州官相互利用,官府与商人相互利用。徽商奉行"朝里有人好发财"的亚西亚商业模式,商人们通过捐输、接驾等获得某种特殊地位及掠夺性利润。这种自身缺陷注定它一开始就是一个商业怪胎。他们清楚,皇权至上,私权随时都有不虞之灾。大盐商江春说:"奴才即使有金山银山,只需皇上一声口谕,便可名正言顺地拿过来,无须屈身说是赏借。"因此,他们有了钱之后就搞些捐官买爵、兴建牌坊的事,养起了扬州八怪、扬州瘦马和昆曲艺人等。财产权利和身家性命没有安全感,还搞什么积累和扩大再生产,只好把钱用在一些畸形消费上。徽商的衰亡表明,即使有了资本主义萌芽,没有财产权利(包括知识产权)的保护制度,"萌芽"也终究夭折。同时,徽商长期实行的抓阄分家产不同于西方长子继承制①,极不利于资本积累(胡开文两代除外),而且,宗法制排斥竞争、平等的商业观念;左儒右商,经济、教育与务商、求仕两张皮,人力资本投入与经济发展不配套;投资领域狭小,私权不保,消费与积累的比例无法正常

---

① 长子继承制是指仅立长子为继承人或长子有优先继承权的制度。广义的"长子"是指排行最长的子女,换言之,长女也可能包括在内,狭义的"长子"则只包括儿子,女儿的继承顺序较儿子后,甚至没有继承权。

化；思想保守，恪守清淡，对新事物反应麻木。近代扬州盐商还发生过聚众抵抗修铁路的怪事。法律制度和宪政秩序上的落后，最终使中国的商人资本未能转化为产业资本，商人未能转化为企业家，士人未能转化为知识分子，科技未能转化为生产力。

长期以来，我国对企业家的激励和外部机制的建设还不完善，支撑许多成功企业家的更多的是他们自身敢于冒险、开拓创新的企业家的事业心，但缺乏物质方面的必要激励机制。民营企业家刘汉章认为，他之所以现在这样努力地工作，是因为他有一种奉献的愿望，他是一个农民的儿子，受他们那个时代的教育影响，讲的是报效国家。在计划经济时期和改革开放初期，众多企业家就是凭着一股闯劲（甚至带有某些偏差的意识行为）站立于经济潮头的；在外部机制不健全、法制不规范的情况下，也曾出现企业家用自身特殊的能力及权力去侵吞国有资产、违法经营、个人专权、"59岁现象"等情况。而且反过来看，良好的外部机制与有效激励以及企业家群体的精神风貌对成长过程中的企业家素质、能力和人力资本投入发挥着重要的规范和引导作用。

文化创新

在中国，企业家精神是一种地方现象，企业家获得成功，与当地政策和氛围密不可分。目前，中国的很多城市都在仿效所谓的成功的创业模式。但更重要的是要让地方政府来理解他们自身的优势是什么。只有理解以后，他们才能够提出一些好的政策培育企业家精神。例如，当地有一些企业家做得非常成功，这些成功的企业家会给其他企业家树立榜样，这就是"本地英雄"模式。

中国浙江省面积10万平方公里，人口5 000万，自然资源条件相当恶劣，能源基本缺失，耕地资源也严重不足。位于沿海狭长地带，交通极其不便，每年还会遭受风暴潮的袭击。但就是这个省份，在全国经济发展中，一枝独秀：2011年，全省人均GDP达9 083美元。而且由于企业体制到位，经济发展以民营经济为主体，国有企业改革没有负担与压力；藏富于民，社会民众普遍富裕，区域发展平衡，没有明显的地区差异。同时，由于改革，企业管理水平正稳步上升，诞生了许多国内与国际知名品牌，另外，全省的绿化率水平提高，是改革开放后全国唯一一个绿化水平不降反升的省份。在全省，没有大的污染源和破坏集中的地带，旅游开发积极勃发。现在，全国众多IT行业的服务器也是放在该省，形成了现代产业的发展依托：全国前3 000名的行业网站，浙江省占1/5。阿里巴巴更是引领了全中国电子商务的发展。

安徽省面积14万平方公里，人口6 000余万，自然资源条件相当丰富：不仅有极其丰富的旅游资源，也有东部省份中独一无二的能源，耕地资源数量与质量均相当优越。长江流经该省的中部，交通极其便捷。但就是这个省份，经济发展与其条件远不相称，与其他东部省份相比，更显落后。而且由于企业体制没有到位，依然是国有企业及其资源与垄断性行业占据经济主导地位，官民财富分配极不均衡，北部与西部短板问题一直未能解决，形成地区发展的极不平衡。同时，企业管理水平滞后，总体限于经验管理与行政管理的初级阶段，旧的品牌要么外迁，要么被并，也没有产生新的品牌。就是在这种经济发展水平极其有限的情况下，已经出现巢湖蓝藻等大面积的污染和破坏集中地带。现代产业在安徽省未见实质性端倪，曾经的长江中游产业转移基地发展策略也与该省独特的资源、科技、人才、文化等优势严重脱节，更与现代产业发展的思路严重脱节。

第1章 导 论

同属中国东部地区,在经济发展上,为什么条件差的省份会超过条件好的省份?

浙江省的健康发展与浙江省的企业家精神有根源性的联系。浙江省的企业家精神的特质在于创业与务实。包括农民在内的社会各个阶层,创业意识浓厚,愿意自己立业,形成经济上的以家庭经济为主体的模式。在浙江省,未见下层官员一心想升迁、小官一心想做大官的普遍现象,政府比较低调,甘于服务,并创新思路("三个代表"思想最早发源于浙江省)。每年春节一过,浙江人就会离乡背井,远赴全国及世界各地的创业地。同时,浙江社会民风淳厚,人民不善言语,但勤劳刻苦。形式主义比较淡化。许多父母将孩子要么寄养、寄宿,要么直接让孩子在身边,除了学习,就是辅助父母经商。

安徽省经济发展滞后与不健康和安徽省的企业家精神的缺失有根源性的联系,典型表现在不善创业与务虚风行。尽管历史上的徽商因着企业家精神而兴旺天下,但由于缺乏良好地传承与创新,在现代安徽人身上,传统的企业家精神没有得到发扬光大。历史上,徽商离乡背井是四处寻求创业,而现在,安徽省经济的主体是打工经济,囿于环境的限制,千百万安徽人放着身边丰厚的资源与市场条件不去创业,远赴浙江等发达地区打工。打工经济的回报非常有限,除了有限的工资报酬,其他方面(包括创业经验与资金积累、市场机会捕捉、品牌建设等)均是损失,生活与生命代价都较高。安徽省的社会民风务虚现象明显,关系学、权力学、面子学盛行。

在浙江,长大做公务员成为孩子不努力读书的警示:"如果你不好好读书,长大就让你做公务员"。而在安徽,长大做公务员成为孩子努力读书的鼓励:"如果你好好读书,长大就可以做公务员"。

观念变革

是恶劣的制度造就了人的主观意识还是人的主观意识产生了恶劣的制度?长期以来,人们已经根深蒂固地认为,是一个非我的外在存在主导了自己的生存与发展,而制度就成了这种非我的外在存在之一,不断地成为人们情绪化宣泄的对象:人们或者对所谓好的制度顶礼膜拜,乃至三呼万岁;或者对所谓坏的制度口诛笔伐,乃至暴力颠覆。总之,在人们的意识里,制度已经成了客观的存在物,完全主宰了人类的命运。

在各种制度中,奴隶制度成为人类坏的制度的极致,而受到人们的诟病,人们曾经坚信是奴隶制度造就了奴隶。人类历史自古以来的数不尽的战争与暴力革命,无不建立在这个经典性的教条上,以期力图推翻奴隶制度,而去争取奴隶的新生,没有人质疑奴隶新生的必要性。但是,将奴隶新生的出路建立在推翻奴隶制度的基础上,这一传统的制度变迁思路值得反思。人类历史上,奴隶自主或被胁迫起来力图推翻奴隶制度的战争与革命,不仅死伤无数(如卢梭惊呼:"多少罪恶假汝之手?"),而且绩效可究:几千年奋争过去了,这蔚蓝的星球上,有几块陆地的奴隶制度被推翻了呢?而在这寥寥可数的推翻了奴隶制度的国度中,又有几个走的是这种推翻奴隶制度的传统制度变迁路线呢?一个严重的现实注脚是:一方面,为什么一些国家制度变迁十分缓慢与艰难,甚至出现制度轮回与制度倒退现象?另一方面,为什么在一些通过暴力推翻了奴隶制度而实现了民主制度的国度,会出现那么多的奴隶对奴隶的战争、暴力与残杀呢?

奴隶制度造就奴隶的传统教条应该被诘难。先来看实证的命题及其演绎。命题是:在一个推翻了奴隶制度的国度,如果让奴隶执政,会建立一个什么样的制度?有人会很奇怪：这还要问？深受奴隶制度之苦的奴隶在推翻了奴隶制度之后，还能有什么其他的选择？！他们肯定会建立解放奴隶的民主制度。

历史的实证冷酷无情地打碎了人们的这种虚妄：这个星球上没有推翻奴隶制度的国度，不是其奴隶制度没有被推翻过，而是其奴隶制度被"不断"地推翻；其中的史实就在于：奴隶在推翻奴隶制度以后，建立的也是一个奴隶制度。例如，在中国封建社会中，由于农民起义与暴力颠覆，一个王朝接着一个王朝，命长者二三百年，命短者几十年、十几年，兴亡交替，不暇稍息。自周至清两千多年里，中国社会经历了十几个大王朝和一百多个小朝廷的变迁。但每一次变迁，后一个王朝在制度上都没有产生实质性的演进，基本甚至完全是前一个王朝制度的复制。通过奴隶主导，建立的只可能是奴隶制度。

为什么会是这样？现代经济学中的制度经济学、管理学中的组织行为学派、哲学中的结构主义等不都是强调制度的重要性么？而历史的实证为什么呈现了一种悖论的困境呢？在实证与科学之中，是否有谁错了？

实证与科学都没有错。问题的关键在于我们在没有深刻地认知历史的真实的同时，也没有准确地理解以制度为核心的相关科学的本质。经济学、管理学和作为科学的科学的哲学本质上都是以"人"为主体的社会科学或人文科学，在其所研究的"制度"之前，都不可或缺地寓含一个主体词——人；它们所讨论的制度无一例外地都指特定"人的制度"。在西方科学发展史上，从来没有脱离"人"的制度研究。可是长久以来，基于现实中主体性的"人"的存在缺乏，我们在引进、借鉴与研究这些西方来的科学时，仅仅将其作为一门工具学科，而将其中寓含的主体性"人"弄丢了或者割裂了。于是，制度成了一只没有脑袋的木偶，供人把玩，随意驱使。

由于人的主体性的存在与约束，制度在哪里？制度在人的心中。而所谓的制度，包括坏到极致的奴隶制度，对一个已经改变了（思想、观点与行为）的人来说，又有什么多大的约束力呢？——那只不过是糊在旧时农舍窗户上的薄薄的一层纸罢了[9]。

实践性

长期以来，中国人关注企业家，更多地是关注他们事业成功或巨额的个人财富的表象，而忽视了这种事业成功背后的企业家精神的底蕴。在表 1.1 所演绎的企业事业层级中，人们一般只看到了狭义的企业家主体，没有窥见过程中的准企业家阶层，更没有理解深层的、广泛的社会人所依托的企业家精神。

表 1.1　企业家精神的意义

企业家事业	特征	适用对象
企业家财富	结果	资本家
企业家创业	行为	企业家
企业家精神	哲学	社会人

因此，真正意义的财富并不是物质上的，不是殖民主义时代的土地，不是重商主义时代的金条，也不是现代的石油，而是观念，即想法及付诸实施的过程，财富已经从物质转移到思想。企业家精神在促进社会向前发展以及国家财富的积累。反之，企业家精神的扭曲和丢失，将导

致对国家财富积累信心的丢失。正是这种精神,促进企业家、企业、国家的财富保有并增值,给最穷的人提供了更多的机会。也正是这种信仰,比尔·盖茨也自认为被捆绑在微软这条大船的船桅上了,因此,在吉尔德[1]看来,比尔·盖茨既是微软的奴隶,也是微软的主人。

行为理性

企业家精神的产生对企业家行为有严格的规范和约束。企业家精神从本质上可以理解成企业家行为理性的实践过程,它包括企业家行为动机的理性化(通过为企业家行为寻求积极的伦理认可来达到)和企业家行为方式的理性化(通过规范企业家行为甚至生活习惯来达到)。

西欧的新教伦理带有浓厚的禁欲主义色彩。一方面,要求企业家必须勤勉地工作;另一方面,严格要求企业家过一种朴素、俭约的生活。在新教伦理中,只有勤勉的工作才表示自己已经预定地得到了上帝的恩宠,同样,只有处于全面、系统的自我控制之中,才表示自己坚定不移的信念。这种禁欲主义的信念,对曾备受传统社会指责的新型企业家来说,无疑是非常必要的,因为人们常常发现对他们最有效的诋毁就是将之描画为"暴发户"。按照韦伯[10]的观点,真正理性的企业家行为必须是节制有度、讲究信用、精明强干、全心全意地投身于事业之中并且固守严格的资产阶级观点和原则。而投机的行为或依靠种种特权轻松赚取暴利的行为绝对是非理性的,不能代表资本主义精神,因而也不能推动社会理性化的进程。

在实践过程中,企业家精神本质性地决定了企业家战略、企业家过程与企业家结果,如图1.2所示。

美国一项对盈利在500万美元以上的数百位企业家的调查[11]显示,创业成功与否,尽管与企业家选择的经营项目的商业前景有关,但企业家本身是否具有"成功者的群体特性"才是头等重要的。而企业家精神恰恰是成功者最普遍的群体特征。

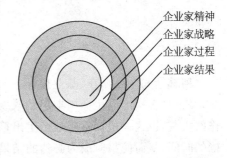

图1.2 企业家精神是企业家事业的核心

职业观念

企业家精神通过企业家行为理性化的结果建立现代的"职业观念"。韦伯非常强调现代职业观念的重要作用:"一个人对天职负有责任,乃是资产阶级文化的社会伦理中最具代表性的东西,而且在某种意义上说,它是资产阶级文化的根本基础。"韦伯所强调的"职业观"实际上具有理性地从事某项劳动的含义,这种"职业观"里含有对职业的献身精神(即视为天职)和自觉地遵守职业道德。"职业"概念的形成有着另一个极其重要的作用,即为资本主义的发展准备了一批优秀的职业工人。韦伯认为,要让工人具有高度的责任心,不能单凭高工资的刺激,而只能是长期而艰苦(宗教)教育的结果,使工人们也把"劳动当作一种绝对的自身目的,当作一项天职来从事"。

一个出色的企业家应该具有全新的思想观念、健康的身体、强健的心理、卓越的能力、丰富的知识经验。这些品质综合表现在个体的企业家身上,就体现为某种精神面貌;看一个企业管理者是否具备成功企业家的潜在精神品质,就要从他的知识、能力、身体、心理等素质特征来具体调查和分析,并比较这些素质特征是否和外在的环境相符合。企业家个体成长中的精神、各方面素质因素与外部激励约束的机制环境相互作用,形成复杂的关系构成,其中,企业家精神处于核心地位,它对其他各因素起到指导、传接和凝聚的作用,如果拿掉了企业家精神这一核心因素,就无从探讨企业家的本质内涵和属性。企业家素质、能力及其成长必然受到企业家精神的影响,并且在一些情形下,企业家精神直接决定了企业家把握企业创新和寻找潜在机遇的能力能否得到有效地发挥和运用。正是因为企业家精神的核心地位和作用,有时候经济学家和大众谈论企业家的素质或能力时往往就将其当成企业家精神来说了。如图1.3所示。

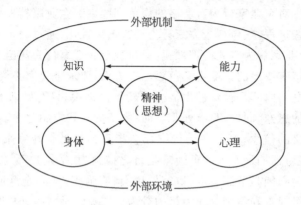

图1.3 企业家素质构成

核心理念

柯林斯和波勒斯在《基业长青》[12]中提出,建立一家公司,使公司在任何一位领袖身后很久,经历许多次产品生命周期仍然欣欣向荣,好比是"造钟"。所谓造钟,就是建立一个良好运作的机制,由这一机制不断地衍生出符合时代要求的钟,而这一机制的钟能源源不断地报出准确的时间,从而使报时成为必然的结果,而非某个偶然因素引出的结论。《基业长青》一书把核心理念的建立放在"造钟"的首要任务中,认为核心理念由核心价值和目的组成。该书认为,核心价值是组织长盛不衰的根本信条,不能为了财务利益而自毁立场,是公司除了赚钱之外存在的根本原因。公司要彻底地对员工灌输核心理念,创造出极其强而有力、几乎成为教义般环绕这种理念的文化;而且要谨慎地根据是否符合核心理念来培养和选择高级管理层。对不认同核心理念却有高绩效的人不能放弃,要说服他们。另外,核心理念应该具有长远性,在高瞻远瞩的公司中,核心理念是不能随外部市场状况而多变的。与传统的理论不一致,《基业长青》发现,在大多数高瞻远瞩公司历史中,并未发现把"尽量扩大股东的财富"或"尽量扩大利润"作为主要动力或首要目标,而是以一种超越经济因素的理想作为核心理念。

核心理念是统一企业上下共同意志的文化基础,只有全体成员拥有并认同核心理念,才能获得企业的成功。将核心理念分为核心价值与目的,可以使人们或员工更加直接、形象地认同,从而达到统一认识,变为人打工为为自己的理想而努力奋斗,确实可以调动人们的积极性。利润是生存的必要条件,而且是达成更重要目的的手段,对很多高瞻远瞩公司而言,利润不是目的,利润就像人体需要的氧气、食物、水和血液一样,这些东西不是生命的目的。但是,没有它们,就没有生命。建立在利润之上的追求更易激励人们。

一个精神萎靡的民族无法实现现代化。多少年来,中国西部成了一个落后的代名词。即使在改革开放30余年、东部渐入改革与发展佳境的今天,西部却仍然在千百年来的自然经济和农耕文化浓厚的封闭氛围中酣睡。企业家是中国西部大开发的实践主体。尽管我们坚信西部的企业家个人与自我同样具有无穷大的潜力,但在长期的农耕社会秩序和经济文化的压抑与麻醉下,其企业家精神被掩盖到了无意识的最底层,似乎连西部企业家自己都感觉不到了。在现实的中国西部大开发中,西部人太需要拥有这种能够给予他们足够自信和创造力的精神力量了。克莱因(Lawrence, R Kiein 1920-)[13]在谈到美国西部开发的成功经验时指出:"良好的基础设施、便利的通讯和水上运输是美国西部开发成功的重要客观因素,但客观条件的具备只是经济发展的必要而非充分条件,人的因素(如企业家精神和经济创造力)至关重要。……因此,中国在西部大开发中,必须注意金融信贷、企业家精神和技术知识三者之间的有机结合。"长期以来,我们在忽视企业家成长对中国西部大开发不可或缺的重要主体作用的同时,也严重忽视了对企业家创业内在精神的分析。激活中国西部创业的企业家精神应该成为西部大开发理论与政策深入研究的一个重要命题[4]。

传承性

企业家能力与企业家过程都是不可传承的,在西方的社会价值观念与制度(如遗产税)下,企业家财富是不愿意也难以被传承的。但是,企业家精神不仅是可以传承的,而且可能是最有传承价值的。

企业家精神的传承性具有民族传承性、企业传承性与个体传承性。

民族传承

一个没有精神的民族,是不可能立足于世界民族之林的。美国人喜欢把企业家精神特征转化为时代的个人冒险精神。与此恰成对比的是德国人的那种被称为"管理资本主义"的企业精神,这种精神大体上基于德国人骨子里就有的科学传统。日本人把引以为荣的资本主义精神称为"人本资本主义",根据日本一位社会学家的概括,那是基于儒家的"仁"传统的"延展性的家庭本位"。

一个人的成熟来自自身的历史,包括成功与失败的经历、文化与涵养、理念与梦想。没有历史就没有成熟,一个民族也是如此。欧洲与美国等现代化国家的成熟不仅仅表现在他们的现代性上,更大程度上还表现在他们对历史的传承上。在这里,历史并不是由时间的长短(数量)来衡量的,而是由其时间的内涵(质量)来衡量的。现实中的一个悖论是:有些国家尽管有漫长的历史,但却无实质性的内涵。因此,美国尽管建国时间不长,至今只有区区两百多年的历史,但其不仅延续了整个人类文明,而且创造了自己的个性文明。

同在美洲,美国比拉丁美洲国家要富裕得多。20世纪中叶以来,美国的发展一直是如日中天,而同时伴生所谓的拉丁美洲现象,就是拉丁美洲被卡在一个无望的摆脱不了的陷阱里。为什么美国和拉丁美洲国家会有如此区别呢?因为拉丁美洲的开拓者就像我们深圳、海南的开拓者一样,起初只是看重眼前利益。其实,当时中南美洲的条件比北美要好得多,北美连高级的印第安文明都没有,而中美和南美有辉煌的印加文明、阿兹特克文明、玛雅文明。但什么造就了北美的强大呢?今天,人们都知道北美最早的移民是五月花号船上搭乘的103名清教徒,其实,五月花到达北美时,那里已经有一千多移民了,可是所有美国历史书都是从五月花号开始写起的。为什么历史学家这样偏爱这 103 人呢？那是因为五月花号上的人们的信仰代表了美国精神的源头，形成了韦伯所谓的资本主义的新教伦理。

现在，在西方社会，企业家的才能已被广泛地应用到社会各个领域的实践中。也就是说，企业家不仅仅在经济领域发挥作用，在教育、艺术甚至政府领域也都在发挥作用。许多西方国家在进行政府改革时，会请一些非常有经验的企业家出主意，让他们按照企业家精神来改进政府服务。这时，企业家精神就变成一种很广义的东西，最终，企业家精神蕴含在民众的生活中，蕴含在专家们的睿智中，蕴含在企业家的实践中，蕴含在决策者的判断中。

马克斯·韦伯在其《儒教与道教》一书中认为，中国未能成功发展出像西方那样的理性资本主义，主要原因是缺乏一种特殊宗教作为鼓舞力量。由于缺乏企业家精神的民族传承性，包括华人在内的亚裔美国人的创业性相对较弱。美国芝加哥市场调查公司 SPECTREM 集团在 2004 年 2 月发表的调查报告中显示[14]，富裕的亚裔人士一个突出的与众不同之处是，他们所从事的往往是专业工作。在美国，有很多人是通过创办小企业、买卖小企业致富的，但亚裔人士多数是专业人士，大部分是会计师、医生和技术专家，企业家的人数非常少。调查显示，在富裕的亚裔美国人中，医生占 13%，只有 5% 是小企业家；而在全体美国富人中，小企业家的比例高达 17%，医生却只占 2%。亚裔人士担任企业高级主管和公司管理人员的比例也比较小，只有 12%；而在全体美国富人中，这个比例是 22%。在亚裔投资者中，由男子单独作投资决定的比例非常高。在富裕的亚裔家庭中，男子单独作投资决定的比例高达 64%；在全体美国富人中，这个比例只有 44%。

中国经济的健康发展需要强大的精神支撑，需要自己民族文化的支撑，晋商的文化、徽商的底蕴和闽商的精神等这些中华民族的文化传承正是今天中国企业的根，是企业家的精神家园。林左鸣、吴秀生[15]指出：中国要实现民族复兴，必须完成社会精神由士大夫精神到企业家精神的转型。企业家精神内涵的核心是民族精神。中国当代的企业家精神，首先应该具备历史传承下来的士大夫精神中的优秀因子，从而转化为"修身、兴企、报国、富天下"的崭新时代理念，并由此构建出今天这个时代的企业家精神，从根本上实现从士大夫精神到企业家精神的社会精神转型。在过去一个相当长的时期内，人们一直把中华精神文化的传承主体定位在"仕"这个群体上，中华精神文化贴上了"仕"的标签，"士大夫"文化也由"仕"向大众传输，商人或企业家并没有成为传统文化的一个主要的传承载体。要承载中华民族文化的血脉，仅靠"仕"（官员）而没有企业家这样一个无比重要的阶层的参与是根本不可能的。所以，确实应该吸收企业家来传承中华文化的接力棒了。

基于企业家精神的民族传承性特质，一个民族的企业家兴起绝不可能一蹴而就。日本的"四大经营之圣"①基本上都出现在 20 世纪 70 年代，即日本经济起飞后 20 年左右的时间。但更长远地看，日本的现代企业思想从明治维新时代就开始了，经过了 100 多年，而且这个商业文明的进程是基本延续，没有断裂的。比较起来，中国的现代商业文明虽然也发端于 19 世纪末，迄今也经过了 100 多年，改革开放经济起飞也已经过了 30 多年，但因为社会历史的变革，商业文明进程经历了几次大的断裂，现在还处在模仿别国和自我修复的进程，要形成自己的企业思想体系还需要时间。

---

① 指稻盛和夫、松下幸之助、盛田昭夫和本田宗一郎。

企业传承

企业的生存与发展固然需要一定的物质资本为依托,但更需要一定的无形资产作支撑,这种无形资产最核心的就是企业文化或企业精神。我国台湾地区IT教父施振荣曾经说过,虽然每个人的个性很难复制,但他做事情的方法却有高度的可模仿性,所以,他在几年前出版的《再造宏碁》一书中反复强调了传承的理念。在创业之初,施振荣就与合伙人"约法三章":创业初期由施振荣本人做主,在其领导力或财力不足时就找其他人来领导,而施振荣和太太的决策一旦遭到半数反对,就可以将其推翻……在施振荣看来,在公司很小的时候就要开始塑造尊重公司治理的企业文化,这也是宏碁成功的重要原因。

靠精神凝聚起来的企业人,才可能不折不扣、坚定不移地执行企业的每一个决策。依靠企业理念与企业家精神,不但构成企业的内在发展动力,更成为企业的外部发展机遇。企业家的执着事业心、不停息的创新精神和模范合作精神通过其传递机制,发扬光大,最终缔造出企业的核心竞争力。

企业文化需要在长期的企业经营实践中积累起来,这种文化及价值观念的塑造离不开企业家的人格素质和精神品质的主导作用。企业家精神本身也具备企业文化和企业精神的同一内核,企业家不仅注重企业文化(商誉)的培育,也十分注重个人声誉的积累。从经济文化环境建设来看,企业家精神也应成为最重要的价值取向和主导观念。

专栏 1.1   **荣 格 哲 学**[16]

1833年,约翰·鲁道夫·荣格在瑞士的乡村小镇索芬根办了一个印制官方文件和教科书的印刷作坊,现在,这个作坊已经发展成为拥有120多种报纸杂志、20多个电视节目、50多家网站和12家印刷厂的国际传媒集团——荣格集团。

"我曾经被无数次地问到过,家族生意成功并且延续经营175年的秘密是什么?"荣格家族的第五代传人麦克尔·荣格说。他的答案是三点:创新之源、忍耐之力与和谐之美。

创新之源

"只有那些对服务、产品保持创新的人,特别是用积极的态度来提升自己的人,才有可能求得长期地生存。"麦克尔·荣格提到,创始人约翰·鲁道夫·荣格早先建厂时就发明了一种新的字体和木制的压印,他的继承人则购买了约翰里斯堡快速印刷机,当时是一笔非常巨大的投资。麦克尔·荣格的爷爷发明了一个凹雕印刷的机器,麦克尔·荣格的爸爸则致力于潜心研究小型报纸。在20年前,公司现今的这一代管理层和经营者勇于开拓亚洲和东欧的媒体市场。这种企业几代董事长亲自参加发明的行为在其他公司非常罕见。

忍耐之力

"任何人在不断面对新事物时,都必须回首过去。那些勇于尝试新事物的人必须做好失败的准备。"荣格的一系列错误都让人铭记在心,失败是成功之母。在荣格,每个人都可以跌倒,但是是为了往好的方面发展的。希望他们不要在同一个地方跌倒两次。摔跤后马上站立起来是很重要的,因为下一块绊脚石就在不远处。

> 荣格在175年的发展过程中曾经遭遇不少挫折,例如,20世纪50年代,公司购买德国当地画报,由于购买过程销量减少,买卖双方陷入争执,收购失败。当时,在德国的两次收购都失败了。但这并不影响这个公司所进行的不断尝试。
>
> 和谐之美
>
> 在荣格,员工不仅仅被视为是荣格的职员,更被视为是荣格大家庭中的一员。麦克尔·荣格认为,员工的高度忠诚和对公司的信心刻画着公司的发展史。在庆祝公司成立175周年的时刻,麦克尔·荣格还特意提到了三位核心团队成员,他们在荣格已经工作20余年,他们包括执行董事、财务总监和负责新产品的一位首席高管。

企业只有用更文明的手段、更有文化的思考、更具历史观的经营模式,才有条件长久生存。依靠延展性的家庭本位文化传统,日本企业养成了足以打败美国钢铁业和汽车业的"团队精神"。比较起来,由于缺乏企业家精神的传承性,中国企业迄今缺乏精神领袖,尤其缺乏有抱负的精神领袖。

Adobe公司和Macromedia公司都靠面向专业人员出售编创软件赚取利润。它们的软件广泛使用于世界各地的PC机上,而且两者之间的互补性很强。就产品而言,它们更像是出生时才分开的双胞胎,而非竞争者。作为PDF先驱,Adobe公司主攻文件处理领域,而Macromedia公司在发展迅猛的网页设计和移动领域大显身手。

然而,就企业文化而言,这两家公司却风格迥异。Macromedia公司位于旧金山的总部毫不起眼,一些职员戏称其外观"看着像家银行"。Adobe公司则位于圣何塞的两栋大楼内。Macromedia公司崇尚创意,其狂热的工作节奏让许多职员不得不经常奋战到深夜。Adobe公司的高管们则相对宽松平和得多,这也使他们能有更多时间与家人共进晚餐。

2005年12月3日,Adobe公司和Macromedia公司实现了合并。Adobe公司的首席执行官布鲁斯·奇曾(Bruce Chizen)在合并后首先采取的运作是将原Macromedia公司的职员放在一些关键职位上,其目的就是让新企业继续秉承Macromedia公司的优良传统。奇曾说:"我们希望能从Macromedia公司挖掘出那种伟大的创业精神,并把这种精神带到Adobe公司来。"

总裁传承

美国管理学者哥伦比亚大学的汉布瑞克(Hanbrick)和福克托玛(Fukutomi)[17]提出了企业总裁和高级主管的管理生命周期理论。

(1) 企业总裁领导经验的多少与企业业绩高低之间是一种抛物线的关系。在抛物线的顶点之前,企业业绩是上升趋势;过了顶点,是下降趋势。前期企业业绩与领导经验成正比,后期成反比。

(2) 企业业绩下降的主要原因不是激励机制,而是企业家的思维方式、领导方式和企业决策机制的问题。在抛物线的顶点之前,企业家的思维方式、领导方式及决策机制是企业发展的动力,过了顶点后,则成为企业发展的阻力。

（3）思维方式和领导方式在每一个企业家身上都是一个从逐步形成到不断刚性化的过程，这一过程构成了该企业家的整个管理生命周期。这一周期分为五个阶段：①受命上任；②探索改革；③形成风格；④全面强化；⑤僵化阻碍。

（4）在总裁管理生命周期的五个阶段中，总裁绩效呈现首先上升、继而持平、最后下降的抛物线现象，有认知行为模式、职务知识、信息源质量、任职兴趣和权力五种因素在起作用，其中，最主要的是认知行为模式刚性和信息源的宽度与质量。

认知行为模式刚性包括两方面的内容：一是总裁个人的世界观和价值观，即长期形成的信仰偏好和那些习以为常的思维方式。每个成功的企业家都有自己的世界观、价值观。二是企业家的领导方式，即与个人世界观、价值观紧密相连的一套得心应手、轻车熟路的工作方式、分析手段和办事方法。这些思维和工作方式的差别，就形成了每一个总裁个人特殊的认知行为模式。

企业总裁的管理生命周期理论对企业家任职期间的思维方式、领导方式的变化规律及其原因提出了比较中肯客观的分析，所有成功的企业家皆可作为借鉴。

美国作家格拉德威尔（Malcolm Gladwell）在《异类：不一样的成功启示录》一书中提到，一个人要获得成功，需要经过一万个小时的苦练。但除了苦练，为什么有着同样智商和能力的人，一些人能获得非凡的成就，另一些则默默无闻？在对成功人士进行分析后发现，机遇以及上辈的文化熏陶是造就这些人成功的关键。企业家精神的进步是个连续的时间函数，需要踏踏实实的社会贡献，需要点点滴滴的来自每个人的努力，需要大量的积累。正如格拉德威尔[18]指出的那样："成功的人不是凭空出现的"，"他们受惠于那些不显见的优势、格外的好运气以及文化上的遗产，这使那些人掌握真知、工作勤奋并且以一种前人所没有过的方式理解世界"。

慧聪集团董事长郭凡生认为，企业家精神就像爱情一样，永远说不清楚，但还是一代一代地流传下去。正是因为有了爱情，才有了今天所有的人，也正是因为有永远说不清楚的企业家精神，才让所有的人拼搏了一次又一次。20世纪80年代，有个流传很广的笑话：北京王府井大街有个广告牌掉下来，砸到五个人，其中四个是总经理，还有一个是总经理助理。那是全民经商的年代，满街都是经理、厂长。然而几年之后，这些人中又有几个成为真正的企业家呢？

管理大师彼得·德鲁克说过，企业家是厂长经理中少数出类拔萃的人物，不是所有的厂长经理都是企业家。对企业家们来说，传递价值观要比传递财富更为重要。价值观是衡量成功的基准。在一个变化迅速的经济环境中，金钱可能在一天内化为乌有；而内化在人心里的价值观却将一生长存。

精　神　教　育

开设企业家精神教育是基于这样的假设，即企业家精神是每个人都具有的个性特征，不同的是有的人把这种特征充分地发挥了出来，成为卓越的企业家，而大多数人并没有把这种特征发挥出来。企业家精神是可以通过后天的学习和培训来挖掘的，每个人都可以通过适当的学习挖掘出自身所具有的企业家精神。

教育标的

企业家精神的热潮有深厚的实践基础：一方面，从频繁的创业活动中提炼出来的企业家精神理论，需要通过教育这一载体去传播、验证和创新；另一方面，活跃的创业氛围和数量众多的创业群体又产生了对企业家精神教育的巨大需求。

创业精神

从反映创业活动程度的指标——全员创业活动率（Total Entrepreneurial Activity，TEA）来看，在被全球创业观察（Global Entrepreneurship Monitor，GEM）监测的有关国家中，美国一直处于上游。2001年，美国的TEA是11.7%，在被监测的29个国家中处于第7位，仅次于墨西哥、新西兰、澳大利亚、韩国、巴西、爱尔兰，而排名最后的新加坡、日本、比利时等国同期的TEA只是5%左右。

以上是对已创企业而言，事实上，美国青年人的创业热情也是持续高涨的，而创业热情则在一定程度上代表了创业的后续资源，对保持创业的可持续发展极为有利。盖洛普公司（Gallup）和美国创业领导中心1994年进行的一项关于企业家精神教育的调查显示，美国近70%的高中学生打算在未来创办自己的公司。美国的中学生不再把父母在大公司一辈子辛苦而相对安稳的生活看作一种榜样，新技术时代涌现的精英（如盖茨、戴尔等），开始成为样板，再加上美国大企业重组和网络经济泡沫破灭所导致的裁员浪潮，这些综合因素使美国近几年年轻人的创业活动创造了历史最高水平，大约30%左右的新创企业家是30岁左右或更小。

但仅有创业热情和创业意识，没有认真细致的创业规划和创业知识，只会增大创业失败的概率。盖洛普公司的调查还显示，只有44%左右的高中生能够正确地回答出与企业家精神和创业有关的基础知识。因此，为这些想创业但创业知识不足的未来创业者，提供必要而恰当的企业家精神教育就显得极为重要。同时，正在创业过程中的创业者也会遇到各种难题，除了从实践中摸索外，去有关企业家精神研究和传播的高等院校以及科研机构等学习深造也构成了对企业家精神教育的另一类巨大需求。

其实，这样的企业家精神教育课程并不限于商学院的学生，为其他专业（如理工类）学生开设的此类选修课也很受欢迎。事实证明，美国各界对企业家精神教育的需求非常旺盛，且远未满足。

1945年，哈佛大学商学院首次开设企业家精神课程。自20世纪60年代后期，企业家精神教育在世界范围内以前所未有的速度迅速发展。1970年，美国大约有25所高等教育机构提供企业家精神方面的课程；1980年，这一数字增长到150家；1985年，在245家高等教育机构的253个学院开设了企业家精神课程。迄今为止，在美国的1 600个学院和大学开设了2 200多门相关课程，设立了100多个企业家精神研究中心[19]。据百森商学院和伦敦商学院联合发布的全球企业家精神监测报告（GEM）显示，2001年，美国有超过1 500所四年制大学和学院提供了创业课程，而且可授予管理学博士学位，侧重于企业家精神方向研究的大学仍在持续增加。美国的企业家精神教育已形成了较完整的体系，具有鲜明的特点，由于其根植于异常活跃的中小企业创业热潮和深入的学术研究基础之上，已取得一定成效，还将继续发展。

企业家精神教育在20世纪50、60年代没有流行起来的主要原因在于发展大企业是这一时期世界经济的主流。进入 70 年代,在以计算机技术为代表的第三次科技革命的推动下,以技术变革为契机,美国涌现了大量基于计算机技术应用的中小企业,并造就了当今无数的卓越企业,如微软、戴尔等公司。在随后的 20 年里,它们极大地推动美国经济以前所未有的速度增长,成为经济增长的主要推动力。更为重要的是,20 世纪 70、80 年代的创业神话改变了美国以大企业为主流的游戏规则,创业机会大量涌现,盖茨、戴尔等企业家成为美国中青年的样板,掀起了美国的创业经济热潮。创业实践的繁荣引发了对创业技能和创业理论的高度需求,理论界也开始重新关注小企业创业中所蕴涵的企业家精神,着重研究基于创业活动中的创新和冒险精神,逐步识别出创业所遵循的一般规律及其影响因素的作用机制,并取得了大量开创性的研究成果,企业家精神教育也随之在美国流行起来。

创新思维

企业家精神教育热潮兴起的原因并不单纯是创业和中小企业的繁荣,20 世纪 90 年代后以信息社会和知识经济为代表的新经济时代的到来,对企业家精神教育的繁荣产生了巨大的推动作用。首先,它在改变产业结构的同时,也改变了企业的生存法则,企业竞争优势的核心资源由有形向无形转变,竞争优势的生成重点由效率、质量和价格向变革与创新转变,竞争优势的生成途径由重组再造向打破市场均衡、改变竞争规则转变,并且大量创新性小企业蚕食现有大企业市场、改变产业竞争格局的事实反过来加剧了这一变化趋势。其次,环境复杂、竞争加剧是当今社会转型期的典型特征,导致管理者面临的是与以往可预见的环境复杂特征完全不同的新形势,这要求管理者用创新性眼光审视环境、用创造性方式解决企业的生存问题,强调如何在动态和复杂的环境中增强识别机会、把握机会的能力,强调理性的冒险而不是如何规避风险。这些时代变迁向实践界提出的转变,正与企业家精神的本质(创新与冒险精神)相契合。并且,顺应这一趋势,理论界也从基于商业领域内小企业创业的企业家精神出发,不断丰富着企业家精神的内涵,提出了基于公司型创业的公司企业家精神(Corporate Entrepreneurship)和基于社会非营利性组织创新的社会企业家精神(Social Entrepreneurship),分别关注大企业组织创新、新事业开拓途径和社会非营利性组织的创新问题,旨在建设企业家型企业和创立企业家型政府,甚至是企业家型社会。由此可见,这些事实在丰富企业家精神理论的同时,也推动了企业家精神教育的兴起,表明了社会转型期理论界与实践界强调用新方法解决新问题的共识。

目前的管理学硕士教育正在经历一些专家曾经预测的革命性变化。公司面临的新的竞争需要日益全球化,要求明天的企业领袖富有弹性。EMBA 教育正向差异化发展并且重新定义自己。其中的一个重要方面就是制订新的教学大纲(New Programs)。不管各个商学院如何制定它们的课程顺序和具体科目,它们都非常强调企业家精神(Entrepreneurship)、道德(Ethics)、全面质量管理(Total Quality Management,TQM)、信息技术管理(Information Technology Management)和领导艺术的发展(Leadership Development)这些课程。普渡大学(Purdue University)的 PL+S(Preparing Leaders and Stewards)教学提供附加的课程项目、社区服务机会、自我评价和为公司做项目咨询的自我导向型群体来作为发展领导技术的途径。哈佛商学院则将基础课(Foundations)教学重点放在职业计划(Career Planning)、自我评价(Self-Assessment)、团队工作(Working in Group)和商业道德(Business Ethics)上。道德教育在加州的佩珀代因大学(Pepperdine University)中得到了不断的强调。Stanley K. Mann 教授说:"我们正在'教'经理们负起责任和义务,而别把美元放在任何东西之上。"将新的重点放在企业家精神上反映出这样一个现实:"大部分的 MBA 毕业生将不到《财富》评出的 500 家最大企业中去工作",AACSB 的 Hickman 先生说:"因为一直以来他们缩减得最大"。于是,越来越多的大学开始帮助学生提高他们的求职和职业发展技能。

管理伦理

接受 EMBA 教育的目的,首先就是确定一个个人(企业)今后的发展志向。借用儒家《大学》中的古训就是:"大学之道,在明明德",大学的重要使命在于教导学生追求真理。接受 EMBA 教育的学员主要来源于企业。在目前这个商业社会中,当他们走出学校以后,很有可能将对一个企业、一个行业,甚至一个地区或国家的生活、经济产生重大影响,EMBA 毕业生的行为很有可能成为社会其他人效仿的对象。因此,作为一个今后可能对社会和经济产生影响的人,在追求自己私利的同时,首先需要明白自己的社会责任;即 EMBA 毕业生应该明白自己所承担的社会责任,明白企业的本质,明白企业本身作为一个社会道德载体所应该具有的行为规范。因此,在 EMBA 学科中提倡基本道德规范的教育,实属必要[20]。作为接受特殊职业能力教育的 EMBA 学生,就必须经受此方面的熏陶。可见,EMBA 教育的基本内容,除了功利性的经济学课程和管理学课程以外,还应该增加社会学、文化学以及伦理学的课程,应该注重在道德规范、法治、文化、心理、宗教历史等方面对学生进行人文知识方面的熏陶。只有这样,才能使他们在企业中面临具体问题时,在采取行动或决策时,能考虑是否符合法制、是否有悖人伦、是否遵循道德。只有这样,才能使他们的个人行为、企业行为不背离其本身的大道,从而获得真正的声誉。

企业家的个人行为、企业的行为应该遵循怎样的大道呢?关于这一点,可以对照着看一下日本企业家稻盛和夫的经营理念。他不是 MBA 或 EMBA,也从没有接受过工商管理的教育,但却是京瓷和日本第二电信电话两个世界 500 强公司的缔造者。在经营理念上,稻盛和夫这个"企业界的思想家"恪守的是"敬天爱人"(敬天,按事物的本性做事;爱人,就是利他、利客户)的哲学态度,即在追求全体员工物质和精神两方面幸福的同时,要为人类社会的进步和发展做出贡献。因此,在他看来,追求利润本身并不就是坏事,但其中的关键问题是这些利润如何利用;获取利润的目的应该是为了社会、为了家庭以及为了个人,首先应该是为了从业人员和股东,同时照顾顾客的利益,如果还有剩余就应该为文化和社会做贡献。可以看出,稻盛和夫的企业经营大道,就是顾客、员工、股东、社会等各相关利益方对公司经营利益的和谐分享。

要取得如此的认识,首先需要选择合适的企业经营者。用稻盛和夫的原话,就是:"经营首先是由人来经营的,因此,经营者的人性、人格至关重要。经营者必须要有高尚的品德,如果没有高尚的品德,他就不可能展开很好的经营。经营者要有高尚的品德,就要提高自己的心性,提高了心性,他的经营才能有所拓展。因此,我经常说,经营的秘诀就是提高人性,这是非常重要的。"

正因为如此,首倡 MBA 与 EMBA 教育的美国,在很多高校都加强了伦理道德和社会人文类课程,特别注重对学生在面临决策是否合理、合法以及合情上的思考和训练。借用某个美国商学院院长的话就是:"经济伦理学首先必须努力面对的问题,是作为(未来的)雇员和经理人我们应该做什么,而不是我们如何才能'认识世界'"。可见,"经济学如果离开其他学科,尤其是有关人类行为问题科学的帮助,把人情、伦理统统疏忽,囿于自身的经济天地,或仅仅借助于数学逻辑而使自己变得更加'经济',它将被事实证实是最不经济的。"

然而,国内的EMBA课程很少开设伦理学之类课程,逐渐蜕变为"唯利益最上"化的典型的"经济人",并且通过其在当今社会中的商业、经济及管理岗位中承担的角色,把这种"经济人"的行为传染到整个社会,以致整个国民越来越"经济人"化了。

领导能力

最关键的领导因素经常是一种无形的或者形而上学的因素。一个发展中国家,真正缺乏的并不是GDP的经济实绩,而是精神,有物质而无精神是转型社会的通病。对一个人来说,最重要的也是其精神、艺术与品质性。而对管理者(尤其是高层管理者)来说,制约其领导能力提升的关键因素经常是精神层面的因素。

人的一生其实是在路上。终极目标指向何方与一个人自己决定一生到底想要什么密切相关。人生为自己设定的物质性目标不外乎是金钱、权势、名位而已,这些目标不管多么遥不可及都是有限的。对有限目标之追求,最终难逃恺撒之悲——恺撒在登上梦寐以求的皇帝宝座以后,曾说过一句著名的话:"这一切原来是如此空虚与无聊!"说到底,人的尊严在于人的创造性,在于人能够"精神地生活",在于人的心灵所享有的那种无边无垠的自由。

2008年4月,以案例讨论之盛名闻名于世的哈佛商学院出现了令人激动的一幕,3 000名师生同时讨论一个案例:哈佛商学院要在未来100年中扮演何种角色?"改变心灵和头脑"、"在一片不确定性中引领时代"、"用企业塑造未来"等都是校友们讨论出的答案[21]。

教学定位

智的教育

美国哈佛大学前校长普西①指出:"教育的实质在于培养具有创造力的人才。一个人是否具有创造力,是一流人才和三流人才的分水岭。"企业家的创造力主要表现在他是在何种程度上系统地阐述问题的。一个合格的企业家总是将他的潜在市场描述成多元的:有顾客找麻烦的,有在购前寻求建议的,有准备为解决方法付钱的。不同需求层次的客户人数呈金字塔型分布,愿为解决方法付费的人只是一小部分,位于金字塔顶部,更多的只愿为咨询他们所面对的问题或将要面对的问题付费,这些人位于金字塔底部。

企业家可以是体残,但智残的企业家在事业上一定不能走远②。David Birch[22]认为,传统的企业家科班教育只能教会人如何为企业家打工,却无法塑造健全的企业家人格,从而不能培育出真正自己创业的企业家人才。目前,中国的诸多商学院以及商学进修课程也都开出了市场营销等科目,表面上做到了David Birch提出的培养要求。但是,不可忽略的一点是,商学院潜在的培养目标与学生们的就业目标往往局限在成为大公司(尤其是世界500强企业)的员工,然后步步高升,向中级管理层辛苦前行,向高级管理层艰难迈进,最终到达CEO的位置。

---

① 内森·马什·普西(Nathan Marsh Pusey,1907-2001),哈佛大学第24任校长(1953—1971)。

② 与此对应,体残的优秀领导者也比比皆是,如罗斯福(Franklin Delano Roosevelt,1882-1945,第32任美国总统)患有小儿麻痹症,但智残的领导者却是国家甚至世界的灾难。

这种趋向性带来的问题是明显的。

[提示]无知是一切罪恶的根源。——斯宾诺莎①

道的教育

就科学而言,"智商"(或者还有"情商"之类)是一个中性的客观概念,用来判断、比较某个特定社会的人在相关活动领域里的综合能力的绝对值。本身没有是非、好坏之分,主要看将这种能力用在什么方向上(以有利于推动社会进步的方向为正)。例如,一个高智商者要是去从事科学研究或高科技事业,一定会取得许多造福于人类的巨大成就。但要是用来作奸犯科,就会给社会带来严重的负面影响,造成同样巨大的财产损失。这准确地体现了一句"聪明反被聪明误"的中国格言。"忽略对方向判断的重视"或"对概念不做定义域限制"的问题是中国文化、乃至全人类存在的最大不足或失误,更是导致中国社会总是不能长治久安的根源。这绝对是一个可以立此存照的科学判断结论!

精神首先是一种思想形式,是一种驱动智慧的意识形态,企业家精神本质是一门智慧科学,也是一门有关"道"的科学;企业家精神因此也就是企业家的"道商"。丽江东宝·仲巴活佛有言:"万般神通皆是术,唯有道才是根本"[23]。"道"是人自己本性的发展。对"道"的磨练修养就是教。智慧性和"道"的精神培养在中国高等学校现有的教育体系中是十分缺乏的,即使在管理学院或商学院(包括 MBA、EMBA)的培养体系中也是如此。接受 EMBA 与 MBA 教育的重要目的,首先就是确定个人(企业)发展的志向。借用儒家《大学》中的古训就是:"大学之道,在明明德",大学的重要使命在于教导学生追求真理。

往瓶子里装东西时,如果你先装石头,装满了还可以再往里面装细沙;如果你先装满细沙,就不能再往里面装石头了。人生其实也一样,装东西也要讲究先后顺序,你得先装大的东西,如人格、观念、理想、方向等,然后再装细的东西,如习惯、技能、步骤、方法等。如果顺序反过来,你就很难装进去了!因此,企业家精神与领导力的学习要先见"森林",再见"树木"。不能死记"树木",忘了"森林"。

得道者得天下。所谓道者,企业之神也。对企业而言,企业的品质如何都体现在这个"道"上,御之以道,再以御人,按照现在管理的看法来说,道就是企业内在的企业文化,企业性格以及企业内涵,这些刚开始是企业首任创业者、管理者、经营者所赋予的,之后,不断历练、修正、完善"企业人格",以后,无论是新进员工还是生意往来的客户朋友,都将被这个企业所独特的性格魅力所吸引。为什么人们喜欢去世界 500 强的企业工作?有时候,在 500 强企业里工作,工资虽然不多,但是有种感觉相当好,好就好在这个"道"上了。

小成靠勤,中成靠智,大成在德,至成于道。对企业家来说,道就是企业家的企业家精神与核心价值观。成功者之所以成功,在于做人的成功;失败者之所以失败,在于做人的失败。做人有做人的法则和技巧,做事有做事的规律和窍门。作为一个现代人,在商业社会里打拼,只有熟练掌握这些法则、规律、技巧和窍门,才能步入成功者的行列。成功之道,在以德而不以术,以道而不以谋,以礼而不以权。成大事的人往往都有一颗谦虚谨慎的心,都是不把自己的真正实力暴露出来的人。

企业家精神教育课程的核心内容在于探讨企业家精神的真谛,同时,修炼企业家精神,以

---

① 斯宾诺莎(Baruch de Spinoza,1632-1677),荷兰近代哲学史重要的理性主义者。

企业家作为主体去研究成为企业家的条件,即如何成为真正的企业家。企业家教育的具体层次与标的如表1.2所示。

表1.2 企业家教育的层次与标的

教育内涵	教育对象	培养特质
精神	企业家	领导
能力	经理人	管理
知识	专业人员	技术

如果将企业家能力喻为"术",企业家精神就应该是"道"。道不通,则术不行。松下幸之助说:"一个人格上有缺陷的人,其才能越大、越容易危害他人及社会。"而这正是中国教育的最大问题!自古以来,中国社会呈现的重大错位,就在于重"术"而不重"道";中国企业家的精神价值长期被掩埋,常常由"术"湮灭了"道"——太多人只关心结果,无所谓是非。

在此基础上,道商(Doctrine Quotient,DQ)是企业家精神的本质;同智商(Intelligence Quotient,IQ)、情商(Emotional Quotient,EQ)、财商(Business Quotient,BQ)、德商(Moral Intelligence Quotient,MQ)一样,道商是一个人的重要素质,并且比智商、情商和财商具有更高价值的决定性[①]。

什么是"道"呢?我们来看汉字里的"道"字。"道"字,左边一个"走"字旁,表示行动与前进,右边一个"首"字,表示大脑和思想。《黄帝阴符经》开篇主旨即告诉我们:"观天之道,执天之行,尽矣。""观天之道"必须通过大脑之"首",去观察、发现、分析、领悟和认识宇宙自然运行的法则和规律,然后,按照这个法则和规律去执行和实施,依靠大脑来指挥行动,用思想来推动前进。如果把思想和行动这两点把握好、协调好,成功之"道"的全部奥妙就已经全备了。

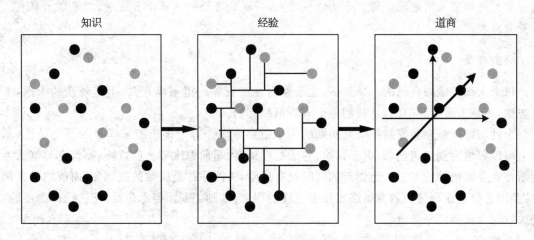

图1.4 企业家的学习从知识向经验及道商转移

现在,企业家的学习应该从对知识的学习向经验和道商学习转移,如图1.4所示。在真实世界中,战略不是上帝刻在西奈山的石板圣经,搬下来就能执行,而是必须体验经验,同时兼具

---

① 这正是本著作名称被界定为道商解析的重要原因。

道商。只有具有道商心智的人,才可以看清经验的大局,建构领导定力。相应地,好的领导力教育课程必须能够帮领导者独自思考经验,或是和同仁一起思考经验,深度理解经验的道商意义,建构、践行并不断明晰与坚定领导定力。

道商就是以"道"的规律来指导商业经营的成功,同时通过自己的身体力行去发现这些符合"道"的规律的绿色商业智慧,再通过整理与传播,最终实现和诠释"道通万物"、"道生万物"的思想型与实践型兼容合一的商人。道商规定了智商的发展方向与使用。道商高的企业家与一般的商人相比,最本质的区别就是非常重视商业智慧与创新通变。

中国海尔集团的总裁张瑞敏先生,曾将《道德经》的普遍原理应用于海尔运作的具体实践中,取得了巨大的成功,创造出独具东方文明特色的"海尔文化"。2004年12月,张瑞敏在海尔创业20周年纪念会上说,海尔之所以取得成绩,是因为海尔把握住了规律。而他说的第一条就是"无为"和"有为"的关系。张瑞敏称:"无为和有为的关系,不光对企业,对所有部门都一样,其实是非常关键的。所谓无为,就是企业的价值观,它是无形的,但非常重要。如果把企业当成一个人的话,它就是一个人的灵魂;如果把企业比作一艘船的话,它就是罗盘。在这个无形价值观的指导下,可以产生有形的成果,也就是老子所说的'为无为则无不治'。如果能做到'无为',则没有什么是做不到的,有形的东西生于无形的东西。"

华为的"道"是什么?很显然,经营、研发、人力资源、财务乃至战略等都不是"道",而是"术",许多专家都从不同侧面把华为的"术"讲透了,我们应该从浩繁的资料迷宫中找到"华为之道",当然,后来也和离开和现任的华为高管漫聊,得出统一的认识,"华为之道"就是华为的核心价值观以及价值观体系[23]。到今天为止,华为还是一家相对成功的国际化企业。它为什么成功了?根本上在于它的企业管理哲学,它的核心价值观。任正非在谈到华为的接班人问题时讲到:"合格的接班人,一是认可公司的核心价值观,二是富于自我批判精神。"①

心的教育

每个人都应该跟自己的心灵对话,这是你内在的资源。道不离开人,不是外在的天国,不是彼岸,不是上帝给我们的,是我们每个人心里都有的。

个性与特征是企业家精神研究初期的一个重要方向。综合多个专家学者的研究结论,基本上可以归纳为创造与创新、勇于冒险、善于把握机会、超前思维等。熊彼特、德鲁克等就认为创新是企业家精神的本质。但创新的同时就有风险,实践往往是失败的案例多,而成功的案例少,美国各级企业家精神教育始终贯穿着这样的理念:鼓励创新而容忍失败,把失败作为经验,把失败视为成功的一部分。

在此基础上,美国考夫曼企业家精神研究中心(The Kauffman Center for Entrepreneurship Leadership)将企业家精神教育定义为向个体教授理念和技能,以使其能识别被他人所忽略的机会、勇于做他人犹豫的事情,提高其机会感知、风险承受、资源整合等增强

---

① 当代中国已经产生了褚时健、任正非和王石三位教父级的企业家。他们不仅具有当代中国行业发展的代表性,更展示了这个时代所需要的领导力基因内核——明智、通道、坚定!他们具有常人难以企及的清醒、内敛和谦逊,恰因此而缔造了他们领导的成功!

开创新企业、强化新创企业管理所必需的能力。

德的教育

中国传统文化中就有"术"与"道"的阐述,在现代科学管理理念中也有战略、战术和运营的解释,而落实到领导力方面,则应该是业绩、经验、能力与品格之间的辩证。作为一名高级管理人员,领导力的提升是与责任的增加相适应的,业绩、经验和能力是可以通过历练和训练获得的,但品格则是需要自己对自身和周边的感悟和修炼来完善的。

在当今社会,任何有远见的企业都应该树立当合格的企业公民的理念,这样才可能真正实现平衡和可持续发展的目标。企业公民是指企业就像城邦中的一个公民一样,与所存在的社会具有广泛的契约关系。企业应该具备一个六边形的商业经营模式,即对股东、客户、员工、供应商、自然、社会这六个方面都要负责,要能够合理地平衡这六方面的利益,这样,企业本身也才能平衡、和谐地发展,整个社会也才能平衡、和谐地进步。

当代优秀的企业家应该具有道德资本,这是走上国际化舞台的企业家所必须具备的德商修养。道德资本不易捕捉和观察,但却有重大的影响力,决定了企业的根基和长期发展前景。哈维尔指出:"当一个人选择采取一定的立场之后,当他在自己的生命中注入了某种意义,这将给他洞察力、希望和目标。"

德商是指一个人的道德人格品质。德商的内容包括体贴、尊重、容忍、宽容、诚实、负责、平和、忠心、礼貌、幽默等各种美德。德商是美国学者道格·莱尼克(Doug Lennick)和弗雷德·基尔(Fred Kiel)在他们 2005 年出版的《德商:提高业绩,加强领导》一书中提出的。他们把"德商"定义为"一种精神、智力上的能力,它决定我们如何将人类普遍适用的一些原则(正直、责任感、同情心和宽恕)运用到我们个人的价值观、目标和行动中去"。

德商是企业家的道德能力,包括规范能力和责任能力,也就是内在地规范自己的行为,并且对各方面的反应保持一种敏感,积极承担自己的责任。企业家的德商是企业家的"内功",也是他们内在蕴含的力量,决定了整个企业的品质和内在竞争力。

以道德为基础的企业家精神是社会文明进化杠杆的动力源泉(见图1.5)。

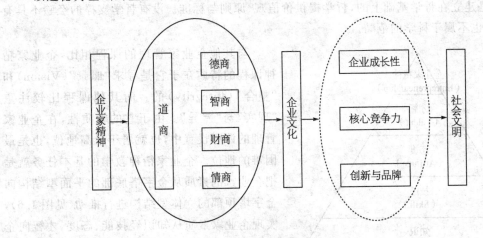

图 1.5 企业家精神的杠杆效应

蕴德则润物,论道则声远。德商创造了促进智商发育与型构的良好的身外与身内的环境。创业在把赚钱当目的还是为了更高的精神境界之间有着明确的界线。商人仅以赢利为目的,企业家则应该以社会价值的创造为目的。对企业家而言,钱可能是结果,但永远不能成为目的,尤其是唯一目的。这方面,企业规模大小永远不是界定创业者是商人还是企业家的标准。

专栏1.2　　　　　　　　**贝佐斯：善良比聪明更难**[24]

做一个善良的人要比做一个聪明的人更加困难。聪明是一种天赋,而善良是一种选择(Cleverness is a gift, kindness is a choice.)。天赋得来容易,但选择往往很困难。你们如果不够谨慎,就可能被自己的天赋所误导,一旦误导,就可能危害到你所选择的价值观。

人生的意义就在于你的选择。你会如何善用自己的天赋？做出哪些选择？你会放任自己怠惰还是追随热情？你会服从教条还是坚持创新？你会选择安逸人生还是服务与开创的人生？你会在批评之下屈服还是坚持信念？你会在犯错的时候蒙混唬骗还是认错道歉？你会在遇到逆境时放弃还是坚毅不屈？你会是个嘲讽者还是个建造者？你会用伤害他人的方法展现聪明还是宁愿选择善良？

当你们活到八十岁,在某个安静的沉思时刻,回到内心深处,想起自己的人生故事时,最有意义的部分,将会是你所做过的那些选择。

人生到头来,我们的选择决定了我们是什么样的人(We are our choices.)。

教育设计

企业家精神应该如何教育？这是一个回答起来相当困难的问题。

教育层级

智慧是建立在哲学基础上的,哲学提供价值观、原则与标准。没有哲学支撑的经验不具有可重复性,也不属于科学的范畴。

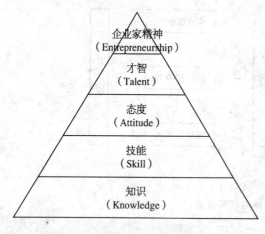

图1.6　企业家素质金字塔

与其他企业家管理的课程相比,企业家精神课程的特质在于它是寻求"愿景"(Vision)和"整合"(Integrity)的。而其他课程比较注重"现实"与"差异"。由于它的本质性,在企业家管理的课程设置中,也就居于最高地位,也是最困难的地位。企业家精神教学的基本任务就是把企业家的素质从金字塔底部的平面型结构向金字塔顶部的立体型结构进行推动(见图1.6),实现企业家素质从知识经技能、态度、才智向企业家精神的提升。

在图1.6的企业家素质金字塔中,中国现在的教育方式仅仅提供有限的知识教育,还没有提供知识学习的方法;对技能教育是缺乏的,尤其是在其思维方式层面;在余下的三个层次的教育缺口中,企业家精神具有最高层次的主导性。

教育体系

美国企业家精神教育的迅猛发展体现在多个方面,如迅速增加的学生注册人数、急剧涌现的企业家研究中心、大学之间创业计划的竞争、企业家精神课程和项目的不断创新等。高等院校提供的企业家精神教育从单门课程发展到综合性的包括市场管理、金融学、竞争分析、新产品开发和技术管理等的专业课程。许多院校还把此类课程延伸到非工商管理专业之外,诸如创业型的教育学、创业型的政府管理等。

Shane[25]对在企业家精神研究领域具有影响力的美国高等院校进行了排名,宾夕法尼亚大学、南卡罗莱那大学、百森商学院、佐治亚理工学院和南加州大学等名列前茅。根据Shane的研究结论,通过对以上院校的课程设置、类型和其他方面进行对比、归纳,有如下特点:

(1) 形成了从本科、硕士研究生到博士研究生的企业家精神教育体系,甚至扩展到了中学教育,构成了金字塔型的知识结构。哈佛商学院不但建立了企业家精神方向的研究生课程,还开设了创业型管理者(Entrepreneurial Manager)的本科专业;不但开设了创业型金融、创业型市场营销等基础课程,还开设了巨变环境中的创业管理、教育变革中的企业家精神、创造管理等研究方向或研讨课程。

(2) 形成了产学研一体化的社会整体效应。许多大学都建立了企业家精神研究中心,建立了资助学生创业的各种基金与项目。例如,哈佛商学院就在美国高新技术的摇篮——硅谷建立了加利福尼亚研究中心,使学生可以做到"学中干"与"干中学"的结合,也有利于缩短高等院校高新技术实现产业化的时间。

(3) 产生了一批致力于企业家精神教学与研究方面的专家学者。Shane[25]的研究结果列出了1987—1994年间最有影响力的企业家精神研究学者,包括Covi、Bygrave、Regnolds、Shane、MacMillan、Birley、Slevin、Zahra等。他们对企业家精神从多个层面和多个角度进行了研究。

(4) 出版了一批较好的企业家精神教材。这些教材建立在企业家精神的相关研究基础上,重视创业的整个过程,重视案例的可学和可借鉴性,重视实战思考,把创新和发现机会放到培养学生整体素质的首位。

教育模式

目前,企业家精神教育主要是结合创业和新创企业的管理问题展开,教授学员在新企业创立和管理过程中的撰写商业计划书、融资能力、谈判技巧等显性知识,核心是教授学员识别和把握机会、承担风险、迅速整合资源等方面的隐性知识。并且,随着理论研究的深入与实践对大企业生存问题的关注,以强调基于创新冒险等隐性知识为核心,企业家精神教育逐渐扩大已有范畴,将企业家精神与大企业管理的相关内容相融合,形成企业家型战略(Entrepreneurial Strategy)、企业家型领导(Entrepreneurial Leadership)、企业家型营销(Entrepreneurial Marketing)等课程,旨在培养富于企业家精神的管理人才,使新时期的人力资源掌握企业家技能,并逐步脱离创业导向的企业家精神教育模式。

企业家精神教育的课程设置模式强调以企业家精神为核心向管理职能活动的渗透,并结合新创企业特性与已有企业特性,形成基于创业导向和基于公司型创业的具体课程内容,在实现培育学员识别把握机会、创新变革等企业家能力的同时,教授学员应付不同实践需要的方法与技能。百森商学院(Babson College)是成功运用该模式的商学院之一,该学院在强调基于创业导向的企业家精神教育的同时,逐步涉足基于公司型创业的企业家精神教育课程,成为世界上第一个对美国和欧洲的大公司的高级管理人员教授公司企业家精神的院校,其客户包括西门子公司、光技术公司和康柏公司等许多大公司。

从课程内容侧重点看,可分为理论导向型课程与实践导向型课程两类,服务于不同的目标:理论导向型课程旨在培养企业家精神方向的研究者;实践导向型课程旨在培养学员对新机会的识别、评估、捕捉和应对不确定性的实践能力。两者均强调深化学员对企业家精神本质的认识,而不同的仅表现为用途和侧重点。理论导向课程更强调传递有关企业家精神的理论知识,培养企业家精神方向的研究人才;实践导向课程更强调联系现实创业活动,并试图通过撰写商业计划书和与已创业者的互动等方式使学员获得逼真的创业经验,转化为学员在实践中的机会把握能力、创新能力与应对不确定性的能力。此外,理论导向课程以讲授理论为主,实践导向课程以案例研究、团队项目计划、嘉宾演讲等现实模拟内容为主。

教育评估

对企业家精神教育的效果进行有效评估对于其健康发展是极为重要的,美国许多大学和机构先后从不同的角度进行了对比研究。但由于引致的创业活动需要较长时间的实证观察以及研究对象的复杂性和影响因素众多,导致以往的研究主要局限于小范围、小样本的实证研究。有的从较易统计的指标进行分析,如学生注册数的变化、学生毕业率的增长;有的从更广泛的意义上进行评估,如企业家精神教育产生的社会经济影响、在雇佣员工数上对经济增长的贡献、毕业学生对职业的满意度等。有的研究还表明,美国各界对企业家精神教育项目的捐款每年正以指数级的速度增长,这也从一个侧面反映出整个社会对企业家精神教育成效的肯定。

下面以亚利桑那大学一项比较综合性的企业家精神教育项目调查结论来说明。这次研究对象是亚利桑那大学1985—1999年间毕业的学生,共收到511个有效样本,其中,406个是亚利桑那大学非创业教育项目的工商管理毕业生,105个是亚利桑那大学伯格创业教育项目(Berger Entrepreneurship Program)的毕业生。这项研究分别从年均收入、拥有资产、是否自我雇用等多个方面进行了调查与分析。以下几个结论值得关注:

(1)有明显的数据支持,在创办风险企业数目上,创业教育项目学生是非创业教育学生的3倍。

(2)有关数据显示,在自我雇用倾向(Propensity of Self-Employed)上,创业教育项目学生是非创业教育项目学生的3倍。

(3)企业家精神教育对毕业生收入和资产也有明显的影响。创业教育项目学生在年均收入上平均比非创业教育项目学生高27%,在拥有资产上高62%。

(4)企业家精神教育对企业的成长(特别是对小企业的成长)有较大贡献。从雇用创业教育项目学生的小企业来看,在销售收入和雇用人数增长上都大大高于雇用非创业教育项目学生的小企业。

(5)企业家精神教育促进了技术从大学向私营部门的转移,同时也促进了技术型企业的创建。一般来说,受创业教育项目的学生更乐于到高技术企业就业。在实现自我雇用的创业教育项目学生中,将近23%的人拥有自己的高技术企业,而非创业教育项目学生只有15%。

但是,正像工商管理硕士教育(MBA)的发展不断引起争议一样,企业家精神教育的发展同样面临如此问题,例如,企业家精神教育对培育创业能产生多大的作用,美国持续的创业热潮在多大程度上源于文化底蕴,多大程度上是源于教育的功劳,已有的教师体系如何迎接企业家精神教育的挑战,企业家精神教育对传统工商管理教育提出了哪些挑战等,都是值得持续关注的问题。

自我修炼

"卓越"的企业中企业家的出现和成长,除了外在的社会环境以外,关键还在于企业家自身内在修炼、自觉学习和在实践中的"成长"。如德鲁克所说,企业家精神既不是"自然的",也不是"创造性"的,而是企业管理者在实践中自觉"培养"出来的。

点亮心灯

古希腊哲学家伊壁鸠鲁有一句名言:"认识错误是拯救自己的第一步。"古罗马哲人塞涅卡对它的解读是:一个人要是尚未认识到自己在做错事,他是不会有改正错误的愿望的;在改正错误以前,你得发现和承认自己犯了错误。唯有如此,及时反省,我们才能将自己从过失和失败中拯救出来。我国古代的思想家曾子也说"吾日三省吾身"。看来,这些先哲们早已将自省当作一种自学的行为了,他们所推崇的"自省意识",千百年来一直作为精神财富施惠于人类。

在这个日渐浮躁的时代,每当我们惹了麻烦,做了错事,伤害了他人,我们首先想到的不是主动承认错误,而是如何逃避责任;每当我们遇到考试失利,求职碰壁,壮志难酬等困境时,我们最先想到的不是自身努力的不足、实力的欠缺、能力的差距,而是习惯在悲伤、沮丧、悒郁、愤懑的同时,将自身的过失和失利的原因归咎于他人的干预和外在的环境,却缺乏对自身灵魂的拷问,缺乏深沉的自省。于是,我们对心灵的防护能力和对神经的调控能力越来越差,陷于困境的我们往往要在痛苦的深渊里艰难地挣扎,却难以及时觅到逃离苦难的出口和冲击成功的出路。缺乏自省可怕,不正确的自省同样可怕。有些人一旦陷于失败或遭受打击,通常自怨自艾,强吞下失利的苦果,从此一蹶不振。还有些人又走到了另一个极端,将自省意识等同于严苛的自责,他们对自己求全责备,这只能助长自卑的心理,不仅于事无补,还会加深内心的苦痛。

企业家精神的学习本质是为了增强企业家自身的素质,因此,在比较分析与反省研究中,特别需要学员在反思、反省、明晰自身不足的基础上,多分析、借鉴与学习比较对象的各种优秀特质。也就是说,对待自己,要多看缺点;对待别人,要多看优点。这才是一个优秀企业家成长所必需的学习视角。基于这种学习视角,企业家还应该摆正自己的学习心态:平和、谦虚、求实、求变,宽以待人、严以待己。只有以一种诚恳、虚心的态度,才能向优秀的企业(包括优秀企业家在内的精英)学到真东西。

专栏 1.3   **点 亮 心 灯**

越战期间,美国男子穆司提每晚都点着一根蜡烛,站在白宫前表达其反战立场。在一个雨夜,他还是手拿蜡烛站在那里。一个记者忍不住地问他:"穆司提先生,你真以为你一个人拿着一根蜡烛站在这里,就能改变这个国家的政策吗?"穆司提回答:"喔,我这样做不是想改变这个国家,而是不想让这个国家改变我。"

从前有位国王外出,路面的碎石刺破了他的脚。回到王宫,他下令将所有道路都铺上一层牛皮。但即使杀尽所有的牛,也张罗不到足够的皮革,大家都一筹莫展。一位聪明的仆人向国王建言:您何不用两片牛皮包住您的脚呢?国王顿悟,改采这个建议,这就是皮鞋的由来——改变不了世界,但我们可以改变自己。

做对自己

企业家精神学习的基础在于实证,这种实证在于优秀企业家的思想、观念与思维以及优秀企业的行为与管理、制度与实践。实证的参照是学习的依据。而这种实证的参照是建立在做对自己这个基石之上的。

中国知识分子素有"以天下为己任"的悠久传统。孔子的说法是:"士若怀居,不足为士也",意思是说,一个士人如果总是想到他家乡,想到为家乡做事,而不考虑天下,就算不上一个士人了。显然,孔子是反对一个士人首先献身于他的家乡,而主张一个士人应该首先献身于天下。范仲淹说:"居庙堂之高,则忧其民;处江湖之远,则忧其君。是进亦忧,退亦忧;然则何时而乐耶?其必曰:先天下之忧而忧,后天下之乐而乐!"辛弃疾说:"了却君王天下事,赢得生前身后名。可怜白发生!"顾炎武说:"保天下者,匹夫之贱,与有责焉。"更将天下兴亡的责任付与给老百姓。

但实际上,所谓"以天下为己任",就是将自己与"最高中心"更紧密地联系起来,就是以从最高权力者的视角来考虑和认识问题和行动。这表现在两个方面:一是中国知识分子更倾向于流向"中心"。这也是造成中国人力资源分布极度不均衡的主要原因,不利于中国的经济与社会发展;二是中国知识分子更偏好于关注国家"大事",而不怎么关注地方"小事"。从而使中国社会严重缺乏自治的精神与传统[26]。

从个人的切身利益出发,很明显,身边之事和地方之事比国家大事与个人利益的关系更为紧密,相应地,个人就应该更多地关注身边之事和地方之事。将个人的热情与精力更多地投入到与个人密切相关的地方"小事"之中。在种种钳制之下,不管是社会还是个人,都有一个自我发育、自我建设的过程。个人自主性与社会自主性一样重要。尤其是对于每个人来说,都得由自己动手,来解除加在自己身上的那些看不见的符咒。

专栏 1.4　　　　　　　　不如从改变自己开始[27]

在威斯敏斯特教堂的地下室里,英国圣公会主教的墓碑上写着这样一段话:

当我年轻自由的时候,我的想象力没有任何局限,我梦想改变这个世界。

当我渐渐成熟明智的时候,我发现这个世界是不可能改变的,于是,我将眼光放得短浅了一些,那就只改变我的国家吧!但我的国家似乎也是我无法改变的。

当我到了迟暮之年,抱着最后一丝努力的希望,我决定只改变我的家庭、我亲近的人——但是,唉!他们根本不接受改变。

现在在我临终之际,我才突然意识到:如果起初我只改变自己,接着我就可以依次改变我的家人。然后,在他们的激发和鼓励下,我也许就能改变我的国家。再接下来,谁又知道呢,也许我连整个世界都可以改变①。

---

① 耶鲁大学的精神也是这样,希望从改变身边开始,进而影响世界。而比较起来,中国人总是喜欢思考与自己不相干或关系不大的问题,做与自己无利益关切的事情——在一般中国人的思维中,自我的主体性观照是缺失的。

据说,许多世界政要和名人看到这块碑文时都感慨不已。有人说这是一篇人生的教义,有人说这是灵魂的一种自省。当年轻的曼德拉看到这篇碑文时,顿然有醍醐灌顶之感,声称自己从中找到了改变南非甚至整个世界的金钥匙。回到南非后,这个志向远大、原本赞同以暴制暴填平种族歧视鸿沟的黑人青年,一下子改变自己的思想和处世风格,他从改变自己、改变自己的家庭和亲朋好友着手,经历了几十年,终于改变了他的国家。

这篇故事对中国人的警醒意义更大。有句网络语录这样指出:"很少独立自主的中国人想掌握自己的命运,太多的中国人都想掌握别人的命运。"大多数中国人的思维轨迹是:年轻时检讨社会,中年时检讨组织,老年时检讨自己。多少年来,中国和世界上许许多多国家的一代又一代的英雄们都是力图通过改变世界来改变自己——近代中国,知识分子并不是企图藉由缔造一套相对完善的政治机制来保障个人的自我发展。他们真正关怀的并非实质的"个人"解放,而是"国家"的解放。可是,在没有改变自己的情况下,这种改变世界的图腾带来的只是历史的往复甚至轮回。而我们真实所需要的是什么呢?难道不是应该通过改变自己而改变世界?

哪里是我们的起点?从自己这个起点开始,我们才能够发展出新的生长空间,拥有一个可能性的未来,让未来从现在开始取得雏形和加以培育,不要等到所谓"天翻地覆"的某个戏剧性的日子之后,在很大程度上,那个日子并不是最重要的,甚至一点也不重要,最重要的是从现在开始每天每时的变化。

> 世界上最合理、最普遍的条件反射,是奴隶主对启蒙者的压制、禁锢甚至屠杀;最不合理、但最普遍的条件反射,是奴隶对启蒙者的挖苦、围攻甚至射杀;最不合理、也最不普遍的条件反射,是奴隶主、奴隶对启蒙者的理解、拥护甚至追随。在这最后一种情况下,奴隶主也就不成其为奴隶主,奴隶也就不成其为奴隶,启蒙者也就成了多余的人了。人类最有价值的启蒙只能源于自己。

思维模式

每个人都有一个思维模式。这个思维模式决定了你怎么看和怎么了解你周围的世界。如果你想生活有小变化,改变你的行为;如果你想生活有质的飞跃,改变你的思维模式。在全球化的形势下,所有的社会政治问题在某种程度上完全可以转化为个人选择问题;而个人性的世俗痛苦,多半只因受教育程度低及低收入所产生的不适。自我拯救的道路因此很清晰:自我教育(互联网提供了资源)和自我选择(市场经济提供了空间)就可以改变人生。

在所有形式的教育中,也无论针对什么对象,理念的教育是第一位的。其中,政治家需要现代的社会理念,教育家需要科学的教育理念,科学家需要正确的科学理念,而企业家需要卓越的企业理念。理念制约了行为,在最大的程度上决定了结果。

在一个开放的社会里,环境已经不能完全决定一个人的命运;一个人自己的能力能够最终为自己的人生开辟道路。心若改变,你的态度跟着改变;态度改变,你的习惯跟着改变;习惯改变,你的性格跟着改变;性格改变,你的人生跟着改变。一个具有企业家精神的人,一般向自己的内心寻找力量,把自己当作自然的一部分,尊重生命,尊重自然的力量。优秀的企业家大多具有如下特点:

- 他们专注于企业的长治久安,而不是个人的名利得失。
- 他们能够激发广大员工的群体创造精神,而不是人人盼望他早些离职。

- 他们不愿抛头露面,不擅长在记者和公众面前作秀。
- 他们以自己的核心价值观专注于企业的长项,脚踏实地地"为人民服务",为了民众的利益和企业的稳定与成功能够牺牲自我、勇往直前,而不是急功近利、利欲熏心地将目光游移于所有能够赚钱的事情上。
- 他们能够像华为的任正非那样为企业的长期可持续发展制定"基本法",而不是只做一时守夜的报时人,将企业与自身"血肉相连"。

这样的企业家队伍在中国形成之日,就是"企业家社会"和社会主义市场经济建成之时。

专栏 1.5　　　　　　　用"心"塑造企业家[28]

一个真正的企业家要有强烈的使命感和忧患意识,自立而立人,自达而达人,自觉而觉他。而当今的中国企业的精英们离这一要求还有很大的差距,不能算是真正意义上的企业家。具体地说,企业家首先应具备以下几种素质:第一,要具备一定的哲学思想;第二,要有承担社会公益、道德、理念的回归社会的精神,既不片面地追求社会效益,也不片面地追求经济效益;第三,要具备相当于现代 MBA 的管理水平和技术知识;第四,要拥有全方位的健康身体,包括生理和心理的健康。例如,很流行的 59 岁犯罪现象以及一些"大款"挣了钱就去吃喝玩乐的现象都说明他们心态上有问题,这是一种非健康状态。另外,从中国传统文化的角度看,中国的企业家也必须是能够自觉觉他、己达达人的,具备带动社区、全社会全赢的理念。

"心"其实就是内圣外王之道。"内"即内在的素质、精神,"外"即外在的行为。中国要发展,要走向世界,首先要立足本土,先定魂,然后才是全球化。也就是说,对内要把中华民族的优秀品德传承。一旦传承了优秀的民族智慧和品德,人们就可以毫无拘束,轻装上阵于国际的起跑线上。没有包袱,有的只是开放、公正、自由的竞争与发展。只要自信、自重、自尊,进而向西方先进文明、商业规则学习,一个精蕴的中华文明重新屹立在 21 世纪就绝非虚言。而谁能完成这一责任呢?应该说,WTO 的加入,给中国带来了许多潜在的机遇和挑战,它可以使人们从体制的制约中获得彻底的解放,并从企业的改革中完全获得自救。所以,当代能够完成"内圣外王之道"的,首先应该是中国的企业家——中华民族智慧与德业,承担与行愿的传承者。只有当"知本"与"资本"两者结为一体时,中国的企业、中国的社会才能真正焕发出最大的能量和光芒。这是中国未来企业家的使命,也是中国未来社会兴衰的契机。

企业家要提倡零项修炼,即心态归零,做到心平气和。人只有在心平气和时才易平衡,否则,就容易失去平衡、善念,有所偏执。所以,一定要随时修正自己的行为,随时归零。"心"的回归来源于中国的禅文化,它超越了宗教的排他性。禅文化不提倡信仰,而是提倡自信、诚实,打破僵化,提倡向外学习,甚至是向仇人学习,对内不应妄自菲薄。

[提示]观念的现代化是国家现代化的前提,观念的变革是社会变革的基石,观念的提升是领导能力提升的核心。

善建者行

我们若等待别人,一切改变就不会发生。"知行结合",尤其是通过实践带动企业家的认知提高,永远是企业家的第一信条。企业家精神的学习与思考必须与实践结合。

囿于封闭的环境、静态的不作为,人类认知的难题无法解决。实践不仅应用并检验了认知,更在最实质的层面拓展了认知。西方人常说:"一页的法律胜过整卷的逻辑"。理由就在于法律具有实践性,而纯粹的逻辑可能仅仅局限于思辩。

当有多种人为或客观的约束情况时,要对现实有深刻而精确的认识,从个人角度,尽一切努力地把自己的每一点想法,通过可操作的方式变成现实。黄仁宇在《万历十五年》中解剖了推动社会发展的有效举措,多次强调操作性的重要意义。黄仁宇书中的张居正、申时行以及戚继光深谙此道,在多种人为或客观的局限因素下,凭着对现实深刻而精确的认识,就个人而言,这些人物尽了一切努力,把自己的每一点想法通过可操作的方式变成现实。而与此相反,《万历十五年》把海瑞作为缺乏认识操作性的典范。海瑞的一切行为都因为他对现实体察得不够深入,单凭着一腔报国爱民的热忱,单凭着正义凛然,注定了要失败。

在答复网友"组团见南师"的请求时,南怀瑾先生一针见血地指出[29]:

你们以为拜了老师就会得道?就会成佛?当面授受就有密法?就得道了吗?真是莫名其妙!口口声声求法渡众生,自己的事都搞不清楚。先从平凡做人做事开始磨练吧,做一份正当职业,老老实实做人,规规矩矩做事,不要怨天尤人,要反求诸己,磨练心智,转变习气,才有功德基础。否则,就成了不务正业、活在幻想的虚无缥缈中罢了。修行重点首在转变心理习气,修习定力是辅助。人贵自立,早日自立,便早日自觉。功德够了,自己会开发智慧。

求人不如求己!真相信因果,就要从自己起心动念处检点,才是智者所为,也是修行核心。眼睛向外看,怨天尤人,崇拜偶像,依赖他人,玩弄境界,都是自欺欺人!

[提示]阅读本书,需要读者或学员拥有如下的理念与实践:(1)积极改变或提升观念。毫不留情,全新脱俗。(2)将新的观念付诸实践。即知即行。(3)为新的观念的创新实践作出牺牲、承担代价。无论是利益上的,还是精神上的。(4)长久坚持。一年、十几年,甚至一生。这些都是实现学习价值的必要条件。

精 神 研 究

任何一门学科,都有它的应用范围和理论体系,超出这个范围和体系,就不起作用。例如,欧几里德几何与非欧几何各有各的应用范围和体系,分别解决各自的问题。这是公认的事实。由各个学科组合而成的现有科学也有其应用范围和理论体系,换言之,目前科学解决的问题局限于其范围和体系之内,超出这个限制的,它暂时就无能为力了。

对物质世界之内的现象,现代实证科学可以研究到一定深度,它在这方面的成就有目共睹。它在给人带来生活的便利和舒适的同时,也带来了环境的污染和无法挽回的破坏。更严重的是,它束缚了人类的思想,使人过分依赖于科学和科学的概念。

拉德纳在《科学与谬误》一书中也承认:"科学家进行研究时,是在公认的理论体系范围内工作的。这个体系提出问题,提供解决问题的方法……一旦某个异常情况得到承认,科学家们的第一个反应就是要设法使它符合公认的理论。"[30:58]对物质世界以外的现象,科学界习惯称为"异常",拉德纳说:"有两点需加注意,一是科学家们并不打算寻找异常事物。异常打了他们的嘴巴。第二点是,科学家不反对一种理论而赞成另一种只有利于解释异常事物的理论。"[30:59]科学长期以来形成了一套固定的研究方法,"科学方法一词的通常概念是:搜集资料,作出一个用以说明这些资料的假设,再通过实验对假设进行检验。假设必须简明,实验必须反复进行等。"[30:51]可有些事物是不能仅用这种方法加以证实的,如精神世界的现象。

科学对精神现象研究的忽视导致人们情感、伦理、道德、信仰等许多方面的问题,严重影响现代人的生活质量,这已成为共识。了解自己和宇宙的渴望使人不断思考和追问,越来越多的人致力于开拓人类理解和智慧的广阔空间,提高人类的思想和道德境界[31]。

研究领域

当代的企业家精神研究源于熊彼特(Joseph Schumpeter)。1910年,熊彼特在归纳理查德·坎蒂隆(Richard Cantillon,约1730年)、琼·巴普蒂斯特(Jean Baptiste Say,约1810年)和阿尔弗莱德·马歇尔(Alfred Marshall,约1890年)等研究者有关企业家的论述之后,明确地提出企业家精神。他认为企业家精神是发现、推动新生产要素组合的本质,企业家精神是创造社会经济的主要要素。熊彼特论证了经济增长的主要推动力是企业家,他们通过开发新产品、新的生产方式以及其他创新活动来激发经济活力,将企业家精神描述为一种"创造性的破坏过程"。在这一过程中,企业家不断替换或破坏已有的产品或生产方式[32]。

此后,企业家精神一直获得学术界的关注。Cunningham与Lischeron[33]认为企业家精神的理论已经分为六大学派:

(1) 心理特质学派(Psychological Characteristics School)认为,企业家精神是驱动企业家所特有的独特价值观和态度以及具体表现。

(2) 大人物学派("Great Person" School)认为,企业家精神是企业家的一种直觉能力,具有第六感的特征,是企业家与生俱来的本能。

(3) 古典学派(Classical School)认为,企业家精神行为实际上也是一种创新的行为。

(4) 管理学派(Management School)认为,企业家精神是企业家所具有的组织、拥有、管理以及假设风险等素质。

(5) 领导能力学派(Leadership School)认为,企业家是领导者,他们有能力去调整他们的风格以因应人们之需求。

(6) 内部创业学派(Intra Entrepreneurship School)认为,企业家精神技能在复杂的组织中具有极大的作用,组织间的企业家精神是发展独立的单位去建立市场以及扩展服务。

下面主要阐述企业家精神的特质、行为、量表及培养四个方面的研究进展。

特质研究

Gartner[34]提出定义企业家精神的八因素,即企业家个性特点、创新、创立组织、创造价值、盈利和非盈利、成长、独特性以及业主—管理者。他认为,有关企业家精神的研究可以划分为两个较明显的派别,一批学者研究的焦点是有关企业家精神的特征,另一批学者则关注企业家精神的结果。其中,认为应通过对特征的描述来定义企业家精神的学者占大多数,这些学者试图通过一两个特征来定义企业家精神。其中,个性特征着重于测量企业家的个性特点或动机倾向,特质研究始于 McClelland 等人[35,36]。之后,众多学者[37,38]前赴后继,试图寻找企业家特有的个性特点。

企业家精神特质研究代表性的学者有以下几位。

(1) Miller[39]认为,富有企业家精神的企业应具备三种特性:产品或制程的创新(Innovation),企业的关键决策者应具备风险承受(Risk-Taking)能力,敏锐察觉环境变化而能采取事前因应策略(Proactiveness)的能力。

(2) Covin and Slevin[40]认为,企业家精神之价值和行为(Values And Behaviors)包含三个构面:创新性(Innovativeness)、风险性(Risk-Taking)和预警性(Proactiveness)。

(3) Morris[41]将企业家精神(Entrepreneurship)细分为创新(Innovativeness)、冒险(Risk-Taking)、主动(Proactiveness)等三个构面。

(4) Lumpkin 与 Dess[42]则更进一步地将企业家精神区分成自治能力(Autonomy)、创新能力(Innovativeness)、风险承受能力(Risk-Taking)、事前因应能力(Proactiveness)和积极竞争能力(Competitive Aggressiveness)五个指标。

自 Joseph Schumpeter 之后,尽管大多数研究者仍沿用 Miller 和 Friesen[43]所提的构面变数或其修正版本作为组织层次的企业家精神的衡量,但由于研究者不同的研究偏好,他们会加入不同的构面变数,企业家精神的内涵也得到不断拓展。目前,较成熟的企业家精神特质定义是,在组织内外包含的各种创造、更新、创新的活动。企业家精神特质可按研究对象的不同分公司和个人两个层面。Zahra 等[44]认为,研究者对公司层级的企业家精神(firm-level entrepreneurship)无法统一,而使用不同的名词,包括 Entrepreneurship、Corporate Entrepreneurship、Intra Entrepreneurship、Entrepreneurial Posture、Entrepreneurial Orientation。而个人层面的"Entrepreneurship",可译为"企业家精神"或"创业精神"。

行为研究

由于企业家精神往往被理解为内在于人的一种素质,加上企业家精神是从创业者发展而来,所以,企业家精神往往被界定于企业家的共同人格倾向,如风险承受(Risk-Taking)、决断性(Dogmatism)、成就动机(Achievement Motivation)、内外控制(Internal/External Control)等。之后,在企业家精神的领导学派发展后,学者则将研究重心从企业家所拥有的人格特质转移到企业家的行为上,并视冒险与创新为企业家精神的重要因素。

许多研究者[45,46,47]认为,创业者往往具有某些相同的个性特征,如成就欲强、愿意承担风险、高度自信等。但许多学者对此也提出质疑,认为企业家精神应从一个动态的创业过程去把握才更有意义。创业者所具有的成就欲强等个性特征不仅是先天形成的,也是在创业过程中不断得到强化的。从实践上看,由创业意识由变为实实在在的商品(服务)具有某些共同的特征,是有规律可循的,也是可以通过学习模仿以至最终具有某些创新的品质。就拿企业家精神的最重要特征——创造与创新来看,创造思维是可学的,创新方法是可以模仿的。哈佛大学的 Levitt[48]区分了创造与创新的不同:创造(Creativity)重在思维的过程,体现为对问题和机会的辨识,善于发现新想法、新思路;而创新(Innovation)则重在行动,体现为利用新想法或新思路去解决已有问题以及利用崭新机会的能力。各种风险投资基金、孵化园区等较成功地促进了企业家精神由创造思维变为现实生产力。而霍伍德·H·斯蒂文森等[49]的企业家精神观点是:"企业家精神(Entrepreneurship)是一种管理方式,追求机会而不顾手中现有的资源。"企业家精神是处在发起人(Promoter)与受托人(Trustee,即行政管理者)连续谱上的一种管理行为现象。如表 1.3 所示。

表 1.3　企业家精神是处在发起人与受托人连续谱上的一种管理行为

使管理者更趋向于企业家的因素	使管理者更趋向于行政管理者的因素
机会导向的管理方式	资源和效率导向的管理方式
原有生意机会的枯竭	增长的市场、较高的市场份额
市场环境迅速变化	市场环境相对稳定
抢先进入市场的竞争压力	内部的舆论压力
决策时间紧迫	决策时间从容
个人决策	集体决策
手中拥有少量的资源	企业拥有大量的资源
资源贬值的风险	充分利用资源的压力
扁平的、灵活的组织结构	多层的、僵化的组织结构
基于增长率的绩效考核体系	基于投资报酬率的绩效考核体系
与成果挂钩的报酬哲学	与职务和责任挂钩的报酬哲学
经营单位的规模较小	经营单位的规模很大
崇尚创新和鼓励尝试的企业文化	从众的和不宽容失败的企业文化

Anderson[50]认为,企业家精神的行动标准应当包括:①有能力看到新的组合;②愿意行动及发展这些新的组合;③行动的观点依据自己的远见,而非理性的评估;④有能力说服其他人去投资创新的计划;⑤可掌握适当的时机。Covin 和 Slevin 认为,企业家精神应该视为公司行为[40]。Drucker[6]认为,企业家精神为创造新的满足与新的需求,故创新为创业精神的特殊工具。借助创新,把改变视为开创另一事业或服务的大好机会。所以,创新是可以训练、可以学习和可以实地运作的。Lumpkin 和 Dess[42]认为,"新进入的行为"可以用来解释"企业家精神"的组成(静态),"创业导向"可视为"企业家精神"表现的过程。Miller 和 Friesen[43]认为,企业家精神是创新的特征、个人风险的承担,以企图在新的投资中达到成功。Moon[51]从产品观点(Product-Base)、过程观点(Process-Base)和行为观点(Behavior-Base)三个构面来诠释企业家精神。Pitt and Kannemeyer[52]从三个构面来诠释企业家精神:①对不确定性的容忍度(Intolerance of Ambiguity);②内外控(Locus Of Control);③承担风险的倾向(Risk-Taking Propensity)。Smart[53]认为企业家精神是一个动态的目标导向过程;企业家精神包括了个人特质与行为关系技能。Stevenson[54]认为企业家精神可使组织愿意去鼓励创意以及支持风险。Williamson[55]认为企业家精神(Entrepreneurship)可分为以下不同的概念:个人的心理特征;社会地位的表征;一种社会角色或相似性行为之集合;一种社会过程。Collins 和 Moore 还提出企业家的逆反模式,认为未来的企业家往往是对他早期所受到的来自家庭和环境的要

求的逆反;企业家的个性特征既是他成功的原因,也是他失败的原因(见图 1.7)。

对于企业家精神是否会影响组织的绩效,大部分学者均持肯定的态度。在创新与组织绩效的研究中发现:创新对于组织绩效具有显著的正向影响[44,56,57,58,59];Hamel 和 Prahald[60]指出,企业家精神有助于企业成功发展产品和寻找新市场,这可提高企业的竞争优势,产生优越的企业绩效。在 Luo[61]的研究结果中,也显示企业家精神可以提高企业绩效。

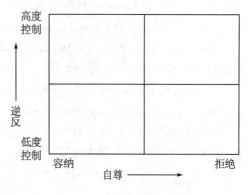

图 1.7　企业家的逆反模式

量表研究

在 Robinson 等人[62]开发出 EAO(Entrepreneurial Attitude Orientation)之前,学者们通常采用个性特征或人口统计信息来描述企业家精神。采用人口统计信息来识别企业家的假设是:拥有相似背景的人会有相似的稳定特征。人口统计信息包括家庭背景和经历,如家中排行、婚姻状况、年龄、父母和自己的教育水平、社会经济地位、以往的工作经历和工作习惯等,通过各种测量指标可以对群体中的企业家做出预测[63,64,65]。

企业家精神特质的量表研究有如下弊端:①这种基于个性的研究方法和量表并不是专为企业家精神研究而开发的,而是借鉴于心理学领域,应用于企业家精神领域的研究,有时候并不合适和有效,对各种企业家精神结果的影响作用不显著或只是边际显著。②测量同一概念的不同量表间的相关性差,即缺乏收敛效度。研究得出的结果相互矛盾,无法预测企业家精神。③心理学是用来测量各种情境下的普遍倾向的,当这种普遍情境专用于某一领域,如企业家精神的研究时,就会不适用,例如,用空间立体感和色彩搭配感等艺术特质来测量企业家精神的商业创造性就显得不合适。如该方法的假设是人类行为由各种人口特征决定,或受其强烈影响,如性别、种族、家中排行等,但实际上,行为更多的是对周遭环境的反应。④有的学者把人口特征作为个性特征的代名词,给不同人群赋予特定的个性,因此,他们实际上是用个性特征来衡量企业家精神,而非用人口特征来衡量。而个性作为一种比较稳定的心理特征,未考虑人类行为和周围环境间的互动关系。在此基础上,人们开始从态度的角度研究企业家精神的衡量。

态度是对某一对象的喜好或不喜好的总体反应。由于态度没有个性特征那么稳定,容易受时间和情境因素的影响,也被视为个体和态度对象间的互动结果,因此,从态度的角度来研究,也能较好地反映行为和环境间的相互作用。对象可以是某个特定的人、地方、东西、事件、行为、精神概念、认知倾向和生活方式,也可以是以上的组合。因此,需要针对不同的对象开发特定的态度量表。有的学者认为态度是单一维度的,是一种情感反应,而有的学者认为,态度包括情感(Affect)、认知(Cognition)和动向(Conation)三个维度[66,67,68]。情感是指对某物的正面或负面的感觉;认知是指对某物的信念和看法;动向则是指可能采取的行动和行为方式。基于以上不足,Robinson 等人[62]根据态度理论三维度模型开发出 EAO。以往对企业家精神的研究显示,企业家在成就需要、控制力、自尊和创新四方面区别于非企业家。因此,EAO 包括四个子量表:业务成就(Achievement in business),指企业的实际运作绩效和增长率;业务创新(Innovation in business),指用新颖的、独特的方式开展业务,或对业务有独特的认识;对结果的个人控制感知(Perceived personal control of business outcomes),指企业家感知到的自己个人对其业务的控制力;感知的职场自尊(Perceived self-esteem in business),指处理业务时对自己能力的自信。每个子量表也包含情感、认知和动向三个维度。

学者们对Robinson等人[62]的企业家精神导向量表的有效性在不同国家进行了验证。Stimpson、Heufner、Narayanan和Shanthakumar[69]用EAO量表对印度的97名企业家和101名白领做的调查显示,双方只在个人控制上体现出显著差异。仍然是这一研究,对美国151名企业家和47名经理的调查则显示,创新、成就感和个人控制三个子量表表现出显著差异。

教育研究

企业家精神的教育效果究竟如何?相关研究认为,一方面,企业家精神是人人具有的个性特征,教育的作用正是挖掘和强化这种潜力与品质。研究者考察了创业者的各种人文特征,包括年龄、性别、家庭背景、收入、受教育程度、技术专长、经验等,从这些方面考察企业家精神,发现基本上属于正态分布,即与从事其他工作人群的分布并没有明显的差异。这同时也说明从理论上讲,人人都或多或少地拥有企业家精神所具备的一些特征,如创新、冒险等。美国的企业家精神教育正是基于这样的认识,许多专家坚持不但要在工商管理专业开设企业家精神教育,而且要在理工院校开展企业家精神培养;不但要在大学开设企业家精神教育,而且要把企业家精神教育向后延伸到中学、小学,甚至幼儿园教育中。GEM在2002年的相关报告中就建议,早期的创业意识能够在年轻人心中扎根,使他们有强烈的责任感[70]。

另一方面,个体企业家精神离不开整个社会企业家精神氛围的营造。个体企业家精神、团队企业家精神和社会企业家精神分别是从个体、团队与整个社会三个不同层面来研究企业家精神的本质、表现形式、形成机理、影响要素等。虽然研究对象的角度不同,但三者应是一个整体,个体和团队企业家精神应根植于整个社会企业家精神的肥沃土壤中。企业家普遍表现出了执着的心态,敢于冒险但不是盲目而是理性地冒险,对不确定性的环境不是抱怨而是认为孕育着机会,有能力把多维、发散性的创造思维转换为创业过程。这些企业家处于金字塔的顶端,数量只占很小的部分。Kourilsky[71,72]发现美国的幼儿园中大约有25%的孩子表现出这种企业家的才能和品质,而同样才能和品质的学生在毕业的高中生中只占到3%左右。在度过了初创期之后,为了把创业顺利地推向下一个阶段,企业家就需要发展创业团队来继续他们的创业。创业团队会在创业初期更多地体现出企业家的创业意图。无论企业家还是创业团队都需要金字塔底层的支持,这一底层就是由创业意愿、创业价值、创业决心所组成的企业家制度体系[73]。这些底层的人不会亲自去实践企业家的企业家精神以及创业团队的企业家行为,但他们是持续发展的企业家精神的利益共同体,他们赞赏企业家精神和企业家行为,可以说是坚定的支持者。从乐于风险投资的投资家到提供家庭支持的家庭成员,从努力营造创业环境的区域政府到热衷于企业家精神研究的专家学者等都属于这一层次。没有他们,企业家和创业团队也就失去了企业家精神的雄厚基石。因此,企业家精神支持的金字塔模型为人们提供了一个非常有用的分析框架。这也是进行多方面、多系列企业家精神教育的理论基础。

综上所述,所谓企业家精神,就是企业家的内在禀赋,是一种善于发现、创新和整合的能力,并能把这种能力付于企业运行当中的行动,这种行动的最终结果就是追求绩效,提升企业的核心能力。随着心理学与经济学、管理学、人力资源等学科的不断交流,企业家精神的特质研究内涵正在不断拓展,企业家精神的行为研究越来越与企业成长耦合,企业家精神的量表研究正从以人口统计为主的特质量表向以态度为主的导向量表演进,而企业家精神的培养不仅是教育的本质,也需要全社会环境的营造。当代企业家精神学术研究的历史虽然不长,但已取得了很大进展。

现在,中国学者也越来越关注企业家精神的研究。但至今,一些学者对企业家精神的界定仍然很笼统。林左鸣和吴秀生[15]提出,企业家精神的核心是进取精神、创新精神、契约精神、诚信精神、敬业精神、奉献精神和民族精神。何树贵[74]定义企业家具有敬业精神、创新精神、拼搏精神、节制精神、合作精神、人才意识和远见卓识。一些学者仍然着重于测量企业家的个性特点或动机倾向[75,76],也有一些学者基于教育背景[77]等人口统计变量来识别企业家,而对态度视角未有充分涉及。在企业家精神的培养方面,研究成果更显不足。

研究方法

如何进行企业家精神的研究?本书后续分析所遵循的基本思路如下。

系统研究

从经济学与管理学的思想发展来看,的确很少看到对企业家精神的大量研究成果和思想的系统发展。正如张军在《话说企业家精神、金融制度和制度创新》[7]的第4章谈到的那样:"从总体上来说,在经济学的思想史上,企业家精神的问题并未真正得到经济学家的重视,尽管经济学家对企业的研究已经十分深入。即使对企业家精神有赞美之词的经济学家,也没有去回答社会和经济制度对企业家的成长方式的影响。所以,在大量的文献中看到的其实还只是一个'厂商理论',而不是企业家的理论。随着信息经济学的发展,有些经济学家开始重新捡起一个古典的问题:为什么是资本雇佣劳动而不是劳动雇佣资本?这个问题本身实际上对厂商理论提出了挑战,因为这个问题被提出来就等于已经把企业家精神的问题给浮出水面了。而且,对这个问题的回答必然也要面临'谁应该是企业家'这样的问题。因此,在我们看来,资本与劳动谁应该当老板这件事是我们走向企业家精神问题的重要一步。"

本书在如下的思路基础上,建构起了系统的企业家精神分析框架,如图1.8所示。

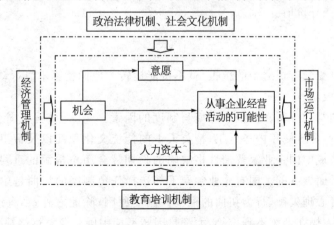

图1.8 企业家精神的生成机制

移情解读

企业家的研究常被认为是"同情式"（Sympathetic）的解读，对大多数企业家研究的学者来说，持有某种程度的同情（更宜叫"移情"，Empathy）是一种必需的方法。如果一个人不能严肃地将他所研究的世界观看作是一种体验世界的有效方式，认同其正当性（即便只是暂时的），他就不大可能完全理解这一世界观所蕴含的人类生活的意义和内在的维度。能够设身处地或取譬连类地研究复杂的人类现象，非但不是缺点，而是优点。

[讨论] 进行企业家精神的移情解读，有哪些具体的方法和代表性的成果？

动态抽象

管理学传统的研究思路局限在案例研究。但如果这样"案例"下去，或许永远无法知道什么是真正的企业家精神。如果想要回到纯粹的"概念"，试图定义"企业家精神"，还需模仿克兹涅尔的方法，从案例的观察上升到普遍的抽象。

普遍的研究涉及的问题还有：(1)如何识别企业家精神？即企业家精神的识别方法研究。(2)如何评价企业家精神？即企业家精神的评价维度研究或评价方法研究。(3)如何增强企业家精神？即企业家精神的增强机制研究，或从相关角度研究对企业家精神如何增强。有关这些问题的研究方法，应该在定性分析的基础上，尽量实现研究的模型化与定量化。

在国外，熊彼特等众多学者对企业家精神特征产生了较多维度的相关理论，这些理论的产生和发展为企业家精神的研究提供了有力的支持。在如今迅速发展和变化的社会环境里，以静态研究为主的企业家精神理论和企业家精神特征的分析已经无法跟上环境变化的要求，也无法为企业家的成长和传承提供支持。在动态环境下，中国企业家的成长与发展迫切需要新的有效的理论指导。如何从动态的角度分析和研究企业家精神，探索动态环境下企业家精神的培养和变革，把握企业家精神变化的规律，通过与企业内部的其他因素整合使企业产生持续的竞争力，这些问题成为企业面临和迫切需要解决的难题，同时也成为管理科学研究的新课题。近年来，随着中国的改革开放，市场竞争日益激烈，中国许多专家学者纷纷从不同的角度研究了中国的企业家精神，但他们对企业家精神现状的评述主要聚焦在动态的特征分析，缺少对企业家精神动态发展与传承的论述和相关理论，在解释中国特有的民营企业中的企业家精神时，缺乏动态的指导价值。

制度实证

任何制度一旦受到有识之士的抗拒，就不可能运转。他们就算不以行动表示抗拒，只要不配合，制度就无法成功。

中国企业家精神的分析涉及很多环境与制度的因素。实际上，就中国企业家内在性格形成的宏观基因来看，传统儒家内圣外王、精英天下的传统文化积淀以及帝王将相、个人崇拜的封建意识形态是造成中国企业家普遍性格缺陷的长期社会历史根源的重要因素。目前，转型期的特别之处是毋庸置疑的。国有企业领导干部选择任免制度的扭曲是中国企业家（特别是国有企业的经营者）心理失衡、行为扭曲的根本性制度原因；除此之外，私有产权的有效保护制度缺失、职业经理人操守训练不到位等，大都是因转型期中国企业家性格缺陷和不成熟外在环境的约束导致的。没有制度环境层面的实质性改革和创新，就根本谈不上健康的企业家创新行为!

　　企业的兴衰成败在于是否真正的企业家掌握了企业的运营。日本著名企业家松下幸之助认为,一个企业的兴衰,70%的责任由经营者负责。美国学者对有关统计资料的分析发现,每100个新企业中,约1/2在2年内倒闭,5年后约剩下1/3,这些企业失败的主要原因在于企业负责人管理不力。中国企业家市场供给数量不足导致大多数企业由非真正的企业家掌握,大量的国有企业厂长、经理不熟悉、不适应市场经济体制和它的各个方面,不理解现代企业制度,因此,有的企业家不赞成公司制的法人治理结果;相当一部分企业家仍不重视市场问题,不熟悉、不善于使用现代管理手段和方法,不懂得资本经营,不懂得金融战略,不懂得人力资源发展策略,尤其是不熟悉国外市场,不善于改进营销管理,不关心有关企业经营的法律法规,这些名义上的所谓企业家实际上明显缺乏企业家能力。在一次有关中国目前企业管理难点的问卷调查中,受调查者普遍认为是企业家能力过低,而且所有制关系越明确的经营形态,对此问题的反应越强烈;其中,三资企业反响最强烈。根据有关资料,目前,中国企业管理者有30%左右工作生活在心理紧张与痛苦之中;加上国有制中真正负责和承担风险的所有者约束缺位,结果,企业家的经营行为经常不科学、不规范。

　　科斯先生[78]指出,传统的计划经济本身是敌视企业家的精神和能力的,中国"计划经济时间太长,企业家精神和能力在计划经济中是犯罪,所以,现在就缺乏。"

研究指向

　　在西方学者看来,中国人对生活的平衡性和意义性并不感兴趣,而更执迷于对物质的索取,不懂得"精神灵性"、"自由信仰"以及"心智健康"这样的概念,对西方文明的认识也处在极其肤浅的层次。他们认为,尽管中国开始模仿西方的经济模式,但没有精神理性基础的模仿一定会遭遇困难。

　　身处在一个精神极度迷乱的国度,我们应该怎么办?笔者以为,用企业家精神塑造民族精神是现时中国的大亟!而培养企业家精神绝不仅仅是企业家个人能够完成的事业,社会的每一个成员都是关键因素,社会的每一个组织都有重大责任。

精神信仰

　　商业社会需要有商业社会的信仰。进入商业社会需要有一个前提条件——要有商业规矩。中国没有商业规矩,名和利很容易成为人们唯一追求的东西。而且对一个相对贫困的国家来说,进入商业社会一定要经过一个"水与火"的年代,谁都挡不住。而中国的传统道德又被毁掉了,致使人们没有任何的心理底线。面向未来,中国以道德治国肯定是不够的。不管中国的传统道德恢复得多么好,也不足以使中国面向未来[79]。智慧横无边际,绝非人的世俗胸量与一般经验所能包容。一切文化传统的生机,无不首先表现为破除现实迷雾、涤荡现实尘沙和烛照现实误区。只想在传统里面寻找身心的归宿,却不想让它及早归正现实的言行、风气与力量,传统便只是一个幌子,于人于世毫无益处。因为我们现在不仅仅是在中国这个平台上,而且是在整个世界的平台上做游戏,需要有世界平台的游戏规则。

　　一个没有信仰的国家和民族是没有希望、没有前途、没有发展的。中国必须找回自己的核心价值观[①]。所谓核心价值观,是指历史上传承下来的并且至少是社会绝大多数成员都能认可的道德标准,它能够成为人们的精神路标。中国历史悠久,文化丰厚。中国的媒体、政府和企业要问一下自己要塑造的中国的文化认同是什么? 也就是自我的形象是什么?《娱乐至死》[80]一书的作者曾警告过:如果严肃的公众对话变成了幼稚的婴儿语言,如果一切公共事务形同杂耍,这个民族就会发现自己危在旦夕,文化灭亡的命运就在劫难逃。也由于核心价值观的缺失,改革呈现无机胶水的胶着状态,最佳状态一直没找到。整个社会呈现着一种集体无意识感,漫延空虚、寂寞、失去精神寄托、虚无主义以及荒诞主义,迷信盛行[②]。

列奥·施特劳斯(Leo Strauss,1899-1973)认为,西方的危机既是现代性的危机,更是政治哲学的危机,即"现代西方人再也不知道他想要什么——他再也不相信自己能够知道什么是好的,什么是坏的;什么是对的,什么是错的","什么是正义的或者好的或者最好的社会秩序"[81]。西方的危机同样也是东方的危机。我们的制度之所以存在着很大的漏洞,是由于我们的精神观念一直都没有改造过。改革需要从表层的日常生活、中间层的制度、深层的精神观念一起进行操作。其联结点可能还是产权和道德问题。我们喜欢亚当·斯密的"看不见的手"带来的物质享受,但是我们没有体会到他为什么要提倡"道德"。我们紧抱着《国富论》,却抛开了《道德情操论》。

在《新教伦理与资本主义精神》[82]一书中,马克斯·韦伯考察了16世纪宗教改革以后的基督教新教的宗教伦理与现代资本主义的亲和关系,韦伯强调新教伦理产生的勤奋、忠诚、敬业、视获取财富为使命,这些新教精神促进了美国经济的发展。信仰和职业精神是美国成功的关键所在。同样,在《企业之魂》[1]中,吉尔德认为,"宗教文化将塑造关乎企业家兴衰成败的道德体系",企业家的乐观主义和信用、献身与信念、自律与利他主义都只能在具有宗教基础的道德体系中才能发扬光大。正是由于企业家的生活被救世观念深深影响,驱使企业家不断奋斗和创新,他们才会倾泻信念、信仰、资金和牺牲。在企业史上,西方的第一个股份有限公司就是教会企业,所以,教会企业的伦理道德和社会责任感从一开始就是随着股份有限公司的成长而成长,那就是职业经理人要发挥对"上帝"的信托责任,替整个社会和上帝所爱的子民创造财富,这是他们想的事。

20世纪80年代改革开放后的中国企业历史,类似于美国19世纪末财富快速累积的企业历史[83]。首先都是新的商业秩序建立的过程,游戏规则改变了,才会有那么多财富爆棚。并且,这里的后半段体现的是一个经济秩序的变革,以美国为代表的互联网企业的崛起,传统产业发展工业信息的模式被彻底颠覆。到了2009年,发生在中国的变革并未结束,还在很剧烈的进行中,这其中互联网是巨大的变量。中国产业模块处于此起彼伏地生长且还在剧烈的动荡过程中。19世纪末期的那批美国企业家,他们有焦虑:从穷人家的小孩成为首富,富可敌国。现在,中国的企业家都是什么心态呢? 他们有强烈的家国情怀以及对超速成长的渴求、隐藏于内心的不安全感和对官商文化的膜拜。

在没有信仰的年代,我们其实是最失落的,只不过我们不愿意相信那样的失落感宛如梦魇一般在不断地困扰着我们,所以,我们拼命用金钱打发余生。身处剧变的时代,若将中国企业

---

① 捷克前总统哈维尔说,在一个"后集权主义"的时代里,像捷克这样处于历史十字路口的国家必须弄清自己的身份、目标和方向,才不至于在全球一体化的进程中迷失自己。

② 姜文导演并主演的电影《让子弹飞》是一部优秀的国产片,诉求着一种"站着挣钱"的精神理念,从这部片子中,能够"触摸到活的中国,读到自己的影子"(借用《中国周刊》广告词),让很多读懂的观众产生看后想哭的感觉。

第1章 导 论

家的行为加以观察,便可感到一种苦闷无能的情形。什么事情都好似由于众人犯了一桩巨大的谬误,而这个谬误却是大家都参加着的,大家都想阻止,而实际上终于莫名其妙地受着谬误行为的影响。当我们以为地位和金钱是答案时,我们努力过,为了证明自己,或许走过比一般人更为艰苦的路程。但生活又告诉我们不是这样,纯粹为了私人目的所进行的努力最后只能带来空虚……内心的隐隐作痛,与一切"物质生活"都没有什么关系,所不能忍受的,是"历史的终结",是那种生活的"尽头感",是曾经奔涌向前的时间突然慢下来、停下来、无处可去,在自家那美丽的院子里,渐渐化为一潭寂静的死水。好像前方还有长长的路要去走,但路在哪里呢?我们能为这个和谐社会去做些什么呢,我们的努力真的能换来如童年般纯真的社会吗?经历过20世纪多次狂风暴雨的中国商业领袖们,在21世纪如何打起精神继续乘风破浪?

柏拉图指出:"当一个人真正觉悟的一刻,他放弃追寻外在世界的财富,而开始追寻他内心世界的真正财富。"我们应该检讨,除了赚钱,企业还应该做什么。过去30多年来,中国一直强调经济,而不是文化、哲学和反省,结果是人们没有固定的价值观,经常感到迷茫,但当具有一定程度的经济水平后,人们就会开始思考。任何一名事业有成的商人想做的事情都不再仅仅是为了钱,像中国现在的富有阶层,到了这个阶段一定会考虑两个问题:一是我跟钱有什么关系?二是我跟社会有什么关系?能不能用这些钱为社会做点实事?

雨果指出:"脚不能达到的地方,眼睛可以达到,眼睛不能到的地方,精神可以飞到。"有精神的人,走得最远。在人生前进之途上,正是思想和精神让我们超越环境,战胜阻碍。成败不是取决于身体素质,而是思想和精神——人的心智。这种力量来自内心,如果当一个人依赖外部环境的时候,久而久之,他会变得软弱。只要他毫不犹豫地投入到自己的想法之中,正确看待自己、挺直腰板、坚定立场,就会产生奇迹。

在漫长的历史里,宗教是精神信仰的支点。当有一个至高无上不能怀疑的东西作支点的时候,精神信仰是稳定的。同时,人类社会在漫长的时间中,变迁很小很小。由于变化小,比较稳定,古人提供的精神信仰一直延续。而现在社会不断经历巨变,这样精神信仰的支点就很难寻找了。精神信仰的支点需要的是非常坚硬的东西。但是以往坚硬的东西都没了,需要当代人给当代人去造一个精神信仰的支点——无论是在此岸还是彼岸,企业家精神就是企业家的宗教!

不要责怪国人重物质轻信仰,因为多年来本国都推崇唯"物"主义,反对唯"心"主义。外显的物质世界取决于内在的心灵世界,精神与心灵世界的被禁锢必然导致外显的物质世界的显著落后。发达国家的企业家绝大多数具有自己的信仰(主要是基于宗教,尤其是基督教),而中国企业家在现实中精神层面的最大问题所在是信仰缺失或虚置。当代中国精英(包括企业家)正在遭遇精神困境。因此,精神信仰的建构就成为当务之急。精神的诉求现在已经超过经济的诉求,上升为中国企业家的第一诉求。

同时,不仅仅是企业家需要企业家精神,所有的非企业家的人都需要企业家精神。人在肉体上有什么差别?人的外在有什么重要?人也可能体残,也可能智残,但只要有了这种以道德、创业与创新为内涵的企业家精神,他(她)就是一个真正的人!他(她)的人生就会有意义,工作就会有目的,尽管过程会艰苦,甚至曲折,但最终会创造价值。人类社会正是由这种人引导并推动发展的。

[提示]如果你想幸福,仅有钱是不够的,你需要活在某种文明之中。——慕容雪村

道商规则

人们不再真的相信秘密了,但秘密是存在的,关键在于学会怎样发现它们。

对风险的规避和自满的情绪阻碍了人们对秘密的思考,已有的惯例让人感到舒服多了,但秘密可能是非常有价值的。重要的是,它们是可以被发现的。也许最大的秘密就是,世界上还有更多的秘密等着我们去发掘。我们的世界存在多少秘密这个问题差不多相当于我们应该创立多少家创业公司。从商业的角度看,还有很多伟大的公司正等待着被创立。

中国要成为真正的经济大国,首先要有一个能立得住的"道",也就是企业家的游戏规则和财富分配规则要设定得足够合理。这种制度要达到一个奖勤罚懒的效果,让所有企业家都努力去创造财富,而且能保住自己所创造的财富,这就是一个正循环。同时,这种游戏规则还不能仅仅是书面或表面的东西,而是要深入所有人的思想意识,如同文化一样深入人心。

刘晖在《21世纪经济报道》创刊十周年的社评《我们应该相信未来》[84]一文中沉重地指出:"对于中国这个后发的现代追赶型国家来说,百年近代史带来的不仅是主权国家的分崩离析,也是帝国治理体系的完全崩溃,更是对自身传统文化的深刻焦虑。'千年未有之变局'下的道术之裂、东西之争,成为不断激发的多声部。"中华道统与宪政法统之被颠覆,是人类现代文明史上的大悲剧,导致了东亚地缘政治的逆转,后60年东亚及支那半岛所发生的大规模人道灾难皆源于此。早在鸦片战争前后,中国的一些知识分子就开始探索救亡图存之道。后来持续30余年的洋务运动和戊戌变法,最后都以失败告终。不难发现,尽管这些人采用的改良方式不同,但都遵循着同一条轨迹——希望通过移植国外成功的"典型案例"把中国引向富强。但他们只是看到了这些案例的"形",而并没有真正领悟其"道",也许这也正是他们屡屡失败的原因。

现在,中国应该从历史中总结过去强盛和衰败的原因,提取优秀的文化基因,以此作为未来的游戏规则,而且要将其强化到深入骨髓,让大家确信这套规则确实是公平合理的。只有公平的才是长久的。所以,现在就要着重在市场上看哪些企业家能竞争起来;这些竞争起来的企业家有哪些成功的案例,他们成功背后的原因是什么。根据这些东西,把他们归纳上升为游戏规则的制定。这时,才能完成一个制度性的东西。这是一个基础性的战略。

不到大谬时代,便不会有大道诞生;不能彻底破除大谬,便不是大道的真实表现;大道虽能引领众生超凡脱俗、返璞归真,却又必从规范现实人生的观念与行为开始;人不能首先清除现时代强加于他的谬论与谬行,绝不可能获得真正的智慧。企业家精神的"道"的教育,可以让学生明白一个道理:"你追求那些价值体系的东西以及自身精神状态的完善,最终的结果必然是更好地赚钱,过上更美好的生活。"而当一个企业的价值体系包含社会责任内容的时候,一般都会变成一个比较良好的企业。从世界范围来看,这样的企业很少有倒闭的。一个伟大的组织能够长期生存下来,最主要的条件并非结构、形式和管理技能,而是被称为信念的那种精神力量以及信念对组织全体成员所具有的感召力。

耶鲁大学2002届毕业生张磊向自己的母校耶鲁大学管理学院(SOM)捐赠8 888 888美元。这是到目前为止,耶鲁管理学院毕业生捐赠的最大一笔个人捐款。为什么一名MBA毕业生会对自己的学校如此钟情呢?他为什么没有捐款给自己的本科母校中国人民大学而将巨款捐给了自己的硕士母校耶鲁大学?耶鲁教给了他什么并让他如此感恩?

张磊[85]在自述《我为什么捐钱给耶鲁》中说到:"耶鲁管理学院改变了我的一生,这一点也不夸张。我在这里学到了很多东西,不仅仅是金融,还有给予的精神。在管理学院上学的时候,我离开过一年并回国创办一个网络公司。后来网络泡沫破灭,我又回到了学校。我曾经在耶鲁投资办公室和华盛顿新兴市场管理机构工作过,这些经历对我来说都是无价之宝。我在 2005 年又回到了中国,开始了我自己的投资基金。我们以 3 000 万美元起家,而现在我们的总资产已经达到 25 亿。我创办的公司名字 Hillhouse Capital Management(高瓴资本管理有限公司)就是以横贯耶鲁管理学院的一条道路命名的,而且它现在已经成为中国最大的独立基金。"

一个企业的健康发展更多依赖于成员对价值观认识的先进性与一致性。"取势,明道,优术","道"与"术"需要有效地融合,世界上任何一个企业的成功都是本土文化的价值和普世价值结合和交融的结果。现在,形式上的全球化与精神层面的自我固化正在成为制约一些实现了全球化经营的中国公司进一步发展的障碍。而令人不可思议的是,这些障碍并没有进入企业家与观察家们的视野。既得利益者的视野要超越自我和"家天下",这是中国企业家和领导者们必须迈过的一道坎,也是成就伟大商业机构和现代社会的先决条件之一。反之,我们可以诞生一批像胡雪岩一样富可敌国的商人,却可能很难产生像 IBM 和通用电气这样的伟大商业机构;我们可能实现经济量的不断增长,却会最终损害人民幸福生活的最终目的。

绝大多数中国人的价值观一生不会改变,他们没有机会、也没有办法改变,这是中国当下的大环境所决定的,也是中国人不合理的生活方式所决定的,中国人不会懂得价值观不是某种观念与定义,而是高质量的知识的有机合理集成。远大空调董事长张跃[86]指出:

> 有人问我,现在中国企业缺什么东西?我觉得是缺理念,缺对企业意义的理解。而我是在理性的状态或在超越竞争的状态下创办的企业,多数企业是在竞争的压迫下办企业,或者在赚钱的简单动力下办企业。所以,远大城的牌子上写着"抛开竞争,超越盈利",我们保护生命,第一句话就是"抛开竞争,超越盈利"。如果在这个条件上去做事情,人们的方法会与以往完全不一样。这时,企业会不会因此就不盈利或缺乏竞争力?有时候,答案恰恰是相反的。

什么样的社会创富观能够让人获得和谐,让社会得到公正,让经济发展效率得到提高,这是当前中国需要解决的关键问题。真正的企业家首先要拥有人类文明所推崇的伦理道德。西方公认的企业家几乎都是优秀道德的表率。中国却往往相反,在大众心目中,"无商不奸",其中,许多人可以象征财富、勤奋、实干,却很少和美德沾边,加上创新意识远远不足,中国"企业家精神"特别稀缺。乔治·吉尔德(George Gilder)在《重获企业精神》(Recapturing the Spirit of Enterprise)一书中一针见血地指出,资本主义在制度层面最为精髓的思想内核在于:持续激励人以最大程度的工作热情和效率,投入到创造更大的社会价值当中。这一理念对于在当下中国建立正确的社会创富观有着极强的借鉴意义。

国家风范

人是观念的动物。一个观念一旦形成,就会对人们的思想和生活产生影响。那些最基本的观念对人的思想和生活影响是巨大的。一些观念是正确的,一些观念是错误的。一些观念是深刻的,一些观念是肤浅的。一些观念是全面的,一些观念是片面的。一些观念是高尚的,一些观念是卑劣的。观念的性质不同,对社会发展所起的作用自然也不一样。一个人的观念(尤其是主要观念)出了问题,人生必然步入歧途。一个社会的观念(尤其是主要观念)出了问题,这个社会必然步入歧途。

决定一个民族命运的绝不仅靠军事和经济力量,而取决于文明形式,价值观的转变不仅来自企业家的努力,而且也是一种社会的选择。一个国家精英集团的基本品质往往就是这个国家的基本品质。企业家精神确实不只限于经济领域,在现代管理学之父德鲁克看来,它已经拓展到国家建设的各个方面,是整个社会进步的杠杆。企业家精神启发了人们对于国家的梦想。在发达国家,企业家的价值观、思维模式越来越被认可,被运用在医疗、高校、第三方组织等各个领域,政府也受到影响,越发讲求效益、经济人理念甚至企业化运营。世界需要一个健康的中国。中国面对世界的方式需要健康而清醒。中国不仅要在经济上崛起,也要在精神世界扫清污泥浊水,成为世界诸国里一面光辉的旗帜。

国家的健康并不是由拥有多少物质财富来衡量的,而是通过国家的公正性来衡量。国家治理的前提是什么? 那就是存在一个拥有高尚品德的领导者,他可以用才能和极高的道德水平推动他人承担责任,并且用人民的利益和福利定义自身的存在价值。国家的力量并不是用物质财富而是用这个社会的企业家精神水平来衡量的,领导者的主要职责就是鼓励企业家精神的生成。如果人民具有充分的企业家精神,他们一定会克服暂时的困难,最终使国家繁荣昌盛。但是,如果他们并不具有企业家精神,社会一定会发展无力,甚至走上歧途。因此,企业家精神及其文化的落后一直就是国家没落的象征。弗里德曼在其著作《我们曾经是这样的:美国如何在自己创造的世界里落后以及美国如何才能赶上》(That Used to Be Us: How America Fell Behind in the Invented and How We Can come Back)中阐述了一个有趣的观点:不用担心中国偷窥美国的各种技术,因为美国可以更快地发明新的。他最"担心"中国偷窃的是美国的《独立宣言》、《宪法》、杰弗逊纪念馆或林肯纪念碑等代表美国价值的东西,当中国开始拷贝这些东西时,才是中国真正强大的开始。

一个人如果从小接受的是筛选后的信息和理论,就会像柏拉图笔下被关在洞穴里的囚徒,靠变型的影子来错误地想象洞外的世界。形成的错误逻辑是一种小农时代的逻辑加上错误的想象:以为世界财富就是一个你有我无、你多我少的零和游戏;以为世界秩序就是一种你抢我、我抢你的丛林。而根本的错误就在于根本否定有文明的存在。而现在,网络让越来越多的人走出了这个洞穴,看到了真实的世界。在网络上,有开放的信息,有开放的理论,有开放的争论。随着互联网文化的发展,信息越来越无法封闭之后,真相也逐渐显露。在越来越开放的信息指导之下,中国人将越来越多地意识到,中国繁荣与崛起的最大障碍并不是世界其他国家,而是自己的不文明。文明之间没有冲突,只有竞争,文明与野蛮才有冲突。全世界需要一个共同的文明秩序,现代商业文明与合作使人类财富总量获得了爆炸式的增长。一个国家的富裕靠的是文明,而不是相反。

现在,我们特别需要"从中国出发,重新思考世界"①。中国有没有前途,要看它如何选择价值、理解世界。开放心灵尤其重要,想理解世界绝不能故步自封,以自己为中心。任正非[87]指出:"在这样的时代,一个企业需要有全球性的战略眼光才能发愤图强;一个民族需要汲取全球性的精髓才能繁荣昌盛;一个公司需要建立全球性的商业生态系统才能生生不息;一个员工需要具备四海为家的胸怀和本领才能收获出类拔萃的职业生涯。"信息社会带来的全球文明价值观的普及以及新兴产业的兴起,将产生更多的横向的平等性人格的交往,从而改变以前那种

---

① 《21世纪经济报道》创刊10周年广告词。

纵向的差序伦理人格,形成从臣民到国民再到公民的进化。郎咸平[88]指出:"我们中国人对于西方历史和基本概念的理解是稀里糊涂的,中华民族是个最不喜欢读书的民族,遑论研读西方历史了。我们完全不想从根部寻找比尔·盖茨等人的这种思想是从何处而来。"这个世界是企业家的世界,正是因为企业家创造并推进更美好的未来,企业家精神是我们未来希望的强大力量,穷人们的生活都有赖于富人,所有人的生活都依靠那些承担风险、创造财富的特殊人和他们的创造力与勇气。企业家应该受到尊重,构建正确的企业家精神,而非片面地指正仇富群体,允许企业家用他们的财富进行冒险经营,而不是诽谤他们和干扰他们,应该降低税率、刺激供给,而不是过度征税、过度管理,只有做到这些,才能使国家财富不断地后来居上。

太平天国时,美国传教士密迪乐(Thomas Taylor Meadows,1815-1868)来到中国,他看到战争、灾荒和种种匪夷所思的苦难,然后做出诊断:中国最需要的不是现代科技,而是基础文明!150年后,我们用上了APPLE,听上了MP4,可我们最需要的依然是基础文明。基础文明指的就是契约精神、权利意识,还有对民主政治和个人自由的理解。

针对中国企业家的现状,吴晓波在《跌荡一百年——中国企业1870—1977》[89]的序言中沉痛地指出:

> 他们在混乱中诞生,在惊悚中长大,对成长缺乏经验,发育一次次被打断,从来没有轻松自如的时刻,甚至,好像竟从来没有过自己的"成长礼"。这个阶层生来没有宏大的野心和浩瀚的想象力,他们过于冷静和保守,使得在一些激情四射的时刻会被认定为懦弱,他们天生是理性逻辑的信徒,这在信仰革命的时代显得十分可笑,他们对自我财富的捍卫,更是看上去有点可恶。
>
> 企业家的生命中绝少有让人怦然心动的激越,他们似乎总是很冷静,像一枚硬币的A面或B面。他们不会提口号,总是不怎么讨人欢喜。他们的血液是冷的,他们的灵魂是金色的,他们的愤怒是有成本边际的,即使怒发冲冠,他们也不会去大雨中把栏杆拍遍。千年以来所形成的"轻商文化",严重地影响到了社会对企业家的认知——这在他们与官员及高级知识分子的交往中尤为突出,这种根深蒂固的文化基因甚至扭曲到了他们对自己的评价与判断。以至于在一些关键时刻,他们总是不能以一个独立的阶层出现。最让人吃惊的是,这一混乱的景象竟延续百年,迄今未变。

在这个世界上发展最快的经济社会体中,过去30余年的经验不足以引导自身的未来;在虚假勃兴的力量漩涡中,极易迷失自我。富媒体的技术在为我们全方位打开通向世界各个角落的通道的同时,也让我们日益赤裸地立足于地球村中。一个背负着数千年历史与传承的中国,一个以令人炫目的速度在积累财富的中国,一个日益在全球政治生态和经济链条上越发举足轻重的中国,在过去、现在和未来的交错中,需要重新自我定义。在物质主义越来越严重的社会,我们需要找回失落的灵魂。龙应台女士[90]指出:"我很愿意看到中国的崛起,可是我希望它是以文明的力量来崛起的。……我深深盼望见到的,是一个敢用文明尺度来检验自己的中国;这样的中国,因为自信,所以开阔,因为开阔,所以包容,因为包容,所以它的力量更柔韧、更长远。当它文明的力量柔韧长远的时候,它对整个人类的和平都会有关键的贡献。"

正如昂山素季指出的那样:"改革的精髓是精神。它出自一种理性的信念。为塑造出一个民族的发展进程,需要改变精神上的态度与价值观。改革的目标如果仅仅是瞄准在改善物质的条件上去改变政策与制度,它就很少有真正成功的机会。"

企业家精神

领导逻辑

一个国家不仅应该追求利益,更应该追求价值。没有价值的国家是一个没有尊严的国家,是一个得不到尊重的国家。什么是国家的价值?笑蜀[91]认为,国家的价值就是这个国家国民的价值,也就是说是国家的人的价值。国家"人"的全部的权利和全部的尊严的总和构成了这个国家的价值。我们讲国家价值,也就意味着重视自己国民的权利和尊严。

我们这个国家是一个只要利益不讲价值追求的国家,虽然老是讲我们这个国家要有软实力,要崛起,包括要在软实力的角度崛起,但如果一个国家没有价值,怎么可能有软实力,怎么可能有软实力的崛起呢?以前讲"发展是硬道理",讲的就是利益角度的发展和经济角度的发展,从来没有讲过权利的发展是硬道理。社会转型中一个很重要的内容,就是重建我们的国家价值:向重建国家价值这个方向转,向重建人的价值、重建人的权利、重建人的尊严这个方向转。中国必须从以经济发展为中心转变为以权利发展为中心:靠权利的发展来发展社会,来哺育社会,来培育社会。如果不发展权利,公民社会根本无从谈起[91]。

一个旧的世界正在逝去,一个新世界正在挣扎着诞生。这个时代是人类精神的春天。现在,旧的思维方式已经被抛弃,但新的方式还没有发展起来。企业家精神尽管在实践与研究两个方面获得了越来越多的重视,国外的高校逐渐强化了相关的教学,但基于中国实证背景与国际(尤其是西方发达国家)存在的巨大差距(例如,西方的宗教尤其是基督教的普及性以及教育的应用性与人文性导向),纯正的企业家精神的学理分析(特别是专业教材),一直是个空白。近期以来,国内高校虽然也有尝试开设了类似课程,但讲授的内容偏于两个极端:(1)技术化。囿制于西方体系,陷入创业技术及投资分析的极端。(2)文化化。囿制于人文学科尤其是哲学、历史与人文的思辨,本质上是文化思辨。中国企业家精神的教育与分析迄今一直严重缺少现代管理学与经济学角度的逻辑解析。

《德鲁克日志》[92]在论述"精神的价值"时指出:"人绝不仅仅是生物生理学意义上的存在,而更是一种精神存在。"德鲁克还指出:"只有同情能够拯救认知,我所担负的无以言传的责任的认知,是对精神的认知。社会需要一种精神价值的回归——并不是说要抛弃所有物质的东西,而是为了使物质充分创造价值。"在一个较长的历史时期,中国有"主义"而无"资本":讲"精神",轻"物质";讲"道",去"术"。而现在,恰恰相反,中国有"资本"而无"主义":有"物质"而无"精神",有"术"而无"道"。在中国,"资本"与"主义"总是脱节的,社会因此不可能获得健康的发展。

"千夫有浍,浍上有道;万夫有川,川上有路。"① 企业家精神是领导者的圣经,是企业家的达·芬奇密码(The Da Vinci Code)。对一个有着五千余年厚重历史、亟需焕发青春与创造力的国度来说,没有什么因素比企业家精神更具核心价值的了。20 世纪 30 年代,凯恩斯曾有预言:百年后的世界属于那些创造精神产品的佼佼者。现在,企业家精神的兴起正悄悄地为一个精神产品的世纪做好了理论铺垫。

中国,打开企业家精神这扇通往自由而光明的大门吧!

---

① 《遂人》云:"凡治野:夫间有遂,遂上有径,十夫有沟,沟上有畛,百夫有洫,洫上有途,千夫有浍,浍上有道,万夫有川,川上有路,以达于畿。"

本章概要

企业家精神是企业家的共同品质。本章从主体性、制度性、实践性和传承性四个角度分析了企业家精神的性质,介绍了企业家精神教育的教学背景与教学设计,阐述了企业家精神研究的历史、学派与进一步研究的思路,从而为后续的企业家精神分析与实证研究奠定了基础。

本章分析的重要结论是:(1)企业家精神是企业家行为的底蕴,是企业家战略的哲学基础,并具有主体性、制度性、实践性与传承性四大特质,价值性巨大。(2)作为"道商"教育,企业家精神的教育是企业家教育的最高层次,实质性地决定了企业家的创业、创新、管理与领导能力。(3)企业家精神的教育是个多层次、多系统、多目标的体系,良好教育效果的取得尤其需要企业家树立正确的心态,并进行不断地自我修炼。(4)企业家精神的研究是个多学科交叉、极具前沿性的领域,在方法性与实证性上具有极大的难度,优秀成果的取得挑战性极强。

思考练习

1. 什么是精神?什么是企业家精神?如何看待企业家精神、企业家能力、企业家过程、企业家资源等概念的本质区别?它们相互之间又存在什么样的内在联系?
2. 企业家精神的核心价值何在?企业家精神的价值是如何体现与实现的?人们为什么要学习企业家精神这门课程?又该如何学习好企业家精神这门课程?
3. 如何分析企业家精神?有人认为"企业家精神是企业家的灵魂","企业家精神是一个民族的灵魂",如何看待和分析这两种观点?
4. 企业家与商人的本质区别是什么?为什么是哲学思想而不是纯功利的动机成为伟大企业家事业的驱动力?
5. 在企业家精神的教学中,正面案例与负面案例各自具有什么样的价值?
6. 中国社会如何实现从士大夫精神向企业家精神的转化?
7. 对企业和各类组织的中高层领导者而言,企业家精神是否比管理知识和能力更重要?
8. 有人指出,中国与世界最重要的差距在于基本的价值观念上,而并不在经济甚至制度上;也正是价值观念的差距,才引致了制度与经济的落后。你如何看待这种观念?落后地区与发达地区以及落后国家与发达国家的领导者在智商、情商、财商与道商等方面,存在什么样的实质性差异?
9. 如何实现企业家从既有的利益追求层面向精神层面的提升?在价值观漂移的时代背景下,企业家的利益追求、事业追求与精神追求如何统一?
10. 是经济基础决定上层建筑还是上层建筑决定经济基础?

延伸阅读

《领导力》(丁栋虹.北京:清华大学出版社,2012):这是一部具有深刻理解与开放思考并重的领导力著作,建构了"领导力阶梯"主导下的完整学习体系,着力于领导者内在素质(领导理念、思维与方法)的分析,具有历史与国际视野,通过阅读,可以提升全球化时代的领导力。

《苏菲的世界》([挪威]乔斯坦·贾德.萧宝森译.北京:作家出版社,2005):你是谁?世界从哪里来?《苏菲的世界》即是智慧的世界,梦的世界。它将会唤醒每个人内心深处对生命的赞叹与对人生终极意义的关怀和好奇。

《曾文正公全集》(李瀚章.长春:吉林人民出版社,1994):这部家书是一个思想者对世道人心的观察体验,是一个学者对读书治学的经验之谈,是一个成功者对功名事业的奋斗经历,更是一个胸中有着万千沟壑的大人物心灵世界的坦露。

《西西弗斯的神话——论荒谬》([法]加缪.杜小真译.北京:生活·读书·新知三联书店,1987):西西弗斯是一个"藐视神明、仇恨死亡、对生活充满激情的"英雄,他一步一步地把一块巨石推上山顶,石头由于重力的作用很快滚下山去,于是不得不一次又一次地重复这既无效也无望的劳动。

《现代资本主义:三次工业革命中的成功者》([美]麦格劳.赵文书,肖锁章译.南京:江苏人民出版社,2000):何谓资本主义?资本主义是如何演化的?为什么有的企业家、大公司和某些国家能够使资本主义为自己服务而有的则不能?本书以独特的视角观察了这些问题。

《儒教与道教》([德]马克斯·韦伯.王容芬译.北京:商务印书馆,2003):中国为什么没有出现西方那样的资本主义?韦伯将儒教与西方的清教作了较为透彻的分析比较,最后得出一个结论:儒家伦理阻碍了中国资本主义的发展。

《企业家的社会责任》([德]默恩.沈锡良译.北京:中信出版社,2005):企业目标应该有益于社会;让所有从业者对企业行为认同;责任的广泛转让;伙伴式的、注重绩效的领导方式。默恩以此开创了一种新型的企业文化,这种企业文化摒弃了等级观念和独裁式的管理结构,倡导企业职员的认同性、主动性和独创性。

《洛克菲勒》([美]罗恩·切尔诺.王鹏译.北京:国际文化出版公司,2007):他从小就亵渎神灵,通晓财道;他信奉弱肉强食的强盗逻辑,恪守尔虞我诈的商战奸术;他并非多才多艺,但异常冷静、精明,富有远见,凭借自己独有的魄力和手段,白手起家,一步一步地建立起他那庞大的石油帝国。这位吝啬的人对慈善事业却异常大方,他是美国历史上最富传奇色彩的企业家和慈善家。

《洛克菲勒留给儿子的三十八封信》([美]洛克菲勒.严硕译.北京:中国妇女出版社,2004):本书真实地记录了洛克菲勒创造财富神话的种种业绩。从书中人们不仅仅可以看到洛克菲勒优良的品德、卓越的经商才能,还可窥见一代巨富创造财富的谋略与秘密。

《新企业的起源与演进》([美]阿玛尔·毕海德.魏如山,马志英译.北京:中国人民大学出版社,2004):通过对数百家成功企业的研究,作者发现,典型的企业在创业时无不出身卑微、因陋就简。由风险资本资助的计划完善的企业只是一种例外。

参考文献

[1] [美]乔治·吉尔德.企业之魂[M].曾伟光译.上海:上海译文出版社,1992.

[2] 吴春波.谁能复制华为[N].21世纪经济报道,2009-09-28(65).

[3] [英]弗里德里希·哈耶克.通往奴役之路[M].王明毅,冯兴元译.北京:中国社会科学出版社,1997.

[4] 丁栋虹.西部大开发中企业家精神激活的路径

分析[J]. 学术界, 2005,(5): 48-54.

[5] 鲁迅. 鲁迅全集(第1卷)[M]. 北京: 人民文学出版社, 1981.

[6] [美]彼得·德鲁克. 创新与企业家精神[M]. 彭志华译. 海口: 海南出版社, 2000.

[7] 张军. 话说企业家精神、金融制度与制度创新[M]. 上海: 上海人民出版社, 2001.

[8] 新望. 徽商哪里去了？[J]. 决策咨询, 2001, (4): 10-12.

[9] 丁栋虹. 制度从来不能脱离"人"[N]. 上海证券报, 2007-04-04(B8).

[10] [德]马克斯·韦伯. 新教伦理与资本主义精神[M]. 黄晓京, 彭强译. 成都: 四川人民出版社, 1986.

[11] 邱文晓. 新一代美国名商调查[J]. 商界, 2006,(4): 76-77.

[12] [美]吉姆·柯林斯, 杰里·波拉斯. 基业长青[M]. 真如译. 北京: 中信出版社, 2002.

[13] [美]克莱因. 诺奖经济学得主谈中国西部开发的潜力[N]. 羊城晚报, 2001-02-22.

[14] 新华社. 亚裔美国人财富迅速增加[N]. 经济参考报, 2004-04-14.

[15] 林左鸣, 吴秀生. 中国企业家精神特质及其构建条件分析[J]. 云梦学刊, 2005, 26(5): 52-58.

[16] 康健. 175年传媒企业荣格的三条生存哲学[N]. 第一财经日报, 2008-03-14(C6).

[17] Donald C. Hambrick, Gregory D. S. Fukutomi. The Seasons of a CEO'S Tenure [J]. Academy of Management Review, 1991, 16(4): 719-742.

[18] [美]马尔科姆·格拉德威尔. 异类: 不一样的成功启示录[M]. 季丽娜译. 北京: 中信出版社, 2009.

[19] S. Venkataraman, Candida G. Brush. Doctoral Education in the Field of Entrepreneurship[J]. Journal of Management, 2003, 29(3): 309-331.

[20] 何深奇. MBA应当开设的商业道德伦理课程[R]. 上海: 复旦大学管理学院, MBA2006秋6班. 2008.

[21] 穆一凡. 百年哈佛商学院: MBA改变心灵和头脑[N]. 第一财经日报, 2008-04-18(C5).

[22] Magnus Aronsson. Education Matters — But Does Entrepreneurship Education? An interview with David Birch[J]. Academy of Management Learning & Education, 2004, 3(3): 289-292.

[23] 徐以升. 华为的"阳面"和"阴面"[N]. 第一财经日报, 2012-12-12(C03).

[24] [美]杰夫·贝佐斯. 人生意义, 就在于你的选择[EB/OL]. 搜狐IT, [2013-12-18].

[25] Scott A. Shane. Who is Publishing the Entrepreneurship Research[J]. Journal of Management, 1997, 23(1): 83-95.

[26] 江上小堂. 中国知识分子要抛弃"以天下为己任"的致命情结[EB/OL]. 猫眼看人, [2008-12-30].

[27] 百悦. 不如从改变自己开始[J]. 读者, 2005, (3).

[28] 王绍璠. 用心塑造企业家[N]. 中国改革报, 2006-02-06.

[29] 明月关山. 南怀瑾先生1月24号答复网友信[EB/OL]. 猫眼看人, [2010-01-31].

[30] [美]拉德纳. 科学与谬误[M]. 安宝明, 张松林译. 北京: 三联书店, 1987.

[31] 讲清道理. 科学思路[EB/OL]. 猫眼看人, [2008-11-21].

[32] [美]约瑟夫·熊彼特. 经济发展理论: 对于利润、资本、信贷、利息和经济周期的考察[M]. 何畏, 易家详, 张军扩, 胡和立, 叶虎译. 北京: 商务印书馆, 2000.

[33] J. B. Cunningham, J. Lischeron. Defining Entrepreneurship[J]. Journal of Small Business Management, 1991, 29(1): 45-61.

[34] William B. Gartner. What are we talking about when we talk about entrepreneurship?[J]. Journal of Business Venturing, 1990, 5(1): 15-28.

[35] D. C. Mcclelland, Atkinson J. W., Clark R. A., Lowel L. The achievement motive[M]. New York: Appleton-Century-Crofts, 1953.

[36] D. C. Mcclelland. The achieving society[M]. New York: Van Nostrand, 1961.

[37] R. H. Brockhaus, P. S. Horwitz. The psychology of the entrepreneur[M]//SEXTON D L, SMILOR R W. The art and science of

entrepreneurship. Cambridge, MA: Ballinger, 1986:25-48.

[38] R. H. Brockhaus. I-E locus of control scores as predictors of entrepreneurial intentions[J]. Proceedings of the Academy of Management, 1975,35: 433-435.

[39] D. Miller. The Correlates of Entrepreneurship in Three Types of Firms [J]. Management Science, 1983,29(7): 770-791.

[40] J. G. Covin, D. P. Slevin. Strategic Management of Small Firms in Hostile and Benign Environments [J]. Strategic Management Journal, 1989,10(1): 75-87.

[41] P. W. Moreland. Corporate Ownership and Control Structures: An International Comparison [J]. Review of Industrial Organization, 1995,10(2): 443-464.

[42] G. T. Lumpkin, G. G. Dess. Clarifying the Entrepreneurial Orientation Construct and Linking It to Performance[J]. The Academy of Management Review, 1996,21(1): 135-172.

[43] D. Miller, P. H. Friesen. Innovation in Conservative and Entrepreneurial firms: Two Models of Strategic Momentum[J]. Strategic Management Journal, 1982,3(1): 1-25.

[44] Shaker A. Zahra, Daniel F. Jennings, Donald F. Kuratko. The Antecedents and Consequences of Firm-Level Entrepreneurship: The State of the Field[J]. Entrepreneurship Theory and Practice, 1999,24(2): 45-65.

[45] David C. Mcclelland. Assessing Human Motivation[M]. NewYork: General Learning Press, 1971.

[46] David C. Mcclelland. Human Motivation[M]. Cambridge University Press, 1987.

[47] P. Davidsson. Entrepreneurship — and after? A study of growth willingness in small firms [J]. Journal of Business Venturing, 1989, 4 (3): 211-226.

[48] T. Levitt. Creativity is not enough [J]. Harvard business review, 1963, 41 (May-June): 72-83.

[49] Howard H. Stevenson, J. Carlos Jarillo. A Paradigm of Entrepreneurship: Entrepreneurial Management [J]. Strategic Management Journal, 1990,11(4): 17-27.

[50] S. Anderson. The Internationalization of the Firm from an Entrepreneurial Perspective[J]. International Studies of Management and Organization, 2000,30(1): 63-92.

[51] M. J. Moon. The Pursuit of Managerial Entrepreneurship: Does Organization Matter? [J]. Public Administration Review, 1999,59 (1): 33-43.

[52] L. F. Pitt, R. Kannemeyer. The Role of Adaptation in Micro-enterprise Development: A Marketing Perspective [J]. Journal of Developmental Entrepreneurship, 2000,5(2): 137-155.

[53] D. T. Smart. Entrepreneurial Orientation, Distinctive Marketing Competencies and Organizational Performance [J]. Journal of Applied Business Research, 1994, 10 (3): 28-38.

[54] Howard H Stevenson, Michael J Roberts, Harold Irving Grousbeck. New business ventures and the entrepreneur [M]. 5. McGraw-Hill/Irwin, 1998.

[55] O. E. Williamson. Organization Form, Residual Claimants and Corporate Control[J]. Journal of Law and Economics, 1983,26(2): 351-336.

[56] John Atkinson, David Storey. Employment, the Small Firm and the Labour Market[M]. Intl Thomson Business Pr, 1994.

[57] Gregory G. Dess, G. T. Lumpkin, J. G. Covin. Entrepreneurial Strategy Making and Firm Performance: Tests of Contingency and Configurationally Models [J]. Strategic Management Journal, 1997,18(9): 677-695.

[58] G. Knight. Entrepreneurship and Marketing Strategy: The SME under Globalization[J]. Journal of International Marketing, 2000, 8 (2): 12-32.

[59] Shaker A. Zahra, John A. Pearce. Boards of Directors and Corporate Financial Performance:

A Review and Integrated Model[J]. Journal of Management,1989,15(2):291-334.

[60] G. Hamel, C. K. Prahald. Competing for the Future[M]. Boston: Harvard Business School Press, 1994.

[61] Y. Luo. Environment-Strategy-Performance Relations in Small Business in China: A Case of Township and Village Enterprises in Southern China [J]. Journal of Small Business Management,1999,37(1):37-52.

[62] Peter B. Robinson, David V. Stimpson, Jonathan C. Huefner, H. Keith Hunt. An Attitude Approach to the Prediction of Entrepreneurship[J]. Entrepreneurship Theory and Practice, 1991,(Summer):13-31.

[63] R. H. Brockhaus. The psychology of the cintrepreneur[M]//KENT C A, SEXTON D L, VESPER K H. Encyclopedia of entrepreneurship. Englewood Cliffs, NJ: Prentice Hall, 1982:39-71.

[64] R. D. Hisrich. The woman entrepreneur: Characteristics, skills, problems and prescriptions for success[M]//SEXTON D L, SMILOR R W. The art and science of entrepreneurship. Cambridge, MA: Ballinger, 1986:61-81.

[65] A. Jacobowitz, D. C. Vidler. Characteristics of entrepreneurs: Implications for vocational guidance [J]. The Vocational Guidance Quarterly,1982,30:252-257.

[66] G. W. Allport. Attitudes[M]//C. MURCHISON. Handbook of social psychology. Worcester, MA: Clark University, 1935:798-884.

[67] S. J. Breckler. Empirical validation of affect, behavior and cognition as distinct components of attitude[J]. Journal of personality and social psychology,1984,47:1191-1205.

[68] S. Chaiken, C. Stangor. Attitudes and attitude change [J]. Annual Review of Psychology,1987,38:575-630.

[69] V. S. Stimpson, J. C. Huefner, S. Narayanan, D. Shanthakumar. Attitudinal characteristics of male and female entrepreneurs of the United States and India [J]. Psychological Studies,1993,38(2):64-68.

[70] Gem. Global Entrepreneurship Monitor 2002 Executive Report[R]. Babson College, London Business School, Ewing Marion Kauffman Foundation. 2002.

[71] M. L. Kourilsky. The kinder-economy: A case study of kindergarten pupils' acquisitionof economic concepts[J]. The Elementary School Journal,1977,77(3):182-191.

[72] M. L. Kourilsky. Entrepreneurial thinking and behavior: What role the classroom?[M]//KENT C A. Entrepreneurship Education: Current Developments, Future Directions. Westport, CN: Quorum Books, 1990: 137-152.

[73] M. P. Slaughter. Key elements that distinguish entrepreneurship [C]. Internal memorandum. Kansas City, MO: Center for Entrepreneurial Leadership, Ewing Marion Kauffman Foundation.

[74] 何树贵. 浅论企业家精神[J]. 南京广播电视大学学报, 2004,(4).

[75] 王坤, 荣兆梓. 小企业向大公司演化的机理——一种新企业家精神视角[J]. 华东经济管理, 2005,19(10):50-54.

[76] 苏方国. 企业家精神的培育研究[J]. 中国人力资源开发, 2004,(12):9-11.

[77] 肖建忠, 易杏花, David Smallbone. 企业家精神与绩效:制度研究视角[J]. 科研管理, 2005, 26(6):42-48.

[78] 盛洪. 我读科斯(之二)[J]. 读书, 1996,(5): 130-134.

[79] 俞敏洪. 培育年轻人的精神气质[J]. 北大商业评论, 2008,(6):40-46.

[80] [美]尼尔·波兹曼. 娱乐至死[M]. 章艳译. 桂林:广西师范大学出版社, 2004.

[81] [美]列奥·施特劳斯. 现代性的三次浪潮[M]//刘小枫. 苏格拉底问题与现代性——施特劳斯讲演与论文集(卷2). 北京:华夏出版社, 2008.

[82] [德]马克斯·韦伯. 新教伦理与资本主义精神[M]. 于晓, 陈维纲译. 北京:三联书店, 1987.

[83] 吴晓波.企业家永远都是赌徒加工程师[N].第一财经日报,2008-01-23(C8).

[84] 刘晖.我们应该怎样去相信未来[N].21世纪经济报道,2010-12-27(2).

[85] 张磊.我为什么捐钱给耶鲁[N].成都商报,2010-01-14.

[86] 惜辉.政治与道德[EB/OL].猫眼看人,[2009-08-26].

[87] 程东升.任正非:天下无难为之事[N].21世纪经济报道,2010-12-27(107-108).

[88] 郎咸平.中国人既不了解世界,也不了解自己[J].IT时代周刊,2009,(14):19.

[89] 吴晓波.跌荡一百年——中国企业1870—1977(上)[M].北京:中信出版社,2009.

[90] 龙应台.文明的力量[EB/OL].价值中国,[2010-8-13].

[91] 笑蜀.静态的社会治理逻辑不适合流动社[EB/OL].凤凰网博报,[2012-03-14].

[92] [美]彼得·德鲁克.德鲁克日志[M].蒋旭峰,王珊珊译.上海:上海译文出版社,2006.

第1篇
特质分析

企业家精神是什么？企业家精神包含什么？1 000个人就会有1 000种表达。

我们能否站在历史与时代的制高点上，解析出企业家精神的特质呢？

第 2 章 道德价值

我愿证明,凡是行为善良与高尚的人,定能因之而担当患难。
——[德]贝多芬[①]

学习目标
- 认知道德精神与领导能力之间的关联;
- 把握道德精神是企业文化型构的基石;
- 透析道德精神如何决定管理方式。

任何一个社会,不管它的技术基础多好,如果没有道德基础,没有一种信念,只是追逐投机和"有奶便是娘"的利益价值观,这个社会必然堕落、沉沦,而且没有前途。"道德"直译就是:(道)是行为(德)是收获。道德的存在不是为了在表面上帮助维系社会的运转,而是从根本上让人成为人。古人云:"发达者而失德失义,虽得必失,虽盛必衰;贫困者积德累行,虽弱必强,虽穷必达。"个人事业如此,国家发展亦然。一个国家之国德,乃民族之信仰与精神及其与之相应的民族心理特征及固有之行为方式。

哲学家克尔凯郭尔[②]说,一种宗教如果能以后果来合理化,它就不再是一种宗教。组织领域的学术大师詹姆斯·马奇(James G. March)指出,同样的道理适用于信任、爱情和友谊:如果这三者有合理的证明,它们只不过是经济学而已。企业家的特质在于特别强调个人价值(Personal Values),但 Hisrich 和 Peters[1]指出:"对企业家非常重要的个人价值的另一个方面是企业家的道德(Ethics)和道德行为(Ethical Behavior)。"企业的领袖是企业总体价值的化身和组织力量的缩影,是企业文化的代表性人物,是振奋人心、鼓舞士气的导师,是人人仰慕的对象,他们的一言一行都体现了企业的价值观念,他们能为人所不能、行人之所不敢。"领袖"是一个象征,是一个企业的旗帜。"企业要认真地贯彻国家政策,关心社会,承担必要的社会责任。企业家不仅要懂经营、会管理,企业家的身上还应该流着道德的血液。只有把看得见的企业技术、产品和管理以及背后引导他们并受他们影响的理念、道德和责任两者加在一起才能构成经济和企业的 DNA。"2008 年 7 月 20 日,在广东考察工作的国务院总理温家宝在与企业家座谈时这样说。

---

① 路德维希·凡·贝多芬(Ludwig van Beethoven,1770-1827),德国最伟大的音乐家、钢琴家。
② 索伦·奥贝·克尔凯郭尔(丹麦语:Søren Aabye Kierkegaard,1813-1855),丹麦哲学家、神学家及作家,被视为存在主义之父。

道德是无形的,但它的影响甚至决定是方方面面的。我们有时候将道德推理看作说服他人的途径,然而,它同时也是一种理清我们自身道德信念的途径。道德化(Moralization)是一种心理状态,就像一个开关,可开可关[2]。当这种道德开关被打开的时候,一种截然不同的思维模式便驾驭了我们的思考。这种思维模式使我们将某些行为视作是不道德的,而不仅仅是难如人意的或不合时宜的,又或者是不太明智的。道德与人类的创造力成正比,智慧的发展必须以道德的坚守为前提!

"廉贾"之心源于仁。把伦理道德作为企业家精神的组成部分,反映在企业家精神上表现为三个方面:一是企业家行为前,良心起"指挥"作用;二是企业家行为中,对行为的监察,良心起"检查"作用;三是企业家行为后,自省总结,良心起"评审"作用。因此,企业家的道德自律应该是高尚的,应使道德水准形成企业家的人格魅力。行商坐贾在任何时候都要胸怀善心和良知。清末徽商的顶级人物胡雪岩曾经对什么是商人的"良心"作过高度概括,他说:"对朝廷守法,对主顾公平,就是讲良心。""廉贾"的另一个特征就是正确看待钱财,强调人对财富的主体意识和自我觉悟,既不视金钱为"万恶之源",又不被金钱所累,强调钱财要"取之有道","仁中取利,义中求财"。"廉贾"具有现代意义上的战略眼光,不浮躁,不急功近利,不贪婪,不图一时暴富,而是求基业长青,注重打造商誉,塑就百年老字号。冯仑[3]说:"在中国,钱永远不如道德更有力量,因为挣钱也就几十年,道德伦理则存续了几千年。"他用一贯调侃的语气写道:"在欧洲,一个有钱的家族 300 年后还在。第一代干的坏事,第二代改一点,第三代改一点,最后都变成社会的道德楷模了。"

康德(Immanuel Kant)[4:141]指出:"有两种东西,我们对它们的思考越是深沉和持久,它们所唤起的那种越来越大的惊奇和敬畏就会充溢我们的心灵,这就是繁星密布的苍穹和我心中的道德律。"在佛教中,止息散乱之心,归于静寂之禅定力,称为定力(Concentration)。简而言之,人的定力就是一个人的自控力,就是不为物所转,而能转物。德是智的前提:你有美德,你的思想就会精确,你整个人就有条理,这就是美德的功劳。儒学经典《大学》指出:"大学之道,在明明德,在亲民,在止于至善。知止而后有定,定而后能静,静而后能安,安而后能虑,虑而后能得。物有本末,事有终始,知所先后,则近道矣。""伦常乖舛,立见消亡;德不配位,必有灾殃。"①可见,以善为核心的"德"是获得"定力"的基石。如果道德不稳,企业家定力将从何而来?又怎么可能建设一个健康光明的未来呢?中国社会的道德不稳首先体现为企业家的道德不稳。

[提示]没有了灵魂,人还能有什么?②

领 导 有 道

伟大的领导者从来都是在人格上正直善良、有博大的爱心、始终怀着一种悲天悯人的人文情怀的人,他们充满着深刻的智慧和对真理的坚定追求,他们珍视精神价值,坚持一个人最基

---

① 出自《朱子治家格言》。
② 2007 年电影《幸福捷径》(*Shortcut to Happiness*)中的台词。

本的道德底线，不为权力、金钱等过眼云烟所左右。

领导素质

在人类历史上，美国第一个废除君主制，实行民主共和制；第一个实行联邦制度，用宪法划分中央与地方的权限；第一个以成文宪法作为国家的根本制度；第一个完成了政教分离，把宗教信仰划入私人自主范围。这四个史无前例的"第一"为美国二百多年的发展保驾护航，功不可没，对其他国家的制度建设产生巨大影响。这四个"第一"是怎样被创造的？虽然答案多多，但大都绕不过华盛顿的美德。

正是由于华盛顿具有高尚的品德，他既没有像英国的克伦威尔那样从革命军的总司令演变成一个独裁者，也没有像法国的拿破仑那样利用自己的威望戴上皇冠。他的美德阻止了旧制度的复活，推动了新制度的诞生，他的许多做法演变成日后的规则。现代法治不是在"道高一尺，魔高一丈"的防恶过程中趋于完善，就是在身先士卒的榜样示范过程中百炼成钢，善和恶共同推动着法治的进程[5]。

为政以德

道德拷问的首先是领导者和统治者的道德，而不是被领导者和被统治者的道德。做人一辈子，要以人品做底子；道德可以弥补智慧上的缺陷，但智慧却永远弥补不了道德上的缺陷。尤其是对领导者而言，一旦道德出现瑕疵，他们对组织及社会的伤害会是十分巨大的。

从传统文化角度来讲，支持领导行为的核心基座是"礼义廉耻"。礼，规规矩矩的态度。义，正正当当的行为。廉，清清白白的辨别。耻，切切实实的觉悟。《五代史·冯道传·论》曰："礼义廉耻，国之四维，四维不张，国乃灭亡。"

孔子说："为政以德，譬如北辰，居其所而众星共之。"这种思想用在企业里，就是以北极星形象地作比喻，企业员工像众星似的有规则地工作运转，那主要是因为企业家起着道德方面的表率作用，以身作则。而在以身作则上，要"先之劳之"，"正其身"；"其身正，不令而行，其身不正，虽令不从"，其强调企业家工作上要做在前头，出力在先，不用下命令，员工自然就会努力工作。

美国前总统小布什[6]在即将结束总统生涯接受记者采访时，说："我希望自己在人们的记忆中首先也是最重要的，是没有为了迎合政治而出卖我的灵魂。我带着自己的价值观念来到华盛顿，也将带着同样的价值观离开。"

1979年，时任中共中央组织部部长的胡耀邦在审阅有关马寅初的材料时，含着眼泪说："共产党应该起誓：再也不准整科学家和知识分子了！"胡耀邦从领导岗位上退下来后，有一次和胡启立谈到党内腐败，有些激动。胡耀邦走了几步，若有所思，突然停了下来，转过身来神色凝重地对胡启立说："启立你一定要记住，任何时候在任何情况下，我们共产党人绝不可以鱼肉百姓啊！"

道德是领袖行为的内在推动力，是决定领袖期望、态度和行为的心理基础。人们对各种事物（如自由幸福、企业目标、人生价值、公司使命、管理授权、奖金奖励、自尊荣耀、诚实坦率、服从包容等）在心中有轻重主次之分，这种轻重主次的排列和标准，构成了个人的价值体系。在同一的客观条件下，具有不同道德观的领导者必然会对同一事物有不同的看法，从而产生不同的行为和结果。

> **专栏 2.1　　　　　政治与道德**[7]
>
> 中国必须有一个建立在道德良心基础上的强大的公民力量,以捍卫社会转型的和平以及推动宪政制度的良好运转。
>
> 这支力量的表现形式是一群德高望重的优秀公民的联合。他们具有强大的道义力量、高度的历史责任感、对社会变革高度的共识和统一行动的能力。必须做到言论、行动和信仰的一致。他们需要真诚地面对人民,真诚地面对这个时代,真诚面对自己的信仰。只有做到极致的纯粹,他们才具有无坚不摧的力量。
>
> 他们需要博大的奉献精神。他们必须从内心深处彻底放弃政治就是不择手段追求权力的念头,必须彻底信仰政治就是为公众谋福利。他们必须能够超越世俗的欲望追寻生命的意义,他们来到这世上就是为了自己的国家和全人类的自由幸福,他们唯一的私欲就是自我人生价值的实现,而这依赖于为公众谋福利的生命历程。
>
> 他们需要浩然正气。面对邪恶的不公正需要有人拍案而起,社会需要正义的底线,当司法不能担当正义底线的时候,他们必须就是正义的底线,他们必须让人们看到正义的希望,必须让人们从内心深处相信法律是有尊严的,正义是有希望的。他们还必须让人们相信,有一天,这将是一个自由公正的社会,无权无势者也同样受到法律的保护,没有关系也同样获得公正。
>
> 他们需要足够的智慧和贡献,他们需要有能力谛听这个社会最渴望表达的声音,他们需要在有限的生命里做最多的贡献,他们需要不断的道德积累。他们唯一可以仰仗的力量是道德,他们的力量在于奉献了多少、帮助了多少人和承担了多少苦难。唯有这种博大的力量,才能给这个社会带来希望,才能唤醒这个民族被压抑的良知,才能在道德良知的基础上建立民主法治、公平正义、自由幸福的社会。

贵族精神

人的高贵源于内心。使人高贵的不是权力而是道义,不是金钱而是文化,不是地位而是信仰,不是长相而是才华,不是血统而是思想。大智者必谦和,大善者必宽容,大才者朴实无华,大成者谦逊平和。真正优雅的人,必定有包容万物、宽待众生的胸怀;真正高贵的人,面对强于己者不卑不亢,面对弱于己者平等视之。

领导者需要贵族精神。贵族的核心是指一种精神,一是文化的教养,能抵御物欲主义的诱惑,不以享乐为人生目的;二是社会的担当,严于自律,珍惜荣誉,担当起家庭与国家的责任;三是自由的灵魂,独立的意志,在权力与金钱面前敢于说"不"。具有知性与道德自主性,能够超越时尚与潮流,不为强权与多数人意见所奴役。

真正的贵族,不是受到别人尊重,而是尊重别人。英国自20世纪以来,在第一次世界大战的阵亡者名单中,就包含了六名上院贵族、十六名从男爵、近百名上院贵族之子。数千名参战的伊顿公学子弟中,伤亡率高达45%。此外,史载第一次世界大战期间,剑桥大学有万余名在校师生参战,其中数千人阵亡[8]。当时的剑桥大学,并未脱离"贵族子弟校"

的保守传统,如将在第二次世界大战中殉命的众多的剑桥贵族青年计算在一起,数量就更为庞大[①]。

英国的贵族为什么愿意做出这种牺牲?为什么英国贵族在战时没有躲在大后方向士兵们喊:"不怕死的给我冲"?而是身处前线,在硝烟弥漫的战场上振臂一呼"不怕死的跟我上"?问题的关键是在于一种责任感。以起源论,贵族们认为自己才是现代英国的缔造者。正因"国家兴亡,贵族有责"的观念一直为英国绅士引以为傲,由此引申出贵族们的"主人"意识,自不待言。传统的英国绅士行侠仗义,尊崇骑士精神。骑士精神的显著特点便是尊崇"主仆"意识。英国贵族视自己为"主",但作为继承骑士之风的"主人"必须要以身作则,以高尚的道德感召力来领率"仆从"。

例如,文学作品中的骑士堂吉诃德,虽然行为迂腐可笑,但其身先士卒的勇敢也给人印象深刻,试想,堂吉诃德如果是一个贪生怕死之辈,他的仆从桑丘就不会死心塌地跟着他。堂吉诃的国籍虽非英国,但就骑士精神而言,却和英国贵族一以贯之。换言之,若舍掉这种果敢献身的精神,也就无所谓贵族。仆人也不必再对主人尽忠,这样,当为一个失去了骑士精神和高尚人格的人尽忠时,实际上已经不再将自己置于仆人的地位,而是愚忠的"奴才"的位置。英国自荷兰执政者威廉入主以来,行君主立宪三百余年,绝对不是靠一帮"奴才"来治理国家的。

储安平在其《英国采风录》[9]中记述了他对英国贵族和贵族社会的观察,他说:"凡是一个真正的贵族绅士,他们都看不起金钱……英国人以为一个真正的贵族绅士是一个真正高贵的人,正直、不偏私、不畏难,甚至能为了他人而牺牲自己,他不仅仅是一个有荣誉感的人,而且是一个有良知的人。"他还写道:"英国人不仅不反对他们的社会里有这种贵族的成分,而反以有这种贵族制度为骄傲、为满足。他们认为'贵族'代表一种尊严,代表一种高超的品性。在英国,每个人和他人在一起时,都自以为是一个'贵族'……"这段话或许可以理解为一种广泛弥漫于英国社会的"主人"意识,非此,我们恐怕不会看到在第二次世界大战期间,年幼的伊丽莎白公主服役英国军队,也不会看到服役皇家空军的肯特公爵乔治亲王命丧坠机。更有甚者,除去这种责任感,英国传统的阶级社会或许早已瓦解,根本不可能存在至今。

1912年4月15日凌晨,泰坦尼克号游轮触礁沉没,死亡1502人,获救705人,获救者全是妇女和儿童。船上的男人们将生还的机会让给弱者,主动选择死亡。在电影《泰坦尼克号》中,在船即将沉没的时候,船长走进了船长室,选择了和船共存亡,这就是一种担当精神。在大船开始沉没的时候,船长请船上的小乐队到甲板上演奏,以安抚大家的情绪。在演奏完毕之后,首席乐手向大家鞠了一躬,乐手们开始离去,船上非常混乱,大船马上就要沉没了,首席乐手看见大家都走远了,他自己又回到了原来的位置,架起小提琴,拉起了一支新的曲子,已经走远的乐手,听到音乐声,不约而同地又回到了首席乐手身边,大家重新开始演奏。船要沉没了,大家相互握手,互道珍重,首席乐手说:"今天晚上,能和大家一起合作,是我终身的荣幸。"[10]

在美国南北战争中,南方军即将面临失败,军官中有人提议化整为零分散到老百姓家里,进入山区打游击战。但当时南军最高统帅罗伯特·李将军却不同意,他说:"战争是军人的职业,我们要是这样做,就等于把战争的责任推给了无辜的老百姓。我虽然算不上一

---

① 正因为贵族伤亡巨大,两次世界大战后,为数不少的贵族头衔都失去了首选继承人,不少贵族家庭财产的去向就此彻底改变。

个优秀的军人,但我绝不会同意这样做,如果能用自己的生命换来南方老百姓的安宁,我宁愿作为战争犯被处死。"他的对手是大家熟知的林肯,林肯总统同样表现出宽宏大量的贵族风度。本来他确实应该按照军法对罗伯特·李进行处置,可北方的格兰特将军在受降仪式上诚恳地对李将军说:"我可以向历史作证,这不是您个人的错。"李将军还做了美国西点军校的第一任校长。当有南方的居民要重新起来造反时,李将军大声呵斥道:"小子,回家好好种地去吧!"

路易十六夫妇上断头台,王后踩到刽子手的脚,说:"对不起,先生!"

身体力行

领导人要赢得下属的支持,首先必须身体力行,以身作则。西点军校前校长拉里·杜尼高(Larry Donnithorne)在《西点军校领导魂》(*The West Point Way of Leadership*)一书里是这样解释领导力的:

"许多人幼稚地认为,领导力就是领导用来施之于他人身上的一套技巧:怎样影响别人。但是以我们的经验来看,陆军的领导力并非始于以他人为中心,而是以自己为出发点。领导艺术就是关于怎样才能成为领导的问题,而不是怎样去做领导。只有一个人率真本色,有一套强烈的价值观,所作所为都与这个价值观保持一致,并表现出自律精神的时候,这个人才能开始领导人。"

纽约前市长迈克尔·布隆伯格(Michael Bloomberg)自2001年上任以后,连任三届,年薪一元(本身是身价超过百亿美金的美国富翁,市长年薪仅象征性地收取1美元),每天坐地铁上下班,在拥挤的地铁里常常没人给他让座,只能站半个小时。他还下令取消纽约78%的政府特权车。

中国有相当一部分领导者还不明白什么才应该是真正卓越的领导者素质和品格。

领导人格

道德的作用远不止给人约束,更是一个人真正幸福的源泉。唯有德行给予人的愉快是没有任何副作用的,你越是沐浴在道德的光辉下,你就越是远离了一切烦恼。

正直公正

正直是商业伦理的试金石,是领导者必须的品质,因为它是一种力量。哈佛商学院的办学宗旨是:让商务成为职业。什么样的工作堪称职业?衡量职业的标准之一就是成员须具备利他主义精神,换句话讲,就是成员应品行高尚、正直。在当前更加强调和重视团队合作的全球化背景下,员工正直当属国内外企业公认的首要评价标准。彼得·德鲁克早已在其里程碑式的著作《管理学》中指出,一个优秀的管理者最重要的特征是有正直感。成功的企业家最优秀的品质是正直,这是优秀企业家最具魅力的人格。美国学者米勒(Gary J. Miller)认为,在目前这个时代,下属不会盲目跟随某人,一个人也不可能与任何机构永远拴在一起。最难得的人才就是有办法领导一群集体从事创造的人。在这种情况下,领导者最要具备的条件就是正直。在采用新领导方式的所有原则中,正直是绝对不能妥协的一个原则,是企业文化赖以建立的磐石。管理人员必须正直,并让下属认为他正直,然后才能迈向更大的自主权,自我管理,并达到更高的效率。对企业管理来说,一个人如果缺乏正直的人格,不但今天不能在管理阶层上立足,将来也更无可能。一个想当领导的人应该永远说真话,如果没有其他原因,至少说真话是最简单的。

美国管理学会(AMA)曾作过一项调查,由大约1 500位管理人员列出他们最欣赏的部下、同事和上司具备的品质。他们总共列出225种管理者的品质,研究人员将其归纳成以下15项优秀品质,如表2.1所示。

表2.1 管理者的优秀品质(AMA)

品质	内涵
气度	胸襟开阔、有弹性、能包容
才干	有能力、有效率、做事彻底
可靠	值得信赖、有良心
合作	待人友善;有团队精神、肯配合别人
公正	客观、前后一致、民主
创意	富有想象力、创造力、好奇心
正直	值得信赖的人格
聪明	脑筋灵活;具有推理能力
能力	有领导能力;能鼓舞士气,有决断力,能提供方向
忠诚	对领导或对公司或对政策忠心
成熟	有经验,有智慧,有深度
坦诚	不拐弯抹角、率直
尊重	能体谅别人、关心别人,尊重别人
支持	能支持别人,能了解别人的立场并提供协助
决心	工作勤奋,有干劲

虽然表2.1的品质是从美国人中调查、归纳出来的,具有美国文化色彩,但从实际情况看,这个归纳也具有普遍性。

管理人员要如何才能让下属认为其自身的人格正直？好的做法就是自己表现出正直的人格,创造重视正直这项价值观的企业文化,并且只提升人格非常正直的管理人员。正直又被人信任的管理者,总是从好的方面为别人着想,心理的投射机能在这里发生作用。正直的人或肯定自己价值的人,常认为别人也是这样,这种人不会认为别人心术不正,他们认为应该信任别人。一个人如果能尊敬别人并且能欣赏别人的正面特点,就表示这个人也尊敬自己。优秀的管理者会虚心听取别人的意见,也会关心别人,这种管理者会把成功的功劳归于下属而不是自己;当成效不佳时,不会认为下属努力不够施以惩罚,而会以解决问题的态度协助下属,并认为下属一定能做好。例如,作为百年老店,3M公司的企业文化一直要求员工做人要绝对正直,要踏实而诚实。直到今天,3M(中国)的内刊中还常有绝对不允许向政府官员赠送任何私人礼物等小提示。这种文化沉淀下来,就变成了3M员工特有的气质。

> **案例 2.1**　　　　　　　　　　　　**君子和而不同**
>
> 　　北宋曾经有两个宰相,一个叫司马光,一个叫王安石。一个是保守派,一个是改革派。
>
> 　　司马光打小就很聪明,性情温和,待人宽厚,及至做了宰相,也理循旧法,秉承祖制,主张"无为而治",言辞有度,服饰得体,乃谦谦君子。
>
> 　　王安石从小书读得很好,除了不爱洗澡和穿衣服相当不讲究外,经常头发蓬乱就上朝觐见天子,号令文武。然而,皇帝很欣赏他,尽管王安石是典型的"脏乱差",依然"皇恩殊厚",成为当朝宰相,锐意改革,推行"一条鞭"法,想方设法为大宋收税,充盈国库。
>
> 　　司马光和王安石性格迥异,又是政敌,两人的政治主张相差十万八千里。在庙堂之上,司马光和王安石是死对头,彼此都认为对方的执政方针荒谬至极。彼此都觉得自己比对方高明,比对方正确,比对方更了解国情。所以,在争夺权力的过程中,两人丝毫都不客气,用各种手段,向对方痛下杀手。斗争的结果是王安石获胜,司马光从宰相宝座上被赶了下来。
>
> 　　王安石大权在握,皇帝询问他对司马光的看法,王安石大加赞赏,称司马光为"国之栋梁",对他的人品、能力、文学造诣都给了很高的评价。正因为如此,虽然司马光失去了皇帝的信任,但并没有因为大权旁落而陷入悲惨的境地,得以从容地"退江湖之远",吟诗作赋,锦衣玉食。
>
> 　　风水轮流转。愤世嫉俗的王安石强力推行改革,不仅触动了皇亲贵胄的利益,也招致地方官的强烈不满,朝野一片骂声,逢朝必有弹劾。皇帝本来十分信任王安石,怎奈三人成虎,天天听到有人说王安石的不是,终于失去了耐心,将他就地免职,重新任命司马光为宰相。
>
> 　　墙倒众人推。王安石既然已经被罢官,很多言官就跳将出来,向皇帝告他的黑状。一时间诉状如雪,充盈丹樨。皇帝听信谗言,要治王安石的罪,征求司马光的意见。
>
> 　　很多人都以为,王安石害司马光丢了官,现在皇帝要治他的罪,正是落井下石的好时机。然而,司马光并不打算做压死骆驼的最后一根稻草。他恳切地告诉皇帝,王安石嫉恶如仇,胸怀坦荡、忠心耿耿,有古君子之风。陛下万万不可听信谗言。
>
> 　　皇帝听完司马光对王安石的评价,说了一句话:"卿等皆君子也!"

社会良心

　　善者的心中常有一种罪感,恶者的心中多有一份怨单!没有道德感的人,自然也没有来自道德的痛苦和纠结。没有来自道德的痛苦和纠结的人,也就没有道德负担和道德顾忌。没有道德负担和道德顾忌的人,常常就显得果断和有力,因此,恶在很多时候比善显得更有力量。

　　君子知道什么是对的;而小人知道什么是有利可图的。一个人应该做他必须做的事情,仅仅因为这件事是道德的,而并不是因为出于个人索取的考虑。做应该做的事,其价值在于做这件事本身,而并非在于外部结果。如果我们恪守这个原则,我们就不会失败。鲍勃·肯尼迪[①]曾说:"一个人每次为一个理念挺身而出,或为改进他人生活而努力,或向不公出击,他传递出的希望仅产生很小的波纹,而千百万不同能量产生的波纹互相交叉,就能汇聚成洪流,并可冲

[①] 第35任美国总统约翰·肯尼迪的弟弟,即罗伯特·弗朗西斯·肯尼迪(Robert Francis,1925-1968)。

垮阻挡我们的最坚实的墙。"

在社会历史的演进中,始终有两类极具社会能量的人影响着发展大趋势:一类人拥有人格魅力,有领导才能,有想象力,精力充沛,不安分守己。他们虽然智商极高,但无奈学不够专,或者不屑钻研,只热衷于他们的追求。他们热衷追求的是权力。为了权力到手和不失去到手以后的权力,他们不择手段。还有一类人,他们是沉默的一群,在受控制的媒体上几乎听不到他们的声音。他们同样智商很高,但多半投入于专业和学术,并且在某一方面学有所成。也许因为精力有限,他们几乎不过问政治,只有当政治过问到他们的时候,才站出来说话。他们一旦开始说话,就一定说实话,决不昧着良心。所谓实话,其实不复杂。只要是那些了解真相的人中的多数认为事实没有被隐瞒、虚构或扭曲的话,就称为实话。一个人只要把事实说出来,像孩子说出皇帝光着屁股那样,就是深刻的洞见、前瞻的真理。前一类人当中产生精神领袖,后一类人当中产生社会良心[11]。

精神领袖常常在社会形态比较落后、人群比较愚昧的地方出现。这也是自然需要:愚昧的人群缺乏判断力,一双双幼稚而茫然的眼睛始终寻找着,等待着有人登高振臂一呼。幼稚的人永远也摸不透精神领袖们的内心,正所谓"天机不可泄漏"。当然,被领袖"泄漏"出来的一定是大慈大悲、大恩大德,神圣崇高得让你不由自主地跪下顶礼膜拜。为了他们的领袖地位,你必须永远保持自己和下几代的幼稚。精神领袖最具有号召力的法宝就是"树敌"。几乎没有一个精神领袖没有自己的、自己集团的、自己族群的不共戴天的仇敌,而且必须动员他的信众以最大的仇恨和他保持一致。所谓"仁者无敌"对他们不适用。

社会良心也有法宝,那就是"承受孤独"。承受孤独已经被社会心理学家确认为健康人必须具备的心理素质,并且看得和社会交往一样重要。社会良心没有敌人,却也没有信众。他们不像精神领袖那样,离开信众一天就失魂落魄。靠着独立人格、独立思考、独立认知,他们与真实最近,也和真理最近。卢梭的《忏悔录》享誉于世,最重要的原因便是他解析自我的残酷无情,自己的肮脏、庸俗、恶劣、贪婪和自私无一不被诚实而冷血地袒露出来。它令每个读者都如临水自照般战战兢兢,每个人都可以窥见自己深藏的恶,并且与另一个灵魂分享了关于罪恶的秘密,这无疑是一种宣泄和一种救赎。

哪一天世人真正认识了精神领袖,也认识了社会良心,我们存在的这个现实世界就大大增强了走向文明的定力。

价值准则

领导力依托于领导者的价值观。如果领导者的价值观是正确的,就会引导正确的行为。所谓价值观,就是对得体行为或结果的偏向,表现出一个人对"错与对"的认识能力。不具有卓越价值观的人,不能成为优秀的领导者。领导者的价值观远胜于任何其他的因素,会对组织的管理、制度、文化以及人产生重大而深远的影响!

彼得·德鲁克在研究了689家企业后发现:一个企业所能依赖的只有企业精神,而这种企业精神的实质往往受到企业领军人物核心价值观的影响。企业领袖的精神是企业生存和企业基业长青强有力的心理支撑,领袖精神影响到企业文化的形成发展和企业重大政策的制定落实,是企业的核心理念、经营哲学、管理方式、用人机制、绩效评估、职业发展以及行为准则的总和。

按照韦尔奇的解释,使命感定义公司成为什么,而价值观定义公司将怎么行动,二者可以理解为目标和策略的关系。20世纪90年代中期,众多日本企业陷入严重的经济危机和困境,在组织变革上踌躇不前。与此同时,韩国三星却能制定出一套积极的组织变革方案和战略决策,在集团内大刀阔斧地实行彻底的改革,终于在2001年实现利润2.9兆韩元,超越日本索尼当年的利润1 530亿韩元。

美国惠普公司的创始人休利特和戴威·帕卡德的核心价值观是人。对他们来讲,公司组成的要素很多,但最重要的要素是人,人才即是一切,只要有人才,惠普就是最大的赢家。惠普创始人的价值观为后来举世闻名的惠普之道奠定了基础。松下幸之助也有他独特的价值体系,他对人品或人格极为重视。他认为:"人格是人性中的真、善、美的综合体现。一个人格上有缺陷的人,其才能越大,越容易危害他人以及社会,在这种人身上,高超的才能是'恶的武器',是'恶智慧'。"松下幸之助的核心价值观为后来飞速发展的松下电器的企业文化定了基调。

印度尼西亚力宝集团(Lippo Group)的CEO詹姆斯·瑞迪(James Riady)[12]指出:"金钱和权力是福也是祸。对我来说,人们最高的和最美好的评价就是,你是一个上帝的子民,你生前的事迹证明你的一生是至善和完美的一生。这并不是说你是完人或圣人,这只表示你选择了正确的方向。一个至善和完美的人表示你热爱你的家庭和社会,你所做的一切都超越了物欲的目的,你想要产生社会影响。伦理和道德都是很重要的。"

宏碁总裁施振荣之所以对员工能够大胆授权,对下属宽容厚爱,关键在于他所坚信的"人性本善"的核心价值观。他的价值观使他深信,作为一个领导者,要带动一个企业,必须要发挥全体员工的力量,燃烧所有员工的激情和热情,借助全体员工的力量顺势而为。韩国三星总裁李健熙的成功改革,与他对改革坚定不移的理念和价值体系有直接的关系。面对危机,李健熙镇静自若,大声疾呼:"要具备世界一流的竞争力,必须勇于改变,除妻子和儿子以外,其他什么都要变。"

领导境界

企业家要想大赢就一定要有大境界。企业运作的技巧可以学到,企业管理的招数也可以学到,但境界却不好学。因为境界常常是"看得破、忍不过;想得到,做不来"。尼采说:"你应当追求柱石之道德:它愈高,而愈美丽、愈优雅,但其中则更艰苦,更要负荷更重的重量。"

道的境界

境界是一种"道"。何为道?庄子在《天道》里说:"夫道,于大不终,于小不遗,故万物备。广乎其无不容也,渊乎其不可测也。"意思是:道,从大的方面说它没有穷尽,从小的方面说它没有遗缺,所以说具备于万物之中。广大,道没有什么不包容;深邃,道深不可探。一名企业家要想成为真正的社会良心,没有近乎道的精神力量,终其一生也只能萦萦于名和利的漩涡中,做一个所谓的商人。《论语》卫灵公第十五篇:"子曰:'知及之,仁不能守之,虽得之,必失之。知及之,仁能守之,不庄以莅之,则民不敬。知及之,仁能守之,庄以莅之,动之不以礼,未善也。'"意思是说:"凭聪明得到的职位,若不能用仁德去保持它,即使得到了,但最终必定会失去。凭聪明得到的职位,能够用仁德去保持它,但不能以庄重的态度去对待,也得不到百姓的尊敬。凭聪明得到的职位,能够用仁德保持它,能够以庄重的态度去对待,但不能形成制度和秩序让百姓按规矩办事,也不是很完善的。"

第 2 章 道德价值

人生积累到了一定的层次,视野便成为决定性的东西。领导者若能达到卓越的人生境界,就能够一览众山小。

专栏 2.2　　　　　　　　　　一 览 众 山 小[13]

1922 年 10 月,上海一家英文报纸《密勒氏评论报》举办"中国当今十二位大人物"的问卷调查,有 1 900 多人参加。两个月后结果公布,孙中山以 1 315 票名列第一。当时,他正处于逆境之中,在上海蛰居读书,并不是政治舞台上风光八面的权势人物。那个年代,从北到南都是军阀当道,有实力的是"胡子"出身的张作霖、布贩出身的曹锟、秀才出身的吴佩孚这些人,他们有地盘、有枪杆。民意调查至少表明革命者出身的孙中山当年在公众心目中的地位,他没有权势,但他历经艰辛、参与缔造了亚洲第一个共和国,他有主张、有蓝图、有热忱,不断地在为中国寻找出路,民众对他的敬意完全是发自内心的。

孙中山骨子里是一位理想家,他一生的眼神都是那么忧郁,为他深爱着的中华民族苦心焦虑、忧心忡忡、日夜不安。他的目光又总是超越眼前短暂的成败得失,着眼于长远的未来,正是这样的远见使他不计一时成败,屡仆屡起,坦然地面对一次又一次的挫折,在险象环生的政治环境中保持平常的心态。他几乎受到了各种不同立场的人们一致尊敬和交口赞誉,在近代以来的政治人物中,这简直是个异数。在激荡曲折、错综复杂的中国近代史上,即便是那些心怀鬼胎、自私自利的大小军阀,往往也不是选择公开与他对立的姿态,甚而在表面上认同他的观点。他的人格力量大大超过了他所拥有的实际力量,他的精神气质完全超越了自古以来宫廷或官场上那些圆熟的权势人物。不同于我们所熟悉的王朝末世的造反者、革命者,他是近代的人物,普世文明已经在他身上生根、发芽,他不仅仅属于他所热爱的中国,还看到了一个更大的世界。

孙中山对近代中国社会转型的意义是不容置疑的,针对内忧外患、百病丛生、满目疮痍的现实,他提出了民族、民权、民生三个极富概括力的说法,如此准确,如此简明,这三个词几乎抓住了中国问题的内核,这是他外察世界潮流、内顾中国实情、深思熟虑的结晶。他亲手制定的《实业计划》、《建国大纲》等也都代表了那个时代对中国最有前瞻性的认识,那不仅是通向现代化的具体方案,也是鼓舞人心的理想。仅仅这些,就使他站得比同时代的人高,看得比同时代的人远。难怪在他活着的时代,他不靠权势,不仗一兵一卒,就在公众的问卷调查中"一览众山小"。这一点,他本人大概也会感到欣慰。

智的境界

智慧不等于智商。智商由先天决定,智慧则由道德决定。道德有多高,智慧就有多高。智慧高的人,肯定道德也高。道德低的人,智慧肯定低下。

曼德拉之所以能成为英雄,相当大的程度上是因为他面对的是英国人。类似的例子还有:印度大英雄甘地面对的也是英国人,另一个在今天的美国仍然几乎日常地被称颂的英雄马丁·路德·金面对的则是英国人的后裔——美国人。如果他们三人面对的是希特勒或斯大林,恐怕早就被送进毒气室毒死,或被流放到西伯利亚冻死,绝没有机会成为英雄。

这三个英雄的故事及其背景反差说明了什么?

这个世界上最具有政治智慧的民族是英国人。看当今世界，英国人或英国人后裔建设的国家都是全世界人民向往的地方——英国、美国、加拿大、澳大利亚和新西兰。一个民族只有把自己的国家建设成自己国家人民的乐园，才配被称为是聪明的民族。如果一个民族不仅总能把自己国家建设成自己人民的乐园，而且还成为世界的楷模，其他国家人的向往，这个民族就应该属于格外聪明的民族了。对英国后裔国家的人有一个共同的印象，就是他们比其他民族宽容讲理，比其他民族乐观友善。所以，一个宽容讲理的民族，一个乐观友善的民族，才是最具有政治智慧从而也是最聪明的民族。

不过，英国人和美国人并不仅仅只有宽容善良的一面，他们还很勇敢坚强。第二次世界大战期间，面对希特勒的入侵，大多数欧洲国家都投降屈服了，整个西欧只有英国坚定地与希特勒对抗，最后在美国人的帮助下将欧洲大陆从希特勒的铁爪下解放出来。

曼德拉、甘地和马丁路德·金三位英雄的故事说明，真正的英雄要靠英雄来识别；也只有内心强大的英雄，才会有勇气承认自己的错误，才敢于把反抗自己的人树为英雄。美国有一个著名的故事：在一次反战集会上，一个记者问一个美国将军，是否对人民不欣赏美国军人对国家的牺牲而失望，那位将军回答说，我们为国家战斗，为的就是保卫那些人民自由说话的权利。像美国将军这样有胸怀包容反对自己的人，才是真正的英雄。

专栏 2.3　　　　　　　　　**孙大午论境界[14]**

成功的人生，首先要找到做人做事的起点，可以把这个起点称为"1"。这个"1"，包括经济意义上的"1"和社会意义上的"1"。经济意义上的"1"就是俗称的"第一桶金"，是干干净净、踏踏实实的本钱；社会意义上的"1"就是做人的本分、良知和常识。经济意义上的"1"好找，找到以后还可以添上若干个"0"，积累巨大的财富。但是社会意义上的"1"很难守住，一旦守不住，就会丢掉本分，迷失本性，忘了自己是谁，忘了自己从哪里来，这就危险了。人会随着财富的增长、身份的变化有所改变，但有些常理、本分的东西永远不应改变。从"1"出发，在"1"后面添上若干个"0"，还能再回到原点，回到这个"1"，在"1"和"0"之间，进退自如，收放自如，这个人才算得上出神入化。在历史和现实中，最常见到的有三种人生境界。

第一种境界中的人可能占大多数。他们常常只是停留在"1"上，守着这个"1"，就是添不上"0"。例如，一个种地卖菜的菜农总在种他的一亩三分地，然后卖菜，种一生，卖一生，到老都在种地、卖菜，直到他的儿子还子承父业，继续种地、卖菜，停留在"1"上。

第二种境界就高了一层。他从赚到第一笔钱、找到这个"1"开始，就持续不断地添"0"，添到3个、5个、8个、10个。简单来说，人生的第一个环节就是找到这个"1"，第二个环节就是添上"0"。这个道理很朴实，这两种人做买卖都行，添不上"0"或添上3个、5个"0"都足以安身立命了。还有一种能人境界，可能就是大将军境界了。他一旦找到"1"，似乎能添上无数个"0"，积累巨大的财富，这就是能人经济。但是，尽管这种人能积累起巨大的财富，却常常受不了意外打击，很可能突然垮掉。不管是自然界还是社会界的冲击，对他都可能是灭顶之灾。一些商业奇才从做小商贩开始，添了很多个"0"，可是后来就骑虎难下了，他们的大业也很难传承下去。这就是第二种境界，这种境界中的人在社会上已经是凤毛麟角了，但是他们有一段历史性的书写，有一个自己的历史舞台，尽管他们只能写上一笔，演上一阵。

第三种境界的人就出神入化了。他们从"1"开始,添上若干个"0",仍然可以返璞归真,过普通人的生活。钱对他们而言是身外之物。如春秋时代越国的范蠡,从越国功成身退后,隐姓埋名到齐国做买卖;10 年后富可敌国,散掉资财,到了别处;再过 10 年,又是富可敌国,仍然散掉。他三次聚财三次散财,传说最后和西施泛舟太湖,不知所踪。这才是"进可兴国、退可富家"的大英雄,"惟大英雄能本色,是真名士自风流"。再一个是张良,被刘邦誉为"汉初三杰"之一,他"运筹帷幄之中,决胜千里之外",树立起了人生的"1",又添上了名垂千古的"0",享受到"一人之下万人之上"的尊荣。张良最后去了哪儿? 入山修道了。他谢绝封赏,选择了自由,就回归到"1"上了。现在的张家界就是张良的封地。范蠡和张良的境界就是哲人的境界,他们是最安全、最了不起的人。你根本无法估量他们身上的财富究竟有多少,这种财富还不是你能模仿的,是他们的境界到这儿了。他们不但能在"1"后面添上很多的"0",还能潇潇洒洒地从很多的"0"后面回到原来的"1"。这就是哲人的境界,也是佛的境界。

企业家之间拼到最后拼的是境界,然而,许多企业家都输在了境界上。自古以来,多少人从"1"开始,没有添上一个"0";多少人在"1"后面添了若干个"0",最后越走越远,回不来了,甚至忘了自己是从哪儿来的,迷失了本性。

品的境界

自由就是对人性抱有一种期待和希望,就是相信天堂不在别处,它就在我们的心里。200多年前,在分裂的德意志,孤独的哲学家康德就说过,自由源自道德,那是一种发自人类心灵底部不必依赖于外部必然性的自我律令。无论外在的必然性要如何压迫他,都不会绝对扼杀这种人对自己的律令。这正是人的尊严和价值之所在。

中国传统文化提倡"无求品自高",其意思就是:一个最富有的人,并不是拥有最多的人,而是欲望最少的人。西方有一句谚语:The richest person is not one who has the most, but one who wants the least. 在中国历史中,有许多人(包括知识分子和政治领袖)高风亮节,急流勇退,不为五斗米折腰,不为蝇头小利出卖原则,就是这种"无求品自高"的具体体现。

案例 2.2   **真 正 的 君 子**

年轻时,丘吉尔有很长一段时间在英国下议院做议员,他有一位叫玛格丽特的长相几乎可以称得上丑陋的女同事,两人的政治主张大相径庭。丘吉尔同意的事,玛格丽特常常反对,同样,玛格丽特提出来的主张,丘吉尔一般都投反对票。两个人动不动就在议院吵得面红耳赤,彼此指责谩骂,到最后不欢而散。

有一天,丘吉尔午餐时喝多了酒,醉醺醺地打着饱嗝,摇摇晃晃地来到下议院开会,正巧在走廊里碰见玛格丽特。玛格丽特怒气冲冲地对着他吼叫:"温斯顿,你又喝醉了! 你的样子真让人恶心!"

> 丘吉尔很刻薄地反击道:"是的,你说的没错。我喝醉了确实很恶心。明天我酒醒了就不恶心了。可是你呢玛格丽特?你天生很丑,昨天很丑,今天很丑,明天同样还会很丑!"
>
> 这简直太过分了。玛格丽特没料到丘吉尔居然如此恶毒,当场气得痛哭失声。
>
> 平心而论,丘吉尔的做法非常地不绅士,估计是因为酒喝太多的缘故。这件令人不愉快的事在下议院广为流传,大家都认为,玛格丽特对丘吉尔一定恨之入骨。
>
> 1939年,纳粹德国入侵波兰,当时的英国首相是张伯伦,因为他一味地对希特勒实行绥靖政策,遭到国民的强烈反对,被迫辞去首相职务。国王乔治提名丘吉尔接替张伯伦出任首相一职,但必须获得议会三分之二以上议员赞同才合法。有人反对丘吉尔任首相,联络一些议员打算投反对票。他们去找玛格丽特,希望她加入反对丘吉尔任首相的阵营。玛格丽特直截了当地拒绝了。她说:"我全力支持丘吉尔,在这个危急的时刻,我想不出还有谁比他更适合领导英国,在我见过的人当中,他的勇气、智慧以及他的爱国心,无人能出其右。"
>
> 这是另一种形式的和而不同。玛格丽特不赞成丘吉尔的政治主张,甚至不认可他的生活方式,然而,在她内心深处,敬重丘吉尔的才华和爱国情怀。因此,作为政治对手,当打击政敌的机会来临时,她选择了放弃。
>
> 从这个意义上说,玛格丽特是真正的君子。

文 化 有 型

所有成功的企业的背后支撑一定是成功的企业文化,而成功的文化不在于这个文化表现形式的本身,而在于这个文化是能够不断创新的,是一个不断创新的文化引领着企业不断地创新,或者保证企业不断地去创新。对企业家而言,领导有道的重要载体就是企业文化有型。

道的文化

管理者一定要用道来管人,不要用术来管人。文化管理就是一种道的管理。

常识管理

今天我们最缺的不是伟大的理论,而是普通的常识,不是高超的信仰,而是基本的良知。所以,最紧要的事情不是制造理论和奢谈信仰,而是恢复常识和良知。

人掌握常识并非难事,在校学习以及生活体验都能学到常识,诸如哲学常识、科学常识、社会常识、物理常识、经济常识、化学常识等,懂得一些常识,我们就不犯或少犯常识性错误,也不至于轻而易举地上当受骗,例如,有人声称能把水变成油,稍懂一些化学知识的人就会提出疑问:水是由氧原子和氢原子组成的,而油含有碳原子,水变油是不可能的,水变油不过是痴人说梦而已。然而,在现实生活中,人们却经常对基本事实视而不见,常常忽视这些常识性问题,犯常识性错误的人前仆后继。一些地方、一些部门、一些单位的领导常犯常识性错误,例如,制定

第2章 道德价值

经济发展目标,说法是产值利润连续几年翻番,企业发展几年上几个台阶,收入水平几年增长几倍,地方经济实行跳跃式发展等,颇有大跃进期间"一天等于二十年"的味道。

台湾作家柏杨彻头彻尾就是个常识感、常识判断强烈的人,他的常识是非价值概念,让他看到中国文化、现实社会里那么多不合理的处境,于是发而为文进行批判。他的常识态度在小说、杂文及历史研究中一以贯之。社会长期离开常识标准那么远,一个简单的想要伸张基本常识理性的人,都会变成异议者,披着叛逆的色彩。年轻的时候,我们以为特立独行才能突显自我、成就自我。当增加了岁月领悟后,我们才回头理解,很多时候,看似没有什么创意光芒的常识,比刻意求新的夸饰更有力量[15]。

柯林斯[16]指出:"管理是一个前进途中不时停下来为自己提出正确的问题并依据常识回答问题的过程。……真正的管理大师是征服自满情绪的胜利者,是引领工作团队向着构想迈进的开拓者,是发现问题、抓住机遇、打造未来的飞跃者。管理其实就是常识的概念化表征——其复杂性也正是因为常识的普遍性。体味了完整的常识,对管理者来说,就没有什么是难以把握的了。

周国平指出:"今天我们最缺的不是伟大的理论,而是普通的常识,不是高超的信仰,而是基本的良知。所以,最紧要的事情不是制造理论和奢谈信仰,而是恢复常识和良知。一个人若能够坚持常识和良知,只说自己心里真实的想法,不跟着别人胡说八道,也不口是心非,他就可以算是半个智者了。另外半个,则要看他有没有天分。"

任正非把一个老掉牙的常识奉为真理,并以极大的热忱和意志力将之传播、执行到极致。华为奉行的"拜上帝教",即"客户为上帝",就是对此的形象化表述。说到底,除了"灰度理论"之外,任正非在管理思想方面并没有多少创新,但这恰恰证明,华为和他本人都走在了正确的道路上:为什么要别出心裁、另搞一套所谓"自主"的管理思想呢?遵循了常识就是坚持了真理。商业组织的常识就是:谁愿意掏钱购买你的产品,谁就是你存在的唯一价值和不可能"为二"的"上帝"。

在某些语境中,常识的对立面是被扭曲的认知和被灌输的想法。常识性的错误会恶性循环。如果开始由于缺乏常识或受到压力而犯常识性错误,而在犯了常识性错误却又得了好处,于是又故意去犯常识性错误,而且错误越来越升级,以致一发不可收。

原则管理

企业文化的目的,就是要建立一个对与错、是与非、黑与白之间的明确界线,也就是说要旗帜鲜明地提出什么是我们提倡的,什么是我们反对的[17]。如果一个企业没有原则和标准来裁决一些重大的争论或者讨论,这家企业就不是黑白分明的企业。一家企业如果黑白不分,那将是非常可怕的事。因为它会让企业员工去猜测上司的意图,或者同事之间相互揣摩,花时间去做人际关系来保护自己。这样,就会造成不良的风气,危害企业的发展。

世界上优秀的公司,对什么是提倡的和什么是反对的一定是黑白分明、清清楚楚的[17]。松下有一句名言:"如果你犯了一个诚实的错误,公司非常宽大,把错误当作训练费用,从中学习,但是,如果你违反公司的基本原则,就会受到严重的处罚——解雇。"这样企业发展所需要的强大团队就能真正建立起来,这时,企业要实现一个目标就仅仅是时间问题。

有什么样的上司,就有什么样的文化。大部分伟大企业的核心价值观都是其创始人的核心价值观,因此,在这一点上,文化意义上的创始人才能决定一个企业的持续。反过来,这也对公司管理者提出了新的要求。总经理倡导什么,企业的方向就是什么;总经理信奉什么,企业的信念就是什么。

什么是企业文化?老总在的时候与老总不在的时候,黑白分明都是一样的;人们的行为只与文化有关,与权力无关,这就是文化。如果你的企业做到了这一点,就是一家有文化的企业,否则,就是一家没有文化的企业。企业没有文化不是错误,错误的是我们不致力于建立一种文化,建立一种黑白分明的文化,建立一种让员工进入企业的第一天就清楚地知道什么是对的、什么是错的、什么是鼓励的、什么是坚决反对的文化。从这个角度上讲,中国很多的公司是没有文化的。

在公司中,黑白分明讲起来简单,做起来却很难。事实上,在很多地方,经常黑白分不明,主要是因为黑与白之间存在着利益冲突。现实中,有的企业家或者员工在没有利益冲突的时候,他们会信誓旦旦,要努力共建一家伟大的公司。而一旦面临利益冲突,这些人很可能马上就会换一个面孔,他们仅仅相信可以得到的实实在在的利益。如果这个利益受损了,所有的一切都不是真的。

事实上,不仅仅员工是这样,有的企业家也是这样。一个企业家在台上风光的时候,我们就只看到他的辉煌,我们不惜用很大的篇幅去赞扬他,去歌颂他,给他很高的名誉;可当企业家出了问题,所有的报道都会转向说这个人是多么多么地失败,怎么怎么地有问题。我们是否想过?难道这个企业家和这个企业是一天变坏的吗?社会舆论要理性,要有一个不被利益冲突而改变我们原则的标准支撑。明白这个道理之后,就会知道要分清楚黑白其实是需要付出代价的。

在企业经营中,公司的任何运营都有可能改变:地址可变,人事可变,产品可变,甚至名称也可变。在科技高度进步的今天,社会形态与环境变化很快,倘若不能随机应变,可能会导致整个公司的毁灭。你不是往前进,就是往后退,不可能在原处不动。但在任何一个发达的公司里,唯一不能改变的就是"原则"。不论此"原则"的内容是什么,它永远是指引公司航行的明灯。小托马斯·沃森[①]说:"对任何一个公司而言,若要生存并获得成功,必须有一套健全的原则,可供全体员工遵循,但最重要的是大家要对此原则产生信心。"没有坚定的价值观和行为准则,就没有黑白分明的企业文化,就会让员工迷失方向,在行为上没有标准。

为什么 IBM 如此强大?吉姆·柯林斯在评价 IBM 时指出:"IBM 的创始人沃森给自己定下的任务是,不但要使其事业步入正轨,而且还要创建一个伟大的公司。它的成功以及它的价值观将使该公司成为一种典范。沃森对待'企业文化'这个概念的做法与美利坚合众国的开国者们对待'资本主义民主'这个概念的做法如出一辙——他创造它的现代化模式并在实践中证实它能运行。"当沃森 1952 年退下的时候,他留给儿子小沃森什么呢?他留下来的不仅是一家公司、一个总裁位置,更多的是 IBM 独具特色的价值观和管理理念。这些价值观和管理理念今天被称为 IBM 之道,在 IBM 处于至高无上的地位。

---

① Thomas J. Watson Jr(1914-1993),小托马斯·约翰·沃森,IBM 的开拓者,IBM 创始人老托马斯·沃森的儿子。IBM 正是在小托马斯·沃森的率领下开创了计算机时代,他最具价值的遗产可以归结为:"IBM 就是服务"。

> **专栏 2.4**
>
> **IBM 之 道**[18]
>
> IBM 是有明确原则和坚定信念的公司。这些原则和信念似乎很简单(尊重个人、为顾客服务、优异)、很平常,但正是这些简单、平常的原则和信念构成 IBM 特有的企业文化。
>
> 这些原则一直牢记在公司每位人员的心中,任何一个行动及政策都直接受到这三条原则的影响。"沃森哲学"对公司的成功所贡献的力量比技术革新、市场销售技巧或庞大财力所贡献的力量更大。IBM 对公司的"规章"、"原则"或"哲学"并无专利权。"原则"可能很快地变成了空洞的口号,正像肌肉若无正规的运动将会萎缩一样。在企业运营中,任何处于主管职位的人必须彻底明白"公司原则"。他们必须向下属说明,而且要一再重复,使员工知道"原则"是多么重要。IBM 在会议中、内部刊物中、备忘录中、集会中所规定的事项,或在私人谈话中都可以发现"公司哲学"贯彻其中。如果 IBM 的主管人员不能身体力行,这一堆信念就成了空口说白话。主管人员需要勤于力行,才能有所成效。全体员工都知道,不仅是公司的成功,即使是个人的成功,也一样都是取决于员工对沃森原则的遵循。若要全体员工一致对你产生信任,是需要很长的时间才能做到的,但一旦你能做到这一点,你所经营的企业在任何一方面都将受益无穷。
>
> 公司内部必须不断地把其信念向员工灌输。在 IBM 的新进人员训练课程中,就包含《公司经营哲学》、《公司历史及传统》等课程。公司的信念与价值观不能仅是空谈而已,至于能否让其在公司里发生作用,那是另外一回事。在公司里空谈无益,最重要的是:运用策略,采取行动,切实执行,衡量效果,重视奖赏,以示决心。
>
> IBM 宣称,一切均可改变,IBM 之道绝不会变。

华为总裁任正非有一段著名的话:"资源是会枯竭的,唯有文化才会生生不息。一切产品都是人类智慧创造的,华为没有可以依存的自然资源,唯有在人的头脑中挖掘出大油田、大森林、大煤矿。"在《华为的冬天》里,任正非指出了企业发展的八条原则:(1)均衡发展,就是抓短的一块木板;(2)对事负责制;(3)自我批判;(4)建立合理评价干部的有序、有效的制度;(5)不盲目创新;(6)规范化管理;(7)面对变革要有一颗平常心;(8)模板化是所有员工快速管理进步的法宝。这八项原则与一般企业"加强管理"的口号所不同的是,它实际上都是面对市场新形势下的管理思路,表现形式是细化了加强管理的思路,而非仅仅是"加强管理"这个口号,也非在"加强管理"这个口号下的若干条具体措施。这一区别可能会造成结果的巨大差异。与直接推出具体管理措施相比,从管理思路入手无疑效果要好得多。优秀的管理思想具有强大的渗透力和感染力,同时,它是具体管理措施的指引和方向。

华为核心的观念体现在《华为基本法》中。1995—1998 年,华为公司组织了包括中国人民大学六位教授在内的强大的咨询力量,八易其稿,整理出《华为基本法》,完整地阐述了华为公司的价值观体系和管理政策系统,成为华为公司企业管理及各部门、各级主管的决策指南和全体员工的行为准则。

专栏 2.5　　华为基本法

核心价值观

追求

第一条　我们的追求是在电子信息领域实现顾客的梦想,并依靠点点滴滴、持之以恒的艰苦追求,使我们成为世界级领先企业。

员工

第二条　认真负责和管理有效的员工是我们公司最大的财富。新生知识、新生人格、新生个性,坚持团队协作的集体奋斗和决不迁就有功但落后的员工,是我们事业可持续成长的内在要求。

技术

第三条　广泛吸收世界电子信息领域的最新科研成果,虚心向国内外优秀企业学习,独立自主和创造性地发展自己的核心技术和产品系列,用我们卓越的技术和产品自立于世界通信列强之林。

精神

第四条　爱祖国、爱人民、爱事业和爱生活是我们凝聚力的源泉。企业家精神、创新精神、敬业精神和团结合作精神是我们企业文化的精髓。我们决不让雷锋们、焦裕禄们吃亏,奉献者定当得到合理的回报。

利益

第五条　我们主张在顾客、员工和合作者之间结成利益共同体,并力图使顾客满意、员工满意和合作者满意。

社会责任

第六条　我们以产业报国,以科教兴国为己任,以公司的发展为所在社区做出贡献。为伟大祖国的繁荣昌盛,为中华民族的振兴,为自己和家人的幸福而不懈努力。

基本目标

顾客

第七条　我们的目标是以优异的产品、可靠的质量、优越的终生效能费用比和周到的服务满足顾客的最高需求。并以此赢得行业内普遍的赞誉和顾客长期的信赖,确立起稳固的竞争优势。

人力资本

第八条 我们强调人力资本不断增值的目标优先于财务资本增值的目标。具有共同的价值观和各具专长的自律的员工,是公司的人力资本。不断提高员工的精神境界和相互之间的协作技巧,以及不断提高员工独特且精湛的技能、专长与经验,是公司财务资本和其他资源增值的基础。

核心技术

第九条 我们的目标是在开放的基础上独立自主地发展具有世界领先水平的通信和信息技术支撑体系。通过吸收世界各国的现代文明,吸收前人、同行和竞争对手的一切优点,依靠有组织的创新,形成不可替代的核心技术专长,持续且有步骤地开发出具有竞争优势和高附加值的新产品。

利润

第十条 我们将按照我们的事业可持续成长的要求,设立每个时期的足够高的利润率和利润目标,而不单纯追求利润的最大化。

公司的成长

成长领域

第十一条 只有当我们看准了时机和有了新的构想,确信能够在该领域中对顾客做出与众不同的贡献时,才进入新的相关领域。

公司进入新的成长领域,应当有利于提升我们的核心技术水平,有利于增强已有的市场地位,有利于共享和吸引更多的资源。顺应技术发展的大趋势,顺应市场变化的大趋势,顺应社会发展的大趋势,就能使我们避免大的风险。

成长的牵引

第十二条 机会、技术、产品和人才是公司成长的主要牵引力。这四种力量之间存在着相互作用。机会牵引人才,人才牵引技术,技术牵引产品,产品牵引更多、更大的机会。加大这四种力量的牵引力度,促进它们之间的良性循环,并使之落实在公司的高层组织形态上,就会加快公司的成长。

成长速度

第十三条 我们追求在一定利润率水平上的成长的最大化。我们必须达到和保持高于行业平均的增长速度和行业中主要竞争对手的增长速度,以增强企业的实力,吸引最优秀的人才和实现公司各种经营资源的最佳配置。在电子信息产业中,要么成为领先者,要么被淘汰,没有第三条路可走。

成长管理

第十四条 我们不单纯追求规模上的扩展,而是要使自己变得更优秀。因此,高层领导必须警惕长期高速增长有可能给公司组织造成的紧张、脆弱和隐藏的缺点,必须对成长进行有效地管理。在促进公司迅速成为一个大规模企业的同时,必须以更大的管理努力,促使公司更加灵活和更为有效。始终保持造势与务实的协调发展。

我们必须为快速成长做好财务上的规划,防止公司在成长过程中陷入财务困境而使成长遭受挫折,财务战略对成长的重要性不亚于技术战略、产品战略和市场战略。

我们必须在人才、技术、组织和分配制度等方面,及时地做好规划、开发、储备和改革,使公司获得可持续的发展。

[提示]圆的东西是堆不高的,总得方方正正的才可以堆得高。其实,做人也是如此。

——官丽嘉

正当管理

管理具有两重性,即兼有自然属性和社会属性。从新的视角看,可以评判一项加强管理的新举措是否坚持了以人为本以及是否合理、正当等,这就是对其社会属性的考察。经济发达国家的企业管理在重视管理的自然属性的同时并没有忘记管理的社会属性,已经将管理水平推进到文化管理阶段。管理正当与否是当今企业管理社会属性的重要表现。

管理正当与企业家的个人道德当然有关系,但还不完全一致。当一个经理人通过正当管理使自己的企业效益迅速提高,而把竞争对手排挤出市场,使他血本无归,陷于破产,这不能说是不道德的。这也是一些心地善良的人在经理人位置上常常感到良心不安的重要原因。因此,正当管理只属于经理人的职业道德。强调正当管理绝不是满口仁义道德,其间可能有严峻的利益之争。通过正当管理争得利益无可指责。

管理正当与否是以社会整体利益加以衡量的,这要具体到经理人对社会的应尽义务或法定义务。当经理人违背了自己的法定义务时,往往就侵犯了具体人或集体的正当、合法利益,通过这种方式扩大自己的相关利益份额就是不正当的。由此可见,不正当管理具有一定程度的违法性,是一个与法律有关的概念。管理中的违法犯罪都属不正当管理行为,但这里所说的不正当管理,主要是指在管理过程中,相关法律尚没有规定应给予严厉制裁的那一部分违法行为。

企业家对商业伦理的认识水平和深度直接影响着企业对商业伦理的理解和执行。一项关于"企业经营者对非道德行为采取态度"的调查结果告诉我们,相当一部分企业家对非道德行为采取了高度容忍的态度。这一现象验证了伯德(Bird)"经理人道德缄默"的观点,他指出一个典型事实:尽管经理人能意识到道德问题,但他们不愿意把其作为道德问题表达出来。这也反映出中国一些企业家对商业伦理的认识还远远不够,还没有意识到"企业失德"是生死攸关的大事。零点调查公司一项"中国企业家的商业伦理指南"的调查显示,只有15%的企业经营者能较全面地理解商业伦理这一概念。很多民营企业都在强调企业文化的重要性,都希望企业文化能够给公司带来效益,以促进公司的可持续发展。也就是说,大家都知道企业文化的重要意义,但是企业很少认真想过:企业文化优劣的根基是什么？毋庸置疑,企业文化的根基是老板以及其他所有员工的整体道德水平,而不仅仅是员工或老板的个人道德水平。但是,中国企业目前最缺的是正当管理[19]。不少民营企业老板把道德标准"捏在手上",任由自己摆布,导致道德标准十分模糊,甚至很多时候根本不把道德放在眼里,致使企业缺乏基本的道德底线,这些都必然制约着民营企业整体道德水平的提升。于是,人们看到民营企业的道德标准相当模糊不清,而这种模糊的道德标准又一步步在企业的具体行为中表现出来,造成越来越恶劣的影响,"侵蚀"着企业的品牌形象。最直观的表现则是,企业全体员工的道德水平差异决定了企业与企业之间的文化水平和文化层次的差异。一项"中国企业经营者成长与发展问题"的调查显示,当问及"您对企业家精神如何理解时",排在第一位的是"追求利润最大化"(35.4%)。这条西方经济学"实现利润最大化"的准则,在商业伦理匮乏和监督机制不健全的情况下,很可能是误导,企业家一味地追求经济利益,不仅会给社会带来混乱,而且可能损害整个民族的声誉。

信的文化

"诚"在本体论上是非常核心的一个问题。"诚者,天之道也；诚之者,人之道也。"古人认为天的创造是纯粹"诚"的体现。天就是创造性的本身。人要学天的创造,就是最真实的、最内在的。

信任是一种伟大的力量。诚信是现代市场经济的基石,它又可以分为企业家个体诚信、企业本体诚信与政府主体诚信三个基本层面。任何一个诚信社会的建立,必须从这三个角度着手。

商人诚信

企业家职业信誉是诚信的基础。所谓企业家职业信誉,其实就是对企业家经营能力、经营业绩的评价,是一种具有相当价值的无形资产。它由企业家职业道德、职业经验、职业能力、职业业绩等要素组成。它不仅是对企业家过去的总结,更是未来创利能力的资本。信用是人的第二性命。信誉决定了企业家在企业家市场上的位置。

受人信任的管理者会言行一致,以负责的态度采取某种行动。每个领导都需要跟随者,跟随是一种信任行为,也就是对领导者有信心。但只有在领导者与跟随者相互信任时,才能实现这种领导。著名的《第五代管理》的作者查尔斯·M.萨维奇有一句妙语:"怀疑和不信任是公司真正的成本之源。"让管理者亲和于人,让管理者与员工心里距离缩短,让管理者与员工彼此间在无拘束的交流中互相激发灵感、热情和信任,这样的理念在世界级企业家的心中越来越获得共享。世界上的扭亏高手、优利系统公司(Unisys)掌门人温白克(Lawrence Weinbach)说:"一家企业要成功,关键是一定要爱你的员工,并帮助他们,否则,他们就不会帮助你的企业。对待你的员工一定要很诚实,要有一致性,不能朝令夕改,一定把你的心拿出来给他们看,要心心相印,只有在这种情况下,他们才会跟着你走。"这是一种很普通的境界,但很多企业家无法做到,却一味要求员工对企业忠诚再忠诚。但如果企业家对员工不忠诚,就别想让员工对你忠诚。惠普前任女掌门人卡莉(Carly Fiorina)对此感悟很深,她说:"这是一个你每天都要必须争取的事情。你就是不能说那是想当然的事情。信任和忠诚对我们来说是不可思议的竞争优势,但它需要你每一天都要去争取它、去保护它。"麦肯锡公司前全球董事长马文·鲍威尔在

《领导的意志》一书中说到,领导者必须具备的品行,列在首位的是值得信赖。米勒指出,企业管理人员若能信任下属,下属就能更信任他。信任是一种交叉影响的反应,下属如果不相信管理人员,后者就不可能对前者信任、授权,使之参与管理,或是采用自我管理的方式。不信任下属的管理人员,就是未善尽本身的职责。

美国出版的《百万富翁的智慧》[20]一书介绍,对美国1 300万富翁的调查结果表明,成功的秘诀在于诚实、有自我约束力、善于与人相处、勤奋和有贤内助。诚实被摆在了第一位。美国佛罗里达州亿万富翁科克2005年在一场拍卖会上花费35.5万美元购买格伦贝里委托拍卖的24瓶酒,2007年向法院提起诉讼,指认格伦贝里欺诈,要求赔偿32万美元。而陪审团的裁决把惩罚性赔偿金额定为1 200万美元。

松下公司强调,为了充分调动人员的积极性,经营者要具备对他人的信赖之心。公司应该做的事情很多,但首要一条就是经营者要给职工以信赖。人在被充分信任的情况下,才能勤奋地工作。在稻盛和夫的道德品质中,诚信也被摆在重要地位[21]。

专栏2.6　　　　　　　　　　稻盛和夫的品质

感恩

企业家所获得的一切成就都是社会赐予的,你应当从内心里感谢社会和他人给你的厚爱。

仁爱

企业家要与员工有"同心之情",有"仁爱之情",要"筑建一个互相信任的同志式共同体"。"仁爱"可以消除隔膜,减少磨合成本,创造精神财富,是形成企业合力的不竭源泉。

勤奋

"业精于勤,荒于嬉。"企业家的勤奋,事关责任心、事业心、工作毅力等品质优良的根本素质,是企业家必备的品质。稻盛先生像艺术家那样"为工作而倾倒,迷恋上工作","让自己所有热情和能量都能在工作中去完全燃烧。"

慷慨

人的社会性要求在权利与义务、索取与奉献、为人与利己中要有合于国家的集体的价值取向。正如稻盛先生所提倡的"利他经营"的企业哲学那样,他对"利他经营"的概念解释说:"只有利他这样一个目的,才具有普遍性,才能得到大家的共识。"

正直

正直与诚实不可分,正直与坦荡相辅相成,正直是自信和力量的表现。企业家人格的魅力是由正直坦诚的人品折射出来的。正如稻盛先生所言:做事要正直,要光明磊落,要"坚韧不拔地去把它干到底,直到把它干成功"。

第2章 道德价值

慎独

自我控制,能够抵制本能的冲动是人与动物的根本区别所在,是检验企业家是否真正坚定、磊落的试金石。高级管理人员如没有慎独的品质,根本无法授之以权力,委之以重任。

守信

诚实守信是修身之本,也是做人之本。守信是对企业家考核的重要条件。稻盛先生奉行"以心为本",要企业家与企业、社会成为相互信任的同志共同体,大家都在为共同体而工作。

从一定意义上来说,企业家信誉既是一种无形的激励,也是一种无形的约束。谁拥有良好的企业家信誉,谁就拥有丰厚的收益和理想的管理位置。同时,珍惜信誉与创造信誉同样重要,企业家职位上的任何懈怠敷衍、投机取巧、营私舞弊都是对未来职业生涯(前途)和机会的打击。因为没有哪位投资者愿意将自己的资产交给一个"庸才"或"内贼"去经营管理。由此,形成企业家信誉与企业家报酬、企业家前途与企业发展之间的良性循环:企业家会像爱护自己的眼睛一样爱护自己的职业信誉,企业会像追逐利润一样追逐有信誉的企业家。由于信誉成了企业家价值的标志,企业家之间的竞争实际就成了信誉的竞争,没有信誉的企业家谈不上是个好企业家。在当今信息社会,企业家信誉往往在企业界和社会上广为传播,不仅投资者会关注企业家信誉,其信誉更是为"猎头"公司所掌握。近几年来,在西方国家,包括总裁在内的高级管理人员越来越成为猎头公司猎取的对象。像IBM、英特尔、苹果等著名企业的总裁,有的就是通过猎头公司"挖"来的。他们猎取的实际上是企业家信誉。信誉度的高低是"猎头"公司评判企业家是否优秀的重要参数。

专栏2.7　李嘉诚:让你的敌人都相信你

有人问我做人成功的要诀为何?我认为做人成功最重要的条件是:让你的敌人都相信你。要做到这样,第一是诚信。我答应的事,明明吃亏都会做,这样一来,很多商业的事,人家说我答应的事,比签合约还有用。曾经,我有个对手,人家问他,李嘉诚可靠吗?他说:他讲过的话,就算对自己不利,他还是按诺言照做,这点是他的优点。答应人家的事,错的还是照做。让敌人都相信你,你就成功了。

有一次,我们将和一家拥有大幅土地的公司进行合作,他们公司有个董事跟其他的同业是好朋友,有利益的关系,就说为什么要跟长江集团合作,不考虑其他的公司?他们主席(指董事长)说,跟李嘉诚合作,合约签好以后你就高枕无忧,麻烦就没有,跟其他的人合作,合约签好后,麻烦才开始。这是家大公司,公司全部的人包含高级主管都知道,结果没有人敢讲话,所以一次会议就通过。这个案子,长江集团赚了很多钱,对方也赚了很多钱,是双赢。

敌人相信你不单只是诚信,敌人相信你是因为相信你不会伤害他。例如,我是他的竞争者,但他相信我不会伤害他,不会用不恰当的手段来得到任何东西,或是伤害任何一个人。

在中国历史上,凡是成功的商业经营者都是以诚信为先,靠诚信打造百年商誉。就历史来讲,兴盛一时的徽商的商业道德体现在:一是以义为先,重义轻利;二是重承诺,崇信誉;三是诚实经商,童叟无欺;四是货真价实,讲求质量;五是团结互济。而这五个方面归结到一点就是"诚信"两个字,具体到经营策略上,就是以德治商。徽商不惑于眼前利益,他们认为商家与顾客的关系是互惠互利、相互依存的,将商业信誉看作商品价值的重要组成部分。因此,徽商具有很强烈的品牌意识,注重积累商业信誉这一无形资产,大都通过长期艰苦努力去建立良好的商业信誉,并极力维护这种信誉,视之比金钱更宝贵,从而在徽商中涌现出一大批"老字号"。绝大多数徽商秉承的经商原则是:"一切治生家智巧机利悉屏不用,惟以至诚待人"。

以儒学为本的徽商始终把"薄利生财、甘为廉贾"的原则作为经营道德的基本准则之一。强调不贪心、不盘剥,不做"一锤子买卖",商家与顾客相互依存、互惠互利。明代有一徽商在江苏溧水经商,低息借贷便民,从不居中敲剥。嘉靖二十二年谷贱伤民,他平价囤积,次年灾荒,谷价踊贵,他售谷仍"价如往年平",深得百姓信佩。无独有偶,休宁商人刘淮在嘉湖一带购囤粮谷,一年大灾,有人劝他"乘时获利",他却说,能让百姓渡过灾荒,才是大利。于是,他将囤聚之粮减价售出,还设粥棚"以食饥民",赢得了一方百姓的赞誉和信任,生意自然也日渐兴隆。

徽商传统名联有曰:"读书好、营商好、效好便好;创业难、守成难、知难不难",可以说是一个成功企业家身上所应拥有的那种强烈的社会使命感与责任感!徽商不仅能吃苦耐劳,更讲究商业道德,提倡"以诚待人,以信接物,义利兼顾"。他们在长期经营中相信"义以生利"、"财自道生",崇奉商人经营要"有利可图",但绝不"唯利是图",很好地摆正了个人利益、他人利益与社会国家利益的关系,做到了诚信经营、童叟无欺。

著名学者弗兰西斯·福山(Francis Fukuyama)在《信任:社会美德与创造经济繁荣》[22]一书中认为,华人企业不可能做大,原因在于华人之间没有一种信任的文化。中国消费者投诉案始终居高不下,质量欺诈、价格欺诈、品牌欺诈成为三大社会问题。国内出现了前所未有的企业商业信用危机。这种情况不能不引起企业家自身的深思。

[提示]不要去欺骗别人,因为你能骗到的人,都是相信你的人!

企业诚信

从企业家个体诚信上升到企业本体诚信,是诚信的扩展与实践。对企业而言,诚信作用的大小取决于企业的发展战略和社会信用的发达程度。如果企业只想"过把瘾就死",诚信就可以抛在一边。但是,如果企业要谋求可持续发展,诚信则是维持长期市场穿透力的基本前提。在信用不举的社会里,诚信的作用比较有限,甚至讲诚信的企业可能要吃点"眼前亏",但即便是这样,客户为了减少交易成本,仍会对诚信给予特别的关注,对讲诚信的企业情有独钟。

福山写的《信任:社会美德与创造经济繁荣》[22]一书将现在经济发展水平很高的几个主要国家从社会信任程度的角度做了划分,一种是低信任度社会,包括中国、法国、意大利、韩国等,另一种是高信任度社会,包括美国、日本、德国等。前者表现为社会信任度低,人们之间彼此难以产生信任,或者局限于家庭等小圈子里,在低层次上表现信任,社会联系以血缘关系为核心,社团组织不发达,这不利于组织规模的扩大,也不利于社会的进步。而后者则通常因为发达的社团组织,使社会关系网扩展到血缘关系之外,形成陌生人之间的相互信任,从而提高了整个社会的信任度,进而推动了社会的进步和组织规模的扩大。

第2章 道德价值

在低信任度社会的几个国家中,华人社会给人感觉是集体导向,但这种集体感和忠诚感一般都主要面向家庭,宗族算是对家庭的扩展,也可以加上对同乡会组织的忠诚,但总的来说,还是基于血缘关系构建集体。在这个小集体中,成员间的信任度很高,但一旦离开这个圈子,信任度骤降,这也就导致了从整个社会角度来看社会信任度低和社会资本存量少。因而,这种文化形态在作用于经济上就表现为企业初创时借助亲戚帮助容易发展,但到扩大规模时就面临困境,特别是难以从外面引入专业管理人员,建立现代专业化组织。因此,华人社会的企业规模一般都较小,这也可以由数据得到证明。

日本文化有与华人社会文化相似的地方,也重视家庭,但与华人不同的是,日本对家庭的概念主要是家所在的"房屋",由此也就允许外人的加入,日本人并不以从外面过继孩子为耻。因此,日本很早就建立了专业化管理组织,他们对引入外人并不感到难以接受。另外,日本容易产生大规模组织的原因还在于日本盛行长子继承制,而华人社会则流行男性继承人的财产平分,这就削减了财产的规模。

意大利也非常重视家庭,信任的范围主要局限于家庭内部,出了这个圈子信任度非常低,这一点上与华人社会相似,在经济上也就表现为小企业居多。但意大利还有与众不同的地方,它的中部工业区很有特色,众多小企业联合形成了一个网络组织,共用所在地区的基础设施,进行相似的生产活动,形成独特的规模效应。但这种发展模式只能应用于个别领域,如服装、机床等可以在小企业发展的行业。

法国也是低信任度社会,他们难以建立面对面的关系,社团组织也不发达。法国出现这种情况要追溯到历史原因,以前法国也有很多社团,但由于中央集权国家的建立,社团变为中央权力的附庸,失去了独立性,使法国社会的联系紧密度和信任度大大降低,变成了低信任度社会。韩国更像中国,也是家庭主义社会,但韩国政府推行了诸多壮大企业规模的政策,扶植本国企业的发展。尽管韩国从文化上应该产生小企业,但实际上产生了大企业,这也说明了文化因素不是经济发展的唯一因素。

至于高信任度社会,则表现出不同的特征。因为信任范围超出了亲缘关系,陌生人间的信任容易促进整个社会信任度的提高。由于社团组织的发达,人们有了交流的平台,从而促进了社会联系的扩大和信任的加强。日本虽然很重视家庭,但也发展出了类似社团的组织,有助于扩大社会交往,德国由于行业公会的传统自然也有发达的社团,美国产生于宗教信仰并进一步发展的社团也是相当发达的。日本的特色在于建立了企业网络,网络内部各企业有一定的独立性,但又互相支持,网络内部企业间互相持股,构成一个整体。终身雇佣的存在又产生了日本企业员工对组织的忠诚,而貌似等级制的日本企业却拥有平等的上下级关系,这些都有利于提高人与人之间的信任。另外,日本丰田公司还创造了精简生产制度,即允许员工发现问题时终止生产线,这样貌似中断了生产,降低了效率,但其实可以使问题的发现尽量提早,从而避免更大的损失,反而是提高了效率。这个制度的好处在于体现了对员工的信任,极大地激励员工的责任心和自信心,有助于他们更加忠诚于企业。这一制度还得到了美国等国家的借鉴,这也说明很多制度可以超出文化之上得到广泛应用。德国的特色在于利用同业公会传统,建立社会市场,由政府提供大量福利。与日本不同,德国的社会交往和组织制度都有严密的法律规范作出规定,而非日本那种非正式制度。在美国文化方面,泰勒制更应该被看作是美国文化的特例,而非美国文化的真正体现,因为美国文化中也有很多重视员工关系的因素。

商业合作伙伴之间诚实无欺的正直品性是高效率交易的保证。当组织内部员工的正直品质扩散至一个商业群落中时,群落成员的正直就会导致商业群落内交易和生产活动的高效率,从而确立整个群体的竞争优势。一个犹太商人的案例也足以说明正直、诚实的商业美德如何帮助企业获得长期成功。多年来,欧洲的钻石交易几乎被犹太人垄断,一个重要原因是犹太商人之间的交易成本极低,他们彼此信任,很少签订繁复的商业合同,一张有着交易双方签名的"白条"就可以让价值数十万、上百万的钻石穿梭于商人之间。

清光绪三十三年(1907年),德商泰来洋行喀佑斯在兰州承建了黄河第一座铁桥,并承诺大桥80年质量不变。1989年,该公司曾致函兰州市政府,询问铁桥状况,并申明合同到期。

1990年,从德国来了一些工程技术人员,他们说是当年泰来洋行的承继者,是从档案里发现这座铁桥的资料,认为应由他们肩负承诺。于是,他们对大桥进行测查,发现大铁桥基本完好。为了延长大桥寿命,他们建议,桥身可以加固,并可另加弧形拱架增强桥身力度。检修之后,兰州铁桥更加雄伟,外观更加壮丽。

大桥旁,是"黄河母亲"雕像公园,每当你走到这里,导游小姐都会给你讲讲这铁桥的故事——一个企业,历经无数变革和人事更迭,83年后仍不忘当年承诺,怎能不值得人们的尊敬与口碑相传。

诚以待人、珍视商誉是历史上晋商经商成功的秘诀。他们以诚信为经营处事的准则,以做"善贾"、"良贾"为荣,并以严守信誉作为商业道德,代代相传。有的父祖辈经商遇险破产,若干年后子孙从商发迹,对本来无需承担的陈债仍主动代先人偿还。诸如此类之事,屡见不鲜,在国内外传为美谈。外国人曾评论说:"这种品德在世界其他地域从未见闻。"梁启超也评论道:"晋商笃守信用。"信誉高自会招徕主顾。山西祁县乔氏在包头开设的复盛公商号,做生意以诚信为本,不图非分利润,在客户中威信很高,人们都愿意购买复盛公的商品。曾有一次,复盛油坊经手职员为图厚利,在油中掺假,掌柜发现后,立即另行换装,以维护商号信誉。太谷广生远药店,制作名贵中成药定坤丹,参非"高丽"不选,茸非"黄毛"不用,信誉著于市场,买主对"广生远"三字深信不疑[23]。

案例2.3　　　　成本最高的邮件[24]

2007年9月,在挪威大选的前一天,挪威西部城市桑纳讷市的邮局迎来了顾客皮尔先生。皮尔的邮件很特殊,那是一张划好的选票,他委托邮局,将这张选票邮寄到80公里外的一个小镇去。皮尔离开时特意嘱咐邮局的工作人员,请务必将选票在选举投票结束之前送到那个小镇。

邮局的员工按照皮尔的要求,马上寄出了选票。但是在选举当天的上午,邮局的接话员突然接到一个电话,电话来自另一个城镇的邮局,他们说收到了一张被误寄的选票。桑纳讷邮局的员工在认真核查后,才发现被寄错的是皮尔先生的那张选票。

此时,小镇的选举已经开始了。如从错寄地邮局再邮寄那张选票,根本无法按时送到。

邮局员工将这件事报告了局长,局长立刻召集所有员工一起想办法。员工们都认为,这件事很严重,因为它涉及邮局的信誉问题。虽然挪威的法律没有规定,邮局的邮寄工作不许出现失误,但如果选票不能如期寄到,顾客皮尔先生就将会失去他的选举权力,从此以后,他一定会对邮局的信用产生怀疑。情况万分紧急,究竟该如何补救?

> 局长最终决定,无论花费多大的代价,也要把顾客的邮件准时送到。紧接着,桑纳讷市邮局向一家快递公司求助,快递公司马上向一家民用航空公司租用了一架直升机。直升机载着那张选票,快速地飞向了目的地。在距离计票截止时间还有25分钟时,直升机终于到达小镇的选举现场。听到皮尔先生的选票被准时投进了票箱里,邮局的所有工作人员才松了一口气。
>
> 为了这张小小的选票,桑纳讷市邮局向快递公司支付了包机费等各项费用总计3 000美元,而这张选票,也成了邮递史上邮寄成本最昂贵的邮件。
>
> 包专机运送一张选票到底值不值得?桑纳讷市邮局的做法引起了争议,对此,这家邮局的发言人这样认为:"无论花费多大的代价,也要把顾客的邮件准时寄到,这是我们邮局的责任和义务!"

现在,中国人与中国人做交易时或者日常生活中也是很少能够实现双赢的。原因究竟在哪里?这可能因为一些中国人做交易时鼠目寸光,注重一次性的、眼前的利益。没有树立好商业信用并缺乏健全的法律体系。于是,就使很多人往往追求单赢,就是"我赢你输"的结果。骗人就是"我赢你输"的最好例子。在中国,被骗的人常常得不到别人的同情,因为一般人会认为这是被骗的人的错误,"你为什么轻易相信人家了呢?"几乎没有人会谴责骗子,人们有时候认为"能骗人也是一种技能"。

政府诚信

在一个正常社会,人的诚信是最重要的,古话说"人无信不立",没有诚信,能力越大,对社会潜在的危害也越大,因为他可能把他的能力用在歪门邪道上,而且官员和名人造假对社会产生非常恶劣的示范作用。

政府是营造诚信环境的主体,在治理社会诚信问题的过程中,要利用其宏观上的优势和为社会提供公共产品的职能,重视和推动诚信制度,建立起积极的协调、引导作用,特别要强调工商、税务、公安部门在建立失信约束机制方面的责任,从而加快全社会的信用体系建设,建立和完善市场经济的信用秩序。政府要加快职能的转变,改变行为方式,在政令统一的前提下,增强政策的透明度,从社会经济生活的各方面,形成对市场经济信用缺失的制度规范和市场约束环境。孔子说:"君子信而后劳其民。"韩非子说:"小谊成则大信立,故明主积于信。"治理国家,言而无信,出尔反尔,政策多变,弄虚作假,从来是大忌。塔西佗(Gaius Cornelius Tacitus,55-117)是古罗马最伟大的历史学家,曾经出任古罗马最高领导人——执政官,他这样谈论执政感受:"当政府不受欢迎时,好的政策与坏的政策都会同样得罪人民。"这个见解成为西方政治学的著名定律之一——塔西佗陷阱。也就是说,一旦公信力丧失,无论你说的是真话还是假话,干的是好事还是坏事,都会被认为是说假话、干坏事。

20世纪70年代,美国出现过如何处理与某些新独立国家做生意的问题,因为这些国家政府控制的企业多,贿赂成风。最终经国会讨论,达成共识:如果听任这种行为泛滥,则好不容易建立起来的商业伦理将崩溃,因此制定了《海外反腐败法》,要求涉外公司每年做出不行贿的书面承诺,并接受调查。美国公司在进入中国市场时,也受《海外反腐败法》约束。

2001年,几乎所有的欧盟国家以及OECD(经济合作与发展组织)国家都已经采纳了美国这部法律的内核。2003年12月10日,43个国家在墨西哥梅里达正式签署了《联合国反腐败公约》,其中的第十六条就将"贿赂外国公职人员或者国际公共组织官员"定义为犯罪行为。中国不仅和美国一样成为第一批签署公约的国家,同时,在公约的成立过程中,中国也一直扮演着积极的角色。2004年4月6日,朗讯公司解雇了其中国区的四名主管人员,包括中国区CEO(首席执行官)、COO(首席运营官)、一名财务主管以及一名市场部经理,理由是这四名主管在企业运营中存在内部管理控制不力的情况,可能违反了美国的《反海外腐败法》。

人无信不立,国无信不兴。在全球范围内,一个国家如果要把握长久的竞争优势,就不得不在全社会培养、发展,并最后沉淀下正直、诚实的商业伦理价值。

有一点需要特别指出,美国社会人与人之间的信任是建立在制度的不信任上。制度的设计假定人都是坏人,这才有日常生活中的互相信任。有一个例子,在美国商场买衣服需要试穿,大一点的商场都有专门的试衣室,而且是封闭式的,旁人不得进入。顾客进入试衣室时,门口要检查,看是拿了几件衣服进去的,并且发一张牌,上面有衣服数字。出来时要检验,是否把拿进去的衣服都带出来了,因为有人把带进去的衣服穿在了身上。有些超市在收银处还要查看顾客带进去的包。因为制度严密,培养了人人遵纪守法的习惯。这就是他们的处事原则。先把人当成是坏人,培养人们不敢犯法的习惯,然后形成了人人遵纪守法的风尚。

——2012年和2011年,我平均每年飞180次,其中三分之二是因为政府换届,因为政府换届就可能导致说好的事又变了。——冯仑

德的文化

道德发展概念的提出,一方面指向有道德的发展才是社会发展与企业成长的真正目的;另一方面指向道德与发展的统一:没有道德,发展绝不可能可持续与长久。

道德精神

赵晓[25]指出,市场经济能叫人不偷懒,却不能叫人不撒谎,也不能叫人不害人。市场的博弈可以降低撒谎人的行为,法律的严厉惩罚也有利于交易行为的规范,但如果都靠这些,市场经济运行的成本将会很高,甚至高到难于运行的地步。凡是缺乏自我约束,完全靠外部高压来运作的市场经济一定是最贵的市场经济。而建立在基督教基础上的西方市场伦理,恰恰是一种自发的道德约束,能够降低市场经济的运行成本。

西方的市场经济理论发展了几百年,而市场经济理论的鼻祖亚当·斯密(Adam Smith,1723-1790)也是一位杰出的伦理学家。亚当·斯密一生从事学术研究,留下了两部传世佳作——《道德情操论》和《国民财富的性质和原因的研究》(即《国富论》)。他在《国富论》中阐述的"看不见的手"的古典经济学体系已被中国思想理论界所熟知,但他在《道德情操论》中阐述的市场经济社会的道德伦理观却长期未被中国思想理论界所关注,而这两部巨著也正是西方市场经济社会发展的经济学基础和伦理学基础。

为什么说《道德情操论》建立了西方市场经济制度的伦理道德基础呢?因为亚当·斯密在这部伦理学巨著中揭示了市场经济社会的基本行为规范,说明了商业产生自由和文明的基本原理。可以毫不夸张地说,倘若对亚当·斯密的《道德情操论》不了解,则不可能理解市场经济

第2章 道德价值

社会的形成和西方近代文明的进程。

在亚当·斯密所处的18世纪,英国的社会、经济获得了空前的发展,但西方传统的道德学家们仍坚信"贫则德高、富则腐化",赞美古代社会为有德的社会,近代商业社会则是"奢侈、堕落"的社会。当时的学术界及社会舆论普遍关心的核心问题是,伴随着经济的发展,人们的道德是否会堕落。当时大多数的"有识之士"皆认为,商业化的发展必将使整个社会的道德、伦理衰败,终将导致人类文明的衰退。亚当·斯密对当时的英国社会现状进行了研究,提出了与传统道德学家们完全不同的看法。亚当·斯密首先指出,在市场经济中任何交易主体皆基于"利己心"而行动,它还是人们从事社会活动的基本心理驱动力。然后指出:"美德就存在于对自己的根本利益和幸福的追逐之中,而节俭、勤勉、诚实等美德一般是从利己的动机中养成。"

亚当·斯密将其伦理学研究建筑在激发利己心的基础之上,他认为仁慈、利他主义等都是不稳定的、偶发的、非持久性的心理驱动力。面向普通的人们,传统的道德说教方式——树立圣人、英雄人物并以其所谓的先进事迹教育大众的方式无济于事,这样理想的人物在现实中不过是不正常的特例而已。而在市场经济社会中,无需道德说教,市场化过程本身就是培育并实现良好道德、伦理的场所。它不仅拥有自动调节社会资源分配的经济力量,还具有自动调节人性并使之趋向公益的道德力量。

现代社会学的创始人马克斯·韦伯在《新教伦理与资本主义精神》里写道:支撑资本主义经济的是资本主义精神,而资本主义精神又是建立在新教伦理基础之上。美国成功的市场经济是因为有市场经济的灵魂——新教伦理基础。

美国是以基督教立国的国家,每10个美国人中,就有9人自称相信上帝,有8个人认为宗教对生活非常重要,有7个人属于一个宗教团体,有6人每天祈祷。全美有30多万座教堂、1 200多万家宗教电台,每12家电视台就有1家宗教电视台,有5 000多种宗教刊物。宗教音乐的销量远超各种音乐。站在哈佛广场环视,能看到的教堂就有3座。教堂承载着美国人的信仰。

在美国,几乎没有人作一心为公、自我牺牲的说教,但是人们相信牺牲精神对牺牲者本人和受益者的价值,而且绝不乏牺牲精神的表现;人们也绝口不谈德行是美好的,但是人们坚信德行是必要的,而且每天都按此信念行事。所以,尽管美国人追求物质享受的欲望非常强烈,他们拼命追求财富,但却很少乱来;他们的理性虽然不能抑制他们的热情,但却能指导他们的热情。这就是亚当·斯密道德理论实践的最佳例证,由于西方主要发达国家都是亚当·斯密理论的典型实践者,因此,其国民道德水准和伦理意识普遍较高。

在美国,一次重大事故就能改变历史:1911年3月25日的三角内衣公司火灾。46名男女工人死亡,大多数是16岁到23岁的姑娘,最小的仅14岁。三角工厂事件不仅促使了美国对血汗工厂立法,后来更被写进美国中学历史课本,成为美国现代主流价值观的一部分——生命的价值重于财富。

1994年前后,中美入世谈判最艰难的时刻,美方突然向中方提出:在全世界都实行双休日的今天,中国必须尊重人权,也给中国人双休日,并把这一项作为入世条件之一。1995年5月1日后起,中国开始实行双休日工作制。

《论语·里仁》曰:"德不孤,必有邻。"南宋朱熹在《论语集注》中解释此句说:"德不孤立,必以类应。故有德者,必有其类从之,如居之有邻也。"道德不是工具,而是目标。你不尊重它,它一定会教训你。

专栏 2.8　　　　　　　面对一张没有密码的信用卡

哈里斯是美国纽约市一家知名广告公司的女高管,2010年8月的一天中午,她和朋友在一家餐厅吃饭。中途,朋友想出去抽支烟,两人便一起走出餐厅,站在外边的大街上。

这时过来一名流浪汉,对哈里斯喏喏着自我介绍:"我叫瓦伦丁,今年32岁,已经失业3年了,只好靠乞讨度日。我想说的是,不知您是否愿意帮助我?比如,给我一点零钱,让我买点生活必需品。"瓦伦丁说完后,用期盼的眼神望着哈里斯。看着眼前这名年轻的黑人流浪汉,哈里斯动了恻隐之心,她微笑着对瓦伦丁说:"没问题,我十分愿意帮助你。"就伸进口袋去掏钱,遗憾的是,身上却没有带现金,只掏出一张没有密码的信用卡,这让她有点尴尬,不知接下来该怎么办。

瓦伦丁看出了她的难为情,小声说:"如果您相信我,能将这张信用卡借我用用吗?"心地善良的哈里斯同意了,随手将信用卡递给了瓦伦丁。拿到信用卡后,瓦伦丁并没有马上离开,又小声问哈里斯:"我除了买些生活必需品外,还能用它再买包烟吗?"哈里斯不假思索地说:"完全可以,如果你还需要什么,都可以用卡上的钱去买。"瓦伦丁拿着那张没有密码的信用卡离开后,哈里斯和朋友重新回到了餐厅。

10分钟后,哈里斯就感到了后悔,她懊丧地对朋友说:"那张信用卡不仅没有设置密码,里面还有10万美金,那个家伙一定拿着信用卡跑掉了,这下我要倒大霉了。"朋友也埋怨她:"你怎么能随随便便相信一个陌生人?你呀,就是太善良。"哈里斯再也没心思吃饭了,在朋友付完账后,两人便默默走出了餐厅。

令他们意外的是,刚出餐厅大门,就发现流浪汉瓦伦丁已等候在外面,他双手将信用卡递给哈里斯,很恭敬地将自己消费的数额一一报上:"我一共用卡消费了25美元,买了一些洗漱用品、两桶水和一包烟,请您核查一下。"

面对这位诚实守信的流浪汉,哈里斯和朋友在诧异的同时,更多的则是感动,她不由自主抓住瓦伦丁,连连说:"谢谢您,谢谢您!"瓦伦丁一脸疑惑,她帮助了我,我应该感谢她才是,她为什么却要感谢我呢?随后,哈里斯便和朋友径直去了《纽约邮报》,将发生的故事告诉了报社。

《纽约邮报》也被瓦伦丁的诚实所感动,当即予以报道,顿时在社会上引起了巨大反响。报社不断接到读者的来信来电,都表示愿意帮助瓦伦丁。得克萨斯州一名叫伊德瑞斯·艾尔巴的商人看了报道后,便于第二天给瓦伦丁汇去了6 000美元,以奖赏他的诚实。更让瓦伦丁惊喜的是,几天后,他又接到威斯康星州航空公司的电话,表示愿意招聘他担任公司的空中服务员,并通知他尽快签订工作协议。

沉浸在巨大喜悦中的瓦伦丁感慨万千:从小母亲就教育我,做人一定要诚实守信,即使身无分文流落街头,也不能把诚信丢掉。我之所以能得到这么多人的帮助,是因为我始终相信,诚实的人总会有好报。

世界上永远不缺投机取巧之人,当面对利益时,诚实守信的人却总让人萌生敬意!小胜靠智,大胜靠德。投机取巧赢一时,诚实守信赢一生!

第2章 道德价值

善者生存

一百多年前,在法国大革命的余烬照耀下,雨果曾这样慨叹:革命的绝对价值之上,存在着一个人道的绝对价值。今天,我们同样可以说,发展的绝对价值之上,存在着一个人道的绝对价值和博爱的绝对价值。只有当人道的绝对价值和博爱的绝对价值能为几乎每个人所默认,成为每个人心中的最高律,以此支配每个人的日常生活,发展乃至整个社会的运行才可能是人道的、文明的。

因此,经济学如果离开其他学科,尤其是有关人类行为问题科学的帮助,把人情、伦理统统疏忽,囿于自身的经济天地,或仅仅借助于数学逻辑而使自己变得更加"经济",它将被事实证实是最不经济的。哈耶克[26]指出,一个生机勃勃的社会,它的制度的基本原理是鼓励一切个体在一切可能的方向上生活。创造是现实生活中的创造,在一切可能生活中的创造,理论上就意味着最大限度的创造。这种制度激励的基础,除了追求利益的动力以外,最主要的动力还是追求道德。

心理学家保罗·艾克曼(Paul Ekman)在《达尔文富于同情心的人性观》[27]一文中简要介绍了达尔文的一部最伟大、却鲜为人知的著作《人类的由来以及与性相关的选择》(*The Descent of Man, and Selection in Relation to Sex*,1871年)。在这本书中,达尔文阐释了他称之为同情(或怜悯)的情感的起源,描述了人类与其他动物是如何为困境中的他者提供帮助的。达尔文写道,道德的至高境界是关注一切众生的福利,包括人类和其他所有生灵。达尔文提出,同情心有利于自然选择,无论其产生于何处。这意味着,在优胜劣汰的竞争中,最善良者实际上最适于生存。

亚当·斯密在其首部著作《道德情操论》(*The Theory of Moral Sentiments*,1759年)中写道,一个有道德的人,"不仅生来就希望被人热爱,而且希望自己可爱,或者说希望自己很自然地招人喜欢。……他不仅希望被人赞扬,而且希望成为值得被赞扬的人。……完美无瑕的人性,就是关心他人胜过关心自己,就是公正无私和慈善博爱的情怀"。

亚当·斯密提出,自由和独立的人格是自然产生美德的两大条件。随着商业的发达,处于市场社会的国民在经济上自力更生的过程中,就自然而然地生成道德涵养、勤勉、谨慎等美德①。理解了亚当·斯密的道德伦理学,也就不难理解美国的民主,不难理解世界首富比尔·盖茨将数百亿美元巨额财富捐献给社会的慈善行为,他只不过是按照亚当·斯密所奠定的社会道德准则行事,钢铁大王卡内基、"股神"巴菲特的慈善行为不也是对亚当·斯密道德理论的忠实履行吗?因为在亚当·斯密的道德哲学中,富与德(物质富裕与道德高尚)同时实现的最终结果就是:市场社会的国民富而有德,因为国民在追求富裕的过程中进行了道德修炼。

日本1984年经济白皮书写到:"在当前政府为建立日本产业所做的努力中,应该把哪些条件列为首要的呢?可能既不是资本,也不是法律和规章,因为这二者本身都是死的东西,是完全无效的,使资本和法规运转起来的是精神。因此,如果就有效性来确定这三个因素的分量,则精神应占十分之五,法规占十分之四,而资本只占十分之一。"

契约制度

道德精神之所以重要,源于制度所依托的契约基础本身是残缺的。法国社会学家涂尔干

---

① 相反,在传统的封建社会下,家丁、佣人因其人格不独立,必然会道德败坏。

在《社会分工论》中指出,任何一个由合理的契约所建构的社会或人际关系都存在不合理的基础,契约关系能否履行,最终决定于订约人是否信守契约,而这没有任何契约可以保证[28]。道德精神正是契约执行的基本保证。所有的法律都是不完备的,法律不是万能的。写条文的人无法预见也无法囊括形形色色的有关案例。你可以把条文写得冗长复杂,试图包含所有的符合立法原意的可能性,但这也使条文的解释更有歧义,甚至有更多漏洞。因此,法律需要道德自律的配合,"道之以德"(见《论语·为政》)——在美国一般是体现在宗教信条中——和"以法治国"(孔子的说法为"道之以政")都是民主社会的基本原则。

专栏 2.9　　　　　　　　　　五月花号公约[29]

契约殖民地的先驱是1620年由一批清教徒建立的普利茅斯殖民地。这些清教徒是英国清教中的激进派,他们因不满英国国教的奢侈腐败而移居荷兰,原希望借助那里的宽容气氛来保持他们的宗教信仰,但很快发现事与愿违。荷兰在宗教上的自由与宽容反而使清教徒的后代对英国清教产生了抵触。得知弗吉尼亚开发北美后,这批清教徒便与弗吉尼亚公司协商,希望在后者所拥有的领地上建立一个宗教殖民地。弗吉尼亚公司同意了清教徒的要求,准许他们建立一个"特殊的殖民地",并享有高度的自治权。

1620年,一百多名清教徒乘坐名为"五月花号"的船从荷兰起程,来到现今位于马萨诸塞州南部的普利茅斯。登陆前,船上的41名清教徒殖民者在甲板上签署了一份文件,即著名的《五月花号公约》(May flower Compact)。公约宣布:

我们所有在下列文件上签署姓名的人……是为了荣耀上帝的神明、传播基督的信仰和我们国君的荣誉而远涉重洋,(我们)立志在弗吉尼亚北部地区建立第一个殖民地;我们在上帝和我们相互面前共同而神圣地宣布:为了建立良好的秩序,保护我们的生命,推进上述的目的,我们在此立约组成一个公民的政治实体;我们将不时地实施、制定和建立那些(在我们)看来是最有效的和最有利于殖民地共同利益的公平的法律、法令、宪法及官员,我们承诺将服从和遵守这些法律和官员的管理。

《五月花号公约》被看作是美国历史上的第一个政治契约性文件,在美国政治思想史上占有重要地位。这不仅因为它在时间上比温斯多普的布道词早10年问世,更因为它是宗教契约转化为政治契约的最有力的历史证明。公约虽短,但宣示了殖民地的目的、政治实体的基础和殖民地政府的权力。虽然公约援引上帝的旨意为其存在的根据,但不难看出,清教徒们更注重的是世俗的政治实体的运作;上帝的意志是一种高于一切的神圣法律,是一种不容怀疑的对全体清教徒的神圣约束,是世俗政府的法律基础。通过公约,签字的清教徒相互认可了自己与上帝的特殊关系,并将这种特殊关系(或相对于非教会正式成员的宗教特权)转化为一种政治特权。

当"五月花"号的清教徒们登陆后,在公约上签字的41名清教徒理所当然地成为普利茅斯殖民地第一批有选举权的自由人,这批人中有一半未能活过6个月,剩下的一半就成为殖民地政治的核心成员。他们每年举行一次大会,通过法律选举总督和总督助理,并在1636年通过了《统一基本法》,对殖民地的政治结构和居民权利作了文字上的规定。普利茅斯殖民地建立后,始终未能得到王室特许状或其他批准件,而只是从后来的马萨诸塞州得到了土地的赠与。1639年后,殖民地代表大会变成了殖民地议会,非教会成员的自由人也可以被选入议会。

第2章 道德价值

如果"五月花号"上坐的都是中国人,那将是怎样的一种结局呢?有人作了这样的假设[30]:

  出走者们肯定有一个权威的组织者或一个组织架构,所有的男人、女人和小孩都服从在这一组织者的领导和决策之下。这位组织者可能是一位族长,可能是一个长者,也可能是一位武力或智力上的强者。他对船上的人采取的统治方式大多是个人决策,至多是开明专制。他不需要船上绝大部分人的拥护,而只需要一小部分人的拥护和其他人的顺从即可,至于拥护者是基于对领袖的信仰还是基于共同的利益,顺从者是出于信任还是出于对强权的畏惧而把自己的未知命运托付给另一个同类,似乎是个无足轻重的问题。所以,这种组织架构根本不需要所有的成年男子来签订什么宪章,因为也没人会相信这种承诺有什么约束力和执行力。于是,"五月花号"上的中国人上了岸,在新大陆上建立了一个新的家园。

  在人治社会中,领袖为了培养自己的支持者(或者叫亲信),就得利用自己对公共资源的分配权的掌控,通过制定某种政策或者随意地把更多的利益分配给他们,并在自己周围形成一个共同的利益集团。由于分配上的不公,新王国内逐渐形成了一个既得利益者阶层和利益受损者阶层,因为资源毕竟是有限的而人的欲望是无穷的,正如孟子所说的许多的社会冲突源于"不患寡而患不均"。冲突愈演愈烈直至不可调和。冲突的结果不外乎几种模式:不断的冲突导致内耗,偶有妥协和平衡,但平衡毕竟是短暂的,冲突却是永恒的。

  另一种故事发展的模式是:领袖是英明的,且得到人民的拥护,但在他日近老暮时却面临着接班人挑选的问题。于是,在领袖日渐衰老的时候,每一个有接班可能甚至根本没有接班机会的子女都在做着夺权的准备。所有的人被捆绑在不同的战车上参加同一战斗,去角逐唯一的胜出机会。民众在付出惨重代价之后,其实质性的结果无非是领袖由哥哥换成了弟弟或由侄儿换成了叔叔。而"五月花号"上的中国人所携带的思想基因并不带有变异或反抗的成分在里面。在新家园中所能做的只能是对旧大陆的抄袭和复制。

为什么在中国的政治传统中,即使是在诸侯争霸、百家争鸣的春秋战国时代,也没有一个哪怕是小国家采取民主城邦制的方式来管理国家,甚至连民众自治的基础理论都没有?民众自治制度在中国土地上理论和实践的长期缺失,是中国法制土壤贫瘠薄弱的初始原因。一种封闭而自大的文明绝不可能产生不断自我超越的变异基因,也注定其走向衰亡的必然命运。从这个意义而言,也注定了如果1620年的"五月花号"上载的是中国人,在看到海岸线的时候,他们绝对是不可能停下来去订立那样的一份契约。

管 理 有 方

  企业制度文化是现代企业生产经营活动中形成的企业价值观、经营理念等意识形成的制度、规章及组织结构。它对员工及组织行为产生规范性、约束性影响,是一种强制性的文化形式。在现存的企业中,企业家的个人价值观已经被证明会对企业策略产生影响[31]。企业家的信念(Beliefs)和知觉(Perceptions)已经被发现直接地影响他们所领导的组织[32,33]。

尊重顾客

任何一个企业都重视经营顾客关系。被顾客嫌弃的公司是不会有未来的,所以,每家公司都应该负起"使顾客幸福"的使命与责任。企业提供令人衷心感谢的商品或服务,获得顾客赞赏:"有你们公司真是太好了!""真是谢谢你们公司创造了这项产品!"顾客也借着与这样的公司交易、购买商品、得到服务而感到开心、幸福和感动。

商道伦理

罗伯特·所罗门(Robert C. Solomon)是美国著名的哲学家和商业伦理学家。他对"商道"的定义极为简明:商道是道德和利润的平衡之道[34]。这种平衡之道体现的是一种商业伦理精神。一个成功的企业不仅要获得利润,还应提供一个精神环境,使其成员在提高职业技能的同时完善他们的道德。"君子爱财,取之有道",即财要来得合法、合理、合情,这就要正确地对待客户。有道德的管理者都热爱他的产品或服务,这是质量的最佳保证。如果所有的员工都有了这种热爱,企业就不会发生质量问题。美国默克制药的缔造者乔治·默克说:"应永远铭记,我们旨在救人,不在求利。如果记住这一点,我们绝不会没有利润,记得越清楚,利润越大。"

美国道德环境协会用"企业公民"来形容道德对企业的重要性,企业道德靠那些优秀的企业来引领。最基本的企业道德包括尊重员工和客户、公平竞争、遵守法律。道德企业的理念是"卓越—智慧—敬业—利益"。"全球企业道德峰会"发布的"2012年全球最道德公司"榜单中的145家企业,总部多数在美国,只有43家企业的总部在其他国家。评选"全球最道德公司"的目的就是选出企业道德的样板,促进企业道德标准规范建设。上榜企业发表声明,承诺"用道德的方式经营"。

阿法莱克保险公司、美国运通公司、福陆工程建筑公司、通用电气公司、美利肯公司、巴塔哥尼亚服装公司、拉博银行和星巴克等23家企业连续6年蝉联"全球最道德公司"殊荣。

苹果公司的创新能力和产品质量得到了世界消费者的公认,但由于其淡漠社会责任,虽然取得了巨额利润,但反馈社会很少,尤其是其海外代工企业被一些媒体视为"血汗工厂",缺乏人权保护,因此一直与榜单无缘。

世界软件业巨头微软公司就因为过去一直官司缠身,直到2011年才"金榜题名"。

麦当劳2009年首次上榜,但由于其汉堡被曝光加入过量防腐剂,2010年从榜单上黯然消失,与"道德公司"无缘。

曾连续几年荣登"世界最道德公司"榜单的日本丰田公司,也因2009年"召回门"事件从2010年榜单上消失,至今仍未能重返榜单。

值得注意的是,中国大陆企业在六届评比中,没有一家企业上榜。

道德企业不是以钱作为衡量成就与价值的标准,投入一亿美元用于市场开发和公共关系,并不意味着企业道德的提升。道德公司必须在生产经营中保护环境,不得有任何形式的歧视、欺诈和非法行为,保护员工的健康,不损害消费者权益,确保产品安全,并承担起社会责任。其

第2章 道德价值

实,坚守道德标准与企业赚取利润并不矛盾。

巴塔哥尼亚服装公司户外服装销量全球排名第二,是顾客最喜爱的品牌之一。巴塔哥尼亚服装公司非常注重培养和发挥员工的创造力,给他们更多的自由度。该公司在保护环境和节约资源方面的成就也首屈一指,总部所有电力均来自建筑物上的太阳能光伏发电。更让人敬佩的是,该公司率先自己征自己的"地球税",把世界各地销售额的1%用于当地的地球保护,迄今已捐出4 000多万美元的"地球税"。该公司还把上千吨的可乐瓶回收制造新材料服装,反对使用会使土地恶化的化肥和让人致癌的农药,该公司确保用于制造服装的棉花是天然无害的绿色生态棉。

阿法莱克保险公司首席执行官丹·阿莫斯介绍说:"我们注意到,在销售保险时,顾客优先考虑的是保险公司的可靠性、透明度和道德。我们向顾客保证,当他们遇到困难时,我们就在他们身边。为此,我们为能连续6年被评为'全球最道德公司'而感到自豪,因为这从世界最权威的道德环境协会传出一个强烈的信息——阿法莱克值得信赖。"

欧莱雅首席执行官让·保罗·阿贡也强调,欧莱雅努力成为企业道德的榜样,诚信经营,尊重我们的每一个客户。他认为,道德行为是未来企业成就的基础,要继续用道德的方式给每个人带来益处,让世界更美更好。

瑞典卫生纸公司SCA首席执行官杨·约翰森说:"SCA在企业道德规范和环境保护方面的记录让我们在同行业具有强大的竞争优势。我们的客户、消费者和投资人信赖我们,是因为我们在经营的每个环节都非常透明。我们企业的最大特点是把可持续发展列入企业的最重要的议事日程。"

美国舒莱公司是全球大豆行业的领先企业,该公司首席执行官康奈尔·夫勒认为,最高标准的企业道德是他们公司的四个核心价值之一,是公司获得成功的关键。保证大豆原料的安全和品质是公司的责任,要实现这个目标,必须把诚信作为一切工作的核心。

从历史的角度看,那些只注重自己发财而不讲公德的企业都是短命的。虽然不能说企业讲道德就一定能获得高效益,就一定能发展壮大,但那些"百年老店"无一不是把道德作为企业经营的灵魂,把社会责任作为企业发展的最终目标。

美国一位老太太在百思买(Best Buy)购买了一台iPad,却意外收到5台。美国联邦贸易委员会网站有说明,如果一个公司给你发错东西,你可以保留下来而不必还回去。不过她并没这么做,而是给百思买写了一封信,说明了此问题,不久收到百思买的回信,大意为:"下午好,Alexa Laura。我们非常感谢你的诚实,这在这个时代是如此的罕见。百思买确实在此事上出现了错误。考虑到圣诞节即将来临,我们希望你留下这些多余的iPad,把它们送给那些真正需要它们的人,如你的朋友、家人、当地学校或慈善机构。"百思买在此事件中的处理方式是值得称赞的。换个角度想,如果顾客不贪小便宜,如果商家实实在在对待顾客,不玩古怪竞销,世界该有多美好。

作为一个以不断盈利为核心动力的组织,公司通常是很少关注人文或人性的,除非这种关注符合不断盈利这一核心。把道德与管理结合起来,在中国企业实践中还是鲜有的事情。例如,研究战略的学者发现,目前很少有中国企业能够真正把商业道德或者商业文明融合到战略层面[35]。

即咸平[36]指出:"中国人有个毛病——就知道赚钱,而且为了这个目标可以不择手段,如毒奶粉事件。事实上,中国对各种食品的检验频率和密度要比美国、澳大利亚和新西兰高多了,因为这种事情在中国以外的几乎任何国家都是不可想象的。同样不可想象的还有黑煤窑事件。也许你看来看去发现只能有一个解释,就是中国的企业家根本没有道德约束,这些人只知道赚钱。"

赢的真谛

单纯从字面看,"赢"的意思无外乎两种——要么胜利,要么获利。但是,当把"赢"字拆开来看时,会发现这个简单的汉字中竟蕴含着复杂而又极其深刻的含义,这些含义却正是商业规律对商家的基本要求。

"亡"字代表着牺牲精神。商家要把客户的利益置于自己的利益之上,时刻把客户的需求放在心上,将客户置于安全的位置,在必要的时刻,甚至要能够做到舍弃自己的一部分利益,因为照顾好别人也就照顾了自己。

"口"字代表着沟通,商家要认真主动地与客户建立高效的互动沟通机制,要有强烈的负责意识。

"月"字指机会。这需要商家凭借多年实践中积累的经验,于事态发生变化之前理清事情的脉络,从而以敏锐的眼光制定积极的策略,以变制变,使自己处于主动的地位。

"贝"字代表着商家拥有的资源。这是商家立足于商海的资本。现在的资本不仅仅是钱财,更是信息、人才、时间、空间、网络这些资源的整合。

"凡"字则指商家要有平和的心态。《诫子书》中说:"勿以善小而不为。"对商家而言,则是"勿以事小而不为",从小处做起,从点滴做起,只有抱定踏实的心态,才能获得成功。

专栏 2.10   **巴菲特的简单**[37]

巴菲特能够把金融理念用一种非常简单的方式表达出来,而且认为自己的金融操作也极其简单,这就等于告诉热衷于复杂金融衍生品的华尔街:"把事情控制在简单的范围内,傻瓜。"

巴菲特在成功的同时严格地遵守着道德的准则。他告诉人们,以一种高的道德标准进行经营同样可以获得巨大成功。

巴菲特被美国人称为"奥马哈的先知、圣贤",是"除父亲外最值得尊敬的男人"。

感恩精神

企业家是把消费者当作衣食父母还是当作可以蒙骗的对象呢?在松下的八大精神中,有一条叫"感恩报恩的精神"。松下幸之助一再教育部属"要怀着感激的心情做人",感激谁呢?感激一切帮助过自己的人,首先要感激客户。客户是水,企业是舟。水可载舟,亦可覆舟。经营任何企业,一定要有老顾客的反复惠顾才能使企业成长,一定要设法抓住每一位顾客。最优异的顾客服务是能使其再来惠顾的服务。

专栏 2.11 为顾客服务

老托马斯·沃森所谓要使IBM的服务成为全球第一,不仅是在他自己公司,而且要使每一个销售IBM产品的公司也遵循这一原则。他特别训令IBM将是一个"顾客至上"的公司,也就是IBM的任何一举一动都以顾客需求为前提。因此,IBM对员工所做的"工作说明"中特别提到要对顾客提供最佳的服务。

为了让顾客感觉自己是多么重要,无论顾客有任何问题,一定要在24小时之内解决。如果不能立即解决,也会给予一个圆满的答复。如果顾客打电话要求服务,通常会在一个小时之内就会派人去服务。此外,IBM的专家们随时在电话旁等着提供服务或解决软件方面的问题,而且电话是由公司付账。此外,还有邮寄或专人送零件等服务,以此来增加服务范围。IBM还要求任何一个IBM新零件,一定要比原先换下来的好,而且也要比市场上同级产品好。

服务的品质取决于公司的训练及教育,在这方面,IBM已经在全球所属公司投下了大量的钱财,所提供的训练与教育是任何公司无法比拟的。员工在IBM受训所花费的时间超过任何一所大学的授课时间。每年,每一位IBM的经理要接受40个小时的训练课程,而后回到公司内教导员工。有时甚至定期邀请顾客前来一同上课。

通用电气公司的顾客价值观就是:对顾客、雇员、社会和股东的义务保持相互依存的平衡关系(没有明确的等级之分)。沃尔玛公司宣称:"我们存在的目的是为顾客提供等价商品。"即通过降低价格和扩大选择余地来改善他们的生活,其他事情都是次要的。摩托罗拉公司认为,公司存在的目的是"光荣地为社会服务,以公平的价格提供高质量的产品和服务",要不断改进公司的各项工作,包括产品设计与质量,提高顾客满意度。

案例 2.4 星巴克体验[38]

星巴克成功的天赋在于:它能够创造个性化的顾客体验,促进公司成长,创造利润,赋予员工活力,确保顾客忠诚,而所有这一切都在同一时间内达成。

显眼的绿色美人鱼的商标,整幅墙面艳丽的美国时尚画、艺术品、悬挂的灯、摩登又舒适的家具给人以星巴克视觉体验;石板地面、进口装饰材料的质地、与众不同的大杯子造成星巴克的触觉体验;独有的音乐、金属链子与咖啡豆的声音,你会找到亲切的听觉体验;而百分之百的阿拉伯咖啡散发出诱人的香味以及口中交融的顺爽感可以领略到星巴克味觉和嗅觉的体验。这就是星巴克迷人的五种感觉的渲染。

而在这背后,正是星巴克经营的人性哲学——把星巴克造就成为如《财富》杂志所说的世界上"最受尊敬的公司"之一。

星巴克公司塑造品牌,特别强调它的文化品位。它的价值主张之一是,星巴克出售的不是咖啡,而是人们对咖啡的体验。类似东方人的茶道、茶艺。茶道与茶艺的价值诉求不是解渴,而是获得某种独特的文化体验。星巴克的成功在于它创造出"咖啡之道",让有身份的人喝"有道之咖啡"。

管理者要怀着感激的心情做人,感激一切帮助过自己的人。具有这种理念文化的企业,管理者就值得大众尊敬,当一个管理者赢得大众尊敬时,他也就赢得了市场。赢得了一个人的尊严和做人的价值。

[提示]做事从"爱"出发;一个学会爱的人也就具备了成就事业的基本功。

尊重对手

德鲁克[39;16]指出,管理是一门科学,同时也是一种文化;管理受到文化的影响,管理又影响文化的形成。把伦理道德作为企业家精神的组成部分,反映到市场经济各利益主体相互制约关系的约束体系有两部分:一是法律制度体系;二是道德伦理体系。亚当·斯密所谓"看不见的手",并不仅仅是经济学家所理解的那种逐利动机,还包括道德、宗教所提供的基本规则。若没有这些规则约束,个人的逐利活动只能导向每个人对所有人开战的丛林状态。

竞争有道

在21世纪的世界里,资本主义和竞争是反义词,而不是同义词。资本主义意味着累积财富,但在完全竞争中,没有人能够真正赚钱,所有的利润都因竞争而丧失殆尽。

竞争的价值被高估了,它在实践中是非常具有破坏性的,而且应该尽力避免。比之在现有市场为残羹剩饭争斗不休,创造并拥有一个自己的市场明显更胜一筹。有时候,争斗必不可少。当你必须这样做时,你应该获得胜利。但争斗往往被浪漫化了,人们也往往卷入其中。想一想如何避免争斗以及怎样打造一门独占的生意,这才是真正值得做的事。

人生和自我都不是用来战胜而是用来相处的。企业和企业的竞争对手是参加同一场比赛并处在不同跑道上的选手,企业家只可以使自己的企业跑得快而超过他,不可以在别的企业脚下使绊让他摔倒而超过他。这就是游戏规则。日本人甚至发明了一个词,叫"竞合",是既竞争又合作的意思。这种合作就不是"你吃掉我、我打倒你"的意思,而是在发挥各自优势的前提下使资源得到更合理、更高效地运作,这对企业以及整个社会文明来说都是进步。

你确实有一些竞争对手,而且有时候,如果你要赢的话,他们就必须输(反之亦然)。即便如此,在商业世界里依然不存在敌人。敌人是战斗中的对手,在战斗中,人们彼此残杀。商业的目的是要让事情变得更好,而不是杀人。当你把竞争对手妖魔化并称他们为敌人的时候,你就关闭了选择的大门。今天的竞争对手往往有可能成为你明天的合作伙伴;不要总想和竞争对手对立,而要想办法弥补竞争对手的不足。

在IBM,即使是同行竞争对象也应同等对待。公司的行为准则规定,任何一位IBM的员工都不可诽谤或贬抑竞争对手。销售是靠产品的的质量、服务的态度来推销自己产品的长处,不可攻击其他产品的弱点。

改革开放30多年,中国人有个很大的进步,就是理解和接受了"竞争"这个词,但同时有个很大的遗憾,人们又狭隘地理解了这个词。脑子里的"竞争"是血淋淋的和你死我活的,竞争对手之间是"仇人相见,分外眼红",一个一定要把另一个打趴下,像拳击场上一样,把对手打得鼻青脸肿,最后趴下,数到10起不来算失败。这样理解"竞争"是片面的。现在,国内的商学院所教战略若厚黑学猖獗,过多关注动物世界竞争恶斗以求生存的本领,相对忽视人类社会合作分享以求谐处的技能,易结事业越成功人性越堕落之恶果。谈竞争,看重眼前局部私利,不断强化人类作为丛林动物进化出来的先天本能;论合作,更重长期整体共生,有恒修炼人类作为社群成员持续互惠的后天智慧。在知识经济条件下,竞争更多地讲的是企业之间的联合,优势互补,利益共享,最后实现双赢。

一个人、一个企业,乃至一个民族,如果没有道德,都绝不可能走远。马云[40]指出:"不要抱怨竞争,竞争时候不要带着仇恨,带着仇恨一定失败。""第一,不许说竞争对手的坏话;第二,不许说竞争对手的坏话;第三,还是不许说竞争对手的坏话。"

核心能力

在优胜劣败的斗争思维中,人们会很自然地觉得,自己多拥有一点就是别人少了一点。这是封闭逻辑的你争我夺、你死我活,但世界运转的道理并非如此。

企业的核心能力存在于企业的核心观念,就是企业的理念体系。真正的企业文化实际上是一种企业的精神和企业的力量,包括道德方面的约束。企业家的道德理念是企业文化的基石,决定了企业文化与社会文化的型构。一般来说,新经济的企业文化越是"个人主义",企业作为整体就越涌现出创造精神。这个整体的创造精神的关键在于领导这个整体的企业家是否有能力把这些富于创造性的个人主义者恰当地——以收入分配、产权结构、长远利益、个人感召等手段组织为"企业"。企业家的职能是组织和扩展"人类合作的秩序",他必须把各种可利用的组织手段协调为一个自恰性①的"组织",他可以做到这点,因为他本人是"个体性"的,具有个体意志所具备的"个体理性",也正因此,企业往往显现出企业家本人的"个性"。这句话也可以反过来说:有什么样的企业家,就有什么样的企业文化。

> **案例 2.5** 　　　　　　　　　　**百度搜索竞价排名**
>
> 　　你在百度的图片搜索中输入"长城"一词,反馈的搜索结果前三项都会是不同公司的"长城一日游"。这就是竞价排名的效果,你可以用钱买到搜索结果中的一个位置,至于你到底买到哪个位置,取决于价钱的排序。
>
> 　　按照百度官方的说法,竞价排名是"按效果付费的网络推广方式",参与排名的企业按点击一次付一次排名费的方式支付费用。
>
> 　　排名的产生来自竞价,而非随机生成,也不是按检索次数排出。出钱多,排名在前,然后再支付每次点击的费用,企业支付的是排名费加点击费。
>
> 　　竞价排名人为控制搜索结果的排序,也就是人为控制你在搜索中先看到什么后看到什么,这是对检索内容的一种歪曲。排序规定了你的阅读方式,渗透你的思维活动,决定你接触到哪些信息,最终决定你以何种方式来认识事物和世界,你的思维活动因而被百度控制,竞价的顺序和金钱的顺序就是你关于某一事物的世界图景。

---

① 自恰性(Coherency)是指推理的严密性和首尾的一贯性。

社会责任

要把企业做得长久,责任意识很重要。不强调社会责任感,很难让员工把工作作为一项长期事业来做。责任感、使命感与企业经营并不矛盾。当企业承担着一定的社会责任和众多挑战时,能靠这些渡过更多的难关。马云认为,做企业有生意人、商人和企业家之分:生意人是完全的利益驱动者,为了钱他可以什么都做;商人重利,但有所为,有所不为;而企业家是带着使命感要完成某种社会价值的。"如果一个人脑子里想的是钱,就永远不会成功,就永远不能成为企业家。只有当一个人想着去帮助别人,去为社会创造财富,为国家发展做贡献时,才能真正成功。"

从根本上说,企业家的社会使命是:作为一个经济事业家通过经济活动贡献于社会,也就是通过经济活动,从事生产与销售,适应形势变化,满足社会对商品与服务的需求,更进一步要预测社会需求,并为适应新需求进行研究开发,进而满足新需求,开拓市场。这样,从社会方面来说,可以提高社会对企业家的信任感;从企业家方面来说,能进一步自我意识到有益于社会的使命感和自豪感,从而能果敢决策,采取积极的经营行为。

日本索尼公司的创业者井深大的一个思想就是,只要能制造出过去从未生产过的但消费者所需求的商品,企业就一定能发展成长[41;58]。在井深大的企业家精神中包含着重视顾客需求、发挥创造性的开拓精神。1945年,井深大花了很长时间,自己动笔写下了公司的创业宗旨:一,本公司希望成为一个非常尊重技术、充分发挥技术的公司。是一个以技术为主体、技术人员能大显身手的公司。二,公司要实现的理想是,提供为大多数人真正需要的商品,生产大众商品。三,绝对不搞抄袭仿造,而专选他人甚至以后都不易搞成的商品。四、向儿童普及科学技术知识。

企业家是把企业完全当做自己赚钱的工具还是赚钱的同时又能承担起企业家应负的社会责任?这和企业家的道德情操关系极大。《左传》里说:"太上立德,其次立功,其次立言。"立德就是讲做人,立功就是做事,立言就是做学问。作为企业的精神领袖,企业家要想登上卓越的顶端,做人、做事、做学问缺一不可,这就是一个卓越的企业家应该具备的三个特质。弗洛伊德也说,人有三个"我",一个是"本我",一个是"自我",一个是"超我"。"本我"是动物的我,赤裸裸的我;"自我"是社会的我,是各种社会关系中的我;"超我"是精神的我,是最具有人格魅力的我。用他的理论来套用企业家,企业家的人格历程可以分为三个台阶:第一个台阶是为自己(或家庭、或朋友)赚钱的企业家;第二个台阶是既为自己赚钱又能承担社会责任的企业家;第三个台阶是既是企业家又是理论家和思想家。作为企业家,至少应该上到第二个台阶,能承担社会责任,成为社会的中流砥柱。第三个台阶虽不容易上,但不要求每个企业家都成为理论家、思想家,只有大师级的企业家,如松下幸之助等,才可以够得上这个层次。松下幸之助说过:"我的责任就是为公众提供卓越的产品,丰富他们的生活,并带去乐趣。如果我们公司的利润下降、收入减少,就说明我们没有履行我们的社会责任。"松下电器的创业家们坚信,他们的事业对全人类有着重要的意义,他们能为消费者、员工,当然也包括他们自己创造价值。松下幸之助老年时,专门成立一个哲学研究所,和一帮朋友谈天说地,省悟人生,思考人与企业的关系以及企业与社会、与人类进步的关系,也思考人的事业与生命的关系。松下幸之助的很多富于哲理的管理思想,不仅成为松下集团的精神财富,也惠及全球的企业和企业家。

第 2 章 道德价值

> **专栏 2.12**　　　　　　　　　　**李开复眼中的比尔·盖茨**[42]
>
> "很多人可能不大理解比尔·盖茨的心理,但是从我的角度来说,我认为他是为了事业,为了用户做了非常大投入的人。因为有一次我们公司副总裁开会时,不知道什么激起了他的情绪——也许是那时我们经常被某些政府批评的缘故,他顿时感觉到一股委屈,站起来激动地跟我们说:'我们常常看到报上在批评我们,但其实今天为什么我还在微软工作?对我来说最重要的事情只有两个:一个是我的家庭;还有一个就是整个软件产业。并不是说微软成功了,整个软件产业就成功了。如果说微软已经做得这么成功了,我完全可以把更多的时间花在我的家庭上面,但是今天我还这么投入我的工作,是因为我认为人们还没有完全享用到软件可以带给他们的福利。我认为,过去,我们最自豪的一件事情就是微软是第一家向业界证明软件可以作为一个独立产业存在的公司,以前没有别的公司这么认为过,以前软件总是硬件的一部分。我们证明了可以造成一个这样的生存环境,可以把软件成为一个低摩擦、高利润的行业。如果做得好,软件公司和硬件公司是可以彼此互补、帮助用户解决很多问题的。'
>
> '我最激动的一刻是有一年到印度去做慈善捐赠时,在印度一个乡下看到一些医生,他们看到我就非常兴奋地来感谢我——感谢我的理由是因为有了微软的技术,他们能够做远程治疗,能够救治很多本来救不活的病人。'"
>
> 李开复继续说:"比尔讲到这儿时就快要哭出来了,在座的几个副总裁都流泪了。比尔觉得只有这个才是对他辛苦工作的回报,只有这才证明他真的是帮助世界做了一些事情,所以对他来说,印度医生的感谢才是让他最感动的一种激励。比尔还说:'未来的世界会更好,我不能在这个时候认为该做的都已经做完了。微软在过去的二十五年对世界做了一些事情,以后的十年还可以做更多。所以,我自认为自己对公司还有非常大的承诺:我们希望在未来十年能够把软件带给人们的福利提升到更高的层次。'"
>
> 我对他特别敬仰不是因为他的技术,不是因为他的财富,也不是因为他的战略商业头脑,而是他这么成功还能够做到如此谦虚,有这样的胸怀,对世界上用户的福利抱着这么大的一股期望,我觉得看到一个很伟大的人,这是我比较感动的地方。
>
> 我们听完了站起来开始鼓掌,很多人都哭了。

日本松下电器在中国的总经理青木说:"我觉得中国企业家,特别是一些民营企业家的社会责任感还比较欠缺。在现实生活中,企业家向往良好的商业伦理体系,中国企业家却总是把不良道德风气归结为社会环境因素,缺乏对企业家自身的道德内省。"部分民营企业为了自己短期利益的最大化,把责任感远远地"抛在身后",全然不顾自己的社会责任,不择手段地朝道德水平低下的方向"行驶",进而导致企业处处以眼前的得失为重,不从企业的长期利益或企业员工的利益出发考虑问题,更不会考虑整个社会的利益。

尊重员工

日本经营学专家坂本光司[43]指出,公司要保障它的员工以及在背后支持他们的家人得到幸福。这是公司作为社会公共资产所应负起的第一个使命。他指出:"我之所以把员工摆在第一位,是因为员工的工作就是借着制造商品、提供服务来感动顾客。如果他们对自己所属的公司有所不平、不满、不信任的话,就不可能带着笑容服务顾客。如果员工对自己所属的组织没有高度的满足感和归属感,就不可能提供令顾客满意的服务。皮笑肉不笑的态度在顾客面前马上就会露出马脚。我总是再三说,心中对自己的公司怀着不平、不满与不信任的员工,如何能带给顾客打从心底感动的服务?如何能制造出令顾客感动的商品?因此,最重要的是员工的幸福。为员工和在背后支持他们的家人追求与实现幸福是企业最大的使命与责任。"

领导是爱

企业也应该是一个可以供人们发展及成长的场所。一个完全的领导者必须平衡个人成长和经济结果这两大需要。一名领导者必须调节自身的行为,使之更符合环境条件,但同时不能放弃必须保持稳定的核心价值——仁慈和公正。真正的领导力来源于在当前企业现实条件的基础上对这两大价值的平衡。

专栏 2.13　小托马斯·沃森:核心价值观

"我认为,公司成功与失败之间的真正区别常常可以归结成下面这个问题,即它在多大程度上使员工巨大的力量和才能发挥出来。它采取了什么行动来帮助员工相互找到共同的目标呢!……在新旧人员不断更替、形势不断变化的漫长发展过程中,它怎样才能维持这一共同的目标和方向感呢?……我认为答案就在于我们所说的信条的力量及其对员工的吸引力……我认为,任何公司要想生存下去并不断取得成功,就必须有一套可靠的信念,并把这一套信念作为所有政策和行动的前提……"

美国国际农机商用公司董事长西洛斯·梅考克指出,管理是最严肃的爱。中国传统管理哲学是以"人"为核心的。孔子、孟子是儒学的代表人物,孔、孟的思想建立在人性、人道、人生价值、人际关系学基础之上。孔子的思想中有两个核心,即"仁"、"礼"。孟子说:"仁也者,人也。合而言之,道也。"又说:"天时不如地利,地利不如人和。"作为企业家,必须首先做好人的管理工作,要倡导"仁政",即"仁道管理"。

远大空调董事长张跃指出:"不幸福的员工创造不出让人幸福的产品。"[44]只有尊重生命,每个人的生活品质都具备同样的意义,工人的舒适与富豪的舒适有着同样的重要程度与级别。这样,我们才会明白经济发展到底为了什么,人类劳动到底为了什么,先进生产力到底为了什么。我们是在追求一个持久和谐的发展,还是要自己优越于他人的满足感?当精英企业家们洋洋自得于自己所设计的企业管理制度如何能够达到高效高质量的生产以及如何能产出傲人的利润的时候,是否思考过,这种看似先进的发明将给普通员工造成何等的短期心理冲击和长期心理负重。不了解人性而擅自作为是无知,明白事情的后果依然我行我素是无良知。资本被控制在无知或者无良知的人手中,必然要出现问题。

在海底捞董事长张勇的经营哲学里,"员工比顾客重要"。海底捞最大的投资是在员工,有效凝聚人心的方式就是无条件地对员工好。张勇认为,"只要想办法让员工把公司当家,员工就会把心放在顾客上"。

第 2 章 道德价值

海底捞公司曾经有过一个规定:做店长超过一年,不论什么原因离职,海底捞都要给 8 万元的"嫁妆"。即使是被对手挖角,海底捞都会遵守它的承诺。张勇曾对这一行为做出解释:"海底捞工作太繁重,能在海底捞做到店长以上的,对海底捞都有相当贡献。所以,不论什么原因走,我们都应该把人家的那份给人家。小区经理走,我们给 20 万;大区经理以上走,我们会送一间火锅店,差不多 800 万。"

"以人为本"的另一体现就是信任,信任的标志就是授权。张勇在公司的签字权是 100 万元以上;100 万元以下是由副总、财务总监和大区经理负责;大宗采购部长、工程部长和小区经理有 30 万元的签字权;店长有 3 万元的签字权。一线普通员工有给客人先斩后奏的打折和免单权。不论什么原因,只要员工认为有必要都可以给客人免一个菜或加一个菜,甚至免一餐。而这种权力在其他所有餐馆都是经理才有的。

专栏 2.14　　　　　　　俞敏洪:教师创业的优势

我认为老师做企业家是比较容易成功的,他们有两个优势。第一是他们通人性,理解人性需求;第二是老师的道德意识相对比较强,他们不会犯很多道德问题。马云、严介和都是老师出身。

学生利益和商业利益的冲突,这本身是个平衡问题,市场会自动平衡。如果学费收得高到学生负担不起,他们就不会来了;或者学生交了很多钱,我们提供的教育质量学生不满意,这个钱就收不成了。

还有就是良心机制。不管你教得多好,都要衡量中国社会的整体消费水平。这就是商人的良心问题,一个商人没有良心就是黑心商人。一个有良心的企业家,只要还保持那种做事为国为民和完美社会的想法,他们就一定是成功的企业家。

义利之分要在某种场景下看。例如,冯仑做第一笔生意的时候,得了 20 万元回扣,他拿回来分了,取义舍利。所以,万通六兄弟分开了关系还是很好,只有这样才能做大。新东方也是这样,有矛盾了基本上都是取义舍利,这是新东方的核心合作者没有离开的原因。

保加利亚电影《在世界转角遇见爱》(*The World Is Big and Salvation Lurks Around the Corner*)中有一句经典台词:"世界虽大,转角需要爱。"

激励是本

《基业长青》的作者研究了好多发达的企业百年不衰的原因,发现不是领导者的杰出,也不是利润至上,而是强调一种机制和一个核心价值,在这种机制和核心价值形成的企业文化中,大部分包含着对员工的包容和接纳,而不是对抗和压制。他们的利润少赚了吗?没有,正是他们将核心价值看得比利润更为重要,他们才没有衰败。这也就是说尊重、爱护工人和追求效益是相辅相成的。不管是大号企业还是小号企业,他们其实在自己的领域里都是大赢家,这些大赢家在管理上有一种很突出的精神,这种精神就是尊重人的精神。虽然通用电气公司的掌门人杰克·韦尔奇的个性很强,但在他的公司里,最忌讳的却是"管理"二字,因为"管理"意味着要压抑人,要管束人,他们认为这是低层次的做法;他们喜欢"领导"二字,领导者意味着引导人、激发人。世界上最大的咨询公司安德森公司原掌门人温白克也是一位不喜欢压抑人的领导者,他说:"我喜欢那些最善于激励他的员工去实施他们的目标的人,我不喜欢像国王一样的独裁者,只会发布命令,因为我们是要建一个公司,而不是想造一个王国。"

专栏 2.15 　　　　　　　　　　**IBM:必须尊重个人**

在 IBM,任何人都不能违反这一准则,至少,没有人会承认他不尊重个人。

在历史上的许多文化与宗教戒律里,也一再呼吁尊重个人的权利与尊严。虽然几乎每个人都同意这个观念,但列入公司条目中的却很少见,更难说遵循。当然,IBM 并不是唯一呼吁尊重个人权利与尊严的公司,但却没有几家公司能做得彻底。

沃森家族都知道,公司最重要的资产不是金钱或其他东西,而是员工。自从 IBM 公司创立以来,就一直推行此行动。每一个人都可以使公司变成不同的样子,所以,每位员工都认为自己是公司的一分子,公司也试着去创造小型企业的气氛。分公司永保小型编制,公司一直很成功地把握一个主管管辖 12 个员工的效率。每位经理人员都了解工作成绩的尺度,也了解要不断地激励员工士气。有优异成绩的员工就获得表扬、晋升、奖金。在 IBM 里,没有自动晋升与调薪这回事,晋升和调薪靠工作成绩而定。一位新进入公司的市场代表有可能拿的薪水比一位在公司工作多年的员工要高。每位员工以他对公司所贡献的成绩来核定薪水,绝非以资历而论。有特殊表现的员工,也将得到特别的报酬。

自从 IBM 创业以来,公司就有一套完备的人事运用传统,直到今天依然不变。拥有 40 多万员工的今日与只有数百员工的昔日完全一样。任何一位有能力的员工都有一份有意义的工作。在将近 50 年的时间里,没有任何一位正规聘用的员工因为裁员而失去 1 小时的工作。IBM 如同其他公司一样也曾遭受不景气的时候,但 IBM 都能很好地计划并安排所有员工不致失业。也许 IBM 成功的安排方式是再培训,而后调整新工作。例如,在 1969—1972 年经济大萧条时,有 1.2 万 IBM 的员工由萧条的生产工厂、实验室、总部调整到需要他们的地方;有 5 000 名员工接受再培训后从事销售工作、设备维修、外勤行政工作与企划工作。大部分人反而因此调到了一个较满意的岗位。

有能力的员工应该给予具有挑战性的工作,好让他们回到家中,回想一下他们做了哪些有价值的事。当他们工作时能够体会到公司对他们的关怀,他们都愿意为公司的成长贡献一技之长。IBM 晋升时永远在自己公司员工中挑选。如果一有空缺就由外界找人来担任,对那些有干劲的员工就是一种打击,而且深受挫折、意志消沉。IBM 有许多方法让员工知道,每一个人都可使公司变成不同的样子。在纽约州阿蒙克的 IBM 里,每间办公室、每张桌子上都没有任何头衔字样,洗手间也没有写着什么长官使用,停车场也没有为长官预留位置,没有主管专用餐厅,总而言之,那是一个非常民主的环境,每个人都同样受尊敬。

万科董事长王石有过如下一段表白[45]:

我的经历在别人看来是一帆风顺:在很多人上山下乡时,我当了兵;在很多人想尽办法进城时,我又去上大学;一改革,我又到了广州。好像踩的点都是在时代的浪尖上,但是实际自己却觉得很苦闷。上大学时学的是自己不喜欢的专业;工作后也觉得自己的才干施展不出来。我个性张扬,喜欢出人头地,社会却在埋没这些东西。于是,我主动跳到深圳的"大海"中,是想寻找一条出路。1983年到深圳时,主要就是想知道我到底能做什么。

也就是说,年轻时对西方文艺复兴时代的"个性解放"那些东西是非常向往的。刚到深圳时,怎么搞企业我不懂,怎么赚钱也不大懂,但有一点我非常清楚,就是要营造一种尊重人、尊重隐私的人文环境。

俞敏洪[46]指出:"我认为自己有两个比较大的特质:第一是我特别能和别人平等相处。我对员工、老师、学生都很平等。我的管理层敢于在会上批判我,曾经弄得我无地自容,我也能够忍受。当然,这并不意味着我没有领导权威。第二是遇到问题,如发生利益冲突时,我比较能够忍受,并且能够给自己足够的时间冷静,再去处理问题。我做事情不极端,说话也不极端,这样就留下了很多余地。因为作为一个领导人,我背后是没有防线的,我是最后一道防线。如果我和别人撕破脸皮,他们可以一走了之,我走不了;他们可以破罐子破摔,我不能。所以,我就必须学会以这样的方式处理问题。"

唐骏曾经给鲍尔默做过一次15分钟的工作汇报,那时候,唐骏还不是微软中国区总裁,而鲍尔默却已然是全球微软5万名员工的CEO。因为报告的时间不长,唐骏自己都认为不可能给对方留下什么深刻的印象。结果,几个月后的一天,他们碰上了。"他在人群中认出了我,叫我的名字,说,嘿,唐骏,你在上海做得怎么样。"唐骏觉得一个CEO能够记住这么细的东西,真是好生了得。所以,后来,他也能够记住每个员工的名字,他也学会做到让员工感动。他的那句"中国员工就是需要尊重和感动"的管理理论就是从这里总结出来的。他说:"中国人最怕的是被感动,如果你感动了他,他会为你赴汤蹈火。这就是中国人的性格。"

美国人力资源顾问公司 Great Place To Work 向45个国家的公司雇员进行调查[47]。其中,雇员对公司的诚信、公平度、对雇员尊重程度、自豪度和同事间的友好合作关系占评分比重很大。全球25家最佳工作环境的跨国企业中,前10位都由美国公司包办,榜首是微软。微软登榜首,皆因它认为"以信任为基础的文化是适当营商方法。"上榜机构都不会恶意对待雇员。前5位如表2.2所示。

表 2.2　2011年全球最佳工作环境的跨国企业

排名	公司
1	Microsoft
2	SAS
3	NetApp
4	Google
5	FedEx

中国企业家现在最爱打出的一个时髦口号是"以人为本"。但"以人为本"最重要的一点是要有尊重人的规矩。中国的老板往往爱说中国人最难管理,但很少问自己:"我的管理是否有问题?我的思维方式是否有误区?"

专栏 2.16　　　　　中国领导恶言例举

现实中,我们往往会碰到蛮不讲理的上司,说出的一些话让人实在受不了。

"你是干什么吃的?"

有些领导对下属只要求结果而不愿意在过程中予以指导和加以预控,所以,他们看到下属做出的结果和自己的预想相差甚远但又回天无力时,也就只能大发雷霆,把所有的怨气撒在自己的下属头上。"你是干什么吃的?"这话本身其实是有语病的。如果问:"你是干什么的?"意思还算清楚,但加一个"吃"字,在逻辑上就不太通了。但尽管逻辑不通,意思却很明白。"你是干什么吃的?"其实是问"你吃了是干什么的?"言外之意就等于说"你就是一个白吃饭啥事也干不成的窝囊废!"人活一世,最怕被别人骂作窝囊废。所以,当下属听到上司对自己作出如此"评价"时,自尊心会受到极大伤害。

"干得了干,干不了走人!"

这种绝情的话在职场中是经常会听到的。人们常说:"人无贵贱之分,只有分工不同。"但事实上,官大就是贵,官小就是贱。古时,底层百姓往往把自己称为草民、贱民(现在人们虽嘴上不叫了,但很多人心里还是如此以为的)。对有些掌握他人前途命运生杀大权的人来说,下属只是他们奴役的工具,是可以随意拿捏的玩物。高兴了,可以逗你两句,不高兴了,也可以踢你两脚。他们只在意自己的喜怒,而不会理睬下属的感受。"干得了干,干不了走人!"完全是一种盛气凌人、致人死地的威胁。谁听了谁都受不了。

"你比某某差远了!"

这话听上去比前两句好像温和一些,但对人的伤害程度却差不了多少。尺有所短,寸有所长。从理论上讲,人各有长处、短处,并无法相比而分出高低。所以,当有人说甲比乙差远了,但到底差在哪里,说此话的人其实也不清楚,也无法说清楚。他们之所以这么说,只是运用了"人比人气死人"的手法,拿乙当个说辞来表达心中对甲的极大不满。最让人受不了的,就是上司嘴上举例说出的"某某",往往还不是一个众人皆赞的出类拔萃之人,甚至是一个工作业绩很一般的人。用这样的人和你比,并且把你定位为比他还差远了,你就很清楚自己在他心中的位置了。听了这样的话,谁都会感到自己被蔑视得没有尊严可言了。

善的循环

国内外都有很多人说佛教和企业经营盈利是不是有矛盾呢?其实这是一个很大的误解。佛教中有这样一句话"自利利他",佛教认为要想自己获利就必须造福他人,教导人们不要只考虑自己的利益,也要让他人得益。日本有句话叫"人情并不是为别人",意思是说善待别人就肯定有回报。中国也有类似的话叫"积善之家,必有余庆",做善事的人家子子孙孙都会得到幸福。

案例 2.6 　　　　　　　　　　**稻盛和夫的善治**

我认为,人们的思维方式大致可以分为两个判断标准。一个是按照"得"、"失"来进行判断,另一个是按照"善"、"恶"来进行判断。我的判断标准,不是按照得失,而是按照善恶。我认为这是一个正确的判断标准,我是基于这个标准来开展我的工作的。"

在我初创企业不久,几个年轻人对待遇不满而要求定期涨工资和保证奖金发放。我当时虽然用几天几夜的通宵谈判,做通了他们的工作,但是这件事情也深深触动了我。由此我把企业的经营理念做了重大调整,从"希望用自己的技术生产的产品遍及世界"转变为"公司永远是保障员工生活的地方"。

自从我的经营目的转变之后,我就可以直截了当地跟员工谈我的一些想法了。我夜以继日地工作,也可以堂堂正正地严格要求他们了。如果我为了一己私利的话,我就不可能做到这一点。京瓷的成功,也是这种经营思想的转变带来的。"

当然,我们会有系统化的培训。其他企业可能会非常关注技术、技巧、经营管理方面的教育,但我们会在哲学方面花掉培训60%—70%的精力。我们非常关注干部的修身,公司在全世界各个地区都非常重视对京瓷哲学的研修。这种研修,就是让更多的干部学会辨别事物的善与恶和辨别行为的善与恶。"

企业家如果成为"爱人者",则"人恒爱之"。孔子说:"君使臣以礼,臣事君以忠。"孟子则说:"有礼者,敬人……敬人者,人恒敬之。"如把他们的这种思想用在企业里,则表达了企业家与员工之间应相互尊重。如果相互间产生了矛盾,能以协调来控制,变不利为有利,就成为发展和前进的力量;如果矛盾失控,则矛盾对立,进而激化。因此,企业家要重视人际关系的协调,关心爱护职工,帮助员工成就事业,企业才能得以兴旺发达。

在美国芝加哥,一天晚上下着大雨,一个司机开着车,车的刮雨器坏了,这个时候,雨中来了一个老人,跑到车前把这个刮雨器修好。司机问他是谁?他说:"我是丰田汽车公司的工人,我看到我公司的产品受到损坏,我有责任把这个修好。"

人性化的管理思想是基于对人的基本权利、人的个性与尊严的尊重。企业的雇员,从一般打工仔、打工妹到高层管理人员都有被尊重的权利[①]。"善待员工"不仅是企业生存、发展的需要,也表现了企业当家人的一种人文主义修养。企业家的这种修养越深,对员工的号召力就越大,整个公司的凝聚力就越强。翰威特咨询做了一个"最佳雇主调查",数据显示,员工满意度达到80%的公司,平均利润率增长要高出同行业其他公司20%左右。

案例2.7　　　　　　　　吉田忠雄:善的循环

别小看一条小小的拉链,日本企业家吉田忠雄单靠拉链建立了YKK企业王国,在全球40个国家中拥有43家工厂,总资产达8 000亿日元,年营业额高达5 000亿日元,而且每年每股的股利高达18%。

吉田忠雄于1934年创立YKK公司,在数年间就产生如此非凡之成就,完全凭恃他独特的经营哲学——善的循环。

所谓"善的循环"是指:(1)做善事,种下善因,此一善行必得回报。(2)经营企业不是巧取豪夺,而是慷慨给予。因为你给予,所以你也会被给予,如此一来,就会形成"善"的无止境的循环。

此一结论来自美国钢铁大王安德鲁·卡内基的启发。吉田年轻时阅读卡内基传记时,深为书中"假如你无法为别人谋取利益,就甭想成大功,立大业"这一句话所吸引。受此话影响,经过多年思考,逐渐孕育出"善的循环"的经营哲学。

---

① 中国许多私企雇主,甚至港、台地区一些不良商人在大陆办的中小企业,不把下层员工当人看待,甚至连生命安全都得不到保障的现象时有发生。

> 对消费者而言,吉田永远供应物美价廉的产品。在1970年发生石油危机时,原材料上涨,拉链业普遍酝酿涨价,许多人认为天赐良机,乘机大捞一笔。吉田却拒绝涨价,虽然亏了些钱,但赚到了信誉。吉田慷慨地给予消费者,为YKK赢得了的金字招牌。
>
> 对员工而言,吉田鼓励员工购买公司股票。在每年18%的高股利之下,YKK的股票从高级干部到一般职员,人人有份,除了少数股份在早期就转给代理商之外,大多保留在公司之内,吉田本身也仅持有16%。由于员工每年派发高股利,大家都为公司卖命,这又是"善的循环"的铁证。
>
> 在海外投资设厂,吉田从不考虑从中赚取利益。在当地投资赚的钱,又再投资到当地让工厂壮大(慷慨给予),并为当地人提供就业机会(96%雇用当地人),因此到处受欢迎。海外公司上轨道之后,每年向日本母公司添购制造拉链的机器数量惊人,母公司由此也获利丰厚。这又是"善的循环"的实例。
>
> 吉田忠雄认为,利润应由消费者、经销商、员工三者共享。

本章概要

道德性是企业家精神的核心要件,也是中外企业家素质认知分歧最大的方面。本章依托研究与实证,从企业家的领导能力、企业的文化型构及企业的管理方式三个角度分析企业家道德的价值性,力图给中国企业家及整个社会的道德发展奠定动力基础。

在我们迫于环境而不得不带着冷漠面具的背后,存在着巨大的、富有人性和道德力量的精神潜能和公民水准。道德性是社会中不可缺少的一种精神气质,是一种宝贵的社会资源。有了这一资源,人们可以挖掘出丰富的内涵,并使其成为推动社会发展的力量。企业家从创业的那一天就意识到,经营企业是一个与人长久合作的过程,只有赢得银行家、投资者、合伙人和客户的持续支持,他才能将生意越做越大。而要达到这一目的,他必须以诚待人。

本章分析的重要结论是:(1)通过领导素质、领导人格、领导境界,道德精神决定领导有道:领导力的提升方向。没有道德,就不能形成企业家的全球领导力。(2)通过道的文化、信的文化与德的文化,道德精神决定文化有型:企业文化型构的基石。没有道德,就不能产生无边界的企业文化。(3)通过尊重顾客、尊重对手与尊重员工,道德精神决定了管理有方:优秀企业的管理走向。没有道德,就无法建构有竞争力的现代管理模式。

思考练习

1. 道德是自律还是他律?道德是通过什么路径形成的?按照亚当·斯密的思想,道德的形成与市场经济原则尤其是互惠互利的原则是如何统一的?个人如何根据互惠互利的市场交易原则处理人际关系?

2. 社会道德为什么会出现衰退?道德是企业家专属的还是一般人共有的?对企业家而言,道德是否具有更高的分量?道德精神如何促进企业家的事业进步?

3. 很多人认为"灵魂是软弱者的拐杖"、"无商不奸"、"搞钱不正道,正道不搞钱",这是一个实证经验还是教育导向?还是二者的混合?如何理解"道德风险"?
4. 如何界定和剖析中国目前的社会道德状况呢?
5. "小成靠智,大成靠德",你如何理解这句格言?实证何在?有人说:"吃亏是福。"对此你是如何理解的?当道德与利益相冲突时,我们该如何选择?当道德和法律相违背的时候,我们又该何去何从?
6. 不信任别人的最大损失是不被信任者还是自己?无信任的人际关系增添了什么样的人际负荷和管理成本?著名学者弗兰西斯·福山(Francis Fukuyama)认为,华人企业不可能做大,原因在于华人之间没有一种信任的文化。你是如何认为的?
7. 如何理解和管理现代企业代理人的道德风险?如何向现在周围所谓的道德权威挑战并坚持自己认为正确的道德价值?如何在一个"道德不对称"(不讲道德与讲道德的人对立)的环境中寻求道德的价值并坚守道德?
8. 创维集团董事长黄宏生说过:"快乐的是猪,痛苦的是人。"如何将精神上的痛苦转化成自己的财富?
9. 作为中国人,我们经常有一种体验:明知道现状是不对的,又怕说出来得罪当事人。这种道德困境是道德勇气缺失的问题吗?我们究竟该如何理解与应对?
10. 如何让反对你的人也信你?如何建立个人的诚信?

延伸阅读

《道德情操论》([英]亚当·斯密.蒋自强等译.北京:商务印书馆,2007):本书主要阐释的是道德情感的本质和道德评价的性质。斯密用同情的原理来解释人类正义感和其他一切道德情感的根源以及道德评价的性质,并以此为基础表明各种基本美德的特征。

《快乐的科学》([德]尼采.黄明嘉译.桂林:漓江出版社,2007):西方古典哲学素以理性为尊,而尼采大胆挑战理性,在其著作中大量注入了诗性的成分,从而开辟了西方诗性哲学的新天地。本书语言凝练而隽永,思想鲜明而锐利,行文多为警句或短诗,思想碎片交相辉映,绚烂者如吉光片羽,深邃者则惊世骇俗。

《日本最了不起的公司:永续经营的闪光之魂》([日]坂本光司.蔡昭仪译.银川:宁夏人民出版社,2010):这本书完全摒弃了一些常规的企业衡量标准,如企业规模、品牌知名度、利润水平、成长速度等。这些企业都是真正在致力于带给人们美好的生活体验。甚至可以说这就是这些企业存在的理由。这包括两个向度:一是让它的员工真正地感觉到身在其中是美好的,二是让企业所在社区以及企业所面临的消费者因为这家企业的存在而感受到美好。

《培根论人生》([英]培根.张毅译.上海:上海人民出版社,2002):此书是培根多年反复锤炼、推敲、修改而成的精工之作。全书涉及人生世事的方方面面,文字简明透彻,独具匠心,将现实主义同理想道德相融合,充满了谙通人世的智慧,是培根哲学智慧与人生经验的结晶。

《信任:社会美德与创造经济繁荣》([美]弗朗西斯·福山.彭志华译.海口:海南出版社,2001):作者以观察入微的笔触,逐一分析了美、英、法、德、意以及亚洲各国的文化传统及其经济活动特色,详尽而细密地考察了社会信任度在各国经济生活上的角色，读者可以从中清楚地了解文化对经济发展的真正重要性。对想了解经济而又能体会经济乃是大社会文化之一环的人来说，这本书提供了一个全新的经济学研究方向。

《爱因斯坦文集（1—3卷）》（许良英，赵中立，张宜三.北京：商务印书馆，1976—1979）：他是一个虔诚的世界主义者、一个积极的和平主义者、一个热忱的民主主义者。更重要的是，他是一个怀疑一切权威的人，是一个始终独立思考的人。他一生的追求，就是真、善、美。

《美国国父们留下了什么》（[美]斯科特·索普.杨小辉译.上海：复旦大学出版社，2008）：这是一本写给经营管理者阅读的美国建国史。本书作者很耐心地梳理美国历史文献，将美国国父们的经验教训逐一列举、讲述，然后将企业的类似经验与之相对应，居然列举出了一百四十五条，连缀成篇，构成一部编年史。

《CEO与修道士》（[美]罗伯特·鲍勃·卡特尔，肯尼·莫尔格伦·里夫金.孟永彪译.北京：中国社会科学出版社，2008）：曾任15年牧师的莫尔在公司举足轻重，他的职责是负责公司员工的思想管理，指导公司将人类生活中的基本价值落实到企业经营当中。在莫尔的指点下，卡特尔推动公司完成了很多重大的转型和变革，带领公司步入伟大企业之列。

《叔本华论道德与自由》（[德]叔本华.韦启昌译.上海：上海人民出版社，2006）：本书探究人的本性及其发挥规律，还有就是道德在人生中的含意。一个人受的苦越多，就越早达到生活的真正目的。痛苦是一个净化的过程。在大多数情况下，人只有经过这一净化过程才会神圣化，也即从生存意欲的苦海中回头。

《信任的道德基础》（[美]埃里克·尤斯拉纳.张敦敏译.北京：中国社会科学出版社，2006）：本书寻求解释为什么人们信任陌生人以及为什么这样做是重要的。信任取决于乐观主义的世界观：世界是一个美好的地方，我们能使它更好。

参考文献

[1] P. D. Hisrich, M. P. Peters. Entrepreneurship [M]. International Edition. Boston, Massachusetts: Irwin McGraw-Hill, 1998.

[2] [美]史蒂芬·平克.道德本能[N].南方周末，2009-12-10(E25).

[3] 冯仑.野蛮生长[M].北京：中信出版社，2007.

[4] [苏]阿尔森·古留加.康德传[M].贾泽林，侯鸿勋，王炳文译.北京：商务印书馆，1981.

[5] 郝铁川.国家拐点：一个人和一个国家[M].北京：人民出版社，2009.

[6] [美]杨壮.核心价值观是卓越领导成功的内在驱动力[J].商务周刊，2005，(17)：90-91.

[7] 惜辉.政治与道德[EB/OL].猫眼看人，[2009-08-26].

[8] 孙骁骥.从《唐顿庄园》看英国贵族精神[EB/OL]. BWCHINESE中文网，[2012-02-29].

[9] 储安平.英国采风录[M].北京：东方出版社，2005.

[10] 张醉轩.被误解的贵族[J].读者，2011，(2)：20-21.

[11] 施化.精神领袖和社会良心[EB/OL].万维读者网，[2010-12-08].

[12] [印度尼西亚]詹姆斯·瑞迪.金钱和权力是福也是祸[EB/OL].沃顿知识在线，[2009-11-25].

[13] 傅国涌.孙中山依然一览众山小[EB/OL].猫眼看人.

[14] 孙大午."1"和"0"的思考——人生三种境界[J].企业文化，2005，(12)：50-51.

[15] 杨照. 柏杨:坚持常识价值的人格者[N]. 联合报,2008-04-30.
[16] [英]吉姆·柯林斯. 常识的管理与管理的常识[J]. 现代领导,2003,(3):8.
[17] 姜汝祥. 优秀企业的黑白文化[J]. 商界·中国商业评论,2005,(2).
[18] 朱国春. 规则:观念运营重于业务运营[M]. 北京:机械工业出版社,2004.
[19] 张华强. 中国企业最缺正当管理[J]. 企业文化,2005,(3):76-78.
[20] [美]托马斯·J. 斯坦利. 百万富翁的智慧[M]. 乐爱国译. 北京:中国大百科全书出版社,2000.
[21] 郭本善. 企业家修养价值——稻盛和夫经营理念的灵魂[EB/OL]. 管理突围,[2004-12-19].
[22] [美]弗朗西斯·福山. 信任:社会美德与创造经济繁荣[M]. 彭志华译. 海口:海南出版社,2001.
[23] 薛有志等. 晋商的启示[J]. 管理学家,2007,(6):52-54.
[24] 感动. 成本最高的邮件[J]. 读者,2007,(22).
[25] 赵晓. 有教堂的市场经济与无教堂的市场经济[J]. 新财经,2007,(9):22-24,4.
[26] [英]哈耶克. 自由秩序原理(上册)[M]. 邓正来译. 北京:三联书店,1997.
[27] Paul Ekman. Darwin's Compassionate View of Human Nature [J]. The Journal of the American Medical Association,2010,303(6):557-558.
[28] 孙江. 解构靖国神社的政治话语[J]. 读书,2006,(3):3-13.
[29] 王希. 原则与妥协——美国宪法的精神与实践[M]. 北京:北京大学出版社,2005.
[30] 无垠的天空. 如果"五月花号"上载的是中国人[EB/OL]. 万维读者网,[2004-06-07].
[31] W. D. Guth, R. Tagiuri. Personal values and corporate strategy [J]. Harvard business review,1965,43(5):123-132.
[32] D. C. Hambrick, P. A. Mason. Upper Echelons:The Organization as a Reflection of Its Top Managers [J]. The Academy of Management Review,1984,9(2):193-206.
[33] J. P. Walsh, L. Fahey. The role of a negotiated belief system in the strategy making process. Presented at [C]. the National Academy of Management Meetings. Boston, Massachusetts.
[34] [美]罗伯特·C. 所罗门. 商道别裁——从成员正直到组织成功[M]. 周笑译. 北京:中国劳动社会保障出版社,1999.
[35] 滕斌圣. 未来10年内中国还出现不了稻盛[N]. 中国经营报,2010-01-25.
[36] 郎咸平. 中国人既不了解世界,也不了解自己[J]. IT时代周刊,2009,(14):19.
[37] 冯郁青. 从25人到3万人的股东大会,巴菲特谈的很多已成现实[N]. 第一财经日报,2008-05-07.
[38] [美]米歇利. 星巴克体验[M]. 陈小白译. 北京:华夏出版社,2007.
[39] [美]彼得·德鲁克. 管理:任务·责任·实践(上)[M]. 孙耀君译. 北京:中国社会科学出版社,1987.
[40] 马云. 带着仇恨的竞争一定会失败[N]. 新华日报,2011-01-05(B070).
[41] [日]矢野俊介. 企业家的经营艺术[M]. 赵大生译. 北京:中国国际广播出版社,1987.
[42] 温运娟. 微软第一任华裔副总裁李开复眼中的比尔·盖茨[N]. 北京现代商报,2003-02-27.
[43] [日]坂本光司. 日本最了不起的公司:永续经营的闪光之魂[M]. 蔡昭仪译. 银川:宁夏人民出版社,2010.
[44] 段晓燕,王云辉. 张跃:领导力要超越盈利[EB/OL]. 21世纪网,[2009-10-23].
[45] 王石. 玄奘之路:通向东方[N]. 21世纪经济报道,2008-03-17(39).
[46] 俞敏洪. 培育年轻人的精神气质[J]. 北大商业评论,2008,(6):40-46.
[47] 佚名. 全球最佳工作场所,微软力拔头筹[EB/OL]. 法新社,[2011-10-28].

第3章 实业运营

> 中国的顶大资本家和外国资本家比较,不过是一个小贫,其他的穷人都可说是大贫。中国的大资本家在世界上既然不过是一个贫人,可见中国人通通是贫,并没有大富,只有大贫小贫的区别。
>
> ——孙中山[1: 384]

学习目标
- 理解实业运营的价值创造;
- 分析实业运营的行为品质;
- 学习实业运营的管治方式。

天上不会掉馅饼。无论在世界哪个地方,对任何人而言,如果你希望有个踏实的人生,你都需要实业的支撑!否则,你在经济与精神上都只能是个无根的魂!在美国,任何人从事的工作,无论是经济还是政治、文化活动,都叫产业或实业(Industry)。在一个寻求发展的社会,基于一种企业家精神的理念,伟大的企业家应该追求实业运营的创业之道。

熊彼特把创新所体现的新组合的实现称为企业,把以实现新组合为基本职能的人们称为企业家。按照熊彼特[2: 83]的定义,企业家比我们原来所指的企业家在内涵和外延上既要窄又要宽:"广一些,是因为首要地,我们所叫做的企业家,不仅包括在交换经济中通常所称的'独立的'生意人,而且也包括所有的实际上完成我们用来给这个概念下定义的那种职能的人,尽管他们是(现在逐渐变成通例)一家公司的'依附的'雇佣人员,如经理、董事会成员等;或者尽管他们完成企业家职能的实际权力具有其他的基础,如控制大部分的股权。由于是实现新组合才构成一个企业家,所以,他不一定要同某个别厂商有永久的联系;许多的'金融家'、'发起人'等就不是同某些具体厂商有永久的联系,但他们仍然可以是我们所说的企业家。另一方面,我们的概念比传统的概念要窄一些,它并不包括各个厂商的所有的头目们或经理们或工业家们,他们只是经营已经建立起来的企业,而只是包括实际履行那种职能的人们。"

一个人只有当他实际上实现"新组合"时才是一个熊彼特意义上的企业家。企业家以经营企业为职业,意味着企业家把创立企业、经营企业作为自己毕生的事业追求。任正非如此语重心长地指出:"我希望年轻人,放下人云亦云的浮躁与作秀,用点实在精神了解社会,了解生活,了解谁才是这个世界的脊梁。百年以来,我们中国人说得多,做得少;批评得多,建设的少;指责别人的多,自己力行的少。希望年轻人能看到这段文字,悟通这样的感觉,沉下心来,做点实事。"

价 值 创 造

在精神层面上,实业精神代表一种"以创新为基础的做事与思考方式"。在实质层面上,实业精神代表一种"发掘机会,组织资源建立新公司,进而提供市场新的价值"的创业导向。

殖产兴业

任何社会财富的增长归根到底都依赖于生产、科技的创造。正是在这一过程中,社会变得十分活跃,人的素质得到提高,各方面得以全面发展,培植起新的民族创造性精神。

公司目的

惠普公司创始人戴维·帕卡德(David Packard)指出:"我首先谈一下公司为什么(强调)存在。也就是说,我们为什么要办公司呢?我想许多人错误地认为,办公司就是为了赚钱。虽然赚钱是公司的重要成果之一,但是我们如果进行更深一步地研究,我们必然会得出如下结论,即一批人走到一起来,并以我们所说的公司的形式存在,以便能够集体地成就一番单靠个人力量不能成就的事业,即为社会做出贡献——这句话听起来一点也不新鲜,但却是至关重要的。留意一下周围的企业界,你仍会发现一些人只对金钱感兴趣,惠普之道对其他事情漠不关心,但是对大多数人来说,潜藏在追逐利润背后的实际动力是一种要做一点事情的欲望,如生产一种产品或提供一种服务。总而言之,是要做一点有价值的事情的欲望。因此,让我们在牢记这一点的基础上讨论一下惠普公司为何存在的原因。我们存在的真正目的是向公众提供某种独特的、有用的东西,从而为社会做出贡献。"

在为数不少的中国民营企业家的头脑中,企业发展的价值目标被大打折扣。好多人把赚多少钱定为目标,什么赚钱搞什么,什么热做什么,今天炒房地产,明天玩股票金融,赌博心理很重,目光再稍微远点的就是将企业有多少资产作为目标。其实,这些都不是企业的正确目标,正确的目标应该是根据产业和自身的优势,确定自己在哪一个产业要成为一个什么样的企业。如果以利润和资产作为目标,往往导致企业的短期行为。因为如果以资产为目标,靠大量的收购企业就可以实现,但这并不等于是一个好的、成功的企业。目标是一个愿景,例如,用友集团的目标就是要成为中国财务软件行业的龙头老大;四川希望集团的目标就是成为中国最大的饲料企业;微软的目标就是每一个人、每一个办公室都用我的软件等。所以,企业一定要以产业的特征和自身的资源优势及其价值创造来确定目标,而不能以利润和资产为目标。

赚钱就好比狗尾巴理论。小狗问妈妈,幸福在哪里?妈妈说幸福在尾巴上。小狗就去咬尾巴,总也咬不到。妈妈说,你一直往前走,幸福就在尾巴上跟着你。挣钱也是同理。你不去追求赚钱,钱反而会跟着你。

实业价值

商业流通是生产和科技创造的延续,或是它们最后实现自身价值的必要环节,它并不能创造实际的财富,而是实现已有财富的价值。市场经济变化万千,带有一定的投机特征,但它的基础是实业,是不断开拓新的生产领域。虽然重商主义、流通、强力掠夺、高利贷等可以致富,但由于这些不能在获得财富的过程中使民族工业和科学技术获得发展,不能使经济组织得以完善,也不能使管理水平得到提高,所以,这些难以培植起一个民族的工业精神等实业精神,也就难以推动实业等民族经济的发展。18世纪美国西部的开拓和19世纪日本的"殖产兴业"都因重视实业、重视工业而推动了整个民族经济的发展。

综观欧洲历史上所出现的资本主义,其形式有三种:一是海盗掠夺型的资本主义。它主要通过强力获利,尤其是通过掠夺获利。二是高利贷型的资本主义、推销商的资本主义、大规模投机家的资本主义和发放特许权利的资本主义。这是一种充满投机和暴发、依世袭封号和种种特权虽可获利却必然堕落的资本主义。三是以英国工业资本主义为代表的理性资本主义。这是一种重视理性、重视实业、重视科学的资本主义。事实上,荷兰海盗式的资本掠夺和德国暴发式的高利贷资本投机都没能使本民族的资本主义在近代得到长足发展,倒是英国工业资本主义伴随着理性和科学获得了成功。其原因也就是上面所说的重商主义等难以培植起一个民族的工业精神等实业精神[3]。

1802年,有三个美国人手里各有一元钱,但他们做出了不同的投资决定:一个人害怕风险,买了黄金最保险;一个人买了有风险但又不是太高的债券;另一个人买了风险很高的股票。到了1992年后,3份原始票据与实物被发现,三位投资者的后裔成了这些财产的受益人,但受益结果却天壤之别:

1美元黄金值13.4美元。

1美元债券值6 620美元。

1美元股票值3 005 000美元。

一元钱投资股票,竟然变成百万元,是什么造成这个神话呢?是实业。实业的魔镜一旦被转动起来,任何想象力也追不上它的轨迹。

开饭馆与高科技无高低贵贱。饭馆开得好,可以成为麦当劳、肯德基,比新浪、百度不差。星巴克之前,也没人想到咖啡馆可以开连锁到全球。在美国《福布斯》杂志2008年度全球亿万富豪排行榜中,美国"股神"沃伦·巴菲特凭借620亿美元个人财富超过连续13年蝉联全球首富的微软公司创始人比尔·盖茨(身家580亿美元),成为全球新首富。排名前10的其他8位都是靠做实业积累财富,这再一次显示投资与实业相比在积累财富上的优势,而人数的对比又显示出投资致富的难度。

中国经济的发展"空心化"现象一直十分突出:到处是新房,很少见厂房;到处是交通线,缺少生产线。这样的图景仍在继续。中国古代一直向外输出产品,也输出思想和文化,产品的大宗是丝绸和瓷器,思想文化的大宗是儒家观念和中国化的佛教。然而,到了今天,中国既不能输出产品(现出口的所谓产品都是替人加工的),也不能输出思想文化。这样的国家,怎么称得起叫大国?

脚踏实地

不像一般人沉于比较欲求的原始阶段,每个优秀的人都有他自己的定位,都在很安分地做自己,不会一窝蜂地模仿别人、复制别人。人的自信不是建立在与别人的比较上,而是在任何时候都能做自己。

中国的学界和媒体从来不缺少指点江山的评论家和愤世嫉俗的批判者,倒是脚踏实地的实干家实在少得可怜。一组数字惊现了中国以民营企业为核心的实业发展的不兴。统计表明,美国微软占有中国计算机操作系统市场的95%,美国柯达占有中国感光材料行业至少50%的份额,法国米其林占有中国子午线轮胎市场的70%,芬兰诺基亚、美国摩托罗拉等跨国公司占有中国手机市场的70%,美国思科占有中国网络设备行业市场的60%;等等。据国家工商总局的资料,在中国多个行业总产值的比重中,在华跨国公司的份额均不断上升。轻工、化工、医药、机械、电子等行业在华跨国公司所占据的市场份额都在三分之一以上[4]。近年来,专心实业似乎已经是一件十分"落伍"的事情了[5]。当年曾被视为偶像的松下幸之助、杰克·韦尔奇等实业家不再时髦,人们更津津乐道的是巴菲特、索罗斯和李嘉诚。"用钱生钱"显然比实业来得轻松愉快。

五星上将、美国总统艾森豪威尔年轻时,有次和家人玩牌,连续几次都拿到很糟糕的牌,情绪很差,态度也恶劣起来。母亲见状,说了段令他刻骨铭心的话:"你必须用你手中的牌玩下去,这就好比人生,发牌的是上帝,不管是怎样的牌,你都必须拿着,你要做的就是尽你全力,求得最好的结果。"

宗庆后从贷款14万元、靠三轮车代销汽水及冰棍开始,到拥有财富800亿元并成为"2012年中国内地首富"。25年,娃哈哈的总资产增长了57万倍。集团旗下的娃哈哈系列产品销量一直稳居全国第一,在实体经济面临"空心化"、国际金融危机及欧债危机双重影响下,宗庆后如何立于不败之地?宗庆后给出的答案是:一切源于我们的"专注"。"认真做好一件事,这是最简单,也是最难的。25年来,我们的信念从未动摇,快速积累财富的虚拟经济我们视而不见,一心一意做产品、搞实业,一心一意为中国老百姓提供最实惠的必需品,是我们不变的追求。"

周国平说:"一样东西,如果你太想要,就会把它看得很大,甚至大到成了整个世界,占据了你的全部心思。我的劝告是,最后无论你是否如愿以偿,都要及时从中跳出来,如实地看清它在整个世界中的真实位置,亦即它在无限时空中的微不足道。这样,你得到了不会忘乎所以,没有得到也不会痛不欲生。"

冯仑说:"创业时我在地铺上睡了11年,起初是给自己下狠,说如果折腾不起公司就不睡床,后来发现,什么东西都扔在地上,贴着地面,人就特别知道自己所处的位置。"

创业精神

张军教授[6]指出,由于企业家精神难以用一些指标(如体力、学位和经历等)来定义出来,不存在一个真正的企业家市场,因此,真正的企业家精神是不能"买到"的。企业家的出现必然是一个"自己选择自己"的结果,即通过创办自己的企业来将自己与他人区别开来。

创业价值

创业精神所关注的在于是否创造新的价值,因此,创业是否成功的关键在于创业过程能否将新事物带入现存的市场活动中,如表3.1所示。

表 3.1 创业的层面及实质

创业	实质
精神层面	以创新为基础的做事与思考方式
实践层面	发掘机会、组织资源建立新公司,进而提供市场新的价值

从技术衔接的角度来看,发明与创业高度相关,发明家与创业家是新事业生命周期过程中的角色扮演之一,如图 3.1 所示。

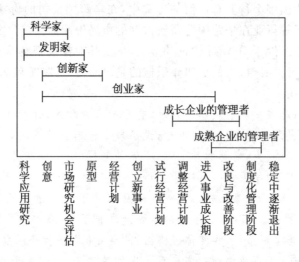

图 3.1 新事业生命周期过程中的角色扮演

发明与创业是两种不同的专业能力,两者的动机、过程以及追求的目标都大有差异。例如:

爱迪生是一位创业家。在爱迪生的一生中,拥有超过 1 000 项的专利,包括今天大家所熟知的电灯、胶卷、死刑犯用的电椅。爱迪生最大的成就是,他能够使一项发明在技术上与商业上都可行,并且引发市场需求,为投资者创造丰厚的利润。以电灯的发明为例,光在实验室内使一盏灯发亮,只能说是科学上的伟大发明。除非电灯大量生产,具有千小时以上发亮的产品可靠度,否则,电灯就可能还只是实验室中的样品。而爱迪生的最大贡献就是,他为电灯的商业化应用建构整个配套系统,包括发展量产能力、提升产品的可靠度、设置发电厂、开发电力联网系统等,因此,他不只是一位发明家,而且是一位真正的创新与创业家。

创业精神可以把企业家与空谈家区分开来。有许多企业家实际上是从空谈家那里获得"点子",他们之所以成为企业家正是因为他们真的去做了。

在中国,民营、私营企业以其旺盛的生命力从体制外到体制内逐渐发展壮大,并有了今天在国民经济中不可低估的地位和作用。他们大多是白手起家,经历过一个十分艰难的创业起步阶段,甚至是经受过许多挫折和磨难。像三株的总裁吴炳新、"505"神功元气袋的来辉武、希望集团的刘氏四兄弟、沈阳飞龙的姜伟等都曾有过很不平凡的经历。他们意志坚强,对创业的追求更执着,这也是他们取得成功的重要原因之一。

中国创业企业家的成长流淌着传奇和动人的色彩,最早是凭着胆识最先闯入市场经济大海并淘得第一桶黄金的"体力型企业家";20世纪90年代,以张瑞敏、柳传志等为代表的一批"知识型企业家"竞相弄潮,开始了重新打造民族工业的历史,也正是从这时,中国企业家才赢得了自己在社会中的应有位置;1998年掀起的风险投资和网络公司的热潮催生了中国第三代IT创业型企业家,他们凭着自己的专利核心技术或服务能力在网络世界角逐。

创业意识

当然,许多创业的企业主在思想意识、素质能力上还和时代的要求不相吻合,中国市场经济的日臻完善也要求创业者加速向现代企业家转变,要求民营企业(尤其是私营企业)的创业者逐渐摆脱"绿林好汉"、"草莽英雄"式的形象,而应具备现代型的企业家精神。创业企业家的一般创业成功模式如图3.2所示。

图 3.2　创业企业成功的模式

比较起来,中国发展较快的东部地区与发展较慢的西部地区的一个重要差别就在于两个地区的企业家在创业精神上的差异(见表3.2)。

表 3.2　中国东部地区与西部地区企业家创业精神的比较

比较项目	东部地区	西部地区
改革与发展的态度	积极	消极
政策的落脚点	寻找禁止点	寻找允许点
体制的落脚点	体制外推进	体制内推进

世界经济发展的历史分析可以发现,全民创业正是发达国家经济成功与社会进步的基本依托。英国成为产业革命的起源地并引领世界几百年,依靠的正是通过制度变迁实现的创业运动兴起。美国在20世纪中叶前后取代英国而成为世界第一强国,并在其后至今的岁月一直引领世界,依靠的也是更强的制度创新能力及由此产生的社会创业与创新运动的发展;与此同时,欧洲的创业与创新机能式微,而包括中国在内的世界其他国家大多经过一个与促进创业相背离的制度变迁运动时期。

创业制度

尽管中国正在走入一个全民创业的新时期,但现实的创业制度环境并不健全,表现在以下三个主要方面的促进企业成长的制度建设错位上。

其一,市场制度:与创业错位。

从政府角度来讲,市场制度建设没有正位于创业与创新促进的基点上。创业与创新(尤其是全民创业运动)需要"以民为本",尽管中国正向的促进创业的市场制度变迁已有30余年历史,但至今并没有跳出政府主导(即"以官为本")的传统思路。创业与创新的制度建设都只是立足于解决传统体制的遗留问题,从而只作为传统体制的辅助;而不是立足于从根本上减少这类问题的产生,从而以创业体制作为替代传统体制的现代制度的主体。最突出的表现就是民营企业的政策空间与市场待遇不仅严重不如国有企业,甚至严重不如外资企业。

事实上,民营企业对中国 GDP、利税及就业增长的贡献与日俱增,在很多地区、很多产业已经超过国有企业,与外资企业相比,也能更好地促进中国经济的稳定发展,但国有企业享有产业与资本垄断、政策保护,外资企业享有土地出让及税收优惠和身份保护。多项调研结果均显示,由于外企享受了种种税收优惠,其所得税平均实际负担率则为 11% 左右,低于名义税率 15%,比内资企业的 33% 税率低了约一半。与此同时,民营企业却一直遭受资本市场和税收的歧视,更有意识形态里将对民营企业的支持与"右"的意识挂钩。根据全国工商联的有关调查,繁重的政府收费已使个体私营企业的成本不断提高。一些地方个体私营企业需要缴纳的费用有卫生费(向城建局、环保局、环卫站、文明办缴纳)、劳动用工年检费(向劳动局缴纳)、土地发放费(向土管局缴纳)、耕地占补开发费、出外经营手续费、工商年鉴公告费、造地专项基金、发票结报费、市政押金、电脑票据工本费、土地设施管理费、房产抵押管理费等各项政府征收税费和基金多达 375 种,这还不包括各种摊派、赞助、协会收费、有偿宣传费、部门下达的报刊杂志费和非生产性招待费。根据 2005 年《富布斯》杂志发布的"全球 2005 税务负担指数报告",中国被列为第二位。总部位于德国柏林的"透明国际"(Transparency International,TI)是全球著名的非营利性反腐败组织。该组织从 1995 年起每年都发布"全球腐败年度报告",公布世界各地企业界及民众对当地贪污情况观感,总结出"清廉指数"(Corruption Perception Index,CPI)。2011 年中国大陆在满分 10 分的评分表中得 3.6 分,排列 75 名;而中国香港地区为 8.4 分,排列 12 名。

针对这种现状,中国民营企业的创业者经常通过身份变换(注册地外迁、合资企业化、外资企业化、资本外逃等)进行隐蔽性创业,如此严重地约束了作为创业主体的中国民营企业的发展。截至 2005 年年底,全国内资企业有 350 万户,比上年减少 30.1 万户,下降 7.9%。与此同时,以英属维尔京群岛为代表的离岸公司的注册资本增长迅猛。英属维尔京群岛投资 1.4 万户,比 2004 年年底增长 5.8%,注册资本 1 168.9 亿美元,比 2004 年年底增长 10.3%;萨摩亚投资 2 551 户,增长 14.5%,注册资本 101.7 亿美元,增长 22.3%;开曼群岛投资 1 734 户,增长 9%,注册资本 204.6 亿美元,增长 10.4%。

市场制度建设的错位限制了作为创业主体的民营企业的市场成长性(见图 3.3):比不上外资企业,也比不上国有企业。现在,中国有国际 500 强的国有企业,也有国际 500 强的民营企业入驻,但本身没有造就能够有实力进入国际 500 强排名行列的中国民营企业:2011 年进入世界 500 强的公司当中,中国大陆有 61 家,只有华为与沙钢两家民企,其余大多集中于中国的一些垄断行业,而且它们都是国有企业。

其二,企业制度:与管理错位。

从企业角度来讲,管理制度建设没有正位于促进企业健康成长的基点上。企业成长本身是一个具有生命周期特质的过程,不仅包含企业创建,更离不了市场生存与成长增强,以实现健康成长的基本目的。但中国的创业者

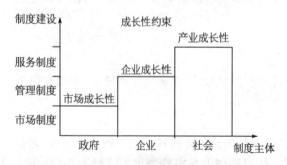

图 3.3　制度约束下的中国创业成长性

忽视了企业成长的这种过程性,着眼点主要限于创业的起点,尤其是市场机会的捕捉上,大多缺乏实现市场机会的开发及其引导产业高度化发展的制度建设能力。

外部市场制度环境的严重不足对创业型企业内部管理制度建设具有很大的约束性,但创业者管理知识(理念)、管理经验的先天不足却是一个更为严重的约束因素。在中国民营企业中,能够通过期权制度激活管理的最典型的创业型企业是百度公司与无锡尚德太阳能公司,但其创始人都具有西方学历与工作经验背景,而中国绝大多数其他的民营企业(包括家族企业)却始终迈不过这个坎。管理制度建设的滞后严重约束了作为创业主体的中国民营企业创业成长性(见图1.3)——比不上外国同类企业。中国创业型企业市场失败率很高,根据中国劳动统计年鉴数据,中国60%以上的企业生存周期在4—12年之间。近年来,中国企业的生存周期平均只有1.7年。2005年,全国倒闭了30万家企业,1994—2004年10年间,770万家个体户消失(《市场报》,2006年7月26日)。即使存活的企业,规模也不大,绝大多数企业缺乏技术创新性,成长性严重不足。例如,中国的信息产业发展起始并不比印度滞后,但现在,其核心领域的软件开发已经远远落在印度后面。而2006年福布斯财富排行榜显示,中国内地企业家的经济实力依然与香港等地的企业家不可同日而语:内地首富黄光裕的财富拥有量仅为大中华区首富李嘉诚的1/10,参见图3.4。

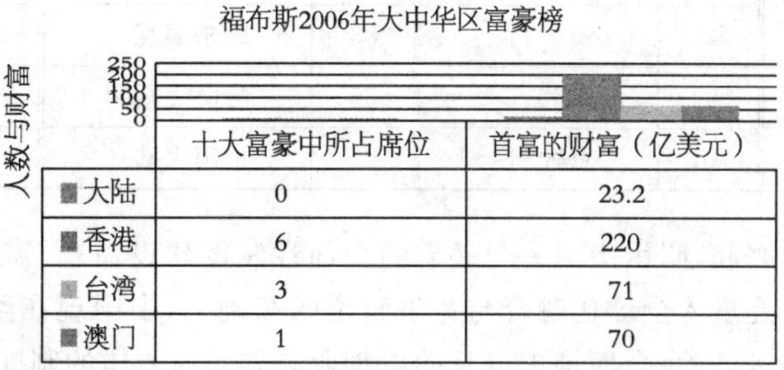

福布斯2006年大中华区富豪榜

	十大富豪中所占席位	首富的财富(亿美元)
大陆	0	23.2
香港	6	220
台湾	3	71
澳门	1	70

图3.4　2006年两岸三地企业家及其财富拥有比较

注:根据《福布斯》资料整理。

其三,服务制度:与创新错位。

从社会角度来讲,服务制度建设同样没有正位于创业与创新的基点。宣传与舆论界在分析与解释经济问题时,不是理性与科学地从市场制度环境角度着手,而总是感性地、意识形态性地把市场与企业发展的负面现象与中小企业、民营企业划等号,客观上起了一个抑制创业的宣传作用。教育界则依旧延续着传统的知识传输的教育模式,教育与创业实践、能力提升、创造性培养脱节,没有造就与供给符合创业需求的人才资源。现在,中国每年培养的数以百万的高校毕业生,没有足够的能力成为企业外部创业与内部创业的主体,反而成为现有就业市场廉价的替代者与竞争者,严重加重了中国的就业矛盾。社会服务制度建设的滞后严重约束了中国创业企业的产业成长性(见图3.3):不仅进入中国的外资企业主要限于以低人力资源成本为基础的制造业,中国民营企业也主要局限于技术含量较低的第二产业或产业链条的低端环节,或局限于外国品牌产品在中国代理营销,或营销领域的重组与整合,产业高度化与产品高附加值的品牌建设及引领产业发展的技术开发严重不足。在此基础上,中国的创业企业成长的困境不会仅仅是短期性的。

在世界银行2005年出版的一份创业难易度的调查报告中,新西兰、新加坡和美国位居前三甲。在创业的速度方面,从注册一家公司到开业平均所必经的审批步骤数,加拿大最少,只需两天,美国在5天内就能办完5个审批手续,中国内地则要走过7道关,需111天。美国、英国、加拿大的注册审批费用不到其人均年薪的1%,而在中国内地,各种审批费用占据了人均年薪的11%。中国大陆在这份报告中排名第91位(见表3.3)。而从全国的情况来看,中国大陆的创业环境远不尽如人意。据悉,发达国家每千人有企业法人单位45个,发展中国家约有20—30个,而中国平均只有2.6个。

表3.3 世界创业难易度调查排名名单(从易到难)

排名	国家/地区	排名	国家/地区	排名	国家/地区	排名	国家/地区
1	新西兰	9	英国	77	阿根廷	100	格鲁吉亚
2	新加坡	10	日本	78	罗马尼亚	106	白俄罗斯
3	美国	15	立陶宛	79	俄罗斯	116	印度
4	加拿大	16	爱沙尼亚	80	希腊	119	巴西
5	挪威	20	泰国	81	马其顿	124	乌克兰
6	澳大利亚	52	匈牙利	83	摩尔多瓦		
7	中国香港	54	波兰	86	哈萨克斯坦		
8	丹麦	70	意大利	91	中国大陆		

全民创业模式的兴起,昭示中国一个必需的全面性制度建设命题,需要政府、企业与社会全体参与。在经济已经进入全球化融合与竞争轨道的基础上,中国现在亟需借鉴发达国家成功推进创业的制度演进经验,全面推进自身的以创业与创新为主体的制度建设。

创业精神遭遇实践制约的结果,导致中国企业家的不稳定心态与逃避行为,常见的如资本外逃、投资移民和变相消费等。

商业经营

一个真正强大的人,不会把太多心思花在取悦和亲附别人上面。所谓的圈子、资源,都只是衍生品。最重要的是提高自己的内功。只有自己修炼好了,才会有别人来亲附。自己是梧桐,凤凰才会来栖;自己是大海,百川才会来归。你只有到了那个层次,才会有相应的圈子,而不是倒过来!

商业投机

企业家基本上是一样的:赌徒加工程师[7]。一方面,企业家一定是个赌徒,没有赌性,他不会去做企业家;另一方面,企业家一定要会算计。一个好的企业家,无非是在两者之间找一个均衡。

"投机"(Speculation)在英语里似乎并无明显的贬义,在西方文化里,对那种善于捕捉机会、敢于承担风险的"企业家精神"更是歌颂有加。所谓投机分子,是指这样一种人,他们凭着

第3章 实业运营

自己的敏感,捕捉到某种物品在不同地区之间的差价,然后贱买贵卖,把差价赚到手。当事人往往要经过艰苦的长途贩运才能把钱挣来,这样的人在今天是很普通的商人。

中文里的"投机"(Arbitrage)一词也许会引起人们负面的联想,但它确实是正当的商业行为。它因自利的动机而产生,却在客观上有利他的效果,这正是一切市场经济行为的实质。在中国的计划经济体制下,人们曾经批判过"投机倒把",讽刺过"对缝儿"的人。"投机倒把"和"对缝儿"就是把消费品或原材料从一方低价买进、高价卖给另一方。每一次的买和卖都是将产品转移到更需要的人手中,这是一个资源优化配置的过程。在市场经济的背景下看,这些都是应该鼓励的企业家行为。市场经济的作用体现于此,企业家的慧眼也表现于此。

企业家在奥地利学派的价格理论体系中占据重要的位置。奥地利学派的经济学家推崇自由市场经济中的价格体系,认为它是一个复杂的"信息收集机制"(Information-Gathering Mechanism)。只有价格体系才能提供准确而完备的市场信息。在中央集权的计划经济体制下,没有一种激励机制促使人们去发现各种产品的真实价值。这种计划往往是根据错误的或不完备的信息制订的,从而导致不合理的资源配置和缺乏效率的经济运行。价格体系的运作靠的是企业家。企业家因为要寻找盈利的机会,所以要去了解各种价格,从而低价买进、高价卖出,以获取利润。同时,为了寻找交易伙伴,他们又提供价格信息给别人。从长期来看,企业家之间的竞争会把价格差异消除;而在短期里,企业家可以从差价中盈利。奥地利学派的弗里德里克·哈耶克(Friederich Hayek)和伊斯瑞尔·柯兹纳(Israel Kirzner)认为,企业家是低买高卖的投机者[8]。

这里阐述企业家时不涉及企业的内部管理,强调的是市场商机。为了盈利,企业家无时无刻不在寻找差价。如此看来,在街边开个小卖部,以赚取批发与零售之间的差价,是典型的企业家行为;开办一个加工厂,也是为了赚取产成品与原材料之间的差价;创立一家高科技软件公司,同样也是为了赚取高科技人才与高科技产品之间的差价。

一些中国的企业家,特别是20世纪80年代至90年代初开始创业的一些民营企业家,在他们的成功因素当中,"机遇"两字占的成分很大。有人甚至形容这一代企业家为"机遇型"企业家。当然,把民营企业家的成功都归结为"机遇"或者叫"投机",似乎有些不太公平,假如一个人没有自身的素质和能力,对市场没有敏感,是"不知不觉"的一类,就是有再好的机遇也不会抓。但联系中国经济体制改革的演变过程就会发现,从改革开放开始一直到20世纪90年代初期,对想当老板的人来说,确实是"空手下海,衣锦还乡"的好时代。这个时代的机遇太多了。这些机遇归结起来可以分三种情况:

(1)"短缺经济"所带来的市场机遇。当时,整个中国处于"需求饥渴"的状态,商店里什么都可以卖得出去,企业生产什么都可以赚钱。20世纪80年代中期,电冰箱刚刚开始进入家庭,公司的冰箱异常走俏。一张冰箱票能炒到三四百元,真的是"白花花的银子滚滚而来",很多企业都有过这种令人怀念的"快乐时光"。只是好景不长,这样的"需求饥渴"很快过去了,紧接而来的是"过剩经济"条件下拥挤的市场、挑剔的顾客、残酷的竞争、令人心碎的破产。

(2)政策机遇,即俗话讲的"打擦边球"。政策不禁止,但也不提倡,也还能做,但只有当时可以做,现在不能做。一个温州的民营企业老板,现在企业做得很大,他发家靠的是经营城镇信用社,属于金融业务,20世纪80年代末期,国家还允许民营资本做,到90年代中期,国务院明令禁止,私营企业不能做信用社了,但这位企业家的原始积累也已经完成了。

(3)违法套现。它们已经属于违法的范围,如走私、套汇、倒卖批文、套银行、套客户、套国企等。之所以把这些违法的事摆放在这里一起谈,是因为中国自改革开放以来,确实有一批私有资本的聚敛是靠"闯红灯"闯出来的。

福布斯2006中国富豪榜中有超过四分之一的富豪不到40岁。按评选出的400名福布斯富豪计算,年龄不到40岁的中国富豪至少在100名以上。据此推测,在中国正向福布斯榜追赶挺进的年轻亿万富豪,其比例必定是更为壮观。中国富豪的年轻化确实体现出中国年轻一代超乎寻常的经济运作能力。然而,按"财富积累跟时间成正比"的基本规律,这么多的年轻人在短短的十来年间即跃升为坐拥8亿元以上资产的巨富,是很有些不正常的,至少其中隐含着诸多因素值得忧虑。例如,投机的因素可能远大于实业的因素。

专栏3.1　　　　　中国亿万富翁的发家秘诀[9]

有关机构对当今中国大陆榜上有名的巨富发家过程进行了分析,归结出他们的共同特点:

1. 借用政策的东风。自20世纪80年代以来,借用了先富起来的政策东风。

2. 启动资金少得可怜。大部分人当初都是一穷二白,两手空空。启动资金多者一两千元,少则几百元。这些钱在当初已经是巨款,凭的是一股誓死一搏的理念。希望集团的刘氏兄弟四人,当初就是卖了手表、自行车凑得了区区数百元,开始了养殖事业。

3. 这些先驱多为个体、私营企业的小老板。据内地权威机构统计,富翁出身全民所有制的约占0.4%,出身集体所有制的约占3.4%,出身个体工商和私营企业的占据了96%。

4. 由出身决定,这批人员的文化水准普遍较低。1994年有统计数字表明,当时的30位亿万富翁中,70%的出身农民,70%的只有小学文化。

5. 发家速度极快。这个群体的另一个特点是发家速度极快,多数只用了10年,甚至更短,只有几年!纵横比较,日本、新加坡等国家和香港地区的富翁积攒数百万美元的资产平均要几十年;而西方社会和海外华人则更是要三代人以上。

总结来看,这些亿万富翁发家的秘诀是:最具市场经济的意识,在竞争尚不充分的阶段,最先抓住了巨大的机会。他们充分利用了内地体制转轨的条件,在土地、房地产、有价证券等经济要素规律成形之前,利用开发前后的价格差、时间差赚足了大笔金钱。少部分人是经营奇才,在利用发明专利的过程中赢得了市场。最关键的一条是,他们在关键时刻都利用了银行这个金融机构借钱下蛋。资料显示,1992年全国商品房投资比1991年增加一倍,其中1/3是银行贷款。相当一部分人利用贷款炒地产、房产,一夜之间就可以赚几十万甚至几百万元。这可以用房地产泡沫破灭后,数千万平方米的空置住房的资金多数是银行贷款来证实。这里面也有如今成功的人,但是使用贷款迅速发达是不争的事实。

不管是以什么方式,总之是第一桶金已经到手了。过去中国的法律也不太完善,不管你的金子是从哪里来的,只要你金盘洗手,从此依法经营,照章纳税,一般也不会往深追究。问题在于,那些已经完成了创业历程正准备将自己的企业进一步做大的大大小小的老板们,他们有没有规规矩矩做企业的心理准备?他们甘于以平常心做企业吗?他们能够接受10%以下的企业盈利率吗?他们能够抵御市场经济这个大赌场经常闪现出的赔率巨大而成功率极低的赌局的诱惑吗?他们能够完全静下心来年复一年、日复一日、呕心沥血地去打造一个品牌吗?所有

这些问题,都使关注中国企业和企业家成长的人士感到忧虑。华人的好赌在世界上是有点名气的,如果做企业也沾上这个"赌"字,企业的失败也就为期不远了。

利润驱动

赚不赚钱、赚多少钱是衡量一个企业家成功与否的最重要的尺度。所以,世界上大概没有不想赚钱的企业家。

对潜在利润机会的敏感性显然是一个恰当的出发点。它抓住了奥地利学派所理解的企业家精神的两项要素——利润和敏感性。利润是外因。没有利润就没有企业家行为,企业家正是通过发掘和把握了潜在盈利机会,才实现了创新和发展的社会目标。以效率的名义,一切利润归企业家。敏感性是内因。敏感性只能是针对特定领域的敏感性,对任何事情都比其他人敏感的人,当然可以出现,但不是经济学常规。经济学研究统计意义上的经济行为,它只对常人的敏感性有兴趣。常人出于机遇和经历,总在某些领域里比其他人更加敏感,因而具备了在那些领域里成为企业家的主观条件。

在现实中,企业家的利润驱动力可以概括为:

(1) 他们从事经营活动的目的是货真价实的盈利。这是他们的事业,也是他们的追求,并因此而贡献于社会。在他们看来,真正能盈利的、滚动发展能力强的企业才是好企业,不能盈利,摊子再大的企业都不是好企业。

为什么企业家能经营好企业呢?在新古典意义上的完全竞争的市场状态下,产品价格等于边际成本,企业只能获得零利润;而企业能够获得利润,必定是对完全竞争的打破,一个企业为什么能够摆脱完全竞争的锁定呢?哈耶克和熊彼特的回答是利润源起于企业的创新活动,而企业家即是创新活动的人格化主体。

(2) 为了上述的目的,他们注重资本的正常运行。在通常所讲的产业资本的三种形态,即货币资本、生产资本(相当于固定资产投资或企业本身)、商品资本(包括利润在内的待出售的商品)中,哪一种资本形态更可以赚钱,他们就更多地保持哪种资本形态。例如,他们甚至可以更多地持有大量的流动资金,随时可以投向任何能够挣钱的领域。不像那些怀有深厚地主情结的人,开始就搞许多厂房和许多固定资产。

股东是企业主要的利益相关者。戴维·贝赞可(D. Besanko)等人认为,一个很好地满足消费者需要但同时牺牲了股东利益的公司不会真正具有超过竞争者的优势。所以,在资本市场上,企业家必须具有为股东创造价值的能力。企业家为股东创造价值的能力主要是通过收入增长、商业利润、股价等财务指标反映出来的。

(3) 他们既重视有形资产,也重视无形资产。尤其是在现代市场经济下,他们对品牌、信誉等的重视甚至超过了有形资产。他们凭借好的品牌或无形资产,可以激活有形资产。

首先,熊彼特说,除了赚钱之外,人们想做企业家是因为梦想建立一个私人王国。在现代社会,取得像中世纪时的爵位并在特定的范围内唯我独尊已经不可能了。取得商业上的成功是达到近似地位的最佳捷径。无法以其他方式获得优越社会地位的人的这种想法尤其强烈。其次,熊彼特认为,企业家动机还包括征服的愿望、战斗的冲动、证明自己比别人强的心理。因而有些企业家追求成功只是为了成功本身,而不是为了成功的果实。从这种角度来看,经济行为类似于体育运动:企业家之间的较量和拳击、赛跑等是一样的,就是想拿冠军。冠军是最高的奖赏,而真正的奖品(财富)反倒成了次要的。最后,熊彼特说,企业家的动机还包括追求创造的喜悦、享受做事情所带来的愉快、寻求改变世界而带来的满足感和体验冒险的刺激。从这一角度来看,企业家又像是登山运动员。这种动机和追求享乐是截然相反的。所以,单纯追求享乐的人反而很少成为企业家。总而言之,企业家是英雄,他们的动机也多是"雄心壮志"(Heroic Aspiration)。

专栏 3.2　　　　　　　　　刷盘子还是读书[10]

很多出国的人都有这样的体会,到了国外,工资比国内高许多倍,即使在餐馆刷盘子,一天的收入也非常可观。是读书继续过几年清贫的日子还是刷盘子改善生活会是一个问题。经不起诱惑地选择了刷盘子,过了几年,还在刷盘子,可能一直刷下去。选择读博士的,几年清贫的生活下来,钱是没有多少,但是前途无量,不是刷盘子的打工仔可以比较的。

近代,中日两国差不多同时搞改革,中国是洋务运动,日本是明治维新。中国什么来钱干什么,最初虽然搞过重工业,但是后来都放弃了,结果是搞轻工业,上海成为远东的巴黎。日本踏踏实实,从现代工业的基础做起,做重工业,从大炼钢铁开始,失败无数次,钢产量终于名列前茅,成就整个工业的基盘。有了先进的冶金业,飞机、大炮、轮船等一切皆可能。看看当时的列强,哪个不是拥有先进的重工业。20 世纪 30 年代的东京远远没有上海的十里洋场、纸醉金迷。但是,国家的实力在接下来的战争当中显露无疑。日本几十年苦读,终于博士毕业,而中国只顾打工赚钱,表面上的繁华只是镜中花、水中月。

生态适应

生态位(Ecological Niche)现象是俄国科学家格乌司发现的,因此,也叫格乌司原理或价值链法则。有一天,格乌司在实验室将一种叫双小核草履虫和一种叫大草履虫的生物分别放在两个相同浓度的细菌培养液中,几天后,格乌司发现这两种生物的种群数量增长都呈"S"型曲线。接着,他把这两种生物又放入同一环境中培养,并控制一定的食物,16 天后,培养基中只有双小核草履虫自由地活着,而大草履虫却消逝得无影无踪。在其培养过程中,格乌司对现场进行过仔细观察,他没有发现一种虫子攻击另一种虫子的现象,也未见两种虫子分泌出什么有害物质,只发现双小核草履虫在与大草履虫竞争同一食物时增长比较快,将大草履虫赶出了培养基。于是,格乌司又做了相反的一种实验,他把大草履虫与另一种袋状草履虫放在同一个环境中进行培养,结果两者都能存活下来,并且达到一个稳定的平衡水平。这两种虫子虽然也竞争同一食物,但袋状草履虫占据食物中不被大草履虫竞争的那一部分。这种现象就叫生态位现象。

如果把"生态位"作进一步的解释,那就是在大自然中,亲缘关系接近的,具有同样生活习性或生活方式的物种,不会在同一地方出现。如果它们在同一区域内出现,大自然将会用空间把它们各自隔开,例如,虎在山上行,鱼在水中游,猴在树上跳,鸟在天上飞;如果它们在同一地方出现,它们必定利用不同的食物生存,例如,虎吃肉,羊吃草,蛙吃虫;如果它们需要的是同一种食物,它们的觅食时间必定要相互错开,例如,狮子是白天出来寻食,老虎是傍晚出来寻食,狼是深夜出来寻食。

每一个企业家的成长都离不开他独有的生态位。比尔·盖茨只能产生在美国,不可能产生在中国;中国可能会有比尔·盖茨式的人才,但中国不可能产生微软公司,因为微软的产品是软件,而不是硬件。

受生态位的影响,人与人之间有着不可逾越的巨大差异,这种差异把人按能力大小排列在生存链上,如同自然界里的狼吃羊、羊吃草,下链成为上链赖以生存的食物。作为一个企业的老总,都不愿意自己和自己的企业成为其他企业的下链,都希望自己能由羊变成狼,由狼变成狮。但是,当你的生态位决定了自己只能是一只羊的时候,你就千万不要再去梦想做狮子、大象了。不能成为全球500强,成为全国500强或全省500强或全市巨头也不错;不能成为中国企业的巨人,成为某一行业的巨人也未尝不可。

可以这么说,吃老鼠的猫即使成了老虎,充其量也只能吃狼吃狗,绝不能吃狮子吞大象,这就是"生态位现象"。一个企业的成败原因有很多,"生态位"应该是主要的原因之一,因为它要求的是人与自然、人与社会的和谐发展。一个没有能力与大企业抗衡的中小企业,就不要去充当老虎的角色,而要甘心当一只猴子。猴子的优势是灵活,如温州、宁波等地的中小企业,他们的经营思维是"船小不到大海中去同大船相争捕小鱼,而是在小河里捕大鱼"。

瑞士企业在世界各地都给人们留下了创新能力强的显著印象。在一家国际机构所做的调查中,有一半多的消费者认为瑞士产品是质量上乘、做工考究的,瑞士产品的精细化已经成为人们对其品牌的第一反应。瑞士的中小企业,或术业专攻,或为大企业配套生产。中小企业研发活动呈现出以下特点:第一,专攻某些极小的新兴科技领域,处于价值链的高端;限于比较狭窄的专业技术范围,但不乏高精尖技术。第二,与大企业建立研发合作联盟,参与其特定研发领域的活动,融入以跨国公司为中心的全球知识体系之中。

好企业并不是一年能赚几个亿或几十个亿的企业,而是长盛不衰的企业。自然界检验一个物种成功的尺度,是看这个物种是否能延续下去,而检验一个企业的成功尺度是看这个企业能否生存下来,能否长久生存下来。做企业不是百米冲刺,而是马拉松赛跑。衡量企业成功的标准不是强大,而是生存,能生存就是最好的企业,偏离自己的生态位去做强者的企业,非垮不可。世界上的好企业都是百年不衰的企业。到2013年,美国的通用电气公司(121年)、可口可乐公司(116年)、吉列安全剃刀公司(101年)和法国的人头马白兰地酒业公司(242年)等这些百年不衰的公司往往都是选准了自己的生态位。这些企业既是强者又是适者,强者与适者的结合是对自己"生态位"的高度发挥。在动物界,老虎是强者,但因为人们的开发,老虎在慢性饥饿中减少,而被视为弱者的老鼠,人们虽然天天灭,然而还是到处都有,因为老鼠的生态位没有发生根本的变化,它可以避开老鼠药和人们的棍棒生存。因此,谁适应大自然创造的法则,谁就可以生存下来,否则,就灭亡。

生态位现象对所有生命现象而言是具有普遍性的一般原理,它不仅适用于生物界,同样适用于人类,适用于企业。在现实中,许多企业家在总结成功与失败的经验时,往往喜欢从资金、产品、市场中来寻找原因,很少有企业家是从生态位的角度来寻找原因的[11]。

自 律 自 强

很多人都认为不疯狂就不能成就伟大的事业,这绝对是谎言。因疯狂而起的事业伴随着荒废和牺牲。真正伟大的事业应该是稳步推进的、诚实的、地道的，且可行的。实业运营的企业家大多具有自律自强的优秀秉性。

善建者行

善于做事

企业家的成长道路一般依次经过三个阶段：每一个阶段是先做事后做人，第二个阶段是先做人后做事，第三个阶段是只做人不做事。

做人就要做事，没有一个人不做事的。有的人会做事，有的人不会做事；有的人能做大事，有的人只能做小事；有的人能做困难的事，有的人只能做容易的事；有的人做事要很多人一起才能完成，有的人做事自己就能独自承担。总之，要如何做事呢？

（1）做大事有魄力。所谓大事，就是众人的事，或对国家、社会有影响的事。做大事的人必须要有魄力，优柔寡断，怎能成功？做大事要有做大事的条件、做大事的因缘。首先要将做大事的气魄养成，如此才能成就。

（2）做小事要细心。有的人不想做什么大事，只想做小一点的事。所谓做小一点的事，可能只为一县、一乡、一村、一个工厂、一个团体、一个家庭做事；虽说事小，但是小事也会间接影响大事。例如，做一名厨师，要把菜肴调味调好，让主人温饱，主人因为营养足够，方能成就大事；做一个公园的园艺师，把花木照顾好，让参观者欢喜，传播美名，就是在为国家和社会争取荣誉。所以，即使做小事，也需要细心，才能把小事做好。

（3）做难事肯忍耐。事情有容易做的，有不容易做的。容易做的事，不一定要你来做，大家都会做；困难的事，就必须是可以接受挑战、可以处理困难的人才能承担。处理困难的事，最重要的就是忍耐力。有忍耐，方能担当苦难；有忍耐，才能化解困难；有忍耐，才能发挥力量；有忍耐，才能坚持到底。有的人喜欢做具有挑战性的工作，不在乎事情大小，他都愿意，即使遇到困难也不怕，这种胸有成竹的动力即是来自忍耐。假如遇到一点挫折和困难就灰心丧气，便无法成就难事了。因此，要做难事，要养成忍耐力。

（4）做善事能无相。有很多人都想做一点善事，但你能真心为社会、苦难的人做一些好事吗？做好事不要沽名钓誉，不一定要人家知道，才可能把善事做好。真正的善事是要无相，无相就是不计名、不计报答、不计人家的感谢与否，而且做了以后都要忘记，以《金刚经》中"无我相、无人相、无众生相、无寿者相"没有分别，用执着的心去成就善事美事才有真功德。

做事可以从小事做起，累积经验；做事也可以大事作为目标，不断努力，成就一番事业；但千万不要大事无能，小事又不执着，那可就不好了。

宝洁、可口可乐等一些外企为中国培育了整整一代的职业经理人，而且本身优秀人才也一直层出不穷，业绩也稳居行业的前沿。很多人都看见过著名外企的面试题，可以发现，专业基础、心理测试、思维方式、逻辑分析等占据很大的比例，对于道德标准，主要靠有限的背景调查来印证有无商业污点和道德瑕疵。而且我们发现这些外企培育的人才，往往素质很高，专业性和经验性都很强，执行力也可圈可点，同时对行业规则的遵守也显得务实高效，堪称德才兼备。

创新务实

企业家的使命是创业与经营企业,而由于企业的动态性,就决定了企业家的动态性。熊彼特认为,充当一个企业家并不是一种职业,一般说也不是一种持久的状况,所以,企业家并不形成一个专门意义上讲的阶级。他认为,一旦当企业家建立起他的企业以后,也就是当他安定下来经营这个企业,就像其他的人经营他们的企业一样的时候,他就失去了这种资格[2:87]。因此,一个人在其一生中很少能总是一个企业家,且企业家的职能本身是不能继承的。

专栏3.3　　　　　　　　　美国人的创新与务实[12]

美国人的创新和务实是互为推动的。

人工智能的基础是英国人图灵奠定的,但应用最广泛的操作软件是美国人的 Windows 系统。发明汽车的是德国人本茨,但把汽车引进普通人生活的是美国人的流水线。

百余年来,美国人以务实为导向推动创新,以创新为动力激发更多的实际需求的传统,一直未变。务实和创新的结合也把世俗价值融进了美国社会的主流价值观。

有知识产权保障并鼓励,发明家就会追求金钱等世俗的一切。微软的创始人比尔·盖茨是哈佛大学的辍学生。Facebook 社交网站的创始人马克·祖克伯格是哈佛大学的辍学生。堂堂的斯坦福大学竟然专门为本科生开设创业课程,鼓励大家"不务正业"。

承认世俗价值,把更多的普通美国人领进了科学研究和技术创新领域。

170年前,法国政治家托克维尔在《论美国的民主》第二卷写到,和科学研究充满了贵族气息的欧洲不同,美国的民主制度不会引导人们为了科学而研究科学,但是它却会使研究科学的人大量增加,"即使伟大的发明家不会出现太多,但伟大的发明必将层出不穷"。

在务实和创新的结合中,美国人完成了精神领域的民主革命。这种精神层面的民主——普通人的平等参与、自由思考,反过来也深刻地影响着现实政治。

敢于失败

管理大师彼得斯(Tom Peters)说过:"畏缩不前是不可能让你变得优秀的。"无论我们做任何一件事,都需要有敢于冒险、敢于失败的精神。谁都有过失败,不经历失败的人相信也难以成人,失败是件痛苦的事情,要承认自己的失败总是难以启齿,甚至会担心被别人当成是笑话而把失败塞进了柜子底下,让失败永远地关闭在不能战胜的空间里头,于是,失败也就变得有如千斤之顶,消极也就随之而来,郁郁不得终日。

休斯顿大学教授马特森开了一门新课,学生们戏谑地称为"失败101"。马特森让听课的学生设计乳白色板条制的产品模型、仓鼠的热浴缸、可在飓风中放飞的风筝。这些设计并不容易,看起来似乎是荒谬的,马特森的学生果然在设计中遇到一连串的失败。结果如何呢?学生们觉得,他们敢于勇敢地去尝试克服任何困难。这些学生再也不把失败作为最后的一颗子弹。马特森说:"他们学会了把子弹重新上膛,时刻准备再次射击。"

对于强者而言,或许他会失败,但绝不会倒下!罗曼·罗兰在《名人传》[13]中反复告诉人们:悲惨命运不只降临于普通人,它同样降临在伟人身上,享有盛名并不能使他们免除痛苦的考验。然而,通过跟从他们忍受痛苦的完美榜样,我们可以自觉地承担属于自己的命运,我们应当坚定自己的信仰,从信仰中产生出承受痛苦的勇气和能力——它是我们在患难中保持的纯真,在患难中结出的果实,在绝望中看到的希望所在。牛顿曾说过:"你若问一个善于溜冰的人,他成功的秘诀是什么?他必定会告诉你:'跌倒,再爬起来'。"

一个叫杜克·鲁德曼的美国人跑到德克萨斯州去找油。两年之内,他打出29口井,可全部都是枯井。他说:"那才真叫失败呢!"及至年近40岁,鲁德曼仍一无所获。为了能成功地找到石油,他努力学习地质知识,又租来了一块地皮进行第30次钻探。这一次,他成功了!已年过花甲的鲁德曼创立的企业现在按《福布斯》杂志匡算,至少有2.2亿美元。杜克·鲁德曼不愧为一个"输得起"的人。

几乎跌倒,但还是找到自己的道路,获得重新站起来的机会。马云说过:"在别人看来很好,你看来很好的时候,往往是灾难来的时候,任何企业和人也是这样的,当发现问题的时候,已经是很晚了。"史玉柱则指出:"商场如战场,要取胜,必须准备充足,在局部形成绝对优势。研发、团队、资金是不是充裕,目标是不是专注,万一失败了怎么反扑。"

敢于失败包含着成功者对失败的科学态度。以绘制大型油画和肖像画驰名画坛的刘宇一先生最欣赏下面这句话:"不是我们矮,而是我们蹲着。"不科学的态度造成了我们看待失败的不正确的"姿势"。当我们站起来,失败只不过是一种为迎接新挑战而付出的学费。《人生舞台巅峰的人:美国商界的新星》一书作者伽菲尔德认为,有高度成就的人,很少使用"失败"这个词,他们宁肯用"弄糟"、"搞乱"等来代替。

失败是惨淡的,失败给自己带来的是痛苦,这个世界没有"如果",也没有后悔药,但失败却是个最脆弱的敌人,在积极面前,失败只不过是个懦夫,一旦看到积极的态度,失败就会跪在自己的面前求饶,这个时候可千万不能手软,用最锋利的刀与最大的力气砍下去,直到失败死在自己的面前,没有杀死失败的勇气也就只能把自己变成懦夫,一个只会向失败下跪的懦夫。真正的强者,不是没有眼泪的人,而是含着眼泪奔跑的人。

专栏 3.4   **墨 菲 定 律**[14]

如果坏事情有可能发生,不管这种可能性多么小,它总会发生,并引起最大可能的损失。

人类虽然越来越聪明,但容易犯错误是人类与生俱来的弱点,不论科技有多进步,有些不行的事情总是会发生,而且我们解决问题的手段越高明,面临的麻烦就越严重。

错误是这个世界的一部分,与错误共生是人类不得不接受的命运,但错误并不都是坏事,从错误中吸取教训,再进一步走向成功的目标,因此,错误往往是成功的垫脚石。

有创造力的思考会了解错误的潜在价值,他们会说:看这个,它能让我们想到什么?然后他会把这个错误当作垫脚石,并产生新的创意。事实上,人类也充满了利用错误假设和失败观念产生创意的人,并获得了成功。

简易制胜

简易制胜。选定任何切入口,然后扎扎实实地做好文章,就可以直通罗马。

简单有用

思路决定出路。思维最直接、最简单的领导者往往具有最佳的领导力。

专栏 3.5　　　　　　　　　　简单有用就是王道

现在世界上最流行的单一规格的笔记本,多是黑色封皮,并且没有任何 Logo。越是简约的设计,越是在最多的场合适合各种不同的需求。我们很难想象,一款印着 Hello Kitty 的粉红色笔记本会在所有年龄段、所有的市场都像黑、白、蓝等大众颜色的笔记本一样流行,虽然有些人会疯狂地喜欢它。

Facebook 蓝底白字的 Logo 可能是众多的 Facebook 特征中比较代表 Facebook 的产品特性的一个例子。Facebook 的 Logo 非常简单,马克的本意是尽量减少设计,以使它在所有的文化、所有的地域都是普通的,好搭配的。

就像 Logo 一样,Facebook 尽量把所有功能的设计退缩到所有用户需求的最小公约数,并且把握住这个底线。所有国家的 Facebook 都是同样的界面,它们像宗教一样守卫着全球一个产品,一个设计。不同的地区,不同的人的页面,或许唯一不同的是他们的名字和相关的内容。至于功能?所有人一模一样。因为功能的简约、内敛,使人没有办法把 Facebook 简单地称为美国的网站或者年轻人的网站,因为它追求的就是全球沟通需求的最小公约数——最小的,确是被最大众所需要的那部分功能。

"治大国如烹小鲜"是看《格鲁夫给经理人的第一课》[15] 后的第一印象。英特尔前总裁格鲁夫把复杂的企业经营哲学通过早餐服务等小故事栩栩如生地展现在我们面前。系统、复杂的企业经营管理思想通过解剖早餐服务等人们日常生活的道理,让读者了然于胸。所谓大道至简,莫过于此。格鲁夫以其管理思想,把早餐服务解剖为企业运作的生产——组合——测试三个环节,把企业经营过程中要考虑和注意的各个方面通过大家都熟悉的早餐服务提供展开。通过对早餐服务过程不断添加复杂因素,说明解决之道,还原了复杂的商业问题及解决问题的系统思维。从中,我们不但了解到企业家娴熟的经营管理技能——它们与日常生活的道理已经融会贯通,我们也了解到作为一个成功的经营管理者要善于从小事中悟道。

专栏 3.6　　　　　　　　　　余秋雨:构思过度[16]

韩剧在中国大成功,对比我国电视剧的差距,存在"构思过度"的毛病:韩剧的构思以简单明了取胜,即使篇幅很长、节奏很慢、波澜很多,在情节结构上还是简单明了的。相比之下,我们确实"构思过度"了。

这个问题在社会生活中有广泛的普遍性。一个成功的大企业,它的经营模式一定是简单的;一个伟大的人物,他的人际关系一定是简单的;一个危机处理专家,他抓住问题核心的思路一定是简单的;一部划时代的著作,它的核心理念也一定是简单的。

我们历史太长、权谋太深、兵法太多、黑箱太大、内幕太厚、口舌太贪、眼光太杂、预计太险,因此,对一切都"构思过度"。

> 很多中年人都在不断提醒年轻人：生活比你想象的复杂得多。于是，年轻人的目光也复杂起来；很多老年人在弥留之际告诉中年人：生活比你想象的要简单得多。但是，他体悟出这个道理的时间已经实在太晚。因此，可怜的人们，整个一生都在"构思过度"中度过，加添了多少破灭、纷乱和耗费。

当年，惠普对康柏的并购案被看作是强强联合的典范，股东对新公司充满了期望。但并购后的20个财务季度中，7个财务季度的利润未达华尔街的预期，公司股价下跌了55%，惠普的CEO卡莉在任期内被免职。接任CEO的马克·赫德只用了一年的时间就使惠普发生了翻天覆地的变化，消除了这些灾难性的影响。惠普重新释放了活力，销售额与利润同步上扬，为其赢得赞誉声一片。马克·赫德是如何获得这样的成功呢？他又做了什么？

其实很简单，他只关注并全力做好经营管理中最基本也是最重要的两件事——提高效率和控制成本。在卡莉时代，惠普的组织结构非常复杂，一个销售人员往往要负责推销公司所有的产品线，需要对公司所有产品都有深入的了解才敢和客户进行沟通，这样导致效率低下，增加了不必要的协调成本。而马克·赫德在精简结构后，各个产品线的销售人员只专注自己负责领域的产品推销，例如，打印机部门的销售人员再也不用对服务器的性能做详细了解。这种调整让惠普的产品线更加清楚，客户对产品线也一目了然，不但降低了销售成本，而且提高了运营效率。而节省下来的资金又投向了研发、市场营销等能保持长期发展的业务或者部门中，为提高公司的长期竞争力打下了坚实的基础。

马克·赫德在用人方面也体现了他的精准的思考力。在选拔首席营销官时，马克·赫德先画出一张"技能图"，然后根据这些技能对所有人进行筛选，最后选定在惠普工作26年的凯西·里昂。他运用最基本却常被忽视的逻辑——需要什么就寻找什么。马克·赫德有句名言："好的公司要么善于成长，要么精于效率，而只有伟大的公司才能同时做好这两件事情。"现在，马克·赫德所领导的惠普同时做好了这两件事，或许将成为继杰克·韦尔奇之后的下一个全球最佳CEO。

许多经济学家都想解开沃尔玛的成功之谜，但结果却平淡无奇，沃尔玛的成功归结到一点就是"吝啬"。

2001年，沃尔玛在中国大连开了一家店，他们打出的口号是："为大连人民每人长一级工资。"他们是怎样保持低价的呢？有位记者曾经隐身于沃尔玛作过一个蹲点调查。他看到的沃尔玛商场富丽堂皇，但当他设法找到沃尔玛管理层办公室时，却发现办公室十分简陋，而且空间狭小，光线也不好。他认为这可能是个别现象，又设法找到沃尔玛在城市中的总部，总部的办公室简陋得更令他惊讶，这间只有十几平方米的办公室挤在许多商铺之中，如果没有招牌的提醒，很难让人相信这是堂堂沃尔玛的办公室。除了办公设施简陋外，记者还发现沃尔玛的办公室里的纸都是双面使用的，这在中国的公司里是极其罕见的。记者在调查中还发现沃尔玛的一个奇怪现象，就是一旦商场进入销售旺季，办公室里从经理开始的所有管理人员全都到了销售一线，分别担当起搬运工、安装工、营业员和收银员等角色。

[提示]获大成功的人，经常一生只做一件事情。

事业专注

一个人事情做得越少,结果才能做得越好。成功来源于专注,来源于对事物本真的执着追求,Google 是这样,微软也是这样,所以,他们成功了,他们成了各自领域中的先驱,并继续发挥着行业领头羊的作用。然而,有些网络公司却由于讲了太多的故事,构建了太多的概念而最终成为行业内的先烈。

中国第一位现代企业家张謇,一生推崇"治人事天莫若啬",字号"啬翁"。他说:"勤勉、节俭、任劳耐苦诸多美德是大生企业(张謇创立的公司)成功之不二法门。"他在北京任政府总长时,曾写信告诫家人平时早些就寝,因为这样可省灯火。张謇还有一个信条:与其多言,不如人人行动,得尺则尺,得寸则寸。

荣德生有"面粉大王"、"纺织大王"的美称,是当时中国最富有的人之一。他所立的《荣氏家训十二则》列有"节俭当崇"和"族长当尊"的训条。他兴办江南大学,请国学大师钱穆任教。钱穆评价荣德生:"余私窥其个人生活,如饮膳,如衣着,如居住,皆节俭如寒素。其日常谈吐诚恳忠实,绝不染丝毫交易应酬场中声口,更不效为知识分子做假斯文态。"

荣德生最有名的事莫过于被匪徒绑架 34 天,自己拒绝支付赎金。最后他甚至立下遗嘱,说绑匪索要 50 万美元,本来不算大数目,但企业流动资金不多,如果因为拿出这笔钱影响生产,会使工人失业,所以,他宁可牺牲个人保全事业。这个遗嘱令绑匪大为震撼。

事实上,西方清教徒精神影响下的企业家有"拼命赚钱,拼命省钱,拼命捐钱"一说,其中的"拼命赚钱,拼命省钱"可以概括为中国传统与清教徒精神共有的特质——节制。这种"节制"精神表现为两方面:一方面是崇尚简朴之风;另一方面是不耽于享乐,热爱工作,专注工作。

从 1982 年创业开始,刘永好和其家族一直以养殖业为主业,稳健发展,口袋不断变鼓。

胡润富豪榜的缔造者胡润曾表示,在中国企业家中,他最敬佩的企业家之一就是刘永好。因为从他 1999 年开始排中国富豪榜开始,很多人都起起落落、风云变幻。只有刘永好稳稳地占据在他榜单的前列,而且有几次还是头名。

从刘永好的商业轨迹上,不难发现,虽然他也投资房地产、金融,但是一直坚守在农产业,以此为主,不断创新和壮大。

专注、专一是刘永好的特点,成为富豪多年,他依然保持着发迹前的习惯,包括到同一家理发店理发,和员工同餐、爱吃回锅肉和麻婆豆腐。当然,最好的习惯是,他从来没离开过农产业。

[讨论]职业或专业飘移与企业家精神之间呈现什么样的相关关系?

自胜者强

人生不可能没有困难的时候。在商场中,成千上万的问题不断涌现,只有人们保持内心的冷静、宁静与和平,才能不被困难所影响,并最终战胜它们。老子曰:"胜人者有力,自胜者强。"能战胜别人者是有力量的人,而只有能战胜自己的缺点、管理好自己的人才是真正的强者。企业家的成功与失败,决定于自己能否战胜自己、能否管好自己,只有先管好自己,才有资格去管理好他人。

压力越大,越是需要学会放松。杨元庆[17]说过:"如果老是想着多大的责任、多大的压力的话,我想早就被压垮了。我觉得越是大的责任,越是大的压力,越是让自己放轻松,去从容地应对这些事情,不断地跳出画面来看画,做自己应该做的事情,做更重要的事情,做更战略性的事情。"

对于精神上的折磨也要从容。四书中《大学》指出:"所恶于上,毋以使下;所恶于下,毋以事上;所恶于前,毋以先后;所恶于后,毋以从前;所恶于右,毋以交于左;所恶于左,毋以交于右。"意思是说:厌恶上级对待下属(我)的态度,(我)就不要用同样的态度去对待自己的下属;厌恶下属对待上级(我)的行为方式,(我)也不要用同样的行为方式事奉我的上司;厌恶前人(对我)所做的事情,(我)也不可以对我后面的人做那些事情;厌恶后人(对我)所做的事,(我)就不要对前人做那些事;厌恶右边的人所做的恶事,(我)就不要把同样的恶行加在左边的人身上;厌恶左边的人所做的恶行,(我)就不要把同样的恶行加在右边的人身上。

[提示]一个人的素质,不在于他想做什么,而在于他不做什么。

持之以恒

法国大文豪巴尔扎克说过一句名言:"力量的最好表现在于持之以恒。"托马斯·爱迪生也说过一句话:"很多生活中的失败,是因为人们没有认识到,在他们放弃努力时,距离成功是多么的近。"成功与失败就一墙之隔,正确地处理困难并持之以恒,或许离成功就不远了。很多时候的失败,可能就是因为遇到困难退缩了,没有去挑战的信心和能力,不具备应该有的冒险精神,不开拓创新,这样,成功的大门也就永远无法为你敞开。作为企业人,更多的时候是与市场较量,在面对纷繁复杂的国内外环境时,更应具备沉着应战的能力。

[提示]**再弱小的苗子,也怕它坚持,因为它一坚持,就能长成参天大树。**

再大的暴雨,也怕它稍纵即逝,因为它稍纵即逝,也丝毫不能形成江河的洪波巨流。

理性气质

笛卡尔认为,人们在能够充分运用自己的理性思考和分析之前,即在长大成人之前,已经被灌输很多先入为主的偏见,这些会阻碍真理认识。因此,必须摆脱这些偏见的束缚,在一生中有一次对一切稍有可疑之处的事情统统加以怀疑。他建议并自己实践,对不能确定的观点和看法,都结合实际或者一些简单但符合逻辑的方法进行求证,仔细思考一番,逐步把过去马马虎虎接受的错误一个一个地连根拔掉。

马克斯·韦伯所宣扬的资本主义精神,即近代欧洲企业家所独具的"精神气质",为企业家行为寻求到积极的伦理认可,并以宗教禁欲主义规范企业家行为,最终诞生了现代企业家的职业观念。由此可见,企业家精神从本质上看,是企业家行为理性化的过程[①]。企业家行为理性化的过程,是整个社会理性化发展进程的一个有机组成部分。一方面,它有赖于整个社会理性化所提供的物质积累、思想进步以及制度建设等资源;另一方面,它为整个社会的进步并最终达到经济理性主义阶段提供了不竭的动力。

企业家行为理性化包含行为动机的理性化和行为手段的理性化。

(1)动机理性化。企业家行为动机的理性化是指企业家的行为要符合所处社会大核心价

---

① 在樊纲看来,"企业家精神就是创新精神,创新精神就是冒险加理智"。樊纲判断,企业家身上60%是冒险精神,40%是理智,如果冒险精神降到20%,理智成分上升到80%,企业家就成了学者。

值体系的要求。每个社会都有其核心的价值体系,据此形成全社会普遍的道德标准、行为模式以及政府的政策倾向和制度的构架等。企业家要使自己的行为能够得到社会的广泛认同,要使制度的建设有利于企业经营的开展,首先应找到本社会的核心价值体系是什么,并选择相应的伦理价值观以符合该价值体系的要求。

中世纪欧洲的核心价值体系以宗教价值优先为特征,在这样的价值体系里,能否蒙受上帝的恩宠是生活的最终目标。因此,近代欧洲资本主义精神以新教伦理为基础。新教的宗教理论认为:"倘若财富意味着人履行其职业责任,则它不仅在道德上是正当的,而且是应该的、必须的。"这样一来,对商人(或企业家)而言,财富是他们辛勤劳动的象征,因此,财富积累得越多,就表明他们已经恪尽了自己的职守,因而越发地可以确定得到上帝的恩宠。对于信奉新教的企业家来说,挣钱不是为了满足奢侈的生活需要,而是以工作自身为目的,即勤勉地工作以确定获得救赎。韦伯认为,这无疑会导致一种将劳动视为"天职"的现代职业观念。

日本的企业家精神也可作为例证。日本商人将履行职业看作表现忠诚与孝行的第一手段,因此,日本的职业观念也就具有一种超乎物质利益的、神圣的含义,有如西方的"神召"。在幕府时代后期,日本社会表现出以政治价值优先的特征,而武士阶级的行为最符合这种政治价值优先的标准。当时,商人阶级自发的心学运动,通过将商业行为比作武士对主君、对国家的尽忠行为,通过商人自觉地用武士的道德规范约束自己,使那个时代的日本商人的行为能够符合该社会的核心价值体系,从而获得合理的伦理上的解释。

(2) 行为手段理性化。企业家行为手段的理性化是指对企业家行为的严格的规范和约束。在企业家动机适应社会的核心价值体系的同时,其行为手段也要接受社会的约束与规范。这种约束和规范除了有对新兴资产阶级朴素生活的要求外,更重要地体现在对正当的商业行为和信用的强调上。只有当企业家普遍接受了诚实信用的原则,市场经济才能顺利运行。

无论是欧洲的新教伦理还是日本的武士精神,都带有浓厚的禁欲主义色彩,他们要求企业家在勤勉工作的同时,必须过一种朴素、俭约的生活。这种禁欲主义的生活方式对曾备受传统社会指责的新型企业家来说,无疑是非常必要的。因为对他们最有效的诋毁就是将他们描绘成"暴发户"。并且,按照马克斯·韦伯的观点,禁欲主义的生活对资本的原始积累也起到了积极的作用。同时,按照新教伦理,企业家只有冷静地、理智地以不懈的努力获取利润,才能通过获利工作得到上帝的救赎,因此,应该坚决摒弃欺诈、投机和依靠特许权贸易等非理性行为。而日本商家引入武士精神后,要求其成员承担对家族的"神圣的义务",其结果是"对家族名誉的高度尊重以及对不玷污家族名义之义务的高度尊重。这样的态度常常有利于巩固正直、品性和信用的高标准"。

在西方学者看来,中国人的行为经常是急功近利或简单重复。为了战略的需要,西方人和日本人会做一些没有短期利益的事情。中国人对事物的认识很多时候是基于感性的,是缺乏连续性的,中国人一定会为他们饮鸩止渴的短视政策而付出沉重的代价!中国的发展大部分问题都不是什么高技术的问题,甚至也不是资金的问题,而是地地道道的管理失败,当然,最终是战略的失误。没有清晰的战略思路,对西方文明的认识也处在极其肤浅的层次。中国人即便有清晰的战略意图,也缺乏勇气和责任感去认真地执行。

淡定从容

真正优雅的人,必定有包容万物、宽待众生的胸怀;真正高贵的人,面对强于己者不卑不亢,面对弱于己者平等视之。任志强如此指出:"一个人的气质,并不在容颜和身材,而是所有经历过的往事,在内心和外表留下的印迹,令人深沉而安谧。所以,优雅不是训练出来的,而是一种阅历的凝聚;淡然不是伪装出来的,而是一段人生的沉淀。从某种意义上来说,人永远都不会老,老去的只是容颜,时间会让一颗灵魂变得越来越动人。"

《礼记·中庸》曰:"是故,君子戒慎乎其所不睹,恐惧乎其所不闻。莫见乎隐,莫显乎微,故君子慎其独也。"大意是,君子在无人看见的地方更加警惕谨慎,在无人听到的时候格外恐惧小心,因为不正当的欲望容易在隐晦之处表现出来,不好的意念在细微之时容易显露出来,所以,君子越是一个人独处的时候越是谨慎小心。说得俗一点,就是说,一个人时,也不要做那些见不得人的事,不要做那些见不得光的事。用巴菲特的说法,就是千万不要做那些根本不能登到报纸头版上的不光彩的事情。

很多人认为伟大的企业家必须是那些善于自我推销,并且到了不可思议、甚至是无耻程度的人。毫无疑问,能够推销你自己和你的企业是一种宝贵的技能和人格特质。拥有这种技能肯定会比没有要好,但它并不是成功的先决条件。一个成功的企业家需要能够有效并且令人信服地介绍他或者她的企业,但并不需要一定是一个大喇叭。

通过阅读《沃伦·巴菲特传》[18]可以发现,在这样一个复杂的年代,巴菲特的惊人之处是他的适应性,他所做的大多数事情能为普通人所模仿。巴菲特的天才之处是他谨慎、严谨和理性的性格。而这些普通的性格,对那些搏击股票市场的人是必不可少的,然而在金融狂潮时期却很少见。就此而言,巴菲特的性格和职业把他推举到投资业和美国企业的公共导师的地位。巴菲特从一开始就意识到他的作用,养成了一种记述其非常行为的习惯。作为一名投资者,巴菲特避免使用财务杠杆、期货、动态套头保值、现代资产组合分析以及其他由学术界发展起来的神秘的东西。与现代资产组合管理者不同,巴菲特将资本投于少数企业的长期增长。从书中可以看出,最重要的是,巴菲特获得巨大成功不是因为做出交易承诺,而是因为他坚守诺言。

专栏 3.7　　　　　　　　巴菲特的理性[19]

迄今,巴菲特已经三次出手"救市":MBIA、AMBAC、FGIC 等债券保险公司(2008 年)、高盛公司(1998)、所罗门公司(1991 年),在以上三个巴菲特扮演"拯救者"的故事中,充分体现了巴菲特的理性与力量:

第一,巴菲特总是在等待合适的"拯救"时机,如果时机不成熟,他从来不会贸然出手。在次贷危机已经爆发一年,各大金融机构相继巨额计提,危机的后果充分暴露之后,巴菲特方肯出手"拯救"债券保险公司。

第二,巴菲特的每次"拯救"行动都附带着严苛的条件,如果这些条件不被接受和满足,巴菲特宁可放弃。在 1998 年"拯救"长期资本管理公司的方案中,巴菲特试图用 2.5 亿美元的代价买下年初资产净值高达 47 亿美元的基金。

第三,巴菲特总是用最简单的方式拯救业务最复杂的公司。长期资本管理公司和所罗门兄弟公司的业务都很复杂,但巴菲特给出的"拯救"方案都足够简单。巴菲特历来讨厌复杂,喜欢业务清晰明了的公司。

蒋友柏[①]指出:"投资是,你愈不要出名,就会赚得愈多。"这也在一定程度上道出了投资界及企业家素质的真实。

调查发现,发展到10年以上的公司,一定会遭遇危机。一是宏观产业的变动,二是经济周期的变动。在这些变动中活下来的企业基本上是一些及时调整和改变的企业,是一些比较稳健、现实主义的企业。往往在这些转折中,失败的企业是那些很激进的、充满了太多理想主义、对风险缺乏防范的企业。

成功和失败都是一种检验。有人成功了,觉得自己了不得,态度令人讨厌,表示其人格堕落了;有人成功了,领悟到只凭自己无法有此成就,因而更加努力,进一步提升了自己的人性。而真正的胜利者,无论是成功或者失败,都会利用机会,磨炼出纯净美丽的心灵。

有网友提问:王总有没有觉得无能为力的时候呢?那时是怎样应对的呢?

王石答道:有。坚信太阳照样升起。

坚守诺言

最美的路总是属于自己的。太多的人错过了银矿,是因为都在想着金矿。企业家需要决断力(Judgment)、信心(Faith)、说服力(Pervasiveness)以及坚定不移(Determination)的品质。既然企业家行为是冒险性的、充满不确定性的,它的最终结果必然是无法准确估算的,所以,时时需要主观判断。而一旦作出某种判断,企业家要像信仰上帝的存在那样相信自己的判断。否则,一遇挫折就"打退堂鼓",最终将一事无成。仅企业家自己有信心还不够,他还必须有能力说服别人相信他的判断,这样才能引来投资或别人的支持。企业家常常作出与众不同的判断,令大多数人无法理解。所以,有经济学家戏称企业家为"傻瓜",那些最成功的企业家只不过是"幸运的傻瓜"[20]。以苹果电脑公司的发起人史蒂夫·乔布斯为例,他在1970年就认为微机市场前途无量,将来人人都要使用微机。这在当时无异于天方夜谭。当年IBM和惠普公司(Hewlett Packard)都有人力、财力和技术来开辟微机市场,只是在那些大公司没人相信不久的将来微机会出现在每个人的办公桌上。乔布斯却相信,他不但自己相信,还说服了当时任职于惠普公司的史蒂夫·伍兹聂克辞职来和他一起搞微机[21]。他们成功了,而且改变了世界。

人们常说,成功的企业家是有远见卓识的人(Visionary),这不仅意味着福特预见到50年以后人人开汽车而不再坐马车,乔布斯预见到20年以后人人使用微机来学习和工作,其实更接近事实的是,他们用自己坚持不懈的努力把世界推向了他们预想的方向。那并不是远见,而是实干;或者说是远见加实干。一位法国作家说:"关于未来,你们的任务不是预测它,而是实现它。"

[提示]一个人的成功,不在于他做什么,而在于做成了什么。

[①] 蒋友柏,1976年生,蒋介石曾孙,蒋经国之子蒋孝勇与妻子方智怡的长子,毕业于纽约大学资讯管理专业。2003年7月,蒋友柏与刚从纽约帕森斯设计学院回到台湾的兄弟蒋友常一起创立资本额为400万元新台币的专业设计公司"橙果设计"。

精英管治

英文里有个词叫 Meritocracy,意谓"精英管治的社会"或"能者居之的制度"或"精才教育制度"。Meritocracy 有两大特征,必须要符合这两大特征,Meritocracy 才可算是完全到位。首先,Meritocracy 主要体现在领袖的普遍教育程度极高;其次,Meritocracy 不会盲目崇拜学历和血统,最重视的,始终是实战成绩,且对无学历但有实绩的人绝不会排斥。

学历高,来自名校者,其训练更好,成为精英的机会自然更大,这是自然现象,举世皆然;但是,学历高,来自名校者,也有不少不是精英。每个人的智力发展时间不同,有些人智力发展时期早,但长大后跟普通人无异,所谓"小时了了,大未必佳",就是指这类人。另外,每个社会都有些人智力能力突出,但由于智力发展较晚,或者没有家世,又或因性格或其他原因不适应教育制度,早期被社会淹没。唐宋古文八大家之一的苏洵(1009—1066)少不好学,从 25 岁开始才发奋读书,似乎就是这类案例。完善的社会和真正的大国就会有机制去栽培、发掘和容纳这类大器晚成的精英。

美国最大的投资银行 JP 摩根在 20 世纪 80 年代曾出现一名首席执行官 Dennis Weatherstone,他从来没有进过大学,也没有任何的裙带关系;英国 20 世纪 80 年代出任首相的梅杰(马卓安),也从未进过大学。

一个稳定的社会,一定是精英和大众的结合,也就是说,社会由精英来治理,但他们考虑的是大众的利益。一个社会中,精英永远是少数,群众是绝对多数。革命时,是暴力在作决定,是枪杆子里面出政权。这种社会转型不是精英分子掌舵,而是大众掌舵,少数精英被大众同化或被劫持,不得不跟着大众走,就像法国大革命时的情况。这种革命的后果是很难预料的。

专业品质

职人精神

第二次世界大战后,日本的崛起得益于追求至善、精益求精。吉田茂是日本战后最负盛名的首相,晚年以充满激情的语言写就《激荡的百年史》,总结日本民族如何战胜困难、目光远大、勇猛进取、善于学习、追求完美。他说,日本民族具有一种止于至善的专业精神。除非不做,做什么就要做到最好,这种精神深深植根于日本民族之血液,此乃日本历经明治维新和战后经济奇迹并得以雄踞世界第二经济强国之主因。管理大师德鲁克说,战后日本经济起飞有三位导师:第一位导师是道奇,他教导日本人要发展经济,首先是稳定货币金融,将日元与美元汇率固定于 360 日元。第二位导师是戴明,全面质量管理之父。德鲁克说,质量管理是美国人发明的,但完美运用、臻于化境的却是日本人。第三位导师就是德鲁克自己。他教会了日本人如何思考战略和实施目标管理。德鲁克对日本文化精神也有湛深研究。70 岁时被荣聘为东京大学研究日本艺术文化的教授,引以为傲。德鲁克与吉田茂英雄所见略同,二师皆以为日本民族真正利害之处,便是那种追求至善、追求完美的专业精神。无论做什么,皆力求最好,心无旁弩,精益求精。此种精神背后是异常谦逊的学习态度和永远不懈地吸取他人长处之开放胸怀。盛田昭夫说:"日本企业之所以能在短期内取得飞跃性进步,奥妙就在于企业经营者始终认为日本在一切领域中都落后于他人,从而产生一种紧迫感。他们情愿以欧美各国的学生自居,坚持交学费,学习经营手法,吸引新技术。""在日本,人们始终不懈地追求效率和生产率的提高,即使是对螺丝刀这样简单的工具也毫不例外。从设计到加工,无不精心考虑,仔细研究。"

日本非常强调"职人"精神,终生全力贯注一件事情,做一项工作,精益求精。电视常常报道这种"职人"英雄,观众也非常喜欢看。日本公司雇用的技工、研究者都是几十年如一日,勤勤恳恳地钻研一项技术、一个产品,他们常常仅以简陋的机床制造出的东西,让我们即使投入高技术的机床也难以生产。在生产工艺中,很多不是靠理论,而是靠经验。在工业领域,日本并不强调高学历,很多技术工人都是高中毕业,一点点修业,到三四十岁成为一名非常优秀的技工,人们常常可以看到他们在开奔驰车,他们成为中产阶级的一部分。

日本的技术不依靠少数天才,而是与其社会文化契合。他们的技术创新,往往是团队攻关的结果,一项技术可能要花很多年,其中,既要有团队精神,也要有家庭的支持。他们把技术看成精神的胜利。每当攻破一项技术难关,他们那种自豪感绝非天才的自豪,而是作为团体一员的自豪①。

五千年的传统文化在给我们带来可以继承和发扬的优秀品质之外,也给中华民族的人性中注入了万事求大同、中庸之道、不肯为人先的惰性。表现在工作中,就是别人怎样我就怎样,尽量不要出风头、冒尖,免得成为别人的目标等。具体到做事上,也就是点到为止,不肯在认真上下工夫。自然也就谈不到做事做到位。久而久之,在职场从业人员之中,如今就形成这样一种环境:"差不多"②,投机取巧,应付了事,推卸责任。

迄今为止,日本对华贸易很大程度上是与在华投资的两万家日资企业之间的内部贸易[22]。日本企业并未把中国企业作为竞争对手。

日本人说,"中国制造"越多,中国购买日本的零部件就越多。尽管现在世界到处可见"中国制造"商标的电子商品,但其中关键的半导体元件、加工设备都是购买日本的。

也许,有人会问:中国的两弹一星、载人飞船都可上天,难道那些日常电子元件就制造不出来吗?"造是可以造,但是成本太高。我们造100个零部件,有一个可以用,其他都是废品。我们自己当然也觉得不划算,还不如买别人的。难道我们真的制造不了吗?主要是我们缺乏精益求精的精神。"一位曾在日本留学的产业内行说。

追根究底

专业品质放诸四海而皆准。有人曾经问过台塑集团的许多高级主管:"台塑被誉为经营的典范,那台塑的管理精神是什么?"他们回答的用词很不一致,显示台塑内部并无统一的说法,不过归纳起来,都指向一个重点,那就是"追根究底"的态度。"追根究底"这四个简单和通俗的字怎么会塑造台塑王国呢?

如果用专业精神来看,"追根究底"其实才是形成专业的真正原因。如果企业经营者对每

---

① 除本企业、本行业外,普通日本人少与其他人交往。很多人都是朝夕相处,甚至家庭之间都很清楚,这种团队要很高的技巧才能操作。

② 中国的代表人物是胡适先生笔下的"差不多先生"。

一个流程追根究底,不断改善、调整,最佳典范流程(Best Practice)不就在那里?如果企业形成追根究底的组织文化,每一个人都有追根究底的态度,每一件事、每一项工作、每一个流程最后不也都会做到尽善尽美?一家高效率、高竞争力的公司不也就形成了?台塑集团用最浅显的话,说出专家与专业精神的真谛,这么简单的道理,却发人深省。

专栏3.8　　　　　　　　环境不能成为企业经营不好的理由

日本松下电器的创始人松下幸之助认为:"企业的经营不能受经营环境的景气和不景气所左右。利润忽盈忽亏的经营不是真正的经营。"也就是说,只有在任何时候都能使企业顺利运营的做法,才是真正的经营。事实上,在现实中能永远顺利经营的企业是极少的,这点松下也不否定。为了实现这一目标,松下与一般经营者在考虑问题的方法上略有不同。他认为:"当经营顺利进行时,这是由于运气好;当经营不顺利时,原因在于我们自己。所以要认真地、严厉地进行自我反省,以图改善。"然而,对大多数企业领导者来说,他们却不这样想。他们大都认为企业经营顺利是自己努力的结果,而在不顺利时,是由于环境不好所致。

松下幸之助之所以如此独特地思考问题,是由于他认为:"若顺利时以为是个人努力所招致的成绩,那人们就容易产生骄傲和轻敌意识,一旦这种意识产生,即使今天成功了,也要招致下一步的失败。"因此,松下幸之助讲:"企业经营成绩不好时,不要从外部去找原因,要从自己的工作方法中去寻找。如果认为自己方法有失误,那就从自身开始反省。若反复进行,企业的经营就会永远不衰。"企业领导者要永远从自身出发,严厉反省,这是利润产生的"电钮",只有彻底地这样去做,企业才能永立"不败之地"。

[提示] 越是真正的企业家,做的越实在,说的也越实在。

敬业精神

虽然高谈阔论的企业家为数众多,却不能成为真正的企业家。真正的企业家不仅对潜在的利润机会高度敏感,而且有实现这一潜在利润并把方案加以落实的能力,即敬业精神和合作精神。但仅仅具备这两种精神的人还不足以成为企业家,因为职业经理人都应当具备这两种精神。众所周知,职业经理人不算是企业家,前者的分工和专业化职能不包括创新。当然,如果连敬业精神和合作精神都不能兼备,那就连职业经理人也不算,因为在每个勤勤恳恳的小业主或者毕生劳作的农民身上都可以找到单纯的敬业精神。

敬业精神更重要的是面对自己的事业有一种入迷和执着的心态。达到了这种心态的企业家,往往会把自己的生命融入自己的事业中去,达到武林高手所谓的身剑合一的境界。具有这种境界的人,对自己的事业往往怀着朝圣者的心情和顶礼膜拜的态度。

在伟大的创业家(如利华、本田、盖茨和佩罗)的工作中展示了两种品质:(1)他们热爱自己的事业,他们全心投入。(2)在从事的事业上,他们总是表现出众。为什么他们能自我激励呢?道理很简单,他们敢于面对结果,无论好坏。结果来自客户,而且总是及时、准确而有力地到来。

专栏 3.9   **热爱客户和产品**

苹果电脑、NeXT、Pixar 等公司的创始人乔布斯经常避而不谈管理问题，不谈最新的财会方法，也不谈苹果电脑如何保持增长。在他的脑海中，其实只有两个基本观念：客户和产品。乔布斯和其他一些创业家给人们最大的启发是，他们都只有单纯的、紧密相关的客户和产品的愿景。

爱你的客户

爱客户就是要对欣赏和使用企业产品的客户心怀感激。沃尔玛仅用了短短四十年就发展成世界上最大的公司。在沃尔玛，消费者能真正地感受到自己受到欢迎。

如何做到爱你的客户呢？有四点尤其重要：

（1）熟悉你的产品。爱客户意味着熟悉产品、热爱产品。其实，没有人对推销员感兴趣，人们喜闻乐见的是有人能解决他们的实际问题，如产品专家，而非拿着报价单缠着你的推销员。

（2）快速反应。创业家和官僚主义者最大的分别是，创业家能把响应消费者需求当成要务。对消费者的需求作出正确反应被很多人视为畏途，但这一切却不会发生在创业家身上。道理很简单，如果消费者是你养家糊口的唯一指望，你无需训练就知道该怎么做。

（3）彬彬有礼，同时训练有素。仅有礼貌但素质不足是无法成事的。反过来也一样，有本事但傲慢无礼，也赢不了。创业家们在此方面有巨大的优势，哪怕客人只买了很少的东西，他们照样对客户心怀感激。如果产品坏了，他们会亲自过问。

（4）永远保有客户。你未来的销售中最重要的部分将仰仗现有的客户，的的确确是这样！失去一两个现有的客户将是场灾难，你应该不惜一切代价地避免此事发生。那么，为什么很多公司的销售奖励政策都向赢得新业务倾斜，而对失去原有的生意却不惩不罚？为什么最优秀的销售人员都被派去伺候新客户，而对于老客户，却让普通销售员工去应付？请务必把这个关系倒过来，保有现存的客户才是重中之重。

爱你的产品

伟大的创业家不仅爱他们的客户，也爱他们的产品。戴姆勒被人称做引擎和轿车的伟大制造者，他的技术无可挑剔：是他造出了第一辆消防车、第一辆摩托车和第一辆摩托艇。但更主要的是，他是个热爱自己产品的销售者。为了让一个经销商卖他的车，他承诺经销商的任何要求他都会满足。经销商说，他唯一的愿望就是把自己 11 岁女儿的名字刻在引擎盖上。他的女儿叫什么呢？梅塞德斯。

下面列举的一些基本做法，可以让你及公司其他人同样爱自己的产品。

（1）了解你的客户。没有一家卓越的公司不为客户提供他们想要的产品。就像爱工作一样，成功的创业家接受了这样的观念：真正的美丽出自客户的眼睛。

（2）为产品自豪。对产品和服务，创业家都有一种个人的拥有感，重要的是要将这种拥有感传递给你的员工，让员工对产品产生拥有感，引导他们感受他们的付出以及产品是如何让客户感到满意的。这一点很重要，你需要将某种程度的个人体验融入产品中去。

(3) 做得更好。查尔斯·福特(Charles Forte)勋爵一手将信任之家酒店(Trust House Forte)发展到全球 800 家的规模。当他的经理建议开设新店时,他只问三个问题:我们新店的价格比竞争对手低吗?我们的客户服务比对手做得好吗?如果不能同时达到这两个要求,至少要做到"要么价格便宜,要么服务好"。对上面三个问题,如果他没有听到至少一个"是",谈话便就此结束。

(4) 做得更快。可以给福特勋爵的问题加一个:我们能做得更快吗?速度是创业家的另一张王牌。在高科技领域,竞争优势体现在比别人做得快;在传统领域,速度是赢家和输家的分水岭。

大智若愚

大智若愚出自《老子》:"大智若愚,大巧若拙,大音希声,大象无形。"蓝港在线创始人及董事长王峰指出:"越是有故事的人,越是沉默。这个论断,你看新东方三位联合创业者在一部热门电影①前后的表述,就能理解。俞是学校最早的创办人,也是最终的守业者。创业者的孤独、坚守、妥协、平衡以及隐忍是旁人难以理解的。再次表态,我非常佩服俞,大勇若怯,大智若愚。在我眼中,他才是我们这个年代的德川家康②。"

大音希声

一个人只有习惯于、致力于并乐于安静甚至寂寞,才可能拥有生活与工作的质量。真正大智慧的人,必定是低调的、淡定的。其智慧好似悬于精神深处的皎洁明月,高洁明澈地照耀着他们通透的心性。他们行走于尘世间,目光是慈祥的,脸色是和蔼的,腰身是谦恭的,心底是平和的,灵魂是宁静的。此所谓:大智若愚,大巧若工。

天之道,不争而善胜,不争而自来。低调、淡定、不浓、不烈、不急、不躁、不悲、不喜、不争、不浮,是落入尘埃里的素颜,是高擎灵魂飞翔的风骨。

中国企业界存在一种独特的任正非现象,用一个词来概括,就是"低调"。从 1988 年创办华为至今,任正非从没接受过任何媒体的正面采访,从不参加评选、颁奖活动和企业家峰会,甚至连有利于华为品牌形象宣传的活动,他都一律拒绝。

不仅是自己,任正非甚至还直白地"强迫"所有员工都要低调。在《华为的冬天》里,他这样写道:"对待媒体的态度,希望全体员工都要低调,因为我们不是上市公司,我们不需要公示社会。"人们可以进入华为的网站,进入其"新闻中心",但当点击'媒体报道'时,它却毫无反应,一如这家企业面对传媒时的态度。华为的公司简介非常朴素,主要内容为介绍其各类产品,完全没有要作出大公司气派的意思。华为的低调体现在内外的诸多方面,其实质在于领导人心态的沉稳与做事的信念。

---

① 《合伙人(2013)》,导演:陈可辛。
② 德川家康(1543—1616)是日本战国时代的大名及江户幕府第一任征夷大将军。在日本史上,德川家康创建了幕藩体制,其所建立的江户幕府统治日本达 264 年,史称"江户时代"。

第3章 实业运营

这一切所谓"低调"的背后,则是他对媒体特性的深刻洞悉,而这种观察有时甚至比媒体人自己更清楚。他曾这样阐述对媒体的看法:"媒体有他们自己的运作规律,我们不要去参与,我们有的员工到网上的辩论,是帮公司的倒忙。"

"我为什么不见媒体,因为我有自知之明。见媒体说什么?说好,恐怕言过其实;说不好,别人又不相信,甚至还认为虚伪,只好不见为好。因此,我才耐得住寂寞,甘于平淡。我知道自己的缺点并不比优点少,并不是所谓的刻意低调。"

"媒体记者总喜欢将成绩扣到企业老总一个人头上,不然不生动,以虚拟的方法塑造一个虚化的人。我不认为自己像外界传说的那样有影响力,但是很敬业、无私、能团结人。这些年华为有一点成绩,是在全体员工的团结努力以及在核心管理团队的集体领导下取得的。只是整个管理团队也很谦虚,于是就把一些荣誉虚拟地加到了我的头上,盛名之下,其实难副。"

任正非利用自己的"言论",一点一点地向公众剖白华为,甚至连自己也不放过:"我个人与任何政府官员没有任何私交关系,没有密切的工作伙伴;我没有与中国任何企业家有过往来,除了联想的柳传志、万科的王石,在20年中有过两次交往外;也没有与任何媒体任何记者有交往。我个人的私人生活很痛苦,非常寂寞,找不到人一起玩。和基层员工离得更远一些,为了公司能够平衡,我得忍受这种寂寞,忍受这种孤独。"

《中国企业家》杂志社社长刘东华这样评价任正非:"任正非几乎是中国最有静气和最有定力的一位企业家。"还有人说他像个老工人。说他平时衣着打扮稀松平常,据说像一个老工人,衬衫袖子永远是挽到胳膊一半,偶尔系回领带还往往不正。

2010年,著名财经杂志《福布斯》中文版首次推出有12人入选的"最受国际尊敬的中国企业家"年度人物榜,任正非高居榜首。《福布斯》中文版表示,任正非虽然不喜欢在公众面前露面,但他在全球大型跨国公司领袖中受到尊敬的程度在中国国内无人能出其右,华为至今仍然几乎是唯一在高科技领域内具有全球竞争力的中国内地跨国公司。2011年,《财富》中文版公布"中国最具影响力的50位商界领袖"榜单,华为CEO任正非位列榜首,联想控股董事长柳传志和海尔董事局主席张瑞敏分列二、三名。

然而,对所有这一切,任正非从未回应,他甚至反复说这样一句话:"当初是因为我们幼稚,做起了通讯产品,只不过回不了头而已。"

任正非现在指出:"华为没有成功,只是在成长。"这个孤独的国王似乎只愿倔强地活在自己的声音中,任你是赞誉还是贬损都是徒劳。

呆若木鸡

大智若愚在《词源》里的解释是这样的:才智很高而不露锋芒,表面上看好像愚笨。明代学士吕坤在《呻吟语》中说:"愚蠢的人,别人会讥笑他;聪明的人,别人会怀疑他。只有既聪明而看起来又愚笨的人,才是真正的智者。"大智若愚是人生的至高境界,是混混沌沌与天地一体,秉承天地间的灵气,为造物主所呵护。大智若愚者一般是一些得道高人,他们永远似睡非睡,对什么事都不感兴趣,态度总是淡淡的、傻傻的,一幅与世无争的样子。他们或者"采菊东篱下,悠然见南山",或者身居闹市仍心凉如镜。就算身居官场商界,仍能以出世的精神干入世的事业,一切功名利禄,他们拿得起、放得下。

一个人的心若能容纳无限的经验,虽饱经世故,却又能维持单纯,这才是朴素。智者为人,心平气和,遇乱不惧,得宠不惊,受辱不躁。智者处事,含而不露,隐而不显,自自然然,平平淡淡,实实在在,普普通通,从从容容,看透而不说透,知根而不亮底。大智若愚,此之谓也!

专栏 3.10　　　　　　　　　　　　《庄子》:呆若木鸡

有一位纪先生替齐王养鸡,这些鸡不是普通的鸡,而是要训练好去参加斗鸡比赛的。

纪先生才养了 10 天,齐王就不耐烦地问:"养好了没有?"答道:"还没好,现在这些鸡太骄傲,自大得不得了。"再过了 10 天,齐王又来问了,纪先生仍旧回答说:"还不行,它们一听到声音,一看到人影,就惊动起来。"又过了 10 天,齐王又来了。纪先生说:"不成,它们还是目光犀利,盛气凌人。"

后来,齐王几乎已经不抱希望了,但还是来找了纪先生,没想到,这回纪先生却说:"这些鸡基本已经可以了,你看这些鸡见了人一点也不惊慌了,也不骄傲自大了,目光也不犀利了,也不那么盛气凌人了,看上去有些像木头做的鸡了。"齐王把这些鸡放到斗鸡场上,它们目光凝聚,纹丝不动,貌似木头,其他的鸡都不敢来挑战,偶尔有不知天高地厚的鸡走过来,也是被纪先生养的这些鸡一个锐利的叮咬啄得落荒而逃。原来呆若木鸡不是真呆,只是形呆而神不呆。那些活蹦乱跳、骄态毕露的鸡并不是什么厉害的斗鸡。

企业家需要克服的是虚荣心,是炫耀欲,要对付的是自己的时刻想要冲出来、想要出风头的小聪明。实力不要在喧闹间卓显;低调也只是高度之别名。获得大成功的人都会低调:也许高调做事,但一定低调做人。冷静,隐忍,眼光透彻,布局长远,一击中的,然后飞遁。任正非没有文娱、体育的任何一项爱好,唯一的嗜好就是阅读和思考,他也没有政界商界的任何朋友,可以说他几乎没有朋友,从学校到部队到华为。但他却善于交流,从国内到国际,从经济、政治到外交,无一不侃侃而谈。但这一切也都脱不开对华为的思考。

[提示]我一直习惯低着头。——[俄]罗曼·阿布拉莫维奇①

钝感力量

负面情绪是一种暗能量,潜藏着大量的本质、未知数与边界性,应该成为理性思考的主要着力点。越是痛苦、矛盾、不安、彷徨、忧伤甚至绝望的事情,越是具有直面相对与深度思考的价值!天才经常活在痛苦中!

世界上最快乐的是猪,最庸常的是人,最痛苦的是神!人世的尊重要靠自己挣得。伟大而有大智慧的人往往就是这样,生命之中不管是不能承受之重也好不能承受之轻也罢,永远淡然地当做平常事,不以物喜,不以己悲,承天顺命,安然自处。

日本作家渡边淳一还发明了"钝感力"一词。按照渡边淳一自己的解释,"钝感力"可直译为"迟钝的力量",即从容面对生活中的挫折和伤痛,坚定地朝着自己的方向前进,它是"赢得美好生活的手段和智慧"。按照单纯的字面意义,"钝感力"可以译为对周遭事务不过于敏感的能力。但"钝感力"不等于迟钝,它强调的是对困遇的一种耐力,是厚着脸皮对抗外界的能力。它仍是一种积极向上的人生态度。

---

① 罗曼·阿布拉莫维奇(Roman Arkadievich Abramovich)俄罗斯寡头,英格兰切尔西俱乐部的老板。

"钝感"相对敏感而言就是一种大智若愚的生存智慧。由于生活节奏的加快,现代人过于敏感往往就容易受到伤害,而钝感虽给人以迟钝、木讷的负面印象,却能让人在任何时候都不会烦恼,不会气馁,钝感力恰似一种不让自己受伤的力量。在各自世界里取得成功的人士,其内心深处一定隐藏着一种绝妙的钝感力。《士兵突击》中许三多的形象之所以广受欢迎,正说明钝感力的妙处所在。

社会就是一个个不同生态圈,在这种生态圈中,互相的竞争、斗争在所难免,弱肉强争、优胜劣汰也是常态。保持一定的敏感度是必要的,但更为重要的是对自己价值的内在认同、对目标实现的不变坚持,从而在努力过程中,有意识地去排除各种杂音与干扰。正是这种貌似"迟钝"的顽强意志使人能够突破重重障碍,步步向前,最终实现自己的发展梦想。

如何面对轻视?如何面对冷漠?如何面对失败?人的优秀素质主要体现在淡定地面对负面现实的情景中。身处负面情境要冷静耐心。你尽量让坏事发生好了。你不要躲避。相反,你要认真观看。你要用主动地理解代替被动地接受刺激。这样你就会应付这些事情。人只有经历自己的渺小,才能到达高尚。

专栏3.11　　　　　　**潘石屹:谦卑如泥土**[23]

所有的事例都表明,人太在乎自己的时候,做不出好东西。如果作家总想着我写的东西一定要出名,刻意地去迎合一些东西,刻意地把自己的情感、自己的东西全都放到作品里去,无一例外,这些作品都会很糟糕,别人都不会看。但如果作家把自己放得很低,放得很谦卑,把自己弱小、淡化处理,基本上快到消失的状态,这个作品一定是伟大的作品。

我最早看的书,是张洁的长篇小说《沉重的翅膀》。这部小说的主人翁叫叶知秋,张洁把她描写成一个特别丑、特别弱小的女人,这部作品对我的影响非常大。陈忠实写的《白鹿原》也完全看不到作家自己的影子。还有一个作家我特别喜欢,他如果活着,一定会得诺贝尔奖,他就是路遥。他写《人生》的时候,主人翁高加林实际上带着他自己很强的色彩。所以,这部作品的价值就比不上《平凡的世界》,因为路遥把自己在孙少安、孙少平这些人的身上淡化处理了。再回到任志强谈的事情,谁是强势、谁是弱势不重要,我们一定要把每个人的作用放到微乎其微。

如果一个人可以谦卑得跟泥土一样,在商场上也好,在社会上也好,你都是不可战胜的,你就是最强大的,因为你已经把自己放到最低的位置上了。

将者治心

苏洵说得非常好:"为将之道,当先治心。"企业家需要冷静专业的脑、温暖开放的心。

精诚效忠

精诚效忠精神在日本商业精神中体现为企业员工忠诚于集体、公司,而集体、公司忠诚于社会、国家的效忠意识。进入日本公司(尤其是大公司)的员工,都有一种感恩、报恩、忠于公司的"从一而终"的感情。这种感情由于强烈的就业竞争和生活所迫而被特别强化。诚如松下幸之助所言:"所谓实业人的使命,就是要克服贫穷,使社会全体脱离贫穷,达到富有。"字里行间都包含了一个实业家对国家、对社会的忠诚意识。日本人的忠诚精神还表现为一种效忠社团的群体意识,企业的员工倾向于把个人同社团化的公司命运联系在一起,并伴随着经济上的某种利害关系产生精神上的荣辱与共。这种社团归属意识与忠诚精神正是形成日本人本主义管理并形成独具特色的企业文化乃至企业社会的精神底蕴之所在。在1996年大阪神户大地震中,神户钢厂遭受了严重的破坏,钢水凝固在转炉中,该厂员工一百多天不回家,拼命工作,发扬团队精神,直到恢复生产。

日本企业精诚效忠精神产生的背景有两个方面:(1)终身雇用制。20世纪50年代,为了解决严重的劳资纠纷和技术熟练劳工高流动率的问题,日本企业导入温情家族管理方式,实行终身雇用制:大学毕业后即进入企业工作,直到退休为止,持续在同一企业服务。终身雇用制是日本用工制度的一大特色。(2)年功序列制。这是一种传统的工资制度,与终身雇用制相关联。基本特点是依据雇员年龄、工龄、学历、经历等要素来确定工资标准,年龄越大,企业工龄越长,工资就越高。

> 唐骏初来盛大网络公司之际,没有对盛大说一个"不"字。因为他不是企业家,只是一介职业经理人,他不能"改造"盛大,只能"完善"盛大;他不是非常习惯盛大的企业文化,他也不能去创造另外一种文化,所以只能先认同,再慢慢适应、融合、共同创造。从第一天起,他就知道自己的位置。他要"学习盛大,了解盛大,融入盛大",这是他给自己定下的三部曲。陈天桥将盛大里面的东西都做好,唐骏给它一个好的包装,然后向大家兜售一个盛大成功的故事。"我帮助他们的一个重要地方是我带来了跨国公司的管理理念、管理模式,完善了盛大的管理团队。"唐骏这样说。

自强不息

自强不息来源于《周易》的两句话:"天行健,君子以自强不息;地势坤,君子以厚德载物。"爱默生说过:"这世界只为两种人开辟大路:一种是有坚定意志的人,另一种是不畏惧阻碍的人。""没有人双手送给你一个白馍馍吃,你挣扎,你奋斗,你适应,你调整,最后从缝隙中挣扎出来的你长得一定旺。"张艺谋曾在一次讲座中这样告诫北京电影学院的学生[24]。

人世沉浮如电光石火,盛衰起伏,变幻莫测。如果你有天赋,勤奋则使你如虎添翼;如果你没有天赋,勤奋将使你赢得一切。命运掌握在那些勤勤恳恳工作的人手中。推动世界前进的人并不是那些严格意义上的天才,而是那些智力平平却又非常勤奋、埋头苦干的人;不是那些天资卓越、才华四射的天才,而是那些不论在哪一个行业都勤勤恳恳、劳作不息的人们。天赋超常而没有毅力和恒心的人只会成为转瞬即逝的火花。许多意志坚强、持之以恒而智力平平乃至稍稍迟钝的人都会超过那些只有天赋而没有毅力的人。懒惰是一种毒药,它既毒害人们的肉体,也毒害人们的心灵。无论多么美好的东西,人们只有付出相应的劳动和汗水,才能懂得这美好的东西是多么地来之不易。

《周易》里所体现出来的正是这种生生不息的精神。"易"的本意就是变化,就是创新。在古人眼里,"易"放在那里不动,就藏着天地间至神至妙之理,可一旦运数观象,"易"就变化起来,其中的卦象发生变化,只有在变化之中,才能显示出"易"之理,而且是一动百动,某个时刻动"易",也就意味着"易"在那一刻发生巨大变化,将其卦象变化到能跟那一刻整个宇宙对接起来,于是从整个宇宙中找到你想要的信息。打个通俗的比喻,"易"就像全球定位系统。如果你想搜索某个位置,那么,启动全球定位系统,天上是卫星分区搜索,然后将信息传回地面中心,由中心对信息作出处理,找到答案,得出所要求的信息,然后传出。"易"的工作原理也是如此。正是由于有了这样一种天地变化的、全面的"易"的观念,所以,"君子"要自强不息,要不断地完善自己,永不停息地向更高、更新的境界攀升!只有如此,才能真正做到"天人合一",才能在自己的身上体现出"天"之"至德"。

勤奋进取精神是日本企业家的精神,有人描绘日本人的工作"像一个晶体管操纵的蚂蚁群"。"蚂蚁"表明他们工作勤奋,"群"则表明他们的团队行为。具有团队精神的日本人并没有被集体主义磨去个人棱角。日本企业家是一个由具有勤奋进取个性精神、修身律己、意志坚强的群体所组成。民族自尊和资源不足的危机感使日本人很劳碌,像蚂蚁一样在所不惜。日本企业家小山秋义把自己创业的经验总结为"怀抱炸弹"经营。

善者健心

在追求荣誉、财富、成就、成功等时绝不能忘记,这一切都始于并终于人的身心健康。毫无疑问,企业家为社会创造出了巨大的财富,他们自然成为促进国民经济快速发展的一股重要力量,对于这一切,企业家的身心健康无疑是根本。关心企业家的心理健康和生存环境已经成为一个不可小觑的社会问题。经济学家周其仁曾说:"中国有世界上最昂贵的企业家制度和最廉价的企业家"。这句话包含了多少无奈和痛惜!作为企业的灵魂人物,从某种程度上来说,企业家的身心健康也是企业健康的基础。

联合国卫生组织指出:"健康是生理上、心理上和社会适应上的完满状态。"放松精神是减轻工作疲劳的重要秘方。人们的终极追求并不是财富、权力、地位和荣誉,而是幸福。财富、权力、地位和荣誉之类的东西只是构成幸福的客观条件,而真正幸福与否却最终取决于自己心中是否满意的心理体验。如果把钱钟书"婚姻像穿鞋,合不合脚只有自己知道"这句话扩充开来,那么,幸福不幸福并不取决于外人看到的贫、富、贱、贵等客观状态,而是个人的心态。因为"幸福像穿鞋,合不合脚只有自己知道"。赫赫有名的拿破仑拥有一般人梦寐以求的一切——荣耀、权力、财富和美人,可是谁又能真正读懂他对自己密友所说的:"我这一生从来没有过一天幸福的日子!"看来,他的生活也并非别人所看到的或想象的那样光彩照人。

在一般情况下,大多数人相信运营一家初创公司会让人的情绪有跌宕起伏的感觉。这的确是一个不争的事实,但是任何事情都有两面,那些具有软双相心境障碍的人反而更适合创业,因为只有那些充满能量和创造力的轻度狂躁企业家们才会想尽一切办法开辟最优秀的业务。有些人更容易受到情绪的波动,也能体会到负面的抑郁情绪,包括绝望、烦躁、疲劳、注意力不集中以及不被重视的感觉。无论是对企业家本人还是对他们创立的企业而言,这种特质的负面影响必定会存在一定的风险。

对于那些有轻度狂躁的企业家而言,他们需要一种"非理性繁荣"的支持,但这种繁荣会给企业带来风险。因此,这些企业家需要一些能让他们平静的运动,如散步、静思等。同时,他们还需要积极的睡眠,以减轻时刻保持兴奋的大脑负担。他们还需要联合创始人、员工和顾问,帮助他们实现那些疯狂的想法。那些有轻度抑郁的人必须保持良好的生活规律,遵循养生之道,花时间和所爱之人待在一起,此外,还要学习控制一些情感,如自我怀疑和消极思维。而对于那些正在忍受慢性抑郁症的人,选择正确的药物和合适的治疗可以帮助他们改善日常生活。

30多年来,以阶层式崛起的中国企业家群体,因被主流经济文化逐渐认同为"经济脊梁"

而使他们总是被"精明强悍"、"春风得意"等众多极富"欢颜"与"悦心"的辞藻包围着。而作为拥有金钱、事业、名誉的他们,也被人们认为理所应当地拥有着世间最浪漫的生活和最多的幸福。然而,耀眼的光环却遮盖不住深藏其后的焦虑、孤独和苦闷①。

温州市一位私营业主,经过十几年的商海拼搏,积累下上亿身家。但在一次宴请客人时,却突然脸色发白、大汗淋漓,此后,他一旦置身于人群中就会反复发作,每天出门都要熟人陪伴,老是担心有人绑架他,街头乞丐的"自由自在"居然成为他羡慕的生活。后经诊断,他患上的是"广场恐惧症"。

国内著名的摩托车生产厂商之一郑某,正当事业蒸蒸日上的时候,忽然有一天却有一种莫名其妙的恐惧袭来,双手抖个不停,浑身大汗淋漓,然而,医院检查却未发现异常,注射镇静剂后很快恢复正常。从此以后,伴随着他这一症状的反复发作,莫名的火气便不由自主地发向下属,一时间公司人心惶惶。后经心理医生诊断,才发现是得了焦虑症。

在2010年1月到2011年7月的19个月里,知名上市企业中就出现了19名总经理或董事长级别的高管离世,其中,百事通COO吴征等高管因病辞世。在这19名逝者之中,因患病而亡者的比例最高,为12位,达到63%;因抑郁原因自杀身亡的有4位,占21%;另外3位则系意外身亡。

浙江商界巨子王均瑶英年早逝,其妻携19亿存款改嫁王生前的司机。该司机幸福之时感慨道:"以前,我以为自己是在为老板打工,现在我才明白老板一直在为我打工!"残酷的事实说明:健康远比高富帅重要!

目前,有高达90.6%的企业家处于不同程度的"过劳"状态。因此,健康对于企业家来说,似乎成了一种奢侈。

古人说:"心本可静,事触则动。动之吉为君子,动之凶为小人。"影响心理健康的因素主要有两方面:一是有触动心灵的事件;二是主体是"君子"还是"小人"以及自己会不会调适。

从外部触发因素来讲:

第一,社会、经济体制的剧烈变革。自中国步入市场经济时代,体制的巨变无时无刻地考验着每一个企业家的眼光、智慧和良知。惊涛骇浪,大浪淘沙,这不难从接连落马的上榜富豪中一窥端倪。与此同时,一些心理比较脆弱的企业家以及那些道德感、责任感强烈的企业家,最容易出现一种罪恶感,由此也易于产生心理危机!

其实,在成熟的市场经济国家,企业家或者说职业经理人事业的成功很大程度上缘自社会机制的完善,或者说依托一个良好的市场与法制环境,企业的经营行为相对来说往往可以预测,在一定程度上具有可控制的保障。而在中国,由于社会、经济、政治体制处于一个新旧交替的非常时期,由于缺乏机制与道德的约束,企业的外部生存环境具有很大的随机性,导致一切都显得难以预测和把握,企业的成功更多地依靠带有一种灰色的成分或者说权谋。有专家认为,这一外在环境客观上使苟营者易于取巧,成熟的商规难以张扬,一种可正面参照的普遍性原理与榜样空白,促使权谋的作用被无限地扩大、变异和神化。

第二,越来越激烈的市场竞争。市场经济优胜劣汰乃是自然规律,但激烈的市场竞争也常给企业家一种风云突变、朝不保夕的危机感,面对已取得的成功,他们害怕失败。而一些背运

---

① 记者采访金山董事长兼CEO求伯君,求伯君说:"如果时光倒流20年,我不会选择创业,太辛苦,太辛酸了。"金山前CEO雷军也说过类似的话,大意是:创业真不是人干的!

的企业家在竞争中被淘汰出局后,心中难免失去平衡,以至于走极端,甚至铤而走险,走上犯罪的道路。

压力、竞争、劳累、焦虑常使企业家深感身心疲惫,难以承受。在外人看来,董事长、总经理的名头既响亮又威风,但这背后却是多少个不眠之夜和怎样日复一日、年复一年的呕心沥血,精神的弦总是处于紧绷的状态。在此情况下,不管企业家本人的意志多么坚强,都难免有招架不住的时候。

第三,职业的特殊性使企业家对世态炎凉有着更为深刻的体验。不管是成功的企业家还是失败的企业家,在他们从商的过程中,多多少少都会体验到内心深处的孤独和无助!有专家分析,与一般人的体验相比,企业家的孤独更深刻,危害性更大,它除了影响企业家本人的心理和身体健康外,严重的还会导致企业家滑向悲观主义的深渊,对周围的一切都抱以怀疑的态度!

从企业家自我的调适来讲:

第一,事业有度。凡事尽力而为,但也要保持一定的弹性,否则,超负荷运作必将导致疲于奔命,结果只会积劳成疾。近两年来,离开管理第一线的深圳万科集团董事长王石大约1/3的时间是在山上度过的,他每次上山时也还有一些固定的伙伴结伴而行,如万通集团的董事长冯仑。同时,他还发起成立了一个由200多名企业家组成的滑雪俱乐部,每年聚会一次。明基中国营销总部总经理曾文祺也不无骄傲地说:"我总是在晚上11点左右睡觉,早上6点起床跑步。你们要是睡懒觉就欣赏不到苏州早晨的薄雾有多美了!"

比尔·盖茨连续多年蝉联《福布斯》财富排行榜榜首,但他是个自由、快乐的人,因为他认为财富就只是一个数字,做自己喜欢的事情才令人感到身心愉悦,也更容易激发自己的想象力与创造力。巴菲特是另一个商业奇才,他与比尔·盖茨长期稳坐财富排行榜的前两位,但他同样能每天都快乐地吹着口哨去上班,自由而快乐地工作和生活着。

第二,陶冶情操。企业家要有丰富的业余爱好,要以自己的生活兴趣摆脱心理的困扰。例如,读一本早就想读的好书,或者绘画、练书法、做雕刻等手工小制作,都是可以增添生活情趣的,甚至可以从中感悟到人生的真谛。谁又能拒绝一段美妙的音乐、一顿丰盛的晚餐、一次倾心的交谈、一次浪漫的远游呢?无疑,这不但使人体味到家庭的温馨和浓浓的温情,更让人感受到了人生的快乐和幸福。

专栏 3.12   **曾国藩的养生秘诀**

曾国藩提出"早、扫、考、宝、书、蔬、鱼、猪"的"八字家训",不仅反映了"修身、齐家"的道学思想,而且蕴藏了许多养生秘诀。

养生首在养心。曾国藩在家训中规定:"养生以少恼怒为本。"他坚持用静坐的方式养心,即使在战争危急、事务繁忙的时候,仍每天坚持不懈。

节制饮食。曾国藩在饮食上主张"少食"、"素食"、"清淡"。在日常生活中,他多以素食和蔬菜为主。"常食老米粥以疗脾亏","吾夜饭不用荤,以淡汤炖蔬菜一二种"。他告诫子弟,"夜饭不荤,专食素,亦养生之宜,且崇俭之道也"。

多动、习劳。曾国藩认为,人体活动则气血活、静脉通;不动则病滞。他每天坚持饭后走一千步。他还告诫自己的子女、儿媳,要亲自种菜、养猪、织布、下厨,不要随便使唤奴仆;出门要多走路,少骑马坐轿。他在家训中说:"老则寿,逸则夭。"他的儿子曾纪泽少年体弱多病,即命其每日早晚走五里路。坚持日久,便变弱为强了。

早起。曾国藩说:"早起为养生第一秘诀"。早起可以振奋精神,早起是曾氏祖辈几代的传统家风。在他的教导和影响下,家中人人"黎明即起,洒扫庭院"。他手下的幕僚、将领无不效尤,没有一个睡懒觉的。

正确对待医药。曾国藩认为医药能"治病保身",但也能"致病伤身"。他主张正确对待医药,做到"病来即药,病去即止"。他推崇精神调养和食物调养并重,常购人参、鹿茸、阿胶之类的补品熬粥食用。

第三,提高心理素质。新形势下的企业家要有"心理商数"意识。需要保持良好的心理状态,适时适度地调整自己的心态与情绪,特别是要主动接受生活的挑战,只有正视挑战,才可能平和自如地融入竞争的社会生活中,哪怕是身处逆境也会坚信,"事实并没有你想象的那么糟"。如果一些企业家已经意识到自己有了心理障碍,也不要讳疾忌医,相反,更应积极地配合心理医生进行治疗。

专栏 3.13　　　　　　　　冯仑:心理钱包[25]

人(扩大说也可以指一个公司)一生会有三个钱包,他可以使用三种钱。一个是现金或资产,这些东西是物化的,可以看到。例如,在银行存了 100 万,还有 100 万房产、100 万股票,这是一个钱包,是可以计算的钱包。多数人每天在算的就是这个钱包。第二个钱包是信用,别人口袋里的钱你能支配多少。例如,我给某某打电话借 100 万,结果下午钱就到账了。虽然这个钱在法律上是不属于我的,但是我能支配的,这种钱比较难度量,它是抽象的、虚位的。在你急难的时候,你可能借到这笔钱,这是信用的钱包。第三个是心理的钱包,有人花 100 万,觉得挺少的,因为他有一个亿;有人只有 10 000 块,花了 9 999 块,心想完蛋了,要破产了。同样一种花钱方式在不同情境、不同心态下,你感觉钱的多少是不一样的。例如,在困难的时候,一块钱对你而言可能顶 100 万;当你有一个亿的时候,就觉得 100 万也似乎不是钱,尤其是在和平环境、生活无忧的时候。

所以,人一生就在不断翻动着这三个钱包里的钱。第一个钱包里的钱是最容易度量的,也比较易于管理,就像煤球,踢一脚就踢一脚,脏了烂了反正都是那么一堆。第二个钱包是最难管理的,信用资产是飘在天上的氢气球,它可以飞得很高,但也很脆弱,一扎就爆了。所以,越是伟大的公司,越害怕投诉,越害怕有人扎他的"气球"。好的公司、好的人用了别人的钱,用得多了也自然有人要监督你,所以,第二个钱包轻易不能打开;但是不打开调动的资源又有限,资源调动得越多,信用越大,你也越脆弱。所以,公众公司容易被丑闻打倒,而私人家族公司反倒不怕。第三个钱包实际是心理感觉。有两种感觉决定钱包的大小,一种是情境的变化,顺利和困难时支出钱的多少会让人有心理反差;第二种取决于钱的稀缺程度和它

> 在你心里实际占的比例,而不是绝对的花了多少钱。同样都花 100 块,一个占 50%,一个占 10%,是不一样的。人一生在调配钱包的时候,实际是每天都在算三个钱包。做一个好的企业,是要放大第二个钱包,调整第三个钱包,守住第一个钱包。守住第一个是根本,放大第二个来促进第一个钱包的增长,最后是调整心理预期和实际的风险控制,不让自己处于高风险的地方,让心理钱包总是很平衡。如果预期脱离实际,你的心理钱包老是不稳定,就会做出急躁的决定。

第四,弥补信仰缺失。现在,中国的企业家们在解决了金钱、地位、名誉等问题之后,开始感受到对信仰困惑与迷失的恐慌。企业家应该有一种平和的心态,树立正确的财富伦理观。具体如表 3.4 所示。

表 3.4 优秀企业家特质的 10 个 D

特质	内涵
理想(Dream)	企业家对他们自己及其公司的未来具有眼光。更重要的是,他们要具有实现这种愿望的能力
果敢(Decisiveness)	他们不因循拖拉,而是决策敏捷,这是成功的关键
实干(Doers)	一旦决定某个行动,他们总是尽快实行
决心(Determination)	他们全身心投入事业,绝少半途而废,即便面对似乎难以逾越的障碍,也是如此
奉献(Dedication)	他们献身于事业,他们工作起来不知疲倦,创业时一天工作 12 小时,一周 7 天工作是常见的
热爱(Devotion)	企业家热爱他们的事业,这使他们能够承受困难。热爱他们的产品或服务,他们的销售十分有效
周详(Details)	据说过细会导致错误,但当一个公司处于起始和发展阶段时,企业家就必须仔细周详
命运(Destiny)	较之在已经发展多年的大企业稳当就职,他们更愿意把握自己的命运
金钱(Dollar)	致富并非初衷。但钱是衡量他们成功的尺度。他们认为,如果取得成功,就应得到奖励
分享(Distribute)	企业家往往与主要雇员分享企业所有权,因为他们是新公司成功的关键

本章概要

实业运营是企业家精神的基石。本章探析了实业运营的三个基石:价值创造、自律自强与精英管治。

中国现实的实业运营状况可借用鲁迅先生的话来概括:"所以,现在的中国,社会上毫无变革,学术上没有发明,美术上也没有创作;至于多人继续的研究,前仆后继的探险,那更不必提了。国人的事业,大抵是专谋于时式的成功的经营,以及对于一切的冷笑。"

思考练习

1. 企业家该具有什么样的实业运营思想？实业运营对社会（尤其是中国社会）的发展具有什么样的促进意义？中国历史上为什么只出投机商而没有大的实业投资的企业家？
2. 善藏锋者成大器。你是如何认为的？请举出实例。
3. 投机是企业家实业运营的表现吗？社会该如何合理地对待企业家的投机行为？
4. 对企业家而言，利润追逐具有什么样的影响力和驱动力？
5. 实业精神的涵养与哪些因素有关？
6. 企业家的实业精神是如何向企业以外的其他领域拓展的？
7. 自从股市热起来，中国大陆的企业家看到什么赚钱更快了。资本市场的泡沫造成有些企业"火箭式上升，雪崩式垮台"。企业家们逛了一圈回来，找不着做实业的感觉了。政府在这样的变革中应承担什么样的责任？企业家们自己又应如何把握？
8. 读书的目的是什么？读书究竟是为了"写书"还是为了"实业"？中外对读书的目的性认知存有何种实质性差别？唐朝大诗人李白的名句"读书破万卷，下笔如有神"存在什么样的对读书目的的认知错误？产生了什么样的社会价值误导？
9. 在目前的市场状态和经济环境下，投机风气比较重，注重短期利益的情况较多，企业家如何协调长远发展与短期利益之间的矛盾？
10. 当作为"空降兵"管理企业，特别是有着一定历史的国有企业，面对企业固有的衙门文化，严重的人浮于事现象，如何打破固有文化、突破潜在游戏规则的阻力，发挥领导力开展工作？

延伸阅读

《致新知识分子——安·兰德哲学》（[美]安·兰德．冯涛译．北京：新星出版社，2005）：本书是安·兰德对现今盛行的哲学教条以及因之而生的"负罪、痛苦、绝望、厌倦以及无处不在的逃避氛围"的挑战。安·兰德是一种理性的私利主义伦理学的倡导者，与利他主义和自我牺牲的伦理学形成最为尖锐的对抗。这种道德观的基橡——一种现世生活的哲学——正由本书以洪亮的嗓音宣布出来。

《脆弱的力量》（[美]布琳·布朗．覃薇薇译．杭州：浙江人民出版社，2014）：人们常常困扰于那些负面的经历和情绪，如脆弱、羞耻、恐惧和自卑，甚至认为正是这些不完美让我们深陷于疲惫，阻碍了我们的成长，但在布琳·布朗看来，正是我们自身的脆弱赋予我们力量，在充满危机和不确定的路上，当自我拉扯、纠结、恐惧缠绕你时，人生不完美的"礼物"不期而至，拥有它们会让你全心地投入生活。

《福特传》（[美]道格拉斯·布林克利．乔江涛译．北京：中信出版社，2000）：福特汽车公司是最卓越的美国企业之一。作为一流的传记和福特的商业史，《福特传》的出众之处不仅在于布林克利所透露的那些令人着迷的新资料，还在于波澜壮阔的故事和令人赞叹的清新文笔。

《李鸿章传》（梁启超．南昌：江西人民出版社，2003）：吾敬李鸿章之才，吾惜李鸿章之识，吾悲李鸿章之遇。李鸿章为中国近四十年第一流紧要人物。李鸿章为时势所造之英雄,非造时势之英雄。李鸿章必为数千年中国历史上一人物,无可疑也;李鸿章必为19世纪世界历史上一人物,无可疑也。

《张之洞》(上、中、下,唐浩明.北京:人民文学出版社,2001):张之洞为晚清重臣、学界巨擘。他走科举之路,获朝廷重用,在京为清流言官,外放也忠君勤政,更于维护满清统治之余,向往西方科技文明,开办实业。处在一个新旧交替的时代,他以旧意识、新思想交织复杂之身,力挽狂澜,提出著名的"中学为体,西学为用"主张,百余年来也是常说常新。

《野蛮生长》(冯仑.北京:中信出版社,2007):冯仑对民营企业的所谓"原罪"、合伙人制度、管理逻辑以及生死存亡等都有着自己独到的见解和思考。在民营企业家中,有成功者也有失败者,王石为什么成功?牟其中为什么失败?冯仑通过近距离观察给出了颇具特色的企业家素描。

《硅谷之父:微型芯片业的幕后巨人》([美]莱斯利·柏林.孟永彪译.北京:中国社会科学出版社,2008):被称誉为硅谷之父,罗伯特·诺伊斯是当之无愧的。这本传记在大量从未公开的商业文献和档案材料基础之上,既再现了诺伊斯由一个科学神童到商业巨子的过程,也再现了美国半导体行业的产业史。

《管理的实践》([美]德鲁克.齐若兰译.北京:机械工业出版社,2006):这本著作奠定了德鲁克先生在现代管理学学术史上的奠基人地位。该书的出版标志着管理学作为一门学科的诞生。本书以"管理企业、管理管理者、管理员工和工作"三项管理的任务贯穿整本书的主轴和精髓,并以八个关键成果领域、三个经典的问句以及组织的精神丰富其内涵。

《赢》([美]韦尔奇.余江等译.北京:中信出版社,2005):本书凝聚了韦尔奇一生的管理智慧,是其执掌通用领导艺术的总结与升华。在这部商业成功指南中,除了以前广为人知的"4E"计划外,韦尔奇又给创业的人提出了4条基本原则,给领导人带来新鲜而实用的8条建议,并从6个方面教你的公司如何才能赢,还有让你如何赢得竞争的5个秘诀以及你的事业如何才能赢的4大法则。

《格鲁夫给经理人的第一课》([美]安迪·格鲁夫.巫宗融译.北京:中信出版社,2007):全球第一大计算机芯片供应商英特尔公司创办人格鲁夫在本书中倾囊亲授执掌公司二十多年的经验,将制造业的"产出"概念导入企业经理人的工作核心中,创造性地提出了"高杠杆率管理"的方法,帮助经理人以最有效的投入获得最大的产出。

参考文献

[1] 孙中山. 孙中山全集(卷9)[M]. 上海:中华书局,1986.

[2] [美]约瑟夫·熊彼特. 经济发展理论:对于利润、资本、信贷、利息和经济周期的考察[M]. 何畏,易家详,张军扩,胡和立,叶虎译. 北京:商务印书馆,1990.

[3] 孟宪忠,包霄林. 论现代市场经济精神[J]. 文史哲,1995,(1):47-52.

[4] 张淼. 跨国公司的"隐身衣"[J]. 读书,2006,(3):52-57.

[5] 吴晓波. 中国企业家为何逃离实业[N]. 环球时报,2010-07-21(15).

[6] 张军. 经济学家眼中的企业家精神[EB/OL]. 张军经济学网站,[2007-05-10]. http://www.prozhang.com/article_show.asp?id=80.

[7] 吴晓波. 企业家永远都是赌徒加工程师[N]. 第一财经日报,2008-01-23(C8).

[8] Israel M. Kirzner. Competition and

Entrepreneurship[M]. Chicago：University Of Chicago Press 1978.

[9] 吞舟鱼. 时势造英雄：中国亿万富翁的五大发家秘诀大揭秘[EB/OL]. 凯迪网络,[2005-07-07].

[10] 钟庆. 刷盘子,还是读书？——反思中日强国之路[M]. 当代中国出版社,2005.

[11] 曹康林. 生态位现象[J]. 企业家天地,2002,(1)：4-7.

[12] 汪洋. 从1876到2010：美国创新的变与不变[N]. 21世纪经济报道,2010-03-29(15).

[13] [法]罗曼·罗兰. 名人传[M]. 傅雷译. 南京：译林出版社,2003.

[14] [美]彼得等. 金科玉律：改变人类生活的18条法则[M]. 艾柯译. 北京：机械工业出版社,2004.

[15] [美]安迪·格鲁夫. 格鲁夫给经理人的第一课[M]. 巫宗融译. 北京：中信出版社,2007.

[16] 余秋雨. 构思过度[J]. 领导科学,2008,(6)：28.

[17] 《It经理世界》. 对话杨元庆[J]. IT经理世界,2008,(7)：108.

[18] [美]洛文斯坦. 沃伦·巴菲特传——一个美国资本家的成长[M]. 顾宇杰,鲁政,朱艺译. 海口：海南出版社,2007.

[19] 周迪伦. 巴菲特的力量[N]. 第一财经日报,2008-02-17(A01).

[20] John Vincent Nye. Lucky Fools and Cautious Businessmen：On Entrepreneurship and the Measurement of Entrepreneurial Failure[J]. Research in Economic History, 1991, supplement(6)：131-152.

[21] Paul Freiberger, Michael Swaine. Fire in the Valley：The Making of The Personal Computer[M]. 2. New York：McGraw-Hill Companies, 1999.

[22] 刘迪. 考察日本的精神[N]. 东方早报,2007-5-22(A23).

[23] 潘石屹. 我始终是个普通人 如今回归婴儿状态[EB/OL]. 中国企业家网,[2013-07-03].

[24] 何伊凡,黄秋丽. 猎金张艺谋[J]. 中国企业家,2009,(13).

[25] 冯仑. 野蛮生长[M]. 北京：中信出版社,2007.

第4章 创新能力

> 心不清则无以见道,志不确则无以立功。
> ——(宋)林逋[①]

学习目标
- 理解创新的必要性及其价值;
- 把握创新的丰富内涵与发展;
- 学习使用创新的金字塔分析模型;
- 强化创新的策略方法与思维模式。

现代市场经济表现为以经济价值优先,在这样的社会里,增加全社会的财富——发展生产力是核心目标,而不断创新正是达到这一目标的最理性、最有效的方法。2007年5月14日,在上海浦东微创医疗器械公司视察时,温家宝指出:"一个城市、一所学校、一个企业,不在于搞多大,有多么气派,而在于创新精神和创新能力,这是最根本、最长远的。"这在一定程度上指出了人类社会发展与当今世界演变的真实。现代市场经济社会的核心价值体系对企业家的创新动机予以完全地认同和支持,并以创新精神来规范企业家的行为。这就使"创新精神"成为现代市场经济社会企业家精神的表现形式。国与国之间、公司与公司之间的较量最终取决于创新能力的较量。

创造(Creation)、创新(Innovation)和创业(Enterprise)是一组既有联系又有区别的概念。创造表示一个从无到有的发生过程,创新体现对现有事物的更新和改造过程,而创业则是开创某种事业的活动。虽然三者都给予认识主体一种"全新的"感觉,都具有独创性,都含有"创"的成分,但创造强调原创性,创新为"推陈出新",创新精神是把一件事情做到尽善尽美的一种追求,而创业则注重把创造与创新的东西变成现实,开创出新事业。创造能够孕育前所未有的东西,然而并不一定完美,只有创新才能使创造尽善尽美,只有创业才能使创造和创新落到实处。

乔布斯总爱引用画家毕加索(Picasso)的名言:"好的艺术家懂复制,伟大的艺术家则擅偷取。"他从不认为借用别人的点子是件可耻的事。乔布斯给的两个创新关键字是"借用"与"连结"。但前提是,你得先知道别人做了什么。

[讨论]是否所有的创造都有价值?管理改进与复制算不算创新?成熟企业需不需要创业?

---

① 林逋(967—1028),字君复,北宋初年的著名隐逸诗人。

创 新 意 义

企业家为什么需要"创新"这个必备的品质呢?

企业成长

为什么有一些企业长盛不衰?而有一些企业昙花一现?也就是说,支撑企业长期发展的根本动力是什么?张瑞敏指出:"做企业最怕的是留在过去。"也就是说,企业需要创新。创新是支持企业成长与可持续发展的核心基因。

收益递增

一个客户通过书面咨询提出了这样一个问题:"我的企业做十来年了。前些年我们每年都有增长,多的时候甚至每年增长一倍以上。但最近两三年,无论我们如何努力,都没有办法把营业额做上去。不但没有增长,有些年份保住原来的业绩都很困难。为什么我的企业越来越难做?有什么办法才能走出现在的徘徊不前?"

这个客户的问题是一个普遍问题。每一个企业早晚都会遇到这个问题。即使是百度和阿里巴巴这样的公司,也会在高速增长之后面临增长乏力的问题。只要看看百度和阿里巴巴这些年的年报,就会发现其营业额的增长已经从原来的三位数变成了两位数。

为什么企业会越来越难做?为什么企业发展会遇到天花板?企业的极限在哪里?

按照冯仑先生的看法,民营企业家在发展过程中会碰到四个增长的极限,也即是增长之坎[1]:

(1) 市场的极限。选择了什么样的市场,就决定了企业规模能做多大。为什么地产行业能有像万科这样年营业额到600亿的企业?因为地产行业是一个整体规模3万亿的产业。为什么让中国眼花缭乱的影视业几乎没有利润超过一个亿的大公司?因为这个行业的整体规模在中国也就只有100亿左右。换句话说,企业选择"地盘"的大小会影响企业生长的空间。当企业在一个市场做得差不多的时候,就很难像以前那样大幅度增长了。

(2) 组织的极限。大部分企业的行业空间足够大,但企业自身的股权结构、公司治理结构、组织架构、用人机制等方面出了问题,企业要么纠缠在内部纷争,要么只能依赖老板一个人的能量和精力。公司无法进一步发展可想而知。冯仑先生对此打了一个非常形象的比喻:很多企业长不大,是因为穿的"衣服"太小。企业大了,"衣服"却没换,当然束缚企业的成长。

(3) 模式的极限。前两个问题解决了,但业务和竞争模式没有变化,企业就会逐渐不能适应不断变化的客户需求、竞争态势、成本结构、资源价格、人才需求等外部和内部条件。这也必然导致一个企业无法继续成长。套用一句流行的广告词,"思想有多远,我们就能走多远"。模式是不断思考和验证的结果,老板"思想"的大小也会像衣服大小一样支撑或束缚我们的发展。

(4) 价值观的极限。一个人的道德贞操决定一个人能在事业上走多远。冯仑先生有一个简单却深刻的比喻:坏女人在年轻时挣小钱,但上了年纪之后就无钱可赚,因为没有男人再要她。而好女人开始时可能挣不到钱,但熬到更年期就能挣到大钱。好心眼和坏心眼的企业家一样遵循上面的"冯氏定律"。所以,老板"心眼"的大小是决定一个企业能走多远的第四个重要因素。

一个企业越来越难做的根本原因是经济学家所说的效益递减定律。例如,当企业完全确立并熟练运用广告实现销售增长这个模式的时候,这个模式的功效就开始衰减了。举一个易中公司的例子:2005年,易中公司在《参考消息》上做一次广告得到的订单可以超过2 500个,但到今天做一个同样大小的广告带来的订单往往达不到200个。

效益递减规律也完全适用冯仑先生提出的那些方面:企业的一次组织变化、企业的一次模式变化和企业家的一次道德提升带来的效益往往让企业打破一时的极限,但接下来它的效益就开始递减。如果不能有意识地持续变革,企业早晚会遇到增长的极限,企业也会变得越来越难做。

幸运的是,创新能带来"效益递增",也就是说,通过创新能够让企业突破原来的极限:一个新产品给企业带来一片新天地。一个新客户群给我们带来一个新的增长期,换一种方式来定义创新:企业的组织结构让企业有很长一段时间的成长,引入一个新观念让公司焕然一新。这些都是效益递增定律在起作用。

捕捉机会

如何走出企业越来越难做的宿命?如何走出徘徊不前?打破极限、不断创新是唯一的途径。经常听到有人感叹说,不创新是等死,创新是找死。即使是死,找死也要比等死有趣得多。当新技术改变世界的时候,有些公司会被搞得措手不及,也有些公司看到变革机会的来临而及时适应。

1981—1983年,麦肯锡咨询公司调查了美国经济增长最快的100家中型成长公司(收入在2 500万—10亿美元间),发现这些成长公司的销售额、利润增长率和就业机会都是财富世界500强企业的3倍,业绩最好的是生产和销售家具、生产优质瓷瓶和书写用具的公司。这些公司高速增长的原因就在于他们具有企业家精神,并进行企业创新。

在苹果著名的"不同凡想"广告中,赞扬了那些改变世界的疯狂家伙们。"他们不喜欢墨守成规,也不愿安于现状","他们改变了事物","他们推动人类向前发展"。在科技界,人们经常会看到这些"疯狂的家伙们"。有时候他们会成功,有时候他们会失败,但是,如果不是他们不懈的努力,我们的生活将变得乏味许多。艾伦·马斯克(Elon Musk)就是这样一个"疯狂的家伙"。

专栏4.1   **艾伦·马斯克(Elon Musk)**

Tesla motors用电动汽车挑战传统的汽车工业;Space X要把太空探索商业化,让人类移民火星;SolarCity则要用"光伏发电"叫板电力公司。这三家公司全部都是颠覆性的想法和疯狂的主意,而艾伦·马斯克(Elon Musk)全部参与其中:他创办了Tesla motors和Space X,担任两家公司的CEO;他规划了SolarCity的创立,是公司的董事会主席。

Tesla和SpaceX都曾因为资金不足而面临破产的前景:SpaceX的火箭发射三次失败,

Tesla 受到金融危机影响难以获得投资。在公司最艰难的时刻,艾伦·马斯克把个人资产投入其中,几乎倾家荡产,只是凭借着惊人的胆识和少见的好运,才最终逃过了劫难。

在乔布斯去世之后,艾伦·马斯克成为科技界最重要的颠覆者。两个人都有改变世界的想法,而且都有着救世一般的热情。艾伦·马斯克很聪明,有干劲。他拥有同时颠覆数个行业的能力。

正如乔布斯一样,艾伦·马斯克的 Tesla 专注于制造激发消费者欲望的精美产品。在 Tesla 电动车出现以前,电动车经常是小型、缓慢而且简朴的,而 Model S 与此完全相反。如果不是 Tesla 的成功,电动汽车市场会落后很多年。只有少数国家能够做到登上太空,然后就是艾伦·马斯克。

艾伦·马斯克与乔布斯相同的另一点是,他不接受借口或者不成熟的答案。他足智多谋,工作努力,并且不会接受"No"的回答。艾伦·马斯克会不断追问"为什么",直到对方无法回答。这种无情的追问是 Tesla 和 Space X 存活下来的原因。

现在,Space X 与 NASA 签订了 16 亿美元的合同,向国际空间站运送物资,而 Tesla 获得联邦政府 4.65 亿美元的贷款,Model S 工厂得以开工。如今,Tesla、Space X 和 SolarCity 都发展顺利。Tesla 正在制造下一代的电动汽车 Model X,Space X 会在 2015 年实现载人航空,SolarCity 也以惊人的速度发展着。

全国工商联统计指出,1985 年至 2007 年,依旧保持在中国大陆民营经济前 100 强的企业不足 10 家。对比中国企业,美国《时代》杂志也有一个统计,1912 年至 2007 年,保留在美国工业企业前 100 名的企业仍有 30 家左右。为什么经历了近百年的时间,美国仍有 30% 的企业依旧保持领先,而中国二十几年的时间,持续领先企业却不足 10%?

摆脱平庸

是什么令曾经名不见经传的金星集团蜕变为全球知名的电子产品巨头 LG 集团?是创新。

专栏 4.2　　　　　　　　　　　从平庸到成功

1995 年是韩国新一轮改革的黎明时期,是数字革命风起云涌之时。而当时的金星集团却因种种困难故步自封。一群公司高管必须探索出新的方案来挽救公司,以保障公司的未来发展。

他们的第一步就是具有颠覆性质的创举:抛弃"金星"这个黯淡无光的名字,用"LG"取代。随后,公司打破传统,首次聘用了一位首席营销官,并任命一位非韩裔人员进入最高管理层。同时,把英语定为公司的官方语言,所有员工必须用一种语言争辩、讨论业务,为客户创造价值。

从更名开始,从电视机、手机到其他家用电器,LG 一步步接近事业高峰。就在一年多的时间里,这家品牌知名度很低的韩国公司转变为一个年销售额 440 亿美元的全球行业领军者[2]。

企业寿命

寿命定律

从平均的角度来看,企业的衰亡率很高。企业有一个"三分之一"的寿命定律[①]:

(1) 夭折型企业。三分之一的企业活不过五年就倒下了。截至 2006 年,中国中小企业的平均寿命不足 2.9 年。大多数企业如流星般曾经绚烂、但最终一闪而过、不知所终。如创造企业成长奇迹的三株、飞龙、巨人和太阳神等一大批"流星"民营企业[②]。中国部分民营企业生存状况如表 4.1 所示。

表 4.1 中国部分民营企业生存状况[3:309]

公司名称	注册地点	成立年份	标志性衰弱年份	生存期(年)
珠海巨人集团有限公司	珠海	1991	1997	6
济南三株实业有限公司	济南	1994	2000	6
太阳神集团有限公司	广州	1988	1998	10
南德(集团)股份有限公司	万县	1994	1999	5
广东爱多电器公司	中山	1995	1999	4
沈阳飞龙集团有限公司	沈阳	1990	1996	6
新疆德隆集团	乌鲁木齐	1992	2002	10

(2) 冬眠型企业。三分之一的企业死不了,但也长不大,属于小老头企业。中国很多中小民营企业都面临着"会老不会大"的生长困境。

(3) 成长型企业。三分之一的企业才是大家期待的、将来能够健康、持续、良性发展,成长为大企业的企业。1970 年的美国 500 强企业中至今仍在运营的不到三分之一。因此,普遍地讲,企业的生存年限很短暂,在一个人一生的时间里,可以看到与自己同时代的企业几乎全部都消亡了。可见,企业的淘汰率是很惊人的。

淘汰法则

从比较的角度来看,不同公司的寿命是不相同的,如表 4.2 所示。

表 4.2 不同公司淘汰比例对比表

公司类型	淘汰比率
普通公司	成立后五年之内淘汰 92%,存活 8%
世界 500 强公司	平均寿命 40 年
最早列于 DJ 指数上的公司	至今一百多年的时间内,只剩几家

[①] 在现实变革的世界上,在转型的中国环境下,这个定律依然是个有待进行深入验证的命题。
[②] 三株 1994 年销售额为 1 亿元,1995 年为 20 亿元,1996 年 80 亿元,1994—1996 年的年均增长率高到 702%;秦池 1993—1996 年的年均增长率高到 262%。

由表4.2可知,越是普通的企业,淘汰率越高,淘汰时间越早。一个优秀的企业,就是努力防止过早被淘汰的企业。那么,企业如何居安思危、未雨绸缪、想方设法提高自身竞争力,争取不被过早淘汰呢?

鹰是飞行动物中最长寿的,为什么鹰能够长寿?鹰在30岁左右,它的爪子就会老化了,嘴尖就磨平,羽毛也会老化,而这时,鹰会在石头上把嘴尖磨掉;然后,它又会把自己原来的鹰爪拔掉;最后,再把自己老化的羽毛叼掉,然后长出的是新的带钩的嘴,新的锋利的爪子和新的羽毛,于是,它又可以再活30年。这正是因为它们有一次脱胎换骨的过程。

龙虾每次成长,都要先脱掉旧有的外壳,才能长出更为坚固的新壳,以适应新的环境。我们已经背负了多重厚厚的旧壳,一些是我们所必须脱掉的,只有那样才能长出新壳,应对新的环境。虽然那样很辛苦,甚至很疼痛……

兴衰加速

1950年代以来,每10年中前50名的公司名单都会发生变化,而且今天变化的速度加快了,这为企业家带来了更大压力,需要识别相应的机会和挑战。柯达彩色胶卷在2001年达到历史销售最高峰,2008年永久停止生产。谷峰与谷底只有8年时间。外在环境变了而你不变,你就会被毫不留情地重重摔下,不管你曾经多么辉煌!

从时间的角度来看,企业兴衰有个加速的基本趋势。已故的MCI董事长比尔·麦戈文(Bill McGowan)曾经说过:"以前,盛——衰——盛之间的周期是三代,现在只有大约五年光景。"20年前叱咤风云的很多世界老字号企业中,有1/4已不复存在。2007年4月,盖茨在清华大学演讲时,有人问微软还能从Windows和Office上获利多久?盖茨的回答是:"如果我们不在Windows和Office上做重大改变,5年之内我们将没有新的用户。要么人们都正在使用这些产品,要么就会有人做得更好。我们未来的唯一出路就是对这些产品不断地做出重大改进。拿Windows举例来说,现在Windows还没有语音识别能力,但是5年之后的操作系统一定会具有这一能力。"

由此可见,创新是企业避免过早夭折、延年益寿的关键。当越来越多的企业提出"做百年老店"的同时,也有越来越多的企业家提出疑问:"如何将企业做成百年老店?"中国经济的蓬勃发展给各行各业带来了生机。做对的事情已经不是企业的最大难题,如何去做反倒成了令企业家们头疼的问题。因此,构建企业创新能力发展机制已成为企业持续发展的必需。

[自检]请全班学员以举手表决的方式,界定自己所属的公司是属于夭折型、冬眠型、成长型中的哪一种,然后统计本班学员所属各种类型企业所占的比例。

企业技术

摩尔定律是英特尔联合创始人戈登·摩尔(Gordon Moore)1965年提出的一项理论,即集成电路上可容纳的晶体管数量每隔18个月就会翻一番。与国际上加速的技术发展相对照,中国的企业技术发展存在巨大的问题。

技术黑洞

与国际创新国家比照起来,中国的创新情况不容乐观。

第4章 创 新 能 力

2005年,中国专利申请量达47万件,商标申请量达到65万件。两个数据加在一起超过100万件,创全球知识产权申请量历史之最。在发明、实用新型、外观设计三种专利中,发明专利最能体现创新能力。而中国发明专利授权中的3/4为外国人所有。截至2005年11月,属于国内的发明专利在中国的专利申请中仅占24.38%。日本每年申请发明专利40多万件,美国是20多万件,都是各自国家中专利申请数目最多的。中国申请专利数量最多的10家电子信息企业5年申请之和仅相当于美国IBM公司1年申请的专利数量。

世界知识产权的97%掌握在发达国家手里,中国自主的知识产权还不到2%。现在,中国技术对外依存度超过50%,这说明一半以上的技术是靠引进[①]。中国每年对设备的投资中有60%是国外进口的,特别是在高端设备领域,光纤制造设备100%进口,集成电路85%进口,纺织品是中国的强项,但设备进口达到70%,石化设备80%进口,高端的医疗设备差不多90%—100%靠进口[②]。2002—2005年,中国高新技术产品进口逐年增加,其中,计算机与通信技术领域2002年的进口额为282.69亿美元,相对2001年年比增长19.9%,2003年则达到了403.06亿美元,年比增长42.6%,到2004年进口额更是达到507.2亿美元;电子技术领域更是连续3年保持了50%左右的年增长率,至2004年进口额达到772亿美元。而与技术产品进口额高增长相映衬的,则是国产品牌产品市场份额的逐年下降。

中国高铁的发展从外方合作伙伴处进口了各种原型车,支付的各项专利费用合计至少有几十亿元人民币。有些专利费用并非一次性支付完成,而是根据产品长期支付。南车株洲电力机车有限公司的内部研究报告指出,"在生产之初,(西门子与庞巴迪)两公司都会收取一定的技术转让费。不同的是,西门子收取较高的转让费,而庞巴迪收取的转让费较低,但它仅授权供应商在与庞巴迪无冲突的市场区域进行销售,而且每销售一件产品,庞巴迪都要从中获得一定收益。上述这些条款和约束,都使西门子和庞巴迪实现了其专利技术的利益最大化。"[4]

由此,中国的产业发展陷入了"技术黑洞"。"技术黑洞"是指发展中国家由于技术自主研发能力的缺失,导致其产业发展依赖于发达国家,多数行业的关键核心技术与装备基本依赖国外,核心硬件、系统软件大量依赖进口,从而不由自主地被发达国家用技术牵着走,永远只能走重复购买别人技术的老路。

经济品质

世界贸易组织2010年3月26日公布的统计数据[5]确认,中国2009年出口总值达1.2万亿美元,超过德国成为世界第一大出口国。外贸行业占中国国民生产总值的比例超过三分之一。但是,中国的出口中,有大约六成来自外商控股企业。同时,这个"大"的出口额中包含的中外资本技术要素的比例和内涵如何?这个"大"蕴含了多少中国创造、多少高精尖产品?又有多少靠廉价生产要素支撑的行业?18亿件衬衫换一架波音飞机。2005年,温家宝总理和出席全国人民代表大会第三次会议的江苏代表们一起审议政府工作报告时,讲了这样一番话:"我听到一个例子,感到非常痛心。我们出口的DVD一台大约40美元,但是要交21美元的专利费;我们的药品,人离不开啊,可是90%以上都是国外的专利;我们的数控机床70%以上都

---
① 中国第一代手机交给国外的专利费为2 500亿元,第二代手机交的专利费为500亿元。
② 1949年以来,中国只研发了一种获得国际认可的药品:治疗疟疾的青蒿素。

是外国专利；我们的汽车90％以上都是合资企业或者国外品牌。"①中国制造的一个iPhone成本179美元，其中，34％的零件和人工来自日本，17％来自德国，13％来自韩国，30％左右来自其他国家；来自中国的只有3.5％，40元人民币左右。iPhone在中国的售价达4 000—5 000元，是由中国创造的价值的100余倍。

没有创新就没有前途。美国商会（American Chamber of Commerce）发表的《2005年白皮书》称，中国对美国出口的60％以上来自外资企业[6]。2004年，中国个人电脑出口额达到600亿美元，是仅次于服装的第二大出口项目。由于关键部件（软件、芯片、液晶显示器等）供应及整机销售上享有较高的利润率，因此，从中国电脑出口中获利颇丰的都是那些跨国大亨们，如微软、英特尔、AMD、戴尔和惠普。实际上，中国只得到了较简单部件制造及电脑最后组装部分的利润（不到生产一台电脑总利润的5％）。统计表明，2006年取消配额产品的出口增量中，七成是外资企业完成的，且中国出口纺织品大多是贴牌、定牌生产，中国只赚不到10％的加工费[6]。2001年诺贝尔经济学奖获得者迈克尔·斯宾塞（Michael Spence）教授指出，中国经济增长10％的经济效益（企业利润率）仅等于美国经济增长2％带来的经济效益[7]。中国需要增长8.6％，才能防止绝对收入差距加大。

中国目前已经成为名副其实的世界家电生产中心。彩电产品占全球产能的80％，空调器产品占全世界产能的70％，冰箱产品占全世界产能的50％，洗衣机产品占全世界产能的40％，绝大多数小家电产品80％以上的产能也在中国。

但这仅是虚假繁荣。虽然在制造领域一家独大，并号称是中国"最市场化、最具竞争力的产业"，但在品牌与技术方面中国企业与日韩的差距明显。这样的弊端在彩电行业表现得尤甚。

2011年，三星在全球平板电视（LCD和PDP）的销量达到4 300万台，约占全球市场的20％。市场份额超过了海信、TCL、创维、长虹四大彩电企业的总和。

在国内市场，中国彩电均价低于国际品牌约30％。在国际市场上，中国出口彩电仍以低端产品为主，甚至被淘汰的CRT电视占据相当大比例；出口方式仍以OEM、ODM为主，自主品牌数量甚少。

在技术领域，从LCD液晶、LED液晶到3D电视、智能电视，均为国际企业所发明，中国企业一直扮演追随者的角色。

如今，中国虽然在经济总量、对外贸易、吸引外资与官方外汇储备等方面有了长足的发展，但人均国民收入排世界第110位，仅相当于美国人均收入的4％、日本的5％、德国的6％、韩国的10％。2008年，美国的GDP为14.3万亿美元，中国只有4万亿美元。各国人均收入水平之差距不可同日而语：中国人均GDP只有2 900美元，美国为47 000美元，是中国的16倍；德国的人均GDP为44 000美元，是中国的15倍；法国的人均GDP为44 000美元，是中国的15倍；日本的人均GDP为38 000美元，是中国的13倍，连俄罗斯的人均GDP为也高达11 000美元，是中国的3.8倍[8]。在中国人的购买力由每年525美元提高至5 000美元的同时，普通美国人的购买力由2.5万美元提高到了4.32万美元。这意味着中美收入差距由2.5万美元左右扩大至3.8万美元[9]。

---

① 网络上流行一句名言：现在中国人买什么都贵，卖什么都贱。

技术垄断

翻一下自工业革命以来200年的近代史，无论是哪个国家，创业成功者都是杀出来的"黑马"，都是在别人意料不到的地方以别人意料不到的方式取得了别人意料不到的成功。目前世界上公认的创新型国家有20个左右，包括美国、日本、芬兰、韩国等。这些国家的共同特征是：创新综合指数明显高于其他国家，科技进步贡献率在70%以上，研发投入占GDP的比例一般在2%以上，对外技术依存度指标一般在30%以下。此外，这些国家所获得的三方专利（美国、欧洲和日本授权的专利）数占世界数量的绝大多数。

英国通过对"高技术"的垄断，使自己的产品结构处于"高端"，合法地掠夺殖民地的资源和劳动力，这种利润竟然高于300%。正是这种暴富的"贸易"和对工业品的大量需求，而不是什么科学，在英国引发了工业革命。如果没有德雷克，没有伊丽莎白，牛顿充其量也不过是个学院的教书先生。近代大国崛起的主要方式就是通过对"高技术"的垄断，维持这种有掠夺性质的"贸易"。法国、美国、德国、俄罗斯、日本无一不是效仿了英国这种方式。上述资料已经表明，就是在今天，中国依然处在被美日等发达国家的掠夺之中。

实现创新跨越的企业将获得丰厚回报。美国制药巨头默克集团（Merck）于20世纪90年代初推出的降胆固醇药舒降之（Zocor）投资约5亿美元，而由此产生的利润总额却高达100亿美元。

企业文明

没有企业成长的国家一定没有发展，没有企业创新的国家也就没有文明。文明的主体是企业。

工业革命

1543年，哥白尼《天体运行论》的出版标志欧洲科学革命的开始，在科学革命的带动下，18世纪中叶波澜壮阔的工业革命在英国启动，随之产生了人类经济发展的量子跃迁：世界人均GDP从1750年的178元到2000年的超过6 500元，增长了几乎37倍。图4.1显示了从公元元年到公元2000年世界人均GDP的变化，可以看出，人类的经济成长在最近的250年几乎是垂直向上。经过简单的计算可以发现，人类前250年所创造的财富只占人类总财富的3%，而工业革命以来250年所创造的财富则达到97%[10]。

为什么人类经济在最近两百多年产生如此奇迹般的巨大跳跃？西方历史学家通常会描述这样一个故事：14世纪的文艺复兴启动了新思维的解放，15世纪的大航海拓展了人类文明的疆域，16世纪启动的科学革命奠定了技术革命的基础，17世纪初资本市场的出现延伸了社会金融活动的空间，同时期欧洲各国（特别是英国）的政治改革解放了生产力、让新势力崛起，18世纪开始的工业革命推动了经济的飞速增长……虽然目前的经济学理论和其他学说很难完全解释这个现象，但许多学者从这个历史发展轨迹中发现了一个共同的元素——创新（Innovation）。

近代工业革命以来的国家间战争都不是源于国家间增加生产总量的矛盾，而是源于各国力图将生产力掌握在本国手里并由此拥有自主创新能力的矛盾。在这一时期，技术含量的大

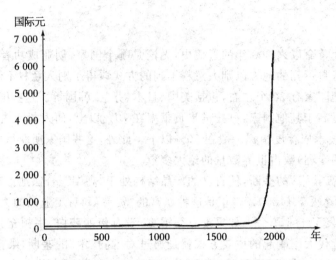

图 4.1 世界人均 GDP（以 1990 年国际元为测量单位）

小而非国内生产总值的高低决定着国家财富的多少。工业革命后,世界利润的流向地并不是劳动密集型国家而是技术密集型国家。技术(尤其是核心技术)只有在拥有自己的生产力的国家中才能产生,而不是在依附性国家所依赖的附加值极少的自然资源中产生。当产品交换是以技术附加值的多少为利润导向时,此时,以出口本国资源、以让渡本国市场来换取工业国家技术的依附型经济在国际利润分配体系中所获得的份额就显得无足轻重。

文明消亡

英国历史学家汤因比研究过 21 种在历史上曾经出现过、后来相继消亡的文明。结论是:这些文明死亡的原因,无一例外都是他们自己失去了创新的活力。中国社会创新严重不足,这仅仅是现实的暂时情况吗?事实上,历史上的中国创新一直严重不足！一个简单的事实是:中国历史除了四大发明,就再也没有其他可以称道的发明。而关于这四大发明,又存在太多值得反思的地方。

专栏 4.3　　　　　　　　　　**"四大发明说"反思**[11]

火药

中国人所发明的"火药"实际上指的是"黑火药",这种火药的用途和性能都有限。真正导致军事变革并对历史起到重大推动作用的"火药"是欧洲人发明的"黄火药",并大规模地用于工程和军事,是整个近现代军事工业的奠基石。黑火药在欧洲长期被用于烟火和纵火用途,也曾被用来作为枪炮的发射药,但主要也就适用于中世纪的那种力量有限的原始火器,如火枪火铳,而中世纪火器跟近现代枪炮完全是两种性质的概念,原理上、技术上、制造加工上都是完全不同的,不要被它们某些外形上的类似点所迷惑了。

印刷术

不仅欧洲,而且整个世界包括中国在内,都是在古登堡发明了铅活版机械印刷术并逐渐传播到世界各地以后才开始信息传播的革命性改变。中国也是在近代引进了铅活版机械印刷术才抛弃那种原始落后的手工雕版印刷术并产生了印刷业的根本改变的。不是印刷术从中国传到了西方去,而恰恰相反,中国现在真正使用的印刷技术倒是从西方传过来的。

罗盘

中国人发明并使用的是水罗盘(现在也还有这种漂浮式罗盘),而欧洲人发明的是旱罗盘。水罗盘是通过漂浮在一碗水里的木制圆盘上安装一块磁铁来作用的,这种水罗盘使用很不方便,中国长期使用水罗盘却没有得到改进。欧洲人的磁罗盘却是12世纪发明的。它通常包括在多个枢轴上水平安装或悬挂的磁针,可在枢轴上自由活动直到与地球磁场在一条线上,在技术上要复杂先进得多。欧洲人不仅在技术上不断革新,而且在理论上也进行了深入的探讨,1269年,柏尔格利纳斯(P. Peregrinus)写出了《磁论》一书,对磁极、磁针、磁力和地磁的科学原理进行了仔细地实验研究。

造纸术

国际上认为五千多年前的古埃及人最早发明了纸。古埃及人发明的纸(纸草纸)是跟甲骨、竹简同样的东西。我们不能否认这种纸在古代及中世纪欧洲和中东的长期使用对文化发展传播所作出过的巨大贡献。[①]

其实,国际上并没有否认中国人自己(独立)发明了黑火药、雕版印刷术、造纸术、指南针,但是指出来你发明了别人也发明了,而且你发明的跟别人发明的不是一回事,更何况现在使用的却是别人发明的东西,用的是黄火药而不是黑火药,用铅版机械印刷机而不是手工的雕版印刷,用旱罗盘、无线电罗盘、陀螺罗盘、卫星定位仪而不是原始的水罗盘,用机造木材纸而不是石灰沤竹的土造纸法。

中国历史上的四大发明不仅没有获得持续性地改造与发展,四大发明的结果更让人震惊:我们发明了造纸术,却有"焚书坑儒"的耻辱;我们发明了活字印刷,却兴过"文字狱"的灾孽;我们发明了指南针,却拿去看风水;我们发明了火药,却用于烟火和内战的屠杀。且不说四大发明对世界到底有多少实用性和真实性,平均1 250年一件发明实在无法支撑当今的世界,当今的世界不是"四百大发明"、"四千大发明"、"四万大发明"所能涵盖的。中国能不能向世界贡献出自己的贝多芬、哥白尼、米开朗其罗、麦哲伦、托尔斯泰、普希金、牛顿、卢梭、居里夫人、爱因斯坦、比尔·盖茨,或者贡献汽车、电视机、航天飞机、手机、电脑、可口可乐、麦当劳,甚至牛仔裤?

---

① 英文中纸(Paper)这个单词就直接来源于拉丁文 Papyrus(纸草纸)。

专栏 4.4 活字印刷术的发展变迁[12]

毕□可能是一位从事印刷行业的工匠,在工作中琢磨如何改进已经使用了数百年的雕刻版印刷,于是采用胶泥字模的活字印刷术就这样横空出世了。活字印刷虽然得到了同时代的一位朝廷命官(也是一位优秀的科学家)沈括的赞赏,并记录在他那流芳百世的《梦溪笔谈》之中,但并未在中国引起多大动静,接下来的几百年它只是缓慢地逐渐取代雕版印刷术,只为印刷古典佛教经书和诗词歌赋提供方便。

15 世纪中早期,一位德国人约翰内斯·谷登堡(Johannes Gutenberg,约 1398—1468年)结合欧洲当时的其他技术,约在 1440 年发明了基于活字印刷原理的印刷机。他期望这项发明能够给他带来丰厚的利润,但他的财富梦想落空,而人类却收获了一场史无前例的革命。

欧洲从 12 世纪就开始了由阿拉伯文翻译希腊古典著作的运动,逐渐积累文艺复兴的薪火。1453 年,奥斯曼帝国灭掉了拜占庭帝国,在此前后有大批携带希腊古典著作的学者逃亡到西欧,这批新鲜血液的加入,加速了欧洲文艺复兴的步伐,进一步改变中世纪以神为本位的统治意识形态,推动人文主义的普及。刚刚发明的印刷机为这些古希腊文明传播做出了不可磨灭的贡献。接下来受益于信息传播的还有宗教改革和科学革命两个重要的运动。

1605 年,在谷登堡发明印刷机的德国城市斯特拉斯堡,一位名叫 Johann Carolus 的年轻人发行了世界上第一份印刷版报纸,这显然不是巧合。从此,现代媒体就成为新闻、言论和思想的传播介质登上了历史舞台,报刊杂志社如雨后春笋般地在欧洲大陆和英伦诸岛出现。

活字印刷术为什么在东方未获得大规模的应用与发展?中国为什么没有印刷需求?那是因为不存在大量的、活跃的需要印刷的信息、思想和著作。自从秦始皇于公元前 213 年惨烈地"焚书坑儒"并屠杀了 460 多名知识分子之后,"文字狱"便成为各朝统治者的保留手段,两千年历史留下了太多因言至祸的悲惨故事。思想禁锢导致万马齐喑,伟大的活字印刷术又有何用?

创业精神

不管是第二次世界大战后初期,还是 20 世纪 80 年代到 90 年代期间,美国经济学家的普遍观点是经济即将进入大萧条,而具有创业精神的企业家却用自己的独特行为和信念来创造发明,带来重大的突破,并引导世界经济进入增长和繁荣。在吉尔德[13]看来,真正的经济不是计量经济学的经济,而是企业家的经济。因此,他说:"经济的复苏,取决于企业家的复活。"经济学家保罗·罗默说:"领衔 21 世纪的国家,将会是在私人部门实施创新并有效支持新思想形成的国家。一个拥有高度创意和企业家精神的社会,一定是对创新有着强烈需求的社会——主动也好,被动也罢,没有需求,就没有推动力。"

创新是改革的前提。没有创新的改革,经常会是传统的复制或复辟,甚至是倒退。比较中国与美国的国家发展史,就会发现:中国经常是只有改革,没有创新;历史的命运经常呈现轮回现象。美国创新无处不在,无时不在,却没有轮回甚至激进意义上的改革①。

---

① 美国历史只经过了 0.5 次革命:1776 年的独立运动,仅仅赶跑了英国殖民者,却继承了英国的政治制度、经济制度、文化制度、教育制度等,并在后续的创新中,发展了这些制度。这与中国历史呈现的暴风骤雨式的全盘推翻后又低水平重复有巨大差异。

创新解析

创新意味着利用新的思想或以完全不同的方式应用当前观点实施显著的变革;如果从企业层面理解创新,创新可以被描述为:打破常规,将先进的技术与对业务的理解融会贯通,为企业创造价值。

在实践上,创新不是一个单一指向的概念,而是有多重的内涵。随着社会的发展,创新的内涵有日益扩张的趋势。

创新精神

企业家创新的驱动力在哪里呢?

创新本质

熊彼特认为,企业家从事"创新性的破坏(Creative Destruction)"工作的动机固然是以挖掘潜在利润为直接目的,但不一定出自个人发财致富的欲望。他指出,企业家与只想赚钱的普通商人或投机者不同,个人致富充其量仅是企业家的部分目的,而最突出的动机来自"个人实现"的心理,这就是熊彼特认为的"企业家精神"也即"经济首创精神",这种精神需要正是实现"新组合"的原动力。这种创新精神是驱动和激发企业家经营创新能力以及其他能力的内在心理及意识的精神要素。张军[14:123]也指出:"创业型的企业家精神从某种意义上讲是某些人的一种'禀赋',它与人的个性特征和特殊的环境条件等有很大的关系……这种企业家精神是一种敢于创业和创新的冒险精神。"

熊彼特认为"企业家精神"包括:(1)建立私人王国。企业家经常"存在有一种梦想和意志,要去找到一个私人王国,常常也是一个王朝[15:106]。"对没有其他机会获得社会名望的人来说,它的引诱力是特别强烈的。(2)对胜利的热情。企业家"存在有征服的意志;战斗的冲动,证明自己比别人优越的冲动,他求得成功不仅是为了成功的果实,而是为了成功本身[15:104]。"利润和金钱是次要的考虑,而是"作为成功的指标和胜利的象征才受到重视[15:104]。"(3)创造的喜悦。企业家"存在有创造的欢乐,把事情做成的欢乐,或者只是施展个人能力和智谋的欢乐。这类似于一个无所不在的动机……这种类型的人寻找困难,为改革而改革,以冒险为乐事。"企业家是典型的反享乐主义者。(4)坚强的意志。企业家"在自己熟悉的循环流转中是顺着潮流游泳,如果他想要改变这种循环流转的渠道,他就是逆潮流游泳。从前的助力现在变成了阻力,过去熟悉的数据,现在变成了未知数[15:88]。""需要有新的和另一种意志上的努力,……去为设想和拟订出新的组合而搏斗,并设法使自己把它看作是一种真正的可能性,而不只是一场白日梦[15:96]。"这四个方面构成了一种熊彼特所说的追求胜利的"精神王国"(Spirit Kingdom)。

创新精神是企业家进行经营创新活动的精神动力和源泉,是企业家区别于一般经营者和职业经理的根本特征,如图4.2所示。国内外一些学者往往将企业家精神、行为、才能和企业家视为一个概念,其实有必要从职能(能力)和精神进行区分,才好准确地分析行为动机的因果关系。

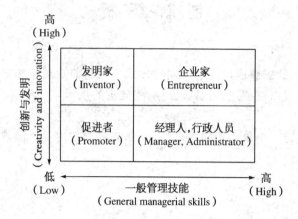

图 4.2　创新精神是企业家的重要特质

在图 4.2 中,只有同时具有很高的管理技能和创新精神与创新能力的人,才能被称为企业家。发明家通常只有很高的发明创新与创造能力,而一般的经理人或行政管理人员只有较高的管理能力。

创新行为

企业家行为与管理者行为在以下方面存在着差别[16]:

(1) 在策略与方向上,企业家努力的方向是追求机遇,而委托管理者则强调利用当前所控制的资源。不同的策略和压力促使两种类型的人员面向不同的努力方向:委托管理者的动力在很大程度上源自组织需求,对机遇的关注只是为了环境改变的结果。

(2) 在机遇的利用上,企业家强调采取行动,但行动不一定能够长期坚持,而委托管理者在行动上相对迟缓,但一旦作出决定就会将行动持续下去。前者面对快速变化的环境具有显而易见的优势,能够迅速决策或者迅速改变原有决策。

(3) 在利用资源上,企业家通常被认为是用较少的资源做更多的事。很多企业家在创业时除了能够确信自己找到了一个"真正"的机遇之外一无所有,而委托管理者则将对现有资源的有效管理作为自己的主要事业和个人回报来源,由此导致两者为了把握现有机遇而对资源采取不同的利用过程。但对真正的企业家而言,从他人处获取必需资源应该经历多个阶段。创业型企业家被视为赌徒和尝试者,而委托管理者常常对资源回报作出简单回应。

(4) 在资源控制方面,企业家常常为"日常开支"和企业所使用资源的潜在负担而忧心忡忡,而委托管理者则常常为所管理的资产的总量和员工的数量而操心,两者对不同策略方案具有截然不同的态度和反馈。

(5) 对管理结构的概念理解不同。对机遇所指向的方向的明确认识使企业家的期望通常能与其他主要合作者保持高度一致,并且能够从个人角度推销其观点和计划,提供个人报偿。委托管理者通常从更正式的角度来看待组织,明确划分权利和责任,因而要求以一种截然不同的管理模式来使用或者租让资源。

(6) 报酬补偿机制不同。具有企业家精神的组织以价值创造和个人表现作为确定报酬的基础,而纯粹管理型组织则以个人在承担责任中所处的层次(如所管理的资产或资源)和相对于短期会计目标(如利润或资产收益率)的个人表现作为确定报酬的基础,并在很大程度上将提升作为奖励手段。

创新拓展

创新精神是企业家精神的内核,但是,我们可以在此反问一下,创新精神是不是企业家专属的呢?显然不是,创新精神是作为有思维意识的人的一种自然禀赋,而不属某类人所专有,也不以财富、地位作为衡量创新精神的唯一尺度;另一方面,技术发明、科研开发、艺术创作、文化教育等涉及社会的政治、经济、文化、宗教、生活等各个方面的人类活动,要实现发展,都源于人的创新精神。现在,越来越多的研究与实践发展趋势显示,创新精神作为一种企业家精神,也是发明家、科学家、经理人或行政人员素养培养与实践取向所需要的。美国学者戴维在20世纪80年代所著的《改革政府:企业家精神如何改革着公共部门》一书中,针对各级政府的官僚主义行为,提出用"企业家精神"塑造"企业家政府"。

创新能力

所谓企业家创新能力,就是指企业家通过变革、更新和创造的策略及方式,利用和配置已有的资源,实现企业经营效益的最大化所应具备的特殊的综合能力。它是一个不属于特定的岗位而属于能力的概念,是企业家才能作为生产要素的最为本质的要件,它包括企业家创新的知识、技能和策略等多种方面的个性特征,是一种稀缺资源和一种异质型人力资本①。

核心能力

创新作为企业家内在的能力,具有最为核心的本质规定性:相比于企业家其他的能力,如决策、领导、组织、控制、协调等,创新能力是最根本、最核心的能力,如图4.3所示。

人们在谈到企业家时,往往借用熊彼特的定义。熊彼特(Joseph Schumpeter)认为企业家是创新者。熊彼特的观点是:"作为社会经济创新者的企业家,不同于投机家和发明家。企业家所从事的不是囤积任何种类的商品,不是创造前所未有的生产方法,而是以更恰当的方式、更有利的方式运用现有的生产方法。他们实现了新的生产要素结合方式。"企业家是创造性的破坏者。企业家所面临的挑战是寻求和采用新观念去撞击经济活动,使之摆脱重复不变的循环。熊彼特指出:"在我看来,企业家的纯粹形态是发起人(Promoter)。如果一个人将他的作用严格限制在新的生产要素结合方式的实现上,他就是一个纯粹的企业家。"

图4.3 创新能力是企业家能力的核心

熊彼特[15:73-74]进一步认为,创新就是建立一种新的生产函数,也就是说,把一种从来没有

---

① 有关异质型人力资本的内涵,请参阅[17]。

过的关于生产要素和生产条件的"新组合"引入生产体系。这种新组合包括五种情况：(1)采用一种新产品或一种产品的新特征。(2)采用一种新的生产方法。(3)开辟一个新市场。(4)掠取或控制材料或半制成品的一种新的供应来源。(5)实现任何一种工业的新的组织。因此，"创新"不是一个技术概念，而是一个经济概念：它严格区别于技术发明，而是把现成的技术革新引入经济组织，形成新的经济能力。苹果电脑公司的发起人是企业家，因为他们推出了新产品；亨利·福特是企业家，因为他最早采用汽车生产线；亚马逊网上书店的老板是企业家，因为他开辟了网上销售渠道；比尔·盖茨无疑也是企业家，因为他建立了微软公司这样的软件王国。

企业能力

市场机制的核心是价格机制，价格机制的决定性因素是物品的稀缺性，只有稀缺的东西才具备交换价值，才可以用来交换，生产者或经营者才能从中获取利润。稀缺性原则要求创造性，要求与众不同的产品或服务，这与企业的根本目标是一致的。市场是最喜新厌旧的，市场需要的是不断地变化和不断地更新，新产品每天都有大量上市。如果没有自己的创造和特色，最后终究摆脱不了被淘汰的命运。只有创造性的东西才有价值，才能为消费者所接受。因此，企业创新是一个不断努力的过程。创新不仅仅是(甚至不是)一两个聪明的主意或者仅仅指高科技，而是为客户创造新的价值。而企业家精神就是有目的、有组织的系统创新。表4.3是最具创新精神的15家公司。

表 4.3 最具创新精神的 15 家公司[18]

排名	自 1963 年以来		2010 年		主要发明
	公司	在美国申请专利数(件)	获批专利数(件)	当年排名	
1	IBM	67 199	5 866	1	磁条技术、电子秤、条形码
2	佳能(CANON)	41 268	2 551	4	10键电子计算器、自动曝光单反相机、个人复印机
3	通用电气(GE)	37 268	1 222	14	碳丝灯泡、X光机、电扇、密闭冰箱、便携式空调
4	日立(Hitachi)	34 554	1 447	11	5马力马达、首台大型直流电力机车、无接点芯片、机器人
5	东芝(Toshiba)	32 793	2 212	6	电动洗衣机、吸尘器、彩色可视电话、个人笔记本电脑
6	三星(Samsung)	31 156	4 518	2	首款8毫米VCR、1G容量闪存、MP3手机
7	索尼(Sony)	27 211	2 130	7	随身听、首款便携式CD播放器、日本首款晶体管收音机等
8	松下电子(Panasonic)	26 967	13	无排名	超级电熨斗、电子搅拌机、磁带录音机等
9	日本电气公司(NEC)	23 932	652	53	普通电池板、手机芯片、数字信号处理器、微型电脑

续表

排名	自1963年以来		2010年		主要发明
	公司	在美国申请专利数（件）	获批专利数（件）	当年排名	
10	富士通(Fujitsu)	23 049	1 276	13	海底同轴电缆系统、彩色等离子显示屏、1968年开发的具备微处理器系统的电脑FACOM230-60
11	柯达(Kodak)	22 506	352	73	胶卷、照相机
12	三菱(Mitsubishi)	22 397	692	37	背投电视、PBS降解塑料等
13	西门子(Siemens)	21 628	861	24	有轨电车、吸尘器、滚轧电动机、心脏起搏器、衬衫熨压器
14	摩托罗拉(Motorola)	20 069	395	64	商用便携式手机、便携式晶体管收音机、便携式电视机、车载电话
15	英特尔(Intel)	19 539	1 652	8	单芯片微处理器、首批微型电脑之一、DRAM芯片、超级计算机

注：上文中所说的专利和中国企业在国内获批的专利有很大的不同，因为上述15家企业申请的专利多为实用技术、工艺创新类的，而中国企业的专利长期以外观设计、包装为主。

中国企业家创新精神的不足与企业的创新能力不足密切相关，创新能力的不足直接体现在中国企业不愿意进行高风险的研发投入。据《中国青年报》2006年6月29日报道，全国规模以上工业企业的研发经费只占销售额的0.56%；在全国两万多家大中型国有企业中，有研发机构的只占25%。表4.4展示了企业创新不足的更多指标表现及其指标依据。

表4.4 企业创新能力不足的表现

企业管理	创新能力不足的表现	指标依据
财务资源	财务资源的分配短期化	大公司新创业务的成长周期较长，平均需8年可产生盈利；10～12年赶上成熟业务的投资回报率
产品设计	产品设计原则：可靠、安全和保守	现有产品或工艺基础上的改进，不愿冒险采用全新的、未经市场检验的产品或工艺
制造	靠流水线上的重复性生产产生规模效率	新产品需要不断调整设计和工艺参数。这往往会要求制造部门中断既定的作业，从而影响效率
销售	销售收益通常和销售额挂钩	新产品要投入额外的时间和精力，熟悉产品，培育市场和顾客，势必牺牲眼前的利益
决策层绩效考核与奖励	以年度利润或投资回报率为依据的短期经营指标导向	新创业务管理与业务人员变动往往会造成"前人栽树，后人乘凉"的格局
员工要求	考核只与业绩挂钩	新创业务要求员工掌握新的知识和技能，可能会调整或淘汰一部分能力不足人员，所以，公司员工普遍会对新创业务产生一种恐惧感

国家能力

英国经济学家约翰·霍金斯(John Howkins)在他的著作《创意经济》[19]一书中提醒我们,人类创造的无形资产的价值终将超越我们所拥有的物质资料的价值,而创造力和创新能力是一个国家社会经济发展的核心竞争力。历史上,在每一个国家里,表面上的不合法现象并不见得是违法犯罪,而是民间的规则与社会上层的规则彼此抵触的结果。成功国家的做法是修改上层规则,让两种体系逐渐融合在一起。

中国经济的健康发展并不取决于规模,而是依靠创新产生的竞争力。但现状十分不乐观。例如,在软件行业,印度成功人士数目远远超过华人。在国际上,印度的软件工业也领先中国的软件工业。计算机使用的软件语言多如牛毛。如果看最热门的语言,似乎没有一种为华人首创。

创新风险

勇敢的故事不一定有美好的结局。英雄有时也会以悲剧收场。真正的企业家精神是冒险、动力和智慧的结合。

风险偏好

基于不确定性和信息不对称的经济环境,企业家的创新行为必然面临风险问题。创新不必然带来风险,但它是导致经营风险的根本原因,企业家为自己的创新承担风险,应是企业家创新职能的内在要求,这是符合经济活动的基本规则的,即责权利相统一,才能保证激励的有效性以及行为与目标的一致性。

企业家本身具备风险偏好的特质,马歇尔认为企业家的重要作用就是承担风险,彭罗斯更是认为企业家是主动地承担风险。池本正纯[20:207]认为:"所谓企业家精神的本来意义是率先负起承担风险的责任,克服不可靠性这一障碍的决心比任何人都坚决果敢。"不承担风险,不能称为企业家,承担风险是企业家与理论家、艺术创作人员、科学发明家和技术研发人员等的根本区别。2007年4月,盖茨在清华大学演讲时,说了这么一段话:"经商的部分乐趣就在于没有人可以向你保证未来怎么发展。这可不像可口可乐,这种10多年来最受欢迎的饮料,也许在20年里还是最受欢迎的饮料,如果你喜欢那种预测的话,软件领域可不适合,因为微软不断成功的关键就在于它不断冒巨大的风险,同时面对大量的竞争,面临客户的大量需求。软件行业的这种不确定性,正如这些差异很大的 Windows 和 Office 在未来几年将驱使我们不断前进。"

真正的创新者根本没有失败的概念。其他人犯了错误觉得可耻或尴尬,但创新者看到的是学习的机会。宝丽来创始人之一艾尔文·兰德拥有超过500项专利,强调了"像科学家一样看待失败"的重要性:"创造力的关键点之一就是无惧失败。科学家把他们做的事叫做'假说'或'试验',这是个伟大的发明,它使'不断尝试直至得到想要的结果'这件事变得很好接受。而在政治领域,如果你提出个假说而且失败了,脑袋就要落地了。"

中航油前总裁陈九霖把当今商人简单地划分为生意人、经理人和企业家三个类别[21]。

专栏 4.5　　　　　　　　　商人的分类与企业家的本质[21]

中国大多数商人是生意人

生意人是商人最原始的形态。商朝的商业十分繁荣，有"商邑翼翼，四方之极"之称。由于商民善于买卖货物，后世就将买卖货物的人称为商人。生意人最开始指的就是进行货物买卖的人。随着社会的发展，一些从事制造业、加工业甚至现代农业的人也被列入生意人之列。生意人也是有眼光的，他们善于辨贵贱、调余缺、度远近。

中国当下绝大多数商人都是生意人。改革开放后，最开始成功的生意人是依靠当时的价格双轨制倒卖差价的一批人；接着是抓住了地区价差从事贸易活动的一批人；再接着便是赶上时代潮流进行来料加工的一批人。随着时代的发展，生意人的文化层次不断提高，大学生甚至研究生也加入了生意人的行列；他们所从事的领域也大大拓展，涉及家电、互联网甚至文化产业。不少生意人赚了钱，甚至成了巨富，但他们赚钱的手段却千差万别，包括利用各种社会关系、利用信息不对称、利用法律漏洞和政策的不完善性等。当然，也不乏合法、诚信赚钱的生意人。

一些赚了钱的商人到处以各种方式炫耀自己或金钱。在世界各地的高档商场中，有一掷千金、不计成本的是中国人；在赌场中挥金如土、豪赌成瘾的也是中国人。在博客和微博上，经常看到一些商人出口粗言，甚至隔空对骂。然而，就因为他们曾经赚了一些钱，这些人也往往自称或被称为"企业家"。

经理人依然不算企业家

经理人（或称职业经理人）是改革开放后产生的一个新兴阶层。关于经理人的定义，众说纷纭。有的把经理人定义为"对其他人的工作负有责任的人"；有的则定义为"一个以个人方式做出贡献的专业人员"；还有的定义为"管理者"并依级别的高低分为"初级管理者、管理者、高级管理者、公司管理者"。

从职业的长期性和稳定性方面着手，应该将经理人定义为："在一个固定的较长时间内，以企业管理工作作为职业并以其作为主要收入来源的人。"虽然经理人在其工作中也要发挥创意和主动性，但整体上讲，他们仍然是执行层面的工作人员，仍然不能被称为企业家。

企业家勇于承担风险

"企业家"一词源于法语的"entrepreneur"，其原意是指"冒险事业的经营者或组织者"。英语字典对这个词的解释是："someone who organizes a business venture and assumes the risk for it."意思是："组织商业冒险并为此承担风险的人。"

从词源和英语的解释可以看出，"企业家"的核心内容是"冒险"和"承担"这两个词。为此，法国经济学家萨伊甚至干脆把企业家定性为冒险家，是与土地、劳动、资本联系在一起的第四个生产要素。萨伊认为，企业家自创业之初，就考虑到可能会承担破产的风险。美国经济学家德鲁克也认为，企业家就是要勇于承担风险。

> 商场如战场。市场变化风云莫测的特征决定了企业家必须具备冒险和敢于担当的精神和素质。著名的管理学家彼得·德鲁克认为,"企业管理的核心内容,就是企业家在经济上的冒险行为,企业就是企业家工作的组织。"
>
> 真正的企业家是一群有目的地寻找创新的源泉、始终与时俱进、并能把握机会进行开拓的人;他们以发现价值、实现价值和创造价值为使命。更高境界的企业家则志存高远,终其一生地追求伟大的事业,努力谋求立功、立德、立言。企业家的价值观和目标层次远远超于生意人和经理人。

风险特质

当然,并不是企业的所有风险都由企业家来承担。影响企业风险的因素来自企业的内部和外部,外在的、不可预见的、人力不可抗拒的风险等外部风险是企业无法回避的,从理论上说是不可能消除的,本应由企业的所有者来承担;而导致企业利益非最大化主要是与企业家道德风险、有限理性、偏好、努力程度和决策能力等直接联系的,企业家的能力和努力程度是难以预测和监督的(企业内其他人员的能力和努力程度一般来说是在可观测的条件下的),因而是造成企业内部风险的最主要原因。企业所有者、企业家与职业经理人有什么区别?在这里我们可以简单比较一下企业家精神与所有者和职业经理的精神品质在企业经济活动中效能、收益、动机等方面的差别,如表 4.5 所示。

表 4.5 所有者、企业家及职业经理的品质比较

比较类别	所有者	企业家	职业经理
经营职能	选择资本投向和经营上的审慎与自主品质	经营创新精神 一般经营管理的分权意识	管理者的敬业精神 职业操守
风险承担	承担财产风险 硬约束	承担经营风险 弹性约束	承担职业风险 无经营风险约束
制度规则约束	资本市场 委托代理契约	企业家市场 委托代理及企业收益契约	经理人人才市场 职业岗位合同
获取企业剩余收益	占有	分享	不分享
激励动机	资本增值 利润最大化	自我实现需要 剩余索取的最满意化	薪酬激励 个人收入的最优化

企业生产的投入与产出环节实际上也就是投入风险和转换风险的过程,这一过程都可以在企业家的监督下进行,投入产出的风险是与企业家的能力和努力直接联系的,企业家风险意识和精神直接关系到企业经营效应。一般来讲,风险是在所有者和企业家之间分担的,而要使企业家的利益与股东的利益在最大程度上相统一,必须让企业家既得到激励又加以风险约束。在风险约束机制和自身风险偏好激励下,企业家必然产生对企业风险(尤其是创新经营风险)勇于承担的精神。

科学研究[22]已经证明了许多人的猜测,即企业家的大脑和经理人的大脑不一样。在那些情绪中性、不必权衡奖罚的"冷静"决策测试中,企业家和经理人表现同等优良。但涉及"冲动"

或冒险决策的测试显示了两组人的明显差异。在一个计算机化的赌博游戏中,在不同颜色的盒子里藏着一枚代币,参与者必须赌这枚代币的位置。企业家总是会下更高的赌注。和经理人相比,企业家也更冲动,思维更灵活。研究还表明,并非一切冒险都是不利的,尤其是在与更为灵活解决问题相结合的时候。事实上,冒险或冲动决策是创业过程必不可少的一部分,而且有可能通过后天(学习或者实践)获得,尤其是在那些有可能承担高风险的适龄年轻成人当中。

心理学家对人性有一个基本认识,叫做"损失厌恶(Loss Aversion)"。这个原理表明,当面对"机遇与风险并存"的局面时,我们对损失的厌恶超过对获得的喜悦。它甚至可以被推广到更一般的情况:我们对失败的恐惧超过对成功的渴望。在《思考,快与慢》这本书中,诺贝尔经济学奖得主丹尼尔·卡尼曼介绍了一个经典实验:

我们简单地通过抛硬币来决定输赢。如果正面朝上,你就输给我 100 块钱;如果反面朝上,你就赢我 150 块钱。你愿意赌一把吗?

我们可以想想这个赌局。输赢的概率分别是 50%,这样你如果赌,预期收益将是:$100 \times 50\% + 150 \times 50\% = 25$ 元。也就是说,如果我们连赌一万把,你大概平均可以赢 25 万元,非常不错的买卖。然而,现在的问题是只赌一把:一旦输了,你就会输掉 100 元钱,当然,如果赢的话,可以赢得更多,然而,你毕竟面临输钱风险。

世界各地的心理学家曾经找不同的人群做过无数次这个实验或者这个实验的变体,结论都是一样的:绝大多数人不愿意冒这个风险。

根据 2011 年发表在《自然》上的一篇论文"The evolution of overconfidence"[23],答案是冒险更好。生活中有自信和不自信的人,还有一种过度自信的人:他们过高估计了自己的能力,尝试去干一些比他们水平高的人都不敢干的事情,而这种人却往往能够侥幸成功。而且平均而言,他们比能正确评估自己能力的人更成功。

这篇论文搞了一个数学模型,设想了一个每个人凭自己的能力争夺资源的世界。假设每个人都有一个"能力值"以及一个自己对自己能力的"评估值",那些过度自信的人的自我评估值显然大于他们的实际能力值。在这个世界里的游戏规则是这样的:任何一个人面对一份资源的时候,都可以选择是否"争夺"这个资源。

如果你选择争,而恰好没人跟你争,这个资源就是你的了,你在进化中的"适应值"就会增加 r.

如果你选择争,而有另一个人也选择争,你们两人就要产生冲突。冲突的结果是每个人都会损失适应值 c,但那个能力值高的人将会取胜并因为获得资源而增加适应值 r. 也就是说,在冲突中取胜的人获得的适应值是 $r-c$,而失败的人白白损失适应值 c.

每个人根据对自己能力的评估值和对周围其他人能力的判断(这个判断也可以与其他人的实际能力不同)来决定是否参与争夺。整个游戏被设计成进化模式,那些获得更高适应值的人将会有更大的存活和繁育机会。研究者进行了几十万次模拟,看看在进化中什么样的人能够最后胜出。结果发现,只要获胜的奖励足够比冲突的代价大,也就是在 $r/c > 3/2$ 的情况下,在进化中活到最后的全是过度自信者。

如此算来,这个世界属于爱冒险的人,它的运行规律是:撑死胆大的,饿死胆小的。

[提示]人一生中可能犯的最大错误就是经常担心犯错误!

显性失败

段永基说,成功的时候总结的经验是扭曲的,失败的时候总结的教训才是真实的。史玉柱也认为,自己以前在成功的时候也总结出了很多经验,现在再回过头来看看,那些东西都是字面上的、官面上的东西。那些在逆境的时候总结出来的东西,现在回过头来看看,还都是真的。

史玉柱认为,在逆境过程中做的事往往是比较冷静的,而在成功的时候,说是说要头脑不发热,但我估计做到是很难的。我觉得绝大部分人在成功的时候头脑不发热几乎是不可能的。人的成长最快的时候、真正的成长的时候往往都是在逆境中。

没有人希望失败,但失败是生活和学习的一部分。创新会失败,但只有创新才会成功。虽然创新会失败,但创新的失败是显性的,不创新的失败是隐性的。隐性的失败往往比显性的失败更普遍、更残酷。通常,显性的失败会东山再起,隐性的失败由于自我的不知觉往往失去这种东山再起的机会。因此,失败本身并不可怕,真正可怕的是人们并不知道什么是失败,混淆了成功与失败,或者已经失败了但还不知悉。

中国企业流传一个说法:"不创新是等死,创新是找死。"一般情况下,前者是因为市场与竞争,后者是因为制度与环境。表面看,不创新似乎有其存在的客观理由,但实际上,在一个转型社会的背景下,创新有可能不死,不创新必死无疑。曾经的一、二代企业,已不入流了甚至已"死"去,活跃的是新一代,能延续下来,可能正说明了这个创新的必要性。

没有风险的事业没有价值。怕输、怕没面子的心理框架,在很多个体、甚至很多企业发展上看到,形成一种保守的文化,妨碍创新的尝试。兰德公司[24]分析指出:"由于中国文化不鼓励敢于冒险这种优良品质,中国人极力避免冒险,他们也不想寻求机会来改善自己的生活。"① 中国企业家调查系统2001年《企业创新:现状、问题及对策》调查报告显示,在5 075名企业经营者中,虽有47.7%的人认识到"创新是企业精神的核心",创新意识已有较大提高,但在风险意识上相对保守,仅有10.6%的人选择了风险偏好的"冒险型"。

创新社会

仅有个人的创新,代价一定沉重;企业或组织不创新,一定没有前途;社会不创新,一定没有发展。为什么中国企业缺乏创新基因?无论是国有企业还是私营企业。大部分企业都是模仿、抄袭,这是企业家个人缺乏创新理念还是整个社会不鼓励创新?"标新立异"(make difference)和"别出心裁"(think out of box)在美国大行其道,而中国人民喜欢循规蹈矩,这是因为文化、传统、习惯还是因为什么其他的原因?

社会创新

古典经济学讲求将已存在的状况予以最优化,这与当时经济理论的主流思想一致,包括凯恩斯主义、费里德曼学派以及供给学派。主流学派注重最大限度地发挥已有资源的作用,并重视平衡。它无法解释企业家现象,因此,将企业家归并在气候和天气、政府和政治、瘟疫和战争以及科技这一类"外部力量"中。无论是哪一个学派或"主义",传统的经济学家并不否认这些外部力量的存在,且承认它们的重要性。但这些不是他们的世界中的一部分,也不是他们的模式、方程或预测所要考虑的问题。萨伊关注的重点是经济领域。但是,他只把资源界定在"经

---

① 一位司机告诉本书作者一个显目的现象:在中国,针对任何新鲜事物和在任何新兴产业中,带头干的人,都发大财了。

济"范畴内。这些资源所致力的目的却不一定是传统观念所认为的"经济的"。教育通常不被看作是"经济的",而且经济标准也不适合用来决定教育的"产生"(虽然没有人知道什么标准比较合适),但是,教育的资源却一定是经济的。事实上,它们与用于最清楚明了的经济目的(如生产销售肥皂的资源)是相同的。实际上,人类的所有社会活动的资源都是相同的,是经济的:资金(即抑制目前的消费,把它分配给未来的期望);物质资源(无论是土地、玉米种子、铜、教室还是病床);劳动力,管理和时间。因此,尽管"企业家精神"一词来源于经济领域,但它绝不属于经济范畴。除了那些冠以存在的而不是"社会的"行为外,它适合于人类的所有行为。而且,现在人们知道,无论在哪个领域,企业家精神都没有显著的不同。教育领域的企业家和医疗保健方面的企业家——这两大领域都产生大量的就业机会,与商业或工会机构的企业家一样所做的基本上是相同的事情,使用的也是相同的工具,遇到的也是相同的问题。

把企业家精神明确界定为社会创新的精神,并把这种精神系统地提高到社会进步的杠杆作用的地位,当归功于德鲁克的倡导。德鲁克以他特有的机敏、睿智和深邃的目光,站在历史发展的立场上提出了下列立论和问题:富有企业家精神的社会的出现,或许是历史上的一个重大的转折点。德鲁克认为,企业家精神是基于一种经济和社会的理论。这种理论认为变革是正常的,而且确定是健康的,并且认为社会中(特别是经济中)的主要任务是做出某种与众不同的事情来,而不是把人们已经在做的事情做得更好。这是二百多年前萨伊(Jean-Bartiste Leon Say,1767-1832)杜撰"企业家"一词时所表达的基本意思。其意图是要作为一种宣言,一种持异议的声明:企业家专门打翻和瓦解旧有的一套。在萨伊看来,企业家视变化为健康的标准。通常,企业家自己并不发动变革,但总是寻找变化,对它作出反应,并将它视为一种机遇加以利用。

德鲁克明确指出,社会创新已明显地成为管理的新领域。他认为,各种理论、价值观念以及人类脑和手的全部产物都会老化、僵化,会变"过时",会变成"折磨"。因此,在社会与经济中,在公共服务机构与企业中同样都需要创新和企业家精神。正是由于创新和企业家精神并不是"彻底完全的",而是"循序渐进的",这里生产一件产品,那里制定一项政策,那边建立一项公共服务,由于创新和企业家精神并非事先经过计划,而是对准此种机会,那种需要;正是由于是尝试性的,一旦不能产生预期需要的成果,便会销声匿迹。换句话说,正是由于创新和企业家精神注重实效而非死守教条,朴素谦逊而不自以为是,所以,它们能使任何社会、经济、行业、公共服务式企业既灵活又能自我更新。创新和企业家精神能取得杰斐逊曾希望通过每代人的革命取得的成就,而且不通过流血、不通过内战或建立集中营,更不会造成经济灾难,而是有目的、有方向和有控制地取得成就。德鲁克指出,我们所需要的是一个富于企业家精神的社会。在这个社会里,创新和企业家精神是正常的、稳定的和连续不断的需要。正如管理部门已经成为当代所有机构的具体机关,成为使这个由各种组织构成的社会融为一体的机关一样,创新和企业家精神也必须成为各种组织、经济、社会维持生机的活动所不可分割的组成部分。

德鲁克特别指出了一般意义上的企业家精神所开创的社会创新活动并不一定都是企业家们自己事先设计好了的。他举例说,在不到 20 年的时间里,世界金融体系发生的变化,也许比前 200 年发生的还要多。变化的促进剂是两项社会创新:欧洲美元及以商业票据作为"商业贷款"的新形式。前者开创了一个由资本流通、汇率、信贷等"符号"经济所主宰的新的世界经济体系,后者在美国发动了"金融革命"。德鲁克指出:"一开始,欧洲美元和商业票据都不是作为'革命因子'设计的。"他以欧洲美元的出现与引起的金融变革为例说明。1952 年朝鲜战争中期,当艾森豪威尔将军当选为美国总统时,苏联银行发现了欧洲美元。苏联人担心新总统会冻结他们在美国的美元存款,以强迫他们停止对朝鲜的援助。于是,他们急忙从美国银行取出这些存款。但他们又想以美元保存这笔钱,他们想出的解决办法就是欧洲美元:一种以美国货币的名义存在于美国以外银行里的存款。这一举动在随后 20 年内开辟出新型跨国货币和资本市场,实际上完全不受管制。然而,它的总额——现在除了欧洲美元还有欧洲日元、欧洲瑞士法郎以及欧洲马克,无论是存款额还是交易额,都大于所有主要贸易国家的银行和信贷系统总计起来的存款额和交易额。"实际上,如果没有苏联银行海外经理人员这一创新——毫无疑问,这些经理人员都是优秀的共产党员,资本主义制度也许活不到今天,这一创新使世界贸易市场迅猛扩展成为可能。近 30 年来,在自由企业制的发达国家,世界贸易是经济增长和繁荣的发动机。"

社会活力

曾获 2006 年诺贝尔经济学奖的哥伦比亚大学教授埃德蒙·费尔普斯(Edmund Phelps)[25]指出:"现代经济体"(Modern Economies)是指一种有创意的经济体,一个名字是"活力社会"。这样的经济体有足够的能力和兼容性去创新。有很多特性可以拿来描述这样的经济体:在这样的经济体中,工作会有足够的满足感,让大家去解决问题的动力;有很多的机会去自我发现,以及对人类知识上的进一步发展;这是一个大家都很愿意参与的体系;但也会造成很大的不确定性。"活力社会"所面临的一个重大的问题是,如何进行足够好的监管,同时又可以不丢失足够的"活力"?如何可以解决当代经济中的不"稳定性",同时又可以保持社会的活力?

国家创新

国家创新体系是对创新社会的制度化。国家创新体系最早是由英国著名的技术创新研究专家弗里曼(C. Freeman)于 20 世纪 80 年代末期提出的。国家创新体系是由公共和私有部门与机构组成的网络系统,强调系统中各行业为主体的制度安排及相互作用。具体地讲,国家创新体系具有国家创新资源(包括人力、财力、信息资源等)的配置功能、国家创新制度与政策体系建设功能、国家创新基础设施建设功能和部分创新活动的执行功能。美国技术创新领域的大师、经济学家理查德·尼尔森认为,用"国家创新体系"这个简单名词来概括一个国家在体系上的特点,这些特点决定了一个国家在各个领域中创新能力的高低,同时,这个广义的概念是为了避免人们把目光局限于对企业、机构的研究和创新,一个国家的创新能力在许多情况下取决于金融机构、劳动力市场、教育体系和政府管理体系的运作等。正如管理学家德鲁克把企业家精神明确界定为"社会创新的精神",并认为"在社会和经济中,在公共服务机构与企业中间,同样需要创新和企业家精神"那样,国家创新体系是超越于企业家、企业的全社会的创新,一个国家及其社会、经济是否成功发展是国家创新体系能否成功运作的标志。由此可以推断,随着人类社会的进步与发展,随着全球经济的融合,随着企业家精神的不断演进,企业家精神不再属于一个企业、一个国家,而应当属于整个人类社会。西方社会这种把创新精神纳入国家体系的作为,无疑极大地激发和深化了企业家精神的应用。

[提示]一个有活力的、开放的社会,本身就具有健康化的能力,不仅能使个人得到自由发展,而且能使社会对各种变化作出正常的反应,同时能使权力及各种组织处在监督之下。由于封闭,世界上四大文明古国目前都是欠发达国家。

创新策略

有关战略管理和企业家精神方面的研究文献使用了几个不同的术语对企业家导向加以描述,如企业家倾向(Entrepreneurial Proclivity)、企业家导向(Entrepreneurial Orientation)以及企业家管理(Entrepreneurial Management),一般来说,这几个术语可以交替使用。

在企业创新中,企业家导向表明了在企业家精神指引下管理企业的方法、实践以及决策风格等,表明的是企业的一种文化、行为过程方式和风格,是企业家精神在更为一般的管理过程中的具体表现。

创新必须坚持企业家导向。只有坚持企业家导向,才能促进创新成功。企业家导向可以用三个维度来测量:(1)创新嗜好。企业家导向的价值观还会支持企业实施新的管理方法,在现有业务基础上产生新的业务,以及对现有的已经陷于停滞的或有转变需求的业务进行更新。与市场导向相反,企业家导向会推动企业的主动性学习,促使企业对动态变化过程给予更大的关注。(2)风险偏好。企业家导向会引发企业质疑关于消费者、竞争者以及环境的现有假设,容易导致打破既定框架的行为。企业家导向是一种积极的战略导向,在产品创新过程中能使企业产生探索性、风险偏好的行为和积极进行高风险的产品创新。因此,企业家导向更容易推动企业的突变创新和长期竞争优势的建立,能引导市场而不是被客户所引导。这种导向下的创新很可能是技术驱动的,市场失败的风险也较高。(3)先于竞争对手积极行动的能力。至少在短期,具有企业家精神的企业通过创新可在竞争中胜出。在企业家导向引导下的企业行为的基本表现就是不但能先于竞争对手推出新产品,并能识别出客户的潜在需求和及时推出新产品。

为了透彻地分析创新策略的企业家导向,笔者型构了图 4.4 所示的"企业家导向的创新金字塔"。在创新金字塔中,技术创新是主轴,起到创新主导与引擎的作用,没有技术创新,创新不可能获得长期成功。商业创新是创新市场成功的基础,没有商业(模式)的创新,技术创新经常会失败。管理创新是核心,它不仅提供技术创新和商业创新的平台,同时促进制度创新的环境改善。制度创新是保障,创造创新的社会评价系统,是创新深化与发展的社会保障。

图 4.4 所示的创新内涵的扩展是有实证基础的。经济与合作发展组织(OECD)与欧盟统计署(Eurostat)联合出版的《奥斯陆手册》(Oslo Manual)第三版不但扩大了创新的定义,而且增加了营销创新和组织创新。这两类创新本身并不是技术创新,但它们对生产力的增长和经济的发展具有重要意义。因为组织创新是技术创新的前提,组织创新不

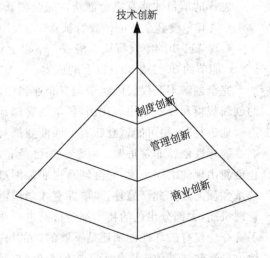

图 4.4 企业家导向的创新金字塔

仅是产品和工艺创新的支撑要素,也可能是企业自身绩效的重要影响因素。新营销策略对企业效绩起着重要作用。美国《商业周刊》2006年4月24日刊载一篇题为《全球最具创新精神的企业》的文章,其中谈到创新内涵的扩大:"如今,企业创新的含义已经远不止开发新产品那么简单。它还包括改造业务流程和打造全新市场,以满足消费者永无止境的需求。最重要的是,随着互联网和全球化带来更多创意,创新也包括选择和实施正确的创意,并以创纪录的速度将它们推向市场。20世纪90年代,创新指的是技术以及质量和成本控制。如今,它指的是提高企业组织的效率,对其加以改造,使之具有创造力并不断发展。"美国达特茅斯学院塔克商学院教授维贾伊·戈文达拉扬说:"很多不同的内涵都被划入了创新的范畴。创新不一定与技术有关。"很显然,创新已经超越了科技的范围,那种把创新只局限于科技领域的视野显得过于短视了。

技术创新

美国企业发展的思路很清楚,就是技术创新和模式创新两条腿来走路,它的金融创新有一些是技术层面的,但还有很多金融创新其实是模式层面的,有了这些作为一个基础,包括在互联网领域,产生了很多传统领域非常领先的模式。它的模式创新成功到什么程度?很多中国过去10年最成功的企业,它的模式如果要追本溯源的话,都在美国。不管是携程也好,如家也好,分众也好,新浪也好,它的鼻祖基本上全部在美国。中国已经把科技创新或者产品创新、技术创新放到一个很高的位置上,但中国并没有把模式创新放到同样高的位置。

完全创新

完全创新(又称破坏性创新)项目可以给企业注入新的生命力,也能让一个新创企业获得良好的发展前景。新兴公司如果掌握了某种能打破现存经济模式的新发明,就可以打败几乎任何一家大公司:无论是20世纪70年代发明微处理器的英特尔公司、还是20世纪90年代掌握重新利用金属废料方法的纽科公司都证明了这一点。

怎样的项目才能算完全创新?完全创新项目应当具有以下一个或多个标准的潜力[26]:
- 具有一整套全新的绩效特征;
- 改善已知的绩效特征5倍或5倍以上;
- 能节约30%或30%以上的成本。

完全创新不是仅仅限定于现有企业当中的,对一个创业者而言则更为重要,只是把大企业的创新规模和投资缩小了比例,科学的管理却必不可少。当完全创新在一个创业团队中有条不紊地进行时,很可能就意味着一匹商业黑马将要驰骋商场。

破坏性创新非常重要。对于一个已经非常成功的企业,或者是对于一个官僚气氛浓厚阻止创新出现的组织来说,完全创新也非常困难。为了实现完全创新,破坏性研究非常重要,在技术领域尤其如此。另外,单单拥有才华横溢的工程师还是不够的。如果企业中没有适当的管理机制,大部分出色的技术都会被扔进企业经营历史的垃圾堆,甚至更糟糕的,会被竞争对手篡夺。仅有破坏性创新还是不够的,可以列举出很多这样的实例:公司发明了新技术,但其地位最后却被其他人取代了。按创新界的行话来说,这里提到的"其他人"就是"快速跟进者"(Fast Follower)(也称为"快速模仿者"),快速跟进者是指拥有更好的资金条件、更敏锐的管理意识,在市场中能比原创者更快、更有效地开发利用某项技术的公司。

真正的颠覆来自大家不注意的地方。因为要试图改变、要颠覆的一定不是现在大家所看到的同一个产业,这个产业已经有重兵把守,很难完全从同一个路径上挑战,甚至也没有必要。但一定会从大家不注意的地方,从另一个角度解决用户很大的需求,可以利用一些科技的创新,利用终端的一些变化,甚至是与传统领域结合,这些都是很有可能的。

专栏 4.6　　　　　　　　　　如何打败苹果

复制无法成功

今天的苹果已经是一个非常有影响力的品牌,全球范围内对它的研究、模仿热潮是一波接一波,模仿者普遍希望通过模仿可以从苹果的成功中分得一杯羹,然而,有趣的是这种模仿有时竟然奏效。

或许还有一些公司希望可以打败苹果,成为下一个超级品牌,分得一杯羹已经不能让他们感到满足。苹果是目前全球最有价值的公司,它的股价貌似没有上线,其 iPhone、iPad 和 iPod 产品都非常成功,几乎成为同类竞争产品的代名词。很难想象一个公司可以复制这些成功,更难以想象的是可以通过复制超过原有公司。

苹果成功的特质

苹果的成功在于:①制造伟大的产品;②定价具有竞争力;③通过市场、广告渠道对产品进行解释、分析。想打败苹果的任何产品都要做到同样的事情。

制造一款优于 iPad 的设备来打败苹果并非理想策略,因为一旦苹果发布新产品,可能又将你甩在后面,或者至少可以重新定义类别,所以,打败苹果不能孤注一掷。iPhone 或者 iPad 的竞争者应该考虑如何生产更优的产品。

打败苹果

打败苹果的五个步骤如下:

(1) 引领,不随从。任何对苹果的成功进行模仿的产品都注定无法超越苹果,只有洞见到科技发展趋势,才有可能超越苹果。

(2) 专注于苹果没有的东西。苹果有个强大的平台,但是还不够完美。竞争者要专攻它的弱点,然后设计出有竞争力的产品。

(3) 可以解决问题。创造一款新产品并非难事,关键看产品本身是否解决了目前用户的需求,苹果大多数的成功都要归功于关注消费者需求。

(4) 敢于行动。乔布斯首次重返苹果时,他与竞争对手微软签订了协议,苹果才得以保存。几年后,他用 iPod Nano 取代了 iPod Mini,使苹果获得了更大的成功。而这些对一个保守的 CEO 而言都是难以想象的。

(5) 从现在开始努力。苹果的成功前所未有,但乔布斯的去世也让它面临一些问题。消费者仍有不断进化的需求,所以,终究会出现一款可以打败其他一切的重大新产品。

平衡创新

领先一步是先驱,领先两步则是先烈。在技术先进性和市场需求的有效支撑之间,要找到一个很好的平衡点。很多技术人员对技术要求非常完美,一定要用最先进的、最完美的技术,但对企业来讲,未必合适,要用消费者最需要的技术,这也是能为你创造最大价值的技术。德鲁克[27]指出:"一个看似伟大的创新结果可能除了技术精湛外什么也不是;而一个中度智慧的创新,如麦当劳,反而可能演变成惊人且获利颇丰的事业。同样的道理也适用于非商业性事业和公共服务的创新。"

观念已经很难改变的领导层经常会发现,很难突破曾经取得成功的旧有模式。柯达公司的历史表明,单有创新还是不够的,公司还必须拥有能适应变革时期的清晰商业战略。如果没有这样的战略,破坏性创新会葬送公司的巨大财富,哪怕是公司自己的创新。

比较起来,历史上很多失败的创新的主要原因都是未能在合适的时间找到合适的环境和市场,也就是说,没有找到适合的服务模式[28]。

微观创新

21世纪的创新巨头不像20世纪90年代的公司超级明星那样注重宏观创新,即克莱顿·克里斯滕森在突破性创新原则中所说的那些"巨大的、具有突破性的新科技对公司的影响"。今天的创新领军人物更关注微观创新——教导公司如何与顾客心连心,从顾客的角度思考问题;如何使企业的研发实验室与顾客需求更紧密相连;如何调整员工的激励措施,激发员工的创造力并为他们提供创新机遇等。当一种有创意的想法被发现后,它就可以转变成创新产品。以"拖把"这种生活中最常见的清洁用具为例:过去人们习惯于用拖把和清水拖地,但马萨诸塞州一家为宝洁公司设计家居清洁产品的公司经过研究发现,拖把上的水实际上更容易使脏物四处散落,而干抹布却能吸附灰尘(根据静电引力原理)。根据这一发现,该公司帮助宝洁开发了速易洁静电除尘拖把,如今这种除尘拖把已经成为宝洁旗下价值超过10亿美元的最新品牌之一。从创造力经济的设计角度来说,这是一个范式转移。不同经营理念的事业定义如表4.6所示。

表4.6 经营理念的范式转换

事业	生产者导向的定义	顾客导向的定义
化妆品公司	我们生产化妆品	我们销售美的希望
铁路公司	我们经营铁路	我们提供客运与货运服务
事务设备公司	我们制造影印设备	我们协助办公室生产力的改善
医院	我们医人生的病	我们医生病的人

世界近10年来大部分的创新都是所谓的微型创新,大部分领先的公司都是微型创新公司。微型创新直接针对市场,知道潜在的用户是谁,力图实现技术的尽快应用[29]。

服务创新

你可能是开发新技术的第一人,但是,只有商业模式更灵活、商业模式更具创新性的公司,

第4章 创新能力

才能更长久地保有竞争优势。这一观点引出了下面的问题:促进创新的最佳商业模式是什么呢?

战略创新

从2005年开始,每年通过对全球研发投入最大的1 000家公司的调研,研究机构Booz Allen Hamilton试图找出研发与企业成功之间的关系。这项研究表明,研发投入和企业成功之间并没有战略意义上的显著相关[30]。

2005年的研究表明,研发投入有一个最低限度——如果一家公司的研发投入在行业排名中位列最后的10%,它的业绩可能受到不利影响。但如果它位于中间,或者是最前面的10%,研发投入的多少对公司的业绩并无实质影响。一个公司花多少钱并不重要,重要的是怎么花。关键在于这家公司怎么去做事——流程、工具、组织、文化和战略抉择。

2006年的研究进一步证明,资金投入不是研发成功的关键。研究发现,有些公司与同行相比,研发投入更少,但业绩更好,并且这种业绩是可持续的。在2006年的研究中,涉及公司的专利数量在创新成功中扮演了怎样的角色。研究发现,如果企业在研发上投入更多的资金,它们当然会获得更多的专利。但专利的获得与企业成功(以收入、利润和股东回报为标准)同样并无紧密关联。它是一个非常重要的判断:创新与新技术并不是一回事。新技术可能是一种优势,但是,除非它能够带来新的收入,否则,它就不是真正的商业创新。以iPod为例,真正的创新在于把所有的音乐目录整合到同一个平台上,并且通过一种简单、易用的设备,让它们能够轻易地被获得。其中,并没有明显的技术优势:MP3播放器已经存在好几年了;音乐的在线购买和下载也是如此。这就是那个颠覆了数字音乐产业的商业模式创新。

在对2007年全球1 000家企业创新活动的研究中发现:第一,创新战略与商业战略结合越紧密,收入、股东回报等业绩指标就越高;反之,就越低。第二,在所有的行业中,有三种基本的创新策略:需求发现式(它们专注于深入理解客户的需求,并据此创新,第一个到达市场);市场解读式(它们不仅关注客户需求,也关注竞争对手的动作,它们是快速的跟随者);技术驱动式(它们并非忽视客户需求,但对突破性的技术关注更多)。只要与商业战略紧密结合,其中的任何一个都可以获得成功。第三,公司越是直接接触用户,其获得的财务回报就越高。在上述三种创新策略中,这一点都适用。

现在,人们所熟知的知识经济在创造力经济的面前黯然失色。就在决策者和学术专家为工程技术、软件编写、会计及无数其他高科技、高端服务工作被外包而束手无策时,现在的美国公司正进化到下一代经济活动:提高售后服务质量,不只是靠产品赢得市场;重新构思整个品牌的产品种类,不只是增加几种颜色而已;最重要的是,创造全新、具有突破性的竞争舞台。

设计创新

20世纪80年代初,当彼得森出任美国福特汽车公司总裁时,美国经济正值萧条时期,市场需求严重不足,福特公司的产品也严重滞销,几乎陷入四面楚歌的境地。对此,彼得森认为:"我们没有更多的时间去弄清正在发生的事情及其原因,但我们必须用足够的时间去组织创新。"在他看来,福特公司要摆脱当时所处的困境,不仅要依靠产品质量去取胜,更重要的是下大力气、花大工夫在产品的花色品种以及品牌上去创新。为此,福特公司集中大量的人力、物力与财力,致力于新产品的研发。据有关资料显示,福特公司 1982 年的研发费用就高达 17.64 亿美元,而 1992 年这一费用更是激增到 30 亿美元,是美国位居第四位的研究开发与战略投资者。根据彼得森的新产品战略,1983 年以后,福特公司相继推出了雷鸟、美洲狮、默寇利玉皇牌轿车。1986 年,福特公司又推出当时美国市场上最畅销的金牛座和默寇利黑貂牌轿车,这两种新产品是福特公司于逆境中奋进的结晶与标志,它们不仅在品质上性能优良、乘坐安全舒适,而且在外观上还具有弯曲而流畅的浪漫迷人的流线外型,这与以往那种棱角分明、生硬死板的盒型轿车大相异趣。这一标新立异迎合了美国人追求新奇的心理。轿车推出后,立即受到美国青年人及新婚夫妇的追捧与喜爱,并逐渐成为席卷整个北美大陆的一种时尚。由上可见,在企业的新产品研发过程中,能准确地预见和把握顾客的心理与需求,将使企业的创新行为事半功倍。最好的企业往往能在产品开发初期就能了解顾客的心声,新产品的成功非常有赖于顾客的参与。

宝洁的经验体现在:依靠设计的力量,宝洁公司从一个停滞不前的品牌管理者转变成高效创新的典范,并超越了同行业的其他竞争对手。

在拉弗利上任前,宝洁公司的产品销量增长一直平平。公司更关注其产品的功能,而忽略了顾客对产品的感受。伊利诺伊理工学院设计院院长帕特里克·惠特尼说:"宝洁拥有全美国最好的化学工程和市场营销部门,但它不关心消费者的感受。"

宝洁公司可以让个体零售商囤积它的产品,但随着市场发言权逐渐向大型连锁零售商转移,它再也没有这个能力。惠特尼说:"宝洁必须创造新产品。要达到这个目的,它必须拉近和消费者的距离。"

拉弗利把目光投向设计。2001 年,他在公司内部设立了一个新职位:负责设计、创新和市场战略的副总裁。这个职位由 53 岁的克劳蒂娅·科奇卡担任。科奇卡和拉弗利都清楚地意识到,如果不从外面引进新鲜血液,他们永远无法改变宝洁的企业文化。因此,他们出台一个重大决定:辞退数千名公司高级主管、中层经理、科研人员及其他员工,同时将设计人员队伍扩大到原来的 4 倍。公司首次雇用大批在其他公司和其他行业工作过的设计人员。

科奇卡的第二个重要决定是将设计人员派遣到研发部门,与研发人员一起工作,帮助开发新产品。这一决定彻底改变了宝洁公司的创新过程,使创新的动力由新科技转向消费者需求。为了进一步打开市场,宝洁开始聘请各个领域的设计公司为其提供产品设计咨询服务。

他们是这样运作的:科奇卡和宝洁公司的部门主管接触,要求他们提供近期有可能开发的项目名单。家庭卫生部门的负责人说目前是宝洁进军浴室清洁产品的好时机。于是,科奇卡让 IDEO 公司帮助宝洁公司开发产品。

IDEO 和宝洁公司的设计人员到全球各地调查人们是如何进行浴室清洁工作的。在南美,他们看到一些妇女用扫帚来清洁墙壁和浴缸,于是,设计人员制作了一种配有长柄的小型手持清洁刷,但经过问卷调查他们发现消费者不喜欢这种创意。

宝洁公司并没有气馁。相反,他们又进行一次市场调查,这一次向调查对象提供产品试用,结果发现产品得到大多数人的喜爱。于是,宝洁公司推出了新产品:带有 4 英尺长可拆卸手柄的小型手持清洁刷,并成功地打入了市场。

市场创新

企业家是创新者(Innovator)，却不必是发明家(Inventor)。确实，有不少企业家同时也是发明家，著名的例子包括诺贝尔和爱迪生，但更多的企业家不是任何技术的原创者或新产品的发明人。苹果电脑公司的发起人史蒂夫·乔布斯和史蒂夫·伍兹聂克常被认为是微机的发明人，其实不是。在他们之前已经有很多人制作甚至出售微机了。他们真正的贡献是开拓出了巨大的微机市场。比尔·盖茨花低价买了一套别人的操作系统软件，稍加改动变成微软公司的 MS-DOS 操作系统，并在此基础上建立了垄断地位，如今这已成为众所周知的传奇。戴尔电脑公司的发起人迈克·戴尔采用直销方式销售电脑而起家，但他不是直销方式的发明人。在微机市场还没广泛建立的 20 世纪 70 年代前期，只有少数业余爱好者购买微机，邮寄送货曾经是当时常用的销售方式[31]。举这几个例子只是想说明，企业家不一定是发明家，他们需要的是在商业机会面前的独具慧眼，他们的成功本质上都是服务模式的成功。

海尔的发展壮大与张瑞敏面向市场的创新理念是分不开的。面对全球一体化、信息化以及用户制定市场规则的多重挑战，张瑞敏强调要建立起一个国内与国外市场相互呼应的市场体系。在海尔集团内部有一句口号："无内不稳、无外不强。"这也就是说，如果企业在国内市场没有竞争力，就不可能真正进入国际市场；如果只在国内市场做得很好，而不进入到国际市场，优势也只是暂时的。如何在中国加入 WTO 之后能使企业在国际化竞争中赢得主动？张瑞敏认为，就是利用信息化时代进行企业的重组，流程再造的目的就是握住市场这只无形的手。流程再造就是扁平化，就是使每个人成为一个 SBU（策略事业单位，即自主创新的主体）。这样对每一个人而言，他就不再是企业的一个负责人，而是企业的一个资本，如果每个人的资本都能增值，这个企业就可以做得非常好；如果企业中的每一个人都能成为创新的主体，这个企业将无往而不胜。应该说，海尔的成功昭示着中国现代企业的发展方向。

现在，那些在中国市场能够大获成功的商业模式，一定是那些在客户价值主张、资源与能力和盈利模式这三个维度之中针对中国本土市场现实进行了精心调校的企业所创造的。

案例 4.1　　　　　　　　　　**华为的应用创新策略**[32]

任正非曾经公开承认："至今，华为并没有一项原创性的产品发明。我们主要是在西方公司的研发成果上进行了一些功能、特性上的改进以及集成能力的提升，我们的研发成果更多表现在工程设计、工程实现方面的技术进步上。"

任正非并非不想做原创性的发明，不过，知识和专利的积累需要时间，更需要大量有创新能力的人才，而中国人力资源禀赋并非如此。华为只好采取一种折中却最具市场效率的方式：

(1) 敏锐发现研发商机。一线人员随时倾听客户的表扬、牢骚、咒骂，第一时间研究产品问题。

(2) 高效研发。华为 46% 的员工是研发人员，分工合作实现高效。

(3) 所有工程师都必须是"商业工程师"。工程师要去做市场，市场人员要回来搞研发。任正非宣称："华为没有院士，只有商业工程师。要想当院士，就不要来华为。"他在创业时就明白：只有卖出去的技术才有价值，卖不出去就等于废品。

(4) 第一时间申请专利,积累研发基础。近年来,华为每年申请的国际专利数量占全球第一,到 2013 年已申请 4 万多项国际专利。

通过对阿尔卡特—朗讯与华为的对比发现,前者需要三个月完成的研发流程,华为一个月内就可以成型。因此,虽然华为的产品线并不具有世界级的先进技术或者前瞻性,但它为满足运营商具体业务和战略而进行的产品研发以及快速、准确的执行能力正是华为在世界范围内高速扩张的核心竞争力。

1997 年,天津电信的人提出"学生在校园里打电话很困难"。任正非当时紧急指示:"这是个金点子,立刻响应。"在两个月后华为就做出了 201 校园卡,推出后市场反应热烈,很快推往全国。等其他公司反应过来时,华为已做了近一年时间。实际上,这项新业务只需要在交换机原本就有的 200 卡号功能上进行"一点点"技术创新。

1999 年,华为成为最先和中国移动一起做神州行预付费业务的企业。当时,华为已经觉察到这个将要出现的市场,暗自做了技术储备。中国移动一提出需求,华为立刻全力响应。中国移动一期工程全国铺了 25 个省市的点,只有华为一家承建。两年内,华为没赚到一分钱。结果业务成功推出后,中国移动二期招标时一次性给了华为 8.2 亿元,成为当时华为最大的一笔合同,利润远高于其他产品。之后别的厂家跟进,价格却只有当初的 1/5 了。

管理创新

比技术创新更紧扣人心的是管理变革。管理变革象征着企业家创新的行动能力、对旧的颠覆和对新的改造。管理者们在变革时想到的不是自己。他们是一种企业行动能力的表征,只有将愿望变为能力,将潮流变为事实,商业才会开花结果。

变革是对旧的框架的突破。在转型社会的商业实践中,变革是勇敢者的游戏,更是成功者的游戏。变革和改革的大潮源出一脉,变革者更看到了时机、紧迫、危险和难度。如果不迎难而上,新经济不可能成功;如果按照常规模式,企业家也不可能成功。变革实际上证实了在高速发展和变化的经济体系中的一种应变能力,也成为一个新经济企业家所必备的素质和手段。

员工创新

一般情况下,员工可能是最不愿意创新的人。他们认为创新可能会带来太多风险,甚至毁了他们的本职工作,或摧毁他们喜爱的那部分工作。有时候,员工听到领导谈论创新,他们可能会说:"现在不是时候。"事实上,他们需要的不是一个恰当的时机,而是一点压力和动力。事实证明,正确地引导并鼓励员工创新,将为公司带来意想不到的收获。谷歌的案例也许就是最好的佐证。这家网络搜索巨头已经成为日常生活的一部分,公司名字甚至被当作动词使用,而其独特的文化也令公司成为创新的同义词。

小托马斯·沃森于 1956 年成为 IBM 公司的第二任总裁,此前,虽然老托马斯已为 IBM 公司创造并积累了巨额的财富,但到了他的后期,IBM 公司因组织机构重叠和官僚作风严重致使工作效率不高,企业效益也严重滑坡,已呈颓败之势。小托马斯接任后,在 IBM 公司制定并实施了一系列致力于创新的改革举措:总公司委派的工作人员有权对执行人员的观点提出异议;如果总公司派来的人在决议上签了字,这就意味着他必须为此承担相应的责任;经理与总公司人员的意见不一致时,有关的情况资料必须迅速、及时地上交上级管理部门处理等。这一系列的措施都被明确写进了闻名的制约平衡管理条例之中。此外,小托马斯·沃森还挑选出一个由8—10名精干的高级职员组成的、隶属于总裁的委员会,并通过不断变换这个组织的职能,以使其始终成为一个活跃、敏捷、高效率和富有生气的集体。应该说,确定每个人应负责的范围和对过程进行不间断的监控是管理创新的要旨。归根结底,创新不是某个人或某个部门的职责,而是集体努力的结晶。为此,必须调动每个人的积极性、主动性与创造性,让企业中的每一员都为企业的生存与发展献计献策。

如何让员工参与创新,西南航空创始人赫伯·凯莱赫也有自己的心得:"让员工参与创新的最好方式就是告诉他们,做你自己想做的事情,并乐在其中,不要害怕。"作为一位颇具人格魅力的领导,凯莱赫让下属相信,西南航空雇用自己并不是希望自己像机器人一样工作。而是希望自己在工作中保持本色:"那将鼓励人们创新,因为他们不会感到害怕。"

领导创新

企业家的创新主要不是在技术创新方面,而是在制度创新和思想理论创新方面,技术创新不过是实现他的制度创新和思想理论创新的一种手段而已。不仅如此,创新既是一种对旧事物和旧秩序的破坏,也是对一种新事物和新秩序的创造。韦尔奇的创新就是如此[33]。

首先,无边界企业。在传统理论和实践中,企业是一个边界分明、等级森严的组织,不仅有内外的边界阻隔着企业与客户和供应商之间的联系,而且有地理上不同国家和地区之间的边界割断了相互之间的交流,更重要的是存在着各种各样的内部边界,如纵向的等级边界和横向的(职能)部门边界,形成了上下左右之间的障碍和壁垒以及一些有碍于企业绩效的其他边界。韦尔奇的功绩在于想尽一切办法推倒这些边界,把通用电气公司变成一个无边界的企业。他减少层次,向官僚体制和等级制度开战;他创立听证会制度,在企业内建立了信心和信任,为无边界革新奠定了基础;他倡导"非正式性"和无拘无束,主张取消任何限制思想和学习自由流动的东西;他推动了全球化进程,打破了通用电气与世界其他地方分隔开来的地理界限;他推行顾客至上和服务第一,主张提升客户的生产力,建立了企业与顾客之间的联系和交流;他根除了"不是土生土长的(NIH)"的观念,主张向沃尔玛、东芝、克莱斯勒、惠普等公司学习,吸取其他公司的新思想和最好的实践。通过这一切,韦尔奇创造了一个无边界的组织,可以使人们"专注于发现更好的方法、更好的思想,而无论其源头是某个同事、通用电气的另一个业务部门、街道那边的另一家公司,抑或地球另一端的某个公司,他们都会与我们分享其最好的思想和实践"。因此,无边界成为韦尔奇的一个标志性概念,无边界企业成为韦尔奇的理想,在其中,人员、思想和创造性能够自由流动。

其次,学习型组织。韦尔奇非常重视学习和知识,重视思想和人。他认为,对新想法的渴求是领导能力价值的最重要的决定因素,"商业就是攫取智慧",文化是企业无法替代的资本。他创立学习型组织的一个基本假设是:"我们并不能知道所有的答案",在其关于学习型组织的图景中,确立了这样一种核心观念,员工必须沉浸于好的想法之中。"在这里学习某些东西是一种荣耀,不论它来自何方。"韦尔奇创立的学习型组织具备几个基本特征:一是信息分享的开放性;二是通过投资于学习来兑现学习的承诺;三是不惩罚错误或者失败,将教训融入整个组织中,每个人都可以从前车之鉴中学习;四是不断地学习,使之成为文化的一部分。这样,韦尔奇就将一个百年老店塑造成世界上最大的学习型组织,并形成了一种思想和智慧超越传统和层级的学习型文化。

再次,顾客中心和服务至上。韦尔奇把服务举措看作是改造通用电气的关键之一,认为任何对顾客重要的事对通用电气也重要。他打破了通用电气公司传统的"自内而外的视角",采用"自外而内的视角"提出了一个新的主意,即用顾客的眼光来看待通用电气的每一件事。从六西格玛到电子商务,每做一件事情的最终目的都是以顾客为焦点,使顾客更具生产性和竞争性。与此密切相关,韦尔奇发动了一场改变公司的产品服务行动,不仅把服务业务从通用电气的辅助业务提升为核心业务,而且认为产品服务是对公司研究和发展以及无与伦比的工程能力发挥杠杆作用、为顾客提升生产力和盈利能力的方法,是"再造已经建造的基础",是"第二个增长驱动的因素"。

最后,通用电气价值观。韦尔奇把人的因素以及激励人们取得超乎想象的成绩看成通用电气的希望。他说:"我们已经营造……一种氛围,在那里,人们敢于尝试新事物……在那里,人们确信决定他们前进得多远、多快的只是他们个人的创造性和驱动力、他们关于自身优异性的、自身标准的临界度。"由此出发,韦尔奇全力营造通用电气的价值观,它代表了通用电气的核心信念。其中,学习创新性思想处于中心位置。他将价值观看作是通用电气的"宪法",并通过价值观来衡量员工并改变自己,在录用、辞退以及提升时以价值观为指引,如果不认同公司的价值体系,即使能够实现目标的管理者也应该辞退;他要求所有员工都应随身携带通用电气价值观卡片;在进行收购时,他优先考虑把通用电气的文化注入新公司。如果说所有的企业领导人都赞同价值观,韦尔奇是第一个把价值和行为直接联系起来的企业家,他把那些价值如此深入地融入公司组织的机体,通过维持一个一致的战略构想(如数一数二、全球增长等)和行为模式(通用电气的价值观)成功地塑造出世界上最具竞争力的企业。

从以上的概述可以看出,韦尔奇的创新集中到一点,就是完成了企业管理模式的创新。如果说斯隆完成了通用电气从经验管理模式向科学管理模式的转变,韦尔奇则完成了从科学管理模式向文化管理模式的转型。应当特别指出的是,韦尔奇的创新是与他所处的信息化、全球化和知识经济的时代相契合的,是对新时代的挑战率先做出的应战和反应。

机制创新

管理变革的目的是为了促进内部创业。内部创业在这里呈现为这样一种形式:跨越各部门之间的鸿沟,以项目为单位召集人才,将工作铺开。这也可以称为新项目主义,即部门主义与项目主义的一种结合。

在世界500强名列前100位的大公司中,在产品创新方面已有65%的公司采用了内部创业机制。内部创业是大公司培育企业家精神和进一步创新求胜的有效成长途径。成功案例有通用电气公司、3M公司、德州仪器公司、柯达公司等。

案例 4.2　　　　大企业内部创业机制

3M 公司

3M 公司是 30 家道琼斯工业股票指数成分股之一,而且它最大的特征是"稳重",在华尔街的证券分析师口中,3M 是"值得长期投资的股票之一"。自从 1999 年道琼斯推出了"道琼斯永续指数",3M 至今每年都进入该指数榜单。该指数体现了目前世界上在可持续性发展上具有杰出表现的领先企业。

稳健并不代表死板。在技术开发上,3M 一直是一个以创新精神为灵魂的公司。"一个明智的企业家,应该在他的企业中创立一种有利于创新的组织环境,鼓励并保护创新者,只有这样,企业才有活力与希望。"这就是明尼苏达矿业制造公司(3M 公司)总裁刘易斯·莱尔(Lewis Lehr)的至理名言。在他看来,一个企业及其领导者,如果因循守旧、墨守成规,其注定会被市场无情地淘汰。而只有创立新制度、创研新产品、创造新技术,公司的事业才会兴旺发达、长盛不衰。当然,在创新的过程中,难免会有风险,会遭遇失败,因此,就更需要对致力于创新的人才加以保护与鼓励。为此,3M 公司有一个不成文的惯例:允许研究人员把其大约 15% 的时间或精力用于个人的研究上,以开发他们的灵感,并允许他们使用公司的仪器设备。此外,公司还有一个特殊的人事结构与惯例,就是公司的员工可以变换不同的工种而不用到别的部门去。在 3M 公司,一个人只要参与新产品的创新事业,他在公司里的职位和佣金自然会随着产品营业额的成长而得以升迁与增加。创新者一旦获得成功,立即会受到公司英雄式的热情款待与嘉许,而创新中的失败者也同样会受到 3M 公司的支持与鼓励。正是这种有利于创新的组织环境,使 3M 公司成为一流的创新公司,从而获得了 30% 的收益来自开发不到 4 年的产品[①]、10% 的收益来自开发不满 1 年的产品这样骄人的业绩。

在 3M 公司:(1)所有业务部门必须有 25%—30% 的销售额来自最近 5 年投入市场的新产品。(2)对创新过程中失误的宽容。(3)员工可以花费高达 15% 的工作时间用于开发自己心目中的新产品。(4)如果员工认为某一项目的潜力诱人,可以向所在的部门申请资助。如果他所在的部门不予支持,该员工还可向其他部门或公司的新业务开发部申请资助。(5)一旦项目最终获得批准,项目发起人可以在公司内部招人组建项目小组。

德州仪器

德州仪器的创新性项目分成三类:Objective 指整个公司在一段时期内的经营目标,Strategy 指实现总体目标的行动方案,Tactics 指战略派生的短期项目。

所有的创新项目按照对 OST 的影响得到拨款。在评估时,则自下而上对项目层层筛选。上一层的经理规定下属的管理人员有多少款项可以用于新创项目。对有潜力但因资金额度问题不得已搁置的项目,特别设置一个备用项目库,以待有额外的资金来源时能启动。

[①] 在中国,这一数字超过了 50%。

> 另外,上一级的经理对下级经理的项目评估进行复核。如果在更高的层面上发现有关项目有特别意义,上级经理可以改变评估结论。确保全新的、有深广意义的创新项目能够在更高的管理层面上得到充分地重视,使高层能发现不同的新创项目间可能存在的协同作用。
>
> **皇家壳牌**
>
> 荷兰皇家壳牌石油公司于1996年成立了"规则改变者"内部创业小组,拨款2 000万美元给内部创业者,授权他们实践打破惯例、改变规则的创业新思路。公司的任何人都可提出想法,并在顾问的指导下,制订可行的商业计划、界定机遇的边界、确定潜在的伙伴关系、认清真正的竞争优势及财务问题,并帮助其实施。
>
> 创业小组还将内部创业进程制度化,每周举行会议商讨新的提议,决定哪个项目值得投资。到1999年,公司5个最大的增长计划中有4个可在"规则改变者"专门小组的项目中找到源头。

制度创新

《创新者的窘境》[34]一书指出,当一个企业处于成功的阶段时,若想推动企业不断创新,马上会有一股很强大的反扑力量把你拉回来,让你的创新实现不了。这种阻力有时候容易相互影响并形成一股集体的力量,因为创新的结果是什么有时模糊且未来不确定。

企业家要创新,有时就不得不进行"破坏",甚至破坏他自己亲手建造起来的大厦。熊彼特说,所谓的"企业家就是从事创造性破坏的那些人",就是说他要在创造中进行破坏。进一步说,可以把这种破坏归纳成为三个层次,称为否定及创新的三个层次,如表4.7所示。

表4.7 否定及创新的三个层次

否定	创新
自我的否定	经验创新
规则的否定	规则创新
政策的否定	法律创新

经验创新

第一个层次的否定是对自我的否定。所谓对自我的否定,就是企业家要不断进步,必须忘记过去。可能在创业时期,或者在某一个阶段,或者在某一个项目中,自己取得了巨大的成功,但是在做新的事情时,整个环境、整个条件都变化了,不可能用原来的方式来从事管理和经营,必须面对新的现实,进行观念的创新、组织的创新、营销策略的创新、人力资源方面配备的创新等,所有这些创新都意味着要推翻原来的东西,这是需要勇气的。

培养危机和紧迫意识一个最好的例子是吉姆·帕蒂森(Jim Pattison),他是加拿大最大的私人企业吉姆·帕蒂森集团(the Jim Pattsion Group)的唯一创始人。在开会的时候,他总是提前。他要传达的信息是:"这就是吉姆引起我们注意的方式,也是告诉大家'我们必须动起来'的方式;我们都有很多事要做,我们不能坐在那儿浪费时间。"这就是用点滴之功收移山之效的方法,无须大动干戈,只需稍事敲打。

作为日本企业界的泰斗和松下电器公司的创始人,松下幸之助时刻提醒自己,企业必须争取每日都创新来适应时代发展的潮流,并将自己有关创新的心得制定成"七大精神"编入公司的社训中,一方面鞭策自己,另一方面也激励部下。有鉴于欧洲最大的飞利浦制造公司曾因满足于自身优势而一度走下坡路的经验与教训,松下提出了一系列克服自满情绪、以确保松下公司始终立于不败之地的举措,"自我否定"就是其中的重要一环。松下有时不惜推翻现有的工作模式与计划格局来促进体制改革与技术革新。与此同时,启用了一大批具有创新思维的人才。正是在"自我否定"策略的引导下,松下电器公司在相当长的时期内处于同行业的领头羊位置。

华为总裁任正非也是一个敢于自我否定并把自我否定作为一种领导者关键气质的人。2001年是华为飞速发展的一年,外界称那段时期是华为的春天。但在春天里,任正非在内部会议上提出,华为要为过冬做准备。这曾被IT企业称为行业的盛世危言。也正是在他的倡导下,华为人始终没有放松学习。

长期成功的经验有可能导致管理高层的"权威性的认知风格"。在看待外界环境的变化时,他们套用习惯了的视角看问题,偏好与自己观点一致的信息来源,倾向确定性高的解释,剔除模糊性高的决策选择,沿用被证明的商业模式,把"已知"与低风险、"未知"与高风险等同起来。他们往往忽略了危机的起因不是无知,而是已知的谬误。偏执和不容忍模糊性成为这类"权威性的认知风格"的典型特征。

长期沉浸在"世界工厂"的做法中,中国的企业最擅长制造具体的产品。面对庞大的厂房机器和模式化训练出来的员工队伍,企业高管难以接受自我否定的抽象思考。调查显示,单一的"权威性的认知风格"是中国企业管理的命门。中国的管理者在羡慕苹果和谷歌的创造新价值和开拓新市场的能力时,未能模仿对方的管理思想和组织方式。

规则创新

第二个层次的否定是对市场上现行的竞争规则的否定。如果企业积聚了一种居高临下的核心竞争力,自己可能就不按常理出牌了,而要创造出新的游戏规则。这种情况在知识经济时代和互联网时代常常出现。鼓励创造、快速行动和抛弃任何官僚习气能使公司成为快速行动的创新公司,从而在竞争中脱颖而出。

竞争力将从何而来?有两个方法:(1)你和你的员工都将创新作为公司生存的必要条件。(2)要有采取行动和实施创意的紧迫感。这里称为"创新的必要性"和"行动的自由度"。为了确保"创新的必要性"和"行动的自由度"能在公司得以生存,需要创造如下条件:感受市场的脉动,在很多大公司,你感觉不到人们对任何事情的热情;要保证让创新的观念深入人心,你得让从总部员工到一线职员都感受到市场的脉动。首先要从与客户面对面交流以及和竞争对手对标(Benchmarking)做起。所有的员工都要认识到,自己的饭碗与市场息息相关。

在遽变的时代,成功者往往是那些不愿遵循传统游戏规则、敢于大胆创新、勇于改变游戏规则的人。

霍夫曼-拉罗什公司多年以来一直是世界上最大也是利润最高的制药公司。然而,在20世纪20年代中期之前的创建时期,它只是个步履维艰、仅能生产很少的几种染料的小化学公司,因而不得不在几个大染料公司和大化学公司的夹缝中求得企业的生存。为了从此困境中摆脱出来,作为总经理的吉尔得斯不惜以新发现的维生素作赌注,以期通过新产品的研发去求得企业的超常规发展。在他看来,"创新实际是创造了一种资源,当创新的目标确定后,就必须全力以赴",如果畏首畏尾、怕冒风险,企业就会失去发展的机会。正因为有了这种认识,霍夫曼-拉罗什公司在当时人们并不看好维生素时却果敢地取得了无人问津的专利权,并把几位发明家以高薪聘请到公司里来,将公司所有的钱以及能借到的钱全部投入到维生素产品的研制与销售上。

20 世纪 60 年代之后,当所有的维生素的知识产权宣告截止时,霍夫曼-拉罗什公司已经拥有近半数的世界维生素市场,公司的营业额已达数十亿美元。可以说,利用专利权去"预订明天的市场独占席位"是霍夫曼-拉罗什公司取得成功的关键所在。这是一种进攻型的企业创新战略,其依托的是一个足够大的市场及相对规范的法律环境。这样的进攻型战略一经确立,就必须全力以赴,由此才能赢得市场并获得丰厚的利润回报。而那些在竞争中缺乏高瞻远瞩和敢为人先的胸襟与气魄、不注重创新的企业就只能望尘哀叹了。

法律创新

第三个层次的否定是对现行的政策或现行法规的挑战。在企业和企业家从事商务活动的真实世界,除了自然资源、技术、商业组织和产品,还存在着制度,也就是人们从事商业活动的游戏规则。影响企业和企业家成功的因素除了资源、技术和市场机会,还有那些"看不见的"、但对商场搏击的结果有重大影响的制度因素。如果进一步追问,制度究竟是怎样发生变化的,可以发现,人们常常夸大了政府和正规法律的作用。当然,制度变化(特别是新的制度)要普遍起作用离不开政府和正规法律。但是,既得利益集团和习惯势力常常会缠住政府和正规法律的手脚,使之难以对技术和市场的潜在机会及其需要的规则改变作出非常敏感的反应。经济增长常常因此被"卡住"。

创新就是违规,创造就是破坏。但是,违规不违德,非法不违法,违法不犯罪。历史就是在不断的违规过程中前进的。彼得·德鲁克很多年前说过一句话:"在财政的意义上和在法律的意义上(不是在经济的意义上和公司的意义上),一个已经有 120 年历史的公司活不过 25 年。"[35] 由此可见,滞后的法律对企业成长有着约束性。这时,企业家也许就有了"英雄造时势"的难得机遇:他们率先行动挑战旧有规则,并为新规则的诞生提供建设性的贡献。

这是一些特殊的企业家,不同于一般企业家对产品、技术和商业组织创新过程中的盈利机会的敏感,他们对制度创新过程中的盈利机会敏感并带头提出游戏规则的创新。周其仁[36]把这些特殊企业家称为"制度企业家",因为他们创新了"制度"这个比较抽象的"产品"。

美国 MCI 公司(Micro Communication Inc.)1968—1991 年间的总裁麦高文(Bill McGowan)也是一位典型的制度企业家。他率领 MCI 公司打破了 AT&T 的垄断,促成了"AT&T 分拆案",不但成就了一个辉煌的企业,而且开创了美国电信业的新纪元[36]。

MCI 公司的业务是利用微波技术提供通信服务。在 MCI 最早提出该商业计划的 1963 年,世界上不但还没有商业化的微波通信,并且全美国的电信业由美国 AT&T 公司(当时叫贝尔系统)一家垄断,没有联邦通信委员会(FCC)的批准,任何人从事通信业务都是违法的。

1968 年,麦高文认定 MCI 公司要建立的电信网络应该是全国性的,希望连接全部主要商业中心,为全国的公司客户提供低成本的长途通信服务。但是,由于政府管制下的行业垄断,他无法进入行业。1969 年 8 月,FCC 核准了 MCI 公司经营微波通信的执照。接着,麦高文又成功地募集到了必要的资金。1973 年,MCI 公司推出"执行网"(Execunet)

的服务。由于执行网利用了一段成本低廉的 MCI 微波线路,收费比全程利用贝尔线路便宜,这首次对贝尔系统构成竞争压力。贝尔系统立刻反击,宣布不准执行网的客户利用其线路。麦高文的回应之道是,正式向法院控告贝尔系统,理由是贝尔拒绝 MCI 公司使用其线路转接的行为,违背了联邦反垄断法。由于麦高文锲而不舍,美国上诉法院于 1978 年判决 AT&T 必须让执行网联线。上诉法院的判决,确定了 MCI 公司从事长途电话竞争的合法性,并最终迫使 AT&T 允许 MCI 公司租用其市话线路。

麦高文对 AT&T 长达数年的官司,让美国政府看清了电信行业里反垄断问题的要点和机会,最终导致福特政府正式对 AT&T 提出反垄断诉讼。这就是美国电信史上著名的"AT&T 分拆案"。麦高文成为这场举世瞩目的诉讼案中的明星证人。MCI 公司当然首先分享了胜利成果:盈利大增,股价暴涨。美国 400 亿美元的长途电信市场,在竞争机制的刺激下,每年以 10% 的速度增长。1996 年,麦高文荣登《福布斯》杂志评选的美国有史以来"最伟大的 20 位商界英雄"排行榜。

创 新 思 维

创新是一种随机出现的结果。没有人能否认:在正常状态下,人们的行为是由自己的思想所控制的,而具有不同思想和不同思维能力的人,他们的行为和行为结果也是不同的。中西方不同的思维造成了中西方不同的行为。这里所说的思维与行为是指企业的思维与行为,而不是个人的思维与行为。企业思维行为正是企业能力的凝结和表现。企业的思维与行为是在特定环境和知识下滋养和演变的,而企业能力的迥异正是这一逻辑的反照。经典心理学家和哲学家证明了环境是影响思维和行为的根源。中国环境下产生的企业思维与行为必然有别于西方环境下培育的企业思维与行为,从而导致不同的思维与行为定势。思维和行为的定势决定了能力的内涵和精髓,也就有了不同创造价值的技能,最终决定了企业不同的创新素质。

创新路径

创新思维的差异首先体现在创新路径的差异上——中国企业与西方企业的创新路径截然相反。在未来,中国企业会拥有什么级别的能力 DNA 组合呢?这取决于他们选择什么路径进化、修炼和蜕变他们的能力 DNA。

自下而上

中国 30 多年的变革经验和西方 300 多年的历史积淀打造的显然是不同的思维行为和不同类型的"物种"[37]。从瓦特的蒸汽机技术创新开始,西方 300 年的市场演变,万变不离其宗地循环着这样一种规律:市场的成长从最基本层次——技术创新开始,然后是产品创新,公司生产创新,再引发产业革命创新,最终推动国家政治、经济和社会发生变革。这种以技术落后创新为原"点"、从微观到宏观的变革循环锤炼,要求每一项技术、产品、服务的创新必须强力而且同时有社会变革,这样才可将创新推动到更高层次,如程序创新。这有点类似武林中人练功,先将低级别招式练到十成功力,才可炼就更高一级别的功夫。经过步步为营的创新推动,创新渗透到社会的各个地区和角落,同时也将市场编织成一张巨大而有系统的网,而宏观层次上的创新就是要连接整个网络的每一个交叉点。这一过程为以后的进一步深度创新又构筑了坚实的平台基础。这种市场可称为"系统市场"。西方的老牌公司(如 IBM、通用电气等)都有着共同的成长路径:技术——产品——工艺——组织——产品,到成为支持国家经济的中流砥柱。不停的创新让它们延续生命,不断的竞争使它们变得强大。这些企业留给国家的不仅仅是金钱财富与荣耀权力,更重要的是,它们留下了成长的经验、做大做强的秘诀和败而不倒的奥妙。

与西方市场发展轨迹相反,中国市场发展的开端是从宏观层次(即国家层次)上的"激进变革"为起点的。1978 年开始的改革开放,是一次自上而下、从大到小的影响深远的历史变革,它从中央到地方、从政府到百姓、从粗放到集约、从思想到认识、从宏观到微观地向社会所有层面和角落辐射,形成一种全"面"的创新真空。其结果是,在中国社会的各个层面都创造了市场真空,从消费品到工业品到服务业,每一个领域都充满机会。因此,无论是无业者还是学者、政府官员,万众"下海",一个巨大无规则的真空市场被机会主义思维行为填充和瓜分,形成了"碎片市场"。在这样的环境下,你会有什么样的思维行为?无论你的回答是什么,中国企业现实的一般表现是短(短视)、平(降价)、快(快速)。

"自下而上的创新往往无序但聪明。自上而下的创新往往有序但愚蠢。"这个法则被谷歌体现得淋漓尽致。在埃里克·施密特掌控之下,谷歌的决策一度几乎完全依赖于数据分析,日渐僵化。而拉里·佩奇上台后,整个公司都被动员起来了。自下而上,四两拨千斤。

点的突破

正确的创新总是从"点"开始,而不是从"面"开始,可能是以"面"为背景,但突破的基点必须是"点"。无论是企业创新还是科技创新,"从点着手,长期坚持,发展突破",都是一条永恒的定律。

基于"点思维",企业开发的路线主要是开发新产品;而基于"面思维",企业开发的路线主要是"开拓新领域"。

中国企业陷于"面思维"。中国企业的这些表现使他们非常出色地阻挡了跨国公司在本土市场的垄断地位,例如,戴尔、惠普个人电脑巨头在美国市场虽能占半壁江山,但在中国却不得不屈从于占了 1/4 以上市场份额的联想。不幸的是,当中国公司在海外遇到跨国公司时,恰恰是自身在中国环境养成的精明、快速、灵活等"好习惯"妨碍了自己战胜跨国公司,导致自身全球化进程受阻。全球性跨国公司的优胜之处,就是中国企业的伤痛之处:

(1) 跨国公司在科技发明的基础上永无止境地创造发展(技术产业化),而中国企业善用关系、获取政策等资源;美国市场残酷竞争的驱动力是技术和模式的创新以及国际化的扩张,但中国企业更多表现为公关手段等恶性竞争。

(2) 跨国公司耐心地选择有机的成长方式,并在成长过程中一开始就专注于做强,而中国企业较浮躁,倾心于快速、飞速。

(3) 跨国公司经历无数竞争和经济萧条周期的锤炼而积累起来的经验曲线,足以使自己充满智慧地对待机遇和危机,而中国企业一直伴随着 GDP 的增长曲线成长,经验单纯、浅薄。

(4) 跨国公司拥有超群智库专家(如全社会的经济学家、管理学家、咨询专家),不断地将它们的实践经验提炼成理论,促使它们的知识结构不断更新,而知识和它们的超强学习能力使它们的追求创新成为可能,中国企业大都处于知识(包括经验曲线)的饥渴而饥不择食。

(5)支撑跨国公司做强的动力是个人奋斗的激情、社会责任感和历史使命感,中国企业的动力可能比较混杂,还没有形成主流。

"点"与"面"决定了创新深度和广度的差异。"系统市场"的特点注定企业在竞争中以"强"制胜,而"碎片市场"的特点却以"快"抢占机会。"强"的可以在机会消失后创造机会,"快"的把机会用完后可能就要相互厮杀。一个是"碎片市场",另一个是"系统市场",它们培育的是完全不同等级或层次的企业思维和行为,这种差距导致中外企业能力DNA强弱的迥异。就IT行业而言,国内很多创业者并非真正热爱互联网,更多是借助互联网发家。大家都在追逐短、平、快,指望一夜暴富,真正具有创新革命的东西都没有发生。中国企业还来不及建立强大的能力DNA去支撑其深度创造价值,就会被迫要面对扑面而来的全球化竞争。是死是生,完全取决于它们拥有什么样的能力DNA。中国企业如果不进化、蜕变和重生,就更有可能在全球化的市场演变过程中被"滤除"。

[提示]国际思维是点思维模式,即注重点的立足、点的突破、点的延展。中国思维是面思维模式,即注重面的立足、面的突破、面的延展。

创新创造

日本的经济发展历程揭示,模仿能使企业迅速缩短同竞争对手的差距。但是,企业在模仿阶段还是不具备核心竞争力的。因为简单的模仿不能产生企业的独有专长,必须在模仿学习的基础上,通过吸收、消化、综合、创新,才能使企业能力质跃到核心竞争力。

从创新的角度来看,企业可分为三个层次:第一个层次是闭门造车型,自己关起门搞企业,两耳不闻窗外事,这种企业只能在一个好的经济环境中生存,行业形势稍有变动便不知所措,迟早会成为市场的弃儿;第二个层次是学习借鉴型,能够借鉴学习先进企业的管理经验,但总是跟着别人的屁股后边走路,这种企业也会不断地发展,但永远不会成为第一;第三个层次是创新创造型,在学习、吸收、借鉴先进经验的基础上,能够结合企业的实际,不断开阔思路,创新举措,创造性地开展各项工作,这种企业创新机制完善,创新能力和适应市场的能力都很强,往往会成为行业的领军者。很多的中国企业都处于第一、第二层次,真正意义上的创新创造型企业很少,几乎没有。

当乔布斯(Jobs)在加利福尼亚丘珀蒂诺(Cupertino)的车库里制造苹果计算机的时候,他就预计到个人计算机将拥有广大的市场。但对美国惠普公司(Hewlett-Pachard)的领导来说,制造个人计算机风险太高、成本太高。当约翰·马斯特斯(John Masters)仔细翻阅石油公司在西阿尔伯达(Alberta)勘探的记录簿时,或者是那些独立的工程师在路易斯安那(Louisiana)海岸附近探测存在地质高压甲烷的可能性时,他们都隐约地看到了天然气的巨大价值,然而,对埃克森(Exxon)公司和国家能源部的专家来说,这是一个可笑的想法,他们认为合成燃料的前景更加光明。可用于CAD和其他技术应用的工程工作站的早期产品激起了太阳微系统公司(Sun Microsystem)的斯科特·麦克尼利(Scott McNealy)和威廉·乔伊(William Joy)的想法,从而催生了一个新工业时代。现在已经形成了一个80亿美元的市场。但对IBM、惠普和数字设备公司(Digital Equipment Corporation)的领导来说,这些想法的实现是不可能的,多年来都被视为无足轻重的想法而被置之不理。

目前,"中国创造"颇为"显贵"。这是一件可喜的事情,但仔细观察下来,提倡的创新大多是技术、产品、管理和营销等一般性内容方面的创新,很少涉及思维创新、战略创新等提纲挈领层面上的内容。无论是从逻辑上还是在实践中,思维与战略创新都是根本性的,它决定了其他创新的方向和效果,其他创新必须在战略创新的指导下,才能够取得预期的成效。中国企业战略创新的首要任务是突破原有的战略思维定势,这个思维定势的核心是"我也是"(me too),即模仿主导的思维模式。这种思维模式形成于20世纪80年代,在20世纪后20年的中国行之有效,得以强化。在1998年"短缺经济"来临、2001年中国加入WTO之后,中国企业成长环境发生了本质变化,企业本应随环境而变,更新自己的战略思维。但是,许多中国企业至今仍然固守"我也是"的思维模式,难以突破思维定势。这是中国企业战略创新必须克服的首要问题。

著名的水稻专家袁隆平经过几十年极其艰苦的努力,成功地培育出杂交水稻,对解决中国人乃至全世界人们的吃饭问题做出巨大的贡献。如果袁隆平的杂交水稻技术能够在世界上申请专利成功,中国将获得一笔十分巨大的经济财富。可是,当我们把专利申请送到美国人手里的时候,美国人拿出一大叠有关杂交水稻的详细资料后对中国人说:"一项技术秘密在申请日之前,如果已经泄露出去,这项技术也就失去了申请专利的资格。"也就是说,早在申请提出之前,杂交水稻的技术秘密就已经散布到各种媒体上,美国人早把这项技术秘密拿到了99%以上。杂交水稻技术申请专利也就告吹了。最后,好不容易找到一个空缺,才申请了一个子项目的小专利,这个小项目只能占整个杂交水稻技术总量的百分之一二。

创新模式

德鲁克认为,社会需要只有其满足过程的本身能创造新资本、创造新利润,才能得以满足,然后才能开始满足新的社会需要。技术和社会的根本变化,已经改变了社会需要的本质。今天,我们对技术的变化已有强烈的意识。但是,几乎没有人意识到,真正在变化的不是技术,而是技术的根本概念。现在,技术的原动力正转移到一种新的模式上,或许可以称为有机模式,它是围绕着信息组织起来的。

协作模式

协作不只是企业与外部合作伙伴的事,它首先要从企业内部做起。中国的CEO们不仅重视外部协作,还把企业内部跨部门、跨职能的协作视作创新动力。国有企业对此感触尤深,特别是在面对复杂的所有制结构时,内部的协作尤其重要。它们积极进行组织结构的调整以加强内部协作,实现全公司更有效地运营。

许多中国企业都需要改变以往封闭的业务区隔,加强内部协作,例如,通过研发部门与销售部门的协作,加强产品开发的市场导向;这一协作创新方法如果应用在规模更大的企业当中,将会得到倍增的收益。而且,在公司内部提倡开放的协作文化,还有利于促进企业的外部协作。正如一位受访CEO说:"如果企业内部协作不力,何以谈及与外部合作伙伴的协作?"

企业的高级管理者恐怕不难理解到企业外部寻求创新灵感的重要性,但他们一定没有想到,4/5 的最佳创新思维均来自企业外部!更重要的是,有财务数据表明,那些表现优秀的企业均更多地(约 30%)采用外部创新灵感,如图 4.5 所示[38]。

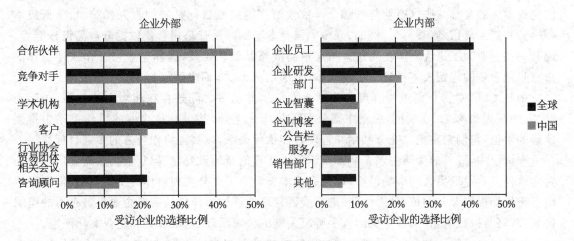

图 4.5 企业创新想法的来源

相对于寻找企业内部创新资源,中国企业更倾向于到业务伙伴和竞争对手处寻求创新的灵感。与国际同行相比,中国企业更广泛地与科研院所合作,以获得新技术并为企业员工举办相应的培训课程;国际企业则更多地从客户、咨询顾问那里寻求新思维。在华跨国公司经常综合两者的优势,充分利用客户、咨询顾问和业务伙伴等第三方力量帮助企业打破常规的思维方式,增强创新能力,以补充企业内部创新的不足。

成功的创新企业积极开展协作,以提高运营的灵活性、速度和竞争力。"一流的"协作企业致力于变革其文化和工作方式,不仅从企业内部推动价值创造,而且推动众多的业务合作伙伴一起创造价值。他们对整体业务策略和组织予以调整,以利开展广泛的合作。协作企业的共性如表 4.8 所示。[38]

表 4.8 协作企业的共性

	"内向的"思维模式	"开放的、协作的"思维模式
企业文化	唯我是用	拿来主义
客户的角色	被动接受发明成果	积极的共同创新者
核心能力	产权和服务的设计与交付	专注于核心优势及协作伙伴的管理
创新成功的考核指标	利润/收入提高、上市时间缩短、当前市场中的市场份额增加	网络效益、需求响应能力提高和拓展新市场
对待知识产权的态度	拥有并保护知识产权	共享与拓展知识产权
研发与运营的任务	设计、开发、推广和销售内部发明成果	通过内部和外部发明创新循环

中国企业应该首先确定需要实现内部资源互补的协作领域。一种方法是首先确定行业价值链和企业的所有组成部分;然后分析哪些部分带来了战略价值,哪些部分没有;并分析在哪些部分中企业拥有战略优势。之后,从行业生态系统中,审慎地遴选合适的合作伙伴,并通过规范的联盟管理和流程分配专门的资源,有效管理这些重要的合作伙伴,以便从协作中获取最

大价值。

越来越多的企业认识到,随着企业专业化程度的加深,单个企业如果不依赖合作伙伴将无法完成重大的变革。中国企业与外部合作伙伴协作的主要目标是增加收入(52%)、降低成本(49%)和进入新市场(49%)。例如,许多中国企业与国际设计公司合作以提升产品设计能力,还有一些企业为了进入新市场而选择与渠道商战略结盟。相反,国际企业与合作伙伴协作的重点是把企业的固定成本转化为可变成本(全球比例17%,而中国仅为6%)。

中外CEO对协作的重视程度和当前企业的协作水平之间还存在相当大的差距(国际为25%,中国为23%)。这说明,无论中国公司还是国际企业,并没有从当前的协作关系中得到期望的价值,它们常常难以充分利用并管理合作伙伴关系,以实现协作各方的多赢目标。

在调研中,82%的受访中国企业都认识到协作对创新的重要性,但它们仍然需要广泛借助合作伙伴关系争取更大的市场份额,确保企业增长。为了充分实现协作的价值,企业需要把战略合作伙伴视作业务的核心"组件"并进行妥善管理。这种协作创新需要企业具备有力的组织愿景、战略与执行力,并从各个层面入手解决关键的公司治理、基础设施和企业文化问题。

这里需要排除一种疑问,即这种对协作的看法是否与中国强调的"自主创新"矛盾?考虑到协作对创新的重要性,如果把"自主创新"理解为中国和中国企业自行创新,且不与其他经济体或企业合作,这种想法是行不通的。对"自主创新"的正确理解是,中国要成为创新领域的平等伙伴。这并不意味着所有的创新都必须是"国产"的,相反,中国和中国企业应该与合作伙伴分享创新成果——业务洞察与技术洞察,并开展持续的协作。实际上,"自主创新"与国内外CEO们关于"创新是成功和增长的源头"这一看法是一致的。

业务模式

在"创新为要"的国际、国内大环境下,IBM对世界各地的765位CEO进行了深度访谈,形成了《拓展创新视野——2006年全球CEO调查》[38]。世界各地的800多位CEO对创新之"道"的理解相当一致,只是由于所处的市场环境不同,国内外企业的创新之"策"略有不同。

调研[38]表明,中外企业对产品和服务创新都非常重视,但他们的创新优先级和创新策略却不尽相同。在中国,CEO们更重视通过产品和服务创新来寻求增长机会,42%的受访CEO们正在加强对当前市场的渗透深度和广度,32%的CEO则努力进入新的区域市场(见图4.6)[1]。总之,这符合中国强劲的市场增长现状。

中国企业更倾向于改进现有产品、服务(43%)和扩展产品线(16%),而国际企业则倾向于推出新的产品和服务(国际为18%,中国为4%)。在销售渠道方面,国际企业较少依靠直接销售团队(中国为63%,国际为38%),而是更广泛地借助电子渠道和呼叫中心①。这表明,中国企业目前更重视通过新市场和新产品实现增长,而在使用间接销售渠道方面,中国企业拥有更多的机会。

中国企业需要拓展当前的创新战略,把注意力从产品和服务创新延伸到运营和业务模式领域的创新上来。如全球同行一样,中国的CEO们认为,这并不是对创新途径的简单选择,而

---

① 呼叫中心就是在一个相对集中的场所,由一批服务人员组成的服务机构,通常利用计算机通信技术来处理来自企业、顾客的电话垂询,尤其具备同时处理大量来话的能力,还具备主叫号码显示,可将来电自动分配给具备相应技能的人员处理,并能记录和储存所有来电信息。一个典型的以客户服务为主的呼叫中心可以兼具呼入与呼出功能,在处理顾客的信息查询、咨询、投诉等业务的同时,可以进行顾客回访、满意度调查等呼出业务。

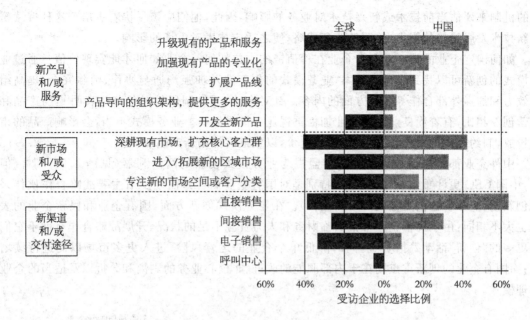

图 4.6 最重要的产品和服务的创新途径

是要设计并实施一种区别于竞争对手的独有的创新组合。

不同的是,在产品和服务创新领域,这仍然是创新组合的关键要素,中国企业的创新重点放在改进或提升现有产品和服务,扩大产品线,或者通过改进服务寻求边际增长。在同为发展中国家的印度,CEO 们则倾向于开发全新的产品和服务,在经济发达国家,CEO 们更注重渠道创新,如运用网络拓展新客户。

成功的创新企业能够让技术战略有效地支持业务目标,它们不只是简单地把技术视作企业业务战略的助推器,而是帮助企业改变战略环境取得竞争优势的核心要素。IBM 发现创新企业拥有技术驱动型业务战略的五个共同特征(见表 4.9)[38]。

表 4.9 成功融合技术与业务的企业之共性

	当今大多数中国企业的做法	技术与业务融合的成功范例
1	企业战略具备延续性,只有遇到新技术冲击时才做相应调整	不断修正企业战略,以便跟上技术发展的步伐
2	重点放在现有产品利润空间和增长潜力	预见变化并规划新技术对业务造成的影响
3	管理、寻求技术资产组合	开发、寻求、管理多样化的技术能力组合
4	围绕现有产品、服务和渠道,确定技术和新的业务模式	围绕客户需求解决疑问,确定技术和新的业务模式
5	将技术视作企业业务战略的助推器	将技术视作企业战略实现的核心要素

中国企业应该审慎评估技术项目"组合",以确定当前的技术投入与相关业务运营和产品、服务的对应关系。这种评估工作有助于针对业务目标确定合适的技术。

过去,许多中国企业都成功地采用了所谓的快速跟进战略。这意味着,在其他企业投资并实验新技术时,跟进企业只是坐等、观望,即一旦新的产品或技术取得成功,跟进企业马上进入该领域。然而,随着技术周期越来越短,最佳投入回报期也随之缩短,快速跟进战略或许不再那么有效了,这就要求中国企业必须准确地预测技术趋势和周期。但是,中国企业往往缺乏规范的机制来评估当前技术或新兴技术对业务的影响,因此,他们应该尽快着手培养这种持续辨别新技术发展趋势的能力,并调整业务战略,使之适应技术对市场的影响。

如何确定企业的核心业务?企业在价值链的占位如何?企业如何才能实现价值?通过业务模式的创新可以找到合适的答案,业务模式的创新涉及加强沟通与协作、消除冗余、提高组织效力和加强外部合作等四个方面的内容。针对全球 CEO 调研的财务分析表明①,与产品和运营创新相比,有着优良业绩的企业加倍重视业务模式创新。业务模式不当,会影响产品的市场投放,制约客户的采购,并造成竞争性定价,以致最终抵销新产品的价值。

中外企业都将组织重建和战略结盟视为业务模式创新的两大利器(见图 4.7)②[38]。但是,中国 CEO 更注重组织结构变革(特别是对国有企业而言),而较少对主要战略合作伙伴采取创新措施(尽管这仍是他们的第二选择)。在业务模式创新方面,国有企业和民营企业的表现也大不相同:由于民营企业常常面临财务和人力资源不足的状况,开展战略合作有助于它们为更多的"创新"活动筹措资金,同时降低单个企业的运营风险,进入更多市场以促进持续增长;而国有企业的创新重点则在于内部职能的改进、非核心业务的剥离和分拆以及适当的企业治理模式。

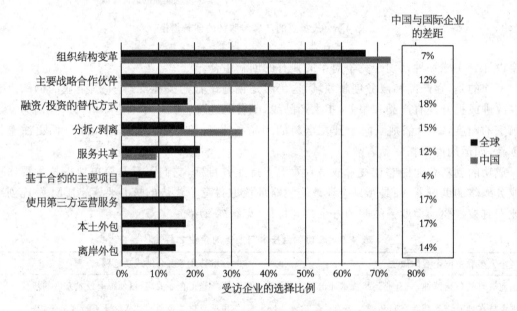

图 4.7 业务模式创新的主要途径

设计正确的业务模式常常涉及艰难的决策。许多过去通过多元化投入获得迅速增长的企业,现在已决定分拆其非核心业务,向更为专业化的企业转变。目前,对中国企业而言,业务模式创新所带来的主要成果在于市场进入和降低成本,像神华集团那样,利用业务模式创新加强

---

① 在全球 CEO 调研中,IBM 对受访企业中的上市公司过去 5 年内的财务绩效与业内公认的最接近的竞争对手进行比较,以确定哪些公司超过或低于平均增长、运营利润增长和最接近竞争对手的历史运营利润,并从中找出绩优者(指在竞争比较基础上位居前 50%的参与者)和绩差者(排在后 50%的参与者)。这项财务分析旨在帮助 CEO 们发现一种度量创新影响的尺度。

② 受访者可以复选所有选项。

核心优势提高专业化水平的中国企业还屈指可数。相反,国际企业业务模式创新的两个主要目标是实现战略灵活性和将固定成本变为可变成本。在外包策略和借助第三方运营能力方面,国内外企业之间同样存在很大差异。中国企业在跨过增长和扩张模式的路障之后,还要在外包和共享服务方面学习国际同行的创新做法。

亚太地区的业务模式与发达经济体中的业务模式差异巨大。在发达经济体中,大型垂直整合的企业比比皆是,这是由高昂的交易成本所决定的。亚太地区(尤其是中国)企业的业务模式则呈现出更明显的网络模式特征。互联网及其相关技术降低了交易成本,中国的许多企业可以比较容易地在分布式的价值链中开展业务。在贸易壁垒日渐消除时,交易成本低和劳动力廉价便造就了中国企业的巨大优势。

中国企业继续依赖这些过去成功的基础是不明智的。在世界其他地区的企业相继采用类似的业务模式后,这种业务模式的独特性日渐消失。而当越来越多的企业拥有同样低廉的劳动力成本和业务模式时,中国国内市场的价格竞争自然愈演愈烈。现在,中国企业需要重新审视其行业价值链,探寻能够创造最大价值的方式和领域,并在此基础上考虑更加大胆的创新做法,例如,与竞争对手协作,以便在整个行业中建立互利的格局;或者外包非核心运营业务,以创建战略性价值。竞争优势将来源于价值链中那片尚未有人开展创新的领域。

专栏 4.7   **自检:您的企业在创新的哪个层面?**

这是一份企业创新自测单,旨在帮助中国的 CEO 们拓宽思路,指导他们的创新实践。

您是否制定了覆盖广泛的创新议程,它不仅涵盖产品和服务,而且涉及运营和业务模式?您的企业是否拥有清晰且与众不同的创新组合?

您企业的业务模式是否独一无二?您是否清晰地了解您的企业应该在行业价值链中发挥怎样的作用才能最大程度地提高您的竞争优势?

您的组织是否能够有效地融合业务洞察和技术洞察,从而为客户带来真正的价值,并帮助组织把握这些价值?

您是否培养外向触角,以寻求新的想法?您的组织是否能够有效地与外部组织开展协作和合作?

您的组织是否能够有效地在业务单元和职能部门之间开展协作,以确保整个组织遵循同样的发展观?

您的组织是否建立了以创新文化为基础的团队,是否能够把重要创新成果与有效奖励机制结合起来?

作为 CEO,您在设计创新文化和项目方面应该发挥什么作用?您是否为推动整个组织的创新制定了明确的任务和责任?

产业模式

更深入的比较发现,中外企业家的创业与致富模式存在实质性的差异:中国企业家的财富获得以资本运作的房地产企业为主,而美国则是以高科技的软件和网络业占主要比重;中国的经济发展模式是以投资拉动的粗放型经济增长,而美国的经济却是基于创新和高科技来推动经济的可持续发展。

2013年上半年,房地产总投资占国内生产总值的14.8%,2012年同期为13.5%。其中,住宅地产占房地产投资总额的70%。唯一比房地产投资更大的是制造业,其在GDP总量中的占比为18.7%,但制造业包含了所有第二产业的固定资产投资,而房地产业仅属于第三产业的一个子行业。与第二产业任何子行业投资占比相比,房地产投资的占比都大得不正常。

对比日美两国数据,可知中国这个泡沫有多大:在经济泡沫高峰时期,日本的房地产投资占GDP的数值从未超过9%;在美国,2008年因"两房"引发金融危机,这一数值也未超过6%。可以看出,房地产"一枝独秀",在艰难支撑中国的"镀金盛世"。

目前,中国的房价—收入比全世界最高,北京的房价收入比约为25,上海约为20,全国平均水平大都超过8倍。

2011年5月至9月,胡润研究院与中国银行私人银行部面对面地访问了全国18个重点城市的财富在千万级别以上的高净值人群,共获得980份有效问卷。对比2011年"胡润百富榜"1 000名上榜富豪和全球前1 000名的富豪可以发现,中国富豪在财富来源上与全球富豪有明显的区别,中国有1/4富豪的财富来源于地产,而全球富豪从事地产行业的占比还不到1/10。在制造业的比例上,中国也明显高于全球。全球富豪最主要的财富来源于金融与投资,而中国在这一行业中的比例与全球相差甚远,另外,在娱乐与文化以及零售行业之间的差距也非常大[39],如表4.10所示。

表4.10 中国富豪和全球富豪的财富来源(2011年)

行业	全球富豪		中国富豪	
	比例%	排名	比例%	排名
金融与投资	19.2	1	6.7	3
资源	9.1	2	6.5	4
娱乐与文化	9.1	3	1.4	15
房地产	9.0	4	23.5	1
零售	8.9	5	4.2	10
IT	8.8	6	5.8	5
制造业	8.5	7	19.1	2
食品饮料	5.6	8	2.9	12
社会服务	4.1	9	4.6	9
医药	4.0	10	5.5	7
建筑	3.1	11	2.5	13
交通运输、仓储	2.7	12	1.3	16
纺织服装	2.5	13	5.1	8
农林牧渔	1.9	14	2.0	14
钢铁	1.8	15	3.4	11
新能源	1.7	16	5.6	6

根据表4.10,在127位中国百亿富豪之中,从事地产行业的占了23.5%,几乎每四个富豪就有一个是从事地产行业的;仅在中国前10大富豪里面,房地产开发商就占4位。据统计分析,10年来房地产商在胡润富豪榜所占的比例一直在20%以上,其中,1999年这个比例竟高达50%以上,2006年为25.5%,2010年降至20.1%,2011年又回升至23.5%。现在,七匹狼做地产,美的做地产,海尔做地产,雅戈尔做地产,苏宁做地产,国美做地产,苏泊尔做地产,格力做地产,格兰仕做地产,奥康做地产,娃哈哈做地产,喜之郎做地产,奥克斯做地产,长虹电器做地产,五粮液、郎酒、水井坊、阿里巴巴都在做地产……中国近乎九成以上的大企业都在做地产!反观美国,根据《福布斯》发布的"2011年美国400富豪榜"名单,在最富的前100名美国富豪当中,仅有4人是从事房地产的,而且这4名房地产开发商均不能进入美国富豪榜排名的前25位。另外,在2012年的福布斯富豪榜上,美国的亿万富豪人数仍遥遥领先,2012年达425人,而俄罗斯和中国内地位居其次,分别为96人和95人。

中国目前已经被国际分工分配到一个初级工业品制造加工的生产地位[1],主要是给国际市场提供资源类和简单的机械加工类产品,在与外国的贸易交往中,需要付出大量有形的实物资源来换取发达国家的知识和技术产品[2]。而物质产品往往需要消耗本国实实在在的物质资源以及生态环境。如果中国长期陷入这样一种国际分工角色,本国的矿产资源和生态环境很快便会消耗殆尽。最终,世界将出现这样一种局面:以知识换实物的发达国家将生活在青山绿水的环境中,而以实物换知识的国家将出现资源枯竭、环境破坏、发展难以持续[3]。

集万千宠爱于一身的苹果的产业链上的相关公司纷纷受益。不过,从整个苹果产业链的利益分配来看,中国大陆企业扮演的角色仍是代工工厂或者外设备制造商,不仅技术含量低,而且利润少。2012年1月14日,苹果公司公布了覆盖达97%采购额的156家供应商名单。在这份名单中,共涉及中国大陆8家公司。这8家公司包括A股中的安洁科技、环旭电子、比亚迪;香港上市但总部在大陆的瑞声科技;尚未上市的昆山长运、天津力神、蓝思科技、苏州面板电子。

同时,内地企业在苹果产业链的利润分配格局中相对较少,利润在苹果iPad和iPhone产业链中的占比分别为2%和1.8%。假设算上苹果公司系列产品,以2%为利润占比,以苹果公司2011年全年净利润259.2亿美元来计算,大陆企业从苹果整体中分得的蛋糕约为5.18亿美元。

不过,在苹果不断升级过程中,各方争夺这块价值高达5亿的蛋糕并不简单。随着苹果的快速升级换代,一部分A股上市公司已经从物竞天择的丛林中退出,惨遭淘汰。

创新管理

创新管理历来是企业管理中的难题,许多管理专家甚至认为,从性质上讲,创新原本就是

---

[1] 目前,中国的制造业占全球制造业的五分之一。
[2] 美中两国现在双边贸易额每年约为5 000亿美元,为美国人提供低价消费品,为中国人提供粮食和高端制造业产品。
[3] 2011年,力拓、必和必拓两大矿山的利润超过了中国77家大中型钢企800多亿人民币的利润总和。仅巴西淡水河谷一家,2011年的净利润为228.85亿美元,相当于18个宝钢,是同年中国A股上市钢铁企业合计净利润的7倍,等于A股上市钢铁公司过去5年的总利润。上海市6 700多平方公里的面积中,现在建设用地占了40%。

无法管理的;创新之为创新,便在于其不确定性和不可预见性;一家企业凭借一两项创新而迅速成功,这样的故事很多,但一个大企业如何长期维持创新能力,在许多人看来是个无解的问题。

创新文化

尽管今天的人们谈到创新时往往都会许以赞赏,但在现实生活中,意味着标新立异的"创新"常常被视为异类。创新常常是发表反传统的言论,从不同视角看问题。有时候,它令你在团队中显得离群,尤其是在缺少创新环境的情况下。因此,一个让人们参与、投入、无所顾忌地表达自己新见解的安全环境相当重要。有些企业自然而然地试图打造这种环境,奇怪的是,这样的情形并不多见。

领导者需要为创新设立奖励机制。在这一点上,包括通用电气前任总裁兼 CEO、以创新的管理战略和领导力风范而闻名的杰克·韦尔奇、RLJ 公司董事长鲍勃·约翰逊等管理界知名人士均表示赞同。杰克·韦尔奇表示:"一家企业必须要建立一种文化。然后,你要允许人们因为遵循企业文化而得到提升和奖励。"

尽管人们有意愿建立一个好的文化,但有时候事与愿违,有时候你会发现存在一种向往成功、害怕失败的文化。如果因为我们害怕失败而不允许人们失败,从一开始我们就没有站对位置。

创新是企业文化的精髓,是企业长盛不衰的法宝。企业文化只有把创新的基因置入到员工当中去,才是真正能够让企业长盛不衰的企业文化。像松下电器、IBM、英特尔等百年企业之所以生存之今,原因就在于其企业文化将创新精神像基因一样置入到企业的细胞当中去。

创新文化的关键要素包括以开放的心态面对异议并纠正错误的意愿、探索新想法的自由及与他人协作的愿望。2006 年,波士顿咨询集团公司(Boston Consulting Group Inc.)对高级经理人所做的一项调查显示,美国 81% 的企业领导都将"创新"置于公司发展战略的前三位。此外,有 76% 的首席执行官们在这项与《商业周刊》合作进行的年度调查中表示,他们的企业文化都是鼓励创新的。

宝洁公司是被业界公认的创新典范。一些人认为,消费者之所以忠实于宝洁公司,是因为宝洁坚持不断提供创新的产品。宝洁的总裁和首席执行官艾伦·雷富礼也似乎更愿意把自己的头衔描述成首席创新官。

雷富礼表示:"创新是推动我们的商业模式和商业战略的关键驱动力。""我们把创新定义为产生新的产品或新的服务,不仅为顾客创造更好的消费体验,而且为公司带来销售和利润。"

当公司掌门人为创新作出一个明确的定义后,宝洁创新之旅的另一个重要人物、公司首席技术官吉尔·克劳伊德开始着手将创新带到公司的每一个角落。

克劳伊德开门见山地指出:"领导者必须以开放的心态接受新的点子、多样性以及失败。"随后,克劳伊德做了更详细的解释,"我认为巨大的多样性就是创新的助动力。回到一个概念——创新就是奇思异想的交融,如果一大群人在同样的文化中成长,以同样的方式思考,就不会有很多新奇的想法交融。看看我们的研发组织,在我们全球化的过程中,我们吸收了来自 80 个不同国家和地区的成员。创新是奇思怪想的交融。如果你放眼全球去寻找创意和技术,你就能增强这种交融的能力。"

第4章 创新能力

杰克·韦尔奇的妻子、《哈佛商业评论》(*Harvard Business Review*)前任总编苏西·韦尔奇也认同创新源自多样性这一观点,她表示:"如果你能够汇聚所有人的智慧,你离创新就不远了。"

只要投入更多精力,发现新机遇不应是奢望,而将成为必然。在对新想法进行检验与处理时,创造性与严谨的过程操作实际上可以并存。一种方法是通过多次检验,让各种新想法彼此竞争,即在新想法间开展"创新竞赛",最强、最棒的想法终将胜出。

人们通常认为创意产业没有结构化的过程,但皮克斯动画工作室(Pixar)却在相当有结构有条理的宏观操作中融入了极具创意的微观活动。Pixar平均每年要为新动画片构思500个情节,然后经过几年时间从这500个情节中精选出少数几个关键情节用在影片中。Pixar根据一句话的情节决定应该抓住哪些机遇。在大片《汽车总动员》(Cars)的制作中,关键情节应该是:"时髦拉风的赛车闪电麦坤(Lightning McQueen)意外流落到Radiator Springs小镇,在那里他找到了友谊和家庭的真谛。"

企业文化的创建是一个漫长的过程,它需要企业高层领导的高度关注和坚定承诺。拟定明确的企业愿景、使命和价值观是创建企业文化的重要步骤。除此之外,高层管理者还应当考虑,这种企业文化是否能够与整个公司的创新战略相配合,反过来,公司的管理流程和激励机制是否能够支持期望中的企业文化的形成。

创新人才

民营企业、国有企业甚至跨国公司都在为人才短缺而大声疾呼。一位国有企业CEO指出:"人力资源是我们公司当前面临的最大挑战。生产效率可以通过一些措施予以提高,但人才质量却是一个长期问题,不可能在短期内解决。"CEO们渴求那些不仅懂得把技术和业务结合起来而且具备领导企业发展的良好思维模式的高级管理人才。

许多企业领导人都提到,当前教育体系的弊端是造成合适人才不足的关键原因。对当前教育体系的批评主要可归纳为不鼓励独立思考和创造性思考,由此造成毕业学生不具备高度竞争市场所必需的技能和经验。解决这些问题需要时间,并且需要政府、学术机构和企业的合作。但这并不意味着企业可以坐等;相反,企业要在内部采取措施,寻求解决方案。

另外,现在企业最大的困惑是企业的领导感到市场的压力非常大,而有些员工并没有感受到压力或感到压力不大。如果把市场压力分担到每个员工身上去,员工一定会想办法来解决这个压力,这就需要创新,而这个创新正是企业文化最需要的。如果每个人都来动脑子、都来创新,这对企业来说是一笔非常大的财富。企业要从组织结构上使每个人与市场都联系起来,每次创新都要清楚用户的需求是什么。如果能够满足用户的需求,你的创新就是有价值的,这个创新就不是空洞的,是非常具体的。让员工动脑子想一想,今天的创新是什么?是不是用户的需求?而不是被动地你让我干什么我就干什么。

其实,每位员工都想体现或实现自身价值,企业要做的是在为市场提供价值的同时让员工实现自身价值。例如,在海尔,原来的开发人员现在叫型号经理,就是原来是上级要求你开发这种产品,定下来之后设计生产,有没有销量与你无关,而现在是你自己来寻找市场,可以提出你的方案,确定后生产,生产了并不表明你完成了任务,而是根据市场的销量来确定利润,根据利润来提成。也就是说,你不但与一个新产品挂在一起,而且也与市场挂在一起。

让我们牢牢记住美国管理之父德鲁克的一句名言:"组织的目的只有一个,就是使平凡的人能够做出不平凡的事。"要让每个人直接面对市场,也就是每一个人都像老板和经营者一样,自己来经营他自己,来发挥他最大的创造力。

适当的奖励与激励措施是培养预期行为的高效触媒。当然,前提条件是具备考核、跟踪正确指标的能力。然而,这正是中国企业当前的劣势所在。中国 CEO 们应该使员工明确何种行为应予以奖励,并在实际工作中不断就这些行为给予奖励。例如,一家重要的中国制造企业调整其奖励机制,以鼓励研发部门和销售部门之间的协作。除了重大研发成果会得到奖励外,研发人员还会获得与已上市产品销售业绩挂钩的 10% 的奖金。这促进了研发人员与销售人员的合作,对已上市产品不断进行改良。

英国人事暨发展协会(Chartered Institute of Personnel and Development,CIPD)与香港人力资源管理协会(Hong Kong Institute of Human Resource Management,HKIHRM)2012 年调查亚洲 1 000 家公司发现,虽然大家一致认为创新是未来成功的关键因素,但却不到 1/3 的公司有具体之创新人才管理举措。另一方面,虽然有 75% 的公司认为五年内会面临严重的人才留失与转型的问题,但却仅有 11% 的公司有具体的人才留置与接班计划,且最多只做到"高潜力人才"的鉴别[40]。

许多组织让 HR 花大钱投入人才管理,但成效非常有限。最大的问题在于 HR 不知如何定义潜力,经常将潜力与绩效混为一谈,用过去的表现当作预测未来成功的因素,错把培训当作万灵丹,造成组织培养不出新世代的真正人才,阻碍了创新与改革。

现在,HR 已无法只靠热情与简单的统计来支持 HR 的运作。在讲究证据的时代,HR 需要更扎实的科学素养,特别是神经科学 Neuroscience。若能结合 HR 与神经科学的应用,能有效说服组织高层与其他领域的专业人士,就必然提升 HR 的专业形象。

创新领导

美国企业界普遍渴望实现内部增长,因而创新成为管理的重头戏。CIO 一词开始越来越多地指代首席创新官,而非首席信息官。这一头衔以及与之相类似的创新副总裁等职位在各大公司中纷纷涌现。这类头衔传递出明确的信息:创新是当务之急,应由专人负责。

随着各公司在不断定义创新的含意,负责创新的经理们也发现其职责在不断发生变化。与其说创新仅仅包含了新产品,不如说创新包罗万象,从发现新业务模式、收集客户见解的新途径到塑造更具创造性的企业文化,创新无所不包。

各公司首席创新官的职责架构往往大相径庭:有些首席创新官拥有规模可观的团队,而其他一些首席创新官则更像企业的内部顾问,其职位可能与战略、营销或研发工作的联系更为紧密。

创新领导人在各行业的公司中均占有一席之地,但他们在食品与消费品领域尤为炙手可热。宝洁、家乐氏(Kellogg)、好时(Hershey)、箭牌(Wm. Wrigley Jr.)和纽威尔(Newell Rubbermaid)近几年均在管理阵容中增加了创新高管[41]。在寻求增收的成熟公司中,首席创新官一职更为普遍。仍处于迅猛增长期的公司往往不需要单独的首席创新官,因为这些公司的首席执行官往往仍兼任这一职位,在更为成熟的公司中,创新可能不再是首席执行官的工作重点。

根据猎头公司的统计,新设的首席创新官一职多数是由具备营销背景的人来担任[41]。尽管拥有一定的专业知识可增加这一跨部门职位的可信度,但首席创新官必须具备向通常持怀疑态度的企业权力机构推销高风险新项目的能力。无论首席创新官是身经百战的企业老兵还是思维新颖的外来者，执行经验寥寥的创意者并不适合这一职位。

上述几种创新能力是彼此关联、互为因果的。例如，创新的团队文化有助于企业内部的协作，拉近技术部门与业务部门之间的距离，确保IT技术更好地支持业务模式的变化。这样一来，企业便获得了一种差异化的业务模式，可以快速地响应外部环境的变化。

比较起来，世界级的优秀公司强调解决问题的时候，机制比责任重要，过程、方法比结果更重要，如表4.11所示。

表4.11 中外企业管理的差异

	世界级公司	中国企业
战略出发点	制度和文化	权威谋略
人力资源	管理员工的未来（能力管理）	管理员工的现在（绩效管理）
公司控制	流程管理	能人管理
文化管理	强调做认真事	强调做聪明人
领导管理	以原则为中心	因人而异

创新基因

企业基因（DNA）就是指企业最能沉淀下来、最具可持续性、最具可复制性的东西。一流的公司创造一流的产品，伟大的公司创造生产一流产品的文化。支持企业创新而创造价值的是企业内在能力，有深度创新的企业、产业、国家一定有极强的内在能力。企业内在创造价值的能力就是企业的能力基因。看一个企业的"强"与"弱"，就是要看它拥有什么级别的能力DNA组合。

商业资源

在全球化现有格局思维下，一个弱势的企业一定会像旅鼠一样，只有一个初级的能力DNA组合。这样的企业依赖于基本商业资源（如当地政策、关系、自然资源等）的"比较优势"。另一方面，一个在全球强大的企业一定会像雄鹰一样，拥有一个超级的能力DNA组合。在这个组合里，知识、经验、智慧已成为这种企业的终极性商业资源。

企业DNA既是西方企业"强"的理由，也是中国企业"弱"的根源；没有强壮或强大的能力去创新才是中国企业全球化受挫的根源。今天，大多数中国企业仅仅只拥有"初级"的能力DNA组合。例如，到2007年10月份，中国移动身价高达3 699亿美元，跻身全球企业市值最高之十强，且名列第四，在中国企业中也仅次于市值4 290亿美元的中石油。全球电信运营商的企业领袖应该是商业模式和业务创新上的楷模和开拓者，可是，中国移动在一个垄断市场内成家立业，其发展是一件毫无悬念的事情，这使其他在自由竞争中打拼的运营商可向其借鉴的商业经验并不多。再看中国移动推出的所谓新业务：手机证券、飞信、手机报、无线音乐专区、黑莓业务、号码簿管家……这些业务在其他电信运营商看来毫无新意。以手机增值业务发达的日本为例，网上购物这类在中国看来很新潮的手机服务早已为用户所熟悉并经常使用，可国内对手机二维码的使用还处于初级试验阶段。中国移动 2007 年上半年业绩可谓辉煌,每天净赚 2 亿多元,但增值业务依然只占总收入的 25.2%,其中,短信、彩铃、彩信等老掉牙的业务依旧是最重要的收入来源。

当一个国家每年杀入 500 强的企业清一色都是垄断或官办企业,并且越来越多的时候,我们恐怕不应该是纯粹喜悦。现在,中国企业在国际上地位提升的主要力量并非完全来自市场竞争,而主要来自垄断和国家在国有企业方面的政策优势。

商业技能

弱势企业运用基于事件的决策而将这些基本资源转化为企业内核,这种内核是一种基本的商业技能,如快速捕捉商机、抢先进入市场、低价击败对手等。强势企业具备的是动态技能的企业内核,它掌握了如何创造"创造价值"的诀窍。表 4.12 所示的是"强"与"弱"企业的比较。

表 4.12 企业"强""弱"比较[37]

弱势的企业	强大的企业
拥有初级的商业 DNA 组合	拥有超级的商业 DNA 组合
基本商业资源	终极性商业资源
当地政策、关系、自然资源等	知识、经验、智慧
比较优势	绝对优势
运用基于事件的决策	运用基于多维博弈决策
灵活、直觉、短期	系统、科学、长远
基本商业技能	动态商业技能
快速捕捉商机、抢先进入市场、低价击败对手	掌握"创造价值"诀窍,竞争对手无从复制

英国《银行家》杂志 2009 年 6 月 24 日发布世界 1 000 家大银行最新排行榜,中国工商银行以 2008 年 213 亿美元的利润额位居全球银行之首。中国建设银行以 175 亿美元的利润额位居第二。在全球最赚钱银行的前五位中,有三家是中国的银行,这绝不是一件值得高兴的事。因为在全球资金实力最强的五家银行中,没有一家是中国的银行。中国银行取得的"宏伟"业绩,很多程度上是与民争利的结果。不愿意向中小企业提供信贷服务、收费多、收费标准高、服务水平差等都是目前中国金融企业普遍存在的问题。

2009 年,美国企业 500 强净利润仅为 989 亿美元,中国企业 500 强净利润折合成美元为 1 706 亿美元(汇率按照 1 美元=7.0696 元人民币),中国企业 500 强净利润首度超过美国企业 500 强。而 2009 年,世界企业 500 强的营业收入为 25.18 万亿美元,美国 500 强企业的营业收入为 10.69 万亿美元,中国企业 500 强的营业收入总额折合成美元为 36 805 亿美元,相当于世界企业 500 强的 14.62% 和美国企业 500 强的 34.42%。

竞争优势

弱势企业只拥有"相对竞争力"。"相对竞争力"只能在有限的时间和空间环境下支持企业生存。

强势企业将终极性商业资源嵌进了它的机体并成为它的"绝对优势",且它可以不受任何空间、环境、条件的限制而将这些资源组合成企业创造价值所需的营养元素。让竞争对手仿不了、偷不走,所以,它拥有的是"绝对竞争力"。"绝对竞争力"能让一个企业跨越任何时空,总是成为竞争的"适者"。

商业 DNA 与全球化主要格局关系如图 4.8 所示[37]。

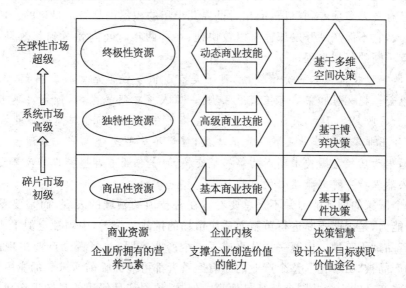

图 4.8　商业 DNA 与全球化主要格局关系图

经验是敲开机会大门的那块板砖。曾经,日本人把自己的丰田汽车机床搬到天津去,中国人不会用,学会了也操作不好,还得雇个月薪是中国人 30 倍的日本人来控制,为什么?因为咱没有那个技术经验。好好的中国上市企业,几十亿元的盘子,非得雇一个洋人 CEO,请洋人会计事务所帮忙打理上市,为什么?因为咱没有资本运作经验。1996 年,国际银行组织宣称中国五大国有银行坏账高过本金,已经事实上破产了,不良贷款呆坏账总额以万亿元计,中国人收不回贷款。很快,美国高盛来了,美国美林来了,几百亿元打包买走了中国银行几万亿元的不良资产,几个月,不良资产收回来了,那是真金白银的几千亿美金,为什么?因为咱没有处置不良资产的经验。没有经验就没有机会,可如果有了经验不用,那就彻底没机会了。

华为是中国 IT 界首屈一指的高科技民营企业,主要从事通信网络技术与产品的研究、开发、生产与销售,专门为电信运营商提供光网络、固定网、移动网和增值业务领域的网络解决方案,是中国电信市场的主要供应商之一,并已成功进入全球电信市场。2002 年,华为的销售额为 220 亿元人民币,目前有员工 22 000 多人。在 2006 年 12 月的《华为人》182 期的一篇题为《实事求是的科研方向与二十年的艰苦努力——在国家某大型项目论证会上的发言》的文章中,华为方面对近年来面临的市场困难进行了总结,并对市场开拓进行了自省。华为首次阐述专利战略,因为 18 年来无原创产品发明。华为公司清醒地认识到,自己在技术上需要韬光养晦,必须承认国际厂商领先了许多,这种巨大的差距是历史形成的,一方面,由于发达国家创新机制的支持,普及了创新的社会化,技术获取相对容易;另一方面,当自己还在创始时期的起步阶段时,国外有些专利就已经形成了,无论是系统实现原理的还是技术实现细节的,国际领先厂商已经领先很多了。市场本身是开放的,自己要真正在全球市场上能够占有一席之地,使自己的产品和系统能够进入国际市场,只有通过谈判并支付合理的许可费用,才能够使市场对自己是开放的,也只有这样,才能扩展自己的市场空间,扩展自己的生存空间,这对自己是有利的,至少可以利用自己的相关优势拉动巨大的制造业前进。虽然华为每年按销售收入的 10% 以上投入研究开发,在研究经费的数量级上缩小了与西方公司的差距,也在 IPR 上缩小差距,目前,华为已有一万多项专利申请,但相对世界几十年的积累仍是微不足道的。IPR 投入是一项战略性投入,它不像产品开发那样可以较快地、在一两年时间内就看到其效果,这需要一个长期的、持续不断的积累过程。

任正非搞以技术为本的价值创新,可不是有了很多钱以后才搞。当年,任正非创业时,可谓艰苦。把父母和弟妹都接到了深圳,一家人挤在简易房内,母亲去菜市场买死鱼和收档菜。月收入 2 万元,就能拿出 1 万元去搞研发。这种痴迷与忘我演化成现在的华为精神。任正非警醒着事物昙花一现的本质,警惕不能两次踏入同一条河流。在国内电子百强中,华为已经盘踞技术创新的第一把交椅,可是任正非却坚持说华为还没有一项原创技术,依然保持一种刻骨铭心的自觉。

衡量一个国家的创新能力并不是总要看它在科技顶端领域的表现,而是要看它的产品是否具有竞争能力,是否能不断进行革新而适应市场的挑战。今天,中国社会似乎成了一个山寨社会,山寨产品铺天盖地。山寨一词几乎成了一个产业魔咒,一旦哪个产业出现山寨版,哪怕是最低端的产品被"山寨化",整个产业的原有经营者都可能面临前所未有的竞争,逐渐丧失市场份额。这些产品的一个共同点特征是便宜。但是,仿冒产品侵犯的是知识产权;血汗工厂生产的廉价品掠夺了工人的劳动保障和社会福利,被西方国家指责为"福利倾销";而更多的山寨产品则以仿制取代技术研发,以长期的环境成本换得短期利润。在山寨产品廉价共性的另一面,是生产体系中教育和人力资本的缺乏、研发投入的不足、知识创新的扼杀以及社会福利和环境水平的降低等。结果,如此山寨不仅颠覆国际社会的商业规则,也最终损害自身的可持续发展。

创新是时代的标志!然而,这是一个多么美好的时代,这又是一个多么糟糕的时代。正如狄更斯《双城记》中所写:"这是最好的时期,也是最坏的时期;这是智慧的年代,也是愚蠢的年代;这是信任的年代,也是怀疑的年代;这是光明的季节,也是黑暗的季节;这是希望的春天,也是失望的冬天;我们前途无量,同时又感到希望渺茫;我们一齐奔向天堂,我们全都走向另一个方向——简而言之,那时跟现在非常相像……"

本章概要

创新能力是长寿企业的生命力核心。本章在分析企业与企业家为什么需要创新之后,阐述了创新的多重内涵及其时代扩展,然后从创新策略的角度展开对创新方法及其内在机理的模型化及案例化分析,接着阐述基于创新能力的企业基因的构建及其在中外企业的实践。

本章从现实与历史双重角度对中国企业家的创新精神进行现状剖析与评价。中国经济快速发展和外部环境的不断变化要求企业内部环境也要发生改变,变化就会带来问题,最大的问题不是要不要创新,而是如何创新。中国企业家如果要在国际竞争中胜出,就必须改变观念,破除以往的惯性思维,否则,只能忝居人后。

第4章 创新能力

本章分析的重要结论是:(1)创新能力是企业家区别于一般管理者的本质内涵。不具有创新能力的人不配做企业家。(2)创新不是一句口号,需要能力并敢于承担风险。创新也不是一个平面的概念,它需要社会与国家的支撑。(3)创新不是盲目的。金字塔模型有助于创新策略的制定。国际与国内优秀企业成功的基因都是创造了自身的创新机制。(4)创新思维决定了创新的路径。中外企业创新思维模式存在实质性的差异:国外企业立足于"点"的创新,中国企业喜好"面"的创新。模式差异导致中外企业创新基因存在天壤差别,成为竞争优势差异的重要原因:中国企业只具有相对竞争优势,而国际企业拥有绝对竞争优势。

正如比尔·盖茨所说:"你的思维,决定你的成败。"

思考练习

1. 什么是创新?企业家为什么需要创新能力?企业如何进行创新?
2. 为什么中国社会难以形成创新浪潮?在中国,为什么创新的理念不能牵引出更多创新的实践?
3. 如何培养创意能力?创意、创新及创业的相互关系如何?什么是创意产业?创意产业具有什么重要性?
4. 如何让中国从"made in China"往"made with China"、进而向"created in China"的方向发展?
5. 有人认为:"中国本身就不是一个创新型的国家,创新必死。"你是如何认为的?为什么政府极力鼓励创新但社会却总是创新乏力?
6. 世界500强企业大多是创新主导型企业,而中国企业大多是市场机遇型与资本运作型企业,这种差距说明了什么?
7. 为什么中国产生不了大企业家?创新与企业家成长有什么样的内在关系?为什么中国人喜欢面上创新而欧美人喜欢点上创新?
8. 华为每年坚持把10%的销售收入用于研究开发,但同时华为又实事求是地公开承认:"自创业以来,18年尚无一项原创产品发明"[42]。请通过网络搜索相关信息与材料,就其真实情况与成因撰写一篇分析报告。
9. 和大多数中国企业缺乏创新并以模仿为能相比,远大对创新的重视可谓楷模。远大的非电空调技术已经发展到第十代,很多方面已世界领先。正因如此,在大环境不利的情况下,远大从创业伊始没有一年亏损。这样一个优秀企业没有成为像联想、华为这样的卓越公司。这是为什么?
10. 如何在一个大型组织中推动创新?由于绝大多数的中国员工都在一些大型企业中担当中层或一线管理人员,在实际工作中,很多时候即使发现管理流程方面或组织结构方面有可以创新的地方,但因为自己不是高层管理者,很难将其付之行动。是不是一定要等到自己成为高层管理者才能够发挥创新才能呢?

延伸阅读

《创新与企业家精神》([美]彼得·德鲁克.蔡文燕译.北京:机械工业出版社,2009):如何寻找创新机遇?将创意发展为可行的事业有何原则和禁忌?什么样的政策和措施才能使机构成功地孕育出企业家精神?具有企业家精神的机构如何组织和配备人员?如何成功地将一项创新引入市场并赢得市场?本书首次将实践创新与企业家精神视为所有企业和机构有组织、有目的、系统化的工作,探讨这些问题的答案。

《长寿公司:商业"竞争风暴"中的生存方式》([美]阿里·德赫斯.王晓霞,刘昊译.北京:经济日报出版社,1998):"生命型公司"要把自己当作富有潜力的、处于永久成长中的团体来看待,并以此来造就自己;而"经济型公司"只纯粹忙于为一小部分或个人创造财富。长寿的生命型公司为生存而管理,经济公司为利润而管理。只有那些已经养成习惯去作新陈代谢的公司,才能生存和发展。

《创新者的窘境》([美]克雷顿·克里斯滕森.吴潜龙译.南京:江苏人民出版社,2001):一个成功的公司应时时思考如何保证它的产品不会被新的技术挤出市场。就算经营最好的公司,尽管他们十分注意顾客需求和不断地投资开发新技术,但都可能被任何新产业所影响而导致失败。

《创新管理:技术变革、市场变革和组织变革的整合》([英]玖·迪德,约翰·本珊特,凯思·帕维特.金马工作室译.北京:清华大学出版社,2004):本书的主题是:整合市场、技术和组织变革的管理,以改善企业的竞争能力和组织的效率。

《创新何来:卓越领导者的横向思维技巧》([美]斯隆.赵玉涛译.北京:企业管理出版社,2004):如何把创造性构思转换成行动?如何绕过思维的马其诺防线?如何激发团队的创新潜力?如何拥有启迪新思想的技巧?如何把创新融合为企业的核心价值?如何应用横向思维推动企业的转型?这本书教给你如何把奇思妙想转变成富有意义的创新。

《雪崩效应》([美]默舍·尤德考斯基.间佳译.北京:中国人民大学出版社,2008):我们领域的每一项重要创新和革命,都是从人们拆东西开始的。解集作用描述的就是拆分的过程——把东西拆成更小、更灵活的部分,然后重新组合引发雪崩似的变革。用一句话概括之,就是"解集作用(Disaggregation)能引发革命"。

《西方现代社会的经济变迁》([美]内森·罗森堡,L.E.小伯泽尔.曾刚译.北京:中信出版社,2009):西方在从贫乏的前现代社会步入富裕的现代社会过程中,起决定作用的是一种创新机制。这种创新机制需要具备3个前提条件:创新决策权的分散化、实施创新的能力和手段、持续不断地激励创新者。正是在这样的条件下,西方的技术和组织方面的创新活动推动了现代化的进程并形成了现代化的制度体系。

《创新的艺术》([美]汤姆·凯利,乔纳森·利特曼.李煜萍,谢荣华译.北京:中信出版社,2004):本书揭示了IDEO长久保持高水准创新能力的奥秘:善于观察一般人习以为常之事,从细微处入手;以使命激发团队激情,营造内部竞争气氛,促使团队更快地到达胜利的终点;敢于为公司注入新鲜血液,雇用一些偏离主流的员工;不要让僵化的思想侵蚀人们的精力;不畏风险,积极面对挫折,并勇于探索界线之外的风景。

《开放式创新:进行技术创新并从中赢利的新规则》([美]亨利·切萨布鲁夫.金马译.北京:清华大学出版社,2005):本书强调了外部知识资源对创新过程的重要性,通过施乐公司、IBM等事实案例,生动、详细地阐述了作者的观点。

《公司进化论:伟大的企业如何持续创新》([美]杰弗里·摩尔.陈劲译.北京:机械工业出版社2007):本书刻画了企业如何选择适合其所处情势的创新类型,巧妙地加以利用"机会之窗"、外部资源和内部核心能力,以动态地创造与其直接竞争对手之间的绝对差距,动态地完成从差异化产品或服务到大规模运营再转向复杂产品系统的演化过程。

参考文献

[1] 佚名. 为什么我的企业越来越难做？[J]. 现代营销(经营版)，2011, (7): 53.

[2] 惠正一. 创业新思维：创新促公司蜕变[N]. 第一财经日报，2008-07-25.

[3] 许晓明. 企业成长——打造"百年老店"的战略选择[M]. 上海：复旦大学出版社，2007.

[4] 周扬. 卧薪尝胆：中国高铁巨额专利费揭秘[EB/OL]. 21世纪网，[2010-12-08].

[5] 傅云威. 莫让出口第一的虚名掩盖真相[N]. 经济参考报，2010-03-30.

[6] 张森. 跨国公司的"隐身衣"[J]. 读书，2006, (3)：52-57.

[7] 叶海蓉. 专访诺奖得主斯宾塞：中国经济密钥在于资源价格[N]. 21世纪经济报道，2008-09-09(16).

[8] 向松祚. 美国远未衰落，中国别被"忽悠"[EB/OL]. 价值中国，[2009-11-23].

[9] 王冲. 中美收入差距不断拉大[N]. 中国青年报，2011-01-28(02).

[10] 董洁林. 中国对人类创新贡献了多少[EB/OL]. 华尔街日报中文版，[2012-09-11].

[11] 飞虎队. 揭穿"四大发明"神话的谎言[EB/OL]. 万维读者网，[2003-11-12].

[12] 董洁林. 活字印刷和东方被囚禁的普罗米修斯[EB/OL]. 华尔街日报，[2012-11-28].

[13] [美]乔治·吉尔德. 企业之魂[M]. 曾伟光译. 上海：上海译文出版社，1992.

[14] 张军. 话说企业家精神、金融制度与制度创新[M]. 上海：上海人民出版社，2001.

[15] [美]约瑟夫·熊彼特. 经济发展理论：对于利润、资本、信贷、利息和经济周期的考察[M]. 何畏，易家详，张军扩，胡和立，叶虎译. 北京：商务印书馆，1990.

[16] 周长城，吴淑凤. 企业家与企业家精神：机遇、创新与发展[J]. 社会科学研究，2001, (1)：82-89.

[17] 丁栋虹. 制度变迁中企业家成长模式研究[M]. 南京：南京大学出版社，1999.

[18] 帕特里夏·拉亚. 最具创新精神的15家公司[N]. 南方周末，2011-06-16(F32).

[19] [英]约翰·霍金斯. 创意经济——如何点石成金[M]. 洪庆福，孙薇薇，刘茂玲译. 上海：上海三联书店，2007.

[20] [日]池本正纯. 企业家的秘密[M]. 沈阳：辽宁人民出版社，1985.

[21] 陈九霖. 中国缺乏真正的企业家[EB/OL]. 哈佛商业评论网，[2011-07-06].

[22] Andrew Lawrence, Luke Clark, Jamie Nicole Labuzetta, Barbara Sahakian, Shai Vyakarnum. The innovative brain[J]. Nature, 2008, 456：168-169.

[23] Dominic D. P. Johnson, James H. Fowler. The evolution of overconfidence[J]. Nature, 2011, 477(15 September 2011)：317-320.

[24] 黑猫子. 美国兰德公司对中国人最尖锐的批评[EB/OL]. 猫眼看人，[2009-07-29].

[25] 王康. "活力社会"的系统性优化[N]. 21世纪经济报道，2009-09-10(1, 10).

[26] [美]理查德·利夫. 顶尖企业成功秘籍：完全创新的公司才能脱颖而出[M]. 罗仲伟，林禾译. 北京：经济管理出版社，2002.

[27] [美]彼得·德鲁克. 创新与企业家精神[M]. 彭志华译. 海口：海南出版社，2000.

[28] 佚名. 创新失败的案例及分析[J]. 财经界·管理学家，2007, (4)：60-61.

[29] 李开复. 下一个苹果或谷歌不在中国在美国[EB/OL]. 新浪网，[2010-09-15].

[30] 萧白. "杠杆式"创新[N]. 21世纪经济报道，2008-01-14(23).

[31] Paul Freiberger, Michael Swaine. Fire in the Valley：The Making of The Personal Computer[M]. 2. New York：McGraw-Hill Companies, 1999.

[32] 白勇. 来自华为的启示：华为是如何成就华为的？[EB/OL]. 21世纪网，[2013-07-10].

[33] 张曙光. 从韦尔奇的实践看企业家和企业家精

神[J]. 经济管理文摘, 2002, (19): 21-23.

[34] [美]克雷顿·克里斯滕森. 创新者的窘境[M]. 吴潜龙译. 南京: 江苏人民出版社, 2001.

[35] 陈春华. 回归管理本质[J]. 北大商业评论, 2006, 23(6): 104-107.

[36] 周其仁. 制度企业家麦高文: 电信评论之十四[J]. IT经理世界, 2000, (21).

[37] [美]吴霁虹·桑德森. 旅鼠、DNA和国际化[J]. 管理@人, 2007, (9): 26-29.

[38] Ibm商业价值研究院. 创新无国界: 中国企业的创新之旅[R]. 2006.

[39] 周裕妩. 1/3中国高净值人群有海外资产[N]. 广州日报, 2011-10-31(AⅡ).

[40] 国际人力资源认证协会. 亚洲企业大多尚未体现人才管理[EB/OL]. IHRCI, [2012-10-25].

[41] [美]麦格雷戈, 埃米·巴雷特. 思想领袖的诞生[J]. 商业周刊, 2006, (5): 62-63.

[42] 吴春波. 谁能复制华为[N]. 21世纪经济报道, 2009-09-28(65).

第5章 前向思维

世界上的人分三类：第一类是"先知先觉"的，第二类是"后知后觉"的，第三类是"不知不觉"的。

——孙中山

学习目标
- 认知远大目标的价值与取向；
- 学习创新思维的路径与方法；
- 把握前向思维的心智与策略。

直白地说，"企业家"一词的字面意思就是"企业中的当家人"。这里自然就引申出一个德鲁克式的问题：企业家与企业（特别是最初由企业家一手创办的企业）之间的关系究竟如何？对企业来说，企业家的根本职责和使命究竟是什么？实际情况是：企业总是由并非永久存在的人创建的，但一个企业必须超出个人或一代人的生命周期而继续存在，以便对经济和社会做出其贡献。因此，对企业来说，企业家的特殊使命就是"为目前的企业创造未来"。企业家一个最重要、最中心的任务就是：使目前已经存在、特别是目前已经取得成功的企业，在未来继续存在并取得成功。小詹姆斯·H.唐纳利（James H. Donnelly Jr.）在《管理学基础》[1]中谈到："一个发达社会的未来可以是光明的、有希望的和充满指望的，也可能是黑暗的、没有希望的和充满失望的，这要看你相信哪位'权威'了……不论这两种对立的东西——效率和生活质量之间的真正令人进退维谷的问题结果是什么，唯一能够肯定的是，将来作出关键选择的是管理者。"

《德鲁克日志》[2]中写道："组织的注意力必须集中在未来的机遇上，而不是集中在过去的问题上。"前向思维是知晓将来会发生什么，知晓走向未来需要什么，并且提供一种与以往截然不同的路径。正面审视和反思德鲁克提出的企业家角色的性质和根本使命，摆正企业家个人与企业之间的关系，真正明白企业家的特殊使命就是"为目前的企业创造未来"的道理，明确由于特殊的外部环境约束和内在修炼因素烙在中国企业家角色上的印记究竟是什么，弄清楚如何才能克服这些不利于企业超越企业家个人生命局限而实现长期发展的因素，是中国企业界和管理学界目前面临最紧迫的研究课题之一。

人生重要的不是所站的位置，而是所朝的方向。成功的人生应该总是向前，而不是向后反复。伟大的企业家都是前向思维的典范：三流企业看过去，二流企业看现在，一流企业看未来。

目 标 远 大

英国人克伦威尔[①]说道,人绝对不可能攀登到比他所不知道要去的地方还高。企业家精神实际上是对企业生存之道的一种探索。作为一个经营者,最重要的是能够经常保持预测企业长远发展方向的想象力、预见性、理解力、直观力和明确的大局观点。企业发展的秘诀在于具备和坚持始终一致的目标和信念,并保持一种百折不挠、不达目的誓不罢休的执着信念。缺乏经营思想、经营哲学和历史观的企业家,作为现代经营者是不合格的。

愿景目标

预测未来最好的方法就是创造未来。不管环境如何凝重与艰险,勇为者生,远见者进!

建构方向

由于企业家所从事的工作带有冒险性,失败难以完全避免;而且,有时为了成就更大的事业,必须冒着失败的风险,正所谓"不入虎穴焉得虎子"。对企业家而言,如果建构了明确的发展方向,今天的失败往往就是明天成功的前奏。任何失败都能被其内化为可观的精神财富,并进而为他人提供经验或教训。古今中外不乏这样的例子:"商圣"范蠡、"巨人"史玉柱、"股神"巴菲特、"金融天才"索罗斯等人,无一不在经历失败的涅槃后成就了显赫的商业传奇。

治理一个国家与领导一个企业相似,明确的方向建构有助于鼓舞人。政治上的鼓舞(Inspiration)是社会运动和社会变化的基础,能给所有人和组织以力量,因此,对总统来说,重要的不是管理一个有效率的办公室,"总统要能给出这个国家往哪儿去的方向,然后组织和鼓舞足够多的美国人在这个目标下为变化而努力。"奥巴马[②]如是说道。

专栏 5.1　　　　　　　　**奥巴马:我们是未来的希望**[3]

我们能重造一个理想的世界。相信我,我不仅能拯救你一个人,而且能拯救整个国家,不仅如此,我们还能联合起来唱出一支圣歌,它将治愈美国的一切创伤,修复这个世界,并把这个时代变得前所未有地美好。

我说的"希望",是奴隶在篝火旁谈论自由的希望;是移民们历尽艰险来到这里的希望;是年轻的海军陆战队员为国深入险地所抱的希望;是矿工的儿子对抗命运的希望,是一个有着可笑名字的瘦弱孩子相信美国会有他一席之地的希望。

希望是面对困难时的信心,希望是面对不确定时的勇气,希望是上帝赐给我们的最好礼物,是这个民族的基石,是对不曾看到过的事物的信任,是相信我们有更好前景的信心。

---

① 奥利弗·克伦威尔(Oliver Cromwell,1599-1658),英国政治家、军事家、宗教领袖,是英国清教徒革命的首脑人物,是议会军的指挥官。

② 小巴拉克·侯赛因·奥巴马(Barack Hussein Obama, Jr.)生于美国夏威夷州檀香山,美国第 44 任总统。

第5章 前向思维

长期承诺

企业家注重的是长期利益,而非急功近利;要勇于舍弃短期利益、眼前利益、身边利益、表面利益,甚至直接利益[①]。优秀的领导者一定是长期目标导向的,所谓"争千秋不争一时"。《领导者》(Leaders)[4]一书的作者贝尼斯(Warren Bennis)说过:"领导人唯一的界定品质在于,他或她能否创造并实现远景。"卓越的企业领导者知道组织应主要着眼于长期目标,知道长期目标要靠许多短期目标来实现。如果他们认为某项短期目标偏大,就会放弃该项短期目标。

思考企业的战略问题,光盯住未来一年显然不足够。不论是制造业、信息通信技术产业,还是批发零售业、金融业,抑或是文化教育产业的公司,当年、近五年、近十年都是思考战略问题的三个重要时间框架。在那里,挑战何在?机遇何来?在瑞士马利克管理中心董事会主席兼CEO弗雷德蒙德·马利克(Fredmund Malik)看来,这个时间甚至应该是无限的。他强烈建议企业家:"你要问自己,我今天必须做出怎样的决策,才能在直到永远的时间长河中始终正确?"这样提问将给企业家带来完全不同的视野。

成功的公司都是采取长期视角,而非关注当季或下季度业绩。有许多公司每月或每季度制订短期目标计划,并把重点放在公司的短期财务目标上。一个公司常会因为达到短期财务目标而使长期效益受损,即使笨蛋也可以借助削减今天的成本而达到利润目标。不幸的是,为了降低成本而减少研究发展或是员工训练方面的支出,大都会对公司造成长期不利的影响。企业家表现出眼光不够远的另一种情形是把明知道质量不符合标准的产品运送出去,借此增加账面的营业额,心中则盼望其能通过顾客的验收。可是,这种做法会给顾客留下极坏的印象。

经理人局限于短期承诺,企业家需要长期承诺。真正的企业家做决策是基于长期的战略考量,致力于挖掘市场的长期潜力,并且朝着确立的方向全力以赴。同时,他能善于运用自身真正的比较优势,深刻洞察自己所从事的业务,然后持之以恒。如果既定的战略可以坚守15年或者20年,就能建立强大的优势。

美国西南航空公司总裁赫伯·凯勒尔(Herb Kelleher)是美国最优秀的经理,他的美国西南航空公司从未辞退过一名员工,没有摔过一架飞机。在美国航空业,只有一家公司自1973年以来年年都有盈利,这就是美国西南航空公司。只要开通新航线,竞争对手不是调整线路就是望风而逃,而其成功的秘诀就是总裁赫伯凯勒尔独到的眼光,从创业伊始,就成功发展出它们的定位策略以及对其长期的坚持,背后所隐含的则是其独特的企业文化,关注长期业务的发展,不"以短期结果为导向"。所有的员工都是公司这个大家庭的一部分,快乐工作的企业文化最终将欢乐带给了每个乘坐西南航空的乘客。正如他自己所说:"我们的商业模式有可能被抄袭,但企业文化却不可被复制"。

改革开放30余年来,中国企业家先后经过供不应求做规模、供求平衡做质量和供过于求做品牌三个发展阶段。这种与时俱进或曰亦步亦趋反映了中国企业家对创业的实质性理解有限,并且目光比较局限:经常只能看到当下并且专注于当下,而忽视了长远。

据林恩教授分析[5]:智商的高低与关注的距离远近有关:鹦鹉只关注5米;解决5米之内的问题,鹦鹉的智商是200,人的智商只有10。欧洲人拥有全世界最高的平均智商,

---

[①] 某种情况下,只有舍弃短期利益,才能获得长期利益。

平均值为105;而之后排位是日本人(100)、爱斯基摩人(91)、东南亚人(87)、美洲本土印第安人(87)、太平洋诸岛土著居民(85)、南亚及北非人(84)、撒哈拉非洲人(67)、澳大利亚原著民(62),而人种智商最低地区是南非沙漠高原的丛林人和刚果雨林地区的俾格米人,平均智商为54。中国人最不幸运:中国人只关注50米;解决50米之内的问题,中国人的智商是105。而当要解决较长时间的事情时,中国人的智力只有50,是全世界各种族中最低的。

全局视野

对企业家来说,治理企业是全局性的问题,因此,要有运筹思想,从全局出发,从长远看问题,注重整体效益和长远利益,统筹规划而后决策。

孔子说:"人无远虑,必有近忧。""远虑"就是"目标"。无远虑,必见小利,见小利,则大事不成气;无远虑,则小不忍;小不忍,则乱大谋。不按目标规划去一步一步地管理和经营,总想一步登天,结果则是"欲速,则不达"。企业的目标是方向性的大事,身为企业家,必须把目光放远而为之。汉高祖曾说:"运筹于帷幄之中,决胜于千里之外。""运筹帷幄"表示对全局性的战略进行构思和策划。

崇高价值

企业家的智慧首先源于价值观。美国学者奥曼(Robert J. Aumann)[①]把崇高的价值观称为远见。他说:"根据我对高级主管所做的研究,我发现一个不是理性因素可以解释的奥秘。这些人有他们自己隐藏的远见和神秘的使命,凌驾在公司的经营之上。他们的使命有时是疯狂的,通常都与高级主管的童年密切关联,并且是情绪的、直觉的、超乎理性的,在内心有一种信仰支持他们。这种信念是终级真理,属于他们个人。"

崇高的价值观为公司带来优异的成长性[②],如图5.1所示[6]。

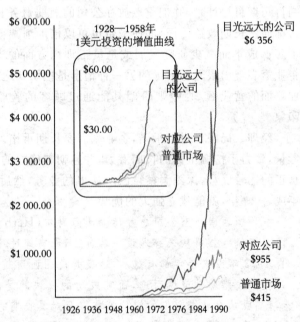

图5.1 目光远大公司与普通公司的成长差异

事业之心

在任何时候,成就都属于有事业心的人。

当比尔·盖茨做出决定,毅然离开了自己的学校,离开了哈佛以后,他就把自己的工作当成一个学校经营。创业之初,他不仅要抵御社会对他的不理解,而且他的创业起点也

---

① 罗伯特·奥曼(Robert J. Aumann)教授于2005年因利用博弈论分析冲突和合作而获得诺贝尔经济学奖。现任耶路撒冷希伯来大学教授。
② 微软到目前为止获得的成就都是基于从长期角度所下的大赌注。

是比较低的。他首先在一个旅社里面租一个房间开创了微软公司,条件非常艰苦;市场响应者也微乎其微,谁想到人类社会能够出现这么大的变化。

创业需要艰苦奋斗的精神。马云有一句经典语录:"某些企业开张时,就注定着有厄运,大多是因为办公地点选得不好。"很多企业刚开张,人还没几个,就在一个高档写字楼租下了一个很大的办公室。这样,新招的员工看到这架子,就会觉得这家公司肯定不错,好好在这里发展,会出人头地的。马云分析说:"这就使新员工对公司产生过高心理期望值。其实,刚办的企业要发展,本身肯定有许多困难,而新来的人却是冲着你的'好'、你的'规模'来的,对面临的困难总是估计不足。于是,久而久之,这家公司的人又会变得越来越少,最后,撑不下去。我到过世界上许多成功的企业,发现在那些成功的 CEO 的办公室里,办公桌前总是挂着自己最喜欢的人的照片,椅子后也都是挂着企业团队、个人朋友等支持、帮助过自己的人的照片。这些企业家的成功,是因为他们面对微笑、天天开心;因为他们拥有企业成长的最稳固的靠山。相反,那些失败的企业的整个屋子里都充满铜臭味。当一个企业领导人满脑子都是美元、人民币的时候,他说话时肯定满嘴是港元,他的企业就不会走得远。"

有一位女士应聘阿里巴巴宁波代表处的一个职位,发现其在一个又黑又破的居民区单元房的五楼办公时,不相信自己的眼睛。于是,跑下楼打电话给她的男朋友,吩咐说:"要是半小时后我没打电话给你的话,你就到这来找我。"就当时的阿里巴巴来说,可以说并不缺钱,但大多数分公司的办公地点却都是在居民点的单元房里。不要说是宁波,就是东京、纽约,也是如此。这样的举动就是要让所有的员工知道,来阿里巴巴就是要把阿里巴巴做大,把分公司的办公室从小单元房搬到当地最高级的写字楼,而不是你一来就可以享受到的。

通晓读心术的马云善于价值观的灌输和提炼,他让阿里巴巴的每个人都深信他们所做的事情是天底下最大的事情。有人对马云的两点评价是:"其一,他知道自己是谁,要干什么,要到哪里;其二,在他的脑子中,手段的运用必须服从于目的。"

Facebook 和 Twitter 两者都表示,自己属于小公司,因此,有很多事情还不属于力所能及的范围[7]。Facebook 有一千名员工,要照顾全球 4 亿个活跃用户,每天都有 1.2 亿个用户同时在线上,Twitter 没有公开最新的用户数据,但表示自己只有 160 个员工,目前专注的问题在于维护好这个平台,如减少出现"over capacity"的次数。看办公的地方,确实也算不上大公司,Facebook 在斯坦福大学附近的一栋平房里面,Twitter 则在旧金山市区的一栋商业大厦里面。

[讨论]良好的工作条件不仅没有增强对员工的工作激励,反而销蚀了员工的事业心,这是为什么?什么样的工作条件能够增强员工的事业心与主体意识?

改变生活

商业的魅力在于你可以无穷无尽地去创造,只要能满足人的一点需求,你就能生存于这个世界,给商业森林增添一个新物种。一个伟大的企业或企业家的标志是成功改变或促进了人们的生活,影响了时代。

平常所见大多数的企业唯利是图,用尽一切的方法以赚到最多的钱。有一部分企业发展商业模式,有学习也有创新,创新的主旨主要是打造用户价值。但真正伟大的创新是一个改变人类世界生活方式的创新;这个世界挣钱的公司很多,但只有对人类生活有影响的公司才能够称为伟大的公司。

在阿里巴巴的团队文化里,讲得最多的是这句话:"我们是平凡的人,在一起做一件不平凡的事情。"马云指出:"阿里巴巴今天最大的骄傲是什么?很多人说我们上市了、成功了,谁成为中国首富、亚洲首富,其实,我们骄傲的是让几千个人成为百万富翁,我们让几十万家企业赚到了钱,我们让上百万的创业者成功。这就是一个生态的成功。"

"哥伦布发现了新大陆,但 JP·摩根重组了新大陆",这句话道出了企业家对整个社会发展的推动作用。企业家的价值不亚于政治家甚至科学家。飞机、冰箱、空调、电视、计算机、手机等改变现代生活方式、提升生活品质的产品,没有企业家冒险投资并适时投入市场就不可能得以逐步普及;许多其他产品,甚至还是企业家根据市场的需要投入巨资进行研发后才得以发明、创造和生产的。

美国《商业周刊》网站 2007 年评出了"史上最伟大的 30 名企业家"(见表 5.1)①,上榜者既包括早期殖民贸易商和 19 世纪工业家,也有今天的科技巨头。谁是历史上最伟大的企业家呢?这是一个仁者见仁、智者见智的问题。为了避免过于主观,《商业周刊》征询了很多专家、教授、作家和公司员工的意见,最终制定了统一的标准:如果一名企业家创建了一个新市场,或者让一个每况愈下的市场复兴,或者改变了人们生活的方式,他就有资格成为史上最伟大企业家的候选人。

表 5.1 历史上最伟大的企业家

姓名	生卒	国籍	职业	贡献
郑和(Zheng He)	1371—1433	中国	明朝航海家	最具冒险精神,激励后代企业家勇于承担风险
本杰明·富兰克林(Benjamin Franklin)	1706—1790	美国	著名政治家、科学家	人们可以通过努力工作改善生活,这一观点现在仍在激励着"美国梦"
梅耶·阿姆斯切尔·罗斯柴尔德(Mayer Amschel Rothschild)	1744—1812	英国	银行家	创建了全球第一家跨国公司
约翰·雅各布·阿斯特(John Jacob Astor)	1763—1848	美国	房地产巨头	打造了一家成功的企业,并通过投资所得利润打造了又一家成功企业
安德鲁·卡内基(Andrew Carnegie)	1835—1919	美国	钢铁巨头	认识到创新是打败竞争对手和企业破产之间的最大区别
约翰·洛克菲勒(John Davison Rockefeller)	1839—1937	美国	石油巨头	利用经济规模和垂直整合使美国石油行业走上了现代化
汤玛斯·爱迪生(Thomas Alva Edison)	1847—1931	美国	发明家	认识到新发明需要同产品结合在一起,并由用户进行评估
米尔顿·赫尔希(Milton Hershey)	1857—1945	美国	巧克力巨头	使销售"低价奢侈品"成为一种可支撑的商业模式
W.K.凯洛格(Keith Kellogg)	1860—1951	美国	食品行业巨头	一个偶然发现改变了美国人吃早餐的习惯

① 其中,约瑟夫·霍恩(Joseph Horn)与弗兰克·哈达特(Frank Hardart)共同缔造了速食巨头,老托马斯·沃森(Thomas Watson Sr)与小托马斯·沃森(Thomas Watson Jr)共同创造了 IBM。

续表

姓名	生卒	国籍	职业	贡献
约瑟夫·霍恩(Joseph Horn)	1861—1941	美国	速食食品巨头	发明了速食食品,从一定程度上改变了人们的工作和生活方式
弗兰克·哈达特(Frank Hardart)	1850—1918	美国		
亨利·福特(Henry Ford)	1863—1947	美国	汽车巨头	通过改变生产流程,他将汽车带入寻常百姓家
雷·克罗克(Ray Kroc)	1902—1984	美国	麦当劳创始人	放弃短期利益,着眼于公司的长期增长
C. J. Walker夫人(Madam C. J. Walker)	1867—1919	美国	美容美发行业先驱	摒弃种族主义,拓展黑人市场,并从中获利
埃斯蒂·劳德尔(Estée Lauder)	1907—2004	美国	雅诗兰黛创始人	通过确保产品质量在美容行业脱颖而出
恩斯特·加洛(Ernest Gallo)	1909—2007	美国	葡萄酒行业先驱	将一个独家产品带入大众市场
老托马斯·沃森(Thomas Watson Sr)	1874—1956	美国	IBM创始人	老托马斯从无到有打造了一家全球公司,小托马斯将这家公司带到一个新的层次
小托马斯·沃森(Thomas Watson Jr)	1914—1993	美国		
萨姆·沃尔顿(Sam Walton)	1918—1992	美国	沃尔玛创始人	认为低价产品最终将会获胜,这一理念从未动摇
伊尔·格拉维斯(Earl Graves)	1935—至今	美国	出版商	一直为实现"人人平等"而战斗
安德鲁·格罗夫(Andy Grove)	1936—至今	美国	英特尔创始人	创新、适应性,格罗夫和英特尔改变了信息传输的方式
拉尔夫·劳伦(Ralph Lauren)	1939—至今	美国	服装品牌Ralph Lauren的创始人	认识到男人的时尚市场并不比女人小
穆罕默德·约纳斯(Muhammad Yunus)	1940—至今	孟加拉	2006年诺贝尔和平奖获得者	通过小额信贷帮助穷人摆脱贫困
玛莎·斯图瓦特(Martha Stewart)	1941—至今	美国	Martha Stewart创始人	将自己的名字变为一个知名的时尚品牌
阿奇姆·普莱姆基(Azim Premji)	1945—至今	印度	软件巨头	在印度打造了一家全球领先的IT公司
理查德·布兰森(Richard Branson)	1950—至今	英国	Virgin创始人	不断地将自己的公司推向新的行业
奥普拉·温弗里(Oprah Winfrey)	1954—至今	美国	著名主持人	将超凡魅力和商业洞察力完美地结合在一起

续表

姓名	生卒	国籍	职业	贡献
史蒂夫·乔布斯(Steve Jobs)	1955—2011	美国	苹果创始人	认识到对特定用户群体来说,时尚和易用性与实用同样重要
比尔·盖茨(Bill Gates)	1955—至今	美国	微软创始人	改变了整个PC行业
杰夫·贝佐斯(Jeff Bezos)	1964—至今	美国	亚马逊创始人	认识到互联网将改变传统的商业模式
迈克尔·戴尔(Michael Dell)	1965—至今	美国	戴尔公司创始人	开创了直销模式
皮埃尔·奥米达亚(Pierre Omidyar)	1967—至今	美国	eBay创始人	为个人电子商业创建了基础设施

乔布斯说:"领袖与跟风者的区别在于创新。"乔布斯革新了七项产业:个人电脑、动画、电话、音乐、平板电脑、数字出版与零售商店。他站在科学与人文的交口,以无边的想象与工程技艺,结合创意与科技,创造出消费者也没料想到的新玩意,并改变了世界。

2011年,史蒂夫·保罗·乔布斯(Steve Paul Jobs)辞世,奥巴马(Barack Obama)总统发表悼文指出:

乔布斯是美国最伟大的发明家之一——他足够勇敢,以不同的方式思考问题;足够大胆,相信自己能够改变世界;而且足够聪明,做到了这一切。

从他的车库起步,乔布斯建立了这个星球上最成功的公司之一,他是美国精神的典型。是他让电脑普及到个人,并让互联网装进每个人的口袋。他不仅推动了信息革命,而且使之有趣且触手可及。他出色的讲故事天赋,让数百万和他相似的孩子以及大人受益。史蒂夫很喜欢说他将每天都当作他的最后一天来度过。正是因为他这样做了,所以他改变了我们的生活,改变了整个行业,并成就了人类历史上珍贵的伟绩:他改变了我们每个人看待世界的方式。

德雷克斯勒(Mickey Drexler)[①]表示:"综观汽车产业,有谁在设计汽车,这是美国的悲哀。乔布斯生前曾梦想打造iCar,这是他未完成的梦想之一。"从此,世界上便少了一位高瞻远瞩的大师。可能没有什么比世界上大部分人通过他发明的设备获知他的去世,更能证明他的成功了。

创造未来

管理者重视现在,而领导者创造未来。著名的计算机科学家阿伦·凯(Alan Kay)说过:"预见未来的最好方法是创造未来。"

一个犹太工人挑着盛满绿豆汤的壶子,不慎掉落摔得粉碎,他不回头继续走。路人激动地说:"你不知道壶子已经破了吗?""知道,听到它掉落了。""那为什么不转身,看看怎么

---

① 德雷克斯勒自1999年以来就一直是苹果董事,他曾担任服饰品牌盖普(TheGap)执行长,在2002年遭革职,随后受雇J.Crew,出任执行长一职。

第5章 前向思维

办?""它已经破碎了,汤也流光了,我还能怎么办?"启示:无法挽回的就让它过去吧。

对许多人而言,竞争法则也许是残酷的,但它对企业家却是最好的,因为在所有的领域中,唯有惧者才能生存。企业家是风险承担者。企业家与其他人的不同点就在于偏执,偏执包括执着,也就是"别人认为不可以他却认为可以"。

在微处理器方面,英特尔遥遥领先。1998年年底刚光荣退休的英特尔前董事长安德鲁·格罗夫(Andy Grove)的战略观是"惧者生存"(Only the Paranoid Survive)。

格罗夫使用"竞争性的恐惧"来保持英特尔在微处理器方面的霸主地位。格罗夫认为,所有的当代企业都不可避免地要经历内在的变化,这种变化关系到企业的生死存亡。他把这称作战略的转折点。战略转折点是自古就有的,但是近来变革的速度在加快。为此,公司以及机构、个人都必须训练自己,在心理上训练自己,加强自己的应变能力。在危机中生存,反而避免了危机;在恐惧中生存,化恐惧为动力,反而避免外界带来的恐惧。格罗夫说:"当你成功的时候,针对你而来的力量也在聚集,能使你的成功逆转的新技术也在出现。所以,你越成功,跑得就要越快。你跑得越快,就越要注意地平线上有没有出现危险的迹象。我所说的要有强烈的危机感才能继续成功,就是这个道理。"①

在格罗夫博士这种深刻而永不懈怠的忧患意识影响下,英特尔采用了一种基于人力资本的管理模式,其基本思想是:没有制度可以保证企业及决策者不犯错误,但肯于倾听员工的建议和呼声,有足够的睿智激发员工的创造性,至少可以少犯错误。

为了防止工业变革的突然袭击,英特尔的措施[8]之一是大量培养和选拔人才。每年都吸收大量刚刚走出校门的持高学位者(硕士、博士),用英特尔的企业文化对他们进行再培训,使其成长为英特尔所需要的各方面英才。例如,对英特尔的科研技术人员,公司提供各种培训和研究条件,帮助其早出成果。英特尔决策层的高级管理人员无一不是从基层做起,从基层中选拔有培养前途和发展潜力的员工给其机会和岗位,如做高级技术人员或管理人员的助理,以一种最短线、最直接的言传身教速成人才的梯队。

英特尔的措施之二是鼓励公司员工畅所欲言,集思广益。格罗夫认为,这个措施行之有效,因为通常是中下级人员首先发现行业的新动向的。在发现问题之后,必须积极辩论,才能找到解决问题之道。他说:"我们从来不因为员工说真话而惩罚他们。事实上,对我们观念的最好的检验,对我选择方向的最好的检验,就是群众的辩论。我们总是这样做,这是痛苦和艰难的,但是这比起把方案未经辩论就推行开来而在市场上遭到失败强多了。"

英特尔的措施之三是加强对员工的管理。英特尔从上至下每名员工每年都要被上一级管理者作出书面评估,评估的标准有以下六条:(1)冒险精神。能否克服惰性,敢于做聪明的冒险。(2)纪律性。对运行业务的部门用很严格的纪律约束,核查其是否敢于承诺,肯于兑现,坚持原则性。(3)质量标准。包括产品质量、职能工作的质量以及服务性工作的质量是否一直在提高。(4)注重实效性的结果。仅仅做到好好做工作还不够,要考察工

---

① 梁伯韬先生说过:"感觉越是成功的时候,就是越危险的时候。"梁伯韬1980年在加拿大多伦多大学取得MBA学位后回到香港,任汇丰银行下多利财务公司财务顾问,5年后进入美资万国宝通银行。3年后,梁伯韬与在英国有上层背景的英国人PhilipL. Tose联合创办了香港投资银行Peregrine Investments Holdings(百富勤),股东包括和黄、中信、越秀、合和等巨头。短短4年中,百富勤由3亿港元股本的私人公司跃升为市值逾50亿港元的上市公司,梁伯韬先生本人也因此跻身于香港超级富豪之列。

作的最后结果和其实效性。(5)满足客户要求。因工作种类而不同的每个人都要满足自己所直接面对的客户的需要。例如,做产品的面对销售客户;做公关的面对媒体客户;内部行政人员服务的客户是公司各部门人员。(6)让英特尔成为员工之家。不允许部下因为与本部门的上司不协调而对英特尔不满意,每一个英特尔员工是否都能为其他同事创造良好的工作环境。

由上可见,格罗夫的"惧"不是那种没有理由的恐惧,不是那种疑心生暗鬼的恐惧,不是那种自己吓唬自己的恐惧,也不是那种恐惧症患者的恐惧。这种"惧"是来自市场竞争的"无情、凶险、难测和多变"的勇敢正视,是格罗夫高人一筹的"先天下之忧而忧"。这种惧者实在是一种独特的哲学思想者,在某种意义上是真正的智者、勇者。

比较起来,中国的伟大企业少之又少。财经作家吴晓波[9]指出:"我们这个时代很伟大,是一个伟大的商业时代,但并没有贡献出让我们记得住的伟大企业。"中国企业家是财富摄取高手,而不是产业创新高手。

先知先觉

要对未来的市场趋势具有超前的预见性,这一点对企业家尤其重要。伟大的企业领导者同样具备这种远见。由于他们懂得控制所处的环境,所以,他们有一种超强能力,几乎可以为企业把握未来。

孙中山先生在他的《建国方略》[10]里说,世界上的人分为三类:第一类是"先知先觉"的;第二类是"后知后觉"的;第三类是"不知不觉"的。可以套用他的话来分析现在的企业家对市场的敏锐度,也有三种情况:有一种是"先知先觉"的,他们具有超前的敏锐性、敏感性;再一种是跟着别人走的,是"后知后觉"的,他们对市场有一些感觉;还有一种是"不知不觉"的,他们最终会被淘汰出局。

善于明势

企业家要明势。明势分为两层意思,一要明势,二要明事。势就是趋向,就是方向。做生意做错方向,你不赔钱谁赔钱?反过来说,做生意做对方向,就是不想赚钱都难。

势分大势、中势、小势。

• 创业的人一定要跟对形势,要研究政策。这是大势。很多创业者不太注意这方面的工作,认为政策研究"假、大、虚、空",没有意义。实则不然。对一个创业者来说,大到国家领导人的更迭,小到一个乡镇官员的去留,都会对自己有影响。在政策方面,国家鼓励发展什么,限制发展什么,对创业成败至关重要。顺势而作,就是顺水行舟。

• 中势指的就是市场机会。市场上现在时兴什么、流行什么,人们现在喜欢什么、不喜欢什么,可能就标明了创业的方向。俞敏洪如果不是赶上全国性的英语热和出国潮,他就是使再大的劲,流再多的汗,也不会有今天的成功。

• 小势就是个人的能力、性格、特长。创业者在选择创业项目时,一定要找那些适合自己能力、契合自己兴趣、可以发挥自己特长的项目,这样才有利于你做持久性的、全身心的投入。

明势的另一层含义就是明事,一个创业者要懂得人情事理。古话说:"世事洞明皆学问,人情练达即文章。"创业是一个在夹缝里求生存的活动,尤其是处于社会转轨时期,各项制度、法律环境都不十分健全,创业者只有先顺应社会,才能避免在人事关节上出问题。创业者一定要明事,不但要明政事、商事,还要明世事、人事,这应该是一个创业者的基本素质。

专栏 5.2   **哲 学 与 投 资**

    在早年的成长过程中,乔治·索罗斯(George Soros)深受奥地利哲学家卡尔·波普尔(Karl Raimund Popper)的影响。波普尔认为,人类是无法知道真理的,只能不断地试错、摸索和接近。

    在这种观念的影响下,索罗斯逐渐形成了他自己的核心思想,可以概括为两点:一个是"易误论",即参与者对世界的看法永远是局部和曲解的。另一个是"相关反射原则",这些曲解了的观点可以影响参与者所处的情况,因为错误的看法会导致错误的行为。

    在这个框架里,每一个参与者其实有两个功能:一个是理解我们所生活在其中的世界,称为认知功能;另一个是改变境况使之对我们有利,称为操纵功能。当这两种功能同时运作时,它们可以相互干预。

    当索罗斯把这种理念架构运用到金融市场后,他发现了两个基本原则。第一,市场价格总是扭曲其内在的基本因素。第二,金融市场不是仅单纯消极地反映内在现实,它也能够影响其应该反映的基本因素。

    索罗斯由此研究出暴涨—暴跌过程的理论——每个泡沫现象都有两个组成部分:现实中主导的潜在趋势和对这个趋势的错误理解。当趋势与错误理解积极地彼此强化时,就引发了暴涨—暴跌的过程。

    根据这种独特的对市场趋势的理解,索罗斯很多次成功地捕捉到了大趋势扭转的关键点,造就了他辉煌一生的投资业绩。

预测先行

    企业成长的最高目标是成为行业的国际领先者,国际领先者必须具备三个特征:(1)市场的主导者;(2)市场规则的制定者;(3)市场价格的制定者。作为市场的主导者,必须拥有市场最大的份额与最强的盈利能力,全球业内排前几名,其市场地位固若金汤,就像汇丰和花旗一样。作为市场规则的制定者,不论是在产品制造标准、行业服务标准方面,还是在业务规章、运作流程方面,都要成为行业中的标杆和典范。作为市场价格制定者,要对行业产品和服务的定价具有权威地位和主导优势。

    矢野俊介[11:10]曾把日本企业对环境和经济形势的应变战略归纳成以下几大类型:

• 第一种是预测先行型(F 模型),主要有技术和研究开发主导型、发挥创造性导向和国际市场导向等。

• 第二种是分析探索型(P 模型),主要有市场营销导向和间接商法导向。

• 第三种是安定适应模型(R 模型),以高效低耗导向和确保市场导向为代表。

    从 FPR 三种战略模型来综合研究分析经营管理行为,则更为简单。FPR 这种概念模型对各项具体的成果提供了假设前提,是分析研究、识别主要变量知识体系的基础和源泉。就其要点来说,预测先行型(F 模型)企业的经营思想是开拓精神、面向未来;分析探索型(P 模型)

企业的经营思想是迅速适应市场,实施市场差别化策略,以追随者为中心;安定适应型(R模型)企业的经营思想是效率化管理,扎实可靠地经营等。

只有目光长远、制定长期战略的企业才能成为最后的赢家。

案例 5.1   萨纳福的远见

20世纪初,萨纳福在马可尼公司当无线电话务员。一次,就在他值班时,收到了泰坦尼克号游轮沉没的消息。而那个时候,无线电仅仅应用于一些特殊范围,与一般群众和家庭生活则毫无关系。萨纳福十分敏锐地意识到,无线电技术广泛应用的时代就要到来,他决定要"使无线电广播技术服务于广大群众"。然而,不是人人都有这种远见的。当萨纳福提出研制小型收音机时,当时几乎所有的技术人员都不赞成。"这是不可能的。"他们说,"把收音机缩小到随意搬来搬去,甚至提在手上满街跑,这简直无法做到!"

"我们的公司要长远发展,就一定要实现这个计划!"萨纳福十分坚定,"当年,无线电波能在空中传播,不是也被大家认为是幻想吗?我们要开创事业,必须变不可能为可能。我认为,凭借我们优秀的技术人才,没有做不成的事,只是先要做到一件事——把'不可能'三个字从脑袋里去掉!"萨纳福的计划成功了。

他就任美国无线电公司(RCA)总经理不久,就赶上了美国经济大萧条。在经济危机的风暴中,企业能维持已属不易,萨纳福在领导公司渡过难关的同时,又着眼未来,开始研制新产品。在市场不断缩小的情况下,他果断地将RCA所能动用的全部资金全都投入电视机的研制中,希望这种"用看代替听的机器"能将RCA带入一个全新的境界。这种胆识和气魄十分罕见。

萨纳福全力发展电视机的决策遭到公司高级人员的一致反对,他们极不赞成在企业困难的时候再进行风险投资。萨纳福力排众议,开展这项规模空前的研制工作,投入资金10万美元,研制成一台完整的电视机。

不久,由于第二次世界大战的爆发,公司开始生产军品,萨纳福本人也被征入伍,电视机的生产停顿下来。在服役期间,他的先见之明使他大露头角。他制订了一套无线电广播计划,用于战时宣传,由此诞生了世界闻名的"美国之音"。

第二次世界大战结束后,已是将军的萨纳福一回到RCA,马上投资研制彩色电视,他敏锐地预见到,彩色电视机取代黑白电视机的时代一定会到来,尽管当时黑白电视的生产才刚刚起步。这一计划同样遭到很多人的反对,大家认为那是根本无法做到的,何必浪费金钱。萨纳福投入资金1亿美元,终于用事实让反对他的人们哑口无言。又一个幻想实现了。

远见和自信,这就是萨纳福的与众不同,也是RCA公司节节胜利并在市场竞争中始终立于不败之地的保证。

从世界500强排行榜前10名的跨国公司的发展史上看,可以发现它们有一个共同特点:企业密切关注和预测市场的发展趋势,然后进行深入地研究、分析和可行性评估等,确立了科学技术与市场的结合点;市场对新的科学技术、新产品有了需求,科学技术、新产品才可能有市场价值;企业家作出前瞻性的决策,不断推陈出新,以新产品和新技术立于竞争的不败之地。这个过程是技术创新决策民主化与科学化的过程。

做对长远

如果一个人做了一件事情，3年甚至5—7年后，还确认为这是一件对的事情，才有可能体现先前所做事情的合理性。时间是衡量行为对错的重要维度。

远见使管理者敢于冒险、敢于去做自己认为对的事，而不是采取权宜之计。正是由于这种信念，他们才能忍受短期的牺牲、损失和屈辱。他们所有重大的决策都是从长远的角度加以判断与决定。他们的所作所为前后一致，下属不会无所适从，因此，能得到别人的信任。人格正直的管理人员的家庭、社会以及所在的公司都会受其感染，常常都会做他们认为对的事，而非重视眼前的利益，都会为了企业的使命而献身。

专栏5.3 **远 见 与 短 视**[12]

远见

假设在一个地方发现了金矿，来了一个人投资建了一个矿场，雇100个工人为他淘金，每年获利1 000万元。矿主把其中的50%作为工人工资发下去，每个工人每年收入5万元，他们拿1万元来租房子，剩下的4万元可以结婚、生孩子、成家立业，矿主手里还有500万元可以作投资。因为工人手里有钱，要安家落户，所以房子出现需求。于是，矿主用手里的钱盖房子，租给工人或者卖给工人。工人要吃要喝，所以，矿主开饭店，把工人手里的钱再赚回来。开饭馆又要雇别的工人，于是，工人的妻子有了就业机会，也有了收入，一个家庭的消费需求就更大了。这样，几年之后，在这个地方出现了100个家庭。孩子要读书，有了教育的需求，于是，有人来办学校。工人要约会，要消费，要做别的东西，于是，有了电影院，有了商店。这样，50年过去以后，当这个地方的矿快被挖光时，这里已经成了一个10万人左右的繁荣城市，矿主也成为这个城市的首富和最受尊敬的人。

短视

假设同样发现了金矿，同样有人来投资开采，同样雇100个工人，同样每年获利1 000万元，但是矿主把其中10%作为工资发下去，每个工人一年1万元。这些钱只够他们勉强填饱肚子，没有钱租房子，没有钱讨老婆，只能住窝棚。矿主一年赚了900万元，但是看一看满眼都是穷人，在本地再投资什么都不会有需求。于是，他把钱转到国外，因为在本地根本就不安全，他盖几个豪华别墅，雇几个工人当保镖。工人没有前途，除了拼命工作糊口，根本没有别的需求。50年下去以后，这个地方除了豪华别墅，依然没有别的产业。等到矿挖完了，矿主带着巨款走了，工人要么流亡，要么男的为盗，女的为娼。成了强盗的男人就会去抢矿主，然后把矿主杀死。

远见是事后最容易被解释的东西，因为事实印证了先前的判断，但在开始，远见的另一面却是熟视无睹、无迹可寻。所以，企业家应该深思熟虑、充满智慧，以先见之明而自豪，以长远的观点判断和思考经营问题，以10年、30年甚至100年为时间尺度。在信息经济时代，企业家更应该充满自觉性和自主性，保持不懈的精神和热情，按照科学的态度，以普通人的立场，勇敢地并创造性地观察时代的本质，洞察事物变化的现象及其本质，经常考虑"为了我们企业的

明天,应该干些什么?"这一问题。在未来精神的主导下,在每一个企业家心中,都应该有一个属于自己的梦想。梦想是一面成功的旗帜,敢于梦想未来并把梦想变成现实是企业家的天职。

德鲁克指出:"当前社会不是一场技术的革命,也不是一场软件、速度的革命,而是一场观念上的革命。"管理是什么?100个企业家会有100个答案。企业家在遇到过去从未遇到的事态或者碰壁时,或者遭到突然变故时,能以其坚定的信念,破除传统惯例、常识或观念,发挥创造性,采取灵活的思考方法是十分重要的。从完全不同的角度,破除传统观念,重新观察事物,往往能形成独特且新颖的思路。

[提示]当下中国最缺的是远见!——刘震云

善走窄门

从一条宽广大路出发的企业家常常走投无路,而从一条羊肠小道出发的创业者却能够走到遥远的天边。"无论是写作还是人生,正确的出发都是走进窄门。不要被宽阔的大门所迷惑,那里面的路没有多长。"余华对世人的告诫,同样适于企业家。

世上本来是有路的,但是走的人多了也就没了路。蹉跎岁月是产生哲学家的理想环境。余华自誉师承陀思妥耶夫斯基,用51万字的《兄弟》[13]诠释了他的人生哲学。小说的主人公俩兄弟,一个选择了高大、正确、善良的宽门,另一个选择了狭促、隐忍、狡猾的窄门。他们的沉浮裂变初看上去荒诞透顶,细品却暗合阴阳转化之理。

善于洞察

做企业就是浓缩了的人生。人生只有浓缩到一定程度,有些景象才可以看得清楚。通过观察企业家不同的企业思维,可以同样凸显窄门与宽门的不同天地。通常的情况是,企业家创业之初,沿着崎岖的小路艰难跋涉,终于在眼前铺开宽阔的大道。可是走熟了大道,却丢失了那种在崎岖小路上的冲锋精神,而唯有少数谦卑、警醒、敏锐的企业家,才能保持一种进取向上的势头。多数中国企业家却没有这么警醒,他们奋斗成功以后,一系列"正确"的光环罩在了头上,恰似一道紧箍咒拘押了他们的思想,陷入了"永远正确"的绝路。

发现潮流

冰球传奇人物Wayne Gretzky曾说过:"一个好的冰球运动员知道冰球在哪里,而一个伟大的冰球运动员能知道冰球将往哪里去。"

乔布斯希望苹果是一家伟大的公司,他把苹果的筹码都压在了"互联网和移动媒体"上,他认为这是"冰球"将前往的方向。例如,苹果iPod虽然不是第一款MP3播放器,但却是最称心如意的产品。其他竞争对手只要是能想到的特性,全都往自己的产品上添加,而苹果只是让自己的产品保持古朴秀丽。虽然iPod的工业设计称不上革新,但它与iTunes完美整合,iTunes Music Store又能提供无与伦比的体验。另外,市场营销和产品包装的因素会让消费者觉得物超所值。其他公司生产的是小玩意,而苹果生产的则是渴望之物。摩根士丹利2005年的调查显示,43%的iPod用户表示考虑购买Mac。

比尔·盖茨很有洞察力。李开复经常在微软研究院里讲的故事是：每次微软公司做工作审查时，"往往讲解人还没讲到下一章节，比尔·盖茨就已经知道下面要讲什么了"。有人形容他有天才的成分在里面，他对整个世界未来的发展有一种先知，所以，有人把他奉为计算机王国的先知，要走在世界的前面，引导世界，他已经掌握经营一项事业最重要的基础。巴菲特认为，比尔·盖茨即使不经营软件，而去卖汉堡，他同样会成为卖汉堡的大王。

企业家培养自己发现问题、分析问题、解决问题的能力以后，做任何一项事情都轻而易举，他们的门都是开的，轻轻一推就进去了。最先看到潮流的已经成功了一半。

专栏5.4   马云的远见卓识[14]

研究成功学的陈安之将马云的成功归结为三点：第一，他有领导者的使命感；第二，他是一个成功的推销员；第三，他以客户为导向进行竞争，而不是一直盯着竞争对手看。

马云最早的职业是大学英语讲师，初次创业便是和几个朋友开了家翻译社。为了让自己的海博翻译社能支撑下去，马云曾经一个人背着麻袋去义乌贩卖过小商品。1995年，对电脑一窍不通的马云偶然认识了互联网，敏感的马云意识到，互联网将改变世界。此时，离杨致远创建雅虎不足一年，在北京，中科院教授钱华林刚刚用一根光纤接通了美国互联网，收发了第一封电子邮件。马云所在的杭州，尚未开通拨号上网业务，而他却要用互联网开公司，这个想法一冒出便受到亲朋好友的强烈反对。1995年，马云抱着一副"虽千万人，吾往矣"的姿态，创建阿里巴巴的前身——中国黄页，他每天出门推销网络黄页，请企业同意付钱把资料放到网上去。在那段日子里，马云过着一种被视为骗子的生活。

1999年3月，马云带着团队回杭州再次创业，阿里巴巴网站正式推出。回去时，当初从杭州跟到北京的六个人一个不少，加上在北京加入的一共18个人。当时，马云只给他们三天时间考虑，回去的条件是每月只有500元工资，即使加拿大MBA毕业的也一视同仁。他在家里召开第一次全体会议并照例对这一"重大事件"进行了全程录像，他坚信这将有极大的历史价值。"启动资金必须是闲钱，不许向家人朋友借钱，因为失败可能性极大。我们必须准备好接受'最倒霉的事情'"，马云和他的伙伴把各自口袋里的钱掏出来，凑了50万元，开始创办阿里巴巴网站。他们一度销声匿迹，在马云家办公，每天工作16—18个小时，日夜不停地设计网页，讨论创意和构思。

之后不久，马云便不停息地在空中飞行，参加全球各地尤其是经济发达国家的所有商业论坛，去发表疯狂的演讲，宣传他全球首创的B2B思想，宣传阿里巴巴。每到一地，总是不停地演讲，他在BBC做现场直播演讲，在麻省理工学院、沃顿商学院、哈佛大学演讲，在世界经济论坛演讲，在亚洲商业协会演讲。马云对台下的听众大声叫道："B2B模式最终将改变全球几千万商人的生意方式，从而改变全球几十亿人的生活！"

很快，马云和阿里巴巴在欧美名声日隆，来自国外的点击率和会员暴增。马云和阿里巴巴的名字就这样被《福布斯》和《财富》等重量级的财经媒体所关注。于是，马云通过这种方式宣传阿里巴巴的"图谋"得逞。对于口才和演讲能力，他认为不是一种蓄谋，而是动物本能。马云曾说，在创业前，创业者所做的选择一定是靠本能来告诉你。如果需要靠理智、数据来证明，那你不是个创业者。一个企业家经常要问自己的不是"我能做什么"，而是"该做什么，到底想做什么"。

观芽而舞

善谋略者往往观芽而舞。机会尚在襁褓，已被机敏者紧擒于双手。一旦机会出现，立刻占领舞台。

松下幸之助经营管理的很多想法是顿悟出来的。20 世纪 40 年代，他到庙里去进香，进完香从庙里往外走时，看见庙外有一个水龙头，很多烧完香的香客们在围着那水龙头喝水。他就坐在那里看，看了一会儿，突然就悟出一个哲理：如果松下的产品能够像自来水一样地普及，这样地便宜，又这么被大众所需要，那我们不是对人类文明进步的贡献就非常大了吗？后来他的这种想法就演变成松下的"自来水哲学"，这个哲学支撑了松下企业经营理念将近半个世纪。

东软刘积仁指出："一件事如果大家都认为有机会，机会已所剩无几；如果一件事大家都认为没有机会，机会最大。"东软在其发展过程中，展示给世人的正是其战略制胜的能力。例如，1991—2003 年，东软进行过三次业务调整，从以系统集成为主到成为解决方案提供商；又如，在 1996 年上市后不久，就在各种非议中介入数字医疗产业，该产业现已成为中国唯一与 GE、西门子等医疗产业巨头相抗衡的民族品牌；再如，2000 年至今先后投资十几个亿，在大连、成都和南海建起三所信息学院，为企业及行业发展提供人力资源，最终构造起软件与服务、数字医疗、IT 教育与培训三大业务版块。但这并不是简单的发展布局，而是企业的战略能力。因为几乎在每个变化端口，东软均比竞争对手先行一步，先行一步者得天下。

[提示]每个人都有他的路，每条路都是正确的。人的不幸在于他们不想走自己那条路，总想走别人的路。——奥地利作家托马斯·伯恩哈德(Thomas Bernhard,1931-1989)

预见未来

预见未来并不是说要预见企业将来在既定的市场上占有多少份额，更重要的是对未来商机的把握。未来的商机现在还没有形成，但是已见端倪，应该能够感觉。从总体来说，人类正处在高新技术的迅速发展阶段，材料工程、生物工程、信息科学、生命科学等每一个领域都会在未来的 10 年、20 年内出现很多新产品，而每个新产品都可能是几亿、几十亿、几百亿、几千亿美元的利润，就看人们能不能抓住。许多领域在我们还没有看见商机的时候，实际上一些非常敏锐的企业家已经开始注意到了，所以，预见未来是企业家创新的一个非常重要因素。

专栏 5.5　　　　　　　　得长远者得天下

20 世纪 90 年代以来，国际金融界出现了两位赫赫有名的"大家"，一个是"令人闻风丧胆"的投机大亨索罗斯；一个则是"神龙见首不见尾"的投资大亨巴菲特。巧合的是，在 1998 年新春之际，两位"大家"同时发"虎威"，一个在贵金属市场大买白银现货，立即让银价展现出十年来罕见的光华；一个则是"人未至，影先至"，在中国台湾地区股市卷起千层浪，"索罗斯"概念股一时间风靡全台。由于巴菲特与索罗斯赚钱策略似乎截然不同，投资绩效却都令人刮目相看，也因而经常在市场引发"投资好，还是投机好"的激辩。

第5章 前向思维

事实上,人们普遍忽视了这样一种事实:两位当今世界金融投资大王有一个共同的投资哲学——都注重投资对象的长期绩效,只不过在具体的投资运作对象上有所不同而已。巴菲特专注于公司的长期经济绩效分析,投资公司股票;索罗斯专注于地区或国家经济的长期经济绩效分析,投资国家或地区期货。即前者微观些,后者宏观些,但两人共同的哲学基点无疑是注重投资的长期性,而不是短期的表现;力图发掘和把握投资对象深层的潜力或矛盾,而不是仅仅关注表层的优势或得失。这真可谓是得长远者得天下!

据说世界股票大王沃伦·巴菲特在11岁那年就买了一生中的第一张股票。后来,他创立了伯克希尔·哈撒韦公司,专门替人从事投资。从公司成立以来,他的投资绩效从来没有让人失望过,年获利率平均高达23%。他透露自己不喜欢华尔街,不过,伯克希尔·哈撒韦公司的股票却是华尔街的传奇,最初为7.6美元1股,现已攀升至每股5万美元左右,而且流通量非常低,可以说是有行无市。一笔当年6.5万美元的投资经转换成伯克希尔·哈撒韦公司的股票,到1996年年底时,已经膨胀到2 500万美元。巴菲特从100美元起家,几十年下来,2010年已经拥有470亿美元的个人财产,位居2010年世界富豪排行榜第三。现在,仿效他的美国人中至少有几百个成了百万富翁。

是什么力量帮助巴菲特创造了如此惊人的奇迹呢?首先,应当归功于他的投资哲学:他专拣便宜货,然后捂股制胜,而且往往一捂就是十几年。目前,他所拥有的喜诗糖果、可口可乐、运通银行、吉列刀片、华盛顿邮报、迪斯尼等公司的股票,无一不是这样拣来和捂出来的。通过分析企业长期经济绩效,他将主要精力用于辨认市场上那些价值被低估的股票,在投资任何一种股票之前都慎之又慎,但一旦拥有,便轻易不再易手。他相信即使错买了傻瓜的股票,这个傻瓜总有一天也会明白的。"如果你没有持股10年以上的准备,那就连10分钟都不要持有它。"

另一个常被人称为投机大王的犹太裔的乔治·索罗斯1930年出生于匈牙利的布达佩斯,早年饱受德国纳粹的欺压。第二次世界大战后,于1947年随家人移民英国,毕业于伦敦经济学院。1956年,他在26岁时移民美国,开始国际投机生涯。1969年,他成立了当今举世闻名的量子基金会,而该基金会至今平均每年投资报酬率高达35%。一年年滚下来,当年初创时所投的每一万美元,到20世纪90年代中期已值2 100多万美元了。1997年,该公司已经至少有110亿美元的资产,索罗斯及其家庭拥有其中的约1/3。

索罗斯的导师、著名哲学家卡尔·波普尔①(Sir Karl Raimund Popper)影响了索罗斯整整一生。1979年,他创立开放社会基金会,成立量子基金公司。量子基金公司是所谓的避险基金公司,专门为有钱客户进行投资,不同于一般的共同基金公司,它主要是做期货交易,下注的对象不是某家公司,而是货币、利率等金融指标。其运作需要有很高的投资技巧,风险较大,例如,用借贷来的钱投资,买空、卖空等。

索罗斯自称"金融、慈善、哲学投机家"(a Financial, Philanthropic and Philosophical Speculator)。他的成功之道在于侧重分析一个地区或国家的长期经济绩效,然后看坏进行投资:巴菲特通过看好某一公司的长期经济绩效而进行其股票投资,索罗斯则是通过看坏某

---

① 波普尔本身也是犹太人,1945年出版了名著《开放社会及其敌人》[15]。

一地区或国家的长期经济绩效而进行期货投资。在索罗斯的主持下,量子投资公司放眼于长远趋势——索罗斯称为"宏观投资",即在较长时段里寻找行情不好的金融期货。索罗斯的投资从不限于某一种期货,他既投资于欧元,也投资于政府债券和证券,形成与众不同的以投资资本为基础的"三维投资结构"。1992年,索罗斯只身挑战英镑多头,看坏英镑,全力放空,结果使英镑大跌,被迫退出欧洲汇率机制,而他也在此战中获利10亿美元。1997年年初,他眼看东南亚国家经济成长出现过热迹象,经常项目逆差与金融坏账节节攀高,认为有机可乘,于是拿泰铢开刀,在1997年6月底7月初引爆泰铢危机。自此,亚洲金融风暴爆发。1997年10月27日,亚洲金融风暴引爆全球股灾,纽约股市道·琼斯指数(Dow Jones Industrial Average)暴跌500多点。

正是基于分析不同地区或国家长期经济绩效的要求,量子基金会建立了布满全世界的关系网。由于有这样的关系网,索罗斯得以20世纪70年代初在美国政府实施对日本的贸易限制之前,及时地从日本市场抽身。同时,也正是基于长期投资的哲学思想,量子基金采取了另一个与众不同的吸引投资人的途径:别的基金公司的策略是靠手中经营管理的庞大金额使投资人产生信任感,由此招徕更多的客户。如果说这是"用公司拥有的钱来吸引钱",索罗斯的量子基金公司则是用"投资人能赚到的钱来吸引钱"。索罗斯表示:"我们在提高回报率以及在向客人让利的比例上下工夫。"索罗斯本人的钱也在公司里投资,他本人就是个大股东。他作为经理所挣的管理报酬也进行投资,经营者和持股者利益一致。索罗斯说过:"投资人都是我开的车上的乘客。"如此,就将量子基金公司的发展也建立在注重长期绩效的基础上了。

已故中国科学院院士、北京大学教授、方正集团前董事长王选说过:"如果对某一个应用领域的长远发展方向有着深刻详尽的认识,自己又确实有能力开发出能够满足应用需求的信息技术产品,企业就应该毫不犹豫地集中资源投入研发,尽快推出具有良好商品化形态的产品。"这种对某一技术应用领域长远发展方向把握及其企业化商品果断开发的深刻感悟,或许就是王选事业发展的基本哲学思想。但中国大多数的金融市场与企业投资者过多地关注对短期投资绩效的追求,而忽视了对作为投资大家的基本素质的长期投资绩效追求、分析与把握的哲学思想与投资技术的培养。

[提示]竞争对手不是存在,而是选择。

勇于质疑

优秀的企业家都是勇于质疑的高手。

案例 5.2 小 小 的 质 疑[16]

当初,美国路易斯安那州一个黑人孩子福勒常常问起亲人为什么家里会这么穷,母亲对他说:"你的父亲和你的祖父从来没有产生过致富的念头。"

第 5 章 前向思维

> 可我们为什么不能有致富的愿望呢?这一疑问深深印在了小福勒的心灵深处。
>
> 他从母亲说的那一刻就开始想着要走上致富之路。在他挨家挨户出售肥皂达 12 年之久后,他终于获悉供应他肥皂的那个公司即将拍卖出售。这个公司的售价为 150 000 美元。12 年的肥皂经营,福勒只积攒了 25 000 美元,但他决意要收购这个公司。最终,他和对方达成协议:他先交 25 000 美元的保证金,然后在 10 天内付清剩下的 125 000 美元。
>
> 如果 10 天交不出这笔款子,他就要失去他所交付的保证金。
>
> 在经商的 12 年中,福勒结交了许多朋友,现在他需要他们帮忙了。到第 10 天的夜里,他已筹集到 115 000 美元,只差 10 000 美元了。
>
> 夜里 11 点钟,福勒驱车沿芝加哥 61 号大街驶去,驶过几条街后,他看见一家承包商所亮着灯光。他走进去,有一个人在里面,福勒认识他,他意识到自己应该勇敢些。
>
> "你想赚 1 000 美元吗?给我开一张 10 000 美元的支票,我奉还时,将另付 1 000 美元的利息。"福勒接着把其他借款给他的人的名单和票据给这位商人看。
>
> 那天夜里,福勒在离开这个商所的时候,衣袋里装了一张 10 000 美元的支票。
>
> 而今,福勒的公司已成为美国第三大肥皂公司。有人问他成功的秘诀时,他说:"我们是贫穷的,但这并不是由于上帝,而是由于我们从来没有产生过致富的想法。对我母亲的想法,我当时就怀疑:我们到底是不是要永远贫穷下去?"
>
> 正是一个小小的质疑,改变了福勒的一生。

眼界宽阔

领导力的真正内涵是由思考力所产生的正确决策和准确判断的才智,并进而征服部下心智的能力;它不但要求领导者具有思维的直接性、商业直觉与理性分析的平衡能力,而且还包括领导者由于心态开放与胸襟广阔的人格魅力所散发的光辉,使部下愿意追随领导者不断努力,从而逐步接近或实现企业的目标。

通用电气前任董事长兼 CEO 杰克·韦尔奇(Jack Welch)曾说,领导者的"带宽"(Bandwidth)要非常大,"窄带宽"型的领导者只有在特定时期才是好的领导人,而不是一个适应任何时期的全能领导人。红顶商人胡雪岩说:"如果你拥有一县的眼光,你可以做一县的生意;如果你拥有一省的眼光,你可以做一省的生意;如果你拥有天下的眼光,你可以做天下的生意。"台湾半导体教父张忠谋[17]说:"我常常碰到跨国企业领导人,他们都相当能讲经济走向。"

所谓大道无形,是指思考力以及基于思考力的前瞻判断和正确决策,更进一步还包括领导者心态的开放性与思维的权变性。为什么有的企业或个人一直被模仿并从未被超越呢?因为他们始终保持着思考力,不断超越和完善自己,在成长的过程中兼收并蓄各种先进的管理理念和方法,并结合企业或个人自身情况融会贯通,才奠定了企业或个人在行业中的话语权与领导地位。

人们都喜欢夸耀自己见多识广,对创业者来说,却不是夸耀,而是要真正见多识广。企业家拥有广博的见识和开阔的眼界,可以很有效地拉近自己与成功的距离,使创业活动少走弯路。创业者的创业思路有几个共同来源:

（1）职业。俗话说，不熟不做，由原来所从事的职业下海，对行业的运作规律、技术、管理都非常熟悉，人头、市场也熟悉，这样的创业活动成功的几率很大。这是最常见的一种创业思路的来源。对创业者来说，在创业之前为他人工作时所建立的各种资源，主要包括项目资源和人际资源。充分利用职业资源，从职业资源入手创业，已经成为许多人创业成功的捷径和法宝。据调查，国内离职下海创业的人员，90％以上利用了原先在工作中积累的资源和关系。

（2）阅读。包括书、报纸、杂志等。据说财富英雄郑永刚将企业做起来后，已经不太过问企业的事情，每天大多时间都花在读书、看报和思考企业战略上。很多人将读书与休闲等同，对创业者来说，阅读是工作的一部分，一定要有这样的意识。

（3）行路。俗话说，"读万卷书，行万里路"。各处走走看看是开阔眼界的好方法。《福布斯》中国富豪里面少有的女富豪之一沈爱琴说自己最喜欢的就是出国。出国不是为了玩，而是增长见识，更好地领导企业。

（4）交友。很多创业者最初的创业主意是在朋友启发下产生，或干脆就是由朋友直接提出的。所以，这些人在创业成功后，都会更加积极地保持与从前的朋友联系，并且广交天下友，不断地开拓自己的社交圈子，以使他能够不断地有新思路、新点子，生意越做越大，越做越好。

关于华为的开放，任正非说："华为不可能回避全球化，也不可能有寻求保护的狭隘的民族主义心态。因此，华为从一开始创建就呈全开放的心态。在与西方公司的竞争中，华为学会了竞争，学会了技术与管理的进步。只有破除了狭隘的民族自尊心才是国际化，只有破除了狭隘的华为自豪感才是职业化，只有破除了狭隘的品牌意识才是成熟化。"

[提示]我们如果不是看见了外面的世界，怎么可能明了自己实际上身在地狱？

突破疆域

罗曼·罗兰指出："大部分人在二三十岁上就死去了，因为过了这个年龄，他们只是自己的影子，此后的余生则是在模仿自己中度过，日复一日，更机械、更装腔作势地重复他们在有生之年的所作所为、所思所想、所爱所恨。"

在向未知领域进发时，冥冥之中我们会无意间碰上决定我们一生命运的东西。对企业家来说，有时突破框框，去做一些从现有教条看来荒唐的事，才有可能带领企业不断转型。索尼创始人盛田昭夫正是在至关重要的拐点上，用一个明显赔本的收购，拥有了拍摄出《蜘蛛人》、《达芬奇密码》等的哥伦比亚电影公司。当初看上去的"错误"缔造了索尼后续辉煌的传奇。对比盛田昭夫，中国企业家可能太过局限于"正确地做事"，局限于所选择道路的宽阔，而忽视了"再过20年靠什么吃饭"这样的远大问题。

案例5.3 　　　　　　　　　没有路的路[18]

韩国首都首尔有一条河叫清溪川。20世纪60年代，清溪川是一条清澈幽静的河流。很可惜，后来被污染了，河水浑浊不堪，臭气冲天。于是，当地政府就把这条河加上"盖子"封死了，下面是排污河，上面成了一条路。20年以后，这里的交通越来越拥挤，为了缓解日益拥挤的交通，清溪川被改建成了一条高速路。几年之后，这里的交通又变得拥挤不堪，政府不得不又在这条高速路上另建了一条新的高速路。然而，似乎杯水车薪，这两条高速路建成之后，这个区域变得更加拥挤。

> 首尔新市长上任后,为了解决清溪地区的交通问题,提出了一个大胆的设想:能否拆除这两条高速路?当时,几乎所有的人都反对这种做法,认为拆除后交通必然会更加恶化。
>
> 但是,奇迹出现了:当政府花费5亿美元拆除这两条高速路并恢复清溪川河流的面目后,整个城市的生态得到了很大的改善,交通状况也变得更好了。因为光天化日之下的清溪川,人们不会再去肆意污染它,高速路没了,车辆分流了,拥挤当然也就不复存在。

疆愈无界,物愈非凡。任正非[19]指出:"在这样的时代,一个企业需要有全球性的战略眼光才能发愤图强;一个民族需要汲取全球性的精髓才能繁荣昌盛;一个公司需要建立全球性的商业生态系统才能生生不息;一个员工需要具备四海为家的胸怀和本领才能收获出类拔萃的职业生涯。"

承受风险

法国经济学家罗伯特·坎狄龙(Robert Cantillon)认为,企业家在经济运行中的作用实际上是在管理风险(Risk)。工人向工厂出卖劳动,企业主把产品拿到市场上去卖。市场上的产品价格是浮动的,而工人领取的工资是固定的,企业主替工人承担了产品价格浮动的风险。当产品价格跌落时,企业主有可能蒙受损失。而企业的盈利正是企业主承担风险所获得的回报。

在《风险、不确定性和利润》一书中,美国经济学家弗朗克·奈特(Frank Knight)对风险和不确定性(Uncertainty)分别论述。根据奈特的划分,风险发生的可能性是可以计算的,因而风险可以通过投保等方式转嫁给专门的风险管理机构;而不确定性事件的概率是无法计算的,只有通过主观判断来决定。例如,企业可能面临的价格、利率以及汇率的波动,都可以通过金融市场和期货市场转嫁出去。企业面临的失火、失窃等风险可以通过买保险来消除。除此之外,企业家仍然面临无法转嫁的不确定性。例如,1997年之前,泰国企业家很难预见亚洲金融危机爆发的可能性,也没法为此而投保。这种不确定性是企业家不得不面对的。在奈特看来,利润不是对承担风险的回报,而是对承担不确定性的补偿。奈特还认为,各个行业的利润率不同,正是各个行业不确定性高低的反映。

> **案例5.4**　　　　　　　　　　诺曼底战役和一张便笺[20]
>
> 　　1944年6月5日凌晨4时左右,欧洲盟军远征军最高统帅艾森豪威尔在英国朴次茅斯北部的索斯威克别墅远征军司令部参加会议。此前,6月4日晚根据艾森豪威尔的命令,5 000余艘舰船满载约15万军队和辎重已驶向集结海域准备向法国进发,在欧洲开辟第二战场的诺曼底战役拉开了序幕。据当事人记述,6月4日晚,在艾森豪威尔还没有说出"我确信必须下达命令"这句话时,司令部里等待他作出决断的人们在内心深处"完全知道成败取决于他个人决定的一位司令官,在作出重大决策时的孤独和寂寞。"值得一提的是,会议中确有不同的意见:有人希望战役就此展开;也有人认为气象条件低于接受的最低限度;还有人率直地表示"冒这次风险"值得。

艾森豪威尔面临的抉择是：让挺进诺曼底的庞大舰队撤回来，就像6月3日舰队出发后因天气很恶劣无法保证空中支援又撤回来一样；或者命令所有诺曼底战役参与者立即按计划开始行动，战役就此展开。

事实上，盟军历时一年多为横渡英吉利海峡作战一切都准备妥当，只有天气是无法以人的意志为转移的，是不能控制的。而这场现代化多兵种协调、以空降和登陆为主要突击手段的战役恰恰要求一定的气象条件：陆军要求在大海潮汐的高潮上陆，以减少部队暴露在海滩上的时间；海军要求在潮汐的低潮时上陆，以便尽量减少登陆艇遭到障碍物的破坏；空降部队要求有月光，便于部队识别地面目标；空军则要求较好的能见度，有利于对登陆部队提供准确的火力支援。历史上有过计划最完美的战役，最后都决定于变化无常的气候。应当指出的是，没有任何一个决策者愿意面临这样的境况，即明知还有自己把握不了又能够影响决策成败的因素存在着，而你却不得不作出决断，1944年6月5日的艾森豪威尔恰恰处在这样的境遇中。据亲历者回忆："舰艇正在开进海峡。如果要把它们撤回，现在就必须这样做。最高统帅是唯一能这样做的人。艾森豪威尔想了一会，然后平静但清楚地说：'好，让我们干。'"

艾森豪威尔的话音刚一落地，指挥官们从座位上一跃而起，冲出门外赶往他们的指挥所去了。30秒钟后，大厅里空荡荡的，只剩下艾森豪威尔。有史家言："其他人的离开和他的突然孤独是有象征意义的。一分钟前，他是世界上权力最大的人，千百万人的命运决定于他的命令。但从他下达命令之时起，他就失去了权力。在以后两三天内，他几乎什么都改变不了。无论是他或任何人都不能使进攻停下来。带领着连队奔向奥马哈滩头的一位上尉或在犹他滩头的一位副排长在眼前所起的作用比艾森豪威尔还大。艾森豪威尔现在只能坐着等待。"

1944年6月5日下午，比任何人都更期待好消息的艾森豪威尔和报界代表们走进一个帐篷，宣布进攻正在进行。记者们离开后，艾森豪威尔坐到他的轻便桌子前在一张便笺上草拟了一篇供必要时发表的新闻稿。他写道："我们的登陆……已经失败……我已经将部队撤回。我在此时此地发动进攻的决定是根据最理想的情报。陆军、空军和海军表现出无比的英勇和忠于职守。如果这次尝试有什么差错或过失，责任完全在我个人。"

历史没有给这篇新闻稿发表的机会。在随后的一周时间里，盟军成功地拓展并巩固了正面宽80千米、纵深12—18千米的大登陆场，30多万人、10余万吨物资登陆，诺曼底战役告捷。艾森豪威尔的这张便笺就成为了勇气、信心和敢于承担责任的见证。

一个决策者较强地具有权利与责任相对应的理念和意识，却总是能够被人们推到历史和时势的前台成就辉煌却也独享孤独的重要因素。

[自检]你曾经或正在为自己的决策承担了什么样的风险？

闻过则喜

独立思考

一个人越是能够独立思考,越是接近真理,越接近人的智慧,也就越不容易走弯路。没有独立性就不会有自己的个性,更不可能有什么创造性。一个人云亦云、唯书唯上的人,只能是一个平庸之辈。这种意识如果成了一个民族的普遍心理,又不去改变它,这个民族将与现代化无缘。

摩托罗拉股东卡尔·伊坎(Carl Icahn)2008年在德雷克塞尔大学商学院的一次演讲中指出:"当你们踏入社会,你们要成为两种人中的一种,你们要成为独立思考的人,我认为这个世界和我们的公司正在为此等待。一些公司管理者真的能够做到这一点,他们富有创新性,能够反潮流而动……你们应该试着对抗潮流,即使这可能会让你们失去工作或者晋升的机会。但最终,你还是要独立思考,勇于创新。如果你有了想法,那就去拍桌子吧,不要担心,因为这正是公司所需要的。"

每一批富翁都是这样造就的:当别人不明白他在做什么时,他明白自己在做什么;当别人不理解他在做什么时,他理解自己在做什么。当别人明白了,他富有了;当别人理解了,他成功了。如果说比尔·盖茨是因为顺这个时代而成就伟大的话,乔布斯就是因为逆着这个时代而成就伟大。乔布斯之伟大在于他以自己的实力反抗这个机械化、同质化的世界;他逆这个机械复制时代,以一己追求给这个生机越来越匮乏的世界带来了清新的阳光,并以此开创了一种伟大意义的启蒙:个性的、美学的、艺术的创造有力量能抗衡这个枯燥的世界,由此使更多人在这个商业时代感觉到了艺术与趣味之力量。

罗伯特·弗罗斯特(Robert Frost)在《未选择的路》(*The Road Not Taken*)说到:"一片树林里分出两条路,而我选了人迹更少的一条,从此决定了我一生的道路。"一个优秀的人总善于走陌生的路,做从来没有人做过的事。任何人在数十年的生命之河里,每走的一步都是之前没走过的;每做的一件事都以不同的时空为背景。在某个阶段,你感觉沉闷了,不如走走陌生的路。听听陌生的歌,看看陌生的风景,而后你会在某个不经意的瞬间发现"丰富"二字离你并不太远,即使年已耋耄。

广开言路

决策是工作中和生活中时刻都会遇到的问题,科学决策、快速决策、重大问题的决策等都是很多人面临的难题。德鲁克说,没有反对意见,就不做决策。

通用汽车公司总裁斯隆曾在该公司一次高级层会议中说过这样一段话:"诸位先生,在我看来,我们对这项决策,都有了完全一致的看法了。"出席会议的委员们都点头表示同意。但是他接着说:"现在我宣布会议结束,此一问题延到下一次会议时再行讨论。我希望下次会议时,能听到反对的意见,我们也许才能对这项决策真正了解。"

斯隆认为"见解"应该经得起事实的检验,而不是一开始就搜集"事实"。大多数人是先有结论,再找证据,先有立场,再寻理由。斯隆先生明白:"一项正确的决策,必须从正反不同的意见中才能获得。"

企业家精神

　　IBM 大中华区董事长及首席执行总裁周伟说:"作为一位高级主管,你如果不能容忍人,你只喜欢提拔那些想法、做法和你一致的人,就会在你的周围聚集一批与你的思维相似的人,那时,你这个主管就很危险了,因为当你江郎才尽之时,你周围的人并不能帮助你,因为你们的想法和做法几乎是一个模式。所以,作为一位高级主管,一定要能容忍那些与你的想法、做法、教育、背景都不一样的人。"周伟还说:"管理一个'思想多元团队(Diverse team)'对管理者来说是一个挑战,作为高级主管,一定要善于接受这个挑战。有的管理者常常说,这个人不好管,其实,只是人家的做事方法和步调与你不一样罢了。你主张打高尔夫球,他喜欢游泳;你喜欢听古典音乐,他喜欢听流行音乐。企业高级主管并不是皇帝,不要让底下的人对你一呼百应。"

　　日本钢铁大王永野重雄就任富士制铁所社长时,就给秘书科长下达了严厉的命令:"对我的一切意见,不管有多大,都要向我报告,但是提意见人的姓名别告诉我。"社长的身边仅能听到好听和顺耳的话,不好听的话听不到,这就不是一个好的经营者。一个开明的社长,一定要设法让各种非难、批评的话都能畅通无阻地传到身边,但是谁讲这些话绝不要把名字说出来。

　　永野重雄的用心在于使言者和传者皆无负担,只有言路通了,才能凝聚出更大的经营力。对经营者来说,与其说广开言路,改善工作,莫若说通过畅通言路,使各种合理化建议也随之而来,这正是永野重雄所渴望得到的资源。这里也同时提出了一个在领导周围辅佐工作者的使命到底是什么的问题,也即这种人不应是察言观色、投其所好的人,而应是敢于抓住领导的不当之处并大胆直言相劝的挚友。

判断能力

　　把创新方案加以实施的能力固然可以用敬业和合作来概括,但一个更简单的概括是"判断力"——企业家在特定领域内具有比他人更完备的判断力以决定稀缺资源的有效配置。如果一切事情都是确定性的,一切事情就用不着"判断"。人们需要对形势加以"判断",是因为不确定因素让人们难以决定取舍。判断是进退两难的选择,是"抉择"。

　　美国现任总统奥巴马指出:"性格和判断力……这两点加上远见都是总统最重要的素质。你是否知道要带领国家走向哪里?你是否有能力判断什么是重要的?什么是不重要的?你是否能经受考验和磨难并能在挫折后重整旗鼓?"

　　挪威戏剧家易卜生性格火暴。他的一部新作为当时某权威人士诟病,他的好友边孙对此毫无反应,易卜生怒而与他断交。十余年后,易卜生另一新作上演遭遇一片批评,边孙挺身而出为他作出令人信服的辩解,让易卜生认识到真正的朋友往往是有独立见解、不轻易迎合你的人,他们的批评和褒奖具有同样的价值。

　　在完美地运用判断力的意义上,企业家行为可以与艺术家的行为相提并论:二者都是"艺术的",都是超越了确定性逻辑和确定性理性的"艺术";并且在这一意义上,企业家的判断包含着极大的风险。因为没有谁确定地知道这些"判断"在何种可能的场合会失败或成为"错误"。一切错误都是事后才知道的,没有谁(只要是理性人)事前知道是错误却非要实行不可。判断的艺术性在于直觉地把握决策事后成为"错误"与事后成为"正确"的那个难以把握的"度"。稻盛和夫[21]指出:"所谓领袖,就是能够对自己的任务描绘出宏伟前景的人。描绘得出未来蓝图,就会有千方百计去实现的信念。就算是下刀子也要把自己的信念坚持到底,有丢掉性命也在所不惜的坚强意志。换言之,就是顽固。陈述自己的愿景,即使得不到赞成,也不会说那就算了吧而放弃,领导者是有敢自作主张并坚持到底的有意志的人。如果没有人格上的问题,员工肯定会追随这样的领导者。"

> **专栏 5.6　　如果董事会全体反对,大概决策是对的**
>
> "董事会全体成员赞成时最危险,这是我父亲的遗训。因此,我则反之,确信只有当董事会全体成员反对时,才是正确的信条。"这是日本西武铁道株式会社常务董事、职业棒球球团的总裁堤·义明的经营信条之一。他被誉为是具有超群预见性的企业家。之所以得到这种称誉,是来自他作出的"土地撤退战略"。
>
> 西武集团曾是拥有日本土地最多的企业之一,堤·义明早已预见到将来土地会相对贬值。当不少商社、企业都纷纷想方设法采购土地时,他就果断提出从"土地撤退"的决策。但这一决策立即遭受到当时董事会全体成员的一致反对。大家一致认为土地是绝对不会降价的,而且谁都确信再也没有比土地投资更有效益的事业了。
>
> 然而,堤·义明从故去的父亲那里接受了告诫:"董事会全体成员一致赞成时最危险。"因为,如果这些要员都赞成时,说明竞争对手的公司也注意到这一问题了。"竞争对手认定的事,我们再去做就已经迟了。"当然,堤·义明的决策也不是凭空作出的。"土地撤退"这一重大决策作出之前,他有幸从权威人士那里得到了"不久将会限制土地拥有量"的确切情报。

惧 者 生 存

德国学者桑巴特(Werner Sombart)在其巨著《现代资本主义》[22]一书中对企业家精神刻画得入木三分,他认为企业家精神是一种丰富的"生活力"、"生命力"、"行动的力量"。对那些能成为企业家的人而言,"在本质上必有一点要求,必有一点东西使人们离开火炉边坐席上的舒适安逸去遭遇磨难,必要强健的筋骨和强健的脑筋"。在桑巴特[22:596]看来,企业家的特征就是"决断、有恒心、忍耐、孜孜不息、贯彻目的、不屈不挠、冒险精神和勇敢气慨"。

美国《技术评论》(Technology Review)曾公布了由该杂志评选出的2006年度青年创新者奖,35名35岁以下的研究人员从众多候选人中脱颖而出,摘得桂冠。成功的创新者绝不会为失败前景而担忧。2006年获奖者、太阳微系统公司的工程师布赖恩·坎特瑞尔说:"有些曾有成功创新经历的人,总是说自己并不惧怕继续获取成功,但他们很可能是在撒谎。其实,人们面对的挑战不是对失败的恐惧,而是如何让它成为自己前进的动力。"许多创新成功者对失败心怀感激,而这点更为重要。2005年的获奖者、星马克公司首席技术官员耶尔·马居尔认为:"如果你在技术开发中没有过失败的经历,那只能说明,你其实还没有将这一技术推至极致。其实,即使一项技术失败了,你仍可以将它收藏起来用于其他目的。"

危机意识

前景理论(Prospect Theory)认为,人们通常不是从财富的角度考虑问题,而是从输赢的角度考虑问题,关心收益和损失的多少。前景理论有以下三个基本原理:(1)大多数人在面临获得的时候是风险规避的;(2)大多数人在面临损失的时候是风险偏爱的;(3)人们对损失比对获得更敏感。根据前景理论,危机意识与问题意识是激发企业家精神的关键。人在成功的时候,头脑特别容易发热,但是在逆境的时候,做事比较冷静。直面危机,能够促发人的健康与理性思考。

直面现实

从前,挪威人在海上捕得沙丁鱼后,如果能让它们活着抵港,卖价就会比死鱼高好几倍,但只有一条渔船能做到带活鱼回港。后来,人们发现这条船的鱼槽内不过是多了一条鲶鱼而已。原来当鲶鱼装入鱼槽后,由于环境陌生,就会四处游动,而沙丁鱼发现这一"异类"后,也会因紧张而加速游动。如此一来,沙丁鱼便延长了寿命。这就是"鲶鱼效应"。

彼得·圣吉[23]指出:"企业家是当今最有力量改变世界和创造公平正义社会的一个群体。当面对饥饿、贫穷、环境、道德沦丧等人类生存的危机时,企业家当有舍我其谁的担当。"这种担当不是始于远见卓识,而是始于直面残酷的现实,并积极地采取行动。王小波指出:"真实就是无法醒来。不管怎么哭喊、怎么大闹,就是无法从那样的梦中清醒过来,这就是现实。"

到2014年,中国产业界普遍具有焦虑感。中国产业界的真实焦虑并非来自技术进步所造成的跨界入侵,而是面对变化产生了深刻的"失重感"。过去"黄金十年"中到处都是风口,任何猪都有飞起来的机会。当增长曲线陡然下折时,熟悉的风口突然消失,固有框架中的不合理之处暴露无遗,在冲向悬崖的汽车上,油门踩在脚下,只要一脚,你有可能就此跌入深渊,也可能冲刺到另一端的平坦大道。

很多非常成功、非常富有的企业创始人和企业主都没有那种"一切都会好起来"的心态。很多创业企业都失败了,一些企业则在忍受着持续的亏损,因为他们的创始人拒绝放弃某种"一切都会好起来"的口号。这是一种健康、成熟的抵抗态度,让你能够应对那些无法避免的困难。电影 Animal House(2011)中有这样的一个场景:Animal House 扮演的角色试图阻止一群四处乱窜的人,他微笑着说,"保持冷静,一切都很好",结果却被夷为平地。如果他能够面对现实,接受可能遭到攻击的现实,就能够逃避,而不是什么都不做,然后期望糟糕的事情不会发生。熟悉李嘉诚的人士表示,他是一个危机感很强的人,他每天90%的时间都在考虑未来的事情。他总是时刻在内心创造公司的逆境,不停地给自己提问,然后想出解决问题的方式,等到危机来的时候,他就已经做好了准备。

吉姆·柯林斯先生在《从优秀到卓越》这本书中筛选出能够持续50年排行在世界500强的企业,将它们作为研究对象,寻找这些企业有什么奇特的方法能够常青50年那么优秀。其间,他介绍了一个所有这些企业都一直在用的而且还将继续运用下去的关于信念的方法,叫斯托克代尔悖论(The Stockdale Paradox)。

第5章 前向思维

> **专栏 5.7　　　　　　　　　斯托克代尔悖论**
>
> 斯托克代尔是美国的一个海军上将,在越南战争期间,是被俘的美军里级别最高的将领。但他没有得到越南的丝毫优待,被拷打了20多次,关押了长达8年。
>
> 他说:"我不知道自己能不能活着出去,还能不能见到自己的妻子和孩子。"但他在监狱中表现得很坚强。
>
> 越南人有一次为了表现他们优待俘虏,把他养了一段时间,准备给他拍照。结果,斯托克代尔就自己用铁条把自己打得遍体鳞伤,并用刀片把自己的脸割破。越南人拿他没办法,只好放弃了。
>
> 因为是一个人关一间,彼此看不到,他为了鼓励监狱中的同胞,就发明了一种密码,通过用快慢节奏敲墙来表达英文字母。
>
> 有一次,一位战俘因思念家人而掩面痛哭的时候,他们全监狱的战俘都通过敲墙,用代码敲出了"我爱你",那个战俘非常感动。
>
> 斯托克代尔被关押8年后放了出来。吉姆·柯林斯先生去采访他,问:"你为什么能熬过这艰难的8年?"斯托克代尔说:"因为我有一个信念,相信自己一定能出来,一定能够再见到我的妻子和孩子,这个信念一直支撑着我,使我生存了下来。"
>
> 吉姆·柯林斯又问:"那你的同伴中最快死去的又是哪些人呢?"他回答说:"是那些太乐观的人。"
>
> 吉姆·柯林斯说:"这不是很矛盾吗?为什么那些乐观的人会死得很快呢?"斯托克代尔说:"他们总想着圣诞节可以被放出去了吧?圣诞节没被放出去;就想复活节可以被放出去,复活节没被放出去;就想着感恩节,而后又是圣诞节,结果一个失望接着一个失望,他们逐渐丧失了信心,再加上生存环境的恶劣,于是,他们郁郁而终。"

居安思危

美国的企业家们信奉"世界属于不满足的人们"这句格言,他们很少陶醉在已有的成就之中,而是善于忘掉"过去",面向未来,勇于变革。惠普公司原董事长兼CEO卢·普拉特说:"过去的辉煌只属于过去而非将来。"未来学家托夫勒也曾经指出:"生存的第一定律是:没有什么比昨天的成功更加危险。"因此,美国的企业家们普遍有一种强烈的忧患意识和时不我待的紧迫感和危机感,及时把握创新的机会,并且敢于淘汰自己的技术或产品。"淘汰自己,否则,竞争将淘汰我们。"(微软公司)企业只能依靠持续创新所带来的短期优势来获得高额的"创新"利润,而不是试图维持原有的技术或产品优势。比尔·盖茨反复向员工强调:"微软离破产永远只有18个月",意在使员工保持创新的紧迫感。杰克·韦尔奇在通用电气公司实行"末日管理",启用大胆改革与创新的管理人员,免去那些循规蹈矩的高级职员。这种强烈的忧患意识和危机理念赋予美国企业一种创新的紧迫感和敏锐性,使企业始终保持着旺盛的创新能力。对于乔布斯而言,"Stay Hungry, Stay Foolish"。即保持饥饿,保持愚蠢。保持一个饥饿的状态,就是要不断求进步、求新、求美,不要轻易满足于你已经拥有的知识工作、地位和财富,继续去寻求,继续往前走。保持一份愚蠢的心情,就是有一份冲劲,有一个赤子之心,听从你内心和直觉的呼唤,走你觉得应该走的路,过分地聪明、过分地盘算、过分地依赖别人的意见,会让你迷失了你真正要走的方向。

一部华为发展史就是一部危机管理史。几十年来的全球信息产业史所展现的就是一场"死亡竞跑",永远有不知名的新晋者找到新的商业模式,从而摧毁一个或几个百年贵族,而当新贵们不再有创新与进步时,又会有另外的挑战者迅速占领舞台,其残酷性乃至于惨烈程度只有亲历者才能有切肤感受。任正非当然是大历史的亲历者,再加上他与生俱来的使命感和理想主义追求,使他不可能不时刻感受到危机的迫压,久而久之,形成了一种"理想精神与危机意识"相混合的思维定式,并将之传导到华为文化的方方面面。

2001年3月,正值华为企业经营发展势头良好的时候,华为公司总裁任正非则发表了题为《华为的冬天》的文章。文章丝毫不提华为的成就,却要求华为的员工们:"我们大家一起想,怎样才能活下去,也许只有这样才能存活得久一些。失败这一天是一定会到来,大家要准备迎接,这是我从不动摇的看法,这是历史规律。……公司所有员工是否考虑过,如果有一天,公司销售额下滑、利润下滑甚至破产,我们怎么办?我们公司的太平时间太长了,这也许就是我们的灾难。泰坦尼克号也是在一片欢呼声中出的海。而且我相信,这一天一定会到来。面对这样的未来,我们怎样来处理,我们是不是思考过?居安思危,不是危言耸听。……不要总想着做第一、第二或第三,不要抢登山头,不要有赌博心理,喜马拉雅山顶寒冷得很,不容易活下来,华为的最低和最高战略都是如何活下来,你活得比别人长久,你就是成功者。"

任正非一直保持着危机意识,并且始终将他的危机意识传递到公司上上下下:"我们远不如Lucent、Motorola、Alcatel、Nokia、Cisco、Ericsson等那些有着国际工作经验的公司。我们在国外更应向竞争对手学习,把他们作为我们的老师。我们要在海外市场的搏击中熟悉市场,赢得市场,培养和造就干部队伍。我们现在还十分危险,完全不具备这种能力。若3—5年之内建立不起国际化的队伍,中国市场一旦饱和,我们将坐以待毙。"《华为的冬天》提出了华为公司应对冬天的思路与措施,任正非惯有的忧郁和沧桑论调背后的心态值得所有竞争性行业管理者学习。

专栏5.8 　　　　　　　　　　　　　华为的三个冬天

居安思危,华为和任正非是中国企业和中国企业家的典范。

第一次警告冬天

华为在2000年以销售额152亿元和利润29亿元人民币位居全国电子百强首位的时候,其创始人任正非却大谈危机和失败。"十年来,我天天思考的都是失败,对成功视而不见,也没有什么荣誉感、自豪感,而是危机感。"也许是这样华为才存活了十年。

第二次警告冬天

在2004年第三季度的内部讲话中,任正非再称,华为要注意冬天。在长达13 000字的讲话稿中,任正非检讨、审视了华为目前遇到的严峻困难,称这场生死存亡的斗争本质是质量、服务和成本的竞争。但与上次相比,此次冬天的预告影响力有所减弱,主要是任正非更加细致地探讨华为的内部问题。

第三次警告冬天

在危机意识洗礼了华为 8 年后,华为 CEO 任正非又一次提及"冬天"。他说,要"对经济全球化以及市场竞争的艰难性、残酷性做好充分的心理准备"。并提醒员工:"经济形势可能出现下滑,希望高级干部要有充分的心理准备。也许 2009 年、2010 年还会更加困难"。

[讨论]为什么说既有的成功经常是一种危险?

企业的可持续发展靠什么来维持呢?自我批判——自我批判才是根本。分析[24]指出,华为会不会垮下去、倒下去,关键在于它能否长期自我批判。

任正非说过,"假定"是人类最伟大的思维方式[25]。过去 20 多年,任正非天天假定华为明天会垮掉,华为员工的神经早都被危机论打磨得很粗糙了。这个组织有理想,甚至有妄想主义情结,但却不迷信,不幻想。没有多少人知道,华为的深圳龙岗基地以前是一片乱坟岗,其南京软件园紧挨着烈士陵园,在风水情结很强的中国商人中,任正非和华为显得很坚硬和另类。

在华为的一次国际咨询会议上,华为一位英国顾问期望任正非展望一下华为今后 10 年与 20 年的远景,任正非脱口而出:"20 年以后的华为,我可以告诉你,两个字:'坟墓'。"在场有 30 多位华为的全球顾问以及华为的管理高层,华为的德国顾问、戴姆勒-奔驰公司的前高管对此的评论是:"任先生能这么想,20 年后华为会活得更强大,德国能有今天,就是因为我们民族总有危机意识,华为跟我们很相像。"[25]

承受痛苦

苏格拉底有句名言:"这个世界上有两种人:一种是快乐的猪,一种是痛苦的人。宁做痛苦的人,不做快乐的猪。"创维集团前董事长、现顾问黄宏生谈到:"看一个人能否成功,我唯一的评判标准是:他能否以健康的心态感受生存和事业的痛苦,因为痛苦是思想者的标签。"爱因斯坦[26]说过:"我有强烈的社会正义感和社会责任感,但我又明显地缺乏与别人和社会直接接触的要求,这两者总是形成古怪的对照。我实在是一个'孤独的旅客',我未曾全心全意地属于我的国家、我的家庭、我的朋友,甚至我最为接近的亲人;在所有这些关系面前,我总是感觉到一定距离而且需要保持孤独——而这种感受正与日俱增。"

一个人彻悟的程度恰等于他所受痛苦的深度。世界一流的企业家都有一种根深蒂固的危机意识:比尔·盖茨宣布"微软离破产永远只有 18 个月",李建熙告诫公司上下"三星离破产永远只有一步之遥",松下幸之助干脆把松下的经营命名为"危机经营",安德鲁·格罗夫更是坚持做企业的不二法门是"惧者生存"。

一项对北京、上海、广州、深圳四地经理人痛苦指数的调查显示,经理人在工作环境方面的痛苦主要集中在预定工作目标过高、公司发展不明朗、人才流失严重以及付出与收入比例失调等方面。大约 32% 的经理人普遍感觉工作超负荷运作,对收入也不是非常满意,由于体力和精神的双重透支,部分经理人已经苦不堪言,如果有机会,他们还是会选择寻求新的发展机会。从这份经理人痛苦指数的调查报告中,可以清晰地看到经理人痛苦现状的大致分布情况。在综合痛苦指数表中,企业缺乏诚信排名痛苦指数第一,至于不公平竞争的市场环境,大部分经理人有切肤之痛,39.6% 的经理人对以上两方面感到痛苦较大,受到困扰,大约有 23% 的经理人感到异常痛苦。

如果把企业的经营环境比作一个跷跷板,经理人坐在一端,而另一端则是国际化人才竞争的压力、信息技术的挑战和国际先进管理理念和方法的差距,相信每个经理人现在都不会感到轻松。大约有48%—53%的经理人觉得前景不太乐观,有一部分经理人甚至会感到焦虑不安,备受痛苦煎熬。

很多经理人十分看重公司给员工提供的培训和晋升机会。对他们来说,在一个公司有很大的发展空间比暂时的高薪更为重要。36%的经理人对工作太忙而放弃培训计划感到非常痛苦。至于个人感情和家庭方面,经理人对工作关系影响到关心子女教育和成长感到十分内疚,有22%的经理人对此感到有点痛苦,47%的经理人则感觉十分痛苦,不知道该如何平衡两者之间的关系。

[提示]一个身处逆境中的人的真正问题,不是该不该忍气吞声来忍受狂暴的命运的矢石交攻,而是怎样做才能无愧于自己的受难。

善弃者智

拒绝诱惑

所有的成功都是拒绝诱惑的结果。帕特里克·兰西奥尼所著的《CEO的五大诱惑——一个关于领导艺术的寓言》[27]语言平实,篇幅简短,寓理深刻,一针见血地道出了领导者普遍存在的人性弱点和思维模式上的局限。书中点破的五大诱惑分别是:(1)把职位或官位看得比组织的业绩重,把个人的得失看得比组织的前途重。(2)一味讨好部下,而不是让其明白应有的责任,一旦出现损失则一开了之。(3)担心决策错误,不敢决断,导致组织缺乏长期的愿景和短期的计划。(4)渴望融洽,害怕争论,粉饰太平。(5)害怕暴露自己的弱点,幻想自己全知全能、包打天下,行为和决定无懈可击。

因为有的门关上了,你才不得不寻找新的路;因为有的人离开了,你才不得不遇上新人;因为不断被否定和拒绝,你才开始自我肯定和接纳之路。总有一天,你会发现:正因为有的门关上了,才发现了真正适合自己的路;正因为有人离开了,才遇上了真正能给予你幸福的人;正因为被否定,才找到了真正的自己!

"自天子以至于庶人,一是皆以修身为本"。如何"修身"?佛学告诉我们关键在"忘我",即克服私欲,放下"妄念、执着、分别"。一言以蔽之,CEO的五大诱惑乃实"妄念"或"我执",即把自己看得过重,不能"放下",诊治的药方仅"忘我"一剂即可。书中依次开出了克服上述五大诱惑的"药方":选择业绩而非地位,选择责任而非声誉,选择明确性而非确定性,选择争论而非一团和气,选择信任而非无懈可击。

在这个到处都充满诱惑的世界,也许唯有像唐僧一样有拒绝各种诱惑的定力,才能功德圆满,取得真经。

2003年,王石攀登珠峰时,是中国队中年龄最大的业余选手,登顶的优势并不明显,登山之初,还有登到海拔8 300米就撤的念头,可结果却是最圆满的一个,在其《道路与梦想》中曾有这样一段记载:

最后,我们7个队员中有4个登顶了,全队中只有我一点伤都没有,完好无损地返回。是因为我有绝妙的登山技巧吗?显然不是,而是因为我的生活阅历。登顶全过程中,我的心态坦然,并努力保持了自己的体力。

举个简单例子,在海拔将近 8 000 米营地宿营时,夕阳血红,非常漂亮。同伴们都出去看,说:"风景这么好,王总快出来。"

我没吭气。

过了 20 分钟,他们又说:"你再不出来会后悔的,这是我们登了这么多山所看到的最美的风景。"

我说:"老王说不出来就不出来!"

为什么呢?我是在保持体力。我知道我的目标只是登顶珠峰,任何与登顶无关的消耗体力的事都一概不做。在整个登顶过程中,我一直保持这个态度。

就像王石经营万科一直做减法一样,因为拒绝各种美景,王石到达了他生命的最高处。高处不胜寒,只有不断放弃的人,才能不断地创造出新的高度,就像登顶珠峰一样,如果一味留恋 8 848 处的"高度",就会把生命也留在那里!

有所不为

华为总裁任正非是看穿这一点的少数几个中国企业家之一。他立下一条铁律:华为永远不做通讯运营商,只做通信设备和网络解决方案提供商。他坚定地走进自主创新的窄门,制造一种压力把华为压强。华为选择了一条充满风险的走技术自立和发展民族高新技术的实业之路。任正非曾自我解嘲说:"无知跌进了通信设备这个天然的全球力量最激烈的角力场,竞争对手是拥有数百亿美元资产的世界著名公司。这个角力场的生存法则很简单:你必须首先是一支全球力量。"这个深刻的忧患一点没有阻挡任正非往前走的果断。为此,十几年来,华为一直拿出销售收入的 10% 作为研发投入。投入强度之高,当属中国公司之最。

华为固守通信设备供应这个战略产业,除了一种维持公司运营高压强的需要,还为结成更多战略同盟打下了基础。商业竞争有时很奇怪,为了排除潜在的竞争者,花多大血本都不在乎。在通信运营这个垄断性行业,你可以在一个地域获得一小部分的通信运营收益,可是在更多地方运营商会关闭你切入的通道。任正非洞悉人性的弱点,守护着华为长远的战略利益。

专栏 5.9　史玉柱:失败经常源于偶然成功导致的自我膨胀[28]

我们比较成功的时候,大概是在 1994 年和 1995 年,现在回过头来看,那个时候是成功的时候,想法极其地荒唐,做的事也是十分地荒唐,不能客观地评价自己的能力,不能客观地评价自己这个集体的能力,不能客观地评价整个公司的能力,就以为自己什么都能做了。

我们盖的那个巨人大厦,本来是 18 层,后来觉得自己还挺有能耐,珠海当时最高的一个建筑是银都酒店,32 层,后来我们就把它加成了 38 层。后来由于种种原因,又觉得不过瘾,珠江三角洲当时最高的是广州国际大厦,是 63 层,我们又加一层,我们的 64 层。后来真的一打桩开始建的时候,一想不知道哪天还要加呢,干脆打桩就按照 88 层打桩,所以,楼还没建呢,地下桩基 1 个多亿已经下去了。原来的 1 个多亿就可以把 18 层完全都盖好了,实际上这个钱花光了,只是刚把桩打完,连地下室还没有开始建呢。

> 脑黄金做好了以后,觉得我做一个产品、做一个企业能成功,我做其他的也能成功,所以,1995年春节一过,当时搞了一个我们自己号称的"百亿计划",一下推了12个保健品,一夜之间推了12个。最后大部分都失败了。
>
> 然后,不但以为自己的保健品没有问题,最后觉得药也能做,后来我们就收购了药厂,也搞了十几种药。最后这十几种药也失败了。
>
> 我们以为其他的自己也能做,比如做服装,又做了化妆品,当时还成立事业部,事业部下面还设工厂。当时传销还不违法,还成立一个传销部,搞了一大堆。最后全失败了。
>
> 因为隔行如隔山,比如说服装,我们是不懂的,但是我们误以为自己很厉害,也做了。我们当时也生产了很多,加衬衫、领带等,最后几乎没卖出去,后来就自己用了。
>
> 除了自己这个最熟悉的行业,当时是保健品和电脑这一块,其他的应该是全部失败了,就没有一个成功的。

[提示]人生非常重要的东西很少,把生命中的每一天当作最后一天来过,就知道绝大多数事情都是浮云。

奥康剃刀

奥卡姆剃刀(Occam's Razor, Ockham's Razor)又称奥康剃刀,是由14世纪逻辑学家、圣方济各会修士奥卡姆的威廉(William of Occam,约1285-1349)提出。奥卡姆(Ockham)位于英格兰的萨里郡。威廉在《箴言书注》2卷15题中说:"切勿浪费较多东西,去做用较少的东西同样可以做好的事情。"

中国春秋航空的成功,某种程度上来讲就是蓝海战略的成功。传统的航空业提供的服务是贵的价格和号称高质量的服务,但是,对大多数乘客来说,他们的消费需求和航空服务并不匹配。例如,对大多数乘客来说,飞机食品没有必要,而且把餐品的高价包括在机票中当然有问题,大多数的乘客对飞行的舒适度的理解也不尽相同。因此,春秋航空公司把航空可能给乘客提供的服务元素全部列出来;然后,把春秋航空提供的元素和市场上的服务元素进行比较;最后,把那些乘客不关心的元素去掉或降低水平,这样就压缩了成本,同时提高乘客最关心的元素水平,当然,在考虑成本的基础上,春秋航空增加乘客需要但目前并没有提供的元素。于是,我们看到的春秋航空可以网上订票,空姐质量一般,服务态度一般,飞机食品自己掏钱买,没有电视广告投入。正是通过这些降低成本的措施,春秋航空找到了中国航空业的蓝海,它成功了。

开放成长

21世纪迅速加快的竞争节奏无疑会激发企业家的深刻思考,选择的结论是:用合作的方式创新,而非孤立的、专属的方式,也就是开放。

IBM全球高级副总裁琳达·桑福德(Linda Sanford)曾经承担着IBM全球转型、走全球整合道路的理论建设者和实际操盘手的角色,一度被业界誉以"首席转型官"的称号。从她1975年进入IBM至今,不管是自己的职务还是IBM自身的发展,无不与"开放"这个词有着密切的

勇于裂变

如果说还有哪一种说法比其他的说法影响更大,那就是作为一名企业家,为了成功,你必须永远、永远、永远不放弃。这是一种高尚而充满激情的想法,但也可能是一种危险的想法。放弃是一种误导性很强且不公平的说法。简单地放弃和知道某件事情没有效果之后抵制诱惑与果断终止之间是有区别的,这两者之间的区别就是坚韧和蛮干之间的区别。不是所有的业务都是为了成功,不是每个人都适合成为企业家。有时候,知道什么时候应该停下来和被错误配置或盲目坚持引导向错误的路相比,前者要更明智,也更健康。

所谓失败都是相对于成功而言的,只有成功过的企业才有资格失败。但"公司过去越成功,就越不容易改变使其成功的模式",有作者[29]从《成功之母》[30]中总结出的另一个企业失败的集体主义的谬误:一些公司在面对竞争条件发生变化时,犯下的失误背后都存在行为僵化、刻板守旧的问题。市场占有率从60%下降到20%的摩托罗拉就是一个典型例子,它面对CDMA、TDMA、GSM多种标准,因为害怕押错宝,迟迟不敢对数码手机作出举动,结果诺基亚和爱立信差点把它挤出美国市场。以至于摩托罗拉的前首席执行官说:"我们每一次惨重的失败,都是因为我们曾在某个科技时代太过成功,以致忽略了应该在新的科技时代到来之际迅速更新自己。"

专栏 5.10　　企业"裂变"是保持企业不老不死的特效药

"一位真正好的企业家要尊重别人的想法,这样做并不是要他百依百顺,而是要充分发挥他人的智慧,让他尽享人生最大的快乐。"这是拥有 34 个子公司的日本太阳工业公司的创始人酒井帮恭的经营观。

怎样做到这点呢?酒井帮恭的回答是"企业裂变"。其解释是一家公司发展到一定程度,就将它分成几个小公司,给它输进新的力量。小公司大起来后,再把它分成几个小公司,如此裂变下去。为什么企业要"裂变"呢?酒井帮恭说:"树木长到一定程度,绝不会一年再长粗一倍。而新树则不同,有惊人的成长力。有时可在一晚上长出一倍。企业'裂变'成新公司就是为了让新企业有这种成长力,企业分家和蜜蜂分群、细胞分裂的作用一样。"

而太阳工业的企业"裂变"就是要让公司每一个人都能抬头挺胸,乐于工作,把自己的本事发挥出来。企业"裂变"时,首先要精选一名新公司的总经理,这是太阳公司的"裂变"方法,委任后的总经理再去挑选自己认为可以委任的人,再由这几个人去组建公司。新公司成立后,全由新总经理自主地经营,对他的工作绝不干涉。

"裂变"出来的各子公司与太阳工业成员之间是互相支持和协同的关系。但成员之间也要互相竞争,甚至互相"残杀",酒井帮恭认为,只有这样才能提高公司活力和业绩。太阳工业成员公司要努力去开辟企业集团外的市场,太阳工业设有总经理会,但规定如果某公司30%以上的营业额是靠企业集团内部支持,这家公司的总经理就没有资格出席会议了。

酒井帮恭说:"'企业裂变'的思想作为'遗传子',代代传下去,公司就能保持经常新鲜而不断成长。"

以前,欧洲人一直认为天鹅一定是白的。因此,把白天鹅当作天鹅的代名词。随着澳洲的发现,人们意外发现了第一只黑天鹅,这完全打乱了人们的常规认识。如果只有一只黑天鹅、两只黑天鹅,倒没有什么。问题是,我们未来的社会可能是一个黑天鹅社会,风险和不确定性成为生活的常态。如何在黑天鹅常态化的社会更好地生存,就成为与我们切身相关的大事。举一反三,光是靠过去的经验,躲不开黑天鹅。因为你遇到的每一只黑天鹅将永远是第一只。乌尔里希·贝克(Ulrich Beck)[①][31]提出"风险社会",实际就是说,世界是"非决定论"的,一切都黑天鹅化了,白天鹅本身是不可靠的[32]。

出现一只黑天鹅之所以能让人"信念崩溃",是因为人们把白天鹅当作常态。换句话说,认为不确定性反常,是因为我们把确定性当作常态;认为变化反常,是因为我们把不变当作常态。问题首先出现在我们把白天鹅当作常态上。黑天鹅的出现应该让我们醒悟:风险社会到来了,不确定性正在取代确定性,成为我们生存的常态。

我们为什么害怕黑天鹅呢?无非是我们担心未来的变化具有不确定性。但问题并不是出在黑天鹅本身,而出在我们把白天鹅"制度化"了。工业化视确定为当然,以不变应万变,把白天鹅制度化;信息化视不确定为当然,视变化为不变,把黑天鹅制度化。用比尔·盖茨在《数字神经系统》中的话说就是:"只有变化才是不变的。"

为了强化技术领跑者的形象,英特尔广泛宣传它的钟摆式(Tick-Tock)创新策略。所谓Tick-Tock模式,就是英特尔在每隔两年的奇数年会推出更先进制程的处理器;每隔两年的偶数年推出新的处理器架构。按照 Tick-Tock 模式,英特尔 2007 年采用 45 纳米工艺,2009 年是 32 纳米工艺,2011 年将是 22 纳米工艺;在架构更新上,2006 年是酷睿微架构,2008 年是 Nehalem 微架构,2010 年是 Gesher 微架构。就像当年英特尔连续推出奔腾Ⅱ、奔腾Ⅲ、奔腾Ⅳ一样,英特尔重新设计出一个微处理器的创新时间表,让大众都认识到:是英特尔在引领计算机的升级换代。

所有蜕变都是一个漫长而艰辛的过程。当你已经意识到阻碍自己取得更大成功的坏习惯并决定作出改变的时候,你就要有这个思想准备。

在硅谷,有一个奇怪的矛盾:投资人既渴求连环创业者的经验,又想要年轻创业者能懂今天用户的新鲜视角。在这两种类型里,都有一些成功的例子,你不能在一个创业者身上兼得。不管你是哪一种创始人,创始人都需要意识到他们内在的局限,善于倾听你周围的、与你互补的人的意见。为了实现这一点,一个最优秀的年轻创始人都会去找一些懂行的投资人与导师。有时候,一个自认为无所不知的连环创业者则需要做相反的事。

英雄创世

如同联想是"柳传志公司"、四通是"段永基公司"、TCL是"李东升公司"一样,个人对公司的影响力起着决定作用。华为是一个董事会缺位、失效,以"英雄创世"为标志的中国式管理的公司。"任正非公司"不仅仅是华为公司的特质,更是中国纯粹民族企业的特质。从中国经济发展史、中国文化和对个人崇拜的历史续延性看,在一定时期内,"任正非公司"所构造的个人力量、英雄主义、号召力和凝聚力或许比公司的股权约束、董事会民主决策更有效。进一步判断,因为整个国家的民主化程度还不高,大多数公司客观上信奉个人能力,神化个人能力的惯

---

① 乌尔里希·贝克(UlrichBeck)是德国著名社会学家,慕尼黑大学和伦敦政治经济学院社会学教授。

性思维远远大于公司、公司高管、员工对民主程序的把握。因此,对"任正非公司"、"柳传志公司"、"段永基公司"等,我们需要在对整个社会民主化进程的判断中给予分析,并依此展望公司未来决策方式的变化。

从某种意义上说,华为就是任正非管理思想的试验场。"任正非公司"其实与其他许多公司有着根本的不同:"任正非公司"不仅仅是一种个人英雄的感召力,更是一套完整的思想体系。换一个角度讲,正是任正非本人创造的一套完整的、科学的、具有很强创新性与前瞻性的、以企业家精神为依托的思想体系,才使华为公司成为一个知识经济与英雄主义的组合。对华为而言,任正非已成为这个庞大机器上的部件,没有替代品,不可复制。任正非的企业家精神与思想体系具体如表5.2所示。

表 5.2 任正非的企业家精神与思想体系

精神特质	思想内涵
人定胜天	不冒风险才是最大的风险
一切源自创新	中国不缺少科技致富的种子,是缺少使种子成长的土壤,这就是创新机制
天生我材必有用	选择有社会责任者成为管理者,让成就个人欲望者成为英雄模范
职业化公司	华为曾是一个英雄创造历史的小公司,在发展到规模化后,淡化英雄色彩,淡化领导人,是实现职业化的必由之路
没有永远的领先者	即使我们的产品暂时先进也是短暂的,要趁着短暂的领先,尽快抢占一些市场,加大投入来巩固和延长我们的先进,否则,一点点领先的优势会稍纵即逝
求学于作战之中	我们总不能等待没有问题才去进攻,而是要在海外市场搏击中,熟悉市场,赢得市场,培养和造就干部
危机随时都在	十多年来,我天天思考的都是失败,对成功视而不见,没有荣誉感、自豪感,而是危机感。失败是一定要来的,这是历史规律,大家要准备迎接
华为的扬弃	我们就是要从必然王国走向自由王国。华为就是要人为地制定一些规则,进行引导、制约,使之运行合理,这就是自由
理从客来	从来不向客户要项目,而是以服务获得回报为手段,客户服务是华为生存的理由

任正非曾经以"狼"来形容企业的个性,狼有敏锐的嗅觉,习惯团队作战,能够发现机会并且死死咬住,不会轻易放弃。在塑造华为企业文化的过程中,任正非表现出极强的个性。在《华为基本法》中有这样的条款:"高层重大决策从贤不从众,真理往往掌握在少数人手里。"

创新制胜

1988年,任正非在深圳创建华为,创建之初便明确"技术自立是根本"。任正非从一开始对研发投入的认识不是一种锦上添花的长远眼光,而是基于一种背水一战的拼命决心。有很多细节都透露着任正非异于常人的技术"偏执":在深圳龙岗区的华为基地,每条路都以中外著名科学家的名字命名;创业十年之后,访问贝尔实验室时,任正非说:"我年轻的时就十分崇拜贝尔实验室,仰慕之情超越爱情。"研发与风险紧密相连,任正非常常对研发人员讲,科学的入口处就是地狱的入口处,华为必须拿出巨大的勇气,甚至在失败后用下地狱的风险来提升研发水平。

这种"下地狱"式的决心对华为持久的、孤注一掷式的研发投资计划影响显著:1993年,华为将创业5年积累的资金全部投入C&C08数字程控交换机研发上。在交换机取得优势后,华为又将积累的资金主要投入到以SDH技术为核心的光网络传输产品。此后,从CT2、ETS等第一代模拟技术、第二代GSM,到3G、LTE等技术,华为始终不惜重金投入攻关技术,以至于业界有这样的说法,华为今天的技术成就是任正非咬紧牙关依靠巨大投入砸出来的。

从1993年起,华为在技术研发上的投入每年都保持在销售收入的10%以上,2002年,华为在研发上的投入突破了30亿元人民币,2009年,华为的研发费用更高达133亿元,接近华为当年的净利润183亿元人民币。华为从2008—2012年5年研发投入1 200亿元,仅2012年的研发投入就达299亿元人民币(相当于中国许多顶级企业的年产值);而2013年的研发投入307亿元人民币,占收入的12.8%。1999—2013年华为研发投入情况如图5.2所示。

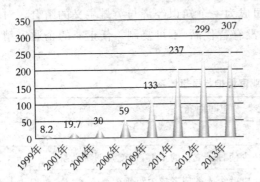

图5.2 1999—2011年华为研发投入情况(亿元人民币)

这种不惜血本的投入一方面由任正非的决心和视野决定,另一方面也与其所处行业的特性以及对手的量级相关。华为所在的电信设备行业正处于全球高速发展期,通信设备制造业多年来拥有较高的利润率。在电信设备行业,技术能力直接决定了竞争优势,逐步拥有优势竞争地位的华为,多年来将其综合毛利率维持在55%,这是国内多数产业龙头企业基本难以企及的。此外,不可忽视的是任正非的对手们——当国内企业惊叹于华为对研发的投入时,紧盯着国际竞争对手的任正非测量的却是另外一种距离:爱立信每年的研发费用不低于全球销售收入的15%,2009年,阿尔卡特-朗讯的研发投入占销售额的16.67%,2008年,诺基亚-西门子的研发投入占销售额的20.5%[33]。

华为其实并不进行太多的硬件制造,而是将一半以上的生产外包给代工商。实际上,华为全球员工约有一半从事研发,华为大部分工程师开发的是软件,而不是硬件。例如,在华为位于上海的研发中心,有10 000多名工程师正在开发能够解决无线网络技术各个方面问题的产品:如何扩大基站的容量?电信运营商如何更加容易、以更低的成本从3G网络升级到4GLTE(长期演进技术)网络?如果运营商想有选择地向愿意额外付费的客户提供更好的网络连接环境,他们需要什么技术?

目前,华为有16 539个专利、15个研发中心、25个联合创新中心、7万名研发员工。据国家专利总局统计,华为现已加入了45个国际标准化组织,华为是中国申请专利最多的单位,其中的85%属于发明专利,专利申请连年高于100%地增长,年度专利申请量突破1 000件,3年内获4项国家科技进步奖。

在华为开始创业的20世纪80年代中后期,国内诞生了400多家通信制造类企业,华为活到了最后。2012年,华为的年销售额达到惊人的2 202亿元,超越爱立信成为全球最大的电信设备供应商。同年,华为宣布利润突破154亿元(这还不包括用来给员工发奖金的125亿元红包)。同样是在这一年,华为的研发费用高达299亿元,相当于中国许多顶级企业的年产值。华为是中国最优质的一家民营企业,没有之一。

应该开始对华为的观察了。你未必能达到华为的高度,但方向一定要走对。在21世纪的今天,中国要想超越,必须有新的思维,必须有颠覆式的创新;要去引领,而不是追随;视野和思维方式要有一个彻底的改变。一个只知道崇尚历史、祭拜亡灵的国度,怎么能够创造出崭新的未来?

中国人自古以来喜欢向后看:向古看,向祖宗看,向死亡的过去看。

专栏 5.11   后 向 思 维

从国民性上看,中国是个重史的国家。在中国,最好的文人会去写史,我们知道的司马迁、班固等人,就是优秀的历史学家,虽然他们也是优秀的文学家、官僚。在以史为文化中心,以能得到的历史结论为行为准则的国家,它要求人具有某种战略眼光从长计,例如,用10年、20年的眼光去看待世界的变化。"史"或者说"历史"是一种结果,除了个别的想去"创造历史"的时期外,大多数情况是等待一种变化结果的到来,这显示了中国国民性中保守的一面。

和西方比较起来,这种向后看的思维特色尤为突出。清末,康有为看到清王朝的老一套已经不行了,外有列强虎视眈眈,内有祸国蛀虫歌舞升平,腐朽的体制像枯树藤一样把整个中国缠绕得透不过气来。于是,康有为开始在广州开堂招徒,传播变法理念,并积极筹谋公车上书,企图下情上达,感动天子。有意思的是,康有为的变法依据还是来自被清王朝奉若文化神明的孔子。就康有为来说,假托孔子提出改变科举取士制度是得意之作还是无奈之举,今天已经不可考证,但这种现象的发生足以让人思考。

同样是变革的西方宗教改革,情况则大为不同。1517年10月31日,路德把他著名的《九十五条论纲》张贴在维滕贝格大学教堂的大门上,他在该书中深刻地批判了罗马教会的贪污腐化。除了将《九十五条论纲》送给美因茨市大主教一份外,路德还把它印刷出来,在该地区进行广泛散发。路德否定教皇和总教会会议的权威,坚持只接受《圣经》和公理的指导,路德对教会的批判完全建立在社会现实的基础上,从未假手先贤之说。

如果仅仅只是限于对老朋友、老同学的情感,怀旧倒也充满温馨。但中国人的怀旧可不仅仅是这些,而是将怀旧延伸到生活的各个领域,表现为对一切新的东西的排斥。从经济意义角度来讲,这种怀旧也有一定的道理。不管什么东西,尽管其旧,但因为运行已久,便也少了诸多风险,对其运行的管理也是驾轻就熟,比弄一个新的系统确实也省事得多。从另外一个层面讲,一套旧的系统一旦运行久了,便也有诸多的利益阶层附着这旧的系统生存,要抛弃旧的,势必也牵一发而动全身,令许多既得利益者不快,也是费事过甚。在这一种怀旧心理下,新的东西要出来,总会面临着无情的打压。于是,商鞅是被车裂了的,谭嗣同是被砍了头的,王安石生在不杀大臣的宋朝,没有因改革而死,但最终也被免了官。也许正因为怀旧,不愿丢弃旧的,新的便也生长得慢,以历史悠久著称的古老中国,便犹显得苍老而步履蹒跚,难以活泼起来、新鲜起来,缺乏一种旺盛的生机与活力。

一个频频回头的人是走不了远路的。后视镜里看不到未来!

本章概要

读懂历史使人深刻,洞察未来使人清醒。前向思维能力是企业家精神的引擎。本章分析了企业家具有前向思维能力的三个核心要素:目标远大、善走窄门、惧者生存。

本章分析的重要结论是:(1)前向思维决定企业家事业的起点界定。具有前向思维特质的企业家不仅目标远大,眼界宽阔,而且具有良好的预测性。(2)前向思维决定企业家事业的过程行为。具有前向思维特质的企业家,在行动上不仅富于洞察力,而且勇于挑战,善走窄门,并勇于承担风险。(3)前向思维决定企业家事业的结果认知。具有前向思维特质的企业家危机意识强烈,善于拒绝诱惑,勇于自我裂变,进行开放性生长。

思考练习

1. 什么是企业家的前向思维能力?什么情况才是真正地敢于面向未来、敢于创造未来?

2. 企业家如何实现目标远大?企业家的目标如何决定企业的长期发展?在目前中国的市场状态和经济环境下,投机风气比较重,注重短期利益的情况较多,企业家如何协调长远发展与短期利益之间的矛盾?

3. 中国企业家与国际顶级企业家在思维方式方面的实质性差异是什么?

4. 哲学家与企业家有什么相通性?许多成功的企业家具有哲学思维,请举出这方面的例子(国外与国内),并分析哲学素质与他们成功的内在联系。

5. 什么都信和什么都不相信既是美国的真实,也是中国的真实。它创造了美国的喜剧,却造就了中国的悲剧。请分析美国人与中国人相信与不相信的本质差异何在?

6. "过去"或"历史"在什么心智情况下才具有价值?中国人与美国人在对待"过去"或"历史"的态度上有什么实质性的区别?为什么自古以来中国人一直喜欢"向后看"?

7. 为什么说前向思维是优秀企业家的重要特质?

8. 中国企业管理咨询的热点是战略管理咨询,中国企业家也喜好战略思考,但为什么中国企业管理的短板也是战略管理?为什么中国企业成长的瓶颈也是战略错位或失当?为什么中国企业出现巨大危机或崩溃的原因通常也是战略错误?什么内在因素根本限制了中国企业家战略思考的能力?企业家如何进行战略思考思想才不会被禁锢?

9. 中国企业家擅长前向思维还是后向思维?如果是后向思维的话,这种后向思维模式与中国企业家的战略思考能力不足有什么内在联系?能不能说是中国人趋同的后向思维模式从根本上限制了中国企业家对属于前向思维特质的战略管理的思考能力?

10. 危机意识的宣扬会导致公司员工情绪低沉吗?

延伸阅读

《定见：重启思维，定见未来》（[美]约翰·奈斯比特.魏平译.北京：中信出版社，2007）：未来的趋势是什么？如何从充满噪声的庞杂信息里抽丝剥茧、预见未来？在本书中，奈斯比特将自己多年的趋势观察经验悉心整理，告诉读者11条定见及如何将这11条定见运用在信息收集、分析判断与预测未来趋势上。

《蓝海战略：超越产业竞争，开创全新市场》（[韩]W·钱·金，[美]勒妮·莫博涅.吉宓译.北京：商务印书馆，2005）：本书认为，要赢得明天，企业不能靠与对手竞争，而是要开创"蓝海"，即蕴含庞大需求的新市场空间，以走上增长之路。这种被称为"价值创新"的战略行动能够为企业和买方都创造价值的飞跃，使企业彻底甩脱竞争对手，并将新的需求释放出来。

《应变领导力》（[美]戴维·多特利奇，彼得·卡伊罗.詹正茂，朱美琴等译.北京：机械工业出版社，2005）：离开安逸的环境，应对恐惧，以及表现出对自己是否具有应对新环境所要求的能力的怀疑，这些个人所面临的挑战被用以检验领导者是否具有可信和高效的新品质。

《只有偏执狂才能生存》（[美]安德鲁·格鲁夫.安然译.北京：中信出版社，2002）：在企业发展的过程中，将会出现一个战略转折点，这时候，企业有机会上升到新的高度，但它也同样有可能标志着没落的开始。在这一过程中，偏执狂式的管理能使公司保持足够的谨慎，时常提防他人的袭击、窃取你的生意；作为一名管理者，还需要将这种防范意识传播给手下的员工，让他们和企业领导一起度过战略转折点，走上企业发展的一个更高的平台。

《CEO的五大诱惑：一个关于领导艺术的寓言》（[美]帕特里克·兰西奥尼.迟牧译.北京：中信出版社，2003）：对一个CEO来说，职位本身就意味着某种成功，为了保住这样的成功，CEO却开始向一直潜藏在意识深处的诱惑低头了。兰西奥尼正是以一种独特的方式揭示了其中的奥秘：企业中无穷无尽的管理危机使作为管理核心的CEO犯了一些基本的但又往往难以正视的错误。

《活法》（[日]稻盛和夫.周庆玲译.北京：东方出版社，2005）：稻盛和夫提醒并告诉您：简单是做人和做事的最佳原则；以利他利公之心生活；劳动的喜悦是世上最大的喜悦；清除魅惑人心的"三毒"；磨砺心智的"六个精进"。

《基业常青》（[美]詹姆斯·柯林斯，杰里·波勒斯.真如译.北京：中信出版社，2003）：本书研究了18个"基业常青"——高度成功、富有生命力的公司的经验，包括沃尔玛、惠普、宝洁、3M和索尼等行业领袖。它主要回答这样一个问题：企业在发展过程中必须不断自我改革、自我反省，使优势成为公司的特性。

《开放性成长——商业大趋势：从价值链到价值网络》（[美]琳达·S.桑福德，戴夫·泰勒.刘曦译.北京：东方出版社，2008）：该书描述了作者对未来商业的各种预想，也包括了作者最好的实践经验。

《黑天鹅：如何应对不可预知的未来》（[美]纳西姆·尼古拉斯·塔勒布.万丹译.北京：中信出版社，2008）：人类总是过度相信经验，而不知道一只黑天鹅的出现就足以颠覆一切。黑天鹅都是无法预测的。本书教你改变自己的思维方式，把握黑天鹅带来的机会，采取应对策略，从中受益。

《你的灯亮着吗？——发现问题的真正所在》

（[美]唐纳德·高斯，杰拉尔德·温伯格．章柏幸，刘敏译．北京：清华大学出版社，2003）：本书关注了像"人们如何思考"、"人们在遇到棘手的难题时会如何思考和处理"、"对于某一个特定的问题，人们会用什么样的角度去思考"这样的话题；提出了像"问题其实就是你期望的东西和你体验的东西之间的差别"、"不管看上去如何，人们很少知道他们想要什么，直到你给了他们所要的东西"这样的深刻见解。

参考文献

[1] [美]小詹姆斯·H.唐纳利等．管理学基础[M]．李流柱等译．北京：中国人民大学出版社，1982．

[2] [美]彼得·德鲁克．德鲁克日志[M]．蒋旭峰，王珊珊译．上海：上海译文出版社，2006．

[3] [美]巴拉克·奥巴马．我们相信变革[M]．孟宪波译．北京：中信出版社，2009．

[4] [美]华伦·本尼斯，伯特·耐纳斯．领导者：成功谋略[M]．柴贺译．北京：九州图书出版社，1999．

[5] 奥特曼怪兽．智商距离值我们最底，全世界各种族智力排名[EB/OL]．猫眼看人，[2010-07-10]．

[6] [美]吉姆·柯林斯，杰里·波拉斯．基业长青[M]．真如译．北京：中信出版社，2002．

[7] 间丘露薇．参观两间"小"公司[EB/OL]．间丘露薇_新浪博客．

[8] 丁栋虹．葛洛夫的惧者生存思想[J]．中外管理，1999，(2)：36-37．

[9] 吴晓波．企业家永远都是赌徒加工程师[N]．第一财经日报，2008-01-23(C8)．

[10] 孙中山．建国方略[M]．北京：华夏出版社，2002．

[11] [日]矢野俊介．企业家的经营艺术[M]．赵大生译．北京：中国国际广播出版社，1987．

[12] 长坂雄风．中国的深层悲剧[EB/OL]．天下论坛，[2006-01-18]．

[13] 余华．兄弟[M]．上海：上海文艺出版社，2005．

[14] 马云．唐僧是个好领导[J]．管理学家，2007，(6)：19．

[15] [美]卡尔·波普尔．开放社会及其敌人[M]．郑一明等译．北京：中国社会科学出版社，1999．

[16] 吴佳男．一个小小的置疑[J]．风流一代，2007，(7)．

[17] 方儒．极限制造[J]．环球企业家，2010，(16)．

[18] 崔鹤同．没有路的路[J]．知识窗，2007，(10)：1．

[19] 程东升．任正非：天下无难为之事[N]．21世纪经济报道，2010-12-27(107-108)．

[20] 蒋一兵．决策者的孤独和责任——诺曼底战役和一张便笺[EB/OL]．凯迪网络，[2005-07-23]．

[21] [日]稻盛和夫．领袖就是要有些顽固[N]．21世纪经济报道，2012-11-19(32)．

[22] [德]桑巴特．现代资本主义[M]．李季译．北京：商务印书馆，1958．

[23] [美]彼得·圣吉．第五项修炼——学习型组织的艺术与实务[M]．郭进隆译．上海：上海三联书店，1995．

[24] 田涛，吴春波．下一个倒下的会不会是华为[M]．北京：中信出版社，2012．

[25] 徐以升．华为的"阳面"和"阴面"[N]．第一财经日报，2012-12-12(C03)．

[26] [美]阿尔伯特·爱因斯坦．我的世界观[M]．赵中立，许良英．纪念爱因斯坦译文集．上海：上海科学技术出版社，1979．

[27] [美]兰西奥尼．CEO的五大诱惑：一个关于领导艺术的寓言[M]．迟牧译．北京：中信出版社，2003．

[28] 史玉柱．企业如何在逆境中成长[EB/OL]．大公网，[2013-06-27]．

[29] 本力．大企业失败的集体主义谬误[N]．21世纪经济报道，2008-03-03(39)．

[30] [美]悉尼·芬克斯坦．成功之母[M]．俞利军译．北京：高等教育出版社，2004．

[31] [德]乌尔里希·贝克．风险社会[M]．何博闻

第5章 前向思维

译.南京:译林出版社,2004.

[32] [美]纳西姆·尼古拉斯·塔勒布.黑天鹅[M].万丹译.北京:中信出版社,2008.

[33] 岳淼.华为的全员中产阶层路径[J].长江,2012,34:17.

第 2 篇
国际比较

地球是圆的。

企业家不可能生活在一个可以最大化的封闭的世界中。只有在一个全球化的视野里,企业家才能正确地了解自己,确认自己。

第6章 美国事业

> 美国的事业是企业。
> ——[美]卡尔文·柯立芝①

学习目标
- 了解美国的人文制度；
- 分析美国的创业精神；
- 理解美国的宗教伦理。

美国是一个移民国家。在欧洲人来到北美之前，印第安人等北美洲的原住民生活在这片广阔的土地上。17世纪初，英国开始向北美殖民。最初的北美移民主要是一些失去土地的农民、生活艰苦的工人以及受宗教迫害的清教徒。在乔治·华盛顿的带领下，北美殖民者在对抗英国的美国独立战争中赢得了胜利，于1776年建立了美利坚合众国，到2015年，美国只有239年历史。

美国尽管年轻，却有三个快速发展期：(1)1607—1775年，在不到一个半世纪的时间里，美国由以土著印第安人为主的母系氏族社会阶段过渡为带依附性的资本主义性质的殖民地。(2)1815—1894年，美国又从一个发展中国家一跃而成为世界第一工业化大国。这80年正是美国开始崛起成为经济与政治大国的80年。(3)1898年美西战争以来，美国的现代化和后现代化水平、科学技术水平、社会物质和文化生活现代化水平一直领先于世界各国。现在，美国是世界当之无愧的帝国：不论是在经济上、政治上、军事上、科技上、文化上还是在教育等各个方面，世界上任何其他国家都无法单独与美国相抗衡。

专栏6.1　　　　　　　美国的实力[1]

在人类历史上，无论是古罗马帝国还是近代的大英帝国，还从来没有一个国家像今天的美国这样，在全球具有绝对压倒优势的军事、经济、文化和思想。

---

① 卡尔文·柯立芝(Calvin Coolidge, 1872-1933)是美国第30任(1923—1929)总统。

军事实力

美国的年度军费开支高达 4 000 亿美元,不仅居全球之冠,而且比排在美国之后的 15 个国家(包括英、法、德、俄、中国、印度、日本等主要大国)的总和还多。北约经过两次扩大,现有 26 个成员,但除美国外的 25 个成员的军事开支才是美国的一半。

美国有 11 艘航空母舰。印度有 1 艘买来的二手货。俄国仅有 1 艘航母,但吨位仅是美国航母的一半,而且由于设备落后,都无法离开停泊的港口。英法两国虽有几个小型航母,其吨位和数量都完全不能和美国的同日而语[①]。

美国有绝对的空中优势,不仅有隐形战机,还有能连续飞行 31 小时不用加油的轰炸机、无人驾驶侦测和导弹导引飞机以及最先进的环球鹰隼号(Global Hawk)战机(飞行高度六万尺,任何地面炮火都无法企及),而且通过先进的卫星系统主导了军事太空。

经济实力

美国的经济实力也是全球第一。仅纽约都市地区的生产总值就是整个俄罗斯的 1.7 倍,波士顿的生产总值超过整个瑞典,芝加哥的生产总值就超过了中国台湾地区。

美国人口只占全球的 5%,但美国的产值占全球的 43%,科技产品占全球的 40%,研究和发展占全球的 50%。在世界主要的金融机构世界银行和国际货币基金组织中,美国都举足轻重,因为主要资金来自美国。过去半个多世纪,美国经济在全球独占鳌头,一直处于领导地位。

政治实力

美国对世界的影响,更多的不是靠军事实力的"硬力量",而是靠体现美国文化和价值的"软力量",即美国不靠强迫,而靠自己价值观来吸引其他人接受美国的价值:民主,法治,个人自由,市场经济。这是一种靠自由的榜样来征服别人的"力量"。

全部的东欧国家现在都实行了美式选举制度。俄罗斯的新宪法体现着这种借鉴美国宪政制度的趋势:确立三权分立,保障新闻自由,推行私有化,保护个人财产,实行市场经济。整个欧洲大陆成为全球第一个全部国家(44 国)都实行了民主选举的洲际大陆。

在亚洲,日本、韩国、菲律宾、印度等都实行了以美国为代表的民主制度。

在美洲,除了古巴,其他 34 个国家都近水楼台地仿效美国,实行了一人一票的选举制度。即使在非洲,撒哈拉次大陆的 48 个非洲国家现在有 42 个进行了多党自由选举。那些很落后的国家,像莫桑比克、纳米比亚、刚果、埃塞俄比亚、津巴布韦、马拉维、乌干达、马达加斯加等,也都在 20 世纪 90 年代相继实行了多党选举。

---

① 到 2012 年,美国海军有 285 艘舰只,约半数部署在太平洋。到 2020 年,美国海军将重新分配其在太平洋与大西洋部署的舰只比例,把以前的五比五改为六比四。部署到太平洋的舰只将包括六艘航空母舰以及大部分巡洋舰、驱逐舰、濒海作战舰和潜艇。

文化实力

在德国的法兰克福书展,每年展出30万种图书,全球80%的图书版权合同都在这个书展签订。而在这个世界最大书展上,最受欢迎的是美国的图书版权摊位。美国每年出版新书约6万种,仅在国内就卖出22亿册(平均每个美国人每年买8本书)。不要说欧洲的英国、法国、德国等国家的畅销榜,在澳大利亚、印度、日本的畅销榜上,很多都是美国书。

更有辐射力是好莱坞的电影,《泰坦尼克号》驶向世界的每个角落,在全球赚了20亿美元。在全球电影产量最高的印度,人们最喜欢的仍然是美国电影。印度总理瓦杰帕伊说他最喜欢的电影是好莱坞的动画片《狮子王》(*The Lion King*)。

翻开工业革命以来的历史,我们会发现,当一国崛起为世界经济强国时,必然出现一批具有国际竞争力的大企业,例如,德国在19世纪末成为世界经济新贵时,就涌现了西门子、巴斯夫、拜耳、克虏伯等一大批世界级企业。同样,当美国在20世纪上半叶开始主导世界经济时,通用汽车、通用电气、福特、杜邦、IBM等业界巨子便应运而生了。类似的情形还出现在战后的日本。所以,经济学家把跨国公司的出现以及在战后获得的巨大发展视为"同蒸汽机、电力和汽车的应用推广一样,是现代经济史上的一个重大事件"。今天,一个国家的实力很大部分是通过企业来体现的。美国的强大首先在于企业的强大,上述所有的实力(包括科技、经济、军事、文化等)都是以企业为基础形成的。美国的商业(企业、实业)成就没有别的任何一个国家能望其项背。美国在237年的历史当中,制造出了一批又一批的商业巨匠和商业帝国。全球企业1 000强中,美国占的比率将近50%,几乎是第二位日本的4倍。GM①拥有的资产超过世界上24个大国之外的所有国家,被戏称为"第25国"。即使军事工业的发展也不例外:美国的波音747飞机可以直接用于大型军用运输,美国的导弹都是民营公司造的,这些企业都经过了激烈的市场竞争才得到检验。

如果不深刻理解美国,就无法深刻理解世界,不仅是世界的现状,也包括世界的未来。美国的强大源自她是世界上最富有企业家文化精神的国度之一②,拥有培养企业家的良好文化机制、文化制度以及社会习俗,具有世界上最适合企业家成长的土壤。

人 文 制 度

人文环境(Human Environment)可以定义为一定社会系统内外文化变量的函数,文化变量包括共同体的态度、观念、信仰系统、认知环境等。人文环境是社会本体中隐藏的无形环境,是一种潜移默化的民族灵魂。美国之为美国,既是西方文明的一部分,又有其自成体系的独特

---

① 通用汽车公司(GM, General Motors Corporation)。
② 《飘》中的斯佳丽、《中午》中的警长、《汤姆叔叔的小屋》中的汤姆以及《老人与海》中的圣地亚哥都体现了一种美国精神,即敢于冒险的精神、个人奋斗的精神、公平的精神以及对幸福生活的追求精神。

发展道路。美国强大的根本是人的强大。支持美国人强大的根本因素在于其优秀的人文制度环境。

人才制度

一个国家的强大靠的就是人才。如果没有人才,无论什么制度的国家都没有强大的可能。《世界是平的》[2]这本书里谈到:如果你是美国人,你每天早上起床后想到的,就是你的工作是不是被中国人和印度人抢走了。这一点表明了这样一个事实:美国是世界优秀人才的大熔炉。

移民制度

美国成功的真谛在于,作为一个发达国家,却仍然拥有活跃的发展中国家的优点,而这又在很大程度上归功于移民。当今世界,没有任何一个国家能像美国那样对世界各地的人们构成如此巨大而持久的吸引力,这一点在除加拿大和澳大利亚以外的所有大国中是独一无二的。美国移民潮规模之大、范围之广、时间之长、影响之深,是世界上任何其他国家不能比拟的。

对许多人而言,美国是他们的"希望之乡"、圆梦之地。自1607年起,持续四个世纪的移民潮使美国外来移民(不含到美国后出生的后裔)累计总数在6 000万人以上。建国239年来,美国的移民浪潮一浪高过一浪。从统计资料[3; 296]来看,全世界所有接受移民的国家在1985—1990年间每年净移民(即一个国家移入居民与移出居民数之差)的总和达110万,美国接受的移民数量等于世界上所有其他国家接受移民的总和,每年合法和非法移入美国的总人数保持在74万的水平上,即使扣除从美国移出的16万,仍有58万的净移入。1990—1998年,美国共引进了1 850万合法移民,其中,30%的移民有学士以上学位,大部分是22—40岁的中青年。自2001年以来,美国政府将移民人数控制在每年110万左右。

在大学、民间机构及政府的推动下,美国已成为接收外国留学生最多的国家,接收的留学生人数几乎占全球留学生总数的1/3。20世纪90年代后,美国加大了吸收国外留学生的力度,在2003—2004年注册1 338万高校学生中,外国留学生有57万多人,国际学生占总注册学生的比例高达4.26%。在主要的大学中,国际学生所占比例最高达23%。吸收外国留学生已成为美国吸引优秀人才的重要措施。据美国国家科学基金会统计,25%的外国留学生学成后定居美国,进入美国国家人才库;在美国科学院的院士中,外来人士占22%;在美籍诺贝尔奖获得者中,有35%出生在国外。

移民美国的人中,有勤苦劳作的普通劳工,也有享誉世界的精英人士。迄今为止,获得诺贝尔奖自然科学类奖的7位华裔科学家——李政道(1957年)、杨振宁(1957年)、丁肇中(1976年)、李远哲(1986年)、朱棣文(1997年)、崔琦(1998年)、高锟(2009年)等全部是在美国学习和工作并在美国获奖的。另外,杜克大学的一项研究显示,在硅谷创建的公司中,超过一半的公司的领导层至少有一位移民,这比全美高科技公司的平均数高出一倍。2012年,一项由考夫曼基金会(Kauffman Foundation)实施的调查发现,硅谷约52%的企业是由"移民创建"。2013年《福布斯》(Forbes)列出美国400位富豪榜中有接近十分之一的财富都是由外国出生的移民创造的。

杨致远是互联网巨头雅虎公司的联合创建人,他10岁从中国台湾去了美国,后来就读斯坦福大学。在大学里,他和戴维·菲勒(David Filo)产生了创办全世界最大的全球网

第6章 美国事业

络公司的想法。

《黑天鹅》的作者纳西姆·塔勒布指出,谷歌公司的诞生是一个"高度不可能"的事件。至少有一点,谷歌两位犹太裔创始人之一的塞吉·布林来自一个在苏联深受排挤的科学世家。假如他们一家没有被官方允许离开苏联,假如他们没有获得签证移民到美国,假如美国的教育体系没有给这样的"外来工"子女一个平等受教育机会,布林与佩奇也许就不会在斯坦福大学相遇,这一段改变世界的友情便不会发生,历史便将不同。

美国现约有53万名来自中国的合法永久居民(主要是绿卡持有者),中国成为美国的第三大合法移民的来源地,仅次于墨西哥和菲律宾,多过印度[4]。

当中国父母考虑将其子女送到海外学习,或者中国大学本科生或研究生计划申请海外高校的学位,美国通常都是他们首选之地。2009年,共有69万外国学生来到美国,其中,来自中国的有12.8万人,超过总数的18%。2009—2010学年期间,在美国的中国留学生人数增加了30%,使中国第一次超越印度,成为"输出"最多留学生的国家。2011—2012年度被美国高校录取的中国学生数量逼近20万人,同比增长23%,比2008—2009年度翻了一番。中国在所有派遣学生赴美国的国家中仍然占据第一位,排在二、三位的分别是印度和韩国。

迄今为止,美国社会汇集人才的力量仍然十分强大。美国吸引人才的最重要的方式是通过奖学金吸引外国留学生,而这些奖学金主要也是来自社会力量。在美国,外国学生可以申请到美国各大学深造的形式多样的奖学金,它们的主要来源有美国的高等院校、美国的基金会、美国政府、国际组织、申请者所在国的政府、私人和其他团体。其中,美国政府奖学金主要给予美国学生,外国留学生奖学金主要来自美国高校和私人基金会。私立学校提供给国际学生的奖学金的资助项目与金额比公立学校多。由福特基金会和卡内基基金会建立的全国英才奖学金公司是美国最大的非政府奖学金发放机构,许多公司和团体就是参照学生在该机构主办的全国性智力竞赛中的成绩向他们颁发奖学金的。

美国商务部估算,2010年国际学生一共为美国带来近213亿美元的收益,教育已经成为美国服务业出口的支柱产业,也成为许多地方经济的支柱产业。根据比例分配,占在美留学生约22%的中国留学生为美国带来了约44亿美元的收入。

市场机制

全世界各地千千万万的人向美国移民,他们追求的不是自由,而是一种人性的制度。美国是一个私有空间非常大的社会,整个社会的公司、集团、企业金融体系以及学校都被笼罩在私人和私有的大背景之下,公共空间非常有限。

在美国,吸引外来人才的主力不是政府,而是以私营企业为主导的市场力量。美国尊重个人价值的社会文化为个人创业提供了无与伦比的空间和机遇,而以市场机制为基础的自由企业制度则造就了一个充满活力的社会。在自由企业制度下,私营企业以追逐利润为目标,自由定价,自主发展,相互竞争,面临强大的创新压力,产生了对人才的迫切需求,形成了吸引和汇集优秀人才的恒久强劲的动力机制。

1933年,爱因斯坦流亡美国,为他提供机会的不是美国政府,而是一个民办研究机构——普林斯顿高等研究院(Institute for Advanced Study,IAS)。

1930年,一对拥有亿万资产的美国兄妹请来美国著名的教育家和学校改革家弗莱克斯纳(Abraham Flexner)，请他帮助建立一个新的科学研究所。弗莱克斯纳发现，实用型的研究所在美国已经够多了，于是建议创办一个新型的高级研究机构，聘请各个学科的第一流学者。没有计划，没有任务，研究什么和怎样研究一切听任学者们自己的想法，研究所只负责向各位学者提供足够的经费。

得知爱因斯坦到达美国的消息后，弗莱克斯纳带着尝试的心情邀请他加盟这个研究院，爱因斯坦欣然同意。最终，这位伟大的科学家在美国小城普林斯顿度过了自己的晚年。

对美国来说，与其他国家之间的人才竞争很早就开始了。在美国独立之初，为抑制美国的工业发展，英国禁止向美国出售生产设备，也不准技术人才向美国移民。为到达美国，1790年，英国建筑师和机械工程师、纺织业的先驱人物塞缪尔·斯莱特(Samuel Slater，1768—1835)在出境文件上将自己的身份填写成"农民"，才得以出境。他的到来，使美国拥有了第一个具有先进技术的纺织厂，开始了美国的工业革命。斯莱特之所以有如此巨大的动力来到美国，是因为美国两位富商提供的优厚条件。他们以合伙为筹码，来换取斯莱特的技术知识。20世纪90年代，美国高科技企业发展迅猛，需要大量计算机等高新技术人才。1990年，在美国计算机业者的游说和推动下，美国通过 HI-B 签证计划，使外来人才可以一次居留6年，成为美国企业吸引人才的有效武器。美国高科技企业支持 HI-B 签证计划并不仅仅是由于有爱才之心，而主要是出于对自身利益的考虑。

个人主义

安·兰德(Ayn Rand)说过，每一代人中，只有少数人能完全理解和实现人类的才能，而其余的人都背叛了它。不过这并不重要。正是这极少数人将人类推向前进，而且使生命具有了意义。我们绝不能把这个世界拱手相让给那些让我们鄙视的人。对个人价值的认同是美国文化的重要内容，是"美国精神"的核心。英国学者查尔斯·汉普登·特纳(Charles Hampden-Turner)等通过对美国、英国、瑞典、法国、日本、荷兰和德国等12个国家的 15 000 名企业经理人的调查发现，美国管理者最富个人主义色彩[5]。他们认为个人是组成企业的基本单位，也是所有成功的源头。在回答有关个人和团队关系的问题时，美国97%的经理认为，应"强调个人能力，工作者必须运用他个人的智慧来完成工作"，高居榜首。这个比例德国是84%，英国是71%，法国是69%，日本是49%，新加坡是39%。因此，查尔斯·汉普登·特纳归纳说，美国文化的精神是致力于让所有人美梦成真，鼓励每个人"发挥潜力，成为你自己"，整个社会是一个个人主义者的天堂。奥巴马总统在一次演讲中把美国梦解释为：不管你在哪里出生，不管你的父母有多少钱，不管你长得什么样，不管你信仰什么，你都能成为你想成为的人，你都能去做伟大的事情，追求你憧憬的幸福。

美国式个人主义的真谛在于，无论一个人选择了什么，那都是基于他个人的自由选择。美国有着重视个人自由的历史传统，独立战争期间，美国人提出了"不自由，毋宁死"的口号。美国《独立宣言》宣称，个人的生命权、自由权和追求幸福的权利是不可剥夺的。英国前首相布莱尔在一次演讲[6]中指出："为什么美国人，一个人乃至全体，笔直挺立而且谦恭有理。不是因为某些国家官员告诉他们这样做，而是因为无论他们属于什么种族、肤色、阶层或职业，做一个美国人就意味着自由。"这些权利构成了美国国家的基石，也成为吸引世界精英人才的关键因素。

1933年10月7日，当代物理学之父爱因斯坦告别欧洲，登上了开往美国的轮船。这位著名科学家的迁移,带来了整个世界科学中心的转移。在离开欧洲前,他向报界发表公开声明说:"我之所以要采取这些措施,是因为我不愿生活在个人享受不到法律上的平等,也享受不到言论和教学自由的国家里。""只要我还能有所选择,我就只想生活在这样的国家里,这个国家所实行的是:公民自由、宽容,以及在法律面前公民一律平等。公民自由意味着人们有用言语和文字表示其政治信念的自由;宽容意味着尊重别人的无论哪种可能有的信念。"

美国社会良好的市场机制为个人价值的实现创造了条件:

第一,制度治理。无论办什么事,不用托关系,陪笑脸,该办的事填好表格就能办成。一位留学生有一次到州政府去办事,表格递上去以后等了半个小时没回音,就很生气,跑过去说都等了这么久为什么还不理他。原来是办事的人把他给忘了,结果不仅赔礼道歉,还把手续费20美元给免了。美国是个流动性比较大的国家,他们的朋友往往不是十分固定的。更重要的是,美国人交朋友是看重朋友令人尊重的一面。

第二,平民社会。美国是"平民"国家,大部分人都踏踏实实、认认真真、心平气和地生活,不攀比,不炫耀。几乎所有的美国电影英雄都是小人物如一个警察、一个消防队员、一个程序员或一个大学生。在美国,你愿意怎么个活法,就怎么活。你成天开着奔驰在大街上晃荡,也不会有什么得意感,因为根本没人多撇你一眼;你骑个自行车送外卖,也不会感觉什么心酸,因为你也不会遭到什么冷眼白眼,下了班,你照样有一叠钞票。没有同事、朋友跟你攀比。大家下了班,各自享受自己的天伦之乐,才没闲工夫管那么多别人的事儿。

第三,尊重别人。美国人知道如何尊重他人。只要是任何人在专业方面有成就,哪怕是修水管、修电灯,只要他有别人没有的本领,他就会受到美国社会的尊敬。一位留学生刚到美国的时候,夏天在学生宿舍做清洁工,刚开始笨手笨脚的。每次做错了,监工就再教一次怎么做,一次又一次,没一点不耐烦。教授们也都非常和蔼可亲。除个别老师外,绝大多数都是非常好的人。美国人非常不喜欢拐弯抹角,说话喜欢直来直去,有什么说什么,很坦率地表达自己的意见和观点。而且也不喜欢遵守那些繁琐的礼节,尤其是人际交往方面的。他们在一般的公众场合会尊重别人的安宁,不会去影响和打扰别人,例如,在看电影的时候,他们不会随便说话和聊天,他们遵守公众场合的秩序和别人的需要。美国人还十分尊重个人的隐私,就算在知己之间也很少问及关于诸如薪水、体重这类涉及个人隐私的问题。对不请自来的访客,他们是非常讨厌的。与中国相比,美国街上行人很少,凡是路上迎面遇见的陌生人,无论是白人、黑人还是亚裔人,都会很友善地一笑,点点头,有的还"嗨"一声算是打个招呼。美国民房以乡村平房为主,很少有像国内的公寓楼那样的高楼(市区高楼都是办公楼)。但是,这些小房子全部都没有防盗门窗,没有保安,没有摄像头,真正做到了夜不闭户,路不拾遗。

第四,法制社会。美国的法律法规很多,除了联邦法律之外,各个邦、市、县、镇都有各自的法律。大大小小的公共场合行为细节都有各种"法"在那里照管着。一旦违法,不管"违"的是多么微不足道的"法",都没有什么通融余地。有解决不了的问题,可以随时叫警察;影响了其他人,就会有法律制裁的危险。美国的法制很具建设性,是个三级立法的国家,国家、州、市(县)各颁其法,各有其权,各司其责。国法以人权为原则,司理国家大政内外方针;州法以人性为基础,处理民事、刑事纠纷;市(县)法尊重民情实况,保留传统特色。三法间不是上下属关系,而是各司其职。偶有纠结冲突,反而是低一级的法律起决定性作用。纵向上,三法各司其职;横向上,州法、市(县)法也有差异,各州的婚姻、交通、税收、民事、刑事等方面的法律多少有些差别。

第五，公共产品。美国的旅游景点，除了人工的游乐设施（海洋世界和洛杉矶迪斯尼）之外，几乎所有的观光景点都是免费的。参观航母是完全免费的。美国人解释说如果收费的话将不可思议，因为航母是纳税人的钱建造的。例如，圣地亚哥有一个很大的Balboa公园，是游客必到之处，也是市民休闲的首选去处。园内古木参天，亭台楼阁建筑精美。这个公园连大门也没有一个，自然就没法收门票了，但是解说等各类服务一样不缺。加州海岸风景久负盛名，有的地方是临海岩壁，惊涛拍岸；有的地方是碧水银沙，风和日丽；还有的地方是自然保护区，海鸟、海豹和人类和谐相处，一幅安逸祥和的景象。但就是没有任何人来收费。视野好的地点，都有很大的停车场，同样也是免费的。

第六，医疗服务。去美国的社区诊所不用挂号，不用先付钱，也不用出示任何身份证明。直接到类似国内医院的预诊处就会有护士带你去相应的科室，医生态度好得如同空姐。看了病开了处方到外面的药店自己买药。即使是做手术要住院，也不用先付钱。医院的做法一般是在病人出院之后再将账单寄到病人家中。如果某家医院要先收钱才给看病的话，立刻就会被媒体曝光为不讲人道，涉及的医生能不能保住行医执照就很难说了。对于私立医院，政府会在年底以财政拨款的方式支付这些坏账。

第七，自然环境。圣地亚哥市人均GDP达到5万多美元，但是城区每一条河流都是清澈见底；窗台两个星期都不用擦，因为没有灰尘落下来；市区到处都能见到野生小动物，如松鼠、黄鼠狼，甚至有狼，因此，夜里出门要小心。海边则是鸟的世界，各种不知名的海鸟不计其数。还有从太平洋里游来沙滩上晒太阳的野生海豹，懒洋洋地躺在沙滩上睡大觉，对人们的驻足观赏毫不理会。

法国作家莫洛亚（Andre Maurois，1885-1967）有这样一个表白："我爱美国，因为在这儿我看到那使人生活高尚的自由的光辉……我爱美国，因为在这儿我看到了在别的国度里时常成为战争的导因，在这儿却能够整然不紊地用民主的方法来解决。"

在2011年的国情咨文中，美国总统奥巴马[7]这样描述美国梦："我们是一个会这样说话的民族：'我或许没有巨款，但是我有成立一家新公司的高见。我或许没有出生在一个拥有大学学历的家庭，但我将会成为这个家庭里第一个获得大学学历的人。我或许并不认识那些处于困境中的人们，但我认为我能够帮助他们，而且我需要试一试。'"

教育制度

美国是一个教育大国，也是一个教育强国。100年前，世界一流大学基本上都在欧洲，美国当时只有2—3所像样的大学。在全世界百大最佳大学的排行榜上，2013年美国独占40名，这个数目多年来都很稳定，世人公认美国教育质优量佳。上海出国咨询处对全世界大学的排名[8]，前20名中有17个是美国大学，前50名中则有35个是美国大学。这些学校聘用了科学和经济学方面70%在世的诺贝尔奖获得者，并产生最靠得住的科研成果。

重教传统

美国早在是英国殖民地时就对教育非常重视，到1775年，英属13个殖民地人口不过260万，但已仿效英国牛津、剑桥等大学创办了哈佛、耶鲁等9所学院。殖民地时期的初等教育相当发达,北部几个殖民地以麻省(Massachusetts)为代表,特别重视普及教育,当局曾于1647年发布法令,规定市镇中只要有50户居民就应设立一所小学,于是,市镇学校在北部兴起。这种由地方当局办理、干预教育的做法,超过了其宗主国——英国的教会办学的方针,一举奠定国民素质的优势!

美国第一代移民的新教徒上岸后只有16年,还没有完全站稳脚跟,即1636年10月28日,就建立了北美最早的大学,第二年以最大捐赠者约翰·哈佛(John Harvard)①名字命名学校。当时以培养教会的神职人员为主。

在刚开始创建时,哈佛大学仅占有一英亩的土地和约两、三千英镑的资产,小到只有一位教师、四名学生和一间教室,6年后才有了第一届毕业生。参加第一届毕业典礼的只有9名毕业生,然而,哈佛大学在370多年的发展历程中,始终以"与柏拉图为友,与亚里士多德为友,更要与真理为友"的校训作为哈佛大学所信奉的做学问和做人的准则,孕育了8位美国总统、40多位诺贝尔奖得主和30多位普利策奖得主,参议员、众议院之类的政治家更是不胜枚举;除了政治人物,在经济、社会、法律、艺术、学术等各个领域中,都有哈佛大学培养的引领风骚的人物。单就诺贝尔奖一项,哈佛大学是全世界所有大学中获奖最多的,绝大多数的国家的学术力量都无法与哈佛大学相比。哈佛大学的精英群体历来是美国社会最具主宰性的力量,美国人通常会说:"先有哈佛,后有美利坚"。

哈佛商学院(Harvard Business School,HBS)1908年始于最早的一届59个学生,以培养企业领袖为目标,以案例教学法培育其核心竞争力,被美国人称为是商人、主管、总经理的西点军校,美国许多大企业家和政治家都在这里学习过。在美国500家最大公司里担任最高职位的经理中,有1/5毕业于这所学院。哈佛工商管理硕士学位(Master of Business Administration,MBA)成了权力与金钱的象征,成了许多美国青年梦寐以求的学位。

美国立国后不久,就颁布了《全民教育法案》,要求每个公民都要接受教育,并把受教育的权利当作人权的一部分。为了普及教育,他们先采用了英国的兰卡斯特导生制(Monitorial System)②。1818年,兰卡斯特本人还应邀到美国宣讲导生制。英国式的教育不能满足这个新国家对教育的要求。1843年,贺拉斯·曼(Horace Mann,当时任麻省教育厅长)考察德国,才引进了当时普鲁士的教学制度,同时大力宣传卢梭、裴斯塔洛齐等欧洲教育家的思想,美国各地的小学遂开始采用西欧最先进的教学制度。

南北战争以后,美国高等教育的发展步伐迈得更快,这期间新成立的大专院校就有二百余所。它一面学习当时欧洲重视学术的样板——柏林大学,于1876年创设约翰·霍普金斯大学,建立大学研究院,致力高深的学术研究;一面根据国会于1861年、1890年通过的两个《摩雷尔法》,由国会拨地、拨款资助各州大办农(业)工(艺)学院,很快培养出大批适合工农业发展

---

① 约翰·哈佛(John Harvard,1607-1638)是马萨诸塞州查尔斯城的一名牧师。1638年因病去世,死前将他自己的300卷图书及一半房地产(约合780英镑,在当时不是一笔小数目)捐给剑桥学院。为表彰此项善举,马萨诸塞大法庭于1639年下令将学院改名为"哈佛学院",也就是后来的哈佛大学。

② 导生制(Monitorial System)又叫贝尔—兰卡斯特制,是由英国国教会的贝尔(Andrew Bell,1753-1832)和公益会的教师兰卡斯特(Joseph Lancaster,1778-1838)所开创的一种教学组织形式,曾在英国和美国流行过数十年,为英、美两国普及初等教育做出过重大贡献。它的组织形式是这样的:教师上课时先选择一些年龄较大或较优秀的学生进行教学,然后,由这些学生做"导生",每个导生负责把自己刚学的内容教给一组学生。导生不但负责教学,而且还负责检查和考试,完全是教师的助手。有了导生的帮助,教师的教学工作量大大减轻了,因而能够教育更多的学生。

需要的专门人才,当今举世闻名的麻省理工学院、康奈尔大学由此而来。工农学院初办时,由于众多贫苦学生求学其中,曾被讥为"牧牛娃学院",在高等教育的"平民化"方面大大领先于欧洲。事实证明,穷人对财富的渴望远远高过富人子弟。这就为美国造就了一批敢于冒险和创新的高知识人才,当他们对财富的渴望欲火被点起时,那就是火山,那就是海啸,那就是第二次工业革命的高潮!

南北战争以后,公立中学本来是兼顾学生升学与就业两方面要求的四年制综合中学,由于此时学生逐年猛增,准备升学者日少而准备就业者日众,所以,逐渐以职业准备为主要职责,课程随之发生变化,加强自然科学和实用科目的编排,这是美国中学的显著特点。不仅如此,1880年,麻省理工学院创办了工业中学,1888年,明尼苏达州首创农业中学,此后,各种职业中学不断大量涌现。欧洲人由于世俗观念而不喜欢职业中学,以"生来平等"为信念的美国人则没有这种历史包袱。职业中学造就了一批实业家和发明家,第一架飞机的发明家莱特兄弟就是他们中的一员。

1870—1940年,美国人口增加了3倍,而中学生则增加了90倍。当时的口号是:"中等教育为所有适龄青年敞开大门",到1918年时,美国高中已发展到2万多所[①]。目前,美国有近4 000所四年制大学[②]、1 000多所社区大学和120多所研究生院,教师80多万人,在校学生达2 000多万人。全球顶级的20所大学中,美国有17所,占了85%。全球70%的诺贝尔奖得主在美国大学工作。有70%的高等教育入学率,塑造的人才遍及美国各个领域,正是这些源源不断的毕业生成就了美国。

在美国,无论是美国公民还是外国移民,只要学生达到学校入学的要求,学校要照单全收,小学、中学、大学都是如此。当然,学费上是有区别的,如果是美国公民,一般都是免费。移民的或者没有身份的人的子女要上学,需要交学费。但州政府会有专门针对低收入家庭的教育和医疗保险,只有你能证明你的确收入不高或没有收入,无法负担高额的学费或医疗费用,政府会和保险公司一道为你度身定做一个保险计划,每个月只需交10美元左右,就能由保险公司帮你支付所有的教育或医疗的费用(这个保险还包括牙科整形等的开销)。

政府支持

美国总统十分重视教育,有很多总统都宣称自己是"教育总统"。小布什于2000年走马上任后,就提出了包括下列项目的施政纲领:教育、税务、社会保障、国防与外交、堕胎问题、医疗、农业科技和新生产业、环境和能源、国际贸易、枪械控制以及慈善事业。他把教育摆在了首位:耗资460亿美元,历时10年,建立一个高标准、提倡发扬个性的教育体制;减少联邦政府的干预,维护校园安全;同时,政府还将审查教育成果。设立50亿美元的基金,使学生表现出色的学校获得奖励,而学生表现较差的学校将被扣除5%的政府拨款;当某地区的公立学校连续三年不能达到标准,政府将动用联邦税款,资助学生家长将学生送往私立学校就读;鼓励更多的学校进行创新;增加大学奖学金,政府拨款80亿美元,使每个家庭每年节省5 000美元免税的

[①] 13亿人口大国的中国现在才有1.4万多所高中。

[②] 据美国西北大学(Northwestern University)校长莫顿·夏皮罗(Morton Schapiro)2010年说,美国有3 600所大学[9]。

教育经费①。

"2061计划"是美国促进科学协会联合美国科学院、联邦教育部等12个机构于1985年启动的一项面向21世纪、致力于科学知识普及的中小学课程改革工程,它代表着美国基础教育课程和教学改革的趋势。为此计划,美国动员了800多位科学家、企业家、大中小学教师和教育工作者参与了这项再造青少年智慧的宏大工程。他们总结战后科学、数学和技术领域的深刻变革和未来发展趋势,汲取美国20世纪80年代以来教育改革的成果,打造21世纪新的美国人。

第二次世界大战后,当美国政府成为大学研究的主要投资者时,产生了大学知识产权问题,因为当时由政府资助研究的知识产权归政府所有,这意味着该产权是公共财产,纳税人都可以使用,因此公司便不愿投资大学的研究,大学也没有动力促进知识的商业化。在大学和企业共同体的游说下,1980年12月,美国国会通过了由参议员贝耶和多尔提出的《贝耶—多尔法案》,该法案明确了政府资助R&D活动的专利产权归属问题,确定大学和政府实验室的专利产权主体地位,从而加快了技术转移,提高R&D活动的社会效益。因此,该法案为大学知识产权的出售和转让提供了制度保障,大大地促进了技术转移工作,使大学得以顺利地将知识服务于政府与产业。

今天,美国各州40%以上的财富用于教育开支②,这是任何一个国家都无法比拟的,此外,还有相当一部分由慈善机构和私人捐赠完成。美国和德国经济学家2006年4月10日发布的一份研究报告显示③:接受美国国家癌症研究所经费资助的大学科学家研制出专利技术的速度快得惊人,而且他们创办的公司数量之多也令人震惊。过去,研制出专利技术的大学科学家们通常会考虑将专利转让给大学的技术转让办公室,这是将学术研究商业化的传统做法。如今经济学家们发现,在研制出专利技术的科学家中,70%的人会将自己的专利转让给大学的技术转让办公室,而另外30%的人则选择绕过大学技术转让办公室,采用企业家的途径将自己的发明商业化。

制度多元

美国是一个文化多元的国家,反映在教育上,也是多元的④:美国没有全国统一的教育制度,五十个州就有五十种不同的教育制度⑤。

(1) 公立教育。所有学龄居民均可享受直至高中的12年的免费公立教育。各州宪法或州法律都对如何实行和资助公立教育有明文规定。在大多数地方,学区设有民选产生的教育

---

① 联邦政府对大学的资助,主要体现在直接给学生的奖学金(Pell Grant)上。这种奖学金是跟着学生走的。学生选择A大学读书,奖学金就花在A大学上,学生选择了B大学,钱就流向B大学。对大学科研的资助也不是通过政府的直接行政拨款。

② 过去30多年里,中国教育支出只有GDP的2.0%—2.5%,即使按2008年GDP30万亿元人民币计算,也只有7 500亿元人民币,相当于1 098亿美元。美国教育支出是GDP的6%,等于8 580亿美元,是中国的7.8倍,人均教育投入是中国的35倍![10]

③ 科学网,2006-04-13

④ 美国制度的主体实际上为州,各个州有自己的立法权。如死刑制度,目前美国只有35个州允许死刑,并且只有犹他州存在枪决死刑。

⑤ 美国的大学实际上分三个层次,第一个层次是研究型大学,有博士生课程,这类大学全美大约不到一百所;第二个层次是教学型大学,主要提供本科生教育,全美有几百所;第三个层次是社区学院,有几千所。

委员会或教育理事会,其职能包括提出预算、制定方针、聘请校长。尽管学区往往是针对一个具体的县或市,但学区范围不一定等同于政治行政区。在大多数州,公立教育经费来自政府征收的个人和商业财产税,另外,还可能得到来自州政府从州的总税收中的拨款以及确定在州彩票收入中的专款。州政府负责制定本州教育标准和总体教育政策,但如何落实这些标准和政策是地方教委会的责任。

学术自由是美国与整个西方教育秉持的一贯原则。19世纪德国洪堡大学创立时所确立的学术自由、教学自由、学习自由的原则曾对美国高等教育产生过重大影响,美国曾经以洪堡大学为榜样,对美国教育进行了系列改革。如今,美国的高等教育普遍以学术自由(Academic Freedom)、学术自治(Academic Autonomy)、学术中立(Academic Neutrality)为发展根本。

(2) 私立教育。美国的诺贝尔获奖者中80%以上来自私立大学。美国是世界上私立大学最发达的地方,也可能是唯一没有国立大学的国家。美国顶尖的前20个大学几乎清一色是私立大学。

早在100多年前的众多美国富翁眼中,教育就等于科技,科技就等于生产力。美国许多著名的常青藤联盟(Ivy League)的学校[1]都是由私人创立的,私人的资助几乎遍布美国教育的各个角落,并成为美国独特的传统[2]。著名的钢铁大王卡内基临终前捐献出自己的绝大多数财产,资助公共文化事业,留给后人的有著名的卡内基·梅隆大学、纽约卡内基音乐厅以及2 500多座公共图书馆和其他数不清的社会文化设施。对此,卡内基曾说:"哪怕你拿走我所有的财富,只要把技术人员留给我,用不了几年,我又是钢铁大王。"

专栏6.2　　俞敏洪:中国需要真正意义上的私立大学[11]

我认为对于中国未来的教育体系来说,如果民办教育体系(西方称作私立教育体系)不发展起来,在某些领域不能跟公办教育抗衡的话,中国的教育永远是一条腿走路,不太容易走好。

在民办教育体系中,我们只谈高等教育。高等教育体系的改革迫在眉睫,中国必须出一些能够与中国优秀的公立大学抗衡的私立大学。我希望再过50年,当人们提到北大、清华、复旦、浙江大学这些学校的时候,也能够提到一些私立大学的名字。未来有这样的私立大学出现,不但可以增强中国教育体系的竞争实力,还可以增加学生选择的多样性,推动中国的教育与国际接轨。

不论是公立还是私立,美国的大学不需要与政府机构协商办学方针,治理大学的权力和对

---

① 常青藤联盟(Ivy League)是由美国的7所大学和一所学院组成的一个大学联合会。它们是:马萨诸塞州的哈佛大学、康涅狄克州的耶鲁大学、纽约州的哥伦比亚大学、新泽西州的普林斯顿大学、罗德岛的布朗大学、纽约州的康奈尔大学、新罕布什尔州的达特茅斯学院和宾夕法尼亚州的宾夕法尼亚大学。这8所大学都是美国首屈一指的大学,历史悠久,治学严谨,许多著名的科学家、政界要人、商贾巨子都毕业于此。在美国,常青藤学院被作为顶尖名校的代名词。

② 西方国家的一流大学之所以成为"思想最活跃、最富有创造力的地方",很大程度上就是因为其形成和发展是在政府控制之外。例如,800年前欧洲大学成立时,都属于自发的社会共同体,要么教授自治(如巴黎大学),要么学生自治(如波伦亚大学)。

校长的任命来自独立的校董事会①，这样的董事会既独立于大学，也独立于执政党与政府。学校管理层仅向独立的基金会董事负责。私立学校也有来自政府的经费，但这些学校只对独立的经费托管人负责，而不是对教育当局负责。它们鼓励创新，创造条件使人创新。

(3) 社会服务。美国的大学受两个传统的影响：一是德国的研究传统，注重知识的创造，研究院在大学中占重要的地位。二是来自英国的盎格鲁撒克逊传统，即注重培养学生的品格和社会技能，强调教师和学生个人间的交流，在形式上以寄宿本科生学院为大学的主体。美国的大学集这两个传统之大成，同时也保留了自己的传统，既强调大学对社会的服务，又有着市场竞争的企业精神：美国对高等教育的贡献是拆除了大学校园的围墙。

实际上，1862年的Morrill颁地案，美国就把实用学科抬到了和传统的人文学科平行的地位，意在激发群众的创造力，回应现实的需要。20世纪美国历史学家Henry Steele Commager评论说，对一般19世纪的美国人来说，教育就是他的宗教。不过这种宗教必须实用，而且能够带来"红利"。20世纪，英国著名哲学家、数学家罗素访问威斯康星大学时曾经惊叹美国大学的务实精神："当农民种的大头菜出了问题时，大学教授竟被派去对种植的失败进行科学调查！"这在当时的欧洲还是很难想象的。

新浪创始人之一蒋显斌指出："在美国谈创业，也主要是讲硅谷，因为斯坦福大学就是一个创业基地，是硅谷的核心。我的经历是台湾、硅谷、北京、上海，我的感觉是华人的创业心态没有美国人那么强烈。在硅谷，在斯坦福，创业氛围十分浓烈，大学教授一边教书，一边在外面做创业公司。例如，我的老师创办的IDU，现在已经是全球最大的工业设计公司。有师长创业的珠玉在前，自然引发学生的创业兴趣。学校会提供不同的跨系跨专业课程，学生可以从中体会不同专业的同学如何沟通、磨合，相互取长补短，也可以体会创业过程中不同专业的人士如何同中求异、异中求同，这是非常好的经验。创业环境就在校园里，我们吃饭的时候一边吃一边讨论，餐巾纸上直接就写创业规划。我觉得斯坦福校园餐厅的垃圾桶可能是世界上创业设计宝藏最多的地方。"在斯坦福，最珍贵的不是学位，而是学习到了如何获得创业资本，认识了一批潜在的创业伙伴，获得一定的创业经验和游戏规则。在美国和硅谷，辍学创业的赢面反而更大一些，美国也出了一些著名的经典案例。

案例6.1　　　　　　　　　　**斯 坦 福 大 学**

斯坦福大学的全称是小利兰·斯坦福大学(Leland Stanford Junior University)，1891年10月1日正式开课。首任校长乔丹(David Starr Jordan)向师生和来宾发表了激动人心的演说，他说："我们的大学虽然是最年轻的一所，但她是人类智慧的继承者。凭着这个继承权，就不愁没有迅猛而茁壮的成长。"他宣布："我们师生在这第一学年的任务，是为一所将与人类文明共存的学校奠定基础。这所学校绝不会因袭任何传统，无论何人都无法挡住她的去路，她的路标全部是指向前方的。"一个世纪以来，斯坦福大学在教学和科研上的成就，使她跻身世界一流的大学行列。

---

① 美国校长的权威来自董事会，任命校长是董事会的权力，但也来自师生员工的推荐。成功的校长善于统合学校的不同意见，找出最有利于学校的发展方向和制订正确的政策。这是很大的挑战。校长、副校长总是有不同方面的压力，校长不一定有很大权威，但他有很大的责任，在没有完全权威的情况下，如何承担责任并做好工作是美国校长面临的最大考验。

> 在斯坦福大学的办学过程中,始终贯彻着人尽其才、物尽其用的思想,饱含着学以创业、学以致用的精神。正如老斯坦福先生在首次开学典礼上所说的,"请记住,生活归根到底是指向实用的,你们到此应该是为了为自己谋求一个有用的职业。但也应明白,这必须包含着创新、进取的愿望、良好的设计和最终使之实现的努力"。
>
> 斯坦福先生的"实用教育"(Practical Education)的教育观从一开始就影响着斯坦福大学的成长。保持持续不断的大学与工业的合作关系是斯坦福大学的传统,是为学术的高水平和为公共服务而努力的重要方式。
>
> 斯坦福不仅吸引了学术人才和创业能手,研究园区对学术市场化的操作模式还催生了一种有利于新企业萌生的经济环境。正是这种高科技、高风险但高利润的经济环境在吸引着各种各样的创业者。创业者可以得到许多方面的财政和政策支持,特别是硅谷地区提供风险资本的优越条件,是斯坦福研究园区的成功因素之一,是研究园区推动整个硅谷发展的核心动力。

"21所大学联盟"(Universities 21)是一个由世界上若干所优秀研究型大学组成的国际高校联合体。该组织对48个国家的高等教育状况按照不同的指标进行了评估,这些指标共分为资源(政府和私营部门的投资)、产出(研究成果以及就业情况)、连通性(合作精神以及与国际接轨)和环境(政府相关政策等)四大类。2012年,在其对全球受高等教育最好的国家排名中,美国居首位,其次是瑞士、加拿大、芬兰和丹麦。政府为高等教育所投资金比例最大的国家依次是芬兰、挪威和丹麦。如果连私营部门的投资也算在内,资金比例最大的国家排名为美国、韩国、加拿大和智利。

值得重视的发展趋势是,由于大多数发展中国家没有足够的实力发展高等教育,因此,美国大学正在向海外发展。截至2004年,以美国巴尔的摩为基地的SYLVAN教育体系有限公司在拉美、欧洲和印度等9个国家一口气开设了8所大学,招生总数达10.1万人。高等教育正在成为美国的最新出口商品[12]。

科技制度

面对国际竞争与发展机遇,美国充分发挥自身市场体系的长处——开放、创新、移民和灵活,从而不断地开创新的产业、新的技术来应对新挑战。

创新传统

美国是一个年轻的移民国家。最早闯入这片文化接近于真空的北美大陆的不是有组织的文化单位,而是一批对传统制度已失去好感的亡命徒。他们的头脑为叛逆精神所主宰,在险峻的环境中,他们确立与传统不同的生活方式,冒险和创新的精神成了新传统。美国人特别强调原创精神,他们认为机会到处都有,关键在于主动地发现和利用。于是,他们喜欢去做别人不曾做过的事情。

为了促进创新,美国人特别善于投资研发,美国的研发投入是日本的2.7倍(日本是研发投入第二大国)。2000年,美国在研发活动上的支出比所有其他7国集团国家(加拿大、法国、德国、意大利、日本和英国)的总和还要多。美国研发投入的经费来源主要是企业和联邦政府，根据 2002 年的统计，企业占 66%，联邦政府占 28%。大学是基础研究的主要执行机构，联邦政府占据基础研究投入的主体。联邦政府提供了全美 58.9% 的基础研究经费，企业提供了 18.5% 的基础研究经费[13]。

19 世纪 70 年代末，著名的发明家爱迪生开启了第二次工业革命的闸门。爱迪生一生共有 1 000 多项发明，白炽灯只是其中之一。这些发明改变了人们的生活，并成为创造财富的源泉。但爱迪生本人只是当时美国众多发明家中的一员，19 世纪后半叶，各种各样的发明如雨后春笋般地出现在美国。仅 1865—1900 年，美国被正式批准登记的发明专利就达到 64 万多种。现在，美国人在华盛顿专利局登记的发明比全世界所有国家的发明加起来还要多。

1901—2007 年，美国共获得了 231 次诺贝尔奖。排在第二位的英国只获得了 75 次，排在第三位的德国只有 65 次。而英国和德国的诺贝尔奖大多数还是在 1901—1950 年间获得的。从趋势来看，美国获奖数占总数的比例逐年增高，由 1901—1983 年间的 36%、1984—1991 年间的 51% 增加到 1992—2001 年间的 68%。2002—2006 年，美国科学家占自然科学诺贝尔奖获得者的 72%。这充分说明了世界科技的重心正在逐渐从欧洲转移到美国，反映出美国基础教育、高等教育和科技环境的成功和优势。到今天，这个只有世界人口 5% 的国家，拥有 43% 的世界经济生产力和 40% 的高科技产品，汇聚着世界上最多、最优秀的科技人才和超过 70% 的诺贝尔奖获得者。

在过去，经济学曾是英国主导的一个学科，现在美国成为经济学的主导。而管理学本身就起源于美国，并至今一直由美国占据主导地位。

专利制度

知识产权是大脑的产品，是一份无尽的资源。美国对这项资源的开发利用，与美国为那些伟大的发明家们所提供的知识产权保护是息息相关的。这也是美国能够在历史上(包括在 21 世纪的今天)取得世界经济强国地位的关键原因。对于专利的保护，在 16 世纪的英国就已经开始，但是，美国人第一次把专利权写入了宪法。1802 年，国家专利局成立。美国联邦政府用专利制度保护了发明人的权益，同时也保护和激发了整个社会的创造热情。所以，爱迪生出现在美国绝非偶然，他生活在一个属于发明家的国度，美国早在大半个世纪前就为他的出现创造了基本条件。

需要指出的是，美国的版权法是很严厉的，侵犯版权是一种绝对责任，不需要证明侵权者故意。一家不懂英语的韩国人 CHO 开了一个小店铺，商店里有几个玩具像时代华纳电影里的形象，结果时代华纳根据版权法抄了韩国人的店。在另一个案子里，奥迪的一个汽车广告里用了一个美国人一幅画里的一句妙语(做了变通)，法庭最后判奥迪赔偿汽车销售利润的 10%。有两个中国人，把微软在中国销售的软件拿到美国来卖，微软告了他们的公司，搜了他们的家和办公室[14]。

知识产权的范围很大，这里举一个简单的例子。在美国的大学课堂里，留学生若是因为语言或者学术障碍听不懂课程的话，可以买一个数字录音机录下每堂课(包括能自动转换成文字功能的)。但需要特别提醒的是，在录音之前一定要得到教授的允许，以免引起版权纠纷。

科技机构

美国的科技机构可以划分为联邦政府系统、企业系统、高等院校系统和其他非营利系统。

(1) 在美国联邦政府系统内,国家实验室是主要的科技骨干力量,其中,著名的有新墨西哥州的洛斯阿拉莫斯国家实验室、田纳西州的橡树岭国家实验室、佛罗里达州的肯尼迪航天中心等。目前,全美大约有 800 个国家实验室,年度经费约占政府 R&D 总经费的 1/3。

(2) 企业的科技工作在全美占有重要地位。大约 3/4 的 R&D 工作是企业部门完成的,3/4 的科研人员分布在企业科研单位,这里还吸纳了全国 60% 以上的 R&D 总经费。早在 2002 年,微软的 R&D 投入就高达 43 亿美元,占营业收入比重的 15%,而福特汽车同年的 R&D 投入更高达 77 亿美元,甚至比同年中国全国科研投入的费用 596 亿元人民币还高出近 55 亿元人民币(以汇率 1∶8.5 来计算)!

例如,MSRA 学术搜索做的计算机科学学术机构发表论文影响力排名,包括 H-Index 和发表论文数两个指标。到 2012 年的最近 5 年排名中,排在第一位的是微软(12 989 篇论文,H-Index 85);按照到 2012 年的近 10 年的数据,微软也是第一位。

(3) 大学是美国从事基础研究的主要基地。在全美 4 000 多所高等院校中,拥有研究生院的综合大学有 300 多所,其中,麻省理工学院、斯坦福大学、哈佛大学、普林斯顿大学、康奈尔大学、加州大学伯克利分校、加州理工学院等研究型大学更是科学研究的佼佼者。

(4) 一直以来,美国政府把非营利科研机构定位为提供"空隙"的社会服务,即政府和公司不能满足的社会需求。在美国科技史上,非营利科研机构曾经写下了灿烂的篇章,现在仍发挥着重要的作用,如兰德(Rand)公司、巴特尔(Batelle)研究所、斯坦福国际咨询研究所(SRI International)等。这些非营利科研机构对美国科技水平的提高和美国的国家政策产生了重大的影响。非营利科研机构由理事会管理。理事会通常由 6—20 名各界知名人士组成,他们都是义务工作人员。理事会成员代表公众利益,负责监督、制定章程、批准管理人员提出的计划和预算、评审管理效能等。以斯坦福国际问题咨询研究所为例,其理事会由来自各界的理事组成,并设有由 50 多名成员组成的顾问委员会,指导并协助研究工作和行政事务。理事会选出 1 名所长和若干名副所长来统管全所工作,管理研究工作部门有 4 名副主任和约 30 名工作人员,每位副主任分别主管 3—4 个独立的研究中心。

美国的科技成就是与这种独特的科技机构设置分不开的。

职业制度

现代教育的本质就是培养各行各业的人才,以多样性保证各行各业都不会短腿,保证社会生命的各种机能。美国已经通过自身的教育制度,建立了全社会的职业体制,支持了社会的健康发展。

职业教育

哈佛大学学者曾经做过一项调查研究,得出一个惊人的结论:爱干家务的孩子和不爱干家务的孩子,成年之后的就业率为 15∶1,犯罪率是 1∶10。在孩子的成长过程中,家务劳动与孩子的动作技能、认知能力的发展以及责任感的培养有着密不可分的关系。

在美国,孩子不论年龄大小,都是重要的家庭成员,所以,告诉孩子他们在家庭中应该负起的责任是很重要的,而承担家务则是最好的方式。不同年龄的孩子可以做哪些家务劳动?美国孩子的家务清单或许可以借鉴一下。

> **专栏6.3**　　　　　　　　　　**美国孩子的家务清单**
>
> 　　9—24个月：可以给孩子一些简单易行的指示，例如，让宝宝自己把脏的尿布扔到垃圾箱里。
>
> 　　2—3岁：可以在家长的指示下把垃圾扔进垃圾箱，或当家长请求帮助时帮忙拿取东西；帮妈妈把衣服挂上衣架；使用马桶；刷牙；浇花（父母给孩子适量的水）；晚上睡前整理自己的玩具。
>
> 　　3—4岁：更好地使用马桶；洗手；更仔细地刷牙；认真地浇花；收拾自己的玩具；喂宠物；到大门口取回地上的报纸；睡前帮妈妈铺床，如拿枕头、被子等；饭后自己把盘子和碗放到厨房水池里；帮助妈妈把叠好的干净衣服放回衣柜；把自己的脏衣服放到装脏衣服的篮子里。
>
> 　　4—5岁：不仅要熟练掌握前几个阶段要求的家务，并能独立到信箱里取回信件；自己铺床；准备餐桌（从帮家长拿刀叉开始，慢慢地，让孩子帮忙摆盘子）；饭后把脏的餐具放回厨房；把洗好烘干的衣服叠好放回衣柜（教孩子如何正确地叠不同的衣服）；自己准备第二天要穿的衣服。
>
> 　　5—6岁：不仅要熟练掌握前几个阶段要求的家务，并能帮忙擦桌子；铺床/换床单（从帮妈妈把脏床单拿走并拿来干净的床单开始）；自己准备第二天去幼儿园要用的书包和要穿的鞋（以及各种第二天上学用的东西）；收拾房间（会把乱放的东西捡起来并放回原处）。
>
> 　　6—7岁：不仅要熟练掌握前几个阶段要求的家务，并能在父母的帮助下洗碗和盘子，能独立地打扫自己的房间。
>
> 　　7—12岁：不仅要熟练掌握前几个阶段要求的家务，并能做简单的饭；帮忙洗车；吸地擦地；清理洗手间、厕所；扫树叶，扫雪；会用洗衣机和烘干机；把垃圾箱搬到门口街上（有垃圾车来收）。
>
> 　　13岁以上：不仅要熟练掌握前几个阶段要求的家务，并能换灯泡；换吸尘器里的垃圾袋；擦玻璃（里外两面）；清理冰箱；清理炉台和烤箱；做饭；列出要买的东西的清单；洗衣服（全过程，包括洗衣、烘干衣物、叠衣以及放回衣柜）；修理草坪。

　　美术、劳作与手工艺品的课程训练，有助于孩子学习写字及增进语言的表达能力，培养孩子的观察力、想象力、创新力，特别是动手能力。美国小学一、二年级的学生，每周就有一两节手工美术课，用来学习绘画、剪纸、雕塑及其他手工劳作；老师还时不时地给家长布置作业，如帮孩子配制胶泥、带孩子养花植树等，学校的教室里、走廊上更是经常展放着孩子们做的人体和动物模型等各种工艺品。许多家长也鼓励孩子参加一些力所能及的有偿劳动或义务服务，孩子刷个锅、洗个碗，带会儿弟弟妹妹，就付给一定的"薪资"，有的让孩子到邻居家"打工"获取一定报酬，有的将饮料、茶点摆到路边让孩子叫卖、算账、收钱。高年级的中学生则广泛利用假期到餐馆、商场、银行等处做些力所能及的有薪服务，许多大学生的动手能力和打工挣钱的意识与本领也都是从小培养出来的。

　　美国人很注重劳动光荣的教育，形成热爱劳动、尊重劳动人民的风气。美国一家医科大学在对学生进行科学测验时，最后一道压轴题是——"每天负责清洁这个课堂的工人叫什么名字？"清洁工的名字破天荒地上了医科大学的考卷，而且还是很重要的一道题。教授对他的学生们说，在你们以后工作的岁月里，还会遇到来自社会各阶层的人，他们中的每一位都应受到关爱和尊重。教授要求学生在见到清洁工时,有如见到校长一样毕恭毕敬,对待清洁工要像对待教授一样谦和热情。走进居民区,你会发现,那些刚刚在班上还是西装革履的老板及其白领员工们,下班回到家里,围裙一勒就是炊事员,剪草机一推,又变成了园林工人,每户家里都有一套应手工具,汽车有点小毛病不送修理厂,甚至有些老人和孩子的头发也是家里的博士、教授们理的。能干的活儿尽量自己干,即使有条件雇佣保姆的富裕家庭,也少有使用保姆的,自己洗衣,自己做饭,自己照顾孩子,自己收拾房间和打扫卫生,年过古稀甚至上百岁的老人也不例外。例子举不胜举,包括比尔·盖茨,包括在任和卸任的总统,都是一些爱动手的人,那些从事科学试验研究的教授、科学家们就更不用说了,钻进实验室一连干上十几个、几十个小时的大有人在。

专栏 6.4　　　　　　　　　美国名校的录取方式

传统分类的美国名校(top 50)的录取标准为:学术 1/3、课外活动 1/3、个性修养 1/3。判定高中生的学术能力是包括高中三年课程平均累积分的成绩 GPA、SAT 成绩(类似高考成绩)、AP(大学选修课程)、学术竞赛、科研活动,成绩对顶尖大学来讲只是基本要求或必要条件,不是充分条件。没有好成绩根本不考虑,有了还远远不够。

课外活动包括音体美特长、社区服务或慈善义工、学生组织领导、竞赛得奖等;社区服务非常重要。好的美国本科学院不仅是培养学术专才,而且要培养对未来工作的机构和对社会的奉献精神。家长应当鼓励孩子坚持长期做义工,并不仅为申请美国名校,而是渐渐培养其对他人,特别是对困难群体的关爱之心。

个性修养是通过三封老师推荐信、大学申请短文 Essay 和面谈决定的。通过短文,大学想了解申请人的修养、思维和表达能力。短文 Essay 写作务必感人,思维一定要有深度,故事要吸引人和独特。面谈(如果必须)将是最重要的一个环节,这是最真实的表现机会。

如果考虑到支出占收入的比例,同时考虑到性价比,美国只有两样东西要比中国贵,一个是知识产权,一个是人工。

首先是知识产权。美国的生产效率为何高?内需为何那么大?国家为何那么富有?都和这个民族的创造力有关。这个创造力不但体现在物质生产上面,而且在精神文化、娱乐消遣等所有方面都能够淋漓尽致地体现出来。社会的高效产出、强大的内需消耗和资源配置的最优化是所有西方国家走向发达的关键。使国家充满创造力的唯一办法就是需要保护所有创造出来的东西,那就是保护知识产权。

知识产权的例子是教材。很多美国知名教授倾注毕生心血在教材写作,很多教材不断再版。同时,在美国,教材价格高,几乎成为奢侈品,学生在一个学期下来买教材很容易花上近千美元,以至闲置的二手书成为重要的交易对象。服务全美的自助收书平台"www.bookscashed.com"应运而生。使用这个平台卖书只需要简单的三步:(1)输入 ISBN 得到报价;(2)打印免费的 prepaid UPS shipping label,打包书本后给 UPS;(3)卖掉的钱可以通过 paypal、支票或者支付宝到账。

人工费贵非常有利于穷人,更加促进一个没有本事的人变得有本事①。劳动力市场的价格从简单劳动的高起价,到复杂劳动的价格升级,把一个原本没有什么能耐的人诱引得走入劳动市场。美国是一个高福利国家,如果劳动力价格太低会导致人们宁愿在家里领救济金。人工费用高也是一个双向的标准,因为你在享受别人的人工时,你也可以是一个人工劳力的出卖者,劳动力是一个除残障人士以外每个人都能拥有的东西。这是一种奖励人们勤奋和促使社会资源最优分配的方法。

一个良好的社会鼓励勤劳的人和富有创造力的人,这就是美国先进的秘诀。

职业选择

美国家长与子女讨论选择专业时,常会问下列几个问题[15]:

(1) 你是否喜欢这一行(Do you like it)？首先,争取选择学自己喜欢的专业。每天做自己喜欢的事是人生的一件幸事。爱好与工作的区别在于,爱好是自己花钱去做,如看电影、钓鱼、打高尔夫球;工作是别人付钱让你去做,如每天上班。如果工作与爱好是同一件事,那将会多么美妙。

(2) 你在这一行是否杰出(Are you good at it)？大家都喜欢做自己喜欢的事,但关键是,你是否在这一行会比别人做得好。同样是打高尔夫球,有人挣钱,有人花钱;同样是打篮球,大部分人是花钱,花业余时间去打;但姚明打篮球却打得全世界闻名,当然也不少挣钱。这里的根本区别在于,你在同行业是否杰出。选择自己的爱好并不难,难的是能否客观地认清自己的潜力。这牵涉到对某一行业的喜欢程度、同行业的竞争程度和自己的客观条件。各方面综合平衡以后,为何不拼搏一下？

(3) 你是否可以靠这一行谋生(Can you make living on it)？美国人也需要穿衣吃饭,生存问题也是他们必须面对的现实。一般来说,每一行做好了都可以生存,但不同行业的处境是不一样的。例如,从事音乐、绘画、舞蹈、天文等行业,只有比较杰出的人才才不会为生计担忧。而学工程管理、医疗保健方面的专业更容易找到一份收入稳定的工作。朋友开玩笑说,医学院里最差的一名毕业生,工作以后别人也叫他医生(Doctor)。

专栏 6.5　　　　　　　　美国富翁的致富方式

美国有不少白手起家的富翁年龄都不超过 40 岁,其致富方式可大致归为三类[16]。

勤勤恳恳型

虽然也有一些百万富翁的成功之路充满传奇色彩,但最多的还是靠勤劳的双手和多年的苦干。

比利·斯达德就是一个典型的例子。1993 年,23 岁的比利出于对冬季运动的热爱开了一个不足 20 平方米的滑雪板小店。此后,比利和妻子一道将经营范围从滑雪设备一步步扩

---

① 在美国波士顿地区,水暖工、电工上门服务,每小时收费 95 美元。这比大部分钢琴老师收费标准要高,包括很优秀的钢琴老师。

展到少女时装、运动器材。谁知"9·11"给他们带来了沉重的打击,公司连续三年亏损,险些破产。他们历尽艰辛重振旗鼓,2005年终于迎来了600万美元的盈利。

为等待机会,老练的企业家都需要卧薪尝胆,白手起家的年轻人更不例外。亚美·凯兹和德纳·斯拉维特在纽约摸爬滚打多年,一直在寻找合适的商机。一个偶然的机会,微软公司向他们订购了一批礼品包装袋,这使他们瞄准了跨国公司礼品市场。在各个跨国公司之间周旋多年后,2004年,他们与法国专营包装的行业大王达成合作协议,这次机会使他们2005年的年销售额达到了900万美元。

另辟蹊径型

有人喜欢埋头苦干,有人却喜欢寻找别人不曾注意的市场盲点。但能够另辟蹊径干成一番事业也不是一件容易的事。得克萨斯州36岁的维耐·巴阿特的赚钱思路与众不同。美国各行业的竞争都很残酷,让维耐很不适应。为躲避竞争,他把注意力转向了那些非营利组织:专为不善经营的非营利组织提供管理服务,帮助他们改善与商业客户的关系。如今,他的公司为几千家非营利组织服务,仅2005年就赢得了2 000万美元的丰厚利润。

利人利己型

有些人创业之初就立志建功立业,但有些人的成功却是无心插柳。

1983年,年幼的约瑟夫·萨姆皮维夫患上了糖尿病,不能吃含糖过多的冰淇淋。为了解馋,他为自己做了个不含糖的冰淇淋。15岁时,他已经研制出好几种不含糖的甜点。

在美国,胖人很多,这种无糖食品非常受欢迎,约瑟夫尝试着把自己研制的甜点拿去卖,取得了巨大成功。如今这位34岁的企业家已开发了40多种无糖食品,畅销全美,仅2005年的销售额就已超过1亿美元。

说起利人利己,33岁的安德鲁·福克斯做得也不差。福克斯年轻时最热衷的就是出入纽约的高档俱乐部。为省钱,他想方设法去蹭票。有一天,他突然问自己:为什么不直接与俱乐部老板协商,给那些热衷于过夜生活又想省钱的消费者优惠待遇呢?没想到这一简单的主意给他带来了巨额财富。现在通过他的网站不仅可以享受到美国各大俱乐部的优惠服务,还能找到各地的旅游信息,2005年的营业额已达到2 200万美元。

职业社会

美国是一个职业化程度很高的高收入社会,从事各种职业的人都可以成为中产之家,且人数众多,使每个职业中都存在着一大批受过高等教育的人士,他们可以站在本职业的立场上,以自己的专业知识为背景来提出问题并为此承担起社会责任。美国有"三道":"黑道"即商界,黑道精英多出自哈佛大学;"黄道"即政界,政界精英来自耶鲁大学的居多;"绿道"即学术界,学者多来自麻省理工学院!美国人遵循"三道"规则,从商就不从政,从政就不从商,从学就不从商政!

美国人受高等教育的人比例很高,但美国人中很少有人自称知识分子,也很少有人以知识分子的责任、义务、使命感之类的豪言壮语来表示自己是贡献于社会公益事业的。在社会公益事业与政治活动的积极参加者们心目中,理念与理论并不重要。当然,美国的学院与书房里也有一些理想家以及严格意义上的知识分子,但他们在美国政治与社会生活中似乎并不重要。真正重要的是在国会上会见到的自称是"如同汽车推销员与地毯商人"的众议员以及那些当小城议长的管道工人和当市长的木材商人。他们似乎没有理想家的想象力,这也许使美国的政治舞台少了几分诗情,却同时多了几分可能使他人颇为羡慕的优点,那就是形形色色的乌托邦与他们无缘。

职业社会的主要标志是:依据人们的工作界定其身份,报酬与工作直接挂钩,工作与工作之间不存在等级差异,也没有难以逾越的硬性障碍。职业社会的对立面是身份社会。比照起来,身份社会的身份依据出身,报酬与身份关联而与工作无关,身份与身份之间存在等级差异,也经常存在难以逾越的鸿沟。

在美国,职业管理者强烈地意识到,必须掌握管理这一专门与职业有关的专业知识和技能。美国大企业的企业家多数拥有工商管理硕士学位(MBA)。这些硕士学位取得者的特征是,他们倾向于把经营者职务作为专门职业,根据竞争原理,尽量发挥自己的长处,通过正当途径获得成功的报酬。因此,他们更为重视的是自己个人在任期内的业绩、经营决策的成功和事业的效益性,而不是对企业的忠诚心。在经营决策方面,他们优先重视的不是决策程序,而是各种经营资源的综合成果——投资利润率(ROI)和股票利润率(PER)。美国企业的经营者一般都有持股优先权。企业家对任期内业绩的重视同时决定了美国企业有一种明显倾向,不是从长远观点来考虑经营,而是重在短期观点来求平衡。

在美国,学位越高,聘用获得的报酬就会越高。相对高额的学位收益来自严格的教育品质。据美国研究生院理事会(Council of Graduate Schools)2007年的统计数字,57%攻读博士学位的学生在十年苦读的时间里最终获得了学位。在一些领域——主要是工程类和理论科学——多数人在六、七年的博士学生生活后完成了学位,将时间长度加大,完成学位的学生比例仍呈平稳趋势。但在社会科学和人文学科中,甚至学生进入第八、第九甚至第十年的学习生涯,学生完成学位的比例仍缓慢但顽强地上升。数据中的趋势显示,更多的社会科学和人文学科学生将在第十一年甚至十二年完成博士学位。调查显示,人文学科的毕业率是最低的,社会科学紧随其后。但数学和物理科学的退学率是最高的。而公立与私立大学之间并不存在着差异。

托福英文考试中曾经有一道题,让学生判断 commence 的意思到底是"开始"还是"结束"。因为想到美国的毕业典礼叫 commencement,有些学生就选择了"结束",其实,他们错了,commence 的意思是开始。Commencement 的仪式是为了纪念毕业生开始人生旅途新篇章的第一天,非常正式,各种活动严格按照传统程序进行。校长这天的讲话叫 Commencement Speech,讲话的对象是全体毕业生及哈佛校友会(report to the alumni)。这一天的主讲人不是校长,而是另外一位由校长和哈佛校友会主席共同选定的 commencement speaker。

毕业生真正的结业式是两天以前。在这天,校长最后一次对本科毕业生说"体己话"。这次讲话叫 Baccalaureate Address,是告别讲演。接下来的一天叫 class day,由毕业生自己安排聚会,没有 commencement 那么正式。毕业生组织起来,邀请自己喜欢的主讲人。

创 业 精 神

既是哲学家又是企业家的安·兰德[17]说:"在任何时代和任何社会,都存在思考和工作的人,是他们找到了生存的方式,发现如何生产出生存所必需的精神和物质财富。就是这些人的努力和实干,使各种寄生虫得以存活下去:阿提拉们、巫师们以及酒囊饭袋们。"在安·兰德看来,这样的人就是企业家。从本质上来讲,企业家是社会发展的龙头,知识分子和政府(政府官员)都是为企业家的事业服务的。

安·兰德进一步指出:"历史上第一个既不受阿提拉也不受巫师统治,而是由创造者们支配和创造的社会就是美国。"美国人说,诗人将自己交给了诗歌,女人将自己交给了爱情,美国人将自己交给了企业。美国的事业是企业。美国社会的一切几乎都是在为着企业而运作。从日常生活到总统选举,无论哪个政党执政,其中心目的都是为企业的发展创造一个良好的环境,提高企业的竞争力。政府可以管理国家财富,但政府并不能直接创造国家财富。只有企业强大起来,国家才能强大。当菲奥瑞纳(Carly Fiorina)接受 HP 任命书的时候,克林顿总统邀请她去白宫,真诚地感谢了她两个小时。克林顿还致信郭士纳,请他一定要挽救 IBM,因为"IBM 的失败,是美国的失败"。

企业制度

美国企业制度的特质是促进美国人创业的重要因素。

企业价值

"哥伦布发现了新大陆,但 JP·摩根重组了新大陆"这句话道出了企业家对整个社会发展的推动作用。美国文化对个人价值的尊重激发了美国人的冒险精神和创新热情,并造就了福特、洛克菲勒、卡内基乃至比尔·盖茨等一大批白手起家、富可敌国的大企业家,使"只要勤奋努力,就能获得成功"的"美国梦"变成无数人终身追逐的信念和梦想。1988 年 5 月 31 日,美国总统里根在苏联莫斯科国立大学发表的演说指出:"现代纪元的探索者是企业家,他们高瞻远瞩,敢冒风险,具有坚定的信念,勇于涉足未知领域。这些企业家和他们的小型企业几乎造成了美国的整个经济发展。他们是技术革命的原动力。……假如你询问他们成功的秘诀,他们会告诉你,他们在失败中从不气馁,他们是在摸爬滚打中得到成功的,正如参加角逐的运动员或探求真理的学者,经验即是他们最伟大的导师。"[18]

根据美国联邦审计总署的调查[19],美国只有 3% 的大学生表示毕业后可以考虑应聘公务员。2008 年,美国所有从业人员平均年工资为 42 270 美元。就最高工资而言,公务员为 191 300 美元,而外科医生为 206 770 美元;就最低工资来说,公务员为 17 046 美元,而餐馆上菜工为 17 400 美元。数据显示,美国公务员的最高工资和最低工资均低于私营企业。

英国媒体 2013 年发布的数据显示,在其统计的二十个具有代表性的国家中,美国缔造百万富翁所需要的时间最短,仅需要不到 25 年。在不扣税的情况下,按照每户家庭养家糊口者的平均年薪来计算,挪威及瑞士紧追美国,这些国家的普通人成为百万富翁所需时间都在50年以内。而西班牙及葡萄牙等国所需要的时间超过50年;智利、土耳其则超过150年。和美国形成鲜明对比,墨西哥人需要花上3个世纪才能赚得一百万美元。在最难成为百万富翁的国家中,罗马尼亚居首,作为罗马尼亚的居民,挣得一百万美元需要350年的时间。

企业合约

企业在本质上是企业家、企业职工和资本家三者的合约(见图6.1)。

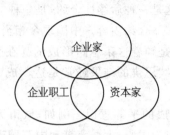

图 6.1 企业是企业家、资本家与企业职工的合约

美国的体制鼓励少数人拔尖,有一个相当规模的创造阶层。这些人不管从事哪个行当,都有通才教育的背景,视野开阔,创意充足,不受本专业传统模式的限制。因此,美国能领导突变式的变革。乔布斯就是这方面典型的弄潮儿。同时,这些聪明人能够设计出傻瓜都能操作的大规模生产程序,减少了对高级技术工人的依赖。一旦工人如同随时可替换的部件一般,企业就随时可以"外包"到低薪国家,在全球化中表现得异常灵活。

利用从企业合约思想演绎出来的模式进行实证分析,可以看出不同国家企业合约的大致情况,如表6.1所示。

表 6.1 企业合约模式比较

管理模式	企业目标	管理基石	典型案例
资本家主导	财富积累意识主导	以资本家为荣	中国的家族企业
企业家主导	财富增长意识主导	以企业家为荣	美国的现代企业
企业职工主导	财富分配意识主导	以企业为荣	日本的传统企业

三个国家具有不同的创业动机[20]:中国人三个最重要的创业动机依次为挣更多的钱、争取更高的社会地位、改善个人和家庭的生活质量,日本人主要是为了追求人生的挑战性、完善和提高自身的能力以及创办一家公众认可的企业,而美国人则是为了改善个人和家庭的生活质量、追求人生的挑战性以及完善和提高自身的能力。日本人的创业动机具有很强的社会导向性,乐于创办被社会所认可的企业。而中国人更加重视的是提升社会地位和更多的金钱。

美国企业的企业家精神是建立在重视法律、契约的刚性、社会的个人主义和竞争原理基础上的。企业家本人与企业之间存在着一种根深蒂固的契约或合同关系。在美国,企业是企业家的企业。在经营上,企业家对企业有完全的控制权,不受政府等其他部门的影响。企业家的生命是企业,这就导致企业家会竭尽所能地把企业经营好,从不放弃企业,通过延长企业的生命来延长自己的生命力。

理论上,合约与企业具有先后性,合约先于企业,这是一种前期性合约。正确的实践发展过程也应该是:先应该有合约,后才有企业;企业是合约的结果。这种做法类比于"先小人,后君子":"小人"就是契约规则,"君子"就是合约结果——企业[21]。包括美国在内的市场制度成熟的国家,企业制度的形成基本上都是这种思路。一旦在合约的基础上建立了企业,经常是雷打不动,除非企业解体。在企业发展过程中,合约的各方不再为企业合约发愁,而能够全身心地沉湎于企业发展本身。

由于从制度层面对人力资本的个人产权界定不力,中国的企业创业与运作经常只能选择"先企业,后合约"的路径取向。这是一种后续性合约,是一种"先君子,后小人"的做法,即先有企业物质实体,后有企业的实质——合约内容。中国现今相当一大部分的企业(主要是民营企业,尤其在团队创业的情况下)都是顺着这条思路形成的。在企业发展过程中,合约的各方经常还在为合约本身发愁、争论,后续思辨的结果经常是达不成(谅解性的)合约,而导致企业最终解体,合约各方解散。

美国社会贯彻了一种契约构成的平等意识。例如,城市无论大小均没有等级上的差异。美国城市的构成模式是:以大城市为中心,大城市带动中等城市,中等城市联结小城镇,多个城市构成一个城市群,每个城市群都是一个功能完善、较有特色的城市体系,城市群之间由免费的高速公路连接。大城市与小城市之间只有地理上的邻居关系和经济上的依附关系,没有领导与被领导的关系,它们在法律上的地位是平等的。

2001年9月11日,恐怖分子控制了四架美国民航飞机,其中两架撞上了纽约的世贸大厦,一架撞上了华盛顿的美国国防部,第四架在飞往白宫的途中被机上乘客发现了恐怖分子的企图。在这个生死存亡的关头,这些乘客进行了一次投票,不分贵贱贫富,一人一票,根据投票结果,他们和恐怖分子展开了殊死搏斗,最后同归于尽,无人幸免,但却保护了美国白宫和附近居民免于更大的灾难。

2007年,美国1%最富有的家庭拥有的财富占美国家庭财富总额的34.6%。接下来富有的19%家庭拥有的财富占美国家庭拥有财富总额的50.5%,也就是说,美国20%富有家庭拥有的财富竟然达到美国家庭总财富的85%。而余下的80%美国家庭所拥有的财富只是美国家庭财富的15%。在金融资产方面,富有的人更是占据优势。美国1%富有的家庭所拥有的金融资产占美国全部家庭拥有金融资产的42.7%。尽管如此,由于美国社会制度的契约性以及社会价值观及民主制度的特质①,美国并没有强烈的仇富现象。

企业英雄

在纽约的洛克菲勒中心门前,有一个阿特拉斯的雕像。托起天堂的巨神阿特拉斯是纽约企业家们的自我期许——我们就是承载美国经济与社会的巨人。从安·兰德开始,美国社会建构起一套有关企业家的英雄叙事,这套思想的源头来自于熊彼得:企业家精神的创造性破坏才是创新的来源,而创新才是经济发展的根本动力。正是因为这种英雄叙事和道德勇气,才使美国的企业家们勇于承担社会责任,积极投身到各种公益事业中去,并赢得社会尊重。

企业家是企业创造财富的核心力量。在美国,企业家的社会地位是最高的。洛克菲勒当初竞选美国总统的时候,选民认为,如果他被选为美国总统,等于降级使用,不如董事长的地位

---

① 美国的财富制度本身就是美国人全体参与制定的,财富积累恰恰就是财富契约的结果,是美国价值观的体现。

重要。美国企业的企业合约是建立在企业家这个原点基础上的。美国西点军校（West Point）有句名言："一只狮子带领一群羊要比一只羊带领一群狮子更强大。"在美国，改写历史和控制国家运转的不是政治家，而是掌管商业帝国明星企业的、被冠之以"新美国英雄"的企业家。

乔布斯在他担任董事会主席的期间，用他独一无二的远见卓识、创造力和凝聚力为苹果公司服务，以寻常的眼光和领导才能挽救了苹果，奠定了苹果公司作为世界上最具创新能力和最有价值的公司的地位，历史性地带领和创造了史上最伟大的公司——苹果公司。2011年8月，史蒂夫·乔布斯宣布辞去苹果CEO一职，苹果股价跌去5%，市值蒸发掉约180亿美元。180亿美元什么概念？谷歌收购摩托罗拉移动花了125亿美金，惠普欲剥离的全球最大规模PC业务估价在120亿美元，联想集团当时的市值约66亿美元，一纸辞职声明在资本市场差不多蒸发掉了3个联想，这就是乔布斯的价值。

由于美国文化和社会氛围的影响，致使大多数优秀的人才都以能圆"企业家"和"创业者"的梦想为荣。造成大多数人才（尤其是青年人）都存在于企业之中，而不是政府等一些部门。例如，哈佛大学和其他的美国名校被誉为是培养社会精英的摇篮，这些学校毕业的学生大多数有着令人羡慕的职业和高额的收入。在收入最高的四个职业中，有三个与企业及管理相关（见表6.2）。

表6.2 全美哈佛毕业生中收入最高的四个职业

排名	职业	中位年薪（万美元）
1	公司总裁	19.1
2	管理顾问	12.2
3	软件设计师	11.5
4	投资银行合伙人	11

哈佛大学商学院是美国商学院中最出名的，而且没有本科专业，只培养研究生。所以，哈佛商学院的毕业生主要是进入管理领域，这在美国可以说是属于金领云集的行业。哈佛大学商学院毕业生所从事的工作以及薪水待遇如表6.3所示。

表6.3 哈佛商学院毕业生基础年薪（2009年，万美元）

就业比例（%）	行业	中位基础年薪（不包括红利）
32	金融行业	11
28	咨询顾问	12.5
16	管理	10.5
9	行销	9.7
8	商业发展	12
4	战略策划	10.9
3	其他	9.75

2011年，美国在企业就任总经理的人数是400 400[22]。美国人拥有世界其他国家人民无与伦比的商业才能。欧盟委员会教育专员杨·菲戈尔（Jan Figel）[23]说："我们拥有想法——

万维网和 CD-ROM 是英国发明的，MP3 播放器是德国发明的。但这三样东西都是由美国在全球各地完成和推广的。"

对美国青年来说，在企业工作，无论从待遇或者将来的发展机会来讲，都要优于其他地方。如今在美国，首席执行官的薪金一般相当于工厂工人的 400 倍还多[24]。企业高管薪酬研究公司 Equilar 的数据还显示，美国企业 CEO 薪酬的中值已突破 1 400 万美元[25]。甲骨文 CEO 拉里·埃里森（Larry Ellison）2012 年的薪酬总额为 9 620 万美元，比 2011 年增长了 3%，成为 2012 年美国薪酬最高的公司 CEO（如表 6.4 所示）。在埃里森 9 620 万美元的总薪酬中，包括 390 万美元的年薪、补贴和奖金以及价值 9 070 万美元的股票期权。

表 6.4　2012 年美国 CEO 薪酬排名前十名

公司	CEO	年薪（万美元）
甲骨文	拉里·埃里森（Larry Ellison）	9 620
医院连锁 HCA Holdings	理查德·布莱肯	3 860
迪士尼	罗伯特·伊戈尔（Robert Iger）	3 710
耐克	马克·帕克（Mark Parker）	3 520
维亚康姆	菲利普·多曼（Phillippe Dauman）	3 340
eBay	约翰·多纳霍（John Donahoe）	2 970
星巴克	霍华德·舒尔茨（Howard Schultz）	2 890
西方石油公司	史蒂芬·查岑（Stephen Chazen）	2 850
美国运通	肯尼斯·钱纳特（Kenneth Chenault）	2 800
菲利普莫里斯国际	卡米·莱瑞（Louis Camillerri）	2 470

专栏 6.6　　美国富豪身价

《财富》杂志 2007 年根据美国亿万富豪在世时的身价与当时美国 GDP 的比例排出了该国历史上的十大富豪榜。

约翰·D.洛克菲勒（John D. Rockefeller，1839-1937），是一位工业家和慈善家。他在美国乃至世界石油业的发展过程中起到了巨大作用。其去世时的财富为 14 亿美元，占当时美国 GDP 的比例为 1:65。

排名第二的是科尼利厄斯·范德比尔特（Corndius Vanderbilt，1794-1877）。这位美国资本家从事船运业和铁路建筑等，去世时积累了 1.05 亿美元的财富，占当时美国 GDP 的比例为 1:87。

名列第三的是约翰·雅克布·阿斯托尔（John Jacob Astor，1763-1848）。他创建了美国毛皮公司，涉足毛皮和土地交易，去世时的身价为 2 000 万美元，占当时美国 GDP 的比例为 1:107。

据第四位的是斯蒂芬·吉拉尔德（Stephen Girard，1750-1831）。商人和银行家以及慈善家。去世时的财富为 750 万美元，占当时美国 GDP 的比例为 1:150。

> 比尔·盖茨(Bill Gates,1955-),微软公司创始人,排在第五位。2006 年财富为 820 亿美元,占美国 GDP 的比例为 1∶152。
>
> 安德鲁·卡内基(Andrew Carnegie,1835-1919)排在第六位,这位钢铁业巨子帮助建立了美国钢铁工业。去世时的个人资产为 4.75 亿美元,占当时美国 GDP 的比例为 1∶166。
>
> 亚历山大·T.斯图尔特(Alexander T. Stewart,1803-1876)列第七位。这位曾经的美国零售业大王去世时留下了 5 000 万美元的财富,占当时美国 GDP 的比例为 1∶178。
>
> 弗雷德里克·韦尔豪泽(Frederick Weyerhaeuser,1834-1914)排在第八位,他是美国大木材商,去世时的财富为 2 亿美元,占当时美国 GDP 的比例为 1∶182。
>
> 加伊·戈尔德(Jay Gould,1836-1892)居第九位,他是美国的大银行家,并成为美国著名的铁路建设家和投资家。去世时的身价为 7 700 万美元,占当时美国 GDP 的比例为 1∶185。
>
> 斯蒂芬·范·伦塞拉尔(Stephen Van Rensselaer,1764-1839),添居榜末。他是伊利湖运河委员会的成员,去世时的财产为 1 000 万美元,占当时美国 GDP 的比例为 1∶194。

创业文化

美国是世界上创业最为活跃的国家,个人创业在美国是极为普遍且引以为荣的事,以致整个社会形成了一种鼓励创业的氛围。全美国大约有 2 700 万家小企业[①]。在美国,任何时候,都有大约 8% 的人在忙于开创企业。而在英国,这一数字是 3%;在德国、法国、丹麦和芬兰均不足 2%。任一时间,在美国 12 人中就有一人开创企业。相对而言,在芬兰却是 65 人中有一个。2010 年第三季度,美国风险资本家向 304 家公司投资了 29 亿美元,同期的欧洲风投则向 161 家公司投资了 8.47 亿美元,不到美国同行的 30%,而南欧的这个数字只有 3 400 万美元[26]。如此高的风险投资体现了美国创业的兴盛。如果说在美国创业有什么特殊,特殊之处就在于其不特殊。如此高的创业率有"示范作用"。这种"示范作用"往往使创业的全部程序不那么神秘并使其规范化。在美国,创业不是痴迷于冒险的少数人的活动,它已渗透到人们的日常生活中。

根据世界银行的评估,在最方便开创公司的国家排名榜中,美国名列第三。根据美国人口普查局 2004 年的统计,美国共有企业 2 540 多万家,其中,1 950 多万家企业是个体企业,也就是"夫妻老婆店";雇员人数在 4 人以下的企业近 280 万家;雇员人数在 5—9 人的企业约 100 万家;雇员人数在 10—19 人的企业有 63 万家;而雇员超过 20 人的企业总共不到 150 万家,只占企业总数的 6%。可见,美国的绝大多数企业是小企业。

个人奋斗

美国是一个典型的创造性社会。创造性社会讲究奋斗,讲究超越自我极限,着眼点不在于

---

① 2011 年,中国的中小企业为 1 000 万家。

你现在已经有的东西,而在于你未来的潜力,结果大家一起在运动上比谁能更"极端"。寻租的社会则讲究卡位、站队、等级、关系,进而个人嗜好重在显示你已经拥有或者瓜分了多少社会资源。

美国创造性社会及其企业家精神成型于西进运动。西进运动(Westward Movement)毫无疑问是美国历史上充满开拓、勇气与冒险精神的一页,也正是它,塑造了通过自我奋斗、实现个人梦想的美国人的创业精神。

美国独立后,废除了1763年英国阻止移民西进的敕令,来自沿海地区和欧洲的移民越过阿巴契亚山脉涌向西部。他们当中既有南部奴隶主,也有北部土地投机商。人数众多的是一般贫苦的拓荒者、猎人、矿工、牧民和农民。后者以西部作为他们谋生的归宿而定居下来,从而成为西部早期移民的主体。

在西进运动过程中,出现三次巨大的移民高潮。第一次移民高潮出现在18世纪末期和19世纪初期。由于美国政府颁布一系列的土地法令并从法国购买了路易斯安那广大地区,移民们感到拓殖活动有了一定的保证,纷纷涌向西部,开拓俄亥俄、肯塔基和田纳西等地区,为后来日益扩大的中西部产粮区奠定了基础。

第二次移民高潮出现在1815年以后,两股移民朝着两个方向移动。一股是来自沿海地带和德国的移民,他们汇合起来,逐步开拓了俄亥俄河以北的整个地区,建立了美国谷物生产和畜牧业的基地。另一股是来自东南部的移民,他们进入了濒临墨西哥湾介于佐治亚南部与路易斯安那之间的平原地区。在这个地区,逐渐建立以生产和销售棉花为主的大种植园,从而扩大了南部奴隶制经济。

第三次移民高潮是伴随着19世纪中叶美国领土扩张和兼并到来的。当时,美国的领土扩张朝着两个方向继续推进:在西南方面,它于1845年兼并得克萨斯;在1848年美墨战争中,夺取墨西哥领土的一半;在西北方面,经过与英国长期谈判,于1846年取得俄勒冈大片土地。最后,这两方面的扩张在加利福尼亚汇合,完成对整个大西部的占领。与此同时,由于加利福尼亚发现金矿,激起涌向西部采掘黄金的移民浪潮。后来,一部分淘金人转而务农或开设店铺,成为加州的永久定居者;另一部分则从加州前往西北部地区勘查矿藏。在19世纪50、60年代,由于小农大量移入进行粮食生产和落基山脉以西地区被划分为一些州和准州,开采矿藏的营寨发展成为永久性居住区。

内战结束后,大批牧牛人和小农在20多年内,把荒芜的大平原改造成为一片巨大牧场,把贫瘠的草原改造为良田。1890年,西进运动正式结束。西进运动使美国的领土增加到建国时的3倍以上,扩大了发展工业所需的各种基本资源,对美国社会制度和资本主义的发展以及美利坚民族性格的形成都产生了巨大的影响。

在移民西部之前,美国人对西部边疆几乎一无所知,对西进具有盲目性,缺乏计划性,但为了追求幸福和寻找美国梦,在西进中,他们无畏前方的困难并与大自然搏斗。正如美国历史学家弗雷得里克·特纳(Frederick. J. Turner,1861-1932)所言,封锁去路的莽莽森林,峭然耸立的层峦叠嶂,杳无人烟、荒草丛生的草原,寸草不生、一望无垠的荒原,还有干燥的沙漠,彪悍的蛮族,所有这些都是必须加以征服的。饥饿、寒冷、疾病、印第安人的袭击给移民带来了无数的困扰,许多人甚至在西进运动中失去了生命。然而,正是在边疆的不断拓展中,进一步巩固了人们的勇敢冒险、不断开拓进取的精神。西进拓疆的历史可以说是一次冒险、开拓的历史,美国拓荒者的这次冒险对美国民族性格的形成起到了重要作用。

实际上,美国快速的经济发展和工业扩张并非只是因为美国的自然资源丰富,更是因为所有人都有机会藉由自己的奋斗获取财富[27]。在美国这片土地上,过去和父辈都不会成为个人发展的障碍。

"美国梦"(American Dream)就是一种相信只要在美国经过努力不懈地奋斗便能获致更好生活的理想,也即人们必须透过自己的工作勤奋、勇气、创意和决心迈向繁荣,而非依赖于特定的社会阶级和他人的援助。"美国梦"代表了人们在经济上的成功或是企业家的精神[28;1]。许多欧洲移民都是抱持着美国梦的理想前往美国的。尽管有些人批评美国梦过度强调物质财富在衡量胜利和快乐上扮演的角色,但许多美国人的确认为,这种获致成功的机会在世界上其他国家是找不到也并不存在的。因为与其他大多数国家不同的是,在美国拥有的经济自由相当多,政府扮演的角色相当有限,这使美国的社会流动性极大,任何人都有可能透过自己的努力迈向巅峰。从美国独立直至19世纪末期,广大的土地都无人居住和拥有,任何有心人都可以加以占据并投资和开垦。而到了工业革命时期,美国庞大的自然资源和先进的工业技术则使快速的社会流动变成可能,而且这种趋势仍在一天天地增加中。

大多数美国富人都是靠自己的努力获得成功的。今天,最有钱的400名欧洲富翁中,继承型富翁占大多数,尤其以皇室和贵族成员为甚。比较起来,美国的富翁则大多为创业型富翁,在世界富豪榜上数一数二的比尔·盖茨和沃伦·巴菲特都是如此。在美国,继承的财产在富翁财产总量中所占比例还不足10%[29]。

美国是个优遇富人的社会,但在美国社会最受人尊重的、最出风头的还是那些白手起家的富人,即英文中的Self-Madman。即使是富贵家庭,也非常注意让孩子吃苦、自立。甚至有些富人会有这样的意识:让自己的孩子从小养尊处优,等于剥夺了他们成为自己这种Self-Madman的机会,真正的人生领略不到,风头也出不成了,这对孩子不公平。因此,孩子从小为挣零花钱而打工是最正常不过的事。年轻人哭起穷来,也从不遮掩。但是,这一不可思议的"穷相"正是美国精神的体现,也是美国长期繁荣的根基。

专栏6.7   **硅谷之年少创业**

1976年,20岁的史蒂夫·乔布斯(Steve Jobs)和沃兹创办苹果公司,30岁时被苹果解雇,11年之后,因连续亏损,乔布斯又出任CEO。

1996年,拉里·佩奇、塞吉·布林二人构思出Google的概念。两年后从亲友间筹得100万美元创业。

2004年,20岁的扎克伯格创建Facebook,同年获得了50万美元的启动资金。

政府支持

在美国的历史上,从来没有出现过阻碍和打击企业发展的政府,政府都是积极鼓励支持创业,有许多不同的机制,它们也全都属于鼓励机制。

在美国,规章制度给予那些刚创建的公司带来的阻碍甚少。当创业者建立公司时,政府不予阻拦。然后,是政府在建立鼓励创业机制的过程中的有效联结。美国有非常严密的机制,虽然并不是每一个都有成效,但都是有益的尝试。其中有一种机制叫"小企业创新研究工程"(SBIRS),每一个政府机构一年花费2亿美元,其中2％的基金投给那些小公司,这些小公司因此而获得政府研究基金资助的优惠条件,尤其是对于那些想建立和发展高科技的企业来说。从这层意义上讲,政府就像是一个商业公司鼓励创业一样。

在2011年的国情咨文中,美国总统奥巴马[7]指出:"现在的利害不是谁将赢得下次选举……现在的利害是新的就业机会和新的行业是否会在美国生根或者在其他地方生根。这事关我们人民的辛劳工作和行业是否能得到回报。这事关我们是否能继续保持领导能力,这种领导能力使美国不只局限于地图上的某一个地方,美国因为这种领导能力而成为世界的灯光。"

创业氛围

在网络经济时代,美国经济的典范在硅谷。硅谷是目前全世界人均生产力与平均投资报酬率最高的地方。

无论在美国还是在世界其他先进国家,都很难复制硅谷的成功。硅谷的成功要归于它所形成的环境特征,包括专业分工、旺盛的创业精神、风险投资业的资金投注、产业之群聚、大量的资讯与人力流动、产学密切交流互动、开放的企业文化与弹性的组织、产业间密切的技术合作与策略联盟、产业创新速度快、探取创新的竞争策略等。硅谷与其他地区最大的不同点在于拥有一股支持创新与创业活动的精神力量。机会、资源、人才在这一地区可以获得充分自由地流动是硅谷精神最大的特色。好的创业点子通常都可以找到所需要的资金,挖掘到有能力的人才共创大业,因此,在硅谷创业成功的机会比其他地方来得大。一个在西海岸的投资者曾说:"在硅谷走上失败之路只是那些根本不去尝试创业的人。"

美国硅谷所在的旧金山与东岸(如波士顿)的创业环境存在明显的差异(见表6.5)。

表6.5 美国旧金山与东岸创业环境的比较

旧金山	美国东岸
由一个小渔港起家,19世纪以金矿吸引投资家,进而造就高科技产业之乡——硅谷,引领人类进入网络的新世纪	拥有一切优势资源:金融、教育、科学研究、基础建设、临近富裕的欧洲,以及128号公路旁很早就奠基的科技产业规模,却在这场引领美国进入新经济的高科技产业创新竞赛中不断落后
是一个新兴且创新导向的多元社会	是一个自足、保守与单一的成熟社会
旧金山以扮演同性恋之乡、反越战基地、嬉皮士的发源地、新移民寻梦处闻名	厂商一贯自傲于优异的传统企业文化,内部管理与组织制度严谨而完善
柏克莱大学的学风开放,斯坦福大学教授与周边企业关系密切	对西岸这种破坏传统与大胆创新的行为、人种杂沓与多元文化的环境,一向嗤之以鼻

美国的波士顿地区曾经是高科技产业的龙头老大,规模远胜于硅谷。但硅谷地区后来居上,一代一代的企业家层出不穷。硅谷的大公司,如惠普、英特尔和苹果公司,甚至被视为企业家的摇篮。这些公司有很多雇员辞职创业,开办新公司,使硅谷地区永远充满活力。而在波士

顿地区,辞职创业的例子就很少,因此,波士顿相对缺乏新的高科技公司[30]。一位斯坦福大学的教授指出,这是因为加利福尼亚州和马萨诸塞州的法律不同。在马萨诸塞州,公司有权要求雇员签署"不竞争协议",规定雇员离职后,不能在同一行业与原雇主竞争。即便没有签订类似的协议,如果与前雇主竞争,也可能被告上法庭。这自然不利于企业的创办。而加利福尼亚州没有这样的法律约束,雇主的利益虽然相对没有被很好地保护,却在客观上有利于整个地区的发展,结果使人人受益。

在硅谷,原来价值观中的高学历、强资本、精英社会关系都不再成为创业的壁垒,而"毕业以后进入大公司工作"也历来不是位于硅谷前沿的著名高校,像是加州伯克利、斯坦福、加州戴维斯等毕业生的愿望,他们的愿望和弗兰克一样,是由小到大,创办"大公司",或者"卖给大公司"[31]。

创新管理

中国五四运动的旗手胡适曾指出:"美国不会有革命,因为美国天天在社会进步中,这种革命是渐进的。"这种革命就是体现在各个领域里持续不断的"创新"实践。奥巴马(Barack Hussein Obama)能够当选成为美国历史上第一位黑人总统,他提出的竞选口号"改变"(Change)才是让他取得如此巨大胜利的关键,因为这完全符合美国人勇于开拓创新的精神性格。如果说欧洲是依靠自己的历史而走向未来的话,美国则是主要依靠自己的理念走向未来。对美国人来说,除了创新,没有什么可以阻止自己向前走。

标新立异

在美国这个棒球、橄榄球、篮球、热狗、苹果派、爵士乐等风行的北美大陆里,创意总是无处不在。在这里,只有那些能够 Make Difference(标新立异)和 Think Out of Box(别出心裁)的人才会赢得别人的尊重。美国企业界普遍渴望实现内部增长,因而创新成为管理的重头戏。在竞争激烈的商业经营中,美国人坚持认为能够成功的企业从来都不是套用公式创造出来的,因此,不冒险就不会有大的成功,胆小鬼永远不会有大作为。创新成为支撑美国公司持续成长的动力和源泉[32]。

美国的企业普遍把创新与变革作为企业基本的经营理念,坚决抛弃僵化和保守,推崇变化和灵活,在创新和变化中寻求和把握机会,并在创新过程中使员工体验到工作的乐趣和意义。如"追求卓越"就是 IBM 的三大理念之一;通用电气公司以"进步是我们最主要的产品"为基本理念;惠普公司则强调"以世界第一流的高精度而自豪";微软公司成功的秘诀之一就是"不断淘汰自己的产品"。通用电气公司前任董事长杰克·韦尔奇认为,对待创新,"你不能保持镇静而且理智,你必须要达到发狂的地步"。这些创新理念都把争创一流、永不落后、追求更高更新的技术和业绩作为员工和企业奋斗的目标,并以此来引导企业的组织变革和战略规划。

表 6.6 美国主要行业排名前五位的品牌企业

行业	品牌企业
飞机、航天制造业	波音、洛克希德马丁、雷神、普惠、贝尔
机械、汽车制造业	通用、福特、克莱斯勒、卡特彼勒、约翰迪尔
电器自动化	通用电气、霍尼韦尔、罗克韦尔、Longwork、爱默生
计算机	IBM、HP、Dell、希捷、AMD
制药业	强生、辉瑞、雅培、默克、联合健康
软件业	微软、Google、PS、Acad+3ds、Orcad
芯片制造业	Intel、德州仪器、美光、Atmel、Microchip

越是容忍异己的地区,越容易出创新人才。硅谷地区就是很好的例证。与硅谷地区毗邻的旧金山是美国同性恋者的聚居地。大约有 1/4 的硅谷新公司是由华人或印度移民参与创立的[33]。如果没有对外来思路的宽容态度,这种局面是不会出现的。宽容不仅仅是针对新思维,也包括对失败。创业是有风险的,甚至会倾家荡产。在很多地区,失败的创业者往往成为幸灾乐祸的对象,永远抬不起头。这样的环境里是没人敢冒创业大风险的。在硅谷地区,失败者和成功者一样受人尊重。失败有时甚至成为企业家的财富。硅谷的很多风险投资公司非常看重创业者失败的经历。曾经失败的企业发起人如果想从头再来,反而更容易获得风险投资。难怪有学者认为,硅谷的文化是这一地区最大的优势[30]。反观一般成熟企业的内部,过度创新的点子通常被视为离经叛道,难以获得资金与人才的支援,更没有实践的机会。所以,向硅谷学习,要活化组织环境,让创新机会、资源、人才能够在组织内部自由流通;鼓励成员勇于进行创新与内部创业;给予创新与创业活动有力的资源协助。

可持续竞争的唯一优势来自超过竞争对手的创新能力。依靠这种创新精神,英特尔公司得以长期雄踞芯片市场王座,微软公司始终掌握软件市场的主动权,麦当劳公司独领世界快餐文化之风骚。所以,追求卓越并非是一种成就,而是一种永不满足的追求出类拔萃的进取精神和心理状态。

尊重员工

创新是一种具有高度自主性的创造性活动,依赖于不同思想、意见相互交流的撞击,依赖于全体员工的积极参与和真诚投入。这就需要构建平等、民主、开放、宽容和积极行动的企业文化。美国的公司(特别是高科技公司)普遍实行参与式管理,把"尊重员工"、"让员工成功"作为公司的理念;赋予员工更大的自主性和责任,允许甚至鼓励员工提出不同的意见或建议,创造员工参与创新和管理的机会与条件,实现企业内部"无疆界"的信息沟通与信息共享,从而使每一个员工都成为自觉的创新主体。正如英特尔公司的项目经理欧佩达所说:"我们尽可能给予低层人们更多的责任,比过去更多地参与。"

惠普公司在外声誉卓著且普受世人推崇;对内则善待员工,上下一心、精诚团结。它之所以能如此,与创办人当年"尊重人人,人人尊重"的经营理念和态度有着莫大的关系。自该公司成立以来,虽然也随着企业的快速成长而有所改变,但其独特的价值观和公司文化却依然坚持不变。传说惠普公司硅谷办公室的墙壁上至今还悬挂着一幅"惠普风范"(HP Way)的海报。

第6章 美国事业

这张海报的背景就是当年惠普创业时的简陋车库,如今已是硅谷的历史古迹,也代表着真正的硅谷成功精神。这份贴于惠普硅谷办公室墙上的"车库规则",鼓励大家找到及相信自己的核心价值,用它来创造自己的事业,并改变世界。它也鼓励大家相信团队,与同仁无间合作,众志成城,并由市场客户来决定你的价值与成败。

表 6.7　车库规则(Rules of the Garage)

相信你可以改变世界	Believe you can change the world.
迅速工作,随时工作,工具随时待命	Work quickly, keep the tools unlocked, work whenever.
了解何时该独立自主,何时该团队合作	Know when to work alone and when to work together.
与同仁分享你的构想与工具,信任他们	Share — tools, ideas. Trust your colleagues.
不玩政治,杜绝官僚作风	No politics. No bureaucracy. (these are ridiculous in a garage.)
由客户来决定你的工作是否做得很好	The customer defines a job well done.
激进的创见不一定是馊主意	Radical ideas are not bad ideas.
创造不同的工作方法	Invent different ways of working.
每天要有贡献,如果你当天成果没有贡献,该成果必不离开车库	Make a contribution every day. If it doesn't contribute, it doesn't leave the garage.
相信团队合作可以万事皆成	Believe that together we can do anything.
发明创新	Invent.

施乐公司实行一种"人人都是企业家"的责任战略,即"这里人人思考未来,人人使顾客满意,人人负责盈亏"。3M公司认为,"每个员工都是科研人员",鼓励每个员工都成为创新者。这种参与式管理实际上已经成为一种企业文化。在惠普、英特尔、宝洁、IBM、摩托罗拉等公司里,每个员工(包括高层管理者在内)都是在没有隔墙、没有门户的大办公室里办公,也不设管理层专用的停车位或餐厅。这样,在管理者与员工之间、员工相互之间可以形成更直接、更自由的沟通与交流,有利于促进问题的解决,同时也体现出人人平等的管理理念。英特尔公司总裁格罗夫为人随和,员工都把他当作和蔼的伙伴,愿意和他开玩笑,他不讲排场,不搞特殊化,甚至没有自己专门的办公室。雅虎公司的斯里尼瓦赞说,传统的官僚架构不是雅虎公司或硅谷的管理方式。斯里尼瓦赞说:"这不是一个从上到下的管理系统,整个硅谷都是这样,雅虎更是如此。硅谷文化提倡草根意识,也就是说,每个人都有权把自己最好的想法拿出来。每个人都是一个更大目标的组成部分。"

美国公司要求员工随时提出合理性建议,定期填写对公司意见的调查表,积极鼓励员工参与创新活动,并针对不同情况给予奖励甚至重奖。惠普公司实行一种"开放实验备品库"的政策,使一些工程师可以随便使用备品库中的各种电器零件,以表示对"偷偷摸摸干私活"的认同和支持。IBM公司鼓励员工组成"地下革新小组"进行自由研究,对那些有创新成功经历者,授予"IBM研究员资格",并给予充足的时间和必要的物质支持,以支持其创新构想。3M公司有一个"15%规则":允许员工利用15%甚至更多的工作时间进行自由的研究。思科系统公司则通过网络向员工发布企业运营情况的各种信息,把企业的发展目标和发展方向,甚至把遇到的困难和问题都告诉员工,让每个人都参与到为企业出谋划策的行列中来。

许多美国公司的领导人能够听取甚至鼓励不同的甚至是对立的意见。IBM 公司第二代领导人小托马斯·沃森说:"最容易使人上当受骗的是言听计从、唯唯诺诺的人;我宁愿用那种脾气不好但敢于讲真话的人。作为领导者,你身边这样的人越多,办成的事也越多。"芝加哥公牛队经纪人杰里·克劳斯有一句得到许多企业家和管理学家认同的名言:"如果你有两个思想一致的人,解雇一个。你要一个副本做什么?"对那些提出了创造性的革新思路或建议的员工,即使经过公司的详细论证没有采纳其思路或建议,美国企业还是给予真诚的赞赏,以鼓励和保护员工参与创新的热情和积极性。彼得·圣吉在《第五项修炼——学习型组织的理论与实务》中指出:"未来真正出色的企业,将是能够设法使各阶层人员全心投入并有能力不断学习的组织。"

案例 6.2　　　　　　　　　　**谷歌的以人为本**

　　Google 是全球最大的搜索引擎,通过谷歌搜索引擎,用户可以在浩如烟海的大量信息中找到自己需要的内容。正因为有了出色的搜索引擎,谷歌才成为访问量最大、利润最为丰厚、甚至最为强大的互联网公司。Google 总部的工作环境轻松写意,摒弃了一般企业所具有的繁文缛节,处处体现以人为本的管理理念。

　　把谷歌(Google)公司看作全球人才最向往的公司或许并不过分。在这个创新实践者的"乐园"里,员工们可以随意免费享用最好的食物和各种娱乐休闲工具。在刚刚运作一年的谷歌中国公司里,现在每一层都摆放着四五十种食物,跳舞机、卡拉 OK、按摩、台球、瑜伽等,员工们随时都可以免费享用。

　　在谷歌式创新里,每一个员工无论有多么"不可思议"的想法,都可以自己动手来实践。而且每一个员工有 20% 的时间可以做自己想做的任何事,即便在其余 80% 的时间里,员工也可以自由选择参加什么项目以及如何来完成。

　　另外,灵活高效的工作方式成为谷歌持续高速发展的秘诀之一。创新的意识还源自灵活的小团队工作方式。"将有智慧、有激情的员工针对关键问题,分成 3—5 人的小团队,扁平化的组织,以海量的计算资源和数据作为支持,同时允许工程师抽出 20% 的时间,根据兴趣自己确定研究方向。"这是谷歌组织结构的基本原则。

　　小团队的工作方式看起来平常,其实却蕴涵着深刻的道理:在庞大的组织中,总有很多聪明人,他们可以轻松地找到"混"下去的方法,即便是复杂的绩效考核也对这类人束手无策。但是在有 3—5 人组成的小团队中,却容不得"聪明人"再浑水摸鱼,必须全力以赴才能被大家认可。激发了全体成员创造力的同时,进行小范围的绩效考核,所得的结论就会更加客观。而这些特质正是一家快速发展的科技公司最宝贵的创造力所在,同时也可以看作是谷歌互联网民主观念在公司内部的一种贯彻。

　　谷歌还有个内部交流的网络平台,这个平台不仅能实现信息交流的功能,还鼓励工程师们将自己的创新点子放在这里,由其他人对这些点子做出评价和建议,使这些在 20% 的时间内自由发挥的结晶有可能落实为具体的产品。当由这些好点子发展而来的产品足够完善的时候,就会被放在 Google Lab 里,通过这个向用户展示谷歌创意和产品的工具,征集用户的体验和反馈,以便对尚未正式推出的产品进行修正和补充。

人性化的工作环境、小团队的工作方式、20/80 法则的运用以及每年 1 000 万美元的创业大奖，在这些政策的激励下，谷歌团队不断创新，产品已经从当初单纯的搜索服务扩展到新闻、地图、图书等多个领域，并且开始全球化运营。诞生了一系列如 Gmail 邮箱、Orkut 等这些对谷歌未来发展有重大意义的产品和项目。

宽容错误

每个人都有自己的卑微，也有自己的高贵。因为生活环境和经历的不同，每个人的生活方式和行为法则都有不同。如何对待和我们不一样的人，正是考验一个人人格理性的重要标准。如果每个人能对和我们不一样的人、不一样的言行宽容对待，这个世界一定会更加美好！

专栏 6.8　　　　　　　　　乔布斯与美国社会的包容[34]

对一个果粉来说，《乔布斯传》是一定要看的。这部传记的作者没有像国内写伟人传记那样，把乔布斯写成一个神，如果把乔布斯剥离开他的成长背景和环境，他就是一个普通人，有天分，但是坏脾气。和普通人一样会喜怒哀乐，还常常反复无常，他也做了很多糊涂事，荒唐事。掩卷沉思，通篇让人感受最深的并不是乔布斯这个人，而是他身边每一个对他包容的人，是他所在的整个社会的包容。

乔布斯一出生就被领养，但很幸运的是，他遇到一对非常包容他的养父母，他们尽所有可能地包容乔布斯的自由发展，甚至当他做了很多在常人看来很不对的事情（如吸大麻，搞各种恶作剧）的时候，他们还是包容了他。当乔布斯赌气提出要上最贵的大学，学费远远超过其养父母的承受能力的时候，他的养父母还是接受了。至少年轻时代的乔布斯绝对不是中国人眼里懂事的好孩子，甚至就是坏孩子的典范。但是很庆幸，乔布斯没有年纪轻轻就被送上道德谴责的高台。他的养父母用亲情包容了他的淘气和任性，也鼓励和培养了他勇往直前的创新精神。

当乔布斯开始工作的时候，他也很庆幸，遇到了能包容他的天才技术伙伴，还遇到了能包容他不修边幅、不洗澡、光着臭气熏天的脚来开会的投资者 Mike Markkula，给他更多的空间去发挥。当然，这中间也有过冲突、争吵，但没有道德谴责。甚至当乔布斯离开苹果 10 年后重返苹果时，他要求原来的董事退出董事会，退出名单包括了这位一手扶持了乔布斯和他的苹果的投资者——Mike，但是，Mike 很包容地接受了这个决定，继续给乔布斯更大的空间，去实现他创新的梦想。除了 Mike 之外，乔布斯身边的很多重要的合作伙伴都对乔布斯给予了最大的包容，让他得以一步一步地实现别人认为不可能实现的事情，也让他有机会将艺术、禅宗与技术进行完美结合，让他有机会赋予一个技术产品以灵魂。

当然，很庆幸的是，乔布斯还遇到一个深爱他并且非常理解和包容他的妻子。她能理解并包容乔布斯的变化无常，她能理解乔布斯的情感和理想，但她并不是中国人传统概念中小鸟依人、没主见的妻子，她本受过良好的教育，同时又很独立有主见，所以才可以和乔布斯互相扶持，相濡以沫，给乔布斯一个温暖的家庭。

> 最后,在乔布斯整个的成长过程中,他还获得一个鼓励创新、鼓励个性发展的社会大环境的包容,没有这个社会的鼓励创新,乔布斯小时候就不会有机会获得惠普的很多学习和实践的机会,让他对技术、对创新有了良好的体验和基础。没有这个社会环境,乔布斯在创立苹果的每一步中,就不会获得那么多天才有创意的伙伴的帮助。没有这个社会的包容,乔布斯就不会有机会可以用他个性化的生活方式和生活态度去生活而不受道德谴责。
>
> 乔布斯是个天才,但最重要的是他遇到可以让天才自由生长的环境,在赞赏这个天才的同时,更多值得我们思考和学习的是:如何去创造一个可以培养天才的包容的社会环境。

创新意味着从无到有,开风气之先,因而充满着风险和不确定性,有可能遭到挫折或失败,但风险往往又意味着机遇和未来。失败是企业家精神的重要内涵。为了探索一些新的方式去提高效益,应当允许失误和失败。如果你没有这种甘冒风险和承担风险的魄力,就当不了真正的企业家。美国西北大学管理学院曾有一个心理测试:两扇门,第一扇门开着,一眼可见门里有一只老虎,另一扇门里黑洞洞,如果走进去不知道会遇到什么情况。你会选择进入哪扇门?分析显示,选择进入第一扇门的人非常勇敢,而选择后者的人虽然不知道门里有什么还是进去了,说明其对不确定性有极大的容忍性。美国企业界认为,做企业家不一定需要非常勇敢,但一定要对不确定因素有极强的容忍性。很多人认为这就是美国企业家的核心。因为坚忍,企业家就会觉得失败是一件可以接受的事情。成功的企业家来自各行各业,有做业务没有做成的,有销售业绩几乎为零的,但是,他们只把这些当成一种经历。他们认为损失的钱财只是为成功交的学费,而获得的经验使他们最终走向成功。美国企业热情地鼓励尝试和冒险,积极支持员工的创新思想和创新行动,同时又能宽容地对待失败,甚至鼓励犯错误,以保护员工创新的热情和积极性。托马斯·彼得斯和小罗伯特·沃特曼在《成功之路》中总结出美国最成功公司"革新性文化"的八种品质中,"贵在行动"和"鼓励革新,容忍失败"就是其中的两项。

高创业率也可能意味着高失败率。一个健康而旺盛的经济能够经受住高度动荡的考验。企业的诞生、生存发展与倒闭——这种动荡是非常正常的,需要增加大量的创新以增加发展的潜力。这也意味着要提高对失败的容忍能力。在美国,失败者并不感到羞耻。在法律的制裁方面可能与别国相类似,但在羞耻感方面就很不同了。美国文化鼓励你不怕失败,哪怕失败两次,第三次成功的大有人在,屡败屡战然后成功的也有。结果,只有5%—10%的企业以破产而告终,大多数企业体面地结束。人们认为做其他事能挣更多的钱就干脆将企业搁下了。既然扶持成功大于失败的代价,这种办法就可能大大地鼓励创业者和企业家。这对一个人关于风险和回报平衡的评估有极深的影响。

世界首富沃伦·巴菲特在一次电视采访中指出,对美国经济长期健康发展保持乐观,因为这个国家依然能创新。他说"谁会想到三十年前,新墨西哥州宾馆里喝着可乐、啃着披萨、听着摇滚乐的比尔·盖茨与保罗·艾伦正捣鼓着的一套软件竟牵动着美国未来三十年的经济命脉!"[35]

《财富》编纂公司声誉榜先找业内行政人员和分析家为57个行业的大公司评分,准则包括创意、管理素质和社会责任等九个方面,再由全体4 100位专家选出整体50家最受佩服的公司。根据评价,2010年度全球最令人佩服的公司中的前20名均为美国公司。

> **专栏 6.9　　　　　　　　　硅谷不成文的文化**
>
> 爱心预支
>
> 　　爱心预支的原文是"pay it forward",意思是你有责任不求回报地帮助创业者,这是一种社会责任。被誉为硅谷创业的教父级人物 Steve Blank 每个月必须要和他认为有趣的年轻创业者一起喝 3—4 次咖啡,多数是他的学生。
>
> 帮助你的对手
>
> 　　50 年前的硅谷是"教会徒弟、饿死师傅"式的竞争,很少有合作。这个文化起源于一个关于做芯片的故事:芯片生产过程很复杂,有时候你可能会丢了配方,这个礼拜做好了硅片,下个礼拜所有麻烦都来了。那时,所有人都曾经在一家公司工作过,他们离开后变成了竞争对手,但仍然在同一个地方吃饭喝酒。一天,有个人抱怨:"我们停工了。"另外一个人问:"这个礼拜是不是有女工更改了板型?我们发现她在使用特殊型号的板型,去检查下谁在使用特殊型号的板型。"第二天他来说:"问题解决了。"这件事发生在 1958 年。从那时起,人们开始互相帮助,一直延续到今天。这也是苹果起家的方式,在一个叫做"home blue computer club"里,是一个分享智慧的俱乐部。这是"pay it forward"文化的一部分,它能够让每个人都变得更加智慧。在第一代竞争格局中,人们很难有这样的意识。但最终必须要这样做,因为这样会从整体上提高大家的智慧。
>
> 失败
>
> 　　在硅谷,人们把失败叫做经验。在硅谷以及美国,如果你失败了,你会得到另外一次机会,甚至两三次机会;如果连续失败 5、6 次,他们就对你无语了。但是失败一点都不可耻,这是非常重要的观念。
> 　　Steve Blank 前一次创业,登上了《连线》的封面,融了 3 500 万美金,然后钱全亏掉了。以前投资他的两个 VC 又给了他 1 200 万美金,后来他分别回馈给他们 10 亿美金。
> 　　失败的部分从长远来说对构建文化也很重要。创业也是一种重要的科学实验,绝不能因为失败而惩罚创业者。

宗　教　伦　理

　　美国政体只有两百多年的历史,但美国文明就不是了:它承载整个犹太-基督教世界文明(尤其是盎格鲁撒克逊传统)。没有这些文明积淀,就没有今日的美国。同时,美国本土几百年来的物质和非物质文化遗产都很好地保存。

美国的强盛离不开他的基督教文化①,离不开他的宗教信仰,在相当大的程度上,基督教对美国的影响远胜于制度与法律——美国的整个法制是基于完善和补充整个基督教体系的。美国的精神传统和思想资源简而言之就是基督教新教精神和体现在宪法中的自由主义思想。托克维尔在《论美国的民主》中写道,有助于美国维护民主制度的原因有三:自然环境、法制和民情。但"按贡献对它们分级……自然环境不如法制,而法制又不如民情"。这种民情的很大成分就是在美国根深蒂固的宗教伦理。有许多力量在塑造着美国的风貌,但最主要的力量是《圣经》。

1983"国际圣经年"的时候,《新闻周刊》(Newsweek)做了一篇以《圣经》和美国建国为主题的封面报道。那时,他们做了一个发人深省的叙述:"数个世纪以来,《圣经》深深地影响美国的文化、政治和社会生活。现在历史学家正发现,比起宪法,也许《圣经》才是我们的建国文献:一个特殊、神圣、为神所召呼来建立社会模范的民族、世界灯塔之美国,《圣经》乃是此强力迷思的来源。"这篇文章发表之后,过了几年,向来对基督教并不友善的《时代》(Times)杂志在一篇名为《饮水思源》的文章里说道:"我们的国家是唯一一个以良善理念为基础而建立的国家。这个良善的理念结合了坚强的加尔文终极道德权利和罪人行善责任的信仰。这些收录在独立宣言和宪法之内的信仰实际管理着我们的社会。"

政治伦理

宗教,特别是新教,兴盛于美国有其历史由来。早年的欧洲移民为了自由来到新大陆,宗教不同、种族不同、文化语言不同,凭借什么力量来驾驭这片自由的疆土?人们把共同的信仰寄托于上帝。"In God We Trust",这句写在美元上的文字,是美国人上帝情结的突出表达。

领袖道德

经济史学家诺思认为,宗教决定了一个国家的道德准则,进而决定政治游戏规则,决定法律制度和经济表现,经济表现又会反过来使意识形态发生变化。……这个制度不是从自然科学和社会科学来的,是从信仰来的。是信仰和意识形态影响到人,使人认为什么行为可以接受,什么行为不可以接受。社会形成一个共识,就会有一个 Social Sanction(社会反对和禁止)的机制。……基督教,特别是基督新教,是世界上唯一像哈耶克说的"不断扩张的社会秩序和公正"的东西。

从华盛顿及林肯开始,早期美国的历史是以这些捍卫正义和自由的领袖的故事所谱写而成的。这些领袖更在他们领导时订立了国家的道德观念。这些领袖们以个人道德、诚信和无私作榜样,以表明他们是这些宗教的源头。美国第六任总统约翰·昆西·亚当斯(John Quincy Adam)曾说过:"美国革命把人民政府与基督教义串在一起。"领袖的公众和私人生活都深受他们的基督教信仰所影响。历史学家 David Barton 指出:"在 55 个立宪先驱中,52 个是正统福音派的基督徒。"早在 1844 年的一件案中,高等法院判决中提到:"为何不教导圣经,尤其是新约,让我们可以在学校中阅读和学习神圣的启示?我们还可在哪里学到比新约中更

---

① 基督教分为东教(东正教)和西教(罗马教)。东教寻求人的愉悦,少见基督的受难;而西教则以基督的受难为主题。这种起点上的差异影响极大。美国的基督教是以西教(尤其是新教)为主体的,而欧洲的基督教是以天主教为主体的。

纯正和清白的道德观呢?"

美国很多公众政治人物都是很有才华、很有工作干劲的人物,以他们的本事,做个赚钱的事业,一定能赚比做政府官员多得多的钱。例如,前总统克林顿和他夫人希拉里·克林顿都是口才极好、思维清晰、具有极强的工作热情的人,他们如果安心做律师,从物质上讲,不会差到哪里去。但他们俩从来不是物质至上的人,从少年起,他们就是热心公益事业、有社会责任心的孩子,对改进社会充满了热情,做了很多义务工作。奥巴马也是一样,大学毕业后,曾有过一个舒适高薪、前程无量的工作,但他觉得自己的热情不在那里,最后放弃舒适的公司工作,热心投入到为社区服务的公益事业中去。美国的政治家虽然远不是完美的人,但对推动社会进步充满热情是很多人加入到政府官员的竞争中去的一个重要原因,也是他们能得以当选的一个重要因素,而被人民挑选来掌管国家政府就是人民给他们的最好赞扬。

在美国,如果基督徒拿着教会的介绍信去经商,会得到当地众多信徒在经济、人脉等方面的关照。而美国很多教徒如果提及自己的贵格会①身份,消费者就会特别信任他。也就是说,在美国已经形成了高信用的基督徒文化。

天赋人权

美国人所热衷的在全世界推行和维护的自由、人权、民主的价值观和制度,看起来是世俗的价值观和社会制度,但实际上起源于基督新教的价值观和宗教改革,体现着基督新教的信念。这些价值观与新教教义一起,构成了延续两百年的美国式的价值观及社会体系,构成了美国的国家和社会的本质。美国在世界上推行民主、自由、人权等价值观和社会制度,并充当这些价值观和社会制度的保护人的角色,实际上是在推行和保护基督新教的价值观和制度,旨在全球建立一个基督教文明的社会和国际秩序。在宗教信仰虔诚的总统执政时期,这些价值观和社会制度往往被直接的基督教传播行为所取代。促使美国采取这样对外政策的,是美国人的由来于基督新教的天命意识和起源于基督新教教徒的救世主义态度,尤其是清教徒的一些特有的宗教信念,如后千禧年思想等,它们又强化了美国人的这种天命意识和使命感。

7月4日是美国独立日,是美国人民纪念1776年签署《独立宣言》的日子。《独立宣言》是美国同当时美国的殖民统治者英国正式中断政治纽带的文件,除了它的历史重要性以外,其中激昂文字的力量仍在继续发扬光大:"我们认为下述真理不言而喻:人类生而平等,造物者赋予他们若干不可剥夺的权利,其中包括生命权、自由权和追求幸福的权利。"这些文字由当时33岁的托马斯·杰斐逊撰写,由大陆议会于1776年7月4日发表。这些文字只是美国独立宣言那些意义深远的名言之一。在美国的整个历史中,自由一直是凝聚民心的号角,无论是林肯在美国内战中所说的"自由的新生",还是罗斯福在第二次世界大战中所说的"四大自由",都是如此。布什把伊拉克战争命名为"伊拉克自由行动"不是偶然的,因为把军事冒险与自由理想联系起来是动员民众支持的一贯做法。

布什在清华大学演讲时说:"95%的美国人信仰上帝,我是他们其中之一。信仰是道德的核心,能使人活出一种更高的标准。"因为拥有基督教的信仰,高贵者不再飞扬跋扈,贫贱者不再感到卑微。麦凯恩(John McCain)2008年9月在共和党大会上接受总统提名的演说时曾经这样含情地指出:"我们投身于一个承诺:所有人生来平等,享有造物主赐予的不可剥夺的权

---

① 贵格会(Quaker)又称公谊会或者教友派(Religious Society of Friends),是基督教新教的一个派别。

利。没有其他国家——从没有任何国家,有更好的国家精神。……我爱上了美国,当我身处美国之外的监狱里。我爱她不只是因为这里的舒适生活,我爱美国,因为她的正派,因为美国人的智慧、正义感和善良。我爱她,因为美国不仅仅是个地域,而是因为那个理念,那个值得为之战斗的原则。"奥巴马在总统就职(2009年1月20日)演讲中指出:"我们可能面临着全新的挑战,我们应对这些挑战的手段也可能是全新的,但是我们的成功所仰赖的价值标准却是古老的——勤劳、诚实、勇气、公正、忍耐、好奇、忠诚和爱国。这些东西都是真实的,它们在整个美国历史上一直是我们取得进步的背后推动力。"

由此可见,美国强大的最基本原因是上合天理、下合人心的道义精神。"9·11"事件中发生的三件事都可以让人们从中看到美国人的力量。

第一件事,世贸大楼顶部被飞机撞击之后,烈焰奔腾,形势千钧一发。楼上的人们通过 EXIT 向下逃生的时候,并不特别慌乱(他们也害怕,但不慌乱)。人往下走,消防队员往上冲。互相让道,并不冲突。有妇女、小孩、盲人到时,人们都自动地让出一条道来,让他们先走。甚至还给一条宠物小狗让道。一个民族的精神不强悍到一定的程度,断然做不出这种举动。面对死亡,冷静如斯,即使不是圣人也接近圣人了吧。

第二件事,"9·11"的第二天,世界就知道这是阿拉伯恐怖分子所为。很多阿拉伯商店、餐馆被愤怒的美国人砸了。一些阿拉伯商人也受到袭击。这个时刻,有相当一批美国人自发地组织起来,到阿拉伯人的商店、饭馆为他们站岗。到阿拉伯人居住区巡逻,阻止悲剧的进一步发生。

第三件事,在美国宾夕法尼亚坠毁的那架767客机,本来是要撞向白宫的。后来机上乘客与恐怖分子搏斗,才使飞机坠毁。因为当时他们已经知道世贸大楼、五角大楼被撞的消息,他们决定,不能无所作为,要和恐怖分子进行殊死斗争。即便是在这种情况下,他们还做了一件事——投票,以决定是不是要和恐怖分子作斗争。后来全体同意,才去与劫机者搏斗。

人人平等

美国有 Roman Catholic(罗马天主教)和 Protestant(新教)两个主要基督教派。天主教视教皇和神父为教徒的精神之父,代表上帝指点迷津。新教秉持上帝面前人人平等,每个人独自直面上帝。两大教派中,新教占有绝对优势。布瑞德福博士(Dr. M. E. Bradford)在《一个杰出的公司》(A Worthy Company)一书中,记载了55名签署《独立宣言》的人当中,有52名是基督徒。在纯正的地方教会里他们都是可敬的人物。在55名签署宪法的人当中,为数50—52名的人公开承认自己是纯正的基督徒。迄今为止的44位美国总统,除肯尼迪是天主教外,其余全是新教教徒。

"美国精神"意味着个人奋斗的自由,美国在保障个人通过奋斗聚敛财富的权利的同时,还需要尽量保障个人奋斗的平等权利。"美国精神"所谓的平等,指的是人格的平等、身份的平等、机会的平等。1971年,美国哲学家罗尔斯发表了著名的《正义论》[36],提出"作为公平的正义"理论,其核心就是人的"平等":"每个人都拥有……最广泛的基本自由的平等。"美国"建立在这样的一个理念之上,就是每一个人都是重要的。它的政府制度、经济体系、人与人之间的关系都建立在这个理念之上"。

最能反映人的,是他所承载的文化,如人们如何相处等。相信在美国学习、工作、生活过的人都会有这样的体会：没有哪个受过高等教育的敢公开看不起没有受过高等教育的；没有哪个路人敢不尊重路边的乞丐；没有哪个正常人敢取笑残疾人的缺陷；没有哪个大公司的老板敢公开地在职员面前盛气凌人；没有哪个英语说得好的敢在公开场合笑话英语说得不好的；没有哪个有钱的敢在公开场合蔑视甚至看不起没钱的；没有哪个富人敢在公开场合宣布自己所有的财富全靠自己的奋斗，与社会和他人无关；没有哪个聪明人敢在公开场合瞧不起笨的；没有哪个美国人敢公开宣扬：没本事的人理当受穷；经过 20 世纪 60 年代黑人兄弟们流血的斗争，没有哪个白人敢公开歧视黑人……

Phillips Academy Andover 是美国最有名的私立学校之一（布什是这个中学的毕业生）。有个老师有一天表扬一个黑人学生说："尽管你是黑人，但是学习如此努力，我真为你骄傲"。第二天学生家长到学校告状，这个老师马上被炒鱿鱼，灰头土脸。

Fred Malek 曾经是美国呼风唤雨的政客，Colin Powell 曾经是他的私人助理。他做过一件错事，使他一辈子不能从政。这件错事是他曾为他的老板尼克松调查一个政府机关里有多少犹太人。这些犹太人没有受任何的迫害，但就因为他参与了这个调查，使他终身不受录用[37]。

2012 年 12 月，美国俄亥俄州 43 岁的男子威廉·贝利（William Bailey）日前因在校车车站看似模仿、嘲笑了 10 岁脑瘫女孩 Hope Holcomb 的走路方式，而被判 1 月监禁。贝利已发表声明向女孩及其家人道歉。

美国护照上印有一句格言："Democracy is based upon the conviction that there are extraordinary possibilities in ordinary people. —Harry Emerson Fosdick"。翻译过来，就是："民主是建立在对坚信平凡的人民能创造不平凡未来的信仰之上。"

美国法律规定，遗产管理人或遗嘱执行人必须在原财产所有者死亡后 9 个月内，负责以现金方式缴清税款，然后才可以进行遗产分配。美国遗产税的起征点较高，并按物价指数浮动，税率实行超额累进制，最高税率达 55%。

美国总统布什上任后，宣布了 1.6 万亿美元的减税计划，其中包括取消联邦遗产税。美国政府计划在 2010 年前逐步取消遗产税。随着这项计划的逐步实施，美国将每年减少 300 亿美元的遗产税收入。这对拥有美国大部分财富的最富有阶层来说当然是个好消息。但有趣的是，竟然有 120 名富翁联名上书，反对政府取消遗产税。《华尔街日报》也曾公布了一项调查结果，表明即使美国取消遗产税，仍有 50% 的美国有钱人打算把自己至少一半的财产捐给社会，只留下一部分财产给子孙。在《纽约时报》上刊登广告，呼吁政府不要取消遗产税的富人中包括比尔·盖茨的父亲老威廉、巴菲特、索罗斯、金融巨头洛克菲勒等。老威廉在请愿书中写道："取消遗产税将使美国百万富翁、亿万富翁的孩子不劳而获，使富人永远富有，穷人永远贫穷，这将伤害穷人家庭。"巴菲特也表示："取消遗产税是个大错误，是极其愚蠢。取消遗产税会造就一个贵族阶级。"

社会伦理

在美国众多的宗教派别中，基督教毫无疑问地占有绝对优势。有数据表明，在美国有信仰宗教的人数中，约有 85% 的人声明自己信仰基督教。以基督教的教义《圣经》为例，它始终是美国最为畅销的书籍之一，年销量高达 900 万册左右。虽然基督教并不起源于美洲大陆，但基督教实际上成了美国的国教,基督教文化也演变成美国的主流文化,其影响之大只有深入到美国社会之中才能深刻地感受到。美国思想界权威诺瓦克(Michael Novak)曾说过,在美国社会的政治、经济、文化三个系统中,文化系统是以基督教文化精神为核心的,这在今天仍是相当主流的观点[①]。

宗教气质

清教徒(Puritan)原本是指英国基督徒中那些要求清除英国教会中天主教残余影响的改革派。其词源来自拉丁文的 Purus,意思是"清洁"。

1620年9月,大约100名清教徒搭乘著名的"五月花号"(May flower)轮船前往北美,两个月后抵达马萨诸塞州的科德角(Cape Cod),不过,这里和他们本来的目的地弗吉尼亚还很远。于是,他们就在这里订立了著名的《五月花号公约》,申明他们愿意在这块新大陆上建立社区,并服从那里的法律。

1620年12月,这批清教徒在附近的普利茅斯(Plymouth)定居下来,立即用木材建造教堂,因为在美国早期发展中,一个村落或者城镇的第一个建筑物一定是教堂,作为整个社区的中心。可惜当时因为没有暖气,很多新移民因为严寒而丧失了生命。1621年春天来临后,他们开始建造别的房屋。当时,美洲印第安人帮助他们,教他们种植玉米等农作物。是年秋天,他们的种植大获丰收,为了感谢上帝的恩典,他们专门选择了收获后的一天来表达对上帝以及印第安兄弟姐妹的感谢。这也是今天美国人的重要节日——感恩节——的来历。首批清教徒在美洲站稳脚跟,也给更多的英国清教徒树立了榜样和信心。他们满怀着梦想和信念,一批批地来到北美。到1640年,新英格兰地区的英国移民已经达到2万人。由于他们当中的大多为清教徒,也就不再存在什么宗教派别的问题了;而波士顿也开始成为他们信仰和生活的中心。1630年,当约翰·温思罗普(John Winthrop)乘船前往新大陆时,他告诉船友们说,北美应该是一个山巅之城,应当成为一个为世界其他地方树立榜样和示范的纯粹的基督徒社会。为了实现这一目标,应该教育所有的清教徒。同英国其他殖民地的移民相比,这些来到美国的清教徒,或是来自牛津大学,或是来自剑桥大学。因此,他们的素质普遍高于当时欧洲的整体水平。正是因为他们当中有不少是剑桥校友(Cambridge),他们到达殖民地几年后就创办了哈佛大学,而将大学所在地也命名为"剑桥"。

当时的教育的主要目的还是为了信仰。为了使清教徒变得圣洁,就要鼓励他们多阅读《圣经》。不少清教徒相信"神圣的《圣经》包含了一切必要的救赎"。虽然通过阅读《圣经》并不一定能给人带来物质上的成就;但作为一个好的清教徒,就必须为自己寻找《圣经》真理。正是这些原因,北美新大陆地区的清教徒注重教育,明显不同于英国的其他殖民地区,包括澳大利亚、南非等。这些美国的创立者们建立了追求基督徒生活模式的北美社会,引发强烈的文化教育动机。说到美国著名的"常青藤大学"(Ivy League)盟校,除了康奈尔大学(Cornell Univ.)以外,其他的7所都是建立在神学院的基础之上。

清教徒们并不是一种宗教或是派别;而更是一种态度、倾向、价值观。在当时的基督徒中,清教徒也许可以算作最为虔敬、生活方式也最为圣洁的新教徒(Protestant)。他们认为"人人

[①] 从宗教的角度来说,基督教是从犹太教(即希伯来文化)派生出来的,所以,基督教文化主要是继承希伯来文化并吸收一些希腊的影响演变而来的,它比较强调"原罪意识",以"有罪者必得惩罚"的观念来警醒世人。

皆祭司,人人有召唤",认为每个人都可以直接与上帝交流,因而反对神职人员的特殊地位以及传统教会的形式。他们更倾向于简单、实在、上帝面前人人平等的信仰生活。很多人也许不知道,正是在这些清教徒当中,社会才真正出现"职业"这个说法。"职业"一词的原文是"vocation",包含有"呼唤、呼召"(calling)的意思。意思是说,上帝号召他的选民,去从事某个活动或职业。这个词无疑含有信仰成分:职业即是天职,是上帝安排的任务,这是职业的最初定义。

因此,清教徒将"世俗工作"看作"修道"的方式,是上帝安排的任务,是神圣的天职。每个人要入世修行,将自己在世间的工作和生活做好。这样才能"荣神益人"。清教徒对营利性质的工作也予以肯定,认为上帝将财富交于他的选民管理;而作为被拣选的"财富管理者",也有责任将财富增值。正像一位名叫普勒斯顿(John Preston)的清教徒领袖在他的著作中所写:"若有人问如何能晓得神在他身上的旨意,我的答案很简单:只要看看神赐给他的产业便成。"他并不是在说信奉上帝就一定能发财,而是将产业看作上帝赐福的证据。他认为,只要我们勤奋尽责,扩大产业,以创业为天职,就一定会得到上天的喜悦。实际上,当时的清教徒都毫无保留地投身于工作,尽力为自己扩大产业、积蓄财富。他们把产业和财富当作是上天赐福的记号,甚至有些人以为是得救的依据。这样的职业思想促成了他们事业的兴旺和财富的迅速增长。因此,清教徒是创业精神的代言人。不过,他们认为人开创产业必须同时禁欲和节俭。因此,他们限制那些纵欲、享乐以及过度消费行为,而将消费性投入和支出全部用在生产性投资和扩大再生产上。所以,美国的崛起并不是像今天一些人想象的那样是因为纵欲和贪婪,而是勤奋加上克制和禁欲才使社会财富很快增长。

除了勤奋和节俭以外,清教徒在商业和工业活动中也是非常地诚实守信、珍视信誉;绝不会坑蒙拐骗。清教徒企业家不仅追求利润最大化,而且具有对社会的回馈意识,并勇于担当社会责任、维护正义,为社会公益事业做出了巨大贡献,为后来的美国社会留下了宝贵的遗产[38]。

托克维尔(Tocqueville)在《论美国的民主》[39]中说,民主社会里信仰是很重要的,唯物主义会腐蚀人的心灵,让人人只关注自己的利益,只关注物质享受。如果一个民主社会要长久发展,必须要对唯物主义有所限制。"在民主社会中,宗教的理念性积极功能更在于平衡过度的世俗取向。由于民主社会刺激物质享受的无限度扩张,有使人的生活物化的趋向,民主社会比贵族制社会更需要彼岸信仰……民主社会的另一潜在危险是个人主义……民主社会打破了人与人之间的联系,情谊稀薄,最后连家庭也处于兴衰无定的状态。"很明显,宗教群体的建立有助于平衡这种个人主义,宗教在美国就起到了这样的作用。

在美国,每星期的第七天,全国的工商业活动都好像完全停顿,所有喧闹的声音也听不到了。人们迎来了安静的休息,或者毋宁说是一种庄严的凝思时刻。灵魂又恢复了自主的地位,并进行自我反省①。在这一天里,市场上不见人迹,每个公民都带领自己的子女到教堂去,在那里倾听布道讲演,他们听到了高傲和贪婪所造成的不可胜数的害处。传教士向他们说,人必须抑制自己的欲望,只有美德才能使人得到高尚的享乐,人应当追求真正的幸福。他们从教堂

---

① 很多美国商场在大型假日全都铁将军把门,关门不做生意;周末的开业时间,特别是传统的宗教活动日周日,也只有短短的6—7个小时。新泽西洲的Bergen County有一个Blue Law的传统,强制实行宗教标准,周日就是用来做礼拜和休息的,禁止购物,大大小小的购物中心周日通通不得开门。

回到家里,并不去看他们的商业账簿,而是要打开《圣经》,从中寻找关于造物主的伟大与善良、关于上帝的功业的无限壮丽以及关于人的最后归宿、职责和追求永生权利的美好动人描写。美国人就是这样挤出一点时间来净化自己,暂时放弃其生活上的小小欲望和转瞬即逝的利益,而立即进入伟大、纯洁和永恒的理想世界。

现在,美国是西方世界入教人口比例最高、教徒做礼拜最勤的国家。美国有 30 多万个以上的基督教教堂、犹太教会堂、清真寺以及其他宗教活动场所。你很难想象全美国一年到头都浸泡在教堂的钟声里,但这却是事实。在美国旅行,无论到了哪里,从清晨到黄昏,都能听到教堂里悠扬的钟声。20 世纪 90 年代初期进行的一项国际性调查曾显示,有 82% 的美国人信仰宗教,而同期的英国、德国和法国却分别只有 55%、54% 和 48%。而且,美国人花在宗教上的时间和金钱远比花在体育方面的多。例如,1990 年,美国人观看职业或大学橄榄球、棒球、篮球、冰球、拳击、网球、足球等项目的比赛为 3.88 亿人次,而出席宗教活动的人次则为 52 亿,13 倍于观看体育比赛的总人次。1992 年,美国人贡献给宗教事业的资金总额为 567 亿美元,是花费在棒球、橄榄球和篮球这三大联赛上 40 亿美元的 14 倍。

  NBA 每场赛前一小时,球员都会聚集到祈祷室祈祷。通常,球员都是祈求健康或是为家人、爱人、朋友祈祷,但海斯伦(Udonis Haslem)听到林书豪从没听过的祈祷词,他询问:"我可以祈祷不要被裁掉吗?"林书豪认真问着,那晚牧师也为他祈祷了,或许上帝听见了林书豪的祷告,为他在美国时间 2012 年 2 月 4 日这天开启了机会。从那天晚上之后,林书豪成为美国家喻户晓的传说。

美国的大多数民众心态很平稳,很少有仇富心理,他们觉得每个人的生活经历不一样,从而导致生活方式也会不一样。一般民众有他们自己引以为豪的生活方式,两者互不牵涉。业大业小都有烦恼,钱多钱少没完没了。并不能说富人就一定更好,因为富人也有他们自己的许多问题,"美满生活"的定义也是见仁见智,只要自得其乐即可!

专栏 6.10　　　　　　　　**布什:我常趴在上帝肩膀上哭**[40]

  布什透露,每当他为在伊拉克阵亡的士兵感到情绪低落时,都会借助上帝来寻求安慰。"我趴在上帝的肩膀上哭泣,而且经常哭。我哭得肯定比你想象得多。"

  对于坚持追求自己所坚信的政策产生压力的必然结果,布什说:"我决心要做领导者(而非顺应民意)。首先,这会让你不受欢迎;其次,这会让人们指责你傲慢自大,一意孤行,这或许是真的。但最根本的问题是,这个世界是否在你的领导下变得更好。"

实用主义

在很多的国家和民族中,都不缺乏现实性,因为如果没有现实性,这个国家和民族就不会生存下来。但是,很多的国家和民族都没有什么理想性了,无论是国家还是其国家的人民,他们只有现实性,只停留在生存中,只停留在活着的状态中,只停留在日常生活的享乐中,这样的国家和民族是非常多的,因此,这样的国家几乎就没有未来,也不会领导世界向前迈进。环顾当今世界,还能将现实性和理想性比较好地结合起来的国家,只有美国。美国人是理想与现实结合起来的人。美国人有一个非常难能可贵的地方,就是他们没有丢掉自己的理想性,这也是美国现在仍然是世界上最有魅力的国家的原因。

新教在美国大行其道,因为它是美国的价值观——自我依靠、物质成功——赖以形成的强大精神力量。新教的一个最重要理念是 Self-Improvement(自我完善),物质成功又是美国人广为推崇的自我完善形式。早年的美国新教领袖深信,上帝对人的祝福体现在他们的物质财富上,而物质的丰富使美国人更加友善、快乐、无私,更具基督情怀。20 世纪初,美国新教教长拉塞尔·康威尔呼吁人们:"你们应该致富……这是你们的天职。"康威尔认为,任何人在美国都有机会变贫穷为富有,只要他利用这个机会。康威尔的理论表达了一个对大多数美国人至关重要的信念:上帝带给美国今天的富有,将会继续保佑美国成功。

美国到处充满着抱守清教徒工作伦理观的人。这个基督徒伦理观旨在阐明,每一个工作都必须赋予它优秀的品质以及孜孜不倦的热忱和信仰,并且用荣耀神的态度来完成每一件差事。"智能地使用金钱,以避免负债"这个工作伦理将美国带入一个历史上前所未有的繁荣和兴盛。

虽然英国政府规定向富人征收高额税金,有时会达到收入的 50% 左右,但这些富人们通过向律师事务所、会计师事务所等寻求帮助,实际上借助各种手段减少所缴税金。有的富人缴纳的税金甚至比中产阶级还要低。与之形成鲜明对比的是,一些美国富豪呼吁"向我增税",希望政府能向他们收取更多的税金。

在爱国百万富翁协会的网站上,页面显眼处有一个红色长方形框内写着:"给我们增税,我们负担得起。"爱国百万富翁协会是由超过 200 名美国年收入超过 100 万美元的富翁组成。他们聚集于此的目的是希望能够缴纳更多的税金,以此平衡目前美国所面临的不同阶级纳税人缴纳税收不公的问题。他们认为目前联邦政府对像他们这样的高收入者征收的税率太低,他们比绝大多数美国的纳税人更有能力多缴税,愿意通过多缴税帮助政府渡过财政赤字难关。他们的理念是:"我们关心我们的国家跟关心我们口袋里的钱是一样的。"

在网站上,爱国百万富翁协会向总统奥巴马写了一封公开信。在信中,这些百万富翁呼吁"奥巴马能够做出正确的决定,增加富人税收"。信中还写道:"我们以年收入超过 100 万美元的诚实市民的身份向您写信,希望总统先生能够将国家利益放到政治之前,为了国家财政的健康发展和美国民众的利益,要求总统增加对年收入超过 100 万美元的人的税收"。"我们的国家正面临抉择,选择为建立美好未来而偿还债务或选择逃避我们在经济与金融上应该承担的责任,任由国家滑入深渊,"爱国百万富翁协会的公开信中表示,"正是国家塑造了我们的成功。现在我们想要做的是为国家经济尽自己的绵薄之力,让这个体系更强劲,这样,更多的人才有机会通过它变得和我们一样成功。"

理想主义

美国护照上印有这样一行文字:"Every generation has the obligation to free men's minds for a look at new worlds, to look out from a higher plateau than the last generation."意思是:"每一代人都有责任通过一个比上一代人更高的平台,去观察新的世界,继续解放人的思想。"

美国人的理想性的本质来源于基督徒的理想性,这是文化根源的问题。当那些英国和荷兰人乘坐"五月花号"到达新大陆的时候,他们是理想的,也是现实的,他们的共同背景是他们都是基督徒,而且是寻找新世界的基督徒,是寻找一个新的能将他们的理想加以实现的基督徒。他们是清教徒,他们在船上签订了一个契约,这个契约是将基督徒的理想与生活的现实结合在一起的。这个契约是奠定美国未来历史的文件。很多人也谈到西方文化的契约本性,但他们大多是从法国启蒙思想家卢梭的《社会契约论》的角度来理解契约精神和文化的,值得注意的是,法国人的契约与美国人的契约是不一样的,法国人的契约里面,没有神作为支撑,他们仅仅是从契约的现实本性出发,即指出了契约是一种普遍的约定,是所有社会里的人的共同的约定。没有神性作为支撑的契约仅仅是现实的,也是低俗的,没有理想性在里面,根基也是非常浅的。

案例 6.3   **亨利·福特**[41]

亨利·福特是一位平民出身的资本家。支撑亨利·福特的是这样一个简单信念:制造一种为普通人设计的、买得起而又可靠的汽车。1914 年 1 月 5 日,福特汽车公司董事会通过决议,郑重宣布:"本公司将实现 5 美元工作日!任何合格的福特汽车厂的工人不论年龄,不分工种,都能领到他自己的一份。"公司同时废除了每天工作 9 小时的制度,取而代之以每天 8 小时三班倒制度。当时,员工日薪 5 美元是整个行业平均水平的两倍。亨利·福特的义举恰似冬天里的暖流,一时间底特律成了普通美国人心目中的圣地,他们要去拿高工资。

当然,亨利·福特的做法极大地触动了既得利益群体。许多工厂主(甚至福特汽车的股东)批评福特,少发工资才能多给资本家和国家带来利润;亨利为宣传自己,扰乱了市场秩序,破坏了商业的天条。但亨利·福特不为所动。他认为这种"天条"或积习是应该改变的,企业的发展只有立基于增进工人福利,才能够创造未来,低工资、高工作量的企业注定是短命的。

有人问福特:"一个清洁工如何可以拿到那么高的工资?"福特的回答是:"较高收入可以唤醒他们的合伙人意识,积极主动地去收集地板上的小工具和小零件,这样,清洁工每天可以为我们所节省的远超过 5 美元。"在亨利·福特看来,工人是一个为国家做贡献的公民,或许他还是一个成家的人,也许他已经有了孩子。将孩子培养成人的责任必然要靠他所赚到的钱。这个国家的大部分人靠工资过活,一个国家的兴盛与这个国家的人民生活水平有密切关系。亨利·福特把他的雇员当作合伙人,只不过那时的合伙人还没有低现金、高期权的组合制度,而是直接表现为高现金收入。

亨利从来是把商业放在一个更广阔的社会环境中把握:他深刻理解自己的责任。他绝不仅仅是出于对一己私利的考虑。如果从赚钱的角度看,现存体系就足够好了,他不会要求改变现在事情的组织方式的。但是,他思考的出发点是为人民提供服务问题,现存体系并不能鼓励最佳服务,因为它鼓励每一种浪费,使很多人不能从服务中得到应有的报酬。为此,他勇于站出来从人民福利的角度说话:"合众国的一切,诸如土地、人民、政府和企业,都只是人们选择的使自己生存更有意义的方式。政府永远只能作为人民的公仆,除此之外,他别无选择。倘使人民成了政府的附属物,报复的法则便开始起作用——因为这是一种缺乏道德的、反自然、反人性的关系。不论是企业还是政府,都是我们生活必需的,二者作为仆人被人们需要,就像水和米一样不可或缺。然而,一旦他们成为主人,自然法则就遭到破坏。"(亨利·福特《向前进》)

由于新教视个人为宗教生活的中心,不仅强烈地吸引了投奔自由的人们,也鼓励了不同教派的形成。美国新教一个明显的特征是教派众多、大同小异。各种教派相互包容,对佛教、伊斯兰教等其他教派,也以"Live and Let Live"(生存和允许生存)的态度对待。

在一项调查[42]中,美国只有13%的成年人表示,成为有钱人是他们人生最重要的事。在美国人心里最有价值的事情中,拥有更多的金钱仅排在第七位。美国人认为人生最有价值的、排在第一位的事是,拥有足够的时间去做自己喜欢做的事,赞成这一观点的人占67%。61%的美国人认为事业上的成功、有孩子是人生最有价值的事,53%的人认为结婚是人生最有价值的事,52%的人认为做义工、为慈善机构捐助和过着有宗教信仰的生活是人生最有价值的事。

生活伦理

韦伯在《新教伦理与资本主义精神》[43]一书中指出,近代产业资本家、企业经营者或上层的熟练工人(特别是经过训练的技术员、商人)都普遍带有新教的色彩,新教信徒所受的近代生产、营利的市民生活的教育(学历)也远比旧教高出许多。美国企业家和中产阶层深受欧洲资本主义精神的影响。中世纪,欧洲的核心价值体系以宗教价值优先为特征,在这样的价值体系里,能否蒙受上帝的恩宠是生活的最终目标,因此,近代欧洲资本主义精神(即近代欧洲企业家所独具的"精神气质")以新教伦理为基础,认为"倘若财富意味着人履行其职业责任,则它不仅在道德上是正当的,而且是应该的、必须的"。对近代欧洲企业家而言,财富是他们辛勤劳动的象征,因此,财富积累得越多,就表明他们越接近个人追求的目标——更多地得到上帝的恩宠。

重视教育

美国有一个相当稳定而又富有活力的中产阶层。其稳定是以白人盎格鲁-萨克逊新教徒(WASP:White Anglo-Saxon Protestant)集团为基础,其活力来源于主动吸收各个宗教、族群、阶层的精英分子。

所谓中产,是指拥有一些资产的人,这份资产须大到他足以依靠、弥足珍惜、悉心守护的程度,而又没有大到他能借此调动一大批人来专门为他服务,或为实现他的个人目标而工作的程度。中产者的核心资产是人力,而且其人力资产市场价值很高,高得足以让他购置房产、负担子女的优质教育、购买医疗与养老保险以及自己的不断再教育——这是对人力资本的保值增值措施,所有这些都给了他安全感和自信心,也改善了其面对雇主的谈判地位;对短期失业的承受能力、自我雇佣和小本经营的可能性更强化了这一地位。他们在行动上会倾向较为保守和稳健的策略;当人口中很大多数都采用如此策略时,整个社会的博弈环境会更有利于善意与合作[44]。芭芭拉·艾伦里奇在《堕落的恐惧——中产阶级的内心生活》中生动地描述了新中产阶级的存在方式,与经济精英、政治精英相比,"职业中产阶级只是一个中产阶级,位于绝对的财富和权力精英之下。其唯一的资本是知识、技能或者至少还有相关的证明知识、技巧的文凭、证件[45:15]"。

美国的中产阶级社会有比尔·盖茨这样的巨富,也有生活在社会边缘、每个小时拿10美元工资的黑人和南美移民,但是社会的绝大多数人口是中产阶级(家庭年收入在10万美元左右,夫妻单方收入在5万美元以上),所以,在这样一个资源充沛、可居住面积广大的国家里,没有两极分化比较明显的中国社会对资源的强烈占有欲。但这些百万美元富翁新贵,不但没有进入精英阶层,反而坚守中产阶级价值观,靠着自己打拼,而不靠继承,每周工作达70小时,并根据学校品质选择居住小区。他们把钱花在与家庭价值观有关的所有东西上。为了获得更高的社会地位,他们必须不断提升自己。据调查[46],美国成功的企业家一般成长于有着中产阶级价值观的家庭。这类家庭充满生机、健康向上,相信通过良好的教育和不懈的努力,每个人都可以达到自己期求的顶点。这类家庭注重培养孩子的自信心,父母每天早晨都会说:"去做那件事,孩子,让我们为你感到自豪。"

专栏 6.11　　　　　　　　四种家庭文化塑造美国下一代

弗吉尼亚大学文化高级研究所进行的一项为期三年的研究表明,四种家庭文化正在塑造下一代美国人,包括忠实型、积极改革型、超然型和美国梦型[47]。

忠实型

忠实型家长坚信神圣与永恒的道德观念,这一通过基督教、犹太教或伊斯兰教流传下来的道德观念赋予他们强烈的是非感。忠实型家长相信人类本性"基本有罪",认为在大范围社会(包括公立学校中)出现了道德滑坡。他们试图通过在家庭中创建传统的社会道德秩序,为自己的孩子灌输这一观念,从而在教会团体的支持下捍卫与延续这种秩序。与孩子的最终幸福或事业成功相比,培养"反映上帝旨意的儿童"对他们而言是更为重要的教育目标。

积极改革型

对积极改革型家长而言,道德与个人自由和责任有关。他们看重诚信,并且对宗教持怀疑态度,通常在道德上依据自身经历的引导,或对他们来说什么事情"感觉对路"而行事。积极改革型是四种家庭类型中政治最自由、最不信奉宗教的类型,他们通常对当下文化和孩子前途感到乐观。积极改革型家长力求把子女培养成为"负责任的选择者",与其他家长相比,策略性地允许自己的子女在更小的年纪自由选择。年满14岁时,这些孩子可以对节育有着充分的了解;到15岁时,他们可在无大人陪同的情况下上网;而年满16岁时,他们获许观看R级电影。

超然型

教育策略属于超然型的家长可以被概括为:让孩子享受童年,自由发展。超然型家长主要是从事蓝领工作、不具备大学学历、家庭收入较低的白人家长。他们对未来和孩子的机遇持悲观态度,所报告的婚姻幸福水平较低,并且与孩子不亲密。他们每天与孩子交流的时间不足两个小时,他们并不经常监督孩子的功课,且孩子的成绩较差。当他们一家人坐下来一起吃晚饭时,常常是在电视机前。

美国梦型

美国梦型因他们对子女的能力和机遇持有的乐观态度而得名。这些父母的家庭收入与教育程度相对较低,他们倾注全力教育子女,为他们提供一切可能的物质与社会资源。他们还投入大量努力,保护孩子免受负面社会影响,塑造孩子的品德。这是黑人和西班牙裔中最常见的家庭文化类型,两个人种各占美国梦型家长的约1/4。美国梦型家长描述他们与孩子之间的关系为"非常亲密",并表达了与他们的成年子女成为"最好朋友"的强烈愿望。

乐于慈善

在基督教"天职"的概念中,神职人员并不比普通信徒更神圣,上帝可能号召你去做牧师,也可能号召你去做商人、做工程师、甚至做木匠——只要你努力做好自己的职分,就是"荣耀了神,具有了神圣的意义"。在工作中取得了很大成就,比如合法经商赚了大钱是"受到了上帝的祝福",这种祝福就是蒙"上帝拣选"的标志——这解决了"赚钱"原罪问题。更进一步,既然商业活动是上帝号召,赚钱是为了"荣耀神",显然,赚钱之后就不应该去挥霍无度,而应该节制欲望,保持简朴,扩大生产,服务社会。在基督教之国美国有很多企业家像洛克菲勒一样,生活极为简朴,不抽烟,不喝酒,不跳舞,没有任何不良嗜好,所有的生活就是赚钱、省钱、捐钱。这种清教精神和资本主义精神在当代美国社会仍广泛存在,甚至是根深蒂固的。

在美国,企业家信徒不断捐献资产的举动并不让人意外,因为根据《圣经》要求,每个基督徒都要奉献自己的十分之一收入作为"十一奉献",而多数富人信徒都会遵守这一法则[①]。现在通用的"商人"(Businessman)一词,起源于美国,于1830年左右开始使用。商人是美国特有的社群创建者和社群领袖,他们对公共事业怀有极大的兴趣。美国的很多大学、医院、博物馆、音乐厅甚至铁路,都是商人们赞助或创建的。他们的理想信念是公私繁荣的融合。在这个城市里,个人和公共的发展以及个人和公共的繁荣已如水乳交融地汇合在一起了。社群的命运就是他们自己的命运。所以,在美国,商人往往被称为"社会赞助人"。这种传统被美国的商人阶层一直继承下来,并且不断发展壮大。许多美国富人都认同钢铁大王卡内基的观点:"一个人到死的时候还是家财万贯,这是一种耻辱。"在美国,还有一种说法:"没有人能够豁免赋税和生死。"美国人把纳税看成是一种义务,富翁自然更不例外。他们十分体谅国家,认为政府也像一个家庭一样,需要有各种各样的花费以及对社会的投资。为此,国家一定要有收入,征税是必需的,而逃税是一种耻辱。[②]

J.P.摩根来自英国一个上流家庭,从祖父一辈开始就已经十分富有;他经过三十年的奋斗,建立了美国最著名的银行和最大的钢铁公司;他被称为"银行家的银行家"。但是,在他去世时,人们发现这位华尔街沙皇居然只留下了8 000万美元的财富,其中大部分是艺术品。其他的财产到哪里去了?答案是在大都会博物馆,那里有整整一侧的建筑物用J.P.摩根的名字命名,他被尊称为"大都会历史上最慷慨的个人捐赠者"。在J.P.摩

---

① 摩门教是美国土生土长的宗教,尽管仅占美国1.4%的人口,但其人员大都由精英组成,且涉及房地产、媒体、保险业等多个行业。据《时代周刊》1997年的估算,摩门精英的总价值达到300亿美元,而每年仅"十一奉献"就达到了50亿美元。

② 2002年的一项研究表明,中国人均捐款只有0.92元人民币,占当年国内生产总值的万分之一,而2003年美国人均捐款达828.7美元,占当年国内生产总值的2.19%,中美人均捐款相差7 300倍。这当然有两国总体富裕程度相差很大的原因,但主要在于美国社会早已牢固树立富者助贫、强者助弱乃天经地义的人生理念。

根死后,他的所有私人藏书、艺术品和住宅被捐献出来,成为纽约麦迪逊大道上最著名的旅游点之一——摩根图书馆。

2007年12月26日,美国酒店大亨希尔顿家族的大家长巴伦·希尔顿出人意料地突然宣布,将把其净值约23亿美元的资产中的97%捐给慈善机构。这么一来,他花钱大手大脚的孙女帕丽斯·希尔顿继承巨额家产的美梦彻底破灭。希尔顿酒店连锁集团由巴伦的父亲康拉德1919年在得克萨斯州创立。希尔顿基金会由康拉德·希尔顿于1944年成立,1979年他去世时,几乎将自己的全部财产都捐给了基金会。

2006年6月25日,世界第二大富豪、美国投资家巴菲特宣布把自己的大部分财产捐赠给梅琳达·盖茨基金会(Bill & Melinda Gates Foundation),市值370亿美元。这是美国历史上收到的最大一宗个人慈善捐款。巴菲特从来没有考虑过把亿万财产留给子女:"我会留给他们足够的钱使他们还能做其他事情,但不是太多的钱让他们不会做任何事。"他在《财富》杂志上表示:"在这个每个人都渴望成为精英的社会里……百万家产将使这一竞争变得不公平,我们应该努力保持机会平等。"这句话的核心是"竞争"和"平等"。早在2001年,巴菲特就表达过类似的看法。

比尔·盖茨与妻子梅琳·达以2012年捐出善款19亿元,蝉联全美年度慈善富豪排行榜榜首。第二名是股神巴菲特(Warren Buffett),捐款18亿7 000万元,第三名是亿万富豪投资人索罗斯(George Soros)的5亿1 900万元。"脸书"创办人扎克柏格(Mark Zuckerberg)以5亿1 900万元排名第四。

美国国民生产总值的2%都进入了慈善领域,而中产阶级的捐款相对他们的收入其实比富豪更加慷慨。犹他州的捐款比率在全美国是最高的,因为有摩门教,但这并不是因为摩门教徒更加有钱,原因是他们的信仰支持捐款行为,于是,他们贯彻信念。另外,在美国,对教堂捐款占所有慈善捐款中很大部分的比例,教堂获得的捐款中绝大部分来自中产阶级。在大众关注和受益的领域,例如,医学研究的投入上,中产阶级的捐款所占比重最大。

专栏6.12　　　　　　　　　**墙上的咖啡**

一位先生走进咖啡店,点了两杯咖啡,指一指店内的一面墙,对侍者说:"一杯贴墙上。"侍者恭敬地为他上了一杯咖啡,客人用完后,结了两杯咖啡的账。然后侍者向墙上贴了一张写着"一杯咖啡"的纸条。墙上有很多这样的纸条。

一位拾荒者从容地走进这间咖啡店,指了指墙对侍者说:"一杯咖啡。"侍者恭敬地为他上了一杯咖啡,拾荒者用完后没结账。侍者从墙上揭下一张纸条。

简单生活

美国人很简单和淳朴。在公司里面,即使是大老板,大家也直接叫名字,根本不用毕恭毕敬地在后面加上一堆什么总裁、什么经理的。美国是一个普通人的国家。普通人的心里装着普通人的事。普通人的事就是改善生活(包括精神上的和物质上的),改善社会地位。美国的历史可以证明,美国人通过勤奋工作(Hard-working)和不断创新(Innovations),创造了美国今天的富裕和强大。时至今日,环顾生活在自己周围的美国人,包括邻居也好,同事也罢,耳闻目睹,感觉大部分人依然在不懈地追求普通人的事。

美国社会学家曾经对节俭精神有一个评价:美国人消费,"必需品买最好的,不吝啬钱;非必需品买最少的,不浪费钱"。这种消费观念来源于美国民族的传统本身。从"五月花"号来到北美大陆之后,最早的清教徒们就尊崇不能铺张浪费的教义,他们同时还保留了欧洲人精打细算的传统。尽管北美大陆是一片十分富庶的土地,200多年快速发展的历史让美国成为了"暴发户",但这块土地并没有培养出"暴发户"性格的美国人。2007年11月,美国电视上播放一个介绍沃尔玛的纪录片,该公司的总裁李·斯科特(Lee Scott)讲起自己巡视美国的分店时,和随员租了69美元的旅店,两人在一张床上过夜。再查斯科特的年收入,工资、福利、股票加在一起,共2 900多万美元,也就是2亿多元人民币。在美国,社会普遍尊重的是穷酸相的大款,奢侈铺张虽然不犯法,但听起来更像是丑闻。

专栏6.13　　　　　　　　美国富豪的生活

巴菲特

美国股神巴菲特虽然2012年以460亿美元的身家位列全球第三大富豪,但他居然只有一处住宅——这座位于美国内布拉斯加州奥马哈市的550平方米住宅是他于1957年花31 500美元购买的,一住就是半个多世纪。如今这座住宅的市价约为70万美元,比巴菲特当年购买时的房价翻了20多倍,它被巴菲特称作是他一生中除了两枚结婚戒指以外的第三大"最佳投资"。这座巴菲特居住了55年的住宅没有围墙,没有大铁门,没有安全警卫,没有监控摄像头,它和周边的中产阶层住宅几乎一模一样。

在巴菲特住房的车库和大门入口处,堆放了许多箱可口可乐。巴菲特喜欢喝可口可乐这一点早已名声在外。他亲自购买可口可乐——以满意的折扣价每次购买50箱,每箱12罐。

巴菲特出差的时候,他还用宾馆赠的优惠券去买打折的面包。家人给他买件新衣服他却拿去退掉,他认为自己的旧衣服虽然已经穿了好几年了,但还能继续穿。

盖茨夫妇

比尔非常讨厌那些喜欢用钱摆阔气的人。他在杂志上发表自己的见解:"如果你已经习惯了过分享受,你将不能再像普通人那样生活,而我希望过普通人的生活。"

在生活中,比尔从不用钱来摆阔。一次,他与一位朋友前往希尔顿饭店开会,他们迟到了几分钟,所以,没有停车位可以容纳他们的汽车。于是,他的朋友建议将车停放在饭店的贵客车位。比尔不同意,他的朋友说:"钱可以由我来付。"比尔还是不同意,原因非常简单,贵客车位需要多付12美元,比尔认为那是超值收费。比尔在生活中遵循他的那句话:"花钱如炒菜一样,要恰到好处。盐少了,菜就会淡而无味,盐多了,苦咸难咽。"即使是花几美元钱,比尔也要让它们发挥出最大的效益。

婚后,比尔与梅林达很少去一些豪华的餐馆就餐。有时候,由于工作上的需要才不得不光顾一些高级餐厅。一般情况下,他们会选择肯德基或是到一些咖啡馆。有时候,还会一起光顾一些很有特色的小商店,在西雅图,有法国、俄罗斯、日本以及南美一些国家的人开设的商店,在那里可以找到这些国家的一些特色商品。

对于自己的衣着,比尔从不看重它们的牌子或是价钱,只要穿起来感觉很舒服,他就会很喜欢。一次,比尔应邀参加由世界32位顶级企业家举办的"夏日派对",他穿了一身套装,这还是梅林达先前在泰国普吉岛给他买来拍照时穿的衣服,样子还不错,只是价格还不到歌星、影星一次洗衣服的钱。但比尔不在乎这些,很高兴地穿着这套衣服参加了这次会议。他生活的信条就是:"一个人只要用好了他的每一分钱,他才能做到事业有成、生活幸福。"

平日里,如果没有什么特别重要的会议,比尔会选择便裤、开领衫以及他喜欢的运动鞋,这其中没有一件是名牌。

本章概要

上帝没有恩赐美国人,是美国人自己成就了美国梦!本章剖析了美国企业家精神的基本成因:人文制度、创业精神与宗教伦理,进行了大量的实证分析和一定程度的比较分析。本章着重分析是什么培养了美国的企业家精神并由此造就了美国的强大。

本章分析的重要结论是:(1)以市场经济为基础的卓越的人文制度环境是人才汇聚、科技创新与企业家精神发展的重要依托。人本管理因此成为企业管理的重要形式。(2)为了造就一流企业,创业与创新导向是对企业制度与管理的要求。(3)传承历史先辈的创新与创业精神,无论是对于一个民族还是对于企业家而言,都具有非常积极的重要意义。(4)宗教及中产阶级的价值观对企业家精神的形成与发展具有不可或缺的重要影响。基督教是西方企业家精神的源泉。

思考练习

1. 美国的企业家精神与美国的强大之间是什么关系?美国的企业家精神如何促进美国的企业家成长与企业发展?
2. 美国的企业家精神是如何形成的?具有哪些多重的背景与起源?具有偶然性还是具有必然性?
3. 基督教是如何影响领导者的道德品格和领导能力的?
4. 基督教(尤其是在美国的基督教新教文化)影响下的人通常更具有企业家精神,这里面的深层次原因是什么?
5. 历史如何成为进一步发展的支持而不是变成阻碍进一步发展的负荷?
6. 你个人具有什么样的宗教信仰?你的宗教信仰与你的事业与人生发展具有什么样的内在关系?当代中国人的精神状态与自身的宗教信仰有什么样的内在联系?
7. 与其他发达国家相比,为什么美国人更多地愿意从事创业?
8. 美国人显示出具有极高的创业质量(企业创新性、企业成长性等),这是为什么?
9. "多难兴邦"与"多难亡邦"是两个截然对立的观念。你支持哪种观念?你如何实证自己所选择的观念?
10. 历史学界有人说,美国只经过0.5次革命,即在独立战争中,虽然驱逐了英国殖民统治,但保留了英国的文化与制度。所以,美国是幸运的。比照起来,中国历史却革命不断,而且都是颠覆性的。你如何看待两者之间的这种差别及其后果?

延伸阅读

《美国梦寻:100个美国人的100个美国梦》([美]斯特兹·特克尔. 毕朔望,董乐山等译. 海口:海南出版社,2000):本书真实地记录了100个美国人的100个"美国梦",是20世纪80年代美国版的"口述实录体"人生哀乐档案集。读后可了解到美国作为当代西方首富的强处、活力,加深对美国社会及制度的了解。

《沃伦·巴菲特传——一个美国资本家的成长》([美]罗杰·洛文斯坦. 顾宇杰,鲁政,牛艺译. 海口:海南出版社,2007):本书的作者以生花妙笔叙述了巴菲特令人神往的一生,揭示了他的致富原则;并且对他投资伯克希尔、GEICO、《华盛顿邮报》、可口可乐、吉列等企业进行了生动翔实的描写。

《美国史(上下册)》([美]詹姆斯·柯比·马丁,兰迪·罗伯茨,史蒂文·明茨等. 范道丰,柏克,曹大鹏等译. 北京:商务印书馆,2012):该书内容丰富,编著角度独特,用构成了美国历史的人们的故事来讲述历史,使我们对美利坚民族的成长与发展有更为完整和深入的认识,是一部可读性和趣味性都比较强的美国历史读本。

《论美国的民主》(全两卷,[法]托克维尔. 董国良译. 北京:商务印书馆 2004):本书上册包括美国的地理环境、种族状况、英裔移民带给北美的影响、美国联邦制的优点以及与其他国家联邦制的比较、联邦政府与各州政府的关系、政党产生的原因、政治社团的作用、舆论的作用等方面;中心思想是阐明美国的民主、自由、平等是如何在政治生活和社会生活中体现的。下册以美国的民主思想和美国的民情为背景分析了美国人的哲学观念、宗教思想、科学理论、文学、艺术、社会心理、民族性格等方面。同时,与以英法等国为代表的西欧国家的类似问题作了对比。

《林肯传》([美]卡尔·桑德堡. 云京译. 北京:东方出版社,1987):这本传记以文笔生动、内容翔实见长,读者会在以下三个方面大有收获:了解林肯其人;了解美国南北战争;了解美国早期的历史。

《我的奋斗:本杰明·富兰克林成长自传》([美]本杰明·富兰克林. 万绍红译. 西安:陕西师范大学出版社,2006):本书是富兰克林的成长自传,一部影响了几代美国人、历经两百余年经久不衰的励志奇书,它包含了人生奋斗与成功的真知灼见以及诸种善与美的道德真谛,被公认为是改变了无数人命运的美国精神读本。

《美国是如何培养精英的》(薛涌. 北京:新星出版社,2005):美国对高等教育的最大贡献是服务社会的理念。富裕家庭的子弟要通过参与基层社会来完成自己的精英教育。从"二战"以来,几乎每二十年,美国的高等教育就对精英子弟提出新的挑战,逼着他们不断地适应,无法故步自封。

《常识:影响世界历史进程的书》([美]托马斯·潘恩. 潘汉典,曾尔恕,王铮译. 西安:陕西人民出版社,2011):潘恩是天生的辩论家,君主制、世袭制在他的批判之下都成了最违反人类智慧和不符合基督教精神的东西,北美的现状分析起来就只有一条路:宣布独立,而那些与此相左的理由在他的剖析之下全部站不住脚。在他的描述中,读者看到了美国民主选举制度的雏形。在他的言辞里,读者感受到了对独立自由的渴望,这是一个民族的声音。

《细节中的文明:寻找美国的灵魂》(范学德.拉萨:西藏人民出版社,2009):作者围绕着美国的教育、法律、社区生活、宗教这几方面,大处着眼,小处落墨,讲述了十四年美国中产阶级社区生活的细节,小到如何缴纳交通罚款、参加孩子的家长会,大到参与美国总统的竞选等,品味美国的制度是如何从具体生活中生长起来,独立精神与孩子们的活力又是如何在一个教育体制下被塑造起来的。

《草叶集》([美]沃尔特·惠特曼.孙云龙译.北京:机械工业出版社,2009):《草叶集》展现着美国土地之上长满的芳草,生机勃勃地迸发出诱人的清香之息,充满了对人与自然积极乐观的幻想,同时充溢了对自由、民主的美好畅想,描述着世上最为平凡、普通且密密成群、生而不息的事物,影射着当时美国众多与诗人一样正在顽强拼搏着的普通劳动者们。

参考文献

[1] 有一说一. 21世纪仍是美国的世纪[EB/OL]. 万维读者网,[2008-07-31].

[2] [美]托马斯·弗里德曼. 世界是平的[M]. 何帆等译. 长沙:湖南科技出版社,2006.

[3] 丁栋虹. 不动产经济学[M]. 南京:南京大学出版社,1993.

[4] 佚名. 中国成美第三大移民来源地,"绿卡族"达53万[EB/OL]. 凤凰网,[2010-11-24].

[5] Wolong. 美国的人才汇集机制[EB/OL]. 北大未名站,[2004-06-01].

[6] [英]布莱尔. 伊拉克战争醒世录——2003年7月17日在美国国会的演讲[EB/OL]. 凯迪论坛,[2007-07-08].

[7] [美]奥巴马. 2011年国情咨文[EB/OL]. 21世纪网,[2011-01-26].

[8] 徐贲. 美国大学的"贵"与"不贵"[N]. 南方都市报 2010-09-25.

[9] 马晖. 正是因为拥有学术自由,才使美国的大学办得这么好[N]. 21世纪经济报道,2010-11-19(24).

[10] 向松祚. 美国远未衰落,中国别被"忽悠"[EB/OL]. 价值中国,[2009-11-23].

[11] 俞敏洪. 培育年轻人的精神气质[J]. 北大商业评论,2008,(6):40-46.

[12] 威廉·西蒙兹,罗谷,乔纳森·富兰克林. 美国最新出口商品——高等教育[J]. 商业周刊,2004,(3):82-83.

[13] 尚文. 创新的视角[EB/OL]. 长江商学院,[2010-09-13].

[14] Ydx. 中国人侵犯版权的结果[EB/OL]. 万维读者网,[2008-07-30].

[15] 刘以栋. 美国人的一种择业观[EB/OL]. 万维读者网,[2008-07-11].

[16] 高山. 美国青年百万富翁发家三条路[N]. 青年参考,2006-02-15.

[17] [美]安·兰德. 致新知识分子—安.兰德哲学[M]. 冯涛译.北京:新星出版社,2005.

[18] [美]戴安娜·拉维奇. 美国读本:感动过一个国家的文字[M]. 林本椿等译.北京:三联书店,1995.

[19] 刘植荣. 为何外国没有公务员热[EB/OL]. 新浪博客:飞翔的铁塔.2012-10-04.

[20] 贾生华,邹爱其. 中美日三国不同文化背景下的创业特征比较[J]. 外国经济与管理,2006,28(10):1-10.

[21] 丁栋虹. 论企业分析的四维理论模式——兼对流行企业理论的回顾与批判[J]. 财经研究,2002,(1):3-8.

[22] 唯一. 美国九大逐渐消失的职业[EB/OL]. 万维读者网,[2011-02-03].

[23] 郑洁. 亚洲大学10年内能赶超欧洲[N]. 东方早报,2007-5-22(A22).

[24] [美]南妮特·伯恩斯,迈克尔·阿恩特. 激励的艺术[J]. 商业周刊,2006,(6):70-74,76.

[25] 佚名. 纽约时报:2012年美国CEO薪酬排行榜[EB/OL]. 新浪财经,[2013-04-08].

[26] Bob. 解密欧洲创业困局:商学院可呵护萌芽中的创业者[EB/OL]. MBA中国网,[2010-11-26].

[27] Jim Cullen. The American Dream: A Short History of an Idea that Shaped a Nation[M]. New York: Oxford University Press, 2004.

[28] Gabor S. Boritt. Lincoln and the Economics of the American Dream[M]. University of Illinois Press, 1994.

[29] 刘洪. 美国:扶贫抑富,鼓励慈善[J]. 金融博览,2010,(7):36-37.

[30] Annalee Saxenian. Regional advantage: Culture and competition in Silicon Valley and Route 128[M]. 2. Cambridge: Harvard University Press, 1996.

[31] 赵莹. 卖掉公司:中美创业者的两种风格[N]. 第一财经日报,2008-09-19.

[32] 纪光欣. 美国企业的创新理念[J]. 企业管理,2002,(9):63-65.

[33] Annalee Saxenian. Silicon Valley's New Immigrant Entrepreneurs [M]. California: Public Policy Institute of California 1999.

[34] 连敏玲.《乔布斯传》里看到什么?[EB/OL]. BWCHINESE中文网,[2011-12-19].

[35] 陈晓民. 假如没有谷歌[N]. 21世纪经济报道,2010-01-19(23).

[36] [美]约翰. 罗尔斯. 正义论[M]. 何怀宏,何包钢,廖申白译. 北京:中国社会科学出版社,1971.

[37] 邵亦波. 从Cafferty在CNN说中国人流氓说起[EB/OL]. Bo's Blog邵博客.

[38] 罕斯钦."清教徒精神":美国梦之真正泉源[EB/OL]. 美国中文网,[2011-03-02].

[39] [法]托克维尔. 论美国的民主(全两卷)[M]. 董果良译. 北京:商务印书馆,2004.

[40] 郑洁. 布什:我常趴在上帝肩膀上哭[N]. 东方早报,2007-09-04.

[41] 王育琨. 中国迫切需要强者的思维禀赋[J]. 经理人,2006,(12):60-66.

[42] 乔磊. 美国人为何不贪财?[EB/OL]. BWCHINESE中文网,[2012-05-04].

[43] [德]马克斯·韦伯. 新教伦理与资本主义精神[M]. 黄晓京,彭强译. 成都:四川人民出版社,1986.

[44] 周飙. 中产阶级缘何衰落[N]. 21世纪经济报道,2010-01-20(2).

[45] Barbara Ehrenreich. Fear of Falling: The Inner Life of the Middle Class[M]. NEW YORK: Pantheon Books, 1989.

[46] 邱文晓. 新一代美国名商调查[J]. 商界,2006,(4):76-77.

[47] 美国每日科学网. 四种家庭文化塑造美国下一代[EB/OL]. 万维读者网,[2012-11-21].

第 7 章　欧 洲 文 明

> 一夜之间可以造就百万富翁,但是培养贵族却要三代人的努力。
> ——英国谚语

学习目标
- 认知欧洲的行为伦理;
- 理解欧洲的文化传统;
- 分析欧洲的经济制度。

欧洲是近代产业革命的起源地,是现代文明的摇篮①。世界经济论坛公布的《2006—2007年全球竞争力报告》显示,芬兰、瑞典和丹麦分列二、三、四位。欧洲为什么是欧洲?欧洲的特质是什么?姚国华[1]指出:"我们曾以为,只要掌握西方人手中的产品、工具、技术,只要照搬西方的法律制度,就达到了与他们同等的强大,却不知这些有形的东西只是西方文明的结果,它背后是人们设计产品和制造工艺所依据的智慧,是系统的科学研究与发现体系,是被人们内心深处认同的文化原则。"我们很有必要从文明的角度去梳理欧洲的企业家精神及其发展机制。

英文中的文明(Civilization)一词源于拉丁文"Civis",意思是城市的居民,其本质含义为人民和睦地生活于城市和社会集团中的能力。引申后意为一种先进的社会和文化发展状态以及到达这一状态的过程,其涉及的领域非常广泛,包括民族意识、技术水准、礼仪规范、宗教思想、风俗习惯以及科学知识的发展等。

在世界各国出版的辞书中,对"文明"的解释不尽相同。1961年,法国出版的《法国大拉罗斯百科全书》解释"文明"一词为:一指教化;二指一个地区或一个社会所具有的精神、艺术、道德和物质生活的总称。1973—1974年,英国出版的《大不列颠百科全书》解释"文明"一词为:一种先进民族在生活或某一历史阶段中显示出来的特征之总和。1979年,原联邦德国出版的《大百科词典》认为"文明"一词从广义来说,指良好的生活方式和风尚,从狭义来说,指社会脱离了人类群居的原始生活之后,通过知识和技术形成起来的物质和社会状态。

本章以企业家精神作依托,去剖析欧洲文明的相关层面。英国前首相撒切尔夫人(Margaret Thatcher)指出:"Europe was created by history. America was created by

---

① 自1688年光荣革命后,英国就几乎杜绝了政权的暴力更替;依托工业革命的浪潮,大不列颠成为如日中天的日不落帝国。

philosophy."一夜之间可以造就百万富翁,但是培养贵族却要三代人的努力。文明久远而成熟的欧洲,在某种程度上,已经体现了"高贵的单纯和静穆的伟大"。

行 为 伦 理

文化是指人类活动的模式以及给予这些模式重要性的符号化。文化与文明不是一回事:仅有文化,不一定拥有文明。

文化的本质不在于知,而在于行。真正的文化,是让人内敛的而不是让人张扬的,让人自检的而不是自诩的,让人修行的而不是布道的。欧洲的文明首先在于她的行为伦理。

生活伦理

真正的富人是有时间去生活的人。欧洲人实际上在适度抵制所谓现代技术,恪守着传统和文明,活得比较简单而自由。欧洲人喜欢说"欧洲生活方式"是一种具有"生活质量"的生活,相当于说一种普遍富裕、拥有社会安全而有"品味"的生活,它至少要求:(1)建立在高水平的物质生产基础上的福利社会,从而免除了人们的所有后顾之忧,保证了人们的生活安全;(2)有充分的自由、时间和条件去追求各种丰富的精神生活。欧洲人的政治目标似乎首先就是保护"欧洲生活方式"。

生活俭朴

大科学家法拉第(Michael Faraday)说过:"上帝把骄矜赐予谁,那就是上帝要谁死。"出身于德国的爱因斯坦[2]坦言:"我强烈地向往着俭朴的生活。……我也相信,简单淳朴的生活,无论在身体上还是在精神上,对每个人都是有益的。"人生最有价值的东西是光阴,但我们却将光阴塞满了许多廉价的内容。

欧洲的企业家虽然大多数源于财富继承,但财富继承没有改变企业家的行为。同美国的富翁相比,欧洲的有钱人处事比较低调,不爱抛头露面。

对于欧洲首富、德国本土零售商阿尔布莱特(Albrecht)兄弟来说,简朴节制一直是他们的基本生活原则。阿尔布莱特兄弟崇尚节俭是远近闻名的,这可追溯到在鲁尔开店的时代。据说在当时生意十分火爆的情况下,他们仍宁可让店员每天晚上将该冷藏的食品搬到地下室,也舍不得添置冷柜。不管怎样,这种人生理念保持了下来,并成为其特有的企业文化的组成部分。时至今日,尽管早已富甲一方,兄弟俩依然躬行节俭,具有高度的成本意识:公司总部仅有两幢装修简单的五层办公楼房,没有豪华汽车;办公纸张常常是用完了正面再用反面;开店避开繁华地段,各家分店毫无装饰,远看像仓库;卖场面积十分紧凑,仅为500—800平方米,商品大多为打开纸箱就地陈列销售,以节省空间和理货时间,商品不贴价签,商店大多不使用条码扫描机,仍使用老式收款机,平均每家商店仅雇用3人,员工往往身兼数职,很少在媒体刊登广告,而是通过传单发布商品信息。这些措施为阿尔布莱特兄弟实施以廉制胜战略奠定了基础。

企业家精神

欧洲最大的电脑配件商、德国媒迪翁公司的老板盖尔德·布拉赫曼除了参加股东大会外,根本不参加其他社会活动,甚至拒绝国家元首对其表彰授勋。公司的很多人从未见过他,媒体想跟他约一次采访更是不可能。

德国芬克家族企业拥有资产 36 亿美元,但家族成员有一种遗传癖性——害怕花钱。企业首脑奥古斯特的父亲用的是一部高辛尼尔牌老爷车,奥古斯特本人的座驾也只是奥迪 80。他把大部分时间用于探讨如何为未来的进账减免税项,所以,每年年底都要对市场作一连串的调查,以降低政府对其家业的评估,令人有"铁公鸡一毛不拔"之感。

英国维斯第家族拥有资产 12 亿美元,光在英国本土便有 900 家肉食店。提摩太是家族企业的首脑。他对兄弟们说:"咱们不会让家族里的人无所事事,白支高薪,每个人都必须有所表现。"奇怪的是,家族从来不举办盛大的社交宴会,连家族中的小一辈成员相互认识的也不多。提摩太的父亲像普通人一样,每天要坐 4 小时的火车上、下班。提摩太自己则住在伦敦东北部的一个公寓里,没有豪华的家园,至今还是单身汉。

世界第三大银行汇丰银行(HSBC)董事长庞约翰(John Bond)为这家银行服务满 45 年。45 年来,他只请过 5 天病假。1964 年年初,刚刚结束培训的约翰花了 4 周时间,从伦敦乘船来到香港地区,因为乘船比坐飞机便宜;他积极地把这种节俭作风保持下来。在汇丰银行,人们用瓶子装水——因为这样便宜,装水的瓶子也没有商标。

宜家(IKEA)的创始人英格瓦·坎普拉德在世界富豪榜中名列第四,生活却俭朴得令人难以置信:坐驾是一辆已有 15 年车龄的轿车,乘飞机出行总是坐经济舱,一张纸都要两面用。

德国的磁悬浮技术在全世界领先,不少国家都引进这项技术,大大增加运输的效率。可是在德国这项技术却得不到推广,80% 的民众都极力反对,为什么会反对呢?原来,建造磁悬浮列车要花费巨资,成本浩大,这让以节俭为美德的德国人接受不了,纷纷表示反对,这就形成一个奇怪的现象:自己研究出来的先进技术自己不用,却让给别的国家使用。德国实际国土面积只有 35 万平方公里(还不到两个广东省大),以其政治制度、科技和文化的影响力和第四大经济体的经济实力,成为欧盟的中心。但是,在德国,从民众到政府都没有宣扬德意志民族是最聪明、最优秀的民族,因为这是不允许的,只有臭名昭著的纳粹才会有这样的宣传方式,而纳粹是被禁止宣传的。他们的官员不会见人就夸"德国模式",尽管这个模式已经被证明了很成功、有可持续性。也不见德国民众关注自己的国家是第四大经济体、国家多有实力这样的话题。相反,当人们对他们的官员和民众称赞他们在某方面做得好的时候,他们大都会说:"我们的福利没有北欧的那么好",或者说:"我们现在绿色经济才刚起步,很多地方要改善",又或者说:"现在欧盟正面临严峻的考验,我们有很多有待解决的问题",不一而足。而媒体几乎 24 小时、360 度地盯着政府和官员,你几乎很难看到德国媒体一天到晚表扬他们的国家和政府,不挑刺就算是肯定了。德国的媒体人是这样解释自己的工作的:记者的职业不是向权贵抛媚眼和对权力举手投降,媒体的报道是每一个普通公民参与国家政治生活的重要渠道。第二次世界大战结束以后,德国人忧患意识很重,政府号召全民节俭,全力发展经济。虽然,现在德国已经是发达国家,人民生活水平很高,但是节俭却一直在民众心中根深蒂固,并成为不成文的社会公德。这就有了警察看见你浪费东西就会进行制止,甚至要起诉你的情况。

据报道[3],一位姓王的中国经理到德国考察,当去拜访一个客户时,其家人知道中国人爱喝茶,欲以茶相待。陪王经理同去的德国客人说要半杯白开水,王经理为避免麻烦对方,便说也要一杯白开水。告辞时,那位德国客人的半杯水喝完了,王经理只喝了一点点。客户家人一脸的疑惑,盯着杯子里剩下的水问:"王先生,你不是要喝一杯水吗?"王先生恍然大悟,赶紧将剩下的水喝光。

生活平凡

在英国,很多科学的发展和社会的进步都与贵族的不懈努力有关:被视为"划时代的人权宣言"的《自由大宪章》就是贵族们制定的;科学巨匠里面不少也是贵族出身,像培根就出生在非常典型的贵族家庭,父亲是女王的掌玺大臣,母亲是贵族小姐;被称为"化学之父"的波义耳也是贵族出身。

一个人的气质,并不在容颜和身材,而是所有经历过的往事在内心和外表留下的印迹。所以,优雅不是训练出来的,而是一种阅历的凝聚;淡然不是伪装出来的,而是一段人生的沉淀。什么是贵族?不是有钱、住别墅、会打高尔夫、出入高档会所。贵族应是虔诚的、道德服从的、绅士的、勇敢而乐于助人的、敢讲真话的、面对灾难敢于自我牺牲的。也就是说,贵族是社会道德的楷模,是国家的精神支柱。

专栏 7.1　　　　　　　　**贵 族 品 行**[4]

英国皇室把威廉王子和哈里王子送到陆军军官学校去学习。毕业后,哈里王子还被派到阿富汗前线,做一名机枪手。英国皇室知道哈里王子身份的高贵,也知道前线的危险。但他们认为"为国家奉献自己、承担风险"是贵族的本职,或者说是本分所在,是理所当然的。

英国在第二次世界大战时有一张照片流传得非常广,当时的英国国王爱德华到伦敦的贫民窟进行视察,他站在一个东倒西歪的房子门口,对里面一贫如洗的老太太说:"请问我可以进来吗?"这体现了对底层人的一种尊重,而真正的贵族是懂得尊重别人的。

1793 年 1 月 21 日,在巴黎的协和广场,一个行将被处死的囚徒,上断头台时不小心踩到了刽子手的脚,她马上下意识地说了句:"对不起,先生。"此刻,她的丈夫路易十六,面对杀气腾腾的刽子手,留下的则是如此坦然、高贵的遗言:"我清白死去。我原谅我的敌人,但愿我的血能平息上帝的怒火。"几分钟后,路易十六及皇后便身首异处。两个世纪之后,时任法国总统密特朗在纪念法国大革命 200 周年的庆典上真诚地表示:"路易十六是个好人,把他处死是件悲剧……"

1910 年 10 月 28 日,一位 83 岁高龄的老人,为了拯救一生备受煎熬的灵魂,决意把所有的家产分给穷人,随后他离开自己辽阔的庄园出走了,带着聂赫留朵夫式的忏悔,最终像流浪汉一样死在一个荒芜的小车站……他就是俄国伟大的作家托尔斯泰。多年后,奥地利著名作家茨威格在评价托尔斯泰时这样感慨道:"这种没有光彩的、卑微的最后命运无损他的伟大……如果他不是为我们这些人去承受苦难,列夫·托尔斯泰就不可能像今天这样属于全人类……"

龙永图说过一件事:一次,在意大利出席国际会议,地点在一个小镇的小酒窖里,没有领导席和嘉宾席。有个老太太独自进来坐在龙永图身边,与他寒暄良久。会后,他问人才知这老太太是荷兰女王!

这几位主人公尽管命运不同,但他们都有一个共同的身份——贵族。

在欧洲,普通人的日常生活也崇尚平凡。

伟大作家博尔赫斯(Jorge Luis Borges)曾经在图书馆工作,当他已大名鼎鼎的时候,心境依然如故,安然地做着馆员。一天,同事在百科全书里读到"博尔赫斯"条目时,非常惊奇,捧着书兴冲冲地对他说:"百科全书里有个人,不仅跟你同名同姓,而且出生年月也完全一致。""是吗?"他轻声应了句,仍在忙着整理书籍。

专栏 7.2   瑞典人的平凡[5]

虽然欧洲各国都有"说话是银、沉默是金"的谚语,但实际上南欧人饶舌的多,越往北边话越少。与瑞典同行洽谈业务,他们多以数字、事实说话,言简意赅,从不夸夸其谈。瑞典人发乎内心赞美别人的话是"他很平凡"。

瑞典网球明星博格是温网五连冠得主,在球场上他披着金色的鬈发,表情冷峻,双手握拍,大力击球,常被视若天神。可退役后他却非常低调地生活,很少再回温布尔登草地,他不想重温所向无敌、君临天下的感受。一度,博格还想卖掉所有金牌,他只想做个普通人,除了回忆,别的什么都不要。

瑞典人崇尚平凡与瑞典社会没有明显的等级、财富差别有关系。瑞典政府被称为平民内阁,办公大楼不设警卫,许多大臣骑自行车上下班。有一次,首相在其居住的公寓水池边洗袜子,被记者抓拍后登在报上。以前,瑞典很多城市住宅区分成富人区和贫民区,今天,这种差异已经消失。瑞典经济增长迅速,政府努力实现财富公平分配,社会福利可说是从摇篮到坟墓应有尽有、人人皆有。在这种氛围下,很少有人想出人头地,也不会有一夜致富的奢望。

瑞典人崇尚平凡还和受路德教义影响有关。他们向往过一种比较从容的生活,最喜欢的度假方式是远足。瑞典全国遍设健行步道网,其中一条全长 500 公里,远离都市乡镇、不见人烟。步道每隔一段有一个休息站,供游人吃饭、洗澡、睡一晚,以继续明天的行程。粗略估算,每个步行者背负的东西不下 20 公斤,沿途还要跋山涉水,这看来很辛苦,而瑞典人却乐此不疲。他们把与大自然密切接触看成是心灵疗养,可使长期生活在都市里的人多一份平和,少一些浮躁,让健康的身躯里有一颗健康的心。

别以为当代瑞典都是平庸无为的人,第二次世界大战后,他们的发明仅日常所见就包括速冻蔬菜、汽车用安全带、真空吸尘器、电冰箱、单镜头反光照相机、心电图记录仪、伽玛刀、心脏起搏器和超声波检查仪等,他们创立的世界著名品牌有沃尔沃和萨博汽车、爱立信通讯、伊莱克斯家电、哈苏照相机、宜家家具、H&M 服装等,仅装果汁纸盒这一项发明每年就能带来 70 亿欧元的收入。

[提示] 中国人唯一不认可的成功,就是家庭的和睦和人生的平淡!

生活务实

幸福永远都不是展示给别人看的。尊重人性价值,主张人人平等。人懂得尊重自己的工作,社会懂得尊重人的工作,也许这就是一种真正和谐的境界。当人们觉得自己为社会所付出的能得到应有的尊重时,他就因为自己能力被肯定而活得自信及满足。当这种和谐氛围成为一个惯常的人文气候时,社会上上下下都能渐渐培养出一份相互的信任与合作默契。在丹麦,也许真正的平等还不是靠制度及条规"划出来"的。社会真正有平等,那应是由一种人文普遍心态里反映出来。丹麦人可以说是"富裕"的,但这里却没有法国、意大利那些追逐名牌与装饰排场的虚浮习气。在最热闹的商店步行街上,欧洲街头艺人不少,人文多元丰富,却找不到多少穿戴 LV、Gucci、Prada 等名牌的丹麦人。在丹麦,务实不只是求存于国际的"生存的哲学",也是当地人"生活的哲学"。

有旅客乘坐德国汉莎航空公司的飞机,晚点起飞一个多小时,在这一个多小时里,就只是机长在广播中通知了一声,没有任何空中小姐来主动服务。这在中国绝不可能,空姐一定会来回招呼的。但当你按铃需要服务时,他们动作很快,笑容很亲切,还会和你交流一下,不是那种假假的格式化语言。这也反映了德国人和中国人对服务的理解是完全不同的,德国人更看重的是服务的实质内容,德国人住就是住,吃就是吃,坐飞机就是坐飞机,他们的需求是单纯的,好的服务就是用高品质的产品快速满足这种单纯需求就行了。

全世界都知道 C&A 大商店,但很少有人知道它的后台老板是荷兰的布兰宁克梅雅家族。这个企业是 1841 年由克来门(Crement)和奥古斯特(August)两位先辈创办的,故名 C&A。现在企业属下有 500 间服装店,分布于 11 个国家,总资产达 42 亿美元。布兰宁克梅雅家族信仰天主教,家族中没有组织结构,也没有名位,家族成员平等地参与经营,很难知道谁是企业首脑。据说开会时主席位总是空的——那是上帝的宝座。但他们属下有一批忠诚的伙计,领取王族般的薪酬,因此,主办事者往往出名,而老板却鲜为人知。

德国佛洛登堡家族创业于 1844 年,现有资产 19 亿美元。首脑人物兰赫现年 60 岁,始终保持低调作风,极少公开露面,从不拍照,已默默耕耘了 30 年,其业务范围拓展到 26 个国家。

奥地利斯瓦罗夫斯基家族创业于 1892 年。家族企业生产水晶、宝石、光学用品和研磨用品,产品行销 30 多个国家。但谁也没有想到这个企业王国的总部却设在一个人口仅有 7 000 人的小镇上。创业者丹尼尔一世在 30 岁时发明用机器精确切割水晶的方法,决定远离商市,抗拒商战,搬到当时只有 700 人的一个小村落发展他的事业,生怕技术外泄。之后,4 代人都没有离开这个小镇。而且这项独门祖传技术发展得甚佳,使该家族成为奥地利最富的家族之一。他们的制造秘法惹人羡妒,因此,时常遭到"闭关自守"之类的批评,但他们都不予理会,仍然坚守祖辈发迹地。同时,还雇用了一批专家和专业技师,以高福利的办法,将他们与企业的利益紧紧联系起来,使生产技术不断进步而又不外泄。这对于近百年的老企业来说,是很不容易的。

2007 年 9 月,默克尔就任德国总理后第二次访问中国,她在访问南京时没有住总统套房,而是住了中等房间,房价只有总统套房的 1/20;她早餐时,没有让客房经理将早餐送到房间里,也没有到特殊包间用餐,而是自己到 7 楼的大餐厅吃自助餐。她自己拿自己要吃的点心、面包和所需的果汁饮料;在她取面包的时候,不小心把面包掉在地上,她立即将掉在地上的面包拣了起来,放在盘子里,端回自己的座位,津津有味地进餐,直到将盘内所有食物吃光。她离开时频频向人们问好,没有一点架子。

规则伦理

世界上有三个民族的人性经常被提起,那就是德国人的守规则秩序、犹太人的聪明和韩国人的自强自立。实际上,欧洲的规则秩序建设是现代文明的起点。

政治规则

越是伟大的事务,越需要伟大的规则。英国人最厉害的地方就是善于制定出可行的游戏规则,而且让所有参加游戏的人都遵守规则,然后在游戏过程中不断地完善和修改规则。世界近代史的开端公认是英国,因为在这个国家诞生了近代世界文明的最基本文件——英国《大宪章》。很多现代金融的各种复杂的规则制度都是英国人制定出来的。

英国素来被资产阶级学者誉为"议会之母国",英国学者洛克又是三权分立理论的奠基人,现代社会的宪政民主制度就是在英国起源发展的,然后推广到全世界。现代民主制度的基石如自由主义、法治、君主立宪和两党制也都是英国人的发明创造,被称为"英国人在社科领域的四大发明"。如今流行在世界各国的现代司法制度,如司法独立制度、职业法官制度、律师辩护制度、公开审判制度、法律援助制度等,无一不起源于英国。现代意义上的陪审制度也是起源于 11 世纪初的英国,后来在美国得到了充分的发展。跟现代金融有关的银行、股票、证券、保险、信托,大部分也都是起源于英国,或者是和英国密切相关。也就是说,英国为当今世界创立了标准,多数国家不过是在英国创立的标准下良好发展。可以毫不含糊地说,英国带领世界走向文明。英国 18 世纪就实行民主政治,政治修明,生活自由,杜绝了内忧外患,开始思考科学问题。从时间上的格林尼治、空间上的经纬度、英寸、公顷……乃至时空中的运行规则、运动速度、人权、法律、政治、军事、语言、道德、银行、邮政、铁路、金融、保险、航空、桥牌、赛车、足球……的各种规矩全部始自英国。盎格鲁-撒克逊人一定完汽车规则,便把"超级名牌"劳斯莱斯、宾利、陆虎卖给德国,让精于制造的日耳曼人去兢兢业业。自己转行监控路面上谁开了多少"迈"(mile 英里),再将超"迈"者罚款,绳之以法。

英国人对规则的追求是彻底的。英国的殖民地和其他西方国家的殖民地有个明显的区别,就是程序化的行政体制和严格的法制化。工业化在英国的率先完成以及大工业的标准化、程序化特点使英国的行政系统必须具备和大工业相互适应的程序化、法制化。在美国、加拿大、澳大利亚、新西兰等以英国移民为主体建立的行政体系中,明显地具备这个特点,虽然上面是总督,但是通过地方自治,行政系统一直非常稳定,同时非常有效率。在人的素质没有变化的前提下,制度和管理者的能力、愿望就是经济发展与社会进步的决定性因素。20 世纪 50 年代之前的 100 年,他们就(联合法国)将上海缔造成亚洲一流城市,50 年代之后,又将香港缔造成亚洲一流城市,这就不是偶然的了。

在英帝国领土范围最大的时候,有包括澳大利亚、加拿大、印度等在内的 57 个殖民地、领地或保护国,伦敦统治着世界上 1/5 的人口,管理着 1/4 面积的大陆。英国的影响力(包括英语)有目共睹,它孕育了美利坚合众国这个世界上唯一的超级大国,孕育了印度的民主政权。另外,它还不经意地在全球范围传播了英式民主、自由和习惯法的观念。

欧洲在古罗马时代就有护民官,有议事的元老院,文艺复兴时期又使以人为本的人文主义思想发扬光大,它的民主、民权思想是根深蒂固的。所以,现代的欧洲国家总是把保护人权来作为自己的立国之本,没有哪一个执政党可以把它的利益置于国民的利益之上。可以这样说,在欧洲,是人权第一,主权第二,政权的利益要服从国民的利益,只要这个国家的公民投票同意加入欧盟,对自己国家的老百姓有好处,牺牲一点执政的权力又算什么呢?更何况,欧洲国家各个政府的那些权力本来也没有什么含金量,权力不好用则不足惜。

从体制上说,欧洲国家都是以私有制为基本经济形态的资本主义国家,财富大部分都掌握在私人手中,国家权力所能支配的财富就显然少得多了,所以,由于权力所产生的腐败也自然要少得多。同时,监督措施是严厉的。对受贿的处理是严厉的,一般情况下,受贿者以后不会再具有做公务员的机会,而且很可能面临长时期的失业。

在德国,政府官员手中可寻租的权力资源实在是太少了。首先,官员没有特殊权力,也不制定政策。所有的行为都得按《基本法》的规定去行事,很多政策都是通过议会审批,而这些政策出台之前会经过多次的辩论,并通过电视向国民播放全部过程。如果有公民对此感兴趣,也可以亲自去议会听辩论会,一切都是公开和透明的。所以,德国不会有靠领导拍脑袋就可以出台政策和措施的情况出现,也没有可能出台有利于自己小集团利益的法规。即使某位素质低下的官员想贪权,你看还有多少可贪的余地,本来就没多少权力。其次,德国的官员手里没财权,想花钱,找议会批。而议会的预算都是透明的,拨款也是要通过听证会决定。从它那里批了钱,到年底时就要交代这些钱用到什么地方去了以及是怎么用的。

此外,政府想随便乱花纳税人的钱也不是那么容易。一有至高无上的《基本法》管着,二有议会监督着,三有反对党看着,四有媒体盯着,五有无孔不入的审计官(审计官也是独立的,不受党派和政府官员控制)查着。偶然有个别没德行的人想当贪官,也难打这样的坏主意,因为最后的结果可能是贪不到多少钱,还丢掉工作进牢房,一辈子都完了。同时,德国的官员没有超越国民的社会待遇,没有高高在上、作威作福的权力。另外,德国的司法是独立的,不会受制于任何党派。

德国联邦政府只为联邦级的领导人和各部部长、国务秘书配备公务用专车。司局长级的官员只保证公务用车,不配备专车。德国国防部和各州主管部门为节省开支,都尽量减少公车数量,公车中还有相当数量是租赁来的,连接待来访外国元首用的车,有时也是临时从汽车公司租赁来的[①]。

| 案例7.1 | 贫穷的德国前总理施罗德 |

他是欧洲经济上最强大的国家的领导人,这个国家的公民享有世界上最高的生活标准,但就他自己的生活方式而言,这位德国总理经常穷得身无分文,往往绞尽脑汁才能做到收支平衡。

格哈德·施罗德为了省钱,总是乘坐火车二等车厢或者开着自己那辆大众牌旧车进行私人旅行。他每周只能请一次清洁工,而他的妻子不得不亲自购物、煮饭和熨烫他的衬衫,并且自己照料孩子。

[①] 在芬兰,国家政府(总统除外)只有总理、外交部长、内务部长、国防部长四人享受配备固定车辆和固定驾驶员的待遇;而在芬兰首都赫尔辛基市政府,只有市长一人享受这一待遇。

> 施罗德住不起政府提供给他的一幢位于柏林一个漂亮街区的豪华别墅,因为他得支付每月 480 英镑的租金,而且,他也不愿意自掏腰包支付上下班交通费用。所以,他放弃这幢别墅的使用权,租下了总理府内一套供服务人员使用的狭小房间。这套每月租金 366 英镑的房间包括一间卧室、一个与卧室连在一起的没有窗户的浴室,一个小餐室和一个小厨房。当他的妻子多丽丝和继女克拉拉留在柏林时,一张行军床被安在双人床旁边,供已是十几岁少女的克拉拉睡觉。
>
> 施罗德及其家人为避免因私人使用官方的由司机驾驶的专车而付费,每逢周末总是驾驶他自己的汽车外出。因此,人们往往能在乡间看到一种奇特的护卫景象:一辆老掉牙的大众牌汽车在前面开,而一辆坐满保镖的高级防弹轿车跟在后面,中间隔开一段距离。
>
> 政治家的家人必须为乘坐政府飞机的特权付钱。1998 年,施罗德带着多丽丝及其女儿和母亲乘坐一架政府喷气式飞机前往西班牙旅行,为此被收取 2 620 英镑。这位总理的家人从此吸取了教训。
>
> 企业主管们每年能赚 500 万英镑或者更多,施罗德却只能设法以 1.1 万英镑的年薪过日子。当施罗德退休后,他将获得每月大约 1 000 英镑的微薄退休金。施罗德说过:"我没有很多机会享受政治以外的生活。我必须承认,我喜欢闲适的生活,但我现在根本没有时间悠哉游哉。"

生活规则

越是文明而民主的国家,民众越刚强有力而沉稳,不显任何浮躁狂胜之骄态。

严谨、认真和守规则已经成为德国人的一种国民性格,也是一种十分自然的行为方式。例如,行人和车辆绝对按红灯停、绿灯行的交通规则;如果没有红绿灯,遇有行人想过马路,车辆绝对减速停车,让行人先行,行人不走,车子不开。按照德国法律规定,车辆连续行驶 2 个小时,必须停车休息 15 分钟,而司机也都能自觉遵守。在德国行车几千公里,很少遇到堵车,也几乎看不到交通事故现场。乘坐地铁、公共汽车、轮渡,他们都会自觉地购票、自觉地排队等候,从没有人想过要"逃票",也从没有人想过要"加塞"。也难怪在德国的不少城镇,很少见到交通警察。的确,如果一个国家或地区的公民都守规则了,都把遵守规则变成自觉的行为,那么,小到部门社区,大到城市国家,都会井井有条、干净整洁、文明发达。

第二次世界大战末期的一个冬天里,德军全线溃退到一片原始森林中,饥寒交迫,面对皑皑白雪,大家畏缩成一团。这时候,有一士兵建议去伐木生火取暖,一群士兵正准备砍伐树木时,其中有个士兵看见树木的旁边竖立一个警示牌,上面写着:"未经相关机构允许,不得砍伐树木!"士兵们看着警示牌犹豫了。最终,大家还是放弃伐木生火取暖的想法,只好蹒跚前行,士兵们最后都被冻死。

1944 年冬季,盟军完成了对德国的合围,法西斯德国败亡在即。德国百姓的生活陷入困境,食物短缺,燃料匮乏。由于德国地处中欧,冬季非常寒冷,缺燃料可能导致许多居民冻死,不得已,各地市政府只得让市民上山砍树。德国人是这样砍树的:林业人员先在茫茫林海中搜寻,寻找老弱树或劣质树,找到,则在上面画一个红圈。砍伐没有红圈的树,要受到处罚。问题是,谁来执行处罚?当时,德国行政管理名存实亡,公务员尽数抽调到

第7章 欧洲文明

前线去了,市内找不到警察,全国近乎处于政权的真空。但直到战争结束,全德国没有发生过一起居民乱砍滥伐的事,他们全部忠实地执行了规定。

还有一点,规则的本身没有余地,就蒸发了权力的价值。例如,在欧洲出现交通事故,谁是责任者,就负责双方一切损失,非责任方分文不交。所以,在欧洲处理的交通事故,从来没听说谁负责百分之多少的。或者你全拿,或者你不拿。没有缝隙,就不需要使用权力来拍板。

一个人在下决心的时候,欧美人或日本人一般以"可否"来判断事务。而很多中国人一般则以"能否"来判断事务。这不是两个极端,而是完全不同的两种价值取向。我们看一看具体的例子。无论在路上有车还是没车,只要是红灯,欧美人或日本人一般是不过去的。因为,在他们的脑海里很清楚,"红灯时,不可以过马路。灯变绿后,才可以过马路。"中国人则不同。无论是有车还是没车,在红灯面前,中国人一般不考虑可不可以过马路,只要觉得能过,并且在生命不受到威胁的情况下,就会毫不犹豫地闯过去。

龙应台女士讲过在欧洲看到的一个街头细节:过十字路口,偶尔有人会抢红灯;但如果一群人里有小孩,人们再焦急的话,都会等到绿灯亮起才过马路。她认为,这是因为所有人都秉持共同的社会默契:你怎么做,孩子就怎么学,所以,不要给孩子错的示范。给孩子一个好的榜样,就是给他们一个最好的未来。实际上,这涉及人类的核心价值所在,且不因阶级、族群、意识形态之不同而有所分歧。

管理规则

在企业经营上,欧洲也采取了很多防止腐败的措施。"三双眼睛政策"就是指在较敏感的决策上,要同时在三双眼睛下进行。"亲属回避政策"就是指企业的采购人员要在亲属和朋友处采购原料时,必须事先将彼此的亲属关系向董事会汇报,并提出在此处采购的充分理由,提供至少三个供货商的比较报告,并承认此项目为敏感项目,需随时接受有关方面的监督和检查。由于采取了严格的管理措施,在企业的敏感岗位上,从业人几乎没有灰色收入。

在国际管理评级机构 GMI(Governance Metrics International)2005 年的调查中,英国在公司管理方面打败了其他 23 个国家和地区,位居首位。加拿大紧随其后,美国居第三,之后是澳大利亚和爱尔兰。日本与希腊则排在最后两位。此外,3 220 个被评级的公司中有 34 个获得 10 分的高分。在 13 个月前对 2 121 个公司所做的类似调查中,只有 22 个获得 10 分[6]。

GMI 将公司管理分为 10 个等级,其评价的主要方面是信息透明度与披露(含内部监控)、董事会问责制、企业社会责任、股权结构与股权集中度、股东权利、管理层薪酬、公司行为等。国家或地区排名通过平均该国或地区公司排名得出。

诚信伦理

一般欧洲人都会普遍表现出对人的信任(从而显得容易轻信)、对法律和规章制度的严格遵守(从而显得缺乏灵活性)。举个简单的例子,布鲁塞尔有家自助烧烤店对过生日的人免费,你只需说一声"今天我过生日"而无须出示任何身份证明。到欧洲人家中,很少发现盗版光盘。欧洲人如果家中有两台电脑,大多也会去买两套 Windows 软件安装[7]。

商业诚信

在欧洲乃至整个西方世界,越坚守道德准则的人越获得社会的尊重。一位中国学生在欧洲留学期间,借了图书馆一本书未归还就回中国了,结果下次想到欧洲出差,因上次的不诚信记录而被拒签。

一位美国老太在祖先遗物中找到一张 200 年前手写的存单,老祖宗在瑞士银行存了 100 美元。老太去该银行在美分行取钱,该行即报总行,总行即核对,查到该笔存款的底账。总行行长到美国找到老太,举行兑现仪式,给老太兑现 50 万美元,并奖励她 100 万美元。行长说:"钱存在我们银行,只要地球在,你的钱就在。"

恪守诚信的原则一直被阿尔布莱希特兄弟奉为圭臬,这主要体现在阿尔迪同顾客及供货商公平无私的关系上。

首先,是保证商品宁缺毋滥。阿尔迪选择供货商的标准是既看价格,更重质量。凡厂商的供货阿尔迪均定期提交给德国质量监督权威机构——商品检验基金会检测,除得分良好的予以认可外,其余即使得分合格也不会得到订单。新产品接受订货后,首先要在部分商店进行至少三个月的试销,若得不到顾客赏识,同样会被除名。

其次,是质量控制上十分严格。商店平日注重对商品的抽样检查,经常让品尝师蒙上眼睛品尝出售的食品,发现问题即对厂商提出警告。质量出现问题比较严重的,阿尔迪则解除收购合同并索赔损失,因此,供货商不敢在质量上有丝毫懈怠。同时,为了企业的形象,外观稍差一些的商品阿尔迪从来都不摆放到货架上,像顾客挑剩的水果、蔬菜、面包等,每次关门后均作为垃圾倒掉。至于顾客对所购的商品不满意,不用作出任何解释,阿尔迪均予以退货。

再者,是信守诺言,以诚取信。阿尔迪曾提出,在原来的价格水平上,只要成本下降,就继续对顾客让利销售。每当厂商降低供货价格时,阿尔迪不等新货上架,就马上更换原有商品的标价,宁可承受存货高价低卖的损失,也要兑现让利于消费者的承诺。对于依赖阿尔迪而生存的供货商,阿尔迪同样以诚相待。除了对质量稍显"苛刻"外,阿尔迪没有任何额外的要求和追加协议,而且从不拖欠货款。因此,阿尔迪与消费者和供货商的关系是建立在相互信任基础上的。这样,在阿尔迪购物没人会考虑质量和价格问题,不用担心违约。久而久之,公众对阿尔迪的普遍印象自然是诚实公道、可信度高。

2012 年 7 月 25 日,真格基金创始人徐小平在自己的微博中说到一种现象:伦敦眼[①]有不需排队的贵宾票,比普通票贵十块钱。他的朋友去买,售票员居然力劝其买普通票,以节省十块钱。他的朋友去剧院看戏走到酒吧买可乐,吧台服务员劝说其到礼品部买,因为"那里可乐量比这边大"。

案例 7.2 **贵 族 尊 严**[4]

公元前 1135 年,英国国王亨利一世去世了,他的外甥斯蒂芬和他的外孙亨利二世都认为自己有权继承英国王位。斯蒂芬本身在英国,就捷足先登,抢先登上了王位;亨利二世在

[①] 英国航空伦敦眼(The British Airways London Eye)又称千禧之轮(Millennium Wheel),是世界上首座、也一度是世界最大的观景摩天轮。

第7章 欧洲文明

欧洲大陆,听到这个消息后愤愤不平,在欧洲大陆组织了一支雇佣军前来攻打斯蒂芬。那个时候,亨利二世很年轻,经验不足,出兵的时候没有很好地筹划,大兵千里迢迢开到了英伦三岛,一上岸就发现钱已花光了,没粮食了。

怎么办呢?亨利二世给对手斯蒂芬写了封求援信,说我出征准备不周,没了粮草,您能不能给我点接济,让我把这些雇佣军遣散回欧洲。斯蒂芬居然慷慨解囊,给了亨利二世一笔钱。

后来,亨利二世竟然第二次发动了同样的战争来争夺王位。欧洲的贵族认为对手的宽容是理所当然的,该竞争的还是要接着竞争。过了几年之后,亨利二世再次率领大军,卷土重来。这时,他年龄大了,羽翼已丰,在战场上打败了斯蒂芬。虽然他取得了胜利,但结果却很有意思。他和斯蒂芬签订了一个条约,就是这王位还是由斯蒂芬来做,把亨利二世立为太子,一旦斯蒂芬百年之后,由亨利二世来继承王位。

在欧洲的政治中,有一个特殊传统,就是一个国王,即使是被从王位上推翻下来,也会受到必要的礼遇,这是骑士精神的一种体现。所以,在欧洲的权力斗争中,很少有像中国那样斩草除根的做法。

契约社会

欧洲的崛起有其内在的思想文化和经济、政治等方面的原因。历史学家巴尔赞认为,西方真正成为一个具有统一性、独创性和多样性的"杂烩文明",并且能为世界贡献一套前所未有的思想(包括制度),是发生在近现代的民主革命。具体而言,里程碑事件是发生在1517年10月31日,那一天,马丁·路德将他的《九十五条论纲》贴在了维登堡众圣教堂的大门上。从精神文化上看,从宗教改革到启蒙运动构成了欧洲在精神上觉醒的重要历程[8]。宗教改革为欧洲的崛起奠定了真正的精神根基。宗教改革是一场"下里巴人"的文化运动,它极大地唤醒了北部欧洲人民的民族意识和自由精神,推动了近代民族国家的崛起和资本主义经济的发展。从宗教方面来看,宗教改革克服了罗马天主教在灵魂与肉体、天国与人间、理想与现实之间造成的二元对立以及由这种对立而导致的信仰虚假和道德堕落,把基督教的宗教理想与平凡的现实生活和谐地统一起来。从世俗的方面来看,宗教改革导致了罗马天主教会一统天下的分裂,极大地促进了近代民族意识的觉醒和民族国家的发展。16世纪的宗教改革由此奠定了欧洲崛起的精神根基和历史起点。总的来说,欧洲社会契约主张稳定,反感变动,更喜欢结果平等和机会自由。

英国人具有妥协精神,有不同意见互相让步,一次不行就多来几次。最重要的是,在当时的英国社会,有一个至今中国仍缺少的理念,那就是对规则的尊重。一旦规则形成,不管对自己有利还是不利,不管职位多高、资格多老,都要遵守规则,在规则允许的范围内公平竞争,只有在契约社会才能做到。契约社会倡导的是一种平等、尚法、守信的行为规则,像田忌赛马这种破坏规则的智慧谋略毫无用场。而在中国,遵守契约的行为被称为"宋襄公蠢猪式的愚蠢"。在中国,聪明与否的重要标志就是是否敢于、善于不遵守规则。

旅行的人来到英国,第一感觉便是觉得英国人很"傻"。如果你走在街上,不小心撞上了英国人,对方会很抱歉地说"Sorry",好像是他碰了你一样,让人不可理解。如果你买了东西,拿回家后,忽然又不想要了,无论你买了多长时间,只要没有污损,都可以拿回去退货。没有任何理由,只要你说不喜欢就行了。还有更"傻"的:一次,有位留学生从英国向国内寄回一块手表。可当家人收到时,只是一只空盒子。里面的手表不翼而飞,不知是落在邮路的哪一地界了。当他向英国邮局提出此事时,邮局却未让他出示任何证明且很快地向他赔偿了损失,也不怕其中有诈。如此看来,英国人确实太"傻"了。时间长了,慢慢地理解了英国人的"傻"劲。一位曾在英国某大学做访问学者的先生讲:"在实验室里,有许多贵重金属,如黄金、白金等,没有人专门管理,也没人监视。如需要,自己去拿就行了,用多少都不要紧,但不能作为私用。如果你一念之差,顺便捎带了些回家,这意味着你的信誉彻底完蛋,以后也不会有任何单位聘用你了。"这就是说,英国社会非常看重人的德行。他们认为,一个人如果没有良好的德行,便没什么尊严和信誉,而一个没有尊严和信誉的人,社会是不会接纳的。这也是英国社会在用人时,如此看重在英国有无犯罪记录的原因。在这个前提下,再看英国人的"傻",却是诚实的代名词了。上火车是没人检票的,你只要去窗口买好票就行了,站台绝对开放,但却没人逃票。良好的社会首先使人感到安全和轻松。当然,它的前提是人人诚实,不欺诈。因此,英国人有一种共识,就是自尊、诚实。只有自尊了,别人才会尊重你;只有诚实了,别人才能对你诚实。

文化从容

人类所有伟大的事业都不是肇始于速度,而是源于品质。余光中指出:"天下的一切都是忙出来的,唯独文化是闲出来的。"闲暇生活可以将脚步慢下来,一切自然而然,遵循生命的规律,仰望星空,去思索,去归纳,去托物,记下来,成为文化符号;其实,忙闲无关紧要,关键是不是心闲;最忙的人心能空下来,忙中有闲,忙里会闲。文化里没有从容平和的东西,人民必然是多灾多难的。科技、艺术、经济等一切的一切都需要灵感;这种灵感来自宽松、从容、幽雅的文化。生活张弛有度、有高质量享受的国家,人民才会有充分的灵感,才会把工作当乐趣,才有高质量的工作。

面对有钱人的富甲天下,同美国人相比,欧洲人对待财富的心态更为平衡,原因是欧洲的"暴发户"较少,许多富翁的财产都是家庭中几代人的累积,这与那些钻社会空子而一夜暴富的人相比显得诚信许多。再有,欧洲的社会福利制度完善,收入越多,缴税越多,对社会贡献越大。从某种意义上讲,由于富人的纳税是穷人的社会保障来源,大家也就自然平衡,甚至仰慕贡献大的人了。

欧洲(尤其是北欧)的文化是从容的、幽雅的、人性的、美的、可持续的。他们的环境没有污染;他们的社会极少矛盾;他们的生活福利极好;他们每年的假期足有200多天。他们的大多数时间是躺在阳光下喝下午茶。

瑞士是一个位于西欧中部的内陆山地国家,面积41 285平方公里,人口约770万。瑞士这个国家虽然很小,但有世界闻名的银行业、钟表、巧克力、咖啡、军刀、制药业等。其中,瑞士钟表生产时间标准,瑞士军刀生产质量标准;瑞士银行生产信任标准。瑞士机床的价格是日本机床的2.8倍,是美国机床的3.2倍,是中国大陆出口机床的11.5倍。一个人口仅700万的小国,高端机床出口数十年来稳居世界前几位,很能说明问题[9]。美国《商业内幕》2011年对欧洲国家薪资水平展开一项调查,并列出了工资水平最高的20个国家。瑞士以人均月收入6 407美元排在榜首,丹麦以5 970美元排在第二位,英、法、德等欧洲大国人均月收入均在

4 000美元上下。根据联合国欧洲经济委员会的报告显示,美国人均月收入为 4 240 美元,在欧洲工资水平最高的 20 个国家中位居中游。而 2011 年上半年,中国城镇居民人均月可支配收入为 1840 元,折约 288 美元。

专栏7.3   瑞典人的不争[10]

两百多年来,瑞典在历次战争与争端中均保持中立,它不仅不欺负人,还常为别人被欺负抱不平。因为一个人如果只知自强不息,却不知厚德载物,他永远只是一个强而不大的小人物。今天,归结瑞典人的厚德载物,就是两个字——"不争",具体表现在"三不争"上。

一是不与天争。对瑞典人来说,没有争分夺秒这个概念,他们做事一向很有计划,一般事宜提前两个月就把日程表安排好,不会临时抱佛脚。即使是紧急情况,也能从容不迫,临危不乱。瑞典人很注重休假,他们很少在假期加班。自然上班时,也能一丝不苟、有条不紊、高效率地干完工作。只有那些缺乏计划,不先动脑筋结果劳而无功的人,才会去"争分夺秒"。

二是不与地争。瑞典人在发展经济的同时也注意到保护环境和资源,即使在成为世界最富 10 个国家之一的今天,它的绿化率还超过了 70%,号称欧洲的"绿肺"。在瑞典很少看见鳞次栉比的高楼大厦,因为他们不会为了虚假的繁荣而牺牲森林和文物建筑。他们的环保意识从幼儿就开始抓起,无论是卧室的卫生间还是深山老林中的厕所,都是一尘不染。炎热的夏天,空调中的热气不像中国城市那样排到大街上引起温度升高,而是排到地下热水供应系统中循环使用。在瑞典的公路上,很少见到那种"排气性比较好"的 truck(中国常见的卡车),货物运输大多由底盘较低而长的 lorry 承担。任何车辆进入城市前都必须洗车,否则,就会被施以重罚。瑞典人对环境与资源的保护真到了无微不至的地步。

三是不与人争。瑞典是一个资源相对于人口比较富裕的国家,更具有资源分配与安排上的特殊智慧和新观念。在分配制度上,瑞典是高福利的国家,即使是失业者,也能每月领到在北京、上海也不算低的救济金;医疗保险全由国家包干,最下层的人也能在充满人性化的医院中获得最人道的医疗待遇;这里贫富差距不大,由于国家的优惠政策,老百姓不愁住不进宽敞舒适的房子。能够做到这些的原因,一是它的高税收与高福利挂钩政策,二是它实行福利与工作收入挂钩政策,很好地解决了效率与公平的矛盾。在对待失业问题上,瑞典人很少以一刀切的减员增效方式来增大失业压力与社会矛盾,而是以创造新的就业机会来发展经济和解决就业。人们选择职业是根据自己兴趣而不是生活压力,学术界进行争论也是对事不对人,不会因别人和自己观点不一致,就认为是对自己生存空间的挑战。在瑞典,维护一条公路段往往只需几个工人,但失业率并未因效率提高而增加。瑞典有竞争,但没有压力,因为他们的竞争是所有参与者都能获得胜利的竞争,而不是以损害别人为代价来换取胜利的竞争。

古印第安人有一句谚语:别走得太快了,要等一等灵魂。因为他们有一个信念:肉身和灵魂的速度是不一样的,肉身走得太快了,会把灵魂丢掉。现在,人们见面就会问"最近在忙什么",似乎不忙就有罪。通常的回答是:"瞎忙"。无头绪的忙,不自觉的忙,没必要的忙,不得不忙的忙。

忙碌的生活是一种病。在古代,忙碌可不是件光彩的事情,名门望族的后裔要是不得已去干活,就会向人隐瞒自己的工作。现代的生活充满了做作,充满了忙碌,忙的哲学让经济贵族们也不敢怠慢下来。尼采当年感慨欧洲受到美洲"淘金热"的传染,闲暇成了罪恶,思考时手里也拿着表,午餐时眼睛还盯着证券报,过日子总好似在"耽误事"一般。他认为正是这种生活哲学成了勒死人性修养和高尚情趣的绳索。由于忙,一切仪式和礼仪情感也消亡了;因为忙,所有繁琐的礼节、交谈的睿智都来不及考虑了。忙成为美德,生活变得毫无讲究,即使瞎忙也是好的,"随便干点什么,总比闲着好",无事可干的人难免会感到不安,会自我蔑视[11]。

缺乏思考的执着会使人变得呆滞、迟钝,迷失生活的本真,使人愚昧、僵硬;另外,努力的方向却早已是规定好的。整个社会的文化僵化在限定的范围内,跳出圈子的都是大逆不道。结果,欧洲总是技术输出国,而中国总是劳动力输出国。就每一千万人获得诺贝尔奖的比例而言,瑞士目前高居全世界第一,其次是瑞典和丹麦。

专栏7.4　　　　荷兰的风车与荷兰人的偷懒[12]

在18世纪,荷兰曾经有一万多架风车,遍布全国各地。一架风车就可以稳定地提供6 000马力的能量,而且质量很好,有些能一直用到现在。是什么动力驱动了当年的荷兰人造出这么多风车?答案是:是荷兰人的偷懒。

荷兰并不是绝对意义上的劳动力匮乏,它一直是欧洲人口密度最高的国家之一。但是因为荷兰人热爱休闲,才造成劳动力供给相对匮乏。荷兰人真的是非常懒惰,每天下午五六点钟,街上店铺就都关门了,几乎从来不会加班,在夏季的公园里、海边上,到处都是懒洋洋地晒着太阳的人。但他们愿意把精力用在设计制造风车这样可以节省劳动力的发明上,对他们来说,像中国人一样勤奋工作是很不可理解的事。

〔提示〕马做什么都比骆驼快,但骆驼一生走过的路却是马的两倍。

文 化 传 统

叔本华说:"人虽然能够做他所想做的,但不能要他所想要的。"欧洲文明的形成,离不开她独特的文化传统。

文化精神

人文教育起源于欧洲。欧洲的人文教育不是体现在课堂中的知识传授,而是映射在社会中的文化氛围。迄今,世界上任何其他地区均不具有欧洲独特的文化氛围。

泛爱主义

受到18世纪法国大革命的影响,它在教育上的突出表现是泛爱主义和洪堡德改革。泛爱主义是受到法国资产阶级启蒙思想,尤其是卢梭思想和德国新人文主义的深刻影响而产生的。

泛爱主义教育家如巴斯多(J. Basedow)、萨耳士曼、堪比等认为教育的最高目的是培养掌握实际知识、具有泛爱思想、健康、乐观的人,因此,德育、体育、劳动教育、现代语和自然科学知识受到重视,采用让儿童自由发展的教育方式,注重实物教学。他们热爱儿童,肯定儿童的天性是善良的,反对经院主义、古典主义教育,禁绝体罚,这种方法后来被传入美国、俄国和日本等国家。

1807—1815年普鲁士施泰因和哈登堡改革期间,新人文主义的代表人物,历史学家、政治活动家洪堡德(K. W. Humboldt)曾出任教育部部长,他根据新人文主义的精神对各级学校教育进行了一系列改革。在初等教育和师范教育方面,积极贯彻裴斯塔洛齐的教育思想,教学内容有所扩充,教学方法有所改进,出现了第斯多惠等著名的教育家。此后的美国发展的杜威教育方式也是在这个基础上发展起来的。在中等教育方面,实科中学进一步得到发展,增加历史、地理和自然科学的科目,通过考试选择教师,打破了只由教士充任教师的局面。在高等教育方面,洪堡德较早明确地提出大学的任务一方面是要向学生传授各科知识,另一方面是要发展科学(即办成教学中心和科研中心),他创办和领导的柏林大学就是这方面的典型。

案例7.3　　　　　　　　罗琳的成功

《哈利·波特》的作者J·K·罗琳本人的故事令人称奇。1965年出生的她,六岁就酷爱写作。1990年,她乘火车从曼城到伦敦途中,一个人物形象浮现在脑海里,这是一个青涩的黑发男孩,戴着一副大眼镜。这个形象让她激动不已。彼时,她的母亲去世,她能深切体会到孤儿的心灵之痛,她决定写出来。但是当时写作的动力并不足。

1992年10月,她跟一个葡萄牙人结婚,一年以后闪电分居,生下了一个女儿。她成为单亲妈妈,靠政府救济为生,并且被诊断出抑郁症,人生跌入低谷。此时,唯一能拯救她的就是写作了。罗琳2008年在哈佛大学的演讲中,披露这一段人生感受:"失败意味着扫除不紧要的东西。我停止伪装,回归本真,聚集能量,完成对我重要的作品。恐惧已经释放,我自由了,我还活着,我有爱女,还有一台老式打字机和一个伟大的想法。降到谷底让我从头构建我的人生。"

1995年,《哈利·波特与魔法石》手稿问世,在被12家出版社拒之门外后,Bloomsbury出版社买走了它,不过只预支了1 500英镑稿费,这钱不足以养家,经纪人建议罗琳出去找个工作补贴家用,1997年,苏格兰艺术协会赞助了她8 000英镑。她经常带女儿到咖啡馆写书,因为在那里,宝宝睡得快。

1998年是罗琳时来运转的一年,她处女作的版权在美国拍卖,得到了10.5万美元的报酬,她说当时激动得"差点死去"。此后,她以每1—2年一部的速度出版,并且出版时间都选在六七月份学校放暑假的时候。

《哈利·波特》电影的成功也超乎寻常,它的电影版权被华纳兄弟买走时,罗琳附加了严格的条件,例如,必须全部用英国演员。她牢牢控制全部电影剧本,不容乱编乱改,另外,她还担任了最后两部的制片人。如果没有改编成电影,这部超长篇小说的普及度和影响力都会大打折扣。人们就是看着扮演哈利·波特、罗恩、赫敏的小演员容颜转变,才意识到时间的飞逝。

智慧崇拜

评断一个国家的品格,不仅要看它培养了什么样的人民,还要看它的人民选择对什么样的人致敬,对什么样的人追怀。在欧洲国家,任何一个城镇的居民最引以为豪的事情是,曾经有某某著名的哲学家、艺术家、学者在那里生活过,或者居住过一些日子,他们必会精心保存其故居,挂上牌子注明某某何时在此居住。能够体现历史和文化的一类建筑是欧美小城的灵魂,这些建筑是小城历史文化的浓缩。在欧美的小城里游览,有时一条街、一栋建筑就反映了这个城市甚至这个国家的历史。也不仅是小城,欧美的一些大城市(特别是那些历史文化名城)更是如此。在巴黎,塞纳河西岱岛上已有千年的巴黎圣母院还高高地耸立在那里,见证着巴黎的历史;巴黎的"先贤祠"供奉的虽然有拿破仑等人,但更多的却是文艺复兴、启蒙时代以来的巨人们(如伏尔泰、卢梭等)以及那些文学大师、艺术大师们(如雨果等)。在欧美,对文化、对那些对人类历史有巨大贡献的文化人的敬重已经成为了一种传统。

在20世纪80年代,浪漫的法国人曾经做过一次"大逆不道"的民意测验,问题大意是,如果法国有50个最优秀的政治家和一流的学者、科学家、艺术家去世,你认为哪一个对法国的损失大,说出你的理由。没想到浪漫的法国人这次一点也不浪漫,不少人认真地写出了自己的答案:95%以上的人认为当然是失去了50名一流学者损失大。道理很简单,政治家失去后马上就有人能够代替,而学者却是无人能够代替至少是暂时无人代替的。

无地无学

在西方国家,所有的理论都平等地摆在大家面前,由你自己去自由选择、了解和判断。没有谁会向公民做思想工作。马克思和恩格斯就是两个曾经对世界产生了巨大影响力的学者。说到欧洲大家,不能不提尼采(Friedrieh Nietzsche)。尼采是可怕的预言者。阅读尼采,经常会产生一种灵魂被剥了皮的痛感。尽管他处在西方文化语境之中,尽管他不可能把目光投放到遥远的东方,但是作为有灵魂的生物,我们总是能够从他那里敏感地探知到关于人的信息。尼采一句"上帝死了",一下子颠覆了人类经历过的一个漫长时代。耐人寻味的是,"上帝死了"不是说人把自己丢失了,恰恰相反,它意味着人真正进入到了人的世界,一切都需要以人作为尺度进行重估,一切都需要从人开始。

国际图书协会每年公布的读书购书状况,中国大陆总是排在第一百名以后,每年的第一名、第二名总是由德国、日本轮流坐庄。根据德国书商和出版商协会2008年最新的数字显示,1/3的德国人认为自己读书很多,平均每人每年至少读18本书,每四人当中就有一人藏书200—500本,14%的德国家庭拥有自己的"图书馆"。

清末的李善兰曾说,德国的教育体制是"无地无学,无时非学,无人不学",此说甚为精辟。"无人不学"是说人人都有读书、学习的机会,都拥有学习适合自己需要的学习、读书机会。只要你去德国,看到最漂亮的房子一定是大学,在市中心地理条件最优越的也一定是大学。这个国家有300多所公立大学,任何人都可以上大学,没有高考,只有申请制度,申请了就可以去学习,但德国唯一不好的是混文凭太难,如果你抱着混的目的去肯定没戏。

读书能让一个民族的国民在书卷气中找到清心寡欲的幸福感,然后强壮自己的精神骨骼和物质生活。德国人尊重读书人,每个城市最经典的建筑一定是图书馆或大学,这些建筑通常会设立在闹中取静的城市区段。德国有世界上最漂亮的图书馆,也有世界上学术思想最纯粹的学者,也是受尊重的——体现在薪酬和社会地位上,也带动了世界上人均比率最大的普通读者群——平民阅读:在德国的大街上,腋下夹着一本书,目光祥和,举止优雅,慢悠悠行走的,既有白发的老者,又有高挑的美女,还有身着蓝色工装的技工;在德国地铁里,多的是捧着一本书、一张报,阅读得津津有味的乘客。

在德国的许多大书店里,专门为读者设有咖啡座,在优雅的书店里喝咖啡,其实很般配,很有特色。这对那些喜欢泡书店的读者来说真是如鱼得水,他可以来一杯咖啡,要上几块面包、甜点权当午餐,之后又可以坐在高脚椅上,旁若无人地在这里读一天的书,似乎这书店是专为他而开,咖啡座是专为他而设的。德国的书店就是这样,图书精美,环境幽雅,读书者众多却十分安静、悠闲,可使你感受到一种优雅独特的读书情趣和书店意境。

在德国的一些大书店里都设有朗读场。每当出版社有重要的图书出版,特别是文学类图书,而又要将其作为畅销书或重点图书推出时,出版社的营销部门通常要与书店联合在书店组织较大规模的朗读会,由书作者本人或请演艺界人士朗诵书中的某些精彩片断,并作签名售书。同时受到盛邀的各广播、电视、新闻宣传媒体也会积极到来,热情配合。各种报道、书评很快就会出现在电视上和报纸上,与观众读者见面,从而加强了作者、出版社、书店与读者的交流。这种朗读会很有吸引力,读者既能观听精彩的朗读,见到作者本人,还能购得一本有作者亲笔签名的图书[①]。

即便在西欧的黑暗中世纪,教育也被视作生命的思想而被广为接受,大学教育获得了巨大的发展。1096年,牛津大学建立;1209年,牛津学生造反,部分师生分离出去建立剑桥大学;1386年,德国建立海德堡大学;1425年,比利时建立鲁汶大学;1575年,荷兰建立莱顿大学;1087年,意大利建立波伦亚大学;1472年,德国建立慕尼黑大学;1365年,奥地利建立维也纳大学;1479年,丹麦建立哥本哈根大学;1218年,西班牙建立萨拉曼卡大学。

迄今有900年历史的牛津大学,已培养了7个国家的11位国王、6位英国国王、47位诺贝尔奖获得者、53位总统和首相、12位圣人、86位大主教以及18位红衣主教,影响着整个世界。有意思的是,牛津的官方宣传资料中几乎看不到这些,这所英国最古老的大学甚至没有举办过像样的校庆,对学术、对真理的追求让她畏惧名利。

人文教育

一个民族的文明素质总是从教育中来。欧洲不仅具有自己的人文精神与文化氛围,更有自己独特而坚实的教育思想。欧洲的人才成长、产业成长与科技发展均与这种教育思想密不可分。

生而平等

一个民族、一个国家要赢得别人尊重,它的基石就是一个个有着理性和自由思想,并且有着独立人格的公民。如果这个国家的大多数国民是反智、反理性和缺乏基本常识的人,无论如何也不能算是国家的幸运,而我们需要明白的是产生的根源是什么?

在欧洲现代教育学史上,捷克的教育家夸美纽斯作为大兴教育的奠基人功不可没。其教

---

① 买书在德国很贵,一本书大约30—40欧元。

育理论不仅是西方教育学的基础和纲领,而且还影响着当代教育学。他率先提出教育应致力于人类自身的改善。所有的人皆由上帝创造,生而平等;不论男女,也不论贵贱,都应享有接受教育的同等机会。他的思想不断地被普及与传播,第一个实施《普通义务教育法》的国家就应运而生了。这就是德国,确切地说,是当时的普鲁士帝国。作为一种真正意义上的法律的形成,《普通义务教育法》凝聚着弗里德里希父子两代国王的心血。

案例 7.4 威 廉 一 世

威廉一世是一位极富传奇色彩的国王。即位后,他特别重视军队建设,成功地将普鲁士帝国建成了同时代一流的军事大国。为此,他赢得了"大兵国王"的雅号。与其卓著的军事才能齐名的却是他的吝啬,并被授予"乞丐国王"的"美名"。例如,为了构筑柏林城,他不舍得政府出资,就命当地的富翁私人捐款。

奇怪的是,这样一位吝啬的国王对教育却出手大方。1717 年 9 月 28 日,为了提高整体国民的素质,威廉一世签署了"普通义务教育"的谕令。该谕令颁布之始,国王对有关人士反映的教育情况深表忧虑。据闻,不少家长(特别是农村的家长)对孩子上学不以为然。许多孩子(尤其是贫困家庭的子弟)不论读书、书写与计算均得不到训练,其身体的成长和心灵的发展均被放任自流。因此,威廉一世下令:"普鲁士王国内,所有 5—12 岁的孩子(1754 年,增至 14 岁)必须上学,接受学校教育,否则,家长将要被处罚。"对于学习时间,也有严格的规定:"所有适龄儿童,冬季必须每天上课;除了帮父母做农活外,夏季每星期至少也要上学 1—2 日,以使冬季学到的知识不致被遗忘。学费每星期 6 分尼,支付不起的家庭,由当地政府承担。"

其实,当时的德国已经兴建了一些学校。贵族子弟多被送往由修道院改成的学校;乡村里也有一些开明乡绅开办的乡村学堂。但这些远不能让国王满意,他要全面普及教育,但这项谕令却遭到了社会各个方面的反对。因为国王只免费发放建设校舍的建材,但盖房的经费从何而来呢?会不会要他们自己掏腰包?有一位大臣别有用意地提醒"乞丐国王"说:"如此改革妙是妙,但将会耗资巨大啊,难道您一点也不考虑要掏出多少'银子'吗?"谁知国王却斩钉截铁地说:"这些钱相对于我的长远收益来说,那算得了什么?我推广教育,改善的将是我整体国民的素质啊!"

尽管如此,那时的学校却并没有经费来聘请专职的老师,也就是说,教师都是义务的兼职教员。他们必须同时从事其他职业来养家糊口。教师常常是退役军人、手工匠或临时工,而学校管理人员往往由教堂的管事兼任。那些军人出身的教师操练有术,但要提供教学科目(如读、写、算术、音乐和宗教)便显得力不从心了。于是,很多教师都是一边自学,一边教学。

尽管困难重重,但教育改革的成果显著。到威廉一世去世时,全国的学校已从当初的 320 所乡村学堂发展到了 1 480 所。现在柏林洪堡大学的前身,就是为了纪念这位普鲁士国王而建,并以他的名字命名的——柏林弗里德里希·威廉大学。

威廉一世的儿子弗里德里希大帝继位后,将这项由父亲签署的谕令坚决、彻底地贯彻了下去,并遍及帝国的每个角落。不仅如此,弗里德里希大帝比父亲更具远见卓识,1763年8月12日,他亲自签署了一项法律——世界上第一部《普通义务教育法》。

1870—1871年,普鲁士帝国在普法战争中取得了决定性的胜利,德国重获统一。1873年3月,拜恩州的《教师报》上登出了题为《德国校长大获全胜》的文章,将战争的胜利归功于一个半世纪来实施的义务教育法。从此,欧洲各国也纷纷效法,开始颁布此类法律法规。

自由成长

欧洲人对幼小的孩子采取"放养"的态度,非常尊重孩子的个性和自由,尊重孩子的选择。例如,我们教育孩子常常是教育孩子"听话",而在欧洲的孩子那里,你听到最多的是孩子喊"NO",对孩子个性的尊重,使欧洲人从小就养成了维权和自尊的概念。在欧洲,没有人去干涉别人的私事,或者指点人家应该怎么做,同私有财产神圣不可侵犯一样,欧洲人的权利也是从小就神圣不可侵犯的。

欧洲的中小学教育是轻松的,孩子可以自由地选择他喜欢的学校,学习的东西都是很基础的东西,程度不深,作业很少,老师如果留的作业过多,学生可以到学校里去投诉。与中国学校侧重数理化教育的情景不同,欧洲的中小学对所有的课程都给予同样的重视,提倡学生爱好广泛,只有考试课,没有所谓的"考察课"。总的来说,欧洲的中小学教育是搞素质教育的。除了学校和父母的教育,德国的社会习俗也在引导孩子们如何学习。例如,当考虑什么是正确的行为时,一个常常被提及的问题是:"如果人人都这样做,后果会怎样?"这种思考模式可追溯至德国古典哲学创始人康德。德国教师最注重的是智力与品性的执教能力,德国学生最注重的是敢于尝试。

德国的教育从幼儿园到小学是不教太多东西的。孩子的第一要务是玩得开心,其次是教一些基本的常识。德国的《基本法》第七条第六款明确规定,禁止设立先修学校(Vorschule)。就是说孩子们在上小学前,任何人都不可以对儿童进行所谓的学前教育,如跳舞、体操、读书、绘画、钢琴、外语、奥数之类等都被禁止。那么,小学前的孩子在幼儿园学什么呢?大致是如下三点:一、基本的社会常识,如不允许暴力、不大声说话等。二、孩子的动手能力。在幼儿园期间,孩子会根据自己的兴趣参与手工制作,让他们从小就主动做具体的事情。三、培养孩子的情商,特别是领导力。

德国的小学生没有什么功课负担,孩子们只上半天课,上午上课,下午主要是根据自己的爱好,非强制性的,可以学习钢琴、绘画、手工和体育等有关素质修养的课。德国教育界的普遍观点是:如果太早强行教授所谓知识,小孩子各方面并不成熟,没有思辨能力,最后变成背书和读书机器。另外,德国的中学对学生的职业技能培训是非常重视的。德国中学(初中至高一)的劳动技术教育课要学这些课程:一般由劳动学课和操作课组成,前者讲授生产劳动和就业的理论和知识,内容包括劳动的含义(其中要讲到马克思的思想)、就业问题、劳动的法律(如违法的"黑工"问题)、生产、工序、工人的基本素质、安全保护、环保等。操作课又分必修和选修两类,如有的中学7—10年级的必修内容包括办公技术、制图、打字、财会、职业指导、销售(消费)。选修课内容涉及缝纫、家政、电器类、护理类、商业类、管理类等。

因此,严格来讲,德国从中学才开始传授知识,并且第一位是教你怎么去学习和思考。大学更是如此,首先教你思考,接下来才给你讲框架性的知识。德国有8 800万人口(其中600万为常住外国人),却有公立大学300多所。任何人在德国都可以上大学,因为德国没有高考,只有申请和推荐制度(老师推荐),通过了申请就可以上大学了,并且德国上大学是不用交学费的,这样的福利也惠及外国留学生。在德国,老师和家长并不会紧紧盯着名牌大学。初三和高中阶段,学校、家长和学生会根据自身的发展需要制定进一步的教育,这样,会有一部分学生进入技工培训学校和职业技术学院学习。这里有非常关键的一点:技校出来的毕业生的待遇不会比名校出来的待遇低,至少不会有歧视性的用工制度。因此,孩子们不需要上很好的大学也能找到不错的工作,获得很好的收入,这正是德国有最好的职业教育的根源。另一部分学生则可能读名校进一步深造。但是,能进大学读书并不意味着谁都可以顺利地拿到大学文凭,在德国混文凭是绝对不可以的,你只有老老实实并且勤奋努力才能毕业。

德国的大学根本就没有什么统一的大学教材。教你的大学老师,会在开学的第一堂课里,公布很多该学科的参考书,考试内容也在其中,至于教授教什么,那是教授的自由和权力,教授只需按照自己的专业背景和操守来做就可以了。如果你不认真读完那些参考书籍,还真没法完成考试,千万别指望有什么考试前的复习提纲。老师除了告诉你参考书,还教你学习的思考方式,自己独立思考是获得知识的重要途径[13]。

欧洲不搞高考,大学教育是宽进严出的,所以,欧洲的大学教育是非常辛苦的,有相当一部分学生不能跟着大学的进度准时毕业,例如,五年制的大学可能要读六年甚至更多。大学课程的实验课比例很大,非常强调学生对知识的实际应用能力。这一点和中国正好相反,中国是中小学紧,大学松,而欧洲是大学紧,中小学松。

专栏7.5　　　　　　　　　贵族精神与自由

英国是当代发达的资本主义国家,但仍保留着独特的贵族制度,该制度曾在英国的政治、经济、社会生活中发挥过重要作用。英国贵族由世俗贵族和精神贵族(即宗教贵族)组成。世俗贵族可分为世袭贵族与终身贵族。世袭贵族分为五个等级,即公爵、侯爵、伯爵、子爵和男爵,爵位可以世袭,以传男传长为主,如无子女,贵族封号则自动取消。终身贵族分为司法贵族和一般终身贵族两类:司法贵族包括英国大法官以及其他重要法官;一般终身贵族是指由首相提名、君主册封的功勋卓著人士,一般称为勋爵,此类人数最多。精神贵族是指英国教圣公会的最高神职人员。精神贵族和司法贵族属职赋其号,即一旦任职,自动获得贵族身份。终身贵族和精神贵族封号不能继承。目前,英国有1 000多名贵族。此外,英国还常授予各界有突出成就的人士"爵士"称号,册封对象不限于英国本土,也包括英联邦国家及英国前殖民地的人士。但此类人不属贵族。

贵族精神的核心绝对不是绅士的风度和高贵的礼仪,而是在国家和民族面临危亡的时候,他们能够勇敢地冲在战斗的最前面。这种深深的社会责任感才是贵族精神的精髓。据统计,在第一次世界大战期间一共有13 878名剑桥的在校师生参战,其中有2 470人阵亡,包括年轻的著名诗人鲁珀特·布鲁克,1913年,他刚刚成为国王学院的院士。在影片《泰坦尼克号》中,在大船即将下沉的时刻,船长先生没有选择逃亡,而是勇敢地走进了船长室,坚守自己的岗位,在旁人艳羡的目光中是如此,在面临死亡时也同样如此。设计师先生对女主人公说,"我没能为你造一艘足够坚固的船",然后选择了与他的船一起沉没。还有那三位小提琴演奏师,在旁人忙忙乱乱地逃亡时,他们坚持演奏到最后一刻,用他们的琴声舒缓死亡到来时的恐怖。在这种时刻,能够坦然地面对死神,承担起自己的社会责任,才是"贵族精神"的真正体现。

20世纪90年代中期,有一部奥斯卡的最佳影片《勇敢的心》,讲的就是苏格兰贵族反抗英国国王的自由传统,"不自由,毋宁死"的自由精神是贵族精神的核心。英国贵族所以至今还能昂立世界并散发出迷人光环,其根本原因——或者说核心——就在于:其精神内核自由未曾失落。有自由,所以有贵族;无自由自然也就无贵族了。

实业传承

实科中学在德国产生于18世纪初,较英、法等国早一个世纪,使德国人具备了自然科学所要求的严谨和内涵。1708年,虔信派信徒席姆勒(Zemmler)在哈勒创办了数学、力学、经济学实科中学,以教授数学、物理、力学、自然、天文学、地理、法律为主,并辅之以绘画、制图。此后,德国各城市陆续有人创办这类学校,有的实科中学则增设建筑、商业制造、贸易、经济等科目。这是一种既具有普通教育性质又具有职业教育性质的新型学校。它排除了教学科目、课程内容的纯古典主义的倾向,适应了德国资本主义经济逐渐发展起来的需要。但由于它的毕业生不被允许进入高等教育,所以地位很低,学生也不多,很快被没有门第观念的美国超过,在科学应用方面输给了美国。由于德国较早地抓教育,国家强大也是来源于方法的更为先进和合理。

许多欧洲企业家家族都忘不了教育后代,除了为他们创造良好的教育条件外,还灌输继承祖业的传统思想。新一代的继承人一般都经过高等教育,而且有一定的实际工作经验。但他们对子女的继业问题与长辈的看法有些不同。拥有21亿美元资产的德国汉德尔家族的首脑克里门斯就无意勉强自己的两个儿子继承祖业。他说:"光靠血缘关系,并不足以领导企业。"言下之意,要靠本事和才能来继承祖业。

瑞士罗思齐家族成员艾蒙德由于被取消法国国籍,便移居瑞士,一方面管理他的银行,一方面教育儿子本治民,不仅言教,而且身教。他说:"罗思齐家的人,如果没有钱,不是银行家,不是工作狂,他就不姓罗思齐。"这话对年轻人是富有挑战性的。

在德国,孩子一般3岁上幼儿园,为期3年。3年中,他们会参观警察局,学习如何报警;参观消防警察局,学习灭火和躲避火灾;参观市政府,认识市长,看他如何为市民服务;去坐有轨电车,学会记住回家的路线;跟老师去超市买东西,学习付钱和选货……3年后,他们具备初步的生存能力。

德国非常重视职业培训,而不只是制造一批又一批的手持毫无用途的学位证书的大学毕业生。德国相关法律规定,儿童从6岁开始接受义务教育,共12年。但在其中9年"第一领域"教育(相当于国内小学和初中)结束后,学生就开始分流,除部分学生进入文理中学为今后进入大学深造打基础之外,大多数进入普通中学和实科中学的学生都要开始接受手工业或者工业领域内相关的职业培训。而这部分开始接受职业教育的学生在今后依然有可能进入高等专科学校接受进一步的教育。相关统计显示,德国中学毕业后的青年中有约70%会继续接受国家承认的一种职业培训。与许多国家职业培训是纯粹的校内教育不同,德国青年的职业培训同时由职业学校和企业承担,学生约2/3的时间是在企业中直接参加各种实践学习,这就为学生在走上社会后迅速成为社会生产所需求的各种专业人才提供了可能。而在工作之后,在职进修也得到企业和政府的高度重视,为培养高级人才奠定了基础。

相比较而言,在德国读大学是比较容易的,只要获得了中学的毕业证书,就可以不经过另外考试直接申请上大学。在这种"宽进"的前提下,德国同时采取"严出"的手段来保证毕业生的质量。大学毕业生必须自行寻找职业,就业完全取决于市场需求,这就迫使学生必须将专业学习与就业紧密结合起来。而课程设置也充分考虑到社会需求,例如,近年来德国缺少信息技术人才,各大学学习信息技术的学生就在短短几年内大为增加。德国教授的获取途径也是实业教育的一个方面。要想在德国做教授,首先必须是博士毕业,然后有两条道路供你选择:一是到工业界,毕业后到了工业界,有七年工业界的工作经历,就有申请任何学校(包括读博士时的大学)教授职位的资格;另外一条道路是直接留校,留校后,虽然属于学校的正式职员,但不是永久位置,而要想成为教授,必须得先取得教授资格(Habilitation)。留校五年以后,通过国家的一种考试,并有相当的学术成就和学术造诣,就具备了申请教授职位的资格。但是有一项特殊的规定,不允许在原大学里申请该方向的教授职位。教授的实际经验在工科的教育过程中起着非常重要的作用。

与社会生产紧密结合的教育制度,帮助德国造就了大批的专业人才。与此同时,德国大力采取措施吸引国外专家前来就业,也取得了显著成果。

德国人的忧患意识是根深蒂固的。20世纪50年代,德国经济取得了突飞猛进的发展,到了60年代超过了英国、法国、日本,居美国之后,位列全球第二(70年代被日本赶超),德国人并没有沉迷于经济奇迹中,而是开始了更深层次的思考,当时,德国知名经济学家赫恩教授就提出这样一个问题:德国经济高速增长不是依靠企业的核心竞争力,而是依赖于第二次世界大战后对物质的需求,这样是不具备持续竞争力的。一旦需求饱和,德国企业何以生存?

赫恩教授给德国经济部写信,经济部对此问题非常重视,马上成立专家小组研究德国企业的核心竞争力。在专家小组的基础上,成立了今天的德国领导力学院。德国领导力学院自1956年成立以来,每年培训8 500名德国企业高层管理者,至2011年止,共培训了70万人。换言之,领导力学院可以称得上是德国企业管理的"黄埔军校"。霍恩教授开发了一套训练体系,被称为"哈尔茨堡模式",后来经现任院长丹尼尔·皮诺发展为"系统领导力模式"。

科学思维

近代的大学起源于德国的洪堡理念。根据洪堡的理念,现代的大学应该是"知识的总和"(Universitas litterarum),教学与研究同时在大学内进行,而且学术自由,大学以知识及学术为最终的目的。

创新思维

英国的基础知识教育比较扎实,特别注重给学生一把思考的钥匙。英国教师期望他们学生达到的是几种能力的提高:独立的思考能力;收集和解释资料的自信力;在专业领域的创造能力;开放性地思考并做出一个以上的可能结论和解释;在寻找适当解决方法上的决策能力和理解并熟练运用批判式评估的程序。

提高学生的独立思考能力和开放性思维能力是英国大学训练的重点。知识教育没有穷尽,它本质上是一种性格的训练。教育的重要性必须使人适应生活、适应世界,而不是适应大学。这是英国哲学家洛克17世纪提出的教育思想。它在英国今天的教育理论中仍然占有重要地位。书本知识是学不完的,重要的是,无论学生毕业后从事什么工作,他们都要能够对没有见过的资料做出判断和结论,而且很可能必须自己去寻找所需要的数据。因此,要求学生通过这一阶段的学习,学会独立、自信地学习和思考非常必要。实际上,在英国的中学阶段就开始这样的训练了,文科的大部分科目除了必须记住的一些内容外,许多问题都是开放式的,没有标准答案。

英国教育中要求学生既要懂得原理,还要思疑辨析。剑桥大学毕业的英国朋友罗宾以杯子为例对英国大学的学习方法做了简明形象的说明。他说,假如你学习的题目是一只玻璃杯,知道了它的材料、形状、用途以及加工技术等,学习只完成了一半,这是前人已知的了。你还要学的是,进一步提出质疑,如为什么它是圆的,是不是方的更好,然后去寻找资料证明自己的判断和结论。在剑桥的学院制下,每个学院住着不同学科的学生,导师的任务是组织他们辩论,各科学生在一起讨论问题,从完全不同的思考方向进行辩论,从而使你获得很多新鲜的思路。通过这样的思考、辩论和学术交叉,大大扩展学生已有的知识并富于创新。

哲学素养

法国的高中毕业会考由拿破仑于1808年3月17日下令设立,不论是文科(文学、经济、社会)考生还是理科考生,哲学作文都是必考的科目,所以,法国每个人在中学时代都有为应付考试而"背哲学"那样的经历。哲学课的地位与法语、数学和物理这样的主课不相上下。法国普通中学的学生升入高中以后就开始分科上课,根据个人的爱好和特长选择文学类、经济类或者科学类课程。但无论是哪一科的学生,哲学都是必修课,文学类的学生每周要上7个小时的哲学课,而经济类和科学类的学生也分别要上3—4个小时的哲学课。法国人为什么要花这么大的气力学习哲学呢?根据法国教育部颁发的大纲,哲学课的目的是要"培养学生的批判性思维并建立理性分析坐标以领悟时代的意义"。说得通俗一点,就是要让学生发现自我价值,学会对周围司空见惯的现象说"不",从而在未来的实际工作中养成创造性的思考方式。

案例7.5　　　　　　　　　　　　法国高考作文题

每年的6月11日是法国60万高中毕业生的"高考"——中学毕业会考(Bac),它的第一门考试是哲学作文。说是哲学,其实也涉及美学、社会学,很像中国高考的命题作文,考生要在四个小时内写出一篇像模像样的论文来。

文学、经济社会、科学类毕业生可以分别在下列三个题目中任选一个。

> 文学类
> (1) 若有所悟是否就是对于思想桎梏的解脱?
> (2) 艺术品是否与其他物品一样属于现实?
> (3) 解释亚里士多德在《尼格马科论伦理》中有关"责任"的论述。
>
> 科学类
> (1) 欲望是否可以在现实中得到满足?
> (2) 脑力劳动与体力劳动的比较有什么意义?
> (3) 解释休谟在《道德原则研究》中有关"正义"的论述。
>
> 经济社会类
> (1) 人们是否可以摆脱成见?
> (2) 我们可以从劳动中获取什么?
> (3) 解释尼采在《人性,太人性》中有关"德行"的论述。

严谨作风

在这个地球上,无论在哪个国家或地区,找些作风严谨的人士并不难,难的是一个民族乃至一个国家全是这样风格的人。德国就是这样的民族与国家。

中国国内某家医院收到一封来自德国的信,信中称该医院大楼是德国建筑师在1919年设计建成的,设计使用年限为87年,现在已经到了设计年限,要注意该建筑的修缮和安全。之后过了几天,德国方面又打电话提醒该医院,让那家医院的人惊讶之余,很是感动。

同样是建筑,德国人的周全、精密、严谨让人不得不叹服。20世纪初期,中国的青岛曾经被德国人占据,留下了大量的德国式建筑。几年前,青岛连日暴雨,中国人自己建造的新城区的下水系统全面瘫痪。而在老城区,德国建筑师100年前修造的排水系统却运作正常。这是因为,百年前德国建筑师在修建城市下水道系统时,已经充分考虑到青岛的地势和天气因素。

同样是造车,如果一部车停在街边十几年风吹雨打、冰冻日晒,即使车子已被积雪掩埋,但坐进去后依旧一打就着,你还会选择别的品牌吗?精美、可靠、耐用是奔驰车的宗旨,也代表了德国人的风格。他们造奔驰车的理念就是追求领先的设计理念和技术水平,并因此而精心选择材料,让自己的车能够挑战极限——无论是速度还是质量。这就是为什么奔驰车在世界影响力如此巨大以致每当新一代的车型出来都会获得巨大成功的原因。我们知道,率先进入中国汽车制造市场的是法国人,姗姗来迟的德国车却占据了半壁江山。改革开放以来,德国人一直在领跑中国中档车市场,在高档车方面则占据绝对优势。

按照张亚玲[14]的说法,法国人具有典型的两面性:他们很难管理,但又不用管理。法国人思想上很自由、不受约束、包容所有的新思想;他们的上下级关系不严密、不绕弯,他们见到老板时,通常直呼其名。但是法国人普遍责任心比较强,做事情非常积极。尽管法国跟中国一样,在管理上不是以制度为先导,但又有明显不同。

英国在教育上发展全面人格培养,这不仅是对现代教育的重大贡献,更通过人才的培养奠定了英国成功的基石。在世界历史的进程中,英国发挥了重要而关键的作用,对世界历史的发展影响巨大。且不说工业革命与殖民对全世界的影响,就欧洲范围而言,英国曾多次力挽狂澜,改变了欧洲大陆的命运。一次是 1799—1815 年间,英国 7 次与俄、奥、瑞典等欧洲国家成立反法联盟,抵制法国对其他欧洲国家的侵略。在第 7 次反法战争中,威灵顿公爵领导的英普联军和法军在滑铁卢决战,最终击败了拿破仑率领的法军,使欧洲大陆免于法兰西帝国的统治。在第一次世界大战和第二次世界大战时期,英国对扭转欧洲大陆的战争局势都发挥了重要作用。特别是第二次世界大战时期,大半个欧洲都陷于纳粹的占领与控制下,英国在美国的支持与援助下,成为抵抗法西斯德国的根据地。最终,在盟军的共同战斗下,打败了法西斯德国,挽救了欧洲的自由民主。

经 济 制 度

对现代经济而言,正如欧洲人经常会嘲弄的那样,美国可能只是一个暴发户,而欧洲在某种程度上已经达到一种文明状态。经济制度本身与文化的耦合就很困难,而与文明的耦合则更加具有先进性。

创业制度

德国是哲学家的故乡,而英国是经济学家的故乡,诞生了亚当·斯密、李嘉图、约翰·穆勒、马歇尔、凯恩斯、马尔萨斯等经济学家。欧洲的经济文明是建立在经济学的制度基础上的。

财产制度

准确地说,资本主义应该叫做自由主义,包括资本自由在内。这个主义的本质在于捍卫个体利益而不愿意任何集体利益侵犯它。它发祥于英国。早在 1215 年,英王就迫于压力签署了著名的《大宪章》,其中不仅确认了贵族应当享有一些国王不得侵犯的权利(法律面前人人平等、陪审团审判制度、自由迁移以及不付报酬不得征收财产等),而且还明文规定英王必须遵守宪章的各项条款,否则,贵族会议有权对他进行战争。1215 年 6 月 15 日,约翰王与 25 位贵族代表艰难地谈判,签定了和平停战宣言——《大宪章》。《大宪章》有两条著名条款,一是国王要宣誓"向任何人施以公正,不能剥夺他人的权利";二是如果法庭没有判决,国王也不能逮捕和剥夺他人的财产。这两个条款表明,臣民的权利是独立的,不是国王恩赐的,所以,国王也不能剥夺它。这种长期的重申和普及积累起深厚的传统力量,将契约和法制的基本精神注入到英国人的思想根基。

英国对个人财富神圣性的观念是根深蒂固的。第二次世界大战中,英、德交战,英国保守党提出轰炸德国弹药制造工厂,英国皇家空军司令说:"我们不能炸,因为那些弹药制造工厂是私人的,而且工厂的工人不是士兵,那也是他们赖以生存的工作。"在第二次世界大战期间,BBC 为批驳播报了希特勒的《我的奋斗》一书的部分内容,匪夷所思的是,BBC 还通过中立国瑞典向作者希特勒支付了稿酬。即使在资产阶级革命以前,英国国王也没有权利增加税收,而是必须召开贵族议会讨论。由此可见,英国人对私人财富的尊重程度。英国首相威廉·皮特①在演讲中曾这样表达对个人财产权的敬畏:"即使是最穷的人,在他的寒舍里也敢于对抗国王的权威。风可以吹进这所房子,暴雨可以打进这所房子,房子甚至会在风雨中飘摇,但是英王不能踏进这所房子,他的千军万马不敢踏进这间烂了门槛的破房子。"风能进,雨能进,但国王不能进,这个经典的宪政寓言强调私有财产应受到至高无上的保护时,也宣示了宪政第一步是"关门大吉"。如斯汤达在《红与黑》里讲,监狱里最大的不幸,在于犯人不能把自己的牢门关上。监狱所以糟糕,主要有两个原因:一是囚犯出不去,二是狱警进得来。

孟德斯鸠认为英国是世界上最恪守法制的国家,"在英国,即使你的仇敌跟你的头发一样多,你也不必担心会受到伤害。"谈到英国的新闻自由,他说:"我们阅读英国的报纸,会以为英国明天就要爆发革命。"我们今日所说的民主、自由、法制等"西方文明",其实也就是来自英国的这种私有权利神圣不可侵犯、个体权利在法律保护下与集体权利达成某种妥协之体制,欧洲大陆也是从英国移植过来的,"启蒙运动"就是宣传英式体制的运动。即便是发祥于佛罗伦萨的文艺复兴运动,它的前驱宗教大分裂也源自英国。14世纪牛津大学的神学教授约翰·威克里夫首先开始抨击罗马教廷,谴责教士拥有私产,主张世俗统治,牛津大学坚持自己的教师有学术自由的权利并抵制罗马教廷的审判令,英王以及崇尚个人权利的伦敦市民采取支持牛津的立场,威克里夫从而逃脱了中世纪宗教法庭的火刑处罚。而他的主张传到波希米亚,启发了胡斯运动,尽管胡斯本人没有威克里夫那么幸运地逃过火刑,但这个运动一直延续,直至宗教改革运动。恰恰是对制度尊重的观念,使英国人创造财富的潜力得到充分地发挥,国家迅速强大了。

欧洲是古老的,但却是近代产业革命的起源地,也是现代社会文明的中心。当徽商消失的时候,18、19世纪的地球上都发生了些什么事? 18世纪60年代起,英国率先开始了工业革命。虽然蒸汽机的发明和应用被作为工业革命的标志,但实质上还有更复杂的制度原因。意大利人早于英国170年就发明了蒸汽机,而工厂制度早在14世纪就在意大利出现。当时的威尼斯兵工厂有2 000多工人,用流水线装配一艘大船只需1小时。但工业革命为什么没有出现在意大利? 因为意大利还没有私有财产和知识产权保护制度。威尼斯兵工厂只是一家典型的由政府直接经营的"国营企业",这种企业也压根产生不出企业家。1769年,詹姆斯·瓦特发明了蒸汽机,但后来将蒸汽机转化为现实生产力的是詹姆斯·瓦特的儿子小瓦特。小瓦特与其父不同的是,他不仅是技术专家,而且是个企业家。他与商人马修·波尔顿合作,经营索霍铸造厂,把蒸汽机批量生产,推向市场。英国工业革命实则是由发明家和企业家共同发动的。那么,企业家、发明家、工业革命为什么偏偏降临在英国? 诺斯的研究发现,当时英国是世界上首先建立私有财产和知识产权保护的国家,也是率先限制王权、君主立宪及实行普选制、责任内阁制和人身保护法、定居法等法律制度的国家。英国工业革命之后,又发生了法国大革命和美国独立战争,欧美国家纷纷走上现代化之路。整个19世纪,中西方国家由于制度上的差距,其现代化进程也大大地拉开了距离。家是人类的城堡。家越稳固,人类就越安全。一个社会的制度越促进家的稳固度,这个社会就越文明与发展。起源于欧洲的私产制度,让家庭住宅"风可以进,雨可以进,国王不能进"。美国更允许私人拥有枪支,为的就是对抗可能的公权侵犯与

---

① William Pitt, the Younger,1759年5月28日—1806年1月23日,是18世纪末到19世纪初英国政治家,两度出任英国首相。

剥夺,维护家的安全。

苏格兰以其生产鲑鱼的溪流而闻名全球。不是因为苏格兰的鲑鱼品质比其他任何地方的都要好——不管苏格兰人说什么,而是因为苏格兰每条河流的每一段水域的捕鱼权都是私有的。所有权人光是核发钓鱼许可给钓客就能生意兴隆,所以,他们有强烈的意愿维持河流清澈、鱼源充足。

案例 7.6   **德 国 磨 坊**

18世纪,德国皇帝威廉一世曾在波茨坦建立了一座行宫。一次,他住进了行宫,登高远眺波茨坦市的全景,但他的视线却被一座磨坊挡住了。皇帝大为扫兴。这座磨坊"有碍观瞻"。他派人与磨坊主去协商,打算买下这座磨坊,以便拆除。不想,磨坊主坚决不卖,理由很简单:这是我祖上世代留下来的,不能败在我手里,无论多少钱都不卖!皇帝大怒,派出卫队,强行将磨房拆了。

倔犟的磨坊主向法院提起了诉讼。让人惊讶的是,法院居然判皇帝败诉。并判决皇帝在原地按原貌重建这座磨坊,并赔偿磨坊主的经济损失。皇帝服从地执行了法院的判决,重建了这座磨坊。

数十年后,威廉一世与磨坊主都相继去世。磨坊主的儿子因经营不善而濒临破产。他写信给当时的皇帝威廉二世,自愿将磨坊出卖给他。威廉二世接到这封信后,感慨万千。他认为磨坊之事关系到国家的司法独立和审判公正的形象。它是一座丰碑,成为德国司法独立和裁判公正的象征,应当永远保留。威廉二世赠给了他3 000马克,以偿还其所欠债务。并亲笔回信,劝其保留这座磨坊,以传子孙。

威廉二世回信道:"我亲爱的邻居,来信已阅。得知你现在经济困难,作为邻居,我深表同情。你说你要把磨坊卖掉,我认为切切不可。毕竟,这间磨坊已经成为德国司法独立之象征,理当世世代代由你家保留。至于你的经济困难,我派人送三千马克,请务必收下。如果你不好意思收的话,就算是我借给你的,解决你一时之急。你的邻居威廉二世。"

小磨坊主收到回信后,十分感动,决定不再出售这座磨坊,以铭记这段往事。历经了多少代统治者,到现在,那个磨坊仍像纪念碑一样屹立在德国的土地上。

创意制度

1997年5月,布莱尔成为英国1812年以来最年轻的首相,两个月后布莱尔就成立了创意产业领导小组,寻找经济突破口。领导小组的9位成员为来自各界的顶尖人士,包括时尚设计界巨擘 Paul Smith 和英国出版界的女强人、兰登书屋主席 Gail Rebuck。在2007年3月初的一天,在伦敦泰晤士河边的泰特现代艺术馆,英国首相布莱尔向来宾们骄傲地宣称:"伦敦已经成为全球创意之都。过去这个称号曾属于巴黎、柏林和纽约。现在,它属于这里。"

传统的欧洲大陆观点认为,高端艺术必须隔离于市场压力,文化产品究竟有没有大众吸引力并不重要。政府的任务之一是为文化开辟安静的一角,以保持它的独立和完整。大洋彼岸另一端的美国对艺术完全持放纵自由的态度,一个直接的例子是美国根本没有文化部,政府也不认为有必要对艺术创作给予资金支持。在他们看来,文化本质上是一种私人行为,政府过多地涉入等于过多控制私人活动。

应该保持文化的最高水准还是文化应该让最广泛的大众接触？英国的做法显然在两者之间达到了平衡。英国创意产业大师 John Howkins 指出 20 世纪 90 年代以来，英国开始宣传艺术也有经济价值的观念，而且更为重要的是，政府制定了一系列政策帮助艺术价值的增长[15]。他认为其中的道理很简单，在文化上重要的，在经济上也同样重要。从降低电影票价到国家博物馆免收门票，政府用多种方法确保艺术能触及最广泛的人群，英国人民也显示出他们对自身文化和历史抱有极大的兴趣。民众思维的广度和深度因为与文化艺术的交融而得到提升。他们吸收的灵感在新的创作中迸发出新的火花，这充分表现在戏剧、书籍、电影、艺术品、设计、建筑和手工艺品中。

对政府而言，更重要的职责是建立框架，确保各项政策支持创意产业的发展，并培育竞争充分的市场。英国创意产业部部长 James Purnell[15] 称："有些人认为我们应该支持几个全国冠军，但那是自欺欺人的想法。我们不相信给几个公司提供特别照顾就能让他们在国际市场中竞争。有效的国内竞争才是帮助所有企业成长的最佳办法，也是服务消费者的最好方式。"

为创意产业提供教育平台和训练机制，保证创意公司获得源源不断的人才，是英国政府为产业提供的另一助力。10 年间，3 000 多所学校因对音乐、舞蹈、戏剧、艺术和设计的教育贡献而获得表彰。而在鼓励年轻人发掘他们的创造力方面，英国也走在世界前列。

文学艺术品中的活力带动了整个国家的活力，John Howkins[15] 说："英国从 20 世纪 90 年代开始，从脑力、创造力、想象力中获取收入的个人越来越多，并成为英国竞争力的主要来源。布莱尔首相也在演讲中指出，具有创新思维的人成为英国今天最大的资本。"从唱片到出版业、从电影到艺术馆，创意产业已经毫无争议地成为英国经济新的引擎。2004 年，英国创意产业迎来标志性的时刻，这一年，创意产业就业规模超过英国第一大产业金融业，创意产业从业人员超过 180 万人，比金融业多出 70 万。在英国财政大臣每年发表的预算讲话中，每一行都是字斟句酌的结果。而在提及创意产业时，当时的财政大臣布朗不吝赞美之词："很快，创意产业将占英国经济的 10%。"[15]

数字最有发言权。1997—2004 年，创意产业平均增长率达到 5%，比英国经济整体增长率高出近一倍。创意产业的产值已经占英国 GDP 的 7%，直逼金融产业的 8.1%，每年利润高达 600 亿英镑。创意产业不仅为 180 多万人提供就业，也让每个人的生活丰富起来[15]。

作为创意产业的中心，曾经的雾都伦敦也散发出新的光芒。每 10 个伦敦人里，就有超过 1 个人服务于创意产业，如电影、电视或者艺术行业。这里汇集着英国 80% 的电影业，70% 的英国电视和广播制作公司位于伦敦，85% 的时尚设计师生活在伦敦，每天有 200 多项艺术和文化活动在这里上演。在全球化的世界，文化已成为一种重要的外交方式，一个国家向外界展示自己的方式不再止于官方的外交渠道。伦敦的胜利正是文化外交的一个例子。伦敦胜出的一个重要原因是向世界展示出的英国现在以及未来的形象。事实上，1997 年成立的文化、媒体和体育部，也正是率领伦敦申奥成功的功臣部门。在过去的 150 年间，金融公司云集的伦敦城一直被视为伦敦经济的象征，现在，曾经没落的伦敦东区却因为创意群落的形成变成最酷的地区。很多才华横溢的设计师或艺术家的事业正是从这里起步，并走出一片新的天地。

从小商铺、作坊型公司到创意外包企业，每个组织、每个地区的创造力都得到释放，直至构成整个英国的创造力，这种独特的机制构成英国创意产业跨行业、多元化的独特形象。

专栏7.6　　　　　　　　　创意英国的成功要诀[16]

混合型资金投入

英国创意产业的背后是政府和文化界一种独特的合作模式。这种模式极富英国特色，这种混合模式将公共资金、私人企业、政府补贴和市场联系在一起，最大的特点是创意行业和私人赞助商之间的伙伴关系。创意经济的起步需要有资金的支持，但投资对象的正确选择更多时候需要的是审美能力，而非理性地计算投资收益率，因此，帮助创意行业中的从业者与投资商相互理解对方非常重要。

政府不直接控制艺术

英国政府不干预文化市场的具体运作，但通过非政府独立机构艺术委员会实现对艺术的资助，政府掌握资金流向，而不直接控制艺术，从而扬长避短，发挥了政府的最大优势。

法规松绑、充分竞争

培育最有效的竞争是帮助所有企业成长的最佳办法。英国政府对新企业挑战市场不作任何限制性规定，以防止有创新能力的小企业被不必要的法规所阻挠。

强力保护知识产权

通过保护知识产权防止模仿侵蚀原创者利益，以确保创意工作者都能够从创意工作中获得足够的回馈，激发社会的创新力。例如，ELSPA就通过会员建立反盗版网络，及时监控和报告成员的电脑游戏产品被盗版的情况，防止收入流失。利益获得的充分保护让每个个人、组织、地区的创造力都得到释放，进而释放整个国家的创造力。

丰富的人力储备

截至2005年，英国登记的创意产业企业数量为117 500家，占全部登记企业数量的7.2%。创意经济在英国发展近十年，从脑力、创造力、想象力中获取收入的个人越来越多，更多年轻人加入创意行业。大量企业的存在为市场培训了足够的艺术家、音乐家、程序员、动画师和设计师。

内容为王

英国的创意产业不断开掘丰富的文化资源。英国娱乐和休闲软件制造商协会谈及其行业发展的白皮书说："史前时期的人们围坐帐篷边听着口头传颂的传奇，希腊文明时期是悲剧，后来是戏剧和小说、歌剧依次占领了人们的文化生活。20世纪是电影和电视画面吸引着人们。进入21世纪，整个世界被扔进了电脑和网络时代，人们以前需要想象，现在已经可以通过游戏的互动来获得更真切的体验。"

向全球贩卖

英国文化、媒体和体育部2006年的统计显示,2004年,英国创意产业出口额为130亿英镑,占英国出口额的4.3%;拥有渠道,向全球贩卖为英国创意产业带来巨大价值。以7%的年增长率名列英国创意产业前三甲的艺术品与古玩行业,也通过在全球的拍卖交易市场获利,占领了26%的全球市场份额和50%的欧洲市场份额。

环保制度

欧洲整体上采取了严格的能源、资源与环境政策。德国的《基本法》规定,德国实行"社会市场经济",近来还调整为"社会环境市场经济"(Social-Eco Market Economy)。意思是说,社会整体利益和环境保护利益高于群体竞争的市场利益,而且这被称为是德意志民族的核心价值观。

德国核能网公布的截至2007年年底的能源生产统计数据为:2007年生产的能量总数为1 405亿度电,其中,核能占22.1%,褐煤占24.5%,烟煤占22.8%,天然气占11.7%,风能占6.2%,水电占4.3%,其他(包括太阳能、生物量发电)占8.4%。从数据中可以看出,德国人对核能很谨慎,对可再生能源很追逐。目前,在德国运行的有17座核电站,但这一数字一直在减少。德国计划要在最近几年,在全境内取消核电站,使用无污染或少污染方式发电。可见,为了环境保护,德国是不惜血本的。在欧洲,造成环境污染是一种严重的犯罪。目前,政府竭力支持和鼓励的是可再生能源,包括风能、太阳能、海洋发电、生物量发电和沼气发电等。

政府对再生能源的支持,体现在再生能源入网电价(高于一般能源价格)的调节以及对再生能源项目研发的资金投入支持上。例如,普通家庭可自费安装太阳能设备,连续12年可将生产的电能以较高价格入网以代替政府补贴。再如,德国ISET研究所每年约1 000万欧元的研究经费中,有33%来自联邦政府,16%来自黑森州政府,13%来自欧盟,25%来自合作伙伴(ISET2007年度报告)。

德国的环境保护措施是非常严格的。无论你是一个能创造多高效益的企业,只要不符合环保的标准,一定被关闭。不管你的企业曾经支付了多少税,只要造成了污染后果,责任者也会被绳之以法。从能源态度上可看出德国人对待资源的珍惜情结。同时,工业界对环保法律的遵守也是自觉的。在工业品的生产过程中,环保设备的投入自然会提高产品的成本,这也是"Made in Germany"产品价格高的因素之一。另外,德国的垃圾处理已形成一个可循环体系。德国每个家庭基本上有四种垃圾是必须分拣的:纸张、生物、塑料和杂垃圾。每年,每个家庭是按照垃圾桶的个数缴费的。

人生的真正四大财富是健康的身体、干净的环境、淳朴善良的民风、充分的闲暇。其他都是次要的。德国的环境很干净,干净到一尘不染,没有尘土裸露的地方,要么用小石子铺上,要么全是草地。

需要指出的是,不单是德国,其他的欧洲国家一样注重环保制度。例如,瑞士100%的污水经过处理,苏黎世湖水达到直接饮用标准。

福利制度

欧洲形成了独特的经济、社会与政府治理制度,这从比较角度可以发现:欧洲福利支出占GDP的比例高达30%,远高于美国的16%与日本的19%。

动富济贫

美国采取的是低税收和低福利的政策,在税率的起点上,欧美的基本税率(最低税率)起点差别还不太大,但在高收入时,两者的差别却很大。德国实行累进税率制,即多收入就多缴税。德国的个人收入所得税最高税率达到58%,这意味着亿万富豪缴的税相当高。如果你是一个亿万富翁就很吃亏,所以,大家都愿意做中产阶级。在法国、英国和北欧国家,最高税率可达80%,也就是说,你的高收入可能真正拿到手的只有20%而已,其余的80%则都以税金的形式交给了国家。而在美国,年薪10万美元的大约交25%的税款;年薪30万美元以上的,先交上9万美元的一笔税款,超过30万以上的部分,也只交39%。这样,在美国富人越多越富的同时,穷人也相对地越多越穷了。有别于美国严重的贫富不均现象,欧洲各国纷纷拿富人开刀,推行并实施高税收政策,用富人的钱去营造高福利的社会,因而导致社会财富趋向平均化。因此,欧洲的富人较难大富特富。一方面,富人和他们拥有的财富较少;另一方面,在贫穷线以下的穷人和美国相比要少得多。因此,在欧洲也感受到了那种高福利和社会安定的氛围。

美国富人的法制观念、社会意识以及对国家税收的认知较强。他们宁愿去投资公益和慈善事业,以不违法的方式巧妙地避税,也不愿意因绞尽脑汁偷税而坏了自己的名声,甚至坐牢。对富可敌国的欧洲富豪而言,数十亿甚至上百亿欧元的财产是自己无法独自享用的。许多人除了将自己的财富传给子孙外,也在社会公益事业上投资不菲。法国皮诺春天集团总裁弗郎索瓦·皮诺拥有资产45亿欧元,他在安排这笔资产时,仅将一半留给后代,另一半则用于投资青年培训计划等社会事业。

在整个西欧,对财富的分配采取"杀富济贫"的原则,那里不鼓励少数人富裕起来,采取的主要措施是靠个人所得税来进行调节。当你的收入达到一定水平的时候,所得税的税率会发生很大的变化,所以,在德国,很多人的工资达到每月5 000欧元以后,就不愿意再往上涨,因为再涨上去,不但大量的收入要缴税,而且还会被取消很多社会的福利,例如,看病就要自己掏腰包。

挣多了钱怎么办?(1)个体经营者一般采取消费掉的办法,他们不从公司领取这些钱做工资,而是以公司的名义购买汽车、投资其他业务等,这样,既可以避开高额的税收,又促进了社会的消费水平或者为社会创造了更多的就业机会。在欧洲,即使是一个个体的小饭店,也是作为一个企业来管理的,饭店的利润不是老板的财产,而是饭店的财产,老板只允许从饭店的利润里按照所申报的税额提取固定的工资。(2)大中型企业一般是有限股份的企业形式,法律规定,股份持有者不得超过企业总股份的20%,从而保证企业经营决策的民主化。任何一个老板都没有权力从他的企业里提取现金作为个人的收入或者为个人目的使用。所以,在德国很少出现暴发户,老板和雇员的收入差距也不是很大。

福利保障

根据《2005年世界卫生报告》显示,在各国卫生总费用中,欧洲发达国家政府通常会负担80%—90%,美国政府负担45.6%,泰国政府负担56.3%,众多的贫穷国家,如印度、古巴、朝鲜、缅甸、苏丹等,则实行全民免费医疗体制。在世界卫生组织进行的医疗卫生筹资和分配公平性排序中,中国政府只负担17%的医疗费用,位列全世界倒数第四。

英国1946年《国民健康服务法》规定,无论劳动者还是非劳动者,也无论个人支付能力的大小,都可以同样得到免费的全方位医疗服务。英国的国民健康服务体系主要通过公立医院和遍布全国的开业医生(General Practitioner)向公众提供医疗服务。公立医院由国家财政提供经费,其主要服务对象为危重病人;开业医生则遍布在英国城乡的社区诊所,他们再依据病人病情将其转介给专科大夫或者医院。这些费用全部由英国政府买单。只有当民众需要更方便、快捷、个性化的医疗服务时,才需要自己购买私人商业保险聘请私人医生,这部分费用则由自己买单。

与英国相似,法国的医疗保险制度形成于1956年,分为基本医疗保险和补充保险两种。基本医疗保险的覆盖面最广,高达99%的法国民众都享有基本医疗保险,能够报销受保人看病费用的70%。按理来说,剩下的30%应该由老百姓自己负担,但如果通过购买不同额度的补充险,这一部分金额也可以得到相应报销。在法国的医疗制度下,不管是否购买了社会保险,不论工作、科技,或者学生以及婴儿,如果患有包括先天性心脏疾病、艾滋病、帕金森氏综合征、高血压、肝硬化以及恶性肿瘤等30种长期性治愈疾病(统称为Maladie De Longue Durée)的其中一种或多种,政府将全额支付他的医疗费。一般情况下,法国的社会保险只负责全部医疗费用的70%,其余由患者自行购买补充险,但以上30种大病则无需购买补充险。

根据德国法律,医院的急诊室在接受病人后不得拒绝病人或随意转院。德国《刑法》第323条规定,当有人遇到危险时,每个人都必须提供救助,医疗工作者尤其如此,因为他们是具有急救技术的特殊人群。德国法律规定,任何急救医疗服务都必须在5—15分钟内作出反应。如果急诊室医生拒绝救治病人,他们将被课以罚款甚至被判刑一年;病人如果由于急症室的疏忽而导致病情恶化,患者将有权要求赔偿。调度中心、急救站、救护车的成本费用是完全由国家承担的,只有操作费用是由病人或保险公司支付的。

专栏7.7 **丹麦的母婴保健**[17]

在丹麦,妇女怀孕期间的一系列保健检查以及生产费用都是由政府支付。居民凭借个人医疗保险卡,不论其是否就业、经济状况和社会地位如何,均享受平等的免费医疗和医院护理服务,而用于药品、牙科、理疗和心理治疗等方面的花费还可以得到不同程度的补偿。

丹麦的医疗保健主要分为初级医疗保健和医院两部分。初级医疗保健主要包括普通开业医生、专科门诊及市政府雇佣的家庭护士等,其服务点多,覆盖面广,旨在为居民提供就近医疗。按法律规定,每个年满16岁的公民有权根据自己的居住地和实际病情需要就近选定一位自己的初诊医生,即所谓的家庭医生。妇女在得知怀孕后首先需要通知自己的家庭医生。

在确认怀孕后,家庭医生会立即为孕妇建立完善详细的孕期档案,包括了解记录孕妇的职业和工作情况(如劳动强度、是否接触有害物质等)、月经及既往孕产状况、生活和饮食习惯、有无遗传病家族史、配偶的基本情况等,同时还会安排定期抽血、验尿等常规检查。此外,家庭医生还会对产妇的饮食和需要补充的营养给出相应的建议。以上服务全部免费。

孕妇临近产期时,可参加产前学习,由医生指导进行身体训练并讲解有关知识,以使分娩更加顺利。与众多欧洲国家一样,丹麦人在生孩子这件事情上也是非常崇尚自然。在丹麦生孩子,顺产是首选,他们不希望给这一再自然不过的过程以任何人为干扰,除非遇到胎位不正或产妇身体情况特殊等情形,一般不进行人工分娩。此外,产妇可自己选择在家还是在医院生产,产房里配备有浴缸,可供产妇在必要时进行水下分娩。整个孕期的各项检查乃至生产过程,配偶均可以陪伴左右,以尽可能地为孕产妇营造温馨舒适的环境。

除了享受法定的孕产期福利,孕产妇在日常生活中也是一个受到特殊关爱的群体。以租房为例,在哥本哈根这种首都城市租房并不是易事,不管是学生申请学生公寓或是普通人申请政府廉租房都需要排长队,等上好几年是常有之事。但如果一个孕妇还没有安定的居所,政府或房屋公司在了解情况后便会优先为孕妇尽快安排住房,丹麦孕产期福利的人性化由此可见一斑。

孩子满周岁以前,由政府付费的专业护士会定期上门探访,为孩子称体重、检查身体,并向母亲提供哺乳、卫生等各方面的建议。

不仅如此,即使是失业在家的产妇也无需为孩子的奶粉和尿布钱担忧。根据丹麦政府对"儿童及青少年津贴"的最新规定,2012年,0—2岁的儿童每人每年可获津贴17 064克朗,3—6岁的儿童每人每年可获13 500克朗,7—17岁的青少年每人每年可获得10 632克朗。该津贴通常是发放给母亲,如果父亲是唯一的监护人,该津贴将由父亲领取。津贴领取后均不必再行纳税。

欧洲是高福利的地区,对从业人员有最低工资的限制,一般是1 000欧元左右。一个普通从业者,可以拿到2 000欧元。买房对欧洲一般的工薪阶层也不是一项很艰巨的任务,因为工作相对稳定,所以拿到银行的贷款并不难,10年还清贷款是很正常的。在欧洲,企业是不能号召工人忘我工作的,更不允许提倡积劳成疾的工作精神。在德国,老百姓生病是要国家掏钱的,企业不能为了自己的利益,把劳工累病了让国家掏腰包。

非常重要的一条是,欧洲由于它的福利政策,孩子上学(在德国、法国、比利时等上大学也是基本免费的)、看病几乎是免费的,更不需要给任何人送礼,医生绝不敢收一分钱的好处费,欧洲人不需要所谓"过桥的钱",没有什么意外的支出,生活很有安全感,收入稳定,支出稳定。所以买房的矛盾,就不会非常尖锐。

专栏7.8　　　　　　　　　　**北 欧 的 福 利**[18]

健康保险

　　医疗社会保险卡:但凡合法常居者和公民都人手一卡;凭卡在医院、药房、私人医生处就诊、配药时，当场就得到药款、医疗费用的退款。

  泛欧医保卡：持有上述医疗社会保险卡的人，同时可申请泛欧医保卡。该卡在欧盟国家、欧洲经济区国家和瑞士通用。

  医疗费用核报：如病人不用公费医疗，而看私人医生，其一部分费用也可报销，报销部分在付款时就进电脑系统，病人只承担余额。

  牙科保健费用核报：北欧的社保署也提供牙医费用的核报，手续和普通医疗费用核报一样。

  处方药费用核报：北欧的社保署偿付一部分处方药费用，按药的类别，偿付比例为42%、72%或100%。

  看病交通费补偿：一旦病人要求，社保署对看病所产生的交通费用（如出租车费）也支付一部分。

  病假补贴：年龄在16—67岁的人，如因病未能上班，社保署就提供工资量60%的补贴，如病假期间，雇主照发工资，则补贴转付给雇主。

  康复补贴：同上述病假补贴，但一点不同，这项补贴是免税的。

  未成年人智障补贴：低于16岁的人，其家人可享有照顾未成年智障亲属的补贴，是免税的，补贴的时限、数量逐案核定。

  特殊饮食理疗补贴：凭医疗机构的证明，16岁以上的人如在饮食上因病而产生特殊的需求，社保署可酌量支付食品费用。

家庭

  待产包：待产的母亲在孩子出生前，可选择领取一个待产包或140欧元的现钞。

  产假补贴：孩子出生后，孩子的母亲或父亲可选择休产假，最多三年；产假休完后可返原岗位工作；产假期间领取的补贴和产假前的工资收入挂钩。

  儿童补贴：每个年龄在17岁以下的未成年人，其家长都可按孩童的数量每月领取相应的儿童补贴。

  儿童日托补贴：父母的产假结束，孩子入托就可享受日托补贴。

  未成年人特殊护理补贴：年龄低于16岁的未成年人，因病因祸需特殊护理，社保署提供近乎全资的康复补贴。

  住房补贴：低收入的群体、现役军人、学生均可享受住房补贴；此项补贴不仅适用于租房，也适用于产权房。

工作和学习

  学生津贴：17岁以上的在校学生可从社保署处单独申请房租补贴、学习贷款、贷款政府担保、学习贷款利息补贴。

  学生交通补贴：全日制初中以上的学生可享受家庭和学校间的交通补贴。

  现役军人补贴：用于补贴现役军人的配偶和孩子以保障他们的生活起居。

第7章 欧洲文明

职间休整补贴：工作期满10年，员工可和雇主协商要求职间休整（为期6—18个月），如雇主同意雇佣一名有同样资质的失业人员，该员工在职间休整期间可享受社保署支付的全额工资补贴。

基本失业保障：年龄在17—64岁的失业求职人员可享受基本失业保障。

远程上班补贴：如上班地点超出居住地80公里，当事人可得到远程上班补贴。

移民融入社会补贴：对合法移民和难民，社保署向其支付等同于基本失业保障的融入社会补贴。

退休

基本国民退休保障：对无收入或低收入的届退休年龄的国民，社保署根据相关退休法案向其支付基本国民退休保障；对退休前有工作且工资高的人，社保署向其支付和工资挂钩的退休金。

老战士额外津贴：不管曾是红军、白军、准纳粹还是反纳粹战士，都可以得到一份额外的老战士津贴；战争中参加过排雷、扫雷工作的平民，也可享受同等待遇。

逝者遗孀、子女抚恤金：对因病因伤、未老先逝者的遗孀和子女，社保署向他们按月支付一笔抚恤金，直至其子女到18岁成人，如果子女18岁后仍在上学，抚恤金可支付到其满20足岁。

除了以上全国性的福利待遇外，还有地方性的福利政策，这些地方性的福利因地、因时而异。

此外，还有不成文的福利规定。例如，员工可在一个月内有权利不用出证明请病假两天，工资照发；如家里孩子有问题，一个电话就可不用上班。

工作制度

在德国工作，标准的工作合同首先就白纸黑字地明确员工每周只需要工作35个小时，而这里面还包括每天下午半个小时的喝咖啡时间。每周五公司实行早下班，都是下午4点左右下班。这样算下来，每周每位员工的有效工作时间也仅仅为30个小时左右。不仅如此，对于实习生，合同中还规定每个月都要有1.5天的带薪休假，病假是不包括在其中的。而一旦成为正式员工，刚入职的员工每年就有30天的带薪休假。除此之外，还实行弹性工作制，公司没有法定的上班时间和下班时间。每个人的上下班时间都不同。还有弹性座位制，公司不规定座位，每个人可以随便挑座位工作。

德国人很重视生活，很难能够接受手机24小时开机、随时待命的工作观念。在他们看来，工作仅仅是工作，没理由侵吞自己的个人时间。他们对于比老板早走的这个行动是那么的"理直气壮"。在他们看来：我的工作做完了，下班时间到了，为什么仅仅因为老板没有走而我就不能走？老板没有走可能是因为老板工作没有做完或者另外有会议，但作为员工我没有理由陪着他，况且他拿的薪水比我多，自然也应该更卖命一点。

在这种大的工作环境下，再加上德国人本身的严谨，大家对待工作都很认真。

专栏 7.9 　　　　　　　　　　　　**荷兰的工作制度**

　　荷兰有世界上最吸引人的休假制度,只要是全职雇员,每年都可享受至少 24 个工作日的带薪假期,有些公司的假期甚至长达 27—28 天。此外,弹性工作制还为员工提供了更多的选择。例如,周一这一天,很多商店、小企业一般上午 11 时,甚至下午 1 时才开始营业,员工可以在尽情地享受一个周末后再睡个懒觉;再例如,荷兰员工每周的工作时间为 38—40 小时,有些公司允许员工每天加个班为自己攒出一个休息日。最为科学的是大部分企业都雇佣非全职员工,这特别适合年轻妈妈,每周工作 2—3 天,既有更多的时间和精力照顾孩子,又不完全脱离社会,还能获得经济收入。非全职员工也可按比例享受带薪年假[15]。

　　法定的带薪休假制度给了荷兰人(特别是普通雇员)休息和充分享受生活的权利,这一点在劳动合同中写得明明白白,并得到有效保障。和普通职员相比,荷兰的高级管理人员、小企业主或农场主由于工作关系常常不得不缩短休假时间,但无论哪种休假方式,无论时间长短,关键的一点就是彻底远离工作,完全休息。所以,很多人休假时根本不开手机,就算有天大的事也要等假期结束再说。

　　除了休假制度,荷兰政府还从立法的角度给予雇员多方面的权益保证。从 1998 年起,每个企业都必须聘请医疗顾问,负责检查和监督雇主为员工提供符合人体健康要求的工作场所及相应设备,像办公家具的尺寸、椅子的角度、电脑与人的距离等,都有详细规定。员工不可以在电脑前连续工作 6 小时以上,每工作 2 小时必须休息 10 分钟等。荷兰人对"工伤"的理解也与中国不同。在荷兰,除了肢体重复性劳损算工伤外,因工作压力过大而引起的抑郁、焦虑、烦躁、失眠等心理疾病都可以算工伤。生病的员工可以在家休息,也可要求雇主进行内部工作调整及改善工作条件等。如果因此而完全无法工作,在第一年的休养期,雇主要继续向员工支付全额工资,一年后,经医疗机构评估,如果员工身体仍然无法适应工作要求,则可进入社会福利系统,领取生病前工资额的 70%。

　　荷兰规定,员工每月两天的病假是没有薪金的,只需打个电话回工作单位请假就可以。超过三天的病假是由保险公司支付你工资,但必须要医生证明你生病才行。同时,保险公司会派职员上门查看你是不是真的生病待在家里不能上班,当然,并不是每次都会派人上门检查的,但如果撞巧上门检查而你又不在家,你就一分钱也拿不到,如果没有合理的解释还会被罚。

　　与宽松的休假制度和人性化的法律规定相对应的,是荷兰人紧张的工作状态和自觉的工作态度。工作日的每一分钟他们都百分之百地用在工作上,很少人浮于事。例如,荷兰税务局负责外交退税工作的只有两个人,要办理驻荷兰所有外交机构和外交人员因公因私的免税和退税事项,工作时真是忙得抬不起头,他们的确需要休假来调整自己。正是这种有张有弛的工作和休假制度,令荷兰创造出世界最高的劳动生产率,也创造出丰富多彩的休闲生活。

[讨论]欧洲(德国、法国与英国等)的社会福利要优于美国,但职工罢工的事件似乎要明显高于美国。这是为什么?

第7章 欧洲文明

创新制度

社会中有一条理性的道路,即由一个扛起责任的政府,打造一个均富永续的国家。从实体上看,欧洲的产业演化依赖于科技发明、实业制造与产业品牌。

科技驱动

英国人到底有多少发明恐怕很难数得过来。而且英国人发明还有个特点,往往不是简单发明出某种东西,而是创造出一种体制、一个系统和开拓出一个全新的领域。现代科技、现代经济、现代政治、现代法律、现代工业、现代金融、现代邮政等无一不是诞生于英国。毫不夸张地说,英国就是现代文明的发源地。科学技术自不必说,光是各学科的开山鼻祖就一堆,如近代科学之父牛顿、现代实验科学之父培根、进化论之父达尔文、电学之父法拉第、工业革命之父瓦特、人工智能之父图灵、分析化学之父波义耳、原子学说之父道尔顿、电化学之父戴维、电磁之父麦克斯韦、免疫学之父爱德华詹纳、生物学实验方法之父哈维、抗生素之父弗莱明等(见表7.1)。都说大英帝国自第二次世界大战后已经日薄西山,气息奄奄,可第二次世界大战后世界一些最重要的发现和发明创造(如DNA双螺旋结构、互联网、CT等)也都是英国人搞出来的。连最近出现的低碳经济也是英国人最先提出来的。

表7.1 英国对人类的科学贡献

学科	科学家
现代经济学之父	亚当·斯密(Adam Smith,1723-1790)
现代科学之父	牛顿(Isaac Newton,1643-1727)
现代工业革命之父	瓦特(James Watt,1736-1819)
液体化学之父	格姆(Thomas Graham,FRS,1805-1869)
气象学之父	胡克(Robert Hooke,1635-1703)[①]
电学之父	法拉第(Michael Faraday,1791-1867)
进化论之父	达尔文(Charles Robert Darwin,1809-1882)
伟大的实验科学家	卡文迪许(Henry Cavendish,1731-1810)[②]
近代化学之父	道尔顿(John Dalton,1766-1844)
电磁之父	麦克斯韦(James Clerk Maxwell,1831-1879)
能量守恒定律创始人	焦耳(James Prescott Joule,1818-1889)
电化学之父	戴维(Sir Humphry Davy,1778-1829)
电子之父	汤姆生(Joseph John Thomson,1856-1940)
原子物理之父	卢瑟福(Ernest Rutherford,1871-1937)

① 提出了光波动说和胡克定律。
② 卡文迪许实验室是"世界物理学发源地",培养出20余位诺贝尔物理学奖获得者。

续表

学科	科学家
分析化学之父	波义耳（Robert Boyle，1627-1691）①
逻辑布尔代数的创始人	布尔（George Boole，1815-1864）②
数学家与哲学家	罗素（Bertrand Arthur William Russell，1872-1970）
宇宙之王	霍金（Stephen William Hawking，1942- ）
云室的发明者	威尔逊（Charles Thomson Rees Wilson，1869-1959）
原子能理论之父	狄拉克（Paul Adrie Maurice Dirac，1902-1984）③
青霉素的发明者	弗莱明（Sir Alexander Fleming，1881-1955）
第一只电子管的发明者	弗莱明（John Ambrose Fleming，1849-1945）
电话发明者	埃利萨·格雷（Elisha Gray，1835-1901）④
血液循环学说的奠基者	威廉·哈维（William Harvey，1578-1657）
麻醉剂的发明者	戴维（Sir Humphry Davy，1778-1829） 约翰·斯诺（John Snow，1813-1858）
内分泌学之父	阿狄森（Thomas Addison，1793-1860）
外科消毒之父	利斯特（Joseph Lister，1827-1912）⑤
维生素学说之父	霍普金斯（Sir Frederick Gowland Hopkins，1861-1947）
分子生物学之父	阿斯特伯里（William Thomas Astbury FRS，1898-1961）
DNA 结构奥秘的发现者	莫里斯·威尔金斯（Maurice Frederick Wilkins，1916-2004） 克里克（Francis Harry Compton Crick，1916-2004）
计算机科学之父	阿兰·图灵（Alan Mathison Turing，1912-1954）
伟大的地质学家	赖尔（Sir Charles Lyell，1797-1875）
地层学的创始人	史密斯（William Smith，1769-1839）
天体光谱学的创始人	哈金斯（William Huggins，1824-1910）
相对论的首个验证者	爱丁顿（Arthur Stanley Eddington，1882-1944）
射电天文学先驱	赖尔（Martin Ryle，1918-1984）
哈雷彗星的发现者	哈雷（Edmond Halley，1656-1742）
光行差和章动现象发现者	布拉德莱（James Bradley，1693-1762）
不锈钢发明者	亨利·布诺雷（Harry Brearley，1871-1948）

① 在物理方面，他提出了气体的压强与体积成反比的波义耳—马略特定律。
② 为百年后出现的计算机、电子学设计提供了重要的数学方法和理论基础。
③ 创立了辐射原子理论。
④ 在1870，两个发明家 Elisha Gray 和 Alexander Graham Bell 均独立设计装置，可以传送电语音（电话）。两人各自将设计送往专利局。Elisha Gray 和 Alexander Graham Bell 进入了著名发明了电话官司大战，Alexander Graham Bell 赢了。
⑤ 挽救了亿万人的生命。

第7章 欧洲文明

中国科学家林巧稚和英国南丁格尔两人共同的地方就是那份真诚善良,就是现在常说的医德医风、全心全意为患者服务。林巧稚作为中国十大科学家之一,为医学科学做出的主要贡献就是亲手迎接了5万多个小生命来到人间,因此被尊称为"万婴之母"。她的那些学术贡献主要是填补中国空白[19]。作为一个护士,南丁格尔通过自己的护理实践,竟然开创了现代护理学和现代护理教育这两个学术领域,被称为"现代护理学之母"。所以,南丁格尔不但是一种精神象征,还是开先河的一代宗师。几乎是凭着一己之力,让护理学规范化、系统化,成了一门学问,成了医学科学的组成部分。

现在,英国人口占世界人口的1%,在科研方面投入占世界科研投入的5%,研究出版物占最高质量研究出版物的14%,发表的科研论文却占世界的8%,引用率占到9%。可以说,创新已成为一种英国文化,关于这一点,最好的注释便是英国教育的事实——仅剑桥这一所大学就培养出了60多位诺贝尔奖获得者,杰出的科技贡献不胜枚举。同时,在政治上,英国是世界首次资产阶级革命和现代民主制度的发祥之地;经济上,英国是第一个开始第一次工业革命的国家。

不仅仅是英国的科技发明突显,就另一个小国瑞典而言,也突显欧洲科技的强势:瑞典的总人口(包括婴儿和老人)才650万①,但是,他们迄今获得了14项诺贝尔奖。世界知识产权组织联合其他机构于2013年7月1日在日内瓦共同发布《2013年全球创新指数报告》②。报告显示,瑞士和瑞典继续排名前2位,两国在多项创新指数中均位列前25名,显示了十分平衡的创新能力。英国、荷兰和美国分列第三至第五位。

实业制造

美国的传统制造业瞄准的是大众市场,采用大规模生产的福特体制。福特体制的特点是标准化、流水线化,不仅每个部件都可以随意替换,工人也可以随意替换。工人所从事的是简单重复性的工作,其功能近乎一个机械手,不需要太多的训练,有普通技能就可以大致应付。与之相对的,是精品生产,瞄准的是所谓利基市场(Niche Market),或称缝隙市场、小众市场,特别定作的高端产品、批量甚小的特殊产品乃至生产消费品的特殊器具与机械等生产性物资都属于这类。这种生产模式所要求的技能非常精深,职工必须具有处理生产过程中各种问题的能力。介于两者之中的,则是多元化的大规模生产(DMP:Diversified Mass Production)。这种生产仍然面对大众市场,保持很大的批量,但比较灵活,可以针对用户的需求随时根据产品的原型进行修改。日本的汽车业和电器业大致就属于这种模式。

德国的经济以制造业为本。德国的出口产值与中国相差无几,而人口只有8 000万。从20世纪60年代开始,科研重点放在制造业的实用技术,其化工、汽车、机械等行业一直保持全球领先地位。为了维持制造业的明确预期,德国央行实行严格的通货膨胀目标制,如果说全球有哪一个大型经济体成功地抵御了数次通胀的威胁,就是德国。2000—2009年10年间,德国劳动力成本平均增长率为1.9%,远低于欧盟内许多国家。劳动力成本增长率平缓,说明该国的货币购买力一直保持平稳,换言之,德国成功地控制了通胀。

---

① 到2010年,中国科技工作者的总数已达2 174万人,居世界第一。
② 《2013全球创新指数》由康奈尔大学、欧洲工商管理学院和世界知识产权组织共同撰写。报告通过对重点大学水平、风险投资、人力资源等84个指标进行分析,对全球142个经济体的创新能力进行评估。

在全世界范围内,德国学者的著作被译成其他民族语言的数量列世界第二位,而德国学者将其他民族的著作翻译成德语的数量则列世界第一位。排除掉英语的"语言霸权"影响,德国应该是世界上最善于学习也最善于创新的民族。德国35万平方公里,8 800万人口,其中有600万外国人,也就是说,德国的实际人数是8 200万,但诺贝尔获奖得者将近全球一半(包括移民到其他国家的德裔)。德意志民族在历史的长河中造就了大批优秀的科学技术人才。他们的聪明才智和发明创造开拓了科学技术的新领域和工业文化,推动着德国实业制造的发展。

1867年,德国工程师兼企业家维尔纳·封·西门子发明了第一台自激发电机,成为电子技术的创造人。1879年,他又研制成功世界上第一台电气机车,1880年,他建造了第一架电梯。现今的西门子公司即由他所创建。西门子和他的公司为人类社会的现代化发展作出了积极的贡献。

化学教授尤斯图斯·利比希发明了化肥,使人类在同饥饿进行的斗争中增添了有效的武器。这一发明促使化肥工业的诞生。人类社会现今仍从这一发明中受益。利比希教授采用了全新的自然科学教学法,从而培养了决定未来科研进程的一系列优秀科学家。利比希教授是几代化学家的鼻祖,在利比希学派的谱系上先后出现了42位诺贝尔奖金获得者,可见他对化学的发展有着何等深远的影响。

德国化学家、波恩大学教授奥古斯特·凯库勒·封·施特拉多尼茨曾是利比希教授的学生。凯库勒提出了原子价和同分异构的设想,并于1865年提出了苯环状结构的公式,确立了有机化合物中碳原子为四价的理论,从而为建立德国化学工业提供了理论和工艺。

今天,人们以车代步已习以为常,但知道汽车的发明者的人却不多。德国发明家戈特利布·戴姆勒和卡尔·奔驰于1886年制成了世界上第一辆汽油发动机汽车,从而开创了汽车时代。他们分别创建的发动机厂和汽车厂后来合并成戴姆勒·奔驰汽车厂。该公司生产的梅塞德斯·奔驰各种型号汽车深受用户欢迎。在颐和园里就陈列着一辆西太后乘坐过的小汽车。因年代过久,车上的原件遗失了许多。不过,据专家考证,这辆车很可能是奔驰牌的。

在向空中进军的征途上,德国科学家也做出了卓越的贡献。奥托·李林塔尔于1889年发表了关于机翼浮力的研究成果,1890年,他首次成功地进行了滑翔试验,从而开拓了人类向空中进军的新纪元。1900年,费尔迪南德·封·齐伯林伯爵研制了人类史上第一艘钢体氦气飞船并成功地进行了首次飞行。飞机设计师胡戈·密克于1907年发明了双排气缸发动机,1915年,他制造出第一架金属飞机。

世界上第一台实用电话机是德国的物理学家约翰·菲利普·赖斯于1861年研制成功的。人们熟悉的频率周期的计量单位就是以德国物理学家海因里希·赫兹的名字命名的。赫兹研究电磁波的传播规律,1888年,他证实了英国物理学家麦克斯韦关于光是一种电磁波的理论,发现了电磁波,又称赫兹波,从而奠定了通信技术的基础。德国物理学家卡尔·布芬恩设计制成了阴极射线显像管,为电视的发展提供了前提条件。

同人们的生活密切相关的冷冻技术也是德国科学家发明的。1876年,德国工程师兼企业家卡尔·封·林德发明了世界上第一台冷冻机,利用压缩液态氨达到制冷效果。以后,林德还有许多的发明,如煤气液化、制造纯氧等并使之变成生产力,推动了科学技术和工业的发展。

第7章 欧洲文明

人类得以探究微观世界的秘密,应当首先感谢德国理论物理学家恩斯特·阿贝教授和光学家兼精密机械学家卡尔·蔡司研制成功的世界上第一台显微镜。他们共同创建的耶拿玻璃工厂为德国和世界工业的发展提供了先进的光学仪器和器械。

在其他领域里,德国科学家也有所建树,发明了新技术和新工艺。值得一提的是,许多科学、发明家同时又是企业家。他们创建了车间、工厂,使他们的发明创造直接转变为生产力,在推动科学技术的进步和人类社会的现代化发展中作出了宝贵的贡献。

除了科技发展外,德国的学徒制度也为实业制造的发展奠定了员工方面的保障。德国法律没有强制各工厂接受学徒,但到目前为止,已有45万家工厂实行学徒制度,工会在约450个行业中强制规定,必须有学徒经历才能被聘为正式员工。工人培训从学徒开始,大多数16岁的青少年必须在自己所选择的行业中当3年学徒。学徒一周内有4天留在工厂里,第5天返回职业学校,接受理论课程训练。德国目前有各种职业学校9 000多所,有近52万个不同类型的职业培训中心,职业培训已经商品化和大众化。德国工人的人均产出是英国的两倍。德国70%的员工都能胜任工作,而英国只有30%。

产业品牌

法国前总统戴高乐说过,一个喂不饱自己的国家不是一个伟大的国家。如果说美国善于创新,欧洲则精于完善。通过保护过去的工业,欧洲将传统技术发挥到了极致,堪称一流的医疗与工具制造机械 Mercs 就是代表,更不用说香水、高档女装和巧克力了。

在欧洲,到处可以看到沃尔玛、麦当劳的连锁店;在美国,也可以到处看到德国大众、英国石油等分公司。走到任何地方,似乎都逃不出世界富豪织就的一张网。再观察对比,世界富豪中,美国、欧洲占绝对多数,而美国和欧洲的富豪有较大的差别:美国富豪创业型的居多,欧洲富豪继承型居多;美国贫富差别大,欧洲各国靠税收调节,穷人得利较多。从世界500强排名可以看出,美国的大多数富人中,一部分是用传统的开店方式起家,并不断再投资,扩大经营规模,最后成为跨国公司。他们是靠多年来每家连锁店稳定盈利的叠加,逐渐积累起自己的巨大财富的,像麦当劳等。另一部分是靠技术起家,经过多年的技术革新,适时推出新产品以及良好的营销策略,逐渐成为富翁。这类的例子有微软、英特尔和宝洁公司等。一句话,在美国,大多数富翁都是靠搞实业发家致富的,他们很注重自己的名誉以及企业的信誉,也因此受到尊敬。同美国的"创业型富翁"相比,欧洲的"继承型富翁"居多,其财产大部分来自祖辈和父辈等家族成员。据统计,在欧洲最富有的400人中,大部分靠继承遗产起家。在各行各业的"继承型富翁"中,最具代表性的是那些王室成员。例如,荷兰女王贝娅特丽克丝"天生"就拥有3.4亿欧元的财产,英国女王伊丽莎白二世则有3.1亿欧元。欧洲富翁中不乏女性,在入选欧洲富豪榜的400人中有42名妇女。欧洲的富翁们并非都是生下来就腰缠万贯,也有人属于"创业型富翁",尤其是俄罗斯富翁。在美国财经杂志《福布斯》2004年年初公布的全世界亿万富豪的最新名单中,俄罗斯的富翁人数排在欧洲国家中的第二位。据报道,俄罗斯富豪中的大部分靠石油起家,他们在俄罗斯政府将石油业私营化时,以极低的价格购买到石油资产,并以此发财。他们钻了一个空子,或者说抓住了一个政策变化时的机会。

> **专栏7.10　德国制造[20]**
>
> "德国制造"之所以能够长盛不衰,并在全球化时代始终保持领先地位,主要得益于德国"三位一体"的体系保障。
>
> 一是科技创新体系。德国历届政府十分重视制造业的科研创新和成果转化,着力建立集科研开发、成果转化、知识传播和人力培训为一体的科研创新体系。它的最大特色是个人、企业和政府的统一:科研人员出成果,企业出资本,国家出政策并负责对企业和科技界进行沟通和协调;企业承担2/3的科研经费,剩下的1/3由联邦政府和地方政府买单。德国企业对研发投入毫不吝啬,研发经费约占国民生产总值的3%,位居世界前列。
>
> 二是标准化和质量认证体系。德国建立完善、统一的行业标准,最主要的制定机构为德国标准化学会(DIN),其制定的标准涉及建筑、采矿、冶金、化工、电工、安全技术、环境保护、卫生、消防、运输和家政等几乎所有领域,每年发布上千个行业标准,其中约90%被欧洲及世界各国采用。实行独立于政府和行业以外的自主经营,依照ISO和DIN等标准对企业产品和制造流程进行检测,并为合格者颁发认证证书。
>
> 三是双轨制职业教育体系。德国约70%的青少年在中学毕业后会接受双轨制职业教育,每周有三至四天在企业中接受实践教育,一到两天在职业学校进行专业理论学习,培训时间一般为两年到三年半。职业学校教育费用由国家承担,企业实践培训费用由企业承担。
>
> 目前,在德国可以参加的培训职业多达350多种。特别值得一提的是,德国技术工人的平均工资远高于英、法、美、日等国,与白领阶层相差无几。

今天,德国、北欧等发达国家不仅不怕"中国制造",反而把"中国制造"看成是自己的机会。与鼓吹贸易保护主义的美国工会相对照,北欧的工会大多欢迎全球化的竞争。德国的各种精密仪器、机械是"中国制造"的基本工具。德国人骄傲地宣称,中国固然是"世界工厂",但这个"世界工厂"是德国的公司建造的。这就使德国制造业成为"中国崛起"的赢家。

本章概要

欧洲是成熟的。成熟的欧洲有其深厚的企业家精神蕴涵。本章着力分析欧洲如下几个方面的企业家精神特质及其实践:行为伦理(生活伦理、规则伦理、诚信伦理)、文化传统(文化精神、人文教育、科学思维)、经济制度(创业制度、福利制度、创新制度)。

历史的价值不是依据时间的长短来衡量,而是依据继承的质量来衡量。没有历史,就没有文明;没有文明,人的幸福就会被打上巨大的问号。文明是人类幸福的基础。

思考练习

1. 与美国的企业家精神相比,欧洲的企业家精神有哪些特点?为什么欧洲企业家能够"富过三代"?

2. 欧洲的企业家精神与其贵族社会传统有何关联?

3. 美国、印度、南非等曾经都是英国的殖民地,它们具有一个共同点:在争取独立的过程中,包括南非在后来争取自由过程中,都没有出现大的暴力。这其中,英国作为主导方,有哪些民族文化与素质方面的因素值得我们深思?试假设一下,如果当事方不是英国而是其他某个不具有现代文明素质的国度,结果会有什么不同?
4. 为什么近代产业革命产生于英国(英伦三岛)而不是世界其他国家或地区?
5. 为什么英国现在成了创意产业领先国?为了促进创意产业的发展,英国政府采取了哪些措施?
6. 什么是"环境智力"?如何理解"环境智力"这一独特概念?欧洲国家如何实现了经济进步、社会文明与生态文明的和谐发展?
7. 欧洲的统一对欧洲的企业家精神发展将会产生什么样的作用?
8. 欧洲具有什么样的教育传统?与美国等亲近发展的国家比较起来,具有什么样的特色?现在又在作什么样的调整与变革?
9. 近代文明(包括美国文明)与欧洲文明具有什么样的历史继承关系?欧洲文明与历史上的希腊文明又具有什么样的内在关系?
10. 在欧洲的历史中,为什么会产生德国的纳粹法西斯主义?

延伸阅读

《人的现代化——心理·思想·态度·行为》([美]阿历克斯·英格尔斯等.殷陆君译.成都:四川人民出版社,1985):本书回答了一个当代人们普遍关注的问题:如何才能成为与现代社会相适应的现代人。本书的一个显著特点,是从文化人类学和社会心理学的角度进行认真探讨,角度新,容量大,读后给人耳目一新之感。

《走向现代国家之路》(钱乘旦,陈意新.成都:四川人民出版社,1987):本书对19世纪以来(特别是第二次世界大战以来)各国在民族独立和工业化展开背景下的政治体制现代化的发展过程作了详细分析,从中引申出具有结构转换方面富于启迪意义的结论。

《以权力制约权力——西方分权论与分权制评述》(朱光磊.成都:四川人民出版社,1987):关于立法、行政、司法三权之间中央和地方之间的分权与制衡的理论是西方国家政府机构的基本组织原则。分权论的历史源头在哪里?分权思想发展的内在逻辑如何?分权制有哪几种主要模式?分权论的特殊本质是什么?我们能从中汲取哪些合理因素?本书试图探讨这些问题。

《英国采风录》(储安平.北京:东方出版社,2005):为中国民族所有的许多美德已大部分绝响于城市都会的生活中者,反能在农村社会中保存勿替。乡村中的人们反较城市中的人们重信义、讲气节、崇公道。农民的心地也较知识分子的心地忠厚、笃实、单纯、洁净。

《西方世界的兴起》([美]道格拉斯·诺斯,罗伯斯·托马斯.厉以平,蔡磊译.北京:华夏出版社,1999):本书实证地揭示出西方经济在近代以降之所以有突破性的发展,完全在于财产权属确定性的不断明晰。

《有信仰的资本:维多利亚时代的商业精神》([英]伊恩·布兰德尼.以诺译.南昌:江西人民出版社,2008):本书讲述了10位维多利亚时代杰出企业家的故事。正是对商业和信仰的双重追求,帮助这些从社会最底层的工作做起的平凡人成为那个时代世界上最富有和最有影响力的不寻常人物。

《欧洲：一堂丰富的人文课——现代人应该知道的西方历史、文学、艺术、音乐、哲学与风俗文化》（[德]迪特里希·施万尼茨.刘锐，刘雨生译.太原：山西人民出版社，2008）：作为一个生活在现代社会的人和一个有教养的文明人，应该拥有什么样的知识和修养？例如，在社交生活中，为什么必须知道莎士比亚和梵高，却不必知道牛顿三大运动定律……人文知识是一种特殊的能力，它也许并不能立竿见影地改善你的生活，但一定可以让你的视野更开阔，让你的内心更丰富，让你的人际交往更愉快。

《欧洲贵族(1400-1800)》（[美]乔纳森·德瓦尔德.姜德福译.北京：商务印书馆，2008）：在欧洲的许多地区，贵族是一个复原力惊人的集团，这个集团在表面上轰轰烈烈的社会变迁中保住了财富和权力。本书强调他们生活中更加重要的延续。

《欧洲文明史》（[法]基佐.程洪逵，沅芷译.北京：商务印书馆，2005）：作者认为，文明由两大事实组成：一方面是人类社会的发展，另一方面是人的自身的发展。而本书只限于社会历史，从社会的角度来展示文明。作者以简练、压缩的手法成功地概述了欧洲文明的起源和发展，从公元5世纪写到法国革命前夕。

《鲨鱼与海鸥》（[法]德维尔潘.马胜利译.桂林：广西师范大学出版社，2006）：美国的思维以达尔文弱肉强食的生物进化论为基础，倡导暴力和霸权逻辑，即"鲨鱼"精神；法国则反其道而行之，提倡"世界精神"，主张世界稳定，这就是"海鸥"思维。这两种思维在现实世界中必将产生冲突。

参考文献

[1] 姚国华. 西方文明崛起的文化基因[N]. 21世纪经济报道，2007-03-12(16).

[2] [美]阿尔伯特·爱因斯坦. 我的世界观[M]. 赵中立，许良英. 纪念爱因斯坦译文集. 上海：上海科学技术出版社，1979.

[3] 亚兰. 半杯水和一杯水[J]. 陕西水利，2006，(2)：52-53.

[4] 张醉轩. 被误解的贵族[J]. 读者，2011，(2)：20-21.

[5] 王重和. 瑞典人的平凡[J]. 文苑，2008，(12)：63.

[6] 郑星煌. GMI对全球公司管理水平评级，英国超美排第一[N]. 国际金融报，2005-03-07(8).

[7] 田帆. 又"懒"又"傻"的欧洲人[EB/OL]. 万维读者网，[2006-03-03].

[8] 赵林. 欧洲崛起的精神文化历程[J]. 学习与探索，2006，(2)：4-9.

[9] 丁栋虹. 文化的从容[EB/OL]. 丁栋虹_凤凰博报.

[10] 李遵白. 瑞典观感：强大的真实含义[EB/OL]. 猫眼看人，[2008-08-27].

[11] 晓高. 慢生活[N]. 广州日报，2013-08-23(B6).

[12] 郭宇宽. 人力资源的诅咒[J]. 读者，2011，(2)：62.

[13] 罗瑾瑜. 德国杂感[J]. 随笔，2013，(1).

[14] 张亚玲. 职业经理人的责任[J]. 管理学家，2007，(7)：29-31.

[15] 卢静娴. 滋养创意带来黄金十年[J]. 环球商业评论，2007，(6)：38-39.

[16] 卢静娴. 创意英国的成功要诀[J]. 环球商业评论，2007，(6)：41.

[17] 杨敬忠，吴波. 丹麦：生育福利制度让人民"很幸福"[N]. 经济参考报，2013-02-19.

[18] 轻扣柴扉. 北欧福利：真正的从摇篮到坟墓[EB/OL]. 万维读者网，[2010-05-22].

[19] 金唢呐. 伟大的大英帝国文明先驱，向你致敬[EB/OL]. 猫眼看人，[2010-07-19].

[20] 秦俊峰. 德国制造长盛不衰的秘密[J]. 中国中小企业，2013，(4).

第8章 犹太文化

> 一个民族，一个国家，不怕亡国，因为亡国可以复国，最怕是把自己文化的根挖断了，就会陷于万劫不复。
>
> ——南怀瑾

学习目标
- 了解犹太民族的文明贡献；
- 理解犹太民族的宗教信仰；
- 分析犹太民族的开放教育；
- 把握犹太民族的创新思维。

犹太人(Jew,希伯来语：יהודים)又称尤太人，是指犹太教民，或者是更笼统意义上的所有犹太族人(也被称为犹太民族)，此族群体既包括自古代沿传下来的以色列种族，也包括后来在各时期和世界各地皈依犹太宗教的人群[1]。

作为一个国家，以色列的领土只有2.1万平方公里[2]，国土的60%以上为干旱地区[3]，是个自然资源极其贫乏的国家。除了死海的泥巴能做点化妆品外，不要说没有任何天然矿藏，连淡水都供不应求。以色列全国总人口数为813万(2014年1月)[4]。从国土与人口总数来讲，犹太民族是一个弱小的民族。但同时，犹太民族又是一个伟大的民族：那些散居世界各地的犹太人，以他们优秀的品质和独特的生存方式，无论落在哪里，他们都能落地生根，开花结果，成绩骄人。

犹太民族群星璀璨、智者如林，在人类发展史上曾涌现出不少影响世界发展、影响人类文明进程的巨匠大师。可以说，人类文明之所以取得今天的成就，与犹太人的贡献是密不可分的。犹太人的世界观变成了西方文化不可或缺的部分，甚至可以说已经进入了西方人的细胞，成为西方文明的遗传密码，是构成西方价值体系的基础，是西方人寻找新的思想和经历、新的

---

[1] 犹太人早期称为希伯来人，巴比伦灭了犹太人的王国后，将犹太人掳往巴比伦，成为巴比伦之囚，此时开始称为犹太人，其含义为来自犹大王国的希伯来人。
[2] 是中国国土面积的1/472，为中国大陆最小的省份海南省(3.4万平方公里)的2/3。经过几次战争，实际控制面积为2.8万平方公里。
[3] 类似中国的西北地区。
[4] 犹太人611万人，占人口总数的75.2%；阿拉伯人占人口总数的20.7%。

了解和感觉世界的方法。可以说,现在世界的中心在美国,而美国则围绕着犹太人转。如果我们不了解犹太民族及其历史,就无法准确地理解世界历史,无法合理地感知现实的世界。

[提示]没有任何一个其他民族能比犹太民族起点更低,也没有任何一个其他民族能比犹太民族飞得更高。

天 之 骄 子

目前,在世界 100 多个国家中共有 1 350 万犹太人,其中美国最多,约有 560 万,此外,有较大社区的国家还有法国、俄罗斯、阿根廷等。在美国,犹太人占全美人口的比例虽然不到 3%,但能量却大得惊人,上层社会各行业中多有犹太人的佼佼者。

经济实力

在商界,犹太民族是世界上最富有的民族。全世界最有钱的企业家中犹太人占近一半。

财富对犹太人来说只是工具和手段,只是附加值和副产品,从来不是最主要的。犹太人的发明和创造很多,包括大家现在喜欢穿的牛仔裤、女性穿的内衣、照相技术等。

本国经济

以色列建国以来的 60 多年来,土地贫瘠,资源短缺,但以色列坚持走科技强国之路,重视教育和人才培养,使经济得以较快发展。

据国际货币基金组织统计,1948 年 5 月 14 日以色列建国时的国内生产总值为 2 亿美元,2008 年的 GDP 约为 1993.52 亿美元,60 年间绝对数增长近千倍,按可比价格计算,60 年间以色列经济增长 50 倍;以色列共有 3 850 家创业公司,平均每 1 844 人中就有一人创业;截至 2009 年 5 月,在纳斯达克股票交易所上市的公司数量,以色列为 63 家,是中国、印度、韩国、日本、加拿大和整个欧洲大陆的总和。

以色列高新技术产业发展举世瞩目,特别是在电子、通讯、计算机软件、医疗器械、生物技术工程、农业以及航空等方面拥有先进的技术和优势。以色列地处沙漠地带边缘,水资源匮乏。严重缺水使以色列在农业方面形成了特有的滴灌节水技术,充分利用现有水资源,将大片沙漠变成了绿洲。不足总人口 5% 的农民不仅养活了国民,还大量出口优质水果、蔬菜、花卉和棉花等。

美国经济

在犹太人中,最著名的金融帝国是罗斯柴尔德家族。当初,该家族为打入美国,选择斯宾塞·摩根作为代理人。这就是现在声名赫赫的摩根大通银行(JP Morgan Chase)。以罗斯柴尔德为背景的摩根银行后来控制了杜邦公司、美国钢铁以及电气、电信、电话、化学产业。在最高峰时一度拥有美国 1/4 的财富。后来,罗斯柴尔德家族又和洛克菲勒家族合作,控制了美国的石油业,当今世界七大能源公司中,洛克菲勒占据五个,另外两个被犹太人直接控制(英国

BP 和皇家壳牌)。第二次世界大战前,曾经有一句经典的话形容当时美国的情况:"民主党是属于摩根家族的,而共和党是属于洛克菲勒家族的",而实际上,洛克菲勒和摩根都曾经是属于罗斯柴尔德的!

美国是世界首富,但美国人的财富都装在犹太人的口袋里,百万富翁中有 1/3 是犹太人。《福布斯》杂志 2012 年美国富豪榜显示,前 40 名富豪有 21 名是犹太人。犹太金融家在美国金融界的实力首屈一指。犹太裔人中的格林斯潘长期担任美国联邦储备委员会主席,索罗斯拥有实力雄厚的量子基金,被称为世界头号"金融大鳄"。如果 J. P 摩根、J. 索罗斯、A. 格林斯潘、洛克菲勒和塞缪尔这五个犹太人凑到一起,便能控制整个世界的黄金市场。当今 IT 领域三大巨头公司的创始人都是犹太人:斯蒂夫·鲍尔默——微软公司的灵魂,迈克尔·戴尔——Dell 电脑公司创办人,谢尔盖·布伦——身价百亿的 Google 小子。

也难怪美国前总统罗斯福曾感叹:"影响美国经济的只有 200 多家企业,而操纵这些企业的只有六七个犹太人。"没有了他们,美国还算是美国吗?

欧洲经济

由于历史的原因,散落于世界的犹太人多从事金融业。在欧洲历史上,一个犹太家族(罗斯柴尔德家族)曾控制欧洲的经济命脉和整个世界黄金市场长达 200 年之久。大名鼎鼎的英格兰银行就是犹太人创办的。在英国,犹太人甚至多次占据首相的高位,如本杰明·迪斯雷利(Benjiamin Disraeli)[①]、威廉·格莱斯顿(William Ewart Gladstone)[②]。这也是为什么第二次世界大战后,犹太人能够成功游说英国支持建立以色列国。

案例 8.1　　　　　　　　　罗斯柴尔德家族

罗斯柴尔德一词起源于"红盾"。这个家族从 16 世纪起定居于德国法兰克福的犹太区。当时因为没有街名和门牌号码,每家的家族便被称为"罗斯柴尔德家",一直沿用至今。罗斯柴尔德家族在法兰克福城默默无闻地度过了两个多世纪,直到 18 世纪才开始发迹。使这个古老的家庭开始兴旺发达的是梅耶·罗斯柴尔德(1744—1812)。

梅耶自小就很聪明,因此,他父母把他送到犹太宗教学校学习,希望他长大后当一名拉比。但梅耶对此没有多大兴趣,当他父母去世后,他便弃学经商,走进了生意场。当时,他 20 岁,开始做买卖古董和古钱币的生意,同时也兼兑换钱币。由于他的精明能干,并依靠当地有权势的威廉伯爵,生意越做越兴旺。后来,他不仅经营棉制品、烟酒,并开始从事银行业,20 多年之后便成为法兰克福城的首富。

如果罗斯柴尔德家族一直在法兰克福经营,其影响仅限于德国。然而,目光远大的梅耶·罗斯柴尔德让他的 5 个儿子走出法兰克福,走出德国,分散到欧洲各地。

罗斯柴尔德家族最早向国外发展的是梅耶的三儿子内森。他于 1804 年只身来到英国伦敦,开始时做一些棉布生意。当时,欧洲正值拿破仑战争,一些德国贵族流亡到英国,其中

[①] 在政府中任职 30 年,两次成为英国首相。
[②] 曾作为自由党人四度出任英国首相。

包括法兰克福的威廉伯爵。为了保护自己的财产,威廉伯爵委托内森购买了大批英国的债券,内森便借机自己也做起了债券和股票生意。内森凭借自己的精明和才干,不久便发了财,成为伦敦金融证券界的巨头。后来,他又不失时机地向英国政府提供巨额军费,与伦敦军政要人建立了密切的联系。

内森在英国的成功,鼓励了老罗斯柴尔德。为了方便英国与欧洲大陆的金融和贸易往来,他又在1811年把最小的儿子詹姆斯派到法国,在巴黎站稳了脚跟。几年后,老二所罗门、老四卡尔又分别在奥地利的维也纳和意大利的那不勒斯建立了罗斯柴尔德家族银行的分行。

这样,就形成了一个由老梅耶·罗斯柴尔德与大儿子阿姆歇尔坐镇老家法兰克福,其他几个儿子分布在伦敦、巴黎、维也纳和那不勒斯的金融和商业帝国。罗斯柴尔德兄弟经营技巧中重要的一条,就是利用他们分布在欧洲各国的分支获取政治、经济情报,迅速互相沟通。这样,他们往往能迅速了解各地的政治经济动向,推选采取行动,出奇制胜。

为了保密,他们有自己专门的信使,彼此用密码进行联系。罗斯柴尔德家族内部的信息传递系统迅速又可靠,以至于英国维多利亚女王有时也宁愿用罗家的信使来传递她的信件,而不用英国的外交邮袋。

到19世纪中叶,一个庞大的罗斯柴尔德金融帝国在欧洲形成。每当有战争,他们便向各国政府提供军事贷款,战后又为战败国提供赔款。他们在各地开办银行,从事证券,股票交易和保险业务,投资工商业、铁路和通讯业,后又发展到钢铁、煤炭、石油等行业,其影响渗透到欧美及殖民地经济生活的各个角落。

尽管罗斯柴尔德家族拥有巨大的财富,并跻身欧美上流社会,但他们始终坚持着犹太人的传统,把维护犹太人利益看得比做生意和赚钱更重要。罗氏家族大多数人坚持族内通婚,这个家族下属的公司企业都按犹太教安息日的规矩,在星期六估算,不做任何生意。1820年,内森宣布不同任何一个拒绝给犹太人公民权的德国城市做生意。1850年,当卡尔借钱给罗马教皇时,向梵蒂冈提出要求拆除罗马的犹太隔都。19世纪,伦敦的罗斯柴尔德银行宣布不向俄国沙皇贷款,因为沙皇政府迫害和虐待俄国犹太人。

科学成就

犹太人中被视为真正聪明人的是科学上有所发现、技术上有所发明、思想和艺术上有所创造的人,而不仅仅是有钱人。

自然科学

在学界,全球范围内的犹太人获诺贝尔奖总人数傲居各民族之首。自诺贝尔奖颁发以来,大多数年份都有犹太人获奖,少则一、两个,多则三、四个,到现在已经积累200多位犹太获奖者,约占获奖者总数的1/5。1901—2010年间,全世界诺贝尔奖获得者中,犹太裔达181位,占总数的22%;出生在或在美国完成教育或研究的,占获得诺贝尔奖所有美国籍获得者中(均为移民)的36%。以色列本土就诞生过10位诺贝尔获奖者。

第 8 章 犹太文化

犹太裔开创现代科技的贡献,从一些"硬领域"取得的成就上看得更清楚。在化学、物理学、医学/心理学和经济学四个领域,他们获得的诺贝尔奖比例分别占了全球和美国的 26% 和 39%。其中,化学的犹太裔[①]获奖者达 31 人,分别占世界和美国的 20% 和 27%;在物理领域,犹太裔的获奖者达 47 人,分别占世界和美国的 25% 和 36%;医学/心理学领域的犹太裔获奖者则高达 53 人,分别占世界和美国的 27% 和 40%;在经济学研究上的成就更惊人,获奖者达 28 人,分别占世界和美国的 42% 和 55%!再从犹太裔女性诺贝尔奖获得者来看,她们的成就可以说是无可逾越的,分别占了全球和美国女性获诺贝尔奖人的 38% 和 50%!

犹太裔物理学家奇才济济:相对论创始者爱因斯坦[②]、量子力学开创者波尔和波恩、原子物理学开拓者费米、创立电守恒定律的李普曼(Gabriel Lippmann,1845-1921)、测定光速的迈克尔逊(Albert Abrahan Michelson)、"夸克"之父默里·盖尔曼(Murray Gell-Mann)、提出量子电动力学公式的朱利安·施温格(Julian Schwinger)、反质子发现者之一的埃米利奥·塞格雷(Emilio Segre)。

犹太裔化学家也不乏其人:首次离析出纯氟并建立高温化学的莫瓦桑(Henri Mojssan,1852—1907)、染料合成研究的拓荒者拜尔、氨合成法的创始人之一哈柏。

犹太裔生物医学家不胜枚举:近代化学疗法创始人之一埃尔利希、提出人类 A、B、AB 和 O 四血型的兰茨泰纳等。数学家中最著名的当推控制论的提出者维纳。

在没被列入诺贝尔奖的一些领域,"硬"的如数学,获得全球最高荣誉沃尔夫奖的,犹太裔数学家占了 34%。在声誉崇高的美国国家科学奖章的获得者中,犹太裔占了 38%,要知道,美国人口中犹太裔(约 600 万)略低于 2%,比美国华裔的比例还低。在诸如大众传媒、影视娱乐、新闻和创意写作、音乐绘画、史哲研究、法律政治等"软领域"里,犹太裔不但左右着这些具有关键价值的领域,而且影响所及甚至掌控了公众的取向和意见。至于经济决策、金融财务、产业导向、企业组织,总之,在人们为满足生涯或角逐各种物质利益的生产和分配方面,犹太裔的力量无远弗届。

从表 8.1 中的民族创造力比较中可以看出,犹太人在属于数学界最高奖的菲尔兹奖(Fields)、沃尔夫奖(Wolf)的得奖比例大大高于诺贝尔奖。

表 8.1　世界各民族创造力的比较

民族	占全球总人口比例(%)	诺贝尔奖得主比例(%)	Fields/Wolf 得主比例(%)
全球各地犹太人	0.3	11.6	17.3
世界上的华裔	21	0.9	2
世界上的印裔	17	1.2	0.2
世界上的非裔	14	0.2	0.0

犹太人对诺贝尔奖的心态跟中国人是很不同的。中国人关注诺贝尔奖,是要看看是不是有中国人得奖;犹太人关注诺贝尔奖,是要看看是不是没有犹太人得奖。犹太民族是

[①] 这里所谓的"犹太裔"有严格标准:至少有一半(或三分之二)以上的犹太血统才算。
[②] 2009 年,诺贝尔基金会评出了诺贝尔奖百余年历史上"最受尊崇"的三位获奖者。他们是:1964 年和平奖得主马丁·路德·金(Martin Luther King, Jr., 1929-1968)、1921 年物理学奖得主阿尔伯特·爱因斯坦(Albert Einstein, 1879-1955)、1979 年和平奖得主特里萨修女(Mother Teresa, 1910-1997)。

企业家精神

世界上极少的几个把诺贝尔奖看成自己囊中物的民族,得了是正常的,不得就会失望。

犹太人的科学辉煌成就带来的启示是:商业和市场从来不是科学的敌人,对思想的控制和垄断才是;科学发展所需要的,仅仅是宽容的空间和独立的精神。犹太人惊人的科学成就,不是国家资助、组织和建设的结果;相反,它是远离权力、摆脱控制、宽容和独立的结果。

社会科学

在社会科学方面,最突出的犹太裔学者有古典政治经济学第二号人物大卫·李嘉图、社会学家埃米尔·迪尔海姆(Emile Durkheim, 1858-1917)、管理学的开山鼻祖彼得·德鲁克(Peter Drucker)。诺贝尔经济学奖的获得者中,犹太人获奖比例超过41%。像保罗·萨缪尔森(Paul Anthony Samuelson, 1970年诺贝尔经济学奖得主)、西蒙·库兹涅茨(Simon Smith Kuznets, 1971年诺贝尔经济学奖得主)、肯尼斯·约瑟夫·阿罗(Kenneth Joseph Arrow, 1972诺贝尔经济学奖得主)、密尔顿·弗里德曼(Milton Friedman, 1976年诺贝尔经济学奖得主)、赫伯特·西蒙(Herbert Alexander Simon, 1978诺贝尔经济学奖得主)、劳伦斯·克莱因(Lawrence Klein, 1980年诺贝尔经济学奖得主)、罗伯特·索洛等(Robert Merton Solow, 1987年诺贝尔经济学奖)。

最伟大的莫过于提出一个庞大完备的学说体系并引发了波及全世界的社会主义浪潮的马克思,其次是精神分析学之父、影响遍及人文科学和文艺各领域的弗洛伊德。其余的应包括共产主义运动中的著名理论家伯恩斯坦以及20世纪著名的法兰克福思潮代表人马尔库塞、阿多尔诺和霍克海默尔。

犹太人的著作改变了世界:爱因斯坦的《相对论》改变了物理世界,弗洛伊德的《梦的解析》改变了心理世界,马克思的《资本论》改变了人类世界,格雷厄姆的《证券分析》改变了投资世界。

政治科学

尽管犹太人在政治领域上相当低调,但实际上犹太人也不缺少人才。如成功策划乒乓球外交的基辛格、美国首位女国务卿奥尔布赖特、克林顿时代的国防部长科恩、财政部长鲁宾以及2000年的副总统候选人约瑟夫·贝立曼。奥巴马入主白宫后,也同样可以看到大量犹太人的身影:白宫办公厅主任伊曼纽尔、白宫国家经济委员会主席萨默斯、美联储主席伯南克。在地方政府中,曾任纽约市长布隆伯格就是一个代表(他也是彭博新闻社的创办者)。此外,美国国会参议员中,犹太人占10名;美国国会众议员中,犹太人占27名。值得一提的是,以院外集团游说、企业无限制捐款为特征的美国政治组织中,犹太人20世纪80年代成立的"政治行动委员会"是全美规模最大的。在2000年美国总统大选捐款富豪榜的前5名中4名是犹太人。通过游说和捐款,犹太人既能把他们看中的人送上台,也能把他们厌恶的人拉下马。

现代社会最为重要的舆论领域犹太人自然不会放过。美国最具影响的三大报纸是《洛杉矶时报》《华盛顿邮报》和《纽约时报》,它们要么归犹太人所有,要么在犹太人手下运营。世界级通信社合众国际社也是犹太人的囊中之物。另外,世界第三大通信社英国的路透社也是犹太人创办的。美国三大电视台NBC、ABC、CBS也都在犹太人的势力之下。在全球都有影响力的《新闻周刊》也是如此。世界最著名的普利策奖也是由报业大王、犹太人约瑟夫·"乔"·普利策(Joseph "Joe" Pulitzer, 1847-1911)所创立。

在美国律师中,犹太人占 1/4。

[讨论]没有科学的全面发展,中国经济能否健康发展？一个科学上不能产生巨人的民族,能否真正造就商业上的巨人？

文明贡献

如果把讲犹太人的核心放在财富上,这是一种误解。如果从哲学而不是从神学的角度来说,犹太人创造了上帝,创造了"摩西十诫",创造了律法和法律,由信仰上帝到信仰真理、再到信仰法律,从上帝、真理到法律,这是人类现代文明的完整转换。

无论在科学、思想还是在文化和艺术领域中,无不闪烁着犹太人的智慧之光,马克思、爱因斯坦、弗洛伊德、卡夫卡、门德尔松、毕加索以及新闻通信的鼻祖路透,还有许多国际著名的政治家都是犹太人或有犹太血统。犹太人只占世界总人口的 3%,但是,在世界政治、艺术、科学和思想各领域,10 个领导性的人物中就有一个是犹太人或犹太后裔[1:18]。全美 200 名最有影响的名人中,犹太人占一半。

人文艺术

在诺贝尔奖的"软领域"方面,犹太裔的贡献也不遑多让：在文学方面,犹太裔获奖者 13 人,分别占世界和美国的 12% 和 27%。

在电影界,有导演斯皮尔伯格和著名演员卓别林。在美国文学、戏剧、音乐的一流作家中,犹太人占 60%。电影和传媒也都是犹太人的天下。美国著名的电影巨头米高梅、派拉蒙、华纳兄弟、环球等都是犹太人的禁脔。可谓既赚了钱,又遏制了反犹主义。而在体育界,高峰时期的 NBA 犹太老板曾经多达 10 人,其中包括活塞队老板戴维森、奇才队老板波林等。可以说,犹太大佬们打个喷嚏,美国绝对会摇一摇。

比较分析可以发现,犹太人与华人都比较辛勤劳动,是创造性的群体。区别在于犹太人更多的是在危机感与资源缺乏下的持续创造性,而且大部分个体的创造性都比较强,而华人则多有吃地大物博与历史悠久老本的感觉,尽管人多之下不乏有创造性者,但大部分个体的创造性并不突出。

哲学思维

在公元前后的希腊文明时代,斐浴调和了犹太教与希腊哲学,他的学说对后世的基督教哲学产生了巨大影响。

在穆斯林时代,摩西·迈蒙尼德又综合了希腊的亚里士多德主义与犹太教,以理性来重新阐述犹太教文与律法,对后世的犹太教思想作出了极大贡献。

在 17 世纪,斯宾诺莎综合了唯理论与机械论。在 18 世纪的日耳曼启蒙运动中,戈特霍尔德·戈莱辛与门德尔松是最突出的领袖,前者主张宽容的宗教思想,后者则按犹太人生活的实际情况修改了沿用已久的犹太教。

在 19 世纪与 20 世纪之交,法国的亨利·柏格森(Henri Bergson)提出了 20 世纪影响最大的哲学流派——直觉主义。德国胡塞尔则在第一次大战前后提出了另一个很流行的哲学流派——现象学。其他著名的犹太哲学家还有科学哲学巨匠波普与逻辑实证主义名将之一维特根斯坦。

宗教伦理

世界上影响最大的宗教应推基督教,而人们所公认的基督教创始人是犹太人基督[①]耶稣。耶稣自称是上帝的儿子,到处传教,主张用禁欲、忏悔等方法来拯救自己。后来,他为犹太人所出卖,被罗马人处死。在他的继承者中,最有名要数圣徒保罗,他也是个犹太人。此外,犹太教之父摩西也是一位名满天下的大人物,著名的亚历山大三世和不太著名的安拉克列突斯二世这两位教皇都是犹太人。

迄今,在世界三大一神教中,犹太教有4 000年的历史,基督教有2 000多年的历史,伊斯兰教有1 000多年的历史。基督教、伊斯兰教都和犹太教有着很深的渊源。4 000多年前,亚伯拉罕在上帝的指示下,带领全家从两河流域迁徙到以色列。亚伯拉罕的小儿子以撒是正室妻子所生,大儿子以实玛利是小妾所生。以撒是以色列的祖先,而以实玛利是阿拉伯人的祖先。犹太教认为,上帝选择了以撒。以撒有一个儿子叫雅各,雅各的十二个儿子发展为以色列的十二个支派。

基督教完全承认犹太教《圣经》上记载的内容,将其称为《旧约》,并且又发展出了以耶稣故事为主线的《新约》。从二者的区别上,犹太教不承认《新约》。犹太教和基督教都相信救世主,但犹太教认为救世主尚未降临,而基督教认为救世主已经降临(即耶稣)。

理解犹太教和基督教的不同,除了《圣经》旧约和新约的差异之外,它们两个最大的不同还在于犹太教反对偶像崇拜,而钉在十字架上的耶稣是所有基督徒崇拜的偶像,在犹太教看来,这种偶像崇拜是不能接受的。

伊斯兰教承认部分《圣经》上发生的故事,但认为真主选择的是以实玛利而非以撒。伊斯兰教认为,真主曾经派出过多位先知,亚伯拉罕也是先知,耶稣也是先知,但最后一位先知就是伊斯兰教的创始人——默罕默德。

为什么犹太教人很少,而伊斯兰教人很多,基督教人更多?某种程度上,这是因为犹太教最保守,只有母亲是犹太人,她的孩子才能信仰犹太教。不是犹太民族的人,就不能信仰犹太教。伊斯兰教崇尚武力,他占领的地方一律让臣民改信伊斯兰教,所以,伊斯兰教的信徒较多。而基督教是由于走出以色列而影响了全世界,这是这三个宗教中唯一由信仰而吸引门徒的宗教。

可以说,真正让人类文明历经4 000年而能延续下来的是犹太民族。没有希伯来文明,就没有后来的基督教、伊斯兰教,没有希伯来文化,就无法解读古埃及文明。无论从宗教到习俗,从语言到服装,坚守"一神论"的犹太人4 000年的传统一直延绵至今。如果有"唯一能够延续千年的古代文明",这个唯一就是犹太民族,不是其他。

[①] 基督(Christ),来自于希腊语 Χριστος 或 Christos,意思即是受膏者(古代的以色列王即位时必须将油倒在国王的头上,象征这是神用来拯救以色列人的王,后来转变成救世主的意思),也等同于希伯来语中的名词弥赛亚,意思为被神选定。

第8章 犹太文化

专栏8.1 **基督教对西方文明的贡献**[2]

古罗马时代的古典文明,在辉煌掩盖下的是社会的糜烂、道德的沦丧和集团利益的争夺,就像癌细胞结团争夺营养,最后导致整个国家的腐败。古典文明因此"患癌"死掉了,但是,基督教的信仰让它重生,成为领先世界的"西方文明"。这种巨大转变的原因在于,无数社会成员因为信仰基督教,导致个人的行为改变,最后导致社会的风尚改变。这是几百年间天翻地覆的改造。

基督教信仰改变了古典文明下蔑视人生命的态度

古典文明对人的生命的态度是:个人无足轻重,集体就是一切。个人只有作为国家或城邦的组成部分才有价值。

基督教则认为,人的生命是神圣的。它教导信徒不许杀人,坚决反对杀婴、弃婴和堕胎。基督教会还普遍开办孤儿院、照顾老人、病人、残疾人、垂死的人。这些实践活动经历了很长的时间,逐渐改变了整个社会对人的生命的态度。

基督教恢复了婚姻的尊严

古典文明下的性关系很混乱,婚姻毫无尊严。名画《宙斯与丽达》涉及宙斯变成一只天鹅诱奸人间妇女的故事,因为古希腊、古罗马的神话、宗教对人没有道德要求;他们的神不讲道德,嫉妒、愤怒、报复是家常便饭,甚至乱伦、通奸也很常见。

基督教以《创世纪》为根据,明确主张一夫一妻制。基督教要求妻子服从丈夫,同时要求丈夫爱妻子。非常关键的一点是,妇女的地位得到了提高。教会又主张婚姻具有神圣性,所以,连反对基督教的英国历史学家爱德华·吉本(Edward Gibbon)也不得不说:"基督教恢复了婚姻的尊严。"

学校、医院、慈善和社会服务开始产生

在古典文明中,没有医院、慈善和社会服务。救治病人或伤员的情况,只会发生在战场上,因为伤兵治好了可以再打仗。但基督教会最早开始募集善款,帮助有需要的人、兴办慈善机构。

古典文明中也没有有教无类的学校,当时的上层人(包括哲学家)都认为,与劳动人民、下层人接触是耻辱、无聊、没意义的。帮助病人是软弱的表现,更没有平等教育的观念。与之相反,基督徒认为帮助弱者是坚强,是做上帝喜欢的事情。学校也是从教会开始的,教会先是办了学校,后来逐渐变成大学。

基督教信仰转变了对劳动和财产观念的态度

在古典文明中,人们鄙视劳动。上层人士依靠奴隶的劳动而生活,但他们把奴隶视为财产,著名哲学家亚里士多德有言:奴隶是会说话的工具。

这种轻看劳动的观念是基督教改变过来的,基督教把劳动看为宝贵。使徒保罗是做帐篷的工人,甚至耶稣本人也是木匠的儿子。基督教对劳动的态度是:不是劳动为了生活,相反,生活是为了劳动。

> 关于自由和公正观念的转变
>
> 在古典时代,人民没有自由,社会缺乏公正,人们也没有权利、人权之类观念,统治者的意志就是法律。
>
> 基督教提出相反的观点,论证了人的意志是自由的。甚至亚当、夏娃能违抗上帝,也是因为上帝给了他们自由。基督教神学家和法学家把法律分成 3 个层次:人定的法律、自然的法律和神圣的法律。并指出人定的法律不一定是公平的,有良法、有恶法(如种族歧视的法律)。但是,人定法应该符合更高的法律即"自然法",自然法的特点就是公平(如"种瓜得瓜,种豆得豆",任何人都一样)。所以,公平、正义的观念应该成为指导人定法的原则。在自然法的上面是神法,神法是自然法的来源:"上帝叫日头照好人,也照歹人"。
>
> 总而言之,古典文明灭亡之后西方文明的重生,是因为基督教的改造作用。这个文明的灵魂或生命力来源于基督教。

文化信仰

不了解犹太人的过去,就无法深入了解犹太人的现实。犹太人企业家精神的起源值得我们深思。犹太人之所以能智者如林并取得如此辉煌的成就,与其卓尔不群、独具魅力的企业家精神——犹太精神存在着紧密的因果关系。马克斯·韦伯(Max Weber,1864-1920)[3;27] 曾经这样指出过:"屈从于一个统治集团的少数民族或少数派宗教,由于他们自愿或不自愿地被排除在政治影响之外,一般都会以一种异乎寻常的力量介入经济行为。"犹太人的显著特点是,无论走到哪里,无论呆多久,还是犹太人。两千年前,犹太人被逐出家园后,便在世界各地流浪。他们在异国他乡饱受歧视与压迫,但凭着惊人的智慧和坚韧的忍耐力,从未失去和泯灭自己的特质,创造了一个又一个奇迹。所有的这一切都和那个神秘的犹太精神紧密联系——正是深具忧患意识和深沉的历史感的犹太精神维系了犹太民族的情感归属和认同意识,更哺育了大批的犹太商魂。

生命信仰

犹太人在两千多年的流浪漂泊中,受尽歧视、冷落和迫害。他们身在异地他乡,除了依靠自己,再别无所依。生存和发展的现实使他们养成了自己依靠自己,自己拯救自己的信念。在他们看来,人活在世上,首先要学会为自己谋福利,只有自己有了财富,才会真正具有帮助别人、普渡众生的力量;一个有价值的人生,就是靠自己的奋斗与拼搏并最终获得成功的人生。那些一天到晚心忧天下而自己却穷困潦倒的人固然可敬,但他们实际上并没有作出贡献。翻阅那些成功犹太人士的奋斗史,总会看到:他们都将自己的命运掌握在自己的手里,从自我做

第8章 犹太文化

起,不断超越自己,最终成就强者①。

命途多舛

犹太人几千年来一直灾难深重,这一切仅仅是因为信仰。

公元前二十世纪的亚伯拉罕是犹太人的祖先,也是阿拉伯人的祖先。亚伯拉罕是世界三大宗教犹太教、基督教和伊斯兰教的先知。亚伯拉罕与妻子撒拉所生的儿子叫以撒,以撒与妻子利百加所生的儿子叫雅各,雅各有12个儿子,这12个儿子形成犹太人的12个支族。雅各后来由神改名以色列,其12个儿子的支族又叫以色列十二支派。

以色列十二支派如下:长子吕便,次子西缅,三子利未,四子犹大,五子但,六子拿弗他利,七子迦得,八子亚设,九子以萨迦,十子西布伦,十一子约瑟,约瑟的两个儿子分别叫以法莲和玛拿西,十二子便雅悯。十一子约瑟因为成为埃及宰相,成为极为重要的支派而分得两份家产,分别由以法莲和玛拿西继承,三子利未成为神所选取的祭司,不参与分配家产,住在其他支派内,这样,总数依然是十二支。以色列十二支派居住在迦南地,相当于现在的以色列、巴勒斯坦以及约旦所在地。

约瑟受到他的哥哥们的嫉妒,被卖到埃及当奴隶。约瑟受到埃及人的优待,成为宰相。在迦南发生大饥荒时,约瑟把父亲以及兄弟族人接到埃及,居住于尼罗河下游,成为农业民族。十一子约瑟的两个儿子曾受到以色列按手祝福,因而约瑟的儿子以法莲和玛拿西的地位与其父辈等同。埃及统治者被暴动更换后,犹太人成为奴隶。因为无法忍受残酷的压迫,犹太人在摩西的带领下,逃离埃及。他们向往神给他们的应许之地——流着奶和蜜的迦南。在西奈山,摩西受神的启示,得到十诫,摩西十诫成为犹太人生活和信仰的准则。摩西带领犹太人在沙漠中度过四十年,完善立法,做好建立一个国家的准备,摩西死后,犹太人才回到神的应许之地迦南。

在迦南,十二支派最小的便雅悯出了一位神勇的人物,叫扫罗,他带领犹太人打败外族入侵,公元前1044年,建立起第一个犹太人的国家——以色列王国。公元前1010年,扫罗的女婿、来自犹大支派的大卫继任以色列王国第二位国王。公元前971年,大卫之子所罗门继任以色列王国第三位国王。所罗门王以智慧著称,一个流传很广的所罗门的审判的故事说明他的智慧。两位新生儿,一个死了,一个生存,两位母亲都说生存的那个是自己的孩子,要求国王判决。所罗门王说,既然两位母亲都说孩子是自己的,那就把孩子劈成两半,一位母亲得一半。一位母亲同意国王的判决,另一位母亲放弃。国王宣布放弃孩子的就是孩子真正的母亲。

所罗门王死后,以色列王国发生内斗,受所罗门王优待的犹大支派和便雅悯支派与受虐待的北方十个支派分裂成两个王国,北方为以色列,南方为犹大。公元前722年,北方的以色列王国被亚述帝国灭亡,民众流离失所,漂泊世界,最后消失。北方十个支派形成的以色列王国的犹太人,成为失踪的十个以色列支派,这些犹太人去了哪里,到现在仍是个谜。

公元前957年,所罗门国王在耶路撒冷的圣殿山建成了所罗门圣殿,又称第一圣殿,供犹太教徒崇拜神及进行宗教活动的场所。公元前586年,巴比伦人攻入耶路撒冷,对城市进行洗

---

① 中国人寻求的是他强而不是自强、他胜而不是自胜,一直致力于通过外在的改变而改变自己和世界,而没有将努力的重点放在自我的发展与实现上。是通过改变世界而改变自己还是通过改变自己而改变世界,这是两种截然不同的世界观,它们经常成为落后与发展的世界观分界线。

掠,犹太人被巴比伦人掳到巴比伦作奴隶,第一圣殿也被摧毁。波斯人打败巴比伦人后,释放了犹太人,并允许他们回到故土重建圣殿。公元前516年,第二圣殿建成,公元前19年,第二圣殿得到大规模整修和扩建。

公元66年,犹太人不堪忍受罗马帝国的残酷统治,举行大规模起义。公元70年,罗马大军攻占耶路撒冷,大肆杀戮。幸存的犹太男女逃到地势险峻的马萨达城堡坚守。该城堡有储存的粮食和淡水,易守难攻。旋即而至的1.5万罗马军队对坚守在里面的人们——包括妇女儿童在内为967人——整整围攻3年。公元73年4月15日马萨达陷落前夕,犹太人决定集体自杀。他们抽签选出10名勇士作为自杀执行者。随后,这10人再抽签选出1人杀死其他9人。剩下最后一人的最后任务是放火烧毁城堡然后自尽。第二天清晨,冲进城堡的罗马人惊讶地发现没有任何抵抗,面对的是一座给养依然充足但没有一条生命的死城。据说殉难前夕,守城领袖Elazar Ben-Yair有一段著名演讲:"我们是最先起来反抗罗马、也是最后失去这个抗争的民族。天亮时,我们将不再抵抗。感谢上帝让我们能够自由地选择和所爱的人一起高贵地死去。让我们的妻子没有受到蹂躏而死,让我们的孩子没有做过奴隶而死吧!把所有的财物连同整个城堡一起烧毁,但是不要烧掉粮食,让它告诉敌人:我们之死不是因为缺粮,而是自始至终我们宁可为自由而死,不为奴隶而生!"强大的罗马军队取得最后的胜利,耶路撒冷被夷为平地,数十万犹太人被杀,第二圣殿被毁,仅剩下一段西墙,第二圣殿中的圣物被运往罗马。为纪念这次胜利,罗马人在古罗马广场东南建立提图斯凯旋门,凯旋门上雕刻有第二圣殿的圣物。

公元132年,犹太人再次起义,夺回耶路撒冷,但很快被罗马军队镇压。从此,犹太人失去自己的家园,地名也被改为巴勒斯坦。四百年间,犹太人被禁止进入耶路撒冷。从此以后,犹太人开始世界流浪,在以色列故土(后来称为巴勒斯坦地区),只有少量犹太人生活。

拜占庭统治期间,基督教的人口占多数,在耶路撒冷、伯利恒和加利利等基督教圣地,教堂被建立起来。公元636年,穆斯林占领了巴勒斯坦。交纳人头税和土地税后,犹太人可以在穆斯林统治下生活,耶路撒冷再次有犹太人定居。由于沉重的税赋以及对非穆斯林的严格限制,犹太人继续离开耶路撒冷及巴勒斯坦地区。1099年,十字军攻占耶路撒冷,城里包括犹太人在内的非基督徒遭到屠杀。1187年,萨拉丁领导的穆斯林打败十字军,犹太人也获得在耶路撒冷生活的权利。1291年,来自埃及的穆斯林彻底消灭巴勒斯坦地区的十字军,但由于禁海,商业贸易中断,巴勒斯坦地区生存困难。1517年,奥斯曼帝国征服这片土地后,犹太居民开始增加,到16世纪中期,达到万人。到19世纪,耶路撒冷的犹太人占多数。随着奥斯曼帝国的衰败,对巴勒斯坦地区管理减弱,社会、经济、文化以及宗教得以发展,犹太人逐步从世界各地迁回,人口大量增加。

犹太人认为,他们是神的子民,巴勒斯坦地区(也就是以色列故土)是神的应许之地。只要宗教信仰不失,犹太人就会对故土有超越一切的眷念。流散地对犹太人的迫害更加深了这种对故土的渴望。当这种渴望变成政治运动时,一个新名词出现了——锡安主义。锡安是耶路撒冷附近的一座山,用于代表耶路撒冷和以色列故土。锡安主义就是犹太人恢复以色列故土,因此,锡安主义又称为犹太复国主义。

1894年9月,法国情报机构通过间谍从德国大使馆获得一份手写的证词,上面说要为德国提供炮兵情报。炮兵军官德雷福斯因为是犹太人而受到怀疑,尽管三份专家鉴定否定了那

第8章 犹太文化

份证词是德雷福斯的手迹,但在没有任何证据的情况下,他仍然被以叛国罪终身流放和关押。1896年,真正的叛徒被发现后,法国军方及大部分政客竭力掩盖,法庭也判决真正的叛徒无罪。媒体报道后,引起社会的震惊。这件事在犹太人社会产生重大影响,他们感受到对犹太人的歧视如此强烈顽固,号称最宽容的法国都发生这样的事件,他们不得不认为,回归故土成为唯一的选择。1897年,第一次犹太复国主义大会在瑞士的巴塞尔召开,宣告了犹太复国运动正式开始。

1917年,英军向土耳其发起最后的进攻,占领了巴勒斯坦地区。1922年,国际联盟批准贝尔福宣言,在英国的托管下,在巴勒斯坦地区建立犹太人国家。贝尔福是英国外交大臣,他对犹太人复国的愿望表示同情。宣言的主要内容如下:

"英皇陛下政府赞成犹太人在巴勒斯坦建立一个民族之家,并会尽力促成此目标的实现。但要明确说明的是,不得伤害已经存在于巴勒斯坦的非犹太民族的公民和宗教权利,以及犹太人在其他国家享有的各项权利和政治地位。"

由于前苏联及东欧国家对犹太人的迫害严重,在犹太复国主义推动下,大批犹太人从苏联和波兰来到巴勒斯坦。英国将巴勒斯坦以约旦河为界划分为两部分,东边为约旦,西边仍称为巴勒斯坦。犹太人只移民到西边的巴勒斯坦。大量的犹太人移民到巴勒斯坦后,引起当地阿拉伯人的强烈不满,不断出现反犹暴乱。英国为了平息阿拉伯人的愤怒,于1939年限制犹太人移民。结果,纳粹德国迫害犹太人时,巴勒斯坦不能接纳,600万无处可逃的犹太人遭到屠杀。第二次世界大战后,英国仍然继续限制犹太人移民。犹太人通过各种地下渠道将大屠杀幸存者偷运进巴勒斯坦,战后三年,有85 000犹太人通过这种秘密方式进入巴勒斯坦。

犹太人和阿拉伯人的矛盾越来越深,英国为了摆脱困境,将此事交给联合国。1947年,联合国通过分治方案,将巴勒斯坦再划分成犹太人地区和阿拉伯人地区。1921年,英国已经将巴勒斯坦77%的土地划分给了阿拉伯人,将剩下的23%土地中的55%给犹太人,45%给阿拉伯人。耶路撒冷因为太敏感,不划归任何一方,由联合国管理。分治方案在已开发领土上大致采取照顾传统聚居点、按人口比例均分的原则,但考虑到未来大量犹太难民的迁入,将南部人烟稀少的内格夫沙漠划入犹太国,犹太人以相对少的人口获得了较多的领土。犹太人接受划分方案,阿拉伯联盟拒绝。

1948年5月14日,以色列国正式宣告成立。在以色列宣布成立的24小时内,埃及、伊拉克、约旦、叙利亚和黎巴嫩向以色列宣战,第一次中东战争开始。

第一次中东战争粉碎了联合国管理耶路撒冷的决议,东耶路撒冷被约旦占领,西耶路撒冷被以色列占领。约旦占领东耶路撒冷后,摧毁了所有犹太会堂,洗劫了所有犹太人的财产,将所有犹太人赶出东耶路撒冷。东耶路撒冷包括耶路撒冷老城,犹太教最神圣的地方圣殿山在老城中。第三次中东战争,以色列夺回了老城以及西岸地区,东西耶路撒冷合并。

在耶路撒冷的圣殿山,有伊斯兰圆顶清真寺和阿克萨清真寺。穆斯林认为圆顶清真寺中的岩石是穆罕默德登上见真主的地方,因此,耶路撒冷在伊斯兰教中排在麦加和麦地那之后,为第三神圣地。在耶路撒冷基督徒区的圣墓教堂的基址,基督徒认为是耶稣基督被钉上十字架的地方,成为基督教的一个圣地。犹太人认为,犹太圣殿的遗址就在圣殿山,位于阿克萨清真寺的下面,但穆斯林认为这种说法没有足够的证据。犹太人心目中最神圣的圣殿遗址上,建立了清真寺,而穆斯林否认这种说法。这是犹太人和穆斯林最根本的冲突,双方都不会让步。

犹太人位于圣殿山的第一圣殿于公元前586年被摧毁,第二圣殿于公元70年被摧毁。但犹太人坚信,弥赛亚到来时,还会在原址建立第三圣殿。犹太人圣殿现在能找到的遗迹,就是位于圣殿山西侧的围墙,称为西墙,也叫哭墙。这里是距离犹太人圣地最接近的地方,也就成为除圣殿山外最神圣的地方。西墙是犹太人朝圣之地,也是穆斯林担忧之地,穆斯林担心犹太人据此对圣殿山提出要求。1948年,约旦人占据耶路撒冷老城,禁止犹太人接近西墙。直到1967年,以色列夺回耶路撒冷老城,将西墙置于控制之下。

西墙既是犹太人圣殿的遗迹,也是犹太人的精神寄托。犹太人相信第三圣殿会出现,这个等待期有多长?犹太人还在要西墙前哭多久?没有人知道答案。

专栏8.2　　　　　　　　　**反犹主义的深层心理基础**[4]

反犹主义的深层心理基础是在犹太人面前的那种深深的自卑感。如果说歧视黑人的种族主义往往起源于对黑人的鄙视,那么,仇恨犹太民族的种族主义则往往起源于对自己的轻蔑。

在很大程度上,这种自卑感起源于犹太教及其两个派生宗教(基督教与伊斯兰教)之间的关系。弗洛伊德在分析反犹主义时曾指出,犹太教与天主教的关系导致犹太民族与欧洲天主教诸民族形成一种象征意义上的"父神"与"子神"的关系,由于人类潜意识中存在的"杀父娶母"的本能欲望,因此,欧洲中世纪那些间歇型精神病式的屠犹狂潮可以被理解为儿子们"杀父"的本能欲望的极端表达。此外,犹太人跟这些民族之间也存在着一种神的家庭中的兄弟关系。由于犹太人被《圣经》认定为神的"选民",而这位真神的其他信奉者无论发明多少理论来贬低犹太人都跳不过这道天生的门槛,因此,这兄弟关系没有多少手足之情,反倒像极了《旧约》里约瑟跟他的兄弟们之间的纠纷,由于约瑟太出色,深得父亲雅各的喜爱,他的兄弟们便恨得咬牙切齿,必欲置之死地才肯罢休。

正因为如此,在犹太人的成就与反犹主义的发展之间存在着一个悖论式的荒唐联系:犹太人的成就就好像约瑟的彩衣,彩衣越漂亮,兄弟们越嫉恨;犹太人成就越大,反犹主义就越有市场,因为反犹主义者们的自卑感在犹太人的成就中得到了证实。

[讨论] 如果说是命途多舛的历史促进了犹太人企业家精神的形成,中国的历史也是战争不断(既有内乱,也有外侵),为什么没有相应地奠定中国人的企业家精神?

珍爱生命

上帝选择了犹太人,犹太人也选择了上帝。犹太人是世界上唯一一个入于宗教、又出于宗教并与上帝融洽沟通的民族。犹太人创造了世界上最早的大型宗教——犹太教,同时又孕育和启发了另外两个世界性宗教——基督教和伊斯兰教。这种宗教文化上的优势使这个民族以无以伦比的坚韧承受了难以想象的苦难。也是这个宗教文化,使他们无比地团结。犹太人不管身居何地,不论高低贵贱,也不论政治观点如何,他们在国家和民族有难的时候,都能同仇敌忾,团结一心,捐钱捐物,人人奋勇,绝无袖手旁观者。

第8章 犹太文化

专栏8.3 　　　　　　　珍 爱 生 命[5]

　　据说,在古希腊的雅典城邦,每年在大街上都会看到一个奴隶被人牵着,人们把所有的罪过都加在他身上后,把他杀死。古代的犹太社会也有此类"个案",但人们牵着的不是奴隶,而是山羊。在"归罪"后,不把山羊杀死,而是把它放逐到沙漠里,此羊就叫"替罪羊"。

　　犹太人对生命的珍惜还体现在法庭对死刑犯的判决十分独特:犹太人认为,刑事审判通常有两种意见,即有罪和无罪。如果法官中只有一种意见,就有失公正。他们规定:"判处死刑的时候,如果所有审判官意见一致,则判决无效。"做出如此"怪异"的规定,是因为犹太人认为,杀人的事是不能随便干的,每个人在世界上只有一个,杀死一个人就等于毁灭了一个世界。

　　犹太人经历了很多苦难,但却越来越强化他们的信仰。以色列是这样一个国家,她承诺过自己的国民:"即使世界都已经抛弃了我们,我们绝对不会抛弃自己人。"所以,当自己的士兵冰凉的躯体倒在戈兰高地而没有回到祖国怀抱的时候,他们不惜再次发动集团冲锋,更多人倒下而换取那一具冰冷的尸体。

　　第一次中东战争爆发后,以色列的军队还处于游击队的水平,难挡阿拉伯联军的进攻。此时,犹太裔的美国飞行员却不顾军纪军令,竟然驾着美国战机过来支援。普通犹太人如此,以色列政府对每一个为国工作的犹太人也绝对倾力保护。

　　20世纪60年代,在埃塞俄比亚考察的以色列科学家无意中发现一个黑人部落在使用古老的希伯来语和信仰原始的犹太教义。他们还了解到这些黑人大约有数十万之众。于是,决不抛弃一个兄弟姐妹的以色列的国家理念开始发挥奇效了。一个利用一切手段拯救处于埃塞俄比亚战乱的民族兄弟的计划开始实施了,他们利用当时的埃塞俄比亚的独裁者对金钱的贪恋,用黄金和美元买通了独裁者。独裁者同意把这些黑人赎卖给以色列。以色列动用自己国家的所有空中力量,安全地把数十万黑人运回了祖国。黑人们立刻拥有了和犹太国民一样的公民权利。以色列政府花了大量的国家财政来培训这些黑人,使他们能拥有工作和美好的生活。而更多的国民志愿者为这些黑人奉献出许多的宝贵时间和精力,去使自己的兄弟适应现代的生活。

　　1976年,以色列一架飞巴黎的客机失联。查明飞机被乌干达总统阿明派人劫持并降落在乌干达首都机场,以色列假装谈判,随即派出280名特战队员,分乘四架运输机,超低空飞至敌机场进行突袭,打死数十劫匪和敌军,成功解救102名人质返回。那以后,再没人敢劫持以色列飞机了。

　　1998年2月,一名以色列特工在瑞士的一所公寓内安装电话窃听器时被当场逮捕。为了使该名特工回国,以色列总理内塔尼亚胡除了不顾面子向瑞士道歉外,还为其支付了200万美元的保释金。以色列的悍将前总理沙龙在20岁任中尉时被约旦军俘虏,几个月后,在双方的交换协议中获释。后来,作为总理的沙龙又要用400名阿拉伯人换回一名叫坦纳鲍姆的以色列上校。

　　2006年6月25日,包括哈马斯人员在内,3个巴方武装组织的人员经地道潜入以方境内,突袭一座以色列军哨所,打死打伤多名以军士兵,抓走时年19岁的坦克兵吉拉德·沙利特。经过长达五年的努力,包括国际力量的协调,以色列与巴勒斯坦哈马斯终于

企业家精神

于 2011 年 10 月 11 日达成协议，1 027 名巴勒斯坦人将获释，换取沙利特获释回家。1:1 027,这就是以色列人的价值!

在过去 30 年,以色列已经释放了大约 7 000 名巴勒斯坦和其他阿拉伯国家的战俘,仅仅用以换取 16 名以色列人的自由,其中竟然包括 10 具尸体!

这样的国家想让人不爱都难,这样的国家再小也无需宣传,因为他已经赢得了世界的尊重,包括他们的敌人。犹太主义的古老信条是:"我们不能把自己的孩子抛弃在战场上。"犹太主义的传统强调生命可贵和解救战俘义不容辞。以色列政府始终向国民灌输这样的信条:"即使世界都已经抛弃了我们,我们绝对不会抛弃自己人。"总理内塔尼亚胡在向全国说明为何决定批准沙利特的换俘协议时,曾引用了犹太教法典《塔木德经》的教诲——救一条命应被视为是救世。

很多人都说犹太人与华人都比较有群体观念,都比较强调族群意识,也比较强调群体利益的优先性,但犹太人更有一致的组织行动力,甚至能形成华人曾追求而不曾能持续的公社(基布兹①)生活,华人需要克服集体中的小群体与个体中心观,内耗程度要大得多。犹太人这种上下一心、团结一致的作风,在世界各国、各民族中是少有的。犹太人就是这样始终保持着永不退缩、永不放弃、永远向前的精神。

罗斯柴尔德(Rothschild)的族徽上赫然镌刻着五支箭。这个设计取材于《圣经》上的一则故事:行将辞世的父亲把一束箭交给他的五个儿子,要求他们将其折断,五人逐一尝试,皆败下阵来。老人解开绳子,将箭一一折断,然后语重心长地说:"家庭的力量在于团结。"

为家族打下江山的梅耶尔·罗斯柴尔德共有五个儿子,无一例外地继承了他的事业。父亲去世后,他们各奔东西,建立家族银行。长子阿姆谢尔来到法兰克福,充当家族的联系人,这里成了财团扩张的源头;詹姆士与内森分别去了巴黎和伦敦;萨洛蒙则远赴维也纳,与当时权重一时的首相梅特涅私交甚笃;卡尔则倚仗波旁王朝的势力控制了几乎整个意大利,直至梵蒂冈。

五兄弟虽然各自在不同的地方发展,但他们都始终牢记着父亲弥留之际的忠告:"和睦共事,忠于家族利益。"他们虽身隔万水千山,却超乎寻常地团结,相互间保持着密切的联系。每隔若干年他们便聚会一次,共同对家族大事作出决策,或是商议开拓新的投资领域。一旦遇到经营上的问题,也总是共同决定,利润平均分配[6]。②

民族感恩

犹太人在长达两千年的流浪生涯中受尽欺凌,因为自身的坚忍和人类残存的善意,才没有在漫长的流浪旅途中被外族同化和灭种。因为一直在高压和委屈中艰难生存,所以对外来的善意特别敏感,一个在外族看来可能是微不足道的恻隐之心却能让犹太人感动得热泪盈眶。尽管犹太人是这个地球上待遇最不公正的民族,世界上很多民族都对犹太人犯下了程度不同的罪行;但令人费解的是,犹太人的民族情绪里感恩的比重远远大于仇恨。也正因此,以色列

---

① 基布兹(希伯来文 קיבוץ,英文 kibbutz)是一种以色列的集体社区,在以色列的创建中扮演本质性角色。
② 第一代罗斯柴尔德曾经说过这样一句话:"我蹲下、跪下,是为了跳得更高。"罗斯柴尔德遗嘱当中的第一句话是:"家族所有成员必须团结友爱,不得勾心斗角"。第五代罗斯柴尔德的传人说:"时代永远不会因为没有罗斯柴尔德而停止前进,只有罗斯柴尔德跟着时代前进。"

才把感恩作为基本国策,把仇恨演变为自强不息的危机意识。

众所周知,德意志民族对犹太人犯下了种族灭绝的罪行,20世纪中期,他们屠杀了这个星球上三分之二的犹太人,理所当然应该成为以色列不共戴天的仇敌。但以色列的国民教育并没有多少仇恨德国的内容。这个国家建立了规模宏大的"纳粹"大屠杀纪念馆,但目的不是为了让以色列人记住德国的血海深仇,而是为了警示国人:国家对犹太民族太重要了,以色列国来之不易,他们得珍爱自己的国家。今天的以色列固然比历史上的任何一个时期都要强大富裕,但以色列的危机仍很深重,他们必须时刻保持高度的警觉,只有时刻保持以色列的强大,才是民族安全的唯一出路。如果他们满足于目前的成就,玩物丧志或纸醉金迷,"纳粹"大屠杀的惨剧会再度落在犹太民族的头上。

以色列人没有念念不忘德意志民族的仇恨,但他们却记住了那些在生死关头帮助过犹太人的德国人,辛德勒就是一个最生动的例证。辛德勒的名字在以色列家喻户晓,这个德国人基于人性的善意,在邪恶浸染了整个德意志民族时仍坚守自己的良知,冒着倾家荡产和杀头的危险拯救了几百名犹太人的生命。60年过去了,以色列并没有忘记自己的恩人,很多犹太人每年都要用不同的方式来纪念这个德国人。

哭墙又叫做西墙,是犹太人向耶和华祷告的地方。

哭墙是犹太圣殿围墙的一段遗址,古时的犹太圣殿就坐落在圣殿山上,不过,犹太圣殿在古代就已被罗马人彻底摧毁。后来,圣殿山被穆斯林占领,修建了金顶清真寺和银顶清真寺。犹太人的圣地从此彻底沦陷于异教徒之手。犹太人不能上圣殿山。

到了1948年以色列建国以及中东战争以色列彻底攻占耶路撒冷全境之后,为了保持国内的自由民主精神以及民族和解,以色列政府做出了一个包容而胸襟广阔的决定:圣殿山依旧不准犹太人进入,犹太人只可以在哭墙向耶和华祷告。

故此,哭墙是犹太人能够来到距他们灵魂中的圣殿犹太圣殿最近的地方。他们为犹太民族的两千年悲惨历史而哀哭,为以色列的复国而感谢耶和华。

金钱信仰

对犹太人而言,钱是窥视人格的一面镜子,钱包是心灵的基座!在这个世界上,财富几乎是所有人都追求的。财富本身并没有任何颜色,只是因为追求的方式不同,让财富有了"金色"或"灰色",甚至"黑色"等不同的颜色,但只有阳光下的财富才是最具有亮色的。比尔·盖茨曾说过:"你活着的每一天,都应该努力地去追求财富。只要你制造的财富是正大光明的,你会得到所有人的尊敬与赞扬。"犹太人牢记其祖先的遗训:"在家是犹太人,在外是当地人。"无论是生活在穆斯林社会还是生活在基督教的欧洲,他们都小心翼翼地生存,尽量减少与外界社会的摩擦,以求实的心态面对生活。不管从事哪一种职业,他们往往表现出一种比其他人更为强烈的成功欲。因为对他们来说,物质上的成功不只是为了保障生活,而且还与生存权、居住权联系在一起。

道德准则

能力就像一张支票,除非把它兑换成现金,否则,毫无价值。犹太人历经2 000多年的流浪,一直遭受其他民族的迫害、歧视乃至杀戮,却始终未被异族同化,最终发展成为"世界第一商人",这其中的一个关键因素是"钱"字。犹太人对钱的认识与重视程度远远超出了物质财富的层次,金钱至上观已深深地融入文化的内层,成为确立其道德规范的基准和指导其行为的准则。作为犹太人文化源泉的《塔木德》一书中有许多关于金钱的格言,如"身体依心而生存,心则依靠钱包而生存",又如"钱不是罪恶,也不诅咒,它在祝福着人们"。由于犹太人对钱的认识有着深刻和独到之处,且远在其他民族之上,所以,犹太人在经商时敢于冲破各种禁忌去锐意开拓,这方面是其他民族难以企及的。意大利、荷兰、法国等移民刚到美国时,平均每人只有23美元;而德国犹太人刚到美国时,更少得可怜,平均每人只有9美元。但15年后,欧洲各国的众多移民在美国生活得仍较清苦,而德国犹太人中有许多却已成为百万富翁、亿万富翁。

千年的犹太人生意经表明:男人从事劳动挣钱,女人使用男人挣的钱来维持生活和花销打扮。因此,钱都在女人手中。要赚钱,就要在女人身上打主意。如果你要反其道而行之,从男人身上赚钱,其难度起码要比以女性为对象大十倍。赚女人的钱是最容易不过了!上百万美元的戒指或别针、十几万美元的名表、豪华的服装、高级的手提包、诱惑人的皮鞋,哪一样不是用在女人的身上?女人所钟爱的钻石、项链、别针、戒指、礼服、名表、皮鞋和手袋之类的东西,正是商人赚取丰厚利润的商品。

水果店、鱼店、咖啡馆、酒吧和海鲜餐厅等,犹太人所经营的大多数都是能入口的商品。犹太人认为,凡经营能入口的行业,一定会赚钱。因为入口的东西必然会在短时间内消化掉,从而形成不断的需求。因此,经营食品可以获得丰厚的盈利。在犹太人的生意中,把女性用品列为"第一商品",把食品列为"第二商品"。

沃伦·巴菲特(Warren Buffett)尽管是美国商人,但却是犹太人。1930年8月30日出生在美国内布拉斯加州的奥马哈市。他从小就极具投资意识,1941年,11岁的巴菲特购买了平生的第一张股票。1947年,巴菲特进入宾夕法尼亚大学攻读财务和商业管理。两年后,巴菲特考入哥伦比亚大学金融系,拜师于著名投资理论学家本杰明·格雷厄姆。在格雷厄姆门下,巴菲特如鱼得水。1956年,他回到家乡创办巴菲特有限公司。1964年,巴菲特的个人财富达到400万美元,而此时他掌管的资金已高达2 200万美元。1965年,35岁的巴菲特收购了一家名为伯克希尔·哈撒韦的纺织企业,1994年年底,已发展成拥有230亿美元的伯克希尔工业王国,由一家纺纱厂变成巴菲特庞大的投资金融集团。他的股票在30年间上涨了2 000倍,而标准普尔500指数内的股票平均才上涨了近50倍。多年来,在《福布斯》一年一度的全球富豪榜上,巴菲特一直稳居前三名。

有位叫菲勒的犹太富翁,活到77岁时生病快要死了,他还想着赚钱。富翁让秘书在报纸上发布了一个广告,说他即将去天堂,有愿意给天堂的亲人带口信的,每人收费100美元。看上去似乎有些荒唐的广告,却引起无数人的好奇心,结果他真的赚了十多万美元。也许他还觉得赚得不够,他又让秘书在报纸上刊登了一则广告,说他是一位礼貌的绅士,愿意和一位有教养的女士共居一个墓穴。结果,还真有一位贵妇人愿意花50万美元替他修墓以便日后将和他一起长眠[7]。

罗斯柴尔德家族是犹太商人最会赚钱的代表。罗斯柴尔德在1833年不列颠帝国废除奴隶制后,曾拿出2 000万英镑用以补偿奴隶主的损失;此外,他们还为支持1854年英俄克里米亚战争提供了1 600万英镑的贷款;1871年,他们又拿出1亿英镑替法国支付普法战争的赔款;美国内战期间,他们是美国联邦财政的主要财源之一。罗斯柴尔德的五个儿子分别控制了伦敦、巴黎、维也纳、那不勒斯、法兰克福、纽约和柏林的金融市场,控制欧洲经济命脉长达200

多年。时至今日,世界的主要黄金市场也是由罗斯柴尔德家族所控制的。

[讨论]我们如何正视自己的主体性?如何正确对待历史上像屈原与范仲淹这类士大夫为代表的、"忧国、忧民、忧天下,但就是不忧自己"的、停留于"坐而论道"而不是"做而行道"的传统偶像?在中国的文化中,金钱一直被视为丑恶的对象。这种情况带来了哪些问题?

善于谈判

犹太民族特殊的经历造就了犹太民族强大的生命力和无与伦比的适应能力。在中世纪欧洲,身为异教徒的犹太人被排除在封建系统之外,无权拥有土地,这迫使他们转向手工业、服务业和金融业等需要更多知识和技能的行业;由于不能将储蓄投资于土地,犹太人的储蓄更多以货币构成,这推动了他们从事放贷。一旦资本主义时代到来,这种栖身末业的边缘地位迅速转变成巨大优势。那些世代为商的犹太人更是才思敏捷,善于判断并富有冒险精神。他们常常以生意为立足点,从一个国家迁移到另一个国家,在他们的心目中,生意无国界。正因为如此,他们面对陌生的环境,寻找发展自己的契机。一旦发现突破口,哪怕只有1%的希望也绝不放弃。犹太商人常常嘲笑那些不善于把握机遇的外国人,并断言这样的人终究难成巨商。在美国,犹太人之所以"能在商业界划出一片属于自己的星空",按照美国学者杰拉尔德·克雷夫茨[8]的观点,是因为"犹太人具有长时间磨炼出来的经商才干和对持续不断地被迫害的高度警觉,他们常常选择在供求的某一环节上满足人们需要的灵巧职业和企业。"

犹太人一坐到谈判桌上,总是摆出一副笑脸。但是,一旦进入谈判,进展却相当缓慢。犹太人对金钱的得失细心得让人厌烦。无论是金钱上的一分一厘还是合同上的每个细小的局部,他们都要与你争个面红耳赤。谁对谁错,由激烈的争论上升到互相谩骂的情形也是常有的。一天之内顺顺当当谈成的买卖可以说绝无仅有。一般说来,第一天都是以吵架而告终。遇到这种情形,大多数商人要么放弃谈判,要么需要经过一段相当长时间的冷却再重新开始。但犹太人不同,他跟你吵过架的第二天,就好像没有过这回事一样,仍然摆出一副坦诚的姿态,主动向你微笑问好。当你强忍不快、心情难以平静时,犹太人已看穿了你内心的不安,立即采取主动,向你发起进攻。你只得匆匆忙忙地被迫应战。待你平静下来时,你已经接受了犹太商人所期待的条件。

案例 8.2　　　　　　　　　　**安息日的黄金交易**[9]

穷售货员费南多在星期五来到一个小镇,他没钱买饭吃,更住不起旅馆,只好找犹太教会堂的执事,请他介绍一个能提供安息日①住宿的家庭。

执事查了记事簿后说:"今天经过本镇的穷人太多,每家都安排了客人。"执事犹豫了一下继续说:"不过,开珠宝店的西梅尔家还空着,但他贪婪吝啬,一向不肯收留客人。"

"他会的。"费南多笑道。

来到西梅尔家门口,西梅尔一开门,费南多就神秘兮兮地将他拉到角落,从口袋里取出沉甸甸的砖头大小的小包,小声问:"这样大小的黄金能卖多少钱?"

---

① 按犹太教规,每个星期五的日落至星期六的日落的 24 小时为安息日,安息日不能从事谋生工作,更不能谈生意。另外,按照习惯,在外的单身旅客有权在路过的犹太人家里获得食宿,旅人也不应出门或上路。

> 贪财的老板两眼顿时发亮,只可惜到了安息日,不可再谈交易,但他又怕这笔大买卖落入他人之手,便连连挽留费南多在他家留宿,并盛情款待。待过了安息日,西梅尔满脸笑容地催促费南多拿"货"出来。
>
> "我哪有什么金子。"费南多故作惊讶,"我只不过想知道砖头大小的黄金到底值多少钱而已。"

结交强者

聪明的犹太人是深知财富"二八定律"的,他们发现整个人类社会中富人与普通人的数量比例大约是 22∶78,但富人总共拥有的财富与普通人总共拥有的财富之比正好颠倒过来——大约是 78∶22。① 因此,无论是生产还是生意,要想多赚钱,就要和富人打交道,要了解他们需要什么,这样才能赚大钱。聪明的犹太商人经常巧妙地利用人们这种向上看的心理,把金钱、心血倾注于某个特定人物身上,放长线钓大鱼,吃小亏占大便宜。

"同国王一起散步"是罗斯柴尔德家族的家训之一。因为老罗斯柴尔德从自身的经历中悟出了一个道理:与强者结交是在激烈竞争中克敌制胜的重要因素。老罗斯柴尔德最初只是个名不见经传的古董商,却怀有鸿鹄之志。于是,他开始周游当时德国的各个公国,结识了拥有德国王位继承权的威廉王子。威廉王子酷爱古玩,罗斯柴尔德便将自己多年来收藏的珍贵文物倾囊相赠。作为回报,威廉王子允许他在自家领地里出售商品,其店铺的匾额上赫然写着"王室指定供应商"。他的收入日渐增长,不久便成为威廉王子的宫廷银行家,并得以结识众多德国政要。老罗斯柴尔德的接班人们秉承了这一家族传统,甚至比他做得更为出色。他们个个都是欧洲王室政要的座上宾。内森在英国官场中人缘极好。他用极低的价钱从曼彻斯特购买工业品,再贩运到美洲大陆,以数倍的高价出售;詹姆斯与法国王室有深交,对重大决策的出台了如指掌;所罗门几乎囊括了奥匈帝国所有王室贵胄的私人金融业务;卡尔在意大利金融界翻云覆雨;阿姆歇尔更是拥有无数的显赫头衔:奥地利男爵、普鲁士王国宫廷银行家兼国王商务顾问和巴伐利亚领事等。"同国王一起散步"的家族传统,使罗斯柴尔德家族在经营方面受益匪浅。1804—1904 年的 100 年间,单是国债一项,罗斯柴尔德家族就赚了 1.3 亿多英镑[6]。

契约信仰

犹太人认为:"唯有诚实正直的经商之道才是生存处世的最高准则。"犹太人在经商生涯中一直严格地恪守这一信条,从不容许自己欺骗他人。

---

① 联合国开发计划署《2006 年人类发展报告》数据显示,全球最富裕的 500 个人的收入超过了最贫穷的 4.16 亿人的总收入。即使在同一个国家内,贫富差距也是巨大的,好像生活在两个世界。例如,在玻利维亚,最富裕的 20% 人口的人类发展指标与波兰一样,最贫穷的 20% 人口的人类发展指数(人类发展指数系根据人均预期寿命、人均收入、成人识字率、各级学校入学率等数据制定)只相当于巴基斯坦的水平,而这两个国家在全球人类发展指数排名中差距达 97 位。就是在美国,差距也是惊人的。它最富裕的 20% 人口人类发展指数与世界最高的挪威一样,而最穷的 20% 人口只相当于排名第 50 位的古巴。

第8章 犹太文化

契约宗教

犹太教是目前世界上最古老的宗教之一,从它形成到现在已有4000年的历史。在犹太教出现之前或者之后,古代世界还曾经有过其他一些宗教(如埃及、波斯、希腊、罗马的宗教),但它们都先后衰落、消亡了。犹太教尽管历经劫难却能生存下来,直到今天仍充满着活力。

不仅如此,目前世界上两个最大的宗教——基督教和伊斯兰教与犹太教都有着极深的渊源关系。犹太教、基督教和伊斯兰教被称为世界三大一神教,它们都起源于中东,都信仰和崇拜一个主宰一切、至高无上的造物主。虽然它们各有自己的经典、教义、礼仪,但三者之间却有许多共同之处。最重要的是,基督教和伊斯兰教这两个相对年轻一些的宗教,在它们的形成和发展过程中,都在很大程度上受到了古老的犹太教的影响。因此,也有人称犹太教是基督教和伊斯兰教的"母亲宗教"。

同世界上其他几个大宗教一样,犹太教也有它自己的神学思想体系,即犹太教的教义;犹太教有《圣经》、《塔木德》等经典,有它自己固定的宗教礼仪和仪式,有诸如犹太教会堂这样的宗教组织和场所,有固定的宗教节日;犹太教中还有大拉比署、神学院等宗教管理和教育机构以及拉比等教职人员。

但是,犹太教却是一种没有正式信条的宗教。犹太教是在一个原始、简单、朴素的时代产生的。它的信仰者们从一开始就没有把它视为一种宗教,而是把它作为一种生活方式来遵守。他们固然相信并忠诚于他们所信仰的上帝,但他们的信仰和忠诚是用行为来表达的,而这种行为是靠以犹太民族整个集体与上帝订立契约的方式来约束的。作为这个集体的成员,每个犹太人的举止言行都必须符合上帝给他们的教诲和训诫。他们建立了一些准则来规范自己的行为,但却不是用来规范自己的思想。一位犹太教学者是这样说的:"犹太教与其他宗教的最大差别,是它所注重的是上帝要我们做什么,而不是上帝要我们信什么。"换句话说,犹太教所强调的是日常行为,而不是教义,行动本身就是人与上帝之间的交流,就是信仰[10]。

在犹太人的信仰中,契约是不可毁坏的,因为契约源于神和人的约定。犹太教有"契约之宗教"的美誉。《旧约全书》被当作"上帝与犹太人的签约"。《旧约》上说:"人之所以存在,是因为与上帝签订了存在的契约之缘。"如果违反契约必遭上帝的严厉惩罚;相反,若信守约定,上帝则给予幸福的保证①。《塔木德》告诫人们:"一个人死后进入天国前,上帝先问:'你生前做买卖是否诚实无欺?'如果欺诈,将被打入炼狱。"在具体的商业贸易中,《塔木德》规定了许多规则,严格禁止有欺骗性的宣传或推销手段。例如,不可以把奴隶装扮起来,使其看起来更年轻、更健壮;更不能把家畜涂上颜色来欺骗顾客;货主有向顾客全面介绍所卖商品的质量之义务,如果顾客发现商品有事先未得到说明的问题,则有权要求退货。

《圣经》十诫说:"我是耶和华你的神,曾将你从埃及的为奴之家领出来。(1)除了我以外,你不可有别的神;(2)不可为自己雕刻偶像;(3)不可妄称耶和华你神的名;(4)当记念安息日,守为圣日;(5)当孝敬父母;(6)不可杀人;(7)不可奸淫;(8)不可偷盗;(9)不可作假见证陷害人;(10)不可贪恋人的房屋,也不可贪恋人的妻子、仆婢、牛驴和他一切所有的。"

---

① 《威尼斯商人》中的夏洛克执意要割别人身上一磅肉,因为契约就是这么定的,虽然不够仁义道德。

重信守约

犹太人的经商史就是一部有关契约的签订和履行的历史。犹太人之所以成功的一个原因,就在于他们一旦签订了契约就一定会执行,即使有再大的困难与风险也要自己承担。故此,在犹太人的经商活动中,根本不存在"不履行义务"。如果对方不慎违约,犹太人将对之深恶痛绝,一定要严格追究责任,毫不客气地要求赔偿损失。对不履行契约的犹太人,大家会唾骂他,并与其断绝关系,并最终将其逐出犹太界。

专栏8.4　　　　　　　　　　**夏洛克的契约情结**[11]

仔细梳理莎士比亚喜剧《威尼斯商人》的细节,就会发现:夏洛克是一个精明的犹太商人,有着深重的契约情结,主要表现在其慎重的缔约态度、敏锐的契约形式意识以及坚决的践约行动三个方面。

就第一点而言,在斟酌是否同安东尼奥签订借三千块钱、为期三个月的借款合同时,夏洛克率先想到"安东尼奥是个好人"——安东尼奥的人品比较"靠谱";此外,安东尼奥还是一位颇具财力的大商人,用夏洛克自己的话来说,就是"我说他是个好人,我的意思是说他是个有身价的人"。概言之,为了保证财产的安全,夏洛克在缔约时就已充分地考虑了安东尼奥的人品和负债能力,并以此为基点跨入了与安东尼奥缔约的决定性步骤。

就第二点而论,夏洛克为了给予契约以必要而合法的形式,决定与安东尼奥面谈;谈妥后,夏洛克提出:"跟我去找一个公证人,就在那儿签好了约;我们不妨开个玩笑,在约里载明要是您不能按照约中所规定的条件,在什么日子、什么地点还我一笔什么数目的钱,就得随我的意思,在您身上的任何部分割下整整一磅白肉,作为处罚。"到此为止,一个有公证人参与的合法的契约正式成立了。

夏洛克坚决的践约行动则体现在两个方面:第一,在安东尼奥违约时,夏洛克坚决要求按约定处理。他明确拒绝了对方"加倍偿还"的补救措施,坚持"即使这六千块钱中间的每一块钱都可以分作六份,每一份都可以变成一块钱,我也不要它们;我只要照约处罚";"你倘然想推翻这一张契约,那还是请你免开尊口的好。我已经发过誓,非得照约实行不可"。在谈及"割肉"的问题时,夏洛克特别强调"'他的胸部',约上是这么说的——不是吗,尊严的法官?——'附近胸口的所在',约上写得明明白白的"。第二,在败诉后,反而"被割肉"的夏洛克也体现出了愿赌服输的气魄。他不仅接受了褫夺其三千块钱之财富的判决,甚至在法院判决他应将自己的全部财产转让给女儿,更甚至在他可能依法变成不名一文的穷光蛋时,也表现出了认真的"守法"态度。

夏洛克的契约情结植根于威尼斯公正的法律制度上。夏洛克非常清楚,即便威尼斯公爵也不能违反威尼斯的法律,拒绝其依约"割肉"的请求,毕竟"您要是拒绝了我,那么,你们的法律去见鬼吧!威尼斯城的法令等于一纸空文"。威尼斯的法律所以能够令包括公爵在内的人们感到悦服,其重要原因在于法律制度是威尼斯繁荣的制度根本。关于此点,被夏洛克视为仇人的另一个"威尼斯商人"安东尼奥也非常清楚:"公爵不能变更法律的规定,因为威尼斯的繁荣完全依赖着各国人们的往来通商,要是剥夺了异邦人应享的权利,一定会使人对威尼斯的法治精神发生重大的怀疑"。以此而论,夏洛克之重视契约与威尼斯的法律制度互为表里。

更值得注意的是:《威尼斯商人》中扬"善"的势力并没有以践踏法律形式合理性的方式而实现"善"的价值目标。毋庸置疑,"威尼斯商人"夏洛克坚决要求履约是为了发泄个人的私恨,但其采取的手段在形式上却没有法律瑕疵。这也要求反对夏洛克的联合阵营也必须在维系威尼斯法律制度形式合理性的前提下,实现挽救安东尼奥生命且也无违于法律制度与精神的目的。在此困局下,美丽、机警的鲍西娅同样诉诸了夏洛克所钟情的"契约情结":既然你夏洛克非要从安东尼奥身上割一磅肉,那么,按照约定,你只能"割肉"而不能带血;更有甚者,从安东尼奥身上割下来的肉必须正好是一磅!在面对这个恐怕只有上帝才能解决的难题前,夏洛克屈服了,他不仅放弃了"割肉"的要求,白白损失了借给安东尼奥的三千块钱,甚至还差点儿把自己弄得倾家荡产、锒铛入狱。

犹太人重信守约是有历史渊源的。按理说,犹太人没有自己的家园,被人到处驱来逐去,就很容易在生意场乃至与人交往中形成"打一枪,换一个地方"的短期策略和游寇战术。实际上,犹太人绝少有这样的劣迹,从不做"一锤子买卖",而是信誉卓著,因为他们明白那种"每个人都上我一次当,我就可以发财了"的想法无异于自取灭亡。漫长的流浪生活使犹太人始终处于寄人篱下的境地,为了生存,犹太人总是极力避免与客居国居民、政府发生抵触或冲突。遵守客居国的法律,严格履行契约自然是犹太人的一种必然和理性选择。此外,在犹太人的文化中还存在着这样的信条,即钱是赚来的,不必靠偷税漏税发财。有了这样的历史遭遇和文化背景,自然会培育出重信守约的价值观和行为习惯。

从历史上看,犹太人重信守约的商业意识和行为习惯起到了推动世界商业运行秩序由无序走向有序、由混沌走向文明的进步作用。当今西方市场经济体系中,诚信已经成为商业发展的基石!

珍惜时间

犹太人常说:"真正懂得珍惜时间的人,就知道珍惜生命,善待人生,享受生活。"犹太人把时间视作金钱,按分按秒计算。他们中当老板的,请员工做事的工薪是按时计算的。犹太人会见客人,十分恪守时间,绝不拖延。客人来访,则需要预约时间,否则要吃闭门羹。犹太人对突然来客十分讨厌,如果做生意,可能会导致失败。在工作中,犹太人将"马上解决"奉为圭臬,他们认为拖沓推迟就是浪费时间。在卓越的犹太商人办公桌上,你永远不会看到"未决"的文件,他们总是抓紧时间批阅文件。犹太人上班后的第一个1小时被定为"第克泰特时间"①。在这段时间内,必须将昨天下班到今天上班之间的函件回信,用打字机打好发出。"第克泰特时间"在犹太心目中的言外之意是"谢绝会客"。

对时间的独到见解是犹太文化的又一高明之处。犹太人并不完全认同"时间就是金钱"的观点,而是极力恪守"时间就是生命"的信条。犹太人认为人生的意义远不止于金钱一项,善待人生,享受生活也同样是人生的意义所在。犹太人对时间的领悟有两层含义:一是视时间为金

---

① 第克泰特(Dictator)的英文意思是"独裁者、专政者"。在这里的含义可以引申为"专用时间"。

钱,强调效率与效益;二是既能做到不为金钱所束缚,又能不偏离金钱至上的信条,深谙一张一弛之道,总是留有时间去享受生活。犹太人一直把周五日落到周六日落的时间当作休息日,这一天犹太人会中止一切商业活动,也不思考任何与工作有关的问题,而是彻底地放松自己,一心一意地享受生活的乐趣。

正是用了这种高效率的自我加压,使犹太人在全世界范围成绩卓绝,让其他任何一个民族不得不刮目相看。

专栏8.5　　　　　　　犹太式管理

用人环节

犹太人强调简洁、高效,不要繁文缛节,尤其是在用人及考核方面更是如此。犹太老板通常会把专业问题交由专业人士判断,而老板只需确认交易价格及决定是否成交。这一方面是授权的表现,另一方面也是职责分明的表现。

犹太人认可休息本身包含着价值,认为休息是为了工作。所以,犹太人名下的企业通常都会为员工提供很好的休假,高级管理人员更能够享受豪华的娱乐休闲活动以及办公室附近的高级寓所,一切都由公司报销,摩根就是典型范例。

运营环节

一切证券化,永远保证充足的现金流,随时有"钱"可用。强调依据"环境"和"需要"去做事情,没有需要绝不去做。永远都在寻找更低成本的生产地以及更高利润的销路。在犹太人看来,银行存款确实会产生利息,从而使存款增加,但在存款生利的同时,物价也在上涨,从而货币也会贬值。更有甚者,如果存款人死了,作为继承税就有相当大部分的存款会被充公。单从这一点来看,就可以断定向银行存款终究是亏本。现金则无此弊端,虽不产生利息,但因为不像银行存款那样会在银行留下凭证,所以,不存在要缴纳继承税的问题。钱,虽不增加,也不会减少。对犹太人来讲,不减少就是不亏本的起码条件。

犹太人的买卖既没有过去,也没有将来。买卖就是此时此刻此地的买卖。一般生意人经常说:"今天买卖不好,明天补回来吧。"犹太人做生意,最重视的却是"现在的买卖如何"。昨天赚得再多,今天该赚多少还要赚多少,一点儿也不放松。今天没有赚,明天有多大的希望也没用。

战略环节

犹太人总有一个清晰的定位和目标:追逐商业利润。他们认为做企业不是讲政治,也不是讲哲学,而是要赚钱。犹太人不会作秀,没有商业价值的事情他们根本不会耗费时间去做。

要时刻考虑风险,包括政治风险、经济风险、法律风险、股东风险甚至是家庭风险,提前想各种办法进行规避,不厌其烦地进行资本运作,设立数十乃至成百上千家企业构建商业帝国。

第8章 犹太文化

> 把握一切机会，把一切都当作商业来经营，即使是外交关系也不例外，基辛格①就是这么做的，而且收益巨大。

开 放 教 育

犹太人的企业家精神是通过教育培养起来的。犹太民族是十分重视教育的民族。教育成就了犹太民族生存和发展的增殖基，结成了犹太文化的金色纽带。爱因斯坦曾把高度尊重各种形式的理智以及对精神和知识的追求看作犹太传统的两大主要特征之一。

知识教育

以色列历届政府的领导人都重视教育，把教育看作犹太民族、以色列国家生死攸关的根本命题："没有教育，就没有未来"（古里安②）；"教育是创造以色列新民族的希望所在"（夏扎尔③）；"教育上的投资就是经济上的投资"（纳冯④）。

1918年，犹太复国运动领袖、杰出的犹太化学家哈伊姆·魏兹曼（以色列第一任总统）在耶路撒冷的斯科普斯山上奠定了希伯来大学的基础。1925年，希伯来大学正式建立。在犹太人看来，希伯来大学就好比是一座发电厂，是全体犹太人精神和知识的源泉。它的庆典和开学可看作犹太人远大前程的一个里程碑，民族从此走向新生。

以色列国建立之初，就把教育定为基本国策，教育经费开支是政府最大的三项开支之一，先后颁布了几部教育法规，如1949年的《义务教育法》、1953年的《国家教育法》及1969年的《学校审查法》，通过法律形式确立了以色列的教育政策、教育体制和教育制度。

教师地位

在犹太人的价值观中，地位身份最高的首先是拉比，然后是学者、律师、医生、法官、思想家、科学家、艺术家，最后才是商人。这是犹太人的价值观，其实也是犹太人的启蒙思想。

教师在犹太人中享有极高的地位，在他们的心目中，教师是一种神圣的职业。犹太人的生活不可没有拉比。拉比是集精神指导者、律师、法官、医生、牧师等角色于一身的特殊人物，是

---

① 亨利·阿尔弗雷德·基辛格（Henry Alfred Kissinger, 1923- ），是一位出生于德国的美国犹太人外交家，1973年诺贝尔和平奖获得者，国家安全顾问，之后担任尼克逊政府的国务卿并在"水门事件"之后继续在福特政府中担任此职。作为一位现实政治的支持者，基辛格于1969—1977年在美国外交政策中发挥了中心作用。在这段时期内，他倡导缓和政策，使美苏之间紧张的关系得到缓解，并在1972年和中华人民共和国总理周恩来的会谈中扮演了至关重要的角色，促成了中国的开放和新的战略性的反苏中美联盟的形成。

② 戴维·本-古里安（David Ben-Gurion, 1886-1973）是以色列第一任总理，也是任职时间最长的总理。他凭借敏锐的直觉和务实的精神，在长达30年的时间里一直是犹太民族的领袖。

③ 扎勒曼·夏扎尔（Shneiur Zalman Robshov, 1889-1974），1963年5月至1973年4月的以色列总统。

④ 伊扎克·纳冯（Yitzhak Navon, 1921- ），1978年4月至1983年5月的以色列总统。

代表犹太人所有权威的权威。在希伯来语中,拉比的第一含义就是教师。拉比首先是一位虔信敬神、刻苦钻研圣典的学者、智者和领路人,是以其丰富的学识和运用与传授这些学识的能力和智慧而获得其特别的权威。他是集虔信与知识、信仰与力量于一体的"无冕之王",是"以色列的顶梁柱"和"以色列的光明"。犹太人把教师类比于上帝。《圣经·箴言》载:"耶和华以智慧立地,以聪明顶天,以知识使深渊裂开,使天空滴下甘露。"作为第一位教师,是上帝把法律、信仰教给了犹太人,而教师又把律法、信仰传授给儿童,犹太人倡守"要像尊重上帝那样尊重教师",于是,尊师敬教成为他们的基本文化传统。"敬爱师长要胜过敬爱双亲,因为父子都是因教师而获得尊敬的"。"父亲仅把儿子带到今世,而教导儿童智慧的教师却把儿子带到永生"。因此,如果父亲和教师同时受到物质匮乏的威胁,教师应先受保护;如果父亲和教师都被关在监狱之中,教师应当首先得到拯救和释放。传说犹太王子某日走访某城,要见该城的守卫者。人们把城中的官员和护卫人员带来。谁料王子竟摇头而道:"不是他们,学校教师才是城的真正守护者"。由此可见,教师的地位非同寻常。犹太人认为,在民族生存发展的道路上,在面临种种困境和危机中,犹太民族的存在不是依靠政治权力和军事力量来维系,而是靠文化传统、文化精神,靠知识的传承者——教师得以延存。

在以色列,教师待遇较高。根据以色列大学教授工会 2013 年 11 月公布的各校教授平均工资:海法理工学院以 104 083 美元一年位居首位,耶路撒冷的希伯来大学以 101 146 美元一年位居第二,特拉维夫大学以 98 486 美元一年位居第三,海法大学垫底,年薪 81 176 美元。工资水平高低与各校获诺奖数目成正比。

犹太人说:"学者应该成为一个民族的精神领袖"。《塔木德》说:"宁可变卖所有的财产,也要把女儿嫁给学者,为了使女儿嫁给学者,即使丧失一切也无所谓;如果父亲和教师两个人同时坐牢,当儿子的首先应该保释教师;一个学者死了,没有人可以取代他。一个国王死了,我们所有人都可以取代他。"犹太"三圣"就是学院、医院和法院。犹太人认为什么都可以堕落,但学院、医院和法院不能堕落,教堂不能堕落。犹太人尊师重教、热爱知识的文化传统没有因为民族 2 000 多年的流散、流亡而受到破坏和湮灭,反而不断得到深化和发扬。犹太圣典曾说到,"没有教师和学校的地方,不得居住,应予以毁弃。"

对一个犹太人的母亲来说,她的梦想就是让孩子成为博士、律师、医生,而并不是总统,她们认为总统与医生结婚是总统的荣誉。诚如一位作家[8]所言:"犹太人家庭是学问受到高度评价的地方,在这方面,非犹太人的家庭相形见绌。就是这一因素构成了其他一切差异的基础。"以色列的国民教育水平相当高,全国大学毕业生比例全球最高。而且以色列高校的不少学科都居于全球领先地位。

每个家庭都是一个教育堡垒,充当了保存民族传统、维系民族生存发展的纽带。一项统计数字表明,美国犹太人中受过高等教育的人所占的比例,是整个美国社会平均水平的 5 倍。根据 *U. S. immigration survey* 的调查报告,美国大学和科研机构的从业人员中有四成多是欧洲裔,有二成左右是犹太裔,有二成左右是亚洲裔,有一成左右是非洲裔,有一成左右为拉美裔和大洋洲裔,而在亚洲裔中,日本裔、印度裔、中东/西亚裔居前。

按以色列的统计数字,大约有 5 000 名以色列学者在美国大学中获得终身教授职位,与以色列国内终身教授的比例为 1:1,远远高于欧洲国家的水准。今天,仅有 774 万人口的以色列拥有希伯来大学、海法大学、特拉维夫大学等七所跻身世界一流的名牌大学。

第8章 犹太文化

重视儿童

多年来,犹太人漂泊世界,房子、财产对他们来说都是昙花一现。在孩子小的时候,父母就会教育他们,如果不得不变卖家产以度日,应该先卖金子、宝石、房子和土地,即使到了最后一刻,也不可以出售任何书本。

他们还会告诉孩子:"一个人的伟大源自对智慧的无上推崇"。几乎所有人都认为,学者远比国王更伟大,更值得尊重。所以,在这个智慧高于一切的民族中,对孩子的教育当然离不开"智慧"二字。

犹太人在教育方面的最大特点应该是贯彻完全的幼儿教育和终生学习的生涯教育[1;19]。犹太民族是一个很重视孩子教育的民族,认为孩子、财富、善行是人类的三位好朋友,因此,对孩子的教育极为重视。犹太人认为当儿童在街上玩耍不上学时,即是圣城耶路撒冷被毁之日。那些教育自己的儿子的人,还应该教育儿子的儿子以及子子孙孙。因此,每一位犹太父母都是子女的第一任教师。

正如《圣经》、《塔木德》这些经典所记载的那样,在历史上,犹太人不愧是一个聪明敏捷、具有最高教育意识的民族。在他们看来,世界是由于儿童的呼吸而存在,儿童教育不可中断,因为教育关系到民族生死存亡,学校存在,犹太民族就存在:"只要儿童在学校,以色列的敌人们就不能战胜以色列"。这是由历史所证明了的真理。公元70年前后,罗马人图谋灭绝犹太人,约哈南·拉比想出奇招,恳求当时身为将军(后为罗马皇帝)的韦斯马乡(Titus Flavius Vespasianus):"请爱惜亚布内及其智者"。后来,耶路撒冷毁灭了,而学校及几十位老年智者留下了,这为犹太民族保存了知识、传统和生活模式,保存了犹太民族的文化精神。约哈南的行动为犹太民族以后的发展指出了正确的方向。从此,犹太人进一步发展了"尊教爱知"的传统,获得"热爱学习和智慧的民族"的美称。在犹太人眼里,一个不能读书的人就不能做真正的犹太人;一个人只有学习和教人,才能拥有珍宝和财富。他们倡导有学问的人和精明的人是最杰出的人,因为这种人最能应付犹太生存的不稳定性,能勇于接受现实的挑战,也敢于积极应战。

在每一个犹太人的家庭里,孩子出生后不久,母亲就会读《圣经》给他听。而每读一段后,就让孩子去舔一下蜂蜜。当小孩稍微大一点时,母亲就会取出《圣经》,滴一点蜂蜜在上面,然后叫小孩去舔《圣经》上的蜂蜜,这些举动用意是不言而喻的:书甜如蜜。

犹太学校历史上有一传统,刚入学的小学新生头一次听课,须穿上新衣服,由教士或有学问的人领到教室。在那里放着一块干净的石板,石板上有几行用蜂蜜写下的希伯来字母和简单的《圣经》文句。然后,让孩子们一边诵读字母,一边舔掉石板上的蜂蜜,接着,还有蜜糕、苹果和核桃可吃——所有这一切都是为了使他们在学习发蒙伊始就尝到香甜的滋味。

受戒礼在犹太男孩13岁生日或女孩12岁生日过后的第一个安息日(星期六)举行。仪式分为两部分。第一部分在犹太会堂或可以祈祷和诵经的场所举行。受戒人背诵祝福词,有的还参加安息日的全部宗教礼拜仪式,朗诵或领诵《圣经》章节和哈夫塔拉(旧约中的一课)等。仪式结束后,受戒人要吃一顿丰盛的晚餐来庆祝自己受戒,然后仪式进入第二部分,在家里或者在饭店里庆祝。

许多犹太家庭会问孩子这样一个谜题:"假如你的房子被烧毁,你将带着什么东西逃跑?"如果孩子回答是"钱或钻石",母亲将进一步问:"有一种没有形状,没有颜色,没有气味的宝贝,你知道是什么吗?"然后,母亲会说:"孩子,你要带走的不是钱和钻石,而是智慧。智慧是任何人都抢不走的,会永远伴随着你。"

父母职责

犹太民族是一个很重视家庭生活的民族,他们流散生活中最小、相对最稳固的社会单位就是家庭。孩子的教育以及各种宗教礼仪、节期的遵守和每日的祈祷,都是以家庭为主要活动场所。因此,家庭教育成为犹太人最基本、最稳定的教育实践。

12世纪的犹太哲学家迈蒙民德说:"每个以色列人,不管年轻还是年老,强健还是羸弱,都必须钻研《托拉》。甚至一个靠施舍度日和不得不沿街乞讨的叫花子,一个要养家糊口的人,也必须挤出一段时间来钻研"[12;136]。《申命记》说:"你们唯应自加检点,精神振奋,不使眼睛所看到的东西遗忘,不要使它们在你们生存的年岁里离去;你们应把这些教给你们儿孙。"《格言书》还说:"当儿子向你们问及所谓上帝训诫你的圣书、法律、裁判等究竟何所指时,父母应当给予解释回答。父母尚须擅长并乐于随时准备向子女反复讲述上帝的伟大教言。"著名的拉比们也强调父母的教育职责,说:"忽视教诲子女就不啻埋葬子女。"因此,在犹太人中,家庭教育,特别是父母教育子女的职责是一项神圣的职能。

犹太父亲让男孩从桌子上跳下来,男孩不敢,父亲说,我会接住你,男孩跳了,父亲却没接。父亲对他说,这个世界谁的话都不要相信,如果相信,就要看看这个人能否做到。过了几天,父亲又让儿子从桌子上跳下来,说:"我接住你",男孩又跳了下来,父亲接住了他,说:"记着,父母永远是你的靠山。"

一位中国学者到以色列求学,夫人和女儿来"陪读"。在他们租住的房间隔壁,住着一位满头白发的以色列邻居,叫弗莱明。一天,女儿坐在小炉子旁边等母亲做饭,弗莱明看到了就慢悠悠走过来,训斥这位女孩说:"你已经是大孩子了,你应该学会去帮助你的母亲,而不是在这里看着你母亲忙碌,自己就像废物一样。"事实上,这位女孩刚过5周岁生日。然后,他又转过头训斥她母亲:"不要把那种落后的教育带到以色列来,别以为生了孩子你就是母亲……"后来,弗莱明告诉中国留学生,虽然他们家世代是农民,但像其他犹太人一样,他在对孩子的教育上,最大的希望是人格先完善起来。他在自己女儿上小学时,就在她的笔记本上写下"独立思考、懂得感恩、诚信乐观"这样的词,最后才是"学习知识"[13]。

生存教育

以色列第一任总理本·古里安曾这样自豪地说道:"如果要让我用最简单的语言描述犹太历史的基本内容,我就用这么几个字:质量胜过数量。"犹太人不仅重视读书本上的知识,而且更加重视在实践中运用书本上的知识,让知识变为财富。犹太人把仅有一肚子书本知识而不能将知识用于实践的人称为"背着很多书本的驴子"。

赚钱教育

犹太民族始终把识字、律法、技艺当作儿童成长必不可少的条件:(1)识字。孩子从幼儿开始就随父亲识字。(2)宗教。《托拉》等犹太经典为每家必备之读物,在孩子刚开始学说话时就教会他们背诵《托拉》诗句。每一家犹太居室的门上都贴有写着经文的mezuzah(经文楣铭),有的在朝向耶路撒冷的墙上,还钉有图画或标记。人们进出之时,或者用手触,或用嘴吻mezuzah。一家人每学完一卷《塔木德》,都被视为一件大事,往往要邀请亲朋好友来庆贺一番。(3)技能。父亲也对子女传授各种生产技能,作为生存的基本需要。

犹太人从来不觉得赚钱是一个需要到达一定年龄才能开展的活动,与中国的"教育从娃娃抓起"一样,他们始终觉得"赚钱从娃娃抓起"才是最好的教育方式。在犹太家庭里,孩子们没有免费的食物和照顾,任何东西都是有价格的,每个孩子都必须学会赚钱,才能获得自己需要的一切。

案例8.3   **赚钱从娃娃抓起**[14]

1992年,作为犹太人后裔,我和三个孩子从中国上海的出生地辗转回到以色列,老大13岁,老二12岁,小女儿10岁。我们家确立了有偿生活机制,家里的任何东西都不再无偿使用,包括我这个母亲提供的餐食和服务。在家吃一顿饭,需要支付给我100雅戈洛①的成本费用,洗一次衣服需要支付50雅戈洛……在收取费用的同时,我给予他们赚钱的机会,我以每个春卷30雅戈洛的价钱批发给他们,他们带到学校后,可以自行加价出售,利润部分可自由支配。

第一天下午回来以后,我得知3个孩子卖春卷的方式竟然截然不同:老三比较老实,按照老价钱,50雅戈洛一个零售,赚到了400雅戈洛;老二则使用了批发手段,40雅戈洛一个直接将春卷全部卖给了学校餐厅,尽管只有200雅戈洛的利润,但他告诉我餐厅同意每天让他送100个春卷去;老大的方式比较出人意料,他在学校举办了一个"带你走进中国"的讲座,由他主讲中国国内的见闻,讲座的噱头就在于可以免费品尝美味的中国春卷,但是需要买入场券,每人10雅戈洛,每个春卷都被他精心分割成了10份,他接待了200个听众,入场券收入2 000雅戈洛,在上缴学校500雅戈洛的场地费用后,利润1 500雅戈洛。除了老三的方法在我意料以内之外,老大和老二的经营方式都超出了我的想象。我真的没有料到,只在短短数日之间,以前只会黏着我撒娇的孩子就摇身一变成了精明的小犹太商人。

他们的学业并没有因此受到任何影响,为了琢磨出更多、更新颖的赚钱方法,他们很努力地去学习和思考——老师授课的内容很对他们胃口,因为没有奉献精神之类的说教。老师问过他们这样一个问题:"当遭到异教徒的袭击,必须逃命的时候,你会带着什么逃走?"对于这个问题,回答"钱"或"宝石"是不对的。这是因为,无论是钱还是宝石,一旦被夺走就会完全失去。正确的答案是"教育"。与财物不同,只要人活着,教育就不可能被别人夺走。他们很赞赏老师说的一句话:"如果你想将来成为富翁,就学好眼前的东西,它们将来都会大有用处的……"

---

① 以色列的官方货币是谢克尔(Israel Shekel,以ILS表示),更小的币值是雅戈洛(agorot)。1美元=3.86谢克尔(2015年2月22日),1谢克尔=100雅戈洛。

当老大在法律课上学习了移民法后,他告诉我像我们这样的家庭应该可以去移民局领取安家费。我半信半疑地去了,结果一下领回了 6 000 谢克尔的安家费,这对我们一家来说可是一笔了不得的财产。然后,老大跟我说因为他给我提供了信息,我应该付给他 10% 的酬金。我犹豫很久,终于决定把 600 谢克尔这笔大钱给他,他拿到钱后,给我和弟弟、妹妹都买了很漂亮的礼物,剩下的钱,他说他会拿去变成更多的钱。老大用这笔酬金邮购了一批在中国国内很便宜的文具,然后去学校进行售卖,利润再投入继续进货,1 年以后,他户头上的金额就已经超过了 2 000 谢克尔。

尽管老大很会赚钱,但实际上,老二比他更能领会犹太法则的精髓——犹太人共同的一点,是从事那些不用投入本钱的行业,从事其他人不做的、无需花钱和投资的工作。当老大在利用中国国内的资源赚钱的时候,老二也在如此做着,不过,他赚的是不需要成本的精神领域的利润——老二以他 14 岁的年龄和文笔,竟然在报纸上开设了自己的专栏,专门介绍上海的风土人情,每周交稿两篇,每篇 1 000 字,每月 8 000 雅戈洛。

老三是女孩子,因为比较矜持,也没有展露出赚钱方面的才能,但我在她身上欣慰地看到了犹太人对生活的乐观和优雅。她学会了煮茶和做点心,每天晚上,她会精心煮一壶红茶,配上她自创的口味不同的点心,一家人围坐下来边吃边聊天——老三的点心有点中西合璧的味道,两个哥哥都很喜欢。不过,这些点心不是免费的,两个哥哥支付的点心费用,刨开成本和每天需要交给我的费用外,老三也能活得很滋润。

当我们家的资金越来越丰富的时候,我们一家 4 口合资开办了我们家的中国餐厅。我占 40% 股份,老大占 30%,老二占 20%,老三占 10%。当我们家的餐厅越来越有名的时候,我也引起了很多关注。当我获得拉宾①的接见后,我成了以色列的名人。

技能教育

犹太民族被上帝称为强项的民族——硬着颈项的百姓,这原指犹太人不断违抗上帝的旨意,去顶礼膜拜金牛犊(偶像),后来意指犹太人在两千多年的流散流亡生活之中,虽然充满了艰辛,充满了种种难以述说清楚的遭遇,但仍然顽强地生存下去,并且还一代又一代地发挥了自己的能量,在世界史上扮演了别具一格的角色。这显然与犹太人甘于生活、重视个人的作为有关。从教育文化学来说,其中一个重要的方面就是犹太人重视谋生手段的培训。犹太人的教育非常注重能力的培养,他们认为"教育不是知识的传授,而是培养能为上帝和社会做贡献的人才"[1:19],"一个连做饭都不会的人是没有资格做学问的"[1:35]。

犹太人实际上非常重视职业教育,使信奉耶和华与辛勤地完成现世的职责有机地融合在一起。《塔木德》规定,无论富人还是贫穷人,须一律学习职业。"教学学习法典,教学学习职业,乃是你的责任","如同你一定要使儿子受法律教育一样,也要让儿子受工艺或职业教育;不教儿子学到一门手艺,是教儿子行盗"。"不论任何种类的学习,假如不附带获取职业的智能,就一无所得而陷入于犯罪"。这样,犹太教宣扬了一种新的信念:信仰与职业、天国与世事、信奉耶和华与如何谋生、如何生存紧密结合,缺一不可。工作即是祈祷,职业与信仰是获取智慧

---

① 伊扎克·拉宾(Yitzhak Rabin, 1922-1995),1992—1995 年任以色列总理。

的手段,是使人获得有关幸福和繁荣生活的才能和常识,是进入永生的钥匙。这种强调职业教育的重要性及其与信仰的结合便形成了犹太人的思想和性格,形成了不同于其他民族的独特的工作伦理。马克斯·韦伯所突出的现代资本主义精神,在一定的意义上,就是根源于犹太人和犹太教。犹太教世俗化的根子在《旧约》时代就开始了。

在早期,特别是在流放期之前,犹太人没有学校,主要由部落和家庭来关心教育。教育不是一味地教授书本知识,而是当作生活中的一种训练,通过实践达到教育的目的。儿童主要通过参加家务劳动和田间劳动来学习努力工作,获得一门技艺;而那些法律学家、拉比等权威们同样信奉犹太教的工作伦理,身体力行,亲身从事一种行业。这无形之中成为楷模,大大促进了职业教育及其风气的深化和发挥。总之,艺术、手艺和手工劳动的训练成为犹太教信仰和教育的内在内容,在凝固民族性格、习惯、价值观念和生活方式诸方面发挥了强大的威力。

职业教育

犹太人的职业教育传统在流浪世界各地的2 000多年里并没有被抛弃,反而得到进一步的巩固。拿破仑战争后,欧洲各大学纷纷向犹太人敞开了大门,犹太人潮水般地涌向了那些大学。近现代大学为那些具有创造性能力的人提供了施展才华的舞台和机会,开辟了新的进身坦途,为人的收入、地位的提高和获得尊重、尊严展示了广阔的天地。犹太人由此改变了传统的职业教育,放弃了传统的职业类型,大量从事专业性工作,从事娱乐业、通信、教育和建筑业等服务性的行业。他们从家庭手工业急速地迈入工业社会、后工业社会,从蓝领阶层迅速地跨入白领阶层。据统计,包括学者、记者、编辑、小说家和诗人在内的美国知识界知名人士前200名,犹太人就占一半。在美国,参加工作的犹太人中,87.4%的男子、89.3%的女子为白领工人,而整个白人劳动大军中只有41.7%的男子和63.8%的女子属于这一等级。这显示,"年轻一代的犹太人敏捷地认识了现代工业国家在从硬件社会向软件社会、从物品积聚向服务需求转变过程中发生的微妙变化"[8]。犹太人适应了现代社会的转折,适应了现代化的进程。

这样,犹太传统职业教育在经历了转化历程后获得新生,发挥了自己的创造力。一心追求知识并以不同寻常的方式运用知识以谋生使犹太人成为具有现代性的民族,已成为一个都市族类,他们的关系是城市的关系,他们的生活方式是城市的生活方式。

> 犹太人与华人都重视教育的价值,对孩子的教育都比较愿意投入,区别在于犹太人的教育比较注意精神信仰、族群理念与技能的教育,而华人更重视家族、个人前途与出人头地的进取意识的教育。

精神教育

重视教育是犹太教的支撑点;犹太教是犹太教育的基本点和统帅,两者水乳交融,相互渗透,互动共生,相得益彰。犹太人既是一个历史形成的民族,又是一个依靠宗教来维系的社会团体。"学习就是敬神"的宗教教育观是犹太民族最基本的教育理念。犹太民族创立了世界上最早的一神教——犹太教,并认为上帝在万民中拣选了自己,因此,应该信守与上帝的立约,认真学习上帝的律法。犹太人在历史上遭受的种种"放逐"正是由于他们违背了上帝的诫命,犯下了罪孽才受到的惩罚,但他们最终还是会得到解救回到上帝的"应许之地"——巴勒斯坦。正是在这种信念下,犹太教的教义和律法都十分强调人与上帝的立约和沟通,认为不熟悉教义,不研读律法,就会失去精神信仰的支柱,也就失去了日常宗教活动的基石。因此,从小接受宗教教育,认真学习《圣经》,是犹太教的题中之意,也是每个犹太人的责任和义务。古代犹太哲人希列甚至说:"不读经,毋宁死。"

成人之礼

从《圣经·旧约》和以后的历史文化上看,犹太人文化的本质应该属于一种奇特的宗教文化。他们几千年来颠沛流离,历尽苦难,但他们始终顽强地生存着。这个民族始终没有后退,意志之坚强,当为世界各民族之首属。由于一直没有自己的祖国和长期受迫害,造就了犹太人的独立精神和反叛精神。以色列人勇于尝试一切,不惜颠覆传统,敢于挑战权威。以色列的文化还可用一个词来形容 chutzpah,就是不畏艰难,百折不挠。他们信仰主耶和华,从他那里获得力量,但他们从不盲目被动地信,他们相信主耶和华的万能,但他们更信的是自己。他们认为自己就是"上帝的选民",他们强烈地要求主站在他们这边,关键时刻,他们甚至敢于"跟上帝摔跤"("以色列"一词的语意就是"跟上帝摔跤的人")。1948年,他们筹备建国时,美国等一些国家均以为他们要以"犹太国"命名,可等到犹太人宣布建国时,却明确地叫"以色列国",美国等国只好在早已准备好的贺电中把"犹太国"改为"以色列",此事的意蕴既明显又深刻。

以色列人在成长过程中必经两个成人礼,第一个成人礼是每个人13岁的时候,要经历一个犹太考试。犹太圣经有一个章节,每个孩子长到13岁的时候,就可以看这个章节的内容,每个人需要阅读和背诵这个章节。这不是教育系统内的事情,需要在放学以后完成。成人礼在每个人13岁的犹太生日举行。要通过这个考试非常难,需要跟着犹太宗教方面的导师,一边读一边了解其中内容的含义。每个人差不多需要准备六个月,每个星期五次。13岁生日那天,到犹太教堂,家人、老师、朋友等所有人都看着你,没有人会帮你,你需要一个人将整章的内容读完,然后向所有人讲解你所理解的含义,解释为什么13岁就已经成人,为什么13岁应该承担社会、家庭以及分享知识的责任。经过了13岁的成人礼,就会觉得自己已经很成熟,长大成人了。

第二个成人礼是服兵役。以色列要求每个以色列学生对社会负责并服务社会。每个以色列学生把服兵役作为提高自己竞争力以及职责之内的事情。就如同每个学生大学毕业认真准备找工作一样,每个以色列中学生也要为服兵役认真准备。第二个成人礼最大的收获是让人拥有管理技能以及面对压力时如何处理的能力:面临的有学习的压力和当兵训练的压力;这种情况下,会让你收获一种更有效、更有力量的教育。以色列学生当兵以后才上大学,大部分是22—24岁,而不是18岁,那个时候他们更加成熟,开始一边上大学、一边工作的竞争生活。

犹太人这种超强的自信在行为上的表现就是不屈不挠、刚强果敢。强硬对于以色列是重要的,强硬也是他们民族的特点。"两个犹太人就会出现三种意见。"正是这种不重视权威的性格,才造就了马克思、弗洛伊德这样横空出世的思想家;正是由于不重视权威,成功后自己也不会成为权威。应该说总统是最大的官了,可爱因斯坦就是不愿当以色列总统,估计犹太人就这脾气。

从《塔木德》时代开始,犹太教的传统生活方式便是一个对自身教义和律法不断进行学习、怀疑、批判和完善的过程以及对这一过程的不断重复。在很大程度上,现代犹太知识分子的批判精神(特别是民族自我批判精神)便来自这种拉比犹太教的思辨传统与现代理性的结合。

专栏 8.6　　争辩精神[15]

在《巴比伦塔木德思想史》一书中,大卫·克莱默提出一个真理形态的问题:我们通常认定的真理,都是陈述式的,而《巴比伦塔木德》认定的真理,都是辩证式的。换句话说,我们通常觉得,真理的形式应该是一种结论,比如:A＝B,但对犹太传统智慧来说,这种形式顶多算是真理的一部分,因为真正的真理都是论辩式,是一种争辩,比如:甲说,A＝B;乙说,A＝C;丙说,如果条件D成立,则A＝B,否则A＝C;等。对拉比犹太教来说,任何一个离开了争辩形态的论断都算不上真理。因此,对拉比约哈南来说,《托拉》真理只存在于他和雷实·拉奇实的争辩之中,而不会存在于拉比以利以谢的唯唯诺诺里。而当雷实·拉奇实死去,他再也找不到争辩对手时,《托拉》真理也就从他面前消失了。由于他生存的唯一依据是《托拉》,因此,他生存的理由也就此消失,死亡也就是无可避免的了。

换句话说,任何"无可争辩"的真理都是缺乏生命力的真理!

精神发育

一个人的精神发育史就是他的阅读史。一个民族的精神境界,很大程度上取决于全民族的阅读水平。

犹太人的教育理论是"所有的孩子必受上帝的教育",教育的基调是:"顺从上帝是智慧的开始","敬畏上帝是荣誉,是光明,是愉快,是欢乐的王冠"。犹太人以此为基点培养民众对上帝的诚心归顺为使命,培养信神的思想感情和教育成了相同的概念,成了同一种职分。这样,教育就不仅仅是智育、知识问题,而且是精神问题,是民族生活建立于其上作为根基的精神价值和精神信仰问题。正如《塔木德》所说:"无论谁为钻研《托拉》而钻研《托拉》,均值得受到种种褒奖;不仅如此,而且整个世界都受惠于他;他被称为一个朋友,一个可爱的人,一个爱神的人;他将变得温顺谦恭,他将变得公正、虔诚正直、富有信仰;他将远离罪恶,接近美德,通过他,世界享有了智慧、忠告、智性和力量"[12]。通过学习圣典,人获得了善和为善的渊源和力量,不断将人际关系的协调合理化、完善化,不断提高自己的生存境界。这样,犹太教积极倡导为学为善的民族文化价值取向和心态,为世界文化奉献了融知识与信仰于一体的价值意识和观念情怀。在犹太教中,勤奋好学不但仅次于敬神,而且作为美德,本身就是敬神的一个有机组成部分。把知识的学习、探研提到这样的高度,恐怕也只有犹太人才做得出来。

在深深地弥漫着犹太教思想及信仰情感的犹太教育中,犹太教经典的传授是主要的内容。《圣经》说:"敬奉上帝和遵行《十诫》是人的天职"、"他们要将你的典章教训雅各,将你的律法教训以色列"。因此,"孩子刚能说话,父亲就应教他用希伯来文说:'摩西为我们制定的律法,是雅各的信徒的遗产',听呀,噢,以色列人,我们房屋的上帝只有一个。"摩西五经(托拉)、摩西律法之所以重要,是因它导致善行,而人的善行超过了智慧,智慧就会长存;任何人如不把摩西律法的真正知识铭记在心头上,都不可能获得知识,获得智慧。摩西律法所囊括的丰富内容,广泛涉及法律、道德、伦理、卫生、家教和日常生活的各个领域,它永远有效,完美无缺,绝无谬误。作为律法,是犹太人生活的基本准则及根本大法,是犹太教的核心,因此,不容丝毫改变。"凡我所盼咐你,你们都要谨守遵行,不可添加,也不可删减"。摩西就是如此教导他的民众的。人们学习法典而笃行其事,遵守法典而履行上帝的意旨,就能够维护犹太民族的尊严,就能延续犹太民族的生存。《圣经》多次说到:"你若留意听从耶和华授你神的话,谨守遵行他的一切诫命,就是我今日所吩咐你的,他使你超乎天下万民之上。""你若谨守耶和华神的诫命,遵行他的道,他照着你所起的誓,立你作为自己的圣民。天下万民见你归在耶和华的名下,就要惧怕你"。神赐福于人,使犹太人永远生活于神应许的"美好宽阔流奶与蜜之地"。

犹太教的各个节日也富有教育意味,节日的形成都与犹太历史上的某一事件有关。例如,逾越节是纪念犹太先人出埃及,结茅节是纪念归国途中的艰辛岁月,安息日的含意或是上帝创世六日工程结束休息的日子,或是上帝解救犹太人从埃及到迦南找到一安歇之处而受命休息,或是上帝与犹太人的立约的永恒的标记。因此,各个节日都包含着非常深刻的内容,隐含着独特的民族文化信息。犹太人在这些盛大节日中,都举行隆重的祭神仪式,或纪念或传授解读圣典、圣经或重温先人的足迹、犹太民族的历史和精神,犹太文化就这样一年又一年地得到传承,使犹太文化传统深深渗透于每个犹太人的心灵深处。这种寓教育于宗教活动和仪式的方式,培育了一代又一代的犹太人,使其在遭受各种挫折、迫害、流亡乃至屠杀的情况下,仍能自傲于犹太人的身份,保持民族的聚合力和同一性,保持顽强生存的信念、勇气和力量。

总之,犹太人的教育有超越世俗的一面,渗透着浓厚的犹太教神学和信仰气氛,注重民族历史和精神价值的传授,注重品德培养远胜于传教知识,尤为注意培养儿童敬畏上帝,养成谦逊、仁慈、诚实、虔诚的品性,养成奉献和敬畏上帝的信仰情怀。这是犹太教育的独特一面。

犹太传统中有一系列独特的圣日、节期、仪礼和宗教习俗,它们制约、规定着犹太人的日常行为,造就了这个民族与众不同、独具特色的生活方式。重要的圣日有安息日(Shabbat)、新年(Rosh Hashanah)和赎罪日(Yomkippur),较大的节日有逾越节(Pesach)、七七节(Shvuot)、帐篷节(Sukkot)。

在圣城耶路撒冷,有一处与犹太人有密切关系的地方就是"哭墙"。都说宗教是一种模糊的、非现实的东西,但在这堵"哭墙"前,模糊和非现实的宗教真切地体现出来。犹太民族在"哭墙"前完成着一种压抑千年的倾诉,宗教的奥义和民族的精神由一堵墙而变得可触可摸、具体动人:在墙前,男女分于两端,中间有栅栏隔开,男士靠近时必须戴帽,女士离开时不能转身,而应面墙后退;在墙前,无数的犹太人以头抵着墙石,左手握经书,右手扪胸口,诵经祈祷,身子微微摆动。念完一段,便用嘴亲吻墙石,然后向石缝里塞进一张早已写好的小纸条。纸条上写的什么,别人不知道。犹太人说:"这是寄给上帝的密信,墙是邮局。"

> Yom Kippur 是犹太人一年中最重要的圣日,在犹太新年过后的第 10 天,犹太人彻底斋戒,停止所有工作,聚集在会堂内祈祷上帝赦免他们在过去的一年中所犯的"罪行"。好多虔诚的教徒们,不开车,只步行,不用电,回到家里,也只聚集亲近的人,围炉烤火,一起斋戒。更有甚者,居然放着家里大豪宅不住,非要搭个帐篷住在院子里。据说他们认为,所有现代文明的高科技发明,也是原罪的一种,导致人性的物欲横流和贪吃懒惰等"罪行",通过现代便捷的利器,得到了极大的满足和发扬光大。

道德自律

犹太小男孩都戴巴掌大的小圆帽"基帕"。在犹太文化中,"基帕"表示对上帝的敬畏。在古代的犹太社会里,凡是被称为"他尔米特·赫里姆",即精通犹太法典者,都不必缴税。大家认为这些人对整个社会有着莫大的贡献,所以,不让他们缴税。

人类存在的特殊性在于其超越性的主动。这个主动首先体现在人对自然环境、社会环境、人自身以及其间关系的认识。人超脱物质的束缚而对知识和精神的追求构成了人类的灵性。对个人的关照形成人个体行为的动力,而对可预见到的人类最长远的利益的关照就形成了人类的神性。人类的文化千差万别,而人类的灵性和神性却是一致的。固执于某知识体系而以为是天经地义的真理,就会造就特定的文化区域,当神性的光辉照耀到这片土壤的时候,这里就会繁衍出特定的宗教信仰、道德和价值体系。某种程度上,犹太民族的经典是一种完美的道德宗教。

一个民族的生活方式和信仰是这个民族的精神生成的根本。犹太教是世界上三大一神教①中最早而且最古老的宗教,也是犹太民族的生活方式及信仰。犹太人的宗教活动渗透到日常生活中,它包括每天早晨、下午及日落后三次的祈祷。会众的祷告则通常在会堂举行。会堂是犹太人祷告与学习的地方,在星期一、星期四、安息日及节日和至圣日(Hig Holy Days)会堂的敬拜包括读希伯来文的《托拉》与先知书。传统的犹太人遵行饮食戒命,虽然这些饮食戒命在卫生上有益,但主要的动机是在个人生活上能自我控制、节制及道德的训练。一个人即使在最恶劣的环境下,都希望能尊行这些《托拉》的戒命。对于饮食戒命,如同其他的犹太法律及风俗,在当今犹太教的三大派系(正统派、保守派及改革派)中,遵守程度与方法仍存在着些许的差异。宗教文化对以色列人不是精神鸦片,他们不逃避任何问题,他们以宗教的戒律自觉地约束自己,有着很强的自律精神。犹太人没有不思进取、游手好闲、好吃懒做之徒,以色列国家没有乞丐就是一个很好的说明。

早期的犹太教育带有浓厚的宗教色彩,从某种意义上讲,希伯来教育就等于宗教教育,宗教思想是犹太教育的主旨。古代希伯来语"教育"为"Talmud Torah",释意为"学习《托拉》"。古代犹太历史学家约瑟福斯将"托拉"释为"法",也就是上帝的戒律,学习《托拉》就是将自己的一生献给上帝,一言一行均须遵从上帝的旨意。在艰苦的流散生活中,犹太教育的主旨就以宗教为主,这也是犹太民族视学习为敬神的宗教教育理念的具体体现,其主要教材就是宗教经典。

犹太人对超然力量的信仰与华人对世俗利益的追求形成鲜明的对比,犹太人是非常会赚钱的,但他们赚钱时有对信仰的讲究,以色列人知道众人之外还有神圣的上帝,因而就是家财万贯总有所谦卑,不似华人中的成功群体容易骄傲。以色列的风景点主要为宗教信仰场所占据,并成为面向公众的场所,而中国的风景点极易被财富个体的私人别墅点缀,用处之别一目了然。

创 新 思 维

犹太人的才能与成就是建立在自己独特的创新思维基础上的。

---

① 一神教(Monotheism)认为只有一位人格神存在并对其崇拜的宗教。与多神教相对。不同于认为有内在于世界(包括人类自己)的非人格神的泛神宗教以及相信神是外在于世界的自然神论。一般认为,一神教包括犹太教、基督教和伊斯兰教。

科技创业

犹太人根上的价值观有两条:一是上帝造的每个人都是具足、自主和自由的,二是每个人都有个边界,这个边界往里面去就是自尊。犹太人的自尊有双重意味:一是我的存在要与众不同,这是我唯一的价值;二是我必须尊重别人的首创,但我可以让他的首创更有价值。

以色列是"创业国度(Start-Up Nation)",是全球仅次于美国的第二创业大国。到2011年,以色列共有近4 000家新兴科技型企业(Start-up),密度全球最高(每2000以色列人就拥有一家)。同时,在纳斯达克上市的公司中,以色列公司的数目超过整个欧洲所有公司的总和;除了美国以外上市最多的国家,就是以色列。另外,这个只有700万人口的小国吸收了20亿美金的风险基金,人均为美国的2.5倍、欧洲的30倍、中国的80倍和印度的350倍。很多大家耳熟能详的高科技产品(如网络聊天软件等)其实都源于这个位于中东的小而年轻的国家[16],其科技创业公司仅次于美国,达4 000家;纳斯达克的"中概股"直到2010年才比"以色列股"多。

在瑞士洛桑国际管理学院发布的《世界竞争力年鉴》中,以色列在世界最具创新力国家中处于最前列。以色列的研发投资占GDP的4.4%,居世界第一;教育、科研、技术开发及应用、网络安全、资讯科技等方面的总开支也是世界第一。

善于探索

以色列总统西蒙·佩雷斯指出:"人们总是喜欢回忆,而不喜欢想象。留在我们记忆中的是熟悉的事物,存在想象中的则是未知的事物。想象也许令人恐惧——这得冒着探索未知的风险。"

以色列人不囿于现状,敢于挑战传统,这正是创新精神的重要源头。只要过了20岁,绝大部分以色列人都会尝试着到外面的世界去挖掘机会,他们从不惧怕进入一个陌生的环境,也不担心和另一种完全不同的文化打交道会出现什么问题。

以色列科技创新以中小企业为主,以新兴企业为龙头。中小企业为创新龙头的优势是它们非常灵活,对市场的敏感度和反应速度都很高。另外,它们没有包袱,更容易接近技术的最前沿,开发出激进式创新的可能性更大。这就是为什么以色列高科技产业多年来一直高速增长的原因。很多新兴企业在短时间内竟然改变整个全球工业的态势,靠的就是不断推出的激进式创新。

以色列的耕地资源和淡水资源严重缺乏。可耕地面积只有国土面积的20%,约4 400平方公里,还零星分布在地中海沿岸的狭长地带和几个内陆山谷。国土总面积的45%是沙漠,全国一半以上地区属于典型的干旱和半干旱气候,南部内盖夫沙漠占了国土面积的近一半。人均水资源占有量不足400立方米,干热天气导致的高蒸发量还把可怜的一点水大部分还给了上帝。

1948年建国时,以色列人喊出了"没有粮食就没有独立"的口号,他们白手起家,创造出数年间膨胀了近10倍的全部人口所必需的面包和黄油。现在,每个乘坐以色列航班的外国人都会得到一本宣传性的地图手册,上面写着"以色列,一片流着奶和蜜的土地"。这不是宣传。以色列的奶牛平均产奶量早已是世界第一,一头牛每年产奶约1.2万升;民众人均每年消费500

克以上的蜂蜜，基本依靠国内自产。

专栏 8.7　　　　　　　　　以色列农业的滴落技术

以色列最广为人知的农业技术是滴灌技术，滴灌不仅改变了以色列的农业，也改变了全世界农业的灌溉方式。滴灌在一般人的印象中就是布设大量打上微小孔洞管线的一种较节水的浇灌方式，但以色列人把它做到了极致。

以一个深埋地下的简单喷嘴为例，它就凝聚了大量的高科技。首先，它由电脑控制，依据传感器传回的土壤数据决定何时浇、浇多还是浇少，在绝不浪费的同时也保证作物生长的需要。

其次，为防止作物的根系生长堵塞喷嘴，喷洞周围精确涂抹专门的药剂，仅抑制周边一个极小范围内的根系生产。

再次，为防止不喷水时土壤自然陷落堵塞喷嘴，需要在喷水系统中平行布置一个充气系统，灌溉完毕后即刻充气防堵。

最后，以色列不能大量使用可饮用水灌溉，农民使用的基本上是回收水，为防止回收水中较多杂质堵塞喷嘴，事先需要在回流罐中使用环保的物理方法沉淀杂质，并在管线中安装第二道过滤阀门。

以色列的农业研究范围之广、创新之系统让人吃惊。在温室方面，精确控温、控水、控通风技术使高附加值作物的产量得到巨大提升，一个例证是每公顷西红柿的单季平均产量达300吨，是露天产量的4倍。

危机意识

以色列从建国伊始，就时刻处在强大的生存危机中。以色列很早就意识到，若想生存，只有发展高科技。所以，以色列军方形成了强大的研发能力，尤其在通信、电子、电脑硬软件、声音识别系统、网络技术、保密技术、光纤等领域发展迅猛，从而也衍生出了不少成功的高科技企业。除了敌国的威胁，以色列的自然环境也是全世界最恶劣的地区之一。为了与恶劣的自然环境抗争，以色列不得不利用高科技来创造奇迹，如 Netafim 开发出的渗水式高效农业灌溉系统、沙漠深塘养鱼技术等，并成为全球的鲜花出口国。

以色列军方多年来一直投入大量资源培养科技方面的顶尖人才，如隶属于以色列国防部科研局的特比昂（Talpiot）项目，每年从以色列全国的高中毕业生中精选出最出色的学生，密集培训2—3年，主攻科技和创新，尤其是训练他们对复杂的军事问题找出跨行业解决方案（Multi-Disciplinary Solution）和从事多元工作的能力（Multi-Tasking Mentality）。毕业生在军方服役6年，继续深研科技。他们大都成为以色列最顶尖的科学家和最成功的企业家。因此，以色列军方的精英科技部门成为众多新兴企业的摇篮。由于他们的这种特殊训练，这些企业家被称为战地创业家（Battlefield Entrepreneurs）。

隔行杂交

以色列极其善于进行隔行杂交，即将诸多学科巧妙地结合起来，以产生独特而强大的杂交优势,其结果就是产生可以迅速改变全球工业的激进式创新。这种创新方式被称为混搭式创新(Mash Up)。这是以色列人的强项,而且与他们军队的科技训练方式紧密相关。这种独特创新模式的最佳表现就是以色列的医疗器械和生物工程。

在这两个领域,以色列产生了一批极具创意的企业。例如,Given Imaging 公司通过导弹工程师和医生的合作,利用导弹制导的光纤技术开发出一个药片大小的摄影装置 Pill Cams,可以从病人的内脏里即时传输出图像。它是全球唯一一家这类企业,至今已在全球卖出近百万件这种医用微型摄影器。Aspironics 通过风洞工程师和医生的合作,引入飞机涡轮发动机的技术,研发出一个信用卡尺寸的吸药器,可以让传统的注射方法及工具完全过时。类似的企业如 Transpharma Medical 利用声波将蛋白等注射液打入皮肤,而不需要传统的注射。还有 Compugen,由三个特比昂毕业生创立。他们利用以色列极其先进的用来定位恐怖分子的数据分析系统进行基因分析,并将数学、生物学、基因学、生物化学、计算机学等领域整合起来进行最前沿的药品研发。连世界首屈一指的大药厂美国默克(Merck)在这个领域都落在它的后面。

思维模式

拿了别人的钱,别人会心痛;学了别人的智慧,别人会高兴。在犹太人看来,真正聪明的人,总是善于汲取别人的智慧,自己挣了大钱。

逆向思维

优秀的企业家与商人一定擅长逆向思维。李嘉诚指出:"要永远相信:当所有人都冲进去的时候赶紧出来,所有人都不玩了再冲进去。"

犹太商人整体具有典型的逆向思维特征。

两个卖鞋的商人到非洲一个国家推销商品,其中一个是犹太人。他们到了那里一看,怎么那个国家的人都是赤脚,原来这里的人从来没有穿过鞋。和犹太人同行的那位商人一见这种情况,大失所望:"这是跑到哪儿来了?这里的人们,脚掌比鞋底还要结实,玩几天赶紧背上鞋回家吧。"一边的犹太人却笑了:"NO! NO! 这鞋肯定能卖得掉。正因为他们都没穿鞋,所以才要买鞋。"

有三个人要被关进监狱三年,监狱长满足他们三个人一人一个要求。美国人爱抽雪茄,要了三箱雪茄。法国人最浪漫,要一个美丽的女子相伴。而犹太人说,他要一部与外界沟通的电话。三年过后,第一个冲出来的是美国人,嘴里鼻孔里塞满了雪茄,大喊道:"给我火,给我火!"原来他忘了要火了。接着出来的是法国人,只见他手里抱着一个小孩,美丽女子手里牵着一个小孩,肚子里还怀着第三个——他忘了要避孕的设备了。最后出来的是犹太人,他紧紧握住监狱长的手说:"这三年来我每天都与外界联系,我的生意不但没有停顿,反而增长了200%,为了表示感谢,我送你一辆劳斯莱斯!"

犹太人认为,做生意能否赚钱,关键在于思维方式。思维方式不对,无论如何努力也白费力气。犹太人经商,喜欢积极的逆向思维。新的生意有风险,但如果某种生意已经有人插手,并且有了一些赚头,那怎么赶也来不及。因为那消息已为千人所知,其中百人已经动手干了,一上来就是激烈的竞争,到头来谁也赚不了多少。

第 8 章 犹太文化

案例 8.4　　　　　　　　**50 万担保来贷款 1 美元**

一位身穿豪华西服、脚蹬高级皮鞋、腕戴名牌手表、手提昂贵皮包的犹太人走进纽约一家银行,来到贷款部,大模大样地坐了下来。

"请问先生需要什么帮助?"贷款部经理笑眯眯地问。他预感,将有一笔生意成交。

"我想借点钱。"

"没问题,您要借多少?"

"1 美元。"

"1 美元?"经理有点意外。

"是的,只需 1 美元,可以吗?"

"当然,只要有担保,借多少都没问题。"

"好吧,这些可以吗?"犹太人拿出皮包,从里面取出一堆股票债券,"共 50 万美元,够了吧?"

"当然当然,但您真的只借 1 美元?"

"是的。"犹太人接过 1 美元。

"年息为 6%,一年后归还,我们就可以将这些股票还给您。"

"谢谢。"

一年后犹太人按时还清债务,取回证券。当初的经理不解地问这位商人,何以只借 1 美元。

犹太人笑道:"因为我来贵行之前,曾问过几家金库,他们的保险箱租金都太贵,所以,我就在贵行寄存这些股票。这里的租金实在太便宜了,一年只需 6 美分!"

真是绝妙之极,按常理,贵重物品应存放在金库的保险箱,而犹太商人却不囿于常理,巧妙地利用逆向思维来解决问题。人们通常为借款而抵押,总希望以较少的抵押争取较多的款数;而银行为保证自己的利益,借款额是不允许接近或超过抵押物的价值,所以,银行一般只有关于借款数额的上限规定而无下限规定。银行为了信誉,会为借方保管好抵押物的。精明的犹太人便反过来考虑:既然银行会为借方保管物品,自己的物品岂不可交托他们,为让银行代管,须向银行贷款,由于无下限,只需贷款 1 美元,如此一来,这位商人几乎让银行为他义务保管证券了,银行着实做亏了这笔生意。

犹太人拿诺贝尔奖的最多,只是因为他们积极寻找问题,善于寻找正确的问题——问题是通向答案的入口,比答案更重要。如果你的问题正确,迟早会遇到适合你的答案。

[讨论]优秀的企业家总是善于逆向思维,您还能举出更多的例子吗?

平行逻辑

最危险的人类就是深信自己没有任何错误的人类!犹太人认为,我们都在错误中。我们首先认为我们是错误的,才能校正自己。世界上也没有终极的真理存在,真理仅仅存在于思考与讨论的过程之中。在犹太文化当中,"知识"是一个动词,他们认为获得知识就是参与、交流、探讨的过程,而不是把知识等同于我们所说的书面知识。

现实的人很难保证知识的客观性。一方面,认知的主体必须是人;另一方面,要真正认知就必须消除人对知识的影响,这对矛盾是人类几千年不曾真正解决的难题。迄今为止,最为人类广泛接受的解决方法是从古希腊哲学和自然科学体系中发展起来的科学体系,这个体系建立在逻辑与数学的基础之上,用一些完全独立于人的主观判断的公式和定理来检验人类的认知成果,并由此指导人类的观察方式。

由于亚历山大东征在以色列建立起了希腊文明的统治,犹太人很早就了解希腊文化,然而,希腊人的这套科学认知体系却不适用于犹太智慧的发展,原因在于两者的认知对象不同。希腊人认识的是客观世界,回答的是"这个世界是什么"的问题;犹太传统认识的是人类生活,回答的是"我们在这个世界怎么做"的问题。希腊人要寻找的是在一个严格定义的环境中的固定不变的规则,犹太人要探求的则是在大千世界里千变万化的生命出路。因此,犹太智慧的独立性必须用另外的方法获得,而要建立这种方法,就必须首先建立一个不同于希腊传统的基本思维逻辑,这便是犹太思维特有的"平行逻辑"[17]。

希腊传统中的经典逻辑有一个根本性的"矛盾律",亚里士多德的解释是:"你不能同时声称某事物在同一方面既是又不是",换句话说,对于任一命题 P 来说,P 和非 P 不能同时为真,否则,命题 P 为假。这个矛盾律是科学体系的基本逻辑之一,也是西方传统思维的基石之一。美国南北战争时期,战争双方都宣称上帝在自己一边,林肯便在他的《备忘录》中对此表示:"双方都可能是对的一方,但必然有一方是错误的。上帝不可能在同一时间、同一地点既支持又反对同一件事情",这便是经典逻辑矛盾律的运用实例。

但如果我们拿这些例子跟《塔木德》做个比较,我们就会发现《塔木德》建立在一个完全不同的逻辑基础上。《塔木德》版的林肯《备忘录》应该是:"上帝可以在同一时间、同一地点既支持又反对同一件事情"。而《塔木德》版的"矛盾律"是:P 和非 P 同时为真,命题 P 也为真。

你可以想象一下,建立在这种逻辑基础上的拉比犹太教经典,例如《密释纳》或者《塔木德》,是个什么样子。宗教本来是指导人类生活的,通常的宗教经典里总是充满了义正词严的说教和界限分明的戒律,但如果你打开拉比犹太教的经典,你满眼都是无休无止的争论和让你眼花缭乱的观点分歧,以至于 12 世纪的犹太大哲学家迈蒙尼德不得不另外理出一套明确的律法准则,这些经典的论述才能在生活里被准确执行。

"平行逻辑"的目的何在呢?《密释纳》对此的解释是:第一、记录不同的观点可以让后人明白哪些观点是被人讨论过的,哪些是未被讨论过的,以免人们浪费时间。第二、记录不同的观点可以让人们在发现通行的观点可能有误时审查其他观点正确的可能性。

从根本上说,"平行逻辑"的信奉者不相信存在着一个完全客观的、脱离人们的主观干预的检验或者观察知识的系统,因此,让知识独立的最好方式不是依据某个标准把一些知识淘汰掉,把另一些知识奉为圭臬,而是把所有相关的知识兼容并包地收容在一个完整的体系中,在知识的相互交流与切磋中寻找最接近"真理"的内容,在不同观点的相互平衡中消解人对"知识"的干预,从而给知识以自由。这个过程是一个不断发展的开放过程,而不是一个一锤定音的封闭过程。

如上所说,在经典科学的世界里,"平行逻辑"是没有立足之地的,因为这是有关人的行为的价值逻辑,而不是有关客观世界的自然逻辑。有趣的是,现代物理学,特别是量子力学的发展似乎打破了这种界限。哥本哈根学派的领袖尼尔斯·玻尔便曾总结说:"真理有两种:浅显的真理,其对立面是明显荒谬的;而让我们认定深刻的真理的事实是:其对立面也是深刻的真理。"听起来像是《塔木德》的现代物理版。

第8章 犹太文化

苏格拉底说:"我所知道的唯一一件事情是我一无所知。"犹太人不认为我们"一无所知",但确实相信"我们所能确定的唯一一件事情便是无法确定",如果世界是不确定的世界,上帝是不确定的上帝,人所能做的唯一一件事情就是坚守平行逻辑原则,把多样化的观点和认识保存下来。这种认识的多样化并非因为我们的观察能力的局限,而是因为世界本来就是这个样子的,所以,即使是观察能力没有局限的上帝来裁决,他也只能坚守平行。

实行平行逻辑的前提是大家都认可游戏规则的重要性,并且都自觉地遵守这些规则。正是由于平行逻辑本身的多元性,规则的重要性才变得无可替代。在一个一元化的组织中,有没有规则其实关系不大,反正是一个人说了算。在一个多元平行的组织中,没了规则,一切就会崩溃。

《阿伯特——犹太智慧书》里有一节,专门讲了智者跟愚人的七个不同[18]:贤哲(智者)也有七个:贤哲不在比他更有智慧的人之前开口;不在朋友说话中间插嘴;不急于答复;他按题而问,据理而答;论事当先则先,当后则后;对没学过,便说:"我没学过。"承认真理。特征与此相反的,便是愚人。

前三条是争辩时处理各方关系的基本守则;中间两条是论证的规范;最后两条则是对知识或者智慧的基本态度。而贯穿整个"智者七诫"的基本精神是谦卑!"不在比他更有智慧的人之前开口"是对长辈师尊的谦卑;"不在朋友说话中间插嘴"是对同辈学友的谦卑;"不急于答复"是督促论辩者拿出有分量的论证,也是对他人观点的基本尊重;"按题而问,据理而答"是尊重他人提出的论题,也就是尊重他人的意图;"论事当先则先,当后则后"是按照他人的先后论述,以免引起混乱;犹太版的"不知为不知"与中国版的结论相同:"是知也",谦卑即智慧;"承认真理",便是承认真理的辩证形态,不仅承认自己的是真理的一部分,也承认他人是真理的一部分。

在平行逻辑和争辩精神的社会里,真正的智者不是那些在争辩中发表惊世骇俗观点的人,而是那些既参与和鼓励平行争辩,又能帮助保持争辩的舞台不被压垮的人。而做到这一点,智者并不依靠耍心眼、玩诡计,而是从带头遵守所有的律法规则开始。

这种平行逻辑世界观给犹太智慧带来的是思维的彻底解放,在《塔木德》贤哲们那里,没有什么是不可以讨论的,没有什么是不可以批评的。因此,"管到上帝头上"并不仅限于上帝破坏平行逻辑原则的情况,上帝所做的、所说的一切都可以拿来讨论和批评,甚至包括上帝他老人家自鸣得意的创世与造人[19]。犹太经典《塔木德》几乎全部由争论构成,争论的却全部是律法问题,也就是关于生活中每一件事的律法是什么以及我们怎样遵守这些律法的问题。

犹太人讨论时,地位最低或者年龄最小者通常先发言,以避免只附和权威者的意见。人人都希望有爱因斯坦的大脑。他大脑的特点就是有超级的适应能力。怎样算有超级大脑呢?有七个标准:(1)可以取笑自己;(2)能够看到事情的多面性;(3)不讨厌和你有不同意见的人;(4)可以与人有效地协商;(5)以退让他人为荣;(6)可以放下警觉放松自己;(7)可以从全新的角度看事,并以此为乐。

万物归二

犹太智慧无禁区,是因为在本质上,世界被认为是不确定的。

从根本上说,"确定的世界"是一个"万物归一"的世界,也就是相信在大千世界色彩缤纷的众生相背后,存在着一个终极的、统一的支配力量。这种支配力量决定了万物运行发展的原则和方向,由此确定了世界的状态。从某种意义上说,"万物归一"是人类很多文明共同的信仰。中国的孔子曾强调"吾道一以贯之",虽然曾子对此最简略的解释也得是"忠"、"恕"两个概念,但孔子绝对不会同意"吾道二以贯之"的说法,因为"一"代表本原,"二"就成了现象。同样,古希腊哲学的原初问题便是"万物的始基是什么"。对这个问题,无论答案是水(泰勒斯)、火、气(米利都学派),还是原子(德谟克拉特),或者毕达哥拉斯学派的"数",大多数哲学家寻找的都是那个"一",也就是相信这"始基"是单一的。这样一个"万物归一"的世界是一个正误确定的世界,你找到了那个"一",你就是正确的,否则,你就是错误的。

在这个问题上,犹太传统智慧的与众不同之处在于:世界是一个"万物归二"的世界[20]!这"二"便是两部《托拉》,一部书面《托拉》,一部口传《托拉》。按照拉比犹太教的传统,当初上帝在西奈山向摩西传授《托拉》,传授的不只是一部书面《托拉》,还有一部口传《托拉》,用来阐释书面《托拉》的含义。这部口传《托拉》后来辗转记载,成为《密释纳》和《塔木德》两部大典。经典有注解,这是很多宗教都做的事情,但把对经典的诠释看作与经典平级的孪生兄弟并坦然面对"诠释的自由性"这一事实,则是犹太教"万物归二"的独家秘技。

犹太传统智慧中的"万物归二"指的是《托拉》与人对《托拉》的诠释,更广泛一点说,是世界与人对世界的诠释。"万物归一"与"万物归二"的根本差别在于:"万物归一"论者相信我们对世界的诠释应该是世界在我们的意识中的反映,如果我们的诠释与世界不相符合,那是我们的错误,需要我们不断改进,最终达到两者合一的境界。"万物归二"论者则相信虽然人对世界的诠释是以世界为依据的,但诠释不是世界,诠释不可能也不应该与世界合一;正如口传《托拉》虽然是以书面《托拉》为依据的,但口传《托拉》永远不会成为书面《托拉》。

进一步的分析可以让我们看到"万物归二"的更深层面的东西。由于"对《托拉》的诠释"是通过媒介——语言来进行的,而语言不过是一个符号系统,只要我们改变其中任意符号所代表的值,整个系统就天翻地覆,而我们所诠释的世界也就面目全非了。因此,"万物归二"中的第二个本原并非固定本原,而是可以不断变形的。最重要的一点是,犹太传统很早就认识到:那个我们用来诠释世界的符号系统并不像我们想当然认为的那样稳定。这个系统中的每个符号的值不但可以变化,而且实际上这些值的确定并没有什么不可辩驳的客观依据。

专栏 8.8　　　　　　　　　犹太人的宗教经典

《托拉》

是实施犹太教育的最基本的教材。千百年来,犹太人一直视《托拉》为"经典中的经典"。它广义上泛指上帝启示给以色列人的教导或指引,狭义指《律法书》或称《摩西五卷》,即《创世记》、《出埃及记》、《利末记》、《民数记》与《申命记》。《托拉》在《希伯来圣经》的三部分《律法书》、《先知书》和《圣文集》中,被视为是最重要的部分,以道德训诲为主要特色,后来,《托拉》甚至就代表犹太人的《圣经》,以后还把口传律法与成文律法的评论与解释(即《塔木德》)等也包括在内,泛指所有犹太经典以及全部犹太律法、习俗和礼仪。2500多年来,《托拉》一直是犹太人生活的精神基石,对基督教和伊斯兰教的兴起也有着深刻的影响。

《希伯来圣经》

即基督教所称的《圣经》中的《旧约》,是犹太民族的圣书,既是宗教经典,又是教育杰作。犹太民族素以"书的民族"著称于世,这本书指的就是犹太人贡献给世界的《圣经》(《旧约》)。在公元 1—2 世纪正式集成为正典之前,在长达 1 000 多年的口头流传过程中,《希伯来圣经》事实上成为犹太民族探索世界的本源与人类的起源、人与世界的关系及关于本民族的历史文化、宗教信仰、思想观念、伦理规范、生活习俗、生产技能和自然知识等的综合教科书,极大地激发了犹太人奇丽、深邃的想象和智慧。犹太人的家庭教育、学校教育、社会教育无一例外都从《旧约》中选录有关内容作为教材,一些祭司、拉比、学者还专门为《旧约》或其部分篇章加写注释,以便于各种学校教育的需要,有些研究《旧约》的专著则成为拉比学院或圣经学院的教材。《圣经》在当今世界还被公认为对世界历史影响最大的十本书之首,可见其重要价值之所在。

《塔木德》

是犹太教认为地位仅次于《圣经》的经籍。源于公元前 2 世纪至公元 5 世纪间,记录了犹太教的律法、条例和传统。其内容分三部分,分别是密西拿(Mishnah)——口传律法、革马拉(Gemara)——口传律法注释和米德拉什(Midrash)——圣经注释。Talmud 在希伯来文中原意为"学习,教导",是一部犹太人各种成文和口传的宗教法、民法和道德法及其释义的汇编,反映了巴勒斯坦和巴比伦犹太人在公元前 6 世纪—公元 6 世纪之间 1000 多年宗教文化生活的历史演变,其内容包括圣经训诫、神话传说、诗歌寓言、律法礼仪以及天文地理、农事建筑、医学算术等。因此,它不仅是一部诠释、评注《圣经》律法的权威法典,也是一部包罗万象的百科全书,是当时犹太学者的集体智慧结晶,与《圣经》一起构成了犹太民族教育的蓝本。读通《塔木德》这本经商秘笈,确有如醍醐灌顶,全书贯彻一个需要什么观念和态度才能长久致富的中心思想。致富应以长远的时空和角度来考虑,其背后有种给人幸福智能的人生观。如果说《旧约》是犹太人永恒的圣书的话,《塔木德》则是犹太人实际生活的指南。它给流散中的犹太人提供了宗教生活的礼仪准则以及为人处事的伦理规范,对巩固和完善犹太教律法,维护和加强犹太流散民族同一性发挥了不容低估的影响,以致 1948 年以色列建国后,有人曾提出要将《塔木德》定为国家法典。如今,在以色列拉比法庭上塔木德仅适用于家庭法问题。

文化根基

美国前国务卿基辛格指出:"谁控制石油,谁控制世界。谁控制粮食,谁控制人类。谁控制资源,谁控制地球。谁控制文化,谁控制未来!"实际上,何止是未来,谁控制了文化,谁也就控制历史和现在。

南怀瑾[21:135]先生沉痛地指出:"一个民族,一个国家,不怕亡国,因为亡国可以复国,最怕是把自己文化的根挖断了,就会陷于万劫不复。……我们再看古今中外的历史,一旦国家文化亡了,即使形态存在,但已动摇了根本,难以翻身,这是一定的。犹太人虽然亡了国,但立国的文化精神始终建立在每一个犹太子民的心目中。文化看起来是空洞的,但它是一个国家民族的历史命脉。"可以说,犹太民族之所以能于流散近2000年后又万流归宗,重新复国,堪称世界历史上"古国复活"的奇迹,其中最主要的原因就是其国家民族的历史命脉——精神文化传统始终绵延相续,文化根基始终没有动摇,因而能够自立于世界民族之林。而这一切最应该归功的就是贯穿于犹太民族历史始终的教育理念及教育实践,因为教育是一个民族能够自强自立的文化保障和立国之本。

学识广博

当孩子稍稍懂事时,几乎每一个母亲都会严肃地告诉他:"书里藏着的是智慧,这要比钱或钻石贵重得多,而智慧是任何人都抢不走的。"犹太人是世界上唯一一个没有文盲的民族。在犹太人眼里,爱好读书看报不仅是一种习惯,更是人所具有的一种美德。根据中国新闻出版研究院第十次全国国民阅读调查数据,2012年,18岁至70岁的中国公民人均纸质图书阅读量是4.39本、电子书阅读量是2.35本,而联合国教科文组织的一项调查显示,以色列人的年均阅读量是64本,距世界之首;欧美国家年人均阅读量约16本;北欧国家是24本(参见表8.2)。

表8.2 国民人均图书阅读量

国家	人均图书阅读量(本/年)
以色列	64
日本	40
法国	20
韩国	11
中国	4.25

在以色列,书刊的价格非常昂贵,每本书的售价在20美元以上,每份报纸也在6美元以上,但普通以色列人对购买图书和订阅报刊都十分慷慨。《最新消息报》日发行40万份(124版)、周末发行70万份(360—400版)。英文版的《耶路撒冷邮报》每天48版,月定价180美元,发行量却高达100万份——全国每5人便有一份这种报纸。有人笑谈:"以色列人买报纸比买面包积极。"

安息日是犹太人的重要宗教活动日,具体时间是从周五的日落到周六的日落。按照有关规定,这一天,在以色列,犹太人开的一切商店、饭店、娱乐场所都得关门停业,公共汽车都要停止运营,就连以色列国家航空公司的班机也要停航,人们都得在家中"安息"祈祷,严禁走亲访友、外出旅游和参加其他社会活动。但有一件事是特许的,那就是读书和买书,大大小小的书店都敞开着门营业,到这里光顾的人络绎不绝,书店里挤满了人,这里没有人大声喧哗吵闹,人们都在静悄悄地读书。

犹太人家庭有一个世代相传的传统,那就是书橱一定要放在床头,要是放在床尾,会被认为是对书的不敬,会遭到人们的鄙视。犹太人爱书但从不焚书,即使是攻击犹太人的书,可以不看,但不许毁坏。而且,书损坏了一定要修补。古代犹太人将书看得破旧得不能再看了,就挖个坑庄重地将书埋葬,这时候,他们的孩子总是要参与其中的。他们对孩子说:"书是人生命的东西。"

在古代,不少犹太人的墓园里常常摆放着各种书籍,因为犹太人相信,在夜深人静时,死去的人们会出来读书,这当然是不可能的。但它有一定的象征意义:生命有结束的时候,求知却永无止境。

犹太人爱好阅读,大都学识广博。与犹太人一起吃饭时,他们的话题往往涉及经济、政治、宗教、历史、生物、文化艺术直至体育等领域。他们能从十字军东征谈到汽车结构,从梵高的《向日葵》谈到加拉帕戈斯群岛的美洲圆叶红树,甚至达尔文的《物种起源》,其了解程度几乎可与专家相比。广博的学识不仅丰富了犹太人的精神世界,还有助于犹太人在生意上、事业上作出准确的判断,从而带来不可估量的效益。犹太人深信,只有博古通今,才能高瞻远瞩、洞幽察微,才能做大生意、干大事业。在犹太人看来,一个孤陋寡闻、学识浅薄的人是不会成功的,对商人而言,尤其如此。

阅读是犹太教的"基础设施"。一般而言,农业社会的扫盲率最多为10%。而犹太人创造了第一个义务教育的社会。在千禧年之前,几乎100%的犹太男孩都识字。这为犹太人在选择职业时提供了很大的经济优势,他们的阅读能力使他们可以胜任许多岗位。多年以来,犹太法学专家(Rabbis)使用《塔木德》(Talmud)来创建各种法典。为穆斯林帝国的犹太人创建了基础设施,使他们成为商人,据此来缔结合同,如果对合同存在异议,他们可以指派仲裁者,也就是犹太法学专家。他们到处迁移。早在8、9及10世纪,他们就在印度、中国开始经商,一路前往西班牙、英国和法国,远远早于马可·波罗在14世纪的中亚及中国之行。这也是为什么犹太人被称为商人社会、一个城市社会。他们迁移成为城市居民,赚的钱比周围的人们相对要多很多。当犹太人在19世纪末进入美国时,这是他们的一大优势。他们都是有文化的人。

2013年4月,中国新闻出版研究院发布"第十次全国国民阅读调查"结果,统计显示,2012年,我国18—70周岁国民人均纸质图书的阅读量为4.39本。而根据联合国教科文组织的统计,世界上最热爱阅读的民族是犹太人,平均每年阅读64本书,最热爱阅读的国家是俄罗斯,人均每年阅读55本书。

思想质量

犹太人对《圣典》的学习重在质量而不在数量,重在穷根究底而不在不求甚解。他们提倡扎扎实实地研读,反对浮光掠影、浅尝辄止。犹太人往往花费几个小时只研读几句《塔木德》,认为只要理解了这几句,就可以使自己的人生经验大为丰富,终生受益。并且他们在研读时,不是讲究灌输,而在重于启发,要求根据自己的人生经历慢慢体验和领悟智慧,讲究句句琢磨、段段推敲,直到完全汲取了内在本意,这样,字面、精神和实质诸层次融汇为一体,往往一再转变视角、切换逻辑、举一反三,形成滚动性的智慧。而且,由此还形成了一种强有力的批判精神,不盲从于人间任何权威,不拘泥于任何已有的武断态度,因而能够不断地开拓求知的领域,探求一切值得探求的问题。这样,犹太人的开放性教育及思路在一代又一代人的研读、思考、解释、发掘和提炼的过程中得到不断阐释,获得了新的意义、新的规定性。

案例 8.5　　　　　　　　　　1+1>2[22]

在纳粹集中营里,一个犹太人对他的儿子说:"现在,我们唯一的财富就是智慧,当别人说1+1=2的时候,你应该想到,1+1>2。"纳粹在集中营里杀害了53万人,这父子俩却活了下来。

1946年,他们来到美国,在休斯敦做铜器生意。一天,父亲问儿子:"一磅铜的价格是多少?"儿子回答:"35美分"。父亲说:"整个得克萨斯州都知道,每磅铜的价格是35美分,但作为犹太人的儿子,你应该说'3.5美元'。你把一磅铜做成门把手试试看。"

> 20年后,父亲死了,儿子独自经营铜器店。他做过铜鼓,做过瑞士钟表上的簧片,做过奥运会的奖牌。他曾把一磅铜卖到3 500美元。
> 　　1974年,美国政府为清理给自由女神像翻新后留下的废品,向社会广泛招标。但好几个月过去了,没有人应标。正在法国旅行的这个得克萨斯人听说了此事,立即飞往纽约。看过自由女神像下堆积如山的铜块、螺丝和木料后,他未提任何条件,当即签约。
> 　　纽约的许多运输公司暗自嘲笑他的这一"愚蠢"举动。在纽约,垃圾处理有着严格规定,弄不好就会被环保组织起诉。就在一些人要看这个得克萨斯人的笑话时,他开始组织工人对废料进行分类。他让人把废铜熔化,铸成小自由女神像,把木头等加工成神像的底座,甚至把从自由女神像身上扫下的灰尘都包装起来,出售给花店。不到3个月的时间,他让这堆废品变成了350万美元的现金。

问题批判

　　苏格拉底说:"最有效的教育方法,不是告诉人们答案,而是向他们提问。"问题能帮助新思想的产生。管理也是这样,首要问题是提出正确的问题,然后才是正确地解决问题。犹太人尤其重视培养孩子独立思考的能力,几乎每个孩子都是在提问中长大。孩子在很小的时候,长辈就会经常提一些在孩子看来莫名其妙的问题,孩子们则在不断尝试解决问题的过程中成长。到了上小学时,家长会培养孩子每天问10个以上他不懂的问题。如果别人的回答不能令他满意,就要自己去找出答案。

　　犹太人认为,使人高贵的是思想而不是血统。现在市场上的所谓《塔木德》写的都是关于怎么赚钱的,而真正的《塔木德》并不是关于赚钱的书,它是研究犹太人的思维传统并教你怎么想问题的书。犹太人为什么那么聪明呢? 其中有最重要的三个特点,首先是有信仰,第二是追寻智慧,第三是会想问题。会想问题是犹太人最重要的一个传统。

　　以色列的学校有一个优点,就是鼓励学生问问题。中学第一天上课,老师会告诉学生三个知识:如果要回答问题,就举一个手指;如果要去厕所,就伸两个手指;如果要提问,就伸三个手指。以色列的教育制度告诉学生,如果你不了解,你就去问,可以是简单,也可以是复杂的,例如,你今天为什么这样穿戴? 我们为什么生活在这儿? 为什么会有上帝? 学校环境有一个特点,就是质疑权威。在以色列,每个人认为自己是最好的,总是会质疑他人,哪怕他是老师、父亲、老板、国家总理,如果观点不同意,就会马上反驳。

　　以色列的孩子做错事,家长很少不问原因就直接责骂孩子。他们会先表现出谅解,然后以商量的态度,让孩子自己作出选择。犹太人有这样一个传统:当一个犹太孩子因为做错了事情而羞愧不已的时候,孩子的母亲会在黄昏的时候把孩子带到屋外,指着远方沙漠上的落日,告诉孩子:"太阳落下的时候,你今天做过的所有错事都已经成为过去;明天太阳升起的时候,早晨是新的,你也是一个新人。"这时,孩子原来被沮丧和罪咎感充满的心就会被更新,原来低着的头又会坚定地抬起来。汤之《盘铭》中有记载:"苟日新,日日新,又日新",意思是每天都要更新,更新永无止境。

　　直到20世纪为止,全人类中最有思辨能力的民族是德语民族,其中又尤以讲德语的犹太人为最。正是因此,20世纪最伟大的思想家是三个讲德语的犹太人,他们是马克思、弗洛伊德和爱因斯坦,他们分别是社会科学、心理科学和自然科学领域全人类中最杰出的人物。

本章概要

犹太企业家拥有"世界第一企业家"的美誉。犹太人不仅享有卓越的商业成就,同时享有无与伦比的科学与艺术成就。人类社会的现代文明发展深深地打上了犹太人企业家精神的烙印。本章着力分析犹太企业家精神的历史与宗教起源、犹太人企业家精神的特质(如自强自信、重信守约、感恩思想、金钱至上、赢得顾客、珍惜时间)以及犹太人企业家精神的培养,涉及家庭教育、宗教教育、职业教育、开放教育。

本章分析的重要结论是:(1)业界成就必须与文明发展协调。没有文明内涵的商业发展不可能长久。(2)企业家精神的特质是商业及一切事业的驱动力。(3)任何民族的历史磨难必须经由企业家精神的兴起才能转化为民族发展的驱动力。(4)诚信是企业家事业的起点,是现代市场经济的基石。(5)智慧是商业及一切事业的核心要素,学习是企业家成长的根本。(6)文化是一个民族的根。亡国后,可以建国;而文化消亡,则民族就失去灵魂。

思考练习

1. 犹太人的企业家精神是如何形成的?文化与企业家精神之间有什么样的内在关系?在界定自身的企业家精神状况时,背后隐藏着自身文化素养方面什么样的问题?
2. 犹太人极有智慧,也在科技、商业、文化与教育等领域取得其他任何民族无法比拟的成就,但为什么没有利用智慧解决好与巴勒斯坦及其他阿拉伯民族的冲突?
3. 排犹问题从文明史的角度该如何分析?
4. 宗教的虔诚与个人的独立这对悖论如何得以在犹太人的文化中高度融合?
5. 是改变自己而改变世界还是改变世界而后改变自己?
6. 与犹太人的直率性格比较,曲意奉承究竟是好事还是坏事?朋友之间、团队成员之间、企业员工与管理层之间应该培养什么样的氛围?
7. 没有社会科学与自然科学的发展作依托,没有思想界与学术界的同步繁荣,中国单一型的经济发展能走多远?
8. 阿拉伯人中有很多著名的商人,但高科技企业的创造者却很少,这是为什么?
9. 犹太人和吉普赛人都是流浪的民族,但是,一个民族成就了许多伟大的企业家、科学家,另一个却沦为广场上的小偷和算命人,这和他们的文化有多大关系?
10. 犹太人极其重视生命。现代文明都珍惜生命。这种关联的规律性说明了什么?

延伸阅读

《塔木德——犹太人的做人与经商圣经》(塔尔莱特·赫里姆.司马河编译.北京:中国纺织出版社,2007):公元前586年,犹太王国被灭之后,大批犹太人沦为"巴比伦之囚"。这样,巴比伦逐渐发展为犹太人最主要的文化和精神中心,集中了许多有影响的犹太贤哲和宗教研究人员,形成了一个享有很高威望和领导地位的学者阶层。他们以维护犹太教传统及犹太精神价值为己任,潜心研究神学,著书立说,在公元2世纪—6世纪编纂了犹太教口传律法集,即《巴比伦塔木德》和《巴勒斯坦塔木德》,统称《塔木德》,形成了塔木德文化。

《圣经》(拉丁语:Biblia,希腊语:Βίβλος,英语:Bible,本意为莎草纸,中文也称耶经):《希伯来圣经》记载的是从上帝创造世界、人类犯罪、犹太人的历史及关于世界的预言。

《犹太文化要义》(刘洪一.北京:商务印书馆,2006):本书以文化综观的视野,对犹太文化沿革中具有典型、关键意义的史实、要素加以梳理辨析,特别是对犹太文化的流程与结构、犹太人的思想方式与生存机智、文化母本与现实表征、宗教精神与审美文化等重要范畴进行了系统地阐释,从而对犹太文化博大精深的精神要义、犹太文化对一般文化规则的浓缩与呈现、犹太文化在世界文化中的样本意义等重要命题作出了理论界说。

《犹太文明史话》([美]伯纳德·J. 巴姆伯格. 肖宪译. 北京:商务印书馆,2013):犹太教长盛不衰的原因是什么?它为人类文明作出了哪些贡献?几千年的沧海桑田、起伏盛衰对犹太教本身又产生一些什么影响?要回答这些问题,必须对犹太教的历史进行研究。

《创业的国度:以色列经济奇迹的启示》[英]丹·塞诺,[以]索尔·辛格. 王跃红,韩君宜译. 北京:中信出版,2010):本书回答了一个价值数亿美元的问题:究竟是什么让以色列——一个仅有710万人口、笼罩着战争阴影、没有自然资源的国家——产生了如此多的新兴公司,甚至比加拿大、日本、中国、印度、英国等大国都多?透过以色列最杰出的投资人士、创意人士和外交政策拟定者,作者为读者逐一揭示了以色列如何将外部不利的环境加以转化,结合自身特有的"无惧权威、扁平式领导"的民族风格及政府政策,打造出一个拥有高度创意与企业家精神的社会。

《觅人的上帝》([美]亚伯拉罕·海舍尔.郭鹏,吴正选译.济南:山东大学出版社,2003):人与上帝相遇而达成一种真正的"我—你关系",即我中有你,你中有我的相互融合,不必等到人死而复活后上升到天国,而是现实生活中既可遇、又可求和可得的事情。

《犹太人为什么优秀》([日]手岛佑郎.姜乃明,何力群译.北京:中央编译出版社,2004):全书主要由犹太人优秀的原因、犹太人的经商哲学、犹太人的生活格言三部分构成。在这里,父母可以领会子女教育的真谛;在这里,孩子也可以获取做人处世的真知。一个商人,将可以从书中找到经商成功的法则;而一个常人,则可以明了关爱、学习、奉献与努力的精神。

《犹太教:一种文明》([美]摩迪凯·开普兰.张立改,黄福武译.济南:山东大学出版社,2002):宗教是一种文明的固有性质和重要内容,但宗教又不是文明的全部,而只是其中的组成部分。犹太教是一种文明,犹太人属于犹太教,犹太宗教属于犹太文明。

《美国犹太人(1585—1990年一部历史)》([美]雅各·瑞德·马库斯.杨波等译.上海:上海人民出版社,2004):为什么一个在旧大陆屡遭迫害的民族会在新大陆取得一个完全不同的地位和成就?犹太民族如何在新大陆找到了用武之地和展示才华?美国犹太人与美国社会之间到底有着什么样的关系?犹太人如何对美国社会作出自己的贡献?本书进行了全景式的描述。

《圣经的历史:〈圣经〉成书过程及历史影响》([美]斯蒂芬·米勒,罗伯特·休伯.黄剑波,艾菊红译.北京:中央编译出版社,

2008):《圣经》共六十六卷,由四十多位不同时代的作者写成,创作时间跨越一千多年,全书信息首尾相贯,浑然一体。这本书是怎样形成的?它如何被翻译成了两千多种的文字?它如何在逼迫者的火焰与怀疑者的批判中存留下来?它在历史长河中如何改变了世界?本书讲述的就是关于这本奇书的奇妙故事。

参考文献

[1] [日]手岛佑郎. 犹太人为什么优秀[M]. 姜乃明,何力群译. 北京:中央编译出版社,2004.

[2] 孙菲比. 何光沪教授:基督教改造西方文明的5大要点[N]. 基督日报,2013-12-19.

[3] [德]马克斯·韦伯. 新教伦理与资本主义精神[M]. 黄晓京,彭强译. 成都:四川人民出版社,1986.

[4] 张平. 那些玩大发了的犹太人[EB/OL]. 猫眼看人,[2010-05-08].

[5] 许家祥. 犹太人的"替罪羊"和"一致观"[J]. 读者,2011,(3):7.

[6] 汪继峰. 罗斯柴尔德家族的经营秘诀[J]. 金融经济,2002,(12):30-31.

[7] 叶航. 嘿!你看到赚钱的机会吗?[N]. 第一财经日报,2008-03-24(C3).

[8] [美]杰拉尔德·克雷夫茨. 犹太人和钱:神话与现实[M]. 顾骏译. 上海:上海三联书店,1991.

[9] 陈冠任. 犹太人的谈判智慧[J]. 思维与智慧,2003,(8):42.

[10] 肖宪. 《犹太文明史话》译者前言[M]//[美]伯纳德·J.巴姆伯格. 犹太文明史话. 北京:商务印书馆,2013.

[11] 孙文恺. 夏洛克的契约情结[N]. 人民法院报,2010-12-03(7).

[12] [英]查姆·伯曼特. 犹太人[M]. 冯玮译. 上海:上海三联书店,1991.

[13] 孙震. 以色列孩子在提问中长大[N]. 中国青年报,2013-07-30(07).

[14] 张文韬. 犹太孩子学赚钱[J]. 社区,2006,(11Z):54-55.

[15] 张平. 为上天而争辩[J]. 中国企业家,2011,(16).

[16] 尹一丁. 以色列的奇迹[N]. 21世纪经济报道,2011-07-29(23).

[17] 张平. 平行逻辑[J]. 中国企业家,2011,(11):124.

[18] 张平. 智者七诫[J]. 中国企业家,2011,(18).

[19] 张平. 智慧无禁区[J]. 中国企业家,2011,(13).

[20] 张平. 万物归二[J]. 中国企业家,2011,(14):127.

[21] 南怀瑾. 论语别裁(上)[M]. 上海:复旦大学出版社,1990.

[22] 王英姿. 一加一大于二[J]. 钱经,2005,(12):123.

第9章 亚洲变革

横跨道德宇宙的弧线是漫长的,但其重心偏向正义的方向。
——[美]巴拉克·奥巴马[①]

学习目标
- 提升对社会变革逻辑的认知;
- 理解亚洲变革的历史与现实;
- 正视亚洲变革面临的挑战。

由于自身深厚的封建主义基础,亚洲本身没有自发近代化的历史,要问该如何刻画亚洲近代化所具有的最大特点?答案应该是:变革与转型。

这不仅是历史上,也是现实中的。从历史来讲,日本成功地进行明治维新,而中国经历了失败的戊戌变法和不彻底的辛亥革命。印度也与中国有不同的经济及政治制度基础。从现实来讲,20世纪是人类有史以来最悲惨的一个百年,两次世界大战和其后的冷战,加上数不胜数的内战、政变和屠杀,亚欧大陆蒙受了最惨烈的灾难。而到20世纪后期,俄罗斯[②]经过了剧烈的社会变革与转型。与此对应,与俄罗斯走上不同变革道路的中国,经济与社会发展到现今是忧喜参半。

一个政治家,应该对自己民族的历史和弱点有一个清醒的认识,能用一种大的视野和正确的历史观来看待问题,应该能领导自己的民族与国家走被历史证明是正确的道路。如此,迫切需要我们正视历史与现实,在比较中,仔细衡量这些变革的差异,把握正确的变革之路。

教 育 变 革

1868年明治维新开始时,日本的发展水平远远不能与中国相比,可是,有一个关键人物叫

[①] 巴拉克·侯赛因·奥巴马二世(Barack Hussein ObamaⅡ, 1961-),美国第44任总统。
[②] 俄罗斯国土的大部分位于亚洲,但其首都及国家精华位于欧洲,从文化、宗教、历史诸方面来说,俄罗斯都属于欧洲国家。俄罗斯的国徽是一个双头鹰,取兼顾欧亚之意。由于其深厚的封建主义社会基础,有后近代化的特质,故将俄罗斯纳入本章的对亚洲变革的考察范围。

福泽谕吉[①]——今天日本钞票最大面额是1万日元,上面的那个头像既不是天皇,也不是任何政治军事人物,而只是一位只写了几本书、办了一份报纸、办了日本第一所大学的福泽谕吉;这个人成了现代日本民族的灵魂人物。他说,一个民族要崛起,要改变三个方面:第一是人心的改变;第二是政治制度的改变;第三是器物与经济的改变。这三个方面的顺序,应该先是心灵,再是政治体制,最后才是经济。把这个顺序颠倒过来,表面上看是捷径,但最后是走不通的。近代日本基本上按福泽谕吉的路走的,它成功了。

朝代更替可能只是历史的循环;真正的革命只能发生在人类灵魂的深处。

文化开放

日本人一直都非常喜欢研究中国春秋战国时期的思想,还有三国时代的政治、军事、文化和思想,原因是日本在近代的一千年时间里,一直不是中央集权的国家,天皇是虚位,有的时候连天皇都没有。日本并没有一个同中国一样的中央政府,而是藩镇林立,幕府时代有如中国春秋战国时代的盟主,谁胳膊粗,谁就是盟主,然后其他地方都是独立和自治的,政治、军事、经济都独立,如同中国春秋战国时代的各个小国以及三国鼎立时代一样。

注重和谐

相对非理性的宗教神学而言,亚洲传统的儒教文化是理性的、功利的、和谐的。它是世俗化的人生哲学和维护皇权秩序的政治学说,也包括规范化的生活方式信条,具有实践理性的内涵。其中,与经济发展有关的两个主要支点是:一是强调人际关系的和谐。儒家对"仁"的强调、对"礼"的推崇、对"义"的颂扬、对"利"的贬斥,以及宣扬"和为贵"、"不患寡而患不均"等主张都是为了协调、规范和平衡人际关系。与此同时,在个人修养方面,儒家强调"格物、致知、诚意、正义,修身、齐家、治国、平天下",也是为了协调个人、家庭和国家之间的关系。二是强调人与自然关系的协调,强调"法自然师",即主客观互融的"天人合一"思想。儒家文化的这种理性特征具有很强的应变适应能力。儒家文化中依据理性的思考,依据一定的环境与人们的利害关系、择善而从所制定出来的准则。一旦环境变化,人们的利害关系就会发生变化,某种准则如果不能证明自身的存在对人类利益的必要性,就会迅速地为人们抛弃。在近代资本主义的冲击下,东亚各国在古典农业时代形成的重经验轻科技、重农抑商、"三纲五常"等观念和政策已纷纷转变为发展现代科技教育、推行工业化、提倡民主与科学等。

日本近现代的一些企业在经营的模式上很西方化,但在管理的文化基础和道德层面上,并没有破坏传统的结构,而且其传统结构对人的效率影响其实是正向的。日本的管理方法的背后是对西方管理经验和东方管理文化的探索,他们比较完整地保留了传统的道德观念,上下级以及各个阶层之间都能很好地合作。

在方法上,日本教育界注重从三个方面对学生进行和文化的教育[1]:

第一,消除代沟和亲和教育。针对学生学习压力大和升学压力大以及家长、老师恨铁不成

[①] 福泽谕吉(1835—1901),日本明治时期的著名思想家,东京学士会院的首任院长。他作为日本著名私立大学庆应义塾大学的创立者,被列为明治六大教育家之一。他的肖像印在日本银行券D号1万日元(最大面额,1984—2004年)和E号1万日元(2004年始用)的纸币正面。

钢、学生对老师和父母有反感的逆反心理和抵触情绪，通过校区联网、家长教师协会、组织联谊会、同乐会、合家旅游等形式的活动，沟通两三代人之间的思想感情，融洽师生关系，创造温馨的家庭氛围，既密切了亲情和友情关系，又丰富了精神生活。

第二，陶冶道德心的同和教育。同和教育是日本中小学 20 世纪 90 年代以来的研究热点和实验课题。针对日本严重存在的部落歧视（欺侮弱势群体的行为）、恃强凌弱、学校暴力、欺侮和伤害行为等种种社会病态，通过开展相谈活动、友爱感召运动、建立同和教育推进委员会，启发引导学生尊重彼此人权，并尊重自己赖以生存的社会环境，制止欺侮，消除歧视，从而保障每个孩子的学习权利和安全的学习环境，优化、美化、净化了校园生活。

第三，面向全人类的大和教育。这就是国际化教育。国际化教育重在启动引导学生学会与外国人来往和友好相处，珍惜和平、自由与人权，成为世界和平的维护者。日本政府颁布的《小学道德学习指导纲要》中要求学生尊重并正确地理解外国人，做一个对人类幸福有用的人，对外国人持尊敬之情，并能正确地与之互相帮助，尊重外国人的生活文化。在《中学道德学习指导纲要》中要求学生从放眼世界的角度，努力使自己成为为世界和平和人类幸福做贡献的人。在日本政府 1985 年 6 月发表的《教育改革第一次咨询报告》中，号召学生迎接国际化时代，广泛地了解异国的文化，积极地为国际事务做出贡献，以取得国际信任，并提出："只有做一个真正的国际人，才是一个出色的日本人。"

团队主义

东亚各国自古以来就比任何西方国家都更加重视集体的力量，个人的价值往往要在社会效益中得到体现。它不是以个人幸福、人格尊严和自我完成为优先，而是以团体的目标和利益为优先；不是靠契约而是通过上下之间的共识维系团体的人际关系；不是将自我的尊严和成就与团体的利益与规则相对立，并不认为个人的尊严和成功必须首先依靠个人的才智、奋斗和机遇，而是认为自我尊严与成就是经过团体达成的。这是一种团体至上、强调集体、甚至要求牺牲自我的倾向。在这种民族精神的感召下，人们历来崇拜为群体、国家、民族、社会、人民、无私奉献的人，他们被称为英雄、志士。这种精神又时常用"人人为我，我为人人"的"忠"、"义"价值观来体现。"义理"和"非个人主义"在履行契约和达到目标方面发挥了极大的作用，这些均植根于儒教。本尼迪克特[2]认为，日本文化是不同于欧美"罪感文化"的"耻感文化"，这是源于日本的社会组织原理是不同于欧美"个人主义"的"集团主义"。"耻"就是不可做出丢脸的事。遭遇天灾导致社会大混乱时，很少有日本人会乘隙为非作歹，正是这个"耻文化"的作用。

集体主义在日本被具体化为团队主义。团队主义精神被日本人熟练地应用于企业管理中并取得了卓越的成就。在日本企业里，你可以说某个人不好，但不能说某个企业不好，因为他们认为企业的名誉比个人的名誉重要得多。这是一种团体本位主义，是第二次世界大战后由西方传入日本的，是西方以人为中心的行为科学和儒家价值论和伦理观的化合物。它被有效地应用于经济发展和企业管理，在培养员工对企业的忠诚意识、缓和劳资冲突与上下级关系中发挥了人所公认的作用。日本企业结合民族文化的特点，通过组建团队集体来完成战略决策、新品开发、生产及营销工作。团队成员同心协力，以求在较短的时间内出色地完成任务。这种组织形式使科学技术迅速转化为生产力，适应了经济发展的快速需要，使日本企业的国际竞争力不断提高。20 世纪 80 年代中期，日本制造业超过美国，与注重团队建设有密切关系[3]。

在日本，有一句话叫做"世间样"（Sekensama），意思为"尊重的社会先生"，含义为"社会至上"。"世间样"要求每一个国民作为个人,应该服从多数,更应该服从整个社会秩序。例如,面对排队还是不排队的判断时,人们首先看别人、大多数怎么做,然后决定自己怎么做。这也是一种所谓"从众心理"的表现。日本人牵涉到公共秩序的从众心理是最为明显的。长期以来积累下来的国民性以及战后培养出来的文明素质使大众相当克制,日本人还是比较懂得"自律"的。总之,"世间样"面前人们都平等,既然你是享受平等的权利,从中获得"安心、稳定生活"的巨大利益,就不轻易违背"世间样"所约束的一切。日本人每时每刻无意识当中认识到,"只要服从秩序,从中能够获利"。这是明智的选择。人只要涉及自己的根本利益,就能理性。这点是世界共通的。"理性"应该也是人类普遍的价值。

丰田制造出一个让每个人的"智慧"变成私有制度,让智慧有价格,可以买卖,可以交易;丰田公司鼓励"智慧"交换,结果是获得人们的尊重和认同。丰田有一个口号,叫做"不要担心员工不够素质,要担心的是管理者习惯对智慧的浪费"。也就是说,如果企业竞争力不够,生产效率不高,那就意味着员工的智慧被浪费了,而员工智慧被浪费,并不是因为员工的素质问题,而是因为管理者对浪费的麻木。这样一来,丰田的每一个员工都会把智慧花在产品价值与客户价值上,从而形成了一个提高产品质量、降低浪费的"团队场"。在这个"场"中,管理人员致力于把每个员工的智慧激发出来,而每一个员工也把发挥自己的才能去为企业做贡献当成自己最大的成就。

人本教育

儒家一向重视教育,儒学中多有"学而时习之"、"富之,教之"和"有教无类"等教育思想的表达,东亚各国把儒学中尚贤、重教的传统转化为教育优先的原则,长期把智力投资放在重要的地位,重视教育和职业培训。

正如日本前内阁总理大臣福田赳夫在一次施政演说中所说的:"人是我国的财富,教育是国政的根本。"日本从明治时代以来就以高识字率著称于世。女性自怀孕起政府就开始发给营养费,每天给你家送牛奶。孩子出生后,直接到市政府领取 30 万日元,除交医院费、购买所有婴儿用品外还剩几万日元。婴儿在 1 个月就可以送到幼儿园,政府的公办幼儿园费用大约是 1 万—3 万日元/月,私立幼儿园费用大约是公办的 2 倍以上。幼儿园是社会福利的一部分,收入少的可以申请少交或不交。小学到初中学费为零,花费就是每天中午的午餐费约 3 000 日元/月,一年给学校的所有交费就是 3 万日元左右,相当于 3 天的工资。如果从一个城市搬家到另一个城市,因为教科书不一样,当学年的所有课本可以再领一套。高中开始不是义务教育,学费大概是 10 多万日元/学期,一年花费 20 万日元即可,即不到 1 个月的工资。私立大学的学费约 100 万日元/年,国立大学的学费约 50 万日元/年,有各种奖学金和助学贷款等。从幼儿园到大学几乎都可以申请费用减免。

日本小学的伙食由政府提供,这种制度叫给食。无论校长、老师还是学生吃的都是一模一样的饭菜,但校长也搞特殊化——校长总是第一个吃。那么校长为何要有如此特权呢——实际上这是制度,校长必须要在所有的学生吃饭之前第一个品尝试吃,以免食物质量靠不住,到时候校长第一个送医院。

第二次世界大战结束后日本的迅速崛起,得益于重视教育和重视人才。日本前文部大臣荒木万夫曾经指出:"从明治以来,一直到今天,我国社会和经济的发展,特别是战后经济的发展非常惊人,为世界所重视,造成此情况的重要原因,可归结为教育的普及和发展。"美国著名发展经济学家舒尔茨说:"战后日本物质资本存量几乎荡然无存,但其国家财富中的重要部分——具有知识水平的人还大量存在。"日本重视教育的历史可追溯到明治维新时代。早在1872年明治政府颁布《学法令》时,就在《学制布告》中提出了一个非常明确的口号,要在全国做到"邑无不学之户,家无不学之人",接着,1886年明治政府宣布在全国实施义务教育,大约经过30年的努力,终于在全国范围内普及了初等教育,其速度之快在世界教育史上是首屈一指的。而且从年代上看,日本也是世界上最早在全国范围内普及义务教育的国家,比美国早4年,比法国早10年。日本初等教育的入学率为100%,达到这个水平的国家还有韩国、瑞典、英国、法国、加拿大、阿根廷和意大利;日本中等教育的入学率为99.5%,居世界第一,基础教育的扎实发展,造就了平均文化素质高的日本国民,成为日本经济与社会发展的最宝贵资源。日本取得这个成绩是多年努力的结果,早在1911年,6年义务教育的就学率便达到98%;1947年,日本又将义务教育延长至9年。

专栏9.1　　　　　日本的小学教科书[4]

很多人认为教科书没有保存价值,很少有人会津津有味地读教科书。如果你看过日本的教科书,这种观念可能就要改变了。

日本小学生用的"社会"教材,分别由图书株式会社和中教出版社出版。两套教材的审定、印刷和发行日期详细到"日"。两套教材在同一个学期内出版、发行,无疑使学校和师生们多了一种选择。假如只有一套教材独霸天下,编写得再烂也能混下去。

教材印刷精美,封面是极厚的带纹路的纸。在每册教材的目录后附有前一册或者后一册教材的目录,让学生能"瞻前"和"顾后"。两套教材都附有大量最新的图片、图表和数据,数据和图表都标明了出处和年代,很像资深学者的学术论文。教材的内容贴近生活,有深度,文字有故事性,很有吸引力。其中,有一节课是从讲故事开始,先讲一个叫新一的人去旅行,然后介绍他乘坐的交通工具、他遇到的问题,还附有他行进的路线图。第二节则着重介绍地图的识图知识,如地图的标记符号、方位判断、等高线等,还用图片介绍了盆地、平原和高地。类似这些知识,在中国高中甚至大学的教材中才会出现。再如"日本农业"这一单元,不是单纯讲农业,还讲农家、农业人口、农业机械化、农作物等知识,配有地图和照片,还把日本的有关资料同其他国家进行对比。

每套教材的编者中都有七、八位教授,有法学博士、经济学博士、文学博士等,也有教育研究所的研究员、学校校长、教研员和教师。其中,一套教材的编者有19人,另一套则有29人。编写者的名字和资历在教材封底的显要位置注明。有这么多教授参与,又有直接从事一线教学的校长和教师们参加编写,教材才能涉及众多学科的知识,才能那样贴近学生的实际。对待小学生教材这样的"小儿科"竟如此"大动干戈",日本重视教育的程度可见一斑。

脱亚入欧

大清和日本几乎同时被英美用大炮打开国门,但结果大不相同。大清随之更加自闭,日本随之更加开放:不再仅仅局限于亚洲,转而朝向欧洲。日本果断维新,大开国门,脱亚入欧,大举西化,使自己迅速成长为一个现代强国。

日本明治维新的改革步骤是:文化—政治—经济—军事。先让民众接受西方先进文化,从思想上认同西方,成就民众基础。然后改革政治,为使国家富强的经济发展作铺垫。再然后则是启动了经济改革,最后开始了军事的发展。当时日本的口号:"全盘西化,文明开化,殖产兴业。"(福泽谕吉)

和魂洋才

中国一度被认为是日本一切知识的源泉。始建于公元8世纪的京都一千年来一直是日本帝国的首都,完全是唐朝首都长安的翻版。真正的日本诗人使用汉字写诗。对男子来说,有学问就意味着要学习汉语。日本大多数文化珍宝都来自中国大陆,如水稻的种植、文字、儒家等级制度的理念和孝道、青铜和铁的使用技术。历史学家乔治·桑瑟姆写道,从中国传到日本的佛教是"一只有魔力的大鸟,扇动强大的翅膀飞越大洋,给日本(带来)新生活的各种东西——新的道德、各种知识、文学、艺术和手工艺,以及本土传统所无法匹敌的哲学"。

日本在1640年到1850年代的二百年间,有一个兰学的存在。兰学,也就是荷兰之学或西洋之学之统称。而中国在这两百年间,没有系统的西洋之学。如此,日本在1850年代开国以后,可以迅速跟上世界潮流,而将中国拉了很远。这也就是中国近代落后日本的真正原因。

看维基百科对兰学的定义和解释:

> 兰学指的是在江户时代时,经荷兰人传入日本的学术、文化、技术的总称,字面意思为荷兰学术,引申可解释为西洋学术(简称洋学)。兰学是一种透过与出岛的荷人交流而由日本人发展而成的学问。兰学让日本人在江户幕府锁国政策时期(1641—1853年)得以了解西方的科技与医学等。

借着兰学,日本得以学习当时欧洲在科学革命方面所达致的成果,奠下日本早期的科学根基。

1853年,美国军舰开到了日本港口,武力迫使日本对外开放。当西方列强刚打开日本国门时,日本天皇交代国民一句话:"要像过去尊重中国人一样尊重西洋人。"

1871年,日本派出以财政大臣大保利通,工商大臣伊藤博文(后来成为日本首相)为首的100余人访问团,对欧美进行了长达22个月的超长期考察,对政府制度、司法机构、教育体系进行详尽地调查研究。当时的美国总统格兰特、英国女王维多利亚、法国总统齐鲁、普鲁士皇帝威廉二世、俄国皇帝亚历山大二世都会见了日本使团。注意:日本的政治精英是花了22个月对西方的政府制度、司法机构、教育体系、宪法制度等做了详尽的考察后,经过认真思考后才真正启动明治维新的,包括他们采用德国的宪法。

从那以后,日本开始了模仿西洋、"脱亚入欧"的进程。1885年3月16日,日本《时事新报》刊登了一篇题为《脱亚论》的社论①。日本古籍《菅家遗戒》中最有名的论述"和魂汉才"在日本流传近千年。明治维新后,出现了一个新词叫"和魂洋才",这个词汇至今仍被广泛使用。日本人当年面对西方文明抱着"始惊,次醉,终狂"的学习态度,从谦卑做起,成为东方民族中唯一未经殖民化而成功现代化的国家。

日本明治政府推行的基本国策是富国强兵、殖产兴业、文明开化。基本内容是:改革政治

---

① 现在,人们普遍认为这篇文章的作者是福泽谕吉。

和军事制度,废藩置县,建立中央集权制;整理俸禄,取消武士阶层,变革封建等级制度;颁布《征兵令》,建立近代常规军,建立近代军事、警察制度;推行地税改革,实现资产阶级土地制度改革,大力移植西方近代资本主义经济制度,实行资本主义工业化,建立"模范工厂",发展近代资本主义工商业;实行教育改革,发展近代教育;积极学习和大力引进西方资本主义文明,在思想意识、风俗习惯、生活方式和科学技术等各个领域开展资产阶级启蒙运动。

早在德川幕府时代,日本的教育已相当普及,男子识字率达50%,女子达20%,在工业革命前如此水平世界上绝无仅有;而且,民众扫盲是由被称为"寺子屋"的私塾普及的。在明治维新时期,14 000间寺子屋被改造成公立学校,以欧洲为蓝本的公立学校系统就此建立起来。比较起来,中国1949年的文盲率仍为80%。

文明开化

日本人在挨打以后开始认真思考:为什么西方人能够造出坚船利炮?日本人忽然醒悟到:自己认为是野蛮人的西方人原来是真正的文明人,而日本人自己才是地道的未开化野蛮人,因而在日本掀起了"脱亚入欧"的运动。1871年,普鲁士的铁血宰相俾斯麦特别宴请了日本考察访问团,宴会上俾斯麦详细讲述了普鲁士是怎样从一个弱小国家跃进成为新兴强国的经验,日本人听后惊叹:"原来富国强兵的秘诀就是这样。"此后日本确定了向德国学习、走德国式的军国主义道路的建国方针。1945年日本败战后,再次认真地向打败自己的美国学习,进行了脱胎换骨的民主主义改造,将军国主义的日本改造成为民主主义的经济大国。

日本明治政府实行的"文明开化"政策引进包括经济体制、科学技术、文化教育、思想风尚及生活方式等几乎全套西方文明,使日本传统的体制和意识脱胎换骨——脱亚入欧①。"文明开化"以请进来的方式,用西方社会的现代文明营造日本社会,奠定了发展资本主义的第一块基石[5]。

专栏9.2   **"脱亚入欧"的远航**[6]

明治维新后,日本与西洋的第一次大规模接触应属"岩仓使节团"对美欧的长期出访。这个大型考察团共有107人,他们一行于1871年12月底乘美国"美利坚"号离开横滨,经过22天的海上颠簸,于1872年1月15日抵达旧金山。关于这次出访,此后研究甚多,考察团几乎所有成员都成为日本近代史上的著名人物。岩仓具视(1825—1883)是这次视察团的总负责人,他被委任为特命全权大使。这个人生于贵族家庭,做过孝明天皇的侍从,明治维新后受到重用,曾任右大臣,相当于副总理。

当时的满清政府拒绝改革,而日本竟派出如此规模的视察团访问欧美,这对西方世界来说,也是十分新奇的事件。在当地为他们举行的欢迎宴会上,岩仓具视强调此行的目的是"为了达到欧美文明的最高峰"。他说:"为了实现这个目的,我们的陆海军、学术教育已经采用了欧美方式。我们的对外贸易日益繁荣,文明知识不断流入。"

当时,岩仓具视还特意宣传了明治维新。他说:"我们的进步,不仅限于物质,我们国民

---

① 同时期中国也有这种真知灼见,为什么没有同日本一起上路?

的精神进步更加显著。数百年之久的封建制度,我们没放一枪一炮、滴血未流就废除了。请问,在世界历史上,如此重大的改革,哪个国家能不劳战争而实现?"

宴会上,伊藤博文也有致词。他不遗余力地称赞美国。他在讲话中说:"我们使节团的最大目的,就是学习所有文明的成果。贵国因采用科学技术,前人要费时数年的工作,你们几天就可完成。我们也同样希望能够节约时间,努力吸收文明知识,以尽快发展。"

伊藤博文最后还说:"我们国旗上一团红色,已非那种帝国封条的印章的模样,而是象征着在大洋上升起的太阳。而这个太阳,现在正朝向欧美文明的中天不断跃进。"据久米的记录,当时200名宴会出席者"掌声雷动,经久不息"。

此后,这个视察团还访问了欧洲十几个国家,包括英国、法国、比利时、荷兰、德国、俄罗斯、丹麦、瑞典、意大利、瑞士等,回到日本时,已是1873年。随行的留学生,在此后明治时代的政治、经济、文化、艺术等各个领域都发挥了奠基作用。

这次出访是明治政府成立后主要官员与精英对西方的最直接的、长期的接触。此后至今,日本所走的道路几乎都与此次远航带回的信息以及根据这些信息进行的设计有关。

超越自我

第二次世界大战后,被盟军打败的日本再次认识到本国与美国的差距,不仅坦然地承认失败,认识到明治维新的不彻底性,更虚心地向美国学习,对日本进行民主化改造,实现第二次开国,变成了完全意义上的资本主义。在短短的30年中就从废墟中走出,崛起成为仅次于美国的第二经济大国。正如日本前首相吉田茂在《激荡百年史》一书中所说:"如果没有承认战败的坦率态度,情况也许就会不同。"

20世纪50年代,日本刚开始向美国出口商品时,Made in Japan和今天的Made in China一样,是廉价商品的代名词。当时,日本产的1美元一件的衬衣被美国的商店放在最便宜的货架上,高档的货架上全是10美元一件的美国和欧洲的产品。日本的服装制造商开始思考:为什么同样的衬衣日本产的只值1美元,而美国和欧洲产的却值10美元?日本厂商买来了各种高级衬衣,开始研究制作高级衬衣的秘密。10年后,日本产的衬衣已放在了高档衬衣的货架上,便宜货架上已看不到日本货的踪迹。

日本参议院通过了一项"个人违法下载刑罚化"的打击盗版最新版权法:从2012年10月1日开始,对被上传到网络的音乐和电影,在明知盗版违法的前提下,依旧进行下载或者拷贝的用户,将处以2年以下有期徒刑或是处以200万日元以下的罚款。

需要指出的是,日本虽然经过脱亚入欧的持续运动,经过了毁灭性的战争,经过了西化式的革新,但它的文化并没有断裂,延续得很好[①]。

脱亚入欧不仅是日本现代化的起点,也是整个亚洲国家现代化的起点。例如俄罗斯,彼得大帝几乎是只手将俄罗斯从中世纪拖入科学时代。为了向西方(俄罗斯之西)学习,他不顾旧贵族的反对,将国都从莫斯科迁到靠海的彼得堡——"大自然在这里设好了窗口,我们打开它

---

① 这对中国的现代化运动是个极好的参照,有助于打消因以西方价值观为参照系的现代化运动而形成的文化传统断裂的顾虑。

便通向欧洲"(普希金《青铜骑士》)。李光耀资政在向斯科尔科沃莫斯科管理学院新一届学生讲话时[7],也指出新加坡的成功在很大程度上就归功于它拥有环球联系,在全球形成广泛的联络网,联系是"全面"的:"我来自一个非常小的岛国,但因为我们与世界的联系是全面的,有航空、海运、手机及无处不在的联系,我们已经成了思想交流的枢纽。"

东西方文化混合抚育的结果,正如《菊与刀》所言,日本人的国民性具有强烈的矛盾甚至对立性:生性极其好斗而又非常温和;黩武而又爱美;倨傲自尊而又彬彬有礼;顽梗不化而又柔弱善变;驯服而又不愿受人摆布;忠贞而又易于叛变;勇敢而又怯懦;保守而又十分欢迎新的生活方式。他们十分介意别人对自己行为的观感,但当别人对其劣迹毫无所知时,又会被罪恶所征服。

反向革命

相比而言,亚洲的大学教育并非世界领先。在英国教育专门杂志《泰晤士报高等教育副刊》(THE)发布的 2011—2012 世界大学排行榜中,东京大学位列亚洲首位,在世界排名 30 位。针对传统文化(特别是儒家文化)重文史轻理工、重知识不重能力的特质,亚洲现实的教育具有极强的实务性,从历史的传统角度来说,是一种反向革命。

忧患教育

一个国家的持续强大,不在于这个国家能发现多少本身的比较优势,而在于这个国家能够看到未来面临着什么样的危机和挑战。日本的版图大概相当于中国的四川省,但人口密度却比四川大①。地狭人多,资源匮乏,而且台风、海啸、地震非常频繁。正因为如此,日本人一直有深刻的危机意识。

日本的忧患意识大致可分为三种[8]:

第一种是来自生存环境的忧患意识,即通常所说的"国土狭小、环境恶劣、资源匮乏、灾害横行"等。这种忧患意识在日本无所不在。例如,日本总是举国炒作能源紧张的话题,不少高收入的人却在一滴水、一度电上精打细算。夏天酷热,有人为了节电倡议空调不要低于 28 度,结果走到哪里都是 28 度,有的地方干脆将降温的按键用胶纸贴住,不让人动。其实,日本几乎从来不停电,用电也无限制。日本这种忧患意识不仅是客观国情的"加工型"反映,而且是日本人认识、约束自我的思维方式的展现,是日本国民意识及价值观的基石。日本许多为人敬重的优点及令人厌恶的缺点都是以此为基础的。

第二种是来自社会压力的忧患意识。例如,日本国立社会保障和人口问题研究所日前公布的"日本将来人口推测"报告显示,到 2055 年,日本人口将减少至 8 993 万人,其中,老龄人口将达到 40%,是目前的 2 倍。对于倚重人力优势的日本,这种压力的沉重与深刻是可想而知的。

第三种是来自文化传统的忧患意识。日本在长期的历史发展中,大量吸收中国文化(特别是儒家思想),结合自身的国情形成特有的文化传统。例如,孔子"人无远虑,必有近忧"、孟子"生于忧患而死于安乐"的教诲等,似乎就是针对日本而言,使日本人受益极多,非常推崇。这

---

① 2011 年,四川全省人口密度为每平方公里 172 人。日本的人口密度为每平方公里 336.8 人,位居世界第 30 位。

种文化理念与上述客观依据相契合,使日本的忧患意识不仅具有应对灾难等临时性事件的功能,而且逐渐成为日本民族独有的性格特征;它不仅具有现实性品格,而且具有很强的理论性品格,因此,具有一定的独立性与稳定性,即使在环境好转时也不会轻易丢弃。与许多虽有现实压力但无文化传统熏陶、"听天由命"的民族,或虽有文化背景但少现实压力、"坐吃山空"的民族是难以比拟的。

日本这种忧患意识的渲染、灌输由来已久。日本政府和社会各界经常向国民提出日本存在的危机,诸如列岛沉没论、资源匮乏论、生存危机论等,以激励国民奋发图强、不甘落后的忧患意识。

2006年,日本经济已连续5年保持增长,许多人都认为这是难得的佳绩。但日本又重新拍摄《日本沉没》,新版影片中电脑特技制作的地震和海啸场面极具现场震撼力。自2006年7月15日起,该片在日本316家影院放映,上映3天即有90亿票房收入,再次在社会上引起轰动。与《日本沉没》同时代,还有小说《平成三十年》、《日本封印》等渲染日本危机的作品推出,呼唤人们的忧患意识。

近年来,日本媒体的保守化浪潮日盛,政治上的膨胀令人侧目。但在面对日本经济发展的报道及评论方面,却大都仍保持着近乎苛责的态度,在新年社论等应该"鼓舞民心"的文告中,也是"警告"连连,不断敲打着身经百战的日本经济。那些世界一流的日本大企业"老总"们的自谦,常使人忽略这其实是一个每年人均GDP 4万美元的国度。当国际业界都看好日本经济终于走出10年不景气、冀望其在亚洲一展身手时,前丰田董事长奥田硕马上泼了一盆冷水:"日本要当亚洲盟主?没品格也没力量啊!""照现在这样,日本一定会沉没!"

其实,日本即使沉没,也是猴年马月的事。将这样的"远虑"作为"近忧",从而不断营造自己民族的忧患意识,促进了日本民族素质的成熟与经济的发展。2011年3月,因为地震引发海啸导致福岛核电站事故暴发后,奋战在核电站的东电员工表现出的毅力赢得国际舆论的普遍尊重。CNN在一名东电员工发出的邮件中截取了这样一句话:"哭泣无用,如果我们正身处地狱,所能做的只有爬向天堂。"[9]

尽管中日两国海岸线长度大致相当,但日本在公海却拥有450万平方公里专属经济区,是更庞大、人口更多的邻国中国的5倍。日本的领海权在过去30年不断扩大。直到最近,公海还是各国共有的。但自从《联合国海洋法公约》于30年前获得通过后,162个国家将海洋切割成不同的专属经济区,各国在本国领海以外还拥有至多350海里大陆架排他性资源独占权。日本十分重视专属经济区发展战略。最远的冲之鸟礁距东京近2000公里远,相当于英国伦敦到冰岛雷克雅未克的距离,是两块礁岩组成的,一块大小如同一张双人床,另一块大小如同一个小房间,涨潮时几乎完全被淹没。1987年以来,日本已投资6亿美元支撑这块礁石,以防其消失。这些努力的回报是显而易见的:依附于这块让人怀疑是不是"岛"的专属经济区给东京带来40万平方公里,理论上最高能达到130万平方公里,相当于日本陆地总面积的3倍半。

匠人教育

被誉为日本"经营之神"的松下幸之助的名言是:"松下生产人,同时生产电器。"他建立了一个庞大的培训中心,每年可以轮训5万员工。松下电器商业学院把中国的儒家哲学与现代管理熔为一炉,对学员进行严格的教育。学院遵守的信条是:和亲合作,全员至诚,一致团结,服务社会。学院把儒家经典《大学》中的"明德,亲民,止于至善"作为学员研修的目标,并作出了创造性的诠释:"明德"就是"竭尽全力,身体力行,实践商业道德";"亲民"就是"至诚无欺,保持良好的人际关系";"至善"就是"为实现尽善尽美的目标而努力"。通过学习《大学》、《论语》、《孟子》、《孝经》这四部儒家经典,来确立"商业之道在于德"的思想,以此建立人性管理模式。每天早晨,全体学员集合,各自面向自己的家乡,遥拜父母,心中默念《孝经》:"孝,德之本也","身体发肤,受之父母,不敢毁伤,孝之始也。立身行道,扬名于后世,以显父母,孝之终也。"然后,全体成员都正襟危坐,双手合十,口诵"五观之偈",进行自身反省。其五偈为:一偈,"此膳耗费多少劳力";二偈,"自己是否有享用此膳之功德";三偈,"以清静寡欲为宗";四偈,"作为健全身心之良药享用此膳";五偈,"为走人之正道享用此膳"。松下就是用这样的方法来塑造人性,培养人的至善仁德的。如果一个人连自己的父母都不孝,说明他已经没有仁德了,人性已经发生了异化,怎么能去爱别人呢?松下公司通过学习孝道和儒家推己及人的思想,培养员工的仁爱之心,促进企业的有效管理,实现自己的企业思想[10:35-37]。

翻翻日本小学毕业纪念册可以发现,小学生最向往的职业竟然是"大工",也就是木匠。在亚洲,如此崇敬手艺人的国家只有日本。"既然做了一件事,就要尽可能做好"①。有研究者发现,植根于日本文化中对手艺人、工匠的崇尚精神,是支撑日本经济发展的灵魂性力量。

日本"工业之父"涩泽荣一以《论语》作为培训工业企业管理人员的教材。村山孚的《新编论语》一书,更是专从企业经营管理角度研究《论语》的专著。丰田公司创办人丰田佐吉经营管理的座右铭为"天、地、人"。其子丰田喜一郎的座右铭为"天地人、智仁"。其孙丰田幸一郎又增为"天地人,智仁勇"。"天地人"来源于《孟子·公孙丑下》"天时不如地利,地利不如人和"。此外,中国古代商人也曾强调"因天时,乘地利",考虑市场的变化,因时因地制宜。"智仁勇"是儒家的"三达德",来源于《论语·子罕》,孔子曰:"智者不惑,仁者不忧,勇者不惧。"也来源于《礼记·中庸》"好学近乎智,力行近乎仁,知耻近乎勇"。"智、仁、勇三者,天下之达德也"。

专栏 9.3   **日本的发展质量**[11]

日本的国内生产总值约占世界的16%。截至2005年年底,日本持有的净海外资产总额为180.70万亿日元,连续15年居世界第一位,而且远远超过位居第二位的瑞士(48.85万亿日元)以及位居第三位的中国香港(44.23万亿日元)。日本的钢铁业在产量方面仅次于中国和美国,居世界第三位,但在高级钢材的产量方面超过中国,居世界第一位,在钢材出口方面也居世界第一位。

日本产品的质量体现在巨大的国际化合作上,例如,波音787的生产比例:(1)机头:波音公司自己生产。(2)机尾:意大利阿莱尼亚航空和美国沃特飞机组成的合资公司生产。(3)机翼与机身:由三菱重工、川崎重工、富士重工三家日本公司负责。从工程量算,大概美日各占35%,其他国家共占30%,787因此被称为日本的准国产飞机。它的机体材料是首

---

① 日本学者有一个显明的特点:无论在自己的领域多么有名,哪怕获得了诺贝尔奖,对其他专业领域从不发表意见。

次在民用飞机中使用的碳素纤维,由三井财团东丽纺织供应。其他厂商有川崎重工、三菱重工、富士重工、普利司通、松下、TOTO等。首架客机也交付日本全日空。

日本的科技竞争力仅次于美国,居世界第二位,日本科技研究开发投入的经费也仅次于美国,占世界第二位,比德国、英国、法国三国的总和还要多。1990年以来,日本研究开发经费支出占GDP的比重一直位居世界第一位。日本的研究人员数量仅次于美国,居世界第二位,日本每万人劳动人口的研究人员数为全球之最。

日本的森林覆盖率高达64%,与1964年的水平相比几乎没有变化,是世界上森林覆盖率最高的国家之一,日本不对国内森林进行商业性采伐,木材几乎全部依赖进口;与之相对照,中国的森林覆盖率仅为18%,低于22%的全球平均水平,而且仍在进行商业采伐并出口,其中,许多出口到日本。

日本是世界上平均寿命最长的国家。2003年,日本女子的平均寿命为85.33岁,男子为78.33岁,均创下全球最高纪录。日本男女平均寿命为82岁,已经连续多年名列世界第一位,而女子平均寿命从1985年以来一直名列世界第一位。

日本还是世界上较为廉洁的国家之一。2004年3月,"透明国际"发布的《2004年全球反腐败年度报告》中,日本处于最清廉的前30个国家之列。另外,日本是全世界收入分配最公平的国家之一,基尼系数为0.285。

实业教育

除了日本,亚洲的另一个大国印度的教育也有鲜明的特质,尤其在实业教育的导向上。

印度是世界上第二大发展中国家,经济基础薄弱,能源、交通、电信等基础设施落后。但从1947年独立以来,印度一直重视对科技人才(特别是信息技术人才)的培养,成为世界上最大的科技人才库之一。从20世纪90年代初起,印度计算机软件业以年均50%以上的速度强劲增长,经过10多年的努力,印度已成为世界上仅次于美国的第二大计算机软件王国。有关专家认为,印度计算机软件业所取得的举世瞩目的成就主要得益于印度对信息技术人才的培养。

为了应付日益增长的海内外信息技术人才需求的挑战,印度信息技术部制定了一项名为"知识行动"的人才培养计划,并从2007年6月开始实施。此外,印度政府还采取了一系列措施,加速培养信息技术人才。

第一,增加对国际上享有盛誉的印度理工学院的投入,并计划将全国43所地区性工程学院提升到印度理工学院的水平。

第二,在全国所有邦设立印度信息技术学院,以印度理工学院为鉴,专门培养高水平的信息技术人才。目前,班加罗尔、海德拉巴、马德拉斯等地的学院已建成。

第三,大力鼓励民间办学。鼓励著名信息技术业公司办学。目前,印度全国有公立大学250所、公立学院1万多所、私立理工学院1100所。随着信息技术业的发展,一批专门培养信息技术人才的私立工程学院像雨后春笋一样地崛起。

第四,大力鼓励著名信息技术业公司办学。例如,印度著名软件业公司信息系统技术有限公司创办了一所专门培养信息系统业高级管理人才的大学。以开发教育软件为主的全国信息技术研究所有限公司在印度和世界30多个国家设立了上千个培训中心,每年培养20万名信息技术专业人才。

根据2009年《财富》杂志全球500强公司的数据,针对46家可比较的公司,在总共788位拥有"首席"头衔的高层管理者中,有2个中国人、2个北美籍华人以及13个印度人。在590位董事会成员中,有4个中国人和6个印度人。虽然两个国家的高管人数所占比例仍相对较小,但是,和跨国公司中的中国籍高管相比,印度籍高管的数量似乎相对较多[12]。

在美国硅谷,印度人或者印度裔人士正在各大高科技公司占据重要位置。早在2005年,加州大学伯克利分校、斯坦福大学进行的一项调查发现,52.4%的硅谷科技公司有一位来自国外的高管和技术领军人物,印度裔占到了25.8%。而到了2012年,印度裔人才领导的公司占到了33.2%。到2014年2月,在谷歌13名顶级高管中,印度裔占到了4个。在美国硅谷的人口数量中,印度裔只占到了6%,但是创办的公司占到了硅谷所有公司的15%[13]。

政 治 变 革

威权主义政体的特点是权力高度集中,政纲单方面制定,执政手段强硬粗暴,一切只为了政权的存在,不计国家民族的未来。这样的政体,没有宪法,没有选举……只在形式上表演着。

成功的改革总是民主兴邦,比经济改革更重要、更首先的应该是政治体制的改革,没有政治的现代化,任何经济发展模式都无法持续——那些保留原有政治体制下进行经济可持续性发展的种种方案,纯粹是缺乏可操作性的梦呓。政治改革没有真正启动的国家,悲剧总是以喜剧的面目出现。这些悲剧首先是那些受害者承受,尔后,由悲剧的表演者承担。主流社会没有究责与忏悔,一些人总在期冀不通过制度,不通过社会力量,而是通过自己强大的政治权力,来改变社会或改造国家,他们留下的只会是一地鸡毛。

韦伯认为,现代经济发展必然促成社会的高度分殊化(Societal Differentiation),从而导致整个社会具有日益多元分散的社会离心力倾向,因此,现代政治的基本任务在于如何创造一种政治过程,以使多元分散的社会利益仍能凝聚为民族整体的政治意志和政治向心力,不然的话,整个民族将出现只有社会离心力而无政治向心力、只有地方和集团利益而无民族利益的危险局面,其结果将是整个民族呈现分崩离析的状况。由此,落后民族经济崛起的背后所隐含的一个重大问题就是,该民族的政治主导力量是否有足够的政治远见和政治意志去塑造一种新的政治机制,以适应社会结构的巨大变动。由于现代经济发展的基本趋势是要把社会的所有人口都纳入一个统一的交换经济过程之中,韦伯认为能够适应这种"大众经济"过程的唯一政治机制只能是"大众民主"(Mass Democracy),也即被纳入一个统一经济过程中的社会大众必须同时能参与到一个统一的政治过程之中。这种以最广泛的政治参与来凝聚民族政治认同的民族就是现代"政治民族"。

1985年3月,一个叫米哈伊尔·戈尔巴乔夫的人成为前苏联的党和国家领导人。正是特殊的历史情境把戈尔巴乔夫从那些传统的专制统治者中间剥离了出来,使之成为一个奇异的存在……戈尔巴乔夫开始做前任绝不敢做的事,着手对苏联的政治结构、经济制度和文化模式进行全方位改革,这个人有意或无意地在创造令世界瞠目的历史。

对苏联的改革,历史学家归纳出一个令人瞩目的特点:先于经济改革的政治改革,即首先着眼于造成苏联社会经济矛盾和文化矛盾的政治矛盾,把经济改革和文化改革放到了从属的地位。这是苏联改革的起点,后面所有大大小小的事件都是从这个基点上生发出来的。

民主制度

苏联不单是亡于西方的"和平演变",主要是亡于其自身的内部原因,是体制内部弊端和长期矛盾积累的自然结果。最终使苏联灭亡的,还是这种发展模式的建立者。

赫鲁晓夫在苏共二十大的"秘密报告"中解释并批判了斯大林"个人迷信"和大屠杀,还第一次揭开了苏联暗流涌动的盖子,开启了改革的启蒙运动"解冻"。尽管他把这一切归咎于斯大林的"个人品质",没有从制度上认识到斯大林模式的根本弊病,把"斯大林"和"模式"分裂开来,只批斯大林而不批模式,而且改革的目标不明确,不从根本上否定这种模式,却企图修补这个模式。勃列日涅夫以宫廷政变的方式夺取了赫鲁晓夫的权力,但并没有把改革推进到一个新时期,而是力图再造斯大林模式,重现斯大林的个人集权。这就加剧了苏联社会固有的矛盾[14]。

苏联的民主改革肇始于戈尔巴乔夫。"我也可以不改革。"戈尔巴乔夫回忆说,"制度本身还具有稳定性,再维持几十年是可能的。"但戈尔巴乔夫不是这种人,在大众的福祉与个人的权力之间,他毅然选择了前者。他知道,专制制度必然死亡,改革将加速而不是挽救它的死亡。而随着旧制度的死亡,他本人也将失去不受任何制约的权力。

戈尔巴乔夫这样选择是基于他鲜明的民主理念和充分的思想准备:

在《戈尔巴乔夫回忆录》的结束语里,戈氏回答了自己究竟是一个"成功者"还是"失败者"的问题。"我从许多人那里听到一种意见,说戈尔巴乔夫最大的错误在于他把权力拱手让出去了。这被看作是软弱的表现,是一次非常严重的失败。的确,迄今为止,在所有的价值衡量表上,丧失权力的统治者都是失败者。对于这一点,我有不同看法。我不仅有思想准备,而且实际上我有意识地把事情办成这样,即到了一定的阶段,届时稳定的民主制度已经建立起来,我国的最高权力机构也就可以易手了,从人民选举出来的一部分人手里转交给他们推选的另一部分人手里。"从这个意义上说,戈尔巴乔夫是以失败者的名义拥有了最后的成功。

戈尔巴乔夫清楚,政治制度具有决定作用,所以,他把主要精力集中到政治改革上。

舆论制度

苏联模式在 20 世纪 30 年代至 50 年代的成功,在相当程度上建立于强大的宣传、捏造的数字以及任何正常国家无法承受的高昂代价之上——成千上万人的尊严与命运被漠视和践踏,人只是实现国家目标的材料,各种资源被滥用和浪费。在一个模仿和起始阶段,它可能带来某种成功,一个在 1905 年败于日本的腐朽的沙皇俄国,却在 1945 年战胜了强大的德国。这种成功似乎足以迷惑所有的质疑者,但一个惊人的悲惨现实正被掩藏在这种荣耀之下。最杰出的头脑、最独立的心灵被毁灭,恐惧和粗陋的宣传窒息了年轻一代的创造力,权力与意识形态束缚了人们的实验精神,愚蠢的官僚体系占据着所有资源,社会被瓦解,暴力和惯性是维系社会的唯一力量……在20世纪50年代看起来势不可挡的苏联模式,在70年代陷入停滞,而到了80年代则几近破产。人们恍然发现,原来那么多事实被隐藏起来。

戈尔巴乔夫的政治改革是以公开性拉开帷幕的。他强调,政治改革就是全面发扬民主,扩大社会生活各个领域的公开性,充分揭示社会制度各方面的人道主义性质。戈尔巴乔夫说:"苏联社会的进一步民主化,是党在政治体制改革中的中心任务";"苏联共产党坚决让党和人民知道一切,公开性原则是社会主义民主的实质所决定的";苏联社会主义的本质就是"一切为了人,为了人的幸福"。戈尔巴乔夫大声疾呼:人们有权"了解有关过去的全部真相。必须废除关于档案的禁令,使任何文献都成为公开性的财富,如实地恢复我们所经历过的一切的本来面目。"

俄罗斯人民一直有捍卫良心正义的传统,知识分子从没集体失音过。就算在极权专制的黑暗年代,俄罗斯也创造了《日瓦戈医生》、《古拉格群岛》等揭露极权专制反文明、反人性的文学巨著;诞生了肖洛霍夫、帕斯捷尔纳克和索尔仁尼琴等问鼎诺贝尔文学奖的良心巨匠。

在历史转折的关键时刻,平民大众的理解支持是"良心英雄"最终战胜腐败守旧势力的"民心长城"。当体制内的"良心英雄"成为众望所归的民意领袖时,就算他被权力高层排斥孤立,也一样能成为进步历史的掌舵人。戈尔巴乔夫也曾被逐出莫斯科的权力中心,但莫斯科市民用大面积游行抗议来回答腐败政客的阴谋,重新把他送回到权力中心。

所以,俄罗斯的戈尔巴乔夫不是天上掉下来的,而是俄罗斯人民勇于捍卫良心正义的作品。

自由制度

集权体制有一个基本的特征,就是任何变革只能自上而下进行。在集权体制下,自下而上的变革根本不可能,因为迟早会被坦克镇压。结果,如果将历史当成一幕大剧,对民主制度下的人民而言,他会是这幕大剧的演员,并人人力争自己成为主角;而对集权制度下的人民而言,他只会是这幕大剧的看客,并且只能满足于作为一名看客。前苏联在斯大林统治时期,被杀戮的早期苏共领导阶层个个都是学有专长、知识渊博;布哈林尤其突出,他懂德、法、拉丁、希腊等多种外语,其著作震动一个时代。

中国迄今走的是一条经济改革主导的变革道路,而印度的改革是由下而上的,要通过民主方式作决策,所有的改革要让大家都得到利益才能通过,结果往往是采取中庸之道甚至成效偏低的方案,才能取得绝大多数人的认可,不可能取得最高效率及最优的选择。中国的改革是由上而下的,只要领导人是开明的,走的路是对的,便能高效率地实施改革开放。

公决制度

制度性贫困经常根源于人民低下的参与程度和刚性的、不平等的社会分层。不平等及其加剧的趋势成为对发展的限制与障碍的复合体。社会不平等是经济不平等的一个主要原因,同时,经济不平等又加剧社会不平等,最终使一个国家很难摆脱贫困。

民主在于起而行道,而不在于坐而论道。从领导科学的角度看,寻求发展的路径其实很直白：企业不发展，所有者（股东）选择新的 CEO；一个市不发展，市民民主选择新的市长；一个省不发展，全省的人民民主选择新的省长；一个国家不发展，全国的人民民主选择新的国家领导者。在这里，被选择者的道德与能力成为考量的重点，而选择者的理性毋庸置疑。

苏联的改革目标之一是建立了全民公决制度。这个制度也是俄罗斯联邦政治上成熟的标志，最大的作用就是避免内战和动乱。因为重大问题由全体人民来解决是再好不过的办法。这个制度在俄罗斯联邦政治改革初期发挥了重要作用。1993年4月，当叶利钦与议会之间的斗争达到白热化的时候，叶利钦举行了一次意义重大的全民公决，全民公决的问题很简单，就是"你对总统信任吗？"叶利钦获得了很高的支持，促使其敢于使用武力解散议会，并且再次通过全民公决通过了1993年宪法。

多党制度

苏联的开放党禁、形成多党制也是在戈尔巴乔夫时代实现的[15]。

执政制度

1988年6月，戈尔巴乔夫在苏共中央第十九次代表会议上指出，"十月革命"后建立的政治体制不久就发生了"严重的变形"，从而导致斯大林的独裁，形成了高度集中的行政命令体制，"我们现在所遇到的许多困难，其根源也都在于这一体制"。他指出，现行的政治体制"口头上宣布实行民主原则，行动上搞的却是独断专行，在讲坛上颂扬人民政权，而在实践中搞的却是唯意志论和主观主义"。他强调，解决苏联问题的关键就是改革政治体制。会议决定，把政治体制改革放在首位。在这次会上，戈尔巴乔夫首次提出了"人道的民主的社会主义"概念，实质内容是建立"真正的人民政权制度"，实现社会公正。进而，戈尔巴乔夫提出"党的地位不应当依靠宪法来强行合法化"，"苏共要严格限制在民主程序范围内"去争取执政地位。

在2008年11月5日对国民的首次正式讲话中，俄罗斯时任总统梅德韦杰夫表示，不应该有任何一个政党拥有迈向权力的捷径。梅德韦杰夫在讲话中十分重视突出他的自由主义理念，他再次严厉批评了官僚主义和各个领域国有化的泛滥："我们的国家是当前提供就业岗位的最大雇主、最活跃的出版社、最好的文艺制作人。我们的国家是法院，是政党和人民的统一体。这样一个体制绝对是效率低下的，只能滋生腐败。"梅德韦杰夫还利用这一机会与俄罗斯领导人的另一个传统告别。他在讲话中使用了"人"这个词，取代以往惯用的"人民"或"公民"："我们执政的主要目标应该是一种以人为核心的理念，人作为个人和公民，他的各种权利和机会应该得到保障。"

选举制度

没有选举就没有民主。在俄罗斯，"人道的民主的社会主义"思想很快付诸实践。1989年春天，苏联第一次实行了人民代表大会代表的部分差额直选。由电视和无线电现场直播，出现了助选的刊物、集会和电视辩论等新事物。通过民主选举，20%的非党人士获得了胜利，引人注目的是、在党内受排挤的叶利钦和著名的持不同政见者萨哈罗夫都成功当选。1989年5—6月，苏联人民代表大会选出新的最高苏维埃，由于反对派人士的当选，新的最高苏维埃已不再是从前的橡皮图章，他们对总理雷日科夫提名的8名部长表示了反对意见，初步显示了苏联议会的作用。戈尔巴乔夫回忆说:"经过人民代表大会和最高苏维埃会议的激烈辩论,在报刊、电视和俱乐部里,市场、公民社会、法治国家、自由选举、政治多元化、多党制、全人类价值、世界一体化等一系列诸如此类的观念,已经变成了一种准则,在民意中扎下了根。"

组织制度

效率高一直被视为集权体制的优越性之一。由于全社会只有一个声音,在社会之上存在一个主导者——政府,政府可调动各方面资源,集中力量办大事,所以,集权体制常常表现出令人咋舌的高效率。这方面的例子已经层出不穷。反之,民主政体由于多种声音并存,没有一个可压倒一切的主导性力量,公共决策取决于多方博弈,不但形成决策需时长,博弈也会消耗各方面能量,而且政府在执行决策时,可以调动的资源也相对有限,受到各种权力分割、利益归属及法治程序的限制。

但是,这是针对社会发生重大事件需要调动全社会资源的特殊情况而言,或者仅仅是针对社会的主要目标而言。在其他情况下,在社会主要目标之外的其他领域,集权、民主这两种政体的效率却呈现截然不同的情形。在社会常态下,一个社会的活力或能量由政府与民间两方面构成,全社会能量等于政府、民间各自蕴涵的能量之和。但实际上,只有在民主社会才存在这种力量的加法,集权体制做的却是减法。集权政府为保持绝对的主导地位,必须限制民间的力量的增长,如限制言论与结社。如此一来,不但民间的力量被压抑,政府力量的很大一部分也必须用于压制民间力量,时时保持高压,抑制反弹,剩余下来的力量才能干点其他的什么。全社会的有效能量等于政府能量减去民间能量之差。政府要提高效率,只能拼命扩张自我力量,压抑民间力量,从而陷入一种恶性循环。上述两种效率呈现所导致的结果是:集权体制在短跑中常常能创造惊人的业绩,但在长跑中却难以避免被越拉越后的命运。

由于公开性和民主化,苏联社会出现了许多非正式组织和团体,1988—1989年,非正式组织从3万个猛增到6万个。许多非正式组织提出了自己的政治纲领并且开始按照政党形式活动。

列夫·托尔斯泰在《战争与和平》第四卷"尾声"中辟出一节,脱离开小说故事情节,专门论述什么是历史事件的推动力问题,他是这样说的:"历史事件的原因是什么呢?是权力。权力是什么呢?权力是民众移交给一个人的意志的总和。民众意志是在什么情况下移交给一个人的呢?在那个人表现全体人民的意志的条件下。"戈尔巴乔夫和前苏联的改革证明了这一点。

专栏9.4　　戈尔巴乔夫与前苏联的改革[16]

对前苏联的改革,历史学家归纳出一个令人瞩目的特点:先于经济改革的政治改革,即首先着眼于造成前苏联社会经济矛盾和文化矛盾的政治矛盾,把经济改革和文化改革放到从属的地位。这是前苏联改革的起点,后面所有大大小小的事件都是从这个基点上生发出来的。

戈尔巴乔夫在1986年召开的苏共"27大"上提出用"完善社会主义"代替"发达社会主义"的概念,强调"将全面展开共产主义建设的任务转到直接的实际行动方面来,毕竟为时尚早。"阐述了"社会主义人民自治"的理论,勾画出了以人民自治为中心目标的"社会民主化"蓝图,提出了政治体制和经济体制改革的方案和设想。

1988年6月,戈尔巴乔夫在苏共"27大"第19次会议上,再次提出了"人道的民主的社会主义"的概念,强调人是"万物的尺度"——有心的读者会注意到,这已经严重背离了马克思列宁主义关于历史发展动力的教义——他还提出了与此相关的一系列主张:主张在社会主义公有制、个人所有制以及多种经营形式的基础上实行计划经济与市场经济相结合的模式;主张贯彻按劳分配原则;主张建立和健全具有高度文化素养和道德的体制;主张实行社会主义人民自治、民主化、开放性和公开性;主张各民族真正平等;主张实行和平的对外政策。

1990年2月,戈尔巴乔夫向苏共中央全会提出了《走向人道的民主的社会主义》行动纲领草案,同年6月召开的苏共"28大"正式通过了这个草案,宣布苏共改革的目标是"在国内建立人道的民主的社会主义"。什么是"人道的民主的社会主义"呢?根据戈尔巴乔夫的论述,可以大致归纳如下:(1)人是社会发展的目标,克服人与物质和精神财富的分离,确保人能够积极地参加社会进程;(2)保证社会公正和劳动者的社会保护;(3)人民的自主意识是权力的唯一源泉,国家保护人的权利、自由、尊严与人格,而不管其政治地位、性别、年龄、民族和宗教信仰,所有政治力量在法律范围内自由竞争;(4)各族人民和睦、平等合作,尊重各民族决定自己命运的权利。

戈尔巴乔夫在1988年苏共二月全会上所作的《赋予革命性改革以新的思想》的报告中,阐释了"苏共支持舆论多元化"的思想,宣称苏共将不再以马克思列宁主义作为唯一的指导思想,而是将马克思列宁主义、西方民主社会主义、基督教哲学作为党的精神来源和思想基础。在戈尔巴乔夫的推动下,1988年12月通过修改了的《宪法》和《选举法》,对国家最高权力机关进行了改革,用人民代表大会制度替代了僵死的党领导一切的政治制度。

1990年3月,在非例行的第三次苏联人民代表大会上,戈尔巴乔夫推动通过了《关于设立苏联总统职位和苏联宪法(根本法)修改补充法的决定》,确立了多党制原则,苏联各种党派团体如雨后春笋般地涌现出来,到1990年8月,就达到了9万多个,拥有上千万成员,这些党派团体成为人民表达意愿的最重要平台,成为这个国家激荡的社会生活中极为活跃的政治力量。

1990年7月,苏共"28大"正式改革了苏联的政党体制,不再提苏联共产党是国家的"领导力量"和"核心",而是将苏联共产党定位为"自治的社会政治组织"和"志同道合的共产党人联盟"。

宪政制度

俄罗斯的新宪法是在借鉴法国和美国宪法的基础上于1991年制定的。俄罗斯的国家政体与美国类似。

立法制度

立法机关从苏维埃(人民代表大会)转变为议会。议会分上下两院,代表由选举产生。这种选举被称作俄罗斯联邦议会大选,每四年一次。议会与苏维埃的最大区别表现在:其一,代表由选举产生;其二,议会是常设活动机关,也就是说,议员不能从事其他政府和商业活动,是专职从事议会工作的人员,主要工作就是立法。以前的苏维埃代表绝大部分是政府和党的领导,每年开完会议以后,就自动回去当官,也就是说,以前的苏维埃代表是兼职工作。

宪法法院是俄罗斯联邦宪政制度的最有效的保障措施。宪法法院由 19 名大法官组成,一经任命就连任 12 年,中间不得被罢免。宪法法院的法官解释宪法,审理法律(包括总统命令)是否违反宪法的案件,审理公民人权遭受侵犯的案件。从宪法法院成立至今的权威与效率看,确实是转型国家必不可少的制度。

总统制度

俄罗斯吸收了美国和法国总统制度的经验,建立了具有俄罗斯联邦特色的总统制度。这个总统制度对政治转型国家来说,意义非常重大,因为强有力的总统制度保障了国家的安全与统一,保障了行政和执行权力的效力,有效地协调了立法、审判与行政权力之间以及联邦机关与联邦主体之间权力的关系。

联邦制度

对世界上 10 个比较重要的联邦国家(包括美国、俄罗斯、加拿大、澳大利亚、德国、瑞士、印度、巴西、阿根廷、委内瑞拉)的研究表明,联邦制度符合现今宪政制度的核心精神,主要表现在:首先,是民主的基础。国家(尤其是地域广阔的国家)各个地区之间的差异是明显的,资源、土地、人文不可能统一。中央在制定法律方面不可能充分考虑地区的差异,因此,在有关问题上形成地区的立法显然是重要的,联邦的体制是必要的。事实上,联邦体制往往体现为联邦与地方之间的条约以及联邦各主体之间的约定,这种约定行为也有益于民主。另外,通过考察联邦体制我们发现,司法权力往往由联邦行使,地方司法权相对比较弱,这样在适用联邦法律方面容易形成统一,且司法机关能够彻底摆脱地方干预,司法独立比较容易实现。

经 济 变 革

政治制度的改革与优化是产权制度改革与优化的前提条件。良好的政权制度保护是产权制度改革顺利推展的基础,政治改革的核心内容就是要从制度上实现政权对产权的保护。东欧及俄罗斯出现了一种全新的政治架构,使经济改革的思路大为开阔,可供选择的手段大大丰富。更重要的是,新的政治架构为消化和吸纳经济改革政策的消极后果提供了较多的回旋余地,创造了宽松的环境。例如,由于社会矛盾带来的罢工、示威、游行等,只是社会集团表明其政见的一种方式而已,只要多数选民支持政府的政策,政策就可以延续,社会集团的活动不再对社会具有那么大的破坏力,从而保护了产权改革与产权制度。

私有制度

苏联的经济改革起始于戈尔巴乔夫时期,其核心变革——私有化是在叶利钦任期内完成的。

第 9 章 亚洲变革

企业私有

苏联后期在经济上已经陷于停滞不前的境地。从20世纪60年代末到70年代末,工业总产值增长从8.5%下降到5.9%,农业总产值增长从4.3%下降到1.1%,劳动生产率年增长从6.8%下降到3.2%[14]。20世纪70年代,苏联经济开始走下坡路。1982年,苏联的经济增长率是零。工业生产率不到西方先进国家的1/3,农业生产率是西方的1/5。此后,苏联的经济每况愈下,再加上入侵阿富汗(1979—1989),耗费大量军费,民众生活水平年年下降[15]。

戈尔巴乔夫提出,以公有制为主体是"经济垄断",只有实行私有化,建立"真正的市场经济",才能"恢复社会公正"。1987年通过、次年生效的《国营企业(联合公司)法》是改革时期主要的经济法。《国营企业法》的目的,就是使苏联企业成为自治的、民主的和财政上独立的生产者。戈尔巴乔夫的经济改革,有力地推动了苏联传统经济模式向多种所有制形式和市场经济转变。

在戈尔巴乔夫上台后推行改革的背景下,隐性私有化获得发展。1986年2月,苏共二十七大制定了以扩大企业自主权的《根本改变经济管理的基本原则》,并相继颁布和推出了构成戈尔巴乔夫经济体制改革主要内容的三部法律:《个体劳动活动法》、《国有企业法》和《合作社法》。由于改革方案本身的缺陷及"民主化"、"公开化"所造成的政局混乱,苏共27大确立的改革方案对"加速社会经济发展"没有起到什么积极作用,相反,在价格形成机制、财政、金融机制、农业经营管理体制尚未启动或是已经启动但没有理顺的情况下,率先扩大企业自主权却引发了一系列新的矛盾和问题,造成经济秩序的混乱。改革没有取得进展,隐性的或自发的私有化却普遍而迅速地泛滥起来。

土地私有

戈尔巴乔夫的经济体制改革和政治体制改革是同时推进的,原本希望"走民主化道路"和"让公开大放光明"可以清除经济改革中的障碍机制,但事与愿违,"公开化"很快造成了人们思想政治上的极度混乱。在经济秩序混乱和思想政治混乱相互交织的情况下,1989年年底,以推行《国有企业法》为核心的改革已基本处于瘫痪状态。1990年,经济学家亚夫林斯基仿照波兰"休克疗法"的模式提出了激进改革的"500天计划",与此同时,苏联总理雷日科夫提出"向可调节的市场经济过渡"的政府改革方案,这两个方案在最高苏维埃会议上引起了激烈争论。随后,叶利钦当选为俄罗斯最高苏维埃主席,成了雷日科夫方案的最坚决的反对者,改革方案之争由此演变为权力之争。"8·19"事件后,苏联解体。1992年初,叶利钦开始全力推行"休克疗法",俄罗斯暴风骤雨式的大规模激进私有化改革就此展开。

在叶利钦的领导下,俄罗斯在体制转轨过程中,采取激进的大规模私有化的方式来构建市场主体[17]。俄罗斯的私有化是一个把国有企业资产转为私人所有、转为非国有成分法人所有、实行资产所有权与经营权分离以及初次私有化之后对所有权进行再分配的内涵广泛的综合性概念。或者说,俄罗斯的私有化并非通常所指的所有权的单一私有化,而是既包括国有企业资产转为私人所有,也包括国有企业资产转为职工集体所有或股份公司(包括国家控股或参股的股份公司)法人所有,还包括百分之百国有企业经营权的转换(如租赁经营或委托经营),同时还包括国有企业初次私有化之后对所有权进行再次分配(如进行租赁经营后再拍卖国有企业或者将国有企业先改造成股份公司再对其中国家持有的股份进行拍卖)。此外,还包括外商独资企业、俄外合资企业及合作经营企业的建立等。

按私有化的对象划分,私有化可划分为小私有化和大私有化。小私有化是指对国营零售商业、饮食业、服务业及一些小型工业和建筑企业实行的私有化;它是针对职工人数在200人以下(有的统计资料规定100人以下)、固定资产账面净值在100万卢布以下的小型国有企业而言的。1992年初开始的对小型企业的私有化,主要通过拍卖、投标、赎买租赁财产和股份制等方式将相关领域的小型企业转归个人所有。俄罗斯的小私有化可谓是微观基础再造过程中的一个"亮点",取得了一定的成效。在1994年的零售商品流转总额中,非国有成分已达85%,国有成分只占15%。1996年,俄罗斯共有630万人就业于小企业,占国家经济部门就业人口总数的10%。俄罗斯的大私有化由证券私有化和货币私有化两部分构成。证券私有化从1992年7月起至1994年6月底,历时2年。这一阶段的特点是通过发放私有化证券无偿地转让国有资产。货币私有化,从1994年7月1日起至1996年12月底,历时2年半。与上阶段的根本区别在于,货币私有化已从主要以私有化证券无偿转让国有资产过渡到了按市场价格出售国有资产。

俄罗斯的农业私有化转制可以概括为土地私有化和建立私人农场。两者在逻辑上前后衔接、不可分割。土地私有化是农业私有化的起点,建立以私人农场为主的多种形式的农业经营体制是俄罗斯农业私有化改制的目标。为此,俄罗斯通过国营农场集体农庄的改组和重建私人农场多种方式来实现这一目标。经过大规模的土地私有化改革之后,俄罗斯农业的土地所有制结构由原来单一的土地国有制改为以土地私有制和集体所有制为主的多种土地所有制形式并存。同时,随着土地私有化方针的加紧实施,俄罗斯无论从法律上还是实践上都突破了苏联时期划定的不许任何土地抵押和买卖的禁区。但是,由于反对和抵制土地自由买卖极大势力的存在,在叶利钦任期内,农用土地买卖一直是个悬而未决的问题。另一方面,在政府的大力支持下,俄罗斯私人农场在1992—1993年间有了很大的数量增长。然而,对这些自身缺乏生存能力的新的经营形式,在国家不能拨出足够的预算资金加以扶持的情况下,1994年以后,俄罗斯私人农场的发展陷入停滞。

金融私有

大规模私有化的实施,打破了"国家对所有制的垄断",也带来了一系列严重的问题。为恢复经济增长,提高生产效率,从1997年起,俄罗斯的私有化转入"个案私有化"阶段。"个案私有化"是"用于对国家、地区或部门特别重要的联邦资产进行私有化的一整套措施"。在这一阶段,私有化转为按"点状方案"有选择地、个别地进行国有企业的股份制改造,其重心也从注重数量转为注重质量。实施过程中,国家对私有化过程的监督不断加强。具体操作时,进行股份制改造的企业名单由联邦政府在制订的私有化纲要中提出,并呈国家杜马批准,然后对每个企业单个制订私有化方案。方案对股份制的形式、法定资本数额、股票的类别和面值、股票出售的数量和原始股价格以及拍卖方式和程序都进行了详细规定。

私有化的调整也涉及农业。俄罗斯国内的右翼力量联盟和亚薄卢集团认为,要扭转俄罗斯农业长期萎靡不振的状况,必须实现农用土地的自由买卖,这自然就涉及俄罗斯农业私有化过程中争议最大的农用土地能否自由买卖的问题。在存在极大争议的情况下,俄罗斯采取了分两步走的办法解决。首先,暂时绕过农用土地的买卖问题,于2001年10月10日先行通过新的《俄罗斯联邦土地法典》,解决非农用土地的流通问题;2002年6月26日,作为多方妥协产物的《农用土地流通法》才终于获得国家杜马的通过,并且由联邦主体自主决定向农用土地买卖过渡的期限,至此,俄罗斯所有土地的买卖问题最终获得解决。《农用土地流通法》的颁布为俄罗斯农业用地的自由流通和买卖提供了法律基础,对俄罗斯以私有化和市场化为内容的土地改革,进而对俄罗斯的现代化道路、制度选择都将产生积极影响。但是,《农用土地流通法》作为多方妥协的产物,它在若干重要方面并未反映土地改革倡导的意愿,从而使其重要性受到质疑,作用受到抑制。

在证券私有化阶段,70年积累的社会资产名义上被估价、等分,居民平均分得面值1万卢布的私有化证券,每个人似乎都可以成为"私有者"。然而,一张私有化证券市场最低价仅合七、八美元,仅相当于两瓶酒而已,绝大多数俄罗斯居民并未变成"所有者",哪怕是名义上的"股东"。货币私有化阶段开始后,对大企业的拍卖和股份制改造,普通居民也只能充当"看客"。私有化的经济目的似乎被忘却,私有化变成各种势力争权夺利的"大舞台"。一夜间,俄罗斯涌现出不少亿万富翁;他们借私有化的云梯,坐到了国有资产的上面;而与其相对的另一端是大量的贫困者、失业者和在生理界限下生活的人,贫富两极分化日益加剧。同时,私有化的宏观经济效果几乎也毫无显现,产权改革与效益脱节,俄罗斯经济长期处于衰退性危机之中,直至1999年,经济才开始稳定和复苏。

俄罗斯的私有化改革在叶利钦总统任内取得实质性进展。卡西亚诺夫是第一位不是由叶利钦提名的总理,也几乎是所有担任过总理的人中唯一一位同叶利钦保持良好私交的一个。他在书中这样评价叶利钦[18]:

毫无疑问,叶利钦在俄罗斯历史上的作用是正面的,尽管他犯过许多错误,但他成就了国家的转变。他知道应该做什么,并有力地对其进行执行。他在险恶的环境中工作着。当然,所有那个时代的苦难都被加在了人们的肩头,叶利钦自己也感到难过。他在1999年的最后一天,在自己宣布退休的日子里含着眼泪向人们道歉。这是真诚的道歉,他敢于承认错误并请求人们的原谅。从人格上来讲,我们现在没有可以与他比肩的人物。

市场制度

叶利钦的功劳就在于埋葬了一个旧的并把一个新的社会的基本框架搭建起来,而他的接替者必须能审时度势,恰当而有效地使用不同的手段,解决这些新旧制度在衔接时发生的各种问题。

责任制度

政治改革后,为了避免有权力的在位政府官员利用手中的权力直接或间接地私分、侵吞国家财产,俄罗斯政府采用"休克疗法"来进行经济改革。"休克疗法"是公平经济改革的方法,政府在很大程度上避免了官员利用权力乘机渔利。

俄罗斯的经济增长始于1999年。1999—2006年,年均增长约6%,经济总量增加了70%。然而,俄罗斯人的工资和人均收入却增加了500%,扣除通胀后,人均收入实际增长超过了200%。八年间,俄罗斯的人均实际工资和人均实际收入的增长速度比人均GDP的增长速度高出两倍。俄罗斯的老百姓实实在在地分享到了经济增长的成果。2007年,俄罗斯人平均月工资10 800卢布,约合人民币3 650元。其中,莫斯科的人均工资最高,人均约2万卢布,折合人民币6 700元;与中国接壤的远东地区最低,月均工资在9 500—10 000卢布,约合人民币3 200—3 360元。实际工资增长大大超过GDP的增长速度只是俄罗斯人分享经济增长成果的一个方面。另一个方面,就是俄罗斯联邦和各联邦主体、地方政府将三分之一的财政支出用于教育、医疗、救济等社会公共领域,建立和维持了一套完善的社会保障体系,让退休、失业、儿童、学生等弱势人群也扎扎实实地分享到经济增长的成果[19]。民选的官员拼命讨好选民,除免费医疗、免费教育之外,俄罗斯制定的补贴、救济项目共有几百项之多。

2012年《福布斯》富豪(身价超过10亿美元)排行榜中,俄罗斯上榜的人数高达96位,成为美国以外最多的国家。而俄罗斯首都莫斯科更成为"超级富豪中心",亿万富豪人数甚至超过纽约。

约束制度

缪尔达尔提出了"软政权"这个概念。它表现为,缺乏立法和具体法律的遵守与实施,各级公务人员普遍不遵从交给他们的规章与指令,并且常常和那些他们本应管束其行为的有权势的人们与集团串通一气,通行"权钱交易"原则[20]。"软政权"的一个突出特点是行政的随意性控制,那些掌握经济、社会和政治大权的人,利用随意性控制牟取暴利。即使制定了法律,也不被遵守、不易实施。在"软政权"中,制度、法律、规范、指令、条例等都是软约束,可以讨价还价,可以执行,也可以不执行,有好处时执行,没有好处时不执行;有"关系"时执行,没有"关系"时不执行。

"软政权"实质上是一个由少数人设计的用以最大化政治控制和寻租活动的政体。(1)设租—寻租,竞相牟利。"软政权"提供可由上等阶层任意享用的谋利机会;社会地位低下的人也"见缝插针",千方百计地寻找一些机会谋求小利。(2)相互矛盾的控制广泛存在,由此滋生出更多的、更随意性的控制,这些控制远大于规范的必要控制,这就逼迫经济主体不得不把主要精力放在与官员打交道上,而不是放在市场竞争上。(3)掌握随意性控制权的行政官员与维护这种随意控制秩序的政客勾结,不断地扩大着他们的既得利益。模棱两可的控制制度在具体应用时变成任意的行政判断,权力在此基础上被进一步放大。特别是在一个"关系"起着极大作用的环境里,商界和官场合谋从体制中得到既得利益,成为一种自然的趋势。

缪尔达尔把"软政权"作为不发达国家的一个重要特征。尽管程度不同,但所有的不发达国家都属"软政权"。"软政权"造成的后果是严重的。一方面,在私人领域,引入理性的利润动机和市场行为是困难的;另一方面,在公共权力领域,抑制、消除个人利益动机也同样是困难的。这样,市场经济的"游戏规则"难以确立或失效;社会收入分配机制扭曲,人们不是把精力放在寻利上,而是用在寻租上;降低政府的权威,影响经济和社会稳定等。一言以蔽之,"腐败行为对任何实现现代化理想的努力都是极其有害的。腐败盛行造成了发展的强大障碍与抑制。"

与"软政权"相对应的是"硬政权"。由"软政权"向"硬政权"的转变是一个减少腐败的过程,是一个产权强化、政权硬化、制度化、法律化及经济自由化的过程。比较地看,发达国家(如西北欧)的腐败非常有限。实际上,在进入近现代社会之前,这些国家的腐败也很普遍,但与今天的不发达国家相比,政权无论如何要"硬"得多。这些国家在经济自由化的过程中构筑起了强大的"硬政权"。与自由市场经济相对应的政权的基本特征就是以高度的个人廉洁和效率为标志的政治和行政体制。

第 9 章 亚洲变革

创业制度

俄罗斯进行了税制改革和养老金改革。首先,大幅度地提升石油、天然气公司的税收,大幅度地增加百姓的退休金。政府还几乎全部还清了预算部门的工资欠款,这样一来,百姓的实际收入得到提高。

梅德维杰夫曾说过:"市场就像降落伞,只有打开的时候才能发挥作用。"一直以来,在俄罗斯任何一家中小企业头上,都有 63 个直接监管机构,其发展之艰难可想而知。为把俄罗斯的中小企业从无休止的检查中解放出来,在举行的当选总统第一次国务委员会主席团会议上,梅德韦杰夫建议立法约束监管机构对中小企业的检查[21]。他说,只有为创新型中小企业创造良好的发展条件,才能提高俄罗斯经济的竞争力和投资吸引力。根据梅德韦杰夫的要求,俄政府决定近期制定并通过相应法律,以取消阻碍中小企业发展的一系列障碍。俄专家强调,俄政府必须为中小企业减少行政压力,建立启动平台,例如,首先要帮助女性企业家、退役军官和残疾人,他们应当有机会得到办公室,获得贷款并享受金融咨询服务。此外,考虑到经营中小企业租赁场地的成本较高,俄经济发展与贸易部还建议专门为中小企业建立办公成本较低的科技园区、产业园区、创业孵化器等,与它们签署为期至少 3 年的房屋租赁协议。这样,业主们就会安心创业。专家还建议对新成立的中小企业实行前 2 年免税的政策,接下来的 2 年也只需付一半税款。此外,还有人建议对中小企业实行一站式窗口服务。俄政府对此表示支持,并表示今后将简化中小企业注册程序,包括可能通过互联网注册。

曾有记者问乔治·索罗斯:"乔治,印度与中国相比,你觉得最大的优势在哪里?"索罗斯沉思片刻后说道:"创业精神。"说完,他顿了顿:"印度的企业家缔造了世界级的企业,而我在中国没有看到这种现象。"沃顿知识在线的马歇尔·迈耶(Marshall Meyer)认为,"中国政府会一直控制着国内规模最大的 100 家企业",从而直接握有近 50% 的 GDP。在中国 10 大公司榜单上,有 8 家都是国有企业。而在印度,10 大公司中近半数属于私人所有。美国智库兰德公司 2011 年 8 月 23 日发布报告称,印度的政经体系为企业、创新和激励活动提供了更加有利的环境。在今后 20 年内,印度在提高竞争力方面的机会高于中国。

印度境内有超过 600 家高科技电子企业,它们创造着令人瞩目的高科技产品。很多大规模跨国企业(如通用电气、微软、英特尔等)在印度都设有研发机构。印度的班加罗尔是除美国硅谷以外全球第二大软件生产基地。在全球软件研发市场,印度占据了近 20% 的份额,比尔·盖茨说:"未来的软件超级大国不是美国和日本,而是印度。"

法治制度

国家政治在亚里士多德的政治学里是一种高超的艺术。世界历史发展进程揭示,不讲法律的政治是最危险的政治,它是人类社会走入灾难的重要原因。在一个没有法制的社会里,每个人都可能是受害者。

法治是指一个法律信念,在一般社会中,法律具有凌驾一切的地位,不仅任何人都必须遵守,甚至是管治机构(包括制订者和执行者)本身也需要遵守,而法律本身也被赋予一个非常崇高的地位,不能被轻慢。政府的行为必须是法律许可的,而这些法律本身是经过某一特定程序产生的。藐视法律的政府为不合法政府。

司法制度

为什么一些国家富裕而另一些国家贫困?道格拉斯·诺思说:"由于缺少进入有法律约束和其他制度化社会的机会,造成了现今发展中国家的经济长期停滞不前。"通俗地说,发达国家一定是政治制度发达,没有发达的政治制度,就不可能有发达的经济,就不可能有发达的国家。绝大多数发展中国家的相似之处就在于:都缺乏相应的法律秩序和制度安排这个经济发展和社会良性运转的必要的前提条件。

俄罗斯联邦的司法独立主要表现在所有联邦法官都由总统任命,联邦法院是联邦机关,完全排除了地方干扰的可能,所有联邦法院的财政支出都由联邦财政支付,联邦法官只对联邦法律负责,地方规定不是联邦法官审理案件的依据,这样,联邦法官保证了法律适用的统一性。联邦宪法将检察机关排除到司法机关以外,检察机关无权监督法院审理案件。俄罗斯联邦实施了和美国相同的陪审团制度。

梅德韦杰夫承认俄罗斯人有违反法律的习惯,小到普通老百姓向警察行贿、购买盗版的知识产品,大到政府官员干预法官的决定。梅德韦杰夫指出,普京总统决定交出大权,这对俄罗斯领导人来说是前所未有的,但这也是符合宪法的。梅德韦杰夫说:"普京的行动意味着俄罗斯终于发展出尊重所有宪法和司法程序的传统。"梅德韦杰夫现在有机会鼓励权力分离,发展独立的俄罗斯司法体系。

新闻制度

目前,俄罗斯有四千个电视台,四万多份报纸和杂志,其中的半数以上与外国媒体合办。俄罗斯现任总统普京指出:"与许多国家不同的是,俄罗斯不打算对国际互联网进行监控。俄罗斯不打算重返苏联时期的政治体制,我们只是在探索一种适当的体制,既能保证我国公民享有自由,又能保障他们享有管理国家及解决各种问题的权利,同时还能使国家成为造福人民的工具。"

参政制度

在法治发达国家,包括律师在内的法律人参与政治已成为常态。美国总统从华盛顿至克林顿共41人(有些人有两任),其中,律师出身者25人,另有4人接受过法学教育或从事过法律职业工作,占总数的70%。副总统共47位,其中,32人曾任律师,另有4人接受过法学教育或从事过法律职业工作,占总数的76%。国务卿共约62位,其中,48人从事过律师工作,占总数的77%。20世纪60年代末,布鲁金斯学会对曾经在罗斯福、杜鲁门、艾森豪威尔、肯尼迪和约翰逊总统的政府里担任过联邦行政官员的1 000多人进行过调查,其结果显示,这些最高联邦行政官员中,有26%来自法学界。在欧洲政府官员中具有法律专业背景的人也占相当大的比例。在德国,从第二次世界大战后至1999年的德意志联邦共和国7位总统中,有5位大学时代攻读法律专业,占70%,其中的4位是法学博士。在法国,从第三共和国到第五共和国中,共有15位总统受过大学法学教育,比例也相当高。即使受过法律教育的人在最高行政官员中所占比例较低的英国也占到17%,从18世纪中期至2000年,英国72位首相中,有12位受过法律教育或毕业于大学法学院。加拿大和日本政府最高行政官员中有法律专业背景的人也相当高。在加拿大,最近50年共有9位总理,其中有8位毕业于大学法律专业,占88%。日本明治维新后至2000年,有22位首相受过法律培训或毕业于东京帝国大学法学部等法学院校,约占总数的44%[22]。

2009年11月12日,俄罗斯时任总统梅德韦杰夫在克里姆林宫对议会两院发表年度国情咨文时指出,21世纪,俄罗斯必须进行建立在民主价值和机制基础之上的全面现代化。他说:"我国在21世纪再次需要全方位的现代化。这也将是我们历史上首次基于民主价值观和民主体制的现代化经历。"梅德韦杰夫进一步指出:"我们将建立智慧型经济以替代原始的原料经济,这种经济将制造独一无二的知识、新的产品和科技以及有用的人才。我们将创造一个由智慧的、自由的和负责的人们组成的社会,以取代领袖思考和决定一切的古代社会。""过去,俄国需要自由,如今,俄国仍然需要自由……我们时代的挑战是对价值体系的彻底改革,打造新的认知。我们不能在旧思维上建立新国家。……一个国家,最好的投资是自由和法制。以及对于人类尊严的敬意。"

俄罗斯历来都很强大,他们唯一的弱项就是现代政治文明和普世价值。经过几十年的曲折之后,现在,俄罗斯当政的一代和年轻的一代已经坦承自己的弱点,他们正在迎头赶上。

对前苏联的变革绝不应该是被简单地视作失败的教训,而应该视作宝贵的经验。一个国家,不能选择历史,但可以选择未来。历史造就了中国现实,最大的理性和最高的智慧是如何走出现实。

本章概要

亚洲经济的起飞和社会发展与其企业家精神有着本源性的联系。本章从历史到现实,以日本、印度、俄罗斯等国家为背景,分析了亚洲变革的实质,涉及教育与文化的文明转型、政治民主化与经济上的私有化为主的改革,勾勒了这些成功转型国家所特有的远见。

亚洲变革(尤其俄罗斯变革)的经验表明,一个政党,如果脱离人民,独裁专制,腐败盛行,无论它在历史上做过多么大的贡献,无论这个国家的经济有多发达,无论它走的是社会主义还是资本主义路线,都会被人民所抛弃。

思考练习

1. 亚洲新兴国家的企业家精神根源是什么?儒教对亚洲(尤其是东亚)企业家精神的形成产生了什么样的影响?
2. 个人英雄主义和团队集体主义可能是一对矛盾体,美国靠他们的个人创新精神获得了成功,而日本靠他们的团队合作精神也取得了成功,这留给中国一个问题:中国若想实现腾飞是应该提倡美国的个体精神还是日本的团体精神呢?还是存在第三种选择?
3. 一个民族强大的背后应有一个强大、高效的教育体系,而中国目前的教育观念和教育系统都存在着很多问题,日本的教育方式与中国比较相似,为什么日本表现出的教育问题却不是很严重?中国若要实行教育改革,又该采取什么样的改革战略?
4. 凯恩斯说过:"通向地狱的路上铺满着玫瑰花。"如何理解?有哪些实证?
5. 亚洲变革与美国革命、欧洲革命有什么区别?从成功的角度来讲,有什么共同点?为什么中国历史上的变革(商鞅变法、百日维新、辛亥革命等)出现失败的命运?

6. 日本明治维新以前，中国浙江湖州的丝绸出口是世界第一，日本明治维新以后，就遭遇日本丝绸业规模化发展的强烈竞争而落居下风。明治维新给日本产业发展带来什么样的实质性影响？
7. 台湾著名作家柏杨临死前提出一个著名命题："为什么西方民主比东方好？"对此，你有何分析？
8. 在一个走向现代化的国家里，专制与反民主为什么会卷土重来？什么样的情况下，才能促使一个国家真正走向民主？
9. 历史上，日本是坚持向中国学习的，中国的儒教也传到了日本。太监制度、科举制度在中国的历史中发挥着举足轻重的作用，日本为什么不学习这两项制度？
10. 从生物学的意义上讲，面对面的两个人都是平等的。但从社会学的意义讲，这两个人的生存状态完全可能是：一个人在天堂，而另一个人则在地狱。为什么？

延伸阅读

《文明论概略》（[日]福泽谕吉.北京编译社译.北京：商务印书馆，1998）：为一国文明程度之高低，完全可以用人民的智、德水准来衡量，因此，要促进文明，必须首先提高人民的智慧和道德水准。福泽通过对西洋文明和日本文明的来源和特点进行比较，得出结论：西洋文明先进，日本文明落后，并指出"权力偏重"是日本社会风气的主要表现，这是导致自由空气稀薄的主要原因。

《不顾诸神：现代印度的奇怪崛起》（[英]爱德华·卢斯.张淑芳译.北京：中信出版社，2007）：印度有严格的等级制度，但这并没有妨碍其实行西方式的民主，并没有妨碍其经济的崛起；印度有非常虔诚的宗教信仰，但并不妨碍其对物质主义的追求。

《亚洲的戏剧：南亚国家贫困问题研究》（[瑞典]缪尔达尔.方福前译.北京：首都经济贸易大学出版社，2001）：缪尔达尔是瑞典学派的领袖之一，也是制度经济学的主要代表。本书对南亚国家的贫困和发展从制度体制安排、人们对教育和生活的态度等诸多方面进行深刻地剖析。

《自来水哲学——松下幸之助自传》（[日]松下幸之助.李菁菁译.海口：南海出版社，2008）：本书中，松下幸之助总结自己一生的经营活动，娓娓道来他对人才、产品、营销、管理的心得体会，揭开了松下电器基业长青的秘诀，为中国企业提供了一个可以借鉴的经营范本。

《社会契约论》（[法]卢梭.何兆武译.北京：商务印书馆，2003）：自由的人们最初生活在自然状态，人们的行为受自然法支配。自然法以理性为基础，赋予人类一系列普遍的、永恒的自然权利，即生存、自由、平等、追求幸福、获得财产和人身、财产不受侵犯的权利。

《通往奴役之路》（[英]弗里德利希·奥古斯特·哈耶克.王明毅，冯兴元等译.北京：中国社会科学出版社，1998）：追求计划经济的无意识后果必然是极权主义。为了反对这种计划经济，哈耶克有力地重申了他一贯坚持的古典自由主义观点，同时，也允许适度的政府活动，但这仅限于符合他的法治概念的那些活动形式。良好的社会不是简单地依赖于在政府所提供的法律框架内追求私利，相反，它应依赖于一套复杂的法律、道义传统和行为规则的框架，这套框架的特点应该为大多数社会成员所理解和认同。

《日本为什么"成功"——西方的技术和日本的民族精神》（[日]森岛通夫.胡国成译.成都：四川人民出版社，1986）：日本从20世纪30年代中期以来逐步形成了一个"'民主的'法西斯国家",第二次世界大战后,虽经改革,但至今其经济结构与战前仍基本相同。

《激荡的百年史》([日]吉田茂.李杜译.西安:陕西师范大学出版社,2006):在书中,日本战后最成功的首相吉田茂揭示近代日本快速崛起的奥秘所在。

《由乱而治——俄罗斯政治历程(1990—2005)》(徐向梅.北京:中央文献出版社,2006):本书对20世纪90年代至21世纪前6年间俄罗斯的政治发展进程进行了全面的梳理。对俄罗斯转轨道路的选择性、个人在历史中的伟大作用、市场制度下的"可控民主"政治以及俄罗斯国家复兴的前景等备受关注的问题做了深刻的剖析。

《俄罗斯式的私有化》([俄]阿纳托利·丘拜斯,乔木森,冯育民,王桂香等译.北京:新华出版社,2004):本书由俄罗斯"私有化的总设计师"丘拜斯主编,论述了苏联经济衰败的历史原因、作者的经济改革理念及其实施私有化的方法和过程,是俄罗斯私有化的第一手材料。

参考文献

[1] 吴星杰.民族化、现代化、全球化的学校德育方程式—东亚、西欧一些国家的学校德育研究[J].辽宁教育研究,2004,(11):86-88.

[2] [美]鲁思·本尼迪克特.菊与刀[M].吕万和,熊达云译.北京:商务印书馆,2002.

[3] 张宗华.植根于传统文化之上的现代东亚民族精神[J].西北民族学院学报(哲学社会科学版),2002,(4):66-73.

[4] 欧阳青尼,李厚远.令人印象深刻的日本小学教科书[N].青年参考,2006-08-25.

[5] 全毅.略论东亚的文化创新与经济发展[J].经济评论,2001,(5):115-119.

[6] 刘迪."脱亚入欧"的远航[N].东方早报,2007-11-13.

[7] 欧阳永.李资政向俄罗斯建议:走出去[EB/OL].联合早报网,[2010-09-20].

[8] Kimberly.日本人为何不爱谈崛起?[EB/OL].万维读者网,[2007-10-25].

[9] 孙秀萍,李珍等.外媒称日本"输了核战斗"[N].环球时报,2011-03-31(16).

[10] [日]松下幸之助.实践经营哲学[M].周君铨译.北京:中国社会科学出版社,1989.

[11] 王大卫.日本有多少"世界第一"[J].领导文萃,2008,(6).

[12] Nandani Lynton, Jitendra V. Singh.跨国公司中的高管:为什么中国人没有印度人多[EB/OL].沃顿知识在线,[2010-09-29].

[13] 晨曦.印度人已统治硅谷:三分之一公司由印度裔领导[EB/OL].腾讯科技,[2014-02-05].

[14] 梁小民.谁是苏联的掘墓人[N].东方早报,2011-06-12(B06).

[15] 王铁群.赫鲁晓夫、戈尔巴乔夫与苏联帝国的瓦解[J].炎黄春秋,2008,(7).

[16] 陈行之.起点决定终点——回望戈尔巴乔夫领导的苏联改革[EB/OL].爱思想,[2010-10-18].

[17] 扶林.俄罗斯私有化历程与教训[D].武汉:中南财经政法大学,2006.

[18] 王凯.俄前总理出书抨击普京,称叶利钦卸任后如笼中鸟[N].环球时报,2009-09-22.

[19] 朱国政.俄罗斯为什么迅速超过中国?[EB/OL].朱国政的QQ空间,[2008-07-06].http://qzone.qq.com/blog/622004605-1215335215.

[20] 焦建国.重读缪尔达尔《亚洲的戏剧—南亚国家贫困问题研究》[N].中国经济时报,2006-03-03.

[21] 金鑫.拆除"63道门",俄罗斯为中小企业松绑[N].第一财经日报,2008-04-21(A7).

[22] 王利平.不讲法律的政治是最危险的政治[EB/OL].中国选举与治理,[2009-08-10].

第 3 篇
制度发展

阿基米德(Archimedes，约公元前287—公元前212年)有句名言："给我一个支点，我可以掀动地球。"

那个培养与激发企业家精神并借以实现企业家精神涅槃的"阿基米德支点"究竟在哪里呢？

第 10 章 文化基因

> 我们的欢乐与悲哀,其实经常是一回事。
> ——丁栋虹

学习目标
- 理解企业家精神的文化基因;
- 掌握如何增强企业家的文化涵养;
- 透析东西方文化基因的本质差异。

从经济根源上分析,企业家精神的生成与市场经济的产生及发展息息相关,这是毋庸置疑的。但企业家精神的生成既根植于市场经济的大环境,又必定会打上一定社会历史文化和制度的烙印。德鲁克指出:"管理是以文化为转移的,并且受其社会的价值观、传统与习俗的支配。"文化决定行为模式,而行为模式导致结果,因此,要考虑到文化因素对企业家成长环境的影响。有学者[1]指出,在欧洲,企业家受到的评价、存在的地位与美国大不一样。美国是自由主义根深蒂固的地方,美国人推崇白手起家,美国梦就是扎根在这个自由主义的土壤里。欧洲人则不同,亿万富翁也好,社会、文艺、体育名流也好,都十分推崇女王授予爵位。这就是文化的沉淀和精神意识使然。或许正是这种文化差异,导致欧洲与美国的企业家精神状况呈现巨大的差异①,并在 20 世纪末和 21 世纪初呈现日益扩大的趋势。也正是由于文化对企业家精神的基因性作用,与许多国家不同,美国并不把军事胜利当作开国的基础:1776 年宣布独立的时候,距离英军投降还有 6 年之遥,美国开国元勋之一亚当斯②有一句传世名言:重要的不在于军事胜利,而在于"变革";用他的话来说:"1775 年之前美洲人心灵和思想上的变化,那才是真正的革命。"

是什么决定了人的实际选择?科学显示,最大决定因素不是人本身,而是人体中继承下来的基因。人体内的基因要求生存,要求延续,要求扩张,是人性最强大的驱动力。什么是文化基因(Cultural Genes)?文化基因主要是指在文化中具有遗传密码功能的遗传单位。它多指文化的"原型"、最本质的特征、最核心的要件。能成为文化基因的,都是那些渗透到普通百姓日常生活中的、最基本的文化因素。文化有一种特殊性,我们需要彼此欣赏。但最重要的是能

---

① 包括 MP3 在内的许多新技术虽然是在欧洲被发明的,但却是在美国经过商业化而大规模进入市场的。
② 约翰·亚当斯(John Adams,1735—1826)是美国第一任副总统(1789—1797),后来接替华盛顿成为美国第二任总统(1797—1801)。

够透过文化找到人的本性,这些是共通的。梁晓声指出:"'文化'可以用四句话表达:植根于内心的修养;无需提醒的自觉;以约束为前提的自由;为别人着想的善良。"文化因素越是基本,其基因作用就越强。那些和普通人的日常生活没有直接关系的文化因素,其实作用并不大,如政治制度、意识形态。日本接受了西方的意识形态和政治制度,日本民族依然是日本民族,并没有变成美国人、法国人。法国和英国历史上有千丝万缕的联系,文化相似,意识形态和政治制度也大同小异,可两个民族的特点依然鲜明。所有这些,全都是因为起基因作用的文化因素没有变,例如,法国和日本都十分重视本民族语言的保护。文化宗教挟持于政治或者依附于经济都是慢性自杀。文化宗教为世俗所提供的慰藉与知识和世俗为宗教文化所提供的供养与支持之间不是一种经济交换关系。以经济思维去发展文化宗教是注定要失败的。

每个历史时代都有自己的"精神",包括人们的行为规范、价值目标、奋斗目标等以及每个时代对此赋予的特殊性质。它表现为人的社会心态以及时代精神的发展,虽然也取决于社会的技术、法律和行政管理制度等因素,但与特定社会的文化传统有着某种内在的渊源关系。一个民族的文化是否会断层,不决定于学习和吸收了多少外来的东西,而决定于这个民族的文化基因是否保存了下来。文化基因是一个民族最基本的文化特性,能使一个民族千秋万代地永远保持有别于其他民族的独特个性。有了文化基因,一个民族就存在;反之,则消亡。中国历史上,一个民族的存亡往往与军事上的胜败无关,最后起作用的倒是文化基因。

一个国家的文明水准主要取决于政治体制和文化内涵。仅就文化来讲,作为一个历史悠久的国度,中国并不缺少文化的元素,但现实的情况是,缺少对文化的理解:除了一些空洞的意识教条与典籍词句之外,人们似乎并不能传承与弘扬文化的精髓。也就是说,人们并不能真正地理解文化基因。为什么华人富不过三代?根源还在文化。国际著名企业在20世纪后半叶普遍进入"文化管理"的崭新阶段了,而不少中国企业还处在"前科学管理"的阶段,还囿制在行政管理、经验管理的原始层级。

文化能给予我们什么教益与定力?我们应该怎么来看待文化和文化之间的差异?人们常讲"文化知识",实际上,把"文化"与"知识"联系在一起是个肤浅的认知,甚至是个错误的认知:"文化"可以与"知识"无关,但"文化"一定与"精神"、"思想"、"心灵"等元素相关。

生命基因

19世纪,被称为人类学之父的英国人类学家E. B. 泰勒(Sir Edward Burnett Tylor,1832-1917)是第一个在文化定义上具有重大影响的人。泰勒对文化所下的定义是经典性的,他在《原始文化》[2]"关于文化的科学"一章中说:"文化或文明,就其广泛的民族学意义来讲,是一复合整体,包括知识、信仰、艺术、道德、法律、习俗以及作为一个社会成员的人所习得的其他一切能力和习惯。"显然,这个定义将文化解释为社会发展过程中人类创造物的总称,包括物质技术、社会规范和观念精神。泰勒的这个文化的普适性定义首先是建立在生命基因的基础上的,从此成为文化定义的起源。

电影《阿凡达》(Avatar)中有一句经典台词:"消灭了生命就无法维持生命"。人类乃至整个生物界都是息息相依的。智慧不是对死的默念,而是对活的沉思(斯宾诺莎语)。无论思想还是文艺,她表达和拯救的都是人,服务的都是生命本身,那些隐藏在思想和文艺最深处、最本质的东西,一定是生命的自由愿望和权利申求,一定是神圣的"生命性"。她发源于生命,尊重的是生命,呵护的是生命,滋养和助长的是生命。

2007年年末,有人利用百度与Google分别整理出中文和英文世界被搜索和提问最多的年度十大"什么是"以及十大"如何"这样的问题[3]。中文的十大"什么是"依次为什么是基金、权证、股指期货、股票、电子商务、爱、3G(第三代数字通信技术)、企业文化、科学发展观以及OEM(代工生产);而以英文发问的十大"什么是"依次为什么是爱、孤独症、RSS(信息内容聚合共享)、红斑狼疮、SAP(数据处理的系统、应用与产品)、蓝牙技术、EMO族①、Java语言、HPV(人乳头状瘤病毒)与痛风。至于"如何",在中文搜索引擎里,人们最关注的十大问题依次是如何减肥、炒股、打开注册表、美白、化妆、购买基金、赚钱、创业、接吻以及理财;在英文搜索引擎里,结果依次为如何接吻、画画、手工编织(第六位与此大体相仿)、成为电脑黑客、跳舞、冥思、调情、飘浮以及玩滑板。

最早列出以上对比结果的网民认为,这基本上是说时下里中国人更关心赚钱,而讲英语的人则更关心浪漫与技术。但更准确地说,中国人更关心功利,而讲英语的人更关心生命。

另一项资料也反映了上述倾向。中国大陆留美学生选择的热门专业包括商业与管理(28%)、工程(19%)、物理与生命科学(12%)、数学与计算机(11%)、社会科学(7%)、英语强化(4%)、艺术(3%)、健康专业(2%)、教育(2%)。与国际学生的整体状况相比,中国学生更热衷于选择商业与管理、数学与计算机、物理与生命科学,而学习社会科学、艺术、健康专业的中国学生偏少。

真实情况大致如此。中国文化是有无相生的文化。物质是"有"的层面,文化是"无"的层面;现实是"有"的层面,心灵是"无"的层面。这样发展,久而久之,我们只能被物质牢牢地封锁在地上,无法从精神上站立起来,无法建立一个有想象力的精神家园。久而久之,我们只知道崇拜商业精英、财富大鳄,而不重视务虚的人,不重视务虚的行业,对虚(精神与心灵)的内容更缺乏认知的兴趣与能力,而不懂得、不重视务虚就等于丧失了想象力,丧失了反观内心的勇气和仰望星空的情怀。

原始兽性

生物社会学的研究结果表明,人类和其他动物享有许多共同的行为和社会组织特征,如两性之间的分工、等级制度、父母与孩子之间的血缘纽带、近亲之间无私互助、禁止近亲繁殖、防备陌生人、宗族意识、男性主导、领土控制掠夺等。

无疑,这些生物的共同特征,决定着人的行为是人性善恶表皮之下更深一层次的行为原动力。从现代科学的角度分析,人性和兽性很难分清,人性的本质基本是维持和延续生命,包括为此而形成的社会组织和社会结构。

---

① EMO族就是这样一群人,他们性格倾向于内向、感情敏感脆弱、多愁善感甚至悲观厌世,多少有些看破红尘。在穿着上,他们主要选择黑色。

人的可贵在于其能够欣赏美的东西,这种对美的追求源自人的灵魂(即人性)。人性本身就有一种朴实的野性,有一种符合大自然的那种亚当和夏娃的野性。这种野性是一种不掺杂的纯朴和率真,没有任何做作和假面具,是一种天然的可爱,正是由于如此,这样的人才能从灵魂中欣赏那种真实的美。

动物精神

凯恩斯(John Maynard Keynes)在其传世巨著《通论》[4]中曾强调,人们的行为不仅仅受理性指导,也受其动物精神(Animal Spirit)影响。他指出,用于对不确定的未来进行收益估计的知识基础没有多大的意义,甚至毫无意义;但若如此,人们如何决定要修一条铁路、开发一座铜矿、创办一家纺织厂?这样的决策只能"被看作是动物精神使然",它们来自人们"想要采取行动的冲动",而并非理性经济学所指示的是按照"收益乘以其概率的加权平均值"为根据的。

什么是动物精神?它们又如何对经济产生影响?阿克洛夫和希勒的著作《动物精神》[5]试图对上述问题给出答案。动物精神实际上是非理性动机和非理性行为的代名词。动物精神理论坚持:尽管人类的大多数经济行为源自理性的经济动机,但也有许多经济行为受动物精神的支配;即人们总是有非经济方面的动机,在追求经济利益时,并非总是理性的。人们的理性有可能被动物精神支配。

很多人一谈到资本主义,就会说资本主义社会是弱肉强食、赢者通吃的社会,但在西方社会呆长了的人都知道,其实根本不是这么回事。美国白人占统治地位,是绝对的强者,如果他们就是不想让黑人翻身的话,办法有的是,但他们却一步步地来扶助黑人成长壮大,首先是解放黑奴,然后又搞民权运动,让黑人享有与白人一样的自由、民主、人权、法制,不仅如此,白人还有特殊的政策帮助黑人,直至出现民选的黑人总统。市场上,美国有反垄断法,如果出现垄断企业或垄断企业集团,美国政府就要强迫垄断企业或垄断企业集团采取具体措施自我约束,为其他弱小企业让出市场。当年,贝尔形成电讯市场的垄断,美国政府就强迫贝尔拆分为BellSouth、AT&T、Verizon等公司,从而为其他弱小电讯企业能够参与电讯市场的竞争创造条件。这种反垄断保护弱者的例子,在西方社会的各行各业、各个领域都层出不穷,所以,西方社会并不是所谓的弱肉强食、赢者通吃的社会。

为什么要保护弱者呢?因为西方积数百年的工业化、现代化、市场经营的经验,终于认识到,市场需要培养,弱肉强食和赢者通吃将严重地破坏市场,很快地,弱者死光了,没人能够或愿意参与了,强者也就没什么好赚的了,也要死了。如果强者想长久地可持续发展,必须给弱者让利,扶持弱者,让弱者尝到甜头,成长起来,愿意而且能够参与到市场建设中来,大家一起将市场做起来,做大、做好,大家都有赚头,当然,强者还是拿大头,占主导市场,虽然比起弱肉强食、赢者通吃的方式每次赚的少一些,但可以源远流长,一直做下去,赚下去,从长远来看,比三下五除二、几下子都吃光的方法要赚得多。所以,强者认识到为自己的将来也好,为人类发展也好,应该有意识地保护弱者,扶持弱者,实在是人类社会的一大进步。于是,西方社会的各行各业、各个领域就都开始贯彻实行保护弱者、扶持弱者,使弱者有意愿而且有能力参与到市场的建设中来,大家一起将市场做起来,做大、做好的思想,甚至形成法律,这样,西方的资本主义就成为可持续发展的社会制度和体系了,整个社会充满活力。

生活中常见的"动物性屈从"与"集体性蠢行"都与劣质竞争有关。西方人今天已将人道关怀覆盖到动植物等一切生命乃至无生命的整个地球环境了,中国人的人道关怀还没有突破亲缘裙带与故旧,还没有惠及鳏寡孤老等弱势人群,又哪能顾得上珠穆朗玛峰雪线抬高或渤海湾的生物多样性呢。黑格尔(Georg Wilhelm Friedrich Hegel)说:"中国长期以来,宗教、道德与法律连在一起制造'恐惧',人或是生活在恐惧中,或是用恐惧来统治人,以恐惧为主要范畴的专制主义,禁闭了人的意志与思维。"幼时,母亲习惯于用恐惧恫吓孩子:"再哭,鬼抓你来了!"长大后的道德训导也要借助恐惧:"再偷东西?天打雷劈你!""不好好背书,有手板伺候你!"古时候,几乎家家备有打孩子的戒具,父母的通行信条是"棍棒底下出孝子"。民间的道德读本也大都是因果报应的天谴论——靠惩罚来约束人的行为。更甚的是,原本慈悲为怀的大小乘佛教传入中国,其膜拜偶像也有了极大变化。中国佛寺里四大金刚开始的凶神恶煞气氛是其发源地的印泰缅等国本没有的。就是说,中国人把恐惧加进了宗教,让人在庙里战战兢兢!社会仿佛就是要扭曲一个人的人性,抹杀人天生的野性,把人培育到呆若木鸡的境界,完全麻木。

资本主义

美国学者赫契曼(Albert O. Hirschman)指出,17世纪、18世纪的思想家们之所以鼓吹资本主义,是为了"激活人性中某种温和的倾向,以替代那些邪恶的倾向",与其让人们放纵暴烈的激情去征讨杀戮,追求霸业强权,热衷于对人的控制压迫,不如让他们转而追求金钱,追求物质利益。赫契曼论文的标题就是《激情与利益》(the Passions and the Interests),该书出版于1977年。1997年出版了纪念本书问世二十周年的新版本[6]。阿马蒂亚·森(Amartya Sen)①为它写了前言,称赫契曼是一位"我们时代的伟大知识分子"。阿玛蒂亚·森用一个比方来说明赫契曼的观点:好比一个人被狂热的种族主义者(或原教旨主义者)追杀,他一边逃跑一边扔下钱财,追杀者见钱眼开,只顾捞捡钱财,结果放其一条生路。这就是暴烈的激情被相对无害的物欲所取代的一个例子。

赫契曼也引用了孟德斯鸠、斯图亚特等人的言论说明他的观点。其实,像孟德斯鸠这类思想家们未必喜欢唯利是图的资本主义,可是他们发现资本主义有助于把人性中暴烈的激情转移到较为无害的物质利益追逐上面,利益有助于驯化激情,故而才大力鼓吹资本主义。或者说,激情很难受理性控制,一种激情只可能被另一种激情所取代,而赚钱谋利则是一种文静的激情。众所周知,赚钱是很容易上瘾的,人很容易为赚钱疯狂,商场也可以像战场一样扣人心弦。这样,人的激情有了发泄处,就可以不去为征战讨伐和谋求霸业王位而绞尽脑汁。换言之,他们无非是希望用商场代替战场,用商人精神代替武士精神,用追求金钱代替追求权力,用统治钱包代替统治同胞。

孟德斯鸠(Montesquieu,1689-1755)等人认为,资本主义有助于形成一种和平的、文明的政治秩序。这也是当代一些思想家为资本主义辩护的一个理由。例如,熊彼特认为,和马克思宣称资本主义必将导致战争这一论断相反,领土野心、扩张殖民地的冲动以及好战精神都不是资本主义制度发展的必然产物,它们倒是前资本主义心态的余绪。资本主义并不爱好征服和战争。资本主义的精神是理性的、精打细算的,因而不喜欢打仗冒险,不喜欢逞英雄。凯恩斯也认为赚钱发财要比追求权势和自我扩张来得好。"统治钱包要比统治同胞来得好,虽然有时人们是把前者当成实现后者的手段,但至少有时前者会成为后者的替代。"

---

① 1998年诺贝尔经济学奖得主。

现代人一谈起资本主义,无不强调它的高效益,好像资本主义的出现纯粹是为了满足人们对经济更大发展的愿望,好像人类自古以来就是一心一意地追求经济的更大发展。在现代社会科学中,几乎都把追求个人利益当作理论的前提预设,殊不知这只是现代人特有的心态。现代人常常对资本主义社会的庸俗感到极其不满,殊不知当初的有识之士之所以欢迎资本主义,恰恰是为了用这种和平的庸俗取代过去残酷的崇高。许多资本主义的批评家们常常忘记这一历史教训,他们试图用崇高取代平庸,结果稍不留心却是摧毁了和平与自由,恢复了残酷血腥的斗争或战争。

"枪杆子里面出政权"这种历史真实本身就透露出一个朝代建立过程的残忍。在人类历史上,资本主义产生以后,大规模的奴役与暴力运动减少了,而"枪杆子里面出政权"的机会也被减少了。

竞争原则

在这个世界上,拥有强势文明的民族都或多或少地具备狼一样的野性和兽性,雄心勃勃,有种野蛮的侵略性、进攻性。在竞争或战争中,强势的民族多采取主动出击的策略,而劣势的民族却往往陷于被动防守的境地。这一点表征在越是传统的社会表现越明显。

企业家与其他人的不同点是偏执,偏执里面包括执着。别人认为不可以,他却认为可以,不但要把组织能力变成可能,而且还要盈利,这是企业家真正的活力所在。企业家的天性就是进行竞争,在竞争中得到发展。商场创业犹如海上航行,"海面"看似风平浪静,波澜不惊,实则波涛汹涌,暗藏玄机。谁能在这没有硝烟的战场上抓住稍纵即逝的机遇,谁就能在竞争激烈的生死搏击中取得优势,赢得生存与发展的空间。

竞争是生命的本质。拿破仑曾经说过:"默认自己的无能,无疑是给失败制造机会!"所以,人最先应当战胜自我。有很多人常常把自己的失败归结于才能有限,其实,才能往往得力于自我竞争。自我竞争就是以最快的速度拿出最好的成绩,而且超过自己原先所创下的"最好成绩"。再一次战胜了自己,你跨过这极难的一步,就会更上一层楼。人总是要受到大自然的磨炼,只有能够坚持进行坚强不屈地斗争的人,才能获胜。当自己有时被自然所打败的同时,应该使自己的意志不消沉,重新回复自信,以更高的热情去迎接大自然的挑战。

达尔文(Charles Robert Darwin, 1809-1882)于 19 世纪末提出了生物进化论:物种遵循"自然选择,适者生存"的竞争原则,不断地从简单到复杂,从低级到高级发展演化。人类社会的文明进步,要求任何人不能以民粹为借口抵制所谓的丛林规则,"物竞天择,适者生存"的进化则为代价。我们可以对竞争失败者给予帮助,让他们站起来;但不可以干扰竞争本身,不让他们失败!如果把社会保障的目的定为保住"劣势产业",片面地保护所谓的"弱势群体",从而减少失业,干扰竞争,实质上是非常错误的做法。如果不是愚蠢,也是伪善、伪公平,是对社会其他成员合法权利的严重侵害:不破产、不承受竞争失败的结果,经常成为一种剥夺财富、阻碍进步的特权!

所谓禁止竞争原则,就是儒术中所说的"仁"、"恕"。这一原则禁止任何形式的竞争行为,包括战争、掠夺、诉讼、经商,甚至人口流动等,并鼓吹无原则地保护弱者("惜弱"文化)。因此,中国人一直以"劫富济贫"和"锄强扶弱"等行为为荣。自然法则是留优汰劣,而这一原则直接的结果就是留劣汰优,并由此衍生出"明哲保身"、"枪打出头鸟"、"不开第一枪"、"不到最后不抵抗"、"不患贫而患不均"等处世哲学。因此,强者很难在中国生存,就算偶尔能活下来,也会被冠以"暴君"、"枭雄"的恶名,绝不会成为大家学习的榜样。如果发生利益冲突要发动战争,还要出师有名,非得挂上"仁义"的牌子才能出手。

专栏 10.1　　瓦法·苏尔丹①：文明之间没有冲突,只有竞争

我们目睹的这场在全球范围的冲突,不是宗教的冲突,也不是文明的冲突。它是两种相互对立的东西,是两个时代的冲突;它是那种属于中世纪的心理和 21 世纪的思维之间的冲突;它是先进和落后的冲突、文明和原始的冲突、理性和野蛮的冲突;它是自由和压迫的冲突;是民主和专制的冲突……

文明之间没有冲突,只有竞争。

穆斯林在要求世人尊敬他们之前,必须问自己,可以向人类贡献什么?

我想告诉每一个伊斯兰世界的女性,你是真正的领袖,如果你不坐在驾驶位置,带着我们的新一代安全地向前行驶,我们的人民就没有出路。

我想做的是,改变我们人民的思维状态(mentality),因为他们已经成为伊斯兰教义的人质十四个世纪了。没有哪个人质能够自己打破狱规,逃离监狱,外部世界的人应该去帮助他们越狱。

知识把我从那种落后的思想中解救了出来,应该有人(承担责任)去把穆斯林人民从那种错误的信仰中解放出来。

我没有恐惧,我对我的观点有信心,这就像一场万里跋涉,我已经迈出了第一步和最困难的开始十英里。

也许正是对竞争的排斥,马克斯·韦伯(Max Weber)曾在《新教伦理与资本主义精神》[7]中下过一个惊人的论断,认为儒家思想无法提供现代的企业家精神。专制政体的存在对于男性绝对是个耻辱,它抹杀了阳刚之气:专制使男性无法为家庭缔造一个人性与健康的生活环境,摧毁了男性家庭责任的担当!专制的国家,阳衰阴霾:男性屈辱,而女性、孩子及老弱病残者最多受难。

翻开唐诗宋词,"愁"字是随处可见的。"愁思"、"愁肠"、"愁城"、"愁云"、"愁容",带"愁"字的词语,比比皆是。不仅如此,诗人们总是绞尽脑汁、花样翻新地把忧愁比喻成各种各样的事物,使读者感到新鲜有趣,于不知不觉间受到感动,产生共鸣[8]。当遭遇挫折、不幸的时候,中国人历来就有将其转化为精美的语言艺术的传统,活在一种虚假里,活在一种逃逸里,活在一种自慰里。这实则是一种阿Q精神的典型反映。

美国小说《飘》中郝思嘉的一言一行都符合一个心智健全的人的人性,贴近生活,容易引起共鸣。而中国小说《红楼梦》中的林妹妹身上只看到了病态。《红楼楼》和《飘》还都集中地反映了中美两个社会的缩影,所不同的是,《红楼梦》中除有点痴呆的贾宝玉外,整部书中没有一个像样的男人,而《飘》中的男人们,尽管也有虚荣、固执、自私自利,但都有一腔热血,有一种符合人性的内在精神。

---

① 瓦法·苏尔丹(Wafa Sultan):在叙利亚出生、成长,后移民美国学习心理学,从事心理咨询工作。她常在网络上撰文和那些极端伊斯兰者辩论,参加辩论节目,她信奉自由的价值,大胆地指出伊斯兰教的弊端,再加上她说话铿锵有力,思路敏捷,反应机智,被称为"阿拉伯世界的良知"。

人文关怀

人文,即重视人的文化。其集中体现是,重视人,尊重人,关心人,爱护人。这就是我们常常说的人类关怀、生命关怀。村上春树说:"无论高墙多么正确和鸡蛋多么错误,我还是站在鸡蛋一边。正确不正确是由别人决定的,或是由时间和历史决定的。假如小说家站在高墙一边写作,那个作家又有多大价值呢?高墙有个名称,叫作体制。体制本应是保护我们的,而它有时候却自行其是地杀害我们和让我们杀人。"

一个人的精神世界有三大支柱:科学、艺术、人文。科学追求的是真,给人以理性,科学使人理智;艺术追求的是美,给人以感性,艺术让人富有激情;人文追求的是善,给人以悟性,人文中的信仰使人虔诚。一个人的精神世界不能没有科学,也不能没有艺术,更不能没有人文。所以,我们也可以把人的综合素养概括为科学素养、艺术素养和人文素养。

人性本善

人性本质共通,写在DNA里,文化差异只是表象——文明必须是人性的。只要是文明的文化型态,一定是一种人性的文化型态。一个社会不可能没有文化,但却存在大量的社会型态不讲文明或离文明遥远的现象。人性的缺失成为文明丧失的重要标杆。

人性就像种子的基因,而文化则是土壤环境。有的土壤环境适合某种植物生长,而压抑另外一种植物生长。在不同的文化环境底下,内在的人性表现出不同的外在特征,形成了不同的道德规范、政治制度和经济制度等组织结构,开出了不同的花朵。自有人类以来,人性是不变的。数千年前的人们和我们有着相同的人性,但文化在演变,我们的外在表现就不一样了。

人性是相同的,不存在优劣,但文化是不同的,是存在优劣的。文化不等于文明,关键在于其中间有无人文性。人文(Humanism)首先是指人性,是人对幸福和尊严的追求,也就是广义上的人道主义精神。"人性"是地球上的人类所赖以生存和繁衍的唯一精神支柱。西方人一直将人类的需求作为社会发展的最终动力。

无论是挣脱中世纪的黑暗,还是斗败殖民掠夺和两次世界大战的野蛮,一直到今天全球反恐战争试图消除人们心中的恐惧,一条明了的主线说明这个星球上始终是两种力量的较量:一种力量在泯灭"人性",一种力量在拯救"人性",而后一种力量总是最终获胜。世界发展进步到了21世纪的今天,难以抗拒的历史潮流让一切不愿改变的文化和族群不得不随之与时俱进。几乎所有人都知道,这个潮流就是"文明",可谓顺文明者昌,逆文明者亡。但对多数人来说,他们理解的文明只是文明的表面。有人认为文明首先是先进的生产力;有人认为文明就是高楼阔路、灯红酒绿。

经济学以"人性恶"作为研究的基本假设,而管理学则以"人性善"作为研究的基本假设。康德[9]在其道德哲学中反复强调,人的道德良知是自己本身所具有的,人人具有善良的意愿,做一个道德的人完全出于自发,而不是出于被迫和虚伪。奥斯卡1994年出产的大片《肖申克的救赎》(The Shawshank Redemption)中有一句经典台词:"有的鸟是不会被关住的,因为它们的羽毛太美丽了(Some birds aren't meant to be caged, that's all. Their feathers are just too bright…)!"回顾一下人类的文明史,答案就变得更明晰。任何一种文化传统的延续,不见得完全是由书本得来,而是与生俱来,从生活习惯的最基层滋养出来的。

作家梁晓声指出,"文化"可以用四句话表达:植根于内心的修养;无需提醒的自觉;以约束为前提的自由;为别人着想的善良。托尔斯泰晚年的时候,俄国公开绞死了三名偷盗农民,托尔斯泰为此写下了著名时评《我再也不能沉默》。他的秘书回忆道:清晨,年迈的作家双手拿着报纸走进来,两眼噙满泪水。他颤抖着,赤着脚,嘴里反复说着"我再也不能沉默!"这位伟大的人道主义者、农民的朋友、俄罗斯的良心在文中痛苦地想象了虐杀的细节。

迄今为止,我们始终不知道"何为人性",反而把是个畜生就有的天性,根据前人"人之初性本善"的错误判断,谎称为"人性",让它充当"人尽可夫"的妓女、或可任由透过鞭笞的"充气娃娃"。社会遇到好事时,就对"人性"献上美丽的花环,大肆吹捧,人人有份"与有荣焉";一旦社会发生"杀人越货、伤风败俗"的丑陋现象时,又对"人性"大加挞伐,无所不用其极地对其加上"黑暗、丑陋、自私、毒如蛇蝎"的罪名,个个都想站到道德审判台上,像可以信口开河的"演员"表演出"代表正义"的千夫所指、同仇敌忾的舆论假象,而一回到社会现实中,马上现出"满口仁义道德,一肚子男盗女娼"的原形。

案例 10.1   **法庭上的三个鞠躬**

犯罪嫌疑人是一个30多岁的民工,绑架了一个六岁的男孩。让人欣慰的是,孩子安然无恙。虽然没有造成严重的后果,但他仍然要受到法律的制裁。

之前,他在老板那里干了八个月,却没有拿到一分钱。他几次求老板先预支点钱,哪怕几百元也行。他是家里唯一的顶梁柱,他的母亲患有严重的心脏病,一天也离不开药。孩子上学也要用钱。还有他的妹妹,因为失恋患了精神病,他还要为妹妹治病,他不能看着妹妹天天披头散发地满街乱跑。他每次找老板要钱,老板都一脸的不耐烦。往往他还没说上几句话,就被老板叫来的保安赶出了办公室。

终于,他忍无可忍,绑架了老板的儿子。后来,他后悔了,他完全可以跑掉,但他怕孩子一个人出什么意外,也怕孩子害怕,便一直把孩子抱在怀里。当警察出现的时候,孩子在他的怀里睡得正香。

他被判了五年。旁听席上的人都为他惋惜,说到底是不懂法,否则,也就不会付出这样大的代价。他那个风雨飘摇的家该怎么办呢?

就在法官要宣布退庭时,从旁听席上传来个苍老的声音:"等等,我有话要说。"大家扭头望去,是一个年过花甲的老妇人。有人认识她,她是男孩的奶奶,也就是老板的妈妈。孩子被绑架之后,老人一病不起,那是她最爱的孙子,也是孙辈中唯一的男孩。众人的心里都有些紧张,或许,老人还要提额外的条件,那个已经一无所有的民工还能承受得起吗?

老人慢慢地向被告席走过去。她站在民工面前,大家看到,她的嘴角在抖动。大厅里鸦雀无声,谁也不知道会发生什么事。突然,老人弯下腰,向民工深深地鞠了三个躬。所有的人都愣住了,包括原告席上的老板,他想母亲大概老糊涂了。

老人抬起花白的头,泪水流了一脸。良久,她缓缓地说:"孩子,这第一躬,是我代我的儿子向你赔罪。是我教子无方,让他做出了对不起你的事。该受审判的不应该只是你,还有我的儿子,他才是罪魁祸首。这第二躬,是我向你的家人道歉。我的儿子不仅对不起你,也对不起你们一家人。作为母亲,我有愧呀。这第三躬,我感谢你没有伤害我的孙子,没给他的

> 心灵留下丝毫的阴影,你有一颗善良的心。孩子,你比我的儿子要强上100倍。"
>
> 　　老人的一番话,令在场的人都为之动容,这是一个深明大义的母亲。而那个民工失声痛哭,是感动,也是悔恨。事情的结果是,老人的儿子不仅向民工支付了工钱,还把那个民工的母亲和妹妹接到城里来治病。
>
> 　　不管我们选择了怎样的人生道路,"走得正"是第一要义。不愧对良心,不违背道义,不要让良知低头!

[提示]人类真正的地狱,是人性的沦丧。

自然之子

　　自然资源及其环境对文化有着决定性的影响,人是自然之子,一个人和一个国家都会因其生活的自然资源与环境而在气质上打下深刻的烙印。罗曼·罗兰在《约翰·克里斯多夫》中深情地写道:"啊,甜蜜的回忆,亲切的形象,好似和谐的音乐,会终身在心头萦绕,……至于异国的征尘,虽有名城大海,虽有梦中风景,虽有爱人倩影,其刻骨铭心的程度绝比不上这些儿时的散步,或是他每天把小嘴贴在窗上嘘满了水汽所看到的园林一角……"中国一直有"仁者乐山、智者乐水"的说法,大意就指:仁爱的人喜欢高大挺拔的山,把山比喻成自己的内心写照和崇拜的对象,多数性格直率豪放,快口快语,饮酒击案,掷地有声;而头脑聪明的人更喜欢有水的地方,视水为友,拜水为师,借鉴水的柔性并奉为一生追求的最高境界。

　　大自然使人辽阔、清爽、纯朴、健康,远离狭窄、污染、虚伪、病患。美国著名作家梭罗(Henry David Thoreau)在森林里自建了一所房子,在那里耕种、生活、沉思,《瓦尔登湖(Walden Pond)》等于是他写的一本森林笔记。梭罗说:"一个湖是风景中最美、最有表情的姿容。它是大地的眼睛;望着它的人可以测出自己天性的深浅。湖所产生的湖边的树木是睫毛一样的镶边,而四周森林翁郁的群山和山崖是它的浓密突出的眉毛。"

　　我并没有在梦乡/让一行诗显得荣耀,/我生活在瓦尔登湖,/再没有比这里更接近上帝和天堂。/我是他的石岸,是他掠过湖心的一阵清风;/在我的手心里,是他的碧水,是他的白沙,/而他最深隐的泉眼,高悬在我的哲思之上。

　　梭罗在书中反复揭示了人类的畸形生活方式:不思考,不创造,在无知、迷茫和焦虑中积累着财富,花尽毕生的精力也在所不惜。然而,我们却始终疏远着自然界和自己的内心世界。更糟糕的是,我们竟然以为这是正常的生活,且握着鞭子,得意地做着"自己的监工"。可是,这一切到底是为了什么?我们得挣上怎样的一份生活才算得上幸福?

　　梭罗尖锐地指出,我们生活在一个以衣取人的社会。根据频繁更新的时尚,我们不停地买着新款式的服装,在博取人家的尊重的同时也让自己更加自信。爱美之心,人人皆有,这似乎是无可厚非的。可是,衣服只是一件表面的东西,华丽的装扮并不能够让我们的内心更加丰富美丽。当我们关注着那些短暂的愉悦之时,我们是否也同样关注着那永不过时的思想智慧呢?

　　在梭罗的眼里,这些着迷于时装的人跟"挂干净衣服的木头支架没有什么两样",他们就如"巴黎的猴子王戴了一顶旅游帽,美国所有的猴子也都跟着戴。""他们宁愿瘸着腿,也不愿穿着破裤子进城",因为"他们关心的不是真正值得人尊敬的东西,而是受人尊敬的东西"。

　　梭罗强调,简简单单才是最自然和谐的生活方式,也只有这样的方式才能给我们的内心带来宁静。他的桌上有三块做摆设的小石头。有一天,他忽然意识到,他得天天为它们拭去尘埃。于是,他自嘲地说:"我头脑中的灰尘还来不及拂拭呢",怀着厌恶之情,他将石子扔出窗外。

梭罗每天做几个小时的耕耘,然后,要不钓钓鱼,要不看看书,偶然到村里去走一走。他将大多数的时间花在沉思上。他坐在林间,目不转睛地看着蓝天,周遭的鸟儿快乐地叫着,风儿从树枝上飘过来。而他的幸福的歌声也从心底流出。说他懒惰吗?从现代人的意义来说,也许是有一点儿。可他却认为他的生活充满了新奇和快乐,他也不像别人一样期望通过新闻或各种娱乐活动来打发漫长的时间。他不无嘲讽地说:"对一个哲学家来说,所有的新闻都是谣言,那些编新闻和读新闻的人都是茶桌边的老妇。然而,不少人都贪婪地听着这种瞎扯……"

梭罗的整本日记告诉我们,我们已经在文明的幌子下走得太远。我们打着"责任"的牌子,让自己的生活越来越偏离健康的轨道。他反复强调,要谋得一份温饱,实在是太容易了。而大多数的奢侈品不但是毫无必要的,而且阻碍着人类心灵的发展。人的痛苦大多来自"黄金和白银的桎梏"。外表看上去,我们似乎比只求果腹的原始人进步了很多,可是,归根结底,我们所追求的还是衣食住行,只是比他们的更加复杂、更多样化而已[10]。

梭罗说他去林中生活是因为他想过一种有意识的生活(live deliberately),去切身体验生活的卑微和伟大。他最不齿的就是像大多数人那样机械地随波逐流地生活着,跟在别人后面被动地跑,到临死前才发现他们从来没有真正活过。

我们并不需要像梭罗一样打着一双赤脚在森林里过原始拓荒的生活,但是,我们是否应该问问自己:我们真的有必要让黄金和白银来桎梏着自己吗?我们非得用外在的东西来娱乐自己吗?我们该如何有意识地活着?到底什么才是我们真正所需要的?我们又该如何得到它?我们为何要追随着被人家所认同的生活来桎梏着自己的自由?人类在文明进步方面,真的已经走了很远吗?我们可以独自阅读或沉思多久,然后,我们的手禁不住伸向手机或者电脑?

每一个人的心中都应该有一个瓦尔登湖,湖水浸透了四个字——俭朴生活。

SOHO中国总裁潘石屹在农村一直生活到十五岁,这个阶段正是一个人的世界观、价值观和表达方式形成的时候,但在偏远的山村,每天听见的多是猪叫和鸡叫,几乎不需要什么表达方式。潘石屹说:"那个环境对我世界观的形成很重要,比如人性的淳朴和乐于助人等方面品质的形成。而浪漫是一种表达方式,身体的、语言的,包括各种各样的方式,我的表达方式是特别弱的。我觉得人的精神方面要干净,人需要有信仰。如果一个人没有信仰,说假话跟说真话一样,那就肮脏了。拥有信仰,可以让我们处处以诚实、团结、为别人着想作为最基本的原则。"

现在,潘石屹对自己的生活状态非常满意,每天上午写个博客,听上一个小时的音乐。博客是他比较钟情的平台,但内容都是他写在本子上,然后让秘书敲进去的。潘石屹痴迷摄影,并把它称作是一项上瘾的爱好,他曾出过一本摄影专集叫《西行25°》,用镜头记录了由北京出发,沿着北纬40°,向西行25°,一路上所有真实而鲜活的人和物。他在书的开篇语中这样写到:

"我在贫穷的西部度过了童年。那是一个缺衣少食的年代。进了城市,我总感到自己的根在那里,时刻牵挂着。路遥的小说《平凡的世界》也正是我生活在西部那段时期的记录。每当在城里不顺心、不愉快时,看一遍《平凡的世界》,一切烦恼就都消除了。今天的西部还是童年时期的西部吗?今天的西部还是路遥《平凡的世界》中的西部吗?我要去看一看。"

> **专栏 10.2** **龙应台：文化是什么？**[11]
>
> 文化是什么？它是随便一个人迎面走来，他的举手投足，他的一颦一笑，他的整体气质。他走过一棵树，树枝低垂，他是随手把枝折断丢弃，还是弯身而过？一只满身是癣的流浪狗走近他，他是怜悯地避开，还是一脚踢过去？电梯门打开，他是谦抑地让人，还是霸道地把别人挤开？一个盲人和他并肩路口，绿灯亮了，他会搀那盲者一把吗？他与别人如何擦身而过？他如何低头系上自己松了的鞋带？他怎么从卖菜的小贩手里接过找来的零钱？
>
> 如果他在会议、教室、电视屏幕的公领域里大谈民主人权和劳工权益，在自己家的私领域里，他尊重自己的妻子和孩子吗？他对家里的保姆和工人以礼相待吗？
>
> 独处时，他如何与自己相处？所有的教养、原则、规范，在没人看见的地方，他怎么样？
>
> 文化其实体现在一个人如何对待他人、对待自己以及如何对待自己所处的自然环境。在一个文化厚实深沉的社会里，人懂得尊重自己——他不苟且，因为不苟且所以有品位；人懂得尊重别人——他不霸道，因为不霸道所以有道德；人懂得尊重自然——他不掠夺，因为不掠夺所以有永续的智能。
>
> 品位、道德、智能，是文化积累的总和。

人是目的

动物只有兽性，行兽行是无可非议的；人只应当有人性，不能有兽行。《圣经》中区分人与动物是人有灵，而动物没有，"叫人活着的乃是灵，肉体是无益的。"（《圣经》约翰福音6:63）。人非动物，人有灵，人有尊严并被授予对动物的管理权（见《圣经》创世纪1:28, 2:7）。人类都是弟兄姐妹，绝对不可相互咬、斗、撕、杀。基督教、伊斯兰教、犹太教等一些宗教之间存在某些人为分歧。在造物主创造人类时，人的祖先是有尊严的人，在人只有人性不能有兽行方面的认知是完全一致的。这些宗教的绝大多数教徒们也都是按照《圣经》中对人的规范要求自己的。

人性的展现不在于使用理性达到目标，而在于使用意志挫败理性。人是衡量一切的尺度。离开这个基本的人道主义立场，各式各样冷酷残忍的主张都可以乘隙而入，人类的整个伦理道德体系都会彻底塌台。人本主义是西方制度的基础。文化成为制度基因，也就决定了人本主义的内涵，也决定了人本主义从哪儿来、到哪儿去这样一个最根本的问题。

爱因斯坦[12: 72-73]这样指出过："关心人的本身，应当始终成为一切技术上奋斗的主要目标。……当你们埋头于图表和方程时，千万不要忘记这一点！关心怎样组织人的劳动和产品分配这样一些尚未解决的重大问题，用以保证我们科学思想的成果会造福于人类，而不致成为祸害！"人性是任何一个人尤其是领导者（包括企业家和政治家，或者说是任何职业的从业者）必须完善的操守之一，离开人性的任何成功或成就都是令人质疑的。

在中国，因赚钱和工作两地分居的人家不少，尤其在部队。即使家在一地也还可能为了工作夜以继日，把物质的东西看得超过一切，错过了妻子生孩子、耽误了给孩子看病、不能给老人送终等。中国人到了美国才知道，这样做是会被别人鄙视的。在美国，很多人的办公桌上都摆放着家人的照片，其乐融融的合影透露着美国人的家庭观念，下班后和周末的时间都是属于家庭的，所有的节日也是一家人安静地聚在一起。

无论在海外还是在国内,华人的确很勤奋,在海外也能比当地人积蓄更多的钱财,但主要不是有经商的天赋,而是节俭,是通过降低生活标准来完成的金钱积累。在海外,华人平时很少上酒吧,周末也很少度假,甚至周末或假期都不休息,会没日没夜地工作。

华人爱把孩子都交给老人照管,除了关心孩子的学习成绩外,忙得很少和孩子一起玩。海外华人的孩子尽管学业上很优秀,但总是觉得自己很另类,和当地人比起来,父母更关心的是家庭的金钱收入和他们的学习成绩,而不是他们的快乐。

为了工作,华人可以忍受长时间的夫妻分离,而在外国人眼中,夫妻不在一起三个月以上,基本上就该考虑办离婚了。所以,外国人被派到海外来的,就一定是全家一起来,妻子、孩子都搬来,他们要是不愿意来,当事人就不可能接受这项工作。

生命是那么短暂,借口为了家庭的未来,而在现在就牺牲了家庭,怎么还能体现家庭观念?华人爱说这是为了孩子,为了下一代多挣些钱,但每一代都说自己赚钱是为了下一代,那么,究竟哪一代会真正地使用这笔钱呢?

一切的组织与个人的研究,归根到底要从对人性的研究着手,把人的本性抓住了,发生和出现的任何一种现象、需要、类型等均能找到对应的诠释。中国文化最大的缺失,就在于个人永不被发现这一点上。一个人简直没有站在自己立场说话的机会,多少感情要求被压抑,被抹杀。

专栏 10.3　　　　　　　　　　　　　**人性与灵魂在哪?**

布拉德·皮特(Brad Pitt)主演的《木马屠城》(Troy)与张艺谋导演的《黄金甲》对比,同样是投资过亿的大片,同样是千军万马,《黄金甲》只是杀杀杀,而《木马屠城》中的特洛伊公主质问希腊第一勇士阿基里斯:"你让多少幸福的女人失去了丈夫?",阿基里斯沉默了,反问士兵:"你们为什么要为一个没见过的君王卖命"? 其实,中国的大片无不如此,士兵们总是杀杀杀,或者冒着枪林弹雨,勇往直前,冲冲冲! 里面没有受伤后的疼痛,没有对战争的恐惧,没有表现对亲人的思念,没有丝毫片段表现杀人后心灵的忏悔。里面的士兵都成了木偶。

索尔仁尼琴走了。就整个世界而言,他的时代早就过去,即使在他的祖国,现在已经没有多少人再关心"群岛",但对中国人而言,索尔仁尼琴并没有过时[13]。索尔仁尼琴一生中的大部分时间是在监狱与放逐中度过的,他的所有作品都透出一个坚强的信念:反抗强权对心灵的控制[14]。在半个多世纪里,将近一半的人类生活在不为外界所知的环境里,即使身处其间的人,也由于被谎言所包围,很难认清自己及周围人的非人状况,以为生活本来就该是这样。索尔仁尼琴的出现打破了这一切,他的作品戳穿了生活的谎言,述说了"不可摧毁的个人尊严"(诺贝尔奖授词)。比照起来,面对现实,中国文学往往是轻盈的转身。它是一种调剂,一种慰藉,是借着外界影像来抒写胸中的情愫,而不是生命的写实。更现代的作家也是着力表现个人对周围环境的细腻感受,对生活的真相却漠不关心,就像索氏所说:"绝口不谈主要的真实,而这种真实,即使没有文学,人们也早已洞若观火。"因此,他们的作品,无论技巧多高,做工多好,最终也会如这位老人所说,充其量是"在浅水中游泳"[14]。

> 与很多欧美大片一样,《阿凡达》仍然可以说是描述生、死、爱主题的自然而然的延续。导演更没有自觉地维护党和国家高大形象的"天然"义务。他们只负责人们对心灵的拷问,只负责激发人们对生、死、爱等永恒主题的深入、更深入和再深入的思考。而中国导演却"自然而然"地按另种思维定式拍片了,他们的硬伤是具有"与生俱来"性质的,或者说是具有没有被救治希望的性质的。他们面对西方大片来袭时,只能慨叹自己的无能。只能悲叹自己的渺小。李承鹏评论《阿凡达》说:"技术上,中国电影落后五十年;人性上,中国电影落后五千年。"

文化神性

神(God)很难定义。著名导演李安先生指出,某种程度上,神是一个人和未知世界的情感联系。中国人说老天爷就是你头上三尺以上的东西,或者是你不知道的超过你个人可以控制的现象,都是神。文化的神性是指文化能带来真理、智慧、自由、创造性和生活准则等。1982年"世界文化大会"发表的《关于文化政策的墨西哥宣言》里就明确提出:"文化赋予我们自我反思的能力。文化赋予我们判断力和道义感,从而使我们成为特别有人性的、理性的生物。我们正是通过文化辨别各种价值并作出选择。人正是通过文化表现自己、认识自己、承认自己的不完善,怀疑自己的成就,不倦地追求新的意义和创造出成果,由此超越自身的局限性。"[15:153]

人为什么会有自我道德要求?那是因为道德的人性起源是先天人性的一部分。为什么人性植根于道德的基因?功利主义的价值判断不能解释,无神论也无法给出令人满意的答案,只有有神论能够给出逻辑上合理的解释——神创造人时,就把神性、人性和兽性集合在人的身上,因此,人类永远不会满足于现世性!局限于现世性的无神论,刻意回避神性的存在,就缺少了平抑兽性的力量,缺少了对神性的敬畏,人性就只得孤独地面对兽性,而难免显得脆弱无力。不了解神性,就不理解人性。人类对上帝无知,就无法正视自己;没有宗教,就谈不上文明。

俞敏洪[16]指出:"无论是基督教还是佛教,最后都是善的体现。中国传统儒教某种意义上也是善的体现。我对学生说,一个人肯定要做对自己有利的事情,但请记住一点,最低标准是做对自己有利但对别人没有伤害的事情。而高标准就是做对自己有利且对别人也有利的事情。圣贤的标准是什么呢?那就是即使伤害到自己,也要做对别人有利的事情。随着时间的推移,那样做的好处愈发显现,因为圣贤们把自己的精神和生命全都留下来了。耶稣、释迦牟尼、甘地、曼德拉,他们都可以归入圣贤。这辈子我可能做不到最高境界,但至少要想办法做到第二个境界,就是做对自己有利且必须也对别人有利的事情。"

暂且不用争论"有神"、"无神"中关于"神"是否真实存在的论题,人类的共存客观上的确需要一个哪怕是由人来定义的"神"的属灵来统领各为己私的个体灵魂,从而把"兽性"转成"人性",进而上升提炼为"神性",即把人变成能树立和实现共同目标的自发道德的联合体。如果所有的人都以代表宇宙真理和无穷真理的"神"为榜样,而不是仅仅以现实中有局限的个人英雄偶像为榜样,人就具备了无穷无尽的发展潜力。如果参照数学的概念,我们可以将"神"理解为人类所有优良品质、道德规范和无穷智慧的"极限值"。

第 10 章 文 化 基 因

文化传承

任何一种文化形态，只有在一个开放、宽容、自由的环境中，才能理性地辨识自己的方位。国家如此，组织如此，人也如此。历史上一个几乎不变的规律是：一个相对孤立、远离文化交流网络之外的人群，总是处于相对弱势和技术落后的境地。因为没有一个人群能独立地发明所有一切，从某种意义上说，无论哪一种文明，其实都是混合文明，其语言词汇、技术、工具、艺术等常常都不可避免地借鉴自其他文明。

人不是神，只有在一种健康的环境中才能发展。文化是一种生命的养料，只有在一种开放性的环境中才能延续与发展。说起现代的发达文化，最大的特点是开放；说起传统的落后文化（不管所在地域如何，表现形式怎样），最大的特点一定是封闭。为什么有的文明能够进化，有的文明（像玛雅文化）几百年就停滞不前，直到外来者将它灭亡？一言以蔽之，一个民族的衰亡，从文化的封闭开始；而一个民族的强盛，则从文化的开放开始。如果一个民族闭关自守、夜郎自大，就发现不了自己的弱点，也学习不到别人的长处。玛雅文化一直独处美洲大陆，也不与外界接触，进步很慢，欧洲人一来就灭绝了也是正常。反过来，日本的明治维新为什么能够成功？关键就在于"脱亚入欧"，全面对西方（尤其是当时的欧洲）开放文化。

越是发达的文化形态，越是呈现"外源性"的特质：发展、开放、学习、理性；反过来，越是落后的文化形态，越是呈现"内源性"的特质：固本、封闭、自我、感性，缺乏学习与开放。中国传统文化具有极大的自闭性，是一种典型的"墙"文化。"围墙"代表了中国文化和中国社会的世道人心，中国人惯于将自己隐藏在花大力气购买来的笼子内，对外面的世界不闻不问。正如鲁迅写的一样："躲进小楼成一统，管他春夏与秋冬"。人们觉得，在围墙外面是不安全的；而在围墙之内，则：(1)言论：可以肆无忌惮地议论外边的世界、一切人和事。(2)惩戒：家中的长老们会用家族伦理清算那些敢于大逆不道地在外边乱讲话的人，这种家法叫做"关门打狗"！(3)斗争：围墙之内，中国人为了在故乡的乱世生存，或为非道德的目的，暗中独自吸收《孙子兵法》和老子《道德经》，加以 1300 年之久的文士科举制度，文人则死记硬背《四书五经》，几乎将全部精力投入到与周围人群的争斗之中，并且总是向虚弱的方向压迫，出于自身无力，利用使对手颓废的短期手法，包括贡献女子、财物。

"围墙"文化也体现在长时期官方文化独大上，官方文化杜绝吸纳其他观念和思想体系进行公平竞争，造成社会文化来源的枯竭。在中国，几代人缺少精神营养，只准许吃一份单纯意识形态的可怜口粮，却被剥夺了亲自去比较、对照不同流派的哲学思想并作出自己选择的机会。

"围墙"文化导致中国的文化比较单一，不鼓励人们采用新的思考方式或包容外来者。这就给了解新市场、创造性地思考或接受另类人士带来较大的难度。中国人具有强烈的小群体意识，他们喜欢和他们熟知并信任的人一起工作、沟通和交流信息，而外来者——包括其他部门或分公司的人员（甚至是同一个企业的），更不必说来自企业外部或外国的人员——只能通过长期相处才能建立起信任关系。这些文化模式阻碍了有不同思考和行为方式的人士，也阻碍了跨国公司籍以推动创新的交叉受益效益与协同合作。

人类的智愚落差主要取决于信息摄取的多寡，"围墙"文化的本质在于信息的独享与垄断制度。信息的官僚垄断导致中国人缺氧脑瘫，维系了两千年的上诈下愚。上诈下愚的结果也是上下一起愚蠢[17]，突出表现就是对别人的文化和自己的文化缺乏认知能力。

近代以来的中国人,存在两种根本性的偏离:其一是不能完整地理解西方文化,其二是不能完整地理解中国文化。一百年来,中国的文化问题始终没有解决对传统文化的继承与放弃以及对东西方文化之体与用的矛盾和争论。"围墙"文化导致中国人极度缺少一种自我检视的元素,非但不了解自己,也从来都懒得去自揭伤疤,在反省自己文化的不足之处时,对不好的地方避而不谈,对惨痛的记忆选择回避和忘记。兰德公司[18]这样评价中国人的生存状态:"大多数中国人从来就没有学到过什么是体面和尊敬的生活意义。中国人普遍不懂得如何为了个人和社会的福祉去进行富有成效的生活。潜意识里,中国人视他们的生活目的就是抬高自己,从而获得别人的认知。这样一来,一个人就会对'保有面子'这样微不足道的欲望感到满足。'面子'是中国人心理最基本的组成部分,已经成为中国人难以克服的障碍,阻碍中国人接受真理并尝试富有意义的生活。"

文明信仰

真正意义上的"文明"是人性的表象,是区别"人之所以是人、而不是高等动物"的关键特征。

信仰的指向是"意义","意义"的背后是"价值"。信仰是一个文化的价值系统。信仰是文化中那个"万变不离其宗"的宗,是它的核心肯定,是纲,是根本。光明总从心里开始。一个文明,如果她信仰的中心充满的是爱、希望、光明、永生,她的文化(如文学、艺术或宗教)就必然是光明和充满理性的,也会是合人性的。反之,如果她信仰的中心充满了恐惧、绝望与毁灭,随之而产生的文化也就必然是扭曲的、非理性、反人性的。而所谓文化之争、制度之争,穷究下去,其本质终究和人性的善与恶、美与丑、光明与黑暗之争有关。

布鲁斯·威利斯(Bruce Willis)主演的《太阳泪》(Tears of the Sun)讲述了海豹突击队前往尼日利亚丛林营救医疗支援的女医生,女医生坚持要带难民一起走从而遭到叛军追杀和围剿的故事。在命令和道义冲突时,最终选择了道义,散发出了人性的光辉。里面有个场景印象特别深刻,海豹突击队员和难民一起来到一个村子,叛军正在对村民进行血腥屠杀。叛军中竟然有小孩,海豹突击队的黑人队员绞杀了叛军。同样的肤色和人种,为什么仅仅由于良心和道义而不顾自己生命危险去营救和自己并不相干的人,而同种文明、同一个国家的军人却可以没有人性地对手无寸铁的本国人进行惨无人道的血腥屠杀呢?是什么让黑军人那么赋有人道主义精神,是宗教还是制度?基督在西方几千年充满血腥和暴力,最终走向和平还是在实行文明的制度——民主制度之后。非洲那种专制的暴政,让人变成了魔鬼,所以,小孩都嗜血成性,在这种制度下,对本国民众的残暴并不比侵略者来得少,有时候更没有人性。

很多好莱坞的大片都是在宏大的场面背后,用简单的故事情节串起了人性对真善美的追求,输出一种价值观:人的生命应该是首位的,不能因为看起来冠冕堂皇的理由而不尊重每个个体的生命。在听欧美音乐或看欧美电影时,其自由流动的欢快节奏和真情流露的面容无不令人有一种就像发生在你身边的情景一般充满着平凡而人性的感染力。

专栏 10.4　　一个伟大文明的衰亡只能始于自身内部[19]

3000年前的美洲大陆上存在着一个鼎盛的文明社会,这块覆盖着浓郁森林的大陆上诞生了古老而强大的玛雅文化,生活在这里的玛雅人掌握着打猎、种植、冶炼等各种技术,在玛雅人的建设下,强大的玛雅帝国诞生,在随后的近千年中统治着美洲。

《Apocalypto》这部电影的故事发生在玛雅帝国即将崩溃的时候。玛雅帝国的阶级观念十分强,整个帝国由国王和祭司统治。玛雅人敬畏神明,他们认为一切灾难的发生都与神明发怒有关,而祭司是唯一能与神明对话的人,祭司是神明的代言人。电影中,玛雅帝国正处于粮食欠收的时刻,祭司下令要用大批的活人祭祀,用以安抚神明。主人公虎爪在森林狩猎时被抓,成了成千上万活人祭品中的一个。

虎爪这个年轻的猎人想起家中的妻子和孩子,再想想自己即将面临的下场,刚开始十分恐惧,但出于生存的本能,虎爪决定不能坐以待毙,于是发动难友们一起反抗,引发了一场斗争。虎爪等人成功逃出牢狱,祭司马上派遣精锐部队追击这些祭品,虎爪一心想回到家中与家人团聚,当祭司的部队威胁到虎爪家人安全的时候,虎爪为了保护自己和家人,成长为善战的斗士,并与玛雅帝国的统治者进行斗争,随后成千上万受苦的人也开始奋起反抗,拥有古老文明的玛雅帝国在血与火的洗礼下渐渐瓦解……

在虎爪被抓之前,他偷偷地藏起了自己的妻子和儿子,但他们不能离开他太久,即将分娩的妻子和幼小的儿子无法在如此危险的环境中寻找食物,如果虎爪不能及时地回到他们的身边,他们可能会被发现并被杀死,或者被活活饿死。极度焦急的虎爪想尽各种办法,终于从外族部落中逃了出来,但回家的路将更加危险,他需要穿过整个热带雨林,前有各种毒蛇猛兽,后有大批残忍追兵,虎爪究竟会死于谁手?还是逃出生天?

毁灭文明的便是文明本身。灭绝人类的也将是人类自己。看着男主角虎爪不停地奔逃、逃避残忍血腥的补杀;奔跑着为解救心爱的妻小……总觉得那就是我们全体人类的缩影!这世界唯有一种动物会自相残杀、吞噬、算计、陷害、妒忌……那便是我们人类!我们从来都不懂得简单的快乐,所以猎杀。我们从来都不懂得感谢,所以贪婪。虽然我们学习了生存的知识,渐渐地可以逃过妒忌陷害的危机、被操控的无奈、不公平的对待、被压制的愤怒、被吞噬的痛苦……结果,我们根本就逃不了所有残暴的对待。因为制造残酷生存游戏规则的是我们自己!

一直以为不管生命如何严苛,始终都能相信美善真挚的存在,相信净土仍在……可是,当看见虎爪不断地从死亡边缘闪过,他仍拼死返乡解救爱人的决心时,除了震撼与感动却也惭愧。我们真的不知道自己有没有这份勇气对抗死亡的威胁?不知道自己有没有能力保护爱人?梅尔·吉勃逊(Mel Gibson)虽然延续了他最钟爱的戏剧主轴:男主角不畏万难,冒死返乡,以实践对爱人的承诺,这种重复自己的作法其实正是梅尔·吉勃逊内心既纯真且充满英雄主义的表现。毕竟,在这个丑恶的时代,我们从来都不懂捍卫家园必须用生命来搏,圆满一生的最爱必须对抗神的旨意,所以,我们只能在漆黑的戏院里感动着、盼望着、哭泣着自己的虚无。

> 电影的灵魂是片头引述美国哲学家威尔·杜兰特①(Will Durant)的话:"一个伟大的文明不是毁于外部的侵略,而是亡于自身的衰落。"(A Great civilization is not conquered from without, until it has destroyed itself from within.)

尽管人类的文明以多种多样的形式存在和展现着,然而,它内在的核心精神只有一个:价值观。人类的任何文明都是其价值观的体现和表达。人类依据自己的价值观,在借助于逻辑思维的运用下,创造出自己的语言、文学、宗教、制度、科技、生产工具和生活工具等,并形成自己的风俗习惯等。文明昌盛,一定是因为尊重生命;文明衰亡,一定是因为轻视生命。人的身体外面没有魔鬼,魔鬼就在我们自己的心里,如今的现实世界,日常也没有侵略者,我们就是自己的侵略者。我们最该做的是赶走我们心里那个魔鬼、那个侵略者,拯救我们自己的灵魂。我们最需要的是自我反省和自我救赎。

晚年的刘伯承拒看战争片,他说:"我们牺牲一位战士,他的全家都要悲伤啊!同样,一个国民党士兵死了,也会殃及整个家庭。他们都是农民的子弟……我就是从大堆大堆我们的兄弟、父老、亲人的尸体上爬过来的,我至今仍看到他们为我们铺设的一条血肉模糊的路。'敌人'也一样,他们也是我们的同胞啊!"

道德底线

人类生存的底线是需要一片没有被淹没的土地,文化应该有自己的道德底线。所谓道德底线,就是守卫人的生命、尊严、良知的最低防线。每一种文明都必须具有道德底线,只有道德底线存在,才能防止人的集体性道德犯罪与无意识全面堕落。在一种文化形态中,一个人如果偶尔疯狂的不道德行为,一般不是这种文化的罪过。但是,如果这种文化形态能够容忍那些违反人道泯灭人性的行为长期发生、进行,甚至成为一种非人的制度、习惯,而且这种文化形态不但没有发出抗议的声音与采取排斥的行动,反而业已将这些非人的制度、习惯融入自身,人们不再以罪恶为罪恶,不再以非人为非人,不再以羞耻为羞耻,这种文化就一定在某些方面出现了重大的缺陷。

罪感是一个民族文明心智建构的前提。中国传统文化诚然有太多"呵护生命,安顿生命"的内容,但中国历史却发生了更多次、更长期、更大规模的践踏生命与蹂躏生命的事实。对比中国与西方的历史,从战争的频繁、惨烈程度,从屠杀的规模、手段,从各种各样社会习惯的荒唐、残忍程度,根本不能体现出这个每一本书上都写着"仁义道德"的国度比其他国家多出一丁点的仁义道德来。相反,道德是可以杀人的,女人失去贞操自杀、死了丈夫殉夫,都有一种好听的美德命名,叫"贞节",而且死后还有立贞节牌坊、进宗族祠堂的资格,于是,一场残忍的死亡被披上一层神圣的道德光辉。千百年来,在这个以"仁"为道德核心的国度,很少人对缠足这样的恶习表示愤怒——相反,更多的是下流文人的低级肉麻的赞叹;没有人对太监这种非人的制度表示反抗——相反,更多的是精神上的自我阉割。过去讲逼上梁山,往往是指官府把人逼上梁山,可是水浒里的那些英雄也把人逼上梁山,卢俊义、秦明不想上山,就用阴谋诡计把他们逼

---

① 威尔·杜兰特(Will Durant),(1885—1981)是美国著名学者,普利策奖(1968)和自由勋章(1977)获得者。他用50年时间完成了受到广泛好评的《世界文明史》。

上山,甚至不惜屠城。《水浒传》里有多少我们民族的集体无意识?智取生辰纲有道理吗?劫富济贫,济了贫吗?可以用不义的手段劫取不义之财吗?这些渗透进中国文化骨髓中的毒汁不但没有受到排斥、清理,反而成为中国文化中的一个组成部分而被广泛接受。鲁迅先生曾说:"我翻开历史一查,这历史每页上都写着'仁义道德'几个字。我仔细看了半夜,才从字缝里看出字来,满本都写着两个字,是'吃人'。"

《南京大屠杀》一书尽显人性恶劣,在写作过程中,张纯如经常气得发抖。她在采访中发现,中国人有一种极其恶劣的心理,因为不同的主子,可以作践自己的同胞,到了极其残忍的地步,对人性的绝望或许是她自杀的重要原因。在漫长的中国历史中,最可怕的不是灭绝人性,而是灭绝史周而复始,受害与加害者往返无休,却没有忏悔的,没有,一个也没有。著名歌星伊能静指出:"汶川地震时,我去了北川、映秀、汉旺,不是以艺人的身份,当时,我是中国扶贫基金会的大使。到北川时,很多人在掉眼泪,我这么容易哭的人从头到尾没掉一滴眼泪,非常震撼,是起鸡皮疙瘩、汗毛竖起的那种。第一个念头不是灾难多么可怕,而是这就是豆腐渣工程。所有天灾都显现人祸的可怕。"

专栏10.5　　　　　为什么没有忏悔[20]

举世震惊的汶川大地震爆发至今,每一个国人想必都经历了一场从视觉到心灵的震撼。耳闻目睹地震灾区那凄惨无比的景象,尤其是那么多惨死在废墟之下的孩子,即使是草木,也会感伤不已,可偌大的中国,迄今竟没听到一声忏悔。

难道地震局不该忏悔吗?地震总是有征兆可寻的,土地爷总不至于把这秘密保守得天衣无缝吧。在震前,地震部门既没尽到啥本分,那震后的他们,怎么也得作出点忏悔的表示,若再打着"世界难题"的旗号心安理得地振振有词,可就太说不过去了。

难道政府及教育系统的官员不该忏悔吗?这次汶川大地震之所以给世人那么大的感情冲击,无疑是因为灾区的学校倒塌得太多了,孩子们死得太多了,也太惨了。一场地震,竟让我们的学校及花朵般的孩子成了最大的牺牲品,这堪称是我们的国耻啊!一个连自己最该保护的孩子都保护不好的民族,又何谈自立于世界民族之林呢?千万别拿8级地震作文章,8级是不小,但这并不能成为孩子如此惨死的借口,灾区不是有些政府大楼蛮像样子似地立着吗?它们没被震倒,凭什么就该让孩子们读书的学校被震成一堆瓦砾,这还有天理了吗?

只有忏悔了,才有可能真正做到反思过去、吸取教训,也才会真的吃一堑、长一智。千百年来,国人饱经的磨难还少吗?可哪次化成我们这个民族智慧与精神的火花了?接二连三的灾难,都让国人麻木了,可智慧上的长进却难得一见。国人是缺少忏悔传统的民族,这也无形中让国人多吃了不少苦,虽历经百难,也终未取得真经。

太多的人习惯珍藏苦难,甚至以此自傲和自虐。这种对苦难的持久迷恋和品尝,会毒化你的器官,会损伤你对美好生活的精细体察,还会让你歧视那些没有经受过苦难的人。这就是苦难的副作用。苦的力量比甜的力量要强大得多。不要把黄连掰碎,不要让它丝丝入扣地嵌入我们的生活。毛姆更加深刻地指出:"我知道苦难无法使人更高贵,反而使人更卑微。它使人自私、猥琐、狭隘、猜忌。它把人们的注意力吸引在细小的事情上面,它没有使人超越人本身,却使人称不上真正的人;我曾残忍地写道,我们不是从自己的苦难,而是从他人的苦难中才学会了顺从。"

我们只有读懂别人的悲剧,才能读懂自己的悲剧!生命本身都是一样的,而且我们绝大多数人都生活在同样一个国度。德国哲学家黑格尔就说过,"历史给人类最大的教训就是人类从来不从历史中吸取教训"。萨特(Jean-Paul Sartre)说:"面对罪恶,沉默就是犯罪。"德国社会学家阿多诺(Theodor Ludwig Wiesengrund Adorno)说:"奥斯维辛之后,写诗是可耻的。"一个民族以什么方式面对自己民族的苦难,决定了她是否能告别苦难。

制 度 基 因

英国著名的文化理论家雷蒙·威廉斯(Raymond Williams,1921-1988)[21]对之前的文化定义观点进行了一个归纳。他认为:"文化一般有三种定义。首先是'理想的'文化定义。根据这个定义,就某些绝对或普遍价值而言,文化是人类完善的一种状态或过程。如果这个定义能被接受,文化分析在本质上就是对生活或作品中被认为构成一种永恒秩序或普遍的人类状况有永久关联的价值的发现和描写。其次是'文献式'文化定义。根据这个定义,文化是知性和想象作品的整体,这些作品以不同的方式详细地记录了人类的思想和经验。从这种定义出发,文化分析是批评活动,借助这种批评活动,思想和体验的性质、语言的细节以及它们活动的形式和惯例都得以描写和评价。这种批评涉及范围很广,从非常类似于'理想的'分析过程,经过着重强调被研究的特定作品的过程(以阐明和评价这部作品为主要目的),同时对传统发生兴趣,并发现'世界上构思和写得最好的作品',直到一种历史批评,在分析特定的作品之后,历史批评试图将它们与它们从中出现的特定传统和社会联系起来。最后是文化的'社会'定义。根据这个定义,文化是对一种特殊生活方式的描述,这种描述不仅表现艺术和学问中的某些意义和价值,而且也表现制度和日常行为中的某些意义和价值。从这种定义出发,文化分析就是阐明一种特殊生活方式、一种特殊文化隐含或外显的意义和价值。"

雷蒙·威廉斯认为,他对文化的三种定义中的每一种定义都是有价值的,并且每一种都有重要的指涉,任何完整的文化理论必须包括这些定义所指向的三个事实领域。相反,排除彼此指涉的任何一种特殊的文化定义都是不完备的。显然,雷蒙·威廉斯对文化定义的综合分析,在帮助人们较为全面而清醒地看待制度方面的文化基因现象上有着积极而有效的作用。

对文明根源追溯往往也是痛苦的起源:古希腊提出理性、逻辑、自由、民主;古罗马提出共和、三权分立、法律;古希伯来提出上帝、正义与爱……而20世纪初叶之后,中国的留学生对西方文明只是一种直观的感觉,把西方文明一些直观的东西和一些技术层面的东西带回了中国,他们远没有深层次地理解西方世界之所以兴起的人文与制度原因。

制度正义

文化本身没有分隔,文化的信仰比文化更重要,因为这是人的本性。文明的基因是智慧与信仰。智慧与信仰的基点是正义。离开正义,离开现实的正义,离开对正邪、是非、善恶的现实判断与选择,智慧便无从产生,信仰便无足轻重。

第10章 文化基因

社会正义

社会人本是一种"个人主义"(Individualism),其英文的准确译法应该是"个体主义"。个体主义是生命伦理的基本元素。对人类头脑而言,重要的思想和理念总是在单个头脑里形成的。对话与社会交往对思想和理念的形成极其重要,但它们仍是外在的,它们无法代替单个头脑里发生的创造性过程。

"个体主义"思想的核心是:个人的价值和尊严应当受到尊重,每一个人都有权利选择自己的道路,别人不能干涉和控制。由此,个体主义的基本思想是:"我是我自己的主宰。"其隐含的意识是:"不干涉别人的事。"[①]正是在个体主义的基础上,文化才有可能达成内部的和谐:(1)有极强的自己驾驭自己生活的意识[②];(2)个人的权力必须受到尊重;(3)具有强烈的个人奋斗意识;(4)基于这样的民族心理结构上所形成的政府机关,一个重要的使命就是保证人民的自由权利,对个人的事管得越少越好[③]。

从本质上来说,西方"个体主义"其实是"利他主义"。社会是由单个的生命个体组成的,每个生命个体都不能被社会忽视,都应受到他人和社会的尊重。人们在追求个人利益时,都应尊重他人这个利益实体的存在,不能因为个人利益忽视甚至侵害他人利益。如果社会上的每个人都只注重自身利益而无视他人利益,或者因为集体利益而践踏个人基本权益,这个社会就会陷于自相残害的利益冲突之中,最终每个人的利益都会受到伤害。如果人们在追求自身利益的同时尊重他人利益,不因集体利益践踏个人基本权益,个人利益和社会利益就会和谐统一在一个共生共荣的共同体之下,每个人的利益都会稳步增长。因为强调尊重个体,尊重他人利益,国民特别注重"公德"。

比较起来,中国的文化是典型的集体主义,其中的个人是没有什么地位的,习惯的提法总是:国家＞集体＞个人,或者阶级＞个人[22:8]。中国人重视群体利益,即使表达自己愿望时也常用"我们想";西方人重个人利益,习惯于说"我想"。在中国文化的深层,有一种本质性的匮乏,即个人性的丧失。由于秩序、经济和道德的压力,每个人都处于一种高度压抑之中,不能理直气壮地表达自己的情感、需求和个人愿望。每个人都在一种扭曲中试图牺牲自己,成全家人,并且依靠这种牺牲生成一种深刻的情感。

西方人忠于自己的信仰,忠于自己的职业,忠于自己的国家,都是对与己利害攸关事务的尽心。西方道德以诚实为首,忠于事实、真理与良知,是不必赘言的伦理原则。中国则不同,忠在中国特指对他人尽心顺从,要求无条件地屈从对方,一般指臣民对君主或国家的单方面道德义务(臣事君以忠)。

法律正义

要使司法与正义统一,国家的治理模式就像任何一种管理模式一样,必须在人性的基础上

[①] 其实绝不是人们理解的那种简单的损人利己的行为。

[②] 美国教育提倡的所谓"人性教育",实质上是强调个人主义的人性教育。Unique, Individual 是美国人性教育的特点。当然,在此之外,也会提出要 share,但出发点是为自己能有更好的发展空间,不是真正意义上的"为人民服务"的那种 share。

[③] 西方社会人际交往"八不问":不问履历出身、不问收入支出、不问家庭财产、不问年龄婚否、不问健康问题、不问家庭住址、不问政见信仰和不问私人情感。

建立制度;只有充分考虑到人的本性、人的利益选择和行为方式,才能制定出较为完善的制度。法治的逻辑同样也是在人性基础上的人类管理经验的总结。孟德斯鸠有言:"在民法的慈母般的眼里,每一个人就是整个国家",形象地道出了现代民法精神的真谛。任何一个社会都需要解决争端的正义底线,缺失了正义底线,社会必然充斥着不满和抱怨,必然潜伏着巨大危机。司法本来就是充当正义底线的角色。这个正义底线必须具有一定的独立性,必须依靠制度和良心固守这个底线。

20世纪60年代,困惑约翰·罗尔斯(John Rawls,1921-2002)的三个问题分别是:一是假如民主是一种合理的制度,为什么美国贫富差距如此之大?二是假如民主是一种具有人性、能够反映平等愿望的制度,美国种族冲突为什么那么严重?三是如果民主是一种有希望、可以面向未来的制度,为什么美国的年轻人如此绝望?第一个问题,美国当下的贫富分化更加严重,10%的富人与30%的穷人之间的收入能相差一千倍。第二个问题,当时,美国正处于马丁·路德·金的时代,到处是种族歧视纷争。第三个问题,60年代同样出现了迷茫的一代、垮掉的一代。由此出发,罗尔斯得到的答案是:在民主后面还有一个更重要的、更深刻的价值,那就是公正。所以,罗尔斯希望通过公正去发展民主,让公正不被民主的程序遮蔽。

200多年前,一位黑奴被从非洲带到了伦敦。在那里,他伺候主人近两年,有一天,他忽然潜逃了。主人抓获了他,给他戴上铁镣。事件被交付给曼斯菲尔德法官——英国法律史上一个界碑式的人物。全国都关注着这一案件,因为当时在英国约有15 000名奴隶,每个奴隶价值50英镑。如果奴隶们都获得自由,奴隶所有者们将损失75万英镑,这在当时是一个很大的数字,而法律并没有禁止奴隶买卖。

曼斯菲尔德法官怎样宣判的呢?他是这样向世人宣布自己的"判词"的:"奴隶制度的状况是如此丑恶,以至除了明确的法律以外,不能容忍任何东西支持它。因此,不管这个判决造成何种不便,我都不能说这种情况是英格兰法律所允许和肯定的。因此,必须释放这个黑人。……每个来到英格兰的人都有权得到我们法律的保护,不管他在此之前受过何种压迫,他的皮肤是何种颜色。英格兰自由的空气不能让奴隶制玷污!"

早在一百多年前,严复在英国考察期间经常到法院去旁听庭审。之后,他对郭嵩焘(清政府驻英法公使)说:"英国的法庭上,每天都在宣讲公理和正义,这样的国家怎么能不强大!"

实体正义(也称实质正义)与程序正义是社会正义的两个层次。实体正义指的是符合公认的道德价值的社会正义,程序正义指的是法律正义。在一个健康的社会里,社会正义与法律正义是一致的,因为法律的最终目的就是维护社会正义。可以说,法律正义是手段,社会正义是目的,社会正义往往通过法律正义来实现。

20世纪80年代,在比利时的布鲁塞尔出现一个案件:一名女子在半夜不慎掉下露台受重伤,一名男子路过时发现了伤者,这名男子洗劫了毫无反抗能力的受伤女子,然后又不忍女子伤重而亡,报警后离开。但事件的经过被附近的监控摄像头拍摄下来,警察成功地抓获了这名男子,并予以起诉!最后,在经过长达四周的激烈辩论和商讨后,法庭作出该男子无罪释放的判决。

当时,法官给予的判决宣言是这样陈述的:每个人的内心深处都有脆弱和阴暗的一面,对拯救生命而言,抢劫财务不值一提。虽然单纯从法律上说,我们的确不应该为了一个人的善行而赦免其犯下的罪恶,但如果判决他有罪,将会对整个社会秩序产生极度负面

第10章 文化基因

的影响！我宁愿看到下一个抢劫犯拯救了一个生命,也不愿看见奉公守法的无罪者对他人所受的苦难视而不见！所以,从表面上看,今天法庭不仅仅是单纯地赦免了一个抢劫犯,更深远地,是对救死扶伤的鼓励,是对整个社会保持良好风气的促进传承。

一个社会有没有前途,看它如何对待儿童和知识分子；一个社会有没有发展,看它如何对待企业家和政治家；一个社会有没有文明,看它如何对待老人和残疾人。法律就是社会正义的影子：法律无道,就是社会正义无道。

案例 10.2   **拉古迪亚的拷问**[23]

1935年,纽约贫民区的一个法庭在庭审一桩面包偷窃案,偷面包的是一位老太太。法官问老太太是否愿意认罪时,老太太嗫嚅着回答："我需要面包来喂养那几个饿着肚子的孙子,要知道,他们已经两天没吃到任何东西了。"

"既然,你对自己的所作所为供认不讳。"法官最后裁定："很抱歉,我必须秉公执法。依据法律,你将面临着10美元的罚款或是10天的拘役。现在,该是你作出选择的时候。"

那时,8美分可买一杯咖啡,10美元的罚金绝非这位穷苦老太太所能缴纳的。否则,老太太也不会被迫去偷几美分的面包了。无奈之中,老太太只能选择"拘役"。

纽约市长拉古迪亚(Fiorello La Gurdia)参与了这次旁听。就在大家将要离开法庭之时,只见拉古迪亚从旁听席上站起身,脱下自己的帽子,往里面放进10美元,然后面向旁听席上的人说："现在,请每个人另交50美分的罚金,这是我们为我们的冷漠所付的费用,以处罚我们生活在一个要老太太去偷面包来喂养孙子的城市与社区。"

法庭上一片肃静,在场的每位法官都默不作声地捐出了50美分。

拉古迪亚总觉得,老太太偷面包不是一个简单的个案问题,应该引起全社会的关注。如果不这样,社会上还会出现类似的"老太太偷面包"现象,要想从根本上解决"老太太偷面包"问题,必须致信总统罗斯福。

很快,罗斯福收到了拉古迪亚的来信。信中,拉古迪亚"拷问"罗斯福：为解决孙子的饥饿,老太太偷面包是种被迫无奈之举。难道说,你身为总统,就没有半点责任吗？老太太偷面包,说明政府在社会保障体系等问题上存在着许多亟待解决的地方！

回信中,罗斯福十分赞许拉古迪亚当时所作出的决定："每个人都应当有免于饥饿的权利。若还有一个人处于饥饿状态,政府就应该马上对他提供救助。若有一个人处于饥饿状态而得不到救助,社会就有共同责任。拉古迪亚市长,请代我向老太太转告,说一声对不起！让老太太受委屈了。也代我向老太太保证,今后,社会上再也不会出现'老太太偷面包'的现象了！"

半年后,美国政府相应推出一系列较为完善的社会保障体系和社会慈善救助体系。"老太太偷面包"问题得到了有效地控制,罗斯福也成为美国真正意义上的第一个开启福利事业的总统。

企业正义

要创新,管理就要有弹性。管理是对的,但不要让员工定型,让人定型的管理是企业管理中的一大灾难。宏碁公司董事长施振荣把自己的创业叫作"对人的创业",他说:"我们要激发有创造力的东西,在管理上一定要合乎人性。"合乎人性就意味着要尊重人性。日本式经营是以其饱满的精神和旺盛的干劲而闻名的。日本式经营的创造者与带头人,不是作为"统治者"或强权者来统治企业组织,而是以企业的带头人身份去维护和激励这个组织的个性,开拓和发展这个企业。

从企业这个微观实体来看,一个制度化的企业家机制是一个汇集个人能力的文化,而发现这点对企业的高层领导来说并不困难。事实上,许多公司的年报里都有类似"员工是我们的最大财富"这样的说法。然而,在一个专门设计为控制个人行为、最大限度减少个人意识危险的层级结构里,重新建立对个人能力的真正信仰并非口号和呼吁就能够简单做到的。

专栏 10.6　　　　　　　　美国企业家协会的基本信条

我是不会选择去做一个普通人的。如果我能够做到的话,我有权成为一位不寻常的人。我寻求机会,但我不寻找安慰,我不希望在国家的照顾下成为一名有保障的市民,那将被人瞧不起而使我痛苦不堪。

我要做有意义的冒险。我要梦想,我要创造、失败,我也要成功。我拒绝用刺激来换取施舍;我宁愿向生活挑战,而不愿过有保证的生活;我宁愿要达到目的时的激动,也不要乌托邦式的毫无生命的平静。

我不会拿我的自由和慈善作交易,也不会拿我的尊严去和发给乞丐的食物相交换。我绝不会在任何一位大师面前发抖,也不会为任何恐吓所吓倒。我的天性是挺胸而立,骄傲而无所畏惧。我勇敢地面对这个世界,自豪地说:"在上帝的帮助下,我做了我要做的一切。"

3M公司是一个资产140亿美元的多元化行业巨人。尽管最初惨淡经营磨料和胶水这类业务,但现在的3M公司已经成为全世界最具创新性的公司之一。在3M公司,尊重个人是一个不容置疑的真理,它最先由1929—1966年担任公司领导并且现在依然是员工精神领袖的威廉·L.麦克奈特(William L. McKnight)提出。麦克奈特相信只有当管理层信任那些直接了解市场、经营和技术的人,公司才能得到最好的发展。这一哲学为3M公司带来成千上万的创造性成就,所以毋庸置疑,相信个人是他们价值观的核心。

比较起来,许多大企业失败的原因是组织僵化,往深里说,和企业的集体主义方法论有关。按照哈耶克(Friedrich August von Hayek)的解释,大公司的领导、高管们都存在集体主义的谬误。哈耶克[24;52]认为:"这种集体主义思路的谬误在于,普通人的头脑为了解释我们观察到的某些个别现象之间的关系而建立的、仅仅是临时性的理论和模式,被错误地当成了事实。"这种企业失败的集体主义谬误还存在于所谓的团队精神之中。团队精神使公司高级管理人员形成了一个封闭的小圈子,导致思想近亲繁殖的局面,难以接受不同意见,最终趋向于完美主义和过于乐观,而最终使决策脱离了现实,被哈耶克所说的"临时性的理论和模式"所代替,而且由于这种团队精神的一团和气以及盲目乐观,公司上下往往都是唯唯诺诺的人,即使公司内存在不同的观点,也很难找到支持者。只有当公司能够抵制住与过多的团队精神紧密相连的群体思维方式时,所有防止它变成"僵尸企业"的办法才能成功。

第 10 章 文化基因

自由意志

一个禁锢性的社会,总是会与文明的事业发展无缘。人类很多伟大事业的发展,本质都来源于自由运动及其扩展。哈耶克指出:"把个人当作人来尊重,在他自己的范围内,承认他的看法和趣味是至高无上的。"对人的选择自由的高度尊重是社会的福音。文化教育并无什么高深的技术,其基础与核心就是自由拓展;缺乏自由的精神,文化教育也就一定走形甚至异化!

美国1994年的大片《肖申克的救赎》中安迪(Andy)有一句经典台词:"在这个世界上,有些东西用石头是刻不来的。在我们的心中有块地方是关不住的,那块地方称为自由。"(That there are things in this world not carved out of gray stone. That there's a small place inside of us they can never lock away, and that place is called hope.)没有东西比好的文学更能唤醒社会的心灵。每个人有权利不一样。在欧洲的文艺复兴之后,文化就深深埋藏着对自由意志的介绍。自由意志是相信人类能选择自己行为的信念或哲学理论。约翰·穆勒的《论自由》[25]反复强调的一个论点是:个人自由本身就是好的,就是目的,是人类幸福不可缺少的因素,它使人类的生活丰富多样,生机勃勃。书中有一句话准确地表达了他的出发点:"一个人自己规划其存在的方式总是最好的,不是因为这方式本身算最好,而是因为这是他自己的方式。"

无论是洛克、约翰·穆勒以及严复最信服的斯宾塞等人的古典自由主义,还是以罗尔斯、哈耶克为代表的当代自由主义,都是把个人自由看做独立的善。罗尔斯正义论的第一原则就是自由优先,他认为较大的经济利益和社会利益不能构成接受较小的自由的充足理由。他还强调,自尊即个人对自己价值的肯定是最重要的基本善。哈耶克则反复阐明,个人自由是原始意义上的自由,不能用诸如政治自由、内在自由、作为能力的自由等具体的自由权利来混淆它的含义。托克维尔指出:"多少世代中,有些人的心一直紧紧依恋着自由,使他们依恋的是自由的诱惑力、自由本身的魅力,与自由的物质利益无关;这就是在上帝和法律的唯一统治下,能无拘无束地言论、行动、呼吸的快乐。谁在自由中寻求自由本身以外的其他东西,谁就只配受奴役。"

工作自由

无论是从传统文化,还是从制度设计,我们都必须学会尊重每一个人。人从来都是一个一个具体的人,每个人都是一个独立的生命,一个人的意义就是整个世界的意义。

人活着不是为了拖动锁链,而是为了张开双翼。在知识经济时代,企业新一代的年轻雇员已经不能接受作为"公司资产"这样的提法,在他们看来,重要的不仅仅是"我"能为公司做什么,更重要的是公司能为"我"做什么,人们正越来越趋向于相信自己所能创造出来的事物。影响管理向前发展的决定性挑战是"改进经营的灵魂,释放人的能力,培养战略更新能力,广布权力,重塑管理思想,并且寻找平衡与和谐"。

对传统意义上的管理者来说,在思考战略、竞争时,主要还是围绕获得权力的零和逻辑:我要赢,就意味着你必须输。如今商业领域存有希望和积极的一面,越发重视"共赢",而这些几乎都建立在扩散自由的前提上——邀请公司内外各种各样的人出点子,以提高产品和服务质量。对领导者来说,如今最重要的问题不是你控制了多少人、多少部门或者多少经营小组,而是你激发了多少能量和参与度。自由实际上比权力更重要:权力是关于你能控制什么,而自由是关于你能激发什么。

著名的从事供应链业务的 TNT 中国公司董事总经理伊曼·斯塔尼（Iman Stratenus）从女儿那里获得了魔力箱（Magic Box）的灵感。他认为，一线员工比一家公司的 CEO 有更多机会接触到客户。因此，公司管理者要善于倾听员工的声音。这家公司的一个司机向他提议，公司的 LOGO 贴在员工制服的右边，可司机的驾驶窗在左边，如果公司的 LOGO 能贴在左边，他就能为公司做更多的免费广告，这个建议后来很快被采纳并付诸实施。TNT 中国收到员工 625 个建议，其中有 300 多个被采纳[27]。

欧洲教练技术管理学院院长施密茨[28]指出："以世界观和人类宏观思想为基础的经济观点已时过境迁，如今，我们已经无法再对人和市场这些要素进行管理和操控。……在这里，自由行动、承担责任、透明化、参与、团队合作、结果文化都'不再是特例，而是法则'。按照这样的方式，企业会发展得更快，更具适应性，更能取得超越他人的成功。"今天的企业员工显然已经无法满足于作为一个听命者去行动。他们不仅喜欢自我管理，每一个人更渴望参与能为自己创造未来的组织工作，共同去改变商业模式，甚至参与公司政策的制定，如果员工能参与到从模式改变到政策制定的过程中去，他们自然也会拥护这些原则，工作上更有控制力和权利感。华为董事长任正非把这一自下而上的协作过程比喻为"让听得见炮火的人来指挥"，以变革过去已经固化不变的组织架构[29]。

专栏 10.7　　　　　　　　　　**管 理 自 治**

1943 年晚秋，德鲁克接到了一个电话，这个电话就此改变了他的一生，成为他命运中的重要转折。这个电话使他从法学领域转换到管理学领域，进而成为"管理学教父"，改变了这个世界。

电话的另一端说："我是保罗·加勒特，通用汽车的公关主任，代表本公司副总裁唐纳森·布朗先生向您请教。不知您是否有兴趣为我们公司的高层主管分析研究本公司的政策和组织结构？"

对于这一突如其来的邀约，他实在是喜出望外，于是，他到处寻找相关的管理学书籍，结果令他十分沮丧，他只找到了有关广告学、推销术、会计、财务等方面的七本书，其中有英文版、德文版和日本版。

他给自己安排了两天一夜的快速课程来阅读这几本书，读完之后，他做了一些总结，这些总结成为通用汽车公司制定政策和建立组织结构的参考。

在研究中，德鲁克提出了自己的重大研究成果：一是，在保持个人自由和劳工成本弹性的前提下，为员工研究出一套保障薪资的办法。二是，发展出德鲁克后来提出的"工厂社区自治"的概念。

也就是说，将管理的责任交给员工、团队小组以及一些由员工组成的群体，让他们来制订个别工作的内容、评价主要工作的表现和安排社区的管理事宜，如排班表、休假的安排、加班的办法、职场的安全等，特别是员工自己的福利。

多数企业的情况是，在个人成就被打压而不是鼓励的工作环境中，他们无法保留优秀的人才。优秀的人才会离开，而留下来的人则会沦为平庸之辈。乔布斯指出，苹果是依靠来自其他

公司的"难民"发展起来的。这些都是非常优秀的人,他们带来了很大的贡献,但是在其他公司,他们却会成为麻烦制造者。

在知识经济时代,财富不过是在自由价值观普及的社会里,无数个人自由活动的副产品。

请看下面的测试题,根据三家公司的管理现状,判断他们的前途[30]:

A公司:八点钟上班,实行打卡制,迟到或早退一分钟扣五十元;统一着装,必须佩戴胸卡;每年有组织地搞一次旅游、两次聚会、三次联欢、四次体育比赛,每个员工每年要提4项合理化建议。

B公司:九点钟上班,但不考勤。每人一个办公室,每个办公室可以根据个人的爱好进行布置;走廊的白墙上,信手涂鸦不会有人制止;饮料和水果免费敞开供应;上班时间可以去理发、游泳。

C公司:想什么时候来就什么时候来;没有专门的制服,爱穿什么就穿什么,把自家的狗和孩子带到办公室也可以;上班时间去度假也不扣工资。

看了这三家公司的管理制度及状况,你觉得哪一家公司更有发展前途呢?据说,有96%的人认为第一家公司会有更好的前景,因为他们制度严密,松弛有序,应该是发展最好的。

可是,事实却令人意外:

A公司:广东金正电子有限公司。1997年成立,是一家集科研、制造为一体的多元化高科技企业。2005年7月,因管理不善,申请破产,生存期9年。

B公司:微软公司。1975年创立,现为全球最大的软件公司和美国最有价值的企业之一,2015年2月11日的股票市值为3 499亿美元。

C公司:Google公司。1998年由斯坦福大学的两名学生创立,2015年2月11日的股票市值为3 655亿美元。

谷歌公司比微软公司晚成立23年,但市值已经超过微软公司。

这个结果使人震惊!

创新自由

企业实行创新管理是对人性的尊重。乔布斯做任何东西都问自己:如果这个东西我是客户我会满意吗?什么是对我最方便的?他要手机用一个手指就可操作,工程师说技术上不可能,但他坚持。最后做到了,这就是一种对人性的理解,对真善美的理解。这是一个成功企业家的必备条件。

人如果处于一个越放松、越自信的状态,就越能够感知到自己和他人原始的需求,就能够有贴近人天性的想法和创造力,所做出来的东西就能受到人的青睐,结果就会流行起来。反之,人如果处于焦躁和紧张状态,所接收和处理的信息就会扭曲,就不能感知到自己和他人真实的需求,接下来的一切,都可能是刻舟求剑,南辕北辙。

所以,创新不是找博士后搞实验室,而是从内心尊重员工,让他们在宽松、自由、快乐的环境中工作,创新就会慢慢迸发。更重要的是,当人人都拥有与生俱来的自然的尊重和宽松时,他们不再会以高工资这些世俗的指标来衡量自己,追逐自己的天性和乐趣,不再仰人鼻息。这就是真正的放松和自信的一代。

追求创新的公司认识到,在企业内对创新思想严加控制是愚蠢的。他们对自主权的态度基于如下的权威意见:招聘自我激励的员工并尽量"放任"他们。要相信员工会自动调整他们的行动,向企业的目标看齐。在许多企业里,管理者已经意识到不能将企业只构建在自上向下的命令和指导模式之上,他们努力激励自下向上的创意和主动性。创新自由要求一个企业放弃那种认为高级管理层是发挥企业家精神和主动精神最佳位置的观念,只有当一线管理者的角色由执行者转变为发起人,而高层领导的角色变成为企业家精神提供发展舞台时,自下而上的主动精神才成为可能。

追求开拓创新的企业致力于创造重要的产品和服务,但这并不是一个零缺陷过程。创新与持续改进长期存在的工作流程是完全不同的,不容许任何错误的公司绝不可能期望它的员工公开发表他们那些未经尝试的想法。

开创贴现代理业务和在线交易的 Charles Schwab 公司培养了一种文化,接纳为追求尖端创新而犯下的错误。自 20 世纪 80 年代以来,该公司对技术进步的承诺包括一系列失败,其中包括 Pocketerm 和 Schwab Quotes 报价服务系统、Financial Independence 货币管理软件和在线交易信息设备 Equilizer。Schwab 公司认为,只要从错误中获得有意义的教训并且不超出公司的容许范围,失败就是可贵的。它将错误看作是"体面的失败"。Schwab 从失败中得出的经验教训日益积累,最终成功预测出市场的未来需要。除了带来的额外收入,Charles Schwab 还注意到这种接纳错误的文化也吸引了高级人才,它成为一个众所周知的鼓励冒险的地方。

了解人们在工作中自由程度的有效方法是区分角色服从和角色开拓。在角色服从型的环境中,职责说明代代相传,即使在市场状况发生变化时,他们也丝毫不改变。相反,角色开拓者自由地突破职责说明的限制。他们不是奴隶似地服从,而是重新定义他们的工作,预测顾客未来的需要。这里有一个非常突出的角色开拓者的例子:

美国华盛顿州西雅图 Quality 食品中心的一个员工为一个顾客包好鱼后,顾客问道:"我听说某些鱼含有很高的胆固醇,而有些含量较低,你能告诉我哪些含量高、哪些含量低吗?"这个员工回答道:"先生,你知不知道有两种胆固醇?"然后,这个员工向这个顾客清楚而又权威地解释了高密度脂蛋白和低密度脂蛋白的区别,他这个海鲜专家甚至还教顾客几种扇贝和鲑鱼简单的烹调法,并为他挑选特别的调料和烹调书。角色开拓的真正威力在于它的乘数效应。在自主环境里,每个角色开拓者会为同事树立新的做法和奋斗的标准。最终,这个角色就会完全不同于过时的职责说明中规定的角色。

为什么人们经常不愿对公司的目标承担更多的责任呢?事实在于守旧的官僚机构抑制了人们担责的能力。在组织结构上,官僚机构将决策权分配给少数精英分子,企业的低层人员则成为高层人员的附庸,必须等待管理人员发号施令。在手脚受到束缚、思想被禁锢的情况下,低层人员为什么要贡献他们的判断力呢?仅赋予他们少量责任,他们又如何会有深厚的责任感呢?恐惧是创新的最大障碍。发明家除了天赋外,往往是最自由无惧的人。一旦进入这种无成见的自由状态,人的创造性就会得到极大地发挥。

胡适说:"社会最大的罪恶,莫过于摧折个人的个性,不使他自由发展。"当一个社会无法相信个人的判断力以及个人的创造性的时候,当不给予时间让其来检验、调整和培养独立的审视力、审美观和判断力的时候,当没有一个市场之间正常的博弈过程来让大众作为终极评判员的时候,创造力、个人能动力以及欲望的饥渴就很难达到极致地发挥。

思想自由

思想是人的灵魂,一切行动都是在一定的思想指导下作出的。有什么样的思想就会有什么样的行动。

高效能的企业总是特别宣扬和强调"以人为本"和以员工为中心的企业文化。但在实际工作中,有时往往只是把员工当作服从命令的机器人加以管理。员工只能默默地接受,甚至改变自己的想法去适应上级的指示,而无法以批评的眼光去分析、思考和消化管理层的决策。久而久之,导致的结果就是错误的决策无人指出而得不到纠正。员工们每天关注的也只能是 Do Things Right(正确地做事情),而不是 Do The Right Thing(做正确的事情)。这种文化下的员工感受不到企业对他们的真诚之心和敬畏之心,而这些是作为生产资料的他们理应得到的待遇。

现代社会的核心标志是大量的法律制度设置,它们指向的是保护思想与信仰的自由;传统社会的核心标志也是大量的法律制度设置,但它们指向的是禁止思想与信仰的自由。人类历史因为信仰而暴发的战争,其数量之多,屠杀之惨烈,远胜于因为饥饿而暴发的战争。对任何一个组织、地区或者国家而言,如下的命题都是成立的:最具杀伤力的价值流失是智力流失,这包括人才流失、知识流失,更包括思想流失。智力的最高体现在于能够思想,一个人如果不能进行思想,不论是由于主观的能力限制,还是由于客观的环境限制,他(她)就绝没有智力上的价值。

生态的荒漠有时还会成为一种美景,但思想的荒漠则永无美景可言。只有在思想自由的社会中,人才能有所发明,并且创造出文化价值,使现代人生活得有意义。企业家精神存在的根本是企业家要学会独立地思考,培养属于自己的思想,不人云亦云,不盲目跟风,敢于怀疑一切,敢于思考一切,能够在灯红酒绿、奢华浮躁的尘世间静下心来,潜心探究种种现象背后隐藏的本源,搞明白人与自我、人与社会、人与世界的关系,从而指导自己更好地活着、更好地去爱,从而创造出更好的物质财富和精神财富。

美国的成功不在于华尔街、硅谷,在于法治和民主制度。新制度经济学创始人科斯[31]指出:"如今的中国面临一个重要问题,即思想市场还有待进一步发育,这是中国经济诸多弊端和险象丛生的根源。开放、自由的思想市场,不能阻止错误或邪恶观念的产生,但历史已经表明,就这一方面,压抑思想市场会遭致更坏的结果。一个运作良好的思想市场,培育宽容,这是对偏见和自负的有效解毒剂。在一个开放的社会,错误的思想很少能侵蚀社会的根基或威胁社会稳定。思想市场的发展,将使中国经济的发展以知识为动力,更具有可持续性。而更重要的是,通过与多样性的现代世界相互作用和融合,这能使中国复兴和改造其丰富的文化传统。假以时日,中国将成为商品生产和思想创造的全球中心。"

[提示]没有心灵自由的人,永无自由。

契约原则

制度源于契约,而且本身就是契约。契约法则是人类社会发展出来的文明法则。在这种法则之下,强弱之间不是必须杀得你死我活,而是寻求一种可以共同存在的和平状态。弱者当然需要通过契约承认强者的强势地位。强者在明确保证强势地位不受冲击的条件下,保证弱者的生存空间,形成明确的契约。从此,人类有了比动物界更高的文明。

动物们只懂得丛林法则。因为它们还没有头脑进行契约。在丛林法则中,矛盾或冲突的双方没有其他解决办法,只有你死我活的斗争。冲突双方唯一的目的就是消灭对手。弱势的一方需要隐蔽自己的目的,逐渐发展自己的势力,直到强大到一定程度,就可以一举消灭强势的一方。而强势的一方绝对不会轻易放过已经被打得精疲力尽的弱势一方,往往斩草除根,以绝后患。

什么样的契约导致什么样的文化。文化永远受制于契约。文化是契约的标识,而不能改变契约的主体。文化的主体是人,文化能提高人类(包括统治者和被统治者)对契约的期望值,最终会影响到契约的主体。例如,西方文化更重契约,对事的东西多,对人的东西少,东方文化更重情感与关系,对人的东西多,避免直接对事。文化背景有差异,造成了东方企业和西方企业的文化有着天壤之别。

市场契约

现代社会制度的本质是:制度主要由交易关系构成,交易关系在制度中占据主导地位,并且越来越有扩展的趋势。

交易关系产生于人类生存的需要,它的发展情形是一个人告诉另一个人:"做一些我需要的事,我就会做一些你需要的事。"这是最普遍的交易关系。在形式上,只是双方接受相互同意的任务。很多人发现,只要交易机会继续存在,专门制造一种商品以便与其他专业人员制造的另一种商品交易,就可以赚取利润。这是亚当·斯密提出的有名的分工原则:"许多利益的分工,原不是人类智慧的结果,尽管人类智慧预见到分工会产生普遍富裕并想利用它来实现普遍富裕。它是不以广大效用为目标的一种人类倾向缓慢而逐渐造成的结果。这种倾向就是互通有无、物物交换、互相交易。"[32:4]

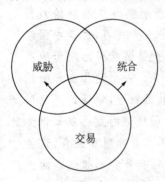

图 10.1 人际关系的类型与交易关系的扩展

除了交易关系外,人与人之间还有两类常见的关系(见图 10.1):(1)威胁的关系。威胁关系的起源是一个人告诉另一个人:"你要做我吩咐你做的事情,否则,我就做你不希望我做的事情。"(2)统合的关系。统合关系的出现是一个人告诉另一个人:"你做这些事是因为你和我的身份不同。"威胁关系和统合关系通常不属于经济学研究的范畴,但随着契约论原则在社会生活中的泛化和市场空间的拓展而日益受到经济学家的重视。例如,1986 年诺贝尔经济学奖得主詹姆斯·布坎南(James. M. Buchanan)领导的美国新自由主义经济学中的公共选择学派对此就作出了卓越的贡献,将人们从互相交换中各自获益的观念应用于政治决策领域的分析,从而得出不仅市场存在缺陷,而且政府也存在缺陷的著名结论[32:4-5]。

儒学价值观念将人生的兴趣引向"关系"这个领域,这就是中国津津乐道的所谓"做人",一切都建立在关系之上,一个人毕其一生都在一个关系组成的利益网络中东冲西撞,调整自己去适应这个强大而固定的"关系",而中国文化的历史证明这条路不怎么样。

社会契约

市场经济本质上是一种合约经济,它存在于市民社会。市民社会是一个以人格独立为前提,以平等交往为标志,按照非强制性原则和契约观念进行自主活动的生活共同体。这是一个社会成员能够以直接的方式当家作主、可以充分享有行为自决权的领域,是一个相对独立于政治国家的活动领域。市民社会是契约文明充分发达的社会,社会关系的契约化是市民社会的基本特征。按主体间的关系对纷繁复杂的社会关系进行分类,可以分为两种:一种是纵向的命令服从关系,另一种是横向的、平等主体之间的自由合意关系,即契约关系。契约关系因当事人之间的自由合意而建立,因而不存在命令与服从、强制与被迫的关系。但契约本身的作用便是形成双方共同的意志。如果存在服从的话,那就是服从这个共同意志。在不同的社会或社会发展的不同阶段,上述两种关系的地位和所占的范围有很大的差别,从而反映出契约文明的发展程度。契约文明就是建立在契约关系基础上的社会文明,它是人类文明的一种具体样式。马克思指出:"在中世纪,财产、产业、社会团体和每个人都有政治性质,在这里,国家的物质内容是由国家的形式规定的;在这里,一切私人领域都有政治性质,或者都是政治领域。"但市民社会摆脱了政治国家的控制而成为一个相对独立的领域,在市民社会中,推崇自由、平等,社会交往遵循契约原则,个人行为排除外界的胁迫、干预而只受契约约束。

历史发展的逻辑表明,人类首先就是在经济领域里拓展市民社会空间的。经济中的契约行为具有瓦解同质性、整体性社会并促进其分化、解体的内在力量。契约的本质决定了经济行为主体在从事生产相交换活动时,竭力摆脱政府的家长式干预,力求保持更多不受政治权力控制的自由活动空间。这一内在要求恰恰为市民社会的发育发展创造了前提,近代市民社会就是先在经济领域里借助契约自主地规定双方的权利和义务,逐步摆脱政治国家的外在控制,沿着实践城市自治的道路确立起来的。经济领域里的契约实践还培植了社会成员的主体意识、平等意识和合作精神,从而为确立市民社会的自主性品格奠定了基础。

市场经济是市场主体平等进行交易的经济,它的前提条件之一是主体间地位的平等和机会的均等。在本质上,它排斥任何个人或团体,享有任何行政宗法特权。这与契约原则的平等精神是吻合的。契约交易是建立在相互意见一致的合意基础之上的,每个人只对自己的行为负责,"允诺后不得翻供",这意味着契约必须信守,缔约人必须具备责任意识和合作精神。契约为人们合作提供了机会,人们之所以进入契约,是为了获得通过合作而带来的利益。缔约本身是一种帕累托改进,即这种交易至少会使一方的利益有所改善,同时不致使另一方的利益受损。所以,契约是当事人追求自身利益的工具,它是契约各方自由选择的结果。

市场经济越发达,契约的形式越是多样化,缔约和履约的经验就越丰富。伴随这一过程的是个人和组织自主意识的增强,这样,市场社会的自主性品格才能最终确立起来。下述案例是一个中国学生与一个美国女人从同居到结婚的契约。

案例 10.3　　　　　　　　　一对美国夫妻的婚姻契约[33]

同居

1. 在一个两年的期限里,两人为非婚姻的同居关系。
2. 在这两年内,两人合作翻译出版中国重要的最新文献和书籍。
3. 陈立彬负责中国方面的有关联系,凯瑟琳则负责美国方面的有关联系。
4. 所得的收入两人平分。
5. 同居期间,双方各自的财产归本人所有。
6. 男方按月付房租给女方,水电煤气费由双方平均负担。
7. 电话服务月费和本地电话由双方均摊,但长途电话由使用者另付。
8. 饮食和日常杂费以记账方式月底结算。
9. 在两年期间,双方不得与其他异性同居。
10. 平时,双方分房间而住,性行为由双方都同意,方可进行。实行严格的节育计划。
11. 由双方都许可后,方可留宿客人。
12. 两年期限之后,由双方根据需要共同续定新的契约。

结婚

1. 双方自愿由同居转为正式婚姻。
2. 女方在没有帮助男方获得永久居留权之前不得提出离婚。
3. 男方在获得永久居留权之后的三年内不得提出离婚。
4. 在女方三十六岁前生养两个子女。
5. 两个子女,一个随父姓,一个随母姓。
6. 房产无条件归女方拥有,男方仍以房租形式支付。
7. 双方的各自财产归各自所有。各自拥有银行账户。
8. 各种生活开销仍按原有契约的规定执行。
9. 所有合作项目所得仍双方平分。

[讨论]你赞同这样的婚姻契约吗?为什么?①

企业契约

企业的"企"是"人"字头,它代表企业家;企业的基础是"止"字底,"止"是静止的书面含义,"止,而后能观",它代表合约。"企业家"和"合约"是企业的两个核心要素。

(1) 企业是一种三维的合约组织[34]。企业的合约性表现在两个方面:一方面,层次上的合约性。企业的合约性既体现在企业内部,也体现在企业之间和企业外部;从企业内部经企业之间到企业外部,企业合约的层次不断升级、不断扩展(见图 10.2)[34:23]。而既有的企业合约

---

① 美国当代著名影星布拉德·皮特(Brad Pitt)和安吉丽娜·朱莉(Angelina Jolie)的婚前协议书长达101页。

理论,常常陷入单一的企业合约分析层次,并且大多数局限在企业外部合约的分析上,如仅将其作为市场关系的一个结点,是不完整的。另一方面,因素上的合约性。企业不仅有资本要素的合约(形成资本轴),也有产权要素的合约(形成产权轴),更有主体要素的合约(形成主体轴),如图10.3所示[34;24]。从生产力的角度看,企业基本的生产要素是整体的,尤其是不能忽视产权与主体的作用;而这一点正是传统企业理论的根本缺陷:见物不见人,见物不见产权,呈现明显的单因素分析逻辑演进的特征。事实上,企业生产不仅仅涉及把投入品转化为产出品的物质性转换,而且也涉及不同资本要素在不同主体(即所有者)之间产权的转移,而经济学对企业生产的理论研究标的,毋庸置疑在后者。在这种要素产权的权力转移中,不管是在企业内部、企业之间或企业外部,行为者总是在各种组织制度的约束前提下使他们的利益目标函数最大化。

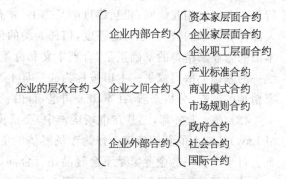

图10.2 企业的多层次合约性

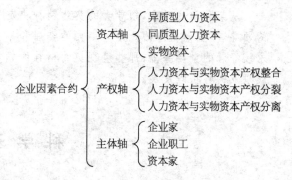

图10.3 企业的多因素合约性

(2)企业合约具有时序性。从理论上分析,合约与企业具有先后性——合约先于企业,这是一种前期性合约。正确的实践发展过程也应该是:先有合约,后有企业,企业是合约的结果。这种做法类比于"先小人,后君子":"小人"就是契约规则,"君子"就是合约结果——企业。市场制度成熟的国家,企业制度的形成基本上都是这种思路。一旦在合约的基础上建立了企业,就一直坚持契约,直至企业解体。在企业的发展过程中,合约的各方不再为企业合约发愁,而能全身心地投入企业发展本身。

在西方成熟的市场经济条件下,"信任"是通过契约来实现的,企业中的人际关系和合作绝大部分是通过契约来实现的。不论是企业的管理者、员工还是所有者,大都可以通过契约来保证自己一方的目标得到基本实现。西方的企业制度演变到今天,契约把重要的人际关系和合作所可能面临的问题尽可能事先明确地写下来,让各方签字认可,并由法庭保障它的实施。这样的契约使双方形成一系列的权力、义务和责任关系。所有者和管理者之间的摩擦肯定是不可避免的。有了这样的契约,相互之间的调节就有了基本依据,容易达到一个动态平衡点,使企业能够维持和发展起来。

美国工人在企业上班,中小企业一般是不签订合同的。一般试用期一到三个月,到你成为正式工之后,有以下三情况时企业就可以辞退你:一是如果有两个人证明你撒谎,企业就可以立即辞退。在美国,撒谎被人们认为是头等恶劣的事情,企业辞退撒谎的员工不需给任何补偿。二是偷盗,只要发现一次即可解聘。三是有三次违规,即可解聘。

企业家的契约精神还包括:

(1)在企业内部,要尊重人,尊重合作者,尊重员工。人与人没有相同的,每一个人都各具特色。人们在相互认同、相互尊重的基础上,才有个人的人权可言。企业家应该对一切事物和人都怀着诚挚的、富有温情的态度,信任人类的创造性和智慧,坚持社会正义,不断进步。日本本田的企业家精神的基础正是"合理主义和尊重人——重人主义"。其精髓是在合理性和人性统一的基础上取得成果。本田被称为战后日本杰出的独特企业家的原因也正在于此。从企业家精神的调查、分析来看,在本田公司里,自由、平等与自主独立的精神也是很高涨的[35;53]。

(2) 在企业外部,尤其在市场运作中,要重视合同,讲求信用。市场经济本质是法治(Rule of Law)基础上的契约经济。作为市场经济的主角,企业家必须信守契约,按照经济合同的条款去行事。真正的企业家是不会轻易违背合同的。信用实际上是企业家的生命,维护企业与个人的信用就应当像保护自己的双眼一样。商道与人道是相通的,商业是情感的事业。商业与为人一样,要以信为本。"信"是人们交往的基础,是联系的纽带,是沟通的条件。

从某种角度而言,领导者的契约精神决定了其事业是否能够长青,那些遵守契约精神的领导者,虽然获得的是短时期内的委屈和不平,但从长远来看,他们的契约精神往往是永续经营的重要基础;那些漠视契约精神的领导者,虽然能够获得暂时的业绩,却很难达成事业的可持续发展。

科 学 基 因

美国文化人类学家克鲁克洪等[36]对文化结构系统的简要分类为我们提供了方法论的指导。他们指出:"文化是历史上所创造的生存式样的系统,既包含显型式样,又包含隐型式样。""显型文化构成了文化的内容和形式;隐型文化的模式具有纯粹推理结构,以用来解释显型文化中不直接显现的文化内容和形式中的相关性。"克鲁克洪进一步指出:"对文化作分析必然既包括显露方面的分析也包括隐含方面的分析。显型文化寓于文字和事实所构成的规律之中,它可以经过耳濡目染的证实直接总结出来。人们只需在自己的观察中看到或揭示其连贯一致的东西。人类学家不会去解释任意的行为。然而,隐型文化却是一种二级抽象。……只有在文化的最为精深微妙的自我意识之处,人类学家才会在文化的承载者那里关注隐型文化。隐型文化由纯粹的形式构成,而显型文化既有内容又有结构。"

隐性文化决定了显性文化,这是文化基因对科学影响的重要表现。一切科学本质上应该从心智启迪时开始。没有人文底蕴的科学(尤其是社会科学)必然肤浅,不会有什么实质性创新,更难以谈得上对社会进步的推动作用。文化决定了科学的方向,包括起点和结果。由图10.4可以看出,在科学研究活动中,以成果绩效为导向的科研活动处在最低层级,但这是中国科学技术研究的主体现状;而第二层级的学术活动强调方法(包括技术方法和方法论);第三层级的科学强调科学精神,注重科研的质量与创新;顶层的哲学则对科学技术活动具有重大的思维决定性。

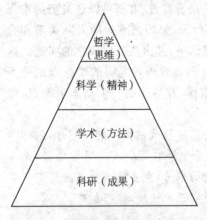

图10.4 科学研究发展的金字塔模型

第10章 文化基因

科学精神

文化是科学的精神支柱,从根本上决定了科学家的责任意识、人格意识与信仰意识:社会责任感缺失,科学研究无大果;人格缺失,科学研究一定走不远;信仰意识不浓,科学研究不能成大业。科学精神的缺失,会导致如雷蒙·阿隆[①]感慨的那样:"知识分子对民主国家的缺失毫不留情,却对那些以冠冕堂皇理论的名义所犯的滔天大罪予以宽容。"

科学责任

科学技术只是手段,文明进步才是社会发展的目的。没有民主制度的监督与制衡,科学技术会被用于反文明。近代以来的人类大屠杀和大灾难常见科技支撑的阴影;而一些科技项目研究本身就是以牺牲文明尤其是生命的价值为代价。因此,科学的发展必须以促进文明进步为宗旨。如果科学家放弃社会责任、道义良心和人文素质,他的科研成果很可能被用于巩固甚至强化专制统治,阻隔甚至破坏了文明的发展。一个独裁国家越"成功",国家机器越强大,对民众就越是灾难。

有良知的学者与伟大的科学家从来不是盲从于政府的需要,而是服务于人民的利益!最伟大的科学家只能是在常识性的精神劳动中产生。他们关注的是"人"本身,是普遍意义上的"人类"命运和遭际,服务的是民主与科学、社会文明进步的大方向,他们捡起的无不是世界意义的大命题、大价值,实际上也是最普通和普遍意义上的"常识"性命题,这也正是被捷克前总统兼剧作家哈维尔[②]称为"责任"的那种东西。

没有责任,没有对人的义务,没有为人类整体服务的冲动,没有为自由和公正辩护的意识,没有天然的反抗精神,一个人的激情、创造力和表现程度就会被削弱和压制(尤其是自我压制),就不会诞生伟大的艺术和真正的思想,就不会有托尔斯泰和雨果,也不会有贝多芬和米开朗基罗。伏尔泰、卢梭、拜伦、潘恩、左拉、雨果、陀思妥耶夫斯基、托尔斯泰、罗曼·罗兰、高尔基、茨威格、爱因斯坦、奥威尔、布罗茨基……也莫不如此。

知识分子是"社会的良心",是人类基本价值(如理性、自由、公平)的维护者,知识分子一方面根据这些基本价值来批判社会上的一切不合理现象,另一方面则努力推动这些价值的实现。一个"世界级"的知识分子,除了在自己的学术范围做出杰出的贡献,必须突破自己的学术小圈子,将自己的事业与社会广大人民的利益连在一起,更直接、更多地造福他人,又有强烈的社会责任感、道德感,敢于坚持原则,坚持社会正义,不惜牺牲自己已经取得的成就,甚至生命。

科学技术有两种社会应用的基本选择:造福人民或者奴役人民。大量先进的科学技术在实践中却为错误的制度与政策服务,增强专制政权的统治,奴役人民。这不是科学技术的正确应用;对于一个优秀的知识分子而言,这也是他的良知与责任感所绝对不能允许的。

在第二次世界大战前夕,由于纳粹对犹太人和其他少数民族的迫害,不少科学家逃离家园。他们不仅是逃避法西斯政权的迫害,也是抗议西斯政权对民主人权的践踏。这些科学家中最著名的是德国的犹太人知识分子爱因斯坦和意大利的科学家费米。二人都是

[①] 雷蒙·阿隆(Raymond Aron,1905-1983):法国社会学家、哲学家、政治学家。
[②] 瓦茨拉夫·哈维尔(Václav Havel, 1936-2011),捷克的作家、剧作家,1993—2002年担任捷克共和国总统。

诺贝尔奖获得者,与两人相连的是闻名的"曼哈顿工程"和原子武器的产生。爱因斯坦当时亲自写信给美国总统爱森豪威耳,建议美国开始建造原子武器,目的是不让德国希特勒赶在造原子武器的前边。费米则是原子能反应堆的先驱,为"曼哈顿工程"立下了汗马功劳。

原子弹武器问世后,特别是美国在广岛和长崎投下两颗之后,目睹原子弹对人类的杀伤威力和后来得知当时的德国希特勒并没有能力制造原子弹,很多参与原子弹制造的科学家都感到良心的责备(但此时,已不是他们所能掌握控制核武器的了)。同样,在德国当时制造V2火箭时,当时的许多被迫参与的科学家冒着自己和家人生命危险,破坏火箭的成功,以自己的良知为世界反法西斯战线作了默默的贡献。

只要翻一翻爱因斯坦的生平年表,我们立即就会发现,这位科学史上繁忙的巨人,在物理研究之外,竟参与了那么多与人类的命运紧密相连的事情:1914年,为反对德国文化界为战争辩护的《告文明世界书》,他在《告欧洲人书》上签名,并参与组织反战团体"新祖国同盟";1915年,写信给罗曼·罗兰,声援其反战立场;1927年,在巴比塞起草的《反法西斯宣言》上签名,参加国际反帝大同盟,被选为名誉主席;1928年,被选为"德国人权同盟"理事;1932年,同弗洛伊德通信,讨论战争心理问题,全力反对法西斯。1933年,发表文章指出科学家对重大政治问题不应保持沉默,文集《反战斗争》出版。1950年,发表电视讲话,反对美国制造氢弹。1954年,通过"争取公民自由非常委员会",号召美国人民同麦卡锡势力进行斗争(由此被对方称为"美国最大的敌人"),并抗议对奥本海默的迫害。1955年去世前夕,同罗素通信讨论和平宣言问题,并在宣言上签名……

知识分子应该是有社会担当的。一个有良知的知识分子,应该在社会发烧的时候保持清醒。他们的存在不是为了给现实社会提供合理性的解释,事实上,他们有义务以其理性和智慧向公众揭示现实的合理性将怎样在其发展过程中走向衰落和灭亡。中国的科学家需要检视这种科技与文明的悖论性及其现实印证。太平天国时期,美国传教士密迪乐(Thomas Taylor Meadows)来到中国,看到了种种匪夷所思的苦难,然后做出诊断:中国最需要的不是现代科技,而是基础文明:契约精神、权利意识,还有对民主政治和个人自由的理解;这些东西现在称为普世价值。

科学人格

生命行为的狭仄、思维层面的局限、灵魂向度的单维,说到底,是人格、信仰的局限;而灵魂的局限是因为自身在精神上不够,深度、硬度、广度和张力上皆不够,更缺乏生命投入的完整性和彻底性。

科学家的人格也是科学的一部分,它是科学的脊梁。科学不仅追求一个对人们有用的客观结果,而且需要在普及中被大众信仰。什么样的科学才能被大众充分信仰呢?必须有科学家高尚的人格作为信仰的基础。中国科学技术大学校长侯建国院士坦言:"一个学术真正做得好的人,一定是个好人!"

基于科学的专业性和复杂性,芸芸众生无法直接理解和判断科学的信息,很多时候只能从科学的从事者和代言人——科学家的品质上判断科学。如果从事科学和学术的人的品质高尚、道德纯良,人们就会在对科学家人格信任的基础上信任他们作出的判断,信任由这个群体奉献的科学知识,从而最终信仰科学。反之,如果大众眼中的科学家唯利是图、勾心斗角、不务正业、常说假话、不讲良心,谁又会信任他们做的事和说的话呢?科学信仰也就成了一句空话。

在凤凰卫视三周年台庆晚会上,节目主持人杨澜向观众讲述了一个自己在采访生涯中遇到的感人至深、结局又令人惊讶的故事[37]。

杨澜去美国采访了1998年诺贝尔物理奖获得者、美籍华人崔琦。崔琦谈到自己出生在河南农村,父母都是大字不识一个的农民,但他妈妈颇有远见,咬紧牙关省吃俭用,在崔琦12岁那年将他送出村,出外读书。这一走,造成了崔琦与父母的永别。后来他到中国香港地区、美国,成了世界名人。

谈到这里,杨澜问崔琦:"你12岁那年,如果你不外出读书,结果会怎么样?"看到这里,我猜想:崔琦一定会这样回答:"我永远成不了名,也许现在还在河南农村种地。"

可是错了!崔琦的回答大大出乎人的意料:"如果我不出来,三年困难时期,我的父母可能就不会死!我才不要什么狗屁诺贝尔奖!如果能重新选择,我情愿留在父母身边,哪怕是死!"崔琦后悔得流下了眼泪。

杨澜也流泪了。她这时多么希望当时聘请的两位美国摄影师能推出近景,来一个特写镜头。让杨澜吃惊的是,在审片时真的出现了这一特写镜头,杨澜问两位摄影师:"你们听不懂中文,怎么会拍下这一感人场面?"摄影师回答:"你们不是在谈论妈妈吗?在全世界,'妈妈'这两个字相通的。"

科学信仰

爱因斯坦把科学家分为三类:第一类是功利型,大多数人从事的科学事业只是一个职业,为了谋求自己的收入、名誉、地位,倾向于争取有直接效应的成果。第二类是兴趣型,少数人从事科学事业是出于个性化的爱好,为了实现自我的价值,从好奇心出发,因而能获得更出人意料的发现。第三类是信仰型,极少数有着执着信仰的人把科学作为神圣的事业,以宗教般的使命感、忘我的天职感去探索宇宙的奥秘,往往能获得最大的发现。爱因斯坦说过:"没有宗教的科学是跛子"。爱因斯坦所谓的宗教是一种超脱,是一种宗教式的感情,而不在于是否关联某个神圣的存在(上帝)。所谓有宗教感情的人,在爱因斯坦看来,就是"尽最大可能地从私欲的镣铐中将自己解放出来,全神贯注在那些因其超越个人的价值而为他所坚持的思想、感觉和志向"。说得更具体些,爱因斯坦的信仰和宗教就是自然律。对自然敬畏,对自然规律充满宗教的感情,就是科学家的境界。

1901—1996年共评出诺贝尔奖得主639人,得主大多数出自基督教国家,不信宗教或宗教信仰淡薄者21人(3.29%),信仰各种宗教的有618人(96.71%),其中,信仰基督教(包括新教、天主教、东正教)的596人(93.27%),信仰犹太教的8人(1.25%),信仰佛教的8人(1.25%),信仰伊斯兰教的4人(0.63%),信仰印度教的2人(0.31%)。得主大部分出自12个国家的32所著名大学,这些大学多数有宗教(指基督教)背景或就是教会办的,其中,最著名的基督教大学就是剑桥大学和哈佛大学。每所大学都有自己的教堂,一所大学城简直是一个教堂群。得主大多有文明的理性信仰,而非愚昧地盲目迷信。40多个伊斯兰教国家有12亿伊斯兰教徒,诺贝尔奖中仅1979年有一位物理学奖得主[38]。

在西方,具有纯粹的思想兴趣、学术兴趣、科学研究兴趣的人比较多,他们在从事研究时只以获得真知为目的而不问效用,正是在他们中产生了大思想家、大学者、大科学家。以效用为目的的研究是很难深入下去的,一旦觉得够用,就会停下来。唯有层层深入地追问,才能使理论思维趋于严密。此外，本来意义上的热爱真理也源于知识问题上的认真，因为认真，所以对自己所求得的真知必须坚持，不肯向任何外来的压力（政府、教会、学术权威、舆论、时尚）屈服。

科学家没有信仰，科学就会沦为工具。科学与宗教是一对连体婴：前者是追求无限宇宙中的有限真理，后者是追求有限生命中的无限价值；两者的互相耦合平衡了人生。西方文明是一种双核文明，一个内核来自人的理性，另一个内核来自宗教的布道。而在一个几千年里科学与文明创造力几乎为零、崇尚专制治理的国度，从事信仰型的科学研究是一种奢望，甚至是一种空想。

科学思维

科学的本质就是追求"真、善、美"。"真"是什么？是真理、规律、逻辑。"善"是什么？是善法，是有效的理论、知识、方法、工具、技术等。"美"是什么？是美德，是人们在公共社会中的公德，平等、民主、自由以及信仰、求知和爱人的精神。从现在一直上溯到中国文明源头的话，没有什么可以用"哲学"这个外来词来称呼的东西。

科学方法

西方的学术研究不仅具体，而且深入。牛津大学的每一个学术讲座都有一个规范的程序：首先，事实情况是什么；其次，多数人的观点是怎样的；第三，另外的少数人对此持有什么看法；第四，教授本人的研究结论是怎样的；最后，还有哪几个问题有待研究。最后一项尤其可贵，它说明任何问题的研究都没有终点，可以不断深入。

从智慧的来源看，中国人靠悟性，西方人靠观察。鉴于世界的复杂性和人的局限性，中国人更长于发现和理解长远的、宏大的、全局的、超越五官的现象；西方人则关注具体的、有形的、局部的现象。西方人的学问因其具体和贴近生活而更容易理解，因而更容易被贴上"科学"的标签。

"辩证逻辑"最早在西方古代只是一种提问和解答式的探索知识的方法。辩证思维的精华在于，在提问和解答一来一往的过程中，要由肯定到达否定，再由否定到达肯定和否定的统一。这个"正反合"公式，在苏格拉底看来，是追求知识的最高，因此也是最难的方法。

思维中的真理就是自然科学真理的先导。科学必须有经验和历史来证明。西方人的智慧在于，如果猜测正确，还需要将猜测系统化，如证明、扩展、补充等。也就是，正题和反题都包含有真理，又都包含有谬误。如何在每个命题中仅捉住正确成分，排除错误成分，这就是合题的任务。合题最高最难，因而也最费脑筋。合题的复杂需要理性来完成。

科学逻辑

逻辑（logic）是在形象思维和直觉顿悟思维基础上对客观世界的进一步抽象，所谓抽象，是认识客观世界时舍弃个别的、非本质的属性，抽出共同的、本质的属性的过程，是形成概念的必要手段。知识让人求实，逻辑让人求是。逻辑，尤其是非形式逻辑自然语言论证，就是推理与理则，就是讲道理，总结找出规律性的东西，而人认识到的规律应该是客观的且可以验证检错的。

第 10 章 文 化 基 因

希腊人以几何学为代表的思维方式明显以分析为主,由此形成严密的形式逻辑演绎体系。2300 年前,古希腊的伟大思想家亚里士多德(Aristotelés,前 384—前 322 年)以《工具论》创立了传统形式逻辑,为逻辑发展史树起了第一座丰碑。从 19 世纪中叶到 20 世纪初,经过英国数学家布尔、德国数学家弗雷格、英国哲学家和数学家罗素等人接连不断的努力,吸收莱布尼兹的成果,建立了后来作为电子计算机理论基础的"正统数理逻辑"的现代公理系统,这次进展被认作是逻辑学发展史上的第二座里程碑。一直到近代微积分发现,数学家都用"数学分析"的概念。把一个对象逻辑地分割再分割,直到最后无限小,再来积分。这种思维对西方科学的发展起了关键作用。

中国的数学与哲学思维都强调把对象作为有机的结构从整体上去把握,强调一个对象与有关事物的关联、渗透和变化。不重视对各个部分的仔细考察,也不承认各部分的独立性。在中国的数学与哲学思维里,可以看到"善"的内涵和"真"的思维方式间的密切联系,它们是相互渗透的。不重视个人而强调整体的伦理观念,和一般的强调综合观察总体、忽视分析各独立部分作用之间,有着明显的关联。缺乏分析作基础的综合,势必要依靠直觉领悟。传统文化培养了中国人特别发达的综合领悟能力;如果说中国人聪明,那就是聪明在这里。顾准是一位杰出的现代经济学家和哲学家,在《顾准文集》中,他一再慨叹中国人太聪明,太善于综合,是"先天的辩证法家",不肯像希腊人那样花大力气,下"笨功夫",对事物分门别类加以分析,深钻细研,因而不能发展出科学来。

杨振宁先生[39]指出:"中国传统里面只有归纳法而无推演法(即演绎法)的思维方法;'天人合一'的观念。归纳与推演都是近代科学中不可缺少的基本思维方法①,但是贯穿《易经》的精神都是归纳法,而没有推演法。近代科学的一个特点就是把自然规律与社会规律分开,而《易经》的'天人合一'观念却将天道、地道与人道混为一谈"。从老庄到韩非子等大家,一个通病就是"凡"、"必"、"非也"之类全称肯定或否定,以及三五举例归纳定论毋庸置疑,鲜有或然与概率以及模糊不确定判断,很像勃兰特式的"全部或全不"。例如,韩非子说:"思虑熟则得事理,得事理则必成功。"这句话就可谓经典的条件因果逻辑推论句式,而对这句"经典"结论的质疑,按照严密逻辑思维,应该也必须去推敲"熟"与"事理"、"成功"等概念的准确定义,再看那个"必"字来研究充分必要条件是否如此简单,进而推导出这个全称必然判断有草率归纳武断之嫌。那个"则得事理"应该是"将可得事理","则必成功"也应该是"大可望成功"。

西方哲学家们极关注知识的可靠性问题,尤其是近代以来,这方面的讨论成了西方哲学的主题。如果要对人类知识的根据追根究底,就会发现其可靠性面临着两大难题:第一,如果说与对象符合的认识才是真知,可是对象本身又永远不能在我们意识中出现,一旦出现,就成了我们的认识,那么,我们如何可能将二者比较而判断其是否符合?第二,我们承认经验是知识的唯一来源,同时,我们又相信在人类的知识中有一种必然的、普遍的知识,它们不可能来自有限的经验,那么,它们从何而来?康德以来的许多西方哲学家之所以孜孜于要解决这两个难题,就是想把人类的知识建立在一个完全可靠的基础上,否则,就放心不下。相反,中国的哲学家对这类问题不甚关心,在中国哲学史上,从总体上怀疑知识可靠性的只有庄子,但基本上没有后继者。知识论是中国传统哲学最薄弱的环节之一,即使讨论也偏于知行关系问题。宋明时期算是最重视知识论的,可是所讨论的知识也偏于道德认识,即所谓"德行之知"。程朱的格

---

① 具有归纳思维能力的人善于诡辩,具有演绎思维的人善于思辨。

物致知的"知",陆王的尽心穷理的"理",皆如此,分歧只在悟道的途径。

经典的无限价值在于"开后人无限眼界,无限文心"(金圣叹语)。现在,我们保留了许多优秀的典籍,特别是先秦思想典籍的原创性价值和文化深度,并不逊色于世界上任何民族,但是,一方面,由于缺少逻辑思维,我们一直不善于通过创造性解读来汲取传统的优秀思想;另一方面,由于缺乏逻辑思维,我们一直无法通过形而上的研究,建立起科学的思想体系。

儒家提倡直接的济世,也乐于哲学层次的研究,作为处于哲学与政治之间的文化而言,儒家应该算作宗教。儒家的特点在于,其并未致力于将政治观点无穷追溯到统一的上天那里,或者从上天那里演绎出一套哲学体系并应用于政治统治。儒家似乎安于松散的知识体系,没有体系化的要求。这也许决定于孔子及其他先贤的自省的真诚。西汉董仲舒开始的今文经学以及宋明理学所提倡的"存天理灭人欲"都有强烈的为政治寻找哲学根基的倾向,但最终都没有成为儒家的统一思想。也许这种倾向的本身与儒家的灵魂有所抵触。引用牟宗三[①]的话,中国的传统文化是"有道统而无学统,有治道而无政道"。道统是指由孔孟开辟的内圣成德之教之统,学统是指独立的科学知识之统;治道是指治理国家之道,政道是指政权安排之道。也就是说,由孔孟所开辟,为历代帝王、学者所传承的内圣成德之教和儒家德化的治道是中国文化之所长,而民主不建、学统不出是中国文化之短。韦伯指出,中国传统社会占支配地位的意识形态(即儒家思想),虽然可以视为一种伦理体系和社会功能意义上的宗教,但由于其仅有"外王"的入世理性倾向而无实际经世抱负的手段,仅有"内圣"的价值理性的信念伦理而无工具理性的责任伦理,因而无法缔造资本主义的市场经济,无法提供企业家精神。

科学创意

人才最可贵的品质是什么?是创意及其想象力!未来世界最重要的竞争并非是国家之间或者公司之间的竞争,而是人的创意与想象力的竞争。由于全球化使世界变得越来越"平",使个人能够以前所未有的广度、深度、速度和低成本将自己的想法付诸行动。因此,一个国家、政府和社会以及一种文化要在未来的竞争中取胜,就要看谁更善于呵护人民的创意与想象力,并成就其行动。

创意经济正以一种压倒性的态势颠覆着我们对传统经济的认识,其中也蕴藏着难以想象的财富机会。目前,创意产业已成为不少发达国家或地区经济发展的重要动力。创意产业是一种在全球化消费社会的背景中发展起来的,推崇创新和个人创造,强调文化艺术对经济的支持与推动的新兴的理念、思潮和经济实践,是一套围绕知识产权的开发和保护所组织起来的新型生产关系。1998年,英国创意产业专责小组(Creative Industries Task Force)[②]首次对"创意产业"进行了定义:"源于个人创造力、技能及才华,通过知识产权的生成和运用,具有创造财富并增加就业潜力的产业。"

在美国,创意产业称为"版权产业"。美国是全球版权产业最为发达的国家,版权产业已经成为当今美国最大、最富有活力并带来巨大经济收益的产业。2002年,美国版权产

---

① 牟宗三(1909—1995),字离中,山东栖霞人。中国现代学者、哲学家、哲学史家,现代新儒家的重要代表人物之一。
② 1997年,首相布莱尔于当选后要求政府成立"创意产业专责小组"(Creative Industries Task Force)。专责小组旋即召集各部会首长,共同研商如何持续创意产业的发展与成长。这个小组分别于1998年和2001年两次发布研究报告,分析英国创意产业的现状并提出发展战略。

第10章 文化基因

业产值达到12 500亿美元,约占美国GDP的12%。当前,美国在线——时代华纳、迪斯尼、贝塔斯曼、新闻集团、索尼等九大巨头成为世界文化产业格局中的"第一世界",九巨头中的五家是美国公司。美国传媒业控制了世界75%的电视节目和60%的广播节目的生产与制作。美国片源在许多第三世界国家的电视节目中所占的比例高达60%—80%。美国影视和音像产品的产值,1985年在国民经济中排行第11位,1994年跃居到第6位,成为仅次于飞机出口的第二大出口产品,并在2000年前后终于超过航天航空业,成为第一大出口产业。美国是世界电影业最发达的国家,电影市场年销售总额高达170亿美元,占全球85%的份额,好莱坞更成为大片的代名词。

英国的创意工业政策是目前国际上产业架构最完整的文化产业政策。2001年的创意产业产值为1 120亿英镑,占GDP的比重为8.2%,出口值达103亿英镑,是仅次于美国的世界第二大创意产品生产国,创意产业已经成为英国增长最快的支柱产业。出版业是以印刷术和纸张作为支撑并最依赖市场的传统文化工业,但它也为资本创造了难以计数的利润。目前,西方出版大国甚多,欧美发达国家通过版权贸易和图书发行网络,实际上主导了全球出版市场。法国是出版大国,其最大的阿歇特出版集团年营业额达到123亿法郎。在英国,《哈利·波特》小说作者罗琳身价10亿美元,出书收入已经超过1亿英镑。"2006福布斯全球100名人榜"排行第10名的丹·布朗收入近亿美元,他的《达·芬奇密码》狂销6 100万册,电影也成大热门。在这个名人榜上,包括罗琳和丹·布朗等五位作家上榜。

据统计,以发达国家为主的全球文化创意产业每天创造220亿美元产值,并以5%左右的速度递增,在一些国家增长得更快,美国为14%,英国为12%[40]。

英国人约翰·霍金斯(John Howkins)是国际创意产业界著名专家,是版权、媒体及娱乐业研究方面的领军人物,他首先提出"创意产业"的定义与分类,并获得"创意经济之父"的美誉。霍金斯认为:"创意并不被艺术家所垄断,任何人——科学家、商人甚至是经济学家都可以有创意。"关于中国的现状,约翰·霍金斯指出:"美国、日本、欧洲国家的创意文化特点,我可以用一句话概括,但对中国却始终无法归纳,因为目前的中国创意产业还缺乏个性,让我无法总结。"霍金斯表示,中国并不缺乏创意元素,缺乏的是"写剧本"的人。目前,政府部门建立"创意园"是很有效的举措,不过,随着产业的深入发展,频繁建立"创意园"就显得有些做作。政府要做的是营造自由表达的环境,鼓励出好点子、好创意;制定政策时,应及时与业界沟通,更多地采用"对话模式"。

美国战略家布热津斯基(Zbigniew Brzezinski)在《大棋局:美国的首要地位及其地缘战略》一书中提出,大国或强国的四条标准是经济发达、军事强大、科技雄厚、文化富有吸引力。2006年上半年,英国前首相撒切尔夫人放言"中国成不了超级大国",她说:"因为中国没有那种可以用来推进自己的权力,进而削弱我们西方国家的具有'传染性'的学说。今天中国出口的是电视机,而不是思想观念。"迄今,中国还没有向世界推出参与竞争的价值体系。现在,中国没有一本书或一部长篇小说能够进入欧美普通家庭的书架,成为他们的必读物,中华文化对西方的影响、对欧美价值观的影响很小。

[提示]对国家和企业来说,不是硬实力造就软实力,而软实力造就硬实力;没有软实力,就一定没有硬实力。

科学文化

科学并不是孤立的事物,只有在民智开启的时代,科学才会真正繁荣,真理和知识才能真正获得它应该获得的权威地位。因此,科学文化的形成是科学发展的前提条件。

自由文化

科学、教育、文化与宗教所从事的活动具有巨大的精神与探索性,非人类理性认知及有限能力所能及。政府在这些领域强制性执行自身意志的结果,总导致科学衰微、教育溃败、文化凋敝和信仰禁锢。社会不仅要建立健全的市场机制、创业机制、法治机制与民主机制,更要建立独立、自由而开放的科学机制、教育机制、文化机制与宗教机制!后者还将是前者的终极保护!

科学需要自由的呼吸,科学能否得到发展,关键就在于人们能否在一个相对自由、宽松的环境中充分发挥其创造力。科学是有限的,真理是相对的;如果没有求知的自由、学术的自由、思想的自由,如果没有任个性充分发展的空间,就不可能有名副其实的科学创造。因为科学创造不是人云亦云,它不臣服于既有的金科玉律,而是必须在不同寻常的探险中收获惊喜。

不管是建筑还是绘画,是科学还是文学,是工业还是农业,文明的巨大进展从没有受因于集权的政府。哥伦布并不是由于响应议会大多数的指令才出发去寻找通往中国的道路,虽然他的部分资金来自具有绝对权威的王朝。牛顿、莱布尼茨、爱因斯坦、玻尔、莎士比亚等这些在人类知识和理解方面、在文学方面、在技术发展方面、在减轻人类痛苦方面开拓新领域的人中,没有一个响应政府的指令。他们的成就是个人天才的产物,是坚持少数观点的产物,是允许多样化和社会差异的一种社会风气的产物。

英国哲学家约翰·斯图亚特·穆勒在《论自由》中说:"迫使一个意见不能发表是一种特殊罪恶……假如那意见是对的,他们是被剥夺了把错误换成真理的机会;假如那意见是错的,他们是失掉了一个差不多同样大的利益,那就是从真理与错误冲突中产生出来的对于真理更加清楚的认识和更加生动的印象。"

2005年,斯坦福大学化学系主任、美国科学院院士、美国艺术与科学学院院士理查德·杰尔[41]在法国图卢兹的保罗·萨巴蒂埃大学接受名誉博士学位的仪式上发表了题为《失败的价值》的著名演讲。杰尔指出:"创新性研究是无数次失败和极少几次成功的混合。真正的研究乃是一部由错误组成的喜剧,其中,错误的事情一件接着一件发生。不妨用丘吉尔的话来说,研究进展其实是怀着永不衰减的热情,在一个接着另一个失败的道路上蹒跚前行。倘若研究真正具有创新性,那么,关于什么将会发生或将被发现,事先实在是没有多少可以预测的。创新性研究并非在某种表格上填空白,或者在已经很好地确立的知识边界上做些拓展而已。当然,这类活动也有它自己的地位,不过我不称它为创新性的。"

如何促进原始创新呢?杰尔[41]带着他招牌式的微笑说:"放手让科学家们去玩,就像孩子一样。我在日本的时候,也常常被问到这个问题,每次我这样回答,他们都说:'别开玩笑了,说正经的。'可是,我说的就是正经的,让科学家们去玩,去自由地探索这个奇妙的世界,凭兴趣决定自己的研究方向,不要给他们太多的命题作文。很多看起来没有用的研究,比如说天文学,终将给这个世界带来翻天覆地的变化。"

有记者问过曾就读于西南联大的邹承鲁院士一个问题:"为什么当时条件非常差,西南联大也不算大,却培养出了那么多的人才?"邹承鲁的回答就是两个字:"自由"。对此,同样毕业于西南联大的何兆武在《上学记》中也说,对当时的西联人来说,生活中最美好的事情就是自由。无论干什么都凭自己的兴趣,看什么,听什么,想什么,都没有人干涉。如其所述,"江山代有才人出",从概率上说,人才在每个时代、每个国家都会有,问题在于这个时代、这个国家能否给那些有才情、有毅力的人们以自由发展的条件与机会。在这方面,没有大楼的西南联大做到了,并且因此立竿见影,在科学与人文领域培养出许多大师级的人物。

宽容文化

真正有信仰的人对自己的灵魂追求是认真的,对他人的信仰选择则是宽容的。

世上没有神,只有人;神是完美、不存在瑕疵的,而人总是不尽善、有缺点的。我们每日所需要做的工作,主要就是让自己的罪恶能够尽可能地减少、让自己的优点尽可能地光大,并对别人有一颗宽容之心:感恩别人的善,谅解别人的过,如此才能脚踏实地、享受真实的生活。

科学进步的先决条件是不受限制地交换一切结果和意见的可能性——在一切脑力劳动领域里的言论自由和教学自由。没有宽容,就没有科技创新。科学创新靠的是个人兴趣与好奇心,需要的是自由的环境和开放的空间,允许不同学说的自由发展,鼓励不同观点的交流和交锋。学术、文化和思想上没有权威,也不存在研究与讨论的禁区。

宽容在英语里叫 Tolerance,在德语里叫 Toleranz。它源自拉丁语的 Tolerare,原来是"忍受或忍耐"的意思,但更广的意义是"养育、承受和保护"。著名思想家拉斐尔(D. D. Raphael,1483-1520)说:"忍让是审慎地允许或准许一个他不喜欢的事物的实践。只有当一个人有权不准许时,他才能有目的地表示容忍,即允许或准许。"所以,宽容是一切自由的根本。没有容忍异己的雅量,就不会承认异己可以享受自由,将错误进行到底的人很难养成宽容异己的雅量。宽容是指一个人虽然具有必要的权力和知识,但对自己不赞成的行为也不进行阻止、妨碍或干涉的审慎选择。德国著名哲学家哈贝马斯(Juergen Habermas)曾指出:"民众作为国家公民相互之间的不断包容,不仅为国家提供了新的世俗合法化源泉,而且也提供了一个以法律为中介的新的社会抽象一体化层面。"

宽容性文化的含义是指,在多元化(Diversity)所涵盖的民族、性别、宗教与信仰、国家与地区、残疾等因素的基础上,进一步强调"每个人",认为"一个人就是一种文化",这是一种完全以人为出发点的文化,强调尊重个人。宽容意味着人成其为人,而不再是孤苦无助的权力附庸,每一个人都不会因为自己的思想见解不同而受到压制、歧视、打击和迫害。宽容就是人类抛去心口不一的伪装而回归本性;宽容意味着没有任何人可以在神坛上接受芸芸众生的顶礼膜拜,所有人都是平等的凡夫俗子。伏尔泰提倡"我不同意你的意见,但我坚决捍卫你说话的权利",杰斐逊说过:"我的邻居们是说有20个上帝还是说没有上帝,对我毫无伤害。"古语有云:"天称其高者,以无不覆,地称其广者,以无不载,日月称其明者,以无不照,江海称其大者,以无不容。"在现实中,只有欢迎思想者的国家才真正算得上强大,只有容让反对派的政治才算健康,只有拥有对立思维的领导者才算得上拥有智慧。

历史上,越是先进的文明越是有度量包容不是原属于自己的文明,而包容的后果就是文明的更灿烂、更伟大。在莎翁的历史剧当中,君主往往是反面角色。英国当时的伊丽莎白女王,当然知道这一点,但她并没有下令禁止演出莎士比亚的戏剧。当莎翁剧作上映时,伊丽莎白女王就坐在舞台对面的包厢里看戏。

我们古老的民族、我们现实的社会和我们当今的时代都需要建设一种宽容的精神文化。或者说需要一种宽容的文化精神。中国不缺乏真理,中国缺乏容忍真理存在的土壤。苏格拉底深不可测的思想内涵,那种平等、自由、开放的探讨问题的方式,那种敢于为真理而献身的英勇气概,确实是在中国数千年来的圣人贤人身上没有发现过。其实,苏格拉底、柏拉图、亚里士多德与中国的孔子、孟子、荀子之间的区别,基本上可以说是西方文化与中国文化的区别。前者在师徒三人身上表现出充分的开放性、包容性与创造超越性,贯穿始终的是"吾爱吾师,吾更爱真理",后者却是封闭的、等级森严的、排他性的,同时也是亦步亦趋,不敢越雷池一步。当今世界,很少有像中国社会这样,价值观与文化、传统如此疏离。

容伟大,忍可怕。普林斯顿大学周质平教授指出,中国往往"容"与"忍"不分。忍多容少。忍是一时无奈,不能不忍,所以,中国人主张"君子报仇十年不晚"、"小不忍则乱大谋"。容是宽容,可以不容而容。对异己能镇压而不镇压是容,一时无法下手秋后再算总账是忍。现实的流行文化是如此混乱,人们也很难梳理过去。一个民族的心灵处在长期备受压抑的体制中,在这个体制中,想改变体制的人,多数会被这个体制吃掉。柏杨先生指出:

> 翻开历史书看看,凡是有才干、有眼光、有见解、忠心耿耿、为国尽忠、拯救国家民族的英雄豪杰和爱国志士几乎全没有好下场,不是被杀便是被辱。……奴才政治、畸形道德、个体人生观和势利主义应是构成酱缸的主要成分。……酱缸文化也有它的产品,曰"权势崇拜狂",曰"牢不可破的自私",曰"文字魔术和诈欺",曰"殭尸迷恋",曰"窝里斗,和稀泥",曰"淡漠冷酷忌猜残忍",曰"虚骄恍惚"。……不认真,不敬业,悠悠忽忽,吊儿郎当地"混",是大多数中国人的生活特征。

多元文化

在一个开放的世界上,我们只有首先理解别人,才能正确理解自己。作为一个后文明国家及其成员,我们现在遭遇的最大问题是对别人的不理解,包括对其文明与智慧内核的盲视;正是在此基础上,造成了我们对自己的不正确理解,包括对自己不文明与弱智慧的无知。

因此,现代社会应该是一个开放的多元社会。多元价值观对一个社会至关重要,除去最重要一点——它是人类独立精神的需求,同样有着非常实用的目的:不同的价值观,为社会提供了不同的智力和情感储备,它们会在社会遭遇到这方面的挑战时发挥作用。

各种不同思路间的摩擦起火正是美国的创新之源。美国最核心的国家竞争力是开放,这指的不只是对人的开放,更重要的是对思想的开放。在美国,不同的人可以有不同的生活方式,但基本的价值观是相同的。这不仅表现在高科技等创新领域,而且在艺术、管理等领域也有所体现。这就是美国之所以能够吸引世界各国这么多优秀人才的原因。美国与其他国家的文化关系从来不是单向的,一如它是世界娱乐与品味的带头人一样,美国过去和现在也都是其他国家思想和艺术影响的吸收者。事实上,从19世纪到21世纪,美国作为一个移民国家,不但输出全球文化,也接受全球文化。

在一次盛大的宴会上,中国人、俄国人、法国人、德国人、意大利人争相夸耀自己民族的文化传统,唯有美国人笑而不语。

第10章 文化基因

为了使自己的表述更加形象、更有说服力,他们纷纷拿出具有民族特色、能够体现民族悠久历史的实物——酒来彼此相敬。中国人首先拿出古色古香、做工精细的茅台,打开瓶盖,香气四溢,众人为之称道。紧接着,俄国人拿出伏特加,法国人拿出大香槟,意大利人亮出葡萄酒,德国人取出威士忌,众彩纷呈。

最后,大家都看着美国人。

美国人不慌不忙地站起来,把大家先前拿出的各种酒都倒出一点,兑在一起,说:"这叫鸡尾酒,它体现了美国的民族精神——博采众长,综合创造。我们随时准备召开世界文明智慧博览会。"

美国的文化为什么可以在全世界更大范围内被认同?因为它在很大程度上包容了其他民族的文化,吸收了其他民族文化优秀的方面,才创造出现在被世界上大多数国家认同的文明。美国虽然没有令人骄傲的悠久历史,可是比任何国家都更懂得珍惜一点一滴的宝贵传统和历史陈迹。有无数大大小小的博物馆,星罗棋布,遍布全美国。美国人不但尊重自己的历史传统,也尊重所有不同的人类文化传统,因为美国人发现,不同文化传统的交流和碰撞,能够激发出社会经济和文化的活力和创造力。美国有接近100种信仰、几十种主义(包括美国共产党)、4色人种、几百个民族,人人可拥枪支,社会上存在多种思想体系(含孔子学院),全球电视均可收看。美国的文化就是一个多元文化的大熔炉,每种文化都可以在美国生根发芽,但绝不可以"罢黜百家,独尊儒术"。

美国各族人民不以本民族的文化为苦,而以自己的文化为乐,把这叫做"双重文化优势"。除了有美利坚这个共同文化之外,意大利族裔有他们的意大利文化,犹太族裔有他们的犹太文化,爱尔兰族裔也有他们的爱尔兰文化。同时,印度族裔有印度文化,日本族裔有日本文化。当然,黑人族裔有黑人文化,西班牙族裔有西班牙文化,更是美国文化不可或缺的组成部分;而濒于灭绝的印第安族裔人有印第安文化,夏威夷毛利族裔有毛利文化,他们也是美国文化的宝贵财富。在今天交通发达、完全不存在穷乡僻壤的美国,居然还有一种称为"阿米什"(Amish)的移民,他们说一种类似德语的语言,完全拒绝现代生活,使用传统农具,一代一代地在美国过着18世纪的"欧洲乡村生活"。

20世纪中叶以来,中国一步步地走出了传统的价值体系,取而代之的,正是世俗主义。世俗主义的价值体系不具有浓厚的宗教、文化和传统来源,信仰的危机是很严重的。现在,大多数的中国人(包括受过教育的人)都徘徊在精神和内心世界的路口,不知何去何从。

本章概要

文化不是钱,但还有什么比文化更值钱?艺术无边际,但还有什么比艺术更脱俗?思想很抽象,但还有什么比思想更有重量?!本章分析的重要结论是:(1)文化内含着生命基因。人是介于"兽"与"神"之间的存在,既有着动物的本能,也存在着神性的图腾。人文关怀是调节器,调节着人在与兽及神之间的距离。(2)文化内含着制度基因。人本、自由与契约是西方文化赋予制度的重要标准。违背这一准则的制度就是反文化(或曰反人文)的制度。(3)文化内含着科学基因,包括科学精神、科学思维与科学文化,不仅界定了科学发展的方向,也形成了科学发展的动力,并决定了科学发展的方法。

思考练习

1. 什么是文化？什么是文明？文明与文化有哪些实质性区别？
2. 文化是如何形成的？又是如何发展的？怎样建设以企业家精神为主导的企业文化？
3. 如何评价企业文化管理与企业经济成长的协调性和一致性？
4. 如何理解中国文化的"围墙现象"？
5. 中国社会最讲人际关系，然而，中国人为什么受人际关系伤害最重？
6. 文明与文明之间可以相互对话，但文明与非文明之间也可以相互对话吗？
7. 中国的乡村与城市具有什么样的文化差异？
8. 儒家思想与企业家精神之间是什么样的关系？
9. 我们的欢乐与悲哀其实经常是一回事。你是如何理解这个命题的？
10. 道德底线的要求是绝对的还是相对的？具体地说，战争需要不需要拥有道德底线？中国传统文化中有很多兵不厌诈的思想，而且以屠杀作为战略的典型风格，你对此有何思考？

延伸阅读

《约翰·克利斯朵夫》（[法]罗曼·罗兰．傅雷译．北京：人民文学出版社，1957）：本书描述了一颗坚强刚毅的心是如何战胜自己心灵深处的怯懦卑鄙的阴暗面，由幼稚走向成熟，它是描述心灵历程的史诗。

《狼图腾》（姜戎．武昌：长江文艺出版社，2004）：本书是一部以狼为叙事主体的史诗般小说，一反千百年来占据正统主导地位的畏狼如虎、憎狼为灾的，存在着太多对狼的误解与偏见的鸿学巨儒文化，为狼正名，探微求真，气概可敬，思想开放。

《源泉》（[美]安·兰德．高晓晴，赵雅蔷，杨玉译．重庆：重庆出版社，2005）：创造是各已私事，是天赋权利，维护创造也是同等天赋个人的权利。《源泉》是一本仅次于圣经销量的书。

《什么是人类常识：社会和文化领域中的人类学理论实践》（[美]麦克尔·赫兹菲尔德．刘珩，石毅，李昌银译．北京：华夏出版社，2005）：本书试图在理论与实践之间、在人文视角与科学视角之间、在象征与实质之间开辟一片"积极的中间立场"，来探讨如何让社会与文化人类学照亮并揭示那些隔岸观花的研究所无力企及的人类状况。

《领导者性格：从文学故事中透视管理》（[美]小约瑟夫·L．巴达拉．江之永译．北京：商务印书馆，2007）：本书给严肃文学提供了鲜活、有力的视角，可以使人们直面企业家们所遭遇的根本困境，甚至帮助他们就自己性格上的一些特殊问题找到答案。

《宽容》（[美]亨德里克·房龙．迮卫，靳翠微译．西安：陕西师范大学出版社，2004）：历史上的宗教改革家假以"宗教改革"的名义，对一切不利于自己发展的思想创新进行残酷迫害，这种精神上的不宽容导致的恰是他们的"敌人"犯下的那些错误。

《欲望与利益：资本主义走向胜利前的政治争论》（[美]艾伯特·奥·赫希曼．李新华，朱进东译．上海：上海文艺出版社，2003）：资本主义的巨大成果本质上来自利益的成长有效地抑制、平衡甚至驯化了危险的激情，无论这种激情来自荣誉感还是信仰。被利益驯化了的激情终究会成为资本主义政治秩序建构的有益因素。

《动物精神——人类心理如何推动经济变化，它对全球经济复苏为什么重要》（[美]乔治·阿克洛夫，罗伯特·希勒.黄志强等译.北京：中信出版社，2009）：如果你看不懂当前的经济形势，如果你要跳槽却又担心失业，如果你想买房但总搞不清楚房价走势，如果你想投资股票但又怕股市暴涨暴跌，如果你想为未来储蓄但又想现在多消费，如果你在做这些决策时想明白其中的究竟，那就了解一下什么是"动物精神"吧。

《金蔷薇》（[俄]康·帕乌斯托夫斯基.戴骢译.上海：上海译文出版社，2007）：文学大师用他别具一格的文笔气势磅礴而又精致入微地描绘了人类的美好感情和大自然的如画美景，阐述了作家的使命、文学创作的目的和方法，使每一位读了《金蔷薇》的文学爱好者、文学创作者和文学批评家得到极大的启发。

《自由主义》（[英]霍布豪斯.朱曾汶译.北京：商务印书馆，1996）：一个人无法孤立地实现自己的自然权利，他只有同他人签订协议，并为此目的建立政府来保护他在社会里的权利。他在订立契约时为服从共同规则不得不放弃一些权利，而得到的是公民的权利。

参考文献

[1] Magnus Aronsson. Education Matters — But Does Entrepreneurship Education? An interview with David Birch[J]. Academy of Management Learning & Education, 2004, 3(3): 289-292.

[2] [英]爱德华·泰勒. 原始文化——神话、哲学、宗教、语言、艺术和习俗之研究[M]. 连树声译. 南宁：广西师范大学出版社，1871.

[3] 沈彻. 幸好我们还渴望爱与被爱[N]. 东方早报，2007-12-23(11).

[4] [英]凯恩斯. 就业、利息和货币通论[M]. 徐毓枬译. 北京：商务印书馆，1997.

[5] [美]乔治·阿克洛夫，罗伯特·希勒. 动物精神——人类心理如何推动经济变化，它对全球经济复苏为什么重要[M]. 黄志强等译. 北京：中信出版社，2009.

[6] Albert O. Hirschman. The Passions and the Interests [M]. New Jersey: Princeton University Press 1997.

[7] [德]马克斯·韦伯. 新教伦理与资本主义精神[M]. 于晓，陈维纲译. 北京：三联书店，1987.

[8] 哆哆. 论唐宋诗词中的愁绪[EB/OL]. 万维读者，[2010-05-20].

[9] 刘淡. 康德：书斋里的人类立法者[N]. 21世纪经济报道，2008-6-16(42).

[10] 空因. 再读《瓦尔登湖》[EB/OL]. 万维读者网，[2013-11-07].

[11] 龙应台. 文化是什么[J]. 视野，2005，(9)：15-16.

[12] [德]爱因斯坦. 爱因斯坦文集(3卷)[M]. 许良英译. 北京：商务印书馆，1979.

[13] 张鸣. 不是纪念的纪念[EB/OL]. 张鸣的腾讯博客.

[14] 景凯旋. 我们理解索尔仁尼琴吗[EB/OL]. 景凯旋的腾讯博客.

[15] [美]欧文·拉兹洛. 多种文化的星球——联合国教科文组织国际专家小组的报告[M]. 戴侃，辛未译. 北京：科学文献出版社，2001.

[16] 俞敏洪. 培育年轻人的精神气质[J]. 北大商业评论，2008，(6)：40-46.

[17] 杨连宁. 上智下愚，难以为继[EB/OL]. 凯迪猫眼看人，[2008-09-09].

[18] 黑猫子. 美国兰德公司对中国人最尖锐的批评[EB/OL]. 猫眼看人，[2009-07-29].

[19] 丁栋虹. 一个伟大文明的衰亡只能始于自身内部[EB/OL]. 丁栋虹的新浪博客.

[20] 民主走狗. 地震都十几天了，咋还没听到一声忏悔[EB/OL]. 凯迪猫眼看人，[2008-05-24].

[21] Raymond Williams. Long Revolution [M]. NY: Broadview Press 1961.

[22] 丁栋虹. 来自自由的繁荣——中国经济学的反思与重建[M]. 上海: 东方出版中心, 2004.

[23] 郎心铁. 冉阿让或者白宝山[EB/OL]. 猫眼看人, [2008-07-31].

[24] [英]弗里德里希·A. 哈耶克. 科学的反革命: 理性滥用之研究[M]. 冯克利译. 南京: 译林出版社, 2003.

[25] [英]约翰. 密尔. 论自由[M]. 许宝骙译. 北京: 商务印书馆, 1959.

[26] [英]布莱尔. 伊拉克战争醒世录——2003年7月17日在美国国会的演讲[EB/OL]. 凯迪论坛, [2007-07-08].

[27] 阳光. 治理"情绪熄火"——企业文化的回归[N]. 21世纪经济报道, 2010-04-06(20).

[28] [德]沃尔夫冈·施密茨. 换一种方式, 唤醒所有员工[N]. 21世纪经济报道, 2012-03-12(28).

[29] 丁栋虹. 思想自由是企业创新的酵母[J]. 企业文明, 2013, (4): 34-35.

[30] 薛峰. 财富随自由而来[J]. 中国市场, 2008, (37): 55.

[31] [美]科斯. 中国将成为商品生产和思想创造的全球中心[N]. 南方周末, 2011-12-22(32).

[32] 丁栋虹. 不动产经济学[M]. 南京: 南京大学出版社, 1993.

[33] 丁子江. 婚契下的阴影[EB/OL]. 丁子江的新浪博客, [2007-01-26].

[34] 丁栋虹. 企业的起源——企业分析四维模式的理论与实证[M]. 北京: 中国经济出版社, 2003.

[35] [日]矢野俊介. 企业家的经营艺术[M]. 赵大生译. 北京: 中国国际广播出版社, 1987.

[36] [美]克鲁克洪等. 文化与个人[M]. 高佳等译. 杭州: 浙江人民出版社, 1986.

[37] 李红. 崔琦的眼泪[J]. 语文世界(初中版), 2006, (4): 1.

[38] 文刀. 诺贝尔奖得主信仰小考[J]. 广东佛教, 2002, (5): 36-37.

[39] 杨振宁.《易经》对中华文化的影响[J]. 自然杂志, 2005, 25(1): 1-3.

[40] 佚名. 发达国家最擅用文化赚钱[N]. 深圳商报, 2007-05-17(B5).

[41] 何姣. 谁能科研管理双肩挑[EB/OL]. 科学网 [2007-09-13].

第11章 教育方法

> 教育上的错误比别的错误更不可轻视。教育上的错误正如配错了药一样……它们的影响是终身洗刷不掉的。
>
> ——[英]洛克①

学习目标
- 认知创新能力的教育指向;
- 把握人文精神的培养方法;
- 认知社会服务的教育价值。

对于任何社会而言,经济体制与政治体制成功的关键并不完全在于有效的奖惩,而在于一种价值观的支撑。有信奉什么样价值观的人,就会有什么样的发展模式,就会有什么样的经济体制与政治体制。所以,充当改变心灵的教育首当其冲地承载着历史重任。在人的投资及一切社会事业中,教育是第一位的:教育可以让一个孩子去爱,也可以让一个孩子去恨;教育可以让一个领导者去普度众生,也可以让一个领导者去屠杀百姓;教育可以使一个民族涵养文明,也可以使一个民族异化堕落。人心不正,教育是因;教育不正,天下不正。

传统的教育观点认为,企业家的教育培养是通过一系列科学的教育方法实现的,而企业家精神却似乎难以系统化、形式化,似乎不是一种可以通过书本、通过课堂传授的知识。捕捉利润机会、发现利润机会、利用利润机会的那种直觉,那种敏感,那种天赋,是没有人可以教授的。这些东西是超乎理性之外的,是哈耶克所说的那种"理性不及"的东西。但是,悉心地研究后可以发现,企业家精神的培养深深地埋藏在西方教育方法的选择当中。一个人的机遇很大程度是由教育方法决定的。卢梭指出:"我们生来是软弱的,所以我们需要力量;我们生来是一无所有的,所以我们需要帮助;我们生来是愚昧的,所以我们需要判断的能力。我们在出生的时候所没有的东西,我们在长大的时候所需要的东西,全都要由教育赐予我们。"

2007年度美国有一部伟大的电影《伟大辩手》(*The Great Debaters*),其故事改编自历史真实的事件,讲述了美国黑人争取自由和平等的历程。时间追溯到1935年,一所黑人学校——维利大学的辩论队在托尔森教授带领下一路过关斩将,几乎取得了不败的战绩,最后,

---

① 约翰·洛克(John Locke,1632-1704)是英国的哲学家。他主张政府只有在取得被统治者的同意并且保障人民拥有生命、自由和财产的自然权利时,其统治才有正当性。洛克相信,只有在取得被统治者的同意时,社会契约才会成立,如果缺乏了这种同意,人民便有推翻政府的权利。

他们与最知名的哈佛大学一决高低。特别值得注意的是,最后的辩题为"公民的不服从比暴力抗争更有力"。在电影中,法默博士说出了这样的经典台词:"教育是唯一的出路,是我们走出无知的道路,是我们走出黑暗的道路。只有这条路,才铺满了荣耀的光芒。"

对于一个人而言,除了生命与健康,还有什么选择比接受正确的教育更重要?在一个庸常统治的世界上,还有什么事业比从事人性、个性、开发与宽容的教育对人类的帮助更大?反过来,还有什么对生灵的屠杀行为比错误的教育更普遍、更持久、更具隐蔽性?无论是学校还是家庭与个人,中国的教育谈得最多的是知识积累,而少谈科学方法、开放心智、独立精神、创新思维、道德伦理。

创 新 能 力

教育既是理论学科,又是实践学科,任何一个教育活动都是某种教育理念与方法的反映。如果没有正确的教育理念与方法,其教育活动必然是盲目的,效果经常事与愿违,甚至理想之花可能结出荆棘之果。正确地思考而不是正确的答案才是教育的真正目的。现实中,我们真的会"教育"吗?

诺贝尔奖于1901年创立到2007年,共有521名科学家获三大科技奖,分属27个国家。从世界角度分析,一个国家一般立国三十多年,便会有一个诺贝尔奖获得者,前苏联1917年立国,39年后得了第一个诺贝尔奖,捷克是41年,波兰是46年,巴基斯坦是29年,印度是30年,平均是35年,但迄今为止,没有一个中国人获得诺贝尔自然科学奖或经济学奖。

迄今,在八位华裔诺贝尔自然科学奖获得者中,除一位(朱棣文)接受的是纯美国教育外,有七位(李政道、杨振宁、丁肇中、李远哲、崔琦、高行健、高锟)青年时期接受的是民国时期"旧社会"的教育,还处于战争年代,而在1949年至今培养的学生中竟然没有一人。有影响力的人文社会科学大师也都是1946年以前的教育背景。

1977—1999年产生的900多名高考状元中,七成大学毕业后"销声匿迹",大部分状元的职业成就并不突出,表现远低于预期。《中国高考状元职业状况调查报告》课题组通过核查"2007中国高校杰出校友排行榜"的杰出人才发现,在"杰出企业家"中没有一位是高考状元;而在学术领域,中国两院院士、外国两院院士、长江学者和长江学者成就奖获奖人等专家名单中,均没有出现高考状元的名字,在"杰出政治家"中同样也没有高考状元。中国校友会网"高考状元研究"课题组调查了自1952年至2011年全国范围内的1 400名高考状元,现有的职场状元名单中出现了高考状元的身影(两院院士),但交集非常少,且都是20世纪50年代的高考状元。1977年恢复高考后的高考状元无一人成为职场状元[1]。

科学精神

仅有方向、素养与方法,一名研究者还可能仅仅只是一个"匠人"。科学精神是知识分子的灵魂。被放在教育首要位置的,永远应该是独立思考和判断的总体能力的培养,而不是获取特定的知识。如果一个人掌握了他的学科的基本原理,并学会了如何独立地思考和工作,他将肯定会找到属于他的道路。此外,与那些接受的训练主要只包括获取详细知识的人相比,他更加能够使自己适应进步和变化。

怀疑精神

大学能给人的是境界,是视野,是独立的判断力,也就是所谓的 vision 和 critical thinking。张中行认为,教育的最大目的是教人不信,只有不信才会探索、学习。他举例说,对于谁打败拿破仑,德国、英国的小学教科书都说是本国人。罗素主张把这两种教科书放到一块儿让孩子念。有人担心,这样让孩子信什么呢?罗素说,你教的学生不信了,教育就成功了。

爱因斯坦指出:"没有个人独创性和个人志愿的规格统一的社会,将是一个没有发展可能的不幸的社会",因此,他强调学校不仅要把大量的知识传授给学生,更应该培养他们独立思考和独立行动的能力。大学的功能不是让人信,恰恰相反,是应该引导这些年轻孩子保持童心,养成怀疑的精神,遇事问个为什么。保持"学术精神"的前提与根基就是保持思想的独立性。大学要有创新精神才能自立于世界大学之林,而创新精神的培养则需要自由的环境,需要有独立人格的学者群体。在一个思想压抑、处处有关卡和禁区的环境中,不可能迸发出探索创新的思想火花。思想控制和行政干预使大学失去了作为学术组织的自主性与独立性,知识分子也失去了心无旁骛地追求知识、追求真理的独立品格。独立性是知识分子最宝贵的财产,失去了独立性,知识分子就失去了赖以安身立命的根基。

独立精神是大学之魂,使大学在人类苦苦追寻理想的过程中,既是人类在意识中进行伟大探险的先锋,也是世世代代人类赖以支撑理想的精神价值的守护者,以持久的信念对抗工业文明时代的纯粹物质主义,以真理庇护所的姿态傲视炎凉世态和短见的实利主义。

案例 11.1   **耶鲁:校园环境影响能力培养**

在耶鲁,校方非常注重校园的学习环境对人才培养的重要意义。为了培养和提高学子们的独立思辨能力,提供一个自由良好的生长环境,耶鲁做了以下努力:

第一,耶鲁所设置的必修课相对来说比较少,绝大多数学生都能选择自己喜爱的课程。但有一个条件,学生必须学习一些不同领域的课程。

耶鲁认为,如果刚进大学就分专业,学生对很多学科都还没有直观的认知度,选择的余地也非常狭小,一旦进入一个系,就等于为自己找好了一条已经确定的路,必须一步步地走下去,没有什么可以探索的,空间很小,想转个弯都很难。而让学生涉猎不同的专业,则有利于他们更好地了解自己到底适合什么,并有足够的时间思考自己该选择什么。

第二,耶鲁大学实行"教授治校"的办法,由教授们组成教授会,参与学校的教学和具体事务的决策和管理工作。

耶鲁大学的教学力量一直是它引以为傲的重要资本。耶鲁认为,教授当家作主可以更好地保证学术的自由与发展。在耶鲁,教授们习惯于我行我素,各人的教学方式也出现了很大的自由度。耶鲁的教授一个个都桀骜不驯,敢于上书政府,敢于批评美国参军征兵法,法学院的教授甚至敢于直面美国国会。这种敢于挑战的精神和强烈的思维刺激,对学生来说是一种极大的激励,使他们敢于吐露自己的真实想法,在学术和为人处世上形成自己独到的、新颖的新思想而不屈服。

第三,耶鲁大学始终坚持学术的独立性。为了维护耶鲁的传统独立精神,历届校长一直抵触来自政治和经济的压力,即使付出再大的代价也在所不惜。

越战时期,美国政府下令:凡是自称以道德或宗教理由反战者一律不准领取奖学金。当时,美国各个名校都遵照政府的指示行事,唯有耶鲁大学始终不移地坚守着自己学术独立的阵地,仍然以申请者的成绩为奖学金的评比标准而无视战争和政治的因素。为此,耶鲁付出了巨大的代价,失去了联邦政府的一大笔基金,经济上几度陷入困境。但当时的校长金曼布鲁斯特却在耶鲁学子中获得了极高的声誉和尊敬。社会的发展需要学生大胆地质疑社会现实,敢于向权威说"不",这种学术为上、学术独立的精神潜移默化地影响着学子们,让他们敢于坚持自己的学术和为人理想,绝不屈服。

第四,耶鲁提倡讨论式的课堂授课方式。小型的研讨班是耶鲁课堂上经常见到的学习方式,教授们通过这样的形式鼓励和激发学生发表自己的想法,并努力捍卫自己的观点,而且随时欢迎学生在课堂上对自己提出问题和质疑。

这种研讨班,教授只是起引导协调的作用,学生的讨论才是最重要的课堂内容。这就是所谓年轻人智慧的互相激励,即使是本科生,在听完教授的理论课之后,必须参加由研究生助教主持的研讨班。可以说,在耶鲁,研讨班贯穿了大学教育的始终。

独立思考和质疑一切是创造之魂。耶鲁大学校长莱文(Richard C. Levin)先生说:"对学生来说,就是要对任何事情都提出质疑,不管你是从这个学校的老师还是从同学那里学到的,或者是你从书上读到的。第二点是学习,虽然你应该先提问题,但你需要学习读书,得到更多的信息来回答这些问题。最后得出自己的结论,要学会如何独立地思考。"当新生进入耶鲁大学时,莱文先生说:"我刚出版了一本书,包括我最近十年所做的最好的演讲,其中包括我每年对大学新生的讲话。根据不同的情况,每个讲话都用了不同的比喻,基本上都传达了同样的信息,就是质疑一切、努力学习、独立思考。"耶鲁大学及其校长的观点,今天已经成为美国人普遍认同和认真实践的一种教育理念。

真理精神

中国人总是把"乖"、"听话"当作一个孩子的优点。听话的孩子可能只是盲从,而不见得懂道理,而且以后这样盲从的人如何进入社会。讲理的孩子因为觉得你有理而"听话",而不是畏惧你而"听话"。从结果来看,"不听话"的孩子往往更成功,因为他们仿佛更了解自己,也更了解如何发挥自己的优势;而"听话"的孩子往往只懂得迎合别人的要求。

人的独特之处是能够作价值判断并由价值指导行动。人有价值意识,问题由价值来支撑,价值的规范性必须得到理性主体的认同。大学应该提供一个良好的环境,让学生的价值意识和反思意识得到充分发展。关键是容许学生自由探索不同的价值问题,包括阅读人类文明的种种经典、讨论当代社会的政治及伦理议题,以至对一己心灵的不懈内省。没有这一过程,我们难以理解自我,也无从肯定生命的价值立于何处。

理念是大学的灵魂,回答大学是什么,大学做什么。康德是近现代哲学家第一人,他第一个回答了大学是什么:"大学是学术共同体,它的品格是独立追求真理和学术自由。"追求真理与学术自由几乎是每一所精英大学的办学宗旨。例如,哈佛大学的校训是"与柏拉图为友,与亚里士多德为友,更要与真理为友";耶鲁大学的校训是"真理与光明";剑桥大学的校训是"此乃启蒙之地,智识之源"。

案例 11.2　　　　　　　　　　中国学生长不大

2006 年,中央电视台《对话》节目邀请中美两国即将进入大学的高中生参与。其中,美国的 12 名高中生都是今年美国总统奖的获得者,国内的高中生也是被北京大学、清华大学、香港大学等著名大学录取的优秀学生。

在价值取向的考察中,主持人分别给出了智慧、权力、真理、金钱和美的选项(如图 11.1 所示),美国学生几乎惊人一致地选择了真理和智慧。他们这样解释:如果我拥有智慧,我掌握了真理,相应地,我就会拥有财富和其他东西。而中国高中生除有一个选择"美"外,没有一个选择真理和智慧,有的选择了财富,有的选择了权力。

接下来的环节是制定对非洲贫困儿童的援助计划。首先由中国学生阐述:从中国悠久的历史入手,从歌颂丝绸之路、郑和下西洋,到吟咏茶马古道,然后有人弹古筝,有人弹钢琴,有人吹箫,三个女生大合唱,一人一句,一会又是一个人深情地背诵,然后是大合唱。最后对非洲的援助计划轻描淡写地一笔带过。只说组织去非洲旅游、组织募捐,还去非洲建希望小学。

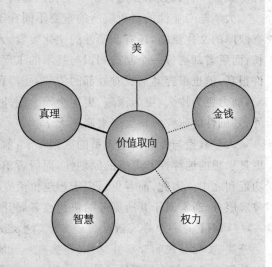

图 11.1　中美学生价值取向的分异

注:图 11.1 中,"金钱"与"权力"两项为虚线连接,"美"为单线连接,而"真理"与"智慧"两项为粗线连接,寓含了不同取向的价值实现程度的不同。

有一个留美的华裔作家发问:"你们募捐,要我掏钱出来,首先你的整个援助计划得打动我,我还要知道我的钱都花在什么地方?我捐出去的每分钱是不是都真正发挥作用了?"中国学生对这样的问题面面相觑,谁也回答不出来。

美国高中生的方案,则是从非洲目前的实际情况,从非洲社会生活的方方面面,包括食物、教育、饮用水、艾滋病、避孕等一些看起来很细小的实际问题入手,每一项做什么和准备怎么做甚至具体到每项的预算,而那些预算竟然准确到几元几分。每个人分工明确,又融成一个整体,整个计划拿来就可以进入实施阶段。

在 2013 年博鳌青年领袖圆桌会议上,微软亚太研发集团主席张亚勤谈及中国高等教育的问题:"我曾面试一个很聪明的大学生,想让他到我们公司(微软)来,他没来,选择了到国家部委当公务员。我觉得这也很好啊,服务社会、服务大众。"但他说:"不是,当公务员是为了积累

人脉、拿房屋补贴,干什么事儿不重要。"

探索精神

大学精神的本质并不是为了让我们变得深奥,而恰恰是恢复人类的天真。天真的人才会无穷无尽地追问关于这个世界的道理,包括关于自然的和关于社会的。大学要造就的,正是达尔文的天真、爱因斯坦的天真、黑格尔的天真、顾准的天真,也就是那些"成熟的人"不屑一顾的"呆子气"。而所谓"成熟的人"则永远是在告诉你:存在的就是合理的,而合理的就是不必追究的,不必改变的。

当今世界,大学,尤其是以柏林大学为代表的研究型大学,构成学术研究的主要实体。为什么一个民族最高的科学研究机构不是直接由高层次的专业研究人员构成,非要在一个大学环境里加一群人数众多的青年学生呢?这与年轻学子具有怀疑精神有很大关系。

大学与专业性的科研院所的重要不同在于:前者是一个丰富多样的文化生态体系,它不仅有浓厚的文化氛围,还有基础性的文化要素,人们的思想与智慧是按照文化本身的逻辑自由成长;而后者却更像一个制造知识与技术的工厂,人们从事的研究直接服务于功利目的,效率也许很高,但也很容易形成对外部的依赖,变得官僚化和世俗化。前者则是由自身的文化力量推动,动力更为持久、更为深刻、更为全面。国外的研究机构除了一部分直接服务于政府、企业之外,基础性的研究机构大多隶属于大学。

大学教授与专职研究人员的区别在于:前者常常要面对青年,在对话中推动自己的研究,更具思想的纯粹性和灵感的原创性;而后者单纯的专业研究则常常会陷入规矩、目光短浅和急功近利之中。因此,前者更适应于超越价值立场的基础性学术研究,后者则更倾向于为企业、政府服务,通常属于其所服务的机构或者展开商业化运作。

MIT是一个令人激动的地方。学生之所以报考,是因为它除了拥有最好的自然科学分院、工程分院和管理分院外,还拥有一流的建筑与规划分院、人文科学和社会科学分院;是因为它拥有学生所需要的学位计划和课程,是因为学生们(甚至新生)都可以聆听到诺贝尔奖得主的教诲,是因为学校会给学生无数的良机,让学生与世界上著名的科学家共同研究。学生和教授间的关系很亲密,在教授与高才生之间培养了一种良好的合作精神。学生们在MIT可以同与他们相似的人——科学和数学方面的佼佼者、杰出的音乐家、运动员、企业家和团体领导者共同生活和学习。MIT能为学生提供以分期付款方式偿还的资助。但MIT并不是只要用功就能念的学校,它有高度的科学倾向和严格的必修科目:所有学生要在一年之内修完微积分和物理,在一个学期之内修完生物和化学;二年级时,学生要求在各自不同的学科领域修完三种课程,同时要取得实验方面的成绩;为保证MIT的学生能获得真正有意义的自由科学教育,学校规定每个学生要花8个学期的时间学习人文和社会学科。正因为如此,在第一年,学校为缓解压力,全面采用了避免失败的成绩考核法。

MIT作为一所新型大学,于1865年建立时就既重视基础理论知识又强调实际的操作能力。首任院长罗杰斯认为,学生应当从实在的数据中了解具体的结论。"通过实验进行教学"是罗杰斯的教育信条。他强调积极主动的学习,让学生寻找新的信息,从而把个人的经验转化成知识。MIT强调利用实验室、工厂和计算机资源进行教学,让本科生从事研究活动。MIT是第一所制定"大学生研究计划"的大学。1957年,发明偏振片照相机的埃德温·H.兰德在MIT的讲座《伟大之产生》对MIT的教学思想产生了很大的影响。他认为,标准的大学考试和评分制度只能压抑学生成为伟大人物的潜力,学生不应被看作是不成熟的孩子,应被教授们当作年轻的同事,并应及时给他们以从事独立的、有激励性的科研的机会。为此,几年后,他专门设立了一项给MIT使用的托管基金,用来从事具有特别重要意义的工作。1969年,MIT制定了"大学生研究机会计划(UROP)",它给本科生提供广阔的、开放的、作为教师的初级同事参与研究的工作机会。它是以研究为基础的本科生同教师进行智力协作的计划。UROP现在仍是全美大学中最大和最广泛的计划,没有其他哪所大学在这方面能与之比肩。MIT也是唯一一所学生可在每一门可获得的学科中进行研究的大学,包括艺术、社会科学和人文科学,而不是仅仅限制在自然科学和工程学领域。

美国哈佛大学曾经有人提议要取消只招收本科生的哈佛学院,理由很简单:既然是全国最高层次的研究型大学,本科生层次太低,不如全部代之以研究生。这一主张遭到当时校长的坚决反对,大学必须有学生,尤其要有尚未进入专业研究体系的本科生,因为他们身上带有更多与生俱来的生命激情与冲动,更具本原的怀疑精神与求知欲,这种青春的力量正是大学超越世俗的功利主义和职业化的本位主义所要凭借的。

创新思维

所谓学习,真正的核心就是学会正确思维。所谓教育,其实也主要是这种无形的思维品质。西方教育重思维过程与探究意识,质疑问难,善于发现与创造;有浓厚的批判意识,学问即批判,继承是批判基础上的继承;批判是遵守逻辑、事实与真相上的批判,丝丝入扣,慢慢道来。创新、假设、验证、猜想与反驳,构成整个学术发展体系。因此,无论是文科还是理工科,对思维能力与创造力的要求是一致的。

在2011年的国情咨文中,奥巴马总统在谈到美国的教育时指出[2]:"我们是首个以思想立国的国家,这个思想是我们中的每个人都应当有机会来塑造自己的命运。这就是为什么先驱们和移民们数个世纪以来不惜冒着失去一切的风险来到美国的原因。这就是我们的学生不只是记住方程式,而是会提出'你认为这个想法如何?你想如何改变世界?当你长大后你想成为什么样的人'等问题。"

美国学者贾尼丝·萨博把培养"聪明的孩子"还是培养"智慧的学生"概括为两种教育[3],如表11.1所示。比较起来,中国基础教育培养的学生包揽了"聪明的孩子"的所有特点,美国天赋教育培养的学生也囊括了"智慧的学生"的所有表现。

表11.1 两种教育模式

聪明的孩子	智慧的学生
能够知道答案	能够提出问题
带着兴趣去听	表达有力的观点
能理解别人的意思	能概括抽象的东西
能抓住要领	能演绎推理
完成作业	寻找课题
乐于接受	长于出击
吸收知识	运用知识
善于操作	善于发明
长于记忆	长于猜想
喜欢自己学习	善于反思、反省

选择思维

大学本科教育在美国被称做 Liberal Arts Education。字面意思为自由教育,但其含义却非常丰富。Liberal Education 最初指在古希腊时期,给自由男人的教育。这里的"自由男人"指的是相对于奴隶、工匠等那些听从他人命令进行工作的人,是有权选择自己的生活方式和道路的人。到了近现代,Liberal Arts Education 逐渐成为大学教育的代名词,相对于具体的职业教育,Liberal Education 强调对"人"的教育,而不是对"技艺"的教育,它关注的是如何把一个人教育成一个能够独立思考、具有价值观念和道德操守并了解文化差异的健康个体。19 世纪初,弗吉尼亚大学的创始人托马斯·杰弗逊(Thomas Jefferson)首次在美国高等教育上引入"学习自由"的观念,允许学生在古典语言、现代语、数学、自然哲学、自然史、解剖学和医学、道德哲学和法学等方面自由选择,这就是选修课的雏形,代表了高等教育改革的方向。

美国大学每学期有 12 个学分,全日制学生比较重要的专业课都是五个学分左右,即每周五个课时。有的辅助专业的课常是三个学分或两个学分。大学里没有班级,选什么课上什么课,读够了学分就拿到毕业证。选的课一周之内可以退掉,如果你不喜欢所选课的老师或者听着没兴趣,学籍管理上没有任何记录,并且可以退回这门课的学费。在临近期末一个月,学生科会向同学提醒,如果你现在所学的这门课不顺手,没有把握及格,或者拿不到你认为理想的成绩,你可退掉,成绩单上没有任何记录,但不能退学费。如果到期末考试前一个星期,对期末考试没信心,你可以退掉课,但成绩单上有一个 W 标明,表示你修过该门功课,但和有 F(Fair,不及格)大不一样。因为不及格要把总平均分拉下。实在不行,你可请求教授说明某种理由(如生病),给你机会下学期不用交学费再学一遍。在整个学习的过程中就这样充满着选择,几百门课供选择,只要修满学分就可以。

美国的中小学也同样实行自由选择教育,特别重视基本功的训练,如写作、语言、逻辑甚至数学。美国新泽西州的中学,最小的学校只有两个毕业班,最大的有 20 个毕业班。排名靠前的中学,大学本科的录取率已达 97%。中学大多为优秀学生提供奖学金,大约十分之一的学生可以得到数目可观的奖学金。优秀学生可以提前学习大学课程,为上大学和踏入社会打基础。学生每天的在校时间不超过 9 个小时,周末不上课。学校鼓励学生选修他们感兴趣的课程。学校要求学生至少用 3 年时间学习一门外语,包括法语、德语、西班牙语和汉语等。学校大多具有完备的基础设施,如教学楼、实验室、计算机房、琴房、图书馆、体育馆、健身房和学生宿舍等。美国中小学的必修课有英语、数学、社会科学(历史、地理、政治、哲学)、自然科学(物理、化学、生物、天文)。选修课有几十种,如电脑操作、电脑程序设计、电脑维修、汽车驾驶、建筑设计、电器原理、艾滋病预防、航空航天、国际关系等。

政府不能决定学生学什么是西方一些国家通行的准则与基本的教育理念。这正是旅美华人林达夫妇在一篇题为《用灵魂的力量抵御暴力》[4] 的文章中介绍过的:在美国,联邦政府是无权干涉老百姓要如何教育自己的孩子的。所以,从一开始,教材的选用、课外必读书籍的选择、考试的范围等都是由每个学校的校管会决定的。校管会是学校所在地区的居民们选举产生的。这也就是为什么当路易斯安那州决定将介绍美国第一位总统乔治·华盛顿的有关章节从该州学校的历史教科书中删除的时候,大多数人仅仅一笑置之的原因。

在中国,从小学到大学,有固定的班级,全班同学都学一样的课程,发一样的书。不知道怎么选课,因为我们从小到大没选择的机会,真正有了选择的机会也不会利用。学生整天背诵和独自做无声的书面练习,或者齐声做口头练习。整个教育都是为了记住一切有可能在考试中(首先是中考,然后是高考)出现的东西。学生功课的严格程度超过所有美国学生,这种状况在大城市和富足的郊区以及县城尤其严重。而且,功课看起来空洞和过于受约束。每个班平均约有45名学生(美国波士顿学校班级的规模限制在28人,至多超出3—4名学生),这严重限制了教师对每一名学生的关注度。课程自由发挥的空间很小。数学题只有一个好的解题方法,计算机课只有一个编程方法,完成家庭作业只有一个好方法。每个班的家庭作业——薄薄的卷子——都是一样的,很少要求写论文。课上不讲小说,老师鼓励课外阅读历史类书籍,而不是小说。课上讲的唯一的小说是古典四大名著的节选,还有古诗。上课的目的是在尽可能少的时间内向学生灌输尽可能多的知识,完全是为入学考试做准备。学生缺少讨论和消化所学知识的机会,更少有人在课外参与政治讨论。在被美国人看作是教育组成部分的决策和审慎思考方面,中国的中学生几乎没有任何经验。

这个世界上没有三流的孩子,只有三流的教育!易中天[5]指出:"我们要考虑的不是有没有人得诺贝尔奖,而是中国教育是不是大幅度、大面积地提高了我们整个国民的素质。2009年,教育进展国际评估组织对全球21个国家进行的调查显示,中国孩子的计算能力排名世界第一,想象力却排名倒数第一,创造力排名倒数第五。在中小学生中,认为自己有好奇心和想象力的只占4.7%,而希望培养想象力和创造力的只占14.9%。

批判思维

无论就男性或女性来说,卢梭认为实际上只能划分为两类人:有思想的人和没有思想的人,其所以有这种区别,差不多完全要归因于教育。美国人认为,让孩子们具备批判性思维,才会增强独立思考的能力,才能孜孜不倦地追求真理,才能突破人伦关系,做到"吾爱吾师,吾尤爱真理"。

不要被教条所束缚,任何问题都没有一个唯一的、简单的答案。看待一个问题不应该非黑即白,而是有很多方法和角度。当你意识到这点的时候,就会成为一个很好的解决问题者。这就是批判式思维——你的一生都会需要的最重要的思考方式,这也意味着你还需要包容和支持不同于你的其他观点。其实,从某种意义上来说,整个人类的发展进程就是建立在对现实不满之上的。

美国的活力与创造力借助于批判式思维形成美国强大的根基。打开美国的电视或报刊杂志,几乎全是对现政府的批判、对现任各级领导人的责问、对现有政策的质询,包括对现任总统的批评、指责、谩骂或调侃。美国总统每年在国会发表国情咨文之后,电视台请来的嘉宾往往就是对立党派的人士,他们的言辞也都是对总统发表的国情咨文进行反驳、指责、补充或抨击。在民意调查过程之中,老百姓对现政府和现状的满意度低于50%的情况比比皆是……这种批判式思维在美国可以说是根深蒂固。即便发生了像"9·11"这样的大事,全国民众都对恐怖分子同仇敌忾,民族主义与爱国主义的激情也异常浓郁,照样有电影导演敢于拍摄纪录片,对政府部门的调查结果表示质疑和反驳,但没有人会怀疑他们对美国的热爱与忠诚,没有人会咒骂他们是"卖国贼"或"美奸"。

案例 11.3   学习的真正目的

有一个高中念建中、大学读台大,在别人眼中考起试来一帆风顺的台湾年轻人,在长期不懈的努力下,终于如愿以偿地来到美国麻省理工学院攻读硕士与博士。在他心中,成功的人生像是一条有轨迹可寻的直线,从麻省理工以漂亮成绩毕业等于拿到成功的第一个入门砖。

他告诉自己:"我来美国可是来读书不是来玩的,好好拼功课吧!"这个台湾学子,从小念理工科,爱运动,爱念书,但对美国的流行文化和同学间多彩多姿的社交生活格格不入甚至手足无措。他一心向学,果然,念硕士的两年与博士第一年,每一个科目都拿下漂亮的 A。

在麻省理工,A 就是最高的分数了,科科都拿 A,真是不容易的好成绩。他内心不免骄傲,颇以自己为荣,也以为自己的指导教授一定为他高兴。

全 A 成绩终于碰到大铁板了。有一门陌生却又必修的重要课程,他上了几个月后,内心有数,成绩大概不会太理想,虽然及格绝对没问题,但 A 恐怕拿不到了,壮士断腕,期末考前毅然退选这门课,避免成绩单出现 B 的危机。

很多美国同学不理解,老师更觉得奇怪:"学分费交了,也认真上了几个月,为什么他要退选?只为了避免成绩单不好看?"这个理由对美国人来说太不可思议了!来年,他再度挑战这门必修课,一路稳扎稳打,加倍用心,但期末成绩出炉后,他竟拿到了第一个不是 A 的成绩!之前的退选,无异于一场时间与金钱的徒劳无功。

沮丧的他有点难为情地去见了美国指导教授,甚至是带着歉意去的。然而,指导教授却十分开心地恭喜他!恭喜他没拿到 A!教授语重心长地说:"我真是太替你开心了!你从今日起,再也不必为拿 A、拿高分而念书,你总算可以放胆去做更重要、更有价值的事情了!"什么才是更重要、更有价值的事?教授笑着回答:"去犯错与创新吧!借着课本教你的基础,然后去有计划的犯错,尝试创新。这才是有价值的!"

开放思维

中国式教育是先讲理论,然后再罗列现象,让现象符合规律,诸如此类。西式教育是先说现象,然后从现象总结出规律。中国式教育是从理论到现实,坚持旧理论不撒手。西式教育是从现实到理论,现实变化,理论相应而变。

在中国,高考导向的核心问题是:学生被训练成为习惯于唯一正确答案的单一思维模式,这个唯一正确答案是教科书和老师早已规定了的,学生如果出现差异性认识和答案,就会扣分,受到惩罚。而现代世界最具创造价值的人才恰恰是具有挑战成规、具备批判性思维的人才。培养考生还是培养学生?是中美基础教育的根本区别,也是应试教育和素质教育的本质区别。考生是以学会为目的的寻找已知世界的现成答案者;学生是以会学为手段的探索未知世界者。一字之差,千里之遥。奥林匹克竞赛需要考生去回答现成的答案,诺贝尔奖需要学生去探索未知世界的东西。为什么中国的中学生年年获奥林匹克竞赛奖,但中国的高校却无人获诺贝尔奖?只占世界人口不到 5% 的美国获得 70% 以上的诺贝尔奖,科技领先世界,其基础教育功不可没——这个创新型国家,培养源源不断的智慧学生为其输送了取之不尽的创新型人才。教育进展国际评估组织对世界 21 个国家的调查显示,中国孩子的计算能力排名世界第一,而创造力却排名倒数第五[6]。

美国的《公民读本》课本认为,能够清醒思考是做个好公民的最基本品质之一。如何才能清醒地思考呢?

首先,你的思考必须在事实的基础上。课本告诉孩子们,思考要从事实出发,不要从观念出发,不要从本本出发。所以,非常简单的前提是:你有权利知晓全部事实。作为一个为公民社会服务的政府,就必须让信息自由流动,让公民们能够得到全部事实。没有这个前提的社会,就很难有合格的公民。课本还建议学生,不仅知晓事实,还要不断认识最新发现的事实,知晓事实之后,一个清醒的思考者要能够解决问题。

其次,是不能有理想化倾向的愿望思考,例如,不能在心里希望一个理想社会实现,就认定它一定能实现。

还有,要避免"情绪化的思维",课本告诉孩子们,我们每个人都是有偏见的。我们都有自己喜欢的和不喜欢的事情,可是我们不要让它影响我们的清醒思考。否则,难免走极端。而那些走极端的思路,对个人和国家都会造成最大伤害。

中国现实的教育,自幼儿园、小学、中学,到大学、研究生,较少培养学生的思考能力。李开复[7]指出:"美国的那些企业家的教育背景,他们可以跳出框框去思考。所以,在创新这方面,美国是远远超出其他国家的。在中国至少50年、100年内都不会出现一个苹果或者谷歌。如果中国想要出现,就必须重建一个新的教育体系。"

科学方法

耶鲁大学校长理查德·莱文(Richard Levin)说过,如果一个学生从耶鲁大学毕业后,居然拥有了某种很专业的知识和技能,这就是耶鲁教育最大的失败。耶鲁大学认为,某种专业的知识和技能,是学生们根据自己的愿望,在大学毕业后才需要去学习和掌握的东西,这不是耶鲁大学教育的任务。事实也是如此;如果大家去看耶鲁大学的公开课,就会发现大多数课程是"没用"的。如什么现代诗歌、中世纪历史、文学以及圣经旧约,新约课和音乐欣赏等。

思考方法

大学里最有价值的东西是教给了一个人思考的能力和习惯,这也是真正大学的意义。这也就是美国大学的奥秘:让学生学会思考。耶鲁大学和哈佛大学教给学生的不是知识,应该是更重要的、更基本的教育——思维和价值观的教育。这种教育可以让学生们终身受用不尽。在美国的大学里,学习的内容根本就不重要;最重要的是如何去学习。

美国教育模式强调的是互动式讨论,主动地去立论,挑战彼此、挑战教授、挑战权威,而不是被动地接受。他们不会要求学生去死记硬背,而是要解决问题。北美教授讲课,两节课下来恨不得半本书都讲完了,速度非常快,还留下一大堆参考文献,出的作业都得上机,很多是教授平日里研究工作碰到的问题,理论联系实际非常强,动手能力要求非常高。美国耶鲁大学校长理查德·莱文指出:"我们不应该往学生的脑袋里装家具,而是教给他们方法,帮他们搭个框架,让他们自己去设计富有创造性的解决方案。"

美国学生常用"Projects"来指我们常说的"家庭作业",这个词直接翻译过来是"项目"的意思。而中国学生的作业一般被翻译为"Homework"。"Homework"与"Project"虽为一字之差,但其所指大有差异。Homework 仅为在家做的"功课"(work)而已,至于这样的 work 以后是否能够翻译成现实的技能,需要打一个大大的问号。因为这样的 work 多半是为考试准备的,未必是直接给现实准备的。中国孩子的作业通常是知识型作业(Knowledge-based),而不是问题型作业(Problem-Based)或是项目型作业(Project-Based)。美国大学老师在知识型作业和项目型作业当中,选择大约是一半对一半,例如,有的老师一门课有考试,也有课堂项目(Class Project),而 Class Projects 是真刀真枪,真要你去实践的。

著名导演卢卡斯(George Lucas)成立了一个卢卡斯基金会,倡导基于问题、基于现实的教育模式。卢卡斯认为,学习一定应该是"项目型的学习"(Project-Based Learning)以及带着解决问题的目标去学习,这目标必须是某个现实的目标,而不是一种教科书上的编造。因为任何教科书的编写都会局限于学科的利益,而在现实当中,我们实际使用技能时,并非是条块样的分割,而是把各个学科的知识串起来一起用。卢卡斯称:"问题型教学是要倡导一种综合式的学习方式,同时把多个学科的学习结合起来。"

哈佛的本科生每学期至少要选修 4 门主要课程,一年是 8 门课,4 年之内修满 32 门课并通过考试才可以毕业。一般而言,学校都要求本科生在入校后的头两年内完成核心课程的学习,第三年开始进入主修专业课程的学习。只有最聪明的天才学生可以在两、三年内读完这 32 门课,一般的学生光应付 4 门课就已经忙得头昏脑胀了,因为在课堂上教授们讲得飞快,不管你听得懂听不懂,课下又留下一大堆阅读材料,读不完你根本就完成不了作业。

在这里一个星期的阅读量是在北大一年的阅读量,而且,在哈佛的作业量要求很大,学生课后要花很多时间看书,预习案例。每堂课都需要提前做大量的准备,课前准备充分了,上课时才能在课堂上和别人交流,贡献您的个人思想,才能和大家一起学习,否则,是无法融入课堂教学中的,当每个学生都投入时间认真准备了,才可以快速推进课堂讨论的进程,而之前如果不读那么多的书,你就无法参加到课堂讨论之中。

阅读方法

西方(尤其是北美)的中小学教育重个人兴趣的培养。10 年级以下,学校都像幼儿园,功课不多,压力不大,老师、家长甚至全社会都鼓励孩子寻找并追求自己真正感兴趣的学科或事物。在知识深度上,学生可以在教师或家长的帮助下去网上、去图书馆找到他们感兴趣的学习。学生每日阅读各式内容之书没有限制,上至天文,下至地理。图书馆里有成人专为孩子写的书籍(用简单语言及真实的图片)成千上万,涉及领域无限。孩子们从小就饱读众书。

美国学校的课程不是一味地灌输知识,而是要求学生阅读大量的文献,让学生通过对问题的深入思考与讨论来完善自己的知识结构,而这些也全是"自由教育(Liberal Arts Education)"所倡导的。比尔·盖茨的父亲说:"我们不允许孩子多看电视,但会给孩子买大量的书。如果孩子读书读到很晚,我们不会强迫他休息。遇到不懂的问题,总会有人翻书查找答案,念给大家听。让孩子形成这样的观念:如果你有问题,答案一定存在于某个地方,你要做的就是找到它。"

美国大学课程的重点不在听课而在学习。课堂上教授会给出课程提纲,进度也会很快,同时会布置很多课后阅读材料,然后就靠你自己去钻研应该掌握的内容了,学不学没人管你,作业也没人追你,自我管理和主动学习的精神很重要。

第11章 教育方法

美国教育重视阅读而不要求背诵,因为广泛阅读可增加宽广的背景知识,开阔视野,丰富想象力;背诵可能被前人思维所束缚而难有创新。美式教育让学生做课题,通过探究性学习,对某个主题做较深入的学习。当学生对一个课题深入研究时,他需要翻阅大量资料,学习相关知识,思考要解决的问题。然后做实验、写论文、应对质疑和答辩。回过头来,不但经过阅读、写作等综合训练,而且所学的知识大大超出教科书范围。优秀的学生通常会求知若渴,往往会花费大量时间积极了解他们感兴趣的学科,进行海量的课外阅读。他们对很多话题都能提出自己的见解,也会关注将来学习和研究的子领域,并思考如何将阅读得来的理论知识同实践结合。这些知识将在面试时体现出价值,尤其是当学生面对未知的问题时,他们必须绞尽脑汁才能想出创造性的解决方案。这样的阅读必须来源于强烈的学习热情,绝不是机械地扩大阅读量,也不能依靠家长或老师的规定来读书。每个人的精力都有限,不可能对所有主题都做深入探究,重要的是通过探究,深入学习和研究的能力得到锻炼和培养。有广博的知识,又有深入学习和研究的能力,博大精深的目的不就达到了吗?

作为世界顶尖学府,美国哈佛大学在许多方面令其他高校难望其项背,书是哈佛DNA里一个至高无上的元素。哈佛图书馆是一个图书馆的群和网络。哈佛大学有九十多家图书馆,有综合图书馆、专业图书馆,每个学院有图书馆,甚至学生宿舍里也有图书馆。这些图书馆分布在波士顿的各个校园,还有的在别的城市,最远的在意大利的佛罗伦萨。各馆都有其无可替代的特色,不同的图书馆藏书各不相同,面向不同的学者,侧重于不同的领域。

哈佛图书馆之多、之专业性是为了配合哈佛的教学模式。哈佛教授每次课前都会布置预习内容,上课时绝不会照本宣科,要求同学提问、讨论和互动。一节课的课前阅读量超过一、二百页很正常。每一门课老师都布置学生阅读至少10本以上的图书。学生们需老老实实地把书借来,认真阅读,否则,就跟不上课程,在讨论课上,插不上嘴,也难以完成课程论文的撰写(有的课程要求学生要完成三篇课程论文),读书对所有的哈佛大学学生来说都是很"辛苦"的一件事。在图书馆里读书到通宵是不少学生都曾有的经历[8]。在哈佛大学的学生餐厅,很难听到说话的声音,每个学生端着比萨、可乐坐下后,往往边吃边看书或是边做笔记。哈佛大学的医院同样的宁静,不管有多少在候诊的人也无一人说话,无一人不在阅读或记录。

哈佛大学是1636年创建的私立学校,早于美国建国100多年。早期的创始人约翰·哈佛捐给学校的主要财产就是图书,学校用他的名字命名。学校最大的图书馆是位于主校园里的Widener图书馆,这个图书馆备有一张地图,还标明了路线。如果把这个馆的所有书架排起来,会有80公里长。但这个迷宫里路标清晰,图书排列有序,编号准确。燕京图书馆是哈佛有关中国和东亚研究的图书馆,是第三大馆。

在哈佛的多家图书馆的阅览室内都配有舒适的沙发。读者累了,就在沙发上靠一会。哈佛学生可以通用各个图书馆,随便去哪里看书自习都可以。图书馆里随处有免费上网的电脑,可自由使用。学生也可免费使用扫描仪,只需花一些时间,就可以把一本书有关章节扫描存进U盘,带回去慢慢看。扫描仪根本没人看管,就是学生自己用。

哈佛的图书馆虽然多,用起来却很方便。距离远的图书馆不方便去借书,网上填个单,第二天书就送到你指定的地点,风雨无阻。据介绍,图书馆到郊外的书库索取一本书的费用是80美元。即使某一天只需从书库内提取一本书,图书馆也会特意派人,驱车前往提取。有些哈佛图书馆没有的书,读者可以通过馆际互借的方式,从美国国内其他高校的图书馆甚至其他国家的图书馆借阅。如果需要的仅是某一本专著的某一章节的几页,图书馆还可以复印好寄给读者。所有这些服务都免费。图书馆还向读者征求采购书籍的建议。如果图书馆缺研究和教学急需的书籍,读者可以直接和征订部联系,图书馆会加急订购。图书馆的专业人员为学者提供一对一的咨询和辅导,提供最有效的引导,使学者很快熟悉本专业的藏书。

有哈佛学生云:"有这 100 座图书馆在,哈佛就会一直在。"

全美约有各类图书馆 12 万个,平均每 2500 人有一个图书馆。其中,公共图书馆 8 956 个,大学图书馆 3 793 个,学校图书馆 98 460 个,特别图书馆 7 616 个(包括公司、医学、宗教、法律、财经等图书馆),军事图书馆 265 个,政府图书馆 1 006 个。

在这 12 万个图书馆中,领取薪水的工作人员近 37 万,此外,还有许多义务图书馆工作人员。在公共图书馆(特别是社区图书馆)内,义务到图书馆帮忙的人很多,这些人负担起整理图书、上架、登记注册等事物,为图书馆的运作节省了不少费用。美国人对公共图书馆在社区所起的作用评价一直很高,因此,许多人都乐意到公共图书馆去帮忙。皮尤研究中心(Pew Research Center)2013 年发表的一项调查报告显示,90%的美国人认为,如果社区附近的公共图书馆关闭,会对整个社区产生影响,其中,63%的人认为影响重大;认为会对自己及家庭产生影响的占 67%,其中,29%的人认为影响重大。由此可见,社区公共图书馆对社区以及居民的生活多么重要。

写作方法

在美国,从小学低年级开始,老师布置的作业就不单单是解答习题,而是让孩子们自己去收集材料,完成一个个专题项目(project)。在老师批改孩子们的作业时,也不是强求统一,更不是强调必须符合"标准答案",而是鼓励孩子们大胆设想,只要能够"自圆其说"就能得高分。在这些过程之中,不强求统一与没有现成标准答案就是容许和鼓励孩子们坚持"批判式思维";而在孩子们收集资料并"自圆其说"的过程中,就是完成一次次的"建设性思考"。尽管孩子们最早"自身创建"的那些"学说"或许尽是些"奇谈怪论",但正是这种开放式的教学方法,培养了学生们的独立思考能力与大胆创新精神。在提倡"建设性思考"这一方面,美国的文化环境真是得天独厚。

一位留学生[9]以自己的亲身经历,介绍了美国小学是如何通过指导小学生写论文来培养其独立思考能力的:

当我把 9 岁的儿子带到美国,送他进那所离公寓不远的美国小学的时候,我就像是把自己最心爱的东西交给了一个我并不信任的人去保管,终日忧心忡忡。不知不觉一年过去了,儿子的英语长进不少,放学之后也不直接回家了,而是常去图书馆,不时就背回一大书包的书来。问他一次借这么多书干什么,他一边看着那些借来的书一边打着微机,头也不抬地说:"作业。"

这叫作业吗?一看儿子打在计算机屏幕上的标题,我真有些哭笑不得——《中国的昨天和今天》,这样天大的题目,即使是博士,敢去做吗?于是,我厉声厉色问是谁的主意,儿子坦然相告:"老师说美国是移民国家,让每个同学写一篇介绍自己祖先生活的国度的文章。要求概括这个国家的历史、地理、文化,分析它与美国的不同,说明自己的看法。"我听了，连叹息的力气也没有，我真不知道让一个10岁的孩子去运作这样一个连成年人也未必能干的工程，会是一种什么结果？只觉得一个10岁的孩子如果被教育得不知天高地厚，以后恐怕是连吃饭的本事也没有了。过了几天，儿子完成了这篇作业，没想到，打印出的是一本20多页的小册子。从九曲黄河到象形文字，从丝绸之路到五星红旗……热热闹闹。我没赞扬，也没评判，因为我自己有点发憷，一是我看到儿子把这篇文章分出了章与节，二是在文章最后列出了参考书目。我想，这是我读研究生之后才运用的写作方式，那时，我30岁。

不久，儿子的另一次作业又来了。这次是《我怎么看人类文化》。如果说上次的作业还有范围可循，这次真可谓不着边际了。儿子很真诚地问我："饺子是文化吗？"为了不误后代，我只好和儿子一起查阅权威的工具书。费了番气力，我们总算完成了从抽象到具体又从具体到抽象的反反复复的折腾，儿子又是几个晚上坐在微机前煞有介事地写文章。我看他那专心致志的样子，不禁心中苦笑，一个小学生，怎样去理解"文化"这个内涵无限丰富而外延又无法确定的概念呢？但愿对"吃"兴趣无穷的儿子别在饺子、包子上大作文章。在美国教育中已经变得无拘无束的儿子无疑是把文章写出来了，这次打印出来的是10页，又是自己的封面，文章后面又列着那一本本的参考书。他洋洋得意地对我说："你说什么是文化？其实特简单——就是人创造出来让人享受的一切。"那自信的样子，似乎他发现了别人没能发现的真理。后来，孩子把老师看过的作业带回来，上面有老师的批语："我布置本次作业的初衷是让孩子们开阔眼界、活跃思维，而读他们作业的结果，往往是我进入了我希望孩子们进入的境界。"问儿子这批语是什么意思，儿子说，老师没为我们骄傲，但是她为我们震惊。"是不是？"儿子问我。我无言以对，我觉得这孩子怎么一下懂了这么多事？再一想，也难怪，连文化的题目都敢写的孩子还有不敢断言的事情吗？

儿子六年级快结束的时候，老师留给他们的作业是一串关于"二次大战"的问题。"你认为谁对这场战争负有责任？""你认为纳粹德国失败的原因是什么？""如果你是杜鲁门总统的高级顾问，你将对美国投放原子弹持什么意见？""你是否认为当时只有投放原子弹一个办法去结束战争？""你认为今天避免战争的最好办法是什么？"……如果是两年前，见到这种问题，我肯定会抱怨：这哪是作业，分明是竞争参议员的前期训练！而此时，我能平心静气地寻思其中的道理了：学校和老师正是在这设问之中，向孩子们传输一种人道主义的价值观，引导孩子们去关注人类的命运，让孩子们学习高屋建瓴地思考重大问题的方法。这些问题在课堂上都没有标准答案，有些问题的答案可能需要孩子们用一生去寻索。看着12岁的儿子为完成这些作业兴致勃勃地看书、查资料的样子，我不禁想起当年我学二战史的样子，按照年代事件死记硬背，书中的结论明知迂腐也当成《圣经》去记，不然，怎么通过考试去奔光明前程呢？此时，我在想，我们在追求知识的过程中，重复前人的结论往往大大多于自己的思考，而没有自己的思考，就难有新的创造。

儿子小学毕业的时候，已经能够熟练地在图书馆利用计算机和缩微胶片系统查找他所需要的各种文字和图像资料了。有一天，我们俩为狮子和豹子的觅食习性争论起来。第二天，他就从图书馆借来了美国国家地理学会拍摄的介绍这种动物的录像带，拉着我一边看，一边讨论。孩子面对他不懂的东西，已经知道到哪里去寻找答案了。

美国的小学虽然没有在课堂上对孩子们进行大量的知识灌输，但是，他们想方设法地把孩子的眼光引向校园外那个无边无际的知识海洋，他们要让孩子知道，生活的一切时间和空间都是他们学习的课堂;他们没有让孩子们去死记硬背大量的公式和定理,但是,他们煞费苦心地告诉孩子们怎样去思考问题,教给孩子们面对陌生领域寻找答案的方法;他们从不用考试把学生分成三六九等,而是竭尽全力地去肯定孩子们的一切努力,去赞扬孩子们自己思考的一切结论,去保护和激励孩子们所有的创造欲望和尝试。

人 文 精 神

人文对科学技术会有很重要的导向作用。人文素养包括美学、文学、史学、哲学,它们都是研究"人"的专门学问,可以说,人文是所有学科的基础科学。如果我们所训练出来的学生,将来的政府官员、律师、医生,什么技术都是一流的,但独缺人文素养,独缺对"人"的最深沉的认识,你会不会很不安呢?所有的科学、技术、经济或商业管理的发明,都必须以"人"为它的根本关照。爱因斯坦说过:"一位对科技专业训练有素的人,如果对人文方面的知识一无所知,只能算是一条训练有素的狼狗。"

人文教育要求你们自觉地生活,赋予你寻找和定义所做之事的内在意义的能力。它使你学会自我分析和评判,让你从容地把握自己的生活,并掌控其发展路径。正是在这个意义上,"人文"才是名副其实的 liberate——自由。它们赋予你开展行动、发现事物的意义和作出选择的能力。

人本教育

人本主义教育强调人的潜能发展和自我实现,主张教育是为了培养心理健康、具有创造性的人,并使每个学生达到自己力所能及的最佳状态。德国哲学大儒康德(Immanuel Kant)认为,人乃理性、自主及自决的主体,不得加以物化和客体化。康德"把人当作最终目的"的人性观为人本教育提供了一个很好的哲学基础。他对人性尊严的诠释影响深远:他以人类理性本质,深化人性尊严,并以道德上的自律为重要准则,不要把人看作只是一种工具或手段,人本身即是目的。

教育的本质是什么呢?不是分数,不是奖状,不是职称,也不是报恩,而是人的成长和人的自由发展。教育是用来培养自由之人的。

自由发展

"童年是一次旅程,不是一次竞赛。"(Childhood is a journey, not a race.)芝加哥大学詹姆斯·赫克曼(James J. Heckman)教授①完成的一份研究报告[10]指出,教育程度产生差距是在5岁以下。如果儿童沐浴在一种良好的气氛中,就能促进脑力的发展。

---

① 詹姆斯·赫克曼(James J. Heckman, 1944-):美国计量经济学会(Econometric Society)会员,美国艺术与科学研究院(American Academy of Arts and Sciences)及美国国家科学研究院(National Academy of Sciences)院士。1983年,他获得了美国经济学会克拉克奖(John Bates Clark Award)。2000年,他获得了诺贝尔经济学奖。

第11章 教育方法

卢梭最重要的观点是：尊重儿童，让儿童自由地成长，按他的天性成长。卢梭在他的《爱弥尔》里讲了一件他永不会忘记的情景：一次，他看见一个保姆打一个啼哭的婴儿，婴儿马上闭嘴不哭了，卢梭心里想，这个孩子或许长大后有奴性，只要用严厉的手段就可以逼着他干这干那。可他想错了，这个挨了打的孩子，憋着一肚子愤怒，连呼吸都呼吸不出来了，小脸都青了。隔了一会儿，他才哭出声来，那高昂的哭声，包含着无边的怨恨和愤怒……卢梭甚至担心这孩子这样激动，会不会被气死。他说："如果说，我怀疑过在人的心中是不是有天生的正义感和非正义感的话，单单这个例子就足以可以消除我的怀疑。我相信，假使一块火热的炭偶尔掉到这孩子手上来的话，也许他觉得，还没有像轻轻地、然而是存心侮辱地打他一下那样痛呢。"正是认为婴儿也有尊严，西方人都对小孩子非常尊重。

美国人非常重视童年的体验，保全儿童童年的感觉，如呵护"圣诞老人"之类的想象、注重父母和儿童在一起的时间、让孩子愉快地长大、培育他们的自信、"创造童年的回忆"等，注重培养个性和能力，对孩子的教育从小就放得很开，属开放型的教育，从小就培养孩子敢想、敢干、敢闯、敢于冒险的精神。

案例 11.4　　　　　　　比尔·盖茨何以成为盖茨[11]

比尔打小聪颖过人，他特别爱好阅读，父母对他的这一爱好也极为赞赏和支持，只要他开口想买书，没有不答应的，但他父母担心长此以往比尔会变成书呆子，只沉浸在自己的世界里，不懂与人沟通。于是，他们尝试在家里开派对，让比尔在门口迎接客人；或者在老盖茨的公司聚会上，让比尔做侍应生，以此来锻炼儿子如何为人处世。

当比尔11岁时，他的心智迅速地成熟起来，并且总是喜欢问一些深刻的、与他年龄不相称的问题，如外交、经济以及人生等来"刁难"父母。他母亲玛丽并不喜欢儿子这样，因为有时问题太多、太过尖锐，他们无法给他完美的答案。

玛丽出身富裕人家，父亲是西雅图的一名银行家。她学习刻苦，爱好运动，因此，也如此要求她的孩子们。作为一个出身良好的女性，玛丽时时将大户人家的教养灌输给儿女，例如，衣着要整洁，要守时，必须具备优良的谈吐和社交能力。

随着比尔的年龄渐长，他和母亲的矛盾越来越激烈。玛丽总是唠叨比尔房间不够整洁，吃饭拖拖拉拉不守时，看书总咬铅笔头。这样的唠叨最后总是变成激烈争吵的导火索，每每这时，老盖茨就会充当和事佬，把吵得面红耳赤的两人拉开，将纷争平息下来。

这个家渐渐失去了往日的平和，也正是从那时起，比尔的性格开始暴躁，动不动发脾气，这让当时的老盖茨和妻子玛丽极为头痛。在比尔12岁那年，他与母亲的争吵达到了高潮。

一天晚上，比尔又在餐桌上与母亲发生争执，他竟然对母亲冷嘲热讽，大声吼叫，一旁的和事佬父亲拿起一杯水，朝儿子的脸上泼过去。比尔歇斯底里地大声叫道："谢谢你为我洗澡。"

老盖茨是一名律师，鲜有如此不冷静的举动，他顿时感到了问题的严重性，如果再不正视这一状况，比尔就会与他们产生隔阂，久而久之，将影响他们之间的亲情。事隔不久，老盖茨便带着妻子和儿子去看心理医生。咨询下来的结果，比尔的内心总是纠结在"究竟由谁来决定我的人生路？是我自己，还是父母？"这一核心问题。

经过一段时间的咨询,心理医生给老盖茨和玛丽提了个建议:比尔是一个具有独立思考能力的孩子,他的命运还是由他自己来掌握,作为父母最好放手,给他自由。

老盖茨出生于工薪阶层,他从小生长在西雅图之外的布雷默顿市,那里是蓝领工人聚集的地方,在那种地方长大的孩子,因为父母忙于做工,根本无暇管教子女,所以,老盖茨很少被父母约束。他常常需要自己为今后的人生定规划、做决定,很显然,他是成功的。相较于自己的成长经历,老盖茨认同了心理医生的建议。

盖茨夫妇终于向儿子妥协了。他们把比尔送进一所私立学校,名叫湖畔学校,在那儿,比尔能获得更多的自由,正是在那个学校里,比尔第一次接触了电脑。现在,这家私立学校因为比尔·盖茨已闻名世界。

盖茨表示,自从进了那所学校,令他意识到"我不必再在父母面前证明自己,我开始思考应该做什么,来向世界证明我自己"。没想到一杯冷水泼醒了比尔和他的父母,成了比尔人生的转折点,使他成为微软的创始人,为人类作出了杰出的贡献。

易中天指出,中国教育至少在口头上是讲"全面发展"的,但从来不讲"自由发展"。然而,没有自由,又哪来的全面?更何况,没有自由的所谓"发展",就算"全面",那也至多只能制造"全能机器人"。再全能的机器人,也不是我们的理想、愿望和追求。相反,我们的目标应该是让每个人都成为"真正的人"。

自然成长

西方国家教育理念的源头是"成长"(Growing)。所谓成长,是指一切有生命的个体(包括人的智慧)在一定的条件下,任其自由生长,由幼小向着成熟的方向发展。在英语中,"Grow"一词含有生长、发育、增长、长大、逐步变成等意识,它们十分形象地反映了西方国家自由教育的理念。成长教育是西方教育理念的核心,贯彻在从幼儿园到研究生的教育全过程中。教育的第一任务是要呵护孩子成长的权利:第一就是探索世界的权利;第二是自由成长的权利;第三是欢乐的权利。

西方国家的成长教育在很大程度上是受了法国著名教育家卢梭(Jean Jacques Rousseau,1712-1778)的教育理论的影响。卢梭是18世纪法国启蒙运动杰出的思想家、教育家,是现代儿童心理学和现代教育理论的创始人,同时,卢梭又是自然主义教育的奠基者,自然主义教育理论是他的全部教育学说的核心。他认为:"对儿童进行教育必须遵循自然的要求,顺应人的自然本性,反对成人不顾儿童的特点,按照传统与偏见强制儿童接受违反自然的所谓'教育',干预或限制儿童的自由发展[12:49]。"从自然教育理论出发,他反对死读书,反对灌输知识,反对揠苗助长,而主张教学要适应学生的特点,调动他们学习的主动性和积极性。卢梭的教育思想在西方具有极大的影响,像德国的康德(Immanuel Kant, 1724-1804)和赫尔巴特(Johann Friedrich Herbart, 1776-1841)、瑞士的裴斯塔洛齐(Johnn Heinrich Pesstalozzi, 1746-1827)和美国的杜威(John Dewey, 1859-1952)等无不受卢梭教育思想的影响。所以,自然主义教育就是成长教育的理论基础,它已经牢固地扎根于西方国家的各级各类教育中,并逐步形成了西方教育精髓,即"独立、民主、自由、怀疑、批判"的精神。

中国教育理念的源头是"塑造"。所谓"塑造",就是按照一种固定的模具,把原料注入模具中,然后出来的就是流水线上规格相同的批量产品。在实践中,国家教育按照统一标准来塑造大学,导致了"千校一面";各个大学又按照统一的要求塑造学生,导致了"万人一格";学生家长按照自己的价值观塑造子女,要求他们"成龙"、"成凤",从而使他们失去了自己的理想;中小学的校长、班主任按照提高升学率要求学生,对学生越俎代庖,使他们丧失了兴趣和选择权……"塑造"这个观念成了教育与管理的指导思想,它制约了人们的思想和行为,从而使绝大多数中国人丧失了创造性。中西家庭的具体生态比较如表11.2所示。

表 11.2　中西家庭生态比较

	华人家庭	西方家庭
抚养权	子女很小就托给别人抚养,并找出各种原因支持其正当性	再有个性的父母,都将抚养子女作为天职,都不会回避
衡量标准	孩子长大些,就开始用成人标准去对待,因无法理解孩子,便去责备孩子,甚至打骂孩子,造成孩子个性的扭曲	重视个性和人格培养,解决问题以交流、沟通为主,Timeout 就算是主要的惩罚手段了
独立性培养	孩子再大些,一方面不去培养独立性,另一方面却要求他们对自己的所有错误负全责,父母不会为子女的过失承担任何责任	责任是从小就培养的,谁的错都要自己承担(虽然并非所有人如此,但这确实是他们文化的一部分)
成年后的关系	孩子成家后,他们对自己的父母负有绝对的责任,多少人带着从他们那里经历过的千疮百孔,还要对他们毕恭毕敬,任劳任怨,否则,就可能会受到舆论的指责。而老一辈的父母自然在任何情况下都是被保护的对象	子女成家了,就不再干涉他们的生活,并将对子女小时候的美好回忆作为自己一生最重要的财富
态度	尽管如此,有的父母还很不满意	只要子女成家后没有再给他们增加负担,很少听到抱怨

比较而言,西方教育不立模式,让孩子从现实生活到内心世界全方位开展自由想象,一开始就鼓励孩子创造;而中国教育则设立样板,一开始就让孩子追求"像不像"。可见,从根本上,中西教育倡导的价值方向就不一致。中式教育重视模仿,中式教育的思路是:什么基础都不具备的一张白纸似的孩子,凭什么想象? 凭什么创造? 又如何开展创造? 西式教育思想因强调创造性,自然不能与模式教育相配套。否则,先定框框预设规范,岂不是与创造性的教育宗旨相悖? 因此,西方教育无论从逻辑上还是从实际操作上,既然确定创新第一,势必舍弃规范。

[提示]**让一个人彻底被洗脑,前后只要 20 天。**——美国"失踪与拯救"组织的惊人发现。

快乐幸福

对孩子来说,父母的眼睛不是用来批判,而是用来祝福的;请不要给孩子挑剔和否定的严厉眼神,孩子需要爸爸妈妈温暖祝福的慈爱眼神。父母对孩子的信任的眼神、善意的眼神、温柔的眼神,给孩子的慈爱的眼神、接纳的眼神、肯定的眼神,对孩子是一股安定成长的巨大力量。

2012 年《全球幸福指数报告》显示,丹麦是最幸福的国家。为什么丹麦人很快乐呢? 原因之一就是:丹麦从幼童教育开始就是"人的教育",不是空喊口号,而是真正的实践。这样的教育鼓励儿童从小惯于开发自我,养成自己解决问题的能力,因此,他们的新一代充满自信和快乐。

丹麦人的父母不会担心儿女会浪费时间,他们更加相信的是,花一些时间认清自己要做什么,他们孩子的一生才会快乐。假如一个孩子看完世界后回来跟父母说他要成为一名银匠,丹麦的父母多数会尊重孩子的选择,因为他们相信只有自己有激情的工作,才能为人生带来满足感。其实,有好些欧洲国家的人文观念也是如此,像德国、瑞士、荷兰、比利时、奥地利等,这几个国家的年轻人高中毕业后并不急着进大学,而是花一段很长的时间去外面看世界、长见识,并且从中思考自己真正的人生方向。

居里夫人的父母斯可罗多夫斯基夫妇的教育方式很值得我们借鉴。他们从未对孩子进行过什么"启蒙",而是放开手脚,让他们自由玩耍,去尽情地拥抱大自然。居里夫人一生热爱自然、亲近自然,想必就是在孩提时代埋下的种子。父亲虽然是一名颇有才华的理科教师,却从未刻意引导过孩子的兴趣,他甚至不让小玛妮雅过早地接触理科书籍,好让她在上学后能够全面地涉猎知识,从而逐渐找到志趣所向。当然,他对孩子们的学业非常关心,并且要求严格。至于母亲,则做出了巨大的牺牲:放弃了女校长的职务,全心全意地相夫教子。在身患重病、家境窘迫的情况下,她仍旧努力地操持家务,不遗余力地为孩子们营造一个轻松愉快的家庭氛围,不让年幼的他们过早地承受心理负担。由此可见,家庭不仅是每个人成长的天堂,更是一个塑造人的殿堂。

专栏 11.1　　　　　　　　　　**I am Sam**[①]

　　Sam,一个喜欢 Beatles、智力只相当于 7 个月大的孩子的成年男人。上天赐给了他一个如钻石般的女儿,他为她起名为 Lucy(源于 Beatles 的歌曲"Lucy in the sky with diamnd"),Lucy 成了他生活的全部,他用全部的爱去爱女儿。可是,地区的教育官员发现了这个特殊的家庭,他们认为 Sam 没有能力照顾 Lucy,于是,在 Lucy 七岁的生日宴会上,这对快乐的父女不得不面对分离。

　　Sam 的智力虽然有问题,不能像别的父母那样在物质上给孩子创造很好的条件,但是,他能够全身心地去爱他的女儿,这父女俩用爱建造起了一个温馨的家。而我们很多人,把物质看得太重,要知道物质不是爱,物质不能代替爱,物质只是爱的一种表现形式,而不是全部。当没有物质的时候,爱依然存在。

　　人们质疑 Sam 抚养 Lucy 的能力,想把 Lucy 交给一个家庭条件比较好的人抚养。认领 Lucy 的养母对法官说,她能够给 Lucy 更多的爱,Sam 无法给予的爱。她拥有一个相对富裕的家,她可以教她画画,她可以供她上好学校。但是,在电影的最后,她承认她错了,她不能给予。为什么呢?因为在 Lucy 的心里,这些并不是她需要的那种爱。

　　好父母需要一贯(Constancy)、耐性(Patience),需要聆听(Listening),即使听不进也要假装听,需要爱心(Love)。

　　物质和金钱让我们太多的人都迷惘了,忘记了快乐是什么,忘记了爱是什么。我们需要物质和金钱,但绝不应该被物质和金钱所奴役。我们更需要的是简单的快乐和纯真的爱,这样人生才会美好,世界才会精彩。

[①] 美国电影"I Am Sam"(2001),导演是 Jessie Nelson,主演是 Sean Penn。

教育的问题关键是教育者的问题。对孩子的教育来说,很多中国的父母实际上都是罪人。中国的教育就是神童训练营,在这个训练营里,可能造就一批神童。然而,对绝大多数孩子来说,他们在这个训练营里得到的是老师们不厌其烦地灌输的知识,但他们失去的是童年的欢笑、求知的欲望、孩童的好奇、未来的憧憬,乃至人与自然、人与人的合谐。在这个训练营中,孩子是试验品,老师们试图并尽力地通过孩子锻造着符合上级给定标准的产品。每天,老师们通过手机短信向家长们传递着孩子在学校的表现、作业、考试情况,每天都把孩子的情况按照老师们的标准排着队,让家长们知道孩子是好孩子还是坏孩子……

在中国的教育模式下,孩子们离自然越来越远,他们感知不到花开花落,他们不知道小麦与韭菜的区别,他们甚至不知道大米是从哪里弄出来的,他们在无奈、无趣、无味、无力中悄然地度过一天天。在这一天天中,许多孩子在这个特定体制下被淘汰,他们有的过早成熟,像个小大人一样,有的过早地患上自卑症,认为自己没有别的孩子聪明,有的过早地失去求学的兴趣,认为读书没有意思。

人格涵养

培养健全的人格或完美的人(Perfected man)是教育的最高目标。尊严就是人格,是人格最光荣的完成,当人性尊严获得维护与确保,人格的塑造与陶冶就能得到正面发展,而人本教育基本上就是发扬人性的教育,让人性在爱的教育熏陶下得到正常健康的发展,则人格发展必定健全而无碍,一个自主、独立的人格教育正是人本教育的根本。唯有基于人性尊严的大学教育,才是人本教育的最终目标,也唯有重视人本教育的内涵与价值,才可以看出未来教育的新希望。

自尊人格

一个人无法阻止别人对自己的伤害,但可以尽量阻止自己对自己的伤害。人生绝大多数的伤害属于自取其辱。

自尊(Self-esteem)是一种自我评价,是一种醒觉,先有自尊而后才有尊严。尊严者,罗马人称为是个人在公众中之声誉,尊严系个人为社会做出努力与贡献而受肯认。康德则认为,尊严乃人性自治、自主的结果,人若作为一个独立自主的人仍受他治或他律,则无尊严可言。诚如爱因斯坦[13]所言:"让每一个人都作为个人而受到尊重,而不让任何人成为被崇拜的偶像。"中国台湾作家三毛有句名言:"如果你将一切都给了别人,你就虐待了一个生灵:你自己。"德国科隆大学教授 Klaus Stern 认为:"人性尊严属于每个个人以及自己所欲之价值,建构成个人本质上不可放弃之要素,基于该尊严,人类方有自我发展之能力。"人性尊严存在于每个人,是属于人之本质内涵中无法派生之核心要素,其突显在外的是自治、自决的真正意义,也即人性尊严既不能剥夺也不能抛弃。

一个自由的、完整的人,应该是利己主义的。真正的利己主义是最好的利他主义——只有把自己的事料理好以后,才有可能为国家和为社会做事。中国教育则强调尊爱别人。在中国古代圣贤看来,尊爱自己本为天性,毋需后天培养,越过尊爱自己,或以尊爱别人包括尊爱自己,层次就更高,也更利于社会的安宁团结。然而,从现代心理学角度看,尊爱自己实为尊爱别人的基础性前提,而且两者存在相辅相成之关系,仅仅尊爱别人并不直接等于尊爱自己,一味强调尊人,势必抑压尊己,尤其在思维能力低弱的幼童阶段。

案例 11.5 　　　　　　　　　爱　自　己[14]

外籍教师凯丽来自加拿大,上个月刚到学校担任英语教师。

凯丽长得很美,深蓝的眼睛,高挑的身材,金黄而丝质的头发,微笑的时候,她的脸上会露出两个深深的酒窝。

在学校里,她向孩子们教授英语,而课余间,她则向孩子们学习中文。

有一天,凯丽给孩子们布置了一道英语作文,题目是"你爱谁?"

孩子们的答案几乎全部一样:我爱爸爸妈妈,我爱祖国。凯丽觉得不可思议。

凯丽在课堂上对孩子们说:"难道你们只爱爸爸妈妈和祖国吗?"孩子们说:"还有老师,还有学校,还有爷爷奶奶……"

凯丽问:"孩子们,再想想,还有什么才是你需要爱的?"

孩子们想不出来。

凯丽说:"孩子们,你们要爱的不只这些,你们首先要爱的是你们自己,唯有爱自己,才能爱父母、爱祖国、爱这个世界上的一切。"

"你们才是自己最重要的,而不是其他,你们必须要有这样的意识。"凯丽说。

凯丽的言论在学校里掀起轩然大波,校长找到凯丽,希望她不要强迫孩子们接受她的观点,凯丽扑闪着大眼睛,觉得不可思议。

不久,凯丽提出了辞呈,学校极力挽留,但凯丽去意已决。校长问她:"你当初到中国来,说你热爱这个国度,热爱有人间天堂之称的杭州,怎么说走就走呢?"

凯丽说:"校长先生,是的,我热爱这里的一切,但是,我不能勉强自己,我首先得爱自己,我觉得自己的教育理念在这里无法施行,我不可能委屈自己去浪费自己的时间。"

凯丽走了,她是作为一个另类老师的形象走的。

凯丽的离去,给人留下了一个无人涉及的问题:在中国教育中,为什么会缺少自我教育?

平等人格

一个能尊重每个人的特质的社会,是充满能量且能容纳异己的社会。一个人,只要是生物体的人,就是我们的同类,我们就应该把他当成人,给他人的尊重,给他人的待遇。既不能给孩子许诺,也不能要求孩子许诺。

在美国,从小学到高中完全免费;严格禁止老师打骂;每逢周三提早放学;严格禁止学生打架;考试成绩不会公开;没有人歧视残障同学;初中开始进行性教育;电视电影严格分级;初中开始学校办舞会;周末不上课;高中像大学一样上课;高中教学生用避孕套;老师不会轻视成绩差的学生;多数老师正值、善良。

美国初中开设一门叫"咨询"(Advisory)的必修课,每周 25 分钟,配以一本叫做《每日温习:品格教育》(*Daily Warm-ups: Character Education*)的练习册,有十项练习,分别是合作、尊重、关爱、公正和正义、公民、诚实、坚韧、勇气、友谊。每一项练习都有 15—20 个能联系自己日常行为的问题,让学生简短回答,例如,在"尊重"的练习中,有这样的问题:"在日常和正规场

第11章 教育方法

合下,人们都喜欢受到尊重,列举五种在日常生活中尊重别人的行为";"你觉得每个人都必须赢得尊重,还是每个人都应当受到某种程度的尊重?写一段说明";"1945年,杜鲁门总统在旧金山召开的联合国开幕大会上说:'我们必须建立一个新世界,一个更好的世界,一个尊重人类永久尊严的世界。'这段话是在第二次世界大战后说的,你认为是什么意思?为什么要呼吁尊重人类'永久的尊严'?"《品格教育》中有将近200个这样的问题,是一个很丰富的道德伦理教材。

诚实人格

德国所有的药店免费提供一种针对小孩子的科普杂志,每两周一期,内容丰富多彩,浅显易懂,图文并茂,深受孩子喜爱。每期都以一种动物做封面,这些动物可爱极了,萌死人不偿命的感觉,别说孩子被吸引,就连成年人看了都忍不住乐呵。

每期杂志都会介绍一种动物的特性和一些实用性很强的科普知识,例如,如何从小培养良好的饮食习惯,避免成年后肥胖和高血压;如何对付日常生活中的小病小痛,肚子疼、发烧、头晕怎么办,怎么预防和处理头上长虱子等。还潜移默化地对孩子进行素质教育,如何与大自然和动物友好相处,如何爱护环境,如何与小伙伴一起变得强大等。

有一期杂志有个"你有多诚实?"的小测验,总共五个题目,都与日常生活紧密相关。第一个题目是:如果在超市里,收银员多补给你5欧元或者10欧元,你会怎么办?有三个选项:一是,我装着不知道收下了。如果他不会算数,那是他自己的事情。二是,我收下了钱,但事后心里觉得内疚。三是,我没有把钱收起来,而是告诉收银员这个失误。每个问题的答案就倒着印在旁边,供孩子们参考和学习。而这个问题正确的答案是:利用收银员的错误是一种不道德的行为。晚上结账时,会发现少了这些钱。收银员会因此受到责备,甚至需要自己从口袋里掏钱补上。

另外的四个问题分别是:2.我忘记了做家庭作业,该如何对老师解释?3.有个你不喜欢的女孩子,被大家误解为偷了东西,而你知道不是她干的,你会怎么办?4.你的好朋友换了一种发型和着装风格,还很得意,而你觉得不好看,你该如何对他说?5.有个小孩子被两个大孩子欺负,你看见他逃走,并藏在哪里。两个大孩子问你看见他没有,你该如何回答?

这五个问题都是日常生活中难免会碰到的,每个问题都有三个选项,只有一个答案是正确的或者是明智的。孩子们在兴致勃勃解题的时候,要么再一次确认了自己原本就正确的认知,要么学到了正确的处理方法,在不知不觉中上了一堂生动的品德和素质教育课。

通过这样一本小小的杂志传递出重视儿童的身心愉悦和身心健康的社会风气,德国人对下一代的品德和素质教育体现在生活中的点点滴滴,自然而朴实。

美国人比较诚实,并不是因为他们天性如此,而是因为他们生活在一个普遍比较诚实的社会里,比较诚实的美国社会能够更有说服力地对青少年进行诚实的道德教育。美国政治学家斯劳特(Anne-Marie Slaughter)在《这才是美国:如何在一个危险的世界中坚守我们的价值》(*The idea what is America——keeping faith with our values in a dangerous world*)[15],列出美国的七项核心价值:自由、民主、平等、正义、宽容、谦逊、信仰。从书的副题就不难看出,这些价值不仅是传统的,而且也需要在变化的国内和国际环境中不断丰富和深化。

SAT是Scholastic Assessment Test的缩写。中文名称为学术能力评估测验,也就是俗称的"美国高考"。下面的案例选择了2011年6月美国SAT的作文试题。

> **案例 11.6**   美国的"高考"作文题[16]
>
> 仔细思考以下片断中提出的问题,并选择其中一个议题写一篇文章,阐述你的观点。通过推理和例证支持你的观点,例证取材自你的阅读、学习、亲身经历或是对周围的观察。
>
> 题一
>
> 人们认为,每项成就——也就是我们所说的每一个进步——都会将它们引向问题的最终解决,并帮助人们更了解自己和周遭的世界。但在现实中,每一个新答案的产生,都会引发新的问题,每一个新的发现,都会展露出更深层、更复杂的状况。每个成就都通向更深层的问题、更重的责任、更复杂的状况以及全新的挑战。
>
> 是否每项成就都带来新的挑战?
>
> 题二
>
> 无论在生活中哪个层面,忠诚都是人们鼓励和赞赏的一项美德。因此,我们向我们的家庭、团队、学校和我们的国家献出忠诚。但很多时候,忠诚是盲目的:借着不自觉地与一个群体认同,将其价值观当作自己的价值观,我们就不必对自己的思想和行为负责了。
>
> 认同某个群体的价值观,是否会让人们不必对自己的思想和行为负责?
>
> 题三
>
> 无论哪个群组都会要求其成员保持一致性。组员必须在诸如决策如何制定、谁担任领袖、组员可以享受多少自由这样的关键问题上保持一致。然而,当群组鼓励组员之间的不一致和不同意见时,决策制定的质量反而会更高。尽管有时候这样会带来一些混乱和冲突,但不同意见的存在,能避免权力较大的强势群体犯错。
>
> 鼓励不一致和不同意见的群组是否会比鼓励一致性的群组运作得更好?

一位著名的西方传教士亚瑟·史密斯(Arthur Henderson Smith,1845-1932,中文名明恩溥)一个世纪前就指出,中国人最缺乏的不是智慧,而是勇气和正直的纯正品性。这个评价虽然历经百年,如今依旧准确诊断出中国问题的病因。现实的中国教育可以培养出大批的高技能人才,但却很少可以培养出合格的、可以独立主持的管理级专家。服务于一个公司或者社会,光有技术是不行的,还需要有勇气、胆量、正直和诚实的领导才能。

张维迎指出,衡量成功的标准不能太功利:"人生必须坚持自己的生活准则,若搞阴谋诡计,官当得再大,我一点都不羡慕。一个人若在单位没被提拔,不要认为自己失败了,如果单位领导本身是个小人,那很自然你是不会被提拔的。在某种意义上,这恰恰是你的成功。过得踏实,才最重要。"

人文关怀

教育本来应该是一个最具价值、最有人性、最富人文关怀的平台,有助于个人成就自我。教育的"教化"之处,就是养成一种好习惯,以探求新的含义,寻找新的联系,将体验复杂化、广

第11章 教育方法

泛化,使其更丰富、更持久。教育的根本目的就是培养完整的人(Whole man),这种人是对变化毫无畏惧、灵活的和适应的人,是学会怎样学习并且能不断学习的人。

在中国父母眼里,教育的目的就是培养孩子上大学,没有把教育看成是一件为孩子的一生打基础的事,光以为把孩子送进了名牌大学父母就大功告成了。为了达到这个目的,家长的注意力都集中在孩子的学习成绩上,还有和进名校相关的活动中,而子女教育的其他重要方面,很多不能被量化的方面被忽视了。如孩子的自我认同感、自信心、冒险精神、不畏失败百折不挠的精神和勇气、享受生活的能力等,这些都是她和同学相比之后感觉自己所缺乏的。

鲁迅先生说:"凡事总须研究,才会明白。我想来想去,才想出一个东西,这便是,我们的教育,大概就是颠倒了本末,将枝节当成了主干。将教育的末、教育手段(读书)当成了教育的目标(育人)。"南京大学董健教授[17]指出:"大学不是国家的一个机器,不是国家机器上的螺丝钉,大学是一个研究学术、追求真理、培养人才的独立的文化教育机构,是提升人格、完善道德的'精神家园'。它是一个国家、民族之文化和精神的最高标志。看一个国家的大学如何,就知道这个国家的精神和软实力是如何的了。"华中科技大学哲学系姚国华教授[18]还下了一个结论:中国20世纪所有的骄傲,都归结到中国能够在最绝望的时候,有很少的一些中国人,他们能够办起几所大学或准大学(像北大、黄埔以及西南联大),支撑起整个民族的文化。而中国20世纪所有的不幸、所有的悲哀、所有的愚蠢,就在于平常时期几乎完全没有真正的大学,没有完整人格的修养所,只有人才培训机构,只有培养工具、培养听话的螺丝钉的地方。

爱心教育

爱是人性的灵魂,所以,有人性的社会就是一个充满爱的社会,不讲爱的社会没有健康的未来。一个人如果从来没有感受过仁爱光辉的沐浴,从来没有走进一个丰富而美好的真理世界,从来没有一个令他(她)激动不已、百读不厌的读物,从来没有苦苦地思索过一个问题,从来没有一个让他(她)乐此不疲、废寝忘食的活动领域,从来没有过一次刻骨铭心的经历和体验,从来没有对自然界的多样与和谐产生过深深的敬畏,从来没有对人类创造的灿烂文化发出过由衷的赞叹……那么,他(她)就没有受过真正良好的教育。

"爱可以战胜一切",这是《哈利·波特》系列小说的主题。对于爱,作者首先着重渲染的是母爱,并且渲染得震撼人心、催人泪下。也正是因为这份母爱的力量,哈利·波特才得以"大难不死",在以后的成长中屡屡绝处逢生。其次,作者用浓墨重彩着力铺陈的是友爱。小说中,哈利、罗恩和赫敏三个孩子之间生死与共的友谊,对视友谊比生命更为宝贵的青春少年来说,自然能引起强烈的共鸣。再次是爱情,主要描写的是少年之间的懵懂恋情,写得朦胧含蓄、回味悠长,这也是作品中的一大亮点。在《哈利·波特》系列中,罗琳苦心设置了霍格沃茨魔法学校,所有的故事基本围绕着学校的背景展开,描写的是我们不可回避的话题,如同学友谊、与老师的冲突以及校园内外的暴力事件等。这也许是一个最让生活在现代的孩子们既爱且恨、痛并快乐着的地方,并且处在一个故事可能最多的人生阶段——中学阶段,这是一切不可能都会成为可能且一切可能又会成为不可能的人生阶段。作者谙熟生活在这一方天地中的人们(特别是孩子们)的内心世界,用她的笔触动了孩子们最敏感的心弦,搅动了他们内心的喜与忧、爱和恨、憧憬和迷茫等。

作为一个对中国和美国的学界都有充分了解的学者,美国加州大学洛杉矶分校中国研究中心主任、文化人类学教授阎云翔对美国学生的特质,吐出简单的两个字——"天真"。"我的美国学生跟我讲,他们所接触的中国学生担心的事情特别多,他们一上大学就担心以后的工作。而美国的学生在大学阶段完全是凭借自己真正的兴趣选择科目。就像我们这次新开的这门'全球化'课程①,其实,我们教授也就是觉得这个概念很重要,在以后找工作时,它完全不能起任何的作用,但是,学生们就是认了教授的这个观点,他们就来了。他们说,中国学生太聪明了。但是,我却觉得,中国学生正是少了这种天真[19]。"

感恩教育

感恩教育是教育者运用一定的教育方法和手段,通过一定的感恩教育内容对受教育者实施的知恩、感恩、报恩和施恩的人文教育,是一种以情动情的情感教育,是一种以德报德的道德教育,也是一种以人性唤起人性的生命教育。

英国作家萨克雷说:"生活就是一面镜子,你笑,它也笑;你哭,它也哭。"这句话很形象地说明了我们应该如何对待生活。如果我们仁爱地感恩生活中的一切,生活将会赐予我们灿烂的阳光照亮心身。仁爱和感恩将使我们永远保持健康的精神状态、完美的人格和不断进取的信念。

美国前总统罗斯福有一次家中失盗,一位朋友闻讯后写信来安慰他,他在给朋友的回信里这样写道:"感谢上帝!贼只是偷了东西,而没有伤害我的性命;贼只偷了部分东西,而不是全部;最值得庆幸的是,做贼的是他而不是我"。面对失盗,罗斯福豁达大度,既没有仇恨去诅咒小偷,也没有自怨自艾,他反而在坏事中找到了感恩的三条理由,这种非凡的气度得益于罗斯福高尚的修养。

牛根生有着艰苦的童年。1958年,出生不到一个月的时候,因为家里特别穷,兄弟姐妹又多,父母便以50元的价格,把他卖给了一个牛姓人家。牛根生的童年,生在穷家,养在穷家,受冻挨饿,跌跌撞撞地长大。他14岁的时候,养母去世了。最穷的时候,牛根生是靠吃百家饭长大的。有这样艰苦经历的牛根生始终对社会、对生活抱着感恩的心态,面对困难时,他总是有着充分的认识和承受力。

巴菲特说过:"我是个格外幸运的人,在合适的时代出生在合适的地方,要是我早出生几千年,我一定会成为某种动物的午餐,因为我既不比别人跑得快也不比别人跳得高;如果我出生在孟加拉国或者是其他地方,也不会成为现在的我。我能得到现在所拥有的,很大程度上说是这个社会的结果,因为我出生在一个巨大的资本主义社会,而且时机正确。和我的付出相比,我得到的物质财富多到不成比例。有很多人和我一样是良民,他们或者前往伊拉克战场服役,或者在自己的社区中辛勤服务,但都不像我一样被'疯狂'回报,我已经拥有了生命中想要的一切。"

赵朴初在世时,有人来向他抱怨,说自己如何如何不幸。赵老等他说完,对他讲:"我一直在听你抱怨别人对不起你,你是否想过别人对你的恩呢?你生活中的衣食住行,哪一点不是别人在为你服务,如果你不是总想着自己,不是总想着自己要得到什么、没得到什么,而是更多地看到别人是如何帮助你的,你就应该以一种巨大的感恩心去生活。那时

---

① 阎云翔教授带了60个美国学生来上海(2007年7月)修读"全球化"这一门新课程。

候,你哪里还有时间去抱怨别人,你对父母、对亲人、对师长、对同事以及对许许多多的人的恩情,怕是一辈子也报答不完。你活一天,就应该怀着一种感恩的心去好好生活,同时,也要怀着感恩的心去服务别人。"

善待爱你的人;否则,你会被爱抛弃。一个不知道感恩的人,不会成长;一个不知道感恩的民族,没有未来。

通识教育

人文精神本质上是一种自由、自觉、批判的精神,是对善恶、美丑、是非的判断能力;宽容精神、尊重人、合作精神等,甚至包括人与自然的和谐相处,都是人文精神的体现。人文精神是教育之魂。大学是一个人文精神的泉源。龙应台[20]指出:"离开了人文,一个大学,不是大学,只是技术补习班而已。"

美国斯坦福大学的创办人老斯坦福曾说:"我东部的朋友们写推荐信要年轻人来找我,但最派不上用处的就是那些学院出身的青年。受过技术教育的青年未必是成功的实业家。为了人生的成功必须培养和发展创造力,一个人如果不会创造,他也就不会建设。我认为人文科学对提高人的心智和实业能力特别重要。"他认为高等教育的原则应是使学生"受到人道和文明的熏陶,明晓法律约束下的自由的可贵,懂得热爱和尊重人生而享有生存、自由和寻求幸福权利的神圣原则,从而推进公众福祉"。他的这些思想都体现在1885年11月签订的新办大学原则里,这个原则后来被认为是斯坦福大学的"宪章"。

英文里之所以有 undergraduate 和 graduate 的区别,是因为西方人觉得研究生才算是真正的大功告成,本科只是打个基础而已。美国上层家庭的子女爱去文理学院,就是因为那里的基础打得好,什么基础呢? 人文基础! 美国富人总觉得金融、计算机、工程、医学这种技术性很强的学科是中低阶层的孩子和很多亚洲人爱学的,他们的孩子以后要做高管,要去政府,就必须学英文文学、历史、哲学、经济、政治、法律这一类的富人才敢学的专业,因为本科毕业不用急着养家糊口,还可以体验几年社会,再继续深造,接着进入商界和政坛。

在美国的大学毕业要求里,每个学生通常都必须修满定量的自然科学、社会科学和艺术课程,这三个领域也是构成一个人知识系统的基本分类,如果一个人没有在这些领域有过较好的教育,就很难称为一个成功的领导者。所以,不管学的专业是什么,都去关心政治、历史、经济、法律、哲学、地理、天文、生物、数学、美术、音乐这些学科①。哈佛大学正是以超越实用性的长远眼光致力于文理融合的"通才教育",致力于唤起对新思想和新事物的好奇心,鼓励自由探索、自由审视、自由创造,并因此奠定了它的名望和深厚根基。所谓通才,不仅是指在学问上博大精深,更重要的是对历史、对人生的彻悟和关怀。

曾经担任过北京大学校长的蒋梦麟早年留学美国,毕业于哥伦比亚大学教育学院。他认为,共和国的作用,就是尊重并保护个人价值;教育的目的,则是为了发展个性,培养特长,增加个人价值。为此,大学校长必须对教育学有所研究。但是,作为一门实践性很强的学科,教育学可以分为"个人"与"社会"两大部分。就"个人"而言,它应该涉及生理

---

① 对中国人来说,英语等国际语言的教育具有基础性,尤其是英语。英语作为世界语言,中小学的英语课应该是打基础的,中学大学一些科学课程,应该逐渐改为用英语教学才对,因为许多专业名词被翻译成中文实在是不伦不类。更应该让学生多读专业原著,而不是翻译版本。

学、遗传学、卫生学、心理学、逻辑学、美学等诸多学科,以满足"发展个性"的需要;就"社会"而言,它应该涉及人种学、历史学、地理学、伦理学、政治学等领域,以满足"发展人群"的需要。此外,无论是个人还是社会都离不开自然界,教育学还要涉及生物学、动物学、植物学和物理化学等内容。正因为如此,蒋梦麟强调:"有真学术,而后始有真教育,有真学问家,而后始有真教育家。"所谓真教育家,就是通晓各门学科的通博之士,"不通博乎此,则不可以研究教育。"[21]

专识教育一般是指18岁就选定专业,不再学习其他课程。而通识教育则不同。美国本科阶段的通识教育就是,前两年,学生可以尝试各种各样的学科,后两年,再挑选专业进行学习。不管是政治家还是一个企业的领导者,都需要经济学、法学、哲学、心理学等多方面的知识,而不是单科知识。"到美国各大学一看就明白,越是水平高的学校,学生的兴趣就越抽象。例如,历史就是耶鲁大学最流行的专业。

有用性的教育只专注于某一专业的教育,只重视知识的传授,从长远来讲没太多价值。无用性的通识教育赋予学生更广阔的视野,培养他们批判性思维,也培养学生承担公共责任的能力和公民意识。

人生经历中的决定性要素正是快速应对变化和敏锐反应的能力。在某一种特定技术的价值不能得到保障的时代,对置身其中的我们来说,人文教育能够培养一个人的战略性思考能力。人文教育能使我们洞察世界上各种复杂的现象,更可以给我们一个框架,让我们了解到某种价值体系和权威是由文化、思想、经济和技术等相互缠绕而组成的复杂结构。这种看问题的视角可以使身处变化中的我们制定适合自己的策略,以发挥个人的长处。此外,人文学科还能培养历史性的眼光,预测社会经济的变化。就像技术专家可以告诉你新一代智能手机今后的发展趋势一样,涉猎历史、社会、人类学知识的学生也能预测出这样的技术能给社会功能带来怎样的影响。

MIT虽然是一所著名的理工学院,但它并不忽视人文学科的教育。罗杰斯院长在1865年建校之初,为学院规定的宗旨之一便是提供一般的教育,使其在数学、物理、自然科学、英语和其他现代语言以及心理学和政治学的基础上,为学生在毕业后能适应任何领域的工作做好准备。沃克院长加强了课程设置中的社会科学内容,康普顿院长通过建立人文学研究室又给了社会科学以新的重要地位。刘易斯报告否定了学院要像医科和法律学校那样仅为毕业班开设适应职业要求课程的传统看法,认为"技术的和社会的问题如此错综复杂地交织在一起,以致人文学和社会科学必然成为人的职业所需要的部分。"吉里安院长也指出:"需要在科学与人文学之间创造更好的联系……,从而能从现代社会的各种问题所形成的障碍中找出一条道路。"

MIT于1948年成立了人文学与社会科学分院,后来又增设了政治学系、心理学系和哲学系,分院拥有一批人文学家和社会科学家。人文学系开设历史、文学、写作、人类学、音乐等人文课程,人文课是理工各科学生的第二主修课。内森·西林、西里尔·S.史密斯、威廉·C.格林都是MIT培养出来的著名人文学者。MIT拥有世界上第一流的语言学家(罗曼·雅各布逊、乔姆斯基),在语言研究方面一直处于世界领先地位。在社会科学方面,MIT也拥有一批出类拔萃的专家学者。

1949年以后,中国主要的科学研究被剥离于大学体系之外,归于专门的研究机构,科学院以及社会科学院的地位远高于大学,这也是世界上不多见的。中国科研院所虽然也招收研究生,但大学毕业生本来就缺乏普遍的人文关怀和启发式的思维训练,他们长期受教科书的熏陶,服从既定知识权威的灌输,只认唯一正确答案的考试,人们与生俱来的求知冲动和青春活力在本科阶段就已被扼杀,他们从小到大都只是既定知识体系的一个被动接受者,到了研究生阶段又落入专业研究的窠臼,命运掌握在导师身上,更难有独立思考与原创的能力。中国高等学校已经没有完整的大学。各高校按照实用目标的需要分解为各种独立的专门学院,学院再分解为若干系、室,极少数所谓综合大学也只剩下一些基础的文理学科,应用学科则被独立出去,而且专业口径十分狭窄,学生没有厚实的基础,没有广博的视野,只会简单的工作技能,知其然而不知其所以然。

2012年,中国有上百所学院和大学迎来了他们的60年校庆。这一切,都源于1952年高校的院系大调整。基于经济主义的视角和实现工业化的热望,"通才教育"为专业教育所替代;学问被急用现学所替代;科学家被专家所替代……中国的高等教育传统从此断裂。如果追根溯源,1952年,正是这场断裂的起点。

社 会 服 务

对"实务"(Practice Service)的注重可以说是美国大学的传统;时至今日,大学(无论公立还是私立)已经成为一种准公共机构(Quasi-Public Institution),在大学活动中,公共服务(Public Service)的需求已经越来越重要。

植根于社会服务不仅解决了成果的应用问题,将企业的发展建立在扎扎实实的技术创新与进步基础上,也使研究的方向更具前沿性,并由于厚实的企业与社会支持而使研究良性循环。社会服务因此不仅没有阻碍科学与教育的发展,反而成为促进科学与教育健康发展的基石。

生存能力

卢梭认为,人首先是学会生存,然后才是享受生活。他说:"教育应教他成人后怎样保护自己,教他经受住命运的打击,教他不要把豪华和贫困看在眼里,教他在必要时,在冰岛的冰天雪地里或马尔他岛的灼热的岩石上也能够生活……问题不在于防他死去,而在于教他如何生活。"利兰·斯坦福(Amasa Leland Stanford,1824-1893)在斯坦福大学首次开学典礼上说:"请记住,生活归根到底是指向实用的,你们到此应该是为了替自己谋求一个有用的职业。但也应明白,这必须包含着创新、进取的愿望以及良好的设计和最终使之实现的努力。"

理财能力

哈佛大学心理学家加德纳的多重智能学说强调动手能力、身体协调(Bodily-kinesthetic)、交往(Interpersonal)和内省(Intrapersonal)等方面的智能。这些智能以及常被人提到的"情商"无法花钱上什么补习班来培养,却可以通过一些松散的玩耍(Unstructured play)、独处的时间(Interpersonal intelligence)以及家务劳动等方式培养。加德纳说的"博物"智能指的是孩子们和自然界的交往。孩子不单纯是学生，也是在发展的人，他们需要接点地气，去户外活动，去公园散步，参加园艺活动等，这些不是有组织的学习班，但在家长的带领下师法自然也为学习。

西方基础教育重孩子各方面技能的培养，例如，通过课堂或各种课外活动训练提高他们的言语沟通技能、领导组织能力、手工能力和团队合作技能等。小学老师有教育大纲但大都不用书本材料，在实际生活中找与教材有关的材料，不管是历史、地理还是科学等课，都让学生实际触到、摸到、看到知识。知识不只是在书上或只是公式、文字。

理财是财富积累的第一站。"财商"已成为继"智商"和"情商"后人们关注的焦点。精明的美国人用自身的经验告诉我们："财商"教育也要从"娃娃"抓起。美国学校重视"金钱"教育，认为这是把孩子从"象牙塔"上"请"回到社会现实中来。在美国，学校对孩子实行强制性理财教育，不少父母纷纷送自己的儿女参加理财夏令营。他们学习做预算、信用管理、收支平衡、复利和其他投资技巧。有些美国人在孩子出生时，会拿出一笔钱来，为孩子设立银行户头。然后，在孩子还不懂事时，帮着他们保管各种各样"属于他们自己"的钱，即孩子从亲戚朋友处所得的礼金、孩子的工作所得、奖励所得以及每月父母给孩子的固定投资等。当钱存到够买一股或两股股票时，他们还会为孩子购买股票。日积月累，当孩子年满18岁时，就可支付昂贵的学费。

2010年的世界首富、墨西哥电信大亨卡洛斯·斯利姆·埃卢（Carlos Slim Helu）还是一个孩子的时候，他的父亲就有意训练他的某种技能，如如何牢记皮夹里的进账和出账。如果记错了或者弄丢了钱，就要受到处罚。12岁那年，卡洛斯在银行中拥有自己的户头，他用父亲给他的20美元购买政府债券，一年后债券升值到了40美元。3年后，15岁的卡洛斯已经成为墨西哥最大的一家银行的股东。大学时代的卡洛斯虽然学的是工程学，可他仍然对生意和投资兴趣不减。到20世纪70年代中期，斯利姆已经投资了一系列行业，包括采矿业、制造业、造纸业和烟草业，为后来的"卡洛斯集团"奠定了基础。

美国孩子们还会自由组合开设各种各样的模拟公司，在同学、老师间做生意，看谁能赚更多的钱。孩子们各有自己的角色：有当工人的，有当设计人员的，有当管理人员的。公司内部用代币流通，把个人的工作角色同报酬联系起来。学生还可以举办真正的"拍卖会"，学生以自己的成绩换算成拍卖的资金，拍卖物都是学生联系各个赞助公司得来的。美国学校开展的这些活动很注意让孩子们学习社会上"生存竞争"的技巧，让孩子看到社会竞争的残酷一面。这样，有关"金钱"的教育也就随之进入到另一个层次，即把"赚钱"的行为演绎得更贴近生活。

童子军是一个源自美国、现在几乎遍及世界的组织。它以各种户外和动手的活动为主，培养孩子们从小具备良好的品德，提倡团队精神，锻炼领导能力，特别强调自尊自立、助人助己等公民意识。

在美国，女孩子五岁时，就会参加女童子军（Girl Scouts）。这个组织在美国孩子中非常流行，但结构很松散，不过是几个家长凑在一起，轮流志愿带孩子而已。参加后，童子军派下任务：推销饼干，目的是培养孩子的社会活动和经营技能。童子军的网站也直言不讳地介绍，美国许多成功的企业家都是从在童子军卖饼干开始的。饼干一包4美元，至少高于市场价30%。这么教孩子赚钱，是否过分呢？一试才明白，买童子军的饼干，没有人嫌贵。许多买主都是在童子军里卖饼干长大的。饼干有四种，有低热量的，有巧克力的等。每次推销，孩子要向人家解释品种，告诉人家买某种饼干的理由，然后算账，4美元一包，一共多少钱，算术也跟着学了。具体卖的办法是先找顾客订货，登记大家购买的数量，然后"进货"、"送货"、"收款",要走整个一个商业流程。饼干卖完,大家凑在一起算账,看看总收入是多少,让孩子们讨论钱该怎么花。结论是把钱一分为三,第一部分给组织者,因为人家义务劳动,还要自己交钱,不公平,所以,孩子希望能把志愿者倒贴进来的钱支付了,也就是说,孩子用自己的劳动挣钱"雇用"了组织的大人。第二部分钱要捐给那些无家可归者。第三部分钱留下来给孩子们开个庆功会。

年龄段为9岁的幼童军称呼"熊息"。开学期间的每个星期三放学后都要参加一次自己"熊窝"的活动,还要完成指定的"任务",例如,帮家长切菜,自己动手做风向标,下雨天测量降雨量,用木头做汽车模型并在斜坡上比赛谁的滑得快,制作工具箱,学习刷油漆和给自行车补胎等。假期就参加各种过夜或白天的野外活动,锻炼体魄,学习求生本领以及紧急情况下的应变能力。幼童军还有一个"伙伴"制度(Buddy System),像游泳一类的活动,Buddy 必须在一起。这些活动与表现都要记载下来,作为晋升考核的成绩。

与中国孩子得高分、父母发奖金的做法不同,美国的家庭是孩子做家务,父母付报酬。他们从小就把一些家务分给孩子,并与孩子一起讨价还价,定好价钱,给多少钱干多少活。当然,家务干不好,也要扣钱。

纳尔逊中学是美国最古老的一所中学,它是第一批登上美洲大陆的73名清教徒集资创办的。在这所中学的门口,有两尊用黑色大理石雕成的雕塑,左边的是一只苍鹰,右边的是一匹奔马。300多年以来,这两尊雕塑成了纳尔逊中学的标志。它们被刻在校徽上,被印在明信片上,被缩成微雕摆放在礼品盒中。

那只鹰所代表的是一只饿死的鹰。它为了实现飞遍世界的伟大理想,苦练各种飞行本领,结果忘了学习觅食的技巧,它是在踏上征途的第四天饿死的。

那匹马也不是千里马,而是一匹被剥了皮的马。它嫌它的第一位主人——一位磨坊主给的活多,乞求上帝把它换到一位农夫家,上帝满足了它的愿望,可是它又嫌农夫给的饲料少。最后,它被送给一个皮匠。在那儿什么活也没有,饲料也多,可是,没几天,它的皮就被剥了下来。

真正把人从饥饿、严寒和痛苦中拯救出来的是劳动和生存的技能,而不是他对书本上的东西掌握得如何。联合国教科文组织宣导"Learning to be",意思就是"学会生存"[22]。

创业能力

创业教育即英文"Enterprise Education"的中文表述。综合来看,英文"Enterprise Education"可以这样界定:(1)进行从事事业、企业、商业等规划、活动、过程的教育;(2)进行事业心、进取心、探索精神、冒险精神等心理品质的教育。联合国教科文组织是这样定义的:"创业教育,从广义上来说是指培养具有开创性的个人,它对于拿薪水的人同样重要,因为用人机构或个人除了要求受雇者在事业上有所成就外,正越来越重视受雇者的首创、冒险精神、创业和独立工作能力以及技术、社交、管理技能。"

在高等教育领域内,创业教育是在大学素质教育基础上融入创业素质的基本要求,具有独特功能和体系的教育。创业教育旨在提高学生创新精神和创造能力的基础上,增强自我创业的意识和能力,其实质就是要培养学生确立创业意识,形成创业初步能力,掌握创业基本技能。很多美国人认为就业是自己需要雇主,自己在就业方面是被动的。创业教育则要使学生将被动的就业观念转变为主动的创业,创业教育鼓励学生将创业作为自己职业的选择(见表11.3)。

表 11.3　美国创业管理教育的目标

创业管理教育的目标	重要性排序
增加对新创事业创始与管理的过程的认知与了解	1
增加学生对创业生涯职业选择的了解	2
发展与管理功能相互关系的了解	3
发展对创业者特殊才能的评价	4
了解新创公司在经济中所扮演的角色	5

通过创业教育,一方面要培养学生的创业技能,这些技能包括如何把握商机、如何组织创业团队、如何发挥团队的人力资源优势、如何与人友好交往与有效沟通、如何为创业企业融资并使其健康成长等。归纳起来,就是创业所必需的创新能力、策划能力、组织能力、指挥能力、控制能力、协调能力以及管理能力。另一方面,要培养学生的企业家品行和素质,包括优良的个性品质、独特的领导才能、构建组织和文化的能力、善于化解矛盾的能力以及获取团队成员信任的能力等。

中国的青年就业呈现出了怪异的态势:受教育越多,越可能失业。西南财经大学对城镇居民开展的调查显示(图 11.2),教育并没有降低青年劳动者的失业率,随着受教育程度的增加,21—25 岁之间的青年失业率逐渐上升。小学及以下受教育程度的青年失业率仅为 4.2%,初中及高中受教育程度的青年失业率则约为 8%。另一方面,大专受教育程度的青年失业率迅速增至 11.3%,大学受教育程度的青年劳动者失业率则进一步攀升到 16.4%,远远超出平均水平,是小学教育水平人群的 4 倍。

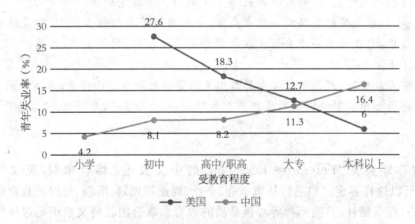

图 11.2　美国、中国青年失业率与受教育程度关系的比较

注:中国数据为 21—25 岁青年失业率,美国数据为 20—24 岁青年失业率。为 2012 年数据。

领导能力

法国作家罗曼·罗兰说:"应当让人懂得,他是世界的创造者和主人,对于世间的一切不幸,他都负有责任,对生活中美好的东西,其荣誉也属于他。"西方基础教育重学生基本人生态度的培养,强调正面思维,强调只管耕耘、少顾成功结果的积极进取精神。

第11章 教育方法

美国的教育非常实际,一切从如何做事开始。从上中小学起,美国人就把孩子推到现实生活中锻炼:一是自己打工,二是做义工。前者培养孩子对自己的责任,后者培养孩子对社会的责任。美国人希望一个人体现自己的社会价值,即使是对一个高中生也有这样的要求[①]。所以,美国的孩子一般都会花很多时间做义工。

根据2007年6月份挪威研究人员公布的一项研究,第一胎往往要比后面出生的任何孩子都要聪明。这也许是因为第一胎孩子对较年轻的弟弟妹妹们进行辅导教育,能从帮助他们完成每天任务的过程中提高智力。加州大学伯克利分院的访问学者、心理学家苏洛威(Frank Sulloway)说:"很多家庭中的第一个孩子能进哈佛,第二个则不能。"这份以"出生顺序的力量"为题的文章同时指出,在国际首席执行官组织Vistage进行的一项对企业首席官的调查中,在董事会上坐头把交椅的有43%是长儿/女;33%是次儿/女,23%是三儿/女。斯坦福大学心理学者Robert Zajonc说:"从事医生职业和拥有MBA的人群中那些长儿/女们的比重也同样很高。"最近的研究发现,在美国国会,第一胎出生的人数巨大。Zajonc说:"我们知道,出生顺序会很大程度地决定一个人的职业名望。一些观点认为头胎胜任特定的职业要更有资格些。"与其说这是出生顺序对智商的影响作用,人们更愿意将其理解为责任感的作用。中国的传统文化里,也有"长子如父"之说,这既是一份权力,也是一份责任。早出生的孩子从小被赋予了照顾弟弟妹妹的责任,强烈的责任心使他们在日后的工作、生活中将选择更为稳健甚至相对保守的方式方法,谨慎、周到,掌握尺度和分寸,这些品质恰恰是运筹帷幄掌握大局的重要潜质;而晚出生的孩子在责任心的自然训练上显然要略输一等。

美国一项对最近几年盈利在500万美元以上的数百位企业家的调查[23]显示,创业成功与否尽管与企业家选择的经营项目的商业前景有关,但企业家本身是否具有"成功者的群体特性"才是头等重要的。在发给400多位成功企业家的回收问卷中,超过3/4的人承认母亲在他们早年生活中的影响巨大。许多优秀的企业家都成长于女性单亲家庭。如Mesa石油公司的布恩·皮金斯、假日酒店的克曼·威尔逊和联邦捷运公司的弗莱德·史密斯等。在多数个案中,单亲家庭起因于父亲过早离世。死去的父亲受到崇敬,但儿子在很小的时候就成为母亲的"强壮的男子汉",这类家庭中的孩子懂事早,更重要的是他知道他的生活中没有保护伞。父亲不在身边的另一些原因,可能是父母离婚或父亲因职业需要常年在外奔波,这些家庭同父亲早逝的家庭类似,母亲培养了未来的企业家,她帮助孩子树立了为帮助母亲就必须努力学习和工作以及为让母亲感到自豪就要在事业上获得成功的观念。

创造特质

康德曾经指出,对孩子们的教育不应以人类的当前状况,而应以人类将来可能的更佳状况——合乎人性的理念及其完整规定为准。他告诫说:"父母在教育孩子时,通常只是让他们能适应当前的世界——即使它是个堕落的世界。但实际上他们应该把孩子教育得更好,这样才可能在将来出现一个更佳的状态。"

[①] 美国大学非常注重一个人的社会价值,可以说,它在入学申请中的重要性完全不亚于SAT成绩,所以,推荐信是必不可少的。

激发优点

中国孩子的致命点在于父母只希望孩子听话。听话意味着孩子是父母自我的延伸,是父母自我的一部分。从孩子的角度看,孩子必须依附在父母身上。在这种情形下,独立能力和创造力都是一种背叛和颠覆,会让希望孩子听话的父母有崩溃感。

美国的大学录取十分灵活。在美国,高校录取学生并非通过一次性的考试,而是对学生递交的一整套入学申请材料进行综合审核。申请材料包括学术成绩(包含平时成绩、学术能力评估测试成绩和班级名次等)、课外活动(包含科研、文艺、社区服务、竞赛得奖等)和个性展示(包含个人陈述、老师推荐信、面试等)。一个学生可以同时申请多所高校,达到双向选择的目的,也避免了"复读"的命运。

在美国大学招生体系中,没有"高考状元"这一概念,学生会被四大方面的考量来评估,第一是高中在校成绩,第二是STA(或ACT)考试成绩,第三是课外活动经历,第四是学生的家庭背景(如种族、地区、父母教育背景、家庭经济情况)。如果说全国性的SAT考试类似中国的高考的话,SAT能考满分就应当可以叫做"状元"了。根据有关数据,美国中学生SAT考满分的学生申请哈佛大学时,61%被哈佛大学拒绝。同样的情形也发生在耶鲁大学和斯坦福大学等美国名校。2008年申请哈佛大学的学生超过2.7万人,而录取率只有7.4%。许多人的成绩十分优异,SAT考试中取得满分的学生大有人在,但最后大多还是被刷下来了[24]。

案例 11.7　　　　　　　　"差等生"成发明家[25]

小良从小在香港地区一所国际学校念书,成绩不太好。老师觉得他很不长进,让他退了学。不想小良却遇到了一位美国教授,教授认为他也许有过人之处,鼓励他报考MIT。那时他才17岁,与满屋的CEO一起应考,结果被录取了,而且考上的是博士课程。

小良进入MIT以后,教授并没有急于要他修课毕业。在头几年里,教授让他参加不同的研究项目,包括让他到法国参加某个大型的工程设计。最后,他们发觉小良的创造发明能力特别强,就让他进入了著名的媒体实验室(Media Lab)。如今小良毕业了,他的博士论文是把认知科学应用到汽车设计上去。

就这样,MIT成就了一个中学"失败"、没有念过大学,甚至没有上过硕士课程的发明家。

哈佛、耶鲁、斯坦福这样的名校绝不缺乏成绩高的高中生申请者,这些学校的入学审核官的责任就是如何拒绝90%的申请者。一个申请者要想不被像哈佛这样的名校拒绝,一定要具备特殊性,这也就是美国中学生中最流行的理念:I am Special,我是与众不同的,我是独一无二的,我是一个特殊的人。从美国名校录取以及美国普通教育的特性可以看出,美国教育的一个最大特点就是培养个人独立的特质,进而达到人才辈出的局面。

俄亥俄州雪克黑茨市哈沙维布朗高中的爱丽娜·奥聂思凯斯基一直关注着水污染,选定解决金属离子污染水作为自己的研究课题。在3 000个小时的屡败屡战后,她终于发明并申报了自动微电子化学传感装置控制电镀系统的专利技术。这一技术可以有效地减少电镀时排入水中的金属离子。她还是西门子—西屋科技竞赛地区决赛选手、英特尔

第11章 教育方法

科学英才半决赛选手、校世界事务联合国俱乐部主任、校报主编、疗养院志愿者资深协调人、丹麦人在二战纳粹大屠杀中帮助犹太人的历史的研究者。

匹茨堡福克斯切派地区高中的迈克尔·米尼克创作了4部音乐作品,其中的2部为情绪忧郁症患者筹得4 000美元善款。他被《匹茨堡邮报》评为2000年最雄心勃勃的新一代音乐家,曾任校报总编、校社团主任等职,最后哈佛大学将其录取。

在中国的学校里听得最多的是:"不许做有害国家和学校的事。"父母说的最多的是:"你这样的思想以后怎么在社会上生存。"在社会上听到最多的是:"你这样的行为是不会被认同的,要隐藏起你的个性。"天性长年被压制导致孩子后来成了个手足无措的人。一个外国人,往往代表的就是他自己,一百个人可能就一百个样儿。而一个中国人,往往带有很多属于"群体"的特征,他的气质教养往往显示出文化的共性,即使一百个人也能找出他们的共性来。

唤醒自我

教育的最终目的不是传授已有的东西,而是要把人的创造力量诱导出来,将生命感、价值感唤醒。唤醒是种教育手段。

"精英"(Elite)是褒义词。无论是哪一个国家、社会还是哪一种行业,都有所谓的精英,也需要精英。精英对一个社会的发展必不可少。"精英"必须具备两个方面的素质。第一,潜能。这点是毫无疑问的。潜能包括基本素质、理解能力、知识面、思考力、分析能力、逻辑思维能力、创新精神、沟通能力、语言水平等方方面面,这些与所谓"文凭"没有直接联系或因果关系。潜能是一个人能够主动判断形势、理解现状、积累知识与经验、寻找机会、调节自己、摸索可能性、改变现状等的能力。对潜能的含义需要更多解释,也可以理解为"能力"、"本事"。除非有这些能力,否则,一个人很难成为精英。第二,公共意识。一个人生下来,为自己所在的、所生活的国家、社会做点事,是理所当然、天经地义的事。一个人做任何一件事时,除了考虑这件事对自己有什么样的意义和利益外,同时想着对整个社会有什么样的意义和利益,从人类社会进化甚至生存的角度看,只有如此,才有价值。这是不分国籍、不分民族、不分行业、不分性别的。

教育必须培育人的自我决定能力,不是首先要去传授知识和技能,而要去"唤醒"学生的力量。教育成功的关键在于:如何帮助孩子在自己的花园里,而不是你所选择的花园里茁壮成长。教育之于人,教师之于学生,并非上帝,并非"灵魂置入手段",不是"灵魂工程师",而是一种柔性的导流,使人发现自我,使精神与灵魂的发育得到鼓励和维护。灵魂不需要"工程师",因为人不是被"合目的地"制造出来,人自身就是目的,他需要的不是"灵魂工程师"来安置一种"精神操作系统",而是自我发现和建构属于他自己的精神世界,教师与教育是人自我发现和建构的环境,这个环境不应是肃杀、强直的,而应是温和、柔性的。教师与教育该解决的问题,不是怎样把某种物品植入到人们的大脑里面,而是如何助成人的自我发现之旅。

这一代年轻人普遍面临漂浮不安、不想做任何承诺,生命最缺乏的是动机的来源,是目的感。目的是一种很特别的目标,和一般短期、立即的目标不同。目标是达到目的的手段。人每天会有千百个目标,享受一本好书、看一场电影、买一份好礼物,但目的是一种遥远的长期目标,是一个你想去的方向,你的一生想往哪里去?你想成为怎样的一个人?目的必须是有意义的、长期的、对这世界或其他人有帮助的目标。有了目的,你会开始安排各种目标,让自己一步步到达那个目的。

目的是一连串"为什么"的组合。但在学校,老师、学生却从来不问为什么。例如,科学老师教公式、原理,即使学生学得很棒,却不知道为什么要学这些,只知道为了考试非学不可。各科老师都应先跟学生解释,为什么要学这个科目?人类的需要和这个科目到底有什么关系?为什么有人要成为科学家?为什么发现新定律很令人兴奋?没有这些"为什么",你无法让学生有长期的学习动机。你可能用恐吓的方式来吓学生:"如果没有考好的话,就有许多严重后果,"让学生有短期的学习动机,但学生不会出于兴趣、自己把书拿出来读。学生必须知道为什么,才会全心全力、自动自发地去念书,而非被恐吓鞭策。

目的并不一定要英雄式的,你不一定要有拯救世界、医好癌症、改善环境污染等伟大的目的。大多数人都只有很平凡的目的,可能是当个妈妈好好教养小孩、协助组织小区、加入学校家长会或任何艺术、音乐社团等。这些都是很小很平凡的目的,但你必须要承诺参与、实际行动、履行你的义务,最后你完成一些事,让你更投入这个世界、产生一些超过自己的影响和贡献。

用怎样的方式对青少年说人生目的?很重要的一点,不要跟他们"说"什么,而是要"问问题"。有三个帮助孩子发展目的感的重要问题:(1)我对什么有兴趣?我做什么最享受?什么会让我发光?是音乐、文学、数学还是体育?(2)我最擅长什么?我的才能在哪里?年轻人要够了解自己天生的才能,若是先天聋哑,可能就不适合当音乐家。(3)这世界需要什么?世界有哪些问题和机会可以发展成我帮助别人的所在?

这些是孩子一定要问自己的问题,三个缺一不可。所以,在青少年阶段发展出自己的目的感,很花时间,数个月甚至数年,因为你要去尝试不同事物。父母可以做的,就是跟孩子展开对话,刺激他们去思考。一旦孩子提出一个小小问题,父母必须提供足够的资源去帮助他继续发展,要去哪种特别学校?有哪些链接、书籍或网络资源?

寻找目的没有一个立即答案,不是用热门或冷门来衡量。所谓"实际的理想主义",是你经过长期观察、真心信服一个目的,但也要能够检验现实。

为了帮助孩子找到自己的目的,很重要的是,父母要教他们负责任,做事情要有真正的结果。要对孩子有高期待,让他们了解承担任何一种任务时,不要半吊子,要真正完成某件事,即使那件事很微小。例如,小孩有了宠物,他要去喂食,要带宠物去散步,任何一件小事都要认真去做。孩子该照顾小狗。如果朋友有新玩具想去一起玩,父母要告诉他:"照顾小狗是你的第一任务,做完了仍旧可以跟朋友出去玩,这是你的责任。"要让孩子看到不负责任的结果,养一盆植物不浇水就会枯干、会受苦、会死,这些都是在家中可以教导的。这是发展出承诺和责任的方式,也是让孩子学习不受其他因素分心或干扰的方式。

雅斯贝尔斯指出:"教育是一朵云推动另一朵云,一棵树摇动另一棵树,一个灵魂唤醒另一个灵魂。"

案例 11.8 　　　　　　　　　　**一生中最好的老师**[26]

许多年前,汤普生老师站在五年级的学生们面前,对他们说了一个谎:她说她会平等地爱每一个孩子!但这是不可能的,因为前排就坐着泰迪·史道达,一个邋遢、上课不专心的小男孩。事实上,汤普生老师很乐意用一支粗红笔在泰迪的考卷上打个大叉,然后在考卷的上方写上"不及格"几个字。

一天,汤普生老师检阅每一个孩子的学习记录。她对泰迪以前的老师给他的评语感到惊讶。

第11章 教育方法

一年级的老师写道:"泰迪是个聪明的孩子,永远带着笑容,他的作业整洁,很有礼貌,他让周围的人很快乐!"

他的二年级老师写道:"泰迪是个优秀的学生,同学们都喜欢他,但他的母亲患了绝症,他在家中的生活一定很挣扎难过。"

三年级的老师说:"他母亲的过世给他打击很大。他很努力表现,但他的父亲不太关心。如果不采取措施,他的家庭生活很快就会影响他。"

四年级老师说:"泰迪开始退缩。对上学没有兴趣。他没有什么朋友。有时上课睡觉。"

至此,汤普生老师才明白了问题所在。她深感羞愧。使汤普生老师更感到难过的是,圣诞节时,她收到了其他学生用缎带和漂亮的包装纸包装起来的精美的圣诞礼物,而泰迪的却是用杂货店的牛皮纸笨拙地包扎起来的礼物。

汤普生老师忍着心里的痛,当着全班同学的面打开泰迪的礼物。那是一条假钻手链,上面还缺了几颗假宝石;另外是一瓶只剩下四分之一的香水。一些学生开始嘲笑泰迪的礼物,但是,汤普生老师不仅惊呼手链好漂亮,把它带了起来,而且还洒了一些香水在手腕上。

那一天放学后,泰迪留下来,对汤普生老师说:"老师,您今天嗅起来就像我妈妈一样!"等泰迪走后,汤普生老师整整哭了一个多小时。从那天起,汤普生老师不再教"书":她不教阅读、不教写作、不教算术,她开始教育孩童。

汤普生老师开始特别关注泰迪。泰迪似乎又活了过来。老师越鼓励泰迪,他就反应越快。到学年末,泰迪成了班上最聪明的孩子之一。虽然,汤普生老师说她会平等地爱每一个孩子,但泰迪却是她最喜欢的学生。

一年后,汤普生老师在门边发现一张纸条,是泰迪写来的。上面说,汤普生老师仍然是他一生中遇到的最好的老师!六年过去了,汤普生老师又收到一张泰迪写来的字条。他说他已经高中毕业,成绩是全班第三名,而汤普生老师仍然是他一生中遇到的最好的老师!

又过了四年,汤普生老师又收到一封泰迪的信,泰迪说有时候学校生活很艰难,但他仍然坚持下去,而不久的将来他将获得学校的最高荣誉学位毕业。他再一次告诉汤普生老师,她仍然是他这一生中遇到的最好的而且是他最喜爱的老师。

又再过了四年,又来了一封信。这一次泰迪告诉汤普生老师,在他大学毕业后,他决定继续攻读更高的学位。他在信中说,汤普生老师仍然是他这一生中遇到的最好的他最喜爱的老师。而这封信的签名多了几个字:泰迪·史道达,医学博士。

故事还没有结束呢。你瞧,这一年的春天,又来了一封信。泰迪说他遇到了生命中的女孩,将要结婚了。他解释说他的父亲几年前过世了。他希望汤普生老师可以参加他的婚礼,并且在婚礼上坐在属于新郎母亲的位置上。汤普生老师完成了泰迪的心愿。你知道吗?汤普生老师竟然带上了当年泰迪送的假钻手链,还洒上了那香水,泰迪记得那是他和他母亲共度最后一个圣诞节时,母亲用的香水。

在他们相互拥抱时,史道达博士悄悄地在汤普生老师耳边说:"汤普生老师,谢谢您相信我。谢谢您让我觉得自己很重要,让我相信我有能力去改变(Make a Difference)!"

汤普生老师热泪盈眶,轻轻地告诉泰迪:"泰迪,你错了!是你教导我,让我相信我有能力去改变。一直到我遇见你,我才知道怎么教书!"

[自检] 在我们受教育的经历中,谁是汤普生一样的好老师?

培养自信

教育的最终目的不是传授已有的东西,而是要把人的创造力量诱导出来,将生命感、价值感唤醒。父母和教师不要总是叮咛、检查、监督和审查孩子。孩子们一旦得到更多的信任和期待,内在动力就会被激发,会更聪明、能干、有悟性。例如,对父母而言,父母唯一应为孩子做的就是找到孩子的热情所在,并鼓励孩子全力以赴地去追求,并发挥得淋漓尽致。找出热情所在是一个辛苦又玄奥的过程,需要很大的自由空间,父母若施加压力只会适得其反。父母只要告诉孩子做选择时不要考量地位或收入,要问心中的真诚和共鸣。

当孩子面临困难时,同情的理解比起意见、赞扬或者现在的、即时的解决办法更容易鼓励孩子。而父母或老师否定性反应,很容易扭曲孩子的自我形象。当不好的事情发生时,当时并不是教训肇事者人品的合适时机,应该先处理事情,而不是人。

美国基础教育的口号是:"不让一个孩子掉队"。在美国,很多体育馆是开放的,中学里的社团很多,组织开展各种各样的活动;即使考不上最好的大学,也有很多不错的大学可上;中学生毕业不一定当年考大学,中间可以休学、休息或者旅游,以后再考;而且大学录取不仅看全国统考成绩,平时成绩也很看重,每学期的功课及平时的各方面表现都会被考虑,甚至包括出勤率也很重要,如果无故缺课12.5天,可能就不能中学毕业。

专栏 11.2　　　　　美国人的自信从哪里来?[27]

美国的孩子不管学习好坏、高矮胖瘦,个个都是趾高气扬、神气活现的,谁都觉得自己不含糊,是个人物。原来,他们从小就被老师、家长和周围的人,以多多鼓励的方式培养出了自信心。

学年开始,学区给每个申请在学校里当义工的家长发一本小册子,里面详细列举了从申请义工到上岗的步骤及注意事项。每个申请做义工的家长都必须出示"无犯罪记录"及"无虐待儿童记录"证明。学校在小册子里提供了表格,家长自己填好表格,附上支票(每个证明的费用是10美元),寄到州警察局去。拿到这两份证明后,才能成为义工。

在这本小册子里,有一项内容是义工和学生相处时要注意的事项,虽然只有寥寥数语,却能从中看出学校对学生的基本态度——尊敬和鼓励:

- 学生的名字非常重要,要尽最大努力记住你要面对的学生们的名字。
- 也一定要让学生们知道你的名字。在初次见面时,就要很清楚地让他们知道该怎么称呼你(可以向老师咨询班上来新人时的介绍程序)。
- 通过向学生问问题来表现你对他们正在进行的活动感兴趣,然后聆听。
- 不断指出学生们在学习、遵守纪律和文体活动等各方面的点滴进步,以此来帮助他们建立信心。即使在帮助学生改正作业中的错误或是提醒他注意纪律时,也要从他做得好的地方开始谈。
- 只和老师谈论学生们的问题或者进步(绝对不能当着学生的面议论)。
- 如果要给学生留纸条,上面写的一定是鼓励和友好的话。
- 要记住,学生会模仿周围"大人"的言行,不管这个"大人"是老师还是义工。
- 常识和冷静的头脑在任何情况下都是最实用的。

斯坦福大学心理学家津巴多曾经做过一个著名的"斯坦福监狱实验"。24名学生随机抽签,一半当"狱卒",一半当"犯人"。结果,在一周的角色扮演过程中,演狱卒的学生越来越残暴,演犯人的学生则越来越卑怯。短短一星期,哪怕是一个实验的环境,角色感就可以改造人性。

美式教育实行的是鼓励教育。中式教育总是一再强调孔融4岁让梨、司马光8岁砸缸、甘罗12岁为相,而美国人则爱说爱因斯坦几岁算术还考不及格,牛顿几岁如何如何不行,你才几岁?你一定会行的!可见,美式教育是既往不咎的鼓励式,强调从零开始,重在抓住未来;中式教育则是鞭策式,强调高标准严要求,重在抓住今天。中国教育侧重危机感;美国教育侧重宽松式。美国教育重在"只要你努力就成";中国教育则是尖子式,要求出人头地,跑在第一(见表11.4)。中国教育是补短,美国教育是拉长。中国教育者习惯看到你的不足,喜欢帮你把"短处"补上;而美国教育者习惯发现学生的长处,积极鼓励你把"长处"发挥到极点。

表 11.4 教育模式的比较

美式教育	中式教育
你比别人强	你比别人差
抓住未来	重在今天
鼓励式	鞭策式
宽松	危机
自立为王	群体为王

[提示] 从小学榜样,长大没想象!

诚信人格

强调道德中的理智作用是西方教育的传统。不仅如此,它还强调道德不只是个人的品格修炼,而且是一种必须在公共生活中显示出来的、与社会和政治环境密切相关的人的"品格"。

亚里士多德在《尼各马科伦理学》中强调,道德是思考的结果,只有运用理智,人才能达到高境界的美德。但是,人不能单靠理智完成这样的提升,道德思考必须在适宜的社会环境中才有可能,而没有一个好的政府和它订立好的法律,便不可能形成这样的社会环境。因此,亚里士多德的《伦理学》和《政治学》是衔接的。

诚信制度

爱因斯坦认为,仅仅"用专业知识教育人是不够的。通过专业教育,他可以成为一种有用的机器,但不能成为一个和谐发展的人。要使学生对价值有所理解并且产生热烈的感情,……他必须获得对美和道德上善有鲜明的辨别力。否则,他——连同他的专业知识——就更像一只受过很好训练的狗"一样。

在美国大学里你一定不能作弊。多数的美国大学设有荣誉行为守则(Honor Codes),学生在入学时要和学校签下遵从这个守则的契约,即在"在作业、报告和考试等中不给予别人帮助,也不接受任何未经允许的帮助",考试时,老师经常不监考。但在学期间,学生若被发现有违反荣誉守则的行为,会依照其中的规则进行惩罚,轻则留校察看,重则开除,弄不好还会惹官司。

在美国,所有中小学是不能把学生开除学籍的,但大学是可以开除学籍的。在大学里,只要有确凿的证据证明你撒了三次谎,肯定就被开除,没有任何商量余地,即便是总统帮你出面,也解决不了问题,可见诚实在美国教育中的重要性。

1764年的一天深夜,一场大火烧毁了哈佛的图书馆,很多珍贵的古书绝籍毁于一旦,让人痛心疾首。第二天,这场重大事故被学校上下得知,有名学生尤其面色凝重。突发的火灾把这名普通学生推到了一个特殊的位置,逼迫他作出选择。在这之前,他违反图书馆规则,悄悄把哈佛牧师捐赠的一本书带出馆外,准备优哉游哉地阅读完后再归还。突然之间,这本书就成为哈佛捐赠的250本书中的唯一珍本。怎么办?是神鬼不知地据为己有,还是光明坦荡地承认错误?一番激烈的思想斗争后,惴惴不安的学生终于敲开了校长办公室的房间,说明理由后,郑重地将书还给学校。霍里厄克校长接下来的举动更令人吃惊,收下书表示感谢,对学生的勇气和诚实予以褒奖,然后又把他开除出校。哈佛的理念是:让校规看守哈佛,比用其他东西看守哈佛更安全有效。

日本大学生在考试时基本无人作弊,其中也许有"素质"的因素,但更多的是制度使然。因为在日本的大学里,有些考试方式用不着作弊,而有些考试,学生不敢作弊,因为作弊的代价非常惨重。日本的大学生考试,可以带词典、书本、计算器,凡是学生认为用得着的都可以带进考场。在考试过程中,随时可以翻书查找公式。可是,考试题都出得很灵活,翻书肯定是找不着答案的。所以,词典、书本、笔记本对应付考试基本没有什么作用。老师发了试卷以后就离开考场休息去了,根本不进行监考。一个小时以后,老师回来,也不收试卷,而是把标准答案写到黑板上,让学生对照标准答案自己给自己打分。同学们自报分数的时候,表情都很自然,有的报"80分"、"30分"、"60分"、"50分",最少的才10多分。为什么没有人趁机给自己多报些分数呢?原因有以下两个:第一,决定学生学业成绩的,不是某一次、两次考试,而是要视综合出勤和对知识的掌握、灵活运用情况而定。第二,这可能是至关重要的。假如有学生不是如实地报告对自己的真实评分,将被视为不诚实,而一旦被视为不诚实,该门功课的成绩肯定就是不及格了,这比打分低一点要严重得多。而且,不诚实的学生今后走上社会的一切活动都会受影响。学生不敢冒这种险。由此可见日本社会对诚信的看重。他们有严格的制度和信用体系来规范人们的行为,以保证社会成员诚实守信。

在中国,我们是先假定一个人是不诚实的,只有通过交往发现这个人是可靠的,才开始相信他。在西方,人家是先假定一个人是诚实的,只有通过交往发现这个人经常撒谎,才开始不相信他。中国人为什么这么爱撒谎呢?一项心理学的对比研究可以部分地回答这个问题。这项研究分别在中国和美国调查人们心目中最具智慧的人和事,结果发现中国人心目中最有智慧的人是诸葛亮,最具智慧的事是空城计和草船借箭;而美国人心目中最具智慧的人是爱因斯坦、牛顿、亚里士多德等科学家和思想家,最具智慧的事是科学家的发明创造。

尽管道德层面上中国人谴责谎言,但在内心深处,中国人并不把撒谎当回事。因此,对敌人撒谎这一特殊的谎言一旦摆脱了道德束缚,就装上了"智慧"的翅膀。于是,谎言要掩盖的真相就堂而皇之地变成了机密,接下来的任务是比谁撒谎的本领更高,谁的谎言更难以被识破。

诚信教育

在西方社会,很少产生供人膜拜的道德模范。孩子也无须整天向先进模范学习看齐。这究竟是为什么呢?原来,在一个基督文化的社会里(尤其是马丁·路德宗教改革后),没人相信有人能成为道德模范。人人都是有原罪的俗人,随时都可能跌倒犯罪,谁敢以模范自居。没有模范的西方并非不讲道德。在基督社会里,道德准则来自《圣经》,来自天上的神,更真更美,更具永恒价值,非人造模范可比。那些有德行的圣徒,并不屑于人间的表彰。他们所作的一切,神都一目了然,日后在天国自有奖赏,何须向公众宣讲,或在日记中详细记叙——道德在心中!

社会的进步是所有人的事,但首先是成人的榜样作用。他们的观念和言行都会对孩子产生极大的影响,并传递着是与非的判断标准。美国学校的德育教育叫做 Character Education,翻成中文就是品格教育。虽然大多数美国学校没有专门设置品格课,但学校里设有学生辅导员(Counselors),专门为学生作引导工作,包括品格上的引导。学生正确价值观、正直品格的建立,还通过社会学习、文学学习,通过社会活动学分,通过老师的日常言传身教等来引导培养。美国学生品格教育的另一个重要来源是家庭,很多美国父母非常重视从小培养孩子正直的品格,引导孩子树立正确的价值观,并且用自己的言行为孩子做榜样。例如,奥巴马的母亲教育幼年奥巴马说:"要成长为人,你一定要有价值观(If you want to grow into a human being, you are going to need some values)"。她给奥巴马立了四个做人原则:诚实(Honesty)、公平待人(Fairness)、说话要直接(Straight talk)以及要有自己独立的判断能力(Independent judgment)。

专栏 11.3　　　　　　　英 国 的 德 育

在英国中小学,道德教育被称作"个人的社会健康教育",其目的是让孩子懂得如何处理人与人、人与环境的关系,懂得做人的基本道理,懂得如何融入社会,成为社会的一分子。其核心道德观念主要有四点:尊重生命、公平、诚实、守信。

英国人还普遍重视让孩子领会这样几个社会常识:其一,学会照顾自己,同时不要妨碍他人;其二,如果你靠欺骗方式获胜,实际上你已经输了;其三,你不会每次都赢,总有输的时候,重要的是享受整个过程。

怎么让孩子理解这些道理呢?英国中小学并不要求孩子死记硬背道德准则,而是创造各种机会,使孩子们能够从心灵深处,从日常学习、游戏和生活中去领悟。

多数英国学校每周都组织班级讨论,选取一些学校或者社会上发生的事情,让孩子们发表看法,共同讨论,自己去领悟和判断对错是非。集体游戏也是一种重要方式,它让孩子懂得照顾与体谅别人,懂得如何与同伴合作。不少小学还鼓励孩子饲养和照顾小动物,绝大多数学校都会组织学生到养老院陪老人聊天,为慈善组织募捐以及参加其他公益或环保活动,培养孩子的爱心和社会交往能力。

很多英国人认为,"道德是被感染的,不是被教导的"。同时,还有不少人坚信,法律能够改变和塑造人的品德。以诚信为例,一个英国人在接受记者采访时说,他并不需要去考虑别人是否诚实,因为法律制度摆在那儿,不诚实的后果摆在那儿。成熟明晰的法律制度执行久了,人们自然会放弃占小便宜,知道占小便宜会吃大亏。

例如,英国大学生申请助学贷款非常容易,但很多学生甚至一毕业就到国外工作,为什么英国银行不担心他们欠债不还?答案很简单:每个英国人一生下来就会得到一个社会保险号码,申请助学贷款、工作收入、纳税、领退休金等全都得靠这个"信用号"。换言之,这个号码等于个人的社会信用档案密码,将伴随一生。欠债不还,就等于放弃与自己的信用联系在一起的一系列切身利益。

诚信习俗

美国是一个道德习俗很强的社会,大多数儿童都有从小养成较好习惯的环境条件。社会学家凯克斯(John Kekes)指出,每个社会的道德习俗都是非常具体的,体现在人们日常生活的普遍行为中。他列举了一些当代美国社会中的道德习俗:"父母对子女负有责任,答应了的事情做不到,就要道歉;政治家以公共身份说话时不得撒谎,做错了事也要道歉;胜者对负者不要得意洋洋;不要吹嘘自己的才能;游手好闲地生活是不对的;凭良心是对的;不应虐待动物;父亲不应与子女发生性行为;不应以暴力解决分歧;一个人的意见再不受欢迎,也应当让他发表;诬蔑竞争对手是不对的;借东西先得征求别人同意;不应嘲笑有残疾者;善意的谎言是允许的;不应公开对敌人幸灾乐祸;故意残害是错的;对朋友应该忠诚;应保护别人的隐私;勇气、诚实和公平是好的,相反,则不好"。

专栏 11.4　　　　　　　　美国大学的"荣誉规则"

美国大学都有"荣誉规则"(Honor Code),一般学生都会遵守。美国学校用"荣誉规则",而不是"学生规则"、"纪律"或"惩罚条例"这一类的说法,诉诸的是学生的荣誉心,而不是害怕被惩罚。有的荣誉规则甚至是学生自己订立的,而不是学校行政人员给他们规定的。例如,斯坦福大学的"荣誉规则"就是学生们在 1921 年订立的,沿用至今,一共有三条。

第一,荣誉规则是学生个人和集体的承诺:在考试时,不帮助别人,也不接受别人帮助;完成教师打分的作业时,不接受不允许的帮助。自己遵守规则,并积极参与保证别人也遵守规则。

第二,教师也必须信任学生的荣誉心,做到考试时不监考,也不采取特别的、不合理的预防作弊措施,还要避免使学生产生作弊动机的教学方法。

第三,教师有权利和义务设定学业要求,但必须由师生共同创造能保证学业荣誉的条件。

大学里的这种荣誉观是美国社会荣誉观的一部分。在 1755 年的第一部英语字典中,就有关于荣誉的解释,至少有两个意思仍然与今天的荣誉观有关:第一是指"灵魂高贵、高尚,不屑于做龌龊的事情";第二是指"名誉",做与身份相配之事。大学里的荣誉观既关系到个人的品品、道德,也关系到学生与身分相配的分内责任:真正获得进学校所追求的知识。

一个人越受信任、越受尊重,就越会有荣誉心。反之,严苛的法律造就的不是纯洁的善民,而是并不纯洁的刁民。

本章概要

对企业家的成长及其事业发展来说,一个基础广泛的教育(Broad-Based Education)是必需的。本章从创新能力、人文精神、社会服务等角度分析了企业家精神与教育方法的关联。

企业家精神的一个核心理念就是要创新,要敢于尝试,要理性地冒险。而中国的教育恰恰是束缚了这种精神的培养和塑造,他们一直不断地强调要遵守社会交往礼节,要遵守个人道德的约束,要遵守社会权威机构的指令,结果是形成了一批具有绝对顺从性、缺少创新精神的"人才"。实践表明,可能这样的人做事情效率也比较高,也会取得很高的分数,但一个最大的问题是他们的眼光不够或者不会开阔,不会从更大、更高的地方去看待问题,更不用说去尝试、去冒险,去做以前没有做过的或者别人没有做过的事情了;他们需要遵守,需要顺从,需要在既定的框架和规则下做事情,如果不是这样,他们就会被视为异类,会被嘲笑。

思考练习

1. 如何理解学历水平与企业家创业缺乏相关性的事实?什么样的教育能够培养企业家精神?
2. "教育即自由"是现代教育的重要理念。对此理念,你是如何深入理解的?
3. 落后地区或落后国家之所以落后的原因首先在于其落后的教育。(1)中国落后地区与相对发达的地区在教育上存在着什么样的差异?(2)教育打败中国。对此命题你是如何理解的?
4. 中国社会最提倡教育的道德性,结果却恰恰造成社会道德性的大面积缺失。为什么?
5. 中国新近的创业者,尤其是高新技术行业的创业者,大多数是海归派,原因何在?
6. 母亲给予孩子成长最好的礼物永远是"鼓励"与"爱"。你如何理解这个命题?请结合实例进行说明。
7. 中国的教育模式和西方教育模式对企业家精神和领导力产生了什么不同的影响?
8. "小成靠技,大成靠智",中国的教育似乎这两个层面都缺乏。您对此如何理解?原因是什么?又应该怎么变革?
9. 对企业家而言,我们都希望德才能够兼备,然而人都是有缺点的,在某些特殊的情况下,如果只有两个人选,一个是有德无才,一个是有才无德,两者不能兼备,你们将如何抉择?
10. 感恩心态具有什么意义?

延伸阅读

《学会生存——教育世界的今天和明天》(联合国教科文组织国际教育发展委员会.北京:教育科学出版社,1996):学校的最大问题在于它的封闭性:管理权是封闭的,由教育行政部门垄断;教材的编写长期以来是垄断和封闭的;教师也是封闭的,从事其他工作的人很难有机会进入教育系统;学校与外界之间是相对封闭的,学校很少请各界人士,如科学家、学者、企业家、新闻记者和作家等到学校来作讲座或者兼课;教育的场所是封闭的,老师和学生很少走出学校去打开眼界、去学习实践、去了解社会的需要;评判标准是封闭的,无论是对教师的评判还是对学生的评判,因此,在现有教育体制内部被认为是优秀的教师、优秀的学生、有价值的知识放在更大的社会背景下就未必是有意义的和合理的。

《劝学篇》([日]福泽谕吉.群力译.北京:商务印书馆,2001):本书分别论述了学问的主旨、学者的本分、国民的职责、平等权利、文明开化、品德修养以及个人的自主和国家的独立等问题,集中反映了对封建意识形态的批判、强调科学精神、提倡实学、主张发展资本主义和维护国家独立的思想观点。

《教育漫话》([英]约翰·洛克.徐大建译.上海：上海人民出版社,2011)：究竟什么是素质教育？究竟如何才能培养出高素质的人才？本书说明如何使用三种不同的方式进行教育：发展健康的身体；形成善良的德行；选择一种适当的学术课程。

《傅雷家书》(傅雷.北京：生活·读书·新知三联书店,1998)：本书是一本"充满着父爱的苦心孤诣、呕心沥血的教子篇"；也是"最好的艺术学徒修养读物"；更是既平凡又典型的"不聪明"的近代中国知识分子的深刻写照。

《智能的结构》([美]霍华德·加德纳.沈致隆译.北京：中国人民大学出版社,2008)：本书首次提出了"智能"的概念，并确认符合"智能"的八个判据，详细逐一地描述了七种智能：语言智能、逻辑—数学智能、音乐智能、空间智能、身体—动觉智能、人际智能、自我认知智能，开创了"多元智能理论"。

《民主主义与教育》([美]约翰·杜威.王承绪译.北京：人民教育出版社,2005)：西方哲学几乎全部来自欧洲，只有实用主义哲学是美国土生土长的。实用主义哲学是一个十分灵活、密切联系实际的哲学，它的精神完全反映在教育学当中。

《举全村之力》([美]希拉里·罗德姆·克林顿.曾桂娥译.上海：上海三联书店,2009)：本书是"一本关于关爱的教科书……充满了值得一读再读的真理"，构建了关于如何使一个孩子健康成长的"一篮子"问题库，动员大家的力量来使社会成为一个地球村，以此来帮助所有的孩子健康、快乐、活泼地成长。

《帕夫雷什中学》([苏]B.A.苏霍姆林斯基.赵玮等译.北京：教育科学出版社,1983)：本书总结了帕夫雷什中学多年的教学教育工作经验。作者在阐述全体教师在培养全面发展的人上所作的努力时，想尽力从各个方面来展示这种劳动，不仅说明所采用的种种方法，而且也提示了它们内在的相互联系。

《爱的教育》([意]亚米契斯.夏丏尊译.北京：人民文学出版社,2007)：本书阐明一个道理：教育不仅仅是知识的传授，更重要的是对孩子进行情感与心灵的熏陶，培养孩子的一颗爱心。

《美式校园：素质教育在美国》(黄全愈.北京：中国人民大学出版社,2010)：如果说中国的教育不行，为什么中国留学生的孩子在美国成绩那么好？如果说中国的教育很棒，为什么中国的科技落后？如果说美国的教育好，为什么长年在美国读书的孩子回国后无法跟班？如果说美国的教育不行，为什么人口只占世界5%的美国，却获得了60%—70%的诺贝尔奖？

参考文献

[1] 雷昕,尹丹霞,钱洋洋.大多数高考状元已湮没无闻[N].三湘都市报,2012-07-12(A03).

[2] [美]奥巴马.2011年国情咨文[EB/OL].21世纪网,[2011-01-26].

[3] [美]黄全愈.动一动中国基础教育的基础——兼与杨振宁教授商榷[N].南方周末,2006-4-27(B15).

[4] 林达.用灵魂的力量抵御暴力[EB/OL].博客中国,[2008-11-10].

[5] 易中天.望子成人,而非望子成龙[N].南方周末,2012-01-12(24).

[6] 孙武臣.中国孩子创造力世界倒数第五[J].教师博览,2009,(11):9.

[7] 李开复.下一个苹果不会出现在中国[EB/OL].财经网,[2011-09-16].

[8] 熊丙奇.哈佛大学图书馆[J].读者,2011,

(18): 21.

[9] 高钢. 我所看到的美国小学教育[J]. 经济管理文摘, 2005, (1): 20-21.

[10] James J. Heckman, Pedro Carneiro. Human Capital Policy [R]. Cambridge: National Bureau of Economic Research, 2003.

[11] 陈思进. 比尔·盖茨何以成为盖茨?[EB/OL]. BWCHINESE中文网, [2012-05-11].

[12] 刘传德. 外国教育家评传精选[M]. 北京: 北京师范大学出版社, 1993.

[13] [美]阿尔伯特·爱因斯坦. 我的世界观[M]//赵中立, 许良英. 纪念爱因斯坦译文集. 上海: 上海科学技术出版社, 1979.

[14] 流沙. 爱自己[J]. 意林, 2006, (20).

[15] [美]安玛丽·斯劳特. 这才是美国: 如何在一个危险的世界中坚守我们的价值[M]. 马占斌等译. 北京: 新星出版社, 2009.

[16] 何蕴琪, 秦俟全, 辛省志. 美国的"高考"作文题[N]. 南方周末, 2011-06-16(F32).

[17] 董健. 重振启蒙精神, 招回大学之魂——亲历三十年高等教育改革[EB/OL]. 猫眼看人, [2008-12-31].

[18] 姚国华. 一个民族需要关注天空的人[J]. 杂文月刊, 2008, (2): 29-31.

[19] 高剑平. 阎云翔: 一种体制外的犀利[N]. 东方早报, 2007-07-20(C6).

[20] 龙应台. 大学, 如果没有人文[N]. 文学报, 2008-09-11(4).

[21] 智效民. 民国大学校长的自信与智慧[N]. 南方都市报, 2010-08-22(TM05).

[22] 赤道之雪. 学会生存还是学会做人?[EB/OL]. 猫眼看人, [2009-03-07].

[23] 邱文晓. 新一代美国名商调查[J]. 商界, 2006, (4): 76-77.

[24] 乔磊. 六成"高考状元"为何被哈佛拒收[J]. 成才之路, 2010, (18): 8-9.

[25] 程介明. 世界前沿大学可以做什么[N]. 青年参考, 2006-06-06.

[26] 桑晨. 一生中最好的老师[J]. 课堂内外(高中版), 2006, (11): 50-51.

[27] 蔡真妮. 美国人的自信从哪里来[N]. 青年参考, 2008-03-11.

[28] 王欣. 中国妈妈悍母教育遭美热议[EB/OL]. 环球网, [2011-01-10].

第12章 市场机制

> 伟大的社会是商人对自己的功能评价极高的社会。
> ——[英]怀特海[①]

学习目标
- 理解商务独立的内涵与要求；
- 把握社会伦理的分析指向；
- 透析宪政制度的理论与实践。

企业家精神本身起源于市场。历史研究发现，企业家精神市场机制演变的轨迹经常决定一个国家兴衰的道路。

经济或体制基础会制约企业家精神的供给。例如，在自然经济下不可能产生企业家。自然经济的基本特征是自给自足，是对使用价值的追求，而不是对价值的追求。仅有的、偶然的剩余交换，使生产的规模和各种生产要素的技术含量长期处于停滞状态。计划经济下也不会产生企业家。计划经济是靠层级制管理的职位经济，企业领导人也只是一级干部，且可以与政府的干部互换。他们的行为方式是墨守成规和依指令行事，追求的是完成任务和职务升迁而不是盈利，加之计划经济是一种短缺经济，基本上没有创新的压力。即使在计划经济下工业相当发达的上海，虽然制造业很发达，但由于是成熟的技术、成熟的工业、批量的生产，只要按部就班地完成任务就行了。企业家只能在市场经济下产生。原因在于这是一个企业以追求更多的利润为己任的时代，为了追求更多的利润而激烈竞争，以及市场瞬息之间就使一切变得过剩的态势，使从事企业经营的人们不得不迅速创新。加之市场经济社会对企业家职业的推崇，所有这一切，无异是催生企业家的温床，经验也可以证明上述的判断。市场经济越是成熟，越是能够产生成熟的、理性的、热情而冷静的大企业家。

改革开放迄今，中国经济起飞的一个重要政策是开放，引进外资、技术、管理经验，打通国内外市场。另一项重要政策是政府主导的大规模基础建设投资，如大规模城建、高速公路、高铁，组建大型国营企业等。这两项经济政策的核心都是投资，说白了是拿钱砸项目，是输血经济，将别人的血输入自己体内。输血经济壮大了中国，补充了中国的经济元气，当然，中国人也为此付出了代价。除输血经济之外，还存在造血经济。造血经济的特征是高生产效率，高投资

[①] 阿弗烈·诺夫·怀海德（Alfred North Whitehead，1861-1947），英国数学家、哲学家。

回报,开发新市场、新技术、新产品、新经营模式。这样,经济系统凭借自己内部的自循环,不断壮大发展,可以不依外力而自我成长。目前,摆在中国面前的课题是,如何从以输血为主的经济发展到以造血为主的经济。一个现成答案似乎是:促进创业导向的市场经济。

商务独立

企业家生存与成长的基础和前提是商业领域和企业活动的独立存在和发展,而且主要是摆脱政治的参与和政府的干预。这实际上是分工和交易的要求,是最有利和最有效的安排。

私有产权

洛克(John Locke)指出:"财产不可公有、权力不可私有,否则,人类必将进入灾难之门!"市场经济(市场机制),是以私有产权为基石的[1:303]。

产权(Property Right)与政权(Political Power)是社会经济体系的两大基本权力制度,其相互关系的制度重构属于制度变迁的核心内容[2]。

产权独立

产权与政权首先必须相互并列。社会权力分列是社会经济主体对各种社会资源进行控制的基础。我们不可能设想一个权力不分列的社会:权力不分列的社会是一个无法控制、无规则的社会,是根本不可能存在下去的。在社会各种权力的分列中,产权与政权的分列属于核心内容。

产权要独立,产权与政权主体必须分离。一方面,产权的主体是个人。哈耶克[3:101]说:"只是由于生产资料掌握在许多独立行动的人的手里,才没有人控制我们的全权,我们才能够以个人的身份来决定我们要做的事情。如果所有的生产资料都落到一个人手里,不管它在名义上是属于整个'社会'的,还是属于独裁者的,谁行使这个管理权,谁就可以全权控制我们。"现代产权制度的基础是自然人产权,以个人主体为原则。个人主体原则既反对所有现存的特权,也不承认政府有权限制有才华的或幸运的人所可能获得的成就与财富。在个人主体原则下,适应商品经济发展的现代产权制度主体地位的确立和现代产权制度观念的形成是一场深刻的社会革命,其基本特征是普通公民在经济和政治领域,不论是子男侯伯、公子王孙,还是朱姓大家、清朝八旗,一样享有完全的平等权利。在现代产权制度观念的表层,表现为经济平等和政治平等的现实要求;在其深层,则映射出张扬人的主体性和人格平等原则的抽象愿望。另一方面,政权的主体是政府。社会的公共事务必须要有权威方面出面管理,这就会出现作为政权拥有者的政府阶层。在某种程度上,市场经济中的政府是自愿合作的一种形式,是人们挑选来实现某些公共目标的组织方法,因为人们相信,通过政府是实现这些公共目标的最有效的方法。在计划经济体制下,政府类同上帝的角色,于社会生活的方方面面无所不及;在市场机制条件下,现代政府经济职责的基本特色是积极不干预和积极干预。前者体现在积极不干涉企业、市场和个人本身,后者体现在积极干涉企业与企业、企业与市场和个人与个人之间的关系[4]。

产权主体与政权主体的市场地位与力量平等。从本质上讲,市场规则的存在不仅意味着产权主体与政权主体本质上是两个平等、独立的民事主体,而且意味着产权主体与政权主体是两个独立的经济利益主体,对产权主体外来的影响、干涉与负担实际上意味着产权主体作为独立的民事主体与利益主体受到了侵犯。为此,产权主体与政权主体的相互关系应该建立在相互契约的原则基础上,其严重侵犯的情况理应受到法律的追究。

计划经济是由政权主体主导的经济,市场经济则是由产权主体主导的经济。现代市场经济的基本特征是"小政府、大社会",实质就是政权主体无论是在数量上还是在其耗费的代价(即政府成本)上,都应尽可能地减少与降低;相应地,产权主体无论是在数量上还是其在社会经济生活的主导性影响上,都应不断扩大与提高。从计划经济向市场经济的转型过程,本质上就是经济主体从政权主体向产权主体转换的过程。产权主体的兴起,将构成一个社会有力的中产阶级。这种中产阶级的存在,无论对社会的稳定还是对国民经济的长期健康发展,都具有决定性的重要影响。

产权保护

产权与政权必须相互保护。谁来保护产权？谁来保护政权？换句话说,除了产权和政权本身,有没有理性的第三者来保护它们？答案是:产权与政权作为社会的两大基本权力制度,需要相互保护,也只有相互之间才能提供切实的保护。

其一,政权保护是产权有效性的基本前提。不论是公共的财产还是私人的财产,财产本身都是由政府创造的一种权威形式,产权的权威本质上来源于政府的授予,并且得到其他人或组织的认可:只有当最高政治权力机构(如国家)认可并强制实施某人的独占权时,才能产生真正法律意义上的产权。因此,人们虽然能够在各种情况下通过狡诈或暴力获得和占有他所垂涎的东西,即获得了占有权,这种占有权也可能通过计谋或暴力在长时间内得到保护,但他并没有得到真正法律意义上的产权。在产权依赖于最高行政权力保护的条件下,当最高行政权力衰弱乃至崩溃时,例如,社会变革促成旧政权的垮台时,经常会造成财产的强盗行径和不法行为,"在法律不稳定的国家或时代,财富被埋藏起来[5:19]"。

在产权需要政权保护的具体内涵方面,首先是要建立相应的社会制度,这包括保护人权、保护私有财产和保护契约制度;其次是保护币制,即货币制度。列宁有一句名言:"摧毁一个社会最有力的办法是摧毁其货币。"按照弗里德曼[6:322]的说法,通货膨胀是未经适当补偿而把私有财产收为公有财产——"凡是其货币收入刚好赶上通货膨胀的步伐然而被推升到较高纳税等级的人,可以说未经正当手续而被剥夺了财产。"因此,货币制度的稳定性是产权制度稳定性的重要基础。

其二,稳固的产权基础也是政权稳定的社会基础。产权经济学家坚信,一个人只有成为特定产权的所有者,才能成为相应政权的拥有者;一个社会只有建立稳固的产权基础,才能具有稳固的政权基础。西方政治家和学者认为,人们赞助所有权,因为所有权是社会上一种安定的力量。美国参议员麦克律德(George Mccutchew McBride)[7]曾这样力言土地所有权对社会安定的影响:"土地占有者在本质上即是法律与秩序的保守者。他们的利益全在已建立的制度上。他的田宅、他的谷物、他的家畜,在每一次叛乱爆发时,都将遭到掠夺。他很少发动革命,并可认为是革命的反对者。为着财产的安全,他需要和平。至于没有财产的个人,相反地,对政治的纷乱或推翻现在制度很少关切,他在个人方面,没有任何物件可以损失。在一个完全新的方法下,他或许可以获得一点什么。"就此,美国参议员托马斯·哈特·本顿也有这样一段演讲:"租赁制对自由不利,租佃制是支离社会秩序、泯灭国家之爱、削弱独立精神的温床。事实上,佃农没有故乡,没有家庭祭祀,没有门神可供奉。"[8:273]

美国是一个非常强调保护个人隐私、私人财产和私人领地的国家。《权利法案》的第三条(即美国《宪法第三修正案》)规定"任何士兵,在和平时期,未得屋主的许可,不得居住民房;在战争时期,除非照法律规定行事也一概不得自行占住"。《第四修正案》规定:"人人具有保障人身、住所、文件及财物的安全,不受无理的搜查和扣押的权利;此项权利不得侵犯;除非有合理的理由,加上宣誓和誓愿保证,并具体指明必须搜索的地点、必须拘捕的人和必须扣押的物品,否则,一概不得颁发搜捕状"。这两条都是和上述的个人权利有关的。问题是,美国人对这样的《宪法》条文的执行是着着实实"令行禁止"的,他们对私人财产的保护是绝对的。在其他国家,私有住宅受到侵犯,你可以去法院控告,在美国,私人领地受到侵犯,你有权开枪。

美国的房子不仅是永久产权,而且房子上面的天空,房子下面800米以内的地也是属于房主的。只有高于一定的高度之后,天空才是国家的,如果在地下800米以内发现了石油或者其他矿产,这些资源都归房主所有。

其三,政权保护产权是历史发展的结果。政府的职能是确立和保护产权,但是,谁也不能担保政府一定会认识到,保护那种能激发起效率的所有权并扼杀那种阻碍全面增长的财产所有权正是他们的利益所在。在专制统治的历史条件下,如果封建国王从售卖专属权利中获得的短期利益超过重新组织经济结构所可望获得的长期利益的话,即使这种专属权利可能会阻碍创新、生产要素流动并因此而限制增长,他还会从事售卖。在封建社会解体后,欧洲不同民族国家的产权结构发展在很大程度上取决于国家的财政状况和财政政策。而在现代市场机制的条件下,确立和保护产权成为政府的基本职能之一。在现代社会里,产权的排他性为什么需要靠政府的保护来实现呢?换句话说,在排他权是靠占有者的武力而不是靠法律制度来履行的情况下,资源会得到有效使用吗?产权经济学的答案是:由社会拥有一个大规模的武装而不是由许多小规模的私人武装来防御对资源的侵占将会实现规模经济。恩格斯[9:111]在《家庭、私有制和国家的起源》一书中指出:"的确,一切所谓政治革命,从头一个起,到末一个止,都是为了保护一种财产而实行的,都是通过没收(或者也叫盗窃)另一种财产而进行的。"大多数经济学家赞同,在二百多年的时间内,美国从一个殖民地发展成为世界经济的帝国,先进的产权制度与政权制度是其两根支柱。其产权制度与政权制度的基本特点是:具有高度的相互支持性、历史稳定性和发展性。一部两百多年前制定的宪法,高瞻远瞩地从根本上规定了美国产权制度与政权制度的基本原则,即相互兼容、保护的大方向,并使后代人能够根据发展了的情况不断进行修正[10]。

以重新分配和界定产权为内容的有效的产权制度改革是保持政权稳定的基本条件。在东欧和俄罗斯,通过国有财产平均分配、证券私有化、货币私有化等手段,经济生活已相对独立于政治生活运作。在中国,既有产权制度改革的方向与策略不是以建立自然人产权主体为导向的,而是以国家控股下的法人股份化为主要方向。这种法人股份化为主体的产权制度改革以企业重组和职工下岗为主要措施,很容易导致城市工人大范围失业和贫困,尤其是企业职工对原有虚置性的国有财产产权的进一步失落,从而加剧了社会矛盾,甚至引起社会动荡。同时,由于自然人产权制度界定的不到位,财产化投资渠道狭窄,导致社会存在大规模的游资。大规模社会游资的流动必然会冲击正常的生产流通秩序,甚至引发金融风险①。

一个不尊重私有产权的社会,不会有良好的道德水准。对财产权的任意侵害,必然滋生不劳而获的道德文化。当政府官员可以肆意妄为地侵害百姓利益时,不要指望老百姓会见义勇为。

产权制衡

产权与政权必须相互制衡。在现代社会,产权与政权作为社会的两大基本权力制度,本身都不是一种绝对的、无约束的权力。谁来对它们进行制衡呢?从现代政治制度来讲,存在政权内部的权力与权力之间的相互制衡;从现代产权制度来讲,其市场运作与市场竞争本身就是一种相互制衡。但除此之外,产权与政权之间的相互制衡更具有普遍性和重要意义——产权与政权之间不仅存在相互保护,也存在相互制衡,这是一种权力之间的辩证关系及其在制度上的理性构造。

其一,政权主体通过对产权的部分分享来制衡产权。现代财产权力都是一种相对的权力,而不是一种绝对的权力。当一物客观地、合法地为某人占用时,为满足其个人的使用而排斥了所有其他人的权利,这种权利是绝对的;传统社会封建帝王的产权多是一种绝对产权,它不受外在制约,严酷的时候可以达到主宰他人的生死、以他人作殉葬品的地步;而当人们对物的控制未达到绝对的程度时,权利便是有限的或者是受限定的,便是一种相对权。现代社会中,产权总是受到政权控制和限定的约束,也就是说,在产权制度的构造中,非产权主体的外在存在(如国家和社会)也掌握了一部分财产的权力,即存在产权分享,并以此对产权的使用加以约束。在西方市场经济国家,政府分享掌握的重要正式财产权力有如下五种:(1)治安权。治安权是政府为公共卫生、安全、道德和总体福利而管理和控制财产利用的最高权力。治安权措施可以用来达到各种广泛的社会目的。例如,可以被用来加强治安保护,设立和实施防火、卫生和交通规则,控制空气和水污染,禁止在特定地方设置广告牌,消除和防止公害,强行进行检疫,要求宰杀有病动物。(2)征用权。政府总是保持为公共利益而占用私人财产的权力,这种权力能使政府在没有所有者同意的情况下为公共利益占有私人财产,只要财产是按合适的法律过程被征用的,且有公平的补偿。(3)征税权。征税权的使用不仅仅是为了征集税收这一明确的目的,而且可以被用来达到特定目标。例如,税收可以被用来强制财产的再分配,免税可以被用来支持特定阶层的所有者,税收政策可以被用来或者促进特定土地资源的保护,或者促进特定土地资源更集约地利用。(4)支出权。政府在金钱上的开支几乎拥有无限制的权力。只要可以得到用于这种目的的基金,政府可以利用公共基金来鼓励各种不动产利用,例如,新公路的兴建、大型垦殖和动力工程的开发、农作物和住房信贷便利条件的改善、衰落地区的重新开发和复兴。(5)独占权。在土地上,政府有权为自己的使用而获得和管理土地资源,这就是独占权。这种权力可以用来建立公有森林、公园、公路和军事专用地;也可以用来设立用于示范和研究目的的实验基地;还可以用来为公共利益将产业收归国有。

---

① 就此看,稳定中国社会经济和政局形势,促进社会经济发展,问题不在于要不要进行产权制度改革,而在于如何进行产权制度改革。从意识形态的束缚中解放出来,摆脱对以自然人产权化的产权制度改革的某种虚幻的恐惧,理性地重构产权主体基础,将是中国社会经济和政局形势从暂时稳定走向永久稳定、从静态稳定走向动态稳定的关键所在。

其二，产权主体也通过对政权主体的投票行动而制衡政权。在传统社会里，一个通过政权影响和命令别人的人，并不需要产权保护他。康芒斯制度主义经济学的一个基本思想是，现代产权的出现和实施实则为弱者提供了对住房、收获物等物质的安全拥有：一方面，产权本身是对政府权力的一种剥夺；另一方面，产权是保护弱者对抗强者的一种手段[11]。历史事实也表明：产权的出现开始就是作为对抗国王通过军事权力对财产物无限占有的权力，产权的创造使国王专横的物质权力成为有限君主权力，也使产权成为宪法的权力。在产权对抗与分享政权的基础上，一个社会经济上的财产权力分布与其政治性质有很大关联，哈灵顿这样指出过："土地财产的百分数，决定了国家主权的性质：假定单独一个人是唯一的地主，他就是大君主，政体就是绝对的君主专制；假使土地为少数人所占有，这就是寡头政治或称为混合的专制；假使全国人民均为地主，那就是民主政治了。"在现代市场经济与民主政治的条件下，作为产权主体的公民经常通过分享如下基本权利实施对政权的制衡：(1)公共事务的决定权，包括选择公共权力的行使者、共同体内的利益分配和决定资源的增益。(2)担任国家公职的权利。(3)对国家权力的监督与制约权，包括罢免权、对法律的复决权和请愿权（批评与建议权）。(4)公民的联合行动权，包括政治结社权、发表政治见解权和游行示威权。(5)知政权，即获得政治生活信息的权利。[12]

其三，通过经济改革，强化产权利益和造就产权主体是对政权进行有效制衡的社会条件。东欧及俄罗斯经过改革后，社会产权主体得以建立与兴起，并依靠党派制约、新闻监督、司法独立等手段的调整和牵制，政策和官员远比经济更为发达和更为稳定的东亚模式下廉洁得多。中国现阶段大量的企业职工，在岗时由于公有制下"产权虚置"的约束，曾经积极偷懒，"两耳不闻窗外事"，两权分离的企业改革导致产权主体地位的进一步失落，引致对政治的"冷漠感"。一朝下岗成为股民而回归其产权主体地位后，他们便一改往昔的消极，而成为当今社会最忙碌的人，积极关心企业的经济形势，关注整个国家的经济与政治大事。这种情况充分反映了产权利益的建立与产权主体地位的回归是政治关注与政治制衡的基本前提。

制度建设

企业化是产业化的前提；没有企业化，就一定没有产业化。深化改革一定要靠商业力量，通过企业化改制，推动市场化发展，让民营经济成长起来。即使国防工业，如果没有民营经济的介入，展出的东西再炫也没有用。站在这个高度看问题，中国政府在继续适度关注国有企业改革的同时，在政策上现在应积极鼓励多种形式的非国有经济的发展[13]。

企业制度

尽快破除各种制度限制，大胆发展非国有经济。在冲破旧的条框束缚、搞好国有企业改革攻坚的同时，要放手发展股份合作企业和非国有企业。改革开放之初，广东省委书记任仲夷提出："如果事情没有禁止，就可以干；如果事情是允许的，就应该充分利用；只要是有利的事情，可以'先斩后奏、边斩边奏'。"这种大胆开拓的精神也是今天促进非国有企业发展所十分必要的。在农村，要把发展非国有经济与发展农村经济、群众脱贫致富相结合。在城镇，要支持个体工商户、私营企业与国有企业、集体企业实行联营、合作，发挥各自的优势，实行混合经济，共同发展。同时，在深化国有企业和集体企业改革中，鼓励公有制企业的富余及下岗人员下海，从事个体经营,或到个体户、私营企业中当职工。

随着中国经济的迅速成长,企业还将面对的是一系列复杂且不断变化的规章及政府惯例,而这些将决定跨国企业在中国所能取得的成果。从目前看来,整体的政策发展趋势是朝着更小的所有权限制(包括外资企业完全控股或部分控股中资子公司)和更高的产品市场自由度(即不受政府制约地做出业务决策的能力)的方向继续发展[14]。

当然,也有部分行业正以超出其他行业的速度,经历着更深一层的自由化。例如,消费品行业多年来一直拥有高度的所有权自由和产品市场自由,而与之形成鲜明对比的是,电信服务企业则在这两方面不具备任何自由。外资企业在中国汽车制造企业中的持股比例不得超过50%,但对外资企业生产什么车型、如何销售,却少有限制。

美国政府是个"小政府",在经济领域只负责收税和开支管理,通过合同制度从私人企业获得资源和服务,联邦政府和地方政府的权限和金额都有不同限制。民主党倾向扩大政府管理职能,例如,搞全面医疗保险,防范医疗服务私人企业乱收费和歧视性保险政策,而共和党则认为私人企业有足够的道德水准来发挥活力、提升经济。

如今,美国只剩下一个"半国企",那就是美国邮局。美国邮局是个百年老企业,过去一直凭借国家补贴维持着全面服务,保证了企业营收,也惠及边远百姓能收到信件包裹。但是,近二十年来,私人邮递企业越来越普遍,侵蚀或占领了利润丰厚的服务种类,剩下的服务都是不太盈利的,造成美国邮局业绩连年下滑。美国邮局面临着保护工人就业问题,特别是保证退休工人的生活收入问题。2014财年,美国邮局净亏损55亿美元。同时,从经营方式和营收结构上看,美国邮局几乎完全处于劣势。UPS的人工成本只占收入的27%,而美国邮局占81%,主要反映出退休金和福利支出的差别。

产业制度

为了刺激投资产生快速增长从而达到所需的高水平,亚洲模式依赖于国家直接补贴,以使投资在某些行业或部门比其他形式更具吸引力并减少风险;为行业提供廉价信贷,或国家在特定的首选项目上进行完全投资;控制汇率以鼓励出口;为能源出口等采取各种补贴方式;银行不是以商业为导向的,在很大程度上银行所扮演的角色是作为政府发展政策的工具。所有这些方法的漏斗钱(包括私人的和公共的)都进入工业化,创造了我们所看到的亚洲一次又一次天文数字的增长率。亚洲模式通过左右价格最终造成了巨额的失真,金钱被浪费了,产能过剩产生了。被资助的公司不但没有同未被资助的公司一样产生效益来回报社会,反而导致他们做出错误的投资决策,建设了那些不必要的、无利可图的工厂和建筑物。结果,贷款变成呆账,银行部门扭曲。

现实中,中国还需要进一步扩大开放非国有企业经营的行业范围,对自然垄断行业实行有限竞争。在现实经济中,某些行业、某些领域,即便放手让私人资本进入,它也会踌躇不前、无力进入或者根本拒绝进入,如像道路建设等一些投资很大、周期很长、风险很大的领域。反之,有些行业领域,如交通,即使运用行政的力量收归国有垄断经营,也将最终出现经营不善、效率低下、亏损加剧等现象,最后,不得不退回到民营私营老路上来。现在,铁路、邮电、医院等自然垄断行业暴露出来的一系列经营作风不良的问题,也只有通过放开经营限制、实行有限竞争才能获得实质性的解决。

专栏 12.1　　制度不公困惑中国民营经济[15]

所谓不公,指的是由于制度、权力等外在因素人为地造成经济行为歪曲,使贫者愈贫、富者愈富。细分析,中国目前有四大不公:

资源配置不公

从行业准入看,许多领域民营经济进不去,而国有企业长期获得垄断利益,职工获得超额报酬;从融资环境看,民营企业的直接融资困难重重,尤其是基本不能上市,而其间接融资的条件和交易费用也远远高于国有企业①;从竞争环境看,民营企业在市场上要面临更多的限制。

行政垄断

金融、电信、电力、自来水、铁路等行业,政府控制着大量的资源,进入门槛高,通过行政手段获得垄断利润,然后将利润转换为个人收入,有的国企领导还将企业消费、正常的业务费转化为个人消费。

潜规盛行

如一些党政官员入股煤矿,药品审批与流通环节的交易,批发官帽,由非正常渠道获得政府的特许、配额、许可证,这些给权力部门和相关领域的某些人带来了高收入。潜规则的危害在于人们为了获得个人利益,往往不再通过增加生产、降低成本的方法来增加利润,相反,却把主要精力用于公关上。以房地产行业为例,中国房地产商除了公关优势外基本没有核心竞争力,权钱交易就是他们的潜规则。

歧视弱者

中国式暴富容易产生两种心理:一是鄙视穷人,根本不把穷人当人看,肆无忌惮地欺诈、掠夺穷人,山西"黑窑事件"就是例子。二是财富的不合理使用。他们宁肯在澳门赌场一掷万金,为一饱口福大摆黄金宴,也不愿为农民工及时支付工钱,不愿给被拆迁户以合理补偿,不愿支持社会慈善事业。

创业制度

在现代社会中,大致有三个主要活动领域和三类人:一是政府机构及官员;二是科研教育单位及学者;三是企业组织及企业家。其所从事的职业活动不同,追求的目标也不一样。官员的目标是职位的升迁和权力的扩大;学者的追求是知识的增长;企业家的目标是市场份额和经营利润的增加。人们虽然可以根据自己的偏好,自由地作出选择,从一个领域进入另一个领域,但以完全脱离前一领域为前提。一个人的精力有限,面对信息爆炸、知识无限、变化多端的

---

① 目前,国有企业拿走将近一半的银行贷款,它们的利率是5%点多,而民营企业的贷款利率是10%点多,是国有企业的两倍。

现实,如果心挂两头、劲用两边,只会一件事情也做不好。不仅如此,三个领域各有其道,各守其规,也各有自己的评价标准。三类人各显其能,各取其利,是分工和交易的要求,也是最有利和最有效的安排,以己之道、之规、之能、之利,干预和强求他人之事,强取和侵占他方之利,必然把事情搞糟,把秩序弄乱。结果是大家受损,社会受害。

改革开放以前,中国是只有官员,没有学者,也没有企业家,后两者都依附于政府机构。改革开放以后,国有企业和国有研究机构的问题依然是缺乏独立地位和自由权利,民营企业的独立性和自主性也是大成问题的。首先,国有企业的经营者和科研教育的管理者是由政府任命的,而不是在竞争中脱颖而出的,因此,在国有单位中,到处都可以看到"武大郎开店"的现象和再分配竞争的事情;其次,政府垄断和掌握着大量的经济资源,官员处于经济生活的中心。不仅国有单位受政府的直接参与和干预,在很大程度上仍然是围绕着政府的指挥棒转,政府的隐含担保和企业的软约束阻碍着企业家精神的出现,而且非国有单位也千方百计地向政府靠拢,与政府挂钩,政府及其官员也设法拉拢和控制民营企业。因此,一个民营企业一旦有一点成绩,其领导就会在政治体系中得到一个位子和一顶帽子。这种交易虽然对双方都是有利的,但却扼杀了企业的创新精神。

经济自由

市场社会根本上说是一个流动的社会,资金是流动的,信息是流动的,最根本的流动是人的流动。在流动社会的前提下,市场的治理逻辑必然都是自治的逻辑,陌生人的管理更多的是适应流动这种特征,让他们自己管理自己,这是最好的管理[16]。研究发现,企业家人群一定不是教育培养出来的,他们是自由竞争冒出来的。

张维迎在 2012 年指出:"我最近在谈一个观点,政府官员应该学什么?其实很简单,政府官员应该人手一册《国富论》,两百多年前亚当·斯密写的,默读三个月,比学任何东西都有效。为什么?《国富论》就是针对当时英国政府对经济的干预写的。我们很多的所谓审批制跟英国那时候差不多。"

企业自由

麦肯锡公司的改造者马文·鲍尔(Marvin Bower)说过,社会中的三种因素会有利于商业领袖的诞生:(1)自由社会;(2)大众化教育;(3)自由的企业体系。生产者的自由程度决定了一个社会繁荣和进步的程度。

按安·兰德的标准,职业商人和职业知识分子是真正的生产者的代表。商人要自由贸易,知识分子要言论和出版自由,而且他们都需要有参与公共事务的自由。安·兰德[17]说:"资本主义一扫实际上的和精神上的奴役状态。它取代了财富的掠夺者和启示录的承办人——阿提拉和巫师的地位,而代之以两种全新的人——财富的创造者和知识的创造者——商人和知识分子。"

作为 20 世纪 80 年代供应学派经济学的代表人物,吉尔德在《重获企业精神》一书中[18]指出,经济增长的关键其实很简单:有创造力的人拥有了资金;反之,经济停滞的原因也一样简单:富有创造力的人的资金被剥夺了。所以,他在"企业家的安乐死"等章节中,痛批政府执行了抑制企业家创新精神的政策,他呼吁人们应该重视市场机制的作用,降低税率,刺激供给,减少政府对经济的干预。

中国企业家事业发展遇到的实质性障碍,经常不在市场,而在政府。政府的盲目干预行为,通过各种引导产业与企业发展的名义,阻碍了企业理性的产业选择与战略坚守;政府的寻租行为,通过各种形式的公开约束与隐蔽受贿,破坏了企业运营与成长所必须的市场秩序。在中西部地区,政府的这种障碍性极强。

在中国国家图书馆举办的"2011互联网十大热词、年度汉字发布会"上,"HOLD住"等被选为年度十大热词,而"限"字则被选为年度汉字。

"限"为什么会被选为年度汉字?因为以它为核心的词语及行为无处不在,更因为"限"字深刻地影响了中国人的生产和生活,甚至影响了经济社会的发展及方向。一个"限"字,横贯2011全年。这种无处不"限"的局面意味着什么?

仔细审视"限"字所包括的主要内容,会发现所有发生在中国国内的"限",主语都是中国政府及其相关部门,而且这些"限"也同样都是有弹有赞、备受争议的。例如,中国楼市"限"价、"限"购,既受到了部分中国购房者的欢迎,也受到了很多专家的质疑。

中国政府处处设"限"合法与否、利弊几何姑且不说。但可以肯定的是,中国政府的这种深度干预微观经济、社会运行乃至文化生活的做法与"服务型政府"的定位以及市场经济的体制是背道而驰的。"服务型政府"的型态应该是"小政府,大服务",而自由市场经济的精髓是法制经济、自由经济。市场经济体制下的服务型政府,要充分地发挥市场配置资源的基础性作用,用市场和法律手段解决问题。

市场自由

茅于轼先生[19]这样诚恳地指出:"我研究经济学三十多年,在这个过程中最使我惊奇的是,我越来越感到市场的有效性。随着对经济变化认识的深化,我这方面的感知越来越深刻。甚至可以说,整个经济学就是反复论证市场的有效性,或者从反面来说,它否定了许多自认为聪明的对经济活动的人为干涉,特别是计划经济的设想。"

什么是市场?市场就是人的自由活动(在经济方面)。市场的特征是交换。交换提升了物的用场,也增加了人们发挥才能的机会,使物尽其用、人尽其才,也就是改善了资源配置的效率。在"2005诺贝尔奖获得者北京论坛"上,"欧元之父"罗伯特·蒙代尔(Robert A. Mundell)就企业家精神话题与中国企业家纵深对话,提出"企业家环境自由度指数"的概念。他指出,企业家所处的环境自由度对塑造企业家精神非常重要,国家应该为企业家提供自由发展的环境。

蒙代尔指出,企业家精神涵盖这样的内容:企业家精神是组织的驱动力,企业家能够制造新的产品、物品;企业家必须是天然的领导者,有能力预测供需的变化,并进行有风险的预测;企业家能够抓住机会,勇于冒险,使目标变为现实。企业家需要领导者的精神,企业家的素质是可以后天培养出来的。但企业家精神的培养不仅仅需要领导力、创造力、冒险精神这些来自企业家自身的内功,企业家成长的环境也非常重要,例如,税收的环境、市场经济的环境,其他硬的、软的环境都对企业家的成长和发育有很大的影响。

蒙代尔说,政府要在鼓励或者是增加企业家能力方面发挥重要的作用,使他们按照自己的利益进行行为,包括创办成功的企业、实现盈利等。政府也能够设定出因素,包括设置一些限制、增加税收或者是控制包括破坏他们的自由企业行为等。他说,目前,有

155—160个国家都一直在朝这个方面努力。

蒙代尔指出,企业家精神在历史上是非常重要的,企业家领导是文明的原则,企业家精神代表着生活方式、生产因素,他们积极参与了社会各个方面的活动。在快速发展、创造财富的国家里,企业家应该是非常自由、非常活跃的。中国人口数量巨大,潜在的企业家比其他任何国家都要多,中国经济的发展,特别是可持续发展、和谐社会的构建需要企业家精神,需要培养出更多的企业家。政府要在鼓励或者增加企业家能力方面发挥重要的作用,逐步地创造更多的机会,增加他们运作的自由度,只有这样,才能创造一个非常富有活力、宽松的环境。

根据2004年的企业家环境自由度指数排名,前三位分别是中国香港、新加坡、新西兰,美国排在第9位,中国排在第128位。这一结论意味着,在中国培育企业家的过程中,加快市场经济的发育和提高自由竞争的程度是一项非常艰巨的任务。

美国智库传统基金会(Heritage Foundation)公布的2013年"经济自由度指数"报告中,中国的全球排名为136,依然被评为不自由的经济体,中国内地长线经济发展的根基依然脆弱。全球经济自由度指数是由美国传统基金会和《华尔街日报》联合发布的年度报告,涵盖全球170多个国家和地区,是全球权威的经济自由度评价指标之一。该指数通过十项指标评定经济自由度,分别是营商自由、贸易自由、财政自由、政府开支、货币自由、投资自由、金融自由、产权保障、廉洁程度和劳工自由。

案例 12.1　　　　　　　　　　　　**无政府比恶政府好**[20]

1991年1月,持续了22年的西亚德革命社会主义政权被推翻,索马里陷入内战中,在法理和事实上都处于无政府状态。2004年,在联合国的强力干预下,各武装势力代表通过《过渡宪章》,选举了索马里过渡联邦政府总统。不过,没有哪个武装势力愿意交出军队和实际控制权,受到国际社会承认的过渡联邦政府仅控制了首都附近的一小块区域,索马里仍处在无政府状态中。

显然,无政府(Anarchy)的定义不是没有任何政府或对居民征税的暴力组织,而是没有一个强有力的中央政府确保对索马里全国的有效控制,使政令通畅、令行禁止。而且,从现实态势看,将来索马里即使全国统一的话,再也不可能回到中央集权和单一制的过去,联邦制是各地方武装势力能接受的最大公约数。

无政府对索马里居民来说是一个纯粹的噩梦吗?索马里将为此付出停滞甚至倒退的代价吗?事情没有那么简单。

试以西亚德政权垮台的1991年与2011年对比。1991年人均GDP为210美元,2011年为600美元,二十年间几近翻一番半。预期寿命从46岁增为50岁;出生率从46人每千人降低为44;死亡率从19人每千人降低为16;新生儿死亡率从116人每千人降低为109。这意味着随着索马里经济的增长,其医疗水平也有一定程度的提高。成年人识字率从24%增加为38%,意味着教育水平也在稳步提高中。

索马里人均GDP 600美元在非洲处于中上水平,与亚洲的孟加拉国(638美元)相当。2011年,人均GDP比索马里低的非洲国家有津巴布韦(594美元)、卢旺达(562美元)、坦桑

> 尼亚(548美元)、几内亚比绍(509美元)、乌干达(501美元)、多哥(459美元)、莫桑比克(458美元)、几内亚(448美元)、中非(436美元)、厄立特里亚(398美元)、马达加斯加(392美元)、尼日尔(381美元)、埃塞俄比亚(350美元)、塞拉利昂(326美元)、马拉维(322美元)、利比里亚(226美元)、刚果(金)(186美元)和布隆迪(180美元)。
>
> 其实,索马里经济能发展起来的原因很简单,就在于自由,认为无政府就是天天打仗、就是混乱的观点,忽略了这种无政府包含着相当的经济自由的事实。
>
> 在索马里,个人安全成本是上升了的,特别是跨越不同武装势力控制的地区时,但在武装势力控制地区,大多数情况下是有秩序的。武装势力当然要在本辖区征税,以维持军事系统,但他们是没有精力承担什么社会职能的,也没有兴趣搞什么福利政策、产业政策、劳工标准和环境标准等能扩大政府权限的事。这意味着整个经济体的自由度和弹性是相当高的,否则,就很难理解为什么在缺乏政府介入的情况下,索马里的医疗卫生和教育能稳步提升。
>
> 从索马里的例子可以看出,经济自由,哪怕是产生于各武装势力忙于争权夺利而无暇顾及民间的隙缝,也可以有效地推动经济发展。没有强有力的中央政府给索马里带来的无政府状态,既给予了索马里人经济自由,也塑造着未来的索马里国家形态:联邦制、地方分权与自治,这已经改变了并还将继续改变索马里人的生活。

上述案例给予我们的经典启示是:在某种意义上,政府不干什么比干什么更重要。政府积极有为、大包大揽、乐善好施,不是没有成本的,必然以对经济和社会领域的干预和税赋为代价。强势政府进一步揽事和扩权的冲动在所难免,因此,有必要接受监督和规范。

创新自由

从经济学的角度,社会的效率取决于资源的流向,对资源禀赋而言,越有创造力的企业家就越应该获得更多的资源禀赋。然而,政府常常抑制企业家的创新精神。制度性框架对鼓励企业家的发现和创新是极端重要的。在一个开放的世界,一个人趋向于发明或创造能给他带来利益的东西。而在干预主义社会(Interventionist Society)中出现的情况则是,人们意识到即使他们发现了某些非常有价值的东西,他也不能从中获益。如果人们普遍地意识到不可能从发现中获益,他们就趋向于不去注意新的机遇。要使人们留意新机遇,似乎有赖于某种制度安排,在这种制度框架中,人们可以自由地创造并从创造中受益。开放的世界之所以能够鼓励企业家精神,是由于企业家拥有自由,能够自由地行动并从自己的行动中获益。正因为美国在某种程度上是一个开放的社会,有相当程度的自由,才能够涌现出很多发现和创新。

政府不应该直接参与扶植某个行业或者企业。政府认为某个产业有前途而出手进行催肥,这本身就是自相矛盾的。因为一个真正有前途的行业,无需政府的介入也能在市场上实现繁荣。如果一个行业的前景本身是疑问的,政府的强行催肥也很难将其做大,还极容易导致该领域的过度投资。

地方政府出台产业政策,直接参与当地的经济活动,其弊端是多方面的。首先,政府是由官员而非商人组成的,官员只能做政治决定,而不能做经济决定。官员们需要的是在任时的政绩,这必将妨碍他们作出最符合市场实际的选择。

另外,在当下地方财政民主化决策程度普遍还不够的情况下,政府直接参与企业活动,缺乏财政上的约束力。这不但导致无约束力的盲目投资,也很容易滋生腐败。

还有,如果地方政府把某个行业或者企业作为当地的新兴产业、支柱产业、战略性产业来进行扶植,很容易让一切规则甚至是法律为其让道,破坏当地公平竞争的法制环境。甚至为了做大某个企业,用权力去扫除竞争。

日本、韩国、中国台湾等国家和地区都曾动用政府的力量去扶植某个产业,但很少陷入类似中国光伏产业这样的困境。他们的做法是,更多地出台普适性的行业政策,而非由地方政府直接出手支持本地企业。在实施过程中,他们也注意不妨碍经济规律,不破坏公平竞争的法治环境。

政府限制方面所发生的变化也可能异常复杂。自20世纪90年代初以来,软饮料行业一直对外企开放,罕有政府监管。然而,当2008年可口可乐试图收购中国最大的果汁生产企业汇源果汁时,却遭到来自官方的阻力。2009年,商务部援引新的反垄断法拒绝了这一收购邀约。

专栏 12.2　　　　　产业发展不是规划出来的[21]

汽车行业的规划历史起码有几十年了,连绵不断,持续至今。政府的重点扶持早先有"三大"(一汽、二汽和上汽)后来变成"三大三小"。非重点则遭到抑制和打压。

如今"三大"雄霸天下,尽管只是窝儿里横。享受着特殊政策,它们从国外拿来现成的技术和产品,在政府的保护下,舒舒服服地吃着国内的市场。这么多年,尽管银子赚得盆满钵溢,自我知识产权和国际竞争力却一直停留在规划阶段。难怪有人说,中国没有真正的汽车公司,只有汽车装配线。至于"三小",不是自行遣散,就是被中央军收编。

能走出国门的,仅两家偏房,敢收购洋人的,唯有吉利。这既非规划之功,也非政策之力。在夹缝中生存,在阴影下长大,锻炼出的生命力之强,超乎一般想象。幸亏当年没有列入规划扶持,否则,软饭吃到今天,恐怕仍无啃硬骨头的牙口。

社 会 伦 理

彼得·德鲁克指出:"一个健康的企业和一个病态的社会是很难共存的。"企业家成长的主要因素是企业家因子(构成企业家的各种基本要素和成分)的不断积累和质变。西方的实践表明,这些因子是在一定的社会、经济、文化环境中逐渐形成、积累和发生质变的。企业家的造就和涌现不是朝夕之功,是一个长期的平等竞争、大浪淘沙、优胜劣汰的过程。综观市场经济的运行可以发现,有一个广阔的基础,有一个优胜劣汰的平等竞争过程,是一切企业家脱颖而出的规律。如果需要大量的企业家,就应当尽快造就使企业家得以产生的社会文化氛围和制度安排。既然企业家能力的"稀缺性"是长期平均成本上升的原因,一个有效率的经济制度就必须能够最大限度地激发人的企业家能力。

法治伦理

只有当社会尊重企业家时,才可能产生真正的企业家。中国自古宣扬"学而优则仕"、"万般皆下品,惟有读书高"的思想,在长达两千年的封建社会中都倡导和实施"重农抑商"的政策,商人地位始终处于较低层级。从表面上来看,中国的商人地位今天已经有所提升。但实际上,人们尊重的并非商人或企业家,而是在信奉"拜金主义"。

制度稳定

一种保持相对稳定的经济运行体制和经济政策为微观行为主体的预期奠定了一个稳定的基础。居民和企业可以相对准确地预期自己的经济行为的未来风险与收益,从而确定自己的风险边界,也就是确定投资的范围、规模和时间跨度。经济体制的稳健性包括宪法与法律制度的稳定性、国家战略目标的一致性以及宏观经济调控政策在原则上的连续性。

人们对未来的预期越稳定,这个社会的人们就越讲信誉。政府管得越多,政府的政策越变化无常,人们对未来的预期越不稳定,就都去干一锤子买卖。政府部门创造了太多的不确定性,政府随意进行干涉,导致人们对未来没有信心。制度安排的稳定性和连续性可以使人们有长期稳定的预期,有一个长期的行为。诺贝尔经济学奖获得者郝伯特·西蒙(Harbert A. Simen)教授在谈到稳定的制度安排对人们未来选择的影响时曾经指出:"我们所有的人,在如何完整地筹划我们的行动上,在复杂的世界里所能达到的理性上,都受到极大的限制。而制度则为我们提供了一种稳定的环境,使我们能可靠地预料到,如果朝某个方向上走上一程,就可以找到一家食品店,并且他明天还会在那个地方。靠着制度环境的这种稳定性以及其他许多没有什么疑问的稳定性,我们就可能对自己的行动后果进行合理而稳定的规划了。"如果西蒙所讲的"食品店"的地址和方位每天变一次,人们将不知如何是好。在一个朝令夕改、无法有一个稳定预期的情况下,人们必然会选择短期行为,又何以产生企业家呢?

在一个快速发展的社会里面,企业不可能形成稳定的预期,各种因素变化之迅猛令人感到目眩神迷,企业在这种瞬息万变的制度环境中会无所适从。在中国目前阶段,社会正处在制度转型和变迁期,经济体制仍在完善,再加上政府经济职能的突然转变而引起的政府行为本身的偏差,使整个宏观制度环境处在一种随时可能变化的状态,这些都会对企业家精神的发挥有着不可低估的影响。

> 在日本,有着几百年发展史的家族企业比较多,甚至有上千年发展历史的企业。在德国、瑞典、瑞士等政权相对比较稳定的国家里,上百年的企业比比皆是。在美国,尽管历史很短,但随处可见上百年的企业,而在中国,尽管历史悠久,但能发现一间"百年老店"已经是牛得不得了的事情,被当作"稀有事物"受到各方面的保护。

依法管理

稳定性原则要求依法管理(Government by Rules),而不赞成依令管理(Governement by Order)。依法管理与依令管理的区别在于:前者的主要任务是要让人知道他们的责任范围;而后者则是把某些特定的义务强迫地派给个人。后者的依据往往是"权威"制定的所谓"社会利益"。

在发展企业家精神原则的基础上,一个企业产权主体地位的确立必须满足如下的条件[22]:

(1) 利益制约。在保证企业利益的独立与完整前提下建立包括个人在内的利益制约关系,使个人、集团能够从切身利益出发关心企业的发展,同时实现其对财产权益的追求,这种制约导致企业以追求经济利益为第一目标。企业利益的独立和利益制约关系的确立都应以法律形式规范化、制度化。

(2) 权利完整。企业实现其利益时,必须在稳定的、有保证的前提下行使权利,这些权利包括计划经营权、物资选购权、产品销售权、财务管理权、经营方式选择权、外贸权、机构设置权、劳动管理权、工资奖金管理权、无形财产权等。这些权利的核心是使企业能够自主地支配财产的权利,它们是企业具备主体性所必需的。企业的上述权利必须有法律加以保障。

(3) 与政府关系稳定。政府一般以调节经济活动总量为手段,从外界影响企业的活动,进而使经济系统稳定增长。政府调节经济的目标是明确的,手段公开化,并遵照法律程序去执行。政府的调节手段一般限于财政、税收、金融、货币等宏观手段上,对企业的生产要素组合不直接发生作用。在这种情况下,政府的行为准则对企业来说是明确的、可预测的,从而使政府与企业之间建立一种稳定的调节与被调节的关系。

(4) 参与商品经济活动的经营性财产主体地位是平等的,资格是一致的,它们在法律上有相同的权利能力。只有如此,企业才能在平等自愿的基础上相互交往,展开竞争。

(5) 对每个企业财产权运用的绩效评价必须来自经济内部,标准必须统一。这是为每个企业家、企业创造一致的经营环境的前提。

以上五个方面的条件都必须通过法律手段加以规范。

专栏 12.3　　　　　中国民营企业死亡的外部原因

第一种:不正当竞争

第二种:碰到恶意的"消费者"

第三种:媒体的围剿

第四种:媒体对产品的不客观报道

第五种:主管部门把企业搞死

第六种:法律制度上的弹性

第七种:被骗

第八种:"红眼病"的威胁

第九种:黑社会的敲诈

第十种:得罪某手中有权力的官员,该官员可能利用手中的权力给企业发展制造障碍

第十一种:得罪了某一恶势力也有可能把企业搞死,比如说他在产品中投毒

第十二种:遭遇造假

第十三种:企业家的自身安全问题

财富伦理

中国传统社会不乏经商致富的人,但这些人并不能因为自己没有赚昧心钱而免去精神负

担,因为在一个缺乏法治和规则的社会,合法生意与非法生意间的界限往往模糊不清。在中国传统社会,做合法生意的人也想走点"关系",因为他们可能永远搞不清自己做生意的路子是否"合法"。当今的中国社会,虽然表面上中国富人不仅物质生活奢侈豪华,精神追求也丰富多彩,但中国富人们的处境并未发生质的改变:他们几乎都是深度"精神分裂"者,常年提心吊胆,成为世界上最痛苦的人。老总难做,尤其是中国企业的老总。不管是鸿儒还是商贾,过尽风骚后要么沉寂无声,要么立马倒下。其中的变幻浮沉一如草莽英雄之雄起、之落魄。

在一个法治秩序之下,在社会走向富裕和不同阶层良性互动之下,文明更容易推进。先富裕起来的社会上层,自然开始有人反思,超越自身的利益,把目光投向社会劳苦大众,甚至超越国界。愿意以自己多余的私产帮助贫困的人是很自然的人类天性。企业家获得巨富之后,在他们中间最终产生对财富本身的思考是很正常的事情。而鼓励向善的宗教便是其中一股有力的推动力量。19世纪末、20世纪初,美国已经具备了产生这样思考的条件。

洛克菲勒是美国第一位10亿财产的首富和全球首富,是人类近代史上的首富,也是个虔诚的北浸礼会教友。洛克菲勒在人生的后40年致力于慈善事业,最后通过几个由专家运作的基金会把他大部分的财富回馈社会。

卡内基当时的个人财产据说换算到现在的美元价值,是比尔·盖茨的好几倍。1890年,卡内基在《财富的福音》一书中宣布:"我不再努力挣更多的财富。"他还认为:"富人若不能运用他聚敛财富的才能,在生前将其财富为社会谋福利,那么死了也不光彩"。1901年,他引退后的第一年,他首先拿出500万美元为炼钢工人设立了救济和养老基金,办大学,并且持续16年办了3 500座图书馆。卡内基设立多项基金,并设立卡内基国际和平财团,资助为世界和平作出贡献的人们。

市场伦理

中国现在最大的问题还不是经济增长快一点慢一点,最大的问题是企业家精神的流失。创业环境、舆论环境、资本环境和制度环境越来越有利于大公司发展,不利于小的公司的创业家的出现。

机会平等

激发企业家能力的制度在一定程度上必须与"平等"相联系。因为谁也无法事先知道自己身上潜藏着什么样的企业家才能。如果契约事先赋予某些人不适当的权力,就可能扼杀了其他人在未知的"不确定性"场合发挥企业家才能的机会。最典型的如传统的计划经济体制,几乎扼杀了所有"被计划"的人的企业家才能。名义上最平等的是市场——天生的平等派,一切人,不论能力差异大小,都在追逐利润的角斗场上竞争。但是"市场"一出现几乎就马上异化,在前几轮竞争中获得胜利的人,本着人的天性,总是要以其实力去控制未来的竞争。因此,许多人主张政府干预市场,以求维持竞争机会的平等。

"机会"的平等,在这里就是"盈利机会"的平等。谁能辨识"盈利机会"呢?显然,如果负责维持平等的机构真能看到这些机会,那也就不用激发企业家才能了,事实上,任何负责维持"机会平等"的机构,最终都只是在控制经济资源的分配。资源平等是不同于机会平等的。许多人拥有资源但看不到机会,因为他们不是那方面的企业家①。在这个意义上,资源平等很可能会破坏机会平等。例如,让一个天才与一个傻子分享同等的资源,就等于浪费了一半的天才和50%的机会。

规范企业与企业(包括国有企业与非国有企业)之间的相互关系,实行平等竞争和规范竞争,把非国有经济的发展与国有企业的改革、转制相结合。应该继续安排非公有制企业改制上市,在股份上市问题上,对私营企业和国有企业应该一视同仁。世界各国都没有以所有制形式划分上市资格的做法,中国也应该逐步改变这种做法。进入证券市场的应该是企业中的佼佼者,衡量上市与否的标准应是企业效益,而不是企业性质。同时,国有企业可以兼并非国有企业(包括私营企业);反过来,非国有企业(包括私营企业和外资企业)也可以收购、兼并国有中小企业。在国有小型企业和集体企业实施租赁、兼并、改组、改造中,发挥个体、私营经济的积极作用;在这种情况下,个体私营企业只要有实力,出卖者赞同,完全可以买下来,转为私营企业,由私人经营。

中国的航班晚点非常多,相比之下美国航班准点情况好很多。这其中,美国航空管制机构一个的好做法发挥了积极的作用,说起来也非常简单,就是美国会公布每个航空公司、每一班航空过去一年的晚点率和平均晚点时间,这样,客户在购买机票的时候就很自然会选择准点率高的航班,从而通过市场手段牵引各航空公司努力提升准点率。这个简单的方法比任何管理手段都直接和有效。

自由竞争

竞争是一个发现的过程,它可以减少无知,扩散知识,抑制错误,激励争胜。要找到在发现前发现者对其征兆一无所知的知识,必须有作出惊人发现的能力和准备。企业家精神就是要永远准备感受惊奇,永远准备借助这样的惊喜采取必要的步骤,谋取利润。而准备(承受风险)的程度和竞争的强度,既取决于市场参与者投入交易成本的倾向,也取决于保护竞争的制度,即取决于竞争秩序的建立和完善。

科斯定理表明,产权制度改革的关键,在于将产权界定和配置从命令服从原则转变为自愿交易原则,允许经济当事人之间的平等自愿谈判;只要允许合法权利的交易或允许当事人之间的自愿谈判,并且只要这种交易或谈判能够成功,不管权利初始界定在哪一方,由这种初始界定的权利所导致的外部性总能被当事人考虑在其决策和计算当中,即"内部化"。中国经济改革的关键,不在于对国有经济如何进行行政处置,而在于对非国有经济的政策态度和如何促进非国有企业的市场成长。

无论是什么行业,只要不存在竞争,其结局只有一个,企业即逐步萎缩与灭绝。垄断永远都是经济发展的死结。一个国家、一个地区如果出现了垄断的产业、垄断的市场,经济就一定会遭灭顶之灾。由于没有竞争对手,各种不合理的经济现象便充斥了中国整个经济的发展过程。

中国实际的反垄断情况不容乐观。据2009年8月23日《南方都市报》社论披露:中

---

① 在美国,一个企业的平均持续时间与一份工作的持续时间相同,大约为4—5年。人们都愿意尝试一下,如果这个企业不挣钱,他们就停业而去做其他的事。根据调查,57%的美国人说他们看到在未来六个月内有一个好的创业时机。在英国,是16%,在日本,仅有2%。

国"盐业公司委托盐厂加工大包装的加碘食盐,随后采购并改换为小包装,再批发给本地的转(代)批发点。这一转手,盐的价格就涨了4—5倍。除去浪费成本与非经营性成本的因素,盐业公司的净利润率可以高达67%,超出盐业平均利润达13.4倍"。这也难怪,自中国2001年12月10日加入WTO以来,主要发达国家如美国、欧盟、日本等都不承认、不给予中国市场经济地位,关键就是中国盐业、中国烟草及中国邮政等一系列"官商一体"的产业与原"计划经济"一样未得到根本治理。而国家体制的"官商一体"正是"市场经济地位"标准的根源大忌[23]。

现在,中国国内商品物流成本占到了物价的20%—40%,而人力成本高昂的美国,这一数据在20世纪90年代大体保持在11.4%—11.7%范围内。进入21世纪头10年,尤其在21世纪头两年,更下降到10%左右,甚至在2002年降为8.7%[24]。之所以营商成本这么高,根本原因就在于这一领域充斥着各种垄断,到处是卡拿要的权力分肥,伴随垄断盘剥的自然还有低效率,这些成本最后都流入了最终的销售环节,让消费者买单。众所周知,全世界收费公路14万公里,其中有10万公里在中国。

回望今日世界各国,凡是"高收入国家"、"法治国家",往往都是破除了经济垄断、能够将经济(财富)资源、政治资源与绝大多数公民共享,最深刻的是北欧全球最富有的挪威(2008年人均年收入76450美元)、瑞士(59880美元)、丹麦(54910美元)、瑞典(46060美元)、荷兰(45820美元)等公共社会国家,这些国家没有权力、财富的绝对与普遍垄断,才能使国家、国民一起从根源来致富发展[23]。

精神独立

乔治·吉尔德认为,在这个世界上,权威的意见可能是无知的一种表现形式,最大的可能来自公认的不可能领域。创业就是创造奇迹,它包含了打破已有观念的视野框框,甚至是打破经理人的认识,而且常常需要进入发臭和油腻的垃圾箱里进行创造性地工作。企业家知道给予和牺牲的深刻道理,知道献身追求与信念的不可思议的力量。他们献出他们的时间、财富和睡眠。企业的成就是人类精神放射出神秘力量的最有力证据,企业的缔造者们在这个世界上拥有至高无上的地位,这就是《重获企业精神》一书作者要传达的主要理念。吉尔德说,精神和信仰才是企业家的生产方式,他们的"冒险经营"将带领企业不断地进入新的领域,从而创造更美好的未来。

按规律,企业在初创期最需要企业家提供的是资金、资本和勤勉尽职。而当企业发展到一定程度时,企业家的信仰、使命感等无形的东西就决定着企业不同的层次,企业家的世界观、价值观将左右企业的去向。现实生活中,风起云涌,潮起潮落的时代变迁在老总们的职业生涯中又不断闪烁,对变幻莫测形势的困惑迷惘使一些老总们萌生了社会发展无法把握的颓势感慨。而老总们在审视自身群体时,又会看到诸多大浪淘沙中朝荣夕损、大起大落的悲欢个案。凡此种种血淋淋的惨状无不刺激着惺惺相惜者的中枢神经,下意识地产生命运无常的迷茫观念。这又形成了对变数判断的第二个真空,从而加剧了命运的"神秘感"。求神问卦诱发部分老总们心灵深处的赌性,即企业经营不过是场豪赌,成王败寇的关键全在于运道好坏,成,是运道;败,是"命"。由此,产生出一种对大出大进感觉的病态依恋,坚信做企业就是玩心跳,蹦极似地操作为现实生活又增加了更多"无常"的版本,再侵蚀和风化其他老总,如此恶性循环,导致迷信泛滥成灾。企业界本应是先进生产力的代表,是最具理性的群体,为什么一世英雄们会一时沉迷于顶礼拜膜的迷信中？是信仰、方向的迷失还是个人世界观的问题？

身处走向市场经济时代的中国企业家，与其拥抱政府，不如拥抱客户；面对权力，不如面对市场。

价值伦理

社会价值体系或者诱导信号是社会公认的对不同部门、不同领域、不同个人的评价标准所组成的有机体系。它是与特定的社会经济体制相适应的，并且在潜移默化地规范着人们的行为，促使人们各司其职、各尽其责、奋发向上的价值评价体系。社会价值既为一个健康的社会所必需，又是一个社会是否健康的重要标志。

财富价值

安·兰德[17]将人类历史的进步过程说成是"商人＋知识分子"集团战胜了"阿提拉（暴君）＋巫师（教士）"集团的过程。再抽象一点，就是"生产＋知识"的力量战胜了"暴力＋信仰"的力量的过程。安·兰德说："职业商人和职业知识分子，这是蒙工业革命所赐，一起降生人间的两兄弟。两者都是资本主义之子——一损俱损。但具有可悲讽刺意味的是，两者注定相互伤害。"也许正是因为这种相互伤害，安·兰德[17]说："迄今为止，创造者（指商人和知识分子）一直都是处于被历史遗忘的角落。除了少数几个短暂的时期，创造者都不是人类社会的领导者和决定者，虽然正是他们的联合和他们自由的程度决定了一个社会繁荣和进步的程度。绝大多数社会，都是由阿提拉（暴君）和巫医（教士）统治的。"阿提拉用暴力进行统治，控制人的肉体，巫师用道德进行统治，控制人的灵魂。他们两种人结合在一起，就控制了财富的分配，从而把生产者（商人和知识分子）玩弄于股掌之中了。

用安·兰德的观点建立起一个参照系，我们再来看冯仑的《决胜未来的力量》，也许我们能给冯仑的观点一个定位。冯仑说："从人类文明史的范围来看，或者从国民财富积累的角度来看，领袖究竟是否创造财富，这是一个很有意思的话题。我认为，历史的逻辑事实上是，领袖不创造财富。这两百年，我们记住和津津乐道的是伟大的皇帝、领袖和他们的传奇故事与丰功伟绩，却看不见财富的实际增长。"在安·兰德的参照系上，冯仑"领袖不创造财富"的断言传达出一个商人对阿提拉的厌恶和蔑视。

创业价值

美国是一个自由竞争的个人主义的国家，它鼓励私人企业自由生长，鲜有靓丽的国有企业。它产生了卡内基、洛克菲勒、爱迪生和福特这样的伟大企业家、发明家，并在1894年工业总产值完成对英国的超越。但是，这个国家的政府依然很穷，它藏富于民。在第二次世界大战前夕的1938年，美国的军事实力仅排在波兰之后。但是，世界上都知道，美国将是这个世界的决定性力量，因为这个国家蕴藏着巨大的能量：富有的人民和生机勃勃的私人企业。两场世界大战，决定结果的都是美国人。

如果一个社会需要大量的企业家，这个社会就应当是使企业家感到光荣，感到伟大，是真正的受人尊重和扬眉吐气。伯奇[25]指出，必须改变每个人对企业家的基本态度。如果企业家得不到尊重，就没理由教育人们成为企业家。哲学家 A. N. 怀特海曾在哈佛商学院的一次演讲中说:"伟大的社会是商人对自己的功能评价极高的社会。"《财富》杂志的创办人亨利·卢斯将这种使命感推向极致,他认为商业即是"社会的核心",是商业行为保证了对自由市场的严格要求,从而确认了自由社会的基础。但一直到20世纪40、50年代,企业才真正赢得美国社会的尊重。

从19世纪60年代起,以铁路公司为标志的大型公司开始建立,但伴随它的是公众间流行的强烈的不信任感。美国的城市化进程也同时展开,从普利策与赫斯特的报系之争到黑幕揭发运动,看得出这种转型过程中蕴涵的喧闹与丑陋。从纽约到芝加哥到洛杉矶,人们迫不及待地冲进城市,却发现这里肮脏、混乱、道德沦丧,为了金钱不择手段,屠宰业、钢铁业就是在这样的背景下建立起来的。当空气中蔓延着不满时,刚刚发展起来的、不被外人理解的超大型企业就变成了发泄对象,政府与公众都不明白为什么洛克菲勒、J.P.摩根怎样会有这么多钱。对标准石油公司的肢解是美国商业史上的一个转折点,它标志着反商业潮流的盛极而衰。美国的企业在经过几十年的痛苦探索之后,建立了以亨利·福特、托马斯·爱迪生、安德鲁·卡内基、J.P.摩根为代表的现代工业王国,他们以自己天才的想象力在完全缺乏规则的19世纪末与20世纪初缔造了现代美国商业。

如何高估这些巨头对美国的贡献都不为过。尽管商业传统从13世纪的威尼斯就已出现萌芽,在英国、德国、法国同样出现过商业帝国的建造者,但商业行为在欧洲社会中始终处于贵族阶层的压力之下,它从未真正获得自己的尊严。只有在宗教精神淡漠、民主意识浓厚的美国,商业才最终获得了压倒性的地位,它甚至将文化、艺术乃至政治包含其中(同时对这些领域造成极大的侮辱)。美国联邦政府正是在与大型公司的对抗中逐渐形成今天的巨型政府的。J.P.摩根挽救了1907年的金融危机,美联储就是联邦政府接受了这次教训后于1913年成立的;亨利·福特不仅仅制造了那些T型车,他同样因为给出5美元的日薪而创造了中产阶级群体;汽车不仅是交通工具,它更是自由、随心所欲的美国生活方式的重要体现;企业家不仅是赚钱机器,他更是伟大的梦想者与发明者。

市场价值

不管是第二次世界大战后初期,还是20世纪80年代到90年代期间,美国主要的经济学家都预言,将出现世界范围内的经济萧条,但事实正好相反。在著名的未来学家乔治·吉尔德看来,美国的企业家们推翻了那些专家们的悖论,正是企业家们一往无前、反叛、意志顽强、富于创造力的精神,推动着经济的增长。

在荷兰,枪支合法,毒品合法,赌博合法,卖淫合法。结果,居然还是发达国家,居然人均收入世界第7(48222美元),居然是社会福利最好的国家之一——即使是移民人员也可以享受免费医疗和教育,荷兰政府还为移民家庭的子女提供每年达6 000欧元的高额补贴。

中国经济过去几十年的确出现了惊人的增长,但伟大的企业家却是凤毛麟角。尤其是20世纪90年代以来,主流经济增长模式是政绩驱动、投资带动,其实是一种寻租经济。垄断企业自然不用说,即便是那些跨国公司,其业绩中的很大一部分也来自政府所设立的"租":免费的土地,异常低的劳动力价格,几乎由存款人倒贴钱的信贷,还有政府的牌照。在这样的政经环境中,可以催生经济奇迹,但难有成功的企业,自然也难有成功的企业家。

> **专栏 12.4** 　　　　　　　　　　　投 资 依 赖 症[26]
>
> "投资依赖症"主要是指经济增长对投资需求的依赖,具体表现为对制造业投资、房地产投资、基础设施投资和服务业投资需求的依赖,进而表现为对促进这些投资的财税货币政策的依赖。
>
> 中国已出现了较明显的"投资依赖症",具体表现在:
>
> 首先,对投资需求过多,投资率持续超过警戒线。从投资率(固定资产投资/GDP)来看,发达国家的投资率一般在20%左右,新兴经济体在经济高速增长时期的投资率在40%左右。若投资率长期维持在50%(警戒线)以上,则意味着经济增长对投资过度依赖。中国20世纪90年代的投资率基本正常,1995、1996、1998、1999年的投资率分别为33.4%、34.7%、35.8%、36.6%。进入21世纪后,投资率不断攀升,2003年达到47%,2006年达到62.3%,2009年达到66%,2010、2011、2012、2013年分别达到69.5%、66%、72%、78.5%。2009—2013这5年均维持在65%以上,大大超过了警戒线。
>
> 其次,政府投资的比重偏高。自20世纪90年代以来,企业投资占GDP的比重波动上升,从1992年的27.8%上升到2005年的28.5%;政府投资占GDP的比重有较大上升,从1992年的2.1%上升到2005年的5%;自20世纪90年代中期以后,随着居民购房的快速增长,居民投资占GDP的比重也呈上升势头,从1992年的6.7%上升到2005年的9.2%。2005年的投资率比1992年提高了6.1个百分点,其中,政府投资贡献了2.9个百分点,贡献率为47.3%;居民投资贡献了2.5个百分点,贡献率为41.3%;企业投资贡献了0.7个百分点,贡献率为11.4%。因此,政府投资增长和居民房地产投资增长成为中国投资率上升的主要原因。

有 限 政 府

有限政府是市场机制的重要方面,是涵养企业家精神、发挥企业家主动性的现实基础。

政府职能

如何界定市场机制条件下政府的职能?20世纪后期经济学理论的开拓性发展为此提供了理论依据。

公共选择

传统的经济学理论认为,政府是一种不同于市场的组织,市场是自私的,而政府是公利的,一方面,人们进入市场是为了以一种东西交换另一种东西,市场的功能并不是有意识的,单个选择者并没有自觉地意识到:某种偏好的总量结果、某种宏观的配置或者分配将在过程中出现;另一方面,人们参加政治活动是为了实现某种寻求真、善、美的共同目标,无论这些观念可否表现为行为,它们都是独立于参加者的价值而定义的。从政治哲学的角度上看,政治是促进这些更大目的的工具。在此思想基础上,长期以来,传统经济理论极详尽地解释消费者与企业家如何制定关于货物购买、工作、生产、投资等选择的决策,而对政府官员主导的政治行为缺乏理性分析。

由瑞典人纳特·维克赛尔(Knut Wicksell)开拓、詹姆斯·布坎南发展的公共选择学派没有接受上述简单化了的政治生活观点,而探索了可用于分析市场行为相类似的政治行为的解释。他们在一系列的研究工作中,对公共部门得出了相应的决策理论。这种以新政治经济学或"公共选择"为名的综合性理论体系,位于经济学与政治学的边缘。公共选择学派认为,市场与政治之间的重要差异并不在于人们追求的价值或利益的不同,而在于人们追求不同利益时所处的条件不同。政治是个人之间的一种复杂的交换结构。通过这个结构,人们希望集体地获得个人私下确定的目标,而这些目标是不能通过简单的市场交换来有效获得的。在这里,国家本身不过是交易者追求降低交易成本的结果,它仍是一种人类组织,在这里作出决策的人和其他的人并无差别,决策者们绝不会因为具有"部长"等头衔就会放弃"经济人"的本性,在政治决策中,"政治人"如同"经济人"一样行事。正如麦考利(Macaulay)所指出的:"什么样的有关人性的命题是绝对的和普遍的真呢?我们知道只有一个命题。这个命题不仅真,而且是可验证的。那就是人永远根据自我利益而行动……当我们看一个人的一系列行动时,我们确实知道,他所认为的他的利益是什么。"换句话说,在市场上自私自利地行事的人们在政治生活中也几乎不可能完全利他地行事。

由此可以看出,"经济人"的交易费用就为考察市场缺陷和政府缺陷提供了一个统一的标准。当代福利理论常依赖于这样一个前提,即公共当局能够应用一些较为机械的方法去纠正各种类型的所谓市场缺陷。市场缺陷被认为是私人市场导致的某种外部不经济现象,如污染,这需要政府干预。而公共选择理论没有接受这一简单的政治生活图景,他们在政治分析中认为,政府干预必然造成国家权力扩张。布坎南发表于1962年的《政治学、政策与庇古边际》一文,在不同于科斯(1960年)的基础上向庇古型福利经济学传统提出了挑战。从公共选择的观点出发,他认为:"任何取代或修正具有严重外部性的现存市场情况的企图,都将导致一种本身包含不同于先前存在的但却十分相似的外部性的结果。外部不经济的原因是财产关系不明确,因此,当事者就会对属于全民所有制的环境、生态及资源等无所顾虑;只有明确生产当事者同其活动环境的关系以及由此相关的权利和义务,才会使外部影响内部化,这样,当事人就会将其纳入成本—效益分析。"

当然,按照公共选择理论,决策者从功利角度制定政策,这并没有什么不合理,如果说"经济人"追逐利润的行为是合理的话。可是,为什么市场逐利的结果刺激了经济增长,增加了国民财富,而官场——布坎南称为"政治市场"——逐利的结果却损害了社会利益?公共选择理论由此引出了政治体制问题,认为西方民主政体是一种过时的政治技术的俘虏,这种政治技术的逻辑使现代国家的增长和发展只有利于特权公民阶层,即官僚阶层。由于首先官吏的生产活动(生产公共服务)缺乏企业家面临的那种竞争,没有必须把生产成本减少至最低的压力;同时,也由于同样的原因,监督是不起作用的,监督者往往受到被监督者(即官吏)的操纵。因此,社会公共利益极易遭到损害。公共选择理论的出现,从根本上动摇了国家干预无所不能的神话。

近些年,美国开始在纽约、洛杉矶、旧金山等大城市实行"强市长制",而其他中小城市则实行"弱市长制"。实行"强市长制"的城市市长有更大的决策权,市长们都是全职市长,任职期间必须全天坐班,一心一意地为市民服务,有时也会参加重大国家事务的决策。实行"弱市长制"的城市,市长从议员中产生,市长往往不坐班,他们更多的时间用于回答市民提问,但都要参加市政会议,城市的具体管理事务由市政经理负责。市长们往往还有一份能够表现自己专长的固定职业,政府支付给他们的工资待遇只是象征性的每月几百美元。无论是"强市长制"还是"弱市长制"的市长均由市民选举产生,市长们只对市民负责。如果没有工作上的需要,市长可以不接待自己不喜欢的州长甚至总统。

积极不为

恐怕没有一个经济学家会否认政府在经济发展中所起的巨大作用,但对政府到底以何种方式介入经济还存在种种分歧。有一点可以肯定,政府对微观行为主体(居民、银行、企业)的直接干预会极大地损害其行为自主性,严重影响其决策的过程与效果,造成微观行为主体的行为扭曲。另外,由于政府掌握了大量的垄断性权力(这些垄断权力由政府特有的制定并执行政策的权力所诱致),这些权力往往诱发企业的非生产性的寻租行为,也就是通过向政府行贿来获取某些特殊利益。这种寻租行为的害处不仅导致许多生产性资源的浪费与配置失当,而且转移企业家的注意力,把企业家诱导到向政府"寻租"的路上,削弱其对自身经营状况和市场状况的关注。长此以往,企业家精神何由而生?

在某种程度上,市场机制下的政府是自愿合作的一种形式,是人们挑选来实现某些公共目标的组织方法,因为人们相信,通过政府是实现这些公共目标的最有效的方法。在政府机制条件下,政府类同上帝的角色,于社会生活的方方面面无所不及;而在市场机制条件下,政府类同守夜人的角色,职责体现出两个方面的基本特色:积极不干预和积极干预。

在市场经济条件下,政府应该尽可能最大程度地从直接参与的经济生活中退出去,奉行积极不干预的政策,凡是能由个人与企业从事的经济活动,或由个人与企业从事更有效率的经济活动,都应由个人与企业从事。自20世纪以来,发达国家政府在对经济竞争范围的限制、对物价的干涉程度、直接掌握的生产数量等方面,都有了重大的变化,但是,其市场机制的基本性质并未被改变,保证经济增长和发展的最好的办法就是政府尽可能少地卷入经济事务。

政府积极不干预的经济职责主要落实在如下三个方面。

其一,不干涉企业,企业成为市场主体。

首先,企业拥有比较完整的产权。物品的权利量就是愿意交易的量,它等于在不持有产权时的一个等额的物品量。较强的产权因此比较弱的产权更有价值,即当对一种物品的产权较弱时,销售者所要求的数量可能比在产权较强时更大。在一个知识发散的社会,人们必须对生产资源拥有可靠的、可以让渡的产权,并在可信赖的合约交易的谈判中,在一个共同协议的价格和较低的成本下,进行物品交换。一般而言,企业应拥有的权利包括计划经营权、物资选购权、产品销售权、财务管理权、经营方式选择权、外贸权、机构设置权、劳动管理权、工资奖金管理权、无形财产权等。

其次,产权的完整在保证企业利益的独立与完整前提下,同时建立包括个人在内的利益制约的企业管理制度,使个人、集团能够从切身利益出发关心企业的发展,实现其对财产权益的追求。这种建立在一定管理制度基础上的利益制约导致了企业以追求经济利益为第一目标。

最后,企业成为市场主体。在企业属于市场主体的前提下,政府对企业经济活动,特别是对价格和生产,甚少加以控制,或几乎没有什么控制。企业生产的人、财、物使用权完全由企业所有和行使,企业能够自主地支配,这是企业主体性的表现。在西方国家中,对企业经济活动干预最小的当数美国。美国社会的一个强烈观念是:政府在国家经济生活中应该发挥比较小的作用,应该相信企业。

其二,不干涉市场,市场机制能够自动调节。

首先,重视市场价格的自动调节职能。市场的价格组织使市场给出价格信息,市场参与者们对价格信息作出反应,从而形成新的经济均衡,同时,市场自动调节的职能得到了行使。在这方面,市场的透明度是有效地行使市场价格职能的核心:市场要通过竞争圆满地行使有效分配资源的职能,构成市场参与者决策基础的价格信息就应该保持透明度而不被歪曲。

其次,注重长期均衡。在资产市场特别是在商品市场上,价格行使自动调节职能需要相当长的调整时间。因此,在市场经济的条件下,政府基本上应该更重视长期均衡而不是短期成绩。从这一观点来看,政府制定一切政策都应该具有使之能够同经济的基础条件和市场的调整速度达成协调一致的长远眼光。当然,也需要根据经济状况的缓急来构思短期政策。一般来说,同市场的调整速度不符合的短期政策很容易歪曲市场职能,从而最终导致资源的浪费。

其三,不干涉个人,个人具有较大的经济自由。

在市场机制条件下,个人在法律保护下有权占有劳动、资本设备与房地产并用以取得收入。同时,在不违反法律的条件下,每一个人都可以自由地采用自己的方法,追求自己的利益,以其劳动和资本自由地和任何其他人或其他阶级相竞争。按照马克思的理解:"这种自由就是从事一切对别人没有害处的活动的自由,……每个人所能进行的对别人没有害处的活动的界限是由法律规定的,正如地界是由界标确定一样。"综观历史,用不着过分强调也可以看到这样一些重要原则:停滞的阶段是当个人感到无能为力的时候,进步的阶段则是当人们觉得大有可为、而且亟愿各尽所能的时候。正如亚当·斯密所说:"一切新殖民地繁荣的两大原因,似乎是良好的土地很多和按照自己方式自由处理自己的事务。"从政策论上讲,斯密的意思是:废除那种人为的工商业振兴政策,将工商业的振兴委之于从事工商业的各个人的自由活动,这才是使国家富裕起来的最上策。

关于个人经济自由的种类,有多种提法,但基本的共识是,每个人的经济活动至少有三个方面的充分自由:(1)企业自由,即每个人都可以按照自己的意愿与理想创办其最适宜的企业,也可以参加各种业已存在的企业;(2)就业自由,就是每个人都可以按照自己的意愿担任其最适宜的工作,有转业、休闲、追求高额工资报酬或者减少工作时间的自由;(3)消费自由,即每个人都按照自己的嗜好购买其最喜爱的货物,可以从事各种不受法律限制的消费,或者进行储蓄,以获得最大满足。

经济自由的繁殖力在美国农业上表现得最为显著。在通过《独立宣言》的时候,美国要用95%的劳动力来养活全国的人口和提供粮食剩余,以换取外国货物。今天,只用不到2%的劳动力就能养活三亿居民,并提供大量的粮食剩余——美国已成为世界上最大的粮食出口国。这一奇迹是什么因素造成的呢?显然不是政府的中央指导。在美国农业获得迅速发展的大部分时期,政府所起的作用是微不足道的。毫无疑问,美国农业革命的主要动力是在自由市场上发挥作用的农业生产者的个人积极性。美国农业这个自由市场是向所有人敞开的,千百万来自世界各地的移民自由地为自己而劳动:他们可以自由地试验新技术——试验失败的风险由自己承担,试验成功的好处归自己所有。他们得到政府的帮助极少;更重要的是,他们遭到政府的干涉极少。

积极作为

政府积极干预经济职责的行使应限于那样的一组相互作用,在那里,"私人的价值(或利益)的不同空间"发生潜在的冲突。可以这么说,价值(或利益)发生潜在冲突的情形只发生在追逐自己目标的人所作行动的行为范围的边缘;在这种边缘,当一个人被他自己的利益所驱使的行动影响他人得益的时候就出现冲突。在发生冲突时,政府干预的范围由相互作用的技术本身来决定,包括行为的和制度的要素以及较正常考虑的那些要素。

政府积极干预的经济职责主要体现在如下三个方面。

其一,积极干涉企业与企业之间的关系,实现企业之间的公平竞争。

首先,各个企业之间地位平等。各个企业,不管其出身、籍贯如何,作为参与市场经济活动的经营性财产主体,地位都应该是平等的,资格是一致的,在法律上有相同的权利能力。只有如此,企业才能在平等自愿的基础上相互交往,展开竞争。

其次,以经济评价作为对企业评价的唯一标准。对每个企业财产权运用的效绩,评价标准必须统一,必须来自经济内部,确保在市场经济条件下没有第二个尺度,这是为每个企业家、企业创造一致的经营环境的前提。在各种限制被消除的自由竞争中,企业的成败将不再同政府有任何关系,而全部由企业家自己负责。马克思指出:"工场手工业分工以资本家对人的绝对权威为前提,人只是资本家占有的总机构的部分;社会分工则使独立的商品生产者相互对立,他们不承认任何权威,只承认竞争的权威,只承认他们相互利益的压力加在他们身上的强制。"为此,企业家会消除企业经营中存在的简单生硬的管理问题,摆脱扩大外部规模的传统经营思想,通过改善财务结构来培养适应经济情况变动的能力。

最后,政府为企业活动提供基础设施。政府为经济活动提供物质基础和社会环境,其中包括道路、桥梁、公园、防洪、公共设施、消防设备等。这类公共物品虽被一个消费者高度使用,但对他人的可用量并不变。由于它们的高额成本,在市场机制作用下,除了义务,无人愿意提供,所以,应由政府财政支出来供给。

其二,积极干涉企业与市场之间的关系,提高市场机制的运行效率。

市场是一定制度的集合,其本质特点在于规则性,有组织的市场都是按规则活动的。市场规则是一种俱乐部的规则,要求进入的人得保证遵守规则,并且愿意支付行政管理费用。市场的规则性降低了市场活动的交易费用。在最一般的意义上,政府的职能之一就是建立起市场规则(或"道路规则");有了它,使怀有各种不同利益的个人、企业和团体能追求差异极大的市场目标而不会出现公然的冲突。

该按照什么标准或要求来建设这种市场规则呢?

首先,市场应该公正。市场经济本质上是一种产权经济。产权是一个社会所强制实施选择的一种经济品使用的权利,明晰的产权制度将这种权利分配给一个特定的人,它可以同附着在其他物品上的类似权利相交换;同时,产权的强度由实施它的可能性与成本来衡量,这些又依赖于政府、非正规的社会行动以及通行的伦理和道德规范。简而言之,没有你的赞许或补偿,就没有人能合法地使用或影响你拥有产权的物品的物质环境。在此基础上,政府有责任进行适度干预,既保护市场竞争,又防止"不道德"竞争可能带来的不良后果,尽可能达到经济权力分工上的社会公正,促进宏观经济的协调发展。

其次,制定的市场规则应该规范化。政府调节的手段应该公开化,并遵照法律程序去制定和执行,调节经济的目标应该是明确的,也并不深入到企业内部,而是提供一种竞争秩序,对企业的经济行为产生积极的外部影响。在这种情况下,政府的行为准则对企业来说是明确的、可预测的,从而使政府与企业之间建立一种规范化的调节与被调节的关系。

市场机制建立的过程,或者如在中国现实条件下的计划经济向市场经济转换的过程,也就是行政管理向法制管理转变的过程。随着改革的逐步深化,市场规则的约束已经主要不是靠行政规定和道德规范,而是日益依赖于法律、法规的作用。目前,中国市场规则没有合理形成并发挥有效作用的主要问题,不在于市场法律、法规不健全,而很大程度上在于已经颁布的法律、法规并没有得到有效地贯彻和执行:一方面,有法不依、执法不严、违法不究的情况很普遍;另一方面,市场主体特别是企业的法律观念也就不可能得到强化。结果,假冒伪劣泛滥,哄抬物价盛行,违约毁约严重,不正当竞争成为普遍现象,竞争机制和市场需求的作用不能得到正常发挥。

再次,市场规则应该稳定。为了建立稳定有序的市场,在经济手段上,政府一般以调节经济活动总量为手段,从外界影响企业在市场的活动,进而使经济系统稳定增长。政府的调节手段一般限于财政、税收、金融、货币等宏观手段上,对企业的生产要素组合不直接发生作用。同时,中央银行要立足于市场原理,使用正统的通货政策手段,使市场组织能够在金融市场上灵活运作。为此,要在原则上明确区分财政和金融的作用。对金融机构来说,公益性固然重要,但应该考虑到金融机构掌管着别人的资金,应该努力使这些资金得到最大限度地利用,创造最大限度的利益。

最后,在干涉企业与市场之间关系的职能方面,各级政府应有所区别。中央政府的职能通常是对统一市场的监督和补救,如负责征收关税、发行货币、禁止行业垄断和地区垄断;在手段上,主要是让经济法律充分发挥作用,而不是主动扩大对市场的权利。各地方政府主要是负责区域内的公共事业、财政和社会福利计划等;在手段上,有权制定各自的经济发展目标,如经济增长率,降低失业率和稳定物价指数等,并通过必要的政策,如减免地方税、提供价廉的土地和良好的投资环境吸引各大公司、控制政府预算来达到。企业到本地投资或扩大生产规模,超出地方政府处理范围的事情通常由中央政府协调;各地方政府之间的竞争使它们在处理吸引投资、提供服务、维护福利和环境的关系上受到很大局限,不免顾此失彼,也需要中央政府协调。同时,有些地区比较落后,不能提供最低限度的服务,如道路、教育等,也需要中央政府的介入。

其三,积极干涉个人与个人之间的关系,维护基本福利,增强发展后劲。

首先,保护个人和企业财产与财富安全。政府以它的宪法或制订规则的职能建立起私人空间的界线,倘若界线受到尊重、使人们追逐他们自己的目标不会出现人与人之间的冲突,财产权由此就得到界定。同时,政府不仅要保护个人的产权及其诚实劳动所得,而且要保护个人之间、个人与企业之间确认的各种自愿达成的契约。

其次,提供社会保险,维护社会福利。在市场经济制度中,社会福利、社会保障事业十分重要,其目标是在经济发展的前提下,保证所有公民都获得相当水平的收入,尽量缩小因年老、疾病、伤残、失业和其他个人不幸而遭受贫困的风险。市场制度建立之初,国家将在社会保障制度中起主要作用;国家可运用财产拍卖中获得的收入支持这项制度的建立。随着新体制的正常运行,可在国家福利保障机构的支持下,形成私人保险、社会保险、企业保险的保险网络。这将是一个强大的社会保障机制,会减少因企业兼并、工人失业引起的社会摩擦,从而成为经济运行不可缺少的一部分。在西方发达国家,社会保险制度所用经费均占国民收入的 10% ~

20%,大多数工业化国家的政府对社会保障事业、医疗卫生服务事业、教育和其他社会服务所承担的日益增长的巨大开支,在减少国内不平等方面无疑起了巨大的作用。

最后,增强人力资本供应,增强个人和企业发展后劲。通常,人们把中学及其以前的教育称为人本教育。为了增强人力资本供应,西方发达国家大多实行政府主导下的义务制人本教育。例如,在法国,16岁以前实行义务教育。全国共有96个省,中学教育由各省负责,包括中学的创办、经费和免费上学等。中学一般设在重要的城市,学生上学的交通问题由政府组织给予补贴。国家的主张是:一个乡镇,一所学校。一般来说,只要学生不少于12人,那里的小学就要继续办下去。据估计,在20世纪80年代,全法国约有14 000所小学只有一间教室、一名教师。

政治结构

政治的结构对政治的性质具有极大的决定性,对约束政府的作用、监督政府的行为、发挥政府的职责具有重要的促进性。

人性本恶

人类由于优点才能结合成社会,由于弱点才需要制度。黑格尔(Georg Wilhelm F. Hegel)指出:"人们以为,当他们说人本性是善的这句话时,他们就说出了一种很伟大的思想;但是,他们忘记了,当人们说人本性是恶的这句话时,是说出了一种更伟大得多的思想。"在设计制度时,我们必须考虑到人类的弱点,必须考虑到坏的可能性。布坎南(James M. Buchanan)指出:"人民应该认识到,政府,包括民治的政府,都有可能干蠢事,都不是万能的。如果这个简单的事实被越来越多的民众所接受(民众才是至高无上的统治者),那么,经过全人类的共同努力,一个对个人和群众来说真正自由的社会是有可能实现的。"

正是基于人类的弱点,在政府活动的领域,正如在市场中一样,也有一只手,但它的作用同亚当·斯密的那只看不见的手相反:一个人如果一心想通过增加政府的干预来为公众利益服务,他将受一只看得见的手的指引,去增进同他的盘算不相干的私人利益。国家干预的有利影响,特别是立法形式这一方面,是即刻的,而它的坏的影响是逐步和长期的,并且为人们所不能看到。大多数人也不会记住,国家官员可能不胜任、粗枝大叶或甚至贪污腐化。同时,很少有人理解到国家的帮助会消除自我帮助这一不能否认的真理。

真正的自由主义者正是把人当作不完善的实体,因此,把社会组织问题看作为消极地防止"坏人"做坏事的程度等于把同一问题看作为使"好人"做好事的程度。当然,"坏人"和"好人"可能是同一个人,取决于谁来鉴别他们。政府是人为选择出来又服务于人民的一个机构,然而,一个政府并不仅仅是一种选择。它还是一个机构,广泛地被认为拥有独断的权力,可以合法地使用强力或以强力为威胁,来使我们当中的一些人得以合法地强制另外一些人。正如常见的那样,一个机构(尤其是政府机构)"应该"实现的目标是一回事,而这个机构实际实现的目标则是另一回事。负责建立某一机构的人的意图同管理这个机构的人的意图往往不大相同。同样重要的是,所取得的结果常常同所希望的结果不大一样。要建成并维护一个自由的社会,一个重要的问题就是如何确保赋予政府的力量只用于维护自由,而不变成对自由的威胁。

以布坎南为首的公共选择理论的出现,从根本上动摇了政治制度的神话。它把个人之间相互交换的利益概念转移到政治决策的领域中,政治过程因此成为一种旨在获得相互利益的合作方法。这种过程的结果取决于"博弈规则",即广义的法规,而这又强调法规制定的极端重要性以及法制改革的可能性。对任何政治系统而言,结构决定功能,政治系统有什么样的组织结构,就相应有什么样的组织功能。因此,对任何政府活动而言,制度结构(包括组织、秩序、规划)具有根本性的约束作用,制度结构从本质上决定了一切政治人活动的性质、特点和客观必然性,一旦政治制度的结构或基本规则确定以后,一些问题的结果在它还未表决以前事实上就已经预先决定了。正如布坎南所述,要向政治人物提建议或者要对特定争议的结局施加影响往往是无效的;在给定的规章制度中,结局很大程度上取决于既定的政治集团。由于政治制度的规则一经采用,具体问题上的结果常常就由政治制度的内在动态因素所决定,这样,政治制度规则的设计和制度改革的可能性便具有了极大的重要性,因此,重要的是选择产生政治制度运行秩序和规则的结构,而不是政治系统运行的结果本身。所以,詹姆斯·布坎南指出:"经济学家们应该停止像仁慈的暴君的奴仆那样一味地提供政策劝告,他们应该观察政治决策的制定所赖以依存的那个结构。"

分权制衡

分权制一直被用来防止民众主权和法律至上等学说转化为武断或专制。这项由法国思想家孟德斯鸠提倡、经詹姆斯·麦迪逊(James Madison)进一步完善的原则,是实现有限政府的一种手段。政府做好事的权力也是做坏事的权力。今天控制权力的那些人未必明天也如此。而更重要的是,一个人自认为有益的事情,另一个可能认为是有害的。政府的权力必须分散。按照美国的经验,分裂的政府(Fragmented Government)是防止暴政和保护个人自由的最有效的途径。

美国政府是个多元的制度(Pluralist System),在这种多元的情况下,没有任何组织能够绝对地主宰与统治。为了实现结构性制衡,按照美国的经验,至少必须:(1)在政府的各主要部门里,没有两个部门是出自同一来源的;(2)政府各部门的任期截然不同,因而不能一举而完全改组政府;(3)整个结构的关键就在于司法的钳制制度;(4)分权。例如,授予联邦政府征税权,而国会拥有全权建立海陆军以抵御国外和国内的敌人。结果,美国社会政治权力制约结构的外界层次是法权、民权和政权的三权分立与制约。美国社会政治权力制约结构的核心层次实行立法、执法与司法三权分立、以权力制约权力,防止绝对权力的出现。

法治原则确认必须建立合理的政府内部结构,实现政府权力的结构制衡,使政府各部门凭借相互关系,互相约束,使对方不能逾越自己特有的范围,阻止擅权。人们普遍认同,在人类的历史进程中,美国是第一个比较好地解决了政治结构问题的国家。其社会政治结构的基本特点是权力分立、以权力制约权力。美国政府由三个平等独立的部门——立法、执法和司法——组成,各有明确权力,相互地位平等,其中包括立法的平等、司法的平等和一切法律的操作行为的平等;但每一部门在一定程度上要依赖其他两个部门,同时它们的职能是互相交织的,可以平衡其他部门的权力。通常,人们把立法权称为"第一权力",把执法权称为"第二权力",把司法权称为"第三权力"。

美国宪政结构下的制度和政策演变一直比较稳定和保守,其中,最高法院的违宪审查对行政和立法的制约起了关键作用。罗斯福新政推出之初便遇到了大法官的强力阻挠,直到1939年罗斯福提名的四位大法官进入最高法院,并得到斯通大法官的支持之后,新政才得以全面实施,到1943年,最高法院有七名大法官由罗斯福提名,加上斯通新政派占据了绝对多数,新政各项改革才得以确立;1980年代,当里根开始自由化改革之际,最高法院里有六位大法官分别由共和党的艾森豪威尔、尼克松和福特提名,这是里根改革得以顺利推进的重要条件。

美国政治的分权也体现在选举上。美国选举制度不同于别国的最明显的地方,就是它的分散性(Extremely Decentralized)。根据美国宪法,总统是各州派出的大选举团来选出的。而照顾了人口比重并兼顾了大小州发言权平衡的大选举团是由各州自行产生。各州用什么办法产生,那是各州主权的一部分,联邦政府作为中央政府是不能管的。理论上说,即使某个州决定用掷骰子的办法来派出他们的大选举团,也不违宪。

两百多年前,美国的立国者选择了大选举团的方案,他们考虑的是要贯彻分权制衡的原则,要克服全国分散隔阂的障碍,要避免民众直接选举的盲目和非理性,要发挥精英阶层的经验、理性和智慧,要兼顾人口分布的不均衡和大小州的平衡。这一方案的最本质特点是把选举交给各个州,联邦政府和现任总统处于"无所作为"的地位。从而,这一设计从制度构造上决定了美国选举"极其分散"的特点。

监督政府

美国前总统里根[①]有一句名言:"政府不是解决问题的办法,政府本身就是问题。"美国政体被一种更深的政治文化习惯无形地支撑着,那就是:人们从根本上不信任政府与官员。基于这种不信任而产生一种制度性的安排,处处对政府的行为设防,处处对政府及其官员保持警惕与怀疑,这样,反而形成一种特别有监督能力的社会报警机制。其结果,反而使政府官员在这种无处不在的社会压力面前不得不做得更为有效,更为清廉。这种对政府与官员的近乎本能的政治警醒,使美国社会中始终存在着无数由公民自发组织的社团。各种民间组织的存在,似乎专门是为了与政府作对。他们这种永不改变的怀疑政府的精神,是美国民间社团生命的基石。

美籍华裔作家林达在总结美国民主制度运行的成功经验时说过一段十分精辟的话:"权势是靠不住的,警察是靠不住的,联邦调查局是靠不住的,司法部的检察官是靠不住的,他们的总管美国总统和美国政府都是靠不住的。他们都需要有力量与之平衡,他们都需要制度予以制约。"这不仅是一条美国式的思路,对其他国家和地区预防腐败和滥用权力都具有极大的启迪意义和参考价值。

杰斐逊坚信,任何一个人权力大了后都会有打压言论的倾向,所以,一定要将言论自由写进宪法。他说:"信赖在任何场所都是专制之父;自由的政府不是以信赖而是以猜疑为基础建立的。我们用制约性的宪法约束掌权者,这不是出自信赖,而是来自猜疑。……在权力问题上,不要再侈谈对人的信赖,而是要用宪法的锁链来约束他们不做坏事。我们的制度设计,就是为了这样一个目的,即即使不幸碰到一个坏蛋做我们的领袖,我们一样会过得好。"

美国的报纸都是私营的,政府不拥有报纸,两大党也没有自己的党报。美国立法,严格禁止政府办报纸,严格禁止政府办电台和电视台,有点政府味道的《美国之音》,却严格规定各个频道只许对国外不许对国内。为什么?因为美国法律的主旋律是政府不许对美国百姓有舆论导向,不许利用公权对美国百姓施加影响。

[①] 罗纳德·威尔逊·里根(Ronald Wilson Reagan, 1911-2004),美国第49~50届总统。

民主制度

民主制度是市场机制建立与发展的重要保障,是市场经济的基石,是发挥企业家作用的制度保障。

契约政治

洛克论述了统治者与被统治者是一种契约关系,倡导立法权与行政权的分离。他指出,人结合成为国家的最大目的是彼此保全各自的生命、自由和财产,所以,社会权力不应超出公共福利之外。洛克的民主政治思想在 18 世纪法国启蒙学者卢梭那里得到继承和发扬,启蒙运动终于成为法国大革命的战前思想动员。资产阶级民主学说在经济学领域的对应物是自由放任主义。亚当·斯密对此做了系统阐述。他论证说,就经济活动而言,自我利益是个人行为的动机;国家的福利不过是个人利益的总和;每个人都比任何政治家更了解自身利益所在。埃格特森指出:"可以把统治者与臣民的关系看作是一种契约关系,而这种契约结构能用交易成本和代理成本的概念进行分析。君主的权力受到代理成本的限制和竞争的制约。如果他以极高的价格提供公共服务和秩序,国内外就会有人受到诱惑,报以较低的税率来竞争王位。征税能力也受到代理和衡量成本问题的限制,征税需要先确定税基和衡量税率,而后还要逐一课征。为此,君主必须依靠大量的代理人去完成这项工作。理性的统治者将会寻求一种代理成本最小的征税方案。"

民主制度告诉世界一个真理:与其崇拜领袖,不如崇拜制度。领袖英明伟大,不如社会制度进步。在现代社会,只有打破个人迷信和领袖崇拜,才能谈到社会人的地位、权利的平等,才能培养起国人普遍的公民(即主人)意识。英国宪法学者戴雪(Albert Vann Dicey)说过一句寓意深远的话:"不是宪法赋予个人权利与自由,而是个人权利产生宪法。"从政治学角度看,人民主权原则固然是现代民主政治的基石。解决这一政治问题的普遍主张就是:国家通过一定的制度规则,按照人民的意志(不同性质的国家具有不同的理解),产生出能够代表人民意志的国家权力主体来管理国家、管理社会的公共事务。政府就是这种权力主体的一个非常重要的部分。因此,人民与政府之间存在着一种委托与被委托的关系。政府接受人民的委托,行使管理社会公共事务的权力。正是存在着这样一个基本关系,即权力的本源在于人民,所以,作为受托人的政府在行使权力过程中,必须对作为委托人的人民负责,成为一个对人民负责任的政府。

尽管美国历史上也曾经遇到麻烦,甚至在林肯执政时期爆发了南北战争,双方兵戎相见。但总的来说,美国的很多社会矛盾基本上都能在宪政民主的制度框架内得到比较圆满地解决。民主制度保证了一个开放的、多元化的社会能够长期稳定下去,也为社会问题、社会矛盾的解决提供了制度保障,提供了解决问题的途径和方法,保障了少数人的权益。正是从这个意义上,福山提出了"历史的终结"论断,认为人类社会再也找不到比民主制度更好的社会制度了。

主权在民

民主制度确认"主权在民"的原则,全体公民通过"多数决定"原则来实行统治。公民是国家的主人,不是任何权贵(无论是个人还是寡头集团)的臣民或驯服的工具。因此,"主权在民"

提倡民主精神,坚持法律面前平等,其中包括立法的平等、司法的平等和一切法律操作行为的平等;坚信自己对事物真实性的判断力,并坚持有把自己的判断公之于众的权利;恰当地评价自我,并始终努力使这种评价的恰当性不远离公共的理性标准。

在一个民主国家,一旦人民真正掌握了民主的权力和具备了行使这种权力的机会,就会大大减少国家因领导人的品德或能力所造成的重大失误的机会。在一个民主国家,一个由民选出来的政党,为了顾全本党的前途,得不到足够的民意支持时,早就漂漂亮亮地下台了。乔治·W.布什指出:"人类千万年的历史,最为珍贵的不是令人炫目的科技,不是浩瀚的大师们的经典著作,不是政客们天花乱坠的演讲,而是实现了对统治者的驯服,实现了用民主的方式把他们关在笼子里的梦想。因为只有驯服了他们,把他们关起来,才不会害人。我现在就是站在笼子里向你们讲话。"

在当今的选举社会中,秩序的基础不是野蛮的暴力,而是公民以选举这种文明的方式表达的自愿同意;维持秩序的手段是尊重和保障民权前提下的法治。按照选举来构建政权必定会为造就一个权力受到选民和法律有效约束的有限政府创造有利条件。在有限政府下,最高权力和各级权力都受到限制、约束和监督,各级权力向自由竞争的选举开放,且对选民负责。由于政府受限制,民权有保障,加上稳定有效的法律和高度的经济自由,市场社会的发育也就具备了肥沃的政治和法律土壤。

宪政文化

社会中只有民主是不够的,它还必须有自由和立宪。民主制度力求做到政府基于民意,并对人民负责。但民主也应该是自由的,即保证人们的个人权利和自由并奉行英国哲学家约翰·洛克(John Locke)提出的人民主导国家,而不是国家主导人民的原则。民主制度还必须依宪法运作,即必须有确保贯彻宪法准则的手段——即使采用这种手段有时意味着要否定多数派的意见。所以,应该有一种政治文化——宪政文化——提倡宪政、自由、民主及法治等价值观。

民主制度不可能总是一个静止的完美状态,它总是在一种动态当中因形势的变化会发现一些毛病,然后通过民主的程序会不断地改进。提倡宪政文化意味着:(1)要有高比例的受教育人群,并且具备一定的条件,即公民在社会及政治事业、候选人和党派的兴衰起落中能够做到合作与容忍。这还意味着,当选举中的失败者将权力交给胜利者以及当一些人看到在立法机构中赢得的胜利被法庭以违背宪法为由推翻时,他们能够接受政府权力受宪法约束的原则。(2)开放的社会,包括自由及负责的新闻媒体,与宪政和民主相辅相成。人民之间以及人民与政府之间应该有公开和有效的对话途径。当政府使用强权手段掩盖真相之日,就是证明它的灵魂已经完全腐烂之时。(3)公民社会应该兴盛活跃。民间组织——政党、工会、利益团体、会社等——在个人和国家之间发挥重要的缓冲作用。这些组织可以成为那些认为当前的政治形势对他们不利的人的寄托。这些组织可以是培养发挥公民作用所需要的素质的基地,并可以形成防止国家独揽大权的公共声音和行动。(4)生机勃勃的宪政环境往往与经济健康相辅相成。不是说富裕国家就一定会有宪政民主。但可以不失偏颇地说,贫困的经济状况往往会使实行宪政民主的希望受挫。(5)立国之本应该是公民精神,而不是种族或民族观念。这意味着所有公民应该享有平等的社会地位,不应有局内人和局外人之分。如果一个国家的宗教、语言、种族或文化不是单一的,就必须广泛体现出对保障少数群体权利的承诺。要实行宪政民主,人民必须有一定程度的相互信任,能够合作,而不是分裂成相互仇视敌对的阵营。

美国在1787年费城会议上起草的《联邦宪法》是世界上第一部成文的宪法,其中包含着一个精巧的设计。正是这个设计,创造了一种既民主又共和的体制,并充分地体现了宪政与法治的精神,从而使这个稚嫩的国家在草莽中崛起,迅速成为超级大国。

本章概要

市场机制是企业家精神成长的温床,它突出地表现为企业家的市场与社会地位问题。本章讨论了企业家精神的市场机制起源,界定了企业家精神市场机制的分析维度:商务独立(涉及私有产权、制度准入、经济自由)、社会伦理(涉及法治伦理、市场伦理、价值伦理)和有限政府。本章大量的实证是以现代民主政治的典型代表——美国为例进行分析的。

思考练习

1. 为什么市场优于政府?
2. 市场制度会对企业家的个人气质及领导风格产生什么样的影响?
3. 为什么直销在中国会被异化为传销?其现代营销意识衰变为欺骗?
4. 从市场机制角度分析美国何以成为当今世界企业家精神最活跃的国家?
5. 公共管理与企业管理的差异何在?两者能否脱节?
6. 中国的商业环境有什么样的特殊性?
7. 当代中国人正处在一种病态的浮躁与焦虑环境当中。在这种环境下,如何形成企业家的创业定力?
8. 在创业与制度发生冲突的情况下,企业家应该怎么办?
9. 民主和法治是经济健康发展的充分条件还是必要条件?为什么?
10. 在现行的市场体制与社会环境下,中国有可能产生像比尔·盖茨、乔布斯似的企业家吗?

延伸阅读

《来自自由的繁荣:中国经济学的反思与重建》(丁栋虹.上海:东方出版中心,2004):作者站在经济学范式革命的高度,抓住当代中国社会改革与经济发展的核心问题进行学术研究。全书的内容涉及理论经济、企业理论、发展理论、产权理论、经济伦理、政治经济理论等六大方面。书中阐述的一系列新鲜、有力的思想与观点,在经济学研究中具有一定的前瞻性。

《重获企业精神》([美]乔治·吉尔德.林民旺,李翠英译.北京:机械工业出版社,2007):每个企业对企业家来说都是一个想法的试验与检测。如果这个想法成功了,它将带来双重收益:增加了资金,增长了知识。只有当利润与企业家知识共同增长时,经济才能持续发展。

《新公共服务——服务,而不是掌舵》([美]珍妮特·V.登哈特,罗伯特·B.登哈特.丁煌译.北京:中国人民大学出版社,2004):本书阐述了新公共服务的基本理论内涵:(1)服务于公民,而不是服务于顾客;(2)追求公共利益;(3)重视公民权胜过重视企业家精神;(4)思考要具有战略性,行动要具有民主性;(5)承认责任并不简单;(6)服务,而不是掌舵;(7)重视人,而不只是重视生产率。

《改革政府》([美]戴维·奥斯本,特德·盖布勒.周敦仁等译.上海:上海译文出版社,2006):政府不应当成为一个庞大的无效率的机构,政府完全可以摆脱传统思维,通过挖掘企业家精神和自由市场的力量,来实现真正的重大改革。

《来自竞争的繁荣》([德]路德维希·艾哈德.祝世康,穆家骥译.北京:商务印书馆,1983):本书是一部实证性的经济学著作,把理论和实证糅合在了一起,并通过历史事实说明市场价格机制自发调节经济活动,它是"自由市场经济"模型的最完美的体现。

《资本主义与自由》([美]米尔顿·弗里德曼.张瑞玉译.北京:商务印书馆,2006):本书阐述的是西方新自由主义的经济观点,颂扬自由放任下的资本主义的市场和价格制度,认为它几乎是解决任何经济问题的最好机制;主张国家应该创造条件使市场和价格制度发挥最大的功能。

《个人主义与经济秩序》([英]F.A.哈耶克.邓正来译.北京:生活·读书·新知三联书店,2003):收集在本书中的这些论文涉及的范围相当广泛,从道德哲学的问题到社会科学研究方法的问题;从经济政策的问题到纯经济理论的问题。需要指出的是,在大多数论文中,却是把上述问题当作同一核心问题的不同方面来看的。

《观念的冒险》([美]A.N.怀特海.周邦宪译.贵阳:贵州人民出版社,2007):文明是一个渐进的过程,它的秘密和希望就存在于尊重传统和恪守传统基础上的变革与创新。本书研究的是文明的概念,力图要理解的是文明化的人是如何产生的;自始至终强调的一个观点便是:要提高和保持文明,冒险是很重要的。

《知识分子为什么反对市场》([美]F.A.哈耶克.秋风译.长春:吉林人民出版社,2003):虽然在自由市场的形成过程中,知识分子功不可没,但在更多的时候,以制度设计的名义,他们不自觉地成为专制的帮凶,将每一个原本自由的个体带向哈耶克所说的"通往奴役之路"。知识分子的这种异常表现,似乎也不能仅仅归咎于他们"理性的自负",而很多时候是像弗里德曼所说的,是一种"伪善的道德优越感",其实质是因为内心的自卑感。

《自由、市场与国家:20世纪80年代的政治经济学》([美]詹姆斯·M.布坎南.吴良健,桑伍译.北京:北京经济学院出版社,1988):"公共选择"理论政治决策的分析(即公共选择)结合于经济理论之中,使其成为政治和经济理论的一个综合体系。布坎南的这一研究工作填补了传统经济学中的一个空白。

参考文献

[1] 丁栋虹.不动产经济学[M].南京:南京大学出版社,1993.

[2] 丁栋虹.论产权与政权关系的制度重构及其在中国的实践[J].战略与管理,2000,(3):52-57.

[3] [英]弗里德里希·哈耶克.通往奴役之路[M].王明毅,冯兴元译.北京:中国社会科学出版社,1997.

[4] 丁栋虹.市场机制条件下政府职责规范化初论[J].理论与改革,1999,(1):22-24.

[5] [德]威廉·罗雪尔.历史方法的国民经济学讲义大纲[M].朱绍文译.北京:商务印书馆,1981.

[6] [美]米尔顿·弗里德曼,罗斯·弗里德曼.自由选择:个人声明[M].胡骑,席学媛,安强译.北京:商务印书馆,1982.

[7] George M. Mcbride. The Land Systems of Mexico [R]. New York: American Geographical Society. 1923.

[8] [美]雷利·巴洛维. 土地资源经济学[M]. 谷树忠等译. 北京：北京农业大学出版社，1980.

[9] [德]恩格斯. 家庭、私有制和国家的起源[M] 马克思恩格斯选集(4). 北京：人民出版社，1972.

[10] [美]查尔斯·比尔德. 美国宪法的经济观[M]. 何希齐译. 北京：商务印书馆，1949.

[11] Don Kanel. Property and Economic Power as Issues in Institutional Economics[J]. Journal of Economic Issues, 1974,8(4): 827-840.

[12] 李琦. 公民政治权利演进[J]. 政治学研究，1997,(3): 35-40.

[13] 丁栋虹. 从经济发展的企业约束变量看我国改革导向的重新定位[J]. 经济理论与经济管理，1999,(4): 7-11.

[14] 谢祖墀. 后视镜里看不到未来[J]. 21世纪商业评论，2010,(6): 24,26.

[15] 贾品荣. 改革第一难题：破除既得利益集团[N]. 中国经济时报,2007-06-28.

[16] 笑蜀. 静态的社会治理逻辑不适合流动社[EB/OL]. 凤凰网博报,[2012-03-14].

[17] [美]安·兰德. 致新知识分子—安·兰德哲学[M]. 冯涛译. 北京：新星出版社，2005.

[18] [美]乔治·吉尔德. 重获企业精神[M]. 2版. 林民旺，李翠英译. 北京：机械工业出版社，2007.

[19] 茅于轼. 发现千里马难，找伯乐更难[EB/OL]. 21世纪网,[2010-08-06].

[20] 商群. 索马里：民众生活不太坏[N]. 南方周末,2012-12-20(F32).

[21] 许小年. 吉利和孔子不是规划出来的[J]. 商界(评论)，2010,(9): 24.

[22] 丁栋虹. 个人主体原则与现代产权制度建设[J]. 学术界，1997,(4): 51-56.

[23] 巩胜利. 比垄断还要可怕[EB/OL]. 万维读者网,[2009-08-25].

[24] 李铁. 中国商品贵的根源在于盘剥太重[EB/OL]. BWCHINESE中文网,[2011-01-21].

[25] Magnus Aronsson. Education Matters — But Does Entrepreneurship Education? An interview with David Birch[J]. Academy of Management Learning & Education, 2004, 3(3): 289-292.

[26] 李佐军. 挥之不去的"投资依赖症"[EB/OL]. 中国经济新闻网,[2014-06-23].

第 13 章 企业制度

> IBM 的创始人沃森给自己定下的任务是，不但要使其事业步入正轨，而且还要创建一个伟大的公司。
>
> ——[美]吉姆·柯林斯

学习目标
- 理解精神作为企业基因的构成；
- 明晰企业产权对精神的决定性；
- 掌握精神的层面及其应用拓展。

德鲁克在《公司的概念》(*Concept of the Corporation*)一书中写到，美国商业社会的特征，不仅由大公司的组织形式、大规模生产的技术决定，还将由第三点因素决定，那就是大公司在多大程度上实现了我们的社会信仰和希望。德鲁克把现时的利润直接看作是未来的成本，因为他坚信，一切今天的赢利企业都会像"大白象"一样老化，除非它们表现出足够的企业家精神，不断用更大的资本投入（利润）通过革新来创造性地消灭原有的自我[1]。

因此，企业并不仅仅是个利润的实体，它首先得是一个精神的载体。一个伟大的公司的必要条件，是建立起自己的企业家精神主导的独特的管理模式。就此来讲，现在的中国距离真正的商业社会还有漫长的道路。未来，当我们也可以输出如丰田模式的时候，我们才真正到了成熟的商业社会。

《报业帝国》[2]一书揭示，《纽约时报》之所以历经百年，很大程度得益于老奥克斯（Adolph Simon Ochs）在办报伊始就为报纸确立的高标准的新闻准则："力求真实，无畏无惧，不偏不倚，并不分党派、地域或任何特殊利益。"这个准则为维护和提高报纸品质不惜牺牲利润和个人财富，并且将他所确立的这种高标准和精神传承了下来，所以，不仅造就了一个伟大的家族，也打造了这份世界最好的报纸。

惠普创始人之一戴维·帕卡德（David Packard）曾经说过："回顾一生的辛劳，我最骄傲的，很可能是协助创设一家以价值观、做事方法和成就对世界各地企业管理方式产生深远影响的公司。我特别骄傲的是，留下一个可以永续经营、可以在我百年之后恒久作为典范的组织。"戴维·帕卡德所说的"价值观、做事方法"，就是现在广为人知的"惠普之道"（HP WAY）。"惠普之道"作为惠普独特的企业文化，体现了惠普以人为本的管理精神，受到了惠普员工及其广大客户和合作伙伴的广泛赞誉。通过"惠普之道"，惠普与业界所有伙伴分享创新的理念和成功的秘诀,同时,也将惠普的信念传播到世界的每一个角落。

现在,有很多中国的企业家习惯听命于政府而不是市场,缺乏冒险精神和坚强意志;满足于现状,忽视对企业长远效益的管理,新品开发和市场竞争意识不强,也缺乏对企业员工的培养……种种迹象都表现为企业家精神的缺乏。

[讨论]严介和指出:"好的企业本身就是一家好的商学院。"你是如何理解的?

基 因 制 度

精神基因

企业家精神是企业的精神基因。

基因概念

基因本来是一个生物学的概念。人体有亿万个细胞,每个细胞含有23对染色体。每个染色体中含有两条相互平行螺旋缠绕的DNA链,每条DNA链均由4种核苷酸单元重复组成。遗传信息就存在于每条DNA链的碱基序列中。一个基因就是DNA片段中核苷酸碱基一个特定的序列。

约翰·奥瑞克等在《企业基因重组》[3]一书中最先提出企业基因重组的概念,他把企业基因(Enterprise Gene)定义为企业的基本结构元素,也称能力要素。就像人的体态特征是由一系列复杂的人类基因组所决定的那样,他视企业为一个能力要素的组合,并认为正是分布于企业中的这些能力要素决定了企业的价值。过去关注的是整个企业或业务单元的健康,而未来将越来越多地关注独立的业务构成单元,即企业基因。每个业务能力要素就是企业价值链中对企业产品有独特贡献的一个组成部分。

另一方面,企业基因就是构成每位经理人员乃至每个企业员工心智模式(Mental model)的基本要素[4]。所谓心智模式,按照彼得·圣吉[5]的说法,是指个人或组织对企业及其周围环境如何运作的既得的根本看法。某种心智模式一旦形成,就会成为一种范式,影响人们的学习、思考和行为。促使心智模式形成的要素正是企业基因,而企业基因的形成主要来自于两个方面:(1)自我成功经验的长期积累。(2)对他人成功经验的逼真模仿。不管是自我积累还是模仿他人,归根结底,企业基因的形成来自经验。企业基因一旦固化,必然导致企业依经验行事,而持续减少的总体经验价值会把企业逐渐推向失败。

美国学者高哈特(Francis J. Gouillart)和凯利(James N. Kelly)在《企业蜕变》(*Business Transformation*)[6]一书中,则把企业看作是个有机体,把企业的各种影响因素看作基因、染色体,视角比较独特。该书提出"生物法人"的概念,认为"生物法人"这一生命体永生不死的秘诀在于是否有能力带动全体系统同步蜕变,并勾画出这些系统——"十二大生物法人系统"。根据基因学,个人不同是因为个体"基因印记"。同理,可认为,企业这一"生物法人"在其"十二大生物法人系统"中每一个系统也都由为数众多的"基因印记"组成,这"十二大生物法人系统"被称为"十二对染色体"。企业蜕变理论提出,领导人担当的角色是生物法人的基因工程师。企业蜕变生物模型包含四大方法——蜕变四要:重新规划,打开企业体头脑,注入新的眼光;重建组织,结构变革,重振活力,增强环境适应力;重启新生,加强人的使命感。在 12 对染色体中,每三对染色体合成"蜕变四要"之一,即重新规划下属的三对染色体:促进全体员工心智能量汇集,勾画远景,使战略层形成使命感,建立评量制度,产生责任感;重建组织下属的三对染色体:建立经济模型,了解经济状况,协调实体构架,类似于形成骨架,重新规划工作结构,类似于肌肉互相牵连;重振活力下属的三对染色体:掌握市场焦点,类似于人体的感觉器官,将各因素联系起来、创立了新事业,相当于生殖系统,利用资讯科技改变规则,相当于神经系统传输各种信号;重启新生下属的三对染色体:设立报酬制度,增强员工满足感,促进个人学习、个人蜕变新生,进而企业蜕变新生,发展组织,给员工以类属感、群体感。企业体应随着环境的变化而演化,准确判断环境变化给予的是机会还是威胁。就像个体一样,由于 DNA 复制的微小差错,某个基因发生突变,这一突变可能是好的也可能是坏的,也或许这一次的突变产生的坏状正好遏制了上次突变产生的坏状,最终使个体向好的方向发展,反之亦然。因此,环境变化无所谓好坏,关键是对于该"生物法人"来说,该变化是意味着机会还是威胁。因此,"生物法人"要发生蜕变最好是各系统协调蜕变。

基因特征

企业家精神在很大程度上具有基因的特征[7]。

(1) 永续性。基因是不朽的,任何一个个体的基因组合(Combination)的生存时间可能是短暂的,但基因本身却能够生存很久。从企业层面上来说,物质性的东西(如厂房、设备等)都会随着时间的消逝而消失或更换,甚至对企业的个体而言,也会随着市场的变动而不断消失和产生。但正如基因发挥作用在于不停地组合和演变一样,企业家精神会通过人的个体不断传递,通过和其他要素(如技术、市场环境等)的组合演变出新的含义和存在。企业家精神既可以在单个企业个体的内部传递,也可以在个体企业消亡的情况下在其他个体上实践。所以,它超越了传统意义上的时间限制,产生了永续的效果,绵延不绝。

从企业家精神内核的七要素(创新、冒险、信任、责任、成长、敬业、合作)来看,在市场经济的状态下,以创新为主要内容的企业家精神是永续的,是企业和个体适应市场经济竞争条件的应对办法。

(2) 遗传性。基因是具有遗传功能的单元,携带着遗传编码。基因是一个长久生存的复制基因,它以许多重复拷贝的形式存在着。基因通过拷贝形式的存在几乎是永恒的,这种永恒表明了基因的遗传性。携带着企业成功的经验或者失败的教训,企业家精神也通过个体传递的形式得到遗传,在单个企业内部和相关企业群内传递。

从企业家精神内核的七要素来看,在市场经济的状态下,企业家精神也携带着企业的遗传密码,它规范了企业对外界机会的反应模式(如创新冒险等)以及企业对内部操作的规范(信任、责任、敬业、合作)和企业对自身存在目的的描述(成长)。企业家精神包含的这些信息可以通过和企业经营要素的重新组合,遗传到新的企业个体或者企业内部的新业务单元中,企业的多元化经营就是遗传了企业家精神的某些内容而产生的结果之一。

(3) 可分性。基因并不是不可分的,但很少分开。企业家精神具有一定的稳定性,这通过它的遗传性体现出来。企业家精神并不是完全不可分的,明显的体现就是企业家精神内核的七要素就将企业家精神的内容进行了一定的分解。在企业家精神发生作用的过程中,它是作为一个整体实现的,七个要素是共同起作用的,割裂了任何一个要素,企业家精神都难以充分发挥作用。

(4) 变异性。基因具有变异性。在一定的环境条件和自然状态下,基因是发生突变的最小单位。企业家精神在企业内传递和在企业间传递的过程中,由于受到外界环境、传递渠道和经营条件等的影响,会产生一定的修正。从企业家精神内核的七要素来看,例如,在外部机会多寡和资本收益率限制的不同约束条件下,冒险维度会发生多种情况的组合,风险极度偏好的企业家精神在外部环境趋于稳定的情况下会减少冒险的程度而增加创新合作等因素。

(5) 重组性。基因与基因之间可以发生重组,产生各种与亲本不同的重组类型。这是基因与基因之间的重组关系。企业家精神也可以和企业其他基因之间进行重新组合和分配,衍生出新的含义和内容。例如,在时间维度和空间维度上的不同程度,企业家精神和企业的经营诀窍两个基因的组合可以产生新的结果。我们如有机会把自己公司和其他公司的某些部分进行重组,将创造更有竞争性的实体——将单个基因进行重新排列以形成更有效力的基因组。之所以把这一过程称为企业基因重组,是因为我们看到企业的基因(价值链中独立的要素,如制造流程、品牌管理、采购诀窍等)与人类的基因非常相似。

(6) 共生性。一个基因对人体的各个不同部分会产生许多不同的影响。人体的某一部分会受到许多基因的影响,而任何一个基因所起的作用都依赖于同许多其他基因间的相互作用。某些基因充当主基因,控制一组其他基因的活动。企业家精神难以离开其他企业基因(如制造流程、品牌管理、采购诀窍等)而独立存在。企业家精神必须在企业整体的背景下和其他基因互动反应。

(7) 系统性。基因发挥的作用取决于它的环境,而这一所谓环境也包括其余的基因。一个个体的全部基因构成一种遗传气候或背景,它调整和影响任何一个具体基因的作用,表现出极强的系统性。企业家精神的系统性不仅体现在和其他企业基因共同组成企业的生态环境,企业也可以通过建立企业联盟或合作伙伴关系来进一步挖掘这些能力要素的价值潜力或者考虑以引进的方式,从更具竞争优势的其他企业那里获得同样成分,通过企业家精神的系统性特点和其他基因配合作用,组成新的企业生态系统。

综上所述,基因理论视角下的企业家精神构成了一个七要素的分析模型,如图13.1所示。

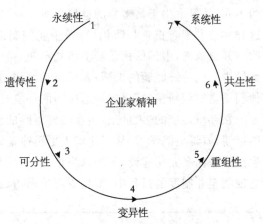

图13.1 企业家精神的七要素基因模型

基因实证

通过对企业家精神作为企业基因的七个要素特征分析,可以发现,这七个要素特征可以划分为企业家精神基因的内部特征和外部特征两大类。企业家精神基因的内部特征主要包括永续性、遗传性、可分性和变异性,主要着眼于企业家精神作为基因的内部特征,如内部的传续、变化等。企业家精神基因的外部特征包括重组性、共生性和系统性,主要着眼于企业家精神基因和其他企业基因之间的交互作用。

对企业家精神特征的内外部分类,便于应用这些特征指导企业(尤其是民营企业)的发展。

中国民营企业可以应用企业家精神基因的内部特征(永续性、遗传性、可分性和变异性),将自身企业家精神的各种形式配合外部环境的变化以遗传和变异的方式在企业内部传播和培育。在企业家精神得到充分传播和培育后,企业的运行能够在更广泛的范围内复制成功经验,释放企业主的工作内容,扩大企业主的管理范围,也能使企业在更大的范围内突破成长的瓶颈。

正泰集团董事长南存辉认为,随着正泰企业规模的快速扩张,要做强一个企业,仅靠高层决策者和经营者集体智慧和个人的人格魅力以及完善的管理制度和薪酬制度还远远不够。要最大限度地调动全体员工的积极性,激发他们的创造精神,只能依赖于企业中共同的价值观念和经营理念,增强企业凝聚力,提高员工的团体意识和奉献精神,振奋员工的自信心和责任感。要使每一位员工做好本职工作,并为集体献计献策,以全心全意、同甘共苦的创业精神来克服困难,增强企业的竞争力,这才是一个民营企业最核心、最本质的东西。南存辉就充分发挥了企业家精神的遗传和变异特性,在整个企业内部最大限度地传播和培育企业家精神,使其在企业的成长过程中发挥作用。

企业基因是企业内部所有个体基因的整合体,其中,经理人员的基因对企业基因的影响最大,这种基因也具有遗传的特性,它体现在企业管理者会将过去的经验代代相传。其结果是,后来的管理者和以前的管理者如出一辙,他们在不知不觉中沿用了过去的管理经验与模式。时间一长,过去经验形成的环境前提被遗忘,昨天的成功经验变成今天的规范与准则,进而可能嬗变为明天的金科玉律。基因理论显示,有机体中活跃着不同的基因类型,也正是由于基因的不同,才显示出丰富多彩的世界。企业也是如此,经理人员必须保持一定数量的基因差别,这样才有利于防止企业僵化,激发企业创新能力,因此,企业基因多元化是必要的和必需的。改革开放以来,中国的民营经济增长迅速,由于其历史较短,来自成功经验的习性基因不多,因而较少受到传统经验的束缚;人员流动性强,外聘人员多,从而保证了民营企业的基因多元化,他们更富有创新精神,更容易适应新的环境。

在环境多变的21世纪,企业经营制胜的法宝要看创新能力,看谁能更快地摆脱过去经验的束缚,看谁更能学习,从而比别人更迅速地识别和发现商机。因此,企业在发展的过程中,必须注意基因多元化建设,不要以为植入"现代企业制度"的基因,就万事大吉了,关键还是在建立现代企业制度的过程中,不只要简单模仿,而是要有所发展、有所创新。

专栏 13.1   丰 田 精 神

美国JD调查公司举办的2004年汽车排名榜中,丰田公司在十个项目中连拿了七项最佳品质大奖。日本各个公司都打起了学习丰田的口号。支撑丰田公司走了半个多世纪的"丰田精神",更成为日本制造业力求上进复兴经济的座右铭。

其实,丰田精神隐藏着日本战后崛起的奥秘。第二次世界大战后,日本选择了以汽车业作为主要产业,这是正确的选择。因为制造汽车最容易发挥日本的团队精神。汽车不同于电脑或者是脚踏车,并不是靠个人能力就能够完成的商品。汽车里有千万个大小零件,它讲究的是机械结构,追求的是设计能力。丰田公司的员工大家庭就如一支千人交响乐团,每一个成员都必须服从群体,要有规律地吹奏,尽自己的本分,才可完成这么一个大工程。

对日本汽车业而言,向西方学习只是一个开始,而能够在学习中厉行创新革新,将工作程序分配得井井有条是丰田汽车公司走向成功的一个重要过程。

一名就职于丰田公司的日本人,在他上班的第一天,学习的第一件事就是如何将自己的文具抽屉整理清楚。丰田公司的每一个员工都有一个有规律而又整齐的抽屉。里面的铅笔、钢笔、尺、橡皮筋、文件夹子等文具都有固定的位置。员工用完了就必须放回原处,让抽屉中的整洁状态一天24小时都不出状况,以便确保工作流程顺利。

走入丰田公司,就犹如走入一个分门别类规律化的"超级市场"。那里没有太多的监督员,但每一个零件抽屉都清楚标明零件名字和数量标签。每当员工们动用了一个零件后,都必须更换数量卡,以方便最后进行数量管理。在明智的分工制度下,丰田公司就犹如一个不断前进的火车,一个车厢领着一个车厢,无法看到有任何部门闲着没事干。

文化基因

企业为达到资源的有效配置,也需要文化。作为"文化载体"的个体,人的不同行为可以导致不同的资源配置效率。企业文化在企业中可形成"道德共同体"或某种"道德认同",这种体系相信和赋予每个人一组选择和行动的"权利",包括对资源的权利和对人际关系作出调整的权利,从而在企业内部实现资源的有效配置。

意识形态

在诺思(D. North)的框架中,文化作为制度的一个层面尤为重要。在他看来,文化作为秩序的伦理基础,是一种"意识形态"。他更是从经济发展史的高度指出,意识形态是人力资本,如果个人意识形态的信念强,说明他的意识形态资本大。

一定的文化作为一种"意识形态",在诺思等人看来,不仅是减少经济秩序交易费用的重要制度基础,更重要的是它对经济主体创新和进取精神的生成与推动,具有和产权界定匹敌的巨大作用,它可以提供选择性经济动力激励等方面的产出,是有效率的经济组织的基础。近代资本主义的兴起无不证明了这一点,而这也是德鲁克的名著《新教伦理与资本主义精神》(The Protestant Ethic and the Spirit of Capitalism)的主旨。

专栏 13.2   **谷 歌 文 化**

谷歌首页上的"I'm Feeling Lucky"(手气不错)按钮也许你每天看到,却很少用到。这个按钮到底是做什么的?谷歌寸土寸金的首页上为什么要放置这样一个貌似无用的东西呢?谷歌联合创始人塞吉·布林(SergeyBrin)解释称,这个按钮之所以取名"I'mFeeling

Lucky"是为了直接给用户提供一个搜索答案,而不是很多的搜索结果。用户在谷歌首页输入关键字,再点击"I'm Feeling Lucky"就会直接在浏览器中打开通过该关键字搜索排行第一的网站,"如果这个唯一的网站正是你要找的内容,那你真是太幸运了"。当然,很多时候,用户可能被引入一个与自己的搜索目的毫无关系的网站。

美女副总裁玛丽莎·梅耶尔(Marissa Mayer)透露,在谷歌搜索中,不足1%的搜索量是通过"I'm Feeling Lucky"实现的,甚至布林也承认自己很少使用这个功能。由于点击"I'm Feeling Lucky"按钮后,用户被直接引向第三方网站,而不会打开显示谷歌广告的页面,有业内人士据此计算,谷歌因为这一按钮每年损失的广告营收就高达1.1亿美元。

"I'm Feeling lucky"看似无用,而且每年还损失上亿美元的收入,为什么却一直"巍然屹立"在谷歌千金难买的首页上?玛丽莎对此的解释是:"你知道,拉里(注:谷歌联合创始人拉里·佩奇)和塞吉认为——当然我也赞同——一家公司要变得呆板、官僚、甚至唯利是图是很容易的事,而谷歌及'I'm Feeling Lucky'让人快乐的地方在于,它们在时刻提醒你:谷歌人不仅有性格,而且充满热情,是有血有肉的人。"

在中华民族的传统文化里,不乏构建现代企业家精神的丰富因子[8]。从我们祖先那里,就大力倡导合理谋利的现代企业家精神。孔子说:"富而可求也,虽执鞭之士,吾亦为之。"(《论语·述而》)也就是说,追求正当的财富是很正常的事,即使是执鞭守门的下等差使,也应该去干。可见,合理谋利在当时就是正常的社会伦理道德。在孔子看来,并不是富贵不好,而是要有合理谋利和"生财有道"的精神。孔子说:"富与贵,人之所欲也,不以其道得之,不处也。贫与贱,是人之所恶也,不以其道得之,不去也。"(《论语·里仁》)在孔子眼里,希望得到富足与尊贵,这是人之常情,而厌弃贫困和卑贱也是人之常情。在提倡人性本善的孔子来说,这种观点无疑是认为追求财富和摆脱贫困是善良的人性,无可非议。关键在于要用正当的方法得到财富,要用正当的方法摆脱贫困。

组织资本

组织内部的文化是一种巨大的"组织资本",它除了通过知识、观念和意识形态对企业家决策产生影响,更对人们发生相互关系提供一个框架(它可以通过向人们提供一个日常生活结构来减少其不确定性)。文化作为一组通过教育和模仿而传承下来的行为习惯,对各种制度安排的成本产生影响。企业作为节约交易费用的诞生物,其单位组织成本(管理成本)的大小反映了企业的边界与实力,用法律、制度规范来监督契约的执行必显得成本高昂。因此,企业文化作为一种心理约束,必定可以作为正规约束的替代和补充。

当一种新的生产力或生产组织形式出现在地平线上时,不同文化的国家反应不同。

法国在17、18世纪曾经创造出欧洲最灿烂的文化,但到了20世纪,法国人的个人主义(小农)思想妨碍法国工业的发展。法国有两类企业,一类是大型国家企业,一种是超小的个人企业,法国缺少大型和中型私人企业。法国人的个人主义妨碍法国人从小企业组合更大的企业。

英国有一流的大学和一流的基础研究。但英国有个根深蒂固的老问题,英国人对把基础研究转化为生产力的能力极差。长期而言,这种缺陷对英国工业发展的影响极大。没有能转变为技术的科学研究,就不可能有持续领先的工业生产。

日本各种规模的企业样样俱全，有世界著名的大企业如丰田，也有大量历史悠久的中小企业。日本人缺少创新能力，但把别人首创而未完成的工作接下去做好的本事极强。20世纪下半叶，日本相当多的拳头产品都是美国首创但没有能变成产品而在日本实现的产品。从某种意义上讲，日本人缺少大气，但精致敬业成为日本的长处。日本企业高度稳定，和顾客的关系也极其稳定，这反应在日本长寿企业数量超过世界任何其他国家这一事实上。

美国几乎没有大型国家企业。就规模而言，私人企业从大到小门类俱全。和日本不同，美国大型私人企业不那么稳定，过去100年中，道琼斯指数股包括的企业与日俱新。美国还有一个显著特点，新兴企业从小到大取代老牌大型企业的几率很高，世界没有一个国家像美国有那么多新崛起的巨型企业。日本的中小企业虽然稳定，但要想进入大型企业的门槛远比美国社会高得多。

需要注意的是，这些国家企业形态后面的文化都相当稳定，很不容易改变。法国领袖不是没有意识到自己文化对企业发展的影响，不是没有试图用政策改变现状，但收效甚少。英国也试图鼓励从基础研究到应用技术的转化，但收效也不大。

专栏 13.3   **通过招聘看企业的社会特质**

日本：重素质

日本的一家公司要招聘10名职员，经过一段时间的严格面试和笔试，公司从三百多名应聘者中选出10位佼佼者。

发榜这天，一个叫水原的青年见榜上没有自己的名字，悲愤欲绝，回到家中便要悬梁自尽，幸好亲人及时发现，水原没有死成。正当水原悲伤之时，从公司传来好消息：水原的成绩原来是名列前茅的，只是由于计算机的错误，导致了水原的落选。正当水原一家人大喜过望之时，从公司又传来消息：水原被公司除了名。原因很简单，公司的老板认为："如此小的挫折都经受不了，这样的人在公司是干不成大事的。"

美国：重制度

美国的一家公司要招聘10名职员，经过一段时间的严格面试和笔试，公司从三百多名应聘者中选出10位佼佼者。

发榜这天，一个叫汤姆的青年见榜上没有自己的名字，悲愤欲绝，回到家中便要悬梁自尽，幸好亲人及时发现，汤姆没有死成。正当汤姆悲伤之时，从公司传来好消息：汤姆的成绩原来是名列前茅的，只是由于计算机的错误，导致了汤姆的落选。正当汤姆一家人大喜过望之时，美国各大州的知名律师纷纷来到汤姆的家中，他们千方百计地鼓动汤姆到法院告这家公司，让公司支付巨额的"精神赔偿费"，并自告奋勇地充当汤姆的辩护律师。

德国：重管理

德国的一家公司要招聘10名职员，经过一段时间的严格面试和笔试，公司从三百多名应聘者中选出10位佼佼者。

发榜这天,一个叫肖恩的青年见榜上没有自己的名字,悲愤欲绝,回到家中便要悬梁自尽,幸好亲人及时发现,肖恩没有死成。正当肖恩悲伤之时,从公司传来好消息:肖恩的成绩原来是名列前茅的,只是由于计算机的错误,导致了肖恩的落选。正当肖恩大喜过望之时,肖恩的父母却坚决反对自己的儿子进入这家公司。他们的理由不容置疑:这家公司的工作作风如此差劲,进入这家公司对儿子的成长毫无益处。

中国:重面子

中国的一家公司要招聘10名职员,经过一段时间的严格面试和笔试,公司从三百多名应聘者中选出10位佼佼者。

发榜这天,一个叫杜语的青年见榜上没有自己的名字,悲愤欲绝,回到家中便要悬梁自尽,幸好亲人及时发现,杜语没有死成。正当杜语悲伤之时,从公司传来好消息:杜语的成绩原来是名列前茅的,只是由于计算机的错误,导致了杜语的落选。正当杜语大喜过望之时,杜语的父母却从商店买来锦旗和奖状。他们来到公司,远远地望见公司老板便跪下来,他们满含热泪地说:"多亏你们救了我儿子,我们家世世代代铭记你们的大恩大德呀!"

心灵结构

企业文化可在企业内形成一定的思维框架和评价参照系,也可谓"心灵结构"(Mental Structure),成为一种集体无意识机制,促进和制约管理活动的发展,而且保证企业发展的连贯性,不会因为公司总裁的变迁而引起公司行为的起落。

当然,也应注意到,企业文化可能显现出高度的"路径依赖"(Path Dependence),使之在演进中受到自身的阻碍,因此,企业的领导者应该有意识地塑造奋发有为的企业文化,并能不断再造,适时创新。

2009年1月15日,美国航空公司1549航班在美国东部时间下午从纽约拉瓜迪亚机场起飞后遭遇鸟群撞击,迫降在冰冷的哈德逊河上。155名乘客和机组人员全部获救,飞机完好无缺,堪称航空史上的奇迹。

机长沙林伯格(Chesley B. Sullenberger)在飞机遇到鸟类撞击导致引擎故障后,沉着冷静地要求旅客做好水上迫降的准备,然后以极精湛的技术把飞机安全地迫降在哈德逊河上。当救援人赶来救出旅客后,沙林伯格机长在机舱里来回走了两遍,确认所有的乘客全部被救起后,才最后一个离开飞机。

这就是西方社会法律和道德规范中的信托责任(Fiduciary Duty)的作用,机长必须最后一个离开飞机。信托责任意味着,一个人选择了某种职业,在这种岗位上,就必须有看护他人利益的责任,如果一个人为了自身的利益,无论其出于多么合乎人性的本能而违背这种信托责任,就一定会受到法律追究或者社会道德的谴责。

大卫·克莱珀斯(David Kreps)在其"企业文化和经济理论"[9]一文中更是用博弈论来解说企业文化。企业作为一个由多个人组成的群体,其行为实际就是人与人的博弈过程。人的行为取决于他自己的效用函数和约束条件。一般认为,效用函数的变化很小,因此,个人所面对的约束条件(如环境)就决定了他的行为。克莱珀斯从博弈论有名的"囚徒悖论"(Prisoner's

Dilemma)开始:在静态的博弈过程中,由于理性经济人的机会主义倾向,必须是一个纳什均衡解(即两个囚犯都承认错误)。然而,在克莱珀斯看来,在一定的条件下,两个囚犯完全可能都拒绝承认错误,实现共同合作,达到帕累托最优解。

克莱珀斯使用了博弈论很少研究的"焦点"假说:当参与人之间没有正式的信息交流时,他们存在于其中的"环境"往往可以提供某种暗示,使他们自发地选择与各自条件对称的策略(焦点),从而实现均衡。即当人们看到许多可能的均衡时,他们可以达成某种暗中的共识,选择同一个均衡解中(指派给每个人)的策略。克莱珀斯称这样的"环境"为"Corporate Culture"(企业文化),他认为其对企业的经营是非常重要的。在多数情况下,由于受不完全信息的影响,企业作为人们合作的"场所",无法把所有可能发生的事件明确地写在契约中(因为无法估量该事件的发生带给每个人的损益)。为了使增进福利的帕累托最优解更容易出现,企业需要形成某种"文化",即"决策"环境,使企业的人们可以在不确定性的情况下更容易地找到"决策"的"焦点",也就是企业文化可以形成一种默契和一种微妙的暗示。也可以反过来认为,"焦点"的存在减少了人们选择行为中的不确定性和机会主义倾向。这里的"焦点"使我们很容易想到"麦肯锡 7S"中所指的核心"共享的价值观"(Sharedvalue),这也正是企业文化的核心。

案例 13.1 **微 软 文 化**

比尔·盖茨缔造了微软文化的个性

比尔·盖茨独特的个性和高超技能造就了微软公司的文化品位。这位精明的、精力充沛且富有幻想的公司创始人,极力寻求并任用与自己类似的、既懂得技术又善于经营的经理人员。他向来强调以产品为中心来组织管理公司,超越经营职能,大胆实行组织创新,极力在公司内部和应聘者中挖掘同自己一样富有创新和合作精神的人才委以重任。比尔·盖茨被其员工形容为一个幻想家,是一个不断积蓄力量和疯狂追求成功的人。他的这种个人品行深深地影响着公司。他雄厚的技术知识存量和高度敏锐的战略眼光以及在他周围汇集的一大批精明的软件开发和经营人才,使自己及其公司矗立于这个迅速发展的行业的最前沿。

创造性人才的团队文化

微软文化能把那些不喜欢大量规则、组织、计划,强烈反对官僚主义的 PC 程序员团结在一起,遵循"组建职能交叉专家小组"的策略准则;授权专业部门自己定义他们的工作,招聘并培训新雇员,使工作种类灵活机动,让人们保持独立的思想性;专家小组的成员可在工作中学习,从有经验的人那里学习,没有太多的官僚主义规则和干预,没有过时的正式培训项目,没有"职业化"的管理人员,没有耍"政治手腕"、搞官僚主义的风气。

始终如一的创新精神

微软公司不断进行渐进的产品革新,并不时有重大突破,在公司内部形成了一种不断的新陈代谢的机制,使竞争对手很少有机会能对微软构成威胁。其不断改进新产品、淘汰旧产品的机制使公司产品始终成为或不断成为行业标准。创新是贯穿微软经营全过程的核心精神。

> 创建学习型组织
>
> 微软在充分衡量产品开发过程的各要素之后,极力在进行更有效的管理和避免过度官僚化之间寻求一种新平衡;以更彻底地分析与客户的联系,视客户的支持为自己进步的依据;系统地从过去和当前的研究项目与产品中学习,不断地进行自我批评、自我否定;通过电子邮件建立广泛的联系和信任,盖茨及其他经理人员极力主张人们保持密切联系,加强互动式学习,实现资源共享;通过建立共享制影响公司文化的发展战略,促进公司组织发生着变化,保持充分的活力。
>
> 经理人员非常精干且平易近人,从而使大多数雇员认为微软是该行业的最佳工作场所。这种团队文化为员工提供了有趣的、不断变化的工作及大量的学习和决策机会。

由于不完全信息的客观存在,企业文化还能发挥"信号"的功能,如向市场传递信息。优秀的企业文化能使在市场中选择的消费者增进信赖,从而得到"货币选票"。同时,一定的企业文化也展示了企业的管理方式和用人策略,在当今以人力资源为核心的市场竞争中,能够吸引企业所需要的高智慧个体加入,提高人力资源的竞争力。

人才基因

在各种经济理论当中,人力资本理论是比较能够科学合理地解释企业家价值及企业家精神的价值内涵的学说。

企业性质

企业的本质是什么?究竟靠什么推动?中国创业者大多把企业看作物质资本的合约,把货币资本看作企业成长的关键动力。然而,无论是欧美还是日本,企业发展都是以人才为核心,把人力资本放在首位。比尔·盖茨说,只要微软的20位核心人才被挖走,微软就不再是微软。丁栋虹[34]早就指出,企业的本质实际上是以人的人力资本合约形成的法人组织。根本理念的差异使中国企业(尤其是家族企业)偏离了现代经济的发展真谛[10]。

从一般的定义来看,企业家人力资本是特殊的人力资本,企业家精神的人力资本在于企业家能力的实际效用价值。在任何企业里,企业是一组人力资本与其他非人力资本的契约。企业中的人力资本,从其内涵来说,是所有员工的劳动能力和创造性思维,从其外在的表现来说,人力资本是存在于员工个人体内的知识和把知识运用于企业价值增值的能力。企业家的人力资本表现为企业家才能,即创新经营才能、承担风险能力和决策领导控制等能力,是人力资本的一种;企业家精神是企业家的灵魂和标尺,它的价值就在于促进企业家各种才能的效用最大化,是本源性的价值要素,是企业家各种价值的抽象归纳。在这里,企业家才能被理解为特殊的人力资本,尤其指称为企业家独有的创新经营能力和承担风险能力,也可以说是企业家精神。因此,有些学者就把企业家能力与企业家精神等同起来看。

资本属性

企业家人力资本价值的源泉就在于企业家精神。加强对企业家人力资本的激励,加快落实对企业家精神的承认和激励,能够增强企业的盈利能力,实现企业价值增值。企业家精神的人力资本价值除了具有一般人力资本的特点之外,还有其自身的特性,主要表现在以下几个方面。

(1) 异质性。企业家精神的人力资本的异质性是指企业家可以在某个特定阶段实现边际报酬递增,从而导致经济成长的加速趋势。对一个发展的企业而言,企业家的作用在于将企业各种资源整合在一起,以获得大于单个成员从事经营活动收益之和的组织租金。在企业内部,生产要素成本随企业规模扩大而递减,协调分工的成本随企业规模的扩大而递增,企业家能力表现为找到最小的总平均成本组合。

(2) 稀缺性。企业家精神的人力资本的稀缺性也是其突出的特征,企业家人力资本形成途径少,投资周期长,见效慢,先天禀赋和后天努力的要求高,形成企业家人力资本过程中的不确定因素多,所以,只有少数人才能获得,相对于经济增长的要求显得十分稀缺。

(3) 模糊性。究竟企业家人力资本的价值几何?企业家精神又何以度量?经济学界对这些问题一直没有明确的解答,虽然一些学者从不同的角度建立了不同的假设和模型来试图进行阐释,但都不能给以准确地评判。一般来说,这一价值量与对企业家人力资本形成过程中的投资量有关,与使用过程中产生的收益有关,但因人而异,因时而异,同一个企业家在不同的组织里应用相同的人力资本所获得的收益往往不同,在不同时期里其价值也有所不同。企业经营环境的复杂性,导致变量的多样性,往往从个别的指针难以对企业家人力资本价值进行完整和准确的度量。企业家所经营的企业虽有很多经济指针可以考核,但这些指针对企业家人力资本的价值也只是一种间接反映。

(4) 主观性。企业家精神激发运用的主观性和弹性。人力资本与其载体天然不可分割,企业家根据自身的主观认识和感受以及对外在激励的认同程度来决定其人力资本的付出程度、努力程度,特别是创新精神和创新能力,更多地依赖于企业家的主观意识。正是这一主观性,使人力资本的付出具有弹性,表现出努力程度时多时少,创新精神时强时弱,且这种弹性又难以观察。

(5) 实践性。企业家精神的人力资本价值形成途径的特殊性。一般性人力资本的形成途径主要是教育、培训、干中学、研究和开发、迁移等。企业家人力资本的形成虽然与教育和培训等因素有关,但它并不是靠教育和培训就能形成的,是在一定的制度环境下,在长期的工作实践中,历经艰难而完成的,是长期不断的实践,有时甚至是多次失败后,才能造就成功的企业家人力资本。

资本转化

在吉尔德看来,经济增长的关键其实很简单,有创造力的人拥有了资金;经济停滞的原因也一样的简单,富有创造力的人的资金被剥夺了。因此,人力资本激励制度不足是企业家精神滞后的约束瓶颈。一桶水容量的多少取决于最短的木条,这种"木桶效应"告诉我们,经济发展的关键取决于"瓶颈"的解决,否则,优势不优。西部丰富的自然资源未能给西部带来经济起飞的原因是人力资源开发滞后,关键在人力资源资本化的滞后,这正是西部地区发展滞后的核心原因,是它粘住了西部企业家精神张扬的翅膀。

人力资源资本化(Capitalization)代表两个方面的含义:人力资本内在的理论价值转变为应用价值和对这种应用价值的所有权制度配置[11: 62-69]。在产权中体现人力资本有以下两个方面的思路。

(1) 尊重人力资本所有者应有的经济利益,即人力资本产权的收益。西部国有企业发展的制度困境就在不承认企业家人力资本的产权收益这一条。企业家可能推动了几百个亿的企业产值发展,每年实现的税利也可能是好几个亿,但他的个人收入就是工资,只有一点点,人力资本没有在产权中体现出来。该给的不给,就导致国有企业企业家就花那些不该花的,拿那些不该拿的,既毁了企业,也毁了企业家个人。

1979年10月,褚时健出任玉溪卷烟厂厂长。此后的18年的时间里,褚时健带领团队将这个陷入亏损的小烟厂打造成亚洲最大的烟厂,为国家创造利税991亿元。在他最得意的时候,求他写条子批烟的人络绎不绝,在退休前,由于"经济问题",褚时健被判无期徒刑,此前,女儿在狱中自杀,那时,他已经71岁了。当时,作为云南红塔集团的一把手,褚时健的工资水平仅相当于烟厂一个普通工人的工资,18年的工资收入总共不过60多万元。几年后,褚时健因为罹患糖尿病,于2002年得以保外就医,从此,他在哀牢山中种橙至今。2011年,褚时健的果园利润超过了3 000万元,固定资产超过8 000万元。

(2) 尊重人力资本拥有者对企业的控制权。这就是建立和完善企业的合约制度。中国企业的现实实践中一个需要重视的问题是:企业前期契约关系不清楚,导致后期多方摩擦,人力资本所有者与物质资本(货币资本)所有者(即资方)冲突不断,结果经常是分崩离析。

中国为缩小东西部地区差距多次开发西部,主要着眼于平衡地分配资源,甚至不惜抽肥补瘦,动员东部地区的资金和人口支援西部,即物质资本的输入;但一味地依靠外来物质资本扶持甚至移植所发展起来的现代产业,很难在人口素质低、人力资本含量低的地区扎根并产生扩散效应。相反地,人力资本的缺陷将有可能导致外界的努力收效甚微甚至产生许多负效应,如"越扶越懒"、"越输血越贫血"的"贫血效应"以及"墙内机器轰鸣,墙外刀耕火种"的"孤岛效应"等。加大人力资本投入、开发人力资源、促进人力资源资本化才是西部发展的根本举措,是帮助西部走上经济自立发展的关键,也是缩小东西部地区社会发展差距的必由之路。

产 权 制 度

企业如何通过产权制度来激发企业家精神?

产权激励

只有明晰的产权制度才能够使创业动力最大化,让企业家能够贡献全部精力,能够风餐露宿甚至举债经营。社会给予企业家失败的机会,使之能够积累更多知识和理念,学习曲线上的进步使之能够胜任更大的挑战和压力,这正是经济发展中流砥柱的形成过程。

第13章 企业制度

人性激励

人是经济发展的主体。人的本性是"经济人"。现代经济学之所以取得巨大成就,是因为其理论的前提假设都基于"经济人"这一基本范式,而"经济人范式"的基本内涵便是人是"追求利益最大化的人",这正是"经济人"的本性。"经济人范式"隐含了一个不证自明的公理,即经济增长的深层次根源必须基于人性。而形成私有产权的根本原因便来自人性。人类由于先天存在的人性,在长期追求利益最大化的生活过程中,出现了财富的积累以及人类对某些财产(尤其是诸如土地这样的生产资料)的重要性的认识,从而导致人们为了保证利益最大化的需求必须对某些财富进行控制,这种控制的渴求便成为财富分配或再分配的原因,这种控制的渴求在现象层面上便表现为排斥他人拥有自己想控制的财富,于是,最初的公有财产权便确立起来。随着财富的增长,公有财产权已经不能满足人们控制并且扩大财富的欲望,因此,私有财产权应运而生。从此,人类对财富的追求成为物质文明进步的火车头。法国18世纪启蒙思想家霍尔巴赫(Paul-Henri Thiry, baron d'Holbach)曾经激烈地反对梅叶提出的财产公有的空想社会主义思想,其赞成私有制并竭力维护所有权制度的哲学思想背景便是他对人性的认可。他[12:32-33]说:"总之,我们认为所有权在人类本性中是有自己的基础的。"他又说:"因此,自然法授予每个人一种名叫所有权的权利,这种权利并不是别的东西,而只是人独自利用他凭自己的才干、劳动和技艺所创造出来的物品的可能性。"霍氏在此所说的可能性正是包含了普遍的人性以及人作为个体获得其由自己的努力而产生的财富的合理性。我国的孟子早就说过"恒产有恒心"。慎子也说过:"今一兔走,百人逐之,非一兔足为百人分也,由未定。由未定,尧且屈力焉,而况众人乎?积兔满市,行者不取,非不欲兔也,分已定,人虽鄙不争。故治天下及国,在乎定分而已矣。"(《吕氏春秋》中《审分览·慎势篇》)

人无恒产,故无恒心。没有稳定的财产基础,没有可靠的财产保障权利,没有得其所得的利益驱动,人们就没有稳定的生活信念和安全感。由于我们没有稳固的个人财富资源,我们也就丧失了基本的自主行为基础。依赖生存是不存在个体自由的。也就是说,没有财富,就没有自由。没有私产,就没有个性。没有个性,就没有创造。人们内在创造潜力就不能充分发挥。人们就不会有自发的创造热情,也不会有长远的打算和规划,他们只能得过且过,一天一天浑浑噩噩地生存。

合乎人性的私有财产制度奠定了人的精神。在实践中,美国人就信奉这样的观念:个人是本身利益的最好的和唯一的裁判者。这一观念不仅对美国人的日常生活有很大的影响,它还直接作用于美国的乡镇制度和其他政治制度。托克维尔[13]很早就在美国发现,新教伦理和以私有产权为基础的自由企业制度相结合,奠定了乡镇精神这一美国式民主的灵魂。而乡镇精神与公民权利基础上的民主制度相结合,创造了美国自由民主的神话,并在此基础上造就了世界上最伟大的经济体。

自由激励

一个人的生存如果依赖于别人,就会严重削弱自身的独立性。控制了一个人的钱袋,也就控制了一个人的脑袋。因此,追求经济的独立与追求思想的独立同等重要。

经济自由是经济发展的基本条件,这是经济发展理论和经济发展实证的一个基本命题。但人要实现自己的经济自由,在实践中必须仰赖私有产权制度的保障。在一个私有产权得到基本保障的国度里,一般而言,人的经济自由程度总是与私有财产拥有的多寡成正比的;稳实的私有财产保障是使"经济人"自由、自觉地进行经济创造、投资与冒险活动的基本理由。

经济自由首先起源于人的自由意志。所谓自由意志,也就是精神上的自由。我们不能想象一个没有财产的人能够实现自己的自由意志。美国经济学家格瓦特尼[14:85]说:"私有财产若不能得到保护,其他的权利就毫无意义。"一个人在他需要实现各项权利和自由意志的时候,经常要借助于财产的支持;没有财产作为前提,许多权利和自由意志就无法实现。在一个私有产权不能得到保障的社会里,秩序仅仅是为了某一部分人能够有效地控制另一部分人,一部分人可以随意侵害另一部分人;被损害、被侮辱的人群将失去一切权利,在最本质的意义上来说,他们已经不是人,因为他们不能实现自己的自由意志。精神上没有自由的人,他的行动就不是他自己希望的行动,甚至不是他愿意的行动。托洛茨基[15:118]曾经说过:"在一个政府是唯一的雇主的国家里,反抗就等于慢慢地饿死。'不劳动者不得食'这个旧的原则,已由'不服从者不得食'这个新的原则所代替。"

一个有效的财产管理制度可以促进社会的自由创业制度。在西方国家,遗产税由来已久,已经成为平衡社会财富的一个行之有效的手段。在美国,一方面,政府通过征收遗产税的办法对私有财产进行合理调节。遗产税以10万美元为起征点,共分为11个档次。例如,10万—15万美元的税率是30%;100万—125万美元的税率是41%;200万—250万美元的税率是49%;遗产在300万美元以上的,则征55%的遗产税。遗产越多,缴纳的税款也越高。如果一个人留下200多万美元的遗产,真正到后人手里的也不过一半左右;如果一个人留下了300多万美元的遗产,后人连一半也拿不到了。最要命的是,美国税法规定,遗产受益人必须在继承遗产前,先缴纳遗产税,然后才能办理继承手续。例如,父辈留下了1 000万美元的遗产,子女要继承的时候得先掏出550万美元交税,才能拿到那1 000万美元。如果后人不争气,掏不出这550万美元,那就一分钱都无法拿到了。在这种情况下,美国富翁们想把全部资产留给子女是很难的。另一方面,与世袭贵族传统深厚的欧洲国家不同,美国人更加崇尚独立创业,对遗产继承不太重视。在年轻人心目中,那些高科技新贵才是值得推崇的英雄。另外,美国的税法还给有钱人的财富安排了一个出口:社会公益捐赠。慈善与公益捐赠可以大幅度抵减个人所得税,也可以抵减遗产税。也就是说,如果你把大量遗产做社会公益捐赠,就可以为你的后人省下一大笔遗产税。美国人巧妙地在道德说教的同时,用实际的利益做引导,让人们关怀社区、热心公益,明白地证明好人有好报。在美国,很多博物馆、图书馆、慈善基金会都是靠私人捐赠支持的。美国政府曾经计划在2010年前逐步取消遗产税。随着这项计划的逐步实施,美国将每年减少300亿美元的遗产税收入。但富人却不"买账"。2002年,即使美国取消遗产税,仍有50%的美国有钱人打算把自己至少一半的财产捐给社会,只留下一部分财产给子孙。2001年2月,美国120名富翁联名在《纽约时报》上刊登广告,呼吁政府不要取消遗产税。这些人包括比尔·盖茨的父亲老威廉、传奇投资家巴菲特、金融大鳄索罗斯、金融巨头洛克菲勒等。老威廉在请愿书中写道:"取消遗产税将使美国百万富翁、亿万富翁的孩子不劳而获,使富人永远富有,穷人永远贫穷,这将伤害穷人家庭。"索罗斯也早就明确表示,他准备将自己在基金会里的工作交给已36岁的长子,但自己的遗产则将捐给本国的公益机构和东欧的教育机构。显然,富翁们都不希望自己的子孙成为无所事事的"富裕垃圾"。

土地私有化后,实现经济自由,有人要问,如果农民卖地进城经商失败,这不会引起贫富分化吗?回答是:第一,这与保险市场有关,它是提醒人们买保险,不是反对土地私有化的理由。

目前,保险市场不发达正是因为保险业不准私人经营。若废止保险业不准私人经营的法令,土地私有化并不会增加很多风险。第二,农民进城经商不必卖地,他可将土地出租,这就是最好的保险,不但有固定的租金收入,一旦生意失败,还可回家种田。而没有土地私有权时,转让使用权所得租金极低,在江浙一带是市场租金的十分之一,不少地方租金甚至是负的。如果土地所有权完全私有化了,不但业主可收得更多租金,土地使用权的分配更有效,而且业主可以用土地向银行作抵押贷款,借钱投资,克服信贷市场的信息不对称障碍,这将使中国的私人投资能力成倍增加。私人投资能力与空间的不足恰恰是影响当前中国经济发展的大问题。

实行私有产权制度是市场经济最基本的内容与前提[①]。从这个角度讲,中国的市场经济机制还没有完全建立起来,因为作为市场经济基本内涵的私有产权制度建设还没有取得实质性的进展。美国西部开发实质上是土地的产权开发,即通过西部土地的低价出售建立了西部开发的企业(主要是家庭农场)主体及其自由行为的空间。现在,如果继续回避私有产权建设这个制度命题,我国西部开发的主体及其自由行为的空间从何而来?

正义激励

私有产权作为一种制度,它的内容是对群体中的每一个人在拥有财产的资格上做出界定,在被划定的范围内占有、使用、收益和最终处分财产。在一个私有产权没有得到有效界定的社会里,人们对他们能否准确地、不受非法侵犯地拥有自己劳动所得是不确定的,这种不确定将给一些人利用权力(甚至暴力)剥夺他人的财产提供前提,甚至提供所谓的合法性依据。这样的社会就成为一个弱肉强食的社会,没有人有完全无虑的安全感。这样的社会是没有正义的制度基础的。而在私有产权明确界定的基础上,所有者能够理性预期自己的劳动所得,在受到侵犯的情况下也能受到法律的保护。所以,私有产权的确立是创造社会正义的制度基础。

"土地私有化会加剧贫富分化,造成社会不安定。"这是最常听到的说法。此论似是而非,完全不合经济学逻辑,是对社会公正性的最大违背。现在,在没有界定私有产权的集体所有制的背景下,如果有的农民要弃农进城或从事他业,他只得放弃他的集体所有的土地份额;如果他不愿放弃他对土地的权利,他就要定期回乡,变成"盲流"。这正是导致当前中国社会贫富不均、社会不安定的重要原因。用马克思的话来说,这是把农民束缚在土地上,阻碍城市化和工业化的制度;它不但不公平,也反效率。如果土地所有权完全私有化了,农民将成为自由民;若农民要弃农进城或从事他业,他可以卖掉土地,不但有一笔收入,而且有一笔资本,因此,他进城时是有钱人,而不是盲流。特别是,可自由买卖的土地比不可自由买卖的同样土地市价高得多,土地私有化只会使现在相对贫穷的农民变得更富。其实,台湾的很多农民比城里人富,就是因为他们有大块土地完全的所有权。一个限制农民拥有土地私有产权的制度是对农民最大的不公。

私有产权制度会导致经济秩序的混乱吗?不会。一方面,私有产权制度不是空的,而是具体体现在投资者保护机制是否完善上面。投资者可以用最小的成本最有效地保护资本,通过创造财富致富,而不是"零和博弈",更不是巧取豪夺。例如,当前中国并购市场不活跃的一个很重要原因,便是在于对控股股东之外的股东缺乏保护,在于仍旧严重的条块分割。钱给了企业,没有满意回报甚至血本无归,于是,或者做大股东,或者不参股,购并市场就发展不起来。

---

① 市场经济的五个基本特征是:私有产权、私人企业、价格控制、市场竞争和有限政府。

另一方面,当一个社会对私有财产权作出明确的界定以后,契约制度就应运而生。在私有产权缺失的社会制度中,就无法生长契约精神,无法建立法律制度。假如私有产权不能够界定清楚的话,就不可能在法律面前人人平等。当法律面前不能够人人平等的时候,就不可能讲求法制。哈耶克[16;331]说:"要使一个自由社会能顺利有效地运作,法律的确定性的重要意义是如何强调也不大可能会过分的。对西方的繁荣起了作用的种种因素中,恐怕没有哪一个因素能比在我们这里一直占主导地位的法律的相对的确定性所起的作用更大的了。"

美国西部开发最初也是像强盗一样乱来,但后来规范了,因为在包括私有产权制度在内的基础性的制度建设方面迈开了步伐。

产权自由

没有自由,就没有企业家精神。

制度自由

经济学家科斯(R. Coase)从交易费用的概念出发,引发了对企业认识上的一次革命。在其伟大的论文《企业的性质》中,科斯第一次"成功地把企业和交易费用相联系"来说明"企业在一个专业化的交换经济中出现的根本原因"。对他及后来的追随者来说,企业可看作是一种人与人的交易关系。企业替代市场,仅仅是因为它能节约交易费用。"企业的显著特征就是作为价格机制的替代物",市场交易存在交易费用,诸如价格发现、谈判、签约、履约监督等产生的费用,因此,通过市场组织生产有时会存在巨大的交易成本。在科斯看来,通过一个组织(企业),让某个权威(企业家)支配生产要素,能够以较之市场交易更低的成本实现同样的交易,企业就代替市场机制的价格功能组织生产,企业就产生了。

虽然科斯没有谈到企业文化问题,但其中蕴涵的哲理是不言而喻的:在制度市场中,必然产生不同制度之间的竞争,而且其规则是"适者生存",即以最少的交易费用完成一定量交易的制度安排将被选中。也就是说,企业作为一种制度存在,必须最大程度地减少其内部的交易费用(管理成本),而且这也决定着企业的竞争优势。企业文化作为一种经济资源,通过塑造(shape)具有共同理想信念、明确的价值指向、高尚道德境界的企业工作群体,可以换得产权界定、监督、遵从的费用的减少,即管理成本的降低。日本企业的成功,无不充分地说明了这一点。日本企业"内协外争、亲和一致"的"家"的意识和氛围即是生动的体现。可以试想,在一个人心涣散、任人唯亲、"窝里斗"的环境中,那种管理成本将是高昂的以至于最后企业毁灭。聪明的企业家在指挥生产、配置生产要素、降低管理成本中,必然要把自己的经营理念、价值观念(一定的文化)、行为方式等整合到员工工作中去,利用文化来加以管理,结成"共同体"。同时,企业家的"权威"作用使我们可以理解企业家在塑造企业文化中具有主导地位。当然,也不能说企业家具有绝对的权力,因为员工把自己交给企业家支配,是因为他们觉得这种交换能带来预期收益。当实际收益少于替换收益时,"跳槽"是正常且道德的。并且,这种收益应包括物质精神(尤其是精神)等方面,因为企业家在建设企业文化中,必须营造良好的人文环境,实行人本、民主参与管理。

企业自由

企业的自由度指数反映一个国家或地区给企业多大的自由发展空间,主要包括贸易政策、货币政策、监管政策、司法制度以及激励因素等。企业家可以在一个领域获得经验之后到另外一个领域发展,政府应该帮助这些企业家尽快地向不熟悉的领域过渡,不要增加创办新企业的困难。

当被问到如何控制像 Google 这样的巨型企业时,Google 总裁兼 CEOEric Schmidt[17]说:"'控制'这个词在 Google 并不强势。"

在全球 156 个国家和地区中,中国香港企业的自由度指数排名第一,中国内地则在第 128 位。在中国,自由交易制度不能很好地建立,导致了很多障碍,迫使很多企业家跟政府官员通过非正常程序打交道,也因此出现了大量的机会导向、关系导向、暴力导向的企业。

企业家主导着企业的发展。但在以政府行政手段来安排企业家、由此来评价企业家绩效的基础上,中国企业家不得不把较多的时间和精力花在与企业成长不相关的、非专业性的工作上:

其一,企业家经常关注政府的评价而不是市场的评价。中国 3/5 以上的企业经营者最关注上级主管部门的评价;近 1/5 企业经营者最关注企业职工的评价;在最关注社会评价里,民营企业的比重大大高于其他几种类型的企业;而对企业所有者或老板的评价的关注,集体企业不到 8%,国有企业不到 5%。在企业家关注政府的评价时,政府却常给予企业家以非企业经济利益性的政策导向。

其二,在政府机制主导下,或在政府机制与市场机制共同主导的现实双轨体制时期,企业家必须把较多的时间与精力花在与政府部门协调关系上,而不是花在企业与市场的经营活动本身。据调查,这方面的情况尤以私营企业和国有企业为最。这反映了私营企业发展受到政府机制的现实干扰和国有企业对政府的依赖。

其三,企业家行为非报酬递增性利益制衡。企业家的基本经济职能是实现边际报酬递增[11;72]。在行政指令性安排下,企业家依政历进行行政级别的划分,个人的经济收益与行政级别挂钩,而与企业经济创收成绩相关不大。在政治机制单独主导或与市场机制共同主导社会运作的条件下,企业家的经济利益追求主要由政治途径实现,这在很大程度上破坏了企业家利益与企业利益的内在联系,削弱了企业家必须将自己的所得建立在实现企业报酬递增基础上的经济压力。通常,企业家非常关心企业利益的分配过程,不大留意企业的物质资料生产过程;相当一部分企业家的主要精力不是放在企业的经济经营上,而是放在个人的政治权力经营上。

其四,企业家存在依赖意识。"创新不是官僚机构或各种委员会的产物,而是那些富有独创性的个人所带来的。"[18]国有企业企业家的行政任命性决定了企业家对政府有相当大的依赖性,存在严重的"等、靠、要"思想。据调查,在中国目前情况下,企业家感到变革和未知事物的威胁,倾向于依赖和维持现状,认为可预测性可以促进对现有资源的有效管理,而不可预测性将会产生危害。

企业家行动的严重稀缺导致企业家在其位但难谋其政,不能积极发挥自己对企业成长应有的主导作用,一些拥有异质资本的企业家,其边际报酬递增的理论价值无从实现为应用价值;其结果是,企业的运营无从获得企业家主导,企业的成长失去了动力、源泉和方向。

> **专栏 13.4　　　　　　东西方管理的差异**
>
> 　　比较东西方文化可以发现,西方是以"法"为重心的管理模式。西方文化追求卓越,追求自我价值的实现,因此,在西方形成的是独立人格。在独立人格基础上形成的西方社会,实际就是契约社会,即人与人之间不形成宗法伦理、等级关系,而是平等基础上的契约。它在管理上的表现就是规范管理、制度管理和条例管理,即在管理中特别注重建立规章制度和条例,严格按规则办事,追求制度效益,从而实现管理的有序化和有效化。西方科学主义的五大原则是精确、量化、分解、逻辑和规范,其所制定的管理模型是强调规则、秩序和逻辑程序,以制度为主体,以防范为特征。
>
> 　　在人类管理发展史上,美国式的西方管理提供了科学管理的全部内容、行为科学管理中属于"独立人"方面的全部内容、现代管理系统中的电脑和数学模型、新科学管理方法的大部分内容以及创新管理的全部内容。由于制度管理克服了传统管理的无序状态、放任状态、经济主义等方面的缺陷,因而构成全部管理的基础。
>
> 　　而东方是以"情"为特质的管理哲理。其一,"静思"习俗。中华民族是长于思维的民族,千百年的文化传统形成了某种价值定势,使中国人的思维问题难以割断历史脐带,难以违背最基本的价值准则,因而中国人的行为是思索清楚了再行动。
>
> 　　其二,"家"本位。家本位是东方社会的又一基本特点,其管理和经济的发展不能以牺牲家庭的"安宁"为代价,以损害社会稳定为成本。孔子的"仁义礼智信,恭宽信敏惠"之所以在中国千古不衰,正是建立在以家为本位的社会伦理秩序的基础之上。中国特色的管理以"家宁"、"家兴"和"家顺"为特点。它不仅表现为企业本身就是"大家"、"厂家",更重要的表现为东方管理具有更多的"情感"特色,使企业成为员工情感交流和满足需要的重要场所。

个人自由

　　一个制度化的企业家机制是一个汇集个人能力的文化,而发现这一点对企业的高层领导并不困难。事实上,许多公司的年报里都有类似"员工是我们的最大财富"这样的说教。然而,在一个专门设计为控制个人行为且最大限度地减少个人意识危险的层级结构里,重新建立对个人能力的真正信仰并非口号和呼吁就能够简单做到的。在 3M、佳能和英特尔等公司发展成为庞然大物的同时,这些企业仍然保留了维持企业家精神的内部机制。而在 ABB、通用电气和小松公司里,管理者成功地重建了一度受到削弱的企业家精神。在其他企业里我们发现,管理者已经意识到不能将企业构建在自上而下的命令和指导模式之上,他们努力激励自下而上的创意和主动性。它要求一个企业放弃那种认为高级管理层是发挥企业家精神和主动精神最佳位置的观念。只有当一线管理者的角色由执行者转变为发起人,而高层领导的角色变为为企业家精神提供发展的舞台时,自下而上的主动精神才成为可能。

　　高级管理层的目标是必须减少对正规控制体制的依赖而借助于自我约束。在一个自我约束的企业里,人们在开会时按时到达,在工作时遵守会议约定的制度,他们不会在走廊里对自己在会议上同意过的决定窃窃私语。总之,他们说到做到。例如,英特尔公司的每个会议都有明确的议程,而会议结束时必须制订明确的决议、计划、责任分工或是最后期限。这种制度并不限制争议,事实上,在英特尔公司,根据总裁安德鲁·格罗夫设计和定型的管理模式,人们把争论称为建设性冲突。管理层希望每个人对带有争议的问题提出自己的意见。然而,一旦讨论完毕决定出台之后,争论就必须停止。公司的哲学非常明确:每个人都可以同意或是反对,但最终要承诺。在拥有成功的企业家精神机制的公司里,高级管理层为企业注入自我约束精神的做法必须辅以一种鼓励和扶持型的管理风格。

专栏 13.5　　　　　　　　　检　　测

经济学用交易费用标准来检测制度的优劣:交易费用水平与制度优劣成成反比,越是好的制度,一定是交易费用水平相对越低的。

管理学用经济自由度标准来检测制度的优劣:经济自由度的大小与制度的优劣成正比,越是好的制度,实现的经济自由度一定越大。

领导学用做正确事情标准来检测制度的优劣:做正确事情的难度或代价与制度的优劣成反比,难度或代价越大,制度的劣质性越强。

产权效率

对产权拥有、政治诉求、文化发展受到诸多约束的社会来说,企业家创业的精神价值经常远远大于经济价值,由此造成的企业家阶层与社会其他阶层的精神反差越大。越落后的地区或国家,这种情况越明显。

产权转让

阿曼·阿尔钦(Armen Alchian)、罗纳德·科斯(Ronald Coase)与哈罗德·德姆塞茨(Harold Demsetz)为现代经济学开创了产权学派,他们不仅试图描述财产权制度是经济学有效运作的重要方面,还找出了导致财产权转让和形成的环境,阿尔钦表示:

我认为财产权制度就是授予特定个人种特定"权威"的方法,利用这种权威,他可以从不被禁止的使用方式中选择任意一种对特定物品的使用方式。如同在此前的评论中提出的"权威"和"不被禁止"依赖于强制以及引导人们尊重转让以及禁止选择的范围。对我来说,财产权意味着保护属于我的资源不被别人按照违反我自己的意愿的方式使用。

财产权的两个关键要素是:(1)个人可以在不影响其他人权利的情况下,利用自己的资源去做任何他们想做的事情,只要他们愿意。(2)在自愿的基础上,个人可以转让或者交换这些权利。商品和服务能否通过有效的价格分配取决于上述两大要素是否被尊重和强制执行,经验和理论同时表明,基于价格机制的经济体更易于生产财富。简而言之,私有财产权制度越发达,经济越容易处于有效的资源配置状态以及扩大创造财富的机会。

产权竞争

在任何一个社会中,个人之间都存在着利益冲突,解决这种冲突的办法之一就是竞争,在一个社会中,财产权制度决定了被允许竞争的形式。私有财产权制度给予了个人排他性的权利去使用和转让他们的资源,这一制度禁止暴力抢夺,鼓励合作。事实上,经济竞争就是一个社会合作的系统。私有财产权保护得越有力、越广泛,资源就能通过越有效的价格杠杆进行分配,资源配置的结果就越有效,就会有更多的财富被创造出来。

既有的研究已经一再证明,土地私有制是经济成功的重要基础,而对土地私有制的限制经常是导致经济发展滞后的重要原因。默克[19,20]比较英法16—17世纪的经济发展的表现及土地财产权制度的差别,得出了对土地私有权保护的程度与经济长期发展之间具有正相关关系的结论。张五常[21]也发现台湾的和平土改对经济发展有负面影响的经验证据。美国著名的管理咨询公司麦肯锡公司完成的研究报告[22]认为,制约印度经济发展的三个主要障碍中,第二个就是土地市场扭曲。扭曲的主要表现是房地产所有权不明确,投资成本很难收回,影响了人们投资房地产这个农业之外最大的经济行业的热情。杨小凯[23]指出,18世纪法国落后于英国的一个重要原因就是当时法国对土地私有权的限制;香港的土地年期制与无限土地私有制相比是种很落后的殖民地制度,英国人在本国就不实行这种制度。

很多现实与制度问题是不能仅仅用经济学的成本效益分析的,有些绝对权利甚至不容用经济学的成本效益分析来讨价还价。在我们讨论私有产权制度安排与经济发展之间的关系时,就不仅要关注其纯粹经济学成本—效益分析的意义,还要从更宽阔的角度讨论私有产权制度安排与企业家精神之间的关联,尤其要从更深的层次探讨私有产权制度安排对经济主体行为、观念转变的影响[24]。

在张军[25]看来,企业家精神作为一个社会的稀缺资源,它对经济增长和发展的作用已经得到了人们的认同。可是,企业家的成长是一个社会发现的过程,它离不开社会经济的制度环境,甚至它本身是靠制度来筛选出来的。因此,我们不能说我们没有企业家,或者说这个社会缺乏企业家的精神,我们可能缺乏的是具有发现功能的制度,也就是说,现有的制度不能很好地"甄别"企业家的才能,从而不能很好地使企业家的创业活动更有力地来推动经济增长和社会的发展与进步。所以,把企业家精神的问题放到社会经济的制度中来思考,以此来看待社会对它的选择和它的成长过程便是本书所提供的基本视角。张军在《话说企业家精神、金融制度与制度创新》一书中表达的观点是,对具有创业精神和风险偏好的企业家才能的发现过程其实是一个制度不断创新的过程。所有的制度创新几乎都有利于和有助于对企业家精神的"甄别"和企业家能力的实现。

一个完善的制度对经济的影响是相当保守的,制度一旦形成并被遵守,经济活动将被纳入一个"循规蹈矩"的体制内,经济活动的展开主要靠制度约束所给定的方向进行。从经济学所遵循的理性传统来看,这个经济将走向人们在教科书上整天所涉及的那个"静态"的效率最大化。但如果人们关注更多的是增长问题,是结构的变化问题,便会看到大量的"变化"和不一样的东西。例如,人们看到的可能不再是企业的扩张和产品质量的提高,而是大批新型和新兴企业的出现,看到的是熊彼特所说的那个"新的综合"和"创造性的毁灭"的过程。在这样一个过程中,是"企业家精神"变得更重要,而不是制度。因为有了自由的企业家精神,这个创新的过程才可能出现。

当经济活动受到制度的制约而变得非常保守时,那些不"循规蹈矩"的、爱冒风险的企业家精神是怎样出现的呢?张军说:"企业家精神的出现是制度创新的结果。可是,在一个受现成制度约束的经济里面,创新何以发生?据观察,即使再完善的制度,也不过规制了一部分或很大一部分的经济活动,换句话说,总是存在着活动在'体制外'的民间力量。他们是创新的源泉。这些活动可以是地下的经济活动,也可以是公开的和合法的'擦边球'活动。无论如何,这些活动都是在'体制外'的、边缘上的民间活动。制度的创新往往就是在这里酝酿和推动的,就是从不受制度保护因而没有制度所造就的既得利益的那些蕴藏在民间的力量开始的。所以,谈制度创新,从而谈企业家精神的成长,对民间力量不该有忽视,更不该有歧视。站在创新活动和企业家精神的角度看问题,去承认民间活动的创造性和合法性也许比一味地去完善现有的制度更重要。尤其是对我们这个经济增长潜力很大的发展中国家来说,充分认识民间力量在创新活动中的重要作用是关系到经济未来成长的'战略'。"所以,这也将对中国的政治发展提出新的任务。

产权保护

通过对财产保护(通过透明、独立和有效率的司法制度界定)与财富(通过对全球 150 个国家的人均 GDP 计算)两者之间的关系进行研究[26],可以得出如下观点:平均来说,财产保护得力的国家的人均 GDP(以购买力平价计算,23 769 美元)是那些只提供较好保护的国家(13 027 美元)的两倍。一旦财产权保护呈现弱化的迹象(中度保护),即使不是一个完全腐败的司法状态,人均 GDP 相较有力保护的国家会减少到五分之一(4 963 美元),当国家的司法制度也非常腐败的时候,人均 GDP 非常之少(2 651 美元)。

用哈耶克(Friedrich August von Hayek)的话来说:

> 不是在更为强大的政治统治下,而是在文艺复兴时期的意大利、德国南部和低地国家的城市里,最后是在治理宽松的英格兰,也就是说,在资产阶级而不是军阀的统治下,近代的产业制度才得到了发展。保护分立的财产,而不是政府主宰其用途,为密集的服务交换网络的成长奠定了基础,也正是这一网络形成了扩展秩序。

对欠发达国家来说,最有益的事情应该着眼于建立和保护财产权,然而,来自联合国(UN)、国际货币基金组织(IMF)和世界银行(WB)的援助大多数都有其目标,这往往会损害相应的财产权。因此,保护财产权,让个人追求其自身的利益,开放贸易为经济增长提供最好的机会才是当务之急。

政府的作用不是去制造企业家,而是创造由市场发现企业家的制度环境。这样的制度框架其实就是宪政。保障人身自由,让每个人都可以自由地到他认为合适的地方,按照自己认为合适的方式,从事适合于自己的职业,也就是说,人人享有创业自由;保护私人财产权,为潜在的企业家提供最充分的激励;最大限度地让市场竞争决定资源的配置,让市场公平地向每个人分配机会,只有公平的机会分配,才能够发现最合适的企业家。哪个国家的制度最能激励企业家涌现、激励企业家冒险创新,哪个国家的市场就有活力,财富就会被源源不断地创造出来。

要鼓励创新,还必须保护创新的权利。这里所讲的创新的权利,除了通常所讲的知识产权外,还包括在企业经营中关键性的认识问题和处理问题的能力等。如果得不到保护,可以被任意模仿、侵犯,就会大大降低创新的积极性,以创新为基本特征的企业家就无法脱颖而出。诺思(Douglass C. North)在他的《西方世界的兴起》[27]一书中,淋漓尽致地论述了保护创新对一个国家经济发展的积极作用。他说:"付给数学家酬谢和提供资金是刺激努力出成果的人为的办法,而一项专为包括新思想、发明创造在内的知识所有权而制定的法律则可以提供更为经常的刺激。没有这种所有权,便没有人会为社会利益拿私人财产冒险。"由于传统和历史的原因,我们的社会恰恰在这方面做得不够。为了使大批的企业家能够脱颖而出,必须在这方面做得更好一些。

公民私人财产在未经正当法律程序许可的情况下,任何组织和个人也不得以任何理由加以侵犯。公民个人正当财产的神圣不可侵犯性,是企业家追逐利润、追求自身利益最大化的法律基础,也是企业家不断进行创新行动的内在动力源泉。许多中国民营企业家的最大顾虑莫过于担忧自己以诚实合法经营获取的资产在某个时刻突然被"宣称"化为乌有。在个人合法财富得不到保障和尊重的制度设计中,企业家不可能进行较为长远的投资计划,而这种制度设计也恰好鼓励了企业家的短期行为,诱致了许多不规范的企业运作方式,抑制了以扩大再生产为目标的继续投资。如果公民的个人合法财产得不到保护,那就将导致如下的消极后果:企业家要么不敢把蛋糕做大,要么就会在开放条件下把资金转移到安全的地方去。

精 神 制 度

本质上,企业家精神是企业家在追求自身效用最大化的过程中体现出来的追求成功的强烈欲望,是勇于冒险、承担风险、开拓创新的行为偏好以及诚信、敬业的道德品质。在此前提下,企业的管理发展也受到极大地促进。

团队精神

团队生产

阿尔钦(A. Alchain)、德姆塞茨(H. Demsetz)从另一个角度使我们认识企业文化在企业中的地位。在《生产、信息费用与经济组织》一文中,他们提出了"团队生产"(Team Production)的理论。在他们看来,企业实质上是一种团队生产方式。

团队生产的意义在于多项投入在一起合作生产的产出要大于各项投入在分别生产的产出之和,即实现"1+1>2"的功能。他们指出,如果通过团队生产所获得的产出大于各队员分别生产的产出和加上组织与约束团队成员的成本,就会使用团队生产。然而,在团队生产中,参与合作的队员的边际产出并不是可以直接和分别观察到的。因为一个团队向市场提供的是整个团队的产品,而不是每个成员的边际产品,而人的机会主义倾向便会诱致偷懒行为:团队成员缺乏努力工作的积极性。

怎样减少并抑制这种机会主义倾向?他们认为,通过对生产率加强计量和监督,使投入每个人的报酬与其边际生产率相配,从而可以有效地减少偷懒行为,但成本可能高昂。因此,他们科学地阐明了以合作性生产为基础形成的"团队精神"与忠诚的重要性。这才是企业家实行团队生产并达到高于队员单独生产的产出的优势而诞生的根本保证,从而由生产的制度结构层面科学地揭示出团队意识、团队文化以及企业共同价值赖以生成的内在机制。他们指出:"公司和商业企业都试图灌输一种忠诚精神……它促进了雇员潜在的生产与闲暇的替代率更加接近,并能使每个队员实现一个文明的境况","当然,要创造一种经济的团队的忠诚精神是很困难的,它可能要鼓吹道德行为准则"。在他们看来,团队精神对团队生产是必不可少的,而且也必须有意识地去培养,有意识地用道德手段去灌输。

可见,企业文化作为企业在生产经营中的一种"团队精神",是企业赖以成长的丰厚土壤。他能有效地制约生产中的偷懒问题等道德风险,实现"团队生产"、"联合劳动"的高效率。

组织环境

企业的企业家精神是一种内企业家精神(Intrapreneurship)。据分析,80%的公司创业失败可以归咎于不适当的计划、不充足的金融支持和对导致成功的公司内企业家精神(Corporate intrapreneurship)因素缺乏理解。如果把组织视为内部企业家精神的连续体[28],对内部企业家精神的研究就是公司企业家精神研究的深入发展。近20年来,国外内部企业家精神研究得到了迅速发展,取得了许多值得关注的成就。

一般认为,组织结构和体制的建立是为了控制风险并使其最小化,政策和计划的制订是为了避免将来发生错误。然而,内部企业家精神往往表现出对传统组织官僚体制的叛逆。内部企业家精神鼓励创新和冒险,更主张宽容错误,把失败视作学习的过程[29]。对此,有学者[30]提出这样的观点,若想在公司中培育内部企业家精神,高层管理团队的第一要务就是在企业中塑造一种以创新为核心的企业文化,这种企业文化不应只局限于产品开发和技术进步。创新型企业文化也不是只针对高层管理者而言的,作为一种诠释企业核心理念和价值取向的企业文化,要求把它渗透到整个企业的每一个角落,去影响组织内的每一个人。

有助于内部企业家精神形成的组织变量具有这样的特征:(1)良好的客户关系和企业与环境的互动,为公司打开了面向新想法、新概念的窗口。(2)目标和过程的模糊性与高绩效水平,会形成现实与期望业绩之间的鸿沟,这种差距会刺激出创新去填平鸿沟。(3)组织的适应性,以解决问题为中心,培育公开的交流。将有助于减少组织内部的冲突并且将组织的努力集中于问题和挑战。(4)鼓励创建专家团队。众多不同领域的专家在一起合作将会激发企业的潜能,并能从不同的角度提出解决问题的新思路[31]。

员工激励

由于每个人的需求存在着差异,企业在给予那些具有创新能力的员工奖励时,一方面,应首先花时间去弄清他们到底需要什么,这样的奖励才会最有效[31]。建立内部企业家的"软着陆"机制,即创新失败不会影响他们的职业生涯,更不会失去工作。这种机制也许才是对得不到企业家那么丰厚报酬的内部企业家的真正吸引和激励[29]。对创新活动的积极评价,对创新的奖励政策,对新事业失败的宽容态度,让组织内的员工保持创新激情,在培育内部企业家精神过程中都是十分重要的[29]。另一方面,要着力建立有助于内部企业家精神形成的奖赏机制,改变那种把薪酬只和经营业绩相联系的做法,要增加对员工创新思路、做法给予积极评价和特质奖励的政策,从而既有助于公司创新,也有助于激发员工主人翁的积极性和使命感[30]。

通过培训使他们真正认识内部企业家精神的实质,而不仅仅是满足于提出生产意见。要鼓励员工投身于新冒险事业中,激发起员工身上的某些企业家特质[32],培养内部企业家的能力,如对不确定性环境的承受能力、捕捉机会的能力、从失败中学习的能力等。

> 对任何事物都以追求最理想的观念去做。无论是产品或服务都要永远保持完美无缺,当然,完美无缺是永远不可能达到的,但目标不能放低,否则,整个计划都将受到影响。公司设立一些满足工作要求的指数,定期抽样检查市场以设立服务的品质。从公司挑选

员工计划开始就注重优异的准则,IBM认为由全国最好的大学挑选最优秀的学生,让他们接受公司的密集训练课程,必定可以收到良好的教育效果,日后定有优异的工作表现。为了达到优异的水准,他们必须接受优异的训练,使他们有一种使命感,一定要达到成功。IBM是一个具有高度竞争环境的公司,它所创造出来的气氛,可以培养出优异的人才。

在IBM里,同辈竞相争取工作成绩,又不断地强调教育的重要,因此,每个人都不可以自满,都努力争上游。每个人都认为任何有可能做到的事都能做得到。这种态度令人振奋。

内部企业家精神意味着对未知的探索。公司高层管理者除了给予创新以资金、技术、资源等方面的支持以外,应当积极支持创业团队,让不同领域的专家聚集在一起,通过不同领域的知识碰撞,产生更为有效的创新活动并提高创业活动的成功率。在许多组织中,虽然高层管理者认同内部企业家精神的概念,但却缺乏实实在在地支持内部企业家精神的文化[33]。

专栏13.6   **创 业 大 赛**

在硅谷工作的科学家和发明家不难发觉,能够使有开发价值的新奇点变成有利可图的产品,其中所需的所有风险资本以及企业家、法律、财会和其他商业资源都近在咫尺,可以利用。但在世界的其他地方,科学家们和发明家们却较难有相同的体会。结果是有潜能的商业发明家仍然窝在他们的大学学院和研究机构内,创造财富的发动机也从未被启动过。

为了解决这一问题,麦肯锡公司正与欧美地区政府和私营部门的各种实体——商会、服务供应商、大学、研究机构和公司,以巧妙的方法,不仅使未来的安德鲁·格罗夫(Andrew Groves)这类人才脱颖而出,而且把顾问及其所依赖的银行家们这类隐而不现的渠道开发显现出来。商业计划竞赛就是这种催化剂。麦肯锡公司的一个小组在访问麻省理工学院时,发现该校学生举办此类竞赛活动已有数年之久,该小组受此启发,便设计出竞赛的蓝图,用于扶植更大社区内的企业家精神,帮助初出茅庐的个体企业家白手起家,从头开始。

举办商业计划竞赛的目的有四个:一是鼓励人们(主要是学术界和商业界的研究人员和开发人员)主动提出他们的想法;二是把有商业才能的人聚集在一起,帮助他们逐步提高商业技能;三是吸引风险资本;四是找到那些愿意支持企业家活动的服务供应商,如专利律师、猎头公司、会计师等。此外,每次竞赛的主办者还安排参赛者与成功企业家之间的网络活动,并为他们寻找租金便宜的办公用房和与当地专利申请办公室联系提供方便。

此类创业计划大赛的成绩相当喜人。1996年,在慕尼黑和柏林举办的第一届竞赛活动使至少30家新公司开张运营。这些公司共筹集到6 500万美元的风险资本;每个公司在运作的第一年平均雇用了10名员工。此后,麦肯锡公司先后在阿姆斯特丹、科隆、达拉斯、戈森堡和苏黎世等城市举办了更多的商业计划竞赛活动。每次竞赛都促成了十几家高科技公司的诞生。

公司精神

公司精神(Corporate Spirit)既是企业家精神实践的载体,也是企业家精神诞生的温床。Jesper Kunde甚至将公司精神称为"公司宗教"(Corporate Religion)[34]。谁有能力创造一种文化,一种能够支撑一家公司历经百年而不改初衷的文化,这样的人就可以称为伟大的企业家。这样伟大的企业家所创立的公司就可以称为伟大的公司。在一个伟大公司工作的员工,他们存在的意义不仅是为了赚钱,更在于他们对自己存在价值的判定以及对这个社会应当贡献的价值的判定。

对组织来说,企业家精神又可以分为独立的企业家精神和公司企业家精神。独立的企业家精神的载体可以是一个或一群自然人,在组织中发挥作用,但往往是独立产生作用,表现为"企业家的企业家精神"。在现代市场经济条件下,企业家精神一般包括不断追求产品创新的精神、不断追求技术创新的精神、不断开拓和创新市场的精神、敢于并善于进行组织和制度创新的精神以及团队合作与不断进取的精神。企业家精神随着企业的发展不断演变,在企业创业初期表现为个体企业家精神;在企业层面上体现为公司企业家精神;在社会层面上就演化为社会企业家精神。

培育路径

公司的战略和环境对公司企业家精神的创造有直接的影响,其中,支持公司企业家精神的战略管理至关重要,是提升公司企业家精神最重要的因素之一[35]。同时,公司环境对提升公司的企业家精神也具有很大的促进作用。研究者通过提出假设模型以及实证研究证明了存在影响公司企业家精神提升的主要因素。企业采取某些有效的措施,能够促进公司企业家精神的培育,进而提升公司的业绩。为了使研究结果能够有效地应用于公司企业家精神培育的实践操作过程,研究者根据前文研究的结论对理论模型进行调整,得出了包含公司业绩的系统模型,如图13.2所示[36]。

公司在具体操作中,可以从四个大的方面入手来培育公司企业家精神,如图13.2所示。

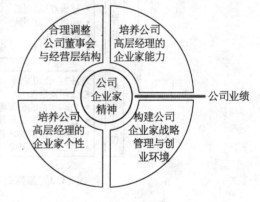

图 13.2 公司企业家精神培育路径

第一,合理调整公司董事会与经营层结构。聘用非董事会成员担任公司总经理,总经理与董事会的独立有助于董事在行使监控、评价总经理的决策时有更大的自主性;对公司高层采用股权激励,激励高层经理追求具有长期利益的具有创业风险的项目;吸引具有相对独立性的外部董事,并给以一定的股权激励,提高他们参与公司战略决策,帮助经理层提升公司企业家精神。

第二,培养公司高层经理的企业家能力。创新和风险业务孕育在高度的不确定性环境中,企业家必须对不确定性环境具有足够的承受能力;机会是创新和风险业务开拓的源头,应注重培养企业家捕捉机会的能力;创新和风险创业意味着一定程度的失败,从失败中不断学习是创新与新业务开拓的重要来源,企业家应善于从失败中学习。

第三,注重培养公司高层经理的企业家个性,包括自我效验①和独立性。具有自我效验素质的企业家往往能增加他们的个人成就和经营业绩,自我效验通过兴趣、成就动机和毅力来影

---

① 自我的效果预期。

响企业家的行为；创造性活动本身的特点决定了企业家在创造性活动中必须带有独立思维的特点。

第四，构建公司企业家战略管理和公司内风险创业环境。在战略制定中强调员工的参与；公司战略的制定与外界环境新出现的机会与威胁变化同步和协调；从战略的角度进行战略性的财务控制；面临高度不确定性和动态变化的环境，采取积极进取的战略；采用扁平化的组织结构；设立专门负责创新与风险创业的部门，在整个公司范围内收集创新与风险创业的创意；培养创新型文化，提升整个公司对创新和风险业务开拓的忠诚度。

塑造方法

公司企业家精神的塑造方法如图 13.3 所示。

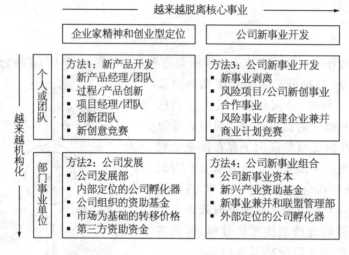

图 13.3　塑造公司企业家精神的四种方法

图 13.3 中，方法 1 和方法 2 是服务于资源开发的，而方法 3 和方法 4 是服务于资源探索的。因此，公司要通过企业家精神来改进创新管理可以有两种可供选择的方法：一种是强化开发公司内业已存在的资源潜力，另一种是强化探索新创造的创新资源潜力。

资源开发若要实现最佳效果，必须满足以下两个条件：(1)研发部门的员工或其他部门是以创新为定位的（内部企业家），不仅要有能力将现有的创新资源潜力发展成为新的产品/服务或与成功密切相关的商业过程，并且他们不会受到直线管理人员和部门边界的限制。(2)内部企业家在开发新的资源潜力时应该得到管理流程和创新团队的帮助，或者能够采取公司新事业开发的形式。

如果高层管理人员建立了激励体系，如创意竞赛、内部商业竞赛或针对内部企业家的内部提升计划，将会使效果更明显。

扩展路径

企业家精神要素是一种存量性资源，最初蕴含于创业者身上。在创业之初，创业者由于蕴含着丰富的企业家精神要素，因而在企业中发挥着至关重要的作用。随着企业规模的扩大和边界的延伸，管理日益复杂化，拥有企业家精神要素的少数创业者难以应付这种情况，需要创业企业家吸引更多的职业经理人员加入到创业企业中来,从而将企业家精神要素扩散到更多的个体和群体身上。此时,企业家精神的外在表现形式已由创业之初创业者个人的创新行为转变为群体的创新行为,创业之初个体企业家精神(即创业精神)已经转化为内部企业家精神和公司企业家精神。企业家精神要素的扩散和培育依赖于企业的一系列创新活动,主要指企业的技术创新、管理创新、市场创新等。从这个意义上说,钱德勒在一系列著作中提到的"管理革命"、"产权革命"以及现代工商企业的组织结构变革实际上都是属于企业的创新活动,通过这些创新活动,企业家精神要素得到了扩散。通过技术创新、市场创新和管理创新等三大创新活动企业建立起完善的创业体系,企业家精神要素下的四种能力不断得到投资(这里的投资既包括资本的投入,也包括人才的投入;企业创新是以资本和人才的投入为支撑的),从而能够在企业内部各个机构和部门间扩散开来,企业家精神要素下的四种能力已不仅仅是创业者个人的技能,而日益变成了包括创业企业家、职业经理人以及部分高级知识型员工在内的集体技能。正因为如此,企业家精神要素这种存量性资源在创新活动的投资下不断积累和再生。在这里,企业家精神要素是企业家创新的基础,创新是企业家精神要素扩散和积累的动力和手段,而不仅仅是企业家精神的本质特征和外在表现形式。

值得注意的是,由于创新活动的存在,企业家精神这种静态要素具有动态性,企业家精神要素下的四种能力不断成长和发展,从而帮助企业不断扩张和增值。企业家精神要素的自学习性和路径依赖性决定了对企业家精神要素进行投资的创新活动也具有独特的自学习性和路径依赖性,因此,每个企业家的创新活动都是独具"个性"的,是不能够被复制和模仿的。它有别于熊彼特创新理论中的创新含义。在熊彼特的观点中,创新是能够被竞争者模仿的,正是由于模仿创新行为的存在,企业家获得的创新租金只能在短期内获得。在这里,由于创新活动对企业家精神要素这种异质性资源的投资,企业家精神要素下的四种能力具有动态发展的特征,因此,企业家获得的创新租金是不会在短期内耗散的。从企业创新理论角度来分析,企业拥有的能够不断创新的能力正是企业的核心能力所在。

以企业家精神要素为基础、以创新为动力和手段,企业家最终追求的目标是企业能持续获得竞争优势,成为一个可持续成长型企业。企业资源理论认为,企业是一个资源的集合体,企业拥有的战略性资源是企业竞争优势的根源。企业的资源主要分成物质资本资源、人力资本资源和组织资本资源三类。其中,企业家精神要素是一种异质性的人力资本资源。企业家精神要素的异质性主要体现在它的价值性、稀缺性和不可模仿与替代性三个特征方面,因此,企业家精神要素是一种战略性的资源。首先,企业家精神要素是有价值的。企业家精神要素包含的四种能力呈现难以观察、难以描述和难以价值化的无形状态,它们在企业内运用比在市场中运用更具有价值。企业家精神要素具有内在的扩张动力和增值特性,具有企业家精神的企业家一刻也不会放弃对利润的追逐和对成长的渴望。而物质资本、组织资本等资源价值的创造与实现必须依赖于这种异质性人力资本资源。其次,企业家精神要素是稀缺的。企业家精神要素既受外部社会环境的制约,又受企业内部创新活动的影响。在一个行业中能成为"百年老店"的企业毕竟是少数。最后,企业家精神要素是不可模仿和替代的。正如前文分析的那样,企业家精神要素下的每种能力都是独特的,其形成过程具有独特的路径依赖性和自学习性,没有其他的要素或能力能取代它。

由于企业家精神要素这种异质的存量资源的存在,企业家可以获得"李嘉图(Ricardian)垄断租金"(指企业资源观下的稀缺性租金),从而为企业获得竞争优势奠定基础;同时,又由于创新投资的动力作用,企业家精神要素得到不断扩散和积累,企业家精神要素下的四种能力获得了动态性,企业从而能够不断地获得超额利润,成为一个可持续成长型企业①。以企业家精神要素为基础,以创新为动力,以竞争优势为目标,新创企业不断发展演化为大公司[37]。

公司治理的终极目标正是科学决策,通过科学决策机制的建立,最小化经营者创新活动的"决策风险",降低创新成本,推动其创新精神形成非常必要。主要措施包括:建立公司治理信息系统(CGIS),为公司治理机制的有效运行和创新决策活动提供有力的信息保障;规范决策程序,建立民主决策、充分参与的决策制度,重视公司利益相关者在科学决策中的作用,将决策过程中的人为因素减至最小;优化决策资源配置,充分利用公司内外部决策资源,借鉴吸收各方面的意见,科学选择决策方案,减少决策失误。

通过公司治理机制的建立和完善,诱导企业家的创新行为,在这个微观的企业层面上,公司治理制度的建立和健全为中国企业家精神的培育和成长提供了最为深厚的微观制度基础。图 13.4 表示从公司治理制度完善角度的企业家创新精神培育的基本路径。

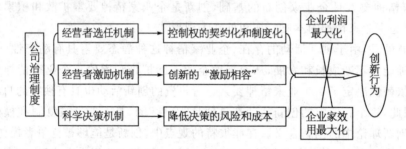

图 13.4　公司治理机制结构图

2010 年,78 岁的稻盛和夫,受鸠山由纪夫政府三顾茅庐之邀,出面整合申请破产的日本航空公司。耄耋之年的稻盛和夫是纯粹的外行,再出江湖担此重任,"即使智力胜任,体力能吃得消吗?"稻盛和夫却认为,"只要注入经营真谛,日航一定能够重生。"

实业精神

Marcus Dejardin[38] 从两个方面研究了企业家精神与经济增长间的关系:首先,探讨了两者的内生联系,尤其是创新型企业家精神是促进增长的内生变量。其次,作为经济发展决定因素的企业家资源,如果在寻租活动中出现低效配置,甚至脱离了生产用途,经济发展将因此而停滞,甚至倒退。

领导能力

对企业层面来说,企业家精神是一种管理与领导的方式(A Way of Managing and Leading)。一般认为:(1)企业家精神是一种不考虑资源约束的机会追求(Pursuit of Opportunity)的管理方式(Management Style)。(2)企业家精神是指由个人、团队或现成企业

---

① 企业能力理论(特别是动态能力理论)认为,创新(特别是能力的创新)是企业利润的真正源泉,依靠企业动态能力获得的租金被称为"熊彼特租金"。

对新的商业与风险投资机会(如自我雇用、新的商业组织或既成企业的扩张)进行的任何尝试。(3)企业家精神是一种基于价值创造的目的、立足于机会、整体化进行、实施平衡领导的思考与行为的方式。

  Shaker A. Zahra 和 Donald O. Neubaum[39]提出,公司精神体现在一个公司整体的创新与风险创业行为上。企业家精神对组织的革新、新业务的开拓、提高公司的业绩是非常重要的。他们对企业家精神研究的视角投向微观领域,并首次对企业的所有者结构、经营层结构与培育企业家精神之间的关系进行了研究。他们研究的缺陷是,未能充分考虑到企业的文化环境、企业的战略环境、企业的组织环境对培育企业家精神的影响。

  公司精神的影响[40]表现在四个方面:(1)产品更新。引入新产品或将新产品打入新的市场。(2)组织更新。以改进组织功能和实现战略为目标而进行的创新。(3)战略更新。依据环境变化制定新的战略指导方针。(4)领域更新。创造一个产品或者开发以前从未进入的新市场。这四种表现形式与企业的三种基本竞争优势有所联系,分别是总成本领先、差别化和目标集聚。从产业经济学的观点看来,这三个方面必然影响企业的经营绩效。

  杰斯帕·昆得(Jesper Kunde)的《公司精神》(*Corporate Religion*)[34]是一本具有独创性的著作。这本著作以公司精神统领一切,形成一种能够和谐地将共同的、相互关联的理解和认识贯穿于公司内部与外部市场之中的精神;公司精神被阐述为由"产品(Product)、理念(Concept)、形象(Profile)、组织(Organization)和沟通(Communication)"所组成。杰斯帕·昆得在阐释公司精神时不仅有一套完整的理论体系,甚至把公司精神提到一个信仰的高度,而且这些理论都经过了他自己亲身的实践:杰斯帕·昆得本人就经营着斯堪的那维亚最大和最负盛名的广告代理公司。

  产业发展

  企业家精神也决定了企业化导向下的实业精神,从现代大学、现代医院与现代银行的发展上可以看出这种关系的逻辑。

  现代大学的创建和发展,尤其是现代美国大学的创建和发展,是讲述企业家精神发展历史的最好教材[41]。现代大学是德国外交官兼教育改革家威廉·洪堡(Wilhelm von Humboldt)的发明。1809 年,洪堡构想并创立了柏林大学。当时,他的目标非常明确,一是从法国人手中夺得学术和科学方面的领导地位;二是吸收法国大革命解放出来的力量,用来抵抗法国自己,特别是拿破仑。19 世纪 60 年代以后,大约 1870 年左右,德国大学本身的发展如日中天,洪堡将大学作为变革推动者的想法越过大西洋,被美国采纳。美国南北战争结束时,殖民时期的旧式"学院"因年代久远而濒临瓦解。1870 年,美国学院的学生还不足 1830 年时的一半,而当时的人口几乎增长了 3 倍。但在接下来的 30 年里,一群美国大学校长创建了一个新的"美国大学"——特别新式也特别美国化。第一次世界大战后,它为美国赢得了学术和研究方面的世界领先地位,正如 100 年前,洪堡的大学为德国夺得学术和研究方面的世界领导地位一样。

  第二次世界大战以后,新一代美国学术企业家们又再度创新、建立了一批新的"私立"和"大都会"大学:纽约有佩斯大学(Pace University)、费勒·狄更生大学(Firleigh-Dickinson)和纽约科技学院(New York Institute of Technology);波士顿有东北大学(Northeastern University);西海岸有圣克拉拉大学(Santa-Clara University)和金门大学(Golden Gate University)等。在最近 30 年里,这些大学是美国高等教育的主要增长点。在课程上,大多数新式学校似乎与古老的学院并没有什么不同。但是,它们是为一个新的、完全不同的"市场"——为有工作基础的人士而不是为刚出高中的应届生设计的,而且它们主要面向大城市的学生,这些学生不住校,整天往返于大学和住处之间,一周上5天课,从早9点至下午5点。同时,它们招收的学生来源比较广,背景差异大,而不是传统概念中的高中刚毕业的"大学生"。这些学校是响应市场的重大转变,响应大学文凭的地位从"高阶层"到"中层"的转变以及"上大学"所代表的意义的重大转变而成立的。

企业家精神也主导了医院的发展历史。19世纪末,现代医院首先出现在爱丁堡和维也纳,然后是19世纪在美国出现的各种形式的"社区医院"以及20世纪初出现的大型的专业化中心,一直到第二次世界大战后,医疗保健中心这样的医院才出现。现在,新的企业家又忙于再度将医院改变成专业化的"治疗中心":流动的外科诊所,独立的妇产中心或心理治疗中心,它们的重点不是像传统的医院那样只是照顾病人,而是专业化地满足特定的"需求"。

现代银行的建立也得益于企业家精神的拓展。虽然第一次尝试建立系统的企业家精神的目的并不是为了所有权的——1857年,皮埃尔兄弟(the Brother Pereire)建立了企业家银行——他们的信贷公司;1870年,这种做法越过莱茵河,由乔治·西门子(Georg Wilhelm von Siemens)在他建立的德意志银行中得到发展和完善,同一时期又被摩根(John Pierpont Morgan)带到大西洋彼岸的纽约。这些作为企业家的银行家最初的任务是运用他人的资金,使之分配到生产力和产出均较高的领域。早期的银行家都变成了企业所有者,如罗斯·柴尔德家族(the Roths Childs)。他们修建铁路每每都使用自己的资金。而具有企业家精神的银行家则相反,他们从未希望成为所有者。他们主要通过向公众出售在初创时向他们借钱的企业的股票来赚钱。同时,他们通过向公众借钱为其投机活动筹集资金。

专栏 13.7　　　　　　　　　**商业拯救奥运会**[42]

20世纪80年代初期的欧美,市场之手的力量为人们重拾。自由经济在英美政府改革派的倡导下重焕生机,大刀阔斧的改革也使这些国家的经济走出了石油危机后的恐慌。正是在这种对市场力量的信奉下,人们提出了将奥运交给市场手里,让私人企业去办奥运的想法。这种市场化的想法最终居然得以实现。1979年,筹备委员会聘请了金融界人士、45岁的彼得·尤伯罗斯(Peter V. Ueberroth)任洛杉矶奥运组委会主席。

尤伯罗斯是一个典型的美国梦的代表者,经过个人几十年的奋斗,从白手起家到百万富翁。酷爱冒险的他把自己的企业卖掉,全身心投入到奥运的商业运作中。除了将奥运门票更大程度地市场化外,尤伯罗斯还重视很多临时场馆的使用和旧场馆的翻新,这些措施使奥运会的成本得到极大地节省。而重要的则是如何开拓更多的财源。为此,尤伯罗斯的商业头脑发挥得淋漓尽致。

尤伯罗斯首先启动了电视转播权的招标,并大获成功,这次奥运会在美国本土的电视转播权拍卖得到了2亿美元,在欧洲、亚洲分别得到了2 000万美元,另外,还获得了2 000万美元广播转播权转让费。尽管电视转播权的转让并不新鲜,但是竞标却属首次,开始的时候,大家都在风险面前望而却步。尤伯罗斯提出愿意和电视台分担风险。他的逻辑是,只有参加比赛的国家和选手多了,奥运才能更加精彩,从而吸引更多的人看电视,吸引到更多的广告投放。于是,他到各国去游说,在冷战的年代,获得了很多国家参加比赛的许诺。这些为他进行招标奠定了良好的基础。

尤伯罗斯的第二板斧就是赞助计划。这一计划更是破天荒地募集到了 3.85 亿美元。现在奥运会通行的"TOP 计划"就诞生于尤伯罗斯之手。过去,奥运会的赞助企业多如过江之鲫,如当时的冬奥会就有 1 000 家企业赞助,但总赞助金额仅仅为 1 000 万美元。赞助企业过多的结果就是大家都很难在里面凸显出来,每家都不愿意出更多的钱。尤伯罗斯祭出了狠招,每个行业的赞助商只要一个,底价 400 万美元。

这一招极大地挑动了企业的神经,让很多企业欲罢不能,诱导公司之间激烈竞争。这样,公司之间也确实上演了龙争虎斗。"两乐"之争和富士与柯达的战争是两大看点。最后,可口可乐以 1 200 万美元击退百事可乐,富士则以 700 万美元让几十年的奥运赞助商柯达兵败本土。

甚至连火炬接力也成为奥运的一个绝佳卖点,广泛地发动普通人来参加奥运接力,使奥运的激情空前高涨,而过程中的商业营销活动为奥运筹集到了 1 000 多万美元。

尤伯罗斯让奥运的商业化得到了充分开发,而商业也极大地助推了奥运会。1984 年 7 月 28 日,在洛杉矶纪念体育场开幕的 23 届奥运会通过现场运动员的精彩表现、通过电视转播让全球亿万观众热血沸腾。奥运空前地成功了。在财务上,这种成功无疑更具有代表意义,2.36 亿美元的盈余开创了一个伟大的奥运时代。在尤伯罗斯之后,国际奥委会开始在 1985 年推出了全球合作伙伴计划。奥运和商业的携手更加紧密,奥运成为无可争议的全球体育第一盛会,甚至成为全人类的一场集经济、文化等为一体的最有影响力的社会活动之一。

资本主义

在资本主义社会的发展过程中,最恒久的动力机制是企业家精神,而不是利益。"一旦企业家开始关心自我消费而放弃企业经营,财富就会迅速贬值。这也是驱使企业家不断奋斗和创新的动力。因此,精神和信仰才是企业家的生产方式。"乔治·吉尔德不断强调财富的真正来源其实是企业家的观念流(Flow of Ideas)和精神景象(Mindscape)。他对财富可以进行重新分配的观点进行了批判,认为这种物质主义的迷信"愚昧可笑"。在学习曲线中历练出来的成功企业家,或者一往无前,或者充满反叛,或者意志顽强,或者崇尚创新,这都构成了比传统社会经验和学术教条更为鲜活和直接的财富创造格局。理解社会和经济的发展需要从企业家个性的维度去看待,才能够正确地理解事物发展的偶然性和必然性。

乔治·吉尔德(George Gilder)在《重获企业精神》(*Recapturing the Spirit of Enterprise*)[43]一书中一针见血地指出,资本主义在制度层面最为精髓的思想内核在于:持续激励人以最大程度的工作热情和效率投入到创造更大的社会价值当中。

"经济增长的关键其实很简单,有创造力的人拥有了资金;经济停滞的原因也一样的简单,富有创造力的人的资金被剥夺了。"社会如果能够将最好的投资资本和机会给予最具社会价值创造能力的人和机构,将是国家和社会获得发展的主要源泉,这比一味地构建竞争格局更为重要。虽然"经济学家的普遍观点是经济即将进入大萧条,而具有创业精神的企业却用自己的独特行为和信念来创造发明,带来重大的突破,并引导世界经济进入增长和繁荣。真正的经济不是计量经济学的经济,而是企业家的经济"。

本章概要

企业制度是企业家精神的重要成长因素。本章从企业基因的企业家精神构成、企业产权对企业家精神形成与发展的决定性以及企业家精神的层面及应用促进等角度,展开企业家精神在企业制度层面的生成机理分析,力图构建初步的分析框架。

思考练习

1. 如何分析企业家精神与企业创建与成长之间的关系?企业家精神与企业成长具有什么样的内在关系?
2. 为什么有的企业会有文化而无精神?塑造企业家精神为什么会是伟大企业的共同取向?
3. 精神资源是推动中国企业管理变革的关键吗?阻碍中国企业家走向成功的精神障碍有哪些?
4. 转型期中国企业家面对的是一个更为复杂的商业环境,需要更多的智慧,而这种智慧需要某种更为广博的精神资源的推动。为此,中国企业家应该怎么做?
5. "CEO更感兴趣的是如何保护自己的职业地位,而不是让公司有所成就",这个问题能否从企业的体制中加以防范?
6. 华为公司是一家杰出的中国公司,但其已经形成了自己独特的管理模式了吗?请在搜寻图书馆文献与网络资料的基础上,实证地分析这个问题。
7. 如何创建、运营与管理一家具有企业家精神的企业?企业家精神与公司治理的关系是什么?
8. 中国民营企业的现实创业成功与成长壮大,对于技术、市场、管理等三项因素的依赖情况如何?与西方跨国公司的成长有何不同?
9. 人类社会的感情分友情、亲情、爱情三种。但在亲情和爱情中能引入契约化制度吗?在中国以及东南亚地区长期接受儒家、新儒家文化氛围的影响下,全盘引入西方契约文化是否会对原有的很多传统造成冲击?
10. 人力资本产权制度如何体现企业家精神?人力资源资本化的产权配置具有什么样的共同趋势?

延伸阅读

《制度变迁中企业家成长模式研究》(丁栋虹.南京:南京大学出版社,1999):本书的主导观点是:以异质型人力资本为核心的、有效率的制度变迁是企业家成长的关键。围绕主题,作者设立了异质型人力资本和政治理论资本这一对理论概念,基于这一对概念在制度变迁各个阶段中占据地位的演变而衍生的各种企业家类型和成长模式,建立了一整套逻辑严谨的理论框架,并提供了具有历史和国际比较背景的实证耦合分析。

《话说企业家精神、金融制度与制度创新》(张军.上海:上海人民出版社,2001):作者用一种轻松的"谈话"方式来讨论企业家精神的发现机制和制度创新,使读者能够在一种轻松的阅读中获得对于企业家精神、金融制度和制度创新的全面认识。

《小企业管理与企业家精神精要》(英文影印版,[美]齐默尔,斯卡伯勒.北京:北京大学出版社,2006):本书覆盖了小企业管理和企业家精神的所有重要主题,主要讲述企业家精神的理论内涵和现实对理论的挑战以及如何从战略、营销、财务等角度来构建商业计划、建立竞争优势等内容。

《动物精神——人类心理如何推动经济变化,它对全球经济复苏为什么重要》([美]乔治·阿克洛夫,罗伯特·希勒.黄志强等译.北京:中信出版社,2009):本书会告诉你为什么经济会陷入萧条?为什么有人会失业?为什么房地产会有周期?为什么股票价格和公司投资如此多变?为什么通货膨胀和失业此消彼长?为什么我们给将来准备储蓄缺乏计划性?

《公司精神》([丹]昆德.王珏译.昆明:云南大学出版社,2002):本书旨在试图打破如今普遍存在于众多公司的不具创造力的传统思维模式,想为正在奋斗前行的公司提供更加具有推动力的动态方法,是关于态度和理念的阐述,是关于从根本上决定一个公司的优势和劣势的理念,是关于决定一个公司必须如何去行动和组织自己的理念。

《企业再造——企业革命的宣言书》([美]迈克尔·哈默,詹姆斯·钱皮.王珊珊译.上海:上海译文出版社,2007):西方发达国家现行的企业制度、组织结构和管理模式是开始于两百年前的工业社会发展的产物,它强调劳动的专业分工和管理的层级制。随着科技的发展,人类进入信息社会,过去的管理方法已不再适用。只有再造业务流程,才能大幅度地提高企业绩效,提高服务质量。

《企业基因重组:释放公司的价值潜力》([荷]奥瑞克,[荷]琼克,[美]威伦.高远洋等译.北京:电子工业出版社,2003):在一个更专精、更简洁的企业组织中,业务单元被重新进行组合,以形成更有效的企业 DNA,从而使企业更具竞争力。能力要素驱动型组织比以前的企业更加精干和敏捷,它将自己的精力集中于它最为擅长的方面,以此获得丰厚的回报。

《企业蜕变》([美]弗朗西斯·高哈特,詹姆斯·凯利.宋伟航译.北京:中国人民大学出版社,2006):本书谈的是企业的整体,而非某一部分;也因为这样,本书提出的做法是"全面疗法"。本书会带你由重组的艰辛、痛苦,一路推进到企业得以成长、组织得以重生的繁荣世界。

《看得见的手——美国企业的管理革命》([美]小艾尔弗雷德·D.钱德勒.重武译.北京:商务印书馆,1987):本书通过食品工业、烟草工业、化学工业、橡胶工业、石油工业、机器制造业和肉类加工业中的大量史料,论证了现代大型联合工商企业的诞生乃是市场和技术发展的必然结果。

《企业生命周期》([美]伊查克·爱迪思.赵睿译.北京:华夏出版社,2004):爱迪思博士以系统的方法巧妙地把企业的发展视作为一个像人和生物那样的有机体。他的模型在微观的人际关系领域和宏观的政府层面都是适用的。

参考文献

[1] Ed Zhang. 我们都误读了德鲁克[J]. 北大商业评论, 2006, (2): 78-81.

[2] [美]蒂夫特,琼斯. 报业帝国——《纽约时报》背后的家族传奇[M]. 吕娜,陈小全译.北京:

华夏出版社，2007.

[3] 约翰·奥瑞克，吉利斯·琼克，罗伯特·维伦. 企业基因重组：释放公司的价值潜力[M]. 高远洋等译. 北京：电子工业出版社，2003.

[4] 刘普照. 企业基因理论与国有企业效率[J]. 经济理论与经济管理，2002，(1)：55.

[5] [美]彼得·圣吉. 第五项修炼——学习型组织的艺术与实务[M]. 郭进隆译. 上海：上海三联书店，1995.

[6] [美]高哈特，凯利. 企业蜕变[M]. 宋伟航译. 北京：经济管理出版社，1988.

[7] 程天，戴建华，沈晨. 基因视角下的企业家精神特征研究[R]. 复旦大学管理学院，2006.

[8] 林左鸣，吴秀生. 中国企业家精神特质及其构建条件分析[J]. 云梦学刊，2005，26（5）：52-58.

[9] K. David. Corporate Culture and Economic Theory[J]. James Alt, Kenneth Shepsle, 1990：90-143.

[10] 龚丹韵，柳森. 何处寻找企业家？[N]. 解放日报，2007-08-04(05).

[11] 丁栋虹. 制度变迁中企业家成长模式研究[M]. 南京：南京大学出版社，1999.

[12] [法]霍尔巴赫. 自然政治论[M]. 陈太先，眭茂译. 北京：商务印书馆，1994.

[13] [法]托克维尔. 论美国的民主（全两卷）[M]. 董果良译. 北京：商务印书馆，2004.

[14] [美]多蒂，李. 市场经济：大师们的思考[M]. 林季红等译. 南京：江苏人民出版社，2000.

[15] [英]弗里德里希·哈耶克. 通往奴役之路[M]. 王明毅，冯兴元译. 北京：中国社会科学出版社，1997.

[16] [英]哈耶克. 自由宪章[M]. 杨玉生等译. 北京：中国社会科学出版社，1999.

[17] Musixboy. Google：我们没有打败苹果的意图[EB/OL]. 21世纪网，[2010-07-06].

[18] [美]罗斯托. 从起飞进入持续增长的经济学[M]. 贺力平等译. 成都：四川人民出版社，1988.

[19] Joel Mokyr. The Lever of Riches：Technological Creativity and Economic Progress[M]. Oxford：Oxford University Press，1992.

[20] Joel Mokyr. The British Industrial Revolution：An Economic Perspective[M]. 2. Boulder：Westview Press，1998.

[21] S. N. S. Cheung. Transaction costs, risk aversion, and the choice of contractual arrangements[J]. Journal of Law and Economics，1969，12(1)：23-42.

[22] 木凤. 中国经济增长速度为何高于印度[EB/OL]. 美国之音中文网，[2002-11-11].

[23] 杨小凯. 中国土地所有权私有化的意义[EB/OL]. 凤凰博报，[2008-07-06].

[24] 丁栋虹. 私有产权与经济发展的关联分析——兼论土地私有化是西部开发成功的必要条件[J]. 社会科学辑刊，2006，(1)：107-111.

[25] 张军. 话说企业家精神、金融制度与制度创新[M]. 上海：上海人民出版社，2001.

[26] 小杰拉尔德·奥德里斯科尔，李·霍斯金斯. 财产权：经济发展的关键所在[J]. 中国改革，2007，(9)：43.

[27] [美]道格拉斯·诺斯，罗伯特·托马斯. 西方世界的兴起[M]. 厉以平，蔡磊译. 北京：华夏出版社，1999.

[28] B. A. Antoncic, R. D. Hisrich. Clarifying the intrapreneurship concept[J]. Journal of Small Business and Enterprise Development，2003，10(1)：7-24.

[29] V. Luchsinger, D. R. Bagby. Entrepreneurship and intrapreneurship：behaviors, comparisons and contrasts[J]. SAM Advanced Management Journal，1987，(Summer)：10-13.

[30] Joel Ross. Corporations and entrepreneurs：Paradox and opportunity[J]. Business Horizons，1987，30(4)：76-80.

[31] M. A. Mcginnis, T. P. Verney. Innovation management and intrapreneurship[J]. SAM Advanced Management Journal，1987，(Summer)：19-23.

[32] J. Ross, D. Unwalla. Who is intrapreneur[J]. Personnel，1986，(December)：45-49.

[33] Donald F. Kuratko, Ray V. Montagno. The Intrapreneurial Spirit[J]. Training & Development Journal，1989，(October)：83-85.

[34] [丹]杰斯帕·昆得. 公司精神[M]. 王珏译. 昆

明:云南大学出版社,2002.
[35] J. G. Covin, D. P. Slevin. A Conceptual Model of Entrepreneurship as Firm Behavior [J]. Entrepreneurship Theory and Practice, 1991,16(1):7-25.
[36] 陈劲,朱朝晖,王安全. 公司企业家精神培育的系统理论假设模型及验证[J]. 南开管理评论,2003,(5):36-41.
[37] 王坤,荣兆梓. 小企业向大公司演化的机理——一种新企业家精神视角[J]. 华东经济管理,2005,19(10):50-54.
[38] Marcus Dejardin. Entrepreneurship and economic growth: An obvious conjunction? [R]. Bloomington:Indiana University, 2000.
[39] Shaker A. Zahra, Dennis M. Garvis. International Corporate Entrepreneurship and Firm Performance: The Moderating Effect of International Environmental Hostility [J]. Journal of Business Venturing, 2000,15(4,5): 469-492.
[40] Jeffrey G. Covin, Morgan P. Miles. Corporate Entrepreneurship and the Pursuit of Competitive Advantage[J]. Entrepreneurship: Theory and Practice, 1999,23(4):47-63.
[41] [美]彼得·德鲁克. 创新与企业家精神[M]. 彭志华译. 海口:海南出版社,2000.
[42] 康健. 商业奥运:力量传导的精灵[N]. 第一财经日报,2008-08-08.
[43] [美]乔治·吉尔德. 重获企业精神[M]. (第2版). 林民旺,李翠英译. 北京:机械工业出版社,2007.

第4篇
实证演绎

企业家精神处在历史的演变当中，饱含着深厚的文化与制度沉淀，又遭遇着巨大的时代变迁的冲击。

这是一个需要企业家坚定地走向未来的时代！

第14章 红顶传统

> 神祇与国王都有痛苦的秘密,那就是人类是自由的。
> 他们是自由的,埃癸斯托斯。
> 你是知道这一点的,而他们却并不知晓。
> ——[法]萨特

学习目标
- 透视政治领袖的现代机制;
- 界定中国封建产权的性质;
- 明晰创业制度的历史实证。

如果把一个国家、一个民族形容成一个人体,历史就是这个人体的颈椎,记忆就是颈椎里的骨髓。抽走骨髓和颈椎,人体就无法挺立。一个国家的历史如果被切断,丧失记忆,这个民族也就无法巍然屹立。一个国家走向怎样的未来,很大程度上取决于它如何面对自己的过去。一个国家的荣耀,不在它的历史的长度,而在它的历史的深度。很多时候,拒绝反思导致的往往是苦难的循环。温斯顿·丘吉尔(Sir Winston Leonard Spencer Churchill)说,你能看到多远的过去,就能看到多远的未来。一个民族的历史就是她的未来。之前未见,其后也难再现。没有历史的民族注定不会有未来。同时,一个民族的历史越可靠,她的未来也越可靠;在民族历史中播撒谎言,必然在民族的未来收获灾难。

约翰·伯格(John Berger)说:"一个被割断历史的民族和阶级,它自由选择和行为的权力,就不如一个始终得以将自己置身于历史之中的民族和阶级,这就是为什么——这也是唯一的原因——所有过去的艺术,就是一个政治问题。"只有充分地意识过去,我们才可以认清现在;只有深刻地沉思往事的意义,我们才能发现未来的正义,回顾一下向前迈进。企业家也要有历史感、时空感,知道自己处于什么时代、什么地点、和什么人交往、在做什么事情,要站在历史的长河中去写好自己的历史。历史可以摒弃,但历史的启示应该被记取。如此,企业家的事业才可能有一个真正光明的未来。

我们经常做错了选择:抓住了历史,却丢失了启示!人们如果发现历史更好,经常是表明自己在现实中已经无路可走,尤其是不能向前迈开步伐。人类历史发展至今,有哪个国家通过复古能够走向未来呢?

政治领袖

一个国家的发展是成功还是失败,与该国所拥有的自然资源的数量与质量、人口的数量、历史的长短等指标之间没有太大的直接关系;而与该国的制度、领导及文化(包括宗教和教育)的质量等指标之间却有着直接的关系。后者的决定称之为政治。卢梭在《忏悔录》(第九卷)中说:"我已看出一切都归源于政治,而且,无论我们作什么样的解释,一个民族的面貌完全是由它的政府的性质决定的。"

领袖品质

领袖的品质决定了国家的品质。这是一个需要伟大政治家的时代,这也是一个能够诞生伟大政治家的时代。伟大的政治家之所以伟大,是因为他们有理念,有愿景,也有激情;能决策,能推动,也能实现。人类经受的众多苦难,人为的起因几乎都在于高估了统治者的道德与智商。

领导责任

稻盛和夫坚信:"不管什么集团,集团领导人决定了这个组织的盛衰。领导人的资质对组织具有巨大的影响,缺乏优秀资质的领袖人物才是今天这个世界混乱的原因。"自诩为伟大领袖的,只会是独裁、专制的统治者。一个文明世界的领导人,则是以道德、良知与谦卑为底座。

半个多世纪以来,我国各个阶段的历史教科书,总在反复地告诉读者落后是要挨打的。所谓挨打,当然是指中国遭受列强的武装侵略,开其端的就是 1840 年英国发动的对华战争。

世界经合组织出版的《世界经济千年史》提出了一组数据:直到清英鸦片战争爆发之前二十年(1820 年),中国的 GDP 仍占世界总份额的 32.9%,领先西欧核心十二国的 12%,更遥遥领先于美国(1.8%)和日本(3.0%)。1870 年,中国占 17.3%,而日本、英国、美国仅分别为 2.3%、9.1%、0.9%。到了 1900 年,中国的比例为 11.0%,落后于美国的 15.8%,但依然是领先于日本的 2.6% 和英国的 9.0%。从占世界制造业产量的相对份额来看,1860 年中国与英国相当,分别占 19.7% 和 19.9%,远高于美国(7.2%)和日本(2.6%),1880 年,英国制造业将中国落在后面,但中美的差距却并不明显。直到 1900 年,中国(6.2%)才落后于美国(23.6%)、英国(18.5%),但依然高于日本(2.4%)。

单纯从 GDP 的数据看,清末的中国绝对是世界上的强国之一。即使到了 1900 年,中国的经济实力也依然高居日本之上,是世界、至少是亚洲强国之一,但却在后来激烈的世界竞争格局中,迅速沦为"东亚病夫",成为欧美乃至后起的日本竞相瓜分的鱼肉。个中的历史原因,在于:(1)现代化教育的缺失。19 世纪末,英国教育大普及;日本建立学区,提出全民教育;而中国当时还是私塾为主,依然是四书五经。教育没有跟上时代的趋势,决定了中国国民素质不足以支撑清末中国的持续强大。(2)没有保证政府良性运作的政治制度。英国是最早的资本主义国家,很早就以近代民主制度保障其经济体制的有效运转。日本在明治维新后也革除了幕府统治的弊端,而清廷却死抱封建政体不放,甲午战争中暴露的问题多半与其有关,如官员腐败、多重指挥不统一、事权分歧等。

茅海建在《天朝的崩溃》[1]一书最后以绝望的心情写下了参与两次鸦片战争、经历了国耻的十多位满汉大员(包括林则徐)在战后的表演,得出的结论是:这些表面上忧国忧民的高官在战后无一人真正反省战败的原因,更不要谈有什么革新的建议,连在战争中被英军一炮就摧毁的毫无防御功能的海防工事在战后都被原封不动地重建。这些官员唯一关心、临死都挂念的事就只有一件:重获恩宠。至于八国联军,由于德国要等统帅瓦德西,没有出兵,实际上打北京的是七国联军,总计16 000人,其中,日军8 000人,俄军4 800人,英军3 000人,美军2 100人,法军800人,奥军50人,意军53人。然而,北京城里面的守兵有11万,还有20万—30万"刀枪不入"的义和团,讽刺的是,偌大的北京城五个多小时就宣告沦陷了。

在现实中国的情况下,一方面,企业家或民营企业只是制度建设与实践的客体,正如吴晓波在《激荡的三十年》[2]这部中国企业编年史中所敏锐地发现的那样,过去30年中国企业的几乎所有重大机遇都只是政治变革的伴生品。企业、企业家都只是制度基础上的理性行为者。在制度的基础上逐利,是企业家的天性(否则,他就不是企业家了),这种逐利行为本身没有任何错;如果行为有任何失当之处,也要先检验制度方面是否存在问题。而大范围、大面积的行为失当一定与失当的制度基础有关。现实中国是一个制度远远尚未成熟的市场,一片正在被驯服的莽林,光线正在透入,但很多地带依然被高大的林木遮蔽,市场制度建设在很大程度上尚未完全脱离计划经济的子宫,政府政策的变化依然可以随时打破民营企业家个人脆弱的、积攒多年的心血和精力,有时甚至让他们赔上身家性命。另一方面,政府是实质性意义上的主体。中国市场失序引发出的大量制度问题无一不与政府的(制度)失责有关。进一步的问题是:为什么政府没有尽职去作市场的制度建设与实践呢?按照市场经济的本质要求,政府的职责恰恰应该定位于市场的管理,涉及企业与企业、企业与市场、个人与个人的相互关系:积极干涉企业与企业之间的关系,实现企业之间的公平竞争;积极干涉企业与市场之间的关系,提高市场机制的运行效率;积极干涉个人与个人之间的关系,维护基本福利,增强发展后劲[3;256-261]。而现在,中国政府的职责方向出现了重大错位:该管的"市场"没有管(好),转而去管不该管的"企业"——企业管理本质上是企业的企业家的事情。政府现实运作的很多方面是对企业管理的干预。结果,该管的(市场)没有管好,不该管的(企业)管得太多。

我们需要对制度建设进行更多内含问题的深层考量:(1)行政界。为什么政府会自觉和不自觉地转换了自己的职能方向了呢?这可能与企业是个利润主体而市场更多的是个成本主体有关。同时,一个更深层的命题是:为什么政府存在的失职问题多?如何强化政府与民众之间的合约性制度建设?(2)学术界。为什么学术界对政府作为市场职责主体的基本事实视而不见,甚至游离自己的分析对象,错位在一个被动的客体上了呢?经济学的研究本身就是研究政府的,但为什么许多中国的经济学家却对政府的失职行为视而不见,转过来对企业指手画脚?知识分子如何坚守自己的社会职责呢?(3)企业界。企业家如何在制度建设中承担责任呢?长期以来,中国的民营企业家一直立并局限于做市场的企业家、做企业的企业家,甚至发展为要做产业的企业家,但还没有上升到做制度的企业家这个高度上来。企业家依靠制度创业,属于制度的客体;反过来,企业家更应该主动积极地型构制度,成为制度的主体。

所以,说政府应该承担市场失序的责任,并不能推却我们自身的责任。不仅制度的建设与我们有关,政府也是我们的政府,政府的形成与运作与我们自身的作为有关。吴晓波[4]在观察出中国过去30年企业所有的重大机遇都只是政治变革的伴生品的同时,也指出:"中国政府是被人民推着往前走的,中国的建设其实是没有蓝图的。"在这方面,我们的责任呢?我们的失责呢?我们的误区呢?当下中国,最尖锐的问题关乎变革,最长远的问题关乎环境,最深层的问题关乎伦理,最重要的问题关乎宪政,最急迫的问题关乎教育!没有任何一项是可以回避或拖延的。

开放心智

一个人或者一个民族只有勇于正视自己的缺点和毛病,才有改进和强大的机会。如果一个国家的制度不能实现自己的理想,就需要总结经验教训,虚心向别人学习,及时做出调整。自古以来,民族挨打的根本原因绝不仅仅是因为经济落后,而是因为政治制度落后;是政治制度的落后导致社会发展无力。所谓现代化,绝对不是一个时点的概念,而是一种制度的内涵,实质指向"开放",包括对外的开放和对内的开放。没有对内、对外的彻底开放,就一定没有现代化。

邓小平同志在启动改革开放前,出了三次国。第一次是去美国,卡特总统接待他,邓小平的心情一定是不平静的:毛主席讲得不对,美国鬼子不是纸老虎。第二次是访问日本,坐了日本的新干线,他也一定感慨万千:小日本不可小看。第三次是去新加坡访问,李光耀对他说:"新加坡原来是一个渔村,新加坡人都是渔民,很落后,我们经过20多年的学习西方,也能搞成这样,中国有很多人才,如果改革开放,一定会比我们进步得更快。"邓小平这三次访问,每次几天走马观花式的访问后回国启动改革开放,他后来讲的"摸着石头过河"是他内心的大实话。

印度学者普拉塔普·巴努·梅赫塔曾经说过,印度是一个拥有封闭思想的开放社会,而中国是一个拥有开放思想的封闭社会。建长城,其实是自毁长城。言论自由即使不是西方社会最大的优点,也是它们最大的优势之一。西方知识界普遍的信条是:西方思想家敢于质疑教条的能力,在西方政治和经济的发展中起到了关键作用。而在中国,亚历西斯·德·托克维尔(Alexis de Tocqueville)的《旧制度与大革命》一书在执政的高层受到重视,促发的不是对旧制度的反思与变革的加速,而是对变革的恐惧与扼杀、对旧制度的维护与回归。书没有错,但激发的思路完全错了。

从2005年起,美国的智库和平基金会和《外交政策》杂志每年发布"失败国家指数列表"。一个失败的主权国家有几个表现。常见的指标包括一个国家的中央政府非常软弱或无力、不能实际控制其大部分的领土、不能提供公共服务、国家存在广泛的腐败和犯罪、难民和非自愿流动人口、急剧的经济衰退。在2013年的排名中,排在第一位的是得分113.9的索马里,刚果(金)与苏丹、南苏丹、乍得、也门、阿富汗、海地、中非共和国、津巴布韦排在前10位。总分为18.0的芬兰排行倒数第一,瑞典、挪威、瑞士、丹麦等欧洲国家排行倒数第二到第五。韩国得分35.4,排行第157位,日本排行第156位,美国排行第159位,中国为第66位。

我们一些公司的老总和地方上一些管经济的同志,既无知,又大胆,根本不懂经济,瞎指挥,胆子大得不得了。就怕这些"半吊子",你说他不懂吧,他滔滔不绝,还能说几句洋文,搞得你晕头晕脑;其实,他狗屁不懂,在外面胆子大得不得了,就应该把这样的人撤了!——朱镕基

第14章 红顶传统

变革勇气

对领导者(尤其是政治家)而言,变革与创新从来不是一个难度方面的问题,首先和更主要的,是一个主观上愿意与不愿意的问题,是一个价值观的问题,或者说是一个勇气的问题。

隋炀帝亡国后,李世民翻阅隋炀帝留下的文稿时大吃一惊,问魏征:"玄成,你看这些文稿,炀帝讲的都是尧舜之言,乔乔皇皇,何以亡国?"魏征答曰:"讲尧舜之言,行桀纣之实,蒙蔽百姓,鱼肉天下,徭役重赋,民愤四起,焉有不亡之理?"

1962年,一名美国黑人青年试图前往密西西比大学注册,遭到了当地白人种群的强烈反对,为此,肯尼迪总统不惜出动了400名联邦警察和3000名国民警卫队员护送黑人青年至密西西比大学。肯尼迪的行为向我们表明,进步乃是作为一个国家,一个政府必须毅然决然地向那些显而易见的习惯性谬误宣战,而不管持这些习惯性谬误的集团力量有多大。肯尼迪是一个白人,但是,这一次,他没有选择妥协,而是选择了这种令人震惊的形式,表明了国家和政府对民权运动的态度,也因此为美国赢得了进步的机会。

美国第十六任总统林肯在签署《解放黑奴宣言》后,有人问他:"你怎么敢将成千上万的黑奴从奴圈里解放出来呢?你不怕天下大乱吗?"林肯很平静地回答:"政治家做很多事情需要的仅仅是勇气而已!可怕的是对一些不确定性的恐惧。"

哈姆雷特讲:"优柔寡断使我们果敢的本色蒙上了一层惨淡的容颜。"多年以后,回想我们这个时代,也许会发现,勒住我们的枷锁和镣铐并不像我们想象的那么沉重。而我们居然那样的温顺,那样的平庸,那样的无奈,以为世上可做的事情只是驻足等待。转型中的中国迫切需要产生引领国家积极融合世界文明潮流的改革家!

民主制度

古今中外推行民主政治的主要障碍不在民智未开,而是官智未开。袁裕来指出:"有些国人经常做有三个梦:第一个梦叫明君梦,就是希望有个好皇帝;第二个梦叫清官梦,如果皇帝指望不上了,就希望有一位清官,两袖清风,还能犯颜直谏,敢于在老虎头上拔毛;第三个叫侠客梦,如果清官也指望不上了,就希望有一个侠客来报仇雪恨。这样的梦实质上是奴才梦。"

早在20世纪初,孙中山就高瞻远瞩地指出:"人类进化,世界大同!"一个国家要走什么样的道路,应该是由人民自主选择来决定!作为一个发展中国家,中国可以在制度上、法律上、经济上、科技上充分借鉴西方发达国家经实践检验并证明是好的、行之有效的宝贵经验。这样,可以避免走别人曾经走过的弯路,缩短到达发达彼岸的路程。发达国家的宝贵经验不仅仅属于西方,应该属于全人类,它是人类的共同财富。

选举制度

促进一个国家政治发展的决定因素是领导者。一个优秀的领导者领导执政,能够推动制度变革、文化繁荣与教育发展;反过来,一个劣质的领导者可能会摧毁这些因素。保证优秀的精英领导执政是国家健康发展的根基。

现在的世界,无论是什么制度的国家,核心还是精英治国。不同的地方在于:这个精英是如何拣选出来的。各国领袖产生的方法是不同的。

费孝通在《民主·宪法·人权》[5]中曾就选票的话题,记录了一位美国农家主妇对他说过的话:"费先生,天下大概没有一个政客是好的,我们若是放弃了投票的自由,我们也就没有办法对付这批混蛋了。"可以说,美国的全部幸运都集中在一个良性的制度能够不断造就良性的总统这一点上。美国的建国先贤们认为,重要的问题不是谁应该当总统,谁是最好的领袖,而是应该创建一种怎样的程序,使国家拥有很多优秀的总统,使国家能长治久安。只有强大的民主权利制度,才能给公民以有效保障。

哈贝马斯①说,我们为何能够对话,因为有两个前提是必须符合的:(1)我们要相信人性是善的,而且能够彼此相互尊重。(2)我们要能够在主体间理性对话。只有这样,我们才能够沟通。如果我们无法剔除其他,我们将陷入无休止的怀疑论中,正如休谟说的,我如何确定我所说的话是什么。

因此,如果我们不能假设人性是善的,我们的决策是在与人无害的情况下,选择对自己最有利的政策和意志表达,那么,民主选举将沦为无止境的恶斗和猜忌,任何事也进行不下去。当然,这并不是指我们不需要防弊,但那是另一个层面的问题,也就是宪法对行为规范比例的界定问题。另外,政治人物和政府做为人民的委托人,必须本着信赖保护原则和善良管理人的职业伦理善尽职责。

在中国现实社会中,见风使舵、八面玲珑、溜须拍马之人在政治上往往平步青云,而有棱有角、个性突出、积极进取、有创新能力的人往往仕运不济,严重地抑制了精英政治的形成。

参与制度

民主不能用从上而下的方法、通过什么聪明的法律和聪明的政治家来栽植。民主不能像温室的花朵一样培育。民主能够并且只能像一切植物一样从下到上正常生长。

衡量政治制度优劣的重要指标为制度的长期效应是递增还是递减。决定效应增减的关键是社会是否具有自发演进的能力,而这种演进能力则取决于公共决策不能仅仅由掌握强权的少数人所垄断,社会政治制度应该建立在一种各阶层都可以参与协商、谈判、共同影响社会发展进程的程序安排的基础之上。韦伯认为,一个长期积弱的落后民族在经济上突然崛起必然隐含一个致命的内在危险,即它将加速暴露落后民族特有的"政治不成熟"(Political Immaturity),这种经济快速发展与政治不成熟之间的强烈反差不但最终将使民族振兴的愿望破灭,甚至会造成灾难性的结局——民族本身的解体。

《物理与政治》[6]一书考察了人类历史上有文字记载之前的原始社会到文明时代的政治国家的发展历程,提出:在远古时期,那些率先达到更高组织水平的民族,那些幸运地创造或形成了更强调团结而压抑个人创造性的习俗制度的民族,那些能够将狂躁无常且无组织、无纪律的史前人凝聚为集体的民族,成为民族之争中的胜利者和征服者。在政治组织出现以后,情况发生了变化,只有拥有比习俗团体更容忍、鼓励个人创造性的商谈政体(Government by Discussion)才能带来民族的繁盛,这时候的民族最好"能够享有习俗的好处而不受其害",也就是能够"同时拥有秩序和选择",这样,"进步的弹簧"就会"开始它们的弹跳运动"。初看起来,《物理与政治》所讨论的似乎是如下悖论:怎样把生存所必需的集体团结(或者说凝聚力,cohesion)和进步所必需的个人创新(或者说可变性,variability)结合起来。用现代人的话来

---

① 尤尔根·哈贝马斯(Jürgen Habermas, 1929-),德国当代重要的哲学家、社会理论家。

第 14 章 红顶传统

说,这就是一个如何保障有秩序的自由或者说有自由的秩序。

1631年,英国剑桥商人霍布森贩马时,把马匹放出来供顾客挑选,但附加一个条件,只许挑选最靠近门边的那匹马。显然,加上这个条件实际上就等于不让挑选。对这种没有选择余地的所谓"选择",后人讥讽为"霍布森选择效应"。社会心理学家指出,谁如果陷入"霍布森选择效应"的困境,就不可能进行创造性的学习、生活和工作。道理很简单:好与坏、优与劣都是在对比选择中产生的,只有拟定出一定数量和质量的方案对比选择,判断才有可能做到合理。如果一种判断只需要说"是"或"非"的话,这能算判断吗?只有在许多可供对比选择的反感中进行研究,并能够在对其了解的基础上进行判断,才算得上判断。因此,没有选择的余地就等于扼杀创造。政治的选举与参与也是同样的道理。

成王败寇的历史循环,体现的不是政治而是匪治。在中国的政治史中,得势的官僚常会抹杀良知,失势的官僚也会祈求公正。美国政治文化讲究的是参与过程,"不管成败、参与就是好样的";这与中国政治文化很讲究成败结果、信守"成则诸侯败则贼"是有很大不同的[7]。

2008年,希拉里和奥巴马的民主党人竞选表明了美国的政治文化。由于总统候选人提名只有一个席位,所以,他们的竞争结果是"有你没我、有我没你"的。他们两人争夺之激烈是前所未有,甚至还出现过负面争辩。可一旦定局,政敌就握手言欢,向对方的参与表示极大的尊敬和赞赏,且并非仅是出于礼节和做个样子、而是有行动跟上的。例如,希拉里确认失败后,在庆祝对手胜利的同时号召支持自己的选民跟她一道来支持曾经的政敌奥巴马;奥巴马确认成功后,首先做的事情是高度评价政敌希拉里的努力开创了美国政治历史的新一页,并委派人员与希拉里班子会谈、讨论如何把希拉里提出的施政纲领融合到奥巴马的施政政策之中。

美国主要媒体的评论几乎是异口同声:奥巴马和希拉里的努力将作为光辉的一页而记录在美国历史上,那不是因为他们竞选总统的名声或白宫生涯,而是因为他们为美国社会开创了新的价值观念和新的生活方式。因此,这次竞选的最大问题不是谁进白宫,而是整个社会将如何面对黑人奥巴马和女性希拉里的竞选所开辟的美国政治历史的新时代。

不仅仅是奥巴马和希拉里的政敌竞争不以成败来论人评事,几乎所有政敌都如此。例如,前总统老布什和前总统克林顿,那也是竞选争夺非常激烈的政敌。然而,这么多年来,他们彼此非常尊重,交往关系非常融洽,而且,由于克林顿从小失去父爱,老布什及夫人就设法给予克林顿父母般的关爱,以至于他们常常以"父子"相称了。

政治讲民主

古希腊作家普鲁塔克指出:"不对大人物感恩,是成熟民族的标志。"(Ingratitude towards great man is the mark of a strong people.)波兰变革的奠基人米奇尼克认为,在一个极权主义国家,当权力而非一个超越的上帝成为人们崇拜的对象,基督教的力量就在于,教会教导人们只能跪在上帝面前而不是世俗权力面前。这就是为什么宗教基本上是反极权主义的。有十字架的变革才是真正的变革,背负十字架的领导才是真正的领导。

1945年5月8日,第二次世界大战在欧洲战场的战事正式结束。受命于危难之际的英国首相丘吉尔终于领导英国赢得胜利。当时,他在国际上的声望如日中天,在国内的民意支持度也高达83%。但是,在两个月后的英国大选中,丘吉尔出乎意料地惨败给以"增加就业,改善住房,建立全民医疗保障体系"为诉求的工党领袖而黯然下台。

虽然当时许多投票支持工党的人对丘吉尔个人仍抱有很大的好感和尊重,但他们为什么抛弃他们的"民族英雄"转而支持从未执政过的工党呢?答案是为了他们自己的利益或权益,也是为了以他们为主体的国家的利益!战争结束后,他们清楚地知道自己需求的什么,懂得只有每个人的利益的集合才是国家和民族的根本利益,懂得每个投票人都要为自己的选择承担责任这一普选制度的理念,在仔细地考量了每个政治人物的执政方向后,他们中的大多数在投票时理智地排除了对"英雄"或"强人"的崇敬或对大人物的"感恩",清醒地作出了个人的选择。

在千百年的世界历史中,多少国家或民族的"大人物"们为了个人的野心和欲望以各种名义发动了无数次战争、政变、革命、暴动,给本民族和其他国家的人民带来无穷的灾难。基于这些由鲜血和白骨堆积起来的惨痛教训,当今越来越多的国家建立了宪政民主国家体制,就是要最大限度地制止所谓"强人"对国家、民族、民众的专权。一个国家或民族的前途和走向取决于全体人民的共识,绝不能被"大人物"或一个团体挟持。

诺贝尔经济学奖得主 Danial Kahnament 教授指出:"政府的职责不是承诺公民的幸福,而是减少公民的痛苦。"避免公民犯错误,不是政府的职责;而避免政府犯错误,却是公民的责任。西方国家的政府只是有限政府:权力有限,可调动的资源有限,政府运行成本较低,社会负担也较轻。一方面,它左右社会进程的能力有限;另一方面,保持自我政权的能力也有限。当政府犯错到一定程度或遭遇民间一定程度的反抗后,就只能下台。这种政权更替对社会的影响不大,消耗资源有限,只不过是损其皮毛,不会伤其筋骨。

近代西方确立了一种新的政治运行规则,那就是通过协商、谈判来处理利益分歧的共和体制。这种制度的运行依赖于一种建立在参与者共识基础上的行为规则,冼岩称之为"软规则"[8]。软规则不同于潜规则:潜规则与制度相反,对制度的效果具有侵蚀作用,因此,它不能见之于公开的社会意识或官方言说;软规则与制度相成,虽未形成法律制度,却可见之于公开的社会意识和官方言说中。它也不同于道德,因为它的指向并非伦理,而是功利。

在西方共和制初期,有能力的强势集团精英同样扭曲了制度以有利于己,把协商、谈判的权利限于少数强势群体内部,而其他阶层的利益却不在考虑之中。随着对其他阶层的伤害逐渐积累,反弹越来越大,社会矛盾冲突加剧。强势集体内部不得不通过协商、谈判方式来决策公共事物,在一种社会舆论相对开放的环境下,对待利益冲突更易采取谈判妥协的方式而不是强权压制。不断冲突、不断谈判妥协的结果是,越来越多的人被纳入协商、谈判的程序机制之中,享受民主权利的范围越来越大;与此同时,认同协商、谈判、妥协的人也越来越多,赞成激烈对抗的人越来越少,法律制度所赖以运行的软规则越来越得到铆实。

伊丽莎白统治英国 45 年。她登基时英国还是个贫穷衰弱的二流小国,而当她逝世时,英国已经成为世界头号海军大国。因此,人们普遍认为她是英国历史上最伟大的国王之一。她的统治期因此在英国历史上被称为"伊丽莎白时期"。这个黄金时代之后,英国并没有衰败,国势蒸蒸日上,在随后的几百年间一直领先于世界。原因是英国的崛起之路,每一步都伴随着制度创新。

中世纪的英国和那时的中国一样,实行封建君主专制,国王有着至高无上的地位。而 1215 年的《大宪章》把王权置于封建习惯法的约束之下,第一次明确国王也必须服从法律。虽然有伊丽莎白女王这样的"明君"通过强化君主专制的方式一段时间内迅速提高了英国国力,但英国人并不迷信专制的力量。1688 年的"光荣革命"是一次成功的资产阶级革命,它推翻了君主专制统治,将实际权力转移到议会手中,逐步形成了君主立宪政体。

第14章 红顶传统

君主立宪制的出现,标志着英国的统治方式从人治转向法治。接着,为了解决决策和执行的问题,英国政治家将内阁逐渐独立出来,形成责任内阁制。随着内阁会议的演变,辉格党和托利党形成了依据议会席位多少的变化而轮流组阁的政治习惯,两党制也因此逐渐形成。

一部英国政治史就是一部制度演进史,虽然英国社会始终存在种种无法完全克服的矛盾,但由于这种独特的政治进步方式使每一次的矛盾冲突都能够得到及时地化解,英国也逐渐获得了越来越强大的力量。

从历史和国际的经验来看,反腐本身只能有限促进政治清廉,如何反腐才彰显能否推进政治文明。一个国家只有把权力关在笼子里,这个国家才是安全的。但历史上,中国的政治制度一直是围绕着一个高度集中的官僚体系而建立起来的,采取自上而下的方法,对一个庞大的社会实施统治,一直发挥着皇帝的作用,但也一直未能解决"坏皇帝"的问题。明君手中的权力不受制约,当然会有许多好处,但怎么能够保证上来的就是明君呢?虽然儒家的教育制度和官吏体制应该能教育出明君,但时不时也会出现"坏皇帝"。由于缺乏正式的制度和真正的法治,领导人所遵循的条规,宪法里没有明文规定,司法体系也无法实施。

乾隆皇帝与华盛顿总统生活在同一历史时期,也死在同一年,即1799年。这两人在历史上都很有名气。但华盛顿通过立宪制和代议制,实现了对统治者的驯化,把权力关进笼子,从而成为世界伟人。乾隆皇帝花费60年,在中国实行保甲制,禁止百姓自由迁徙,把民众关进了笼子。

[提示]在中国历史上,民主屡次勃兴,又屡次消退,甚至倒退,这是为什么?

基础文明

清末,一个西方传教士免费为一乞丐做了白内障手术,乞丐重见光明。不料乞丐的亲属找上门来要求赔偿,理由是人家全靠这瞎眼要饭的,你把眼治好了,这不是砸人家饭碗吗?太平天国时期,英国驻华外交官密迪乐(Thomas T. Meadows, 1815-1868)来到中国,在调查太平天国暴乱、目睹"凌迟"酷刑后,写成《中国人及其叛乱》,他说:"中国最需要的不是现代科技,而是基础文明。所谓基础文明,指的就是契约精神、权利意识,还有对民主政治和个人自由的理解。"

契约精神

在一个中世纪的国度里,所有重要的问题都是通过监狱解决的;而在一个现代性的国度里,所有重要的问题都是通过议会解决的。由加州硅谷 SRI 国际公司执行长卡尔森(Curtis Carlson)倡导的"卡尔森法则"(Carlson's Law)指出:"在一个很多人接受教育、创新工具便宜的世界,自下而上的改革趋势是混乱而聪慧的,而从上至下的改革趋势则是有序但愚蠢的。"卡尔森的结论是,当今改革的最佳位置是"下移",向人民靠拢,而不是向上移。因为所有人加在一起,比任何个人聪明,同时,所有人现在都拥有创新、合作的工具手段。今天的领导者,不论是公司还是国家的领导者,扮演的角色是激励、授权,然后梳理、融汇从下层反映上来的所有改革信息。但这就需要给下层更多的自由。

在《未来之路》中,比尔·盖茨曾经谈到过企业经营中的正、负反馈循环问题。正反馈循环又称正向螺旋,它是指一个成功推动另一个成功。与正反馈循环相对应的是负反馈循环,也即负向螺旋。用盖茨的话说:"处于正向螺旋中的公司,有一种天生就该走运的气氛,而处于负向螺旋中的公司,则有一种命定失败的感觉。"如果一个公司丢掉市场份额,或是抛出了一种坏产品,用户开始议论纷纷,投资者进而质疑它的前景,新闻界和评论家们闻到腥味,全力揭露内幕——所有这些情况会引起更多的错误,于是,该公司的情况急转直下,坏消息最终成为"自我实现的预言"。

本着同样的道理,治理国家必须努力避免负反馈循环,推动正反馈循环。今天的中国社会不像过去那样简单,仅仅连接两个群体——治者与被治者,它已然形成了一个"N边"社会。不同的群体在这个社会中共存,每一群体的活动都依赖于其他的群体。管理这样的"N边"社会,必须要同时吸引和保持不同群体的参与,而不能采取排他手段;必须致力于使资源的占有较少累积性而更具弥散性,打破利益共同体对资源的独占和攫取。

专栏 14.1　　美国的二百年[9]

美国自1776年建国至1999年共223年,出了42位总统。在美国的42位总统中,有华盛顿、杰斐逊、麦迪逊、林肯、富兰克林·罗斯福、肯尼迪等世界公认的杰出领袖人物。而华盛顿、杰斐逊、林肯、富兰克林·罗斯福更成为美国人民的骄傲。不仅如此,在美国的历史中,参、众两院的议员至少上万人,他们对国家的发展也起着至关重要的作用。美国也正是在如此众多的优秀人物的领导之下,才取得了举世瞩目的成就。民主体制不仅为有杰出才能的人治理国家提供了机会,有限的任期也使更多的优秀人物参与到领导国家的行列。

教育启蒙

如何理解政治家也是衡量一个民族成熟的标尺之一。一个民族,只有当她的精英阶层具有贵族精神、文明智慧与政治勇气时,这个民族才有资格被称为优等民族。我们需要真正的政治家,我们就需要支持他们。美国前总统罗斯福曾说:"议者有备择其智,民主或成,教化为基,民主可实。"(Democracy cannot succeed unless those who express their choice are prepared to choose wisely. The real safeguard of democracy, therefore, is education.)一个成熟的民族还必须有能力在不同政治家之间进行选择和识别。愚昧、弱智不仅仅在经济不发达地区存在,事实上,只要存在人的地方甚至国家,愚昧、弱智就必然存在,所以,真相是消灭愚昧的唯一手段,教育是改变弱智的有效方式!

人民的自觉性很重要,如果没有自觉性,社会根本不可能前进。在现代社会重新建立价值观念,只能由普通人民在日常生活中逐渐培养出来,绝不能靠政治力量从上而下强迫灌输。美籍奥地利历史哲学家和政治哲学家埃里克·沃格林(Eric Voegelin,1901-1985)认为,人民被暴君统治,是咎由自取,因为只有人民变坏时,才会发生这样的事。人民变坏是因为他们抛弃了法律和正义。强人只有将人民贬为无法无天的芸芸众生时,才能施行暴政。社会秩序是组成社会的人心秩序的大写。唯独当人心归正,爱慕上帝及其神圣秩序时,社会秩序才能有彻底的改变。大约两个世纪之前,拿破仑曾经质问手下:"法兰西的文化为何不够繁荣?"尽管他未找到答案,但其统治方式替他做出了回答:原因在于让文化服务于权力。服务于权力的文化不会繁荣,因为这违反了文化繁荣的逻辑。理论和经验均表明,自由为文化繁荣提供了最大的可能。

梳理世界上诸多失败国家的科学、教育、文化、宣传等事业的理念、制度与政策,发现它们不仅不是指向启智,恰恰相反,绝大多数还是指向反智;与启蒙无关,而与蒙昧有关。悲剧性的结果因此早已注定了。中国历史上的君主教育,以圣哲先贤为榜样的礼义教诲,以天道儆世的天人感应说,以及规劝帝王的谏议制、史官制等各种理论和方法,都不外乎通过道德教育使君主自律,以达到约束君主的目的。这种教育并非完全无效,历史上也有开明的君主,但昏聩的帝王又何其多!张居正在《帝鉴图说述语》中说:"自尧舜以至於今,代更几世,主更几姓矣,而其可取者,三十余君而已。……卓然可为世表者,才什一耳。"值得后世效法的君主才占十分之一,可见对君主的教育更多的是一次又一次的失效。这种失效证明,依靠道德自律来约束君主根本行不通,促使人们丢掉对君主自律的幻想。只有抛弃对自律的幻想,才能从自律以外的途径寻找限制君主的方案。

1905年,严复与孙中山在伦敦会面。严复认为中国的根本问题在于教育,革命非当务之急,他说:"以中国民品之劣,民智之卑,即有改革,害之除于甲者将败于乙,泯于丙者将发于丁。为今之计,唯急从教育上着手,庶几逐渐更新乎!"孙中山说:"俟河之清,人寿几何?君为思想家,鄙人乃实行家也。"严复是有远见的,似乎预言到中国社会变革之途的坎坷。

> 毁灭人类的十件事情:第一,没有人性的政治;第二,没有思想的崇拜;第三,没有人文的科学;第四,没有道德的商业;第五,没有信仰的灵魂;第六,没有真实的历史;第七,没有独立的精神;第八,没有自由的幸福;第九,没有劳动的富裕;第十,没有制约的权力。——改编自甘地

权利意识

政治不是一个人的事情,历史对政治家的"定格"显然也不是在个人命运上。如果把政治权力建立在几个强势集团的支持之上是危险的(也是有诱惑力的),以大众的公共利益为立法和行事的准则,政治权力的基础才是牢靠的和持久的。时代为政治家们打开了一个窗口,虽然布满陷阱,荆棘遍地,而政治家自身又深受既定条件的约束,但真正的政治家必须超越利益集团,为公共利益奋战到底。

自主种地,自由经商,原本就是百姓的权利。但历史上所有的专制制度,总是首先把人捆起来,然后通过所谓的改革开放,把人放开了一点,但绳子绝不会完全解开,控制权总在统治者手里,或紧或松,成为驭民之术。千百年来,中国人很难从公共利益中获得个人利益。商人的财富来源于他的本金所产生的利润,所以,他对私有财产的保护极其敏感、推崇。而专制制度最重要的特征之一是尽可能地控制更多的资源,为此甚至不惜侵占商人应得之利。从这一点上来说,商人与专制制度的矛盾是天生的。商人的工作更多的是一种经营而不是一种劳动。这种工作绝不可能按固定流程一成不变地进行,而必须是充满创造和不断变化的,这恰恰是任何专制者所忌惮的。当商业发展到一定程度时,商人不可避免地联合起来,并且在公共事务上要求一定的发言权,这种分权的要求与专制体制集权的天然倾向一定会发生冲突,所以,商人的意义绝不是仅仅充当交易的媒介,还有其更重要也是最具价值的社会意义。历史上经常看到,商人在某一个时期与权力的合流,以金钱购买或租赁各种特权,来维护并扩大其商业利益和政治地位。但商人绝对不会满足于这种不平等的交易,他们一定会要求更宽松且公平的环

境,凭实力来赢得尊重和发展[10]。

在中国,商人们在各个封建朝代处于政治专制的压制和贬抑下,往往缺乏独立的个性发展意识,精神依附于官僚文化,其商业行为是为封建统治者的利益服务的。纵观中国从古至今的经济发展历程,尽管江山辈有才人出,但一直到改革开放前,由于人们思想观念的时代局限以及中国历代王朝和政府在经济发展上长期"重本抑末"的政策,商业及贸易未能成为推动经济发展的有效手段,商人及工商业界管理者并未成为社会的主流,他们的价值没有得到普遍认可,创造精神无从得以激发,经济人格被压抑和扭曲,严重地阻滞了中国近代化和现代化的进程。

专栏 14.2　　　　　《水浒传》中三个民营企业家的命运[11]

《水浒传》中有三位较成功的民营企业家,即渭州"镇关西"郑屠、阳谷县西门庆和大名府的著名员外玉麒麟卢俊义。三人善恶不一,其人品道德有云泥之别。但仔细比较三人的命运,便会有一个饶有趣味的疑问,为什么无论是为恶还是为善,这些商业界的成功人士都逃脱不了家破人亡的结局?

在皇权社会里,世俗权力高于一切,没有现代的立法、行政、司法三分,民间对官府权力的使用很难进行监督,官府的种种行为也很难公开和公正。在这种社会环境下,商业的繁荣只是畸形的,民营经济的发展不可能有自由、宽松、法治化的环境。私营者的成功与其说依赖个人的能力与机遇、法律对财产和经营活动的保护,还不如说更依赖于和官府的关系以及心狠手辣、大胆奸猾。"灭门的府尹,破家的县令",公共权力的无限膨胀可以通吃一切,自然包括左右民营企业家的活动,经营活动往往并非按照成文的游戏规则运行,而是按照诸如"无商不奸、官商结合"的潜规则运行。要么你就依靠官府横行霸道,免不了被武松这样的人自我执法干掉,要么不亲近官府而被剥夺财产最后走投无路。总之,清华大学历史系教授秦晖先生所总结的中国民营企业家"为富不仁"和"为仁不富"的怪圈在《水浒》的世界中就已经存在。

私 有 产 权

洛克曾经一针见血地指出:"权力不能私有,财产不能公有,否则,人类就进入灾难之门。"长期以来,人们对中国封建社会产权制度的所谓私有制性质抱有坚定不移的信念。据此,在讨论封建历史长期停滞、经济的两极分化乃至社会动荡不安等问题的根源时,自然地与其所谓的私有制性质联系在一起,而连续不断地进行着对私有制的批判。同时,在整个社会面临着深刻变革的今天,根据这种历史的结论,就自然地对私有制采取了高度恐惧乃至敌视的态度。可以说,中国封建社会产权私有制性质这种历史的结论成了主宰中国今天乃至未来的一个关键因素。

第14章 红顶传统

在很长的时间里,囿于传统的社会条件和理论思想,我们对此也无从获得一个全新的透视。但第二次世界大战以后各个国家社会经济发展的巨大反差,尤其是道格拉斯·诺斯(Douglas C. North)新经济发展史观的提出(1976)[12],使我们不得不重新透视这个问题,被逼迫着回答两种疑问:第一,如果中国封建历史的停滞、经济的两极分化乃至社会动荡不安等问题是由所谓存在的私有产权制度造成的,那么,在第二次世界大战以后,包括中国在内的许多国家否定了私有制,采取的公有产权制度模式为什么没有促进经济与社会获得应有的发展?从整体上说,这种不如意的结果应该不是仅用"非制度性的政策失误"就能完全解释与涵盖的。第二,道格拉斯·诺斯的基本观点是:现代私有产权制度的建立与完善,是西方农业革命与工业革命的起源点。这个观点推翻了传统的技术发明、投资积累和教育提高是工业革命原因的传统结论,道格拉斯·诺斯因此获得了1993年的诺贝尔经济学奖。如果把道格拉斯·诺斯的学说映照中国封建社会,人们有理由要问:如果中国封建社会的产权制度是一种私有产权的话,它又为什么没有促进中国封建社会获得历史性的发展?这是一个问题的两个方面;也就是说,在中国封建社会产权的私有性质的结论和道格拉斯的现代私有产权是经济发展的基本原因的学说这二者之中肯定有一个需要深入界定。经济研究因此就面临一个颇为艰难的选择:要么是重新透视中国封建社会的产权性质,要么是重新检视道格拉斯·诺斯的学说。需要指出的是,不管选择从哪个角度着手分析,肯定都是非常不容易的。下面拟从第一个角度入手[13]。

产权占有

占有权是对财产进行实际支配、控制的权利。它是行使所有权的基础,也是实现使用和处分权的基础。在私有制下,占有权的行使主要依靠市场制度支持下的经济手段,而中国封建社会土地占有权的行使主要依赖政府制度保护下的政治手段;政治手段支配地权占有。

王者占有

中国封建社会占有权行使的政权支配性质可以从占有手段和占有结果两个方面来看。

在中国封建社会的历代王朝中,政治地位总是分配土地和生产者的决定因素,地主阶级大量地产的取得主要是靠政治权力。形式主要有如下四种。

其一,原始占有。就是每一代王朝开国之初,统治阶级集团由于军事、政治上的胜利,从无到有建立的对全国土地和人民的最高占有,以及它的成员由此得以实现的对其中相当部分的私人占有。历代皇室地产一般皆属原始占有。宗藩、勋戚、中官以及有功将士主要通过封赐的方式取得土地所有权,也属原始占有的形式。

其二,投献占有。投献占有是贵族地主和官绅地主进行土地兼并的一个共同形式;不同之处在于,贵族地主所得投献通常可以通过向皇帝请封而获得合法地位。

其三,自买占有。封建地主的土地买卖,在政治形态支配下,也要发生极大的扭曲:一方面,这种买卖不是通常自觉自愿的买卖过程,而由皇帝或贵族地主、官绅地主一手掌握,价格低廉,有些仅具象征意义,甚至充满暴力过程,属于"强买",实际上是一种超经济的买卖;另一方面,地主阶级在买卖过程中所支付的货币的主要部分也是来自凭借权力进行的剥削。

其四,豪夺占有。贵族、官绅地主获得他人的地产,很多情况下连买卖的形式也不需要,直接进行豪夺。恃势侵夺的事例在中国封建历史上不胜枚举。由此,在中国封建社会土地获得的手段中,土地买卖并没有充当主角,土地的占有是政治权力的从属物。

在政治权力支配下,中国封建社会实际存在的土地占有不是社会成员机会均等下的平均占有,而是与政治权力金字塔结构相对称的不平等占有,即王者占有制。

王者占有制的成员主体主要有贵族地主和官绅地主两类。

皇帝、勋臣是一代王朝的开创者,因而历代的皇族和勋戚总是最大的土地占有者。只要这个王朝不灭亡,他们的特权地位就一直保持下去,成为世代相传的贵族地主。

在皇室贵族地主以下,社会上占有土地最多、兼并最烈的是官绅地主。对官绅地主来讲,首先,各代封建官僚皆得根据名分高下被法律允许占有相应数量的土地或民户,其中,一品官员田地常至100顷,九品官员田地也至10顷;其次,法限之外,官绅、地主通过兼并手段获得的土地又大多远非法定数额所能比拟。

如此,王者占有制的历史结果体现在土地占有的高度集中上:一方面,地主依靠侵占、兼并、强制收买、抵押等办法,集中社会大部分的土地归己所有;另一方面,占农村人口绝大多数的直接担当农业生产的农民(特别是贫农和雇农)则处于无地或少地的境地。1949年前的全国土地分配中,占乡村人口不到10%的地主和富农占约70%—80%的乡村土地,而占乡村人口90%的贫农、雇农、中农及其他人员却总共只占有约20%—30%的土地。这一切正应了"普天之下,莫非王土(《诗经·小雅》)"和"土地,王者之所有;耕稼,农人之所为(《陆宣公集》)"的历史古谚。

皇帝不是一个人,而是一个庞大的既得利益集团。既得利益者们所想的也不是如何创造生产力和社会价值,而是如何压榨老百姓。这个利益集团一旦开动,每个人都想争取利益最大化,其贪婪就像个无底洞。古代生产力又弱,老百姓根本养不起越来越庞大的无底洞,所以最后民不聊生。这些集团成员与皇帝一样取得了很大的利益,他们自然要努力维持皇权了[14]。

商鞅在秦国的变法首先是推行财产私有,改革周代以来的公产制度。私有产权加法治,秦国一下子就富起来了。

国家占有

早在1917年,德国学者戈得谢德就指出,只有穷政府才会成为民主政府。这是因为,没有财产的政府才会用公共服务来换取收入,才会依赖于纳税人,最终受制于纳税人。与此相反,拥有财产的富政府是不需要纳税人的,其行为当然也就不受制于纳税人。

而在中国历史上,历代的官田、屯田、营田以及西晋的占田制和北魏、北齐、北周、隋、唐的均田制都是封建的国家土地所有制。在这里,地租与课税合一,生产者、生产资料、劳动产品分配受国家政权直接支配;国家既作为土地所有者又作为主权者而同直接生产者相对立,国家就是最高的地主。

> **专栏 14.3** 管仲陷阱
>
> "管仲陷阱"的核心就是"利出一孔"——只有一个获利的孔道、途径。即国家采用政治、经济、法律手段,控制一切谋生渠道,垄断社会财富的分配。人民要想生存与发展,就必然要事事仰给于君主(国家)的恩赐。这样,君主就可以随心所欲地奴役支配其治下的民众了。这一思想为春秋前期著名的政治家、先秦法家先驱管仲首创。
>
> 管仲的原话是:"利出一孔者,其国无敌;出二孔者,其兵半屈;出三孔者,不可以举兵;出四孔者,其国必亡。先王知其然,故塞民之羡(多余的钱财),隘(限制)其利途,故予之在君,夺之在君,贫之在君,富之在君。故民之戴上如日月,亲君若父母。"这一思想被历代专制君主奉为统治民众的金科玉律,成为实施中国特色的人身控制的黄金法则。

在公元 8、9 和 10 世纪,欧洲封臣和采邑的结合出现了农奴。"这些被称作'塞而夫'(serfs)的农奴具有以下几个特征:(1)与奴隶不同,他们并不为一个主人所拥有,也不得被买卖;(2)与奴隶不同,他们能够订立合法的婚约;(3)与大多数奴隶不同,他们可以衣食自给;(4)与大多数奴隶不同,他们对房屋、土地和财物享有某些权利;(5)与自由农不同,他们被束缚于土地之上;即未经主人许可,不能离开土地,当土地转移时随土地一道转移;(6)与大多数自由农不同,他们须在领主的领地上从事繁重的劳役;(7)与大多数自由农不同,他们须按自己持有的土地向领主以实物和货币交纳各种捐税;(8)与大多数自由农不同,他们使用和处分土地的权利受到严格的限制,当他们死亡时,财产权归领主所有。"

井田占有

封建国家对土地持有的干预还表现在利用行政手段、通过井田制度强制束缚农民于土地之上。在井田制下,方里而井,井九百亩。其中为公田,八家皆私百亩;同养公田,公事毕,然后敢治私事。实行井田制后,百户为里,五里为乡,四家为邻,四邻为保;在城邑者为坊,在田野者为村,死徒无出乡,乡田同井,出入相友,守望相助,疾病相扶持。

产权经营

200 多年前,英国公使马戛尔尼指出:"中国没有中间阶层,这个阶层的人因拥有财富和独立的观念,在自己的国度里举足轻重;他们的影响力和利益是不可能被朝廷视而不见的。事实上,中国只有统治者和被统治者。"英国人很容易地了解到,当时的中国,所有的富人几乎同时都是权力的所有者。也就是说,封建历史上中国人的财富积累主要是靠权力来豪夺。

传统中国的专制是超经济的,经济永远屈居于政治之下,也就是说,财富永远受权力的支配,一旦没有权力做靠山,财富也很容易化为乌有。在中国,穷而无告的人处在官吏的淫威之下,他们没有任何诉苦申冤的机会。对中国人来说,做官便譬如他的宗教。在中国法律中,个人财产权屈居政治权力之下。马戛尔尼研究了中国法律后得出结论说:"中国所有的有关财产的法律确实都不足以给人们那种安全感和稳定感,而恰恰只有安全感和稳定感才能使人乐于聚积财产。对权势的忧惧也许使他们对那些小康视而不见,但那些大富却实难逃脱他人的巧取豪夺……执法机构和执法方式如此不合理,以至于执法官员有权凌驾于法律之上,使对善与恶的评判在很大程度上取决于执法官员的个人道德品质。"

租佃经营

中国封建社会在宏观范围内体现产权界定缺乏稳定性的结果,在微观范围内体现农业生产以租佃经营为主宰的现象。中国封建土地关系的主要特点表现为以下两方面:(1)土地所有权的高度集中。一方面,地主依靠侵占、兼并、强制收买、抵押等办法,集中社会大部分的土地归己所有;另一方面,占农村人口绝大多数的直接担当农业生产的农民(特别是贫农和雇农)则处于无地或少地的境地。(2)土地利用极端分散,以租佃经营为主宰。地主阶级虽然占有广大的土地,但一般都不自己雇工经营,而将土地分割租给农民耕种。根据土改前在华东及中南一些乡村的调查材料,乡村中出租土地约占全部土地的60%—70%。由于土地的分割出租,零细的小农经营就在中国农业中占有绝大的部分。

使用权是对财产进行实际利用的权利,即经营的权利。在缺乏所有权条件下的租佃经营主导的制度变迁结果难以产生真正的企业家行为与企业家。就使用权的行使而言,中国封建地主是以进行政治资本投资为主的,因为经济资本投资缺乏利益刺激,而政治资本投资充满利益刺激。

在中国封建社会中,与产权不平等占有制度相对应的是对土地的利用一直以租佃经营为主宰。人对自然界的特定关系是受社会形态制约的,自然界和人的同一性表现在:人们对自然界的狭隘关系制约着他们之间的狭隘关系,而他们之间的狭隘关系又制约着他们对自然界的关系。在租佃经营的条件下,土地利用上的不确定性和不安全问题严重抑制了地主和租户双方对土地进行合理利用和改良经济资本投资的积极性,这方面问题的本质是谁支付维持合理利用和改良的成本问题。因为这些维护和改良增加了地主土地的使用价值和生产能力,往往假设由地主承担这些成本。地主又反对这样做,他们认为改良收益的全部或部分由租户得到了;当地主进行了经济投资而没有调整分成租率时,这种说法是正确的。租户也不愿意对土地进行投资,特别是在短期租约的情况下,原因是:(1)不能确定能否有足够的租期以得到投资的全部回报。(2)无法得到租期结束后的剩余好处。(3)投资使地主财产有更高的收益,对其他租户产生更大的吸引力,可能导致地租的增长。结果,在租佃经营情况之下,地主和租户双方都不愿对土地进行维护和改良上的投资[14:70-84]。傅筑夫[15:226]先生就此指出:"中国虽然代代都因土地兼并而使土地集中,但却永远不会有对土地进行大量投资的租地企业家的出现。"

> 中国西北总面积近60万平方公里的黄土高原,其森林覆盖率,秦汉时期为42%,唐末减少到33%,明清时期锐减到13%,而解放前仅存6%。中国历史长期的农牧对峙,导致向西北的大规模移民,毁林、挖草、种田,生态因此持续恶化,水土流失严重,终于弄到"上帝的弃地"这般地步。

政治投资

在政治权力支配的形态下,不论是对非土地所有者还是对土地所有者,政治途径比经济途径更能使人获得经济利益。因此,人们扩充财富主要不是进行经济资本投资,而是进行政治资本投资。

政治投资的手段有以下几种。

其一,政治投机。政治冒险、政治交易、政治交换等政治投机是非常情况下政治投资的常见形式。动乱年代的拥兵自立,党派之争中的卖主求荣,各种政局和政策转折关头的见风使舵,常常使一些人飞黄腾达。

其二,读书入仕。读书入仕是通常情况下政治投资的最佳方式。俗语说,万般皆下品,唯有读书高;书中自有黄金屋,书中自有千钟粟,书中自有颜如玉。读书做官,一本万利,这是封建时代人们通过大量观察,对政治支配形态下权力是最大谋利手段、权可通神这一严酷社会现实的总结。《儒林外史》中的范进,中举以前何等穷困潦倒,一旦中举,送银子的,送房屋的,送田产的,送店房的,接踵而来,不出两三月功夫,奴仆、丫环都有了,钱米更不消说了。

其三,功名买卖。如果没有本领取得功名、官爵,只要家有余资,也要想法去买它一个功名、官爵。生、监名色考不上,可以捐得;官职、爵阶争不来,可以买来。卖官、鬻爵、售科第,这是封建国家专门为这类人开辟的一条政治投资之路。由政府公开挂出各种功名官爵的牌价出售,这是公卖,此外还有私卖。贿买当政者,无官可以得官,小官可升大官,这种情况在历代都要胜过公卖的规模。既以官而得富,还以富而市官,以至国与民俱贫,而官独富,这是每一个王朝都存在的现象。

其四,攀附权势。大土地所有者或大工商经营者,即使本身并无政治身份,一般也都有政治背景。贾谊说,商贾"因其富厚,交通王侯,力过吏势,以利相倾(《汉书》卷24上,《食货上》)"即是指此。

弱富制度

中国历史上的许多思想家和政治家都探讨过究竟使民"贫"好还是使民"富"好这个问题。基于自身统治利益的需要,他们的共同选择是:既不可使民太贫,也不可使民太富。管子说:"夫民富则不可以禄使也,贫则不可以威罚也;法令之不行,万民之不治,贫富之不齐也(《管子·国蓄》)。"人民弱则尊官,贫则重赏,从而历代统治阶级特别强调弱民、杀富。他们均认为治国之举,贵令贫者富、富者贫,实践中极力制止各种民间独立自主的经济活动,扼杀一切试图在封建政权控制之外另辟生路的巧想。

在这种牧民制度下,老百姓好比一群羊,羊肥了就会被牧民杀而食之,于是出现暴政,暴政日久必然导致羊瘦,于是牧民继续放牧,推行仁政。这就是中国历史一治一乱的根本原因。在中国几千年的历史上,"财富得而复失"这种事周而复始,从来没有停止过。中国人不是没有富裕过,但至今还是世界上比较穷的;中国不是没有积累了大量财富的富翁,但迄今为止没有一个富翁能够富过一个朝代的寿命,而大多大富翁在社会变革和改朝换代时都面临家破人亡、人头落地的命运。看看《激荡三十年——中国企业1978—2008》中的中国企业和中国企业家,又有多少不是官商结合的产物?

专栏 14.4　　　　　　　　　　　《商 君 书》

一本薄薄的《商君书》不到三万个汉字,却把封建君主治国之术的细枝末节阐述得头头是道。《商君书》治国之术的核心一是毁商,二是弱民。

《商君书》主张禁止粮食贸易,商人和农民都不得卖粮,甚至连为商业贸易和人口流动服务的旅馆业也予以铲除。人民都被禁锢在自己的土地上,只能成为农民。人民不能离开半步,无法获得知识更新(也不需要),只能成为君主的生产工具。

> 毁商之后，再就是弱民之道了。《商君书》认为，"有道之国，在于弱民"。通过以弱去强，以奸驭良，实行流氓政治；实行一教，统一思想，进行思想控制；通过剥夺个人资产，让民众依附国家；通过辱民、贫民、弱民，使人民贫穷、软弱，实现民弱国强。如果还有强民依然没杀光，还有杀手锏——发动战争，通过对外战争，外杀强敌，内杀强民。这几点，就是中国历朝历代君主治国驭民心照不宣的诡秘暗器，是他们不惜以民生的代价来化解内忧外患矛盾和获得长治久安的看家本领！
>
> 《商君书》是中国人噩梦的开始。秦朝以后，中国人最终变成了肢体羸弱，只知道盲从和服从的另类民族和大国愚民。

产权变更

处分权是对财产权属进行变更的权力，包括出售、租赁、赠送、遗赠、抵押等更次一级的权能。处分权能是所有权四种权能中最基本的权能，它决定财产的命运和财产的归属，因而是所有权的核心。

政权变更

私有财产制度下的处分权行使是与财产主体的经济行为相并行的，是需要通过建立在市场基础上的双方平等的交换或买卖的方式进行的。在中国封建社会中，产权的流转主要不是依赖财产主体本身的经济状况和经济行为，而是依赖产权主体的政权变迁，政权变迁主宰产权更替。

在中国历史中，土地和财产的产权制度严重缺乏稳定性，产权制度的实际变迁方向与理性方向相左。产权离不了政权，仰赖政权保护，政权的稳定性在相当大的程度上决定了产权的稳定性。中国历代王朝都希望长治久安，但结果总是一枕黄粱，漫长中国封建社会最显著的一个特点就是政权缺乏稳定性。其间，一个王朝接着一个王朝，命长者二、三百年，命短者几十年、十几年，兴亡交替，不暇稍息。自周至清的两千多年里，中国社会经历了十几个大王朝和百十个小王朝的变迁。在每次变迁中，并不意味着地主阶级[①]作为一个阶级离开过统治舞台，但作为这个阶级的具体成员，其中绝大多数确实曾随着旧王朝的灭亡而破落，甚至沦为新王朝下的自耕农或佃农。即使在同一朝代里，地主的地位也会因土地兼并而发生变化：在每一个王朝初期，大多数土地在国家所控制的自耕农手里，国家有较为稳定的收入，从而有较为安定的国势；尔后，随着朝代的更替和土地的兼并，人口和土地日益集中到新的地主豪绅集团手里。这正应了《袁氏世范》《治家》所载："贫富无定势，田宅无定主，有钱则买，无钱则卖"。而顾炎武《天下郡国利病书》（原第七册）关于"千年田，八百主"的描述，则突出说明了中国封建社会产权缺乏稳定性。在此基础上，企业家成长所必需的所有权制度供给严重虚置，虽然能够通过起义、暴动或革命使一个阶级或阶层、集团暂时拥有所有权，但严酷的政治与经济规律使之常常昙花一现。

---

① 按照企业家历史断代划分，属于业主型企业家类型。

第14章 红顶传统

从微观角度考察,在整个中国封建社会,与政权的频繁更迭和权力在个人手中的频繁转移相对应,封建地主个人地权的归属总是大集大散,处在经常的流动之中,有权则多地,权亡则地亡,地权流动的基本趋势是视政治权力的流转为依归的。在中国封建史上,历代权贵当其政治上失势以后,没有家业不随之衰败的①,甚至一些中下级官吏也逃不出这一规律。每当政权兴亡之际,这种由政治地位的得失导致家业兴衰的对应关系最为明显。秦始皇攻灭六国,遂徙六国贵族于咸阳,就是在剥夺了他们的政治统治权力之后,又对他们的地产实行了剥夺。秦末动乱,诸侯乘势复起,大者立国称王,小者拥众据有一方,恢复了政权,也恢复了地权。刘邦消灭群雄,建立汉朝,六国之后又一次被徙关中,是他们丧失政权之后地权的再一次丧失。这一过程就这样随着王朝的兴亡反复进行,直到清朝灭亡。其间,特别是在政权更替带有民族色彩的时候,由于传统的政治伦理观念使一个民族的统治集团成员很难在本政权灭亡时顺利地跨入另一个民族的统治集团,原来拥有高贵重爵以及各种功名特权的人遭到沦落是非常普遍的:一部电视剧《八旗子弟》,从侧面映射出的就是这种历史真相。

[提示]秦人不暇自哀而后人哀之,后人哀之而不鉴之,亦使后人复哀后人也。——杜牧《阿房宫赋》

名田制度

私人拥有土地的数量有明确的法律限制,这就是名田制度。名田制度下,什么等级身份可以拥有多少地产,各立为限,不使过制。过限地产,封建国家有剥夺之权。

春秋战国以至汉初,私人大地产(主要是商人的地产)曾经有过相当高度的发展。汉朝政权一趋稳固,汉武帝就发动了一场告缗运动,对全国范围内的大地产、大财产实行无条件没收,"得民财物以亿计,奴婢以千万数,田大县数百顷,小县百余顷,宅亦如此,于是中家以上大抵破(《汉书》卷24上,《食货上》)。"一次运动就使中家以上私人地产全部遭到破坏。

无论哪个时代,大农业有更好的设备和更高的生产率。欧洲历史上,领主已经知道土地分割损害生产效率,因此,领主更愿意把份地租给能整体承包的农户,而不愿意把30英亩的份地租给几户农民。在大农场发展之前,欧洲的个体农户也自发地组织起来,互通有无,因为小农户有天生的缺陷。而中国地主关心的是总收益,他不太关心这些收入来自一百户农民还是五十户农民。因此,虽然农业技术不断改进,但人均农业产品生产率几乎没有增长。而人均农业产品生产率是工业时代的前提。

从历史看,商鞅的"分户令"对中国社会有巨大影响。"分户令"曰:"民有二男以上不分异者倍其赋"。从实践看,"分家令"的后果是家族出资成婚后再分家,随早婚而来的自然是早育。早婚早育意味相当一部分资源用于人口再生育。"分户令"的另一后果就是土地所有权不断被分割。在农业社会,要把成家后的新婚家庭分出去就必须分给他们一份土地。从这点看,"分户令"破坏的就是不可分割的土地制度。随着土地所有权的不断被分割,能抗衡"国家"的大家族日趋没落,长嫡子利益受损,庶子和其他嫡子从中受益。道德只有在小共同体中才能培育出来。高高在上的国家不太能成为道德的摇篮。商鞅变法完成其任务,秦国社会变成一个"商君遗礼义,弃仁恩,并心于进取。行之二岁,秦俗日败。故秦人家富子壮则出分,家贫子壮则出赘。借父耰鉏,虑有德色;母取箕帚,立而谇语。抱哺其子,与公并倨;妇姑不相说,则反唇而相

---

① 曹雪芹的名著《红楼梦》描写的实际上就是这样一部兴衰史。

稽。其慈子耆利,不同禽兽者亡几耳"。

迁民制度

封建国家经常实行强制性的迁民。秦始皇没有统一六国之前,已屡有迁民之举。统一六国之后,始皇二十六年(公元前221年)一次就徙天下豪富12万户于咸阳。汉朝自高祖九年(公元前198年)迁徙原先齐国的诸侯及楚国的昭、屈、景、燕、赵、韩、魏之后,以及豪杰名家共10余万口居于关中。其后的每一代君主都不断把职俸在2 000石以上的吏、资财雄厚的富人和豪杰并兼之家,迁徙到皇帝陵园一带。此后,时而迁民以实北境,时而又徙北境之民还入内地以避其锋,迁民之举,无代不有。而"民之于徙,甚于伏法;伏法,不过家一人死耳;诸亡失财货,夺土远移,不习风俗,不便水土,类多灭门,少能还者。"官府迁民之时,"至遣吏兵,发民禾稼,发彻屋室,夷其营壁,破其生业,强劫驱掠,以至万民怨痛泣血叫号,诚愁鬼神而感天心(王符,《潜夫论·实边》)。"迁民的原因是复杂的,有政治的原因,有经济的原因,也有军事的原因,而通常情况下又以服从集权中央"强干弱枝"主旨者居多,迁民多为改变个人的土地占有状况。动辄几万户、十几万户的大规模迁民,其中主要还是自耕农[16]。

综上所述,可以得出如下三点基本结论:其一,在中国漫长的封建社会里,产权与政权结合,封建国家始终掌握着土地的最高所有权,纯粹经济意义上的私人土地所有权从来也不曾获得独立的地位和达到自主的地步。其二,在政治权力支配社会运作的历史条件下,封建地主阶级的经济利益追求主要由政治途径实现;从总体上看,中国封建地主阶级的主要精力不是放在土地的经济经营上,而是放在政治的权力经营上,这就注定了中国封建社会几千年的经济停滞①。其三,私有产权制度本质上属于一种现代的产权制度。中国现实的经济改革(尤其是产权改革)的决策者完全没有必要对私有产权怀有先天的忧虑与恐惧心理。张五常[17:108]先生指出:"私产没有半点可怕的地方。可怕的倒是在'解放'前的中国那些有名无实的'私产'制度。"

创 业 制 度

企业家精神的创立只是实现社会转型的条件之一,远不是条件的全部。如果没有制度的保障,再新的观念和再好的企业家精神也都无济于事。优秀的企业只能是优秀的制度与市场的产物。企业可以在僵硬的体制下苟且偷生,甚至借助权力干预而一时飞黄腾达,但最终却会因法制缺失、市场阻塞、行政干预、政策多变而一枕黄粱——中国历史上,最优秀的红顶企业也难过百年!

主体制度

长期以来,我们对企业家在产业革命中的主体地位认识不足,对企业家的历史贡献认识不

---

① 这种经济停滞实乃与所谓的私有产权无关。

足。现代产权经济学研究的发展与突破,在产业革命的重新诠释上,也只是深化到了"经济人"的地步[12],也就是说,认识到由于建立了现代产权制度,调动了"经济人"的积极性,从而促发了产业革命。但在这"经济人"的一般范畴中,究竟是什么样的社会阶层充当了主体,主导了产业革命,对这个问题,迄今的经济学研究尚未得以深刻地突破。传统经济学(尤其是政治经济学)过多地关注于政治上"阶级范畴"的分析,如侧重对以资本的社会性主导的资本家与资产阶级的分析,而历史性地忽视了经济上"阶层范畴"的分析,如忽视了对以资本的经济性主导的企业家与企业家阶层的分析。其结果,也就没有把作为经济主体的企业家及企业家阶层与产业革命合理地结合起来进行分析,没有探究两者之间的相互内在联系,也就自然地把企业家对产业革命的历史贡献和对社会制度结构性变迁的主导作用忽视了。

实际上,作为生产力主体的是企业家主体,任何经济人革命首先和主导的都是企业家革命;企业家革命是产业革命的内在生产力载体,而产业革命是企业家革命的外在经济形式。也正是由于企业家革命中经济发展"质"的性质,在产业革命的同时,社会制度也不断发生质的变化,引致制度的结构性变迁。

主体地位

企业家产权制度高度化是西方企业家产权制度建设的主导方向。从真正的意义上讲,企业家的历史性成长总是指企业家主导类型的历史性更替和地位的长期提高。

一个理性社会的制度制定者主要应该是企业家。西方制度变迁的发动者就是以企业家为核心的微观主体。企业家及其产权要求一直是西方制度变迁的主要对象,西方社会的制度变迁历史性地一直是由企业家主导的。英国在大卫·李嘉图的时代,仅有地主才能做Parliament(英国国会)的一份子,而普鲁士占有土地的贵族派很长时间都在德国具有政治上的影响。在美国,所有参加大陆会议的成员都是有产者;并在建国后严格规定为了获得某种政治地位,一个人必须具备的相应财产条件:1787年通过的西北法令规定,在西部新州内,将政治权利同土地所有权紧密结合,州长必须在新州内拥有1 000英亩以上的土地不动产,各级官员的任职资格为500英亩地产,议会代表资格为200英亩,即使普通公民也必须是具有50英亩土地所有权的男性[18;20]。

企业家产权制度建设只有在企业家主导制度变迁的基础上才有可能理性实现,历史上,企业家产权制度高度化是西方企业家产权制度建设的主导方向,企业家所有权制度供给不足是中国企业家历史成长不足的制度根源[19]。费正清在《剑桥中国史·中华民国卷》中断言,"在中国这个历史长剧的发展中,中国商人阶级没有占据显要位置。它只是一个配角——也许有几句台词——听命于帝王、官僚、外交官、将军、宣传家和党魁的摆布"。

在中国现实条件下,(1)企业家社会群体的合法性依然不足。企业家具有远远超出个人特性的社会功能,企业家对社会变革的贡献程度反映了社会本身赋予他们合法性的程度,社会对他们的需求越大和对发挥企业家功能的资源配置量越大,企业家要素的供给就会越大。但中国的制度变迁迄今没有明确规定企业家阶层的法律地位,也就谈不上赋予明确的权利和地位以及法律上的保障。(2)企业家参政议政权严重不足。在现代经济社会中,企业家为"国之根本",特别是在中国这样一个封建意识及传统深厚、经济不发达的国家,企业家的实业经营及其进取精神更显可贵和值得肯定,正如中国近代史上大民族企业家、中华书局创办人之一的陆费逵[20;13]所说:"实业家努力进取,以充裕其生计。夫财为万事之母,无财则百事俱废。"在此基础上,企业家参政议政是保证政策具有实用性和先进性不可或缺的重要措施。但迄今,中国的企业家没有真正进入参政议政的轨道上来,是受政策施行影响的主体,但不是影响政策制定的主体,改革的部分演进也只是使企业家可以议政(如进入政协),但还难以参政(在人大代表中的比例十分有限),这一切与企业家作为发展与改革主体的地位极不相称。

主体资源

科举制度使历史上中国企业家与企业家成长及其产权要求被排斥在制度变迁的理性对象之外。这方面以鲍莫尔和塔洛克的研究见重。鲍莫尔(Baumol)[21]比较了中国的古代科举制度、欧洲中世纪的骑士制度和政教制度以及现代的各种类型发达国家和不发达国家的制度安排,得出结论说,所谓企业家资源,即具有开拓精神、富有创造力的精英人才及其才能,在各个社会中都是存在的。同时,这种资源又是有限的。问题是社会经济制度为企业家资源的发挥提供了不同的机会。如果社会制度为企业家资源的非生产性的应用(如科举试第)甚至破坏性的应用(如骑士争斗)提供了比其生产性的应用(如科研、经营工商等)更高的报酬,企业家资源就会被引离生产性的用途,社会生产力就会停滞,甚至倒退。所以,一个社会的生产力发展和科技进步是快是慢,主要地不是取决于该社会企业家资源的多少优劣,而是取决于该社会的制度机制对企业家资源的引导和配置。为此,他提出三条定理:(1)各时代各社会间,决定企业家资源各种用途酬劳的游戏规则很不一样;(2)各个社会企业家资源应用的方向因上述游戏规则的不同而不同;(3)企业家资源在生产性领域和非生产性领域的应用配置,对一个社会技术创新及其应用推广有着深刻的影响。鲍莫尔更进一步指出,在现代社会中,影响企业家资源在生产领域起作用的因素往往与政治法律方面的寻租机会相联系。过高的税收、政府对经济事务过多的干预、过于繁杂的法律系统、低下的行政效率都可能产生鼓励企业家资源作非生产性应用的机制。例如,过高的税收不仅使生产性活动的报酬减少,也使逃税、避税活动的报酬增加,也同时使其他非生产性活动的报酬相对增加。

塔洛克(Tullock)[22]以寻租理论分析了中国古代的科举制度与企业家制度的相背。本来,科举作为选拔官员的一种制度,并无不可。问题是,中国封建制度下当官的地位和收入都是任何其他职业难以望其项背的,而科举又几乎成为进入官僚阶层的唯一途径,于是,"万般皆下品,唯有读书高"。更严重的是,科举竞争所要求读的书,大多属于中国古典哲学和文学的部分内容,考试方法又是刻板的八股文。这样,大批社会精英和优秀人才都把毕生的精力花费在钻研对社会生产力进步意义不大的"学问"上,企业家资源被引导和配置在非生产性应用上。难怪随着科举制度的日益完善,中国社会也日益陷入生产力停滞的境地。

主体类型

在微观层面上,企业家产权制度建设促进了企业家队伍的分层、更替与优化。所谓异质型人力资本(Idiosyncratic Human Capital),是指具有边际报酬递增生产力价值的特定类型的人力资本(Human Capital)。一般而言,以异质型人力资本为参照系,可以将企业家划分为三种类型[23]。第一种是高异质型人力资本类型。这种类型的企业家对自己抓住机遇的能力充满信心,对突发的事变有思想准备;不仅能随机作调整而且能利用它使企业有所变化;不仅对新的技术、组织或商业思想有敏锐的洞察力,而且能从中做出符合自己企业的最佳选择。第二种是低异质型人力资本类型。这种类型的企业家感到变革和未知事物的威胁,倾向于依赖和维持现状,认为可预测性可以促进对现有资源的有效管理,而不可预测性将会产生危害。大多数企业家介于两个极端之间,构成第三种类型的企业家。

越是靠近高异质型人力资本类型一端的企业家就越富有企业家精神,而越靠近低异质型人力资本类型的一端则越缺乏企业家精神。当存在十分有效的产权激励时,如涉及他们独立的经济利益时,大多数人自然地趋向高异质型人力资本类型一端,他们知道自己的利益所在并大胆地去争取它,竭尽所能地去聚集他们个人的智力、精力和资本。反之,当个人产权利益与企业产权利益发生冲突时,许多企业家都会压抑甚而消除企业家精神的激发,采用削减成本或降价等易于衡量的短期方法来维持现状,巩固他们的地位和增加他们的薪金,即使这些方法的结果无助于甚或有损于企业的长期利益。

企业家的本质在于实现其拥有的边际报酬递增的经济职能。正是从边际报酬递增这个角度出发,在一个经济社会里,由于异质型人力资本形态的转换(从财产资本经技术资本、创新资本向信息资本转换),企业家的主导类型就从业主型企业家经发明家型企业家、经理型企业家到专家型企业家演变或扩展。在这种企业家主导类型转换的过程中,内在转换的不是所有权,不是所有权从所谓的所有者转向所谓的管理者;内在转换的是企业家主导类型拥有的异质型人力资本形态,是其异质型人力资本形态从先前的形式转向现实的形式。在这里,经理型企业家所谓的所有权与管理权相分离是表象,是虚假的表象,真实的内在事实是新的异质型人力资本的所有权替代了传统的异质型人力资本的所有权,是管理权与新的异质型人力资本所有权的结合。

因此,企业家队伍的优化并不是自发的。像盖茨、格罗夫这样一大批专家型企业家之所以能够出现在美国,并逐渐取代原有的经理型企业家而占据企业家类型的主导地位,不是偶然的。正是通过信息化制度变迁措施,实现企业家产权制度的深入发展,增进知识产权的个人效用和利益,才使一些拥有信息知识(尤其是技术发明决策能力)的人成为高异质型人力资本者,成长为新一代的卓越的企业家。

主体行为

企业家精神是现代企业成长的龙头,企业家能力是企业家精神的载体。皮之不存,毛将焉附? 企业家能力缺乏,企业家精神又怎么可能存在呢? 科斯[23]指出,传统的计划经济本身是敌视企业家的精神和能力的,中国"计划经济时间太长,企业家精神和能力在计划经济中是犯罪,所以现在就缺乏。"企业家能力的缺乏已经导致中国企业成长中企业家精神的严重匮乏,整个企业家精神主体发生严重错位:企业家精神不是表现在实践界企业家本身自觉自愿的活力与行动上,而是表现在学术界和政府界的学者与官员的呼吁与口号上。结果,我们看到,在西方发达国家,企业家不断地鼓动政府采取刺激经济发展的措施,包括给政府施加压力(院外集团游说和议案等);艾柯卡在拯救克莱斯勒汽车公司时,曾竭力鼓动美国国会进行贷款,并带头降低薪资,自己仅拿1美元的象征性工资,以激励员工团结一致,使公司起死回生;美国政府在日常工作中对具体企业的运营状况也并不过问多少。与此对应,在中国,一方面,政府殚思竭虑地鼓动企业家加速发展企业生产,并对企业经营的各种问题关怀备至;另一方面,所谓的企业家自身却十分消极,甚至可以把企业命运置之度外而肆意挥霍、乃至侵蚀企业资产。

"创新不是官僚机构或各种委员会的产物,而是那些富有独创性的个人所带来的[24;序]。"国有企业企业家的行政任命性质决定了企业家对政府有相当大的依赖性,存在严重的"等、靠、要"思想。据调查,在中国目前情况下,企业家感到变革和未知事物的威胁,倾向于依赖和维持现状,认为可预测性可以促进对现有资源的有效管理,而不可预测性将会产生危害。

资本制度

企业家是异质型人力资本的所有者。异质型人力资本所有权的界定是制度变迁的基本标的。要界定异质型人力资本的所有权,产权制度变迁的理性方向是收益内部化和成本外部化。由于个人的收益和成本与个人参与某种经济交换息息相关,而社会的收益和成本则对社会整体发生影响。因此,一个社会的所有权体系,如果明确规定每个企业家对其异质型人力资本的专有权,为这种专有权提供有效的保护,并通过缩小对企业家革新带来的额外利益无把握的程度,促进企业家采用技术发明、进行组织与管理创新活动得到最大的个人收益,使企业家个人收益率不断接近社会收益率,则这个社会就会出现企业家的大量成长。

企业家的异质型人力资本迄今已有四种历史形态:财产资本、技术资本、创新资本和信息资本。在宏观层面上,西方制度变迁的主导方向是企业家异质型人力资本产权制度界定高度化(Upgrade),体现在从财产资本的产权制度经技术资本的产权制度、创新资本的产权制度向信息资本的产权制度的深化发展上。

财产资本

企业家产权制度建设的历史起点是财产资本的产权制度建设,现代农业革命的起点就是建立了土地财产资本。这方面,美国的土地财产法律很偏重于鼓励物质的生产,着重利用奖励办法,保障企业家生产投资及实现投资者享受其成果的期望,并注重在不受牵制的市场里让"无形的因素"自由发挥它的力量。这样的偏好及特别着重利益方面的趋向可以从美国财产法律的若干普遍观念中看出来,例如,土地资源实际使用者应享受所有权;政府除了政府工作计划所特别需要的土地资源之外不应拥有土地资源,也即土地资源应该留给私人开发;所有权应该可以自由转让及遵照所有人的遗嘱遗传后代;这样的权利应该可以清晰确定、分割及几乎可以用毫无限制的不同方式加以合并。"要从这些地产上获得最大的好处,就必须对地产进行合乎规律的利用:这是一件需要许多独创精神、注意力和坚忍性的巨大事业[25:126]。"

现代土地财产资本的形成,引起了大规模的农业改良。农业改良涉及面很广,包括排干沼泽、开辟荒地、增加耕作面积等。但更重要的是改进农业技术,培育新品种,提高单位面积或单位劳动量的生产效率。在这方面,大土地所有者是急先锋。唐森德勋爵曾是英国乔治二世时期的朝臣,他引退后从事农业改良,在自己的庄园上实行四熟轮播制,同一块地上依次种植芜菁、大麦、牧草和小麦,这既可以保持地力,又可以充分利用土地,淘汰了过去的休耕制。1731年,杰思罗·塔尔在自己的庄园上引进条播法取代过去的散播法,这不仅节省了种子,而且使中耕技术得以发展。另一个英国政治家科克在退休后也首创向薄地施加泥灰土增加地力的技术,结果是他的庄园在40年内收入增加近10倍[26:10-11]。

两千多年前,孟子说:"有恒产者,始有恒心。"这话的意思是:只有财产较多的人,做事才有责任心。因为他要对自己的财产负责,对自己的家庭负责,对自己的声誉负责……绝对不会乱来。当年,地主阶层以其财富、道德、学识和声望,责无旁贷地担负了政府职能缺失部分的职责,在农村中起着稳定社会的中流砥柱作用。

第 14 章 红顶传统

农村中有一批勤劳俭朴、善于经营"田秀才"——用农民的话来说,就是种田的"好把式",他们上升为富农、地主后,代表着当时农村的先进生产力。他们农具比较齐全,资金比较充足,生产具有一定规模;他们经验丰富,接受新生事物较快,有能力选择和改良作物的品种;他们的农、副业产量总是达到当地最高水平;他们先进的耕作方法给贫苦农民起了示范和带头作用……如果让他们继续富下去,其子女留学美国归来后办农场,中国的农业或许会改变面貌,跟上世界前进的步伐。但不幸的是,土改中把他们打压下去,杀的杀,关的关,管的管,生产资料瓜分得罄空……中国农业一条极有希望的出路被打断了。

值得注意的是,正是因为有地主这一阶级存在,中国传统的乡绅社会才能在农村真正建立,从而也避免了中国乡村的空洞化。这些人读的是四书、五经,"孔孟之道"、"己所不欲,勿施于人"、"老吾老以及人之老,幼吾幼以及人之幼",新一代或者上新式大学,或者到外国留学,有的儒家思想深入骨髓,有的民主自由思想铸造人格,成为新的绅士,百分之九十五以上的具有怜贫恤老、救济鳏寡孤独、助教兴学、救灾赈灾、修桥补路、兴修水利、调解纠纷、倡导文化活动(舞龙灯、赛龙舟、唱大戏等)的善举,举凡农村中一切需要钱、物的公益事业、慈善事业,他们带头发起,热情赞助并充当捐资、献物、出力的主角。经过接受较好的教育并进入官场、文坛、教育界、商场、工厂等上层社会的,大多数是地主家的子弟。

因此,当年的地主阶层,集政治精英、经济精英和文化精英于一体,理所当然地成为社会的主流。那些读书不多无意于仕途的读书人,回到乡梓后,因其品德、学问,主持正义,办事公平,往往被推举为地方领袖,掌握着村、乡、区的地方事务的管理权。而当年的政府(县级以上)是那样软弱,既没有"社会救济"的概念,又没有过问地方事务的经济实力。因此,大量地方事务便责无旁贷地落在本乡本土有声望的富绅(地主)的肩头上。

技术资本

在产业革命的第二个历史阶段即工业革命时期,企业家依托的异质型人力资本是技术资本——工业革命时期的企业家并不是所谓的资本大王,而首先是发明大王。技术资本的形成是市场制度变迁的结果。在市场制度变迁以前,尽管一方面,人口的进一步增长导致人地关系日趋紧张,土地资本日益稀缺;另一方面,土地资本应用的生产力形态已经由边际报酬递增转变为边际报酬递减。资源稀缺和报酬递减两个方面作用的结果使大规模的技术发明具有极大的理论价值,但由于市场被垄断,投资没有收益保障,发明创造没有专利权保护,甚至有可能引致杀身之祸。在此情况下,以取消行会限制、减少税收、开放市场、设立简便的商业契约、建立专利制度和灵便的转业制度为核心的市场制度变迁大大降低了技术发明的交易费用水平,提高了技术要素的应用价值,从而实现了技术发明要素的资本化,即形成了技术资本。

创新资本

在产业革命的第三个历史阶段即管理革命时期,企业家依托的异质型人力资本是创新资本。在以企业为核心的现代经济发展中,创新资本的形成是代理制制度变迁的历史结果。在代理制制度变迁以前,随着市场的扩张和企业规模的扩大,一方面,技术资本日益稀缺,另一方面,技术资本投资出现一定程度的生产力边际报酬递减,这使以实现大规模企业融资和建立大规模现代企业的科层管理体制为核心标的的、创新资源的投资应用具有较大的理论价值——以运用创新资本为基础的各种形式的企业管理创新活动具有高函数生产率与高边界率两个特点,容易产生高额利润。然而,在单人所有制和合伙所有制的古典企业制度下,创新资本的管理创新活动非常困难,存在极大的风险,有可能导致高额的生产成本与交易费用。在此背景下,没有特定的制度保障,一方面减少风险,另一方面确保创新者的收益,企业家的管理创新资源不可能具有应用价值,不可能从"新的生产要素"形态转化为创新资本形态。针对企业家创新资源的理论价值与应用价值存在巨大差距的问题,代理制制度变迁包含两方面的基本内容:实行有限责任制度和发展股份公司,结果实现了二位一体的目标:一方面减少了创新活动的风险;另一方面使具有创新能力的人成了创新资本的所有者——经理。创新资源应用的生产成本与交易费用大幅度下降,提供了创新资源应用的广阔空间,极大地刺激了企业家进行管理创新、发明与吸收、运用投资的积极性。这样,作为制度变迁的第三个历史阶段,代理制制度变迁实现了创新资源的资本化,即形成了创新资本。

信息资本

在产业革命的第四个历史阶段即信息革命的现实阶段,企业家依托的异质型人力资本是信息资本。信息资本是通过信息制度变迁形成的。以知识为核心的信息资源虽然早就是一种具有较大理论价值的"新的生产要素",但长期以来,其应用价值普遍较小。其一,信息资源使用的个人收益与社会收益存在较大的差距。一方面,信息资源具有公共物品的基本特点,即信息资源不因某一个人消费而减少可供他人消费的信息量,从而使信息的大规模复制成为可能;另一方面,信息资源容易泄漏或搭便车,信息资源产权所有者难以向顾客收费或制止搭便车接触信息。两个方面共同作用的结果,形成了信息资源使用中个人收益率与社会收益率之间的较大差距。其二,信息资源创造的个人费用与社会费用存在较大的差距。一方面,信息资源的价值取决于信息产品的质量技术性能,经过创意而形成的信息产品内容是信息需求者要掌握的知识。同时,信息技术是一种动态技术;在信息技术条件下,产品的升级换代、市场的变迁、产业结构的高度化等都是一个日新月异的过程,更新换代十分频繁。信息开发充满了高风险,信息产品母本的生产需要付出较大的生产成本,即生产一份母本信息要花费很多人力、金钱等成本费用高昂的资源。另一方面,由于知识(信息)的外部性,为制止侵权,信息生产者在市场上必须花费人财物资源去做监督检查、谈判、诉讼、排他、交割、控制与管理等工作,这构成巨大的交易费用。在此背景下,西方国家高科技企业中现在普遍采取科技专家持股制度,利润按股分成,从而以这种形式让专家们参与利润分配,以创造"内在所有者",就是使专家技术人员成为信息资本的所有者。据调查,目前,美国最大的公司中给予一半以上的员工以购股选择权的占30%,而5年前,这样做的公司只占17%。通过拥有知识产权而兴起的当代专家型企业家的典型例子是电脑业界的两大领导人物——微软公司董事会主席比尔·盖茨(Bill Gates)和英特尔公司董事长安德鲁·格罗夫(Andrew Grove)。盖茨领导微软公司开发的"视窗"软件在个人电脑领域占有绝对优势,投资者们对其股票青睐有加,股票价格暴涨。安德鲁·格罗夫也被誉为当今时代的风云人物,开创了数字革命的先河。他发明的中央处理器(CPU)占IBM兼容机芯片90%的市场。格罗夫个人财富超过3亿美元,著有40多篇学术论文,并在半导体工艺和技术方面拥有多项个人专利。

从财产资本的产权制度经技术资本的产权制度、创新资本的产权制度到信息资本的产权制度,西方制度变迁一直循着给企业家拥有的理论价值性的"新的生产要素"不断分配所有权这种产权制度高度化的方向发展,通过收益内部化和成本外部化,促进了新兴异质型人力资本的形成及其从财产资本、技术资本、创新资本到信息资本的历史性转换,奠定了企业家主导类型从业主型企业家经发明家型企业家、经理型企业家直到专家型企业家的历史性成长。目前,专家型企业家正在迅速崛起,并替代经理型企业家而成为主导类型企业家。

企业制度

所有制度

1904年(光绪二十九年),清政府颁布了中国第一部《公司律》,宣布了官商督办形式的终结,公司这种新兴的企业财产组织形式正式得到国家法律认可,企业经营者以创办人、董事、总经理的地位角色在治理结构上得到了确认。至此,近代意义上的中国"企业家"开始出现。近代,在社会急剧战乱动荡、民族外来资本主义思潮潮涌激荡之时,一些特殊身份和有识之士进入工商业,创办新型的工厂,反映了当时传统自给自足思想出现危机,资本主义思想的萌芽与发展,新的阶级和阶层身份形成,商业价值和思想得以普及。如"红顶商人"、官僚资本阶层、买办阶层和民族资产阶级等。他们对促使封建社会的瓦解和资本主义经济观念的传播起到了重要的作用。胡雪岩最初是银号商人,后办缫丝厂等,盛宣怀佐理洋务,势力遍及轮船、电力、纺织、冶炼及银行业务,他们亦官亦商,但在思想上仍属传统意识的商人,家族本位观念根深蒂固,排斥新技术和新生产方式,结果在内外交困下纷纷破产。

辛亥革命后,急欲使国民经济现代化的孙中山先生主张发展实业,改善民生,"发达国家资本,节制私人资本"。民国初年,北洋军阀政府对经济控制力削弱,工商业者的社会地位日益上升。1920年,在上海以上层资本家为核心成立了全国工商协会,为维护全国工商界利益同军阀政府打交道。南京政府时期向国家资本、权贵资本倾斜,也控制了金融资本。值得指出的是,辛亥革命后,国内战乱频繁,灾害连连,军事主导了经济,无论是"解放区"还是"国统区",经济的发展均是以服务于战争为目的。近代的民族企业家的发展史,是一部在夹缝中产生、在国难和战乱中艰难发展的历史。

中国近代民族企业家大多数具有现代产业的技术出身和一定数量的资本原始积累,但其成长却一直受到政治资本的严重压制。在同外国资本势力的激烈竞争中,中国民族工商业从无到有、从小到大地发展起来,其重要原因之一就是有一批杰出的民族企业家,在自强、自立的爱国精神感召下,以开拓创新的进取精神谋求企业的生存,曾扮演过进取兴业、"实业救国"而富有筚路蓝缕精神的角色。然而,政治资本势力的压抑,使当时的民族企业家和改良派思想家郑观应在晚年深刻认识到:"政治关系实业之兴衰,政治不改良,实业万难兴盛。"

产业制度

中国历史上长期施行重农抑商的政策,其主要措施包括:(1)统治者反复强调农业为本业,商业为末业,强化本末意识,抹黑商人的形象,从日常生活方面对商人进行限制,对其服饰、建房、乘车都有歧视性规定,贬低商人的社会地位;(2)在土地问题上,采取抑制兼并的政策,防止农民大量破产,稳固农业生产基础;(3)强化户籍管理,限制人口流动;(4)从多方面限制商人和商业活动:一是限制商人的政治权利,堵仕途之路,不许其后代做官,二是利用税收制度惩罚商人,如西汉商人的算赋加倍;三是对暴利行业采取官营(史称"官山海"),直接由国家垄断经销,不许商人染指。中国历朝历代主要是实行盐铁官营,因为这类商品需求量大且价格弹性小,官商以垄断价格取代其市场价格,人民的财富被源源不断地搜括掉却毫不知觉,人民的血汗流入国库百姓却感受不出痛苦,反而认为是君主关心民瘼,为他们解决生产和生活中的困难,而对其感恩戴德。此谓:"见予之形,不见夺之理,而民爱可洽于上也。"此乃一箭双雕之策:抑制任何私人力量的崛起,确保专制制度的稳定;造成资本国有,取得巨额垄断利润,掩盖经济上对人民残酷掠夺的实质。

经济活动中的生产、流通、分配、消费四个环节必须互相配合,互相融通,才能互相促进;工商业为农业生产提供必要的技术、资金、信息等,农业才可能发展、进步。人为地对立经济活动的各个环节和产业,是严重违反经济规律的行为,绝对不可能达到繁荣经济的目的。例如,表面上看重农抑商似乎是为了重农,其实从抑商的实际效果看,它不但没有促进农业生产的发展,反而使农业变得死板和僵化,长期停滞于简单再生产的状态。

产业是企业市场选择与发展的结果,不是政府调控的对象与结果。企业对产业发展承担完全的选择与发展责任,而政府的主要职责在于为企业的选择承担支持与服务的责任。促进产业发展,最有价值的问题,不是"企业家要做什么?"而是"企业家应该做什么?只能做什么?应该怎么做?怎么做好?"这些问题都是企业家自己应该回答的问题。对政府而言,可以施行一定的产业发展政策,但不可以有行政化的产业结构调整。对政府干预与指挥的盲从,强制性地进行产业结构调整,鲜有最终不导致灾难的。

契约制度

企业本质上是一系列契约的组合,是个人之间交易财产权的一种方式。而要实现企业这种交易组合,必须有一个基本前提,即签约人必须对自己投入企业的要素拥有明确的财产所有权。在由企业家主导的西方经济制度建设的历史过程中,摆在最重要地位的,一直是企业家产权制度的建设。其历史主线是:强调把一个社会经济的主要过程委托给企业家个人去指导,实现企业家权利整合(Integration)。按照西方经济学家的说法,这种整合包括三层意思:(1)不动产生产资料,如土地、工厂和设备,归私人所有;(2)为私人利益而生产,也就是说,靠私人盈利的积极性而生产;(3)财产的占有者和利润追逐者必须是同一个人或团体,他们对国民经济的方向和水平也负有主要责任[27;41]。通过产权制度建设实现了权利整合的企业家便拥有了自己的主权利:作为企业整体资产的经营主体,从法律的角度看,企业家便是参加经济法律关系、直接享受权利与承担义务的原本主体;从经济的角度看,这种原本主体所享受的权利是一种处于相对独立地位的主权利,即企业的一切财产在实际运营过程中都必须直接服从企业家的意志,企业家的行为就是法人企业本身的行为,企业的经营绩效也直接就是企业家本人的利益来源。

专栏 14.5　　　　　　　　　　中国:制度变迁与成本[28]

中国人为何勤劳却不富有?这是耶鲁大学教授陈志武早几年提出的问题。陈志武把其原因归结于中国的制度机制不利于市场交换,人们相当一部分的勤劳对冲了制度成本。且不说腐败这样的故意破坏,也不说投资失误这样的非故意损失,只看高层主观意识的偏差的结果——这直接影响中国社会发展的路径,影响制度机制的设立。

> 例如保险。1949年5月,上海解放时有二百多家保险公司,其中,最大的非官僚资本是中国保险公司。中保是中国银行1930年投资建立的,而中行是有些私人资本的,期间还曾经差点儿把官僚资本彻底挤走,想脱离政治走独立的商业道路。
>
> 解放后,政府要利用中保的海外业务关系,便将其保留下来,当时,一些官员也是有资本权利意识的。1950年1月,政府正在操作将中保改制到人民保险公司中去。1月21日,以中央人民政府政务院财政经济委员会主任陈云和副主任薄一波、马寅初的名义,回复了人民银行行长南汉宸和副行长胡景纭一封信:"中国产物保险公司(即中保)为中国银行所设立,且中国银行尚有私人股份,其领导关系的变更须经董事会决定,目前,新的董事会尚待组成,故仍暂维持现状,待董事会成立后再做考虑……"这封公文清楚地表达了尊重所有者权利的理念,但这种审慎的态度,很快就被其后的急转直下的急风暴雨般的"三反五反"、公私合营、人民公社和大跃进所吞没。
>
> 这是由于:向苏联一边倒,大一统的计划经济。例如保险,全中国有一个嫡亲血脉的人保就够了,其他留着何用?最后,中保加入了人保,成了个空牌。上海的那些中小华商保险公司先被组织成两个公司,后又公私合营,也消失了。值得一提的是,这两家"杂牌军"素质不敢恭维,解放前有点钱就能立个保险公司,也就是二两金子的门槛。但就这"杂牌军",在解放后到公司合营经营的5年中,竟是盈利的——远比现在这些动辄百亿千亿的烂账的金融机构要强。
>
> 后来,改革开放了,独一无二的人保被强行一拆为三,在此前后,太平洋、平安等保险公司成立,外资进来了,股份制也遍地开花了,风水又转回来了。早知如此,何必兜这一大圈,这中间的损失、损耗无可计数,多少中国人的勤劳都被对冲掉了。

信用制度

近代中国没有一个激发企业家创新创业精神的制度环境和稳定有序的社会环境,资本寡头和买办阶层主导了国家经济,虽然这时民族资本家兼或具有企业家精神的特征,并且公司制度从形式上看逐步实现了两权分离,但由于中国传统的家族制经济的特点,企业所有者或大股东和经营者两种角色往往合二为一,作为代理人的现代意义上的企业家从社会阶层上尚没有形成。民国时,左宗纶在其《现代股份有限公司的特质》(1936)一书中说到,需要有"专门家的经营者",中国当时正是缺乏这种管理的专才,所以,中国的股份公司"形态上虽是新的,精神却是旧的"。

有研究者[29]将中日两国同时期的企业发展做了对比,发现日本的企业家似乎更"爱国"、更有长远眼光,也更能忍受一时的损失,而晚清的商人们多急功近利。造成这些差异的根本原因,就在于大清王朝根本无法如明治政府那样提供安全、公正、信用、廉洁等经济发展的必要环境,相反,只有在政府力量所不能及的地方(如租界),民营工商业才能得到喘息和发展。

发展制度

企业家是动态经济中异质型人力资本的所有者[30]。异质型人力资本是制度变迁的基本成果。通过现代产权制度建设、市场制度建设、代理制度建设,异质型人力资本已经经过了三种历史形式的发展,即财产资本、技术资本和创新资本,由此引致了三种主导类型企业家的历史性成长,即业主型企业家、发明家型企业家和经理型企业家。三种主导类型企业家分别成为产业革命三大历史阶段(即农业革命、工业革命和管理革命)的生产力主体。

经济发展

所谓企业家革命(Entrepreneur Revolution),是指由于企业家类型的转换而实现的经济发展及其阶段性飞跃。这个命题包含如下三个方面的基本含义。

其一,企业家的兴起及其类型的转换是企业家革命的起源。所谓企业家类型的转换,是指在制度变迁过程中,企业家的主导类型从业主型企业家经发明家型企业家、经理型企业家到专家型企业家的演变或扩展过程。本质上,每一种新的企业家类型的兴起就是一种新的生产力的兴起。

其二,经济发展是企业家革命的本质特点。根据生产函数理论,可以把国民经济的发展形态分成四个阶段(见图14.1):(1)经济发展。经济发展是函数的起点(O),主要指社会性质方面的变革过程,例如,产业结构不断高度化,社会结构从身份制向职业制转化、从固态结构向动态结构转化,政治结构从集权制向分权制的转化等。本质上,经济发展是质的飞跃的过程,是企业家革命的表现形式。(2)经济成长。经济成长是函数的第一个阶段(I),在这个阶段中,生产要素的边际报酬不断递增,国民收入总量也不断增加。由于报酬递增的存在,这

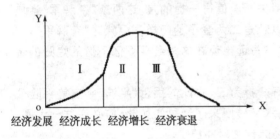

图14.1 国民经济发展形态的四种类型

个阶段是性质变革与数量变化同时并举的过程。(3)经济增长。经济增长是函数的第二个阶段(II),在这个阶段中,生产要素的边际报酬由递增转变为递减,但总报酬不断逼近最大值。这个阶段仅仅是总报酬数量上增加的过程,具有线性变化的特点。(4)经济衰退。经济衰退是函数的第三个阶段(III),在这个阶段中,生产要素的边际报酬下降为负数,而总报酬已由最大值转为不断下降。

上述四个阶段可以归纳为两种实际经济形态:经济发展和经济成长属于不均衡经济形态;经济增长和经济衰退则属于均衡经济形态。在这里,没有经济发展,就无所谓经济成长;没有经济成长,就无所谓经济增长;同样,没有经济增长,也就无所谓经济衰退,经济运行因此呈现一个周期性的变化,表现出人们在历史上所观察到的波动或人所共知的商业循环。① 但循环不一定是完全的,没有带来经济成长的经济发展是流产的经济发展,许多国家都经历过这种流产的经济发展,如拿破仑战争时期的法国、19世纪最后10年和20世纪初的印度、1901—1912年的巴西、第一次世界大战期间的阿根廷和中国。

其三,企业家革命具有阶段性的特征。J.K.加尔布雷思曾经说过,在发展过程中的国家可以看作是沿着项链移动的珍珠[32:7]。换句话说,经济发展史并不是一个直线型的递进过程,

---

① 依据这些思路描述的波动似乎比一种机械的商业循环理论要富有说服力些。用倍数和加速器表述的机械理论可以为繁荣的发展及其崩溃描绘一幅图景[31],但它从来不曾说明一个必定保证经济从衰退转入复苏的机制。

而是一个阶段性的递进过程。企业家革命的阶段性发展,正是经济发展史阶段性递进的内在生产力基础。企业家在经济发展中边际报酬递增能力的实现,调整或减缓了制度变迁各个历史阶段之间的资源稀缺与报酬递减的经济压力,造就了企业家革命;业主型企业家、发明家型企业家、经理型企业家和专家型企业家等四种类型企业家的顺序更替和不断成长,造就的就是企业家革命从业主革命开始经过发明家革命、经理革命直到专家革命的不断高度化的历史发展过程(见图14.2)。

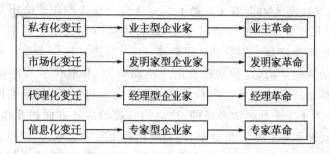

图14.2 企业家革命的阶段化模式

企业家革命四个阶段的发展过程是个层次不断高度化的历史过程,每一个后续阶段的发展都比前一个阶段创造了更高的生产率。但同时,在每一个后续阶段的产生与发展中,又并不排斥前一个阶段或前几个阶段的并存与继续发展(见图14.3)。

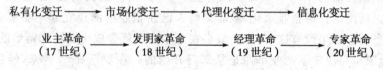

图14.3 企业家革命的演进模式

鸦片战争溃败后,"落后就要挨打"成了朝野共识,清政府迎来了洋务运动。他们设立总理衙门,派留学生,学习外国科学,使用机器,开矿办厂,买洋枪洋炮并按如法操练军队,师夷长技。他们的目的也是实现民族复兴。

可惜的是,清政府并没有借洋务运动发展民族工业,没有让私人企业吸饮洋务运动中的阳光雨露,而是借洋务运动大行国家机会主义,搞垄断和官商勾结。虽然洋务运动一时风声水起,雄心勃勃,并在搞了20年后迎来短暂的"同治中兴"。然而,由于洋务运动打压私人企业空间,没有形成市场竞争,民族工业究竟没有发展起来。之后一场甲午战争,中国再被打回原形,复兴梦又成了落花流水。国家赢弱依旧,百姓穷潦如故。

洋务运动的国家机会主义体现在国家垄断、官督商办、官商合营、与民争利,就是不允许发展私人企业经营。如李鸿章的轮船招商局(1872)、开平矿务局(1877)、上海机器织布局(1878),李鸿章既作为官员又是企业老板,既是游戏规则的制订者,又是参加游戏的主要成员,其双重地位造成的利益冲突使国家机会主义制度化,公平和健全的市场秩序不可能建立,私人企业不能发展起来。

洋务运动看似为国家积累了很多财富,但由于垄断造成了国有企业竞争力的缺乏,无法参与国际竞争,无能开拓国际市场;另外,普通民众被置于这场"改革开放"之外,个人无法获得发展,民众并没有推动这场运动的积极性。它的寿终正寝也就理所当然。

产业革命

产业革命并没有某种自动的、轻松的内在机制,企业家革命是产业革命的生产力载体。历史考察发现,企业家类型的转换是产业革命的主体成因,企业家革命决定了产业革命的兴起及其历史高度化。

其一,企业家的异质型人力资本性发动了产业革命。现代产业革命不是毫无载体空洞的经济发展过程,而是属于企业家的企业家革命,或者说是由现代企业家主导或发动的人的革命;离了企业家,产业革命就是一句空话。里什塔[33:126]写道:"每一个生产革命——包括工业革命——迄今都是阶级的活动,这种活动有助于推动革命,并取代了其他阶级在这方面的作用。"这个推动产业革命的阶级正是企业家。产业革命的最初要求,就是表现为经济人骨干的企业家的出现,就是由于一个社会的经济的、社会的和政治的各方面相互作用,产生一大群愿意推动现代经济活动并训练有素的企业家,他们在精神上充满进取性,技术上也已准备好不断地给经济中引入新的生产函数。因此,产业革命是形式(主要表现为产业层次的不断高度化和生产率的大幅度提高),企业家革命是实质。

之所以企业家是产业革命的生产力载体,不是由于其他的因素,而是由于企业家拥有的异质型人力资本。所以,准确地说,产业革命是由异质型人力资本发动的,它的经济发展或经济实绩来自异质型人力资本的边际报酬递增能力的实现。这种革命是企业家凭借自己拥有的异质型人力资本不断发动的生产率革命。德鲁克[34:198]指出:"据我所知,还没有一个企业能够在创始人离去之后继续保持企业家化,除非创始人已在企业内部建立起一整套企业家型管理的政策和实施条例。如果没有这些,企业最多在几年之内就会成为胆小和落后的。"

其二,企业家革命决定了产业革命是从部门开始的。在罗斯托[24]看来,经济发展中存在一个"起飞"阶段。"起飞"是一个社会由传统类型向现代类型的根本转变过程,一般是在一个相对短暂的历史时期中完成的,首先是从个别部门开始的。产业革命的这种部门性特点正是企业家革命的重要表现。

作为动态经济中能够实现边际报酬递增经济价值的资本形态,异质型人力资本并不是普遍存在的,而是首先和主要地存在于特定类型。异质型人力资本类别性的存在,决定了企业家类别性或群体性的存在,即在一定的历史阶段中,主宰经济活动的主要力量总是特定类别的企业家群体。后者又决定了经济成长首先是一个部门的过程,而不是一个普遍的、总量的概念。罗斯托说过,"主导部门及其扩散效应"是"自我持续增长"经济的内在机制,一个或几个新的部门的迅速增长是经济转变的强有力的、核心的引擎。继而,它成了在一连串的部门中高潮地继起并依次关联于主导部门的序列,而这也标志着现代经济史的历程。德鲁克[34:296]指出:"高技术本身成不了一个富有生命力、能够自己生长发育的部门。必需有一个充满着革新家、企业家的经济,有企业家的远见卓识,有企业家的价值观,有风险投资的来源,而且要富有企业家的活力和魄力。"

其三,企业家革命的特定类型决定了国家经济发展的特定模式,企业家革命可在不同的经济发展模式中实现。实际上,企业家革命创造了产业革命可以选择的国民经济发展的四种赶超模式:(1)财产赶超型。这是农业革命时期的荷兰、英格兰和西班牙实现的模式。这种模式的基本特点是:通过现代财产制度的建立,造就一大批业主型企业家。业主型企业家的兴起,使大规模的农业技术改良成为可能,促发了现代农业革命。(2)技术赶超型。这是工业革命时期的英国等欧洲国家实现的模式。这种模式的基本特点是:通过现代市场制度的建立,造就一大批发明家型企业家。发明家型企业家的兴起,使大规模的工业技术发明创造和应用成为可能,从而引发了以技术资本为核心的工业革命。(3)管理赶超型。这是管理革命时期的日本、德国、美国等国家实现的模式。这种模式的基本特点是:通过现代代理制度的建立,造就了一大批经理型企业家。经理型企业家的兴起,使大规模的生产要素与生产方法的创新和应用成为可能,从而引致以规模化生产为核心的管理革命。(4)科技赶超型。这是当代信息革命中美国和爱尔兰等国家实现的模式。这种模式的基本特点是:通过现代信息制度的建立,造就了一大批专家型企业家。专家型企业家的兴起,使大规模的信息创新与应用成为可能,从而引发信息革命。

结构变迁

企业家革命在作为产业革命载体的同时,由于自身经济发展"质"的性质,同时引致了社会制度的结构性变迁。

其一,企业家革命的缺乏既是封建制度围制的结果,也是封建制度长期延续的基本原因。封建制度的基本特征是:社会呈现一种纵向堆积状态,其形状像一个金字塔,每一级就是一个阶层,越往上,人数越少。阶层往往与职业相吻合,职业又往往世代相传。在这种情况下,出身是决定的因素,社会地位的高低以血统来判断。社会层次很分明,等级森严。上层既要求下层服从,又对下层提供某种"保护",保证他们能够生存。上下之间存在一种"权利"与"义务"的默契关系。这种社会结构具有极大的静态特点(超稳态结构的特点),一旦形成,很难破坏,从而抑制了企业家兴起对新的制度环境的前提性要求。封建制度因为抑制了企业家兴起与企业家革命,而阻滞了产业革命的形成;同时,企业家革命的缺乏反过来又延续了封建制度的存在,封建社会的制度与经济相互之间的关系因此处在一个相互强化的恶性循环当中。

其二,企业家革命的兴起是封建制度削弱的结果,也是继续摧毁封建制度和建立资本主义经济制度的生产力基础。企业家革命的兴起是建立在封建制度被削弱的基础上的。在15世纪中叶,英国封建贵族内部发生过一场著名的"红白玫瑰战争",在这场相互残杀的战争中,封建统治势力大为削弱,以后的新贵族带有明显的资本主义倾向。15世纪末叶,都铎王朝建立的中央集权的专制政体和欧陆的封建专制有很大区别,而1640年爆发的资产阶级革命,更进一步冲破了束缚资本主义关系的传统势力,资产阶级利用获得的政权实行了一系列有利于资本主义发展的政策,如重商主义、克伦威尔的航海法令、工业保护政策、加紧圈地运动等,这些政策都有力地促进了英国资本主义的发展和国内外市场的扩大。哈孟德夫妇[35;3]指出:"瓦特的发明是在这样一个英国产生的,这个英国接受并适应了宗教改革,确立了寡头政权,达成了立法和行政的统一,产生了一个比同时代其他国家的宪法更富有弹性和更自由的宪法,获得了一个远在海外的帝国。"在这里,以瓦特为代表的发明家型企业家正是工业革命的生产力载体。

同时,企业家革命的兴起又成了继续摧毁封建制度和建立资本主义经济制度的生产力基础。摧毁封建制度的主要力量,不是当时既不拥有新的生产要素、也不拥有政治资本的农民,也不是当时拥有政治资本的政治家,而是当时拥有新的生产要素的未来企业家阶级。新的生产要素资本化是企业家革命的动力,因为只有通过制度变迁,才能实现新的生产要素资本化,发动制度变迁因此是企业家兴起的切实要求。在历史与现实的社会政治经济生活中,对制度变迁直接感兴趣的就是企业家。① 正由于企业家的发动性,封建制度的摧毁和资本主义制度的兴起也是从社会最活跃的经济部门首先开始的。随着企业家革命的兴起,资本主义不断获得发展。早期的商业资本主义(Commercial Capitalism)在古代就已出现,在13世纪的意大利和14世纪的荷兰皆分别有所发展,于16世纪发展于英国,虽然当时封建主义的因素和行会制度(Guide System)仍然存在。随着封建制度的摧毁,商业资本主义演变成了产业资本主义(Industrial Capitalism),于18世纪末期发展于英国,然后逐渐传播到欧洲其他地区、北美、澳大利亚、新西兰和南非,配合殖民地的扩张,在19世纪主导了世界。

企业家革命对封建制度的摧毁同时表现在封建制度不是资本主义发展的一个不可避免的阶段。在古代世界中,商业资本主义存在于许多国家,而未曾有像欧洲中古时期的封建制度为其前提。工业资本主义发生于美国、加拿大和澳大利亚,它们也没有一个先行的封建制度阶段。

其三,企业家革命的发展促使资本主义制度从旧式模式(Old-Style Capitalism)向新式模式(New-Style Capitalism)转化。在制度变迁过程中,异质型人力资本类型从财产资本经技术资本和创新资本向信息资本不断转换,企业家主导类型也不断发生更替:现代产权制度建立后,社会阶层的出身界定转变为财产能力界定,这产生了业主革命时期乃至发明家革命初期的劳资对立。但这种财产能力界定很快扩张为技术发明能力界定。到经理革命时期,社会阶层的技术发明能力界定又扩张到创新能力界定,到专家革命时期,又扩张为技术发明决策能力界定。在身份界定因素不断变动的背景下,社会成员具有了更大程度的流动性,企业家阶层不断变化。钱堂冯[36;57]指出:"在西方,企业家阶级的经济基础的扩展导致专制主义和重商主义的君主制的自由化。"结果,财富的分配可以在短期内发生很大变化,财富的积累不再是个漫长的历史结果,一些人可以凭借自己的异质型人力资本,在财富拥有上很快脱颖而出,并由此迅速提高自己的社会地位;另一些人则由于自己的异质型人力资本转化为同质资本而迅速招致破产,并丧失自己原有的社会地位。马歇尔[37;261]指出:"西方的近代组织······一方面,严厉性已为变通性所代替:过去固定不变的工业方法,现在是以令人错乱的速度而变化了;阶级的社会关系,以及个人在他的阶级内的地位,过去是为传统的规则所明确地规定,而现在是完全可以改变的,并且随着当代的变化情况而改变它们的形式。"家族对个人前途的作用变小了,阶级障碍消除了,更多的穷人富了,更多的富人穷了,产业革命初期的劳资对立关系获得了极大的和缓,旧式的资本主义"人民资本主义(People's Capitalism)"化,即新模式化了。

美国目前最重要的股东是机构投资者,也就是一些社会事业投资单位,如养老基金、人寿保险基金、互助基金以及大学基金、慈善团体等。由于机构投资的收益或股票的收益不归机构本身,而属于信托收益人、保险客户,所以,这些机构并不拥有股票的所有权,而只是投票权的集中,但它使机构有可能掌握公司股权或投票的权力,影响企业经理人员的选择。美国的机构投资者持有的普通股占全部上市普通股的比例在1955年为23.7%,1965年为28.9%,1975年为37.9%,1980年为35.8%,呈逐渐上升的趋势。在20世纪70年代,机构投资者的股票交易额占纽约证券交易所成交额的比率超过70%。机构投资者的总资本也从1950年的1 070亿美元上升到1990年的58 000亿美元[38]。

---

① 在诺斯的著作里,这些企业家被称为改革时代的风云人物。

增长陷阱

虽有悠久的商人历史,但中国历史并不持续繁荣。还在马尔萨斯的时代,在欧洲处在黑暗的背景下,中国就被宣称落入了停滞的境地[39]。

根据经济历史学家 Angus Maddison 研究的数据,表 14.1 列出了几个国家的人均 GDP 比较[40]。由表 14.1 可见,日本的人均 GDP 在甲午战争之后得到了迅猛提高,而中国的人均 GDP 在 1870—1938 年间基本没变。1955 年,日本的人均 GDP 是中国的 5 倍左右。

表 14.1　人均 GDP 的历史比较(美元)

	1870	1913	1931	1938	1955	2006	2011
德国	1 839	3 648	3 652	4 994	5 797	19 993	43 742
美国	2 445	5 301	5 691	6 126	10 897	31 049	48 387
英国	3 190	4 921	5 138	6 266	7 868	23 013	38 592
中国	530	552	569	562	577	6 048	5 414
日本	737	1 387	1 837	2 449	2 771	22 471	45 920
韩国	604	869	1 046	1619	1 169	18 084	22 778
印度	533	673	711	668	676	2 637	1 389

在 19 世纪中叶,正是中国内陆经济的衰退决定了大清帝国的没落与衰亡。1937—1957 年间是个平行线,1957—1978 年间又是一条平行线。用现在的市价计算,在 1800 年的时候,世界各地区(欧洲、中国和印度)的人均国民产值约 200 美元,都差不多。到了 1975 年,西欧达到 2 325 美元,中国和第三世界国家才 350 美元。1960 年,中国的 GDP 与日本相当,但到 1985 年,就只占日本的 1/5。图 14.4 为中国国内生产总值占全球比重的历史沿革图(1820—1950 年)。

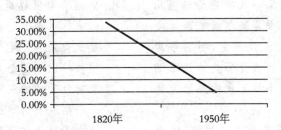

图 14.4　中国国内生产总值占全球比重的历史沿革

任何一个国家的强弱盛衰都不是偶然的,都不能逃出因果的铁律。我们今日所受的苦痛和耻辱,都只是过去种种恶因种下的恶果。我们要收将来的善果,必须努力种现在的善因。有人说,中华文明是诞生在黄土地上的"黄色文明",欧美文明是诞生在海洋里的"蓝色文明",历史上"蓝色文明"超越了"黄色文明",我们落后的农业社会终究抵挡不住工业革命的坚船利炮。现在,我们该如何走向这种蔚蓝色的现代文明呢?

当我的紫葡萄化为深秋的露水,当我的鲜花依偎在别人的情怀,我依然固执地用凝霜

的枯藤,在凄凉的大地上写下:相信未来。——食指《相信未来》

本章概要

本章从红顶传统展开对中国传统企业家生存环境(包括政治、产权和创业制度)进行了深刻解析。

红顶曾是中国历史企业家的代名词,然而,这背后隐藏的中国社会几千年的政治图腾一直未得以揭示。本章从历史发展的主角(政治领袖)经私有产权的性质,到创业制度的环境,建构了这个独特而重大命题的分析框架。

欧美成文明社会的根本原因,在于他们有先进的制度,而产生这优良制度的原因在于他们的文化。一则来自希腊的民主、理性,二则来自基督教的平等、博爱。中国的《二十四史》只是二十四个皇帝的故事而已。每一次的改朝换代不是为了制度的改良,而只是改了一下皇帝的姓而已!中国需要蓝色革命!

思考练习

1. 中国传统企业家精神缺少了什么?"有什么样的政府,就有什么样的人民;有什么样的人民,也就有什么样的政府。"你如何理解这个命题?
2. 中国传统企业家精神为什么没有奠定中国的产业革命和社会变迁?成就了中国传统企业家光荣的基因,为什么同时也成就了它的衰亡?这个基因是什么?
3. 胡雪岩和犹太商人第一代罗斯柴尔德几乎属于同一时代。罗斯柴尔德家族至今已有250多年的繁荣发展史,而胡雪岩及其家族与事业早已成为历史的过眼烟云。中国企业家富不过三代的原因究竟是什么?
4. 近百年的中国人民饱受着各种摧残,尤其是封建专政的人性摧残,难道是他们不善良吗?世界上肯定不会有天生就想当太监的男人,可中国历史上为什么太监层出不穷呢?
5. 为什么文艺复兴没有在中国的历史中出现?为什么中国历史上的变法都无法成功?为什么变革者都没有好下场?辛亥革命100余年,中国在现代化路上前进了多远?
6. 历史永远是合理的吗?你如何看待政治家的良心与勇气在社会变革及其领导力中所起的作用?
7. 改朝换代在中国是遵循同一个模式的,不间断地反复地发生着。西方汉学界有一个经典命题:中国历史不存在线性意义上的变化。你是如何认为的?
8. 中国缺少世界级的大企业以及企业家,造成这种现象的原因是什么?是制度还是文化差异?毛泽东思想在现代社会仍然被一代中国企业家所借鉴,你对此现象有什么样的深刻思考?
9. 一个刚脱离封建社会的落后民族要真正地立于世界文明强大的民族之林有四大难:让愚蠢狂妄变聪明睿智难;让陋习恶俗变文明高雅难;让欺诈虚伪变诚信真情难;让流氓行径变法制道德难。你是如何理解的?
10. 近代以来,中国一直在现代化的道路上摸索前进。在现代化进程中,中国的文化传统应如何确立自己的现代身份?

延伸阅读

《动物庄园》（[英]乔治·奥威尔. 张毅,高孝先译. 上海：上海人民出版社,2000）：本书以隐喻的形式写革命的发生以及革命的背叛,自然还有革命的残酷。本书是对现代政治神话的一种寓言式解构。

《万历十五年》（[美]黄仁宇. 上海：中华书局,2002）：本书用近乎于历史小说的笔调描绘了万历年间的历史图卷,并表达了独特的"大历史观"。

《丑陋的中国人》（柏杨. 北京：人民文学出版社,2008）：一个人,或者是一个组织,大到国家,只有意识到自己是有缺点才有改良的可能。能坦诚地认识自己的错误就是一种正确。

《阿特拉斯耸耸肩（上、下）》（[美]安·兰德. 杨格译. 重庆：重庆出版社,2007）：在人类的生存中思想的作用及其必然的结果,证明了一种全新道德哲学,即理性的利己主义的道德性。

《开放社会及其敌人》（[美]卡尔·波普尔. 郑一明等译. 北京：中国社会科学出版社,1999）：封闭社会和开放社会的根本区别有两点：前者的生活习惯是一种神秘的、非理性的态度,反对变化,充满了禁忌；而后者则把生活习惯当成可以批判地思考的对象；前者的成员像一个有机体的器官或细胞,每个单元的位置和功能是不变的,有的是可以思考、发号施令的大脑,有的只是听从命令、辛勤劳作的手或脚,而后者的成员在整体中的地位是变化和可交换的,它们之间存在竞争的关系。

《历史研究》（[英]阿诺德·汤因比. 刘北成,郭小凌译,上海：上海人民出版社,2005）：汤因比把几千年来的世界史分为若干种文明,并进行了分析和归纳,对文明的起源、成长、衰落、解体加以描述,在此基础上广泛地考察历史长河中各个文明在时间和空间中的碰撞、接触和融合。

《激荡三十年——中国企业1978—2008》（吴晓波. 北京：中信出版社,2008）：本书采用编年体的写法,将1978年以来发生在中国大陆经济体制改革中的大事作了全景式的描绘,真实地映衬出中国腾飞中沉重的翅膀。

《红顶商人》（高阳. 北京：生活·读书·新知三联书店,2006）：胡雪岩为人处世的特点在于特别重视人际关系,这一传统中国商人的经营原则,既是胡氏迅速发迹的原因,也是他最后凄惨结局的根源。

《晋商翘楚：乔致庸用人、经商、处世之道》（王保民等. 北京：清华大学出版社,2006）：本书将一代儒商乔致庸以儒治商、无为而治的领导智慧；崇德尚义、以义制利的经营之道；慧眼识才、善于用人的御人之术；诚信为本、仁厚待人、以和为贵的处世哲学；着眼大局、深谋远虑的市场眼光；行胜于言、快速执行的实干精神；准备充足,谨慎行事的风险意识；慎择相与、敦厚待人的大家风范；身体力行、严格课子的治家之道,都栩栩如生地展现在读者面前。

《商人与中国近世社会》（唐力行. 北京：商务印书馆,2006）：商人阶层是16世纪以后中国社会中最为先进的一支社会力量,他们的经营活动松动着传统社会的根基,推动着传统社会的缓慢转型。

参考文献

[1] 茅海建. 天朝的崩溃——鸦片战争再研究[M]. 北京：三联书店，1997.

[2] 吴晓波. 激荡三十年——中国企业1978——2008(上)[M]. 北京：中信出版社，浙江人民出版社，2007.

[3] 丁栋虹. 来自自由的繁荣——中国经济学的反思与重建[M]. 上海：东方出版中心，2004.

[4] 吴晓波. 我用编年史记录这惊心动魄的时代[N]. 东方早报，2007-01-25(c11).

[5] 费孝通. 民主·宪法·人权[M]. 北京：生活·读书·新知三联书店，2013.

[6] [美]沃尔特·白芝浩. 物理与政治[M]. 金自宁译. 上海：上海三联书店，2008.

[7] 直言了. 由希拉里告别信看中美政治文化区别[EB/OL]. 光明网，[2008-06-06].

[8] 冼岩. 衡量制度优劣的关键性指标[EB/OL]. 万维读者网，[2009-03-17].

[9] 南方河. 美国二百年和中国二百年的一个不同点[EB/OL]. 凯迪网络，[2008-05-01].

[10] 蓝蜘蛛631. 商人是专制天生的敌人[EB/OL]. 凯迪社区，[2010-09-06].

[11] 和合. 从水浒三个民营企业家的命运谈起[EB/OL]. 天下论坛，[2004-02-11].

[12] [美]道格拉斯·诺斯，罗伯特·托马斯. 西方世界的兴起[M]. 厉以平，蔡磊译. 北京：华夏出版社，1999.

[13] 丁栋虹. 中国封建社会土地产权制度性质质疑[J]. 南京社会科学，1999，(8)：40-45.

[14] 丁栋虹. 不动产经济学[M]. 南京：南京大学出版社，1993.

[15] 傅筑夫. 中国经济史论丛(上册)[M]. 北京：三联书店，1980.

[16] 刘泽华，汪茂和，王兰仲. 专制权力与中国社会[M]. 长春：吉林文史出版社，1988.

[17] 张五常. 再论中国[M]. 香港：信报有限公司，1987.

[18] 黄仁伟. 美国西部土地关系的演进——兼论"美国式道路"的意义[M]. 上海：上海社会科学出版社，1993.

[19] 丁栋虹. 论企业家产权制度建设及在中国的实践[J]. 学习与探索，2000，(1)：27-32.

[20] 陆费逵. 实业家之修养[M]. 上海：中华书局，1929.

[21] William J. Baumol. Entrepreneurship: Productive, Unproductive and Destructive[J]. Journal of Business Venturing, 1996, 11(1): 3-22.

[22] Gordon Tullock. Rent Seeking as a Negative-Sum Game [M]//BUCHANAN J M, TOLLISON R D, TULLOCK G. Toward a Theory of the Rent-Seeking Society. College Station: Texas A&M University Press, 1982: 16-36.

[23] 丁栋虹. 企业家、企业家成长与异质资本[J]. 学习与探索，1998，(3)：25-26.

[24] [美]罗斯托. 从起飞进入持续增长的经济学[M]. 贺力平等译. 成都：四川人民出版社，1988.

[25] [法]保尔·芒图. 十八世纪产业革命——英国近代大工业初期的概况[M]. 杨人楩，陈希秦，吴绪译. 北京：商务印书馆，1983.

[26] 钱乘旦. 第一个工业化社会[M]. 成都：四川人民出版社，1988.

[27] [美]阿兰·G.格鲁奇. 比较经济制度[M]. 徐节文，王连生，刘泽曾译. 北京：中国社会科学出版社，1985.

[28] 王安. 早知如此，何必兜这一大圈[N]. 青年参考，2005-12-28.

[29] [澳]雪儿简思. 晚清民企：穿"西装"披"洋皮"[N]. 第一财经日报，2008-10-14.

[30] 丁栋虹. 制度变迁中企业家成长模式研究[M]. 南京：南京大学出版社，1999.

[31] [英]琼·罗宾逊，约翰·伊特韦尔. 现代经济学导论[M]. 陈彪如译. 北京：商务印书馆，1982.

[32] [意]卡洛·M.奇波拉. 欧洲经济史：工业革命(卷3)[M]. 吴良健，刘漠云，壬林，何亦文译. 北京：商务印书馆，1989.

[33] [美]丹尼尔·贝尔. 后工业社会的来临：对社会预测的一项探索[M]. 高铦，王宏周，魏章

玲译.北京:商务印书馆,1984.

[34] [美]彼得·德鲁克.革新与企业家精神:实践与原理[M].张遵敬译.上海:上海翻译出版公司,1988.

[35] [英]哈孟德夫妇.近代工业的兴起[M].韦国栋译.北京:商务印书馆,1959.

[36] [美]钱堂冯.托克维尔的《美国民主制》与第三世界[M]//奥斯特罗姆,等.制度分析与发展的反思——问题与抉择.北京:商务印书馆,1992.

[37] [英]马歇尔.经济学原理(上卷)[M].朱志泰译.北京:商务印书馆,1964.

[38] 银温泉.关于国有企业产权制度改革的几个问题[J].经济工作者学习资料,1995,(9).

[39] [英]马尔萨斯.人口原理[M].朱泱,胡企林,朱和中译.北京:商务印书馆,2001.

[40] 岳东晓.1955年中国的人均GDP——中国经济的增长[EB/OL].万维读者网,[2010-05-29].

第15章 华商管理

> 地球是圆的。人们经常将其看作属于终点的地方,实际上仅仅才是起点。
>
> ——丁栋虹

学习目标
- 理解华商经济的分布;
- 分析华商文化的特质;
- 发展华商的制度治理。

华商(Chinese Business)是指具有中华民族血统的全球华人中的商人。通常所说的晋商、徽商、豫商、浙商、闽商、台商、港商以及现在分布在世界各地的华裔商人都属华商范畴。它是与犹太商人、阿拉伯商人并列的具有中华民族文化背景的商人群体。顾名思义,世界华商是指在世界范围内从事各种经济活动的那一部分华族群体,其核心部分是指具有华族人特征的华商企业及其经营者。一般地,国内所称的"海外华商"仅指中国境外的华商企业及企业家。

根据中国社会科学院发布的《2007年全球政治与安全报告》,中国向海外移民可以追溯到元代以前,大规模迁移海外始自19世纪中叶,被认为是国际上最大的移民群体。2010年6月16日,中国国务院侨办宣布,中国海外侨胞的数量已超过4 500万,绝对数量稳居世界第一。

从1978年到2005年,中国政府引入的外资中,华裔投资占67%,批准成立的55万多家外资企业中约七成是华裔建立的。中国改革开放后移民海外的华人也超过700万人,滞留或流失在海外的留学生超过100万,他们拥有巨大的资金、技术和智力资源。

华商经济

华商能够在海外站稳脚跟,经济上的生存能力是第一位的。

产业型态

中国人移居海外,产业聚集与发展呈现清晰的升级轨迹。

贸易产业

海外华商经济活动的发迹点是小规模的商贩活动。人们通常把早期海外华商的经济活动称为依靠"三把刀",即理发刀、裁剪刀和菜刀。即便是新近一二十年到欧美的非投资性或非高知识背景型的华商移民,他们中的大部分所赖以谋生的经济活动也仍是小型商贩。在东南亚国家,他们是以经营日杂货店为主;在欧、美、日等国家,则是以餐饮业为主。在这个层次上,海外华商经营或多或少地仍再现着一百多年前老一辈的海外华商谋生的景象。不过,从整体上看,海外华商的商贩活动已今非昔比。

浙江青田人侨居国外已有300多年历史,迄今有23万华侨遍布全球120多个国家和地区,占全县人口的2/5强;除传统的餐饮业和制造业之外,如今有越来越多的人从事商贸业。

餐饮产业

如果说中国货有什么世界著名的品牌,那首数中餐了。中餐蕴藏着丰富的中国饮食文化。中餐业数量最多的地区是东南亚,在20世纪90年代初达到6.5万家,其次是美国、英国、加拿大和日本。中餐业是华商经营的传统行业,由于中餐业投资少,专业性不是很强,容易开业起家,成为华族许多新移民的首选行业。近一二十年来,在一些华人新移民人数增加较快的国家里,中餐业发展迅猛。1980年年初,葡萄牙只有20多家中餐馆,现已发展到600多家,半数以上的华侨从事中餐业;奥地利的华人新移民主要靠经营中餐馆谋生。据不完全统计,英国约有中餐馆9 000家,荷兰拥有2 200多家中餐馆,而德国中餐馆和华人速食店超过7 000家,法国的中餐馆已经超过8 000家,西班牙中餐馆已达3 000家,其中,仅巴塞罗纳就有600多家。华侨餐饮业促使欧洲餐饮方式更加多元化,促进了那里的食品加工业、旅游业和进出口贸易的发展。

房地产业

第二次世界大战后,东南亚国家纷纷独立,尤其是中国政府鼓励华侨入籍,由"客人"变为"主人",实现由"落叶归根"向"落地生根"发展。为了回应发展工业化的需要,华侨资本纷纷由商业领域进入工业和服务业领域,重点发展轻纺工业以及房地产、酒店、银行等现代服务业,开始了第二次的经济转型。

据《中国经济时报》2006年6月29日报道,全球华商500强评价委员会通过对2006年全球华人富豪前100名和后100名的行业分布数据比较分析得出,前100名的全球华人富豪有30.33%涉足房地产,而后100名的富豪也有25.73%涉足房地产。

金融产业

从行业分类来看,作为香港支柱行业的金融业和保险地产业无疑成就了最多的财富梦想。在花旗所进行的调查中,上述两类行业的百万富翁出现率分别高到19.6%及12.3%。此外,香港特区政府高薪养廉也造就了大量富有的公职人员,约11.6%的公职人员进入百万富翁之列。近年来,大量的内地资金进入香港股市,令香港的经纪人荷包迅速膨胀,许多香港年轻人2007年换岗去证券公司做经纪人。在2007年交投畅旺的时候,曾有刚出道的年轻人创下单月佣金收入过60万港元的纪录。伴随着年轻富翁的数字增长,2007年平均流动资产在100

万—200万港元的富翁人数大幅增长97%。在获取财富的手段中,大多数富人倾向于股票投资。调查[1]显示,有32%的人准备2008年继续以股票作为最佳投资手段,准备投资基金的占21%;甚至连不断升值的人民币也成为富人们青睐的对象,有15%的人准备投资人民币,比投资房地产的人数(14%)更多(见图15.1)。

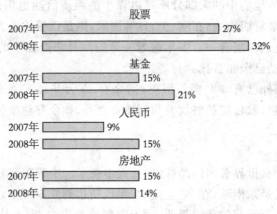

图15.1 香港百万富翁眼中的年度最佳投资

年轻人只要肯储蓄,并懂得分散投资的话,成为百万富翁的机会很大。从2007年的调查来看,流动资产越多的百万富翁,越懂得分散投资,除投资于港股外,以外汇、定期存款做投资工具的比例也相当高。调查[1]中,刚入百万富翁门槛的富人有近80%的表示通过香港市场赚取财富,表示投资外汇及基金的不到50%;但那些流动资产在500万港元以上的富翁,其投资外汇和基金方面的人数比例高达70%以上。全港41.4万名百万富翁中,有15%约62 100人来自中国内地,其中,有84%的人是在香港立足后,逐步将财富滚大成长为百万富翁。

目前,在美国生活的华人约300万人,每年合法移民来的华人约6万人,另外,估计还有数以万计的非法华人移民。很多华人新移民拥有高等教育学位或很高的电脑操作技能,投身于美国所谓的"新经济时代"行业。他们所希望的是一份有发展空间的高科技工作,薪水不一定很高,也不介意规模较小的公司,但一定要有股权,一旦所在公司顺利上市,就有机会成就一批新富翁。美国华人中还有一个特点,就是"股票一族"特别多。10年前,美国嘉信理财证券公司(下称"嘉信理财")看准华人移民日益增多的商机,在纽约中国城开设分公司,至今,在华人股票投资者身上吸纳资金已高达170亿美元,近年又开设华文交易网站,扩大为华人社区服务的业务。据估计,美国华人社会中可用于投资的资金达2 000亿美元。嘉信理财的华人客户平均年收入为9万美元,比非华人客户的平均年收入要高。华人上网族中有一半人拥有股票,而这些投资者的交易有70%在网上进行,可见他们投资水平相当高。

电子产业

传统海外华人经济的基本特征可以被概括为"在行业上是高度集中,在资金上是高度分散"。前者说明经济多元化程度不够,产业集中在劳动密集型的行业,后者则描述了海外华人经济是以家庭为单位的经济体,从事着较原始的经营管理模式。这个基本特征曾经在华人创业阶段产生过积极的作用;但随着华人经济的进一步发展,这个特征给华人经济带来了明显负面的影响,而且越来越凸显出来。随着世界经济一体化的发展,海外华人经济也加快了由当地化、现代化、集团化向国际化方向发展的步伐,出现了新的经济转型趋势,以便在市场竞争中取得发展优势。

20 世纪 50 年代,华商就开始在国外开办高技术公司。王安电脑公司曾在美国高科技行业风光一时,资产高过 50 亿美元。20 世纪 80 年代以后,一些具有高知识背景的华人或实力雄厚的东南亚华商的第二代,开始在美国、加拿大、英国、新加坡、泰国等地开办高科技企业,香港和台湾地区的某些华人企业也向高科技领域扩展。到 20 世纪 90 年代末,由于东南亚金融危机的严重影响,华人企业纷纷调整经营方向,通过产业转型和债务重组,重点发展比较优势产业和高新技术产业,走出了发展的困境,实现了第三次的经济转型,为今后的企业发展和产业转型奠定了基础。

1976 年,施振荣召集数位志同道合、学有专长的电子工程师创办宏碁电脑有限公司。在 2008 年《国际周刊》华商 500 家的排行中,宏碁电脑有限公司名列第 76 名,其市值为 114.32 亿美元。该集团曾在北京投资 20 万美元设立北京宏碁讯息公司。这些新兴的高科技华商企业经过 20 年的发展逐渐形成规模,标志华人族群经济发展的一种新趋势。

美国华人的高科技产业已经初具规模,经营范围遍及电子及电器制造业、生物科技及制药工业、稀有金属冶炼及制造工业、石油化工等领域。现在,海外华人在美国、加拿大、澳大利亚等新移民国家形成了比较有特色和潜力的电子高科技产业。

1999 年,美国的 100 多家华人制衣业倒闭,令人意外的是,整个传统行业的萎缩,却促成了华人产业的结构调整,转向了更具生命力的高新科技经济。三十年前,美国人可能认为每一个华人都如李小龙一般,身怀中国功夫绝技。如今,美国人碰到在美华人,可能认为他们都是高科技电脑行业的从业人员,因为现在在美国从事高科技行业的亚洲人实在太多。据统计,如果以最近的人口估算,美国 300 万华人在 2.7 亿的总人口中只占 1/90,其中有 6 个诺贝尔奖获得者,在代表美国高科技产业的硅谷有 7 000 多家公司,其中有近 3 000 家由来自中国和印度的工程师主持,在美国国家科学实验室中受聘的科学家有近一半为亚裔,其中又以华人科学家过半,在美国著名的高校中,自然科学系科的主任也有近 1/3 为华人,全美 12 万名著名科学家中华裔占 3 万,华人留学生居世界各国在美留学生之首。2000 年评选揭晓的 1999 年度硅谷"十大风云人物"中,华人就占了四位,他们是陈宏、陈丕宏、李广益和殷晓霄。

区域特质

自 1995 年开始在北京连年出版的《世界华商经济年鉴》认为,世界华商主要包括三个部分,即中国大陆及香港、澳门、台湾地区的华商、比较集中的东南亚各国的华商以及散布在北美、大洋洲及世界其他地区的华商。

亚洲华商

海外华侨大量聚居在东南亚各国,海外华商的资本和企业在东南亚国家也比较集中。1995 年 8 月中旬,澳大利亚外交与贸易部发表了一份长达 350 页的《海外华人经济网络研究报告》,称逾七成的东南亚上市公司由海外华商的资本控制。大约在同时期,日本东京的富士通研究所调查了亚洲 5 个主要国家的上市公司,发现其资产额中的绝大部分为华人所有。除了上市公司的资产统计外,分布在亚太国家和地区的华人经济细胞主要是成千上万的中小型商贸企业,它们为当地社会提供了一半以上的就业机会。

在除新加坡以外的东盟新兴工业化国家内,华人族群经济以原材料加工、日用工业品生产、商品零售批发为主。这是因为在西方殖民化的时代,华人在那里的经济活动主要限于中间商和矿场及种植园中的简单体力劳动。等到殖民地国淡出、东南亚的民族国家独立时,华人便利用原来积累的资金、技术和商业及社会关系从事进口日用品和初级工业品的生产,并在这些领域形成了较大的经济优势。以华人族群为主流的港、澳地区以及新加坡形成了国际化程度很高的金融、转口贸易、旅游、房地产、管理服务以及科技产品零部件加工等方面的经济优势。这些地方的华人经济之所以能够突破地域狭小的限制而获得较大的国际经济份额,在很大程度上是得益于它们周边的中国内地市场、东南亚区域市场,由此进而扩大到亚洲和全球市场。

非洲华商

在非洲,华商主要来自浙江、广东和福建,其中,浙商最多。以喀麦隆为例,在当地2 000多中国人当中,浙江人占到1/4以上。

在非洲各地,华商办厂、经商和投资,生意按规模大小分成三类。大型的如矿产开发,中型的如投资办厂制造产品,小型的主要是经营小商品买卖。

改革开放以后,个体华商开始进入非洲,但人数不多。1995年,中国进行援外方式改革,改变过去对非洲进行单纯援助转为谋求经济上的互利合作。然而,非洲国家众多,情况复杂,与国有企业相比,私有企业在当地发展更方便,也更灵活。因此,中国政府鼓励国有企业和私营企业到非洲发展。也就是从那时起,个体华商开始大规模地进入非洲。

中国人吃苦耐劳,这是非洲人对中国人的第一印象。中国人不管在非洲搞工程还是经商,他们几乎都没有周末和节假日,早7点上班,下午6点半下班,晚上还要加班。埃塞俄比亚North wollo省Woldiya市的政府主席Balay先生曾表示:"中国人工作很努力,这是中国很快富裕的主要原因,而我们埃塞俄比亚人缺乏的就是这种精神。"

非洲人很佩服中国人的勤劳,有的甚至不可思议,认为中国人简直成了工作狂。对中国人来说,加班是家常便饭,甚至没有任何额外报酬(部分工资)。而在非洲,让黑人晚十分钟下班,他就会要加班工资,不付就把你告上法庭。尽管加班工资比平常工资高出很多,黑人也不愿加班,他们要充分享受法律赋予他们的休闲。他们对中国人这种苦行僧式的工作态度实在无法理解,不知道中国人的快乐在哪里,不知道中国人在享受什么。

欧美华商

据《世界华商经济年鉴》统计,华商在欧洲从事的行业集中于中餐业、服装加工、皮革、批发货行、进出口贸易、食品工业、农场、超级市场等行业[2]。

(1)中餐业。餐饮业是华人在欧洲谋生的主要行业,是西欧,特别是英国、荷兰、德国、法国等国华人经济的支柱。英国80%以上的华人靠餐饮业为生;荷兰1996年有中印餐馆(印尼风味中餐馆)2 170家,占全荷各类餐馆的28%;法国1997年年底有中餐馆7 000家以上,在法国同行业中占有重要地位;德国有中餐馆和华人快餐店6 000—7 000家,全德80%以上的华侨、华人靠此业为生;西班牙有华人中餐馆逾2 000家,意大利有1 200家,比利时有1 000家,奥地利有900家,葡萄牙有数百家。

(2) 食品工业、农业和超级市场。食品工业和超级市场在华人经济结构中所占份额不是很大。较有规模的食品公司有丹麦的大龙春卷公司和英国的七海冻品公司、远东食品有限公司、志业肉类批发公司等。还有一些制面厂、芽菜场、豆腐厂等。它们均是为中餐馆或中国杂货店提供货源的。华人超级市场在欧洲多以小杂货形式出现。

(3) 批发货行与进出口贸易。20世纪80年代以后，西欧、东欧华侨经营的进出口公司、批发货行以及贸易商场相继设立，生产兴隆，已成为西欧、东欧华人经济整体规模跨上一个新台阶的重要标志。

(4) 服装加工业和皮革业。与西欧、北欧不同，南欧的华人经济并非是餐饮业一枝独秀，而是餐饮业、服装加工、皮革业三分天下。华侨华人经营的皮革业和服装加工业主要在意大利和法国。意大利华侨经营的皮革加工厂集中在佛罗伦萨和普拉托。仅普拉托1997年年底就有华侨经营的大小制衣厂近千家，华人制衣业已成为当地经济的支柱之一。

可以看出，欧洲新华商虽然已逐渐进入欧洲的各个行业，但在华人经济中占主导地位的行业仍比较集中，一般都是劳动力密集型、低附加值的行业。这样的行业分布特点在早期可能会有利于新华商的起步，但随着经济的发展可能会成为阻碍华商进一步发展的瓶颈。

美国华商是美国华侨华人的一个重要群体，其发展变迁与美国移民、经济政策密切相关。自1965年美国实行新移民法以来，华人以惊人的速度涌入美国，从而造就了数量众多的美国华商。近30年来，美国华人企业取得惊人的发展。1977年，华人企业仅有23 270家，1987年增加到89 717家，1997年又增至252 577家，到2002年，华人企业数已达到286 041家，较1977年增加了11倍以上，占亚裔企业总数的25.9%和全美企业总数的1.2%。在企业总体收入方面，2006年美国人口普查局公布的调查结果显示，华人企业的收入为1 051亿美元，尽管比1997年略有减少，但仍占亚裔企业收入的32.2%，超过其企业数在亚裔企业中所占25.9%的比率。这说明在亚裔企业中，华人企业的附加值较高，经济效益较好。按照美国商业发展总署(Minority Business Development Agency, MBDA)的"经济效益对等"计划，估计2050年全美少数族裔企业年收入将从现在的6 600亿美元增加到2.5万亿美元，届时，华人企业年收入将有望达到3 981亿美元[3]。

近20年来，在美国、加拿大和澳大利亚的华裔人口增加很快。美国人口普查局公布的数据显示，在20世纪最后10年里，共有46万来自大陆的中国人在美国定居，使在美中国大陆移民数量增长了一倍。2000—2005年，美国更是出现了有史以来最大的一次移民潮，35.5万中国人在这5年中移居到这个大洋彼岸的国家。加拿大和澳大利亚也出现了这种情况[4]。美国人口普查发现，到2011年，来自中国大陆的移民有379.5万人，来自台湾的移民有23万，两者合计402.5万，是最大的亚裔族群[5]。

海归华商

改革开放以来的80年代以及90年代前期，中国海归主要是在科技教育领域作出了贡献。但是，到了1990年代后期，情况开始有了变化。与前辈相比，新时期留学海外的中华学子的最大不同点是，当代海归在创业方面开始发挥突出作用。这一方面是基于中国开始走向市场经济，另一方面则归功于在知识经济时代，海归回国创业有着得天独厚的优势。

在美欧亚国际商务咨询公司董事长、中国欧美同学会商会会长王辉耀[6]看来，海归创业的特点表现在如下几个方面：(1)海归人员有较高学历，有助于创业成功。(2)大多数回国创业的成功海归都集中在高科技领域,其中,在互联网、IT和通信等领域的占到了70%以上。还有20%的海归集中在咨询、法律服务和教育等领域,只有5%左右是在制造领域。在这些领域,海归有着本土企业家难以竞争的核心竞争力。相反,在某些国内企业家集中成功的领域,例如房地产,海归却涉猎较少,这也是一个非常有趣的现象。(3)有海外工作经验,有助于回国创业成功。回国创业较为成功的人士,他们在海外的工作经验一般都有5年左右,还有部分海归甚至在出国前就有了工作经验。(4)海归组建创业团队,有助于成功。创业成功的海归往往能组建一个好的创业团队。大多数创业成功的企业都有三位以上的海归参与企业的创办或管理。(5)风险投资参与,更有利于海归创业成功。目前在海外上市的海归企业中,几乎100%都得到了不同程度的风险投资。(6)海归成功人士回国创业的平均年龄为35岁。此外,所有这些成功的海归企业寿命至少都在两年以上。(7)海归创业成功人士的地域分布。从美国回来的仍然占主导地位。在回国成功创业的海归样本中,54%是从美国回来的,23%是从欧洲回来的,10%是从加拿大回来的,9%是从日本回来的,3%是从澳大利亚回来的。(8)海归学习专业的分布上,46%的创业海归为理工专业,27%的海归为经济或工商管理专业,12%的为法律或其他人文专业,9%的为医疗卫生专业,其他的专业为6%。(9)在海归回国创业的男女性别上,男性海归占到了绝大多数,达到90%,创业的海归女性只占总比例的10%。

发展趋势

兵法云:"夫地形者,兵之助也。料敌制胜,计险厄,远近,上将之道也。知此而用战者必胜,不知此而用战者必败。"可见地形对作战之重要,为将者不可不察也。经商如作战,商场如战场,经商者如指挥千军万马之将帅,智慧的将帅往往会占据有利的地形,最终取得战争的胜利。

作为春秋战国时期大谋略家的范蠡,更是深谙此道。他以战略家的眼光,认为陶地为"天下之中,诸侯四通",是理想的货物贸易之地。遂选陶地为营销点,果然,十九年间他三致千金,成为世贾,"陶朱公"的美称也由此而饮誉古今,留名青史。《史记·货殖列传》中所载,秦国灭了赵国以后,实行了移民政策,当时许多人贿赂官吏,不愿搬迁,要求留在原地,唯独富商卓氏要求迁往较远的"纹山之下",他看中那里土地肥沃,物产丰富,民风淳厚,居民热衷于买卖,商业易于发展。几年后,卓氏成了远近闻名的世富。这种"不惟任时,且惟择地"的观念已为后世商人所接受。"淮左名都,竹西佳处"的江苏扬州,地处南北要冲,交通发达,水运便利,货往频繁。其地膏沃,有茶、盐、丝、帛之利,众多商人纷至沓来,一时商贾云集,秦商、晋商在这里定居经营。有名的徽商也就是从这里开始起步,称雄江湖。

制度变革

香港总面积为2 755平方公里,其中,陆地面积1 104.32平方公里;总人口为709.76万人(2010年);缺乏天然资源。在贫乏的资源条件下,香港经济取得了高度成功,人均本地生产总值达49 137美元(2011年),被弗莱德曼誉为现代经济体系成功的典范[7]。

就经济制度核心来讲,香港政府一直奉行"积极不干预"的经济哲学,即政府不会干预最好能由私营机构作出的决定,以确保经济自由。香港政府最重要的任务是行使具有如下特色的政府职能。

(1) 低税率制。在香港,个人所得税率最高的为 15%,但仅有 2%的人应用此等税率,其他的人大多交 5%、10%,而有 70%—80%的人根本不交税。盈利的企业按 16.5%的固定税率交纳。没有资本收益税。在对外贸易方面,香港只规定烟草、酒类、某些碳氢油类、甲醇、化妆品和非酒类饮料等 6 种货物进出口要缴纳一般关税,另有爆炸物等危害公共安全或卫生的货品、武器弹药等战略性物资、大米等受限制的物品这三大类货品要申请领取进出口许可证,其余的货物只要办理简单的进出口申报手续,都可免税自由进出口。

(2) 确保港元币值稳定。香港从 1983 年开始实施港元与美元挂钩,香港的通货膨胀率曾持续高涨,1991—1995 年的平均数为 9.2%,远高于日本与美国一般的 2%—3%的水平。通过香港政府的得力工作,通货膨胀率得到有力控制。

(3) 金融自由。香港金融市场自由化,货币可自由兑换,金融产品多样化,所有金融机构进入门槛低,竞争机会平等,资讯设施现代化;40 多个国家的 500 多家银行在此落户,共有 35 万银行从业人员;整个银行资产值为中国内地银行系统所有的 1.3 倍;香港外汇市场在全球排名第五位,黄金交易是世界四大市场之一;香港的资本市场相当发达,股票市场的总市值在全球排名第七位,债券市场、基金市场都是亚洲最活跃的市场,衍生品交易方面也成长较快。

(4) 建立、健全法律及司法制度。通过和世界交流,香港学会了一套管理经验,形成法治秩序,能在扩展中保持自律。

(5) 维持公务员队伍的廉洁奉公。香港有一个廉洁、廉价的政府,对市场干预甚少,企业自主权充分,并没有什么人为社会的未来设计理想的蓝图,就是靠市场本身的作用,鼓励所有的人努力谋生,努力创新。

(6) 保持资讯高度自由。在美国传统基金会及《华尔街时报》联合发表的《2012 年经济自由度指数》中,香港连续 18 年当选为全球最自由经济体。

在美国智库传统基金会(Heritage Foundation)公布的 2013 年"经济自由度指数"报告中,香港在 177 个经济体中得分 89.3,虽然比 2012 年下跌了 0.6 分,但仍然是全球最高。报告指出,香港具备高度竞争力的规管制度、有效率和具透明度的法律框架、干劲十足和高技能的劳动力、廉洁等诸多优势,是保持经济动力的基石;同时,香港与内地的经济互动日趋紧密成熟。香港经济继续充分表现出抵御冲击的能力,是全球最有竞争力的金融和商业中心之一。

在积极不干预的原则指导下,香港没有关税或其他国际贸易的限制(除了美国和其他一些大国施加的一些"自愿"限制外)。那里不存在政府对经济活动的指导,没有最低工资条例,没有固定价格。居民自由自在,想向谁买就向谁买,想把东西卖给谁就卖给谁,想怎么投资就怎么投资,想雇什么人就雇什么人,想给什么人干活就给什么人干活。同时,政府起着有限但非常积极的作用:实施法律,维持秩序,提供制定行为准则的手段,裁决争端,方便交通运输,以及监督货币的发行。虽然香港政府的开支随着经济的增长也有所增加,但在国民收入中所占的比例仍然属于世界最低行列。香港的市场经济体制比日本、德国、韩国等市场更富于激励性。经济自由保持了经济刺激。香港人口密度远高于中国内地、日本和美国,香港人却享有很高的生活水平,仅次于日本和新加坡。

英国移民还孵化出美国、加拿大、澳大利亚、新西兰 4 国和印度、南非等一批英联邦国家,总让人误以为它曾遇到过人口对国土的严重过剩,其实没有,移民是优势生存方式的自由扩散[8]。说到底,不是暴力而是自由使英国崛起。中国今天的进步恰恰是放松管制争得自由才取得的,它仅是开始,还不能望英国之项背——中国还是世界上极少的收费多过收税的国家,英国 1688 年的"光荣革命"已解决了未经民意代表法案表决,政府不能向公民收一分钱税的民主程序;中国是世界上极少的限制户籍的国家,而移民英国的各色人种在各个城市都有了各自的社区;中国是世界上很少的由国有企业掌控主要资源、能源、交通、金融、通信、媒体的国家,而英国的民营化早已主导了整个市场;中国是世界上极少的土地永远属于政府但又把山河湖海景观圈起卖门票的国家,而英国虽土地高度私有化但山河湖海景区属于全民,免费开放;全世界约 12 万公里的收费公路有 3/4 在中国,从中国打电话到英国的话费是从那边打过来的 10 倍以上,没有商业电视台的中国电视商业广告是有大量商业台的英国的几倍。社会发育就像孩子发育,自主能力越强,获得的自由空间就越大。

资本经济

到 20 世纪初,华侨资本首先在小商贩、中介商和承包商中产生,并以商业资本的形态出现,形成了第一次经济转型。华人服装和皮革加工行业在南欧(尤其是意大利、西班牙和法国等国)占有重要地位。仅在意大利的普拉托一地,就有华侨经营的大小制衣厂近千家,在法国巴黎,由华人开办的制衣厂就有 300 多家。

综合数据显示,遍布世界各个角落的海外华人,经过几个世纪的奋斗与积累,他们掌握的财富总值相当于中国一年的 GDP 总量[9]。海外华人资本是各驻在国民族资本的一部分,估计其经济总量相当于一个台湾地区或接近一个韩国,其资产总额在 2.5 万亿美元左右[10]。

跨国经营

跨国公司在 19 世纪末发迹于美国和西欧;第二次世界大战后,日本的跨国公司逐渐发展起来,直至鼎立一方;20 世纪 60 年代以来,发展中国家的跨国公司开始发展;进入 20 世纪 90 年代,华人跨国公司逐渐引起工商界和媒体的注意,不但英国的《经济学家》杂志(*The Economist*)谈论它们,连德鲁克都已经专门拿出时间来考察这一新生事物。联合国跨国公司与投资署在《1995 年世界投资报告》中首次按海外资产额(1993 年)排列了全球发展中国家与地区最大的 50 家跨国公司,其中,华人跨国公司占了 17 家;而 2006 年起则占到 50 家。据公开的资料显示,联合国从 1990 年起每年发布"世界最大的 100 家跨国公司",中国香港的和记黄埔公司(Hutchison Whampoa Ltd.)1999 年首次进入世界 100 大跨国公司行列,排名第 48 位。2004 年,第三家华人跨国公司中信集团(CITIC Group)登上榜,排名 94 位。由此,华人跨国公司开始进入世界级行列。

从亚洲金融危机结束后的 2000 年起,华人跨国公司进入到一个新的成长阶段。由于受中国经济长期连续的高速发展和加入 WTO 的影响,中国大陆和台湾地区的跨国公司得以迅速成长。先说大陆,1997 年是中国经济从短缺型向过剩型的转折点,由此催生了一批"常规型跨国公司"的诞生(见表 15.1);而加入 WTO 后全球化的巨大竞争压力,像助推器一般加快了中国企业跨国化的步伐,使中国跨国公司的数量迅速增长。此时,由于新行业的发展,赶上全球 IT 产业发展的浪潮,诞生了一批 IT 产业的华人跨国公司,如联想、华为、趋势科技、UT 斯达康、优派、鸿海、Benq 等。在技术密集的制药行业,也产生了新的华人跨国公司,如美国华生制药、万全科技等。

第15章 华商管理

表 15.1 中国常规型跨国公司的首次海外投资

公司	年份	地点	内容
小天鹅公司	1995	马来西亚	建家电厂
海尔集团	1996	印度尼西亚	建家电厂
海信集团	1996	南非	建家电厂
华为公司	1996	香港	建电讯项目
金城集团	1996	哥伦比亚	建摩托车厂
万向集团	1997	英国	收购 AS 公司
华源集团	1997	尼日尔	收购纺织厂

依企业产生及其国际化路线和所处的若干环境因素，而导致的行为差异对后发展型跨国公司进一步细致划分。这些因素是：(1)体制因素，主要是指经济开放度；(2)企业所在行业的国内资源和市场状况；(3)后发展特定因素。

依据上述因素和标准，后发展型跨国公司可划分为常规型、开放型和转折型。其具体特征如下。

(1) 常规型。主要是指在经济开放度较高，行业所需的生产资源和市场需求的国内条件较好的情况下，企业建立后，虽然有外国产品的竞争，但还是一步步地发展壮大，并随着企业的成长和市场的变化，"自然而然"地开始国际化，其跨国经营进展也是循序渐进的。

(2) 开放型。主要是指在经济开放度较高、行业所需生产资源国内缺乏、产品的国内市场有限的条件下，企业从初建时起就在某些生产要素和产品市场上有较高的国际化程度，并一直保持着较高的国际化水平，在有些方面还逐渐增加。

(3) 转折型。主要是指企业在经济不开放的条件下建立并发展壮大到相当规模和实力，当国家经济转为开放后，企业才开始其跨国经营。这类企业有以下特征：①企业是在经济不开放的条件下建立并发展壮大的；②企业所在的国家是从经济不开放走向经济开放的；③当企业开始跨国经营时，其规模和实力较一般企业要大得多。

新的成长方式也为华人跨国公司的发展提供了助力。在 20 世纪后期，华人以并购方式成长已陆续出现，其中也包括并购欧美的中小企业。进入 21 世纪，华人跨国公司开始频频出现以并购欧美大企业的方式来加速成长，例如，2003 年，TCL 集团并购法国汤姆逊电视；2004 年，联想集团并购美国 IBM-PC；2005 年，明基并购西门子手机；2005 年，和记黄埔并购法国、英国最大的化妆品连锁店 Marionnand 和 Merchant 等。

专栏 15.1　　　　　　　　　　无母国型跨国公司

跨国公司诞生一百多年来，从最基本的(单)母国型跨国公司发展出双母国型跨国公司，如联合利华公司(Unilever)、英荷壳牌石油公司(Shell)；后来又产生出多母国型跨国公司，如宜家集团(IKEA)、斯伦伯格公司(Schlumberger)；经济全球化浪潮则催生出无母国型跨

> 国公司,典型代表是米塔尔钢铁公司(Mittal Steel)和趋势科技公司(Trend Micro)。这种去母国化的趋势是一种进步。
>
> 趋势科技公司成立于1988年,是张明正等人在美国洛杉矶创办的,以研制杀毒软件起家,目前是网络防毒软件及服务领域全球第一的公司。该公司的财务总部放在日本东京,其全球营销总部设在美国硅谷,研发中心设在中国的台北和南京,全球客户服务中心设在菲律宾的马尼拉,行政总部则设在爱尔兰。1998年,公司在日本东京证交所上市,但日本股东只占25%的股权,在美国、中国和欧洲各地都有很多股东,股份非常分散。趋势科技公司的最高决策机构由来自六个国家的13位高管组成的。很显然,趋势科技公司是一家无母国型跨国公司。
>
> 种种迹象显示,越来越多的华人跨国公司开始了无母国型跨国公司之旅。

华商文化

一个人如果拥有足够的智慧且真正爱自己孩子的话,努力让孩子拥有一个光明的世界比给孩子留下一定的财富重要得多! 前者的价值性是绝对的,后者的价值性是相对的。对海外华商来说,文化的发展是个重要的问题,这涉及自身原有文化与当地文化的融合、传统文化的传承以及企业的文化运营。

文化融合

对海外华商来说,文化的融合是最具挑战性的。

中华文化

中国传统文化是海外华商文化的基础。中华文化源远流长,内涵丰富,世代流传。华侨对中国佛教、道教、妈祖、财神、关公等十分信仰和崇拜,中国宗教文化也加强了他们的民族凝聚力,并给予他们从事经济活动的精神力量。

生活在海外的华商,不论是第一代,还是第二、三代,都或多或少地受到中国文化的影响。因此,他们总会自然地、习惯性地运用中国传统文化对自己的企业进行管理,使他们的企业管理表现出一些与其他族裔商人不同的、带有浓厚中国文化色彩的特征。

主国文化

不同思想意识的人,会有不同的创新方法;不同的民族,也会有不同的创新办法。海外华商文化不可能只包括华人从中国带来的中华传统文化,必然要包括华人在居住国所吸收、所兼容并包的其他文化。华侨久居异国他乡,政治、经济、文化、习俗都已融入所在国的社会。华族文化以外的他族文化,包融于衣食住行、教育、工作、社交以至习俗、语言和娱乐活动等方面,这些外族文化对华商的经济活动都会产生重要影响。

从1906年开始,"商店周末不得开门营业"的制度就在法国以法律的形式固定下来,法国人认为,周末休息是与生俱来的福利。然而,对于居住在巴黎13区的华人来说,周末却是"赚钱黄金时间",正好开门营业。多年以来,这两套生活哲学一直在巴黎和平共处,相安无事,然而,一纸禁令打破了这个微妙的平衡。2011年4月底,法国劳动监察局发出通知,禁止华人商铺在周日营业,否则,要处以罚款。

西方文化

如今,世界华商文化的相当大部分还包含了当代西方的社会文化与企业文化。在华族人占据多数的一些国家和地区,那里的市场经济秩序和商业活动程度基本上已经是按西方国家的方式进行的。例如,东南亚很多华人企业是典型的华人家族企业,但他们重视现代西方管理方法的应用。

海外华人家族企业的第二代、第三代人接受过良好的现代教育,在西方受到现代企业管理的训练,加之中国大陆及台湾、香港地区青年学子不断地涌向美欧求学深造,正在形成庞大的海外华人族群的科技精英层。这个科技精英层正在与传统的和新兴的华商资本相结合,不但可以使华商在知识经济时代居于优势竞争地位,也会使华商文化在继承中华文化优良传统的基础上更进一步地结合当代世界文化的精华。

文化网络

华商经贸网络及其在全世界的扩展,主要不是通过某种制度结构来体现,而是以族群联系和人际关系为基础,进而通过对经济、政治和文化等各种资源进行整合而形成的。

近代中国的海外移民,是因国弱外流以谋生和追求和平的生存空间为目的,自发地依靠家族和乡土关系的牵引而逐步发展起来的。他们漂洋过海,父引子,兄领弟,子代传孙,形成一条民族移民的世代走廊。

亲缘网络

中国人历来都十分重视家族血缘关系。中国民间有句俗话,叫做"上阵父子兵,打虎亲兄弟"。意思是说,在生死攸关的紧要时刻,只有"父子兵"和"亲兄弟"才靠得住,才会鼎力相助,强调了家族血缘关系的重要性。因为血缘关系,同一家庭的人天生就有一种互相亲近和彼此信任的感情。所以,华商在创业时,首选的合作伙伴大多是本家族的父母兄弟或其他成员。这种情况在华商企业中可以说比比皆是,海外华商的企业大部分都是家族型企业,带有浓厚的家族血缘色彩。

地缘网络

华商不仅十分重视家族血缘关系,而且也十分重视地缘关系。人们常说:"美不美,乡中水,亲不亲,故乡人","老乡见老乡,两眼泪汪汪"。讲的都是对故土和乡亲的深厚感情。在这种家族血缘和地缘观念的作用下,华商在企业的人事安排上,也是以家族血缘和地缘关系的亲疏远近为准绳来进行选择和取舍的。因此,华商企业的各个部门,特别是重要部门的负责人以及各分公司的经理等主要职位,大多是安排本家族的兄弟、子侄等成员,或者是与本家族沾亲带故、关系密切的亲戚、宗亲以及老乡来担任。

东南亚地区的移民多来自广东、福建两省和江苏、浙江一带,那里方言众多,移民们来到移居地后形成了以方言和地域为主体的群体,结成商帮,主要有广东帮、潮州帮、福建帮、客家帮和海南帮,还有晋帮、徽帮、宁波帮等,并在帮内建立了以血缘、地缘为纽带的宗亲会和同乡会组织,以便于他们互相帮助,同舟共济。各帮移民很会经商做生意,各帮的商业活动也侧重于一些地方物产。

专栏 15.2　　　　　世界华商分布[11]

第一个涵盖全球华人富豪的排行榜于 2006 年 9 月由世界杰出华商协会组织对外发布。

祖籍分布

华人 500 富豪祖籍分布在广东和浙江的占三成。富豪祖籍分布前 10 名如表 15.2 所示。

表 15.2　富豪祖籍分布

地区	人数	地区	人数
广东	78	上海	22
浙江	75	北京	16
福建	56	四川	16
江苏	43	山西	12
山东	27	河北	11

区域分布

华人富豪 500 强所在地域分布较广,共分布在全球 19 个国家和地区。除了亚洲(476 人)之外,美洲是华人富豪分布最多的区域,集中了 16 位华人富豪,欧洲有 2 人,大洋洲 6 人。如表 15.3 所示。

表 15.3　华人富豪 500 强分布图

国家或地区	人数	国家或地区	人数
中国内地	350	加拿大	4
中国香港	49	巴西	2
中国台湾	32	中国澳门	1
泰国	13	日本	1
印度尼西亚	10	法国	1
新加坡	8	墨西哥	1
马来西亚	7	牙买加	1
美国	7	英国	1
澳大利亚	6	秘鲁	1
菲律宾	5		

注:以企业总部所在地为准。

传统上来说,东南亚一带一直是华人经济比较活跃的地区,在这一带,企业数量和富豪人数是基本成比例对称的;在欧美地区,虽然有数目众多的华人企业,但大都以餐饮业等小规模经营为主;这一地区也有不少华人在近年来迅速成长为 IT 经济的领袖,但个人财富的积累还没有那么快。

由于美国和加拿大是移民国家,社会发展机会比较多,获得财富、变身成为富豪就相对容易一些。但美洲只是相对而言,华人富豪较多,实际上他们也还远远没有占据当地经济的主体地位。

资产比较

华人富豪 500 强总资产超过 2.4 万亿元人民币,其中,香港上榜的 49 位富豪的总资产就达 7 000 多亿元人民币,比例达到 29.2%。

内地虽然有 350 位富豪入选,人数是香港的 7 倍多,但总资产却不及香港富豪,资产比例仅占 27.4%。

500 强中的前 10 名几乎由港澳台包了。香港长江实业(集团)有限公司的李嘉诚以 1 504 亿元人民币资产稳居华人首富,新鸿基地产的郭炳湘兄弟和恒基兆业地产的李兆基则分列第二、三名。

在前 30 名中,大陆没有一人入围。大陆排名最靠前的也只是第 36 名的江苏富豪施正荣(资产 150 亿元人民币)和第 38 名的北京富豪黄光裕(资产 140 亿元人民币)。

业缘网络

随着各帮移民经商生意越来越火,宗亲与乡亲会馆便成为华商集会的重要场所。中华商会逐步突破了亲缘和地缘的限制,作为华商们的业缘组织,便由此发展起来。由同姓宗亲会到异姓同乡会,由方言群的会馆到中华商会和中华总会,一层层地扩大,不是由于政治统属,而是由于族群关系的组合,构成了海外华人社会集合点和华商网络的一种形式。

美国未来学家约翰·奈斯比特(John Naisbitt)曾把华商企业之间的关系比作当今的互联网,认为无论在形态上还是在特征上两者都十分相似。互联网中没有统一的控制中心,任何一位入网成员都可以获得最大限度的独立和自由,网络的价值来自信息市场的扩大;在华人圈,企业网络也可以无限扩大,没有权力中心。他说:"那是很隐形的、复杂微妙的网络。华人家族企业其实就是宗族和同乡之网,许许多多小网交织成一个铺盖全球的网络。"作为华商网络形态之一的华商社团,日益呈现国际化、经济化的发展趋势。华人社团、华文学校和华文报纸历来被称为海外华侨社会的三大支柱。进入 20 世纪 70 年代以后,海外华人经济活动迅速发展,海外华人社团组织也迅速增加,目前总数已发展到 1 万个左右,其中,工商社团就有 1 000 多个。

这些遍布全球的多姿多彩的华人社团,为所在地的华侨服务,通过它们不断扩大华人族群与世界各国人民的联系,为世界华商经济活动的发展作出积极的贡献。进入 20 世纪 60 年代以后,随着海外华人分布范围的扩大以及华人经济的发展和国际化,世界性的华人社团组织相继成立。这些社团目前已多达 70 多个,其中的近 70% 是 80 年代以后建立的。近 10 年来,各种国际性的宗亲或同乡恳亲联谊会纷纷召开。

潮汕人的国际潮团联谊年会创始于 1980 年,每两年在世界各地召开。2000 年 11 月,世界客属第十六届恳亲大会在客家祖地福建省龙岩市举行,来自 18 个国家和地区的近 100 个客族社团的代表参加,境外代表有 1 700 多人。这些华人族亲国际性联谊聚会进一步加强了华商的凝聚力,更为他们加强相互联系与交流,发展世界各地区商贸关系,特别是增强了广大海外华商与其祖籍国的经济关系与文化交流。

发挥重要作用的国际性华商组织有在 1963 年 4 月成立的世界华商贸易会议。由新加坡总商会联合香港中华总商会和泰国中华总商会共同发起的世界华商大会,从 1991 年开始,每两年一次相继在新加坡、中国香港地区、泰国的曼谷、加拿大的温哥华、澳大利亚的墨尔本以及中国南京召开。世界华商大会把世界华商的国际网络联系推向新的发展阶段。

文化经营

对内追求"仁"与"和",对外追求"信"与"义","仁和信义"是海外华商企业家精神的灵魂,是其商业运营的核心理念。

以仁为本

"仁"是孔子思想的核心内容之一。儒家在其学说中向人们提出了著名的"仁、义、礼、智、信"这"五常",作为社会人际关系的道德规范,而其中的"仁"又被排在了首位,由此可见儒家对"仁"的重视和推崇。秉承中国优良文化传统的海外华商,都能把"仁"字奉为自己人生处世的信条,以"仁"待人,以"仁"处事,把这种"仁爱"之心应用到企业管理之中,即在企业中善待员工,从工作和生活的细微之处入手,时时处处关心员工、爱护员工,并且想方设法为他们解决一些实际困难和问题。

1988年荣获"香港杰出工业家"称号的林光如先生,自创业以来,公司规模由小到大,员工从少到多,历时20年员工竟无一流失,个个皆成为以公司为家的工作狂,这在劳动力流动充分自由的香港地区是很罕见的。何以至此呢?因为林光如的座右铭就是"诚、爱、勤、敏"。身为老板,他在下厂时总能随口叫出每个员工的名字,对员工相当亲切,对员工的困难总是尽力相助。他17年如一日,每天早晨八点半到公司,从不迟到或早退。在他的感染下,员工们也极少迟到早退,每天工作12小时以上。

"木材大王"黄双安把员工的生活福利作为一件大事来抓。他对员工的生活非常关心,专门为他们盖了漂亮的宿舍,还配备了完美的生活设施。一位著名的摄影师参观后赞不绝口,说这是他所见过的设施最齐备、最完美的职工宿舍。黄双安还实行一般公司所望尘莫及的优厚退休金、良好医疗保健和适时的休假等福利制度。每逢年节,他都要带大批礼物去和员工一起欢度。一位员工因为妻子卧床多年,家中经济困难。黄双安知道后,不仅为他解决了全部医疗费用,而且还慷慨解囊,帮助他家渡过了生活难关。

老板善待员工,必然会使员工对老板产生亲近感,并把他视为可敬可爱的人。这样,大家在企业中就会亲切友好,像一家人那样相处。

金利来公司生产部经理张静娇是个干了20多年的老员工。她曾经打趣地对曾宪梓的三儿子、金利来集团公司副总经理曾智明说:"智明啊,你在我面前可是没有秘密的,想当年我没少帮你换尿片……"连换尿布这样分外的事都自觉去做了,由此可见曾宪梓努力提倡"金利来家庭",善于把企业营造成一个大家庭,使之充满浓厚家族式温情氛围的企业管理思想的成功之处。老板这样善待员工,还能极大地调动员工的工作积极性,使他们都能忠于职守,工作起来尽责尽力,真正做到以企业为家。张静娇回忆说,金利来领带在报上登出广告后,产品供不应求,大家就日夜加班赶工,她曾经有整整一个月没出厂门的记录。渴了就喝老板娘煲好的鲜奶,累了就挤在老板母亲的床上睡一觉。所有这些,都是曾宪梓平时在企业中以"仁"待人,友好和善地与员工相处,亲如一家的结果。有了这样的老板,员工怎么会不视企业如家,对企业产生亲近感和归属感,自觉地把自己的命运和企业联系在一起,为企业的发展尽心尽力呢?古人云:"人心齐,泰山移。"企业的上下一心,就必然会创造出最佳的经济效益,曾宪梓的金利来公司今天能够这样兴盛,不能不说与此有很大的关系。

和气生财

"和"即调和、相谐与协调。儒家思想也十分重视"和"的作用。早在2300多年前,被誉为"亚圣"的孟子就指出:"天时不如地利,地利不如人和。"孔子的学生有若则认为:"礼之用,和为贵,先王之道,斯为美。"从此,"和为贵"便成为儒家思想的著名格言。

"和"是企业管理的最佳境界。一个企业的"和",首先应该是老板与员工之间的和睦关系,这也就是孔子所说的"和无寡"。当一个组织内部的上下关系互相协调,群众的积极性得到充分发挥,怎么会觉得人少呢?反之,如果一个企业的老板与员工关系紧张对立,员工经常闹事罢工,或者上班人来心不来,工作不认真尽责,用消极怠工来发泄心中的怨气,那么,这个企业即使人再多也是没有用的,至少也是效益低下,处于半死不活的状态。

深受中国文化影响,笃信"和为贵"处世哲学的华商们,都很善于处理令许多西方老板很棘手的雇主与员工关系。他们不但在企业中实施仁政,善待员工,而且还经常深入到员工中去了解他们的困难和疾苦,认真倾听他们的意见和呼声。

华商黄双安就经常到员工中去和他们畅谈,认真听取他们的意见,了解他们的各种要求。马来西亚"种植大王"李莱生还经常光着膀子,汗流浃背地和工人一起干活,并进行倾心交谈,拉近了劳资间的距离。这样一来,企业的下情能够及时地上达,上下沟通的渠道畅通无阻,问题一出现就能及时得到解决,矛盾产生后也能很快得到化解,从而避免问题的积压和矛盾的激化。所以,在华商企业里,劳资关系都比较和睦融洽,一般都不会发生工人请愿罢工的事情。

黄双安的公司在1983年曾一度陷入困境,只能给员工发放一半的工资。在这时候,更是需要企业的"人和"。因此,黄双安及时召开职工代表大会,要求大家体谅公司的苦衷,同心协力,共渡难关。由于黄双安平时善待员工,所以,员工们都能同情公司的境遇,同意只领工资的一半,一直到1986年公司的境况好转。在这漫长的3年时间里,员工们都能和企业同舟共济,没有一人因为工资锐减生活困难而离开,也没有一人为此而请愿或闹事,真是十分难得。所有这些,不能不说是华商们在企业中奉行"人和",注意和员工沟通、理解的结果。

著名企业家林绍良曾自豪地说:"我们三林企业集团提供了20多万人的就业工作机会,20多年来从未发生过罢工事件。"一个那么大的企业,在这么长的时间里竟然从未发生过劳资纠纷,这是多么难得和不容易的事!

当一个企业能"内求团结",老板和员工能和谐友好,融洽一致,上下一心,形成一种强大的凝聚力时,这个企业就有了"外求发展"的良好基础。所以,企业中和谐的人际关系是一种无形的资产,如果认真地加以倡导和维护,对企业的发展是大有裨益的。

诚信为本

在儒家学说的"五常"中,"信"字也位列其中,这说明中华民族是很重视信誉的。一个人要想在社会上立得住脚,并且有所作为,就必须为人诚实,讲究信誉。可以说,信誉是一个人立身处世的根本。对一个企业来说,信誉同样也是很重要的。一个企业有了信誉,消费者就信得过它,放心地购买它的商品,它必然会顾客盈门,兴旺发达。

社会学大师马克斯·韦伯(Max Weber)曾经断言,中华帝国的社会环境和文化土壤不可能孕育出资本主义。然而,明清时期纵横海内的山西商人,差一点就打破了这一预言。他们创造了中国商业的奇迹,"日升昌"票号就是晋商发展到顶峰的标志之一。当时的山西票号,建立了令世人瞠目的金融帝国。票号的治理结构可能会让今天的股份制公司也感到逊色三分。票号云集的平太祁三县(平遥、太谷、祁县)的地位和影响犹如当今的华尔街。但是,日升昌终究未能脱胎换骨变成近代银行,这似乎又在验证着韦伯的说法。"日升昌"堪称中国传统企业的一个缩影[12]。

20世纪60年代末期,曾宪梓创业初期主要做泰国丝料领带。有一次,他急于要去泰国订购原料,临行前给一家叫龙子行的百货公司报了价,对方也及时预订了20打泰国丝领带。因为时间关系,双方当时都没有签订合同,只限于口头协议。

当曾宪梓到泰国进货时才发现泰国的丝料价格已上涨,如果按照自己原来的报价将领带卖给龙子行,就意味着这笔生意会亏本。但曾宪梓想到做生意最重要的是"执事以信",宁可自己亏本,也要坚守信诺,所以,曾宪梓还是按照当初口头协议的价格,将领带卖给龙子行。龙子行的经理十分佩服曾宪梓诚实守信的经商作风,那时,曾宪梓还要为六口之家的生存而奔波,能够这样宁可吃亏也要信守诺言,十分不易。这以后,两家相互合作,十分信赖,也十分默契。

义利兼容

义利兼容,德行并重。"义"指社会责任;"利"指经营观念。发展企业,就要回馈社会。"以义取利"即"以义为上,义利共生,以义取利,不取无义之利。"坚信重义才能取信于市场,有了信誉才能盈利。

专栏15.3 华商企业的节用原则

"节用",也就是我们今天常说的"节约"、"节俭"、"节省"等,也是中国社会几千年来所推崇的美德。华商移居到异域他乡,谋生不易,所以,他们更是珍惜点滴所得,在日常生活中严格奉行"节用"的原则,视"暴殄天物"为一种莫大的罪过。这种以"节用"为原则的生活习惯,也必然会被他们带入企业管理之中,使他们在企业生产和管理的每一个环节上,都做到精打细算,厉行节约,尽量降低成本,增加效益,获取更高的经营利润。

首先,他们把这种"节用"原则应用到企业的人事安排上,严格核算需用的人数,实行"一个萝卜一个坑"的准则,从不多用一个不该用的人。我们知道,华商大多是白手创业,先从开小店铺起家。他们开的这种小店铺,开始时一般都不请别人帮忙,以节约开支,减少成本。即使后来店面增加了,生意做大了,他们也往往只请一两个亲友来当帮手,只要能对付得了,他们就尽量不多雇一个人。华商的这种"节用"原则表现在生产管理上,就是精打细算,加强成本核算,尽量减少能源和原材料的损耗。

"船王"包玉刚在企业管理中就特别重视控制成本和费用开支。他的原则是"应省则省"。所以,他一直要求下属的船长精打细算,不多耗费公司的一分钱。为此,他和技术人员及船长一起,共同研究如何降低燃料油消耗,如何减少人员的费用。水手们都知道包玉刚是一个"十分讨厌浪费的人"。

包玉刚在工作中更是带头注意节约,尽量减少办公费用,节省公司的成本开支。一位在他身边工作多年的高级职员说:"在我服务他的日子里,他给我的办事指示都用手写的条子传达。他用来写这些条子的白纸,都是纸质粗劣的白色薄纸,而且写一张一行的窄条子,他会把写的字撕成一张长条子送出,这样的话,一张信纸大小的白纸也可以写三、四张'最高指示'。"

华商制度

中国漫长的封建社会始终保持了一种封建的宗法制度:宗法血缘关系渗透到社会生活的各个方面和各个层次,并积淀成为一种极为牢固的文化结构、心理力量和组织形式。这种以宗法血缘关系为核心的基本社会组织形态,在很大程度上也影响着华商企业制度的各种特征。

家族制度

1554年,第一家近代意义上的股份制公司诞生于英国,从此奠定了大多数商业公司的发展模式。现在世界上拥有二百年历史的公司无一例外都是家族企业。其中,源于日本飞鸟时代的金刚组创办于公元578年,衣钵相传至今已四十余代。据"胡润排行榜"统计,这样的长寿企业美国有14家,印度有3家,德国有800家,欧洲低地国家有200家,日本则超过3 000家。

海外的华人企业也以家族企业为重要特色。

家族所有

在台湾地区的100家集团企业中,大部分都是由家族掌握控股权并对企业进行家族式经营。据台湾地区有关资料统计,在1987年的97家企业集团中,属于家族集团的有81家,占86.6%,属于非家族集团的有13家,占13.4%,家族集团中的核心人物属于一个家族者共56个集团,属于两个家族者有18个集团,家族集团的核心人物全由家长担任董事长和总经理的有23家。

困扰家族企业的问题是资本获取渠道比较狭窄。家族企业(尤其是中小型家族企业)的资金来源主要依赖于家族内部,有钱出钱,有力出力,或邀请和家族保持多年友谊的朋友入股。这在很大程度上限制了家族企业的发展。

美国《新闻周刊》曾描述过最成功的家族企业形式,认为应当具有两个特点:一是上市发行股票,按时公布财务报表;二是家族掌控大部分股权,要么由自己亲自抓经营,要么雇用职业经理人打理一切。《新闻周刊》的文章分析说,这样做不但将企业的真实经营状况放到证券监管部门的有效监督之下,而且家族和企业之间的距离最为恰当。汤普森列出了10个经营状况最好的欧洲家族企业,几乎都是上面两种状态的混合物。

> **专栏 15.4　　世界上最古老的家族企业**[13]
>
> 　　现代企业家能想象企业在自己家族手中维持 14 个世纪吗？创建于 578 年至今仍在营业的日本寺庙建筑企业金刚组曾有这样的运气，但 2006 年年初，金刚组被收购，因此，美国《家族企业杂志》把全球最古老的家族企业的头衔给了日本的粟津温泉饭店。该饭店成立于 718 年，到 2008 年已有 1 290 岁了。
>
> 　　1 400 多年前，金刚家族在圣德太子的邀请下从朝鲜来到日本建造至今犹存的四天王寺，金刚组就此诞生。在经历了 40 代家族传承之后，该企业还通过其在大阪的总部建设和维修一些寺庙。而粟津家族从 718 年开始在小松市经营自己的温泉宾馆，现在，该饭店有 100 套房间，能容纳 450 人入住。
>
> 　　在这些见证国家兴衰、战争和沧海桑田的家族企业俱乐部中，西班牙的科多纽酿酒厂也拥有一席之地。在全球家族企业寿命排名第 17 位的科多纽酿酒厂于 1551 年由豪梅·科多纽创建，至今已经持续了将近 5 个世纪。1976 年，胡安·卡洛斯国王将科多纽酒厂的酒窖宣布为历史和艺术遗产，每年这里生产 6 000 万瓶香槟酒，吸引着大约 20 万名游客前来参观。
>
> 　　从排名来看，意大利和法国入围的长寿家族企业最多，其次是英国和德国。排在第三位的是于 1 000 年在法国成立的古莱纳城堡，古莱纳家族经营的这个城堡不仅是一家博物馆，还是少见的蝴蝶收藏馆，城堡还生产葡萄酒。纵观全球最古老的 100 个家族企业排名，可以发现美酒和美食生产可以保障企业的经营历久不衰。

家族治理

　　作为家族企业管理核心的董事会和总经理必然都要由本家族的成员共同组成，而且，家族的主要成员往往身兼两职，既是董事，又是经理。这种由家族成员共同组成的高层管理核心，体现了家族对企业的所有权关系，也保证了家族对企业的有效控制。像 Walmart 或 Tata Group 这样的家族企业，在全球营业额一亿美元以上的公司中占三成以上，在经济不景气时，其财务表现较一般非家族企业的上市公司来得亮眼。原因是家族企业较具弹性，能兼顾长期投资（包括人才），严格管控费用与资本支出，财务杠杆较低，不轻易并购或进行多角化，人才流动率较低。

　　家族中的家长为了控制集团全局，往往身兼多职，或兼任多家分（子）公司的董事长。例如，台湾地区大同集团前董事长林挺生一身兼任大同集团 36 家分（子）公司中 17 家公司的董事长。新光集团董事长吴东进也兼任新光集团 21 家分（子）公司中 17 家公司的董事长。

　　当今世界的大家族企业普遍采取的一种方法是开始引进现代管理制度，包括成立相互独立的董事会、监事会和经营组织体系，使三者既相互辅助又相互牵制。华人家族企业的家族治理，就导致在制度创新方面的不足。制度作为人类历史发展的特定阶段出现和形成的有关政治、经济、文化等方面的规程、规范、规则体系，对有关社会成员起着某种制约、引导作用。这种包括引导社会法人和个体道德选择的制度，影响着他们的价值观念等，因而具有伦理意义。在企业管理方面的制度创新，就是创立适应市场竞争机制和当代伦理规范的管理模式。一个企业，或者一个族群的企业，仅仅创造物质财富还是不够的，制度创新才能使人类社会跃上一个新的台阶。

一个国家的落后,归根到底,是企业的落后,是企业的组织、管理和技术的落后。中国的家族企业究竟在哪些环节不如日本企业呢?请看下面的表格分析。

表 15.4　中国家族制度的特征及其对家族企业经营管理的影响

家族制度	特征	对家族企业经营管理之影响
家族结构	树型	家族庞大,人口众多,难以进行统一和强有力的管理;上紧下松,一代紧,二代远,三代散,家族企业到了第三代,企业领导者就失去了对家族成员管理的能力。
家业传承制度	封闭的血缘传承	"肥水不流外人田"的小农思维,使家族企业难以从社会上引入具有竞争力的人才;反过来,真正有能力的人也不愿意在别人的屋檐下为别人打工。
财产分配制度	诸子均分制	平均主义的析产制,一方面,鼓励了家族内部的懒人,同时,也打击了对家业作出更大贡献的家族成员的积极性,另一方面,也使资本细化,难以进行大规模投资和技术创新。
父权家长制度	终身制	老人政治,即便是退居二线的"太上皇",也可能对家族企业之日常管理指手画脚,导致政出多门,管理混乱。
家族象征	族谱	族谱,只是一个家族繁衍的符号,于企业经营并无帮助。而且,族谱繁杂,难以辨识,也不宜通过族谱建立社会网络。

表 15.5　日本家族制度的特征及其对家族企业经营管理的影响

家族制度	特征	对家族企业经营管理之影响
家族结构	竹子型	以一贯之,使家族企业始终存在一个强有力的核心,其他家族成员都必须在核心的领导下开展经营活动。
家业传承制度	重在家业传承,至于谁是继承人,则在其次	日本的家业继承,目的在于家业传承和技艺的传递,是面向社会的,而不是面向家族的。社会人才的引入,使竞争加剧,家族企业始终如有源之泉,充满活力。
财产分配制度	独子继承制	独子继承,的确损失了一定的公平,可是,一方面,其加剧了竞争,使每一个家族成员都必须做到最好;另一方面,也避免了资本分散,有利于企业扩大经营规模,并有资金从事技术创新。
父权家长制度	任期制	避免老人政治,避免家族企业内部的"王储之争"——现任领导和继任领导之争权所带来的企业动荡。
家族象征	家徽、家纹	易于辨识,与现代企业之品牌标识,异曲同工,有利于企业开展连锁经营和特许经营,也有利于企业品牌的推广。

家族经营

华人家族企业多是家长型领导。在家族企业中,以企业的创办人为核心,他的子女和近亲占据着企业决策和管理层的重要职位。传统的中国人靠家族宗亲的关系团结凝聚在一起,华人的企业管理更是如此。企业大多以家庭为核心,团结近亲和朋友来经营。利用社会关系作为途径,从而进行生意往来,寻觅合适的员工以及招徕顾客。

华商企业在进行企业扩张和企业兼并时,一般都让自己的亲族占据其中的要位。例如,包玉刚自己出任环球航运集团主席,第一副主席则由他的大女婿苏海文担当;又如,曾在美国高科技行业风光一时,资产一度高达50亿美元的王安也是自己担任王安电脑公司的总裁,而让他的大儿子王列担任执行副总裁。

仅从效率而言,华人家族企业的管理模式有诸多优点:可以减少交易费用;可以减少不确定性和风险;利用熟悉的关系以便降低经济活动中的不确定性与风险;可以提高经营绩效;集权式的管理,组织层次较少,尽快地做出明确的决策;决策被执行容易,节约管理费用,提高管理绩效。海外华人最擅长的行业是贸易、房地产、航运、矿业和木材业等,都是偏重于价格、时间和地点判断技巧以及人际关系资源,正规的大规模工业化管理就乏善可陈了。在企业规模小的时候,维持家族经营模式显然更具效率,但企业一旦做大,最初起到积极作用的家族成员往往会在企业发展过程中形成干扰因素,而"家长式"的管理也使企业的决策越来越缺乏科学性,又缺乏必要的监督和制约。

华人家族企业大多采用家长制管理,形成个人绝对权威,限制了下属作用的发挥,压制人才的成长[14]。这类企业经常会出现能人经济现象。当领导者个人决策正确时,会提高企业运行效率;但当其决策失误时,也会给企业造成巨大的损失。家族企业的拥有者将所属企业当作家族生存的保证和社会地位的象征,"肥水不流外人田",在企业内部的重要职位上都要尽量选任自己的至亲和朋友。家族企业的管理等级不是按照才能的顺序排列,而是按照与企业所有者关系的亲密程度的顺序来排列。由此造成堵塞"外人"的进身之途,使有才华之士难以发挥才能。身居高位的亲友型管理者往往会行使家长式作风,独断专行,剥夺本属下级管理者的权力;而身居低位的亲友型管理者又常常会因为有所依仗不服上级的管理。现代社会中的人是有意识、有感情和有社会关系的个体。个人的道德准则、价值取向和社会利益关系多种多样,企业需要满足个人全面发展的要求。

案例 15.1　新加坡李光前家族企业

李光前家族企业的管理模式是新加坡华人经济现代化的范例。李光前于1928年创立南益公司,只用十多年的时间便执新加坡及马来西亚的橡胶及黄梨业牛耳,后来又与人合资创办新加坡华侨银行,从而成为金融界巨子。

李光前家族企业的管理模式内容丰富,其要点是:第一,在家庭成员中,按其地位及作用,合理分配公司股权,免去了争夺家产的纠纷。第二,始终保持家庭对企业的控股权,不会产生大权旁落。第三,推行西方现代管理制度,把企业拥有权与管理权分开,形成一种法治精神取向的家庭管理法。当董事的家庭股东只扮演决策者的角色,实际管理及执行则放手由专业经理和属下负责。

李光前家族企业的管理模式是西方现代管理与儒家思想的结合,它把"小我"与"大我"融为一体。正因为如此,才使企业充满活力与凝聚力。尽管李光前先生于1967年病逝,但30多年来,其家族企业不仅没有解体,反而有了更大的发展。

对中国来说,无论是国有企业或民营企业,不少涉外管理人员大多只是拥有外语专长或在国外行政事务的经历,但缺乏国际企业的专业知识技能,难以规划与实施企业的国际化战略,加上僵化的薪酬和聘用制度,中国企业同样不易吸引国际顶尖人才,造成国际化发展战略多以失败收场。2012年的一篇实证论文[15],以台湾企业为样本,探讨接班人与企业国际化的关系,研究发现,执行长①接班人若来自企业外部,且与董事长或企业主的特质差异越大,越容易领导本土企业国际化。由于空降执行长不会受到企业既有的运作框架或习惯所限制,旁观者清,较容易提出创新或变革式的策略方向。具有国际观和相关经历的外来执行长,大多主张提高公司国际化的程度。反观由内部晋升的老臣,大多会被过去成功的包袱与价值观所羁绊,下意识就会捍卫起既有的制度与思维,反而不利变革与创新。因为企业国际化之前,大都是先从本地市场开始发展,组织本身就缺乏国际思维,内部继任者当然也不例外。而企业迈向国际化就是一段变革的历程,制度要创新,技术要创新,品牌要创新,人才组合与管理也要有所不同,才能因应国际化的需求,相对于外来的和尚,内部接班的执行长较不易展现这些战略性的创新能力。

然而,国际化的历程不是短暂的,当年,宏碁在美国开打计算机市场的第一战就损伤不轻,在欧洲市场的开拓与品牌建立也花了六年以上的时间。组织若缺乏足够的资源,就算外来的执行长够精干,也负担不起企业国际化要交的"学费"。同时,外来执行长对企业内部环境的了解有限,若企业本身的体质不佳,在资源匮乏下,很容易误判情势,定出错误的战略,而影响其在经营班子内的领导地位。此外,新任执行长的实权往往也是成败的关键。若缺乏实权,大小决策仍由董事长或企业主决定,用高薪挖角再高明的CEO也难发挥作用。缺乏实权的CEO的策略或变革在组织内部总是窒碍难行,这在家族企业特别容易发生。以中小企业为主的台湾,大都缺乏国际化所需要的资源。

伦理制度

西方管理强调理性准则,不论亲疏远近,一律用统一的组织制度和纪律来约束人们的行为。西方人的经济活动是在法律的基础上合作并受其约束。在西方,企业的所有权和经营权是分离的,公司创办人在营运走上轨道后,一般会交出经营权成为股东,而聘请专业经理人来管理。

华商企业则显现出另一番形象。

齐家伦理

西方在产业革命前,经过文艺复兴和启蒙运动,自由、平等、契约等概念已经开始向家族领域侵袭,家族成员间的关系从而具备契约的、自主的和平等的性质。在西方的家族企业中,与家族中现实存在的关系相一致,成员之间的关系是契约的与平等的。今日西方发达国家的大的家族企业血缘的、亲缘的以及情感的因素已经十分淡薄。韦伯[16:11-12]对此指出:"资本主义企业的现代理性组织在其发展过程中如若没有其他两个重要因素就是不可能的,这两个因素就是把事务与家庭分开以及与之密切相关的合乎理性的簿记方式"。

西方基督教文化具有叛离家庭的倾向。基督教本质上是一种自由结社,教会的凝聚力以及个人救赎的实现须以牺牲家族凝聚力和家庭生活为前提。与基督教截然相反,儒家文化是建立在家庭观念的基础上,以家庭伦理为本位。

---

① 即首席执行官(CEO)。

把"齐家"的伦理扩展到各种管理组织的行为中,以"父义、母慈、兄友、弟恭、子孝"作为经纬,从纵横两个方面把血缘关系与管理等级制度联系起来,所谓"君子之事亲孝,故忠可以移于君;事兄悌,故顺可以移于长;居家理,故治可以移于国",说明这种伦理关系在各种管理行为之中起着关键性调节机制的功能。

社会是家庭的放大,君主是全国的"严父","天下一家"是中国历代社会组织的基本目标。中国传统管理思想的中心是"礼治",而礼的核心则是"仁"。"亲亲,仁也","仁之实,事亲是也","仁"的基本含义就是维护这种血缘关系。因此,"礼治"实际上就是一种家族型的管理,它必然要求具有层级分明、秩序井然、分工专职的金字塔型的组织模式。从汉代董仲舒开始,中国的社会管理逐步建立了一个由"孝悌"、读书出身和经由考核、推荐而构成的人才管理和文官体制,这个体制实际上是各种亲族关系和人情关系之网的体现而已。

专栏 15.5　　　　　国外家族企业靠什么成功[17]

从全球来看,虽然政治上早已不盛行"家天下",但经济上"家天下"的情况仍比比皆是。在很多国家,家族企业几乎占据了所有企业的半壁江山,且主要以中小企业为主。据美国季刊《家族企业》杂志的统计,美国家族企业的比例达到 54.5%,英国为 76%,澳大利亚是 75%,西班牙是 71%,意大利和瑞典甚至超过了 90%。在亚洲的许多经济体中,家族企业更是成为企业的主要形式。

不仅在数量上占据优势,家族企业的影响力同样不容小觑。据美国《商业周刊》一次调查显示,在标准普尔 500 指数的成分股公司当中,有 177 家属于家族企业,而《财富》杂志 500 强中 37% 的企业是家族企业。沃尔玛、福特、洛克菲勒、宝马、索尼、丰田、三星、现代等,每一个名字都举足轻重。

经过多年风风雨雨,大部分大型的家族企业都显示出了顽强的生命力。按 10 年平均值计算,美国家族企业的股票投资回报率为 15.6%,而非家族企业的股票投资回报率则只有 11.2%;在资产回报率、年度收入增幅两项重要指标当中,家族企业分别达到了 5.4% 和 23.4%,非家族企业则为 4.1% 和 10.8%。欧洲的情况也类似,家族企业的发展指数要远高于非家族企业。以德国企业为例,家族企业在过去 10 年里增长了 206%,而非家族企业只上升了 47%。

是什么原因使家族企业出乎意料地发展与壮大呢?世界著名的汤普森金融咨询公司经过调查分析认为,"我爱我家"的信念是家族企业成功的最主要因素,也是使家族企业表现好于非家族企业的关键原因,这种信念体现在家族企业发展的方方面面。

维护家族团结和财富的共同愿望是家族企业能"同仇敌忾"、齐心协力的推动力。这种共同愿望是一般企业没有的东西。事实证明:在那些家族成员占有董事会和管理层席位的公司中,即使出现严重分歧,也能迅速达成共识。沃尔玛董事会成员约翰·沃顿说过:"沃尔玛对其家族而言,与其说是财富,还不如说是一种信任或是每名家族成员都将对其负责的遗产。"这种使命感和责任心是保证家族企业历久弥坚的内在因素之一。

多数家族企业领导人都是企业名副其实的"主人",且希望将企业交给子女继承,因此,他们会集中精力推动长期战略,而不是像职业经理人那样更关注下一个季度的业绩。有人

> 曾描述家族企业是"小气鬼",因为在短期内他们很少会向股民派发红利,也很少向其他产业扩张。但事实是,家族企业把资金的大部分都投入到企业主流业务的发展,这方面的数字往往比那些非家族企业高出很多。例如,控制德国宝马汽车公司的匡特家族,在20世纪90年代,始终坚持在企业行业的主流方向发展,而与此同时,另一家公司戴姆勒克莱斯勒则进入了国防和航空领域。最后的结果就是宝马公司十几年来依然是高档轿车的龙头企业,而戴姆勒克莱斯勒却几次陷入了被收购的命运。

关系伦理

中国人把建立人际关系看得很重要。人情是影响中国企业家认知的重要砝码。亲戚关系、师生关系、朋友关系、宾主关系等都可以影响人对事物的认知态度。"人情大于王法",人们往往自觉或不自觉地按照关系的亲疏、人情的厚薄来决定对事物的认知态度。

南洋著名华侨企业家、报业家和慈善家胡文虎(1882—1954年)的用人原则就是"任人唯亲"。他企业中所用的人不是胡氏家族中的人,便是同姓的宗亲或者客家老乡,大多与他有各种各样的关系。例如,上海永安堂的经理是胡桂庚,司库是一个姓郑的青年,此人先前还曾在汕头的永安堂任司库。他虽不是胡氏族人,却是胡文虎发妻郑炳凤的胞侄。重庆永安堂的经理是胡万里,而胡文豹的长子胡清才则被安排在新加坡永安堂总行,协助他统管业务。以后,胡文虎涉足金融业,在新加坡开办崇侨银行,也是由胡文豹的女婿李志诚主持。从而形成一个以胡文虎、胡文豹兄弟为首,以胡氏的儿女、宗亲、老乡等亲朋故旧为骨干,遍布中国和东南亚各地的管理网络。应该指出的是,时间越往早推移,越是中小型企业,华商企业中这种带有浓厚血缘和地缘色彩的任人唯亲现象就越突出。

经济学家弗里德曼曾经感慨香港是世界最自由的经济体,并且香港也蝉联多年自由经济体榜首。但其实,香港的一切都操纵在几个大亨手里。他们最大的本事就是与政府、银行关系密切,财技了得,在房地产、股市上赚得盆满钵满。

香港的房地产商之所以富可敌国,多亏香港的土地制度,香港政府垄断了港岛的土地供给量,每年拍卖一点,导致地价高昂,如果没有与银行良好的关系,根本拿不到资金买地盖楼。这就造成了几个与银行关系密切的大佬垄断了香港楼市,富者越富。——现在内地的土地制度正是基本照搬香港的。

人治伦理

中国的传统管理以"求善"、"求治"为目标,非常强调心理的作用,依靠领导者"身教"的榜样力量和道德感召力来调动和团结全体群众,达到管理的目标。虽然在中国历史上,对管理方式有强调"无为而治"的,有强调"峻法严刑"的,有强调"杂王霸而用之"的,各家各派都有的不同主张,但由于受血缘宗法社会基础的制约,以人道、仁义和群体为中心,以心理情感为纽带,以情理渗透为原则的"德治"方式和"内圣外王之道"始终占据着主导地位。西方社会的组织形态与中国大相径庭。恩格斯指出:"亲属关系在一切蒙昧民族和野蛮民族的社会制度中起着决定作用",但自克利斯提尼改革①以后,这种"氏族制度的最后残余也随之而灭亡了"。血缘关系的瓦解、氏族残余的消亡、工商业经济的发达和征战掠夺的频繁,使西方的管理是以利益为纽带进行组织的。因此,西方的管理法律条文重于道德教化,实际利益重于心理情感,职责分解重于整体效应。这种管理思想在 20 世纪则发展成为以企业公司为中心,以明确的计划、组织、控制为内容,以经济效益为标准的西方各种管理理论和学派。

在非洲,一些中国企业老板无视当地的法律,经常与当地雇员发生冲突,官司缠身,如雇工不签合同、不交纳各种保险、工资标准低于所在国规定的最低保障工资、节假日强迫员工上班、加班不付加班费、随意解雇劳工等。

在非洲的一家中国建筑企业,一天甚至收到法院 150 张传票[18]。非洲虽然落后,但他们仍沿袭着殖民者带来的法律,现行的法律几乎都是从英国、法国那里原封不动地搬来。例如,在喀麦隆,西北大区和西南大区原来是英国殖民地,采用英国的法律系统;其他八个大区原来是法国的殖民地,采用法国的法律系统。可能是殖民者多年来对他们教化的结果,非洲人办事一定要找出法律根据。

如果中国人开农场、办企业要租用土地,土地许可证上引用的法律、法规就有 20 来项。所以,中国人来非洲,第一件事是要熟悉这里的法律,这样才能避免经营过程中因违反法律造成的被动与损失。

西方的管理形态是在商品经济的社会中发展起来的,它围绕着如何使工商业主和资本家获取更大的利润而展开,因而与中国农业社会型的管理形态有明显区别。

首先,西方的管理在相当长的一个时期里有重物不重人的倾向,重经济利益不重道德教育。在历史上相当长的时期中,西方的管理者都把人看成是"机械人"、"经济人"。与此相适应,西方的管理着重于企业的微观管理,不太重视社会的宏观管理;重视个人劳动能力和技术的最大发挥,不大重视群体之间的协调和心理状态的适应;重视短期效益和单个经济单位的利益,不太重视社会整体的长远目标。

其次,在管理方法上,西方管理善于思辨,重视逻辑推理,依靠科学试验。因此,一方面,在管理上具有经验论的传统,但又不局限于直观经验,而是把管理理论建立在感性丰富、知性清晰的管理试验基础上。这种经验论方法直接导致了以泰勒为代表的"科学管理"运动和管理科学理论的形成。另一方面,在管理中又具有反理性的传统,把管理的最高目标和理想寄托于虚无缥缈的天国或"乌托邦"上面,宗教信念在西方历史上对管理的活动和思想有着极大的影响。西方的管理思想就是在这种经验的与反理性的惊人的分裂和对立中发展的,正如李约瑟所指出的那样:"科学的唯心主义和机械的唯物主义两者之间进行着永恒的斗争。"

再次,西方的管理在市场商品经济土壤的培育下,既有严密的形式又具有创新的精神。一方面,它依靠明确细致的法律条文和规章制度进行统一管理,尽可能地把管理活动纳入严密的机械式的体系中,在这个体系里,每个部分都有严格的责权利的规定。另一方面,为了适应剧烈变动的商品经济环境,它又不得不经常地超越和打破自己的管理规范:不断进行着管理思想和理论的革新和创造,因而没有一种管理理论能够在西方保持长期的主导地位,在现代更形成

---

① 公元前 508 年,雅典政治家克利斯提尼(约前 570—前 508 年)实行政治和社会改革。公元前 510 年,僭主被推翻后,氏族贵族之间以及氏族贵族与平民之间的斗争尖锐化,保有血缘关系的氏族、胞族和部落组织已经不能适应奴隶占有制国家进一步发展的需要。克利斯提尼在公元前 525—前 524 年任雅典首席执政官。公元前 508 年,他联合平民通过公民大会推行了一系列重大改革。

了"管理理论的丛林",这与中国具有强大继承性的管理思想形成了鲜明的对照。

专栏 15.6   **台湾企业家的管理思想**[19]

"台湾经验"、"台湾管理"是什么？只要通过主宰台湾地区经济命脉的企业家们的管理思想和风格即可窥一斑。

(1) 以台塑的已故总经理王永庆为代表的高压集权管理模式。他全力以赴地追求合理化制度的管理,运用表格达到完全控制的目标。王永庆大权独揽,日理万机、事必躬亲,每星期工作100多个小时。他的名言是:"生命的意义要在工作中开创"。

(2) 以奇美的总经理许丈龙为代表的无为而治的自主管理模式。他全力以赴地贯彻"幸福"、"平等"观念,严格区分经营权与所有权。他每周工作不到20个小时。他的名言是:"同事皆兄弟。"如果说台塑管理是法、理、情,奇美管理则是情、理、法。

(3) 以和信的总经理辜振甫为代表的授权式管理模式。他的名言是:"你不授权,部下就不会负责","疑人不用,用人不疑"。他的工作只是主持制订公司长期规划,不拘泥繁文缛节。所以,他经常巡游四海,无损于企业的发展。

(4) 以长荣的总经理张荣发为代表的道德式管理模式。他强调德心行事,不能有害人之心。在企业,内注重生活与伦理道德教育与训练,引人向善,培养人的炽热敬业精神。

(5) 以南侨的陈飞龙和弘崧的陈瑞丈为代表的行销式管理模式。他们的共同主张是:建立产品经理制度,培育行销精英,借助国际策略联盟创世界名牌。为打开国际行销网络,他们采取"中西合璧"的管理架构。

所有这些台湾地区经济支柱企业的掌门人都秉承勤、俭、实、苦、勇、谋、胆与识的八字真言,以其刚性、韧性、塑性的经营能力,创立了台湾地区经济的"起飞"。

传承制度

1554年,第一家近代意义上的股份制公司诞生于英国,从此奠定了大多数商业公司的发展模式。但是,具有反讽意味的是,现在世界上拥有200年历史的公司无一例外都是家族企业。其中,源于日本飞鸟时代的金刚组创办于公元578年,衣钵相传至今已四十余代。

韩国银行发表的《日本企业长寿的秘密及启示》报告书称,日本拥有3 146家历史超过200年的企业,为全球最多,更有7家企业的历史超过了1 000年。排在世界最古老企业前三位的都是日本企业。日本调查公司东京商工研究机构数据也显示,全日本超过百年历史的企业竟达21 666家之多,而1975年后才建立的公司,仅为620家。89.4%的日本百年企业都是员工少于300人的中小企业,多以家庭为单位经营。经营范围大部分是制作食品、酒类、药品以及与传统文化相关的行业。

超过200年历史的长寿企业在欧洲也不少,德国有837家,有222家在荷兰,还有196家在法国。而在中国,最古老的企业是成立于1538年的六必居,之后是1663年的剪刀老字号张小泉,再加上陈李济、广州同仁堂药业以及王老吉三家企业,中国现存的超过150年历史的老店仅此5家。

财富传承

林则徐的书房里挂着一副对联:子孙若如我,留钱做什么?贤而多财,则损其志;子孙不如我,留钱做什么?愚而多财,益增其过。

分家是许多家族企业在处理家族传承时不得不面对的痛苦选择:分家将意味着家族企业的规模瞬间变小,而且产生互相竞争的对手,可能导致产业格局出现重大变化。因此,有许多亚洲家族企业最终选择了不分家,而将家族产业完整地交给后代中的一人。例如,日本家族企业大多实行"单子继承制",即家族事业只会传给后代中的一位成员,其他成员则要被"扫地出门"。

一个统计数据显示,香港富豪在交棒予第二代的过程中,剔除其他市场因素,其家族上市企业股价平均下跌 80%,台湾及新加坡的第二代富豪平均跌幅为 40%。

从来就很重视家族文化的李嘉诚显然没有走日本人的道路,他一方面确立了长子李泽钜对家族传统产业的继承地位,另一方面也组织了大量现金,随时准备为次子的未来插上腾飞的翅膀。这样,第一,家族企业没有因为分家而被削弱,第二,家庭也没有因为李嘉诚厚此薄彼而陷于不和,第三,李嘉诚计划协助李泽楷收购的目标公司,将会是新业务。两名儿子的业务不同,不存在利益冲突。

《海外华人的力量》[20]一书对自古以来海外华商的财富传承做了分析后发现,即便远涉重洋、移居他国、感受不同的文化氛围,大多数华商在财富传承上依然难逃中国传统上所说的"富不过三代"的定律。总结起来,这种现象大致出于三种原因:一是教育下一代意识的淡薄,使财富继承者大多缺少打理财富的能力,加之家族产业管理通常任人唯亲,使财富因下一代管理不善而消失殆尽;二是财富创始者缺乏长远意识,未能提前做好财富继承的合理安排,致使下一代在遗产继承时纷争频繁,最终导致财富在家族内耗中化为乌有;三是由于中国文化传统中某些负面作用的影响,华商的家族观念一般重于社会责任,很少有财富创始者对财富进行社会层面的思考。采用基金管理、用于慈善以保证世代传承的事例在整个华商历史上更是少之又少①。

关于财富传承的问题,美国比中国早出现了一百多年。在《老钱:美国富人的精神起源》[21]一书中,出身贵族的美国著名社会分析家尼尔森·奥尔德里奇谈道,在 1895 年,拥有巨额财富的美国"老钱"阶层就发展到巅峰了。许多家族习惯于把财产平均分配给孩子们,但人们发现,这种平均分割还会随着后代的"离婚和再娶,守寡和再嫁"而再次继承分割,最后,"所有掺杂着爱情和金钱的危险都轻而易举地把遗产分解得支离破碎。"于是,一项财富反思运动兴起了。老一代的富人开始要求孩子们不仅仅需懂得怎样花费自己不费吹灰之力就能得到的巨额财产,更要有一种"勇气、胆识和忠贞,礼貌、谦恭以及公平竞赛的社会精神"。渐渐地,一个贵族阶层产生了:"有责任感,行为举止值得效仿,拥有一颗博爱之心,而且还有一大批先天遗传或后天培养出的精英来赋予这个阶级文化的凝聚性和社会的兼容性。"

尼尔森在书中满富深情地回忆道,小时候,他走进祖父的书房,亲吻正在休憩中的祖

---

① 这些原因同样适用于中国历史上的财富传承过程:中国历史连绵不断,却没有出现一个哪怕能够传承 100 年以上并在当今社会依然显赫的财富家族。

父时,发现在祖父腿边放着《共产党宣言》和《美国六十大家族》两本书,祖父告诉他:我们家族"为这个国家所做的一切要比所有普通贡献者加起来还要多,也要为这个国家付出巨大的牺牲。"尼尔森最后感叹道:老钱阶层就要让"男男女女的继承人们,心中怀着提升整个国家的信仰,如果不那么做,那将是这个国家的灾难"。看到这些,我们就可以完全明白,为什么在美国能有如此多(诸如洛克菲勒、卡耐基等)声名显赫、能量超凡、代代相传的家族。他们正是美国百年来国力一直领先于世界的重要原因。

职位传承

《胡润百富》杂志 2006 年曾发布一个"胡润全球最古老的家族企业榜",全球 100 家家族企业荣登榜单,第一名是著名的日本大阪寺庙建筑企业金刚组,传到第 40 代,已有 1 400 多年的历史。100 家长寿企业主要集中在欧洲、美国和日本,最后一名也有超过 225 年的历史。但是,在全球数以万计的家族企业中,这种能传承百年的只是凤毛麟角。尤其对那些在家族企业中占绝大部分的中小企业来说,在这一问题上比大型家族企业面临着更大的危机。据美国一所家族企业学院的研究显示,约有 70% 的家族企业未能传到下一代,88% 未能传到第 3 代,只有 3% 的家族企业在第 4 代及之后还在经营。麦肯锡咨询公司的研究结论是:家族企业中只有 15% 能延续三代以上,很多小企业都只如昙花一现。

一般情况下,在选"接班人"的问题上,家族企业总是把有希望的"苗子"先送到最好的经济管理学院进修,再"发配"到基层去锤炼几年,这样经过长期的优中选优,很多家族继承人的经营头脑就相当精明。但是,一旦接班人条件不理想,欧美国家和亚洲国家在传承问题上拥有的截然不同的理念和解决方法就会显现出来。

欧美家族企业绝不会因为自己是企业的"主人"而过于强调对企业的日常管理权。如果"接班人"不适合接管企业,他们也会选择职业经理人来进行企业管理,或者采取"托孤"的办法,建立一个由律师、银行家及职业经理人组成的团队协助继承人管理企业。

在亚洲,很多国家深受儒家文化影响,更注重血缘和亲缘的联系,董事会的主要职位被家族内部的成员占领着,从父亲传位给儿子或女儿,而不是家族之外的职业经理人。企业所得利润也会被用来设立兄弟姊妹公司,以分配家族产业给不同的子女,而不是分给股东群。从某种意义上说,亚洲家族企业的管理层结构更像一本盘根错节的家谱,这也是形成亚洲家族企业富不过三代现象的一个重要原因。

华商企业在选拔企业的经营接班人时,从同宗同族中物色人选已成为惯例,并且家族内部极为团结。反过来讲,这些人在企业同没有血缘关系的第三者的协调性就差了,因此,在这样的企业社会中,横向协调机能表现得极为脆弱。同时,内部人接班隐伏着家族内部的利益纠纷、接班人物色的血缘化、缺乏对一般职工的激励等一系列潜在的对经营管理起反作用的消极因素。这些因素往往影响和妨碍企业的发展,或者最终引起企业的分裂、崩溃。

王安实验室是计算中心设备生产商,1984 年,它的营业收入达到 22.8 亿美元,一度雇用了 32.08 万名员工,成为波士顿地区的最大雇主。王安实验室在 20 世纪 50 年代末成为上市公司,它的发迹成为人们津津乐道的美国新一代伟大的高科技企业成功的故事之一。到 80 年代中期王安准备退休时,他坚持让位给他美国出生的儿子弗雷德·王。后者被迅速提拔,地位超过了几位资深高级经理,其中包括约翰·康宁翰(John Cunningham),而公司内部的人都认为约翰才是理所当然的接班人。王安公然的任人唯

企业家精神

亲的举动疏远了众多的美国经理,很快他们便纷纷离开了公司。随后出现的王安实验室的大滑坡即便在变化无常的计算机产业也是令人震惊的。弗雷德·王接管公司后的第一年,公司首次出现亏损,在四年之内,为它带来利润的市场有90%已经消失,1992年,它申请破产。老王最终承认他的独生子无法胜任公司经理,并被迫将其解职。

为了避免后继乏人、内部争夺等悲剧的出现,以便使家族企业长治久安,海外华商(特别是一些较大的企业集团)已着手进行一些探索、变革,注意吸纳各种专门人才,并且取得了许多宝贵的经验。首先,他们十分注重企业继承人的选拔和培养。几乎所有的企业家都把他们的子女送往欧美或当地的名牌大学接受高等教育,学习现代科技知识和掌握现代企业管理本领,以便日后接班。其次,逐步建立一种中西合璧的管理模式。

日本的家族企业可以说是亚洲的"异类",很少因传承问题被诟病,寿命也长得多。美籍日裔学者福山认为,这是因为日本家族成员的联系相对脆弱,责任和义务并不强,家庭中的各个角色并不一定要由有血缘关系的人来担当。"宁愿把继承权传给外人,也不传给能力低的亲生儿子",这在日本很普遍。当然,这里所说的"外人"并不算绝对的"外人",因为家族掌权者通常会将这个人收为"养子"。在日本,经常可以看到一个家族企业中的"养父"比"养子"的年龄还小得多。此外,与中国的"诸子均分"相比,日本实行的是"长子继承制",这也最大限度地避免了企业在创业者过世后被儿女瓜分的命运,保证了企业规模的持续增长。而像松下家族、本田家族、索尼的盛田家族等都基本上在20世纪的80、90年代完成了从家族经营向职业经理人经营的转变。

能力传承

中国企业家精神是建立在资本家这个原点基础上的[①]。中国企业家精神的特征是建立在中国企业大多是业主型企业基础上的。

在中国,企业家的地位和权威来源于物质资本的所有,而不是管理才能。也就是说,中国企业家的权威必须建立在企业家与资本家是同一人格主体的基础之上。作为物质资本所有者,业主型企业家与企业的命运有着强烈的一体感,为了他所占有的物质资本而不得不维持和发展企业。

乔·史塔威尔(Joe Studwell)是《亚洲教父》(Asian God fathers)一书的作者,一直致力于研究东南亚地区的政治经济问题。史塔威尔在其新书中说,家族制的资本主义阻碍了东南亚的发展。东南亚经济的架构仍停留在10年、50年甚至100年以前。新加坡、泰国、马来西亚、印度尼西亚和菲律宾的内部经济仍然都由神龙见首不见尾的亿万富翁和他们的家族所主导,即便这些人当中并没有多少在世界首富名单上占有一席之地。亚洲金融危机过去10年之后,东南亚的亿万富翁们仍能保持其地位,是因为维系他们生意的那些规则还未被打破。

史塔威尔认为,殖民主义是形成东南亚整个大亨体系的一个原因。泰国并未正式被殖民过,不过泰国从16世纪开始就雇用波斯人和中国人从事贸易垄断活动。在印度尼西亚,中国商人在欧洲人到来之前,就参与到爪哇贵族的垄断管理安排中。在20世纪40年代到50年代的独立大潮到来之后,该地区的新领导人纷纷建立起政治主导经济的体系。在此背景下,与政府取得密切关系的大亨建立了自己的基业,例如,博彩许可证让马来西亚的林梧桐、阿南达和

[①] 参见本书第六章"美国事业"中"企业制度"一节对中、美、日三国企业制度的比较分析。

陈志远发了大财。如今,没有几个东南亚大亨的财产能够做到与国家垄断全无关系。在这个地区内,商人们都设法跟政府搭上关系。

案例 15.2　　　　　　　　　印度的家族企业[22]

很强的财富创造能力

印度最大的 500 家公司中 75% 都由家族掌控。在信息技术、电信、电力、石化、钢铁、汽车、制药等产业,均由家族企业掌控。2006 年,得益于股市大涨,印度十大家族企业财富总值达到 1925 亿美元,占印度 2006 年 GDP(7 785.21 亿美元)的比重超过 25%。印度最大的家族企业信实集团(Reliance Industries)2006 年的收入为 251.6 亿美元,位列"全球 500 强"第 269 位,公司董事长穆克什·安巴尼个人资产达到 500 亿美元左右。比较而言,按照《福布斯》杂志 2007 年的统计,排名前 400 位中国富豪共拥有 2 800 亿美元财富,占 GDP 的比重不足 13%(2.229 万亿美元)。

经营多元化及强大的产业链控制力

塔塔是印度老牌家族企业,在钢铁、汽车等产业领域具有较强的竞争力。此外,塔塔咨询公司还是印度信息技术的摇篮。许多老牌印度家族企业在很长时间能作为印度的经济龙头而屹立不倒,是因为他们精于洞察经济与社会发展趋势,积极调整产业结构并不断向新兴产业靠拢。从全球市场来看,印度家族企业普遍采用多元化发展模式,这已经成为一种具有代表性的印度企业集团特征。

"以我为主"的全球资源整合策略

家族企业是印度经济融入全球化竞争的主力军,米塔尔、塔塔、信实、Infosys、Wirpo 等已在全球范围赢得相当高的知名度。印度家族企业从自身特点和业务拓展需要的角度出发,采取"以我为主"式全球资源整合策略,特别注重从产业链的角度收购那些有助于提升公司全球竞争力的资产。在钢铁、汽车、金融、电子、制药、化工、矿产等竞争激烈的主流行业,表现更为积极。迄今为止,印度企业的以我为主的整合策略是非常成功的。

例如,米塔尔钢铁在短短的十几年时间内迅速完成对全球钢铁行业的并购整合,把自己打造成一个年产钢铁 1.16 亿吨的庞然大物,2007 年以 588.7 亿美元的营业收入排名全球第 99 位。米塔尔钢铁还掌控了自己所需的 60% 铁矿石。

2007 年,亚洲最大的风能公司、印度苏司兰(Suzlon)能源公司以 13 亿欧元将全球第七大风力发电机制造商德国瑞能收入囊中,将自己在全球风能市场排名从第 8 位提升至第 4 位。

强大的职业经理团队

近年来,印度籍企业家在全球 500 强高级管理团队中崭露头角,美国百事公司女 CEO 英德拉·努伊就是其中最杰出的代表。全球知名人力资源管理咨询公司 Hay 集团对印度

30多位卓越企业领导人进行了研究,确立了印度CEO卓越的关键因素:执着地专注于成长和创新、高度利他主义的经商哲学、高度的坚韧力和诚信度、更为正式和职业化的人际关系取向。从某种意义上说,企业管理界所取得的成就得益于印度社会独特的文化,而这种文化所带来的独立领导力和穿透力恰恰成为印度企业在全球市场崛起的独特优势,客观上推动了印度企业"以我为主"的全球资源整合策略能够顺利推行。

本章概要

海外华商是中国企业家的重要分支,在特殊环境下实现了中国企业家精神的传承与发展。本章分析了海外华商的产业、地域与发展变迁,介绍了华商文化的文化来源、文化网络与文化经营模式,最后,从家族制度、伦理制度与传承制度三个角度探讨了华商制度的特质,在一定程度上,为深入地学习及实践运作奠定了基础。

思考练习

1. 海外华商具有什么样的精神特质?海外华商与内地企业家在企业家精神上有什么差异?传统文化与多元文化在海外华商的精神中如何统一?
2. 海外华商的企业管理有什么样的共同特质?如何看待这种管理特质?
3. 经营管理人才(职业经理人)是否不需要企业家精神?经理人如何具有企业家精神?
4. 海归创业有什么特色?能给我们什么启示?
5. 哪一个中国企业可以说是体现中华传统的成功企业?改革开放30多年以来,中国大陆已经有了数不清的大型成功企业与企业家,但很少有人能自豪地说自己是因为受优秀的儒家传统文化熏陶而成功的。如果说中国传统文化不合现代社会的发展似乎又不完全,因为很多儒家文化在台湾甚至日本、韩国都还是主流文化,他们的成功也有目共睹,如何对此进行解释?
6. 中国民营经济的发展催生了一批家族企业,其中的一些已经成为行业的龙头老大,如浙江的万象集团。不可否认,这些成功的家族企业的创始人具备杰出的领导能力与管理能力。然而,随着企业规模的扩大和时间的推移,家族企业的管理面临着横向与纵向的挑战。特别是在企业接班人的问题上,是推行职业经理人制度,还是让家族的第二代、第三代来掌握企业的命运,使许多在商场上纵横捭阖的企业家面临两难境地。推行职业经理人制度有利于公司的成长,却不利于培养下一代家族管理者;让家族成员接掌企业的日常管理,却难以保证能力上的满足,因此,如何做好家族企业的管理值得深思。你认为应如何处理好家族企业接班人的问题?
7. 企业家与职业经理人的区别在哪里?
8. 纽约非盈利智库工作-生活政策中心(Center for Work-Life Policy)2011年的一份报告显示,大约5%的美国居民将自己认定为亚裔,但财富500强公司管理职位中,由亚裔美国人士担任的不

第15章 华商管理

到2%。亚裔美国人拥有常春藤盟校学位的比例较大,但当上公司高管的比例低于其他族裔,这种现象说明了什么问题?

9. 为什么组织的变革和创新发展到一定阶段有可能会停滞不前?

10. 很多企业都从销售条线提拔员工,根据业绩说话,培养内部的未来管理人员,许多被提拔上来作为中层领导的员工虽然业务能力很强,但未必具有较好的管理能力。而那些思维缜密、适合做管理的人才业绩又未必做得好。如何化解这种矛盾?

延伸阅读

《美第奇家族兴亡史》([英]克利斯托夫·赫伯物.吴科平译.上海:上海三联书店,2010):无论欧洲通史还是西方艺术史,都不可不提到美第奇家族。美第奇家族自14世纪开始从银行业起家,随后,它凭借其迅速扩张的财富、权力和激情,使佛罗伦萨成为欧洲当时的政治、经济、文化和艺术中心。它有力地推动了意大利的文艺复兴,把思想和艺术的光芒带给整个世界。

《公司治理的历史:从家族企业集团到职业经理人》([加]兰德尔·K.莫克.许俊哲译.上海:格致出版社,上海人民出版社,2011):"我们敢把公司治理委托给谁?"带着这样的问题,本书分析了加拿大、中国(清末和民国时代)、法国、德国、印度、意大利、日本、荷兰、瑞典、英国和美国共11个国家的公司治理历史。11篇文章的作者都是各国经济史的专家,不仅选取的分析样本数据准确和科学,更将对各国政治、文化、历史的充分了解融入到研究中。

《公司治理:中国视角》([美]诺夫辛格.严若森译.北京:中国人民大学出版社,2008):作为一部公司治理的力作,本书为我们解析了一个结构完整的公司治理体系。基本上每章就相关公司治理主题提供了一个国际视角与一个网址列表,有利于读者了解相关公司治理的最新进展;每章的最前面都列出了每章相应的学习目标,在章中都增加了相关内容的"知识点提示"、"关键词",并添加了切合本章知识点的"中国经典案例分析"部分;每章结尾部分都提供了复习题、讨论题以及从国际与国内两个视角编撰的练习题。

《老钱——富人的精神起源》([美]尼尔森·W.奥尔德里奇.范丽雅译.重庆:重庆出版社,2007):本书阐释了富贵阶层所秉持的价值观念、审美取向和独特品位,分析了这样的价值观是"如何"以及"为什么"不同于自我奋斗的成功者所持有的价值观念,并展示出这种价值观是如何影响个人生活和社会风貌的。

《亚洲教父——香港.东南亚的金钱和权力》([美]乔·史塔威尔.史钰军译.上海:复旦大学出版社,2011):本书披露了包括印尼苏哈托家族、菲律宾马科斯家族在内的东南亚豪门巨族是如何在短短几十年间建立起强大的商业帝国的。对李嘉诚、何鸿燊、谢国民、林梧桐、陈永栽等香港、东南亚商业巨贾的发迹史和生意经均有详细的介绍。所有在教父统治之下的企业都是市场缺乏竞争的产物——在这些市场,较低的股票回报率和糟糕的公司治理是常态。

《世界是平的》([美]托马斯·弗里德曼.何帆,肖莹莹,郝正非译.长沙:湖南科技出版社,2006):世界的平坦化趋势是如何在21世纪初发生的?这个趋势对国家、公司、社会和个人而言意味着什么？政府与社会要做出而且必须做出怎样的调整以应付这种趋势？

《华人资本主义精神》（[英]S.戈登·雷丁.谢婉莹译.上海：格致出版社，2009）：什么是东南亚海外华人企业赖以成功的精神资源？本书指出华人家族企业所展示的企业精神是完全不同于西方的一种"资本主义精神"的新的形式，其核心价值观是儒家文化。对应于新教伦理，儒家文化是海外华人企业的经济发动机。

《总裁的声音》（[美]比尔·盖茨等.王屹等译.北京：线装书局，2002）：本书收集了世界最著名企业（如微软、惠普、通用、福特、壳牌、宝洁、联合利华等）的企业总裁发表的演讲，内容涵盖了企业治理的方方面面，每篇文章都深含思想分量，令人深思，催人发省，并能给人以启发与提示。

《跨越市场的障碍：海外华商在国家、制度与文化之间》（龙登高.北京：科学出版社，2007）：本书研究了海外华商在经济全球化进程中跨越国家与制度障碍的成长历程。东南亚华商在全球产业链中发挥了比较大的优势；美国华商则在主流与族群之间、边缘与前沿之中成长；海外华商还在中国与世界之间长袖善舞。他们的跨国网络与信用有效地填补了制度性国际规则的缺失。

《家族企业》（[英]哈罗德·詹姆斯.暴永军译.北京：生活·读书·新知三联书店，2008）：本书以整个欧洲为背景，通过叙述德、意、法三国三个强大的家族经历两个多世纪的家族企业传承的历史，考究了欧洲大陆家族企业传承中经营方式的变化和其私人生活方式的演变，从而揭示出欧洲家族资本主义发展的规律以及家族企业经营的成功经验。

参考文献

[1] 舒时.揭秘香港富豪群落[N].第一财经日报，2008-04-04/05(A1).

[2] 王超.改革开放以来欧洲华商的发展和存在的问题初探[J].黑龙江史志，2009，(3)：94-95.

[3] 林联华.美国华商的发展概况、投资特点及未来展望[J].东南亚纵横，2011，(6)：92-95.

[4] 仇晓慧.中国向海外移民3500万[N].东方早报，2007-02-20.

[5] 佚名.美国华人突破400万，238万华人会讲中文[EB/OL].侨报，[2011-10-27].

[6] 王辉耀.谈当代海归创业潮[N].南方人物周刊，2007-03-25.

[7] 丁栋虹.世纪之交我国制度变迁范式的回顾与走向[J].社会科学战线，2000，(5)：1-12.

[8] 杨连宁.人怎样诗意地栖居在大地上？[EB/OL].凯迪论坛，[2008-07-07].

[9] 黄乐桢，汪孝宗.海外华人经济面临转型，与强劲中国经济共同发展[N].中国经济周刊，2007-06-18.

[10] 林振涤，张洪川.华商世界知多少——关于海外华人华商的12个话题[N].中华工商时报，2001-07-17(8).

[11] 樊蕊，朱京生，何琦隽.全球华人富豪500强发布，大陆富豪占350人[N].法制晚报，2006-08-05.

[12] 刘波，闻华.日升昌盛衰[J].财经界·管理学家，2007，(4)：88-99.

[13] 佚名.世界最古老家族企业1289岁[N].深圳商报，2007-05-10.

[14] 刘权.海外华人家族企业管理的伦理价值评析[J].华侨华人研究，2004，(2)：1-4.

[15] Wen-Ting Lin, Yunshi Liu. Successor characteristics, organisational slack, and change in the degree of firm internationalization[J]. International Business Review, 2012, 21(1): 89-101.

[16] [德]马克斯·韦伯.新教伦理与资本主义精神[M].于晓，陈维纲译.北京：三联书店，1987.

[17] 车驾明.国外家族企业靠什么成功[J].企业技

术进步,2007,(10):32-33.
[18] 刘植荣. 非洲人眼里的中国人[EB/OL]. BWCHINESE中文网,[2012-04-10].
[19] 徐木兰. 台湾企业家的管理思想[J]. 中外管理,1994,(2):49.
[20] 陈传仁. 海外华人的力量[M]. 北京:世界知识出版社,2007.
[21] [美]尼尔森·W.奥尔德里奇. 老钱——富人的精神起源[M]. 范丽雅译. 重庆:重庆出版社,2007.
[22] 项兵. 关注印度的家族企业与财富[J]. 现代企业教育:卓越管理,2007,(12):38-39.

第 16 章 草 根 精 神

> 我们生活在两个世界中间,旧的已经死了,而新的还无力出生!
> ——丁栋虹

学习目标
- 了解草根思维的特质;
- 透析草根人格的困境;
- 重视草根信仰的来源。

树高千丈,叶落归根。"根"是中国民营企业成长的座基。一直以来,中国人对"根"的界定是以其籍贯为依据的,然而,近百年来,随着交通资讯的开拓和个人居住选择权的开放,我们更以文化认知及人文价值的归宿来认定我们的"根"。在社会学的层面上讲,"草根"至少有两层含义:一种是指同政府或决策者相对的组织,如非政府组织(NGO);另一种是指同主流社会、精英文化或精英阶层相对应的弱势一方,如一些不太受到重视的民间、小市民的文化、习俗或活动等。在社会的金字塔结构中,"草根"则是指那些身处一线的黑领(农民、矿工等)、蓝领(工人等)、白领、经理阶层和民营企业家。

"草根精神"是什么?对于这样的一个问题,回答也是多种多样的。当代作家们的回答是"自由、平等、质朴",民间艺术们的回答是"真实、简单、质朴",商人们的回答是"自强、坚韧、务实、开拓",而学校老师们的回答是"坚韧、质朴、和谐、舒展"。不同的人对草根精神的理解略有不同,但相同的是草根精神的内核,那就是不屈从命运安排的抗争和隐忍。冬去春来,那些埋在土壤里的草根就会冒芽吐绿,自枯自荣。哪里有土壤,草根就会坚强地走向哪里,带来一片生机:遇到土壤就生长,给点阳光就灿烂。

清华大学罗家德教授在接受《管理学家》采访时表示:"我并不会用国学来谈管理,理由是我们谈的是中国人的文化与行为模式,它不来自学,更不来自经典,有时它存在于小传统中,也就是乡土社会里。"王传福、张自平、魏建军、史玉柱、许连捷、朱新礼、牛根生、杨国强、潘石屹、郭广昌等人现在都是富豪,但也都是农村出身:杨国强一直到16岁没穿过好鞋子,潘石屹13岁才用上卫生纸。很多人把目光集中在这些人现在获得的巨额财富上,却忽略了这些通过资本市场获得财富的人的背后所体现出的时代特征。这些人当中的绝大多数都拥有相同或者相似的特点:穷苦出身,把事业当生命来做,并且非常低调。被称为"首富园丁"的蔡洪平指出:"在中国,越是出身贫穷的企业家领导的上市企业规模越大,这部分企业家大多来自农村,他们出身贫寒,但却成为了中国民营企业的骄傲。这在西方是没有的——在美国,可能是聪明人发财;在中国,单单靠聪明是不够的,还要无比地勤奋。"在可知的将来,中国社会中兴的力量聚集在草根阶层:他们曾经历经艰难,具有意志与韧劲——站得起来,也蹲得下去;他们努力得真实,尽管不够理想,但绝不虚伪。

草 根 思 维

思维方式是剖析任何一类群体的重要构面。草根精神的思维方式具有什么样的特质呢?

功利主义

东方哲学的实质是功利主义。功利主义与实用主义是有区别的:实用主义以社会利益为追求对象,具有非常积极的价值内容,对科学、经济与技术及教育的导向均具有重大的引领价值。而功利主义以个人利益为追求对象,以投机取巧作为主要手段。

"经世致用"是中国儒家文化中一以贯之的思想传统,是中国企业家实现其目标和道德思想的内在精神。"经世"思想在不同的历史时期有着不同的内涵。或强调主体的道德修养,或侧重于治国安邦的责任,抑或着眼于实用趋利,但崇尚社会现实性和实用精神是其共同的特点。

中国的传统文化总在教导人们对任何东西都追问"有什么用?"[1]在这种文化熏陶下,人们对价值判断的典型的方式就是"这有什么用?"借用一句电影中的台词:"在功利文化下,每个人都用金钱和奖章将自己埋了起来。"

政治功利

卡夫卡(Franz Kafka)指出:"所有人类的错误无非是无耐心,是过于匆忙地将按部就班的程序打乱,是用似是而非的桩子把似是而非的事物圈起来。"急功近利是中国人的集体人格。在中国的每一次大型运动中,这种集体人格总是体现得淋漓尽致,而最后导致一个浮躁的、不切实际的选择。中国人永远相信,如果自己能够得到一个什么秘方,就能快速地拥有财富和实现进步。

中国历史上几乎每一个成功的统治者,都能抓住中国人的集体人格,他们告诉大部分中国人,跟我走吧,有肉吃,有田分,平均财富,甚至拥有一切。中国历代农民到了实在过不下日子的时候,就造反。他们喊的是什么? 不是民主,不是平等,他们喊的是"均田地",是《好汉歌》里唱的"你有我有全都有。"

教育功利

资中筠指出:"我最担心的是教育,教育是百年树人,如果中国的教育再不改变,人种都会退化,这就像土豆要退化一样,因为你教育出来的学生,再过十年,他就是老师,然后他再接着用这一套方法去教育下一代,这样一代一代下去的话,教育就是在不断地摧毁人。家长们都喜欢说一句话,叫'不要输在起跑线上',实际上,中国的孩子已经输在起跑线上了,中国现在的教育,从幼儿园开始,传授的较多的是扼杀人的创造性和想象力的极端功利主义。"

受功利教育的影响,中国大部分人对所谓的成功只有两个标准:小时候的分数和长大之后的钱数。

"有什么用呢?"——并不只是某一个人在这么问,而是整个社会都在问:当准备高考的孩子们在看小说时,当人们带着嘲弄的语调说某个人是一个诗人时……这个问题就蹦了出来:"有什么用呢?"

有人刚读了一本书,就想马上能通过它找到一份工作;有人读书是因为想通过这个途径获得很高收入;有的人想通过读一本书马上能搞明白一个道理,掌握一门技术;有的人想读一本书是因为别人都在谈论它;有的人读一本书是因为它是与当下热门的专业相关:管理学、经济学、会计学、证券、房地产……学习有什么用?"学而优则仕"。读书有什么用?"书中自有黄金屋,书中自有颜如玉"。北京大学钱理群教授说,我们的大学,包括北京大学,正在培养一大批"精致的利己主义者",他们高智商、世俗、老道、善于表演、懂得配合,更善于利用体制达到自己的目的。这种人一旦掌握权力,比一般的贪官污吏危害更大。我们的教育体制正在培养大批这样的"有毒的罂粟花"。

专栏 16.1　　　　　钱理群:我对大学教育的忧虑[2]

在我的理想中,今天的大学特别需要"沉静"、"清洁"和"定力",即所谓"静、清、定"这三种精神力量。

一位大学老师向我提出了一个要求,要我举例说明:我的鲁迅课对促进学生今后就业有什么作用。我听了大吃一惊,一时语塞,甚至有点手足无措,而我的心却隐隐作痛。

我所担忧的是,我们所说的实用主义、实利主义、虚无主义的教育,正在培养一批"绝对的、精致的利己主义者"。

科学功利

受实用主义思维方式的影响,我们在与西方文化的接触中,有用的部分就最容易接受。五四运动时拿来的"科学"、"民主"这两项,就是科学好接受,民主就不好接受。就连我们对科学的接受,也是在技术方面接受的容易。在科学观念、科学思想上,接受的还是不够的。在中国人的理解中,一说到科学,就看到科学是先进的、科学是进步的,因为科学养猪,猪就肥;科学种粮,就高产,这是对科学庸俗化的解释。只看到好处,只看到利益,没看到科学的文化精神。科学精神中的实证主义容易被中国人接受;但科学思想中"形而上"的一面在中国没能全面接受。科学更深刻之处在于,它是一种世界观、人文素养、心灵的境界。科学精神是以分析精神和用推理方法去寻找事物的本源。

西方的器物与技术建立在特定文化的基础上,这就是近代科学体系。用严复的话说,一个文明的体与用是分不开的。西方文明的背后有它无形的文化基础,单纯的器物与技艺只是一些碎片而已,构不成有生命的文明体系。缺乏专注于解决基础问题的科学精神,难以诞生能够引爆流行或是可以改变游戏规则的创新。所谓文化上的创新,就是要少一点功利主义,多一些

第16章 草根精神

理想主义。

早年,中日双方都派人去欧洲学习。铁血宰相俾斯麦观察双方,判断中国和日本的竞争日本必胜而中国必败。因为日本到欧洲来的人,讨论各种学术,讲求政治原理,谋回国做根本的改造;中国人到欧洲来的,只问某厂的船炮造得如何,价值如何,买回去就算了……船坚炮利比不上思想制度先进,今天亦然!

福泽谕吉在《脱亚论》写道:"我日本国土地处亚洲之东陲……然不幸之有邻国,一曰支那,一曰朝鲜……此两国者,不知改进之道,其恋古风旧俗,千百年无异。在此文明日进之活舞台上,论教育则云儒教主义,论教旨则曰仁义礼智,由一至于十,仅以虚饰为其事。其于实际,则不唯无视真理原则,且极不廉耻,傲然而不自省。以吾辈视此二国,在今文明东渐之风潮中,此非维护独立之道。若不思改革,于今不出数年,必亡其国,其国土必为世界文明诸国分割无疑。"1894年的甲午一战,开始印证福泽谕吉关于中国的预言。

物质伦理

受深层的价值观念与思维方式决定,中国传统文化内在包含一种强烈的物质伦理,严格地依赖某种物质上的结果(尤其是金钱与权力)作为衡量一个人是否成功的重要标志。从某种程度上说,这种物质伦理与西方现代文明并不能直接结合[3]。

精神灵性

当一个社会严格地以金钱和权力作为衡量成功的重要标志时,就表示社会已经丧失了精神的灵性。兰德公司[4]曾经这样评价中国人的生存状态:"中国人对于生活的平衡性和意义性并不感兴趣,相反,他们更执迷于对物质的索取,这点上要远远胜于西方人。大多数中国人发现他们不懂得'精神灵性'、'自由信仰'以及'心智健康'这样的概念,因为他们的思想尚不能达到一个生命(即肉体和灵性的并存)存在的更高层次。他们的思想还停留在专注于动物本能对性和食物那点贪婪可怜的欲望上。"

现实中,中国人在狂热追求物质生活的同时,往往忽略甚至忘却精神上的依托,于是,有人问:中国人幸福吗?幸福在哪里?大多数的中国人实际上不懂生活——活着是为了别人的主义、理想,实际上自己并不知道活着是为了什么;人们忘记了每天生活的意义所在,忘记了生活本身是为了什么。有人说德国人不哭,中国人不笑。中国人不笑是因为肩上扛着太多的东西:道义、责任、面子,让13亿人口的中国很难有一两个人拥有自己的精神灵性,能够生活得随心所欲。与此同时,生活的整个社会似乎像脱缰的野马,不仅仅房价飞腾,生活的每一个必需品都可能飞腾,人们像高速运转的机器上的镙丝钉,根本不知自己的存在,哪有时间与生活对话。中国物质上在进步,精神上却在衰落。人们退化得只剩下劳作的躯体,渐渐地融入历史中,并成为死去文化的一部分。

伴随社会信任的解体和价值体系的式微,在丰裕的物质面前,反而迷失了自己。中国社会上的很多人都在时不我待地追逐着,不管是被迫或心甘情愿,他们急躁、焦躁、暴躁,为了一个小事都能大打出手。少有人在乎自己的心灵需要。心灵这个正在远去和模糊的背影在这个社会异常显得孤苦和无奈。看看大街上的中国人,大都来去匆匆,你追我赶,鲜有人驻足慰藉下自己的心灵。

宗教心智

历史上，中国从来没有过正式的宗教信仰，也没有过自己的神。黑格尔曾经这样指出过："在中国，个人没有独立性，所以，在宗教方面，他也是依赖的，是依赖自然界的各种对象，其中，最崇高的便是物质的上天。"至今，大多数中国人没有信仰。

佛教影响下的中国清明等传统节日所体现的阴世是阳世的复制，是对逝去人的追念，更多的是对其在阳世未能实现的欲求（衣食住行）的补偿。与此对应，西方宗教中的阴世是对阳世的超越，要么上天堂，要么下地狱。比较起来，中国的春节没有宗教情结，以狂欢为主题，浸淫较纯粹的物质生活，与东方的饮食文化合二为一；西方的圣诞节以宗教情结为主导，贯彻内省与亲情的主题，倡导了高尚的精神生活，与西方的生命文化合二为一。

在世界上的其他地方，人们以寻求宗教拯救和精神超越的方式度过节日，在教堂和寺院的钟声里，获得纯净的心灵和精神上的洗礼，在时光的流逝里，感悟生命绵延的意义。每一次经历的节日，都是对生命年轮的纪念和思考，然而，在中国传统的情境下，每经过的一次节日，很多时候是在喧嚣和噪音的鼓噪声里，让宗族伦理、升官发财等各种世俗欲望得到某种充分的宣泄。

制度规则

世界级的企业应诞生于一种先进的商业制度之中。垄断当然能产生效益，就好像集权能带来效率一样，但垄断和集权并不能与一种市场化的、公平的商业制度并存。世界级的企业应该经历过伟大的冒险和征服。当今被我们冠之以世界级企业的那些名字，从可口可乐、通用、德国大众到索尼、三星，没有一家不经历了全球化洗礼，没有一个不是在激情的竞争中征服万千，冲杀而出。在这份名单中也有过失败者，如韩国的大宇、美国的AT&T，但是，它们的倒下也是一次伟大而富有价值的体验。

迄今，制定与优化规则不完全是中国人思考与奋斗的着力点，甚至，人们会设法从已有的规则中谋取最大限度的好处，哪怕这种规则是错误的。张朝阳[5]指出："我们这代人实际是没价值观的，也没原则。所以，有丛林法则。各种各样的原因你可能就成功了。你开始利用而不是遵守原则，利用的尺度很大。最后你放弃了谦卑，开始自我膨胀。"

专栏 16.2　　　　　　　　　　**谁 更 伟 大**[6]

范蠡是中国历史上一位非常著名的人，是集大成者，无论从政还是经商，都十分出色，是国人学习的楷模。中国人看范蠡的可贵，更看重他助勾践复国后看透勾践为人，远赴齐国，弃政从商，所谓识时务者为俊杰，却忽视了他隐姓埋名赴齐后，经营有方，攒下巨资，范蠡相信"久受尊名，终不是什么好事"，于是，散其家财，分给乡邻，然后离开齐国到了陶，再次易名经商，没过多久又成了富翁。

本杰明·富兰克林是美国历史上的一位伟人，他为美国独立立下了盖世功勋，战争结束后，他却提名华盛顿做总统。他是著名实业家，家财万贯。对公众有益的事情，不管多困难，都要努力承担，他开展了很多不同的公共项目，包括建立图书馆、学校、医院等，造福后人。

> 去世后,这位为教育、科学和公益事业奉献了一生的人,被美国人民称为"伟大的公民",人类历史丰碑上会永远铭刻着富兰克林的名字。
>
> 范蠡改变自己迁就社会,而富兰克林推动社会的变迁。他们在人生某个阶段都扮演过相同的角色,但他们设定的人生坐标却完全不同,范蠡更多想的是过他自己的日子,富兰克林却用他的智慧、能力和奉献精神建立未来社会。同样是奉献,范蠡赠给乡邻,富兰克林却用于建造社会能力,推动人们更有远见、能力、动力和冲劲。有能力的人可以为社会服务,有奉献心的人才可以带动社会进步。

商业思维

如果说产业发达的国家依托的是一种实业思维的话,中国社会迄今延续的还是一种商业思维①在主导。实业思维以投资为本质特点,而商业思维则以投机为本质特点。投机性的商业思维严重地约束了全球化时代国家经济发展机制的理性选择。

贸易机制

一件标价110美元的"中国制造"电子产品出口到美国,按照传统国际贸易统计方法,中国对美国产生了110美元顺差。面对这样的"顺差",想必许多国人会为赚到美国人的钱而内心欢喜。但换一种算法,这种欢喜就会瞬间转忧。经合组织与世贸组织现在都采用了一种新的统计方法——附加值贸易测算法,以此方法算,由于那件110美元产品的主要零部件都是从韩国进口,价值大约100美元,这样一来,该电子产品对美顺差大部分归属于韩国,而中国仅占10美元。事实上,这是目前"中国制造"在国际市场上的整体处境。

改革开放30余年来,中国经济严重地仰赖海外,主要是美国市场的哺育。中国必须靠着对美国等国的贸易顺差才能保持经济"腾飞"。中国持有的巨额美国国债,账面上看,是美国欠了中国,但在实际经贸关系上,则是中国欠了美国。因为这笔国债是中国的外汇储备。而外汇储备是由对美贸易顺差积累起来的。贸易顺差是中国欠美国的购买。中国卖给美国商品后没有购回等值的商品,就造成了顺差。

如果中方把债券售出变现并用现金购买美国物品,美国就会满意。这样做,其实就是"还债"。美国最喜欢中方赶快用这样的方式还债,越多越好。问题是中方根本还不起。债券售出后偿还权就在买者手中,中国随时可以售出。美方没有任何控制。中国持续不偿还,还不得不增加购买,完全是中方自己的问题。中方有难处,宁可看着它贬值也不情愿售出,就是一种"还不起债"的状态。

虽然从统计上看,美国对中国每年的直接投资只有40亿—50亿美元,20年累计起来也就是1 000亿美元。但实际数字要远远大于这个数字。因为美国每年在中国的盈余都作为投资追加了。按照美国经济分析局的数据,美国在海外的资产总额超过20万亿美元,它在中国的资产总额超过其3%,也就是说,美国在中国的资产超过6 000亿美元。这一笔钱达到了美国

---

① 《创业学》(丁栋虹.复旦大学出版社2014年版)第1章"导论"中对这两种思维方式进行了较详细的比较分析。

对中国所欠国债的一半。

这个数字肯定是低估了。举几个例子[7]。(1)中国最大的IT公司百度就是一家美国公司,公司前10位的大股东都为美国投资机构。按照2011年10月23号的市价为410.6亿美元。15家百度就相当于美国在中国的总资产。30家百度就可以把美国人欠中国人的钱给抵消了。(2)美国银行对建设银行的投资市价大概为1 800亿人民币,约合300亿美元。40家美国银行的投资就可以把美国欠中国人的钱抵消了。

当然,如果把其他的中国在美国上市的企业(如新浪、搜狐、当当、盛大、中铝等一长串企业)算起来,也是一个不小的数目,几个百度的数目应该是有的;如果把沃尔玛、星巴克、麦当劳、肯德基、摩托罗拉、高盛、波音、微软、佳吉、保洁、安达信等一连串美国企业在中国的投资收益计算起来,然后进行资本化,那是相当惊人。

比较起来,印度采取的战略跟中国不同:它并不倚赖出口劳动密集型的、价格低廉的工业产品,而更依靠国内市场,重消费而非投资,重服务业而非制造业,重高新技术产业而非技术含量低的工业。以消费为主导的发展模式有利于人民生活的普遍提高,印度的贫富差距比其他发展中国家都要小。而且,30%—40%以上的国民生产总值来自生产力的增长,而不是资本或劳动力的增加。这恰恰是经济健康增长的标志[8]。

企业机制

在过去30多年的改革开放期间,中国在吸引外来投资(FDI)方面,做出了非常出色的努力。为了吸引更多的FDI,每一个省、每一个市、每一个地区都愿意去做、并且经常是主动地去做很多在其他国家很难落实的事情。与此同时,中国的法律(特别是各级政府的实际政策)对本国的尤其是民营企业家的创新——在组织、制度和经营方式等方面的创新——所给予的大环境和小环境,却长期地和明显地次于中国给予FDI施展身手的环境。因此,过去30多年来中国经济增长的动源(包括中国在国际市场上的竞争力、中国在制造业领域和在生产技术方面的进步)绝大部分并非由中国自己的企业创新出来,而是来自外商企业,主要是外来的和尚在念这本经。

与此相反的是,印度在过去这些年的改革期间,在吸引FDI方面虽然比不上中国,但印度培养和促进本国的民营企业家创新——在政策鼓励、财政扶持和体制发展等方面——远远胜过中国。因此,过去这些年来,印度涌现出来的优秀企业大部分不是来自外资公司,而是源自印度本土,是他们自己的企业家和技术人员的创新活动在造就印度经济的动力之源。在印度,有超过6 000家公司上市,而中国只有大约2 000家。更惊人的是,印度6 000家上市公司中只有大约100家是国有的。中国与之形成鲜明对比,2 000家上市公司中有超过1 200家是国有的[8]。

比较起来,印度模式最卓越的地方在于,政府在发展过程中并未干预和提供扶持,企业家才是这个成功故事的主要演绎者。印度拥有极具竞争力的私营企业、证券市场和现代化管理的金融部门。特别是从1991年起,国家干预从经济改革的浪潮中逐渐退出,在降低国内和海外竞争壁垒的同时,放手给予私企更大的自由度。因此,印度的发展变化更多地是受到草根力量和中产阶级的驱动,政治领导层所做的只是包容这些变化而已。

创新机制

当某一个企业家专心与政府结盟之时,就是消费者考虑远离他的企业产品与服务之日。

一个沉湎于与政府结盟的企业家,他的着力点与企业利润已经不是主要来自提高产品与服务的品质,而是来自扩大对权力寻租的分享——这导致他及企业难有足够的驱动去着力创造优秀的产品与服务。

在西方已经进入信息或知识经济的今天,中国目前尚在知识经济的萌芽阶段。现阶段,中国的民间投资主要集中于出口导向的制造部门、低端服务部门和房地产领域。创新的瓶颈也导致中国富豪逐年不断变化:在美国,富豪榜首富十年才会换一次,而在中国一年就换一次。麦肯锡咨询公司的研究显示,所有家族企业中,只有15%的企业能延续三代以上。具体到中国,情况可能更糟。国内虽然有鲁冠球之子鲁伟鼎、茅理翔之子茅忠群等成功例子,但从整体、长远来看,只有建立现代企业制度,企业才能发展。"子承父业"只能当作权宜之计,除非家族的每一代人都成长为非常优秀的职业经理人。

中国目前在拥有巨大GDP总量的同时,却拥有较低的经济收益率。这体现在工资收入上。把全国人民的工资收入加在一起,除上这个国家的GDP,得到这样一个数字,来做个比较:到2008年,欧美最高,大约是55%,南美洲平均是38%,东南亚(包括菲律宾、泰国)是28%,中东伊朗土耳其这些国家大概是25%,非洲国家都在20%以下;而中国是8%,为全世界最低[9]。

从表16.1中可以看出,1955年中国的人均收入是韩国的3.2倍,日本的1.1倍。但经过50年"翻天覆地"的增长,2008年中国的人均收入是日本的3%和韩国7%。

表16.1　100年来中美等国人均纯收入变化表(单位:美元)

年份	中国	美国	日本	韩国	朝鲜
1912年	70	3 700	150	59	59
1936年	260	5 100	240	130	130
1945年	245	7 500	230	157	157
1949年	210	8 200	缺	185	193
1955年	300	13 000	270	93	136
1965年	280	15 000	1 500	210	235
1975年	275	17 800	9 800	1 650	465
1985年	355	29 000	34 000	6 950	565
1988年	385	32 000	37 000	7 860	627
1998年	780	34 500	39 500	16 590	532
2008年	1 260	50 400	42 200	18 950	395

草　根　人　格

人格是素质体现的一面镜子:尊重别人的人格,体现自己的高贵;贬斥别人的人格,映射自己的龌龊。只有自身人格素养极其低下的人,才会肆意侮辱别人的人格。不管别人是弱者、是敌人还是竞争的失败者。

政治人格

现代政治人格的养成不是一朝一夕就可以做到的,与文化的涵养有关:政治人格是文化在政治上的体现。历史上,传统的政治人格从整体的角度可以界定为上诈下愚、上恶下懦、欺善惧恶。尽管世界已经进入21世纪及网络化时代,但这种地域性甚至国别性的传统人格没有发生实质性的变革,依然存在,尽管全球范围内的数量在减少。

囚徒困境

囚徒困境(Prisoner's dilemma)是博弈论中一个非常著名的例子,同时也非常简单:两个囚徒被分别关押在不同囚室,若二人皆不招供,则警方便无从得到证据,只能无罪释放,但警方告知两个囚徒,先招供者可减刑,后者则罪加一等。在这样的情况下,囚徒们多会选择主动招供,以换取减刑,因为招供者知道,自己的同伴很有可能比自己更先招供,进而导致自己受到伤害。

囚徒困境有意思的地方在于:两个囚徒都不是傻子,他们所作出的判断似乎是理性的,但恰恰是这个理性判断,反而没有保证其利益的最大化(即二人均无罪出狱),在他们看来,抢得先机背叛对方才是利益最大化的体现。

囚徒困境之所以成为困境,关键是由于囚徒本身就置于一种不公平的环境之下,因为他们是否真正犯罪毫不重要,法律在这里并不起效,取而代之的是认罪减刑(Plea Bargain)的做法。而认罪减刑既不合法,也不合乎于道德,更不公正。

在囚徒困境之中,囚徒们是否获罪并不取决于他们是否犯罪,而在于他们是否选择(首先)背叛狱友,在我们这个社会,我们是否值得尊敬,不在于我们的道德和情操,而在于我们是否背叛某种规则,虽然囚徒可以选择共同进退,并最终皆大欢喜,但他们不会如此;我们也可以老老实实地遵守一切规则,但只有傻子才会真的相信。因为即便我不去背叛,别人也会背叛,而且会先于我背叛,并以此胜出。

当一个社会成为这样的权力社会而不是契约社会或法治社会的时候,不仅规则失效,人与人之间的关系也将陷入恶性循环:囚徒选择背叛,是因为利益模式告诉他:自己与另一囚徒处于"敌我"关系;我们选择背叛,是因为社会利益模式是利用与被利用、统治与被统治的关系,之间毫无尊重,只有你死我活的零和博弈,别人收益,在某种程度上,本人便已经吃亏。因此,必须抢先,而所谓抢先,便只能恶性竞争,只能背叛社会和道德规则。久而久之,每个人都已经习惯了与世沉浮,习惯了身上的尘埃,习惯了在大是大非面前默默无语。因为在内心深处,有一种深深的失落,它让人麻木,让人不愿再向往明天,不愿再提起灵魂。

清末,法国使臣罗杰斯对皇帝说:"你们的太监制度把健康人变成残疾,很不人道……"没等皇帝答话,贴身太监姚勋抢嘴道:"这是陛下的恩赐,奴才们心甘情愿,怎可诋毁我大清国律、干涉我大清内政?"最深重的奴役,在人的内心!

第16章 草根精神

以邻为壑

中国人是世界上最讲人际关系的民族。但奇怪的,中国人也是世界上最易造成人际关系伤害的民族。星云大师指出,现在中国人有个误区,以为挤垮了谁,超越了谁,就是比谁强,以这种逻辑在成长着。其实,一个真正的强者,不是摆平了多少人,而要看他能帮助多少人。肯帮助别人,这是德;能帮到别人,这是能。有德、有能的才是强者。

在中国,只要想轻视别人,总有相轻的理由,不仅文人相轻,而且人人相轻。在企业里面,就表现为硕士轻视本科,本科轻视大专,大专轻视中专,名校轻视非名校,干部轻视职员,职员轻视工人。更有学理科的轻视学文科的,学文科的轻视学理科的,市场部的轻视技术部的,技术部的轻视市场部的。在公司里人们常听到"他们技术部的水平不行,解决不了什么质量问题"、"他们市场部的人员素质太低了,基本的产品知识都不具备"[10]。

人人相轻,自然学不会相互合作。加之私心重、视野窄、眼光短,有的人在企业里面非常缺乏团队精神。例如[10],在公司推行绩效考核时,有些部门经理不高兴了,因为他们一算,自己的奖金要变少,还要被公司考核,于是,背后说坏话的也有,开会大吵大闹的也有,不闻不问的也有,种种姿态,不一而足。有同事问人力资源经理:"不至于那么严重吧,不就是搞绩效考核吗?一个制度而已"。制度本身倒不复杂,但是损害了某些人的个人利益,于是,这个事情就变得复杂了。这些经理不会说自己的奖金变少了,而会说本部门的奖金变少了,本部门的风险变大了,或者挑起部门员工对制度的敌意来对人力资源经理施加压力。所以,一个很简单的事情就变得非常复杂了。

在已故美国作家阿伦特和法国社会心理学家勒庞的笔下,现实社会中有一群这样的人:群氓。他们并没有犯什么伤天害理的罪行,为的只是图自己的小便宜、或是盲目从众,而最终的结果却是导致了整个社会群体的混乱和更大的丑恶,对整个社会造成极大的损害(信用损害、道德损害、物质损害——如果我们倒退回30年前,是不是能找到似曾相识的情景?),而真正的罪魁祸首却无法从他们当中找到,因为他们每个人并不是大奸大恶。阿伦特因此也称之为"平庸的邪恶"。

事实上,这种"平庸的邪恶"现象普遍发生在我们中国民众身上,大大小小的事件,层出不穷,就在你我周围,也就是你我每个人心照不宣的小伎俩。存在一个令人尴尬的中国现象:即使是西方最优的制度和文化(被哈佛与世界首富认可),到了中国,就陷入泥潭,不仅不能有效实行,反而被国人给"特色化"、同化了。

这种思维的普遍性深入每个人的内心,不论是高高在上的官员,还是普通的平头百姓,一旦他们得到了钻空子的机会,就有可能不择手段地去捞取最大利益,并且,他们并不认为这是可耻的,而是心安理得地接受这一切,身体力行地去为之去"争取"。

历朝历代,百姓们通常会大骂贪官、大骂权力垄断者,因为那些人往往有比我们更顺捷的渠道去获取本不应得的利益。我们常常说:"官是黑的、丑恶的,而民都是无辜的、善良的。"其实,这是自欺欺人的说辞。恰恰相反,普通百姓一旦获得了某种权力(哪怕是临时的)并有机会更改游戏规则时,他们表现出来的群体犯罪行为和集体窃取与那些贪官、腐化分子的作为没有两样,甚至表现得更明目张胆,更加令人可怖,因为每个人都堂而皇之地认为自己无错。

中国有句名言叫"法不责众"。这正是我们这个民族的最大丑陋之处。一个人犯错,遭到千夫所指、过街喊打;而一群人犯罪,则是理所应当,集体无意识地掩饰。这是整个民族的悲哀。

> **案例 16.1**   安利退货门事件
>
>   20世纪90年代,在跨国企业大批量迁往中国的过程中,一家名叫"安利(Amway)"的美国保健品跨国公司,也希望在这片它并不熟悉的土地上开展蓝图。
>
>   作为一家排名世界500强并且是前30名的国际知名企业,安利公司的直销制度体系显得非常独特,并且被世界首富比尔·盖茨另眼相看,形容为"最无懈可击的激励制度"、被哈佛大学MBA和中国人民大学MBA列为教材案例,这家公司自然是实力雄厚,对中国市场充满了期待。然而,正是这家巨型企业,在中国最繁荣的城市上海,领略到的是东方人的不可思议之处。
>
>   刚进入中国的安利,一切制度是以它在欧美的设计为标准。按美国安利规定,产品实行"无因全款退货":不管任何原因,如果顾客在使用后感到不满意,哪怕一瓶沐浴露用得一滴不剩,只要瓶还在,就可以到安利退得全款! 这项制度在美国施行了很久,一直是安利公司的信誉和品牌象征,退货率微乎其微,安利的产品是优质的。然而,在中国,精明的中国人很快以"特色"的方式震撼了美国人:很多中国人回家把刚买的安利洗碗液、洗衣液倒出一半,留用,然后再用半空的瓶子甚至全空的瓶子去要求全额退款。在上海,刚刚开业不久的安利公司,每天清早门口排起了退款的长长队伍,络绎不绝,人潮涌动,一时间,令安利的美国人大吃一惊。
>
>   美国人怎么也搞不明白:作为拥有半个世纪经营经验、一整套完整制度体系的安利企业帝国,他们"全额退款制度"在西方实行一直良好,为何到了中国,竟然遭遇如此数量巨大的退货? 真的是产品质量不好而引起成百上千的中国老百姓要求退货?
>
>   但由于承诺在先,安利还是顶着每天的巨大亏损,忠实地履行了退货承诺。然而,令人更加惊异的现象发生了:一方面是产品销售量剧增,大大超乎公司的预期;另一方面,拿着空瓶子前来退货的顾客也越来越多,最后竟然达到每天退款高达100万元,还得倒贴30万元产品——终于让美国安利吃不消了! 从这之后,安利公司迅速对中国的制度进行修改:产品用完一半,只能退款一半;全部用完,则不予退款! 自此,安利(中国)改变了其公司制度,转变了原先安利(美国)的营销模式,开始逐步领悟"中国特色"。

以奸驭良

    《商君书》曰:"任善,则民亲其亲;任奸,则民亲其制。"治理国家,不要选用善良的人当干部,要选用奸民,选用流氓混蛋。选用善良的人当干部,老百姓就会爱他的亲人,这样,他们就不会互相检举揭发;以奸驭良,选用奸人当干部,老百姓就会害怕官吏,这样,老百姓就不敢触犯国家的刑法。

    评价一个社会好坏,无需从政治、经济、体制的深奥繁琐处去分析研究,有一个很简单、很实用的方法,就是观察你的周围,假如那些极端自私的人、道德败坏的人、品性邪恶的人过得很富有、很开心,这就是一个坏社会。反之,这三种人过得很落魄、很郁闷,这就是一个好社会。20世纪至今的中国历史表明:在恶的制度与恶的人伦主导的环境里,善恶相争,取胜的经常是恶的;两恶相争,取胜的经常是更恶的。权力与愚民的狂欢,真象是文明的悲剧。

    长期以来,在中国,很多的影视作品,不管是现代的还是古旧的,不管是传统的还是时髦的,不管是辫子戏、后宫戏,还是"传统教育"、历史教育、宫廷戏、豪门戏、警匪戏、恩怨缠绵戏……,主题只有一个:搞阴谋诡计,勾心斗角。这样就把人一代一代"人"培养出来了,所以,阴谋家特多,有大的,有小的。大的干不成,就做小阴谋家,再小一点的就在家里做。反正银幕上、荧屏里,没几个厚道的。

权谋术不会给中国人带来任何文明与和谐,相反,它只会使中国人变得更加伪善和生活得更加人人自危[①]。

专栏 16.3　　　　　　　　**破坏规则与背离正义**[11]

在孙子以前的西周和春秋时代,战争虽然频繁,却是很讲究规则的。战争的双方凭借实力,公平较量。失败者认输,胜利者对其"服则舍之"。那位被后人耻笑的宋襄公所谓"君子不重伤,不擒二毛,不以阻隘,不鼓不成列",就像今天的"禁止使用大规模杀伤性武器,禁止使用地雷,禁止屠杀战俘、平民"一样是当时公认的原则。

不知从什么时候起,破坏规则的小人被奉为英雄,恪守规则者反成了笑柄。于是,在中国,没有了规则,只剩下了利益。孙子兵法不仅在战争中被发扬光大,而且越来越走向了我们的日常生活。瞒天过海、借刀杀人、趁火打劫、无中生有、隔岸观火、笑里藏刀、李代桃僵、顺手牵羊、借尸还魂、浑水摸鱼、假道伐虢、偷梁换柱、指桑骂槐……竟然成了后世顶礼膜拜的经典。

知识人格

简单地讲,知识分子就是有知识的人。知识分子不但要具有学术背景和专业素质,而且必须有独立人格、自由思想,形成和体现一系列的价值观。

道德良知

两面性是中国人的重要特征:"心"向善,"行"向恶;内在与外在极不统一;在行为上极易形成大面积的欺善惧恶:他们对恶的趋附,与其说是基于赞成的拥护,不如说是基于恐惧的慑服。中国人崇拜自己所惧怕的,西方人崇拜自己所亲近的。杨绛在 96 岁后的思考[12]中,深刻地理解在当今社会保持良知的不易:"你存心做一个与世无争的老实人吧,人家就利用你,欺侮你。你稍有才德品貌,人家就嫉妒你、排挤你。你大度退让,人家就侵犯你、损害你。你要保护自己,就不得不时刻防御。你要不与人争,就得与世无求,同时还要维持实力,准备斗争。你要和别人和平共处,就先得和他们周旋,还得准备随处吃亏……"她更感叹:"曾为灵性良心奋斗的人,看到自己的无能为力而灰心绝望,觉得人生只是一场无可奈何的空虚。"

包括被告人甚至囚犯在内,一个人的人格是至高无上的,任何人都无权践踏!在一个民权缺乏充分保障、文化与舆论约束存在巨大缺失的社会里,这种践踏现象屡见不鲜。一个不尊重人格的民族不能涵养文明,没有未来!

---

① 在反腐败运动中,下属支持"打老虎"的集体表态与刻意宣传,媚俗了政治,颠覆了人伦,扭曲了人性。

[提示]一个转型国度内部的狂躁与不安,才是其真正的威胁所在。

批判精神

知识分子不是指那些具有高等学位、广义上的读过书的人,而是具有批判精神、能对权力说不、针砭时弊、积极参与社会变革的公共知识分子。萨依德(Edward W. Said)曾说,"对权力说不"的角色,让知识分子头上闪烁着道德光环。正因为此,人们对知识分子的标准和判断往往带有强烈的道德期许和责任寄望。对政策的批评责任,人们也赋予在公共知识分子的身上。柏杨指出:"不为帝王唱赞歌,只为苍生说人话。"索尔仁尼琴向来被视为"道德勇气"与"反抗暴政"的代名词,其作品也深深地打上了个人经历的烙印。他曾因批评斯大林而劳教八年,1970年获诺贝尔文学奖,1974年被驱逐出境,并从此开始了长达20年的海外流亡生涯。《伊凡·邓尼索维奇生活中的一天》、《癌症病房》等代表作毫不留情地揭露并批判了斯大林的恐怖政策,传世之作《古拉格群岛》则是在苏联秘密创作而成,1973年在巴黎首次出版即引起世界性的轰动。

知识分子要参与国家这台机器的设计,而不是仅仅成为机器的制造者和操作者。否则,将因为缺乏真正的思想、精神与价值观而成为工具。然而,在缺乏资源支持的时候,知识分子往往必须依附于体制,形成双重身份和双重人格。法国学者布尔迪厄(Pierre Bourdieu)就曾描述过学术机制与政治机制的同源性,对知识分子而言,他们相对权力上的统治者来说,是被统治者,但在学术体制范畴内,他们又可能是文化统治者。

然而,中国一直缺乏独立的文化体系,知识精英们无法达成理性的认同,不能建立学术本位的共同体[3]。绝大多数的中国知识分子,从心底里不满意当下的官僚体制,一定程度上却又希望获得这个体制的认可、嘉奖甚至重用。

[提示]远离恶便是聪明。——《圣经》

独立人格

中国在明代,由于知识分子进阶渠道的狭窄,导致部分掌握知识的智者转而从事商业活动,并利用知识在商业活动中获得巨大的利益,这种转向根本上是知识分子强烈改变世界的愿望促成的,为官安邦抚民,为商兴家育人,学知识终究是要有作为的,从商的作为高度,甚至到了如他们自己所说的"良贾何负鸿儒"。这种强大的精神感召力,也促成更多知识分子投身于商业,形成延续至今的"士商合流"社会现象[13]。

专栏 16.4　　　　　　　　中印知识分子比较[14]

固守自己的独立人格

印度知识分子都有着不见风使舵、不昧良心、不"摧眉折腰事权贵"的可贵人格。

从没见过或听说过哪个印度学者为趋炎附势而滥招高官、大款为自己的博士、硕士弟子,没有哪个印度知识分子为了金钱或其他私利而为不学无术的大款或权贵著书立说以评定职称或树碑立传,没见过哪个印度读书人写《厚黑学》、《怎样拉关系》、《如何取悦你的领导》之类的畅销书,告诉人家如何为了私利而玷污名节、不顾良心,也从未听说有谁为了考上大学事先需拉拉关系,有谁为了考上研究生需要事先向导师进行感情投资,也没有听说哪个读书人剽窃他人的学术成果。顺便说及,在印度市场上,基本上没有盗版书,没有盗版软件和盗版光盘。

乐于行善,同情和帮助弱者

　　印度知识分子具有人类终极关怀精神,纯粹的知识分子在 20 世纪有两位代表,第一位是亚洲第一个得到诺贝尔文学奖的泰戈尔,第二位是被誉为"经济学的良心"的印度经济学家阿马蒂亚·森;与此同时,还有两位享有世界声誉、具有宗教般献身精神的圣者——圣雄甘地和德兰修女。至于和白求恩大夫齐名的国际主义者、印度年轻的知识分子柯棣华大夫,在抗日战争时期前往中国帮助抗战,为中国人民献出自己宝贵生命的事迹,更为中印两国人民所知晓和称道。作为印度知识分子的典型代表,在他们的身上集中体现了印度知识分子的献身精神。

　　在印度,一些知识分子还带头发起不买洋车、不穿洋布、不喝可口可乐的运动,以保护自己的民族工业。印度知识分子一方面在口头上为贫者、弱者呼号呐喊,另一方面在行动上尽其所能地为贫者、弱者办实事。在印度,除电影、马戏外,对观众来说,观看其他演出都是免费的,参观画展和其他公立博物馆也是免费的,许多艺术家经常深入到农村演出,这在一定程度上体现了作为知识分子一部分的艺术家为大众服务、不以盈利为目的的高尚情操。科学家经常免费举行科技讲座,科技馆免费开放。至于大学教授们为贫者、弱者服务,这更是一种自觉和一种传统。他们常常组织一些生活相对优裕的城市中产阶级利用周末去乡下为农民提供技术辅导、教育培训、法律咨询、医疗服务等,一切都是免费的,还得自己带干粮。他们长期如此,可以说乐此不疲,从好些年前一直坚持到现在。

甘坐冷板凳

　　印度知识分子对工作态度的最大特点是扎扎实实,不急功近利,没有浮躁之风,让他研究什么课题,就研究什么课题,不会挑肥拣瘦,只要工作需要,他会不厌其烦、不嫌枯燥,一如既往地研究下去,脑子里几乎没有"跳槽"、"下海"之类的念头。深圳华为集团在印度班加罗尔设立了华为印度研究所,聘用了近 600 名印度软件技术专家,这些人工作都认真负责,相互协作,严格按程序办事,从不自以为是。华为印度研究所所长袁子文介绍说,如果你让印度软件专家干什么事,他会把你的要求形成文字,请你确认,然后开始工作,完成一个阶段的任务后,又会请你对已完成的阶段性工作成果和下一步的具体要求予以确认,然后又接着干,如此循环反复,直至完成整个课题。

　　印度高校和科研单位是做学问的地方,而不是衙门。在孟买大学、班加罗尔大学等世界知名大学里,没有一栋一栋的办公楼,也没有厅级、处级官员之类的概念,在高校和科研单位工作的知识分子,基本选择不是升官发财,因此,很少有人去投机钻营或傍大款,也没有哪个高校为了创收去办什么研究生班,而是认认真真地教书育人,老老实实地做学问。

商业人格

传统中国社会的核心价值体系是以整合价值优先为特征的。这种价值观表现为对秩序和个人品行的高度重视,即更关心"德"而非"行"。在这样的传统伦理中,不可能生发出韦伯所提倡的"以工作为天职"的资本主义精神。

电影《中国合伙人》有这样一句台词:"中国的英雄是可以跪的,甚至可以从别人的胯下钻过去";电影中,成东青在警察面前唯唯诺诺地装孙子,这的确是大多数中国本土企业家的真实写照:在中国这样的特殊环境下,要想生存,经常低头。但这种低头,却打断了中国企业家的精神脊梁!

团队精神

在一个企业中,团队利益和个人利益是一致的,公司好了,大家都好,公司垮了,个人也拿不了几个月薪水。外国人很崇尚个人价值,但在企业和组织里面非常遵循个体服从整体的准则,这就是对企业的正确理解。所以,国内的部分职业经理人其实很不职业,就是没有团队精神,把个人或者部门凌驾于整个组织之上。开会讲话都是"我们市场部"、"他们技术部"、"他们物流部"、"他们财务部",听起来不像是一个公司的,像有仇。

美国人在自家小孩读幼儿园的第一天,回来问的是"你今天为别的小朋友做了什么?""你为老师做了什么?"……这就是从小培养合作意识和团队精神。中国的父母可能问的是"你今天喝了牛奶没有?"(担心自家小孩没喝到)、"你今天在幼儿园乖吗?"(担心不乖被人打)……所以中国人从小被教育的是强调利己,而不是强调合作。NBA"佳得乐"(Gatorade)饮料的广告语"我有,我可以"被国内企业大肆抄袭,于是,"我选择,我喜欢"、"我运动,我快乐"之类的东西到处泛滥,其实,这里面就隐含着一种很突出"自我"的思想。缺乏团队精神,企业内耗就多了,在一些公司,有40%的工作时间是去解决内耗的[15],因为部门间的摩擦太多,个人间的摩擦太多。公司管理的好不好不是管理制度或者管理手段的问题,而是文化的问题。

诚信品质

信用是中国商人的历史陷阱:成也萧何,败也萧何,中国历史上的商业发达也好,衰落也好,都与这种"中国特色"有密切关系。

中国企业的内耗多,有个原因是说实话的成本太高。大家喜欢猜来猜去,相互间不信任,所以,都不说实话。有个故事说,一个人去找邻居借斧头,可是他觉得邻居与他有些矛盾,不知道会不会借给他,边走边想,越想越气,最后跑到邻居的门口说:"你不用借斧头给我了!我才不会求你!"中国人一个典型的特点是追求"含蓄",有事爱闷在心里不直接说,自以为这是顾及别人情绪,是一种修养,其实,这种情形很误事。

有的人特别不坦诚,在一起总是相互猜疑,经常听到这样的话:"我知道他是这样看我的……""他肯定在老板面前说了我的坏话……""这个事情我不好说,不想惹麻烦……"人前不说真话,人后乱说坏话。于是,企业的市场问题、生产问题变成了人际关系的问题,简单的问题搞复杂了。中国人从小就被教育不要信任别人,到了读中学的时候就会耍政治手腕了,刚才还在一起踢球,转身就找老师打小报告。中国人说谎跟玩似的,因为家庭教育跟学校教育都没上好这一课。进了企业,就是对同事不讲诚信,对老板不讲诚信,对客户不讲诚信。

跟外国人打交道,有问题他们会当面指出,不管多难堪,但这并不妨碍他吃饭的时候跟你谈笑风生。外国人开会,会上可能有10种声音,但会后只有1种声音;中国人开会,会上没人说话,但会后可能有10种声音。老板开会结束时通常会问:"大家还有什么意见?"全体沉默。一出会议室,跑到自己办公室后门一关就开始开部门小会了。

无论在一个社会或是企业里面,诚信度越低,运行成本越高。中国人只信任跟自己有血缘关系的人,很难相信别人,其实,这是社会不够文明的一个表现。调查显示,企业对中国商业信用市场环境评价不高,认为"一般的"占被调查企业的57%,认为混乱的占25%,认为"规范的"占11%,认为"较规范的"占7%。据不完全统计,中国企业每年因信用缺失而导致的直接和间接经济损失高达6 000亿元。近年来,中国每年由企业失信引发的重大事件已由1—2起增加到4—5起。

制度伦理

中国人很喜欢用"好人"与"坏人"这个本身就很模糊的道德标准去评判一个人的企业行为。公司要炒人,就会有员工说:"他人很好,公司为什么要炒掉他?"可是,如果只有"坏人"才能被炒,那么"坏人"在哪里?

君子亦小人①。真正的错事10件中有9件是君子犯的,小人并没有多少犯错的机会。中国人往往给"君子"一个错误的定义,然后用它来掩盖事实真相。如果一个经理在符合组织利益的前提下做"君子",与员工讲情义,这绝对是一件好事,但如果是违背组织利益去对员工做人情,这个"君子"不仅毫无价值,简直形同犯罪。例如,法律是最低的道德标准,但它是一条明确的线,你可以在这条线上做得更好,但你不能在线下。国外讲"法理情",把法律摆在第一位,但并不是我们在中学课本中学到的"腐朽的资本主义社会里,只有赤裸裸的金钱关系,没有温情",他们只是先把人性定为"恶",再用法律和制度来预防;中国人讲"情理法",先把人性定为"善",出了事再事后惩罚,结果法律没有遵守,人情味也越来越淡薄,医院可以看着病人死,行人可以站在大街上看着歹徒杀人。国外可以实行弹性的工作时间制,因为他们的员工主动性和自律性比咱们强,"领老板的薪水对老板负责"是基本的职业道德,就像在国外有的街道,红绿灯由司机自己按,因为遵守制度已经融入他们每个人的血脉中。

草 根 信 仰

哪些事情决定长远?法治与制度的约束性在10年,教育与文化的有效性在100年,规划与信仰能够决定1 000年。英国当代著名历史学家克里斯托弗·道森(Christopher Dawson)说过:"伟大的宗教是伟大的文明赖以建立的基础。"

先有原则,后有文明。伟大的原则奠定了文明。这里所讲的原则,既是价值观,也是理念,也是精神与道德品格。灵魂的归依是生命淡定的前提。民众有了信仰,灵魂就有处安放,人的

---

① 对照的西方历史是:先小人后君子,即小人变君子。

眼神就透着内敛。而当灵魂没有敬畏的对象时,不受约束的人甚至还比不上动物。乔治·吉尔德指出,一旦企业家开始关心自我消费而放弃企业经营,财富就会迅速贬值。这也是驱使企业家不断奋斗和创新的动力。因此,精神和信仰才是企业家的生产方式。

有两种方法可以让文化精神枯萎,一种是奥威尔①式的——文化成为一个监狱,另一种是赫胥黎②式的——文化成为一场滑稽戏。为什么后者更具威胁性?因为人们憎恨铁窗、防火墙和绿坝,却欢迎肥皂剧和脱口秀。一个人能抵御痛苦,但能抵御幸福吗?

教育信仰

源于欧洲的现代文明是社会化的人工秩序建构的结果,它需要有超越性的理性思维和专业化的探索研究,区别于传统农耕文明对自然生态秩序的依赖,后者只要凭直觉经验就可以维系。因此,大学是现代文明崛起的前提。[3]。

人文精神

大学教育担负着民族文化与人类文明的积淀和传承的任务。这又包含相互依存的两个侧面:一是知识的传授,也就是将思想文化转化为知识、学术,并将其规范化和体制化;一是精神的传递。大学应该培养精神贵族,而不是精神附庸。前者敢冒风险,静听内心的声音,并随着它的引导走自己的路;后者则需要别人引导,要别人为他定下学习计划。前者有勇气正视失败,后者则要求在他努力之后就有成功的保证。

大学要对社会发展的既定形态、对已有的文化和知识体系以至人类本身作不断地反省、质疑与批判,并进行思想文化学术的新的创造;不仅要回答现实生活所提出的各种思想理论问题,更要回答未来中国以及人类发展的更根本的问题,思考看似与现实无关却是更带原创性的所谓纯理论(包括自然科学理论)的问题,以为民族、国家、人类社会的发展与变革提供新的精神资源、新的思维、新的想象力与创造力[2]。

每个民族都有其精神原创性、源泉性的东西。它们就应该进入国民教育,例如,所有英国人都读过莎士比亚,在中国也有这样的精神遗产③。大学应该熏陶的是一种人文精神。哈佛大学所提供的课程不仅仅多,更重要的是,它所提供的课程之人性化。哈佛大学之所以是一流的大学,也是因为它蕴含了丰富的人文精神,而这一精神最集中地体现在它的"核心课程"上。从表16.2可以看出,所谓"核心课程",就是学校提供给本科生的一系列基础课,学生必须从中

---

① 乔治·奥威尔(George Orwell, 1903-1950),原名艾里克·阿瑟·布莱尔(Eric Arthur Blair),英国左翼作家,新闻记者和社会评论家。《动物庄园》和《一九八四》是奥威尔的传世作品,在这两篇小说中,奥威尔以敏锐的目光观察和批判以斯大林时代的苏联为代表的掩盖在社会主义名义下的极权主义;以辛辣的笔触讽刺了那泯灭人性的极权主义社会和追逐权力的人;而小说中对极权主义政权的预言在之后的50年中也不断地被历史所印证,这两部作品堪称世界文坛政治讽喻小说的经典之作,其影响绝不仅仅局限于文学界。

② 尔德斯·赫胥黎(Aldous Leonard Huxley, 1894-1963),英格兰作家,著名的赫胥黎家族最杰出的成员之一。祖父是著名生物学家,并因捍卫查尔斯·达尔文的进化论而有"达尔文的坚定追随者"之称的托马斯·亨利·赫胥黎。他下半生在美国生活,1937年移居洛杉矶,在那里生活到1963年去世。他以小说和大量散文作品闻名于世,也出版短篇小说、游记、电影故事和剧本。通过他的小说和散文,赫胥黎充当了社会道德标准和理想的拷问人,有时候也是批评家。

③ 北京大学教授钱理群提出,在中学可以设以下四门课,一门是《论语》和《庄子》,儒家和道家是我们民族文化的源头;第二个是唐诗,唐诗表达的人思想感情的丰富性、复杂性、广阔性是前所未有的;第三个是《红楼梦》,它是百科全书式的文学巨作;最后一个就是鲁迅的作品。

选出几门作为必修课。这些基础课的目的,是让学生在进入知识的细枝末节之前,能够对他们所置身的世界有一个框架性的理解和探索。这样,当他置身于自己的专业时,能够知道自己所学习的不过是一个巨大有机体里面的一个毛细血管。

表 16.2　哈佛两个版块的课程示例

道德推理版块课程	科学版块课程
民主与平等	光与物质的性质
正义	空气
国际关系与伦理	宇宙中的物质
伦理学中的基本问题	观察太阳与恒星
儒家人文主义	时间
有神论与道德观念	爱因斯坦革命
自我、自由与存在	环境的风险与灾难
西方政治思想中的奴隶制	现实中的物理
社会反抗的道德基础	宇宙联系
共和政府的理论与实践	音乐和声音的物理学
比较宗教伦理	看不见的世界:科技与公共政策
传统中国的伦理和政治理论	能源、环境与工业发展
古代与中世纪政治哲学史	作为行星现象的生命
现代政治哲学史	

其他的板块,就不列了。基本上,"核心课程"的目的就是让学生们在开始研究树木之前,能够先看一眼森林。最好能够把这个森林地图印在大脑上,以后走到再细小的道路上,也不会迷路。

再列一些"本科新生研讨会"的课程(Freshman Seminar):

人的进化	乌托邦与反乌托邦
翅膀的进化	苏格拉底及其批评者
细菌的历史	怎样读中国的诗歌
银河与宇宙	互联网与法律
象棋与数学	美国的年代
疾病的话语	美国信条:例外主义与民族主义
DNA 简史	语言与政治
美国的儿童医疗卫生政策	信任与民主
应然:道德判断的本质	美国的总统选举
火星上的水	年代的青春文化
医药公司与全球健康	盗版
传染病对历史的影响	全球变暖与公共政策

非洲的艾滋病	当代印度
关于意识的科学研究	公共健康与不平等
什么是大学？它的目的是什么？	公墓的历史
俄罗斯小说中的爱情	人权
怀疑主义与知识	政治演讲与美国的民主
一个社区的研究	犯罪的概念
基督教与美	现代欧洲国家的民族主义
怎样欣赏画	烟草的历史
浮士德	酷刑与现代法律
黑人作家笔下的白人	大脑的测量：心理学实验的兴起
香蕉的文化历史	

对一个求知欲很强的人来说，这些课程简直就是一场饕餮之宴，举着筷子，不知从何下手。

探索思维

大学精神的本质并不是为了让我们变得深奥，而恰恰是恢复人类的天真。天真的人才会无穷无尽地追问关于这个世界的道理：关于自然、关于社会。大学要造就的正是达尔文的天真、爱因斯坦的天真、黑格尔的天真、顾准的天真，也就是那些"成熟的人"不屑一顾的"呆子气"。"成熟的人"永远是在告诉你：存在的就是合理的，而合理的就是不必追究的，不必改变的。真正的人文教育，是引领一群孩童，突破由事务主义引起的短视，来到星空之下，整个世界，政治、经济、文化、历史、数学、物理、生物、心理，像星星一样在深蓝的天空中闪耀，大人们手把手地告诉儿童，那个星叫什么星，它离我们有多远，它又为什么在那里。

教育的本质在于科学教育与能力培养。中国教育实现科学教育与能力培养了吗？对中国学生的实证[16]考察发现：

其一，独立思考能力严重不足。中国学生的基础训练偏技巧而少整合，重记忆而缺思考，知其然而不知其所以然。中国学生的思考模式习惯于"别人提出问题，我的工作就是找到答案"。但当涉及非常复杂的研究时，这种方法就不奏效了。在这种情况下，问题不会被精确定义，也没人告诉你该怎么办，必须自己去主动寻找。一般而言，中国学生基本学科的训练完整而扎实，但是，许多"好"学生往往忙于记诵，努力填鸭，照单全收之余缺乏一套思考的脉络、推理的习惯及质疑的能力。中国学校教育的常见问题是教师或者教材急于告诉学生结论而不管推理过程，这种做法在社会科学多一些。时间长了，学生就没有独立思考的习惯了①。

其二，思路缺乏条理性。对中国学生（尤其是中国大陆学生）与海外学生进行比较，教师经常可以发现，思路差异是两者最大的区别：中国大陆学生思路混乱，而海外学生则思路清晰。许多中国大陆学生修课成绩不错，但往往在资格考试或答辩时候败下阵来；在学习与研究的绩效上，海外学生比中国大陆学生高很多。

其三，没有掌握好研究方法。"好花绣就从教看，不把金针度与人"，学习的关键除了要知

---

① 几家跨国公司中国区经理经常反映[17]：清华、北大的毕业生似乎缺乏独立思考能力。这些顶尖学校的毕业生们非常聪明，但问题是我们必须花几年时间来给他们"反洗脑"，他们才能开始产生成果。反倒是那些精力充沛、反传统的"马云式"人物，甚至是没有大学学位的人，才懂得如何完成工作。

道这朵好花外,还要知道好在哪里,更重要的是,要学用那把金针;明儿该您绣花了,这花样还得翻新,比原先的更好。中国学生未能充分体认"学习"与"研究"的差别,经常只是将知识的仓库扩大容积,而未曾意识到把仓库变成工厂。许多学生解题能力很强,但缺乏建立方程式的能力;换言之,面对复杂万端的自然与社会现象,不知问题如何设立(formulate)和如何趋近(approach)。

其四,缺乏扎实的科学态度。中国人发表的论文数已从1995年占全球性科学期刊论文发表总数的2%提升至今日约占8%。其中的部分研究极出色,尤其像在纳米技术、水稻杂交和材料科学等领域。但总体而言,如果以论文被引用频率(即"影响力")作为质量标准,中国科研的质量远远落后于其数量。尽管韩国产生的研究成果少于中国,但其总体影响力被认为高过中国[17]。质量和数量间产生差距的原因之一,源自中国现阶段对"可见性成果"的重视。"可见性成果"(即学术功利性问题)是近年来出现的新现象。另外,科学研究的至上水平在于不用堆砌术语就能把问题说明白,西方学者力图将论文分析得非常"地道"、非常"质朴"、非常"本分",结果非常易懂;恰恰相反,中国学者(生)经常以为把论文分析得别人看不懂,才是有"学术水平"的标志。

所以,很多中国学生在读书,但并不会思考。研究思路的不清晰,导致中国人的科学研究尽管投入多(财政、精力与时间),但产出小。现在,中国每年都有大量的硕士生、博士生毕业,数量在递增,学位层次在提高,可与此同时,却是比比皆是、粗制滥造的学位论文。自己研究的究竟是一个什么样的核心问题、自己的命题是什么、国内外同命题的研究进展如何、自己的假设是什么、采用了什么样的实证方法等,很多博士生在完成学位论文后甚至这些基本的问题自己都回答不了,就更谈不上通过论证让别人信服并接受了。

迄今,中国对现代管理理论的贡献度几乎为零,虽然一些新兴的本土企业(如华为、海尔等)逐渐成长为国际化的企业,但目前尚没有权威的管理学者能够将这些企业的成功经验上升到新型管理理论。

职业能力

中国的大学生错把文凭当作通行证,错误地认为有了一个文凭就可以好找工作了。事实不是如此。在急功近利的背后,他们忘了拥有一门技术是多么重要,拥有一门技术才是通向成功的关键。

中国学生的工作能力受到质疑。2005年,麦肯锡咨询公司所作的研究报告《应对中国隐现的人才短缺》[18]指出,对企业中层以上的管理岗位的胜任能力,印度学生超过中国学生(这种能力差距的背后是印度教育与中国教育在财政上的反比例:印度高校学费46年没有增加,很多高校教授依靠自己的工资收入甚至不能应付生活而需要外出兼职)。由于教育不适应就业市场,中国高校毕业生就业难现在已经成为一个重大的社会问题。这种就业的压力除了现有企业招聘需求不足的基本原因以外,另外一个重要原因就是学生的创业积极性弱、创业能力差。同时,中国学生的心理承受能力也不强,当下高校频繁出现的跳楼自杀事件触目惊心,从本科、硕士到博士,各个层次都有。

麦肯锡报告称,中国的经理人空缺在75万名左右。报告估计中国和印度的大学和高等学位的毕业生数量大致相同,在印度,25%的工程学毕业生接受过的专业培训使他们能够胜任跨国公司的工作,而中国的相应比例仅为10%。印度拥有大批经验丰富的高潜质双语经理人。公司可以很容易地将他们外派出去——甚至去中国工作(例如,在20世纪90年代担任 ABB 公司中国纸浆和纸张部门负责人的 Dinesh Paliwal)。长期以来,诸如印度联合利华等印度公司是其总公司的全球性人才的重要基地。而由于人口结构的简单差异,以及由于缺少会讲英语的中国经理人,跨国企业中的中国高层领导不多。

娱乐可能有代沟,文化不会有代沟;技术可能有代沟,思想不会有代沟;物质可能有代沟,精神不会有代沟。后三种的代沟如果在现实中存在,那一定是人类的错误所导致的结果。2010年9月15日,在夏季达沃斯论坛上,李开复[19]表示:"我们不容忽略下一个苹果、下一个谷歌可能会出现,我觉得大概不会在中国、不会在亚洲出现,更可能会在美国出现,因为美国的那些企业家由于他们的教育背景就可以跳出框框去思想,所以,在这方面,美国是远远超出其他国家水平的……至少50年、100年内(中国)都不会出现一个苹果或者谷歌,中国想要这样做,就要重新建立一个新的教育体系。"

哲学信仰

中国人关注与自己有直接联系的事情,而对与自己看不出直接联系的事物漠不关心,缺乏抽象思维能力。哲学课和神学课当属通识教育体系中金字塔尖般的课,属于文科的最高境界。科学的科学是哲学。没有哲学,就没有真正的科学。西方所有科学博士,均拿哲学博士学位,但对中国人来说,哲学少有人关注,所有的学科都拿专业学位,如经济学、管理学、理学、工学、文学、历史学等,都舍弃了这些学科所依赖的共同基础——哲学。

精神价值

在支配宇宙的力量中,可以测度的只占大约4%,其余的96%是暗物质和暗能量。支配一个人命运的力量,大概也类似:可见的东西(包括肉体、知识、财富、权力等)加起来不过4%;其余96%不可见的能量潜藏于灵魂中。很可惜,人们只追求4%而忽略96%,导致无奈无力,抱憾终生。

在柏拉图的《理想国》中,苏格拉底将普通公民比作一群被囚禁在洞穴里的囚犯。他们见到的所有景象都是墙上的影子,是他们永远不能理解的事物的投影。只有哲学家能够从洞穴中走出,见到事物的真实面貌。苏格拉底认为,由于哲学家看到了事物的真相,因而只有他才适合统治那些穴居者。柏拉图的意思是:要想抓住正义的含义以及生活的本质,就必须超越偏见和日常生活。如果哲学家们对墙上的影子一无所知,他只能领导一片贫瘠的乌托邦。

中国文化传统中的一个严重弱点是重实用价值而轻精神价值。周国平[20]指出,由于重实用,一接触西方哲学,就急于从里面找思想武器,而不是首先把人家的理论弄清楚。中国人是很少有纯粹的理论兴趣的,对任何理论都是看它能否尽快派上用场而决定取舍。也由于重实用,对西方哲学中最核心的部分,即涉及形而上学和精神关切的内容,就读不懂,也接受不了。在中国人的心目中,一般没有精神价值的地位。无论什么精神价值,包括自由、公正、知识、科学、宗教、真、善、美、爱情等,非要找出它们的实用价值,非要把它们归结为实用价值不可,否则,就不承认它们是价值。

中国有一些思想家对人的精神问题也相当重视,例如,严复提出要增进"民德",梁启超鼓吹要培育"新民",鲁迅更是孜孜不倦地呼吁要改造"国民性"。但是,周国平[20]指出,第一,在他们那里,个人不是被看作个人,而是被看作"国民",个人精神素质之所以受到重视,只因为它是造成民族和国家素质的材料。第二,他们对精神层面的重视往往集中于甚至局限于道德,而关注道德的出发点仍是社会的改造。因此,其基本思路仍不脱社会功利,个人精神的独立价值始终落在视野外面。唯物主义是对抗精神价值的。彻底的唯物主义者没有良心、道德之类的意识,因为良心、道德是属于精神层面的,所以,唯物主义者们不怕下地狱,也不怕缺德被报复。1947年,蒋介石先生预言:"唯物主义将把中国带入禽兽之域!"

麻将是中国人民族性的象征,因为这个游戏的特征是:没有投入,没有产出,没有成功,没有失败,没有目标,没有归宿,没有英雄,没有奸雄,除了随机现象,什么都没有。中国人不信上帝,不信鬼神,全部的心思集中在此生此世。生命本来就没有目的,没有意义,像麻将一样,完全是个随机现象。中国没有纯粹的哲学,只有政治哲学、道德哲学,从孔孟起,到汉之贾、董,宋之张、程、朱、陆、明之罗、王,都是一些政治家或想当官而没有当成的人。中国出不了大哲学家,原因就在这里。中国无纯粹的哲学,无固有之宗教,无足以代表全体国民之精神的大文学家,如希腊之荷马、英国之莎士比亚、德国之歌德者。

康德曾经固执地认为,只有高深学问才是自己的真正尊严所在。卢梭的《爱弥儿》曾经给予康德极大的震撼[21]:"高深的理论问题果然是最重要的事业吗?人的尊严果真只能体现在钻研形而上学和自然科学之中吗?如果是这样,芸芸众生又该如何生活?自己的一言一行究竟应该以怎样的规则作为标准?果真哲学家就比普通人高出许多吗?哲学如果不解决所有人的生活问题,还有价值吗?"

爱因斯坦十三岁就痴迷于康德的《纯粹理性批判》,这部德国古典哲学名著,作为把他引进精神世界的诱因,决定了他相应的精神品极,使爱因斯坦到大学时,又选修了《科学思维理论——康德哲学》和其他很多大哲学家的论著,这就廓清了作为大科学家、思想家的爱因斯坦的精神形象,标示出了他一生的伟大的精神走向。

回避死亡

电影《Jonah hex》中有句经典台词:"只有死人才能指明方向。"中西人生思考的核心问题是不同的。西方人的人生思考的核心问题是为什么活?或者说,活着有什么根据?有什么意思?这是一个人面对宇宙大全时向自己提出的问题,它要追问的是生命的终极根据和意义。所以,西方的人生哲学本质上是灵魂哲学,是宗教。中国人的人生思考的核心问题是怎么活?或者说,怎样处世做人?应当用什么态度与别人相处?这是一个人面对他人时向自己提出的问题,它要寻求的是妥善处理人际关系的准则。所以,中国的人生哲学本质上是道德哲学,是伦理[20]。

为什么会有这样的差异呢?周国平推测,很可能是因为对死抱着不同的态度[20]。对西方人来说,死是一个头等重要的人生的问题,因为在他们看来,死使人生的一切价值面临毁灭的威胁,不解决这个问题,人生其余问题便无从讨论起。苏格拉底和柏拉图把哲学看作是预习死的一种活动。自古希腊开始,西方哲学具有悠久的形而上学传统,即致力于寻求和建构某种绝对的精神性的宇宙本体,潜在的动机就是为了使灵魂达于某种意义上的不死。至于在基督教那里,所谓上帝无非是灵魂不死的保证罢了。中国人却往往回避死的问题,认为既然死不可逃避,就不必讨论,讨论也没有用处。

在这个问题上,哲学家的态度和老百姓一样朴素,所以,孔子说:"未知生,焉知死。"庄子

"以死生为一条",抱的也是回避的态度。从死不可避免来说,对死的思考的确没有用处,但不等于没有意义,相反,具有深刻的精神意义。事实上,对死的思考不但不关闭,反而撤开了人生思考,把它从人生内部事务的安排引向超越的精神追求,促使人为生命寻找一种高于生命本身的根据和意义。相反,排除了死,人生思考就只能局限于人生内部事务的安排了。中国缺少形而上学和宗教,原因在此。儒家哲学中的宇宙论远不具备形而上学的品格,仅是其道德学说的延伸,然后又回过头来用做道德学说的论证。所谓"天人合一",无非是说支配着宇宙和人伦的同一种道德秩序罢了。

有一个例子可以说明东西方面对死亡态度不同导致的生命价值认知的差异。在西方,一位成年人最珍爱的对象绝大多数是自己的伴侣,其次才是孩子。而在中国,一位成年人最珍爱的对象绝大多数是自己了孩子,其次才有可能是自己的伴侣(还有可能伴侣排在父母之后)。前一种情形说明西方人珍爱当下,注重目前;后一种情形说明中国人珍爱将来,回避现在。

[提示]人类事实上都是世界的过客,却总是将自己幻想成世界的主人。

逻辑思维

错误的方法就是对学习方法认知的错误。对中国而言,科学是舶来品,基于科学的现代教育也是一种舶来品。由于对科学理念与本质把握的缺失,教育者(尤其是管理者)本身并不真正理解现代教育的核心在智慧增进、方法培养与能力提升,如南怀瑾先生所指出的,教育现在变成了知识的贩卖场所。自古以来,从教育者到受教育者,从学校、个人到家庭,中国教育都贯穿着一个知识传输的理念结构。

知识传输的理念结构首先倡导一种复制式的思维培养。复制性思维方式的特点是在思考问题时以过去遇到的相似问题为基础,是沿用固定的思路和惯常的思考方式进行分析。复制性思维的特点在于遇到问题时,思考不能多样化,轻过程重结果。注重思维定势,进入一个死胡同,在一棵树上吊死。屈从于标准答案,只追求结果正确,而忽视了真正有价值的思维训练过程。正由于复制性思维沿着固定的思路和惯常的思考方式,其又是硬盘型思维,即虽然存储资料量可能很大,但运行速度慢,多为线性思维。复制性思维以存量知识为基础,遇到新问题时,常会与以往的经验相比较:以前我学到的知识是如何教我解决此问题的? 而后即选出以经验为基础的解决该问题的方法,并沿着确定的方向去解决问题。因为有经验奠基,故我们对这种方法的可靠性坚信不疑,形成定势,也不愿探索其他更佳的方法。这种思维方式常易导致思想僵化。若你永远按照惯常的思路去思考,你得到的永远是原有的东西,所以,科学的创新精神就无从谈起,只是在一味地重复。

知识传输的理念结构排斥形式逻辑的教育。中国一直缺系统性的逻辑学、语法学,不知道思维的规律。语法学是 1840 年后引进的。中国禅宗抛弃了印度佛教的因明等逻辑理论,道、禅皆主张直觉。中国人最拿手的只是比喻、象征、暗示、零散的思维,庄子、韩非子则以寓言、故事"论证"其哲学,《论语》、《老子》、禅宗语录等只是格言警句式的思想火花的汇合。1949 年以来,在中国人的思维方法教育(特别是哲学教育)中,完全只教辩证唯物主义,只教辩证逻辑 (Dialectical Logic),而极不重视,甚至完全不教形式逻辑 (Formal Logic)。中国学生被告之,形式逻辑是"孤立、静止、片面"的形而上学,是错误的思维理论。殊不知,丧失了"孤立、静止、片面"的思维起点、深度、高度,何来联系、运动、全面的思维发展? 没有形式逻辑的基础,也就没有后续数理逻辑的发展。黑格尔认为中国的思维方式带有婴儿时期的直观性和不成熟性,缺乏成年人时期的成熟思维能力。

从中国现实高校甚至"985"高校的绝大多数录取的研究生来看，无论是考试录取的，还是"211"高校保送进来的，缺乏的不是各种类型的获奖证书，而是基本的素质与修养；不是强烈的学习兴趣和学业决心，而是清醒的认知、明晰的目标与清晰的思路；不是显赫的考试成绩，而是文献阅读、研究方法、逻辑思维以及写作经验，创新思想和独立精神更是奇缺。

宗教信仰

道德秩序出于宗教信仰，没有宗教信仰，即使最简单的文化也无法繁荣起来。宗教是文化的根基，文化是宗教的果实。所有文化都起源于宗教。当宗教信仰消退的时候，文化也必然衰亡。基督教和西方文明密切并存，不可分割。

每个圣人都有过去，每个罪人都有未来。世界上4/5以上的人具有宗教信仰或者宗教倾向。宗教对解决人的心灵自由是有巨大帮助的。

在德国，要是没有一座直刺蓝天白云的古老教堂的尖顶，不管是小乡村还是大城市，就好像失去了富丽，没有了中心。就好像是一张没有鼻子的脸，即便是从建筑美学的角度来讲，也是如此。在欧洲，无论你走到哪里，一座城市，一个乡村，一旦有了一座古老的教堂，才会有一种寄托，那高高的十字架，向世人昭示着上帝的威严与存在。

在美国，尖顶的教堂的数量之众多过中国的银行和米铺。事实上，从美国的东海岸到西海岸，从农村到城市，在任何一个地方，你都可以发现：这个国家最多的建筑不是别的，正是教堂。教堂而且只有教堂才是美国人的中心，是凝结美国人最核心的东西。雅虎执行长梅耶（Marissa Mayer）表示，她生活中的优先次序为：上帝、家庭和雅虎。

宗教精神

个体行动的后果（尤其是间接和长期的后果）未知的情形很多，宗教以戒律的方式引导人的行动。爱尔兰哲学家埃德蒙·伯克（Edmund Burke，1729-1797）视宗教精神为人类福祉之源。西方人的宗教（尤其是基督教信仰）在电影《伊莱之书》（*The Book of Eli*，2010）中得到了较充分地体现。

专栏 16.5　　　　　　　　　　《伊　莱　之　书》

《The book of Eli》不是一部动作片，而是一部夹杂着少许动作场面的宗教片。

当世界一片混沌，没有政府、没有组织、没有真正的权威时，力量决定着一切。在这样的世界里，人们没有信仰，只是苟活着。水，只能拯救个体的生命。卡耐基正是看到了这一点，通过控制水源控制了一个小镇和些许武装。但他清楚地知道，只有掌握了人们的思想，才能够控制无数个这样的小镇。于是，他费尽千辛万苦地派人寻找《圣经》。然而，具有讽刺意味的是，明明《圣经》代表着拯救和救赎，而卡耐基却要通过杀戮的方式去获得，这就注定了他不会是上天选定的人。

> 从影片中我们可以推断出,战争使天空破了个洞,强烈的紫外线照射伤害了人们,将他们变成了食人的野兽。而侥幸躲在地下逃脱的人们在返回地面后只能一方面躲避着食人族的杀戮,另一方面寻找着赖以生存的水和食物,艰难度日。可以说,战争摧毁了家园,摧毁了人们赖以生存的物质基础,是世界变成如此的直接原因。然而,实际上,在战争开始前,人类就注定了将要面临这样的劫难。当书籍被焚烧,一同被销毁的还有慰藉人类心灵的媒介。人类从此失去了信仰,缺失了指引。当人类内心空荡无以填覆时,战争便不可避免,一切都不可避免。可以说,"焚书"是导致世界如此的根本原因。
>
> 令人欣慰的是,有一本《圣经》被完整地保存了下来。这说明上帝并没有放弃人类,人类还有希望。在主的指引下,主人公 ELI 找到了《圣经》,并带着它一路向西。凭借着信仰的支撑,毫无畏惧,誓死完成自己的使命。

世界上有许多宗教,每个宗教的教义皆有不同,但有一个共同点,即都将控制人的欲望作为其目标之一。人没有欲望,社会就无法发展。人太多的欲望则让世界充满纷争,也让人类社会与人本身烦恼不尽。贪欲是人最容易萌发的也最易主宰人类行动,人心一生贪念,恶魔即在人心中扎根并蔓延,人即会走向疯狂、走向毁灭。古往今来,莫不如是。

两个同时代的家族,一家是信基督教的爱德华兹,另一家是著名无神论的宗师马克·尤克斯。并且,无神论的马克·尤克斯对爱德华兹曾说过:"你信的那位耶稣,我永远不会信!"根据美国学者 A. E. Winship 在 1900 年做的跟踪研究[22],这两个家族近两百年以来的繁衍发展反差巨大。(1)爱德华兹家族。人口数为 1 394 人,其中,有 100 位大学教授,14 位大学校长,70 位律师,30 位法官,60 位医生,60 位作家,300 位牧师、神学家,3 位议员,一位副总统。(2)马克·尤克斯家族。人口总数为 903 人,其中,有 310 位流氓,130 位坐牢 13 年以上,7 位杀人犯,100 位酒徒,60 位小偷,190 位妓女,20 名商人,有 10 名是在监狱学会经商的。

所有宗教信仰都是一种禁忌,是为了约束人的本能欲望的放纵,是为了"存天理,灭人欲"。源自犹太教的基督教,先是在公元 5 世纪把新柏拉图主义的理性内容直接渗透到神学里,然后又在公元 12 世纪从拜占庭和伊斯兰文化中把希腊哲学融入经院哲学里。15 世纪的宗教改革,更是把这种一神教信仰转化为全面的理性思维,构成西方现代文明的精神平台。布赫纳(Frederick Buechner)在他写的《盼望之思》(Wishful Thinking)一书中指出:"基督教在本质上是一个童话,而异教在本质上都是巫术。童话的秘诀是相信,巫术的秘诀是操控。"

1998 年 7 月 9 日,英国女王伊丽莎白二世宣布 20 世纪世界十大殉道者,并将他们的塑像雕在著名的威斯敏斯特教堂上供人瞻仰。苗族牧师王志明与马丁·路德·金等人名列其中,成为唯一来自中国的殉道者。作为基督的忠仆,王志明深知"顺从神,不顺从人"的教导,在"上主的旨意"与"恺撒的命令"发生矛盾时,他毅然顺从神的旨意。1969 年,他和 21 位同工被捕,在狱中遭受非人的虐待。1973 年 12 月 29 日,66 岁的王志明被判处死刑,在当地万人批斗会上被枪决,枪决时舌头已被刺刀绞碎。

如果真正地拥有信仰,并且希望影响他人一起相信,最好的方式就是踏实地改变自己,用自己的改变触动他人。

信仰基督教的西方个体习惯于忏悔。忏悔又称告解,乃信徒承认之罪失的行为,几乎总是显露出明晰的羞耻意识。个体忏悔的对象表面上是神父,实为上帝。他们心目中的

第16章 草根精神

上帝全知、全能、全善,时刻从最高的高处审视众生。上帝不但以终极目标引导世人,而且用律法约束信徒的思想、言语、行动。如果说对上帝的敬畏促使人忏悔的话,那么,当上帝的律法内化为内在的道德准则时,行善的自豪感和犯错的羞耻感就会同时诞生。

信仰之所以会造就耻感文化,是因为它为人设定了终极目标和绝对法则。有了终极目标和绝对法则,人才可能判断自己当下行为的意义,从而对已经发生、正在发生、即将发生的事产生自豪感和羞耻感。没有终极目标和绝对法则的引导和约束,人当下的行动就会缺乏方向和尺度,就无法区别正义和不义,自然会沦落为无耻者[23]。

道德的基础是个体认知,知道自己是人、是具有各种本来弊病的"人类"。儒家讲你应该并可以修炼成完人、君子,只要压制作为人类的欲望就可以了。儒家从来没有式微过,因为它回避死亡,所以不会惭愧,也因此没有道德。中国道德被用来管住别人,西方信仰被用来约束自己。在西方社会,法律之上是(社会)舆论,舆论之上是(公民)道德,道德之上是(个人)宗教信仰。西方文化认为,人是有原罪的,人心是黑暗的。人最黑暗的东西在哪里呢?最黑暗的东西在人的心中。每个人的心灵中都有非常肮脏的一面。西方文化把这个剖露出来,展示出来。批判它,控制它。西方的教堂有忏悔室。进了教堂之后,就把心灵的东西向神述说。把丑陋和肮脏的东西向神诉说了,他就轻松了。他的心灵得到了净化。我们可以看到一个有趣的情景:人们总是愁眉苦脸地进去,神情轻松地出来。久而久之,他就变成了一个健康的人,心态和心灵特别健全的人。

中国的寺庙,只要稍微有点名气,还有哪个寺是不收门票的?而且不仅收门票,庙里的"高消费"服务项目还很多。例如,烧香要买香,撞钟要花钱,求签要钱,解签也要钱,等等。只要你有大把钱,寺庙就可以提供各种规格的服务,烧头香、敲头钟、办各种价格的水陆道场等。现在,不少佛教寺院不但要收门票,还吵着要上市。

与中国的寺庙相反,外国的教堂没有门票。做礼拜是不需要钱的,教堂里肃静庄严,是人们向上帝赎罪和感恩的地方,像是纯洁心灵的圣殿。即使是有游客的教堂,里边也是庄重肃静,导游轻声讲解,人们默默参观,绝无大声喧哗者。

同样是信仰,都是精神寄托。国外有教堂,中国有寺庙。但进教堂和进寺庙的目的却大不相同。西方人进教堂是为了忏悔,中国人进庙是为了进贡。进教堂的是免费听布道,忏悔自己的灵魂,听劝导与教诲;而进寺庙的则是花钱烧香求佛、求签,寻求保佑,乞求平安、发财、升官、交好运。前者是灵魂的沟通与升华,净化心灵;后者则用金钱图谋更多的好处与利益。

宗教情感

从神学或哲学脱胎而来的近代自然科学和包括政治学在内的近代社会科学,都是人类解读世界并使之充满意义的智性努力,它们本来就是而且应当是价值中立的。科学只能合理地确定过去或现在的事实,以及存在于它们之间的因果关系或其他关系,而绝对不能"从伦理、文化或其他观点"对它们作出价值判断。这样的价值判断"决定着我们的行动,赋予我们的生命以意义"[24]。

科学属于知识体系。它只问对不对。但你绝对不能问信还是不信。因为它不是宗教。宗教无所谓对错,但有好坏。人对自然规律的认识无所谓好坏,只有对错。科学的作用是认识自然的运动变化规律,当然包括自然界(自然科学)和人类社会(社会科学)的运动变化规律。科学最终帮助人类改善生活。

宗教作为一种信仰,就是让自己明白:我是谁,来自哪里,要去哪里。对一种宗教,它只管问你信还是不信。信你就来,不信你就走。对宗教不要问为什么,也不要问对不对。它是伴随人类的发展,是人类社会,也是人之所以是人的首要特征。宗教的历史基本就是人类的发展史。宗教的主要作用是治心,也就是给你一个世界观。他决定人对各种事务的看法,从而影响人的行为。宗教的作用不能为法律或科学所替代。法国作家夏多布里昂(François-René de Chateaubriand, 1768-1848)写道:"有两样东西随着一个男人的年龄增长在他胸中滋长:对乡土的爱和对宗教的爱。如果在青年时期没有完全把它们忘怀,它们或迟或早地会以它们全部魅力展现在我们面前,它们的美理所当然地在我们内心深处激起依恋之情。"目前,中国知识分子对基督教的认识是一个空白。但是,如果不能理解基督教,就难以真正进入西方思想和价值观的核心。

爱因斯坦在《科学与宗教》中写道:有关"是"什么的知识并不直接打开通向"应该是"什么之门。人们可以对"是"什么的知识有最清楚、最完备的认识,可还是不能从中推论出我们人类渴望的"目标"是什么。"科学"给了我们的生活一个"乱花渐欲迷人眼"的崭新世界,这个美妙新世界如此五彩缤纷、如此斑驳芜杂,以至于我们几乎失去了方向,几乎完全把自己交给了摧枯拉朽的"科学"之手。爱因斯坦这位科学巨头认为:科学没有宗教,是跛足的;宗教没有科学,是盲目的。

爱因斯坦在《我的世界观》[25]一文中宣言:"我们所能有的最美好的经验是奥秘的经验。它是坚守在真正艺术和真正科学发源地上的基本感情。谁要体验不到它,谁要是不再有好奇心,也不再有惊讶的感觉,谁就无异于行尸走肉,他的眼睛便是模糊不清的。就是这样奥秘的经验——虽然掺杂着恐惧——产生了宗教。我们认识到有某种为我们所不能洞察的东西存在,感觉到那种只能以其最原始的形式接近我们的心灵的最深奥的理性和最灿烂的美——正是这种认识和这种情感构成了真正的宗教感情;在这个意义上,而且也只是在这个意义上,我才是一个具有深挚的宗教感情的人。"

正是基于这样的对普遍事物的关怀,爱因斯坦常常对政治问题发表看法,总想解决它们。在习惯于把政治仅仅理解为权势变更的中国人看来,爱因斯坦的这种政治热情似乎有越界之嫌疑。但爱因斯坦的政治关怀却是对普通人生存状态的关怀,对世界的和平与安宁的关怀。爱因斯坦的那些看法常被说成是天真幼稚。事实上,爱因斯坦的那些看法不但不幼稚,而且深深地知道人类的愁苦和愚昧的天性,虽然他对政治问题的见解并不是立刻可行。20世纪20年代,他支持全面裁军和建立统一的欧洲。第二次世界大战后,他极力提倡世界政府的思想,主张和平利用而且只能和平利用原子能。到了他的暮年,世界政府依然是他不断谈论的话题。他甚至被邀请担任以色列首任总统,当然,被他谦虚地拒绝了。他的建议或许有些不切实际,或许不太成熟,但可以肯定,它们都来自一个清晰的头脑和强烈的道德信念。

中国人缺少真正的宗教感情。当一个人的灵魂在茫茫宇宙中发现自己孤独无助、没有根据时,便会在绝望中向更高的存在呼唤,渴望世界有一种精神本质并且与之建立牢固的联系。这就是本来意义的宗教感情,在圣奥古斯丁巴斯卡尔、克尔凯郭尔、托尔斯泰身上可以看见其典型的表现。我们对这样的感情是陌生的。我们也很少有真正意义上的灵魂生活,很少为纯粹精神性的问题而不安和痛苦,很少执着于乃至献身于某种超越性的信念。因此,我们中间很难产生精神圣徒。也因此,我们缺少各种各样的人生试验者和精神探险家。因为缺乏道德教育,缺乏宗教信仰,可能会导致中国人只有他律,没有自律,但他律是有限的,因为缺乏透明度,一旦没有了制约机制,中国人(尤其是掌握巨大权力的官员)就可能会成为一个非常危险的群体;如果再加上他律机制的缺位,这个危险的群体就会通行无阻。

钱不能解决所有问题。人赚了钱就很自大,也很疯狂,把任何人、任何事都不放在眼里。过去几十年来,许多中国企业家正是适应了快速反应、打擦边球的野蛮生长才脱颖而出。伴随中国经济进入转型期,虚无的道德正变成生意持续的必要条件。与此同时,伴随着财富积累而愈发膨胀的企业家们,破产甚至身陷囹圄的案例屡见不鲜。生意上的挫折是一个相对容易的问题。他们更难抵御的是一种极度成功后的虚无感。没有好的信仰所形成的商业伦理支撑,就会有工商而无文明,有贪婪而无禁忌,有财富而无幸福。基督教对解决商人行贿投机、生活腐化、家庭问题有很大帮助。

专栏 16.6　　　　　　　工　商　团　契

"团契"一词源自《圣经》,指上帝与人之间、基督徒之间的亲密关系,而工商团契则是指有基督教信仰的企业家、公司高管之间的聚会。工商团契在靠近香港、台湾的福建、深圳等地最早出现,之后发展到北京、温州、沈阳等地,甚至安徽、湖北、四川等地也都成立了工商团契。无一例外的是,每个地方的组织都有企业家信徒牵头。

在团契日,各个地方工商团契负责人及代表赶到聚会地点,早上八点,参会者都早早聚集做祷告。在台上主持人和奏乐者的带领下,全场高唱赞美耶稣基督的歌曲:"我们高声呼喊,高举耶稣圣名。哈里路亚! 赞美主,哈里路亚! 赞美主,哈里路亚! ……"场面非常热烈。

在正式会议中,来自全国各地和海外的各路学者、牧师、商人分享了他们的信仰经历和对中国基督教事业的见解。台上的人讲述时,台下不时响起"阿门"的呼喊。在茶歇交流时,这些商业大佬显得谦卑、和善,互相之间以兄弟姐妹相称,迥异于他们在生意上的极度自信。活动全场几次双膝跪地祷告。很多人走到白发苍苍的老牧师跟前,接受他的摸顶赐福。偶尔,还可以看到几组基督徒跪着围成一圈祷告,不少人都泪流满面。

最有活力也是最野蛮生长的温州是中国基督徒商人诞生的标本。自从1866年9月,苏格兰人曹雅直将基督教传到温州,现在已过去150年。据估计,约有10%—15%的温州人信仰基督教,温州约有一百万基督徒以及超过两千家教堂。因此,温州也被称为"中国的耶路撒冷"。

宗教思维

科学也依赖宗教。宗教不仅能够回答科学无法回答的命题,同时缔造科学。伟大科学创造的诞生,需要有宗教的精神信仰。美国城市的中心地带多是教堂与墓地。哈佛、耶鲁、普林斯顿、斯坦福、哥伦比亚等世界一流大学的校园中心,都有教堂,而且经常不止一所。

科学与宗教有许多共同之处,恰如科学与艺术、文学及音乐有共同之处一样。这些事业(或活动,Enterprise)的最突出特点是节制(Discipline)和多样性(Diversity)。无节制不成其大,无多样性则无自由。事业需要做大,个人需要自由。这两个主题相互形容而非互不相容,构成了科学史与宗教史。可以从经济、科技、商业、政治、军事、法律、人文、艺术、企业、道德、教育、犯罪、社会、婚姻、影视、心理、医学、宇宙、历史等越来越多的领域证实与宗教信仰的密切关联。拿破仑(Napoleon)指出:"一个没有宗教的社会,就像一艘没有罗盘的航船。"(A society without religion is like a vessel without compass.)世界上还有许多坚硬、罪恶的土地,需要基督徒扎根、承受与转化,以致成为好土。

宗教乃是价值理性区别于科学的工具理性。也就是说,宗教信仰是在价值观、善恶是非判断上的理性思考和结构。当然,哲学的一大部分也是属于价值理性的范畴,如心理学、人生哲学、伦理学等。哲学的另外一小部分应该属于工具理性,如逻辑学。工具理性决定了它不能带有任何善恶判断语句,例如,你不能说一个坏电子被一个缝隙衍射随机地打在屏幕上。价值理性针对的是人类需要的价值判断,例如,为什么不经同意就在病人身上做医疗实验是不对的。再如,"如何造原子弹"是一个工具理性可以做出判断的问题,而"什么场合可以使用原子弹"属于一个价值理性范围内的问题。从这个问题可以看出,在一个文明中,价值理性具有高于工具理性的地位。

信奉佛教的国度多不发展。在佛寺中,尽管有的佛祖慈眉善目,但更多的是面目狰狞,威风凛凛,杀气腾腾。在幽暗的寺内,烟雾缭绕,阴气沉沉,宛如十八层地狱。香客的朝拜都是为了妄想的许愿。至于和尚抑扬顿挫的颂经,恐怕无人能够听懂。佛教无疑过盛了阴气,湮灭了阳气;扩散了迷信,抹杀了灵气和智性。

大唐时,太宗力推佛教:太宗在读了玄奘新翻译的《瑜伽师地论》之后,对佛教的看法大变,对侍臣叹道:"朕观佛经,譬犹瞻天望海,莫测高深。法师能于异域,得是深法,朕比以军国务殷,不及委寻佛教。而今观之,宗源杳旷,靡知涯际。其儒道九流比之,犹汀滢之池方溟渤耳。而世云三教齐致,此妄谈也。"太宗也许预感将不久于人世,几次对玄奘攘袂怅叹道:"朕共法师相逢晚,不得广兴佛事。"

玄奘从印度回来后,写成记录自己西游经历、见闻的《西域记》一书。向朝廷进献之后,李世民回信答谢时有这样的话:"朕学浅心拙,在物犹迷,况佛教幽微,岂能仰测?"

据分析[26],在2011年世界47个发达国家或地区中,有40个是基督教国家,有1个是同样信仰上帝的犹太教国家以色列,有1个基督教国家扶植起来的国家日本和1个基督教国家扶植起来的地区香港,信仰上帝的国家或地区共占43个之多。另外4个是信奉伊斯兰教的阿拉伯国家。

信仰与利润有着某种必然的关系。研究成果表明,人们是否相信上帝、是否参加礼拜对经济增长有直接的强相关影响。坚信宗教可能帮助一个国家富裕起来,诚实能带来相互信任,向陌生人的热情能导致贸易和移民问题上的开放。另一方面,经济增长可能影响一个国家对宗教的虔诚。随着欧洲的逐渐富裕,去教堂的人相对少了(他们75%的信徒比例依然遥遥领先于中国不到1.5%的信徒比例),而在美国,这种下降趋势不仅停止了而且还开始增长,美国的基督信徒比例超过95%。英国历史学家尼尔·弗格森(Niall Ferguson)也表示,德国等欧盟国家的经济相对停滞很大程度上是由于宗教信仰的削弱,导致敬业精神的消退。中国经济的最大障碍也是源于他们宗教信仰的缺失,社会普遍盛行重视物质而轻视精神意识。

第16章 草根精神

本章概要

新生代企业家在谋求进一步的成长时同样面临着社会环境和自身素质的种种制约,例如,在这一代企业家身上常常表露出强烈的个人英雄主义,这与中国现存价值观念中固有的集体主义倾向有着尖锐的矛盾,所以,新生代企业家在性格上还必须更加成熟。同时,中国社会的制度环境尚处完善之中。但我们仍得出这样的结论:新生代企业家最有可能代表中国社会理性化发展的未来,在他们身上最有可能产生全新的中国社会的企业家精神。

为了迎接挑战,必须给教育重新确定新的目标,必须改变人们对教育作用的看法,扩大了的教育新概念应该使每一个受教育者都能发现、发挥和加强自己的创造潜力,也应该有助于挖掘隐藏在我们每一个人身上的财富。威尔斯指出:"人类历史越来越成为教育与灾难之间的比赛。"

思考练习

1. 中国民营企业家精神的特点是什么?中国民营企业家精神兴起的制度背景何在?中国民营企业家有什么样的草根情结?
2. 中国文化历史上一直以来都是实用主义,为什么到了近现代,工业革命及其他技术革新反而都发生在西方?中国社会遵循的究竟是实用主义还是功利主义?两者有什么样的不同?
3. 全球化过程中的中国文化走向如何?
4. 南怀瑾先生说:"这是最好的时代,这是最坏的时代。"你如何理解这句话的现实意义?
5. 基督教和西方文明的形成与发展具有什么样的内在联系?
6. 我们拥有那么悠久而丰厚的文化,为什么在一系列文明的常识上却需要从头启蒙?和外国普遍人民信仰宗教相比,中国是否存在信仰空置?是什么原因造成了这种现象?
7. 一个国家,只有首先思想现代化,才能实现政治现代化;只有实现了思想现代化与政治现代化,才有可能实现经济现代化。你如何分析这个命题?
8. 长久以来,中国优秀的教育家及其教育思想为什么不能如卢梭的教育思想一样开花结果?
9. 对中国社会而言,无论是自然科学还是社会科学都是舶来品。为什么中国社会形成不了诞生科学的土壤?
10. 安徽省和湖南省是中国文化比较发达的省区,人才辈出,为什么在现实中,经济发展与社会进步都非常疲弱?这种文化基础与经济发展的反差现象说明了什么问题?

延伸阅读

《商人为什么需要哲学》([美]安兰德等.吕建高译.北京:华夏出版社,2007):哲学不是脱离真实世界的象牙塔,而是涉及真实世界各个方面(从日常的商业交易到最广泛的政治学和经济学问题)的现实必需品。没有正确的哲学作为基础和辩护,商品和理念的自由市场将会消失。

《周国平人文讲演录》（周国平.上海文艺出版社,2006）：这是一个中国哲学家、作家言论的结集。他以自己开阔的学术视野和博学求精的治学态度向人们讲述了关于人生、社会、思想、道德、法制、教育、青年、爱情、婚姻、女性、子女、写作等诸多方面的看法，引导人们以深入和科学的思想方式去认识问题。

《论自由》（[英]约翰·密尔.许宝骙译.北京：商务印书馆,2007）：本书论述资本主义制度下的公民自由权利，阐明社会所能合法施用于个人的权力的性质和限度，并提出了自由的各项原则。

《有信仰的资本：维多利亚时代的商业精神》（[英]伊恩·布兰德尼.以诺译.南昌：江西人民出版社,2008）：本书讲述了10位维多利亚时代杰出企业家的故事。正是对商业的成功和企业公民责任双重目标的追求，帮助这些从社会最底层的工作做起的平凡人，成为那个时代世界上最富有和最有影响力的不寻常人物。这些在150多年前创立的公司至今大多数仍然生机勃勃。

《基督教道德的起源》（[美]韦恩·A.米克斯.吴芬译.北京：商务印书馆,2012）：本书从历史、社会和文化的角度探讨了基督教道德规范的起源，作者依据丰富的早期文献（包括基督教的和非基督教的），从1世纪到2世纪的基督徒的历史环境、生存状态和文化资源入手，对他们的道德观念和实践进行正本清源的考察。作者指出，最早的基督徒虽然形成了或多或少独立的生活、文化圈，但他们是在希腊、罗马的文化氛围中成长起来的，从来没有完全脱离周围的社会环境。事实上，他们的道德话语和实践带着不少希腊、罗马传统的印记。

《知识分子论—学术前沿》（[美]爱德华·W.萨义德.单德兴译.北京：生活·读书·新知三联书店,2002）：在当今媒体发达、政治与学术利益交融的时代，所谓的知识分子已经是一种特殊专业，集编辑、记者、政客及中间人于一身。相反，只有在去国离乡的移民逐客中，在甘居异端的"业余者"、"圈外人"中，我们方能得见知识分子不屈不移、卓然特立的风骨典型。

《康德传》（[美]曼弗雷德·库恩.黄添盛译.上海：上海人民出版社,2008）：本书不着眼于康德的标准哲学作品，而专注于康德生活里的重要事件以及它们和当时世界重大事件之间的关联。在不忽略康德生平与著作的代表性细节的前提下，以康德的知性之旅为叙述的轴线，带领读者巡礼康德曾经走过的旅程——从探讨牛顿物理学的形而上学基础的学者，到捍卫启蒙的文明世界道德的伟大思想家。

《论基督徒》（[瑞士]汉斯·昆.杨德友译.北京：生活·读书·新知三联书店,1995）：这部著作讨论了上帝论，基督学、信仰论、教会学、圣经学等神学的传统题域。其特点是把传统的神学主题放在整个现代人文语境中来讨论。

《九三年》（[法]雨果.郑永慧译.北京：人民文学出版社,2004）：雨果的最后一部长篇小说。小说的最后是这样的：死里逃生的朗德纳克因良心发现，返回大火焚烧中的城堡救出三个孩子；郭万为叔祖的人道精神所感动，情愿用自己的头颅换取朗德纳克的生命；西穆尔丹在郭万人头落地的同时开枪自尽。

《宗教经验之种种：人性之研究》（[美]威廉·詹姆士.唐钺译.北京：商务印书馆,2002）：近代科学摈除人格这个概念。神人同形说及对有人格者之信仰是前科学的思想之特色。虽是这样，有人格者的力量是实有的。

参考文献

[1] 严行. 中国文化与基督精神[EB/OL]. 凯迪论坛,[2007-07-02].

[2] 钱理群. 我对大学教育的三个忧虑——就北大110周年校庆及《寻找北大》答采访者问[M]//钱理群. 寻找北大. 北京：中国长安出版社,2008.

[3] 姚国华. 20世纪中国大学运动与大学精神[N]. 21世纪经济报道,2007-05-28(23).

[4] 黑猫子. 美国兰德公司对中国人最尖锐的批评[EB/OL]. 猫眼看人,[2009-07-29].

[5] 张朝阳. 我们这代人实际是没价值观也没原则[EB/OL]. 投资界,[2013-5-9].

[6] 李嘉诚. 奉献的艺术——在汕头大学演讲录[J]. 中国企业家,2004,(7)：46-48.

[7] [德]于晓华. 中国和美国的债务关系[N]. 联合早报,2011-10-27.

[8] 裴敏欣,丁学良,黄亚生. 三位美国的中印观察家对中国和印度的比较[EB/OL]. 天益社区,[2006-07-11].

[9] 郎咸平. 说出来你别睡不着![EB/OL]. 猫眼看人,[2010-02-01].

[10] 客理. 一个人事经理眼中的中国人的劣根性[J]. 企业文化,2004,(8)：144-147.

[11] Jdxz.《孙子兵法》——不值得骄傲的经典[EB/OL]. 猫眼看人,[2009-02-17].

[12] 杨绛. 走到人生边上[M]. 北京：商务印书馆,2007.

[13] 侯伟. 传功布道的公司和商人[EB/OL]. 21世纪网,[2010-06-24].

[14] 袁南生. 感受印度[M]. 北京：中国社会科学出版社,2006.

[15] 董维涛. 一方水土一方人——中国各地居民性格评点[M]. 北京：中国工人出版社,2003.

[16] 丁栋虹. 谁"谋杀"了中国教育[N]. 上海证券报,2007-01-08(16).

[17] Alexander Brenner. 路透社：缺乏创新,中国人论文"影响力"不如韩国[N]. 青年参考,2008-11-10.

[18] Diana Farrell, Andrew Grant. 应对中国隐现的人才短缺[R]. 麦肯锡全球研究院（MGI）与麦肯锡中国分公司. 2005.

[19] 李开复. 下一个苹果或谷歌不在中国在美国[EB/OL]. 新浪网,[2010-09-15].

[20] 周国平. 中国人缺少什么[M]// 周国平人文讲演录. 上海：上海文艺出版社,2006.

[21] 刘淡. 康德：书斋里的人类立法者[N]. 21世纪经济报道,2008-6-16(42).

[22] Albert Edward Winship. Jukes-Edwards：A Study in Education and Heredity[M]. Pa.：Harrisburg：R. L. Myers & Co., 1900.

[23] 王晓华. 中国人为什么丧失了羞耻感[J]. 粤海风,2009,(4)：78-79.

[24] [德]马克斯·韦伯. 社会科学方法论[M]. 韩水法,莫茜译. 北京：中央编译出版社,2002.

[25] [美]阿尔伯特·爱因斯坦. 我的世界观[M]// 赵中立,许良英. 纪念爱因斯坦译文集. 上海：上海科学技术出版社,1979.

[26] 金鑫. 看看47个发达国家当中,有多少是信仰上帝的国家？[EB/OL]. 金鑫新浪博客,[2013-01-21]. http://blog.sina.com.cn/s/blog_5f7771760102ecdb.html.

第17章 网络趋势

> 你们要进窄门,因为引到灭亡,那门是宽的,路是大的,进去的人也多;引到永生,那门是窄的,路是小的,找着的人也少。
>
> ——《新约·马太福音》[①]

学习目标
- 把握网络时代的观念变革特质;
- 分析专家型企业家精神的兴起;
- 厘清通过创意创造未来的思路。

1989年,在瑞士日内瓦附近的欧洲核子研究中心(CERN),软件工程师蒂姆·伯纳斯-李(Tim Berners-Lee)坐在自己小小的办公室里,开始发明一个全新的系统——万维网(World Wide Web)。这个项目现在被简称为网络(Web)。

但在这一刻来临之际,也存在着一种担忧。伯纳斯-李和网络其他的缔造者担心,一些企业和电信运营商为了追逐利润,可能会破坏互联网的开放性,而正是开放性让互联网得以蓬勃发展。伯纳斯-李说:"网络应该是一个中立的媒介。网络的开放性非常、非常重要,这对开放市场、对经济、对民主都至关重要。"

从万维网诞生以来,所谓的"一切"渐渐囊括了GIF图形文件、网络模因(meme)、谷歌(Google)、Facebook、Twitter、新闻网站、宠物网站、YouTube,根据一些估计,还包括数十亿个网页。在CERN的办公室里,伯纳斯-李还编写了第一个网页编辑器和浏览器,到了1990年年底,第一个网页正式上线。随着万维网规模的日益增长,在1993年4月迎来一个重要时刻:该技术向所有人开放,且无需支付版权费。五百年前,农业是一项主要的经济活动;一百年前,工业生产成为主要的经济活动;现在,人类进入了网络主导的时代。

对于长久封闭、提倡"墙"文化的社会来说,网络构成巨大而实质性的挑战。身处网络时代,传统与创新以及民族情感与全球化这两类困扰着所有国家的冲突,现在将相当部分的力量转嫁到了中国企业家的身上。一方面,中国企业家要在一片荒原上创造出自己的商业传统;另一方面,他们又没有足够的时间与机会进行尝试,政策上的限制与这个社会对失败的鄙视都令他们的探索谨小慎微。从进入股票市场到对产权制度的要求,他们的成功与挫折表露着中国

---

① 《新约·马太福音》第7章。

改革进程的加速与放缓;他们刚刚准备从外部世界寻找经验,却发现这些叫IBM、HP与杰克·韦尔奇的老师们迅速加入了竞争者的队伍,况且那些拯救克莱斯勒、缔造松下的经验似乎也不那么适合"挽救巨人"。同样的,这些最初由于勇敢或侥幸而成功的企业家,并未全部因为财富的增长或是地位的提高而获得相应的能力,很多人依旧被自己天然的缺陷所左右——眼光狭隘、缺乏诚信。

我们站在时代的前沿,正如杰出的生物学家爱德华·威尔森(E. O. Wilson)所言:"我们处在未知的国度。"

观念变革

进入21世纪,我们面对的将是长期深远的变革。这些变革主要不是经济上的变化,也不是技术上的变化,而是人口、政治、社会、价值体系上的变化,最重要的还是世界观上的变化。未来学家如果离开观念变革去预测世界,那就成了算命先生。

人力资本

资本通常被分为自然资本、物质资本与人力资本。自然资本(Natural Capital)是指劳动者为了增加自己的报酬而使用的各种自然资源。自然资本不是劳动创造的产物,因而没有生产成本。物质资本(Material Capital)主要是指生产者投资形成的各种形态的资产。物质资本是劳动的产物,因而具有生产成本。所谓人力资本(Human Capital),在现代经济学看来,是劳动者藉以获得劳动报酬的专业知识和技能。人力资本既然是人获得的专业知识与技能,它就是投资的产物——没有投资,绝不可能形成自己的人力资本,因此,人力资本是具有生产成本的。

国家资本

自然资本、物质资本、人力资本的历史地位具有动态性,随着技术创新的扩张,存在着从自然资本经物质资本向人力资本扩展的趋势。在人类社会的早期,资本的主要形式是自然资本;随着人类社会的发展,在工业革命时期,自然资本向物质资本发展;在20世纪,物质资本又向人力资本发展,随着信息革命的发展,人力资本的比重越来越大,从而日益成为主要的资本形式。

20世纪初,马歇尔[1,70]就指出:"资本大部分由知识和组织所构成:知识是生产的最有力的引擎。……在知识和组织上私有财产和公有财产的区别,具有很大的和不断增长的重要性:在某些方面,它比在物质事物方面公有财产和私有财产的区别更为重要。"世界银行的专家利用公开发表的数据对全世界192个国家的资本存量进行了粗略的计算,根据计算得出的结论之一是,在20世纪末,全世界的人力资本、自然资本和物质资本的构成比例为64:20:16,人力资本已经是世界总财富中最大的财富[2]。

企业资本

随着人力资本的不断增长,表现生产和财富宏大基石的既不是本身完成的直接劳动,也不是人从事劳动的时间,而是对人本身的一般生产力的占有,是人对自然界的了解和通过人作为社会的存在来对自然界的统治。今天,世界上一些著名的大公司的兴起与强盛,都与其拥有的独特的人力资本有关。

英特尔公司:1968年,罗伯特·诺斯和戈登·摩尔与他们的前雇主费尔查德半导体公司分手之后,组成了英特尔公司。该公司以250万美元起家,但财务资源背后的脑力使他们在技术上有所突破。诺斯成为集成电路的发明人之一,而英特尔公司则以发明微处理器著称。为此,诺斯本人曾说半导体行业一直是个脑力劳动密集的工业,而不是资本密集的工业。

耐克公司:世界驰名的耐克公司本身没有一家生产工厂,但它却称霸于全球运动鞋市场。其生产厂家都是以许可证的方式在生产"耐克"牌的产品。这家公司所有的财产就是"耐克"商标、市场销售能力和设计开发能力。

个人资本

在当今知识经济主导的信息革命时代,物质资本也是追随着有能力、有创造性的管理者或管理集体(即追随着人力资本)走的,只有有效的人力资本管理才能确保物质资本投资得到良好的回报。因此,任何一个企业单纯为融资而融资是不可取的。

中国高科技企业的新天地和四通利方较早地意识到这个问题,并沿着不同的方向进行了有益的探索。新天地管理的重点是留住富有创造性的人,采取管理方法的前提是在股份制和财务公开的基础上,"把钱花在该花的地方"。自1996年公司改制起,新天地的人员从最多时的近150人逐步精简到50人左右,人员消耗降低到原来的四分之一到五分之一,而创造价值却比原来多3倍。四通利方则以海外融资为契机,进行了公司体制上的改革:由于风险资本的注入,公司原有股东的持股比例被稀释;另外,按照国际惯例,该公司预留了10%的认股权,用来奖励公司的骨干分子。随着持股比例的变化,该公司从个人的公司转变为全体股东的公司,企业经营者经营决策时的出发点,也从是否有利于个人利益转向是否有利于公司的利益,企业相对健全了监督机制,降低了管理者决策失误给公司造成损失的可能性。

无形资产

技术创新的发展正促进世界财富从有形资产向无形资产大转移,无形资产不断增值和有形资产不断贬值成为世界经济开始动荡的生产力原因。

国家资产

财产制度的建立是从农业革命时期开始的。早期的财产客体主要是有形的物质客体。在人类发明了种植、养殖技术以后,土地成为最重要的财富资源,因为土地能够给人们提供相对稳定和持续的食物。所以,在人类文明历史中,土地的争夺是最重要的资源争夺。土地是基本财富的观念根深蒂固,特别是对长期生活在小农经济模式中的中国人而言,更是如此。

随着农业革命向工业革命、管理革命的发展,工业产品逐步成为社会财产的客体。但是,工业革命之后,一切都发生了本质的变化,创造能力取代了土地,成为财富的主要源泉。因此,善于创新、创造的民族和国家,都富有强大起来,而停留在土地资源争夺、分配的民族,大多数都落后了。

信息革命以后,各种高新技术产品构成的无形资产逐渐发展。社会越发展、越进步,无形资产客体在整个财产客体中所占的比重会越来越大。在现代社会里,无形资产的价值大有超过有形资产价值的趋势。

在现在人类财富之中,资源成分已经不是主要成分。真正富有的国家的财富形式主体已不是自然资源,而是人们的知识和技能,即所谓的无形资本。在排名居前十位的国家中,它们的无形资本占本国人均财富的比例居然达到63%—87%,其中:瑞士(84%)、丹麦(84%)、瑞典(87%)、美国(82%)、德国(85%)、日本(69%)、奥地利(84%)、挪威(63%)、法国(86%)、比利时—卢森堡(86%)。与此相对照,在中国人的财富中,无形资本所占的比例只有区区44.8%!在中国人的财富中,无形资本的比例甚至比最穷十国中的马达加斯加(59%)、乍得(52%)、莫桑比克(62%)、尼泊尔(52%)、布隆迪(50%)、埃塞俄比亚(50%)都低[3]。

2013年,美国推出GDP新算法,首次将企业、政府和非营利机构的研发投入以及在娱乐产业、文学和艺术原创等领域的私人企业支出都作为固定投资纳入核算范畴,充分认可无形资产或知识产权产品对美国经济的贡献作用。同时,还将固定收益养老金计划的交易情况也纳入核算内容。此外,住宅所有权转移成本也将被统计成固定投资。

  今天,大多数中国人仍然抱着小农时代的财富观念过分关注自然资源的人均比例,而忽视了一个巨大财富源泉——无限的创造空间。这是可怕的。这种可怕的财富观念导致中国人注重资源的分配,而忽视了创造的价值。如果不改变错误的财富观念,只是注重对现有的有限资源空间进行分配和争斗,继续忽视创造的无限空间,结果肯定是可悲的。

企业资产

在无形资产迅速发展的基础上,人们已经开始将信息时代的财富理解为(工业性的)财务收入和(数字化的)信息资产两部分。这不是简单的概念游戏,而是实实在在的财富转移。例如,雅虎、亚马逊股票价格的上涨意味着财富实实在在的转移,其中能用工业社会财务收入分析的仅仅是其中的一小部分,即公司财务报表中的那一部分;而另外一部分,从传统观点看属于"说不清、道不明"的,正是由其他工业财富转移而来的。

全球整合营销之父唐·舒尔茨(Don E. Schultz)教授表示,对资产来说,我们一直关注的都是有形资产,如有多少土地、多少库存、厂房面积等。无形资产从来没有人去关注,在资产负债表里从来没有出现过。我们说要去管理的时候,我们的概念转变就是从管理有形资产转向管理无形资产,这是非常重要的。我们必须有新的概念、新的方法帮助我们真正去思考如何管理公司的资产,公司的资产实际上就是客户和他们所创造的收入,而不是我们看到的有形资产,包括土地和工厂。例如,一家公司的企业价值包括它的账面价值,债务账面价值和权益账面价值就是一家公司的企业价值,非常简单。但是,这里面还有价值具体组成部分,包括有形资产、披露的无形资产以及没有披露的这些价值,实际上,没有披露的价值就是所说的非常重要的无形资产,包括消费者和品牌。

我们生活的时代紧随100年前的石油化工革命而来。这场石油化工革命给了我们自由的能量——在这里,是自由的机械能。它从很多方面改变了社会结构。现在的这场信息革命也是一场自由能量的革命,但却是另外一种类型:自由的智能。

互联网是目前公认的经济增长最快、最大的趋势产业。但10年前国人看不懂互联网,觉得虚拟经济太虚无缥缈,不看好互联网的发展,拱手将产业献给了外国人。例如,马化腾是腾讯的CEO,也是主要创办人之一,目前持有腾讯11.2%的股份,而持股超过51%的股东是南非的MIH集团。1999年到2002年,是腾讯起步的前3年,当时,腾讯发展非常迅速,资金却遇到很大障碍,在快支撑不下去的时候,马化腾拿着腾讯的数据资料向银行贷款,但却因为中国当时不看好互联网的发展,而拒绝了马化腾的申请,正在面临倒闭的时候,外资注入了腾讯,没有外资的进入,也没有腾讯今日的成就,可能我们早就没有用腾讯QQ这个聊天工具了。

中国目前有85.5%的互联网被外资控股,据说前100强网络公司里,有78家被外资控股。如表17.1所示。

表 17.1 外国人控股85%以上的中国创业公司

公司	中国创立者	控股人国度
腾讯	马化腾	南非
百度	李彦宏	美国
新浪	王志东	日本
搜狐	张朝阳	日本
携程	梁建章	日本
阿里巴巴/淘宝网	马 云	日本

个人资产

无形资产的兴起导致世界财富大转移,主要是从物质资本拥有者手中转移到人力资本拥有者手中,特别是转移到高智能和新知识的拥有者手中。

通过拥有无形资产而兴起的企业家典型例子是软件产业的领军人物——微软公司(Microsoft Corporation)的比尔·盖茨(Bill Gates)。微软公司开发的视窗软件在个人电脑领域占有绝对优势,投资者们对其股票青睐有加,股票价格暴涨。在美国《福布斯》杂志公布的全球亿万富翁名单中,盖茨已连续多年荣登榜首。

在人类历史上,众多的古典音乐作家之所以晚景凄凉,乃至十分悲惨,如舒伯特死于街头、与狗一同埋葬,一个很重要的原因,就是在当时对音乐作品这样的无形资产没有严格的专利保护制度,使作曲家本人没有获得应有的经济保障。相应地,受历史的制约,直到19世纪中叶,经济学家——如马克思、普鲁东、凯雷、巴斯夏、麦克劳德——才模糊地觉察到所有权和物质不是同样的东西,感觉到无形资产的存在。

经济发展

自经济学诞生以来,经济学家对经济发展中(货币)资本贡献的重视无论怎么表述也不过分。马克思穷其毕生精力研究资本的实质,不外乎把资本当成了资本主义发展(尤其是工业革命)的原点。在经济学家演绎出的经济发展的三大生产因素当中,除了土地和劳动这两个传统型的生产因素外,唯一一个现代型的生产因素就是(货币)资本。可是,通观产业革命发展的历史长河,唱主角的难道真的是这种货币资本因素吗?可以换个角度提问题:如果产业革命的主角真的是这种货币资本因素,那么中国在1949年以后,通过原始资本积累(其中主要是通过工农产品价格剪刀差),国有企业积累了一大笔货币资本,为什么却没有实现内涵型扩大再生产?

产业革命

产业革命中起主导作用的并不是(货币)资本因素,而是技术创新因素。产业革命可以被分成农业革命、工业革命、管理革命和信息革命四个历史阶段。就工业革命阶段而言:

第一,在工业革命早期进程中,最初的资本供给并不是关键性的瓶颈问题。实际上,资本聚积是技术创新的结果,而不是技术创新的原因。历史考察发现,早期的工业企业家首先并不是资本大王,而通常是发明大王,这些发明家型企业家曾经处在非常贫困的境地,只是由于专利法的产生与施行,才从自己的专利应用中获得了较大的利益。正是由于发明家型企业家的主导角色,工业革命本身就是一场发明家的革命。

第二,农业企业家成为这些工业企业家的主要来源。工业革命早期工业企业家的传记表明,他们中的绝大部分出身寒微,而且常常来自庄户人家。如果说工业革命阶段中绝大多数工业企业家来自农业的背景,那就意味着所谓的资本家阶级在供应资本上只起较小的作用。

第三,16世纪和17世纪商业和货币资本主义的影响不大,这可以用货币资本积累的地理区域和工业革命地区简单比较来说明。从国家一级来说,一方面有荷兰、意大利、西班牙和葡萄牙,另一方面有英国、法国和德国;这两组国家中,工业革命首先取得立足点的国家实际是商业资本积累相对不重要的国家[4; 396]。

发明家型企业家的发明职能使发明家型企业家与科学家区别开来。第一批发明家绝不是科学家,"他们是工艺匠,由于处在实际问题面前,他们就运用他们的天然智慧以及工业习惯上的、工业需要上的高深知识来解决这些问题。海斯、克朗普顿、哈格夫斯、达德利、达比、科特等人就是这样。有时候,也有些探索者,这些人并未受过科学教育或职业教育,而是凭本能或因好奇心进行探索的:怀亚特、卡特赖特就是这类的例子[5; 386]。"作为一个科学家,不需要具备生产知识与技能;但作为一个发明家型企业家,却一定需要具备专业生产知识与技能,按照通常的说法就是,这些发明家型企业家不是技术专家,更不是学者,而是即席演奏者。他们不仅把创造精神用在革新生产技术上,更用在对生产技术的应用上。

专栏 17.1　　　　　　　　　　　**软 件 革 命**[6]

从电影业到农业再到国防,越来越多的重要企业和行业正在依靠软件运营,通过网上平台将产品交付到客户手中。成功者当中不少都是硅谷风格的科技创业公司,它们正在入侵和推翻原有的产业结构。

今天,作为全球最大的连锁书店,亚马逊还是一家软件公司——核心能力是其令人惊叹的软件引擎,实际上这可以让它在网上销售任何东西,实体零售商店已变得可有可无。此外,当博德斯还在因破产危机而饱受折磨时,亚马逊却对网站进行了改版,令Kindle电子书的销量首次超过了实体图书。现在,就连书籍本身都成了软件。

从用户数量来看,Netflix是当今最大的视频服务供应商,它同时还是一家软件公司。Netflix击败竞争对手Blockbuster的事已成旧闻,但其他传统娱乐服务供应商现在也面临同样的威胁。康卡斯特(Comcast)和时代华纳(Time Warner)等公司纷纷做出反应,试图将自己转变为软件公司,他们采取的措施包括推出"电视无处不在"(TV Every where)计划,将节目内容从有形的电缆中解放出来,与智能手机和平板电脑相连。

如今,音乐行业的霸主也是软件公司:苹果的iTunes、Spotify和Pandora。越来越多的传统唱片公司只能依靠向那些软件公司提供内容才能生存。2010年,音乐行业来自数字渠道的收入为46亿美元,占总收入的29%,而在2004年这一比例仅为2%。

当今最大的直销平台谷歌也是一家软件公司。Groupon、Living Social和Foursquare等公司现在也加入到这个行列,利用软件蚕食零售营销行业。2010年,Groupon的收入超过7亿美元,而它成立只有两年时间。

每个行业的公司都必须预先料想到软件革命即将到来。这甚至包括已经以软件为基础的一些行业。甲骨文(Oracle)和微软这些原有的软件巨头正日益受到Salesforce.com和Android等看起来不相干的新软件产品的威胁,尤其是在谷歌拥有了一家重量级手机制造商之后。

在某些行业,特别是石油和天然气等现实性很强的行业,软件革命将主要给现有行业巨头创造机遇。但在许多行业中,新软件理念将导致新的、硅谷风格的初创公司崛起,随意入侵现有行业。在未来十年,现有行业巨头和软件驱动的颠覆者之间将爆发史诗般的战争。那时,提出"创造性破坏"(Creative Destruction)概念的经济学家约瑟夫·熊彼特(Joseph Schumpeter)一定会感到骄傲。

科学中心

产业革命是世界经济发展的核心。技术创新的发展和应用是产业革命进而也是资本主义经济得以不断发展的主导原因。在资本主义时代,资本家把科学技术变为生产财富的手段;科学技术本身也靠资本获得了巨大的发展。实际上,资本主义之所以能够战胜封建主义,就是因为资本主义重视科学技术。

技术创新是资本主义兴起与发展的主导因素,世界科学技术中心与经济发展中心是对应统一的[7]。近代以来,世界科学技术中心的五次转移都相应地引导了中心国经济的发展:

1540—1560年,意大利成为近代史上第一个科学中心国家,以复兴古代思想文化为号召的文艺复兴运动冲破了科学发展的枷锁,造就了达·芬奇、哥白尼、布鲁诺、伽利略等一批科学大师,开始了一个宗教日趋没落、科学日趋兴盛的时代。1603年,凯西公爵在意大利建立了世界上最早的科学学社——猞猁社,科学群星汇聚在意大利,形成了近代科学的第一个中心。

1660—1773年,英国成为第二个近代科学中心,1662年,英王查理二世正式批准成立以促进自然知识为宗旨的皇家学会。1705年,牛顿被封为英国贵族,安娜女王亲临剑桥大学为牛顿封爵。科学家通过对科学的贡献而成为贵族,这在人类历史上是第一次,科学家的地位在英国空前提高。

1770—1830年,法国成为世界近代科学的第三个中心,法国资产阶级政府在大革命后采取了一系列措施:任命一大批科学家为政府重员;创办了巴黎综合工艺学院、巴黎高等师范学院等一批新大学,作为科学教育基地;改造旧的皇家科学机构,废除了贵族院士会议,巴黎科学院全部由真正的职业科学家组成并享有丰厚的薪金。法国科学家在 1781—1800 年间作出了占全世界 40% 以上的重大科学发现和发明。

18 世纪末到 19 世纪初,德国开始实施一系列鼓励技术创新的国策,使德国在欧洲日益崛起。1810 年,普鲁士国王在柏林大学创办时就明确指出,建立柏林大学的目的,就是要用脑力来补偿普鲁士在物质方面的损失。当时,德国正处于遭受拿破仑侵略而战败的困境中。德国著名学者洪堡在任教育大臣时,对大学的体制进行了改革,增设了多所大学,使德国逐步成为世界科学的第四个中心。

从 1920 年至今,美国成了世界近代科学的中心。美国非常重视技术创新,是世界最大的科技大国,技术大体上占国内生产总值增长率的 30%,技术出口占对外贸易的 60% 以上。当代美国技术创新的发展,已经使美国在管理革命阶段建立起来的世界经济领域的霸主地位更加稳固,并使世界上大多数国家对之可望而不可即。有两项资料反映了这种情况:其一,世界银行的一项调查表明,世界各国"移植"硅谷模式大多事倍功半,美国硅谷的竞争力与各国"高科技开发区"的距离进一步拉大。其二,美国《商业周刊》披露的全球 1 000 强企业排行榜上,美国企业进一步拉大包括与日本在内的其他国家企业的距离。在 1 000 家大企业中,日本企业的市场资本值在 20 世纪 80 年代曾占到 36%,而最新统计只占 16%,美国企业则占 50% 以上。

联合国教科文组织在《世界科学报告》中指出,当今世界的贫富差距就是知识的差距。如果没有以知识为核心的科学技术创新,世界经济就无法获得继续发展。越来越多的科学家预言,哪个国家在高新技术上处于领先地位,哪个国家就将成为 21 世纪的经济巨人。目前,世界上一些主要发达国家都在研究和发展高精尖技术,展开着一场争夺未来的经济强国之战。1997 年,美国的研究开发经费达 1 250 亿美元,1998 年的投资是 1 315 亿美元。日本自从提出"新技术立国"的发展战略以来,科研投资逐年增加。1997 年,日本的科研投资达 820 亿美元,相当于 10 年前的 3 倍,超过俄罗斯而居世界第二位;这一年,科研投资占日本国民生产总值比重的 2.77%。据一些经济学家研究,日本经济增长的 50% 是靠技术进步取得的。据德国研究部公布,1997 年,德国的科研开支达 780 亿马克,创历史最高纪录,目前,德国用于研究和发展的开支占其国民生产总值的 2.9%,高于日本和美国而居世界前列。

专栏 17.2　　　　　　　　　　　　**日本的技术研发**[8]

为了刺激经济发展,增强产业的国际竞争力,日本政府进一步扩大对企业研究开发实施的优惠税制。

日本目前对企业研究开发实施的优惠税制是,以过去 5 年研究开发经费最高的 3 年的平均值为基准,本年度超过这个平均值的部分免征法人税 15%。经济产业省认为,这样的优惠措施还不足以充分调动企业开发新技术的积极性,因此,进一步扩大对企业研究开发的优惠税制。

具体措施有:减免企业与大学或国立科研机构联合研究开发经费的法人税,对超过销售额一定比例的开发经费减免税,对新购置的机器设备缩短折旧期限,把计算机软件开发等也列为实行优惠税制的对象等。

> 2000年,日本制造业的研究开发经费为1.4万亿日元(约106亿美元),仅比1991年增加9%。而美国制造业在同期的研究开发经费增长了42%,强有力地促进了新技术开发,增强了产业的国际竞争力。
>
> 日本在20世纪50、60年代经济高速发展期间,曾经实施减免税收等产业政策,以刺激企业采用新技术和进行设备更新,收到了良好效果。如今,它又把这一经验运用到促进企业的研究开发方面。

当前,世界技术创新的竞争态势愈演愈烈,加速知识产权制度建设是促进中国知识经济发展最紧迫的命题。

[提示]**在2007年国际财产权索引(International Property Rights Index)上,中国在保护知识产权方面和尼日利亚同列。**

信息价值

300年前,世界上最富有的人是地主。几个世纪以来,战争的目的就是为了掌控土地。国王拥有土地,并通过控制土地获得了土地上一切产物的价值。随着政府的发展,国王的角色被弱化,土地贵族成为世界上最富有的人群。在农业经济中,大多数人力资源(和其他大多数生产资料)都被用于粮食和住房的生产,拥有土地是世界上最有价值的事情。

然而,在120年前左右,工业革命发生了。突然之间,通过在原先使用人力的工作中应用新的机器,生产力得到了大幅提升。随着这一转变的到来,价值也发生了转变。伟大的工业家能够捕捉到更高生产力的价值,这使赛勒斯·麦考密克(Cyrus Mc Cormick)、亨利·福特(Henry Ford)以及安德鲁·卡内基(Andrew Carnegie)成为富人中的富人,他们的财富超过了国王、政府首脑、大多数的州以及许多国家。

制造业时代的基础是机器的生产力以及对取代手工劳动的工业生产流程的应用。制造引擎、汽车以及飞机这样的工具创造了巨额的财富,知晓如何制造这些机器并付诸实践创造了巨大的价值。诸如通用汽车(General Motors)、通用动力(General Dynamics)以及通用电气(General Electric)这样的公司,其价值远远超过了那些出产粮食的土地。

在1900年代中期,美国的农场主们被迫通过组建更大的农场来维持经营,他们不断乞求政府给予补贴,并通过农业部的价格管制(平价方案)以及"土地休耕保护计划"来维持生存。到了20世纪80年代,数以千计的家庭农场相继破产,农业土地的价值一落千丈,通过种植或加工粮食创造价值的能力也陷入困境。

纵观发达国家,财富从地主手上转移到了工业企业。要在农业中求生,对机械的需求超过了土地,因为很少的人就能耕种大片的土地,但需要大量昂贵的机械设备。工业产品决定了价值,而不是赖以使用它们的土地。

在20世纪90年代的某个时候,世界再次发生转变:缺乏或根本没有技术——即没有信息经济——的国家创造不出价值,除了工业化制造什么也没有的,就创造不出新的价值;另一方面,能够通过创造、管理、使用和销售信息来实现更高水平生产力的公司——如苹果——就可以创造出巨大的价值。

到2012年,苹果的市值已经突破6 000亿美元。这是一个惊人的数字,它不仅比石油巨头埃克森美孚(Exxon/Mobil,市值3 900亿美元)高出50%,而且超过了西班牙、希腊和葡萄牙三国股市的总值。从根本上说,苹果是在全球范围内向大家传递一个信号,即市场正在出现结构性转变。如果领导者们不能理解这种转变并将之纳入自己的战略和战术,他们的组织和机构将面临一个艰难的未来。世界的价值观已经发生了巨大的变化,而投资者告诉给商业(以及政治)领导者的信息是,在这样一个快节奏的全球化世界里,价值是基于你知道什么以及你是在什么时候知道的——换句话说,就是信息,而不是土地、建筑或制造产品的工业化力量。

现在,我们必须认识到,价值已经不是会计师口中的那些"硬资产"——土地、建筑和设备——创造的了。事实上,美国自2000年以来遭遇的两次经济大衰退已经向我们证明,这些"硬资产"并无安全性可言。土地、建筑和其他"硬资产"的价值可能会下滑,而且下滑的速度和幅度都相当惊人。这些事物看得见、数得着,并不意味着它们就能保值,它们的价值很容易就贬到不及其制造或维护成本。

未来商业的成功竞争要求企业熟知消费者以及产品,并拥有在较大范围内快速提供解决方案的能力。赢得竞争关乎企业知道什么信息,尽早地获知这些信息,根据这些信息及时作出反应,并有能力向具有新需求的人群快速提供解决方案。

专栏17.3   零售业不再取决于"位置,位置和位置"或库存

从20世纪初到60年代,美国最大和最成功的零售商一直是西尔斯百货(Sears)。在零售业这样一个成功长期取决于"位置,位置和位置"的行业,西尔斯百货掌握并继续控制着大量的土地和建筑。但尽管拥有这些房地产,该公司的价值却严重下滑,现在只有60亿美元(约为苹果市值的1%)。

与此同时,尽管沃尔玛(Wal-Mart)的数千家门店遍及全美各州,并且打造了商品丰富的库存以及高效的供应链,这家美国最大零售商的价值在最近十年间却停滞不前。虽然沃尔玛根据其客户规模不断新开门店,扩大店面规模,并添置更多的土地、建筑和库存到其"资产"之中,该公司的销售额和价值却陷入泥沼,无法获得提升。

亚马逊(Amazon)并没有土地,也几乎没有什么建筑,但该公司却利用过去20年从一家创业公司成长为市值860亿美元的大公司,其为股东创造的价值也远远超过了那些带着工业化思维的传统竞争对手。在过去的5年间,亚马逊的市值翻了大约两番!

作为一家互联网领导者,亚马逊通过占领电脑和智能手机的浏览器跟更多的新客户发生了联系,其数量远远超过了那些将精力放在房地产或库存/产品线上的传统公司。通过推出Kindle阅读器,亚马逊着眼于书籍传达的信息而不是其(印刷)形式,从而使市场发生革命性变化并取得巨大的价值。通过推出Kindle Fire平板电脑,亚马逊在专注信息方面更进一步,使消费者能够更快地接触和购买新产品,让他们足不出户就可以构建自己的购物世界。

专 家 领 袖

专家型企业家是当代信息革命中主导类型的企业家[9]。作为企业家成长历史进程中的现实主导形式,专家型企业家是如何兴起的?他们的基本职责是什么?为了履行其基本职责,专家型企业家具有什么样的内在权能结构?现代企业管理制度又是如何实现从经理型企业家主导下的经理制等级结构向专家型企业家主导下的专家制扁平结构的转化?这些都是下面需要分析的问题。

一个最能体现专家领袖色彩的人是比尔·盖茨;他是一个在不朽的 IT 事业中寻求到历史庇护的人。

案例 17.1　　　　　　　　　比 尔 · 盖 茨[10]

他穿着随便,头发蓬乱,具备高智商,尤善数学和计算机,显得独来独往,是个工作狂,他喜欢舒适地坐在电脑前,一边吃比萨饼、一边喝可乐、一边彻夜不眠地编写电脑程序。尤其酷的是,他从哈佛辍学,这成为站在 IT 英雄顶峰的"必备资历"。累了的时候,他就躺在一张乱糟糟的床上,用毯子盖在头上。盖茨至今仍保持着这个习惯,当他坐飞机时,他常用一条毯子盖在头上,然后在整个航程中酣睡不止。他的生活极其紧张,三天不睡觉对他来说如同家常便饭。他通常 36 个小时不睡觉,然后倒头便睡上十来个小时。

1974 年,当盖茨认为创办公司的时机尚未成熟而继续在哈佛大学上二年级时,他开始了玩桥牌,疯狂地玩,扑克和计算机消耗了他的大部分时间。他与未来的微软 CEO 鲍尔默在玩一种游戏,看谁用最少的时间去上课从而获得最好的成绩,他们几乎从不上课,依靠考前突击却总能得到 A。比尔·盖茨的传记作家詹姆斯·华莱斯曾采访过跟比尔约会的几个女生,她们说比尔一见到她们总是问:"你的学术能力考试成绩怎样?"

盖茨的爸爸老盖茨是西雅图最好的律师之一,并且对盖茨的创业和微软有潜在的巨大影响。老盖茨给了比尔·盖茨经济资助,也让其能够轻松放弃哈佛学位,更重要的是,帮助比尔·盖茨与其他公司对抗,搞定了 BASIC 授权等一个个险中取胜的法律问题,让比尔·盖茨拿到第一桶金。微软正是按照这种软件授权方式发展起来的,在微软经历的无数起法律纠纷中,几乎都有老盖茨的身影。

最重要的是,盖茨与时代的撞击,他遇到了 PC 时代的开启阶段。1969 年,当比尔·盖茨上高中时,私立湖滨中学签了一个影响比尔终身命运的特别协议,一家卫星公司通过电报交换机连接,向学校提供电脑让师生用。年轻的比尔被这台原始电脑所能做的一切迷住了,从此他一有空就钻进电脑房。

事实上,哈佛大学并不缺乏天才,盖茨曾因自己的数学而自负,但却在哈佛发现了比他更为强大的一群数学天才,他因此弃数学而取新兴的计算机,应该算是个嗅觉灵敏的聪明学生。而且,比尔还"获赠"一个创业伙伴——一样沉迷于电脑的比他高一个年级的保罗·艾

> 伦。1975年夏天,19岁的比尔·盖茨和他的伙伴保罗创建了微软公司。相信自己眼光精准的比尔·盖茨就准备全身心投入这项事业中去,他在哈佛大学三年级的时候中途退学。他的梦想是让每个人桌面都有电脑——而下半句话藏在他的心中——让每个电脑里都有微软的软件。一个 PC 时代将由盖茨 33 年的工作推向造富和造梦的顶峰。

领袖制度

专家型企业家的崛起,使现代企业在企业家权能构造变革中由直线式的科层结构逐渐变为扁平化的矩阵结构。这场变革的核心是取消等级制度,大幅度地减少权力执行层次,避免权力部门职能交叉,从而最大限度地发挥人(尤其是专业技术人员)的主观能动性。

决策制度

在信息经济时代,专家型企业家的兴起引致企业的决策制度发生重大变化:

其一,企业家通常是一个专业人员,而不是专职管理者。在这方面,大型交响乐团的构成具有启发性。在一些现代化乐团中,上百名演奏家聚集于同一个舞台上,共同演奏。根据组织理论,乐团应该有几个"副总指挥",也许还应有五、六个"小组副指挥",但事实上,乐团只有一个指挥。每一位高级的专业演奏家,都不通过任何中间环节而直接听命于一个人的指挥。指挥懂得如何把号手的知识与技巧集中到整个交响乐团的演出之中。这种集中正是以信息为基础的组织中领导者的管理模式。

其二,董事会结构向决策型董事转移。董事会成员减少,公司外部董事成员增加,一个典型的美国专家型企业的董事会只有十来个成员,绝大多数是来自公司外部的董事。同时,董事们的注意力从经营管理转向确定公司的重大策略及维护股东的利益上。

其三,正在兴起的专家型企业家可以由所谓的"专家组合"(Techno-structure)表现。"专家组合"也称"技术结构阶层"、"技术专家体制",加尔布雷斯[11;82]是这样解释的:"构成一个商号的指导性知识力量的不是单独一个人,而是许多人组成的复合体,其中有科学家、工程师、技师,有营业员、推销员,有对外联络专员、院外活动者、法学家、对华盛顿官场具有专门知识的人,有调解员、经理、董事。这就是专家组合。"专家型企业家是当今时代产业革命高度化发展的主要表现形式,即信息革命的生产力主体;他们的兴起,决定了当代资本主义企业生产中的决定因素不再是掌握创新资本的经理阶层,而是掌握专业知识的技术人员。

信息革命时代的到来,使对社会发展脉络的把握通常只掌握在极少一部分人的手中,这极少的一部分人就是专家型企业家。这些专家型企业家不仅是经济英雄,更首先是知识英雄。他们不但能敏感地体验到时代的脉搏,而且他们本身就是时代的弄潮儿;他们是"睁眼看世界"的一群人。在专家型企业家崛起的促动下,西方社会年轻一代学者正在逐步走上企业权力阶层,为社会物质至上主义和富贵摆阔带来了更多的宽容精神;跑车、游艇以及高级住宅这些长久以来一直是硅谷成功象征的东西现在成了刺激思想转化为产品的强大动力。研究表明,随着那种以谈生意为耻的文化的消亡,创业精神以及对回报的渴望正在西方高等学府里渐渐蔓延。

随着专家型企业家的兴起，社会就进入"专家控制（Expert Control）"的时代。专家的经验之所以越来越重要，是因为信息在网络经济里传播的成本越来越低，与此同时，在信息使用的总成本里，网上检索和处理信息的成本（如时间）占了越来越大的比重，以致我们通常只是"知道"网上存在着我们需要的某类信息，却不愿意花时间去找到它们。当检索和理解信息的费用超过一定限度时，雇佣"专家服务"就成为合理的选择。与传统产业里的专家服务不同的是，网络可以在全球范围内集结"专家服务"的市场，从而每一个专家可以变得更加专业化而不至于损失规模经济效益。

沟通制度

专家型企业家的兴起，同时引致企业的沟通制度发生重大变化：

其一，组织层次减少。20 世纪 80 年代末，美国著名的未来学家德鲁克[12:168]便预言，20 年后，典型的大型组织（如大企业或政府机构）将比现在的大型组织减少半数以上的管理层次和三分之二以上的"管理人员"。现在，专家型企业家主导下的大型企业组织正在变得更像医院、大学、交响乐团等机构一样，成为以知识为基础、由大量专业人才所构成的组织；通过从同事和顾客那里得到有条理的信息反馈，这些专业人才可以对自己的管理行为进行自我指导与自我调节。

这导致网络经济的第二个经济学原理——纵向整合（Vertical Integration）。那些缺乏纵向整合的知识链条总是产生更高的"总体占用成本"（Total-Ownership Cost），因为让客户自己钻到知识链条的各个环节里去学会使用深层专业化的知识就等于强迫每一个使用者成为各个环节的专家。而经过纵向整合的知识链条，对使用者来说相当于一个整体商品，只要它的售价低于它的使用价值，使用者不必担心将来会支付额外的知识链条的维修费用。

从最深层次的知识到大众需求层次，原则上可以有无数条纵向整合的道路。通过哪一条路径建构知识价值链，这是企业家承担的工作，只有他们才能敏锐地觉察到潜在的大众需求以及满足这一需求的各种可能的知识整合当中潜在利润率最高的那些知识链条。

其二，平面式组织结构使信息中心下移。在经理型企业家主导下的企业里，仅有的全部知识都掌握在少数上层经理人士的手中，他们充当领导，其余的人都是助手与雇员；这些助手与雇员主要在经理型企业家的指导下重复千篇一律的工作。在专家型企业家主导下，大型的以信息为基础的企业组织因其平面式的结构，知识将主要分布在下层，分布在那些从事不同工作和自己指挥自己的专业人才的中心。

其三，非正式沟通机制扩展。经理型企业家强调正式沟通。在经理型企业家主导的企业里，各种信息以例行的报告程序，透过规划好的沟通渠道传达；这些渠道和公司的层层指挥密切结合，不过也可能会有单向的或交叉的沟通渠道。与此相应，专家型企业家强调非正式沟通。专家型企业家主导的企业是一个"公众"社会。在这里，每个人都必须完成一种"企业决策"，而不是仅仅把个人决策集中到一起。但是，人与人之间的合作较之物的管理更加困难。沟通成功的关键在于：企业家能否创建一种鼓励知识分享与学习的自由文化，促进专业人才自发构建非正式的网络型架构。对专家型企业家而言，组织以及资讯与决策的传达，并未特意配合公司内部的层层指挥而设计；在决定谁会被包括在针对某问题的沟通对象之内时，往往个人的专长及志趣才是较重要的判断标准；私人接触以及随机应变，是两种常见的解决问题的方式。例如，一位专家型企业家往往会直接找上某个人，以谋求解决问题之道。这种做法并不像在一般经理型企业家主导的公司里那样容易引起对方反感。在这种非正式的沟通中,专家型企业家往往还提供自己的经验供他人学习。

权变制度

经理型企业家强调稳定。在经理型企业家主导下,公司的稳定性普遍地来自这样一些因素:产品的周期较长,新产品开发及上市的步调可以缓和些;往往产品较多样化,因而减少了单一产品失败时所造成的负面影响;营销的对象往往是已经为购买者熟悉的产品,而且市场也是本来就存在了的;营销部门有时间调整营销策略以争取市场,但市场占有率往往不怎么大。因此,经理型企业家能够直接参考过去的成败经验以做判断,由于决策往往只对一小部分产品产生些微的影响,所以,一个错误的决策,不论是关于促销或市场区隔,都不太可能对组织或整个行业造成全面性的影响。与此相对,专家型企业家强调变化。信息社会竞争的基础在于迅速地开发新的产品、行销诉求、配销通路以及制造程序,以不断地把前所未有的产品推入未知的市场中。因此,专家型企业家主导企业发展的理论指导也就从效率理论转向了权变(Synergy)理论,"变"成为企业战略的灵魂所在。企业只要尚存一息,就必须像陀螺一样不停地转动。时间永远向前,变化不可避免,格罗夫在《惧者生存》这本著作中写道,所有的当代企业都不可避免地经历内在的变化,这种变化关系到企业的生死存亡。他把这种变化称为战略转折点。战略转折点是自古就有的,但近来变革的速度在加快。为此,公司以及机构、个人都必须在心理上训练自己,加强自己的应变能力。

其一,企业职工从"组织人"转变为"合作人"。"合作"一词的含义是平等,而不是从属。它的广泛使用确切地反映出纵向的和等级制度的布局转变为新的、更加横向的联系模式。组织人对组织毕恭毕敬,而合作人几乎对组织不以为然。组织人由于担心经济保障而求安于职守,合作人则越发认为经济保障是理所当然的。组织人唯恐冒险,合作人则喜欢冒险(他知道,在一个富有和迅速变化的社会中,甚至失败也是短暂的)。组织人充满等级意识,在组织内寻求地位和声望,合作人则到组织外去寻求。组织人担负着一个预先确定的职位,合作人则按照一种大体上是以自我为中心的复杂方式,从一个职位转到另一个职位。组织人按照明确规定的章程致力于解决常规问题,避免作出任何非正统的或有创造力的表现,合作人则面对着新问题被鼓励去创新。组织人必须使自己的个性服从于组织,在小组中活动,合作人则认识到小组本身就是短暂的。合作人可以根据自己的选择,使自己的个性暂时屈从,但这绝不是永久地埋没个性。同时,专家型企业家拥有的知识通常是一种独占的知识。软件公司的存亡系于其系统分析师与程序设计员的个人技术与创意及其控制、测试程序的效用。按照本尼斯所指出的,这些专家"似乎根据内在的能力标准,根据他们的专业技能和他们完成任务的内在成就来获取报酬。事实上,使他们受约束的是任务,而不是职业;是他们的标准,而不是老板。而且由于他们获有学位,所以可以四处周游。他们不是良好的'公司人',除非投身到那种富有挑战的环境之中,从而能'与问题周旋',否则,他们不受任何约束的[13:153-154]。"就此而言,专家型企业家及其领导下的合作人拥有一种内在的知识秘密:正是他和组织的这种短暂关系,使他摆脱许多曾经限制前人的束缚。从这个意义上讲,短暂性就是解放。

其二,地位。经理型企业家强调形式。在经理型企业家主导的企业里,由一个人在公司里的职位即可大致决定他的权力大小。例如,一位效率不高的营销经理,在公司得到的权威和尊敬几乎和一位效率良好的营销经理完全一样。与此相应,专家型企业家强调能力。在专家型企业家主导的企业里,一个人在公司里的地位如何,取决于他的专长和本事;只要有点子和创意,就很容易在公司里受到肯定及尊敬,毫不受其职位的影响。因此,不可阻挡的压力正在摧毁企业等级制度的安排,中心的、关键的以及重要的企业组织,日益从自上而下的发展变为横向的发展。这种变动所带来的是一场组织结构以及人的关系的真正革命。因为横向交流——即同其他大致处在组织的同一级别的人交流——的人们,与那些必须在等级制度中上下交流的人们,在行为上截然不同,工作中所承受的压力也迥然不同。通常,表现杰出的高科技公司的专家型企业家让他的属下、同事、甚至上司有一种自尊、独立及自主的意识。

其三,权威。经理型企业家强调权威式管理。经理型企业家的创新是在权威式管理下的创新。在经理型企业家主导的企业里,上级的指示支配一切的行动,即使一些在名义上接受管理学上最新自主学说的传统组织里,这种现象基本上也是存在的。当效率和有效的控制为竞争成功的第一优先必要时,就需要相当程度的权威式管理。与此相应,专家型企业家强调授权给属下。"合作"一词在专家型企业家主导的企业组织里极为流行。在高科技的世界里,竞争优势主要来自专业人员的创新性贡献。成功的专家型企业家必然有高瞻远瞩的眼光,对四周环境有敏锐的感受,他们准确地掌握事情的重点,并分享给员工们,授权任事,信而不疑,真正地把组织的权力授予参与各种专案及计划的每一个人,让员工有身临竞争的意识,促进员工的活力及冲劲,激发属下追求成就。

"1910年12月,或者说1910年12月左右,人类的性格发生了变化。"——弗吉尼亚·伍尔夫于1924年

伍尔夫的话有点夸张,但并没有出格太多。她见证了20世纪初,"主与仆、夫与妻、父与子"之间人际关系发生的根本转变。她预测说,那些转变将会给生活的方方面面带来变革——无论宗教、政治、还是人类行为。如今,很少有人会说,伍尔夫当年说错了。

一个世纪之后,我们正处在另一场变革之中。我们联系他人、联系与我们生活相关的组织的方式正在改变。权力开始分散,对于权威的信赖正在崩溃,同时,或许我们对他人的信赖也越来越多。

领袖职能

专家型企业家的基本职责是引导技术发明。

决策职能

在信息革命以前的历史时期里,企业里以技术人员构成的专家几乎没有什么决策权,通常只能与经理人员磋商,而经理人员则把决策权留给自己。作为制度变迁的现实主导形式,当代信息制度建设的基本成果是信息资源的资本化,产生了信息资本;信息资本是异质型人力资本的现实主导形式,也即第四种历史形式[14]。在信息资本形成的基础上,现代企业里专家与经理人员的地位发生了根本变化:专家依赖经理人员的传统关系正迅速地转变为经理人员依赖专家的现代关系,传统的经理人员正在逐渐丧失他们在决策方面的垄断权,企业家主导类型开始由管理类的经理型企业家向知识类的专家型企业家转换。"在先进的资本主义国家,以科学和技术闻名的新人物,会逐渐代替以多财闻名的旧人物[11: 81]。"在当今信息革命时代,企业里被替换的旧人物主要是拥有创新资本的经理型企业家。

专家型企业家具有联系理论与生产的结合能力,实现了决策者与企业家的主体统一,使专家型企业家具有了科学地"制定技术发明的方向"的决策职能。① 与经理型企业家扮演"经纪人"的角色不同,技术发明决策职能的行使使专家型企业家在经济的大舞台上扮演着"指挥"的角色。奈特(1921)指出,在不确定性下,"实施某种具体的经济活动成了生活的次要部分;首要的问题或功能是决定干什么以及如何干"。奈特进一步认为,公司制企业最重要的决策即是对做出决策的人的选择,而其他任何一种决策或意见的实施自然归结为日常功能[15]。

经理型企业家侧重中央集权式决策。在经理型企业家主导的公司里,公司营运效率的重点放在维持竞争优势上,而非创新。因此,经理最关切的是对公司营运的控制。集权式的决策促进了公司营运效率的提高。与此相对应,专家型企业家侧重地方分权式决策。在专家型企业家的主导下,决策点往往安排在最能够做出有创意的决策之处;此外,未参考过去经验及结果的决策,也往往会被接受。这种不回顾的决策过程对高科技公司而言,有点像是迫不得已的做法,因为对高度创新的产品,根本不会有所谓上市经验可言。

领导职能

专家型企业家的领导职能也具有鲜明的特点:

其一,焦点。经理型企业家具有策略取向。经理型企业家遇到有关策略作法的质疑时,常常以一种理直气壮的回答应付:"我们一向就是采取这一套做法。"在公司不需要应付层出不穷的变化时,由成文或不成文的策略所形成的传统,在维持组织运作上十分有效。与此相对应,专家型企业家具有产品取向。一般研究报告都指出,专家型企业家领导下的高科技公司内部强调的是要上市的产品,而产品的特性大多取决于设计及生产的可行性。这种强调方式减少了购买者对策略的影响力。但调查结果却显示,高科技公司正逐渐采取加强客户取向的做法,以确定有足够的市场需要,能保证新产品的成功,即使有些顾客需求偶尔会在设计阶段受到技术限制时亦然。② 以产品为目标取向,专家型企业家大多能够明确地揭示目标,建立组织目标的适当组合,认同组织所期望的目标,不费虚功。为了达到目标,专家型企业家大多善用标识及口号。

其二,资源。经理型企业家强调资金密集。经理型企业家主导的企业,目标通常为有效率的大量生产,采用的生产方式也需要使用昂贵的设备。与此相对应,专家型企业家强调各种资源都密集。对一个存亡系于创新的高科技公司而言,人力资源特别显得有价值。事实上,人在专家型企业家决策过程中所占的比重已有所提高了,相对地,利润所占的比重反而减少了。

其三,反应。经理型企业家强调理智反应。经理型企业家在做决策之前,通常要长时间地搜集大量的资料,以作为评估和预测的参考;而且决策过程也尽可能地以最富逻辑性与计量性的方式进行。与此相应,专家型企业家强调直觉的反应,这主要是因为在信息不对称和不完全的背景下,往往缺乏大量的资料可供计量地或逻辑地解决问题。此外,高科技界比较尊重对产品或实务的直觉判断。这种直觉判断有时的确采用类似瞎撞乱碰的作法,不过,在最佳情况下,这种做法可能会展现当事人在面对决策时以非理性方式综合研判大批资料及事实的不寻

---

① 在信息化时代,通常不缺少一般技术,而缺少具有重要创意的前沿性技术。在这里,专家型企业家就起了领路人的作用。

② 有资料表明,微软公司近来已作了面向市场的战略与组织调整。

常能力。

其四,取向。经理型企业家强调回顾取向。经理型企业家的创新是在回顾基础之上的创新。在经理型企业家主导下,靠生产及配销效率而成功的公司,不管喜欢与否,最大的成功机会在于具有卓越的解决问题能力。任何会损及公司既有地位的问题一旦出现,都必须立刻予以矫正。虽然也有很多可积极争取利润的机会,但重点却常常在消极地将损失减至最小。与此相对,专家型企业家强调前瞻取向。专家型企业家做决策时经常列入一项基本假设:某种新产品或新程序会彻底改变整个竞争情势;当环境中充满了创新的气氛时,很自然地就会去发掘机会及掌握机会,甚至于有可能把触礁的专案或正上市中的产品冷冻起来。

专栏 17.4   **谷歌与 Facebook 对比**[16]

谷歌和 Facebook 可谓眼下最炙手可热的两大互联网巨头。

谷歌像研究生院,Facebook 像本科

谷歌的人喜欢解决棘手问题,而且总是处理得当。那里的一切都井井有条,代码写得很漂亮,系统从一开始就想到了日后扩容问题。谷歌有很多专家来审核系统设计。

而在 Facebook,人们只有在问题出现时才会去解决。他们多数时候都不会进行前瞻性研究,也不会探讨做事的"正确方式"。他们只是坐在那里写代码,确保不出问题。

谷歌看重技术,Facebook 看重产品和用户体验

谷歌从一开始就是由工程师创办的。谷歌经常会为了挑战技术难题而开展一些项目。在多数项目中,都由工程师发号施令。

Facebook CEO 马克·扎克伯格(Mark Zuckerberg)则很看重产品,他的多数时间都花在产品设计上。他参与了很多网站的设计工作。

谷歌很大,Facebook 很小

谷歌虽然有很多团队从事同样的项目,但彼此却并不相识。由于经常展开并购,所以,有相当一部分谷歌员工被冠以"非谷歌"的名号。

在 Facebook,尽管不可能所有人都彼此相识,但认识 25% 的工程师并不奇怪。虽然该公司也开展了一些并购,但似乎并没有患上谷歌那样的"巨人症"。

似乎正是由于这种庞大的规模,才使谷歌敢于尝试一些改变世界的事情,而不仅仅着眼于一些只能赚几千万美元的项目。

谷歌拥有卓越的工程师,Facebook 技术人员资历相对较浅

由于谷歌规模庞大,工程师也鱼龙混杂,这也是所有大企业都不可避免的问题。不过,虽然谷歌拥有一批 IT 行业的先驱人物,但对普通员工而言,几乎不可能与这些人有任何交集。

> 相比而言，Facebook 更愿意裁掉不称职的员工。Facebook 工程师的平均质量更高一些，但谷歌拥有一些泰斗级的人物。
>
> **谷歌管理者肩负重任，Facebook 结构更扁平**
>
> 谷歌有很多副总裁、总监和非技术类的领导者。多数管理者都拥有足够的能力，很少听说工程师对自己的领导不满。但也难免有勾心斗角的事情发生。
>
> 由于规模所限，Facebook 的等级观念相对较轻。
>
> **谷歌员工人微言轻，Facebook 员工成就感更强**
>
> 在谷歌，多数员工的工作只是对现有产品进行改进，提高稳定性和性能，或者增加一些简单功能。不过，一旦这些功能推出，仍然会影响到数亿用户。
>
> 但在 Facebook，新程序员上班第一天就可能负责代码，第二天就直接更新到网站上了。虽然时常会出现漏洞，但很快就能看到自己的代码成为产品。
>
> **薪水相近，谷歌略好**
>
> 谷歌每年的奖金比例约为 15%。谷歌还会花钱让员工继续深造，而且作为谷歌员工，更容易在斯坦福或卡内基梅隆大学拿到硕士学位。
>
> Facebook 的奖金目标是 10%，但表现好的工程师会大幅提升。不过，由于 Facebook 即将上市，现在获得股票期权的可能性已经大幅降低。
>
> 虽然 Facebook 会为员工提供洗衣补贴，但总体而言，其福利水平仍然不及谷歌。Facebook 的咖啡很好，但谷歌每天都有可口的食物，谷歌还有健身房、舞蹈室、滑雪旅游、有趣的演讲以及免费的手机等各种福利。

知识职能

企业家的决策必然是建立在一个不完全信息集基础上的决策，即在现有已知信息条件下取得最优决策、最优成果。在信息集随着时空变化而变化的情况下，最优决策显现不连续、跳跃性位移，使企业家原有的最优决策变得不是最优，甚至可能是较劣决策，因此，在不完全信息状态下的企业家决策就不是要求经典经济学中的计算机般的最优决策程序下的结果，而是企业家在已有不完全信息的情况下，在对未来情势变化作出个人估计判断的基础上，作出的满意性决策，当然，也不排除有较优决策。这种决策的前瞻性、科学性和正确性与企业家自身的异质型人力资本素质有着极大的关联。对专家型企业家来说，他们大多具有一个强大的自立基础——或许这个基础比经理型企业家具有的创新资本基础更为坚实，这就是专业能力，即异质型人力资本型的信息资本，从而他们常常将自己视为正在出售他们的知识和技能的个体企业家。具有较强技术发明决策能力的专家型企业家可以使企业抢占行业发展的技术制高点，在市场竞争中处于最有利的地位，避免宏观经济面的变化给企业带来的困难与灾难，在政府经济政策中寻找合理、合法的对策等，恰时、恰当的专家型企业家决策因此是现代企业（尤其是信息企业）生存与发展的关键。微软公司 1995 年就遭遇到巨大的危机，由于忽视了国际互联网快速发展的意义,微软在这一新的软件市场中相对于网景等公司明显处于竞争劣势。这一错误被发现后,盖茨领导微软公司立即实行战略性重组,巨额投资开发互联网软件,最终扭转劣势并占有了市场份额。由此可见,一个得力的专家型企业家的存在,能够使企业在信息革命中临危不惧,反败为胜。

显然,随着专业化的深入,专家与普通人(即从事其他专业的人)之间关于该类专门知识的信息将越发不对称,于是,需要有人专门从事将这类专业知识与其他类别的专业知识适当整合的工作以满足潜在的大众需求。这样,知识的层次渐渐深化,在最深层的知识到大众需求之间是一个专家服务的链条,也可以叫做知识价值链。关于这一知识价值链,普通人感兴趣的仅仅是它所提供的服务的价格,他们早已放弃了启蒙思想家那种对世界做"百科全书"式的追究态度。

专栏 17.5　张亚勤[①]评盖茨[17]

盖茨是微软的灵魂人物和大家长。如果让我用一句话来评价盖茨,那就是他闪烁着人性的智慧和光辉。

他是一个非常聪明的人,你在和盖茨谈话、沟通的时候,你可以感受到脑力场的发射。他很多次来中国,我都是全程陪同,他问的问题很独特,思维方式和常人不同,有时候,简单一句话就讲到我们中国很复杂的问题。

我非常佩服他的智商。盖茨的技术感觉很好,对产品的感觉很好,对市场等综合因素的把握游刃有余,这造就了他和别人的不同之处。盖茨简化问题的能力很厉害,不管是技术问题、产品问题还是市场问题,他都会用精炼的语言很简单地把问题的实质提出来。他对技术、产品本身有非常深入的理解。

盖茨是一个技术的天才、商业的天才,也是一个十分幽默、善良的人。他是我碰到的最聪明的人。他技术功底相当深厚,他对商业的洞察力也很厉害。

领袖更替

领袖更替(Leader Subrogation)是人类社会发展的常态。

程序更替

人是向上的动物,但几乎所有的更替都背离了人的向上天性,因而多少都具有强制性的色彩。强制性的领袖更替从程序上讲也有两种基本形式:非程序更替(Casual Subrogation)与程序更替(Official Subrogation)。作为领袖更替的传统形式,非程序更替是非契约化的人治社会的伴生物;它以权力为支撑,与能力缺少关联,也没有时间的约束,具有极大的随意性。产生非程序更替的因素除了道德的自觉性以外,主要是领袖生命的终结或权力的终结。人性善还是人性恶是奠定领袖道德自觉性价值论的基础。西方哲学、经济学和整个一部西方制度文明

---

① 张亚勤现任微软公司全球资深副总裁、微软(中国)有限公司董事长及微软中国研发集团主席。

史都是建立在人性恶的假设基础上的。据此假设,领袖的道德自觉性不能成为现代制度建设的依据。领袖的能力是组织发展的根源,非程序更替由于经常导致领袖与能力脱节而引致组织的衰退;政治上,非程序更替经常由于对能力与人才的抹杀与压制而引致暴力的循环。中国历史的不发展、兴衰交替与暴力循环就是由领袖非程序更替主导的活生生的悲剧。

只有在程序更替中才有对领袖更替进行经济学和管理学理性分析的意义。从传统社会向现代社会的演变过程,就是一部领袖更替从非程序更替向程序更替演变的过程。程序更替的基石是以领袖的能力为起点,以时间约束为终点。程序更替的程序性正是对领袖能力的甄别过程。在程序更替的背景下,被管理者与管理者都是平等的合约方,管理者由被管理者理性选拔,管理者执行职能的过程始终受到被管理者的监督。而时间约束通过任期制又终止了由程序更替向非程序更替转变的企图。任期制产生于现代的政府体制,民主制政府部门应用最多的是限制任职时间。对此,企业同样可以学以致用,对高级经理人的任职期限做出规定。在一个实行民主制的企业,需要制定任期制规则来规范领袖更替机制。Benz 和 Frey[18]认为有三点是很重要的:第一,限制任职时间。每四年竞选一次董事会成员和董事会主席。四年后,他们的公职期限将自动结束。第二,限制连任。很多国家规定,国会成员及选举产生的主席仅能连任一届。第三,轮职。很多组织已建立了高级经理人和董事自动转换岗位的体制。任期制规则能有效地限制经理人的权力,也为新进入者和新理念的产生提供了机会。任期限制含有一种"保证"的意味,CEO 们将利用四年的时间实现他们的目标。如果他们表现好,将有机会、有信心参加下次选举或连任。并且,高层经理们将更加注意培养企业专业人才。任期限制也使人们能够谨慎地选举出 CEO。

[提示]在领导竞选中产生的付出(经济、资源与人力等),不是成本,而是投资:这种投资的收益就是国家的健康发展与文明进步。投资越大,其收益越大。一个国家其他的付出也许都应该加以控制与约束,唯独领导竞选的付出不应该加以控制与约束。

能力更替

其一,程序更替表面更替的是人,实质更替的是能力(Competence)。研究[19]表明,企业家拥有一种不同于普通员工的人力资本形态,即异质型人力资本。所谓异质型人力资本(Idiosyncratic Human Capital),是指在特定历史阶段中具有边际报酬递增生产力形态的人力资本(Human Capital)。相应地,企业职工拥有的是一种同质型人力资本(Coessential Human Capital),即边际报酬递减生产力形态的人力资本。企业员工或被管理者为什么愿意与企业家或管理者达成合约?核心就在于管理者或企业家的异质型人力资本所拥有的边际报酬递增的生产力。企业家能力是企业成长的关键,企业是企业家延长的影子。铁打的企业流水的企业家;正是通过企业家的不断更替,才引导西方企业历史性地不断成长,创造了一个个百年老店和不断涌现的国际 500 强。这方面的成功例子比比皆是。eBay 公司的创始人皮埃尔·奥米迪亚尔很早就与风险资本家合作,让出了首席执行官的职位,只担任公司董事长一职,他知道如果能找到梅格·惠特曼这样的人,就能让自己创造出的有利形势最大化。雅虎公司的创始人根据自己的兴趣爱好进行了战略角色的转换,他们主要研究未来的发展方向并且开发新产品。Google 公司的年轻创始人请来年龄更长的人负责公司的经营和管理,自己则致力于研究技术的发展方向。最著名的例子要数微软的比尔·盖茨了,现在的他专心致志地从事研究工作,始终保持着旺盛的创造力。

反过来，企业家能力的滞后、企业家更替的不足和企业家更替的滞位导致众多的中国企业成长不足，或在严酷的市场竞争中被淘汰，这也是中国迄今没有成长出具有国际500强竞争实力的民营企业的重要原因。由于对企业家能力主导企业成长认知的不足，在实践中，一方面，我们对一些西方著名企业的著名企业家更替机理难以理解。当代西方著名企业最为活跃(十分频繁)、对绩效影响最大的管理事件大多与CEO的更替有关。微软大中华区前后几任华人总裁(包括吴士宏、唐骏等)都是在中国人的一片看好、崇敬与学习中被更替的，更替事件引起中国企业家极大的诧异，甚至连当事人自己也曾经感到愕然。另一方面，对中国的企业家更替难以科学地把握，在相当大的程度上，这成为中国企业兴衰中经常吃后悔药的诱剂：我们经常在企业破产以后，才后悔没有"及时"更换该企业的负责人。换句话说，成功的企业存在着一套以生产力为基础的企业家更替机制，能够适当更替自己的领袖，引致企业的持续发展；而失败的企业的问题也经常出现在企业家更替的错位上。

其二，在以能力为基础的程序更替中，领袖究竟应该在何时更替？历史地看，任何一种人力资本的性质分异(异质性与同质性)并不是固定不变的，由于边际报酬递增生产力属性是个变数，在历史的运动过程中，会逐渐演变成边际报酬递减生产力，异质型人力资本因而会演变为同质型人力资本。在企业家的人力资本由异质型人力资本向同质型人力资本转变的过程中，就有一个显著的"拐点"(Inflection Point)，即企业家的能力从边际报酬递增转变为边际报酬递减的临界点，其报酬达到最大值的顶点可以称为生产力的"极点"(Extreme Point)，如图17.1所示。

在图17.1中，企业家的人力资本由异质型人力资本转向同质型人力资本的拐点成为企业家领袖更替的起点，从这个拐点到报酬达到极大值的顶点(极点)之间的区域成为企业家领袖理性更替的合理区域，而从极点之后到下一个拐点之间的区域是为企业家更替的滞后区域，此后的企业家领袖更替则呈现失效状态。

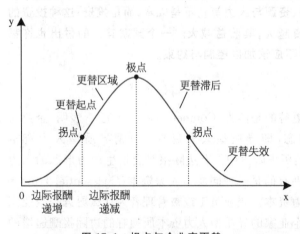

图17.1 拐点与企业家更替

人力资本生产力的"拐点"正是领袖更替的"拐点"，是以能力为基础的企业家程序更替的起点；从"拐点"到"极点"的区间正是企业家程序更替的最佳区间。实证研究[20]表明，成功企业的企业家程序更替大多位于上述"极点"之前到"拐点"的区域。在这个时期，企业尽管在继续成长，但企业家的领导力已经显现微势，创新势头显现不足。典型的案例是格罗夫从英特尔公司的CEO位置上退职与比尔·盖茨从微软CEO的位置上退职。当时，这两家著名企业依然是市场之王，但创新能力与市场竞争力已经式微，凸现CEO领导力的疲软。正是在此背景下，两位曾经顶级的企业家理性让贤，企业获得后续新的发展。反过来，中国许多企业的失败，核心在于企业家更替不是发生在"极点"之前，而是发生在"极点"之后——企业家更替滞后。此时，企业家经常无力回天，企业运营的结果是破产或被兼并。

对企业成长而言，伟大的企业家经常是不可或缺的。过早的企业家更替也会给企业的成长带来困境。让我们来看看苹果这家公司。创立之初,苹果公司是一家新兴的计算机公司。1986年,它一脚踢走了亲手参与创建的史蒂夫·乔布斯,可是在后来的整个20世纪90年代,它在PC市场的份额不可遏止地下滑,减少到不起眼的2%。在近十年里,它在财务上深陷泥潭,影响力日渐微弱。消费型Mac机无法运行PC用户需要的许多程序。它的操作系统很粗糙,运行很不稳定,程序员越来越不愿为Mac机编写程序或是改造PC程序使之能够在Mac机上运行。这时的苹果公司举步维艰,于是,它向一手创建公司的史蒂夫·乔布斯伸出了求助之手。乔布斯重返故地后,通过开发新软件OS X操作系统来重塑苹果。这款2001年推出的新操作系统带有漂亮的动画图案以及大量建立在工业级代码基础上的有用新奇功能。而之后的iTunes和专为其运行设计的iPod更是证明了苹果公司的创新基因在史蒂夫·乔布斯的带领下又被重新激活了。迄今为止,苹果公司已经售出了一千多万台iPod和数以亿计mp3歌曲。现在的乔布斯不仅被畅销书《基业长青》(*Built to Last*)的作者、管理大师吉姆·柯林斯称为"商界贝多芬",更是苹果公司最宝贵的财富。因为正是有了他,才使苹果公司成为如此独具创造性的企业。

其三,领袖更替时机的理性实现需要解决两个领袖管理的核心问题。其一是管理的技术问题:如何识别领袖程序更替的"拐点"?一方面,既有的关于"拐点"的研究[21]不仅多是一些实证性的分析,其研究的对象主体也是放在企业发展的"拐点"上的,探讨的是企业成长的"拐点",而不是企业家能力的"拐点",没有考虑企业成长的阶段性及其对企业家能力要求的本质不同。例如,由世界经济论坛和哈佛大学联合进行的一项最新研究,使用"创造力指数"这个量化结果去衡量企业成长能力,它包括:(1)技术研发能力;(2)创新资金筹集能力;(3)风险承担能力;(4)激励能力;(5)信息收集能力;(6)市场开发能力。"创造力指数"及其变动对企业领袖更替的"拐点"识别有一定的启发与参考价值。另一方面,既有的对领导力的评估还停留在对领导者素质、行为和技巧的测评阶段,如传统评估法、360度评估、自我评估法和评估中心法、通用电气的领导力效力评估以及摩托罗拉的领导力4E。即使考虑到了领导者绩效,比如加里·尤克尔教授提出的评价领导力的三种类型变量中的追随者特质,但这种考虑并不全面,因为领导者绩效不能只用追随者的特质衡量。因此,可以得出结论,对领导力的评估的研究都还没有形成一套完整的评价机制[22]。

总之,系统地识别企业家能力"拐点"的指标体系尚未形成。如何构建动态的企业家能力演变及其"拐点"的识别模型及其评价指标体系是正在被管理学探索的重要研究指向。

制度更替

领袖更替时机的理性实现需要解决的另一个核心问题是管理的制度问题:如何从经济制度与管理体制上保证企业家能够被理性地进行程序更替?这方面的核心命题是:如何实现企业家理性程序更替与企业家自身利益的统一?对其进行经济分析与管理分析的关键点都在对人力资本的认知上,或者说,对人力资本研究范式的接受上。从经济制度的分析上讲,要透彻地理解产权制度的人力资本属性,将产权从传统的货币资本与物质资本的范式彻底地转到人力资本的范式上来。也就是说,产权是人力资本的产权,货币资本和物质资本实乃是人力资本产权化运营的结果。从管理体制的分析上讲,要透彻地理解企业合约的人力资本属性和现代企业的人力资本持续追加效应。也就是说,企业是一个纯粹人力资本的合约,合约的各方都是人力资本的所有者(只有所有者才能参与合约)。现代企业与传统企业的本质不同,还在于传统企业可以是人力资本一次性投入,而现代企业只能是依靠人力资本不断追加投入才能获得持续发展。如此看来,不仅人力资本所有者拥有产权(股权)容易被理解,越是现代企业,企业家的股权化越明显也就更容易被理解。

当代世界成功企业的可持续发展,制度上都迎合了上述两个方面人力资本动态产权化的要求。失败的企业或者说中国家族企业抑或国有企业发展的维艰,制度上都陷入了这两个方面的陷阱。从深层的理论层面来理解,制度演进的困难其实并不在传统制度本身的囿制,而在于传统制度所藉以建立的理论基础对认识与思维的囿制,以及人们处置理论与实践关系的不当方法。管理学是一门实践的科学,层出不穷的管理运动应该推动理论的不断发展,而不应当以传统的理论思维囿制了对管理实践的开放性认知与创新。

企业与人类兴衰的悲喜剧的分界线经常就在对领袖程序更替时机("拐点")的把握。对被囿制在混沌的现实当中的中国来说,这个结论是沉重的。中国的企业界迄今没有建立能够保证领袖程序更替的机制并掌握更替时机的能力;中国其他的社会组织(包括政府组织)在这方面同样存在制度性的缺失。

[提示]中国仍然处在一个没有领头人的信息经济中。也就是说,中国人已经学会如何使用新的工具来替代过去的工具,或者给旧工具增加新的功能。但是,中国人还没有重新调整好自己的思考方向,围绕着新科技的特点来组织自己的经济。

创 意 未 来

未来是开放的,用 Windows 创造思想,用 Google 应用思想。计算机将摧毁政治领域的金字塔。这里所说的"金字塔"是指垂直化的管理体系,也就是官僚体制,这个是要摧毁的,而且现在已经被摧毁了。现在组织越来越扁平化,分权越来越厉害。至于电子政府,西方国家现在确实是正在朝这个方向转变,个人可以通过各种各样的方式向政府用电子化系统来表达意见。

如果说 20 世纪是网络世纪的话,21 世纪明显是一个创意世纪。一个时代在正式宣布结束之前其实已经结束,但我们仍然需要一个标志性事件为已经结束的时代画上一个清晰的句号,正如我们同样需要一个标志性事件作为新的时代的起点。这是 2010 年 5 月全球最大的商业新闻——5 月 26 日,苹果公司替代微软成为全球市值最大的科技公司。虽然前者比后者市值只高出约 20 亿美元(不到 1%),虽然"一时的市值高低说明不了什么"(如微软 CEO 鲍尔默所说的),但有一点是能"说明什么"的:微软是从最高峰的 5 560 亿美元跌到了现在的 2 190 亿美元,苹果是从最低谷(那也正是微软如日中天的时候)的 156 亿美元攀升到了 2 210 亿美元。苹果在惨遭罢黜和放逐 20 多年后,竟然能够"复辟",其中的产业和商业逻辑是什么?这已经标志产业革命的新阶段——创意革命已经取代信息革命而占据人类社会发展的主导地位。

反对自己

两千多年前,苏格拉底宣称,唯一真正的知识就是知道自己无知;四百多年前,培根警告:当心我们被自己思想的丝线丝丝束缚;四十多年前,哈耶克告诫:人类应认识到自身知识的局限性。塔勒布的《黑天鹅》[23]一书,再次深刻地警示人们如何受害于自己的无知以及如何受害于对自己无知的无知。

极端斯坦

许多人认为世上诸事的状态服从正态分布,我们只需要关注平均的状态,因为特定个体不足以对平均状态产生大幅扰动。塔勒布把这种特定事件对总体的平均状态影响很小的世界称为平均斯坦。对应于平均斯坦,他提出了极端斯坦这个术语来表示另一个与此对立的世界。在极端斯坦中,特定的事件将极大地影响总体的平均状态,或者说个体可轻易地以不成比例的方式影响整体。极端斯坦的清单将比平均斯坦长得多。越来越复杂的世界也正越来越多地遭遇来自极端斯坦的问题。例如,我们读人物传记时,很可能发现那些在商业上成功的人,往往具有勇气、冒险、乐观等个性和精神。很多人于是推断这些特点将有助于个人的成功。但果真如此吗?未必!因为曾经有千千万万敢于冒险的人们在努力奋斗,他们绝大多数恰恰是因为冒险的策略而失败了;这就是说,冒险并没有为他们获得成功提供额外的帮助。只不过失败者从来不写回忆录,结果我们所看到的传记只是那些成功者的;但他们仅仅因为在冒险中更"幸运"才成功了,而不是冒险帮助他们成功。这就是沉默证据的问题:我们看得到的常常并不能说明问题,恰恰是我们未能看到的证据才揭示了问题的真相[24]。

塔勒布提出了一个与传统知识习惯相反的观点,那就是我们的世界是由极端、未知(对我们现有知识而言)和非常不可能发生的事物主导的;而我们却一直把时间花在讨论琐碎的事情上,关注已知的和重复发生的事物。发现的经典模式常常是:你寻找你想要的东西,结果却发现了另外的东西[23]。

人们默认的假设是,事情呈正态分布。有时候这是对的,但更多的时候并非如此,事情是呈幂律分布的。如果某件事的发生频率和它的某个属性成幂关系,这个频率就可以称之为符合幂次定律。幂次定律的表现是,少数几个事件的发生频率占了整个发生频率的大部分,而其余的大多数事件只占整个发生频率的一个小部分,如图17.2所示。

在图17.2中,虚线右边区域为长尾,左边区域为占主宰地位的少数事件。

这样思考可能有悖直觉,并且让人不舒服,但却是现实。创业公司的成败就是一个例子,它们往往呈双峰分布。一些公司获得了巨大的成功,大多数却归于零。因此,找到那些能够获得成功的公司非常重要,无法意识到这一点的风险投资家只能赔钱,而无法意识到这一点的企业家或员工就免不了犯错。

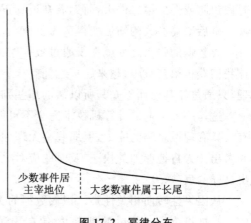

图 17.2　幂律分布

[提示]互联网的生存不是大和小、快和慢,而是有和无、生和死,更悲催的死亡之前看不到**颠覆性的对手、看到也没用:基因、技术平台没法拆了重来。**

迎接混乱

所谓互联网,就是各个有明确边界的局域网互联互通的信息和知识共享网络。它对传统组织和社会形态的最大改变就是去边界化。由于去边界化,我们所有人都无法肯定地预言下一个主要行业将是什么行业或者新的就业岗位来自哪里。30 年前,我们不知道一个被称作互联网的东西会引发经济革命。

在《追求卓越》[25]这部经典著作中,彼得斯提出,未来卓越的公司必定善于正面迎接混乱,把混乱本身视为提供市场优势的源泉,而不是当作避之唯恐不及的头痛问题,基于当今全球经济的发展和竞争现状,帮助他们在激烈竞争中找到自己的经营战略,决胜于商机与风险并存的企业丛林。德赫斯[26]指出:"长寿公司历经战争、经济萧条、技术和政治变革的洗礼,却似乎总是能够适时地将自己的触角伸展开,坦然地面对未来将要发生的一切。一句话,它们擅长学习和适应环境。"网络时代是个知识共享时代,因此彻底改变了企业家的学习、沟通与运营方式。①

移动计算真正的革命是规模的革命;我们正从由个人电脑控制的互联网转向由 30 至 50 亿部手机控制的互联网。多年来,科技巨头一直口头承诺保护隐私。它们一边宣称"隐私对我们非常重要",一边收集你的大量数据。但科技行业一直没有花费太多时间将隐私作为一个可以创新的地方,也没有将隐私作为用户在选择应用或服务时会在意的一个功能来考察。在这种混沌的格局中,大数据(Big Data)是一种有效的商务智能技术(The business intelligence technology)。大数据技术的主要动能是对未来事态的预测和未知事物预态,大数据技术使用的方法是通过海量数据的挖掘和发掘某种预后的迹象。

在大多数时候,我们只能根据有限的不精确信息,根据我们知其然而不知其所以然的一些迹象来做出反映,很多时候,我们只需知道两个事件之间的相关性就可以在第一个事件发生的时候预防或促成第二件事,而无需知道真正导致第二件事的原因是什么。况且,事态的快速变换让事后诸葛亮式的知道变得毫无价值。

大数据的强大之处就在于通过数据挖掘,能够披露珍藏在海量数据下的潜信息、隐信息,让我们获得第三只眼,越来越多地拥有未卜先知的能力。大数据不提供关于世界的真相和原理,只通过知其然而不知其所以然的那些判断,提出一种说不出道理但非常有用的词语。

这是一种从前的计算机技术完全不可能提供的崭新商务智能,一种近乎非理性的智能,只有人具有理性思维的能力,但那些毫无理性思维的动物却能够捕捉到人完全捕捉不到的信息,并做出让人自愧弗如的快速、及时的应对之策,例如,在地震、火山来临之前,那些动物都能做出这样的反映。

从因果性转向相关性是认识大数据的关键,相比专注于因果性的理性思维,专注于相关性的大数据思维是一种超级智能,就像在预测大地震、大洪水方面,人不具备动物的超级智能。在未来的竞争中缺少这种超级智能的企业将处于何等劣势,大数据的挑战属于所有的公司,正如大数据的机会不仅属于目前在开发或者运用大数据技术来先行进入或者先行谈论大数据技

---

① 在网络时代,教育的目标不是让学生读几本书,而是要学会捕捉知识的方法。因而,《方法论》的教育应是中国所有教育的开砖石。学生应在学校完成捕捉、产生、保护、开发信息所必备的有效方法、优良习惯、操作技能和为创新而孕育的才华。

术的那些公司。

垂直交流

水平知识是个体间的交流,人们也许彼此陌生,但他们却被相互间某些志趣相投的人或事松散地调和到一起。而且它极度强大,因为它使人变得更为灵巧。与受众——诸如雇员、顾客、投资机构等进行交流的传统手段——依赖于印刷文档、电邮或静态网站。但是,这些手段正让位于新一代的互联网产品——其支持更高水平上的双向互动、讨论以及会话。这些新手段引发了互联网变革,部分是因为它们很便宜(通常是免费的),更容易使用并且可快速营造。第一次,一个人与受众间的交流可以变得如此高效,还能实现与常规工作无缝结合。

创新力和创造力是经济增长的引擎。创造力不是一个孤立的过程,它会在网络之中诞生。互联网是一种强有力的工具。最令人瞩目的是它作为一种一对多的垂直交流手段的使用价值。这种直接性与综合性可激活你的交流方式,使公司得以在更多传统交流手段缺席的情况下完全运作。实际上,从"静态的"、"小册子盒式的"(Brochure-Ware)网站到新的会话性(Conversational)网络是一场根本性的变革,以致许多专家都称为"旧式"网络(Web 1.0)和网络新世界(Web 2.0);这反映出戏剧性的进步在很大程度上是基于软件代码与功能性的改进。

要想理解这场走向会话性网络(Conversational Web)的转变,需要把握的核心理念是,市场现存已经是"会话行为"(Conversations),除非公司愿意加入那场"会话",否则,他们将落后。这种会话无论如何都会发生。日常生活中的会话惯于谎言与做作,人们普遍热衷于"参与"(Join in)而非较真(Risk)——在办公室闲聊、泡咖啡、打电话或发邮件。

这种手段使公司得以"参与"到这场事关其行业和市场的对话中来,它被称作"社会化媒体"(Social Media)工具,体现出网络媒体新的"社会化"(Social)性质。鉴于诸如报纸、电视、广播和杂志之类的主流媒体(MSM)属传统上的单向媒体产物("专家"们装模作样,受众没有任何的参与机会,也无法开启与作者的任何讨论),新的社会化媒体实现了参与者、领导者、大师与公众之间的互动和交会,并且比以往更轻易地建立了和谐关系。

外部创新

在人类发展的历史长河中,知识和技能的发展日益精深,社会分工越发细化。如今,重大的创新又大多发生在多个学科交叉的领域。每个企业和个人所能掌握的知识和技能在人类认知当中所占的比例越来越小,以至于已很少有人能独自完成重大创新,也没有哪一个企业能够组成一个封闭的商业王国,自成体系,包揽一切活动,不需要外界有任何输入。另一方面,计算机网络的发展,为我们跨越空间和时间开展协作提供了条件。我们可以很便捷地了解地球另一端正在发生什么事情,可以在全球范围内寻找最出色的专家,可以实现24小时不间断的接力式协作。因此,开放应该是创新的应有之义,也是创新之源。这种开放不仅仅是企业内部要做到高度开放,而且也要对企业外部自愿施行开放。

置身于商业生态系统当中的企业,必然要学会借助外部资源,而不是试图在内部培育所有能力。以我们认为最具创新精神的企业——Google和苹果——为例,尽管它们拥有全球一流的工程师,但它们也大量采用了外部的创新。Google的许多创新就来自于合作伙伴,其本质上是一个开放的平台。苹果的iPhone中炫丽的触摸屏技术其实也是从外面买过来的。

这样的例子还有很多,即便是那些曾经长期依赖"自主创新"的公司,也从开放式创新中获益颇多。宝洁公司长期依赖"自主创新",到 1999 年只有约 10% 的新产品源自公司外部(构思或技术来自外部)。2001 年,该公司确立"联系+开发"的模式,并希望到 2010 年将这一比例提高到 50%。结果,这个目标在 2006 年就已实现,新产品成功率创历史新高。

战略创新

首先,公司施行联系创新模式时所面临的最大挑战是战略策划能力。公司要在战略的平台上进行对外联系,像制药、汽车或消费品公司中,只靠单纯的某个部门是做不到这点的。各公司的 CEO 及管理层们要明确:公司要进行彻底的转变,现有的创新模式无法创造出所需的高水平增长,因此,要寻求新方法为公司股东及顾客们创造价值。我们将采用崭新的创新模式,这种模式的基本出发点是明确何种因素能够为客户们创造价值,同时可以利用全世界的知识财富,引进他人、其他机构或公司的创意与理念。企业应该敞开大门,迎接外来的各种思想,共同为客户解决问题。

其次,高级管理层必须参与进来。各位 CEO 和高层人士有责任认识到,公司现有的创新模式无法满足业务发展的需要。让领导层们认识到要改变,接着是让各公司认识到,无论是资产雄厚的大公司,还是本小利微的小公司,都要进行改变,要向外界开放,增强外部联系。这就是 C+D 模式的主旨。

专栏 17.6　　　　　　　　**谷 歌 革 命**

谷歌的一大野心就是把世界所有的图书都搬上网。第一步,就是把所有没有版权的书扫描上网。例如,19 世纪出版的书籍,在市场上买不到,甚至在哈佛大学图书馆也找不到或借不出来。如今,只要搜索谷歌图书,就可在网上阅读。接下来,谷歌瞄准了受版权保护的图书。对有明确版权的图书,问题比较好解决。版权拥有者只要和谷歌达成协议即可。最大的困难是所谓的"孤儿图书"。这些图书已绝版,并享受着版权保护。可惜,因为年长日久,究竟谁是版权拥有者不好追溯。目前,美国图书馆藏书种类有约 4 000 万,其中的 800 万种已经不享受著作权保护,另外的 3 200 万种还在著作权保护之下。在这 3 000 多万种图书中,有 2 300 万—2 500 万种则已经绝版。在这 2 000 多万种图书中,又有 250 万—500 万种左右是"孤儿图书"。谷歌目前的计划是将包括"孤儿图书"在内的 1 000 万本左右的图书搬上网。这构成了一笔宝贵的知识遗产,正因为版权不清或者没有重印的市场价值,这一宝藏几乎无法被利用。

谷歌的目标是制定一个著作权登记系统。所有著作权拥有人在一定的周期内必须主动登记申明自己的权利,否则,就等于自动放弃。这将使有关出版社和作者可以就这些图书的网上权利和谷歌签署协议。等把这些图书搬上网后,谷歌就可以将网上阅读的权利出售给各大图书馆、研究机构或个人的计算机终端。谷歌计划保留 37% 的销售收入,把其他部分用于支付给版权所有人。

开放创新

开放创新并不是一种新理念,它在20世纪90年代和本世纪初就已经得到了蓬勃发展。就像电流、药物、通信领域,包括通用电气、陶氏化学公司在内的大公司都日常监测其领域以外的研究,购买或授权有潜力的项目,特别是大学科学家的创新。这种模式的结果就是振兴了私人和企业创新生态系统。

一个世纪以来,通用电气的企业实验室尝试加快创新的进程,这是一个长周期创新,通用电气的电力发电机、喷漆发动机和医疗图像设备都维持了数十年的时间。通用电气在加州北部开设了一家软件中心,为了让其机器更加智能,他们使用了数据收集传感器、无线通信和预测算法。通用电气的目的就是提升机器,让喷气发动机或动力透平机等设备在出现故障前、需要维修时率先向人们发出提醒。通用电气称,这种智能机器将在工业互联网早期开发完成。为了获得外部理念,通用电气研究分支与风险投资基金共同向清洁能源技术和健康医疗技能投资,并与企业、政府实验室和大学在数百个项目上展开合作。

苹果也一直在展示其对于新理念、影响力的开放性,一个很好的例证就是乔布斯在1979年造访施乐。在帕洛阿尔托的研究中心,乔布斯看到了一台试验性电脑,拥有一个可点击的鼠标以及生动的屏幕图标。乔布斯随后也在苹果PC中使用了这种设计,该设计也成为现在PC业界的标准。苹果产品设计可能并不是由传统市场调研、专注团体或在线试验决定,但是由乔布斯招聘进来的顶级高管都在不知疲倦地寻求信息收集网络项目,从微芯片技术到流行文化。

任正非[27]指出:"华为公司之所以能进步到今天,与华为本身的开放有关。中国有五千年文明历史的国家,为什么落后?就是因为不开放。邓小平所推动的改革开放,其实核心就是向西方学习开放。华为内部决策的绝大部分都开放在网上,这些内容不止公司员工可以看到,整个社会都可以看到,我们的有些决策也遭受外部的批评,当别人批评的时候,我们知道决策有错误,就要纠正。有什么东西不愿意与别人分享呢?我们在技术的方向和思想上是完全开放的,少量技术诀窍是没有开放的,这部分不开放的窍门也只是对一些企业有用,对国安局没有用。所以,我们没有担忧。"

创新的核心问题是,如何通过技术上的可能性尽力地满足顾客的需求。当能够同时满足这两点时,就等于是找到了创新的最佳点,意味着你可以创造出令顾客满意的产品。通常,公司的最大问题就是不清楚顾客的真实需要。他们只看到了最明显、最表层的需求,但通常情况下,产品销路不好是由于公司的销售理念有误。现代的市场观念就是指要彻底明确顾客需求,并提供他们可承受的价格,而许多公司都不具备这种市场理念。很多销路不好的产品中,有60%—70%都是因为不了解顾客需求。所以,要好好地考虑一下自己公司的产品,想一下为何会失败。仔细想想,到底是技术有误还是观念不对。通常情况下,都是观念上的问题。而获得成功的产品也是由于采用了正确的观念。以iPod为例,这是一款非常成功的产品,代表了一种全新的技术。实际上,它并没有什么新技术,它只是一种理念,是一种商业模式。iPod深知顾客所需,清楚顾客们不愿再买什么唱片,他们想要个性化的音乐。iPod在更深层次上了解顾客需求非常重要,而建立这种能够了解顾客需求的能力与技巧也同样非常重要。企业一旦具备了这种能力和技巧,就能够明白应该采取何种方法满足顾客所需,而不仅仅是为了产品去创新。

案例 17.2   微 软 的 创 新

  集几项重要创新于一身,盖茨在业内所取得的成就让人们很难去想象一个没有他的世界。微软发展初期,他抢先于 Commodore、MITS 以及 Apple 这些竞争对手,抓住了两个重要的创新点。

  创新之一就是计算机产业也可以是高容量、低利润的产业。直到微软出现,该产业所仰仗的还是少数几个能够买得起计算机的精英人士。盖茨意识到降低硬件成本和对标准软件额外进行复制可以给计算机行业带来新的商机。个人计算机有可能会进入千家万户。同精英消费相比,薄利多销所带来的利润似乎更为可观。能够抢先占据大部分市场份额的公司日后必将所向披靡。

  盖茨同时还意识到,硬件制造和软件开发如果能够分开似乎更易于发展。即便是Apple 这样的公司都是坚持操作系统和硬件系统双管齐下,微软和英特尔则打破了这一传统的经营模式,两大公司在这一领域的联手创新使其通过规模经营获得了巨大利润。当IBM 公司授权微软将其个人计算机操作系统卖给其他硬件公司之时,并没有意识到这是在为自己创造竞争对手。盖茨却意识到了这一点。

  科技产业总是嘲笑微软是追随者。该公司经常会引进或者模仿他人的技术这一点也是事实。其第一代个人计算机操作系统就是在他人成果基础之上改造而来的。盖茨本人的创造性主要在其经营理念,其过人之处在于他总是很清楚自己想要的是什么,并且会想方设法努力实现。处于一个空想家总是嘲笑他人想法的行业,急流勇退的精神可以说是占尽优势。

  Forrester Research 首席执行官乔治·克鲁尼(George Colony)这样评价比尔·盖茨:"'建设性垄断'的观念是盖茨留给我们最重要的遗产。他并不是技术创新者。以礼貌的方式来说,我们将他称作'推广者';如果用不礼貌的方式,那他就是'剽窃者'。盖茨是一个业务创新者,而不是技术创新者。回顾过去,盖茨的'建设性垄断'与托马斯·爱迪生的观念类似。两者都通过多种方式创造出优秀的技术并发挥作用,使技术被更多的用户使用。特斯拉和乔布斯则是同一硬币的反面。"

  整体创新

  还应将创新看作是个整体,它既包括产品,也包括服务。如何为顾客提供更好的产品体验、更好的购物体验、整体品牌概念以及使用感受?如何与顾客建立良好的、相互信任的关系?所有这些都需要创新去实现。这不仅是产品上的创新,也是在建立客户关系方面的创新,同时还涉及思想意识上的问题。人们经常说"只要有'门径管理'模式(stage-gate),或是有点技术,就能创新了。"事实上,创新远不止于此,它还需要大量的经验,同时还要保证人们可以掌握这种创新的经验。

案例 17.3　　　　　　　　　　**微软帝国的兴起**[10]

微软帝国的三大基石——Windows 操作系统、Office 办公软件和 IE 网络浏览器都是在利用对手的轻率或是在残酷的法律和商业绞杀中取得成功的。而且，微软的三大产品都不属于原创性创新，都是基于现有产品的启发，继续进行开发。

比尔·盖茨最初的商业尝试是为当时的 Altair 8800 电脑设计出第一个 BASIC 语言解译器，Altair 8800 是 MITS 公司陷入困境之下发明的。盖茨和艾伦在哈佛大学阿肯计算机中心没日没夜地干了 8 周，此前从未有人为微机编过 BASIC 程序，这是一种简单易用的计算机程序设计语言。盖茨和艾伦开辟了 PC 软件业的新路，奠定了软件标准化生产的基础。

1975 年春天，艾伦进入 MITS，担任软件部经理。念完二年级课程，盖茨也飞往 MITS，加入艾伦从事的工作。微软"寄生"于 MITS 之上。后来，在盖茨父亲及其律师朋友的帮助下，盖茨侥幸在软件所有权上获胜。这就是微软颇不寻常的起步，如果输掉这场官司，盖茨不得不从头再来，今日微软的历史就得改写。

凭借从 BASIC 项目上拿到的版权费，比尔·盖茨与保罗·艾伦（Paul Allen）在新墨西哥州中部城市 Albuquerque 一同创建了微软，后来移到西雅图。当时，他们了解到计算机巨头 IBM 需要为自己的个人电脑产品寻找合适的、基于英特尔 X86 系列处理器的操作系统。于是，微软就向 Tim Patterson 公司购买了他们的 QDOS 操作系统使用权，将其改名为 Microsoft DOS（微软磁盘操作系统），并进行了部分的改写工作，最终通过 IBM 公司在 1981 年推向了市场，微软的 BASIC 便逐渐成为了公认的市场标准，而 IBM 完全有能力自己开发，其对操作系统的忽视帮助了盖茨崛起，IBM 成为微软又一块巨大的垫脚石。

1985 年 6 月，微软和 IBM 达成协议，联合开发操作系统。根据协议，IBM 在自己的电脑上可随意安装，几乎分文不取，并允许微软向其他电脑厂商收取使用费。当时，IBM 在 PC 市场拥有绝对优势。兼容机份额极低，IBM 的决策者几乎不假思索地同意了。而到了 1989 年，兼容机市场已达到 80% 的份额。微软在操作系统的许可费上，短短几年就盈利 20 亿美元——这是 IBM 在微软身上犯下无数个大错中的一个。

随后，在电脑销售方面，IBM 也很快丧失原来的优势。当其他公司纷纷推出比 IBM 产品更便宜的电脑时，微软能够向他们提供同样的操作系统。例如，微软就借康柏卖出了大量的授权，在 PC 市场奠定了基业。

微软的第一场大战是与苹果开始。1985 年，在乔布斯被赶走后，苹果签下后来被称为有史以来最坏的合同。苹果同意微软如果继续为苹果提供软件（如 Word、Excel）就允许微软使用部分苹果图形界面技术。如果没有与微软的这笔交易，Windows 也许永远不会成功。

1988 年，因为在 Windows 中使用了与 Mac 相似的图标，苹果向微软和 HP 公司提出诉讼，控告他们侵犯了苹果的版权，这一场官司一打就是 6 年的时间，直到 1993 年，法庭才正式裁决 Windows 不构成侵权。在史蒂芬·乔布斯重新成为苹果实际意义上的领导人后，1997 年，苹果与微软重新结好。

> Wintel 联盟将微软的地位极大巩固。在 20 世纪 90 年代,Intel 系列处理器更新换代最快的时期也就是微软的 Windows 系列最畅销的时期。在这个时期,微软和 Intel 公司一软一硬,完全统治着全球 PC 机的市场。每当微软推出功能更强的软件后,Intel 处理器的需求量就上升;同样,当 Intel 生产出速度更快的处理器后,微软的软件因有了更好的平台而显得更易用。

创意文化

近年来,作为一种日益受到欢迎的组织变革方法——欣赏式探询(Appreciative Inquiry)为我们提供了一个看待自身和组织的激动人心的视角和方法。它的基本假设在于任何个人或组织中总存在一些令其保持活力的、有价值的要素。对这些要素的探询,有助于澄清个人和组织生命力的源泉,并在其基础上发展出推动个人和组织进化的积极优势。在这里,组织被认为是一群有价值的人为了创造更大的价值所构成的网络;在这里,没有否定、批评和教育,取而代之的是新知探索、梦想构筑和愿景设计。我们得以从不停地解决问题的循环中抽离出来,用一种更客观、更宏大、更远见的方式来看待自身、组织和人类的未来。

被誉为硅谷创业教父级人物的 Steve Blank 指出:"中国的硬件产品在国际市场取得了不错的成绩(例如华为),但互联网企业有很大的不确定性,和产品、智商无关,主要是观念上的障碍。很多中国创业者在细节上并不了解互联网文化,太缺乏在整个互联网上的连接、互通,和外界太割裂了。"

创新文化

人们乐意利用互联网(邮件、社交网络)或即时通讯等工具,与他们认为最重要的人保持亲密的联系。事实上,人们正试图打破一种制度对他们所强加的孤立——一个封闭的区间(茧),以至于与公众脱离。

网络实现了整个人类心智的整合。在整个创新的内核里,体制保障是最容易复制的,但简单的依样画瓢未必能够达到同样的效果。对创新文化的普遍尊重、浓厚的人文艺术的氛围以及骨子里的那种价值观可能更难模仿。

如果漫步在巴黎市中心,你看到的多是这个城市留存下来的经典和浪漫,比如文艺复兴时期突破传统的画风,比如精巧绝伦的巴黎圣母院,还有那塞纳河边经久不衰的咖啡文化。如果以现代的眼光来看,它们都是几个世纪之前法国人的智慧火花,留存到今天,成为了经典。

全球化下的以想法为核心的巨型跨国公司(Idea-based Mega Corporation)越来越据守在创意人才集中的地方,当扩展全球业务所需要的供应链和物流随着世界的平坦而不成问题时,价值创造便回归到最核心的产生想法和创意。越是如此,巨型跨国公司越是需要簇拥在——世界的创意中心。这些中心此刻依然主要在美国[28]。

理查德·佛罗里达[29]缔造一个新词"创意阶层"代表着科学家、工程师、艺术家、音乐家、设计师等知识型专业人士——他们主要以从事创意性劳动谋生。在 20 世纪,美国创意阶层的劳动人口比例仅从世纪初的 10% 增长到 1980 年的 20%，但在 2000 年，这一数字已经增长到美国劳动人口的 1/3。更重要的是，创意经济已经超过美国乃至其他发达国家经济总量的一半！超过所谓的实体经济（制造业＋服务业）的总和[29]。

伴随着创意新贵们的崛起，美国涌现出一个个地理上的创意中心——簇群地带。它们在成为世界财富中心的同时，也依次成为在美国收入不均程度最大的地方，如北卡罗利—杜卡姆高科技区、三藩市、华盛顿地区、德州奥斯汀、纽约市等。

好莱坞是另一个这种创意簇群的完美例子。好莱坞巨子大亨已是创意人才的代表人物——斯皮尔伯格和卢卡斯。在好莱坞里闪烁精灵的是各国导演、编剧、演员、摄影等创意人士，其中，外国人士在数量上远超过美国本土人才。2007 年，外国演员囊括了奥斯卡所有男女表演四项奖项。好莱坞成了影视创意的"联合国"。

多元文化

奈斯比特在《定见》中说："在 21 世纪初的几年中，世界已经从非连续性变化时期进入一个长期的连续变化阶段。"管理哲学之父查尔斯·汉迪（Charles Handy）所界定的不连续时代现在已经结束。今后，世界经济的划分将不再以国家为界限，而是根据经济行业来划分。但这并不意味着我们已经不把国家看作国家。相反，随着国家间经济的相互依赖性越来越强，各个国家都会通过民族或者国家文化来增强自己的民族性或国家性特征。国家的任务将会越来越侧重于发扬自己的文化特征和遗产以及发展教育。

案例 17.4   **微软的多元文化**[30]

在微软的文化里面，多元化被强劲驱动。作为一家正式员工差不多有九万人的公司，需要有一种文化把这些人聚合在一起。所以，微软强调多元化（Diversity）——有各种各样的人在那里面，更强调包容（Inclusion）——让这么多人感觉到自己被融入进来了，让这么多人才在这样一个环境里面都能够把自己的最佳状态发挥出来。

多元化对微软不同的地区目标都不一样，例如，在美国，强调女性员工和少数族裔；在中国，公司强调的是女性员工和工作年限较长的员工。4—6 年的员工离职风险相对其他人比较高。公司会针对这些员工做一些相应的项目来提高他们工作的满意度。

CSS 每年都有一周的时间，每天中午都请领导来宣讲多元化的重要性。公司也请外面的一些咨询顾问或高层跟大家来分享怎么跟不同年龄层的人、不同性别的人、不同国籍的人合作。全球每年也举办论坛，请一些比较成功的女性和其他的领导人进行分享。另外，在上海还举办 IT 行业的女性论坛，请行业里非常成功的女性来参加讨论，交流经验。同样，公司还会组织活动来教女员工如何平衡工作和生活，如何减压，如何化妆，选择颜色搭配等。

微软在招聘时也会强调多元化的目标，假如公司的女性人才比例低于市场上同行业女性人才的比例，说明公司在吸纳和保留这些女性人才上还有提升空间。除此以外，公司还会对高层位置上的女性比例进行定期跟踪分析。

在微软工作了 9 年的女经理人周瑾体会到的多元化，除了多元化周、全球女性论坛和招聘女员工外，还在于隔壁团队里就有尼泊尔来的同事在工作。这些外国的同事除分享了语言技能之外，还分享了不同文化的特点。

思想文化

美国《纽约时报》的著名专栏作家托马斯·弗里德曼（Thomas Friedman）指出："今天最重要的经济竞赛已经不在于国家或公司之间，而在于你和你自己的想象力之间。因为你的孩子想象出的东西能够以比以往任何时候都更远、更快、更便宜的方式付诸实施。今天，几乎一切都可以成为商品，唯一例外是想象力——迸发出新思想火花的能力。如果我现在有了一种新的创意，我可以在中国台湾找到设计者设计出方案，在中国大陆找到工厂制造模型，然后到越南批量生产，用 Amazon 网站订货，还可以通过 freelancer 网站招聘人员为我做网页和后台管理。所有这一切都可以以极低的价格做到。只有一样东西不可能，也永远不会成为商品，那就是思想的火花。而我出席的英特尔晚宴，就是我们最优秀的思想火花迸发者。"

专栏 17.7　　　　　　　　　　**退向未来**[31]

美国有一种高科技与生活方式的结合方式，叫退向未来。这里的高科技不包括工业化技术，专指信息和生命方向上的科技。

第一个"退向未来"是向工业化的反面走，强调回到自然。比尔·盖茨家里有一面看上去像海洋公园似的墙，里边有巨大的海洋生物游来游去。据说并不是真的，而是液晶显示墙。比尔·盖茨大概已经想好了，退休后就以这种"科技+生物"的景观为伴。硅谷文化的本质就是"高科技+青山绿水"，绝非我们说的"现代"化，而是"未来"化。我们向"现代"前进，他们向"未来倒退"。

第二个"退向未来"是向工业化的反面走，实现人的复归。人的复归这个说法本身就有"回到"的意思。是说人的发展在更高阶段上复归到工业化以前的非异化的状态。那些有了钱的IT人，有个普遍的时尚，希望年纪轻轻就退休。他(她)们往往退休后更忙，有的成了社会活动家，如张树新；有的成了翻译家，如吴世宏；有的成了飞机驾驶员；有的成了潜水运动员；有的成了登山运动员……还有像比尔·盖茨这样的，成了慈善家。在他们那里，退休成了生活方式的转折点，之前的"进"不过是进入职业异化状态；之后的退则是退回自由而全面发展状态。

这种退回自然和人本的生活方式与信息和生命科技还有些内在联系。如果硬要将信息和生命这两个词合成为一个具有共同内涵的词，最恰当的就是"灵"这个字。灵是信息的核心，也是生命的核心。生命离了信息，只是一副皮囊，不再有灵；信息离了生命，只是01代码，也是死的。信息科技与生命科技可以统称为"通灵"科技。

《回到未来》(*Back to the Future*, 1985)的主题是：许多看来是倒退的事情实际上是实质性的前进。在《回到未来》这部电影中，Marty 坐着时间机器回到过去，无意中改变了当前自己的家庭，让原本懦弱的父亲变成了强人。布朗博士从30年后的未来回来之后，时间快车的装备全面升级。

如果未来真的可以时间旅行了，人们就将为自己的过去负责了。现在，我们的生活中只有为未来负责的观念，当前的努力是为了有个好未来。当时空穿梭成为现实之后，如果你不满你的当前状态，或者曾经有遗憾，就可以向 Marty 那样回到过去做点什么来改变当前的生活。

第 17 章 网 络 趋 势

如果你当前活得不好,或者过去活得不好,那是你当前没做好,没有回到过去让自己的过去和当前生活过得更好。

《回到未来》的导演罗伯特·泽米吉斯(Robert Zemeckis)曾经说,他想通过这部电影告诉美国的观众们,未来并未注定,通过努力,一切都可以改变。正如影片开头,当马丁被老师嘲笑时,他信誓旦旦地说:"历史可以改变。"要不要知道自己的未来,明知是这样的未来,怎么去改变?自己的未来已被揭晓,如何向自己学习赶超未来?面对敞开的未来,人怎能不由得思绪万千、目瞪口呆?

值得深思的是,处于网络时代,文化的开放、多元文化的交流及创意文化的型构,对中国还是一个崭新的话题。扎克伯格的成功与他的前辈比尔·盖茨、史蒂夫·乔布斯、拉里·佩奇和谢尔盖·布林一样,都是美国个人本位创业梦的实践者。整个世界在互联网技术的推动下进入了个人本位时代,个人觉醒的时代到了,而以集体为本位的政治生态终将被淘汰。处在真正个人本位政治生态中的企业家,才能站着而不是跪着或半跪着挣钱,企业家在此基础上才能孕育出风骨和精神。

本章概要

网络对企业家精神有何实质性的影响?本章分析了观念变革及其历史演变,刻画了网络时代的经济发展中心转移、人力资本地位上升、财产转换与知识产权保护的兴起,分析了专家型企业家的兴起及其管理制度结构扁平化的趋势与管理职能的制度变迁,梳理了通过创意创造未来的思路:反对自己、外部创新与创意文化。

对于中国企业家来说,网络时代是一个能够抓住机会的时代吗?

思考练习

1. 网络时代对企业家提出哪些实质性的要求?中国具有网络时代的企业家精神吗?
2. 中国现代产业(如 IT)的发展现状与企业家精神之间有什么样的关系?
3. 中国一些地区(如上海)为什么会有大的企业,而企业家精神并不彰显?
4. 企业家如何在正常退出的情况下不影响企业的正常发展?
5. 网络时代对中国企业家精神的培养与企业家成长提供了哪些有利条件?
6. 为何企业聘用了大量有能力的人却常常令自己的企业成为竞争对手的黄埔军校?
7. 互联网经济的发展促进了各个行业的兴起,涌现出一批又一批的创业者,但他们当中不少的人失败了。是他们缺少必要的专业知识还是缺少商业才能?
8. 企业家精神在创业的过程中起到什么样的作用?成功的创业者是否就可以成为一名成功的企业家?如何区别看待两者的不同之处?
9. "智慧地球"(Smarter Planet, SP)的概念不是首先由学术研究机构或学者提出来的,而是 IBM 公司首席执行官彭明盛于 2008 年首次提出的新概念。这种由企业或企业家而不是学者首先提出创新概念的现象说明了什么问题?
10. 当业务发展与风险控制发生冲突且业务指标在考核中占据相当分量时,如何处理这种矛盾以把握平衡?

延伸阅读

《远见:用变革理论预测产业未来》([美]克莱顿·M.克里斯滕森,斯科特·D.安东尼,埃里克·A.罗恩.王强译.北京:商务印书馆,2006):一个炙手可热的新创企业将会成功还是失败?何种新兴技术是消费者可以利用的?进入者是否对领先的在位者构成真正的威胁?政府管制将如何影响竞争战?公司的管理者作出的决策是明智的还是短视的?哪个公司将最终成功?本书对以上问题逐一给出分析。

《创造性毁灭——全球网络经济条件下的企业生存战略》([美]李·W.麦克莱特,保罗·M.瓦阿勒,拉尔·L.卡茨.谢祖钧,刘陆先译.长沙:中南大学出版社,2007):创新是创造,又是毁灭——对旧方法和产品的毁灭迎来对新的方法和产品的创造。除非具备"创造性毁灭"的能力,否则,当今的企业很难在这个变化莫测和创新的时代幸存下来。

《把握变革》([美]伊查克·爱迪思.赵斌,陈甦译.北京:华夏出版社,2004):爱迪思把基于理论的整个概念体系转化为对管理者而言具有不同寻常的实践指导意义的内容,把深思熟虑的方法集中于生命周期的概念,不仅提供了一种不同寻常的、能建立具有有效机能的组织结构手段,而且他的方法使这种机能性变革在培养士气的环境中产生了。

《互联网商规11条——摩根士丹利所推崇的商业战略思想》([美]阿尔·里斯,劳拉·里斯.梅清豪,周安柱译.上海:上海人民出版社,2006):互联网不能身兼二职、互动性是网站最重要的要素、互联网品牌使用通用名就是自寻死路、做品类中的第二位品牌将没有出路、第一个进入顾客的心智并且集中焦点、最严重的错误莫过于相信自己无所不能。

《创新的迷失:新技术狂想的湮灭与幸存者的希望》([美]科伯恩.贺丽琴译.北京:北京师范大学出版社,2007):为什么有些新科技在市场上大获成功,而另一些却一败涂地?本书的回答是:只有当维持现状所承受的痛苦大于转换到新技术上带来的痛苦时,这项新技术才有可能被大众接受。

《引爆趋势》([丹]维加尔德.蒋旭峰,刘佳译.北京:中信出版社,2009):这是一个被趋势裹挟的时代。你吃什么,你用什么数码产品,今年要买哪种冬装,一切都由趋势说了算。趋势不仅仅是时尚界的事,摸清趋势背后的秘密,让趋势为你所用,你也能成为引爆趋势的火种。

《困境与出路:企业如何制定破坏性增长战略》([美]克莱顿·M.克里斯滕森,迈克尔·E.雷纳.容冰译.北京:中信出版社,2004):固守核心竞争力与开发新的竞争领域一直是企业成长的最大困惑。如何破解企业成长创新的瓶颈?为什么追求新增长的努力却导致了企业的解体?这一难题被管理大师克里斯·祖克称为"亚历山大难题"。

《硬球战略:强势竞争,王者之道》([美]乔治·斯托克,罗伯特·拉舍诺.文跃然,周禹译.北京:商务印书馆,2006):伟大的公司失败了,是因为失去了"优势";新创业的公司如果没能建立并发展"优势",那可能很快就会关门大吉。本书勾勒出七种具有代表性的硬球战略:发挥强势、全力打压;以反常取胜;进攻对手的利润要害;学以致用的"拿来主义";诱使敌人撤退;打破妥协;硬球并购。

《物理与政治:自然选择与遗传原理应用于政治社会之思考》([英]沃尔特·白芝浩.金

自宁译.上海:上海三联书店,2008):在政治组织出现以后,只有拥有比习俗团体更容忍、鼓励个人创造性的商谈政体(Government By Discussion)才能带来民族的繁盛。怎样把生存所必需的集体团结(或说凝聚力,cohesion)和进步所必需的个人创新(或说可变性,variability)结合起来。

《未来的亚洲:新全球化时代的机遇与挑战》([美]史蒂芬·罗奇.束宇,马萌译.北京:中信出版社,2009):本书批驳了一种流行观点:全球经济危机使世界经济的领导权从西方转移到东方。作者认为,亚洲主要依靠出口和投资推动经济增长,对外部经济震荡缺乏抵抗力,暂时无法担当世界经济的领导者。

参考文献

[1] [美]西奥多·W.舒尔茨.论人力资本投资[M].吴珠华译.北京:北京经济学院出版社,1990.

[2] 李善同,林家彬,马骏.发展观的演进与发展的测度[J].经济工作者学习资料,1997,(87).

[3] 王存兴.打不开创造之路,中国没戏[EB/OL].猫眼看人,[2010-07-05].

[4] [意]卡洛·M.奇波拉.欧洲经济史:工业革命(卷3)[M].吴良健,刘漢云,壬林,何亦文译.北京:商务印书馆,1989.

[5] [法]保尔·芒图.十八世纪产业革命——英国近代大工业初期的概况[M].杨人楩,陈希秦,吴绪译.北京:商务印书馆,1983.

[6] 佚名.软件将吃掉整个世界?[EB/OL].华尔街日报,[2011-08-26].

[7] 丁栋虹.论技术创新是世界经济发展的主导因素[J].数量经济技术经济研究,1999,(11):29-31.

[8] 新华社.日本拟扩大对企业科研的优惠税制[J].世界科技研究与发展,2002,(3):102.

[9] 丁栋虹.专家型企业家的兴起及其与当代企业制度变迁[J].当代财经,2000,(9):63-68.

[10] 孙琎.微软:下一个十年会如何[N].第一财经日报,2008-06-13(C06).

[11] [美]加尔布雷斯.经济学和公共目标[M].蔡受百译.北京:商务印书馆,1980.

[12] [美]彼得·德鲁克.新现实:走向21世纪[M].刘靖华译.北京:中国经济出版社,1993.

[13] [美]阿尔温·托夫勒.未来的冲击[M].秦麟征,肖俊明,薛焕玉,施以平,兰子君译.贵阳:贵州人民出版社,1970.

[14] 丁栋虹.资本高度化的进程及中国的现状[J].战略与管理,1999,(5):60-67.

[15] Frank Hyneman Knight. Risk, Uncertainty and Profit[M]. Boston, New York: Houghton Mifflin Company, 1921.

[16] David Graginsky.谷歌Facebook全面对比:一个重技术一个重体验[EB/OL].新浪科技,[2012-03-29].

[17] 孙琎.张亚勤:盖茨用梦想影响世界[N].第一财经日报,2008-06-27.

[18] Matthias Benz, Bruno S. Frey.企业治理:向政府治理学习?[J].北大商业评论,2006,23(6):32-34.

[19] 丁栋虹.制度变迁中企业家成长模式研究[M].南京:南京大学出版社,1999.

[20] 丁栋虹.企业家更替生产力的实证分析——以英特尔和微软两大巨头公司为例[J].首都经济贸易大学学报,2000,(1):24-28.

[21] 陈惠湘.突破拐点[M].北京:机械工业出版社,2006.

[22] 丁栋虹,朱菲.领导力评估理论研究述评[J].河南社会科学,2006,(2):123-126.

[23] [美]纳西姆·尼古拉斯·塔勒布.黑天鹅[M].万丹译.北京:中信出版社,2008.

[24] 董志强."未知"主导这个世界[N].21世纪经济报道,2008-07-14(42).

[25] [美]托马斯·彼得斯,罗伯特·沃特曼.追求卓越[M].戴春平等译.北京:中央编译出版社,2003.

[26] [美]阿里·德赫斯.长寿公司:商业"竞争风暴"中的生存方式[M].王晓霞,刘昊译.北京:

经济日报出版社,哈佛商学院出版社,1998.
[27] 郭晓峰. 华为走到今天离不开开放[EB/OL]. 中国企业家网,[2014-05-05].
[28] 陈晓民. "平坦而高耸"的世界[N]. 21世纪经济报道,2009-09-22(23).
[29] [美]理查德·佛罗里达. 创意新贵:启动新新经济的菁英势力[M]. 邹应瑗译. 台北:宝鼎出版社有限公司,2003.
[30] 王晓东. 微软文化:强劲的多元化驱动员工最佳状态[N]. 第一财经日报,2008-06-27.
[31] 姜奇平. 退向未来的生活方式[N]. 第一财经日报,2008-07-15(C7).

图书在版编目(CIP)数据

企业家精神——全球价值的道商解析/丁栋虹著. —上海:复旦大学出版社,2015.8
ISBN 978-7-309-11342-6

Ⅰ.企… Ⅱ.丁… Ⅲ.企业家-企业精神-研究 Ⅳ.F272.91

中国版本图书馆 CIP 数据核字(2015)第 063220 号

企业家精神——全球价值的道商解析
丁栋虹　著
责任编辑/王联合

复旦大学出版社有限公司出版发行
上海市国权路 579 号　邮编:200433
网址:fupnet@ fudanpress.com　　http://www.fudanpress.com
门市零售:86-21-65642857　　团体订购:86-21-65118853
外埠邮购:86-21-65109143
上海浦东北联印刷厂

开本 787 × 1092　1/16　印张 47.25　字数 1120 千
2015 年 8 月第 1 版第 1 次印刷

ISBN 978-7-309-11342-6/F·2130
定价:98.00 元

如有印装质量问题,请向复旦大学出版社有限公司发行部调换。
版权所有　　侵权必究